DISCARD

LEWISVILLE PUBLIC LIBRARY
LEWISVILLE, TEXAS 75029

DICCIONARIO
ESPASA

DICCIONARIO ESPASA PROTAGONISTAS DE LA HISTORIA

JUAN PRO

PRÓLOGO DE MIGUEL ARTOLA

ESPASA

Director Editorial
Juan González Álvaro

Directora de Diccionarios
Marisol Palés Castro

Editora
Celia Villar Rodríguez

Diseño
Joaquín Gallego

© De esta edición: Espasa Calpe, S. A., Madrid, 1997
© Juan Pro Ruiz

Depósito legal: M. 16.566-1998
ISBN: 84-239-9435-X

Reservados todos los derechos. No se permite reproducir, almacenar en sistemas de recuperación de la información ni transmitir alguna parte de esta publicación, cualquiera que sea el medio empleado —electrónico, mecánico, fotocopia, grabación, etc.—, sin el permiso previo de los titulares de los derechos de la propiedad intelectual.

Impreso en España / Printed in Spain
Impresión: BROSMAC, S. L.

Editorial Espasa Calpe, S. A.
Carretera de Irún, km 12,200
28049 Madrid

A mis padres, Ángeles y Serafín

PRÓLOGO

Son innumerables las ocasiones en las que necesitamos de forma rápida una información suficiente y nadie escapa a la necesidad de usar el *diccionario*. Es el único medio de acceder tanto al conocimiento como a la noticia, de obtener respuesta a preguntas como ¿qué es el evolucionismo? o ¿quién fue Luis XIV? La solución, conocida desde hace siglos, está en los *diccionarios* y en las *enciclopedias*. La ordenación alfabética y sinóptica del conocimiento fue una novedad de la Edad Media, en tanto la *enciclopedia* toma su nombre de una frase de Plutarco que se refiere al círculo que comprende la totalidad del conocimiento. El acceso a la información enciclopédica ha dado lugar a dos tipos de organización: la alfabética, que caracteriza a los *diccionarios enciclopédicos,* y la que se realiza distribuyéndola por materias, que exige el acceso de lo general a lo particular hasta que el lector encuentra las palabras o conceptos que busca.

Los primeros diccionarios fueron los que ofrecían la correspondencia entre palabras de dos lenguas distintas: el latín y todas las de Europa en una época. Las *Glosas emilianenses* fueron el antecedente de los diccionarios bilingües; y Nebrija asoció latín y castellano en sendos diccionarios. Más tarde surgieron los diccionarios de la lengua para difundir el conocimiento de los significados de las palabras del propio idioma, pues uno de los signos de la cultura es, sin duda, el número de palabras que usamos en la comunicación y en la exposición del pensamiento. Covarrubias es autor de un *Tesoro de la lengua castellana o española,* que ha seguido editándose hasta nuestros días y que constituye el antecedente del *Diccionario de la Lengua Española* de la Real Academia, del cual se han hecho 21 ediciones para actualizar y ampliar su contenido. El *Diccionario de autoridades* acompaña las voces con frases que ilustran sus diferentes usos y los *Diccionarios etimológicos* de Corominas, críticos y breves, informan acerca del origen y fecha de aparición de las distintas voces.

La primera enciclopedia data del siglo XVI (la de Scaligero), pero la más famosa es la *Encyclopédie* francesa, cuya publicación exigió 25 años (de 1751 a 1776). La necesidad de diccionarios enciclopédicos especializados para incorporar términos profesionales y técnicos dio lugar a un nuevo tipo de obra. Los juristas eran —y son aún— el colectivo más necesitado de un conocimiento actualizado de la legislación, la jurisprudencia y otros productos asociados. Respondiendo a esa demanda surgió la primera enciclopedia jurídica española, que fue el *Febrero o Librería de jueces, abogados y escribanos,* una obra del siglo XVIII reeditada y actualizada a lo largo de la primera mitad del XIX, antes de la publicación en París del *Febrero novísimo.* Después de esta, cada una de las materias y profesiones promovieron la realización de obras semejantes.

La Historia, y en concreto la biografía de los personajes históricos, es uno de los campos en donde los diccionarios han encontrado mayor aplicación. El *Allgemeine Deutsche Biographie* de Liliencron y Wegele cuenta con 56 volúmenes, publicados entre 1875 y 1912; el *Dictionary of National Biography* de Stephen y Lee comenzó más tarde —en 1882— y el último de sus 63 volúmenes vio la luz en 1900. Actualizadas con sucesivos volúmenes de apéndices, estas obras son dos realizaciones monumentales de carácter nacional (limitado su alcance, respectivamente, a la historia alemana y británica), que no tienen par en ningún otro país. En España, una de las primeras versiones de diccionario biográfico fue la de los *Retratos políticos de la Revolución de España* de Carlos Le Brun, obra publicada en 1826 con pie de imprenta de Filadelfia. El *Diccionario de Historia de España* de Germán Bleiberg, de 1952, y uno de los volúmenes de la *Enciclopedia de España* para la que seleccionamos voces y autores, de 1991, son las obras más recientes.

Los diccionarios históricos universales son menos frecuentes y suelen tener menor volumen. Los más conocidos son el *Meyer Grosses Personenlexikon* y el *Dictionnaire d'histoire universelle* de Michel Mourre, cuya publicación coincidió en 1968. A esta corta nómina se incorpora hoy el *Diccionario de protagonistas de la Historia* de Juan Pro, que es, como el anterior, un empeño personal que ofrece el interés de una selección y una extensión de las voces de acuerdo con un criterio unitario, circunstancia que debe destacarse por lo poco frecuente.

El valor de un diccionario de estas características se asocia al interés del lector que lo consulta. Los usuarios habituales de estas fuentes de información apreciamos, en primer término, la selección de los personajes con arreglo a un planteamiento metodológico que determina qué tipo de personajes famosos serán incorporados a la obra. Hay diccionarios en los que los reyes y los políticos tienen la exclusiva o se quedan con la parte del león; otros abren las puertas a los autores que han aportado las grandes ideas que constituyen la cultura universal, de forma que la lectura ordenada de tales biografías nos ofrece una evolución del pensamiento. La preferencia por esta fórmula es visible en la obra de Pro, lo que constituye un mérito inicial que es preciso destacar por lo que representa como concepción de la Historia.

La biografía es un género en el que lo común es dedicar un libro al estudio de una persona, con el peligro de que la simpatía del autor acabe por teñir el relato. Un diccionario biográfico, en cambio, impone la neutralidad, a la que contribuye la necesidad de reducir a muy poco espacio la vida y la obra de una persona. El problema del autor es atribuir el espacio justo a cada voz, para luego encajar en ese estrecho límite una biografía completa en la que destaquen los acontecimientos más relevantes de la vida —y, en su caso, la selección de las obras— del personaje, precisando las fechas respectivas. La abundancia y el rigor de la información ofrecida serán el signo de la calidad, habida cuenta que, junto a las consultas destinadas a averiguar quién es alguien que se desconocía, pueden producirse otras destinadas a comprobar aspectos más puntuales de una biografía, como el año de la llegada al poder, de una batalla o de la publicación de una obra. Sólo quien tiene conciencia de los usos de un diccionario, tan variados como los intereses de los usuarios, puede hacer frente a esta demanda diversificada. Juan Pro tenía experiencia, que ha enriquecido con la confección de este diccionario, al que sin duda dará nombre, como es habitual en los libros de consulta frecuente, por no decir cotidiana.

La publicación del *Diccionario de protagonistas de la Historia* de Juan Pro ha de ser motivo de satisfacción para muchas personas, a las que será útil una obra de estas características. Es posible que no sea la última experiencia de su autor en este terreno y, desde luego, no lo será de una editorial como Espasa Calpe. El diccionario y la enciclopedia son géneros llamados a conocer un mayor desarrollo y especialización: hay títulos publicados en el extranjero que aún no se han difundido en España, hay obras que necesitan una actualización que les devuelva la utilidad que tuvieron y, desde luego, hay otros que están por hacer.

MIGUEL ARTOLA

INTRODUCCIÓN

Un diccionario es una herramienta de la memoria. Por la memoria sabemos quiénes somos y de dónde venimos. Y ésa es la base que nos proporciona la Historia para decidir hacia dónde queremos ir, esto es, para hacer uso individual y colectivamente de la libertad.

Este diccionario está constituido por biografías de personajes históricos. Se inscribe, pues, en la tradición del género biográfico, practicado de modo ininterrumpido en Occidente desde la aparición de la escritura. La vitalidad de este género está relacionada, sin duda, con la importancia que se concede al individuo en la cultura occidental, y, en consecuencia, ha sufrido las fluctuaciones propias de valores culturales representativos de toda una visión del mundo. Desde los primeros relatos biográficos de carácter laudatorio y acrítico realizados en honor de los difuntos en discursos o inscripciones funerarias, o las vidas de santos encaminadas a difundir ejemplos morales entre los cristianos (siguiendo el modelo de las biografías de Jesucristo contenidas en los Evangelios), hasta las *Vidas paralelas* de Plutarco, *Los doce Césares* de Suetonio o los *Victorianos eminentes* de Lytton Strachey, son muchos y diversos los modelos literarios según los cuales se han escrito las vidas de otros.

Los historiadores profesionales del ámbito académico abandonaron prácticamente el género biográfico después de la Segunda Guerra Mundial, convencidos por las circunstancias de que la Historia se movía bajo el impulso de fuerzas abstractas e impersonales, estructuras profundas de dimensiones colosales, frente a las cuales poco —o nada— contaban las intenciones y las cualidades de los individuos concretos. Bajo la influencia de la historiografía marxista y de la escuela historiográfica francesa de los *Annales,* los historiadores se concentraron durante casi medio siglo en la realización de grandes encuestas sobre esas fuerzas impersonales de carácter económico, social y político, relegando la biografía al papel de un género menor, propio de las obras de divulgación o de los historiadores aficionados. Sin embargo, la biografía ha regresado en este final del siglo XX al centro de las preocupaciones de los historiadores, en un contexto de redescubrimiento del individuo y de su papel en la Historia. Lejos del desprecio del que fue objeto en tiempos pasados, hoy en día la biografía es valorada como un método histórico plenamente válido, en un doble sentido: en el sentido tradicional de acercarnos al conocimiento de los grandes personajes de la Historia, facilitando la comprensión de los procesos en los que tuvieron un papel protagonista; pero también en un sentido innovador, como vía de aproximación a personajes menos célebres, pero representativos de una época y de un lugar, personajes que nos permiten ejemplarizar situaciones históricas y comprender «desde dentro» el juego de presiones, recursos y alternativas en el que se encontraron nuestros antepasados.

Podríamos pensar que la biografía ha llegado a ser así una manera más de enfocar el conocimiento histórico y de comunicar al público los resultados de las investigaciones. Pero lo cierto es que la reciente recuperación del género biográfico no se ha limitado a reincorporarlo como una manera legítima de escribir Historia, sino que tiende a concederle el rango de método esencial y primigenio de la Historia.

Una de las ventajas del acercamiento biográfico frente a otras formas de escribir la Historia es que acaba con la ficción de los entes colectivos a los que a veces se ha supuesto voluntad propia, como si fueran verdaderos personajes. La práctica de la biografía nos ayuda a superar el lenguaje de esos relatos de la historia diplomática en los que los Estados nacionales aparecían deseando, temiendo, esperando, preguntándose, amando o detestando, sabiendo o ignorando cosas como si tuvieran una mente o un espíritu capaces de albergar sentimientos, aprender de la experiencia o comportarse bajo el peso de traumas psicológicos, pues el lector era llevado insensiblemente hacia la suposición de que cada país poseía su propia personalidad distinta de los demás. También nos ayuda a superar ciertos escritos de historia social en los que los personajes eran las *clases* o los grupos sociales, capaces igualmente de sentir miedo, ira, simpatía o respeto, decidir sobre acciones u omisiones, pactar alianzas o seguir estrategias. Hoy consideramos aquellas formas de escribir la Historia como meros excesos verbales, que dejaban traslucir prejuicios ideológicos afortunadamente ya superados; y, conscientes de que son los individuos los que hacen la Historia —aunque la hagan en condiciones que les limitan y que no han elegido por sí mismos— optamos por géneros historiográficos narrativos, en los que no haya más personajes que los seres humanos de carne y hueso. En nada cambia la cuestión el que, en determinadas circunstancias, esos seres humanos se agrupen para formar corporaciones, instituciones, movimientos o asociaciones, pues tales entes nunca deciden por sí mismos ni tienen otra identidad que la que les vayan dando los individuos que las forman.

La biografía nos permite, igualmente, superar la compartimentación en la que había caído la Historia por efecto de la especialización profesional de los historiadores. Al concentrarse sobre la historia económica, la historia social, la historia de las ideas, la historia política o la historia de las relaciones internacionales, los historiadores habían ganado en profundidad y en dominio de un campo específico de conocimiento, pero habían perdido el sentido de lo global. La perspectiva de globalidad es un atributo consustancial a la práctica historiográfica, pues una es la Historia de la Humanidad, que sólo nuestra torpeza ha desmigajado en múltiples relatos aislados de procesos económicos, políticos, culturales, etc. (limitados, además, por la estrechez de las fronteras nacionales o regionales). Es esa perspectiva de globalidad la que nos permite comprender cómo influyen unos fenómenos en otros, cómo se relacionan los diversos ámbitos de la actividad humana… y sólo de esa globalidad, por tanto, podemos aprender algo sobre el equilibrio entre la libertad del hombre y la determinación que le imponen las circunstancias. La biografía, al tomar como protagonista al hombre mismo, sin descuartizarlo en áreas de interés, recompone la unidad esencial de los fenómenos y, al tiempo que restablece al ser humano como factor de la Historia, muestra en qué forma se relacionan en su vida los elementos mentales y materiales, individuales y colectivos, públicos y privados... Vista así, la biografía es la verdadera Historia, porque garantiza el acercamiento global a los fenómenos y su organización según un orden temporal: globalidad y temporalidad que constituyen los dos pilares básicos de la disciplina histórica.

Con todo, las biografías que se pueden escribir en nuestra época no son idénticas a las de otros tiempos. La recuperación de este género historiográfico no significa una mera vuelta al pasado. Entre otras cosas, porque los largos años de predominio de la historia económica y social de corte estructuralista nos han enseñado a valorar dimensiones de la Historia que nuestros predecesores habían mantenido en penumbra. Así, por ejemplo, nos hemos acostumbrado a contextualizar mejor la vida de los personajes en medio de fuerzas y tendencias que escapaban de su control: ahora utilizamos los modelos teóricos que nos suministran los economistas, los sociólogos, los antropólogos y los politólogos para analizar esas fuerzas y esas tendencias, convirtiendo los modernos relatos biográficos en ejercicios literarios de equilibrio entre los protagonistas individuales y la malla de realidades que les rodea y les limita. Prestamos atención al jugador, pero también a las reglas del juego, reglas complejas y cambiantes, pero que ningún jugador puede ignorar por muy bueno que sea.

También hemos ampliado el ámbito de atención de las biografías. La tradición historiográfica occidental se limitaba a estudiar los grandes personajes de la vida política y militar, los altos dignatarios de los Estados y de las Iglesias o, como mucho, las más altas cumbres del pensamiento filosófico y religioso. En la segunda mitad del siglo XX, sin embargo, se han generalizado en Occidente las fórmulas de convivencia democrática, cuya práctica conlleva un cambio cultural de grandes proporciones: nuestro pasado es visto ahora como la experiencia común del género humano y no como el patrimonio particular de las castas dominantes que han ocupado el poder. En consecuencia, el género biográfico no limita ya su atención a los *héroes* —como proponía Carlyle en el siglo XIX—, sino que indaga con la misma pasión en las vidas de gentes anónimas que ilustran con su trayectoria la de la mayor parte de la Humanidad. Para resultar práctico y eficaz, un diccionario de protagonistas de la Historia tiene que concentrarse sobre los nombres de los personajes más conocidos que un lector pueda tener interés en consultar. Pero no puede publicarse sin la advertencia de que esta no es toda la Historia, sino sólo una parte representativa de la misma, que hay que considerar como la punta de un iceberg. Por debajo de la superficie están las vidas de todos los que aquí no aparecen, cuya importancia en la evolución histórica no puede ser despreciada: los generales ganan las guerras, pero son los soldados anónimos los que luchan y mueren en el campo de batalla; los reyes creen gobernar desde la corte, pero ¿qué sería de sus reinos sin el trabajo diario de los campesinos que aran la tierra, producen los alimentos y pagan religiosamente los impuestos?

En 1944 Jaume Vicens Vives, uno de los grandes maestros de los historiadores españoles del siglo XX, publicó un repertorio titulado *Mil figuras de la Historia: nombres ilustres, vidas famosas*. El diccionario que ahora presentamos rinde homenaje a aquella fórmula, repitiendo la cifra de mil personajes para seleccionar a los protagonistas de la Historia universal. Pero el tiempo transcurrido no ha sido en balde, y son muchos los cambios que entre tanto han experimentado la sociedad, la cultura y la historiografía españolas. El cambio se refleja, para empezar, en el tipo de personajes que se consideran relevantes. Emperadores, reyes, guerreros y ministros siguen constituyendo una parte importante del elenco, pero su peso es menor en nuestro diccionario que en el de Vicens: el ejercicio del poder político sigue considerándose un hilo conductor de la Historia; pero, junto a la política, se han alzado otras facetas de la vida humana cuya importancia reivindicamos. Es por eso por lo que aparecen en lugar preponderante los grandes empresarios, los inventores que han cambiado nuestra vida cotidiana, los rebeldes que se han alzado contra la injusticia (con éxito o sin él), los hombres de ideas que anticiparon fórmulas nuevas de convivencia…

Los personajes españoles o de países de habla hispana siguen recibiendo una atención especial, pensando en responder a las dudas del lector hispanohablante sobre su Historia más cercana; pero este sesgo localista no es tan acusado como lo fuera en 1944, quizá por efecto de la imparable globalización de la vida en el planeta, que nos hace vernos a todos como miembros de una Humanidad con problemas comunes, antes que como miembros de comunidades nacionales que no se pueden comprender aisladas de las demás. En consecuencia, se ha procurado dar el peso que se merecen a los personajes más destacados de la Historia no occidental, tomando nota de la emergencia de un mundo asiático y africano con vida propia, que no puede considerarse ya mera prolongación colonial de Europa. Europa misma, sin embargo, como cuna de la civilización occidental, aporta un número muy crecido de entradas del diccionario, como reflejo quizá de la redescubierta vocación europea de España y de la búsqueda de una identidad común a escala continental.

Otra particularidad que distingue a este diccionario de sus precursores es la inclusión de voces colectivas, referidas a familias o dinastías cuyo protagonismo histórico se ha mantenido a lo largo de varias generaciones. Esta fórmula, que eleva el número real de personajes tratados muy por encima del millar, supone el reconocimiento de que, en ocasiones, es la familia la que merece un lugar en la Historia, mientras que apenas lo merecerían por sí mismos algunos de sus miembros. Los historiadores de las mentalidades del periodo preindustrial nos han demostrado que, en gran medida, era el grupo familiar el que contaba en la definición de las estrategias de ascensión social, de lucha por la supervivencia y por el poder en la vieja Europa. Dinastías, casas y familias ocupan por ello un lugar en el diccionario, simplificando la presentación de personajes relevantes unidos por vínculos de parentesco. La decisión de hacerlo así viene justificada por el extraordinario desarrollo que ha tenido en las últimas décadas la historia de la familia como especialidad historiográfica a caballo entre la demografía histórica y la historia social y cultural.

Por último, cabe hacerse la pregunta que da título al diccionario: ¿quiénes son los protagonistas de la Historia? Cada escuela y cada autor daría una respuesta diferente. La definición del listado de voces de este diccionario es, por tanto, fruto de una opción personal, que el autor no impone, sino que propone al lector. En sentido estricto *todos* somos protagonistas de la Historia. Pero hay grados diferentes de protagonismo, y por esa graduación nos podemos guiar para hacer una selección de los mil primeros nombres que conviene recordar. El criterio fundamental para esta difícil selección ha sido el de la creación de algo nuevo, la innovación: son más protagonistas quienes más han contribuido a modificar el curso de la Historia con sus aportaciones: los fundadores (de imperios, de Estados, de Iglesias, religiones e ideologías, corrientes filosóficas o políticas...); los descubridores (en el terreno de la exploración geográfica y en el de la investigación científica); los padres de inventos trascendentales; los empresarios de mayor éxito; los pensadores políticos y económicos que han sentado las bases de la organización de nuestra sociedad; los conquistadores de imperios y los líderes de movimientos emancipadores que dieron lugar al nacimiento de nuevos países independientes; los gobernantes que crearon nuevos regímenes políticos —nos gusten o no— y los resistentes que acabaron con ellos para dar paso a otros nuevos. Se han excluido, sin embargo, los artistas, dado que existen otros diccionarios especializados en este tipo de personajes: escritores, músicos, pintores, escultores y arquitectos —que son los creadores por excelencia— no han entrado a formar parte de este diccionario, del que fácilmente habrían desbancado a los demás por derecho propio.

Los protagonistas de la Historia son también los protagonistas de nuestra memoria colectiva, aquellos a quienes se recuerda (con independencia de que la importancia real que tuvieran en su época fuera quizá menor que la que tuvieron otros, a quienes hemos preferido olvidar). La literatura, las artes y el cine tienen ahí también su influencia, así como la toponimia e incluso las canciones infantiles, perdurando hasta nosotros nombres y figuras que quizá de otro modo se habrían perdido con el paso del tiempo. La celebridad ha sido, por tanto, un criterio de inclusión de algunos personajes en el diccionario, en atención al lector que pudiera interrogarse por esos nombres conocidos. Y es que, en definitiva, es la curiosidad del lector el elemento que dará a este libro su sentido último, al guiar la lectura de un personaje a otro, seleccionando qué voces serán las consultadas y en qué orden. Para facilitar esa complicidad del lector, se han incluido referencias cruzadas, marcando con un asterisco (*) los personajes que aparecen mencionados en el relato biográfico de una voz ajena, pero que tienen entrada propia en otro lugar del diccionario. Y se han añadido como apéndice 39 listas de personajes relevantes que ayuden a poner en relación unas voces con otras, a contextualizarlas en una sucesión temporal y a rellenar los «huecos» que puedan haber quedado con la mención de algunas series continuas (de emperadores, reyes, presidentes, papas, etc.).

Las características de esta obra hacen que su autor se sienta en deuda con muchas personas a las que tendría que agradecer su apoyo y su ayuda. Quizá serían más de mil. Entre ellos están mis compañeros y mis alumnos del Departamento de Historia Contemporánea de la Universidad Autónoma de Madrid, de quienes aprendo —como cualquier profesor— día tras día. Están también los editores de Espasa Calpe, a quienes agradezco su paciencia infinita y sus brillantes sugerencias de todo orden, en especial a Juan González Álvaro, a Marisol Palés y a Celia Villar. Y, por supuesto, a mi familia, que soportó estoicamente mis viajes por el tiempo y por el espacio en busca de estos mil protagonistas de la Historia.

JUAN PRO

A

ABARCA DE BOLEA, Pedro Pablo. V. ARANDA, Conde de.

ABASIDA, Dinastía (Abbasida o Abbasí) Dinastía reinante en el califato de Bagdad entre los años 750 y 1258, descendiente de un tío de Mahoma* (Abbás). Su fundador, ABÚ-L-ABBÁS AL-SAFAR, consiguió el poder tras derrocar a los Omeyas* mediante una sangrienta rebelión iniciada en el Jurasán, que venció gracias al apoyo de los persas y los chiítas. Con los Abasidas se inició la ruptura de la unidad musulmana, pues, aunque pasaron por las armas a la mayor parte de la anterior familia reinante, uno de sus miembros —Abderramán I*— consiguió huir a España, en donde constituiría un emirato independiente desde el 756. Trasladada la capital de Damasco a Kufa y, más tarde, a Bagdad, el califato Abasida se modeló sobre el antiguo Imperio persa de los Sasánidas, constituyendo los persas el grupo más influyente políticamente; pero no imitó la política de predominio árabe de sus predecesores, sustituyéndola por un equilibrio entre los árabes y las poblaciones no árabes islamizadas. Otro rasgo diferenciador con respecto a los Omeyas fue la insistencia en la unidad religiosa y en la persecución de las herejías, que contrasta con el progresivo debilitamiento del poder civil. De los 37 califas de la dinastía cabe destacar a:

AL-MANSUR (754-75), el fundador de Bagdad; AL-MAHDÍ (775-85); HARÚN AL-RASHID (786-809), el califa de *Las mil y una noches;* y AL-MAMÚN (813-33); bajo ellos el califato alcanzó su apogeo y Bagdad se convirtió en uno de los grandes centros mundiales de civilización. Desde el siglo X comenzó la decadencia, pasando el poder efectivo a manos de emires persas o turcos; el debilitamiento se manifestó en la progresiva pérdida de territorios que se independizaron, sobre todo en el norte de África. Tras la toma de Bagdad por los mogoles en 1258, el último califa Abasida, MUSTASIM, fue asesinado junto con la mayor parte de su familia. Los supervivientes se refugiaron en El Cairo bajo la protección de los sultanes mamelucos y ejercieron como califas a título puramente honorífico hasta 1517, contándose 21 califas más.

ABD EL-AZIZ IBN EL-HASSÁN, Muley. V. ALAUITA, Dinastía.

ABD-EL-KRIM (o Abd-al-Krim) Dirigente de la resistencia contra la dominación colonial española en el norte de

Marruecos (Tafersit, 1882 - El Cairo, 1963). Perteneciente a la tribu rifeña de Beni Urriaguel, era hijo de un cadí; tras recibir una educación en Túnez y Fez, sirvió a la administración colonial española en diversos puestos. Sus primeras actividades contra la penetración colonial le llevaron a la cárcel en 1915. Pero fue en 1921, convertido ya en el máximo dirigente anticolonial de Marruecos, cuando organizó la sublevación general del Rif; las tropas españolas, derrotadas en Annual, hubieron de replegarse, mientras Abd-el-Krim se erigía en emir de un territorio independiente. Al extender sus ambiciones a la parte de Marruecos bajo dominio francés, provocó el entendimiento contra él entre las dos metrópolis europeas. La contraofensiva hispano-francesa, a partir del desembarco de Alhucemas (1925), llevó a la derrota de los rifeños en 1926. Viéndose próximo a caer en manos de los españoles, se entregó a los franceses tras ejecutar a todos los prisioneros de aquella nacionalidad; este último acto de guerra no hizo sino acrecentar la imagen de Abd-el-Krim como hombre cruel y sanguinario, imagen basada en las formas de lucha propias de las tribus rifeñas, pero exagerada en España por el odio al enemigo y por el secular desprecio hacia las poblaciones norteafricanas. Por acuerdo entre las autoridades coloniales españolas y francesas, Abd-el-Krim fue deportado a la isla de la Reunión, colonia francesa en el océano Índico, en donde permaneció hasta 1947; en aquel año, autorizado por el gobierno francés a trasladarse a la metrópoli, consiguió escapar durante una escala en Port Said del barco que le transportaba, acogiéndose a la protección del rey egipcio Faruk*. Mantuvo su lucha desde el exilio contra la dominación colonial hasta 1952, poco antes de la independencia total de Marruecos (1956); a pesar de los honores que le concedió el primer rey de Marruecos, Mohammed V*, rehusó volver a su país y permaneció en Egipto hasta su muerte, convertido en un símbolo del nacionalismo árabe.

ABD EL-MALIK. V. OMEYA, Dinastía.

ABD EL-RAHMÁN, Muley. V. ALAUITA, Dinastía.

ABDERRAMÁN I (o 'Abd al-Rahmán) Primer emir independiente de Córdoba (Damasco, 734 - Córdoba, 788) Nieto del califa Hisham de Damasco, fue uno de los escasos miembros de la dinastía Omeya* que consiguieron escapar a la matanza de Abú Futrus, que llevó al poder a los Abasidas* en el año 750. Durante cinco años viajó huyendo de un lugar a otro del norte de África, hasta encontrar refugio entre los beréberes de la tribu Nafza, cerca de Ceuta, de la que era originaria su madre. Con el apoyo de los sirios que habían servido a los Omeyas y aún permanecían en España, consiguió pasar a la Península: en el 755 desembarcó en Almuñécar (Granada) y un año más tarde derrotó al emir Yusuf al-Fihrí y tomó Córdoba, en donde fue proclamado emir independiente de Al-Ándalus. Sus 32 años de reinado fueron bastante turbulentos, con continuas rebeliones: una de ellas, encabezada por el antiguo emir, acabó con la ejecución de éste en el 759. Otra, protagonizada en el 777 por varios jefes árabes del nordeste peninsular, contó con el apoyo de Carlomagno*, quien dirigió una expedición contra Zaragoza; la ciudad, aunque tomada por los rebeldes, no se entregó al rey de los francos, y en la precipitada retirada, éste perdió su retaguardia, mandada por el duque de Bretaña, Roldán, bajo el ataque de montañeses vascos en el desfiladero de Roncesvalles (gesta celebrada en la *Chanson de Roland*); las divisiones entre los rebeldes permitieron que Abderramán realizara una espectacular demostración de fuerza, con una campaña militar que recorrió Navarra, Aragón y Cataluña. Abderramán consiguió mantenerse en el poder con el apoyo de un buen ejército, formado en su mayor parte por mercenarios beréberes; consolidó así a la dinastía Omeya, derrocada en Oriente, al frente de un emirato español cuya organización calcó del califato oriental; e inició la construcción de la mezquita de Córdoba, que quedaría para la posteridad como símbolo de aquel primer esplendor de la España musulmana.

ABDERRAMÁN III (o 'Abd al-Rahmán) Octavo soberano Omeya* de la España musulmana y primero de ellos que tomó el título de *califa* (Córdoba, 891 - 961). Accedió al trono en el año 912, cuando sólo tenía 21, designado por su abuelo para sucederle con preferencia a sus propios hijos; y en el 929 se hizo proclamar califa, rompiendo el último vínculo simbólico que le unía con el califato de los Abasidas*. Dedicó los mayores esfuerzos de su largo reinado a someter el territorio a su autoridad efectiva, sofocando la rebelión de Andalucía (tras la toma de Bobastro en el 928) e imponiéndose por la fuerza a los señores locales semindependientes. Extendió sus acciones al norte de África, en donde varios jefes rebeldes se declararon vasallos del califa de Córdoba en lugar de acatar el califato autóctono de los Fatimíes; con ello consiguió prevenir las tentaciones expansionistas de los Fatimíes, al tiempo que se apoderaba de plazas costeras tan importantes como Tánger, Ceuta y Melilla. También combatió contra los reinos cristianos del Norte, aunque con suerte desigual: fue derrotado por los leoneses en San Esteban de Gormaz (917), venció a leoneses y navarros en Mudania (918), en la campaña de Muez (920) y en Irati (924), volvió a perder y estuvo a punto de morir en la «batalla del foso» de Simancas (939)... pero en conjunto puede decirse que las fronteras permanecieron seguras durante este reinado, y que incluso Abderramán se erigió en árbitro de las disputas internas de los reinos cristianos, convertidos en tributarios suyos desde el 960. Pacificado el interior y aseguradas las fronteras, el califato vivió una época de tolerancia religiosa y de grandes construcciones (como las de Madinat al-Zahra). El prestigio exterior del califato de Córdoba se tradujo en el establecimiento de relaciones con los emperadores germánico y bizantino y con los reyes de Inglaterra, Francia e Italia.

ABDULLAH IBN HUSSEIN Fundador del Reino de Jordania (La Meca, 1882 - Jerusalén, 1951). Pertenecía a la familia Hachemita, que se decía descendiente de Mahoma* y controlaba la ciudad santa de La Meca. Su educación, sin embargo, transcurrió en Estambul, capital del Imperio Otomano, que dominaba por entonces el Medio Oriente. Tras la revolución de los Jóvenes Turcos en 1908, el nuevo gobierno otomano nombró a su padre, Hussein ibn Alí, *sharif* de La Meca y protector de los lugares santos del Islam; Abdullah pasó a representar a su provincia (Hedjaz) en el nuevo Parlamento turco. Desde entonces participó activamente en el movimiento nacionalista árabe que reclamaba mayor autonomía dentro del imperio. Fruto de estas actividades fue su apoyo a la revuelta árabe que estalló en 1916, en el marco de la Primera Guerra Mundial, y que colaboró militarmente con los británicos para expulsar a los turcos de la región. Después de la guerra, el Congreso Nacional Árabe reunido en Damasco (1920) le designó rey de Irak, al tiempo que otorgaba a su hermano Faisal el reino de Siria; pero la toma de Damasco por los franceses impidió llevar tales decisiones a la práctica, por lo que Abdullah tuvo que conformarse con el ofrecimiento británico de reinar sobre Transjordania, una entidad territorial de nueva creación en la margen oriental del Jordán (Faisal pasaría a ser rey de Irak). Abdullah era emir de un territorio con amplia autonomía (desde 1927), administrado por Gran Bretaña como mandato de la Sociedad de Naciones; los británicos le concedieron la independencia en 1946, en reconocimiento de su colaboración durante la Segunda Guerra Mundial (Abdullah había ayudado a reprimir un intento de golpe favorable al Eje en Irak en 1941). La base del nuevo Estado era la Legión Árabe, un ejército entrenado y armado por los británicos desde 1928. Gracias a esa fuerza, Transjordania consiguió durante la primera guerra árabe-israelí de 1948 apoderarse de los territorios de la otra orilla (Cisjordania), que no tardó en anexionarse, cambiando su nombre por el de Reino Hachemita de Jordania (1949). Aquella acción contrarió las aspiraciones independentistas de los palestinos y los intereses del resto de los países árabes; además, los nacionalistas árabes veían en Abdullah a un moderado, próximo a llegar a un entendimiento con el nuevo Estado de Israel. En 1951 fue asesinado por un joven radical a la entrada de la mezquita. Le sucedió su hijo Talal y, un año más tarde, su nieto Hussein*.

ABÉN HUMEYA (Fernando de Córdoba y Válor) Caudillo de la rebelión de los moriscos del Reino de Granada iniciada en diciembre de 1568 (?, 1520 - Laujar, Almería, 1569). Procedía de una familia musulmana, quizá emparentada con los Omeyas* de Córdoba, que se convirtió tras la conquista de Granada y obtuvo de los Reyes Católicos* el señorío de Válor. Indignado por la condena a prisión de su padre, encabezó el descontento de los moriscos y se rebeló contra Felipe II*, reivindicando su identidad musulmana: recuperó simbólicamente su nombre árabe y fue coronado rey al estilo árabe. La revuelta se extendió por toda la Alpujarra y, después, por el llano. Los rebeldes combatieron contra las tropas reales mandadas sucesivamente por el marqués de Mondéjar, el marqués de Vélez y don Juan de Austria*; desde marzo de 1569 incluso puede decirse que la iniciativa militar correspondió a los moriscos, si bien fracasaron en sus ataques contra Berja. Abén Humeya se hizo con una reputación de déspota codicioso, que terminó con su asesinato a manos de su propia gente el 20 de octubre. Le sucedió al frente de la rebelión su primo Aben Aboo, bajo el cual sería sofocada definitivamente en 1570.

ABRAHAM Primer patriarca del pueblo de Israel (Ur, Caldea, 2164 - Hebrón, Palestina, 1990 a.C.). Conocido casi exclusivamente a través de los relatos bíblicos (fundamentalmente por el libro del Génesis), su inserción exacta en la historia del Medio Oriente no se ha podido determinar. Probablemente era el jefe de un clan arameo seminómada dedicado a la ganadería, de los que se instalaron en Canaán en los siglos XIX y XVIII a.C. Abraham emigró con su familia, criados y rebaños, dedicándose al pastoreo en la zona de Siquem, Bet-el y Hebrón; durante un periodo de sequía, llegó incluso hasta Egipto en busca de pastos. La historia propiamente religiosa de Abraham resalta su inquebrantable fe en Dios (puesta a prueba cuando éste le pidió que le sacrificara a su hijo Isaac); fue Abraham quien estableció la alianza con Dios que constituye la clave de la religión judía y que se recuerda simbólicamente con la circuncisión. En varios pasajes del Génesis aparece Abraham como el depositario de la promesa divina de un territorio para el establecimiento del pueblo de Israel. También ocupa un lugar destacado de la narración bíblica la promesa que le habría hecho Dios de una larga y próspera descendencia; como ésta tardara en llegar de su esposa Sara, Abraham tomó como segunda esposa, cuando ya tenía 85 años, a su doncella Agar y tuvo de ella un hijo, al que llamó Ismael; todavía tendría un segundo hijo, Isaac, nacido de Sara a los 90 años, cuando Abraham tenía más de 100 (y otros varios más en los últimos años de su vida, de una tercera esposa). La descendencia anunciada sería el pueblo de Israel, llamado a guardar la alianza contraída con Dios por su antepasado. La veneración de este personaje como profeta la comparten las tres religiones «del libro» —judíos, cristianos y musulmanes—, por lo que puede ser considerado como el fundador de las religiones monoteístas; para judíos y árabes, Abraham representa, además, un común origen mítico, pues se consideran descendientes de sus hijos Isaac e Ismael, respectivamente. Según la Biblia, Abraham murió a la avanzada edad de 175 años, quedando enterrado en la cueva de Makpela.

ABÚ ABD ALLAH. V. BOABDIL.

ABÚ AMMAR. V. ARAFAT, Yasser.

ABÚ-L-ABBÁS AL-SAFAR. V. ABASIDA, Dinastía.

ABÚ-L-HASSÁN ALÍ. V. MULEY HACÉN.

ADENAUER, Konrad Primer canciller de la República Federal Alemana (Colonia, 1876 - Rhöndorf, 1967). Abogado de Colonia, entró en la política de la mano del católico Partido del Centro Alemán. En 1917 llegó a ser alcalde de su ciudad, de manera que estaba al frente de la misma cuando estalló la revolución alemana de 1919, que contribuyó a sofocar. Convertido ya en uno de los líderes del Centro, empezó a perfilarse como defensor de los intereses regionales de Renania frente al poder central. Presidió la cámara alta del Parlamento prusiano durante la República de Weimar, entre 1920 y 1933. Al llegar al poder los nazis, fue destituido de sus cargos e incluso detenido en 1934. Las persecuciones subieron de tono en 1944, cuando fue detenido de nuevo por la Gestapo e internado en el campo de concentración de Buchenwald.

Al acabar la Segunda Guerra Mundial, Adenauer tenía 69 años; pero su reputación de hombre conservador, demócrata y francófilo, buen gestor y libre de sospechas de colaboración con el nazismo, le dieron un perfil adecuado para volver a ocupar puestos relevantes. Regresó inicialmente a la alcaldía de Colonia, de la que dimitió en 1945 por discrepancias con las fuerzas de ocupación británicas. Intentó refundar el Centro, pero la nueva situación política le aconsejó participar en la fundación de la Unión Demócrata-Cristiana (CDU); contando con el apoyo de la jerarquía católica, ascendió rápidamente, convirtiéndose en presidente del partido en la zona de ocupación británica. En 1948 fue elegido presidente del Consejo Parlamentario, órgano encargado de diseñar las instituciones básicas para crear un Estado alemán occidental uniendo las zonas de ocupación de Estados Unidos, Gran Bretaña y Francia, en vista de la dificultad de entendimiento con la Unión Soviética para la reunificación del país. En 1949 Adenauer accedió a la presidencia de la CDU de Alemania Occidental, a cuyo frente ganó aquel mismo año las primeras elecciones generales de la República Federal Alemana. En consecuencia, fue elegido canciller (no sin dificultades, pues fue su propio voto el que le dio la mayoría). Reelegido en 1953, 1957 y 1961, presidió el gobierno de Alemania Occidental durante 14 años, por lo que es considerado el «padre» de la democracia alemana. Entre los logros de su mandato destacan la reconstrucción de la posguerra, la consolidación de una democracia estable y la reintegración de Alemania en el concierto internacional. En 1954 consiguió acabar con el estatuto de país ocupado y restablecer la plena soberanía de Alemania. Bajo su gobierno se produjo el llamado «milagro económico alemán», atribuible más a su ministro de Economía, Ludwig Erhard*, que a él mismo. En política exterior (cartera que ocupó personalmente entre 1951 y 1955) fomentó la alianza con Estados Unidos y el acercamiento a Francia; resultado de lo primero sería la creación de un nuevo ejército alemán integrado en la OTAN (1954); y de lo segundo, la decisiva participación alemana en la Comunidad Económica Europea (1959). Denostado por su autoritarismo y por su acomodo a los intereses occidentales, con el tiempo las mayores críticas le vendrían por su actitud hacia los países del Este; con más de ochenta años, el *Viejo* conectaba mal con la opinión abierta y liberal de las generaciones jóvenes. Tras haber renunciado a optar al puesto de presidente de la República, dimitió como canciller en favor de Erhard en 1963, presionado por su propio partido.

ADRIANO VI (Adriano de Utrecht) Papa (Deel, Utrecht, Países Bajos, 1459 - Roma, 1523). Profesor de Teología de la Universidad de Lovaina, fue preceptor de Carlos de Gante (el futuro Carlos V*). En 1515 fue enviado a España para defender los intereses de Carlos en la sucesión de Fernando *el Católico**; muerto Fernando en 1516, Adriano hubo de pugnar con el nuevo regente, el cardenal Cisneros*, hasta conseguir la proclamación de Carlos I como rey en vida de su madre, Juana I de Castilla (llamada *la Loca*)*. Adriano fue nombrado inquisidor general en 1518; y cuando Carlos partió para Alemania tras ser elegido emperador, Adriano quedó como regente de Castilla (1520), cargo desde el cual tuvo que hacer frente a la rebelión de los comuneros.

Elegido papa el 9 de enero de 1522, no llegó a Roma hasta ocho meses después. Acababa de estallar el cisma de Lutero*, con lo que el nuevo —y breve— papado vendría marcado por la amenaza protestante. Adriano trató de conferir un tono más austero a la corte pontificia, para no dar razón a las críticas de los protestantes; pero no introdujo reformas capaces de atajar los problemas de fondo. Adoptó algunas medidas favorables a su antiguo discípulo, Carlos V, como la incorporación a la Corona castellana de los maestrazgos de las Órdenes Militares. La muerte le sorprendió cuando preparaba una acción conjunta con el emperador contra el rey de Francia, Francisco I*.

ADRIANO, Publio Elio Emperador romano de la dinastía de los Antoninos (Roma, 76 - Baia, 138). Procedente de una familia hispana de Itálica (cerca de Sevilla) que había alcanzado el rango senatorial, quedó huérfano a los ocho años y recibió una esmerada educación bajo la protección del emperador Trajano*, que era pariente suyo; su casamiento con una sobrina del emperador y su amistad con la emperatriz Plotina fortalecieron ese vínculo. Acompañó a Trajano en la guerra de Dacia (105-106), fue nombrado gobernador de Panonia Inferior (107), cónsul (109) y gobernador de Siria (116). Al morir Trajano, Adriano accedió al Trono imperial en extrañas circunstancias, contando con el apoyo de la emperatriz (que aseguró que el emperador había adoptado a Adriano días antes de morir) y del «clan hispano» del Senado, que había acrecentado su influencia durante el reinado anterior. Para asegurarse el apoyo del ejército elevó la paga de los soldados; Plotina multiplicó las cartas a los senadores indicando que había sido la última voluntad de su esposo ser sucedido por Adriano; y su prefecto del pretorio, Atiano, hizo ejecutar sin juicio a varios adversarios. Las protestas del Senado por estos hechos le obligaron a destituir a Atiano, quien sin embargo fue recompensado con el rango senatorial.

El reinado de Adriano estuvo marcado por los enfrentamientos con el Senado y por los viajes del emperador; además de múltiples visitas a las provincias y fundaciones de ciudades, encabezó algunas campañas militares: primero contra las tribus del norte de Britania, en donde hizo levantar la muralla que lleva su nombre; y más tarde contra la rebelión de los judíos (la *Segunda Guerra Judía* de 132-35). Pero globalmente fue un periodo de paz, durante el cual, derrotado el «partido belicista», se abandonaron las conquistas realizadas por Trajano en Oriente y se desarmaron las regiones ya civilizadas. Adriano consolidó el Consejo del emperador e introdujo reformas en la burocracia (que quedaría reglamentada hasta el fin del Imperio), en el ejército y en la Hacienda (haciendo prevalecer la recaudación directa de los impuestos frente a los intereses de los intermediarios particulares). Promovió grandes construcciones, como el anfiteatro de Nimes, el anfiteatro de Venus, el Castillo de Sant'Angelo y los puentes del Tíber en Roma. Abandonado por sus principales colaboradores hacia el final de su reinado, no consiguió restaurar la sucesión hereditaria.

ADRIANO DE UTRECHT. V. **ADRIANO VI.**

AGA KAN. Imán o líder religioso hereditario de la secta musulmana chiíta de los ismailitas nazaríes. Entre sus

AGA KAN

creencias se cuenta la de que el imán debe ser descendiente del profeta Mahoma* a través de Alí* y de Husain; la secta de los ismailitas la forman desde el siglo VIII los seguidores del séptimo imán, Ismail, descendiente de Husain; de ellos se escindieron los nazaríes en el siglo XI. Originarios de Persia, se extendieron en el siglo XIV hacia la India, dando lugar al influyente grupo de los *kojas,* fundamentalmente dedicados al comercio. El título de *Aga Kan,* que implica un carácter semidivino para sus seguidores, fue reconocido por el sha de Persia en 1818, y desde entonces se han sucedido cuatro titulares: **HASÁN ALÍ SHA, AGA KAN I** (1800-1881). Obtuvo el reconocimiento de príncipe de la casa real persa por sus servicios al sha Fath Alí. Después se convirtió en aliado de los británicos, a los que ayudó en su penetración en la India, contribuyendo a disipar los recelos de la población musulmana de las regiones occidentales; los británicos se lo agradecieron con su protección. El Aga Kan acumuló una fortuna inmensa, merced a las aportaciones exigidas a los creyentes de la secta (sobre todo a los *kojas* de la India, cuyas redes comerciales se extendían desde Karachi y Bombay hasta el África oriental, a través del océano Índico). Le sucedió su hijo, **ALÍ SHA, AGA KAN II**, muerto a los cuatro años de acceder al título. **SULTÁN SIR MUHAMMAD SHA, AGA KAN III** (1877-1957). Hijo del anterior, accedió al título con sólo ocho años y lo mantuvo hasta los ochenta, llevándolo a su máxima influencia; su riqueza, su afición a las carreras de caballos y su activa vida social, le convirtieron en un personaje famoso en Occidente, por más que muchos vieran una contradicción entre su estilo de vida y el liderazgo espiritual que se le atribuía en algunas de las regiones más pobres del mundo. La ceremonia anual de pesar al Aga Kan para hacerle ofrenda de su peso en oro y joyas era la expresión gráfica de ese contrasentido. Su amistad con el rey de Inglaterra le llevó a formar parte del Consejo del Virrey de la India en 1902. A pesar de que lideraba una secta herética y minoritaria, su papel de portavoz y representante de los musulmanes de la India le fue reconocido por los ortodoxos en múltiples ocasiones; sobre todo a partir de 1906, cuando los musulmanes se empezaron a movilizar en demanda de una protección especial, temiendo que las aspiraciones de gobierno representativo del Congreso Indio condujeran a una hegemonía de la mayoría hindú; en aquel año fue elegido presidente de la recién creada Liga Panmusulmana, cargo que mantuvo hasta 1913. Después de la Primera Guerra Mundial, medió sin éxito para dulcificar el trato de los aliados a la derrotada Turquía; fracasó igualmente al pretender el liderazgo espiritual correspondiente al califa, una vez desaparecido su teórico depositario anterior, el sultán turco. En 1931-33 participó en la Mesa Redonda de Londres sobre el futuro de la India, abogando por la representación separada de las minorías étnicas, que rechazó el Congreso Indio. Delegado de la India en la Sociedad de Naciones, fue elegido presidente de la misma en 1937. La mayor parte de su vida residió en Francia, disfrutando de las comodidades de una vida lujosa en Europa, al tiempo que evitaba una identificación directa con ninguno de los territorios en donde tenía seguidores. **KARIM AL HUSSAINI, AGA KAN IV** (1937 -). Nieto del anterior, quien le nombró sucesor en lugar de su padre, alegando la conveniencia de que el nuevo Aga Kan fuera un hombre joven. Tras completar su educación en Suiza y en Harvard, ha dedicado la mayor parte de sus esfuerzos a la protección de la cultura: desde 1967 preside la Fundación Aga Kan; en 1976 instituyó el Premio Aga Kan de Arquitectura; en 1977 fundó el Instituto de Estudios Ismailíes; y en 1983, la Universidad Aga Kan de Pakistán.

AGUIRRE, Lope de Conquistador rebelde español (Oñate, Guipúzcoa, 1511/15 - Barquisimeto, Venezuela, 1561). Pasó al Perú poco después de su descubrimiento, hacia 1536. Participó en la conquista y colonización de varios lugares, pero sobre todo se vio involucrado en las luchas entre los colonizadores españoles; primero en las guerras civiles entre Francisco Pizarro* y Diego de Almagro* (1537-54) y, más tarde, apoyando al virrey Blasco Núñez de Vela en la implantación de las Leyes Nuevas contra la resistencia de parte de los colonos, encabezados por Gonzalo Pizarro* (1544-46). Condenado por un juez a ser azotado públicamente por incumplir las leyes que protegían a los indios (1551), persiguió a dicho juez hasta matarle; su fuga de la Justicia cesó en 1554, al acogerse a la amnistía concedida por Pedro de Alvarado* a los que se alistaran para luchar contra la rebelión de Hernández Girón. En 1560 se embarcó en la expedición de Pedro de Ursúa en busca de las legendarias riquezas de Eldorado; una flota con centenares de soldados descendió por los ríos Huallaga y Amazonas, sin encontrar rastro de riqueza alguna: el descontento consiguiente fue aprovechado por Lope de Aguirre para organizar un motín, asesinar a Ursúa y tomar el mando de la expedición. En lugar de regresar al punto de partida, como pretendía Ursúa, Aguirre continuó el descenso por el Amazonas, en medio de una sucesión de crímenes. En 1561 se rebeló contra el rey de España (a quien hizo llegar una carta) y proclamó a uno de sus colaboradores (Fernando de Guzmán, a quien también mataría poco después) «Príncipe del Perú, Tierra Firme y Chile»; no sin anacronismo, algunos historiadores han querido ver en este gesto alucinado un precedente de la independencia americana. Navegó hasta el Atlántico y bordeó la costa hasta Venezuela, con intención de llegar a Panamá, apoderarse de la flota y fomentar una sublevación contra la metrópoli. Aunque el gobernador de Venezuela y gran parte de la población habían huido aterrados por la llegada de Aguirre, éste no pudo vencer la resistencia organizada por unos cuantos viejos colonos, ya que la mayor parte de sus compañeros habían desertado. Viéndose perdido, Aguirre asesinó a su propia hija Elvira, que le había acompañado durante todo el viaje, para que no cayera en manos de sus enemigos; y éstos le dieron muerte en el lugar, rechazando su pretensión de que se le hiciera juicio.

AGUIRRE LECUBE, José Antonio Primer presidente del gobierno autónomo vasco (Bilbao, 1904 - París, 1960). Era abogado —formado por los jesuitas de la Universidad de Deusto— y procedía de una familia de industriales vizcaínos. Su vida política se desarrolló al calor de las libertades de la Segunda República: en 1931 fue elegido alcalde de Guecho y diputado en las Cortes constituyentes. Pronto se impuso como líder del Partido Nacionalista Vasco, resultando elegido diputado nuevamente en 1933 y en 1936. Ya iniciada la Guerra Civil, las Cortes aprobaron el Estatuto de Autonomía del País Vasco, y Aguirre fue elegido *lehendakari* (presidente del Gobierno) por una asamblea de alcaldes reunida en Guernica en 1936. Su política estuvo orientada por sus convicciones conservadoras, católicas y nacionalistas (restablecimiento del orden público, protección del culto y fundación de una universidad vasca); pero también fuertemente condicionada por la situación de guerra (organización de unas fuerzas armadas). Tras la caída de Bilbao en 1937, se trasladó a Barcelona; y luego, ante la derrota del bando republicano, se exilió en París (1939). El estallido de la Segunda Guerra Mundial y la persecución nazi le obligaron a ocultarse y a huir a Estados Unidos. En 1945 regresó a París, donde siguió ostentando simbólicamente el cargo de presidente del Gobierno Vasco hasta su muerte.

AGUSTÍN I de México. V. **ITURBIDE, Agustín.**

AGUSTÍN DE HIPONA, San (Aurelius Augustinus) Teólogo cristiano de la época de decadencia del Imperio Romano (Tagaste, Numidia, 354 - Hipona, 430). Aunque era hijo de una mujer cristiana (santa Mónica), permaneció pagano como su padre hasta los 32 años. A lo largo de ese tiempo estudió filosofía, sintiéndose atraído por el maniqueísmo (en su época de Cartago) y por el neoplatonismo (durante su estancia en Milán). Su conversión fue consecuencia de las predicaciones del obispo de Milán, san Ambrosio, quien le bautizó en el 387. Regresó al norte de África, donde fue ordenado presbítero en el 391 y sirvió como ayudante del obispo de Hipona (la actual Bona, en Argelia), al cual sucedió en el 396. Convertido en uno de los pensadores más importantes de la Iglesia, dedicó muchos de sus escritos a refutar doctrinas heréticas, como el maniqueísmo, el donatismo o el pelagianismo; entre las obras que dejó destacan las *Confesiones* (una autobiografía) y *La ciudad de Dios* (una filosofía de la Historia basada en la trascendencia de la Iglesia frente al carácter pasajero del Imperio, acosado en aquellos años por las invasiones germánicas). Murió durante el asedio de Hipona por los vándalos.

San Agustín fue uno de los más influyentes «padres de la Iglesia», cuyas aportaciones a la teología cristiana permanecieron inalteradas a lo largo de toda la Edad Media; su influencia es perceptible tanto en santo Tomás* como en la doctrina católica (Jansenio*) y entre los protestantes (Lutero* y Calvino*). Aparte de sus ideas originales y de su sistematización de algunos aspectos confusos de la doctrina cristiana, hizo llegar a la Europa medieval ideas procedentes de la filosofía griega, en especial a través del neoplatonismo. Fue él quien asentó y formuló la idea de que todos los hombres nacen marcados por un «pecado original» y de que para salvarse necesitan la gracia de Dios, no siendo suficientes las buenas obras; también procede de san Agustín la idea de que Dios sabe de antemano quiénes se salvarán y quiénes no, antecedente de la «predestinación» tan cara al calvinismo y al jansenismo; e igualmente fue san Agustín quien introdujo en el cristianismo la actitud de condena y de desconfianza hacia todo lo relacionado con el sexo (asociado en sus escritos con el pecado original). De su pensamiento se deduce también, aunque no la formulara expresamente, la superioridad del poder espiritual (papa) sobre el temporal (emperador), que marcó los conflictos entre la Iglesia y los monarcas a lo largo de muchos siglos.

AHMAD. V. **MAHOMA.**

AKENATÓN o **AJNATÓN** (Amenhotep o Amenofis IV) Faraón egipcio de la XVIII dinastía (?, h. 1380 - ?, h. 1362 a.C.). Fue sucesor de su padre, Amenofis III. Es recordado como un faraón herético o revolucionario, por cuanto, en un imperio esencialmente inmovilista, se atrevió a introducir un nuevo culto basado en la adoración del dios sol, Atón. Dicho cambio, que entrañaba importantes consecuencias en todos los órdenes de la vida de un Estado teocrático, tenía una intención política, pues permitió al faraón recuperar parte del poder que había ido perdiendo en beneficio de los sacerdotes y de la burocracia civil. En consecuencia, levantó una fuerte oposición, que daría al traste con la reforma tras la muerte de Akenatón. Casado con la bella Nefertiti*, accedió al trono a los 18 años. En el quinto año de su reinado decidió romper con el orden establecido, imponiendo la nueva religión y cambiando su propio nombre de Amenofis por el de Akenatón (el que es grato a Atón); la capital fue trasladada a una ciudad nueva, Aketatón (Tell-el-Amarna), situada a medio camino entre las dos capitales tradicionales del Imperio, Tebas (en el Alto Egipto) y Menfis (en el Bajo Egipto). La religión que trató de establecer se basaba en la superioridad de Atón sobre los demás dioses del panteón egipcio, lo que implicaba una tendencia monoteísta, incluso si el propio faraón seguía siendo adorado como un dios, intermediario privilegiado hacia el supremo Atón; los templos de los demás dioses fueron cerrados, sus propiedades confiscadas y sus símbolos destruidos (especialmente los dedicados a Amón-Ra, deidad predominante en la religión tradicional, cuyos sacerdotes habían acumulado poder y riquezas). Aquella reforma provocó una honda crisis económica, al desorganizar las actividades que giraban en torno a los templos locales y absorber grandes recursos para la construcción de la nueva capital y los templos de Atón; la centralización económica consiguiente a la expropiación de los templos se vio acompañada de corrupción y caos en la gestión. Absorbido por las dificultades internas, Akenatón descuidó la acción exterior, permitiendo que creciera en Oriente Medio la influencia de los hititas en detrimento de la de Egipto. En cambio, en el arte, las consecuencias del cambio fueron muy positivas, pues abrieron una época de mayor libertad creativa (conocida como periodo de Amarna), que se caracterizó por un cierto realismo. Akenatón tuvo seis hijas, pero ningún hijo varón. Le sucedió su yerno Tutankamón*, en cuyo reinado se desmontaron las reformas iniciadas y los sacerdotes de Amón-Ra recuperaron su poder.

ALARICO I Rey de los visigodos (Isla de Peuce, Dacia, h. 370 - Cosenza, Italia, 410). El emperador Teodosio* había instalado a los visigodos como «federados» en Mesia (en la actual Bulgaria); al acceder al trono Alarico en el 395, los visigodos iniciaron campañas de saqueo, desplazándose hacia Grecia. El emperador Arcadio envió a Estilicón* a luchar contra Alarico, pero finalmente optó por concederle la gobernación de la provincia de Iliria (396). No satisfecho con esto, en el 401 invadió el norte de Italia, donde su avance fue detenido de nuevo por Estilicón; pero, muerto éste seis años después, los visigodos se adueñaron de Italia y llegaron a tomar y saquear la capital del Imperio, Roma, en el 410. Tal demostración de fuerza obligó al emperador Honorio* a conceder a los visigodos un vasto territorio en Hispania y el sur de la Galia, en donde se instalaron como «federados», expulsando a los suevos hacia Galicia, los alanos hacia Lusitania y los vándalos hacia Bética.

ALARICO II Rey de los visigodos, último del reino de Tolosa (?, ? - Vocladum, Poitiers, 507). Sucedió a su padre, Eurico*, en el 484. Durante su reinado favoreció a los arrianos, lo cual le distanció de las masas católicas romanas; por contra, intentó atraerse a la población autóctona con medidas como la promulgación de un código legal de inspiración romana (el *Breviario de Alarico).* Pero el fracaso de su reinado vino determinado por la debilidad frente al reino franco de los merovingios*: ya en el 486 le entregó al rey franco Clodoveo* a su oponente Siagrio, que, vencido en Soissons, había buscado la protección de Alarico. Sólo la mediación del rey ostrogodo Teodorico frenó el avance franco hacia el sur (Conferencia de Amboise, 502). Pero tras la conversión de Clodoveo al catolicismo, éste se convirtió en campeón de la lucha contra el arrianismo que profesaban los restantes reyes germánicos; bajo el pretexto del conflicto religioso, Clodoveo venció y dio muerte a Alarico en la batalla de Vocladum (Vouillé, cerca de Poitiers). Tras aquella derrota, los visigodos hubieron de replegarse al sur de los Pirineos, abandonando los territorios que poseían en la antigua Galia (a excepción de la franja costera de Septimania, que conservaron gracias a la intervención de Teodorico); en realidad, las continuas luchas en Aquitania habían provocado ya la emigración masiva de los visigodos hacia Hispania.

ALAUITA, Dinastía Familia reinante de Marruecos. Eran los cherifes de Tafilete, que se suponían descendientes del yerno de Mahoma*, Alí*. Poniendo fin al caos reinante durante los últimos cincuenta años de la dinastía saadiana, **MULEY RACHID** se apoderó de Fez y se proclamó sultán en 1660; en diez años los alauitas se apoderaron del resto de Marruecos, aunque en realidad su autoridad directa se limitaba al territorio conocido como Bled el-Maghzen, quedando unos dos tercios del país, el Bled el-Siba, en manos de tribus no sometidas. De los primeros sultanes cabe destacar a: **MULEY ISMAIL** (1677-1712), organizador del reino; **MOHAMMED BEN ANDALLAH** (1757-90), que lo abrió al comercio europeo; **MULEY SULEIMÁN** (1792-1822), bajo cuyo reinado culminó la influencia británica en la zona; y **MULEY ABD EL-RAHMÁN** (1822-59), que luchó sin éxito contra la penetración colonial francesa y española en el norte de África. **MULEY ABD EL-AZIZ IBN EL-HASSÁN** (1894-1908) marca la decadencia de la dinastía por su mala administración y por permitir que Marruecos se convirtiera en campo de batalla entre las aspiraciones imperialistas de las grandes potencias. La exaltación de los movimientos xenófobos fue utilizada como pretexto por Francia para una primera ocupación parcial en 1900-1903. En 1904, Francia, Gran Bretaña y España pactaron abiertamente el reparto colonial del país; pero Alemania, que hasta entonces no había demostrado interés por Marruecos, lo utilizó como pretexto para intentar el aislamiento diplomático de Francia: en 1905 el emperador Guillermo II* desembarcó en Tánger, proclamó que su país estaba dispuesto a defender la independencia del sultán y reclamó la reunión de una conferencia internacional para solucionar el conflicto. La Conferencia de Algeciras (1906) solucionó temporalmente el contencioso, limitando las aspiraciones coloniales de Francia y estableciendo sobre Marruecos un control internacional; en los años siguientes, sin embargo, no cesarían las tensiones entre las potencias y sus intromisiones en Marruecos. La toma de Udjda por los franceses precipitó una revuelta tradicionalista encabezada por el hermano del sultán, Hafiz, quien se hizo proclamar sultán en Marraquesh en 1907; protegido por los franceses, Abd el-Aziz resistió hasta 1908, retirándose luego a Tánger hasta su muerte en 1943. MULEY HAFIZ (1908-12) también hubo de solicitar más tarde la ayuda de Francia para sofocar la revuelta de Bu Hamara (1909); la intervención de tropas francesas en Fez y en Mequinez fue interpretada por Alemania como una ruptura del pacto de equilibrio, a la que respondió con el envío de una cañonera a Agadir (1911). El «incidente de Agadir» se solucionó compensando a Alemania con territorios en el Congo, a cambio de que permitiera a Francia apoderarse de Marruecos. Por presiones de Gran Bretaña, que prefería impedir el control francés sobre el estrecho de Gibraltar, se desgajó de Marruecos la zona del Rif, en el norte, concedida como protectorado a España (además del enclave de Ifni, en el sur); sobre el resto de Marruecos se constituyó, ya oficialmente, un protectorado francés (1912). El gobernador francés, Lyautey, hizo abdicar a Hafiz en favor de su hermano Yusuf; vivió exiliado en Francia hasta su muerte en 1937. MULEY YUSUF (1912-27), si bien reconocido como sultán, fue privado de toda autoridad, en beneficio de las autoridades coloniales francesas y españolas. El poder efectivo sólo volvería a los alauitas con la independencia de Marruecos, lograda bajo el sultán MOHAMMED V* (1927-61), padre del rey actual, HASSÁN II* (1961 -).

ALBA, Casa de Familia aristocrática castellana. El linaje de los Álvarez de Toledo (originario de dicha ciudad) poseía los señoríos de Oropesa y Valdecorneja por merced de Enrique II* desde el siglo XIV; pero fue en el XV cuando ascendió por el apoyo prestado a los reyes en las luchas contra la aristocracia:

GUTIERRE ÁLVAREZ DE TOLEDO, obispo de Palencia y arzobispo de Toledo, obtuvo de Juan II el señorío de Alba de Tormes, que daría nombre a la casa (1429). FERNANDO ÁLVAREZ DE TOLEDO, sobrino del anterior, recibió el título de conde de Alba de Tormes, también de Juan II (1438). GARCÍA ÁLVAREZ DE TOLEDO (?-1488), hijo del anterior, marqués de Coria y conde de Salvatierra, obtuvo de Enrique IV la transformación del condado en ducado (1469). FADRIQUE ÁLVAREZ DE TOLEDO, II DUQUE DE ALBA (?-1531), hijo del anterior y de Leonor Enríquez, era primo por parte de madre de Fernando *el Católico*. Fue uno de los nobles castellanos que más destacaron al servicio de los Reyes Católicos* y de Carlos V*: combatió en la Guerra de Granada, en el

Rosellón contra los franceses y en la conquista de Navarra. Al morir la reina Isabel, tomó partido por Fernando, influyendo para que volviera a reinar después de morir Felipe I*; igualmente apoyó a Carlos V desde que llegó a España. Perteneció al entorno cortesano del emperador, con el cual viajó a Alemania, Flandes e Italia, y permaneció a su lado durante la Guerra de las Comunidades.
FERNANDO ÁLVAREZ DE TOLEDO Y PIMENTEL, III DUQUE DE ALBA (1507-1582): natural de Piedrahíta (Ávila), el «Gran Duque de Alba» (por antonomasia), era nieto del anterior, que fue quien le educó —al quedar huérfano en la niñez— y quien le legó su posición en la corte. Tuvo por ayo a Boscán y por compañero de estudios a Garcilaso de la Vega. Su carrera militar se inició en el reinado de Carlos V con la toma de Fuenterrabía a los franceses (1524), la expedición a Túnez (1535), las campañas contra la «Liga de Esmalkalda» en Alemania, con la batalla de Mühlberg (1547), la toma de Estrasburgo (1552) y el sitio de Metz (1553). En la corte, Alba se había convertido en patrón de una red clientelar muy extensa, enfrentada a la del inquisidor general Fernando de Valdés; tras la abdicación del emperador en favor de su hijo Felipe II* (1543), Alba mantuvo su influencia en la corte —sobre todo en asuntos de guerra—, a pesar del peso creciente del partido del príncipe de Éboli*. Entre los múltiples cargos que ocupó cabe mencionar los de miembro del Consejo de Regencia de Felipe II (1543-48), consejero de Estado del emperador (1543-54), mayordomo mayor (1548), mayordomo de Felipe II (1554), miembro del Consejo de Estado (1555-60), miembro del séquito de Felipe II en Inglaterra (1554-55), virrey de Nápoles y capitán general de Italia (1555-58), asesor de Isabel de Valois en las conferencias de Bayona con Catalina de Médicis*, regente y gobernador de los Países Bajos (1567-73)... Mandó los ejércitos españoles en tres importantes guerras: la guerra contra el papa Pablo IV (1556-57), la de Flandes (1567-73) y la conquista de Portugal (1580). Fue en el segundo de estos cometidos en el que menos éxito y más notoriedad obtuvo: Alba reprimió sin contemplaciones la rebelión protestante que había estallado en los Países Bajos, matando a sus dirigentes, instituyendo como tribunal especial el Consejo de los Tumultos (llamado «tribunal de la sangre»), reforzando el papel de la Inquisición, recaudando nuevos impuestos para financiar a su ejército e imponiendo leyes españolas. En el terreno estrictamente militar, sus victorias iniciales pusieron en fuga a Guillermo de Orange, pero a partir de 1570 se multiplicaron las dificultades: acciones corsarias de los «mendigos del mar», pérdida de Flesinga, insurrección general del norte de los Países Bajos... A pesar de éxitos tan notables como la toma de Mons, de Malinas (1572) y de Haarlem (1573), las provincias del norte no se sometían, fracaso que, tras las derrotas de Alkmaar y de la batalla naval de Enckhuysen, llevaron a Alba a pedir el relevo en 1573. Su figura quedó asociada para siempre en los Países Bajos al terror y la crueldad. En la corte, cayó en desgracia a partir de 1577, acosado por el partido ebolista y enfrentado al rey por criticar los proyectos de enviar a Flandes a don Juan de Austria* y de auxiliar a don Sebastián de Portugal* en su expedición al norte de África. Esta situación culminó cuando Felipe II le puso preso en Tordesillas por haber consenti-

do a su hijo un matrimonio que el rey había prohibido (1579); de allí salió por la necesidad que tenía el rey de un militar capaz de dirigir la invasión de Portugal, campaña que realizó con eficacia y tras la cual murió en Lisboa. FADRIQUE ÁLVAREZ DE TOLEDO, IV DUQUE DE ALBA (1537-1585), era hijo del anterior, a quien auxilió en la Guerra de Flandes. ANTONIO ÁLVAREZ DE TOLEDO, V DUQUE DE ALBA (?-1639), sobrino del anterior, fue titular del Ducado durante 54 años. Fue virrey de Nápoles de 1623 a 1629. Le sucedieron los duques VI (Fernando, 1639-67), VII (Antonio, 1667-90), VIII (Antonio, 1690-1701), IX (Antonio, 1701-11) y X (Francisco, 1711-39). La XI duquesa fue una mujer (María Teresa, 1739-55), por falta de heredero varón; de su matrimonio con el duque de Galve, Manuel Silva, nació FERNANDO DE SILVA Y ÁLVAREZ DE TOLEDO, XII DUQUE DE ALBA (?-1770): hombre de la Ilustración, amigo de Rousseau*, fue militar (teniente general) y diplomático (embajador en París). Por la muerte prematura de su hijo, se encargó personalmente de educar a su nieta, que le sucedería en el título: MARÍA DEL PILAR TERESA CAYETANA DE SILVA Y ÁLVAREZ DE TOLEDO (?-1802) fue casada con el duque de Medina Sidonia*, José Álvarez de Toledo Osorio de Guzmán, que era primo suyo, a fin de que el título ducal volviera al apellido originario. Su palacete de La Moncloa se convirtió en centro de la vida cultural madrileña de la Ilustración (fue famosa su relación con Goya). Al morir sin descendencia, el título pasó a los duques de Berwick, que habían entroncado con los de Alba por el matrimonio de María Teresa de Silva y Álvarez de Toledo, hermana del XII duque, con el III duque de Berwick, Jacobo Fitz-James Stuart y Colón. JACOBO FITZ-JAMES STUART FALCÓ, XVII DUQUE DE ALBA (1878-1953). Fue diputado por el Partido Conservador y ministro de Estado del gobierno Berenguer* (1930). Dirigió la Real Academia de la Historia.

ALBANY, Duque de. V. Estuardo Dinastía.

ALBERONI, Giulio Eclesiástico y político italiano al servicio de los Borbones de España (Fiorenzuola d'Arda, 1664 - Piacenza, 1752). Este sacerdote de origen humilde y de formación tardía, llegó a la corte de Felipe V* como secretario del duque de Vendôme; después lo fue del duque de Parma y favoreció la candidatura de la sobrina de éste, Isabel de Farnesio, para convertirse en la segunda esposa del rey (1714). Desde entonces, Alberoni tuvo la confianza de los reyes y actuó como ministro. En 1716 el papa le hizo cardenal. Restableció la Inquisición y desmanteló las reformas introducidas por Orry; pero, sobre todo, centró sus esfuerzos en la reconstrucción económica y militar del país después de la Guerra de Sucesión, a fin de revisar el *statu quo* del Tratado de Utrecht y recuperar para España un papel de primer orden en los asuntos europeos. Tales propósitos le llevaron a la invasión de Cerdeña y Sicilia (1718), que fracasó frente a la reacción militar de la «Cuádruple Alianza» (Inglaterra, Francia, Holanda y Austria). Entre las condiciones de la paz, los aliados impusieron a Felipe V el alejamiento de Alberoni, que se produjo en 1719.

ALBERTO I de Austria. V. HABSBURGO, Casa de.

Alberto II de Austria. V. Habsburgo, Casa de.

Albret, Casa de Familia nobiliaria del sur de Francia, señores de Labrit (Lebret o Lebred) desde el siglo XI. Su poder se extendió en el siglo XV, cuando Carlos de Albret, conde de Dreux, llegó a ser condestable de Francia; sucesivos matrimonios extendieron sus estados con los condados de Perigord, Castres, Bearne y Foix, el vizcondado de Limoges y el reino de Navarra.

Juan II se convirtió en rey de Navarra por su matrimonio con Catalina de Foix en 1484; el conglomerado de territorios pirenaicos acumulado en aquel momento por la casa no se mantendría, pues en 1512-13 los Reyes Católicos* invadieron Navarra, que quedó incorporada a Castilla en 1515. **Enrique II,** hijo del anterior, siguió titulándose rey de Navarra, aunque sólo conservara, gracias a la protección francesa, la Merindad de Ultrapuertos o Baja Navarra (comarca de San Juan de Pie de Puerto). Se casó con Margarita de Valois, hermana de Francisco I de Francia*. **Juana III** (1528-72), hija del anterior y también reina de Navarra, casó con Antonio de Borbón y fue madre del primer Borbón* que ocupó el trono de Francia, Enrique IV*. Convertida al calvinismo en 1556, intentó mantener la independencia de sus estados entre Francia y España; encabezó la resistencia de los protestantes franceses en La Rochela en 1568; y murió en la corte de Francia, adonde había viajado para la boda de su hijo con la hija de Carlos IX*, que debía sellar la reconciliación entre católicos y protestantes. La casa dejó de existir tras la muerte de César-Febus de Albret, conde de Miossens y mariscal de Francia, en 1676.

Alburquerque, Alfonso de Gobernador de las colonias portuguesas de la India y uno de los fundadores del imperio colonial portugués (Alhandra, Portugal, 1453 - en el mar, 1515). Procedente de la pequeña nobleza, fue enviado al Índico en 1506; tras capturar la isla de Socotora, en la entrada del mar Rojo, y Ormuz, puerto estratégico en el comercio de las especias, situado a la entrada del golfo Pérsico, llegó a la India en 1508. El virrey Francisco de Almeida se resistió a cumplir las órdenes que traía Alburquerque de sustituirle en el mando y le hizo encarcelar, hasta que una flota enviada desde la metrópoli (1509) le obligó a aceptar aquellas órdenes. Ya gobernador, Alburquerque puso las bases del imperio portugués en Oriente: en 1510 tomó la ciudad de Goa, convirtiéndola en la base principal de la presencia portuguesa en el Índico. En 1511 conquistó Malaca para controlar la ruta hacia China; estableció sus bases en las islas de la Sonda, Malabares, Persia y Arabia; sus relaciones con los príncipes locales, como el sha de Persia o el rey de Siam, fueron esenciales en la constitución de un vasto imperio comercial, que se permitía exigir peaje a los barcos que transitaran por el Índico. En cambio, fracasó en el intento de tomar Adén en 1513, lo que habría asegurado a los portugueses la hegemonía en el mar Rojo; en consecuencia, hubieron de compartir el Índico con los comerciantes musulmanes. Alburquerque cayó por las intrigas de su enemigo Lope Soarez en 1514, y murió en el barco que le devolvía a Portugal.

ALCALÁ ZAMORA, Niceto Político español, primer presidente de la Segunda República (Priego, Córdoba, 1877-Buenos Aires, 1949). Participó en la política de la Restauración desde las filas del Partido Liberal, llegando a ser ministro de Fomento (1917-18) y de la Guerra (1922-23) en sendos gobiernos de García Prieto. Su oposición a la dictadura de Primo de Rivera* le llevó a declararse partidario de la República en 1930, a participar en el Pacto de San Sebastián para derrocar a la monarquía y a presidir el gobierno provisional que se hizo cargo del poder tras la renuncia de Alfonso XIII*, el 14 de abril de 1931. Su presencia en aquel gobierno representaba la adhesión al régimen republicano de sectores conservadores, católicos y de clase media. Pero pronto entró en conflicto con los dirigentes republicanos más avanzados: discrepó sobre todo de la regulación constitucional de las relaciones Iglesia-Estado, hasta el punto de dimitir y ceder la jefatura del gobierno a Azaña*. No obstante, fue elegido presidente de la República, cargo que ejerció durante cinco años con lealtad a la Constitución; durante el primer bienio entró en conflicto con las predominantes fuerzas de izquierdas; pero no fue mucho mejor su relación con los partidos de derechas que triunfaron en las elecciones de 1933 (enfrentamiento con Gil Robles*, indulto al general golpista Sanjurjo* contra el parecer del gobierno...). Tras las elecciones de 1936, que dieron el triunfo al Frente Popular, Alcalá Zamora acabó por ser depuesto como presidente, al haber rebasado el número de disoluciones de las Cortes autorizado por la Constitución en un solo mandato presidencial; una vez más, fue Azaña el encargado de sucederle. Se exilió en París y, más tarde, en Buenos Aires. En el balance de su actuación política hay que destacar la voluntad de integración que demostró, aceptando lealmente el juego democrático desde posiciones conservadoras; su aspiración de promover una gran opción política de centro que facilitara el consenso estaba condenada al fracaso en una época de tensiones sociales y políticas tan graves como las que acabaron conduciendo —tres meses después de su destitución— a la Guerra Civil. Alcalá Zamora, famoso por su elocuencia parlamentaria desde las Cortes de la Restauración, fue miembro de la Real Academia Española y dejó una abundante obra escrita (*Tres años de experiencia constitucional*, *Los defectos de la Constitución de 1931*, *Inventario objetivo de cinco años de República...*).

ALCIBÍADES Militar y político griego (Atenas, h. 450 - Melisa, Frigia, 404 a.C.). De procedencia aristocrática, fue educado por su primo Pericles* y compartió amistad con Sócrates*. Durante su juventud se hizo notar entre la alta sociedad ateniense por su elegancia y sus aventuras. Entró en política adoptando un discurso demagógico para rivalizar con Nicias, al cual apoyaba el partido aristocrático; denunció la política pacifista de éste («paz de los cincuenta años», 421 a.C.) como reflejo de una actitud favorable a Esparta. Y así consiguió que Atenas se comprometiera en una serie de alianzas que la llevaron de nuevo a la guerra; la consiguiente derrota frente a Esparta en la batalla de Mantinea (418) llevó a Alcibíades a ser nombrado estratega junto con Nicias. En el 415 promovió una expedición para liberar a las ciudades sicilianas de la hegemonía de

Siracusa. Pero su ausencia de Atenas fue aprovechada por sus enemigos para acusarle de sacrilegio (por la mutilación de las estatuas de Hermes y la parodia de los Misterios de Eleusis). Enviada una galera para conducirle a Atenas, consiguió huir y se colocó bajo la protección de Esparta. Desde entonces se convirtió en enemigo de Atenas e impulsó a Esparta a una actitud belicista (Guerra de Deceia, 413); pero también de allí tuvo que huir, por los recelos que despertaba entre los generales espartanos e incluso en el rey Agis, a cuya mujer había seducido. Esta vez buscó la protección de los persas, a quienes aconsejó fomentar la enemistad entre Atenas y Esparta, apoyando alternativamente a ambas, para aprovecharse de su mutuo debilitamiento. Mientras tanto, siguió intrigando para reconquistar el poder en su ciudad: conspiró con el partido oligárquico hasta lograr el establecimiento del Consejo de los Cuatrocientos (año 411); pero más tarde, furioso porque dicha institución no le invitaba a regresar, se pasó a las filas de la oposición democrática. Aprovechando la rebelión del ejército ateniense en Samos contra el régimen oligárquico, se hizo elegir estratega de dicha ciudad y dirigió sus fuerzas en una campaña que le llevó de victoria en victoria hasta la entrada triunfal en Atenas en el 407. La reconquista de Bizancio y Calcedonia restableció la hegemonía ateniense en el Egeo; pero hubo de enfrentarse a la oposición de la clase política en su conjunto, que aprovechó la derrota naval de Nocio para derrocarle en el 406. Nuevamente exiliado, esta vez se refugió en Tracia y en Frigia, donde fue asesinado por orden del sátrapa persa —instigado por los espartanos—, que hizo quemar su casa. Su vida fue recreada por Plutarco y por Cornelio Nepote, quienes destacaron el contraste entre el talento y la educación de Alcibíades y su deslealtad y falta de escrúpulos.

ALCUINO DE YORK Sabio clérigo de origen inglés, inspirador del llamado «renacimiento carolingio» (York, Inglaterra, h. 730 - Tours, Francia, 804). Profesor de la escuela abacial de York desde el 766, fue presentado a Carlomagno* en el 781 en Pavía, como resultado de una misión encargada por el papa. Desde entonces se convirtió en consejero del que sería emperador y trasladó sus enseñanzas a la corte; la consiguiente influencia que alcanzó sobre Carlomagno y su entorno, le convirtieron en el guía cultural de la monarquía franca: inspiró las reformas de la educación y la ortografía, cultivó la gramática, la retórica, la dialéctica y la aritmética, promovió la lucha contra la herejía adopcionista... si bien no puede decirse que fuera un pensador original o que legara innovaciones teológicas o literarias relevantes. Desde el año 796 se retiró a la abadía de San Martín de Tours, en donde reunió una importante biblioteca.

ALEJANDRO I KARAGEORGÉVICH Primer rey de Yugoslavia (Cetinje, Montenegro, 1888 - Marsella, 1934). Hijo de Pedro I de Serbia, fue nombrado regente en 1914; como tal hubo de dirigir el país durante la Primera Guerra Mundial (1914-18), ocupándose de la reorganización del ejército. Cuando, al terminar la guerra, se desintegró el Imperio Austro-Húngaro y Serbia se unió con otros territorios de población eslava que habían estado sometidos a los Habsburgo*, Alejandro se convirtió en regente del recién creado Reino de los Serbios, Croatas y Eslovenos. En 1921 se convirtió en rey, al morir su padre; y en 1929 el nuevo Estado cambió su nombre por el de Yugoslavia. En política exterior, consolidó las fronteras del joven país frente al expansionismo de Italia y de Hungría, mediante una alianza con Checoslovaquia y Rumania (la *Pequeña Entente* de 1933). Pero las principales dificultades de su reinado estuvieron ligadas a las aspiraciones de autonomía de los croatas en un Estado unitario que entendían que favorecía la hegemonía de los serbios. El asesinato de un diputado croata en el Parlamento de Belgrado y la consiguiente apertura de una Asamblea croata en Zágreb (1928) le sirvió de pretexto para establecer una dictadura (1929) que mantuvo hasta su muerte: disolvió el Parlamento, suspendió la Constitución, prohibió los partidos políticos y dividió el país en circunscripciones administrativas de nuevo cuño que no respetaban las fronteras históricas, religiosas ni lingüísticas. Fue asesinado durante una visita oficial a Francia, en un atentado de terroristas croatas en el que murió también el ministro de Asuntos Exteriores francés, Louis Barthou. Durante la minoría de edad de su hijo y heredero (Pedro II), hasta 1941, ejerció como regente el príncipe Pablo, que volvió a establecer un régimen constitucional.

ALEJANDRO I PAVLÓVICH Zar de Rusia, perteneciente a la dinastía Romanov* (San Petersburgo, 1777 - Taganrog, Crimea, 1825). Accedió al Trono en 1801, al morir asesinado su padre, Pablo I, por la conspiración de Pahlen (en la que había participado Alejandro). Educado por el suizo La Harpe en los principios del despotismo ilustrado, continuó la política modernizadora de su predecesor, asesorado por un comité secreto de jóvenes admiradores del modelo británico. Abolió los tribunales secretos, la tortura y la censura, otorgó mayores poderes al Senado, abrió la posibilidad de liberar a los siervos, fundó universidades… y abrigó otros proyectos que no llegaron a realizarse, como el de dotar a Rusia de una constitución liberal. Pero la mayor parte de sus energías fueron absorbidas por los problemas internacionales ligados a las guerras napoleónicas. Aliado inicialmente con Inglaterra, las sucesivas derrotas frente a Francia (Austerlitz, 1805; Eylau y Friedland, 1807) le llevaron a concluir una alianza con Napoleón* (Tratado de Tilsit, 1807); a cambio de declarar la guerra a los ingleses y de reconocer el orden impuesto por Francia en el continente, Alejandro obtuvo la anexión de Finlandia a costa de Suecia (1809). La alianza no duró mucho, pues Rusia se veía perjudicada por el apoyo francés al renacimiento de una Polonia independiente y por el bloqueo continental, que le impedía seguir exportando cereales y materias primas a Inglaterra; el enfrentamiento llevó a Napoleón a lanzar la campaña de Rusia en 1812. La catástrofe que sufrió la *Grande Armée* francesa en aquella campaña —motivada en gran parte por las dificultades de la distancia y del clima— convirtió al zar en el líder de la coalición que iría derrotando a Napoleón hasta la caída de éste; Alejandro I entró en París al frente de sus tropas en 1814 y promovió un trato moderado a los vencidos: se opuso a la idea de desmembrar Francia, restauró en el trono a los Borbones* y firmó un tratado de paz con el nuevo rey, Luis XVIII*. A pesar del retorno de Napoleón y de su nueva derrota militar, el zar mantuvo la misma postura; eso sí, en el Congreso de Viena (1815) que fijó las condiciones de la paz, hizo valer la aportación de Rusia a la victoria, obteniendo la anexión de Polonia. La influencia intelectual de la baronesa de Krüdener le acercó al misticismo cristiano, que plasmó en la formación de la Santa Alianza: una coalición de las monarquías europeas para preservar el orden tradicional frente a las amenazas del liberalismo y del nacionalismo. Desde 1820, aterrorizado por los conatos revolucionarios detectados en Rusia, se convirtió en un déspota reaccionario, aliado del sultán turco contra la diplomacia occidental, promotor de la intervención armada contra las revoluciones liberales del continente, y que en el interior reprimía toda libertad de expresión y recortaba los escasos derechos concedidos·a los siervos. Muerto súbitamente durante un viaje a Crimea, circuló la leyenda de que había fingido la muerte para retirarse a hacer vida de ermitaño (bajo el nombre de Fédor Kusmitch). Su tumba, abierta en 1926, fue encontrada vacía.

Alejandro II Nikolaiévitch

Zar de Rusia, perteneciente a la dinastía Romanov* (Moscú, 1818 - San Petersburgo, 1881). Hijo de Nicolás I*, accedió al trono al morir su padre en 1855, en plena Guerra de Crimea. Atribuyó la derrota de Rusia frente a las potencias occidentales al atraso estructural del país y, en consecuencia, adoptó una política reformista. A él se debe la abolición de la servidumbre (1861), que fue seguida por otras innovaciones menos conocidas, como la reforma del sistema penal (con la eliminación de los castigos corporales), la unificación de los tribunales (haciendo desaparecer las jurisdicciones privilegiadas), la creación de poderes locales elegidos por el pueblo (los *zemstvos*), la extensión de la educación, la construcción de ferrocarriles... Esta orientación liberal cambió de signo cuando la oposición al régimen se hizo más amenazadora; la insurrección de Polonia (1863-64), el atentado contra el zar (1866) y la agitación populista de los *narodniki* (desde 1870) determinaron un giro reaccionario en la política de Alejandro, que se mantendría ya hasta el final de su reinado: reforzó la censura, controló la enseñanza y persiguió a las minorías intelectuales de donde procedían las ideas renovadoras. Al mismo tiempo, el zar desplegó una política exterior revisionista, a fin de recuperar la fuerza y el prestigio perdidos desde la Guerra de Crimea: Rusia expandió sus fronteras en el Cáucaso y en Asia central y, contando con la alianza de Persia (1866), amenazó la presencia británica en la India a través de Afganistán. La derrota de Francia frente a Prusia en 1871 le dio la oportunidad para levantar algunas cláusulas del Tratado de París de 1856, recuperando el libre paso por el Bósforo (Conferencia de Londres, 1871); en los años siguientes, Rusia reforzó su posición internacional mediante su alianza con la Alemania de Bismarck* (Alianza de los Tres Emperadores, 1873). En 1877 se permitió librar una nueva guerra contra el Imperio Otomano, que llevó al ejército ruso ante las puertas de Constantinopla; sólo la intervención inglesa impidió consumar la operación, precipitando la conclusión del Tratado de San Estéfano (1878). La acción concertada de las potencias occidentales para detener el expansionismo ruso permitió que, tras el Congreso de Berlín de aquel mismo año, los turcos mantuvieran su presencia en Europa, si bien Rumania, Serbia y Montenegro obtuvieron la independencia. Tras sobrevivir a cuatro atentados frustrados —manifestación de la creciente violencia de la oposición contra su régimen— el zar murió asesinado por una bomba.

ALEJANDRO III de Rusia. V. **ROMANOV, Dinastía.**

ALEJANDRO VI (Rodrigo de Lançol y Borja) Papa perteneciente a la familia de los Borja o Borgia* (Játiva, Valencia, 1431 - Roma, 1503). Hizo una rápida carrera eclesiástica a base de intrigas, bajo la protección de su tío y padre adoptivo, el papa Calixto III, quien le creó cardenal en 1455; más tarde fue elegido papa en 1492. Su vida disoluta y su ambición fueron denunciadas en sus predicaciones por el reformador florentino Savonarola*, a quien excomulgó, torturó y ejecutó en 1498. Su nepotismo llegó hasta el extremo, utilizando los recursos de la Iglesia para enriquecer a su familia y situar a sus ocho hijos ilegítimos. Como soberano de los Estados Pontificios hubo de defender su independencia frente a la amenaza francesa, reuniendo para ello la Liga de Venecia (1495), con los soberanos de Milán, Venecia, Austria y España. A cambio del apoyo militar, los Reyes Católicos* obtuvieron de este papa las llamadas *Bulas alejandrinas* (1493), que reservaban para España las tierras descubiertas en América y extendían sobre ellas el patronato de la Corona. Posteriormente invertiría sus alianzas, apoyándose en Carlos VIII de Francia para proporcionar la Romaña a su hijo César y para someter a la aristocracia romana. Alejandro VI puede ser considerado un prototipo de magnate del Renacimiento, que unía a su estilo de vida lujosa y corrompida la protección del arte una cierta tolerancia (dio refugio a muchos judíos expulsados de España). A su mecenazgo se debe, por ejemplo, la *Piedad* de Miguel Ángel.

ALEJANDRO MAGNO (Alejandro III) Rey de Macedonia (Pella, Macedonia, 356 - Babilonia, 323 a.C.). Sucedió muy joven a su padre, Filipo II*, asesinado en el 336 a.C. Éste le había preparado para reinar, proporcionándole una experiencia militar y encomendando a Aristóteles* su formación intelectual. Los primeros años de su reinado los dedicó a imponer su autoridad sobre los pueblos sometidos a Macedonia, que habían aprovechado la muerte de Filipo para rebelarse. Y enseguida —en el 334— lanzó a su ejército contra el poderoso y extenso Imperio Persa, continuando así la empresa que su padre había iniciado poco antes de morir: una guerra de venganza de los griegos —bajo el liderazgo de Macedonia— contra los persas. Con un ejército pequeño (unos 30.000 infantes y 5.000 jinetes) se impuso invariablemente sobre sus enemigos, merced a su excelente organización y adiestramiento, así como al valor y al genio estratégico que demostró Alejandro; las innovaciones militares introducidas por Filipo (como la táctica de la línea oblicua) suministraban ventajas adicionales.

Alejandro recorrió victorioso el Asia Menor (batalla de Gránico, 334), Siria (Issos, 333), Fenicia (asedio de Tiro, 332), Egipto y Mesopotamia (Gaugamela, 331), hasta tomar las capitales persas de Susa (331) y Persépolis (330). Asesinado Darío III, el último emperador Aqueménida*, por uno de sus sátrapas (Bessos) para evitar que se rindiera, éste continuó la resistencia contra Alejandro en el Irán oriental. Una vez conquistada la capital de los persas, Alejandro licenció a las tropas griegas que le habían acompañado durante la campaña y se hizo proclamar emperador ocupando el puesto de los Aqueménidas. En seguida lanzó nuevas campañas de conquista hacia el este: derrotó y dio muerte a Bessos y sometió Partia, Aria, Drangiana, Aracosia, Bactriana y Sogdiana. Dueño del Asia central y del actual Afganistán, se lanzó a conquistar la India (327-325), albergando ya un proyecto de dominación mundial. Aunque incorporó la parte occidental de la India (vasallaje del rey Poros), hubo de renunciar a continuar avanzando hacia el este por el amotinamiento de sus tropas, agotadas por tan larga sucesión de conquistas y batallas.

Con la conquista del Imperio Persa, Alejandro descubrió el grado de civilización de los orientales, a los que antes había tenido por bárbaros. Concibió entonces la idea de unificar a los griegos con los persas en un único imperio en el que convivieran bajo una cultura de síntesis (año 324). Para ello integró un gran contingente de soldados persas en su ejército, organizó en Susa la «boda de Oriente con Occidente» (matrimonio simultáneo de miles de macedonios con mujeres persas) y él mismo se casó con dos princesas orientales: una princesa de Sogdiana y la hija de Darío III. La reorganización de aquel gran Imperio se inició con la unificación monetaria, que abrió las puertas a la creación de un mercado inmenso; se impulsó el desarrollo comercial con expediciones geográficas como la mandada por Nearcos, cuya flota descendió por el Indo y remontó la costa persa del Índico y del golfo Pérsico hasta la desembocadura del Tigris y el Éufrates. También se construyeron carreteras y canales de riego. La fusión cultural se hizo en torno a la imposición del griego como lengua común *(koiné)*. Y se fundaron unas 70 ciudades nuevas, la mayor parte de ellas con el nombre de Alejandría (la principal en Egipto y otras en Siria, Mesopotamia, Sogdiana, Bactriana, India y Carmania).

La temprana muerte de Alejandro a los 33 años, víctima del paludismo, le impidió consolidar el imperio que había creado y relanzar sus conquistas. El imperio no sobrevivió a la muerte de su creador. Se desencadenaron luchas sucesorias en las que murieron las esposas e hijos de Alejandro, hasta que el imperio quedó repartido entre sus generales (los *diádocos):* Seleuco*, Ptolomeo*, Antígono, Lisímaco y Casandro. Los Estados resultantes fueron los llamados reinos helenísticos, que mantuvieron durante los siglos siguientes el ideal de Alejandro de trasladar la cultura griega a Oriente, al tiempo que insensiblemente dejaban penetrar las culturas orientales en el Mediterráneo.

ALEJANDRO *NEVSKI* (Alejandro Jaroslávich) Gran príncipe de Novgorod y de Vladimir, en la época en que Rusia estaba dividida en múltiples principados sometidos a la hegemonía de los mongoles (Vladimir, Rusia, 1220 - Garodets, 1263). Destacó en su juventud por sus proezas militares, pues venció a los suecos en la batalla del Neva de 1240 (que le valió el sobrenombre de *Nevski)* y a los caballeros germánicos de la Orden Teutónica de Livonia en la batalla del Lago Peipus de 1242. En 1252 sustituyó como gran príncipe a su hermano Andrés, destituido por haber conspirado contra el kan mongol, a cuya soberanía estaba sometido el principado desde 1238. Desde entonces desplegó una política de entendimiento con los mongoles, suavizando su dominación. Canonizado por la Iglesia ortodoxa rusa después de su muerte, se convirtió en un símbolo de la resistencia nacional de Rusia frente al poder germánico en el este de Europa; su memoria ha sido honrada tanto por el régimen de los zares (Pedro *el Grande** fundó en 1712 un convento llamado de Alejandro *Nevski* en el lugar de su victoria frente a los suecos) como por el régimen soviético (Stalin* creó una orden militar con su nombre en 1942, durante la Segunda Guerra Mundial, y Eisenstein le dedicó una de sus mejores películas).

ALEJO I de Rusia. V. ROMANOV, Dinastía.

ALEMBERT, Jean Le Rond d'. V. D'ALEMBERT, Jean Le Rond.

ALEXANDER *NEVSKI*. V. ALEJANDRO *NEVSKI*.

ALFONSÍN FOULKES, Raúl Presidente de la República Argentina (Chascomus, Buenos Aires, 1926 -). Abogado y periodista, comenzó a participar en política al ingresar en el Movimiento de Intransigencia y Renovación y, más tarde, en la Unión Cívica Radical. Inició su carrera como concejal de su ciudad natal (1950) y diputado de la Asamblea provincial de Buenos Aires (1952). Tras pasar por la cárcel (1953), llegó a ser diputado nacional en las legislaturas de 1963 y 1973, ambas interrumpidas por los golpes militares de 1966 y 1976. En 1966 fundó el Movimiento de Renovación y Cambio; bajo la dictadura militar de 1976-83 se distinguió en la defensa de los derechos humanos, lo cual le valió la elección como presidente de la Unión Cívica Radical en 1983. En aquel mismo año, terminada la dictadura, fue elegido por amplia mayoría presidente de la República, cargo que ocupó hasta 1989. Los mayores esfuerzos de su mandato los dedicó a consolidar la democracia y garantizar la supremacía del poder civil, juzgando a los responsables de violaciones de los derechos humanos durante la dictadura anterior. Prácticamente agotado su mandato, la complicada situación del país —sobre todo en el terreno económico— le aconsejó anticipar el traspaso de poderes al candidato de la oposición peronista, Carlos Ménem*, que había vencido en las elecciones presidenciales.

ALFONSO I, *el Batallador* Rey de Aragón y de Navarra (?, 1073 - Poleñino, Huesca, 1134). Accedió al trono de ambos reinos en 1104, al morir sin descendencia su hermano Pedro I. Intentó un acercamiento a Castilla, materializado en su casamiento con doña Urraca, por consejo de Alfonso VI* (1109); pero dicho matrimonio, contestado por algunos grupos privilegiados, estuvo lleno de desavenencias, que terminaron con su anulación (1114). Más tarde llegaría a tener enfrentamientos con su hijastro, Alfonso VII de Castilla*, a propósito de territorios fronterizos en disputa (toma de Burgos, que permanecía en poder de Aragón); las Paces de Támara (1127) pusieron fin al conflicto, obligando a Alfonso I a renunciar al título imperial.

Alfonso dio un impulso definitivo a la reconquista del valle del Ebro: tras tomar Egea de los Caballeros, Tauste (1106), Tamarite (1107) y Morella (1117), y detener una ofensiva musulmana en la Batalla de Valtierra (1110), concentró sus fuerzas sobre Zaragoza; para ello obtuvo del Concilio de Toulouse los beneficios de Cruzada, consiguió ayuda económica del obispo de Huesca y concentró en Ayerbe un ejército expedicionario en el que predominaban los francos, mandado por Gastón de Bearne; con él puso sitio a Zaragoza durante siete meses, hasta que se la entregaron los almorávides (1118). El empuje reconquistador prosiguió en los años siguientes con la toma de Tudela, Tarazona, Borja, Épila y Ricla (1119), la repoblación de Soria (1120) y la derrota de la contraofensiva almorávide en la Batalla de Cutanda (1120). Su empresa más audaz fue, sin embargo, una expedición contra Granada, en la que se adentró profundamente en territorio musulmán, al frente de un ejército de aragoneses, normandos y bearneses: en menos de un año (1125-26) recorrió Teruel, Valencia, Játiva, Murcia, Baza, Granada, Motril, Málaga, Lucena, Córdoba, Alcaraz, Cuenca y Albarracín. Aunque no hizo conquistas en aquella ocasión, sí logró un gran botín y se le incorporaron muchos mozárabes que, a su regreso, contribuyeron a repoblar el valle del Ebro. Más tarde puso sitio a Valencia (1129), con la intención de tomar un puerto desde el que poder embarcarse para proseguir la Cruzada hacia Jerusalén; ocupó Mequinenza (1133) empleando una flota fluvial, con la que pretendía dominar el Ebro hasta su desembocadura; entró en conflicto con el conde Ramón Berenguer III de Barcelona por las aspiraciones de ambos a la conquista de Lérida; y fracasó en un largo asedio sobre Fraga (1133-34). Otras acciones de este rey eminentemente guerrero se orientaron hacia el norte de los Pirineos, para mantener su poder sobre sus vasallos del sur de Francia (1131). Al morir dejó sus reinos para las órdenes militares; pero los nobles no aceptaron dicho testamento, procediendo a dividir la herencia entre Ramiro II *el Monje* (Aragón) y García V *el Restaurador* (Navarra). El desorden de aquel momento fue aprovechado por los almorávides para lanzar una gran ofensiva, en la que recuperaron algunos territorios del valle del Ebro.

ALFONSO I ENRÍQUEZ, *el Conquistador* Primer rey de Portugal (?, 1109 - Coimbra, 1185). Heredó el condado de Portugal en 1111 de su padre, Enrique de Borgoña, al cual se lo había cedido su abuelo materno, Alfonso VI de Castilla*. Desde 1128 se rebeló contra la tutela de su madre y del rey castellano, haciendo que su tío Alfonso VII* le reconociera como conde independiente en 1137. Tras sus victorias contra los musulmanes en la frontera sur (batalla de Ourique, 1139) se hizo proclamar rey e instaló su corte en Guimarães, al norte del país; Alfonso VII reconoció al reino de Portugal por el Tratado de Zamora (1143), al cual siguió el reconocimiento papal en 1179. En 1145 fundó la orden de Aviz. Prosiguió la Reconquista contra el Islam, tomando Santarem, Lisboa (1147), Beja (1162) y Évora (1165); y aunque durante unos años la frontera se estancó ante los ataques de los almohades (1170-84), al morir Alfonso Enríquez Portugal tenía ya la extensión actual a falta sólo de conquistar el Algarve (que quedaría incorporado en el siglo XIII).

Alfonso II, *el Casto* Rey de Asturias (?, 759 - Oviedo, 842). Era hijo de Fruela I y sucesor de Vermudo I. Su largo reinado comenzó en el 791 y tuvo una interrupción entre el 801 y el 802, al ser expulsado del trono por una conjura palaciega, para recuperarlo después. En ese periodo consolidó definitivamente la monarquía asturiana: estableció la capital en Oviedo, enriqueciéndola con numerosas construcciones (un palacio real y varios templos cristianos); reorganizó la corte y la Iglesia con arreglo a las normas de los visigodos; y, sobre todo, hizo frente a los ataques del Emirato de Córdoba (contra Álava, Galicia y Cantabria principalmente), que dominaba la práctica totalidad de la Península. En ese empeño no pasó del éxito defensivo frente a los musulmanes, que llegaron a entrar en Oviedo por dos veces (794 y 796); Alfonso envió emisarios a Carlomagno* en busca de ayuda (796), se adentró hasta Lisboa en una audaz cabalgada (797), y prestó refugio a musulmanes rebeldes al poder de los Omeya* (como el beréber Abd al-Chabbar, que después se rebeló contra Alfonso, el cual le venció en el 840). Durante su reinado se descubrió en Galicia el sepulcro donde se decía que estaba enterrado el apóstol Santiago*; alrededor de la iglesia que Alfonso hizo construir en aquel lugar surgiría la ciudad de Compostela.

Alfonso III, *el Magno* Rey de Asturias (?, 838 - Zamora, 912). Sucedió a su padre, Ordoño I, en el 866. Parece que fue un rey aficionado a las letras (autor incluso de una crónica). Pero su reinado estuvo envuelto en continuos hechos de armas: por un lado, contra rebeliones internas (la de sus propios hermanos, a los que hizo cegar, y la del conde de Galicia); y por otro, contra los musulmanes del Emirato de Córdoba (que atacaron el reino sin éxito en los años 867, 877, 878, 882, 883 y 901). En su esfuerzo por impulsar la Reconquista, Alfonso apoyó a líderes musulmanes enfrentados al poder de los Omeya* (como Ibn Marwan, Saadún ben Fath y Omar ben Hafsún) y lanzó expediciones en territorio musulmán, que se adentraron hasta Mérida y Toledo. Durante su reinado se repoblaron las tierras entre el Miño y el Duero, se fortificó la línea defensiva del Duero, la capital del reino se trasladó de Oviedo a León y los monarcas leoneses empezaron a ostentar el título de emperadores. Al regreso de la expedición de Toledo, Alfonso fue destronado por una conspiración palaciega organizada por sus hijos y por el conde castellano Nuño Fernández, para poner en el trono al yerno de éste y primogénito de Alfonso, García I (año 910).

Alfonso V, *el Magnánimo* Rey de Aragón, perteneciente a la Casa de Trastámara* (Medina del Campo, Valladolid, 1396 - Nápoles, 1458). Heredó el trono en 1416 de su padre, Fernando I, *el de Antequera*. Prosiguiendo la política de expansión mediterránea iniciada por aquél, se apresuró a incorporar Sicilia y Cerdeña (1420), aunque no pudo arrebatar Córcega a los genoveses. Pero su objetivo principal fue el Reino de Nápoles, prometido en herencia por la reina Juana II, pero por el cual hubo de guerrear entre 1421 y 1442, primero contra Luis III de Anjou*, luego contra los genoveses y contra una coalición de príncipes italianos. Ya por entonces empezó a dejar los asuntos de sus reinos peninsulares en manos de su esposa, la reina María, a la que sólo asistió en el momento álgido de la guerra con Castilla (1429-30). Desde que en 1443 se proclamó rey de Nápoles y obtuvo la alianza del papa, Alfonso fue más un príncipe italiano que aragonés: instaló en Nápoles una fastuosa corte renacentista, en donde florecieron las artes, las ciencias y las letras. Y abandonó por completo los asuntos peninsulares, a pesar de las reclamaciones de las Cortes de Zaragoza (1439): además de las amenazas sobre Cataluña procedentes del conde de Foix, eran los años de luchas civiles entre la *Biga* y la *Busca*, a las que se añadían las protestas de los *payeses de remensa*.

Como rey de Nápoles, Alfonso proyectó sus ambiciones hacia Oriente, pensando en dar contenido a los títulos nominales que poseía de rey de Hungría, rey de Jerusalén y duque de Atenas y Neopatria. Ante la amenaza de los turcos, algunos príncipes de los Balcanes y Oriente Medio aceptaron ponerse bajo la protección de Alfonso, facilitando su penetración en la zona: consiguió el vasallaje de Bosnia, participó en la defensa de Rodas, trabó contacto con el Preste Juan en la India, ocupó la isla de Castelorizzo, restableció el consulado catalán de Alejandría y navegó por el Nilo y por la costa de Siria imponiendo tratados de paz; con todo ello favoreció la expansión del comercio catalán por el Mediterráneo. Pero fracasó en su intento de detener el avance de los turcos, que en 1453 tomaron Constantinopla; las disensiones entre los príncipes italianos minaban cualquier posibilidad de emprender una acción conjunta, como pretendía el papa. La muerte le sorprendió cuando planeaba un ataque para tomar Génova; separó el Reino de Nápoles de sus estados peninsulares, dejando aquél a su hijo bastardo Fernando I de Calabria, mientras que éstos pasaban a su hermano Juan II; en cuando a la frágil presencia catalano-aragonesa en el Mediterráneo oriental, no sobrevivió al monarca.

ALFONSO VI, *el Bravo* Rey de León y de Castilla (?, 1040 - Toledo, 1109). Al morir su padre, Fernando I* (1065), le tocó en herencia el Reino de León, mientras que Castilla pasaba a manos de su hermano mayor, Sancho II, y Galicia al tercero, García. Las luchas entre Sancho y Alfonso parecieron terminar con las derrotas de éste en Llantada (1068) y Golpejera (1072), que le hicieron perder el trono, ser apresado y desterrado a Toledo; pero sus partidarios, encabezados por su hermana Urraca (con quien probablemente mantenía una relación incestuosa), se rebelaron contra Sancho y se hicieron fuertes en Zamora; durante el asedio de Zamora, Sancho fue asesinado a traición, lo cual permitió a Alfonso recuperar el trono de León y unirlo de nuevo con el de Castilla (1072). El descontento castellano se expresó en la demanda que le hizo *el Cid**, de que jurara no estar involucrado en la muerte de Sancho, acto que provocó la ira del monarca y el consiguiente destierro del Cid. En cuanto al tercer hermano, García, Alfonso se había puesto de acuerdo con Sancho para privarle de su reino, desterrándole a Sevilla (1071); cuando, al morir Sancho, regresó para reclamar sus derechos, Alfonso le hizo encerrar en un castillo hasta su muerte (1090). Entre 1072 y 1086 Alfonso dio un fuerte impulso a la Reconquista:

conquistó Toledo (1085) y situó la plaza fuerte de Aledo en medio del reino musulmán de Murcia; llevó la frontera más allá del Tajo, al tiempo que reorganizaba sus territorios, otorgando fueros como los de Burgos (1073), Sepúlveda (1076) o Logroño (1095). Incapaz Castilla de avanzar más rápido en la repoblación peninsular, el rey prefirió aprovechar la división de la España musulmana en reinos de taifas para enfrentar a unos con otros y exigirles el pago de fuertes tributos; pero esa política provocó la llamada de los musulmanes de la Península a los almorávides, que derrotaron a Alfonso en la batalla de Sagrajas (1086). A partir de 1091 los almorávides unificaron la España musulmana, ofreciendo una resistencia más eficaz al avance castellano: Alfonso fue vencido en las batallas de Consuegra (1097) y Uclés (1108); en esta última perdió a su único hijo varón, nacido de su unión con Zaida, nuera del rey Mutamid de Sevilla, que éste había entregado a Alfonso junto con una importante dote de territorios fronterizos, a cambio de que le protegiera de los almorávides. No obstante, los retrocesos territoriales de esos últimos años fueron mucho menores que los avances de comienzos de su reinado. Al mismo tiempo, Alfonso practicó una política exterior de acercamiento a la Europa cristiana: fomentó la peregrinación a Santiago y, entre sus cinco esposas, se cuentan dos francesas. En ese mismo sentido europeizante apuntaba la sustitución en el culto del rito mozárabe tradicional por el rito romano universal, que conllevó un cambio en la escritura.

ALFONSO VI de Portugal. V. **BRAGANZA, Casa de.**

ALFONSO VII, *el Emperador*
Rey de León y de Castilla, primero de la dinastía de Borgoña (?, 1106 - Fresneda, 1157). Era hijo de doña Urraca (hija de Alfonso VI*, que reinó en Castilla entre 1109 y 1126) y de Raimundo de Borgoña. Su madre le reconoció como rey de Galicia en 1111. Y enseguida encabezó la resistencia de los castellanos contra las ambiciones de su padrastro, Alfonso I de Aragón*: realizó varias campañas para recuperar los territorios que el rey de Aragón había retenido después de separarse de Urraca; las Paces de Támara (1127) evitaron el choque entre ambos y consolidaron a Alfonso VII en el trono castellano, al que había accedido un año antes. No obstante, tuvo que hacer frente a varias rebeliones nobiliarias entre 1130 y 1133, fruto de la autonomía de la que habían gozado los nobles en el periodo de desorden que siguió a la muerte de Alfonso VI. Tras la muerte sin sucesor de Alfonso I (1134), pretendió además el trono de Aragón y, aunque no lo consiguió, el intento le valió la adquisición de La Rioja, la posesión temporal de Zaragoza y el vasallaje del rey de Navarra, el conde de Barcelona y varios señores del sur de Francia. Aprovechó esta situación para hacerse proclamar emperador (1135), expresando la pretensión leonesa de hegemonía peninsular y de exclusividad en la reconquista frente a los musulmanes. Dichas pretensiones no se lograron, pues el reinado de Alfonso VII contempló una cierta disgregación de la Corona castellano-leonesa: por un lado, se vio obligado a reconocer la independencia de Alfonso I Enríquez* como rey de Portugal (1143); por otro, al enfrentarse los reinos de Navarra y Aragón, hubo de optar por apoyar a uno de ellos frente al

otro, lo cual le puso en guerra con García V de Navarra y le obligó a firmar con Aragón el Tratado de Tudellén (1151), por el que reconocía a Ramón Berenguer IV de Aragón* el derecho a reconquistar Valencia, Denia y Murcia; roto ya el sueño imperial, al morir Alfonso repartió el reino entre sus hijos Sancho III (Castilla) y Fernando II (León).

En cuanto a la Reconquista, Alfonso concibió un plan consistente en hostigar a las poblaciones hispano-musulmanas hasta que se rebelaran contra los almorávides, para situar en el poder a su aliado y vasallo Zafadola; a tal fin, realizó desde 1139 múltiples expediciones de saqueo y de ayuda a sublevaciones locales. Pero la invasión de los almohades a partir de 1146 desbarató el plan, obligando a Alfonso a fortificar la frontera y a aliarse con el almorávide Ibn Ganiya para organizar la resistencia. Su empresa más espectacular fue una gran expedición en la que llegó hasta Córdoba (1144) y tomó Almería (1147); los almohades recuperaron este importante puerto en 1157 y Alfonso murió cuando regresaba de aquella batalla.

ALFONSO VIII, *el Noble* o *el de Las Navas* Rey de Castilla (?, 1155 - Gutierre-Muñoz, Ávila, 1214). Heredó el trono de su padre, Sancho III, con sólo tres años (en 1158); durante su minoría se enfrentaron por el poder las casas rivales de los Lara y los Castro, al tiempo que intervenían los dos tíos de Alfonso, aprovechando la debilidad del reino: Fernando II de León, quien intentó hacerse con el rey niño (1162), y Sancho VI de Navarra, que realizó algunas conquistas en La Rioja y la Bureba (hacia 1160). Emancipado desde 1169-70, Alfonso se enfrentó a ambos reinos: las hostilidades con León se reanudaron desde 1191, con una breve tregua entre 1197 y 1203, debida al casamiento del rey leonés con la primogénita de Alfonso, Berenguela (desbaratado por el papa al negar la dispensa por parentesco); las campañas para rectificar los límites con Navarra llevaron primero a un arbitraje de Enrique II de Inglaterra* (1176) y después a la conquista castellana de Álava y Guipúzcoa (1200), obteniendo así acceso al Ducado de Gascuña, que teóricamente pertenecían a Alfonso como dote de su esposa Leonor de Plantagenet (pero que no consiguió controlar en sus dos intentos de 1204 y 1205). La alianza con Alfonso II de Aragón —puesta a prueba en los conflictos castellano-navarros— ayudó a Alfonso en varias empresas de la Reconquista, como la conquista de Cuenca (1177); ambos reinos pactaron el Tratado de Cazorla de 1179, que delimitaba las futuras zonas de reconquista.

En 1195, una ofensiva del sultán almohade derrotó a Alfonso en la batalla de Alarcos (1195) abriendo un periodo de correrías musulmanas por el valle del Tajo, que aprovecharon leoneses y navarros para recrudecer sus ataques contra territorio castellano. Tras detener estos ataques (Tregua de Guadalajara, 1207), Alfonso lanzó una primera ofensiva contra los musulmanes en Levante, de escaso resultado práctico (1209). La contraofensiva almohade, con la toma del castillo de Salvatierra (1211), impresionó a la Cristiandad, facilitando a Alfonso la organización de una nueva campaña, que el papa bendijo como *cruzada,* lo cual facilitó la unión de huestes aragonesas, navarras y francesas (aunque estas últimas se retirarían después de las primeras escaramuzas). La cruzada culminó en la batalla de Las Navas de Tolosa (1212), victoria decisiva que hundió el Imperio Almohade y dejó abierto el valle del Guadalquivir para la reconquista castellana. Poco después moría Alfonso, dejando el trono a su hijo Enrique I.

ALFONSO X, *el Sabio* Rey de Castilla y de León (Toledo, 1221 - Sevilla, 1284). Era hijo primogénito de Fernando III*, a quien sucedió en 1252. Ya como infante realizó importantes labores, como la conquista del Reino de Murcia (1241) o la paz con Jaime I de Aragón*, que conllevó el matrimonio de Alfonso con su hija Violante.

Impulsó la Reconquista tomando plazas como Jerez, Medina-Sidonia, Lebrija, Niebla y Cádiz (1262). Hizo frente a una sublevación de los musulmanes de sus reinos, promovida por los reyes de Granada y Túnez (1264). Repobló Murcia y la Baja Andalucía. E incluso continuó el avance frente al Islam pasando al norte de África, al enviar una expedición a Salé (1260). Otra parte de sus esfuerzos hubo de dedicarlos a reprimir rebeliones interiores, como la protagonizada por el infante Enrique y varios nobles (1255), la que se produjo en Vizcaya (1255) o la que encabezó el infante Felipe (1272).

Alfonso era hijo de Beatriz de Suabia, circunstancia que le hizo aspirar a la coronación imperial de Alemania, logrando la elección en 1257 con el apoyo de Sajonia, Brandeburgo, Bohemia y varias ciudades italianas. La oposición del papa hizo fracasar finalmente el empeño —en el que triunfó Rodolfo de Habsburgo—, renunciando Alfonso en 1276. Este llamado «fecho del Imperio» fue muy impopular en Castilla, pues exigió dinero y hombres que —unidos a los gastos de la corte y a las continuas guerras— crearon dificultades financieras, que obligaron a reducir la ley de la moneda y a crear nuevos impuestos. Durante una de las ausencias del rey por el asunto del Imperio, los benimerines de Marruecos desembarcaron en Algeciras (1272); en la lucha contra aquella campaña murió el infante Fernando de la Cerda, heredero del trono, antes de que su hermano Sancho consiguiera rechazar a los musulmanes. Posteriormente los benimerines derrotaron a una flota castellana en el estrecho de Gibraltar (1278), obligando a Alfonso a pactar una tregua.

Alfonso provocó con sus contradicciones un conflicto sucesorio: había promulgado las *Partidas,* según las cuales debía sucederle el hijo mayor del difunto Alfonso de la Cerda; pero al morir éste prefirió declarar heredero en 1278 a su segundo hijo, Sancho IV*, siguiendo la tradición castellana (quizá para evitar un enfrentamiento inmediato con éste). Un intento posterior de hacer al infante de la Cerda rey de Jaén provocó la rebeldía de Sancho, quien buscó apoyo en Aragón y Portugal (mientras que Francia apoyaba a los de la Cerda) y se hizo reconocer por unas Cortes reunidas en Valladolid, que depusieron a Alfonso (1282). Éste, confinado en Sevilla, buscó apoyo en el rey benimerín; pero murió antes de haberse enfrentado con Sancho. En su testamento desheredaba a Sancho y reconocía como sucesores a los infantes de la Cerda, dando así motivo para nuevas disensiones.

Pero sobre todo, el reinado de Alfonso destacó en el orden cultural; por ejemplo, puede datarse en su época la adopción del castellano como lengua oficial. Reunió en su corte a sabios y eruditos de las tres religiones peninsulares (cristianos, musulmanes y judíos), creando escuelas de investigadores y traductores en Murcia, Sevilla y, especialmente, Toledo; su labor ayudó a transmitir al Occidente cristiano importantes elementos de la cultura oriental y de sus raíces clásicas (traducción al castellano de la Biblia, el Corán, el Talmud, la Cábala, *Calila y Dimna...*). El propio rey dejó una abundante obra escrita, tanto literaria *(Cantigas de Santa María)* como histórica *(Crónica general, Grande e General Estoria)* y científica *(Libros del saber de astronomía, Lapidario...)*. Por otro lado, promovió una importante labor jurídica, con la promulgación del *Fuero Real,* las *Leyes del Estilo* y las *Siete Partidas;* este último código, de larga influencia en el ordenamiento castellano y español, supone la recepción del derecho romano en Castilla, incorporándose a la corriente europea del «derecho común».

ALFONSO XII Rey de España (Madrid, 1857 - El Pardo, 1885). Hijo de Isabel II*, acompañó a ésta al exilio cuando fue destronada por la Revolución de 1868. En 1870 su madre abdicó en él; y en 1873 dejó en manos de Cánovas* la defensa de la causa borbónica en España. Cánovas envió a Alfonso a completar su formación en la academia militar inglesa de Sandhurst, a fin de impregnarle de los principios de la monarquía parlamentaria británica. En 1874, con la crisis de la Primera República, Cánovas estimó que la descomposición del régimen revolucionario dejaba el terreno maduro para la vuelta de los Borbones* y empezó a prepararla, lanzando en nombre del príncipe el llamado «Manifiesto de Sandhurst», en el que se postulaba como artífice de una reconciliación nacional. Los acontecimientos se precipitaron por el pronunciamiento militar de Martínez Campos* en Sagunto, que proclamó rey a Alfonso. Éste viajó inmediatamente de París a Barcelona y entró en Madrid como rey poco después (1874).

Cánovas elaboró un nuevo régimen político basado en el liberalismo doctrinario y conocido como la «Restauración», plasmado en la Constitución de 1876, que se mantendría vigente hasta 1923. Alfonso XII quedó relegado a un papel de árbitro entre dos grandes partidos —el conservador y el liberal— que se turnaban pacíficamente en el poder, evitando los pronunciamientos militares y las algaradas populares que habían sido constantes durante el reinado de Isabel II. No obstante, para asentar dicho régimen tuvo que hacer frente a la Guerra Carlista, abierta en el Norte y en Levante desde 1873; tras la rendición de Cabrera*, el pretendiente al Trono, don Carlos (VII)*, abandonó España poniendo fin a la guerra en 1876. Igualmente se sometió por la fuerza la rebelión cantonalista iniciada durante el periodo republicano. Y poco después la Paz del Zanjón (1878) completó la pacificación al poner fin a la guerra sostenida durante diez años contra los independentistas cubanos. Posteriormente, el reinado de Alfonso sólo se vería alterado por algunas intentonas republicanas y por los dos atentados sufridos en 1878 y 1879 (cuyos autores fueron inmediatamente ejecutados).

Los dos conflictos principales en los que se vio involucrado tuvieron que ver con el poder ascendente de la Alemania de Bismarck*. En 1883 don Alfonso aceptó del emperador Guillermo I* la invitación para presenciar unas maniobras militares en Hamburgo, ocasión en la que le dispensó importantes honores; la visita provocó un fuerte rechazo en Francia, que se expresó agriamente al paso del rey por aquel país. En 1885, en cambio, el conflicto fue con Alemania, que disputaba a España las islas Carolinas; el enfrentamiento se evitó por medios diplomáticos, recurriendo al arbitraje del papa León XIII*. En cuanto a los asuntos internos, don Alfonso se comportó como un rey constitucional, ejerciendo prudentemente su prerrogativa de nombrar primer ministro: hasta 1881 confió en los conservadores, manteniéndose Cánovas en el poder salvo en dos breves intervalos en los que mandaron Jovellar (1875) y Martínez Campos (1879); luego pasó el poder a los liberales de Sagasta*, sustituido en 1883 por Posada Herrera; y en 1884 devolvió el gobierno a Cánovas.

Alfonso murió de tuberculosis con sólo 27 años, haciendo temer por la continuidad de la dinastía. Su primera mujer, María de las Mercedes de Orléans, había muerto el mismo año de su boda, en 1878. De un segundo matrimonio con María Cristina de Habsburgo-Lorena* (1879) habían nacido dos princesas que contaban cinco y tres años; y la reina quedaba embarazada al morir su esposo. La incertidumbre se disipó con el nacimiento, en 1886, de un heredero varón, hijo póstumo de don Alfonso. Durante la minoría de edad de este príncipe —el futuro Alfonso XIII*— ejercería la regencia su madre, María Cristina, apoyada por el pacto político entre los partidos del régimen.

ALFONSO XIII Rey de España (Madrid, 1886 - Roma, 1941). Hijo póstumo de Alfonso XII*, durante su minoría de edad ejerció la Regencia su madre, María Cristina de Habsburgo-Lorena*, quien le dio una educación eminentemente militar. Su reinado se inició al ser declarado mayor de edad en 1902, con el país aún bajo los efectos de la reciente derrota en la guerra contra Estados Unidos y la consiguiente pérdida de los restos del imperio colonial (1898). Juró la Constitución de 1876, pero no puede decirse que ejerciera lealmente el papel de un rey constitucional: desde el comienzo afirmó su voluntad de poder personal y manifestó una inclinación desmedida hacia los militares.

Continuó la política de turno pacífico en el gobierno entre los partidos dinásticos, que se basaba en admitir el sistemático falseamiento de las elecciones: así confió el poder a los conservadores Silvela, Fernández Villaverde, Maura* y Azcárraga (1902-05) y luego a los liberales Montero Ríos, Moret, López Domínguez y Vega de Armijo (1905-07). Posteriormente el rey abrió paso a los intentos de desmontar el caciquismo y modernizar el sistema político desde el Gobierno por parte de los conservadores (Maura, 1907-09) y de los liberales (Canalejas*, 1910-12). Con el asesinato de Canalejas empezó a romperse el bipartidismo por la disgregación en facciones de los partidos del turno (gobiernos del liberal Romanones* en 1912-13 y 1915-17 y del conservador Dato* en 1913-15). Aquella situación desembocó en la quiebra del sistema de la Restauración a partir de la gran crisis de 1917, en la que se concitaron contra el régimen una huelga general, un movimiento corporativo en el ejército (las «Juntas de Defensa») y una Asamblea de Parlamentarios que reclamaba reformas democratizadoras al margen de las instituciones establecidas. Después del fracaso del Gobierno de Unión Nacional de 1918, el reinado se caracterizó por una gran inestabilidad política (con 13 cambios de gabinete) y social (aumento del terrorismo anarquista). Los nacionalismos aumentaban su influencia y sus demandas. Y la situación colonial se deterioraba en Marruecos con el desastre de Annual (1921).

Alfonso actuó en varias ocasiones en su papel de representante del Estado en el exterior: en 1904 recibió en Vigo al emperador alemán Guillermo II* y trató con él sobre la cuestión de Marruecos; en 1907 se entrevistó en Cartagena, para tratar de la situación en el Mediterráneo, con el rey Eduardo VII de Inglaterra, con cuya sobrina Victoria Eugenia (o Ena) de Battenberg había contraído matrimonio el año anterior; en 1913 visitó Francia para ratificar el tratado que repartía Marruecos entre ambos países; realizó otros viajes oficiales a Inglaterra, Francia, Alemania y Austria; y desempeñó un papel relevante en la defensa de la neutralidad española en la Primera Guerra Mundial (1914-18).

Pero el reinado quedó marcado por la cobertura que prestó don Alfonso al golpe de Estado del general Primo de Rivera* en 1923 y la dictadura que éste implantó, decisión que le haría perder el Trono. Insensible a las peticiones de los presidentes de las dos cámaras de que cumpliera sus obligaciones constitucionales, se complació en cambio en visitar con el dictador la Italia de Mussolini* (1923). Cuando, acuciado por la oposición interna, cayó Primo de Rivera, el rey encargó formar Gobierno sucesivamente al general Berenguer* (1930) y al almirante Aznar (1931); pero el regreso a la normalidad constitucional no era ya posible. La deslealtad del rey y su compromiso con la pasada dictadura produjeron un vuelco en la opinión pública, que en las elecciones municipales de 1931 se mostró mayoritariamente republicana. Don Alfonso suspendió el ejercicio del poder real (aunque no abdicó formalmente) y abandonó España al tiempo que se proclamaba la Segunda República (1931). Juzgado y condenado en ausencia por las Cortes republicanas, el ex rey se refugió en la Italia fascista y en 1941 abdicó en su hijo Juan* antes de morir. Antes había sobrevivido a tres atentados, uno en París (1905) y dos en Madrid (1906 y 1913). Quedó enterrado en Roma hasta que en 1980, restaurada ya la monarquía de los Borbones*, su nieto Juan Carlos I* hizo traer su cuerpo a España para depositarlo en el Panteón de Reyes de El Escorial.

AL-HAKAM I. V. OMEYA, Dinastía.

AL-HAKAM II. V. OMEYA, Dinastía.

ALHÁKEM I. V. OMEYA, Dinastía.

ALHÁKEM II. V. OMEYA, Dinastía.

ALÍ (Alí ben Abú Thaleb) Cuarto califa musulmán (La Meca, h. 602 - Kufa, 661). Era primo de Mahoma*, con cuya hija Fátima se casó. Formó parte del grupo fundacional del Islam, pero a la muerte del profeta no consiguió imponerse como sucesor; tuvo que esperar al asesinato del tercer califa, Otmán, en 656, para ser elegido. No obstante, concitó una amplia oposición, encabezada por la viuda del profeta, Aisa, y por los seguidores de Otmán (agrupados alrededor de su primo Muhawiya, gobernador de Siria). La lucha contra sus enemigos le fue favorable, pero tras la indecisa batalla de Siffin (657) aceptó un acuerdo que permitía a Muhawiya mantenerse en Siria. Aquella concesión decepcionó a muchos de sus partidarios, que le abandonaron y formaron la secta de los jariyitas, eligieron su propio califa y lograron implantarse en Irak y en Persia. Muhawiya, por su parte, consiguió entonces derrocar a Alí y proclamarse califa, inaugurando la dinastía Omeya*. Alí fue asesinado por un fanático jariyita en la mezquita de Kufa; pero sus descendientes (empezando por su hijo Husain) siguieron siendo considerados por sus partidarios como legítimos herederos de Mahoma, en cuyo nombre se opusieron a los Omeyas y, más tarde, a los Abasidas*. Esta disidencia dio lugar al cisma de los *chiítas* o *alíes,* que dividió para siempre al Islam.

ALÍ SHA, AGA KAN II. V. AGA KAN.

ALLENDE GOSSENS, Salvador Presidente de Chile (Valparaíso, 1908 - Santiago de Chile, 1973). Era médico de profesión y procedía de una familia acomodada. Entró en política en los años treinta, buscando en el marxismo la solución para las agudas injusticias sociales del país. Dirigió la Federación de Estudiantes de Chile y participó en la fundación del Partido Socialista Chileno (1933), del cual fue elegido presidente en 1937. Como ministro de Salud en el gobierno del Frente Popular (1938-40) introdujo una profunda reforma en la sanidad pública chilena. Desde 1952 fue el candidato de la izquierda (Frente de Acción Popular) en las elecciones presidenciales, en las que fue derrotado por tres veces (1952, 58 y 64); hasta que, en 1970, apoyándose en una amplia coalición de izquierdas (la *Unión Popular),* consiguió vencer por un estrecho margen sobre el candidato de la derecha. Su designación como presidente contó con el apoyo de la Democracia Cristiana. Ya presidente de la República, se propuso instaurar el socialismo en Chile desde la legalidad, perspectiva revolucionaria que aterró a las fuerzas conservadoras del país. En los tres años que duró su gobierno nacionalizó la banca y la minería, inició una reforma agraria e incorporó a las clases trabajadoras a la participación política (nombrando, por ejemplo, cuatro ministros obreros). Pero tuvo que enfrentarse a la desconfianza de los partidos moderados, mayoritarios en el Parlamento, al cerco diplomático y financiero de Estados Unidos y a la resistencia de las clases medias y altas del país. El deterioro de la situación económica desestabilizó aún más la situación, hasta que, en septiembre de 1973, estalló un golpe de Estado apoyado por Estados Unidos y dirigido por el general Pinochet*; Allende murió durante los combates librados en la sede de la Presidencia (el *Palacio de la Moneda)* y le sustituyó una sangrienta dictadura militar.

ALMAGRO, Diego de Conquistador español (Almagro, Ciudad Real, 1475/79 - Cuzco, 1538). Se embarcó a las Indias en 1514, acompañando a Arias Dávila en sus expediciones al Darién y a Tierra Firme. Con el prestigio y las riquezas que acumuló, se asoció en 1524 con Francisco Pizarro*. Ese mismo año capitaneó una expedición por la costa del Pacífico, en la que fue atacado por los indígenas, perdiendo un ojo y varios dedos. Auxilió a Pizarro en las expediciones preparatorias de la conquista del Perú de 1526-29, viajando cinco veces a Panamá en busca de refuerzos (para vencer las reticencias de las autoridades locales redactó en 1527 el documento conocido como la *Probanza,* en el cual relataba al rey las exploraciones y conquistas realizadas hasta ese momento). Esa colaboración culminó cuando, en 1533, se unió a Pizarro en la conquista del Perú. Su mayor protagonismo lo alcanzó en la campaña de Chile (1535-37), que dirigió personalmente, acompañado de abundantes tropas indias, un hermano del inca Atahualpa* y un sacerdote indígena. Su epopeya le condujo hasta el límite sur del imperio de los incas, lugar donde recibió la noticia de una nueva división real de la América española, que le otorgaba la provincia llamada de «Nuevo Toledo»; la disputa sobre si Cuzco se incluía en dicho territorio o en la «Nueva Castilla» de Pizarro hizo estallar la primera de las «guerras civiles» del Perú, en 1537. Era la culminación de las desavenencias surgidas en Cuzco entre un «partido almagrista» y otro «pizarrista». Almagro fue vencido por Hernando Pizarro* en la batalla de Las Salinas, apresado y ejecutado (1538), sin haber completado la conquista de Chile, que culminaría Valdivia*.

ALMANZOR Máximo dirigente político y militar del califato de Córdoba entre los años 981 y 1002 (Abú Amir Muhammad, llamado *Al-Mansur bi-Allah*) (Torrox, Málaga, 940 - Medinaceli, Soria, 1002). Procedía de una familia noble de origen yemení, asentada en España desde el siglo VIII. Se formó en Córdoba, donde estudió letras, teología y jurisprudencia; y entró al servicio de la casa real, llegando a ser cadí de Niebla y de Sevilla, director de la ceca, inspector de las finanzas de la campaña militar contra el norte de África y, finalmente, administrador de la sultana y del príncipe heredero. Cuando en 976 murió el califa Al-Hákem II, tuvo un papel decisivo en la subida al Trono de su hijo, Hisham II, a pesar de que era menor de edad; inmediatamente fue nombrado visir y tutor del niño califa, cargos que completó al deshacerse de los dos personajes más poderosos del momento: el chambelán Al-Mushafí (978) y el generalísimo Galib (981). Para tan fulgurante ascensión al poder le fueron de utilidad tanto la protección de la sultana Subh (que ha permitido especular sobre una posible relación amorosa) como la red de amistades que entabló desde los distintos cargos ocupados. Tras la declaración de Hisham II de que se retiraba a hacer vida piadosa y dejaba los asuntos de gobierno en manos de su visir, Almanzor (castellanización del sobrenombre que adoptó y que significa «el victorioso por Dios») comenzó dos décadas de poder absoluto sobre la España musulmana. Tras reorganizar el ejército califal, se lanzó a la «guerra santa», hasta realizar un total de 56 campañas, la mayor parte de ellas contra los reinos cristianos del norte; llegó a atacar ciudades como Barcelona (985), Santiago de Compostela (997) o Burgos (1000); las paces que impuso a los reyes cristianos les exigían gravosos tributos y en dos ocasiones (a Sancho Garcés II de Pamplona y a Vermudo II de León) la entrega de sus hijas como esposas. También impuso su dominio sobre el norte de África (desde el 988), tanto para prevenir las agresiones procedentes de una región en continua inestabilidad, como para aprovisionarse de tropas musulmanas con las que sostener el esfuerzo militar en la frontera norte. Su poder fue tal que consiguió hacerlo hereditario, sucediéndole sus hijos Abd al-Malik *Al-Muzaffar* (1002-08) y Abd al-Rahmán *Sanchuelo* (1008-09). Los conflictos desatados contra su gobierno y el de sus sucesores llevaron a la descomposición del califato en reinos de Taifas.

ALVARADO, Pedro de Conquistador español (Badajoz, 1486 - Guadalajara, México, 1541). Pasó a La Española (Santo Domingo) en 1510 con todos sus hermanos, con los que formaba un clan entre los conquistadores. Participó con Diego Velázquez en la conquista de Cuba (1511), con Grijalba en las expediciones por Yucatán y el golfo de México (1518); y, finalmente, tuvo un papel de primer orden en la conquista de México como lugarteniente de Hernán Cortés* (1519-22). Éste le envió en 1523 a conquistar la América central, empresa en la que de hecho actuó por su cuenta. Explotando la rivalidad entre los pueblos de la zona (quichés, cakchiqueles, tzutuhiles, xincas, pipiles…), conquistó en cuatro años un vasto territorio (que corresponde actualmente a Chiapas, Guatemala y El Salvador), que la Corona le concedió en 1527 como capitán general de Guatemala; más tarde haría una permuta de gobernaciones, obteniendo Honduras a cambio de Chiapas. Fundó varias ciudades importantes, como la actual capital de Guatemala (Santiago de los Caballeros, 1524). También consiguió capitulaciones para hacer conquistas en el Pacífico, pero esa empresa fue un fracaso, pues le condujo a Quito, ya conquistada por Pizarro* y Almagro* (1534-36). Preparaba una expedición a las Molucas cuando murió luchando contra una rebelión india en auxilio del gobernador de Guadalajara.

ALVARES CABRAL, Pedro. V. CABRAL, Pedro Alvares.

ÁLVAREZ MENDIZÁBAL, Juan. V. MENDIZÁBAL, Juan Álvarez.

ÁLVAREZ DE TOLEDO, Familia. V. ALBA, Casa de.

AMADEO I (Amadeo de Saboya, duque de Aosta) Rey de España de 1870 a 1873 (Turín, 1845-1890). Era el tercer hijo de Víctor Manuel II*, rey del Piamonte-Cerdeña, que en 1861 se había convertido en rey de Italia. Había recibido una formación fundamentalmente militar e incluso había luchado en la guerra de 1866 contra los austriacos. Cuando la Revolución de 1868 expulsó de España a Isabel II* y dejó vacante el Trono, los líderes revolucionarios se plantearon el problema de buscar un nuevo rey que encajara en el perfil de monarca constitucional, una vez que las Cortes habían decidido esa forma de gobierno. Tras descartar a otros candidatos (Baldomero Espartero*, Leopoldo de Hohenzollern-Sigmaringen*, el duque de Montpensier, Fernando de Portugal…), las Cortes españolas se inclinaron por Amadeo de Saboya. Ante la insistencia de Prim* y de Serrano*, el duque de Aosta aceptó y fue proclamado rey por las Cortes en 1870. Nada más llegar a España (desembarcó en Cartagena) fue asesinado el primer ministro, Juan Prim, dejando al nuevo monarca aislado ante una situación difícil. Amadeo desempeñó lealmente el papel de rey constitucional, a pesar de las convulsiones y dificultades de la época: la rebelión carlista en Vascongadas, Navarra y Cataluña, el recrudecimiento de la guerra en Cuba, las conspiraciones de los republicanos y de los partidarios de la restauración borbónica, un atentado fallido contra la vida del rey, la indisciplina de un ejército que no estaba habituado a someterse al poder civil, el vacío que le hicieron en Madrid la aristocracia y la alta sociedad... A todo ello se añadían las divisiones y personalismos de los partidarios del régimen, cuyos dirigentes se sucedieron rápidamente al frente del gobierno: Serrano, Ruiz Zorrilla, Malcampo, Sagasta* y nuevamente Ruiz Zorrilla. Este último tendría que lidiar un conflicto que acabaría con el reinado de Amadeo: ante la negativa del Cuerpo de Artillería a aceptar el nombramiento de un nuevo capitán general de Cataluña, el gobierno optó por disolver dicho cuerpo, con asentimiento de las Cortes, decisión que el rey sancionó, pero que motivó su decisión de abdicar (esta fue la única decisión de Amadeo que se podría tachar de inconstitucional, pues la Constitución no le permitía abdicar sin mediar una ley especial de las Cortes). Amadeo salió por tren hacia Lisboa, en donde embarcó rumbo a Génova, mientras en España, ante semejante vacío de poder, se proclamaba la Primera República (1873). Así terminaba —en fracaso— el primer intento de instaurar una monarquía democrática en España, modelo político que tardaría más de cien años en volver a intentarse. Amadeo se retiró a Turín, en donde murió en 1876 su primera esposa (la que había sido la reina María Victoria) y contrajo segundas nupcias con una sobrina de Napoleón* (Leticia Bonaparte*), en 1888.

AMENHOTEP IV. V. AKENATÓN.

AMENOFIS IV. V. AKENATÓN.

AMÍLCAR BARCA General cartaginés, primero del poderoso clan de los Bárcidas, que dominó la política cartaginesa durante la segunda mitad del siglo III a.C. (?, h. 290 - Heliké [Elche ?], Alicante, 229 a.C.). En el 247 fue nombrado comandante en jefe del ejército cartaginés que luchaba contra Roma en la Primera Guerra Púnica (264-241 a.C.). Desde sus bases en Sicilia, Córcega y Cerdeña, lanzó continuos ataques de saqueo contra las costas italianas, hasta que, derrotado en la batalla naval de las islas Egatas (241), perdió la isla de Sicilia y se retiró a África. Allí hubo de hacer frente a la rebelión de sus mercenarios, sublevados al saber que no había recursos para pagarles; esta «Guerra de los Mercenarios» (241-238) le supuso la pérdida de Cerdeña. Mientras tanto, la debilidad de Cartago fue aprovechada por los pueblos anteriormente sometidos (libios, ibéricos) para intentar recuperar su libertad. En el 237 Amílcar fue puesto de nuevo al frente del ejército para resarcirse de todas las pérdidas recuperando territorios en la península Ibérica y avanzando desde allí contra Roma; dicho plan, trazado por el Senado cartaginés, contaba con las abundantes riquezas de la Península como base de la contraofensiva. Acompañado de su hijo Aníbal* y de su yerno Asdrúbal, Amílcar desembarcó en Cádiz (única ciudad peninsular que se había mantenido en poder de los cartagineses); dominó el valle del Guadalquivir, combatiendo a tartesios, íberos y celtas; pasó a la conquista de Levante, rebasando la zona de influencia reconocida por los romanos;

fundó Akra Leuke (la actual Benacantil, en Alicante); y murió en combate contra los oretanos durante el asedio de Heliké. Asdrúbal (hasta el 221 a.C.) y Aníbal (del 221 al 183) continuaron su obra.

AMUNDSEN, Roald Explorador noruego (Borge, Oslo, 1872 - océano Ártico, 1928). Conocía desde su juventud los mares del norte, por su trabajo en barcos de pesca y por haber participado en una expedición polar (1897). Su primera expedición independiente, estimulada por científicos alemanes, pretendía localizar el Polo Norte magnético; aunque no lo consiguió, sí descubrió el «paso del noroeste», que comunicaba el Atlántico con el Pacífico por el norte del continente americano (1903-07). La noticia de que el americano Peary había alcanzado el Polo Norte (1909) le hizo desistir de seguir intentándolo, orientando entonces sus esfuerzos hacia la Antártida; en 1911 se convirtió en el primer hombre en alcanzar el Polo Sur de la Tierra. En los años veinte incorporó a sus expediciones la navegación aérea, de reciente invención: intentó sobrevolar el Polo Norte por dos veces sin éxito, la primera desde Alaska (1923) y la segunda desde Spitzberg (1925); en 1926, habiéndolo conseguido Byrd a bordo de un avión, Amundsen lo logró en dirigible, acompañado por el italiano Nobile. En 1928 desapareció en el Ártico cuando se dirigía con un hidroavión a auxiliar a otra expedición en dirigible del mismo Nobile.

ANA I (Ana Estuardo*) Reina de Inglaterra y Escocia que unificó ambos reinos (Londres, 1665-1714). Hija de Jacobo II*, fue educada en la religión anglicana a pesar de las convicciones católicas que le habían costado el Trono a su padre, y anglicana permaneció durante toda su vida. Fue casada con el príncipe Jorge de Dinamarca, con quien tuvo 17 hijos, todos ellos muertos en la niñez. En 1702 fue llamada a ocupar el Trono de Inglaterra e Irlanda, tras la muerte de su cuñado, Guillermo III de Orange*. Durante los primeros años de su reinado permaneció bajo la influencia del duque de Marlborough* y se orientó hacia el partido *whig;* a partir de 1710, rotas las relaciones con Marlborough, la reina empezó a apoyarse más en los *tories*. Entre las realizaciones más duraderas de su reinado cabe destacar la Ley de Unión de 1707, que unificaba políticamente a Inglaterra con Escocia, creando la Gran Bretaña. En cuanto a la política exterior, estuvo marcada por el enfrentamiento con Francia en la Guerra de Sucesión Española; como resultado de sus éxitos en ese conflicto, Inglaterra obtuvo, por el Tratado de Utrecht (1713), Gibraltar, Menorca, Terranova y Acadia, además de erigirse en árbitro del nuevo equilibrio europeo. Tras su muerte sin herederos directos, la Corona pasó a la casa de Hannover*, en la persona de Jorge I.

ANA I IVANOVNA. V. **ROMANOV, Dinastía.**

ANA BOLENA (o Boleyn) Reina de Inglaterra (Rochford Hall, 1507 - Londres, 1536). Noble inglesa educada en la corte de Francia entre 1519 y 1521, volvió a su país como dama de honor de Catalina de Aragón*, la primera esposa de Enrique VIII*. Pronto se convirtió en amante del rey, con quien se casó en secreto en enero de 1533; el consiguiente divorcio del rey de su primera mujer, proclamado oficialmente en mayo de 1533, estuvo en el centro del conflicto que llevó a Enrique VIII a romper con el Papado y a crear la Iglesia de Inglaterra. Ana le dio al rey una heredera (la futura Isabel I*, nacida en septiembre de 1533), pero no consiguió mantener su pasión inicial por ella. Para deshacerse de su segunda mujer y casarse con una de sus damas de honor (Juana Seymour), Enrique acusó a Ana de haber mantenido relaciones adúlteras con cinco hombres de la corte (incluido su hermano); fue condenada a muerte por un tribunal del que formaba parte su propio padre (sir Thomas Boleyn, hecho duque de Norfolk por Enrique VIII). Murió decapitada en la Torre de Londres.

ANA ESTUARDO. V. **ANA I de Inglaterra.**

ANDRASSY, Gyula, conde de
Político nacionalista húngaro (Kaschau, Eslovaquia, 823 - Bolosca, 1890). Miembro de una familia importante de la nobleza magiar, participó en la revolución de 1848, que en Hungría tuvo un cariz nacionalista de lucha contra la dominación austriaca. Condenado a muerte, consiguió refugiarse en Inglaterra y Francia, hasta que en 1858 pudo acogerse a una amnistía imperial. De vuelta a Hungría, adoptó posiciones más moderadas, canalizando las aspiraciones nacionalistas hacia un entendimiento con los Habsburgo*. Fue elegido miembro de la Dieta o Parlamento en 1860 y propició el compromiso de 1867 *(Ausgleich)* que llevó a la creación de la monarquía «dual» austro-húngara. A partir de ese momento, conseguida una amplia autonomía para Hungría y un equilibrio de poder con Austria en el seno del Imperio, Andrassy se convirtió en el primer presidente del gobierno húngaro. Conservó el poder hasta 1871, adoptando medidas tan significativas como la emancipación de los judíos. De 1871 a 1879 fue ministro de Asuntos Exteriores del gobierno imperial; entre sus logros de ese periodo cabe destacar la ocupación de Bosnia-Herzegovina (Congreso de Berlín, 1878) y la alianza con Alemania (1879), dos hechos determinantes del estallido de la Primera Guerra Mundial en 1914. Al morir le sucedió en el título su hijo, del mismo nombre: **GYULA ANDRASSY**, *el Joven* (Töketerebes, Eslovaquia, 1860 - Budapest, 1929). Fue ministro del Interior del Imperio Austro-Húngaro en 1906-10; y en 1918 fue el último ministro de Asuntos Exteriores del Imperio, inmediatamente desmembrado por la derrota en la Primera Guerra Mundial. Su fidelidad a los Habsburgo quedó de manifiesto al participar en 1921 en un intento fracasado para restaurar a Carlos I* sobre el Trono de Hungría.

ANDREOTTI, Giulio Político italiano (Roma, 1919 -). Procedente del periodismo católico, su carrera política ha estado ligada a la Democracia Cristiana. Recién proclamada la República, en 1946, Andreotti fue elegido diputado; y enseguida entró en el gobierno presidido por De Gasperi* como subsecretario de la Presidencia (1947-53); después fue ministro del Interior (1954) y de Finanzas (1955). Su influencia en el partido le convirtió en componente inevitable de las múltiples combinaciones de gobierno ensayadas en Italia: formó parte del gobierno de centro-izquierda de Aldo Moro* en 1966; y llegó a la presidencia del Consejo en 1972-74 y 1976-78. Protagonizó el intento de integrar a los comunistas en la gobernación del Estado mediante un gobierno de coalición (el «compromiso histórico»), experiencia que fracasó por la oposición de la izquierda a la política económica de los democristianos y a la adhesión de Italia al sistema monetario europeo. Participó en los gobiernos de coalición del «pentapartido», primero como ministro de Asuntos Exteriores (1983-89) y luego como presidente (1989-92). El hundimiento del sistema de partidos de la posguerra como consecuencia de las acusaciones generalizadas de corrupción contra la clase política produjo el eclipse de su representante más característico, Andreotti, que tuvo que responder ante los jueces acusado de connivencia con la Mafia.

ANDROPOV, Yuri Vladimirovich Máximo dirigente de la Unión Soviética entre 1983 y 1984 (Nagutskaia, Cáucaso, 1914 - Moscú, 1984). Hijo de un ferroviario, estudió ingeniería y se integró como funcionario en el Partido Comunista de la Unión Soviética. Sus primeros empleos fueron diplomáticos, destacando su presencia como embajador en Budapest en 1956; fue uno de los organizadores de la intervención militar soviética que reprimió la revolución húngara que había llevado al poder a Imre Nagy en aquel año. El régimen premió su fidelidad y su eficacia en aquel cometido, encargándole de dirigir las relaciones entre la Unión Soviética y los países socialistas del este de Europa entre 1957 y 1967. Su ascenso político fue espectacular: miembro del Comité Central del Partido desde 1961, secretario del Comité Central desde 1964, miembro del Politburó desde 1967. En aquel año pasó a dirigir la KGB, a cuyo frente se mantendría hasta 1982. A la muerte de Brezhnev*, Andropov fue elegido para sustituirle como secretario general del Partido Comunista (1982) y como jefe del Estado soviético (1983). Orientó su política en un sentido reformista, tratando de aligerar el peso de la burocracia y de revitalizar la economía y la administración del país, gravemente estancada durante la era Brezhnev; sin embargo, problemas de salud le mantuvieron apartado de la actividad política y murió sin haber realizado reforma alguna en los 15 meses que duró su poder.

ANGULEMA, Luis Antonio de Borbón, duque de Príncipe y general francés, exponente de las tendencias más reaccionarias de la Restauración (Versalles, 1775 - Gorizia, Venecia, 1844). Era hijo primogénito del duque de Artois (el futuro Carlos X*), a quien acompañó al exilio al estallar la Revolución Francesa en 1789. Diez años después se casó con su prima María Teresa Carlota, única hija de Luis XVI* y de María Antonieta*, que había sido liberada por los revolucionarios en 1795. Ambos regresaron a París tras la derrota de Napoleón* y la restauración de los Borbones* en el Trono en la persona de su tío, Luis XVIII* (1814). Desde entonces formaron parte de la facción ultrarrealista que propugnaba la restauración completa del Antiguo Régimen. En 1823 fue puesto al frente de la expedición llamada de los «Cien mil hijos de San Luis», destinada a acabar con el régimen liberal instaurado en España desde 1820 y devolver a Fernando VII* el poder absoluto. Dicha expedición se produjo por iniciativa del ministro Chateaubriand* y en el marco de la Santa Alianza establecida entre los monarcas europeos para conjurar las amenazas revolucionarias; la decisión de poner al frente a un príncipe de la familia real formaba parte de las múltiples precauciones tomadas para evitar que se repitiera un rechazo popular como el que despertó la anterior invasión francesa de España, en tiempos de Napoleón (1808). Al acceder al Trono Carlos X en 1824, Angulema fue nombrado delfín (heredero); y cuando aquél fue destronado por una nueva revolución, en 1830, el hijo le siguió al exilio, renunciando a sus derechos al Trono en favor de su sobrino (el duque de Burdeos) y acogiéndose a la protección de Austria hasta su muerte.

ANÍBAL General cartaginés (?, h. 247 - Bitinia, 183 a.C.). Hijo de Amílcar Barca*, acompañaba a éste cuando murió durante la conquista de la península Ibérica (237 a.C.). El poder recayó entonces en manos de su cuñado Asdrúbal, quien fundó Cartago Nova (Cartagena) y consolidó la formación de un imperio cartaginés en el sur de la Península, cuyos recursos mineros ayudaran a sufragar las costosas reparaciones impuestas por Roma tras la Primera Guerra Púnica. Asesinado Asdrúbal en el 221, le sucedió Aníbal como jefe del clan de los Bárcidas, orientándose a una política más belicista que su antecesor; Asdrúbal, más inclinado a la persuasión, había recurrido al joven Aníbal cada vez que creía necesario el uso de la fuerza; y había concertado con los romanos el «Tratado del Ebro» (226), que establecía dicho río como límite entre sus respectivas zonas de influencia. Con la llegada de Aníbal al poder se rompió ese *statu quo:* el ataque cartaginés a la ciudad de Sagunto, aliada de Roma (219), y el desembarco romano en Ampurias (218) desencadenaron la Segunda Guerra Púnica o «guerra de Aníbal» (218-202 a.C.). Dicha guerra fue un conflicto entre dos potencias que se disputaban la hegemonía en el Mediterráneo occidental; su resultado supuso la consagración de Roma como potencia dominante y la incorporación de España a su imperio (hasta entonces limitado a la península italiana). La hazaña de Aníbal comenzó con la penetración en la meseta castellana en busca de víveres y mercenarios; dejó al mando de la Península a su hermano —el otro Asdrúbal— y continuó avanzando hacia el nordeste con un ejército colosal (50.000 hombres, 9.000 caballos y hasta 37 elefantes traídos de África); pasó los Pirineos y los Alpes en medio de grandes penalidades; y, completando el rodeo, se presentó en el norte de Italia, aunque con sus efectivos reducidos a la mitad. Recorrió la Península hacia el sur, evitando Roma, pero derrotando a sus ejércitos en varias batallas: tras la de Trevia (218), se le unieron las tribus celtas, que se rebelaron contra Roma; la de Trasimeno (217) causó tal conmoción entre los romanos que les llevó a nombrar un dictador; y la de Cannas (216: la mayor derrota sufrida por Roma en toda su historia) le proporcionó la alianza de Macedonia. Desarmada Roma, Aníbal desaprovechó la oportunidad de tomar la ciudad, invernando en Campania en espera de refuerzos (215). Pero tales refuerzos no llegaron, ya que entretanto los romanos recuperaron la iniciativa: derrotaron a Asdrúbal y fueron controlando Hispania hasta tomar Cartago Nova (209) y Gades (205); también afianzaron sus posiciones en Sicilia (Siracusa, 212) y en el sur de Italia (Capua, 211; Tarento, 209); e incluso desembarcaron en el norte de África, amenazando la capital, Cartago (204). Aníbal hubo de regresar y enfrentarse a Escipión*, quien le derrotó en la batalla de Zama (202). Tras un tratado de paz que acababa con el poder militar de Cartago, Aníbal trató sin éxito de reorganizar el Estado. En el 195 se refugió en Siria; pero, derrotado en el 189 el rey seléucida*, Antíoco III, Aníbal prefirió suicidarse antes que caer en poder de los romanos.

Anjou, Casa de Serie de dinastías nobiliarias francesas que tomaron su nombre de la provincia homónima, con capital en Angers.

Primera dinastía angevina (870-1203). Fue fundada por Ingelger, primer conde de Anjou en el 878. Entre sus descendientes destaca Foulques V, quien llegó a ser rey de Jerusalén en 1131; al partir a Tierra Santa dejó el condado a su hijo Godofredo V, el cual se casó con la hija del rey de Inglaterra. El hijo de ambos, Enrique II de Inglaterra*, inauguró la dinastía Plantagenet*; en cuanto al condado de Anjou, perteneció a los reyes de Inglaterra entre 1154 y 1203, aunque vasallo de los de Francia. En 1203 Felipe IV *el Hermoso** arrebató el condado al rey inglés Juan *sin Tierra** y lo reincorporó a la Corona francesa.

Segunda dinastía angevina (1246-1328). El condado de Anjou volvió a ser segregado de la Corona francesa por Luis VIII, quien lo legó en su testamento desde 1226 a su hijo menor, Carlos I; aquel conde poseía también Provenza por su matrimonio con la hija de Ramón Berenguer V (1246); y aún redondeó sus dominios con la conquista del Reino de Nápoles en 1266. Carlos II dividió sus dominios entre sus hijos, dando lugar a la dispersión de la Casa: en 1290 el Condado de Anjou pasó, junto con el de Maine, a los Valois*, como dote de una hija de Carlos II; y en 1328 quedó de nuevo incorporado a la Corona de Francia. No obstante, otras ramas de la Casa llegaron a reinar en diversos lugares de Europa en el siglo XIV: la rama principal siguió dominando Nápoles y Provenza, en pugna con los reyes de Aragón; la rama de Durazzo disputó con la anterior, a la que arrebató Nápoles entre 1382 y 1435; la rama de Hungría reinó sobre dicho país entre 1308 y 1395, y sobre Polonia de 1370 a 1382; la rama de Tarento se instaló como príncipes de Tarento y Acaya sobre territorios procedentes del Imperio Latino de Constantinopla.

Tercera dinastía angevina (1360-1481). Juan II *el Bueno* segregó Anjou (unido al Maine) una vez más, erigiéndolo en Ducado para su hijo Luis I. La nueva Casa consiguió imponerse en Provenza (1382), pero fracasó en el intento de recuperar Nápoles. Al morir el duque Carlos IV revertió el título a la Corona, que lo incorporó definitivamente en 1482. Desde entonces el título fue empleado ocasionalmente por algunos miembros de la familia real francesa, entre ellos el que sería Felipe V de España*.

Antíoco I *Soter*. V. **Seléucida, Dinastía.**

Antíoco II *Theos*. V. **Seléucida, Dinastía.**

Antíoco III, *el Grande*. V. **Seléucida, Dinastía.**

Antíoco IV *Epifanes*. V. **Seléucida, Dinastía.**

Antíoco V. V. Seléucida, Dinastía.

Antíoco VII Sidetes. V. Seléucida, Dinastía.

Antonio. V. Marco Antonio.

Aosta, Duque de. V. Amadeo I.

Aqueménida, Dinastía Casa real de la antigua Persia entre el 550 y el 330 a.C., llamada así por su mítico ancestro Aquemenes. Eran los príncipes de la tribu de los pasargadas, vasallos del reino de los medas, hasta que en 555-550 a.C., **Ciro II*** se rebeló contra el rey meda Astiages e inauguró un reino propio, que pronto se extendería desde el Indo hasta el Asia Menor, incluyendo Babilonia. **Cambises II** (530-522 a.C.) completó la conquista de Oriente iniciada por su padre, al dominar Egipto (525); y aún albergó proyectos más ambiciosos, pues envió una expedición a Etiopía y planeó atacar a Cartago. Parece ser que hizo asesinar a su hermano menor, Smerdis o Bardiya; y que durante su ausencia por la campaña de Egipto, el Trono fue usurpado por un mago llamado Gaumata, que se hizo pasar por el difunto Bardiya. Cambises murió cuando regresaba a Persia para enfrentarse con el usurpador. Varios nobles se coligaron para destronar al *pseudo-Smerdis,* tras lo cual hicieron rey a uno de ellos, miembro de una rama colateral de los Aqueménidas: **Darío I*** (522-486 a.C.). Si bien fracasó en el intento de expandir el imperio hacia el norte y el oeste (al ser derrotado por escitas y griegos), fue un gran organizador: dividió el imperio en satrapías y estableció un equilibrio entre el absolutismo monárquico y el respeto a las especificidades de los pueblos sometidos. **Jerjes I*** (486-465 a.C.) fracasó —como Darío— en el intento de conquistar Grecia. Con él se inició la decadencia de los Aqueménidas. **Artajerjes I** (465-424 a.C.), tras ejecutar al asesino de su padre, Artabán, se libró también de todos sus hermanos, después de la revuelta de uno de ellos. Hubo de hacer frente a múltiples rebeliones. Más interesado por los asuntos orientales que occidentales, firmó probablemente la Paz de Calias (449), por la que los persas renunciaban a las ciudades griegas de Jonia, en Asia Menor. Le sucedieron su hijo **Darío II** (424-404 a.C.) y su nieto **Artajerjes II** (404-358 a.C.), siempre amenazados por rebeliones internas y perdiendo progresivamente territorios del imperio (Egipto, Chipre, Fenicia, Siria…). **Artajerjes III** (358-338 a.C.), hijo del anterior, reforzó el poder real imponiéndose a la rebelión de los sátrapas, y recuperó Egipto, Fenicia y Chipre (345-342 a.C.). Fue asesinado por una conjura palaciega, dejando el Imperio debilitado frente a la amenaza de Alejandro Magno*. **Darío III** *Codomán* fue el último emperador persa. Vencido por Alejandro en el 331 a.C., fue asesinado por uno de sus sátrapas (Bessos) al año siguiente, para impedir que se rindiera al conquistador.

Aquino, *Cory* (María Corazón Cojuangco) Política filipina (Tarlac, 1933 -). Educada en Estados Unidos, se casó en 1954 con Benigno Aquino, quien llegaría a ser el líder más destacado del partido UNIDO (Organización Nacionalista Democrática Unida). Con él marchó al exilio en 1980, perseguidos por la dictadura del general Marcos*. En 1983 decidieron volver a Filipinas a pesar del peligro que corrían, peligro que se materializó en el asesinato de su marido nada más descender del avión que le traía de Estados Unidos. *Cory* tomó entonces el relevo y, aprovechando el prestigio de su marido, encabezó la última fase de la lucha popular contra la dictadura, que provocó la caída de Marcos en 1986. Desde la Presidencia de la República, entre 1986 y 1992, restableció la democracia, convocando un referéndum constitucional en 1987 y elecciones generales en 1988; favoreció el regreso de la oligarquía agraria tradicional que la dictadura había marginado en beneficio de los militares; pero defraudó las esperanzas puestas en una reforma agraria en profundidad y no consiguió desarmar a las guerrillas comunistas y musulmanas. Su principal apoyo fue la Iglesia católica, mientras que el ejército mantenía actitudes más reticentes, plasmadas en seis intentos de golpe de Estado y en la disidencia del vicepresidente Laurel (en la oposición desde 1988). En 1992 le sucedió su ministro de Defensa, Fidel Ramos.

AQUITANIA, Leonor de. V. LEONOR DE AQUITANIA.

ARAFAT, Yasser (Mohammed Abed Ar'ouf Arafat, llamado *Abú Ammar*) Líder nacionalista palestino (Jerusalén, 1929 -). Estudió ingeniería en la Universidad de El Cairo, profesión que ejerció en Egipto y en Kuwait entre 1956 y 1965. Desde el final de la Segunda Guerra Mundial participó en el incipiente movimiento palestino, que aspiraba a construir un Estado árabe independiente sobre la entonces colonia británica de Palestina, chocando con las aspiraciones judías sobre el mismo territorio. Se unió en 1944 a la Liga de Estudiantes Palestinos, de la cual fue presidente de 1952 a 1956. En dicho año participó en la fundación del movimiento Al-Fatah, componente principal de la Organización para la Liberación de Palestina (OLP), que se creó en 1964; en 1968 pasó a presidir ambas formaciones, simbolizando desde entonces las aspiraciones palestinas a la posesión de un Estado propio frente a las ambiciones territoriales de Israel y de sus vecinos árabes. Durante este tiempo ha sobrevivido a multitud de atentados y ha ejercido un papel moderador frente a las tendencias árabes radicales. Como máximo líder del movimiento, fue rechazado en muchos países occidentales por sus vinculaciones con el terrorismo árabe; pero tuvo también momentos de aceptación, como su alocución ante las Naciones Unidas en virtud del reconocimiento de la OLP como legítima representante del pueblo palestino (1974), o su admisión como miembro de la Liga Árabe (1976).

El ataque israelí al Líbano en 1982-85 privó a la OLP de las bases desde donde había organizado sus acciones armadas contra Israel y obligó a Arafat a refugiarse con su organización en Túnez. El protagonismo de la lucha palestina pasó entonces al interior, a las poblaciones de los territorios ocupados, que desde 1988 crearon un clima de rebelión permanente contra las autoridades israelíes (la *Intifada);* Arafat intentó capitalizar ese movimiento proclamando simbólicamente la creación de un Estado palestino independiente (cuyo «gobierno en el exilio» presidía él mismo), que obtuvo el reconocimiento de más de sesenta países. Pero las sucesivas derrotas militares de los árabes acabaron por convencerle, a raíz de la desaparición de la Unión Soviética y de la Guerra del Golfo en los primeros años noventa, de la necesidad de llegar a un entendimiento con Israel.

El impulso de Estados Unidos a la apertura de un proceso de paz en Oriente Medio le dio la ocasión para iniciar conversaciones secretas con representantes israelíes, que condujeron a los acuerdos firmados en Washington en 1993: Arafat regresó a Palestina como titular de un gobierno autónomo (la Autoridad Nacional Palestina) que inicialmente sólo tenía poder sobre Gaza y Jericó (después se iría extendiendo al resto de Cisjordania). Las dificultades para llevar adelante este proyecto fueron enormes, dada la oposición de los radicales árabes —que lanzaron una oleada terrorista en el interior de Israel y duros enfrentamientos militares en el sur del Líbano— y de los extremistas judíos —que llegaron a asesinar al primer ministro Rabin* en 1995—. Los retrasos y discrepancias en el plan de retirada israelí de los territorios ocupados añadían dificultad al proceso, viciado por problemas de fondo, como la falta de entendimiento sobre el futuro de Jerusalén (reclamada como capital tanto por el Estado israelí como por los palestinos) o la falta de apoyo por parte de Siria. Los esfuerzos de Arafat fueron reconocidos con la concesión, junto a Rabin, del Premio Nobel de la Paz y del Premio Príncipe de Asturias de la Concordia en 1994.

ARANA GOIRI, Sabino Padre del nacionalismo vasco (Bilbao, 1865-1903). Procedente de una familia carlista del barrio de Abando, Sabino inició su educación en Bayona (Francia), adonde habían huido en 1873, al descubrirse la implicación de su padre en el contrabando de armas para los partidarios de don Carlos (VII)*. Después pasó por un colegio de jesuitas y completó su formación aprendiendo vasco durante una larga convalecencia. Interrumpió sus estudios de Derecho en la Universidad de Barcelona al morir su madre, en 1888. Desde entonces, aislado en su casa de Albia, se dedicó a la investigación histórica y filológica, obsesionado por la identidad del pueblo vasco. Elaboró multitud de artículos (la mayoría sobre temas lingüísticos) que, en 1892, recopiló bajo el título *Bizcaya por su independencia;* en 1893 los presentó ante unos cuantos adeptos en un acto que representa el arranque de su actividad política (el llamado «juramento de Larrazábal»). Su ideología de entonces, racista y reaccionaria, no desentonaba en el contexto europeo de fin de siglo, en el que proliferaban los nacionalismos xenófobos y chovinistas; aparte del referente mítico de la lengua, común en la mayor parte de los nacionalismos europeos desde los románticos alemanes, Sabino dotó a su movimiento de un tinte tradicionalista (reclamación de los «fueros» como constitución propia del país) y de un confesionalismo católico rayano con el integrismo, que quedaron reflejados en su lema *(Dios y leyes viejas).* Creía haber descubierto los principios eternos del «ser» vasco, a cuyo olvido atribuía la decadencia histórica del país y su sometimiento a ideas foráneas. Hizo objeto de sus ataques a los inmigrantes venidos de otras regiones de España, a los socialistas y al movimiento obrero en general, así como a los principios de tolerancia del liberalismo; consiguió así entroncar con los temores y las frustraciones de las clases medias de la provincia de Vizcaya, intensamente sacudidas por la reciente industrialización, que acogieron la propuesta nacionalista como argumento ideológico de su lucha contra la clase obrera y contra el Estado centralista de la Restauración, al que consideraban aliado de los grandes capitalistas autóctonos. Arana proponía en aquella época la independencia de Vizcaya como vía de recuperación de su identidad, dejando que cada una de las restantes provincias vascas de España y de Francia recorriesen el mismo camino por su cuenta, hasta reunirse todas en una *Euskalerria* federal. En 1894 dio el paso definitivo para transformar sus abigarradas ideas en un movimiento político: creó el periódico *Bizcaitarra* (por cuyo contenido sería procesado varias veces) y el *Euskaldun Batzokiya,* especie de círculo recreativo destinado a canalizar la propaganda político-cultural de los nacionalistas. Puestos a la obra, inventó incluso un nombre para el país que proyectaba *(Euzkadi)* y una bandera inspirada en la de Inglaterra *(ikurriña)*. En 1895 culminó su obra con la fundación del Partido Nacionalista Vasco, principal organización nacionalista del País Vasco durante más de cien años. La evolución moderada y «españolista» que experimentó Sabino en los últimos años de su vida determinó la posterior ambigüedad ideológica del movimiento nacionalista y las continuas tensiones que ha habido en su seno entre autonomistas e independentistas.

ARANDA, Pedro Pablo Abarca de Bolea, conde de Militar, político y diplomático español (Castillo de Siétamo, Huesca, 1719 - Épila, Zaragoza, 1798). Orientado por su familia hacia la carrera eclesiástica, la abandonó a los 18 años por la militar. Participó en las guerras de Italia, resultando herido en la batalla de Camposanto (1743). Sus viajes por Europa le pusieron en contacto con la organización militar de Prusia y con los filósofos de la Ilustración francesa. Fernando VI* le nombró embajador en Portugal (1754) y director general de Artillería (1757). Carlos III* le hizo embajador en Polonia (1760), capitán general de Valencia (1763) y de Castilla la Nueva (1766), antes de promoverle al cargo de máximo poder de presidente del Consejo de Castilla (1766), de resultas del motín de Esquilache*. Desde aquel puesto dirigió la política reformista auspiciada por el monarca, en colaboración con personajes como Floridablanca*, Campomanes* y Olavide (reforma municipal, expulsión de los jesuitas, repoblación de Sierra Morena…). Depuesto en 1773, pasó a ser embajador en Francia; desde París —en donde había conocido a Franklin*— fomentó la ayuda de España a la guerra de independencia de Estados Unidos contra Gran Bretaña, al tiempo que advertía de la necesidad de conceder una cierta autonomía a las colonias americanas de España para evitar que siguieran el mismo camino. Con Carlos IV* ocupó brevemente la Secretaría de Estado, de la que dimitió por discrepancias con Godoy* acerca de la actitud a tomar ante la Francia revolucionaria; aquel enfrentamiento culminó en 1794 con el destierro de Aranda a Jaén, de donde regresó al ser indultado al año siguiente.

ARCO, Juana de. V. JUANA DE ARCO, Santa.

ARENAL, Concepción Escritora y activista social española (El Ferrol, 1820 - Vigo, 1893). Sorteando las dificultades que en su época se oponían al acceso de las mujeres a la universidad, estudió en Madrid Derecho, Sociología, Historia, Filosofía e idiomas (teniendo incluso que acudir a clase disfrazada de hombre). Retirada a Potes y, luego, a Galicia, al enviudar, pronto fueron conocidas sus críticas a la injusticia social de su tiempo (particularmente contra la marginación de la mujer, la condición obrera y el sistema penitenciario), fundamento de un reformismo social de raíz católica. Desarrolló una intensa actividad filantrópica: visitadora de prisiones (1863), fundadora del Patronato de los Diez, de la Constructora Benéfica y del periódico *La Voz de la Caridad* (1870), secretaria de la Cruz Roja de Madrid, directora de un hospital de campaña durante la Tercera Guerra Carlista... Al mismo tiempo, elaboró una amplia obra escrita, en la que reflexionaba sobre propuestas como la legitimidad de la guerra justa en defensa de los derechos humanos *(Ensayo sobre derechos de gentes)*, la orientación del sistema penal hacia la reeducación de los delincuentes *(El visitador del preso)* o la intervención del Estado en favor de los desvalidos *(La beneficencia, la filantropía y la caridad)*.

ARGANTONIO Rey de Tartessos (?, h. 670 - ?, h. 550 a.C.). Su larguísimo reinado (quizá del 630 al 550 a.C.) marca el apogeo de la cultura tartésica, que llegó a dominar todo el sur y sureste de la península Ibérica, entre Huelva y Alicante, con capital en la propia ciudad de Tartessos, cerca de la desembocadura del Guadalquivir. El nombre de Argantonio, que revela un origen indoeuropeo, aparece en las fuentes griegas ligado a la riqueza minera de su reino (bronce y plata), con la cual prestó ayuda a los focenses para financiar la fortificación de Focea (ciudad griega de Asia Menor) contra la amenaza persa. Sin embargo, no logró con ello que se establecieran en su reino colonias focenses, con las que aspiraba quizá a sacudirse la tutela comercial establecida por los fenicios de Gadir (Cádiz).

ARIAS NAVARRO, Carlos Político español (Madrid, 1908-1989). Licenciado en Derecho por la Universidad de Madrid, ejerció como notario y como fiscal. Luchó en el bando nacional durante la Guerra Civil de 1936-39, participando en la represión de los vencidos en Málaga. Su posterior carrera política estuvo ligada al régimen del general Franco*, del que fue fiel servidor. Desde 1944 fue gobernador civil y jefe provincial del Movimiento en León, Santa Cruz de Tenerife y Navarra; desde 1957, director general de Seguridad; y desde 1965, alcalde de Madrid. Entró en el gobierno de Carrero Blanco* como ministro de Gobernación en 1973; al morir el presidente en un atentado terrorista, y a pesar de que la responsabilidad de la seguridad recaía sobre el Ministerio de Arias, fue elevado a la jefatura del Gobierno (1974). Formó un gabinete heterogéneo —dentro siempre de posiciones ultraconservadoras—, con el cual intentó lanzar una tímida apertura (el «espíritu del 12 de febrero») que pronto se detuvo ante la oposición interna y los riesgos de una democratización. Su gobierno fue muy impopular, debido a su carácter inmovilista y contradictorio, las dificultades económicas del momento (crisis del petróleo) y los múltiples conflictos que le acarreaba su incomprensión de la situación agónica del régimen (ejecuciones de

1974-75, conflicto con el Vaticano a propósito del obispado de Bilbao…). Tras la muerte de Franco en 1975, el rey Juan Carlos* le confirmó como presidente del Gobierno a fin de subrayar la estabilidad en la dirección del Estado; pero, contrario a aceptar la transición a una democracia plena, fue sustituido en ese cometido por Adolfo Suárez* en 1976.

ARISTÓTELES Filósofo griego (Estagira, Macedonia, 384 - Calcis, Eubea, 322 a.C.). Es probablemente el pensador más influyente de la civilización occidental. Era hijo de un médico, de quien le vino quizá su interés por la ciencia; se educó en Atenas, asistiendo entre los 17 y los 37 años a la Academia de Platón*. En el 342 a.C., ya muerto su maestro, regresó a Macedonia, para ejercer como preceptor del príncipe heredero del Trono, el futuro Alejandro Magno*. Tras la coronación de éste en el 335, Aristóteles volvió a Atenas, donde abrió su propia escuela —el *Liceo*—, en donde enseñaba a sus alumnos paseando (de ahí el nombre de «escuela peripatética»). Durante los doce años siguientes recibió un importante apoyo económico de su antiguo discípulo, que le permitió dedicarse a su obra filosófica y científica. Su obra escrita abarcó hasta 170 libros, de los que 47 han llegado hasta nosotros; tratan de los temas más diversos, desde física, anatomía, zoología, geología o astronomía hasta ética, metafísica, lógica, teología, economía, política, retórica o estética. Aristóteles se convirtió en la máxima autoridad en todos los campos del saber de la Antigüedad, mediante una mezcla de compilación de las aportaciones de otros, descubrimientos del grupo de ayudantes que trabajaban para él e ideas originales propias. La característica común de sus escritos es la consideración de todos los aspectos de la realidad natural y de la vida humana como objeto de análisis, que merece la pena estudiar combinando la especulación racional con la experimentación; no cabe duda de que tal actitud ha estado muy presente en la historia de la civilización occidental, con independencia de la suerte que corrieran cada una de las ideas concretas defendidas por Aristóteles (y que tanto influyeron en autores como santo Tomás*, Averroes* o Maimónides*). La protección de la que gozó Aristóteles por parte de Alejandro, si bien le facilitó la conclusión de tan ingente obra, le ganó la enemistad del partido antimacedonio que, tras la muerte de Alejandro en el 323, se adueñó de Atenas; acusado de «impiedad» huyó de la ciudad, para evitar una muerte como la de Sócrates*, y murió poco después en el exilio. Este filósofo del sentido común, del término medio, del libre análisis y de la discusión racional de los problemas, adquirió tal prestigio en la Edad Media que sus palabras fueron dotadas de una «autoridad» indiscutible hasta llegar a encorsetar el pensamiento; de esa posición de «ortodoxia» que nunca buscó derivó quizá el relativo descrédito de su figura a medida que avanzaba la modernidad.

ARKWRIGHT, Richard Empresario e inventor de la época de la revolución industrial inglesa (Preston, Lancashire, 1732 - Cromford, Derbyshire, 1792). Este simple barbero puede considerarse uno de los primeros empresarios del moderno capitalismo industrial. En 1751 fundó en Cromford, a orillas del río Dervent, una fábrica de hilos de algodón, en la que instaló una máquina hiladora de su invención, movida por energía hidráulica (la *water frame*); dicha máquina supuso un paso importante en la revolución tecnológica que vivió el sector textil en la segunda mitad del siglo XVIII. Al mismo tiempo, Arkwright escribió, para organizar a los obreros de su fábrica, el primer reglamento industrial moderno.

ARRIO Sacerdote cristiano de Alejandría, probablemente de origen libio, cuyas doctrinas dieron origen al *arrianismo* (?, h. 256 - ?, 336). Su doctrina, considerada herética por la Iglesia, negaba la divinidad de Jesucristo*, pues Dios Padre existía antes que él y le había creado de la nada. Arrio, ordenado presbítero en el año 311, elaboró esa doctrina a partir de la de Pablo de Samosata, obispo de Antioquía. Su predicación le condujo a ser excomulgado por el patriarca Alejandro en el 319. Sin embargo, el aumento de sus seguidores llevó al emperador Constantino* a reunir un concilio ecuménico en Nicea (325), que, bajo la influencia de san Anastasio (nuevo patriarca de Alejandría), proclamó el dogma católico de la consustancialidad del Padre y el Hijo en un único Dios. Constantino envió a Arrio al exilio, autorizándole a regresar tres años más tarde, quizá por influencia de algunos personajes arrianos de la corte. A partir de entonces, el arrianismo gozó de cierta protección oficial, permitiéndose incluso deponer a san Anastasio del Patriarcado de Alejandría y enviarle al exilio, al tiempo que se iniciaba la persecución de los defensores de la doctrina de Nicea (335).

La muerte de Arrio al año siguiente no detuvo la expansión de su doctrina: un nuevo emperador de Oriente, Constancio II (337-61), se declaró abiertamente arriano, mientras que su hermano Constante, emperador de Occidente, defendía el catolicismo; la muerte de Constante en el 350 dejó a Constancio como emperador único, decidido a impulsar el arrianismo y perseguir la fe católica (Sínodo de Sirmium, 351; Concilio de Arlès, 353; Concilio de Milán, 355). La herejía arriana comenzó entonces a disgregarse en varias tendencias con diferentes doctrinas cristológicas más o menos radicales. Su influencia empezó a declinar con la labor de san Anastasio y de san Ambrosio, obispo de Milán; y se extinguió con el acceso al Trono imperial de Teodosio* (379), el cual dio un edicto en el que calificaba a los arrianos de herejes y de «insensatos extravagantes» (380). Finalmente, el arrianismo fue condenado por el Concilio de Constantinopla de 381, que prácticamente lo eliminó dentro del Imperio; siguió siendo importante entre los pueblos germánicos que invadieron el Imperio y que, progresivamente, irían abandonando el arrianismo para pasarse a la fe católica y obtener así el apoyo de la Iglesia: ostrogodos, visigodos, vándalos, burgundios y lombardos fueron arrianos en algún momento, estos últimos hasta el siglo VII.

ARRUPE, Pedro Jesuita español (Bilbao, 1907 - Ciudad del Vaticano, 1991). Interrumpidos sus estudios de Medicina para ingresar en la Compañía de Jesús, continuó luego estudiando Filosofía y Teología, primero en España (hasta la expulsión de la orden en 1932) y luego en Bélgica, Holanda y Estados Unidos. En 1936 se ordenó sacerdote: trabajó primero entre los inmigrantes hispanos de Chicago, antes de ser destinado como misionero a Japón (1938). Llegó a ser provincial de los jesuitas del Japón en 1958; y prepósito general de la Compañía en 1965. Durante los 18 años en que se mantuvo al frente de la orden, infundió a ésta un aire renovador y comprometido con la realidad social, acorde con el espíritu del Concilio Vaticano II y del pontificado de Pablo VI*, que quedó plasmado en la Congregación General 32 (1975). En 1980, dos años después del acceso de Juan Pablo II* al solio pontificio, presentó su renuncia, que fue rechazada por el papa; renunció definitivamente en 1983, alegando motivos de salud.

ARTAJERJES I. V. **AQUEMÉNIDA, Dinastía.**

ARTAJERJES II. V. **AQUEMÉNIDA, Dinastía.**

ARTAJERJES III. V. **AQUEMÉNIDA, Dinastía.**

ARTIGAS, José Gervasio Militar y político uruguayo (Montevideo, 1764 - Ibiray, Paraguay, 1850). Procedente de la burguesía agraria de la Banda Oriental del Virreinato del Río de La Plata (el actual Uruguay), se había enriquecido con el comercio ganadero y el contrabando. Era capitán del ejército español, en el regimiento llamado de *blandengues,* con el que había combatido contra rebeliones indígenas y contra ataques de portugueses (1801) e ingleses (1806-07). Cuando la invasión napoleónica de España dejó desarmada a la metrópoli (1808), Artigas se unió a la Junta Revolucionaria de Buenos Aires y participó en la insurrección por la independencia, a la cabeza de los criollos rebeldes de Oriente (1811). Derrotó a los españoles en la batalla de Las Piedras y puso sitio a Montevideo (1811); pero hubo de levantar el sitio en virtud de un acuerdo por el que la Junta de Buenos Aires reconocía a los españoles la soberanía de la Banda Oriental. Artigas se retiró entonces a orillas del río Uruguay («éxodo del pueblo oriental»), para continuar combatiendo desde allí por la independencia, sobre todo contra los portugueses, que habían invadido el país en auxilio de los españoles; finalmente consiguió expulsarlos en 1812. En 1813, sin embargo, estallaron sus diferencias con el incipiente gobierno argentino y se rebeló al frente de un movimiento federalista, fuerte en las provincias litorales de ambos lados del río de La Plata. Dueño del Uruguay desde 1814, el directorio argentino se vio obligado a reconocer el poder de Artigas; pero el giro centralista de la Argentina en 1816 provocó nuevamente la guerra civil. Los argentinos alentaron el ataque portugués contra Artigas, que fue derrotado en las batallas de Arapey (1817) y Tacuarembó (1820). Se refugió hasta su muerte en Paraguay, desde donde vio a su país dominado por Portugal, luego anexionado al Brasil (1825) y, finalmente, independiente (1828).

ARTURO Caudillo mítico de Britania, la actual Gran Bretaña (comienzos s. VI). Según la leyenda recogida en los relatos de la Tabla Redonda, Arturo unificó a las tribus celtas de Gran Bretaña que resistieron contra los invasores anglosajones en Escocia, Cornualles y Gales. Tales hazañas, de cuya realidad histórica no existe constancia, aparecieron en la literatura francesa de manos de los bardos, quedando fijadas en diversas versiones escritas desde el siglo X, continuamente amplificadas y embellecidas. En ellas tienen un papel destacado los cortesanos de Arturo, los «caballeros de la Tabla Redonda», como Perceval (o Parsifal), Lancelot (o Lanzarote), Galahad y Tristán.

ASOKA Príncipe indio, tercer soberano de la dinastía Maurya (?, h. 300 - ?, 232 a.C.). Su abuelo, Chandragupta, había unificado el norte de la India. Al acceder al Trono en el 273 a.C., Asoka continuó la política expansiva de sus predecesores, extendiendo el imperio hacia el oeste y el sur, hasta unificar prácticamente toda la India (a excepción de algunos reinos del sur). No obstante, la mortandad causada por estas guerras le impresionó hasta tal punto que se transformó en un pacifista: hacia el 257 a.C. se convirtió a la doctrina de Buda*, contribuyendo a extenderla por sus dominios e incluso más allá (envió misioneros a Birmania y Ceilán). Fue uno de los principales responsables de la difusión del budismo en Asia. Sin embargo, practicó la tolerancia hacia los seguidores de otras religiones; llevó una vida inspirada por la misericordia, la verdad y la no violencia, principios que fomentó entre los habitantes de su imperio (incluso estableció inspectores que velaran por las buenas relaciones entre los vecinos); suavizó las leyes, construyó obras de transporte y de regadío, levantó hospitales y santuarios... En el 215 reunió en la capital de su imperio, Pataliputra, un concilio en el que se fijó la doctrina del budismo *himayana*. Aunque el imperio se desintegró al morir Asoka, la difusión que había dado al budismo ha sobrevivido hasta nuestros días.

ASQUITH, Herbert Henry Político británico (Morely, Yorkshire, 1852 - Londres, 1928). Abogado educado en las Universidades de Londres y Oxford, entró en política de la mano del Partido Liberal. En 1886 fue elegido diputado; luego fue ministro del Interior entre 1892 y 1895; ministro de Hacienda en 1905-08; y primer ministro de 1908 a 1916. Su mandato coincide con el máximo esplendor del Partido Liberal en Gran Bretaña: apoyó la política social de su ministro Lloyd George*, que reflejaba el compromiso de los liberales en la mejora de las condiciones de vida de las clases trabajadoras; y venció la resistencia de la Cámara de los Lores a dicha política progresista, haciéndole aceptar un recorte sustancial de sus atribuciones desde 1911 *(Parlament Act)*. Pero se enfrentó también a graves dificultades: la agitación en la calle del movimiento sufragista, que reclamaba el derecho de voto para las mujeres; las tendencias antiparlamentarias de una parte del movimiento obrero; la creciente conflictividad en Irlanda, que llevaría al estallido de la sublevación independentista en 1916; y las tensiones con Alemania, que culminarían en el estallido de la Primera Guerra Mundial (1914). Su enfrentamiento político con Lloyd George contribuyó a debilitar al Partido Liberal, que sería desbancado del poder en plena guerra (1916) por una coalición de conservadores y liberales disidentes (encabezados por Lloyd George). En 1925 fue ennoblecido con los títulos de conde de Oxford y de Asquith.

ASSAD, Hafez el- Militar y político sirio (Lataquia, 1928 -). Perteneciente a la minoritaria secta chiíta de los nusayríes, tras estudiar en la Academia de Aviación, en 1946 (año de la independencia siria) se unió al Partido Baas, organización de ideología nacionalista y socialista fundado tres años antes. Abandonó temporalmente el ejército sirio, organizando desde Egipto el Comité Militar Baasista, que protagonizó el golpe de Estado de 1963; fue readmitido en el ejército y ascendió a general al año siguiente. Desde 1966 fue comandante en jefe de las Fuerzas Aéreas y ministro de Defensa. En 1970 encabezó un golpe de Estado de la rama izquierdista del partido contra el gobierno moderado, que le convirtió en secretario general del Partido Baas y primer ministro. En 1971 se hizo elegir presidente de la República (con un 99 por 100 de los votos), cargo que ha mantenido hasta la actualidad. En 1973 sancionó su poder personal haciendo aprobar una nueva Constitución de carácter autoritario. Si su ascenso al poder se había justificado criticando la ineptitud de sus predecesores en la lucha contra Israel (pérdida del Golán en la guerra de 1967), Assad no se mostró más eficaz, pues condujo al país a una nueva derrota en 1973 y hubo de permitir la anexión total del Golán por Israel en 1981. A partir de 1976 encontró cierta compensación en la intervención militar en el Líbano, que le sirvió para condicionar la política de aquel país y de los refugiados palestinos asentados en el mismo. Pero sus continuos errores políticos, que culminaron en el apoyo a Irán en su guerra contra Irak de 1980-88, llevaron a Assad a un aislamiento internacional notable, que le obligó a acercarse a los países árabes moderados y a Estados Unidos (apoyo en la Guerra del Golfo de 1990).

ASURBANIPAL Rey de Asiria, llamado Sardanápolo por los griegos (?, ? - ?, 626/630 a.C.). Hijo menor del rey Asarhadón, de quien heredó el Trono en el 668 a.C., mantuvo una rivalidad con su hermano mayor, Samashsumukin, rey de Babilonia y, por lo tanto, vasallo de él. Fue un rey conquistador, que llevó al Imperio Asirio a su máxima expansión, lo cual le obligó a sostener continuas guerras para reprimir revueltas secesionistas o para rechazar las amenazas de otros pueblos sobre las fronteras (cimerios, medos, árabes, elamitas...). Su principal conquista fue Egipto, arrebatado al faraón Tanutamón tras la guerra de los años 666-663 a.C.; pero volvió a perder Egipto en el 655 y ya nunca volvería al poder de los asirios. Su ayuda a Lidia para defenderse de los cimerios le proporcionó el dominio sobre aquel territorio como vasallo del imperio. En el 648 reprimió una sublevación de Babilonia, que terminó con el incendio del palacio real y la muerte de su hermano. En el 640 derrotó a sus tradicionales enemigos de Elam y arrasó su capital, Susa. Este poderío militar y político fue acompañado de un esplendor cultural, reflejado en la fundación de la gran «biblioteca» de Nínive: más de 22.000 tabletas de arcilla con textos inscritos de historia, filosofía, medicina, astronomía, poesía, comercio, etc. Pero el imperio de Asurbanipal era «un gigante con pies de barro»: mientras que en el territorio asirio originario el rey veía su poder estrechamente limitado por los grandes señores feudales que poseían la tierra y el mando del ejército, en los territorios conquistados ejercía un poder absoluto sin consideración alguna hacia las costumbres, instituciones y creencias de los pueblos sometidos; carente de mecanismos de legitimación, el dominador asirio era odiado por sus vasallos, que aprovechaban cualquier ocasión para intentar librarse de él. La propia extensión que Asurbanipal dio al imperio, le obligó a luchar simultáneamente en muchos frentes, debilitando a los asirios y determinando su decadencia, iniciada en los últimos años del reinado de Asurbanipal: a la pérdida de Egipto se añadieron la presión creciente de los pueblos indoeuropeos sobre la frontera del norte y la secesión de Babilonia. Y, poco después de morir Asurbanipal, Asiria sucumbió a un ataque conjunto del rey medo y del emperador neobabilonio (615-609 a.C.).

ATAHUALPA Inca* del Perú (?, 1500 - Cajamarca, 1533). Era hijo del inca Huayna Cápac*, quien al morir, en 1525, dividió el imperio entre sus dos hijos, Huáscar* y Atahualpa. Por ser nieto del rey de Quito, fue dicha zona septentrional la que le correspondió a Atahualpa en el reparto. Desde 1530 los dos hermanos se enzarzaron en una guerra por conquistar cada uno el territorio del otro: Atahualpa llegó a estar prisionero de Huáscar, pero consiguió escapar y recuperar la iniciativa. El resultado de la guerra era inseguro cuando, en 1532, desembarcaron los españoles en Túmbez, bajo el mando de Pizarro*. Atahualpa intentó primero pactar una tregua con su hermano, para enfrentarse juntos a los invasores; rechazada esa oferta, aprovechó la ayuda de Pizarro para reforzar su lucha contra Huáscar, al que finalmente derrotó e hizo ejecutar, coronándose único rey del Perú. Pero el apoyo de Pizarro encubría solamente la intención de utilizar los enfrentamientos internos entre los incas para facilitar la conquista del país. Tan pronto como terminó la guerra civil, los españoles se entrevistaron con Atahualpa en Cajamarca; allí apresaron al inca, dispersando a su ejército con un ataque sorpresa de la artillería y de la caballería (armas desconocidas en el imperio andino). Atahualpa ofreció a sus captores un tesoro en oro y piedras preciosas (tantas como cupieran en la habitación en donde se encontraron Pizarro y Atahualpa) para ganarse su amistad, tesoro que los españoles interpretaron como un rescate por su liberación; el fabuloso rescate fue pagado y sirvió para repartir un gran botín entre el pequeño ejército de los conquistadores; pero en vez de liberar a Atahualpa, Pizarro lo sometió a una farsa de juicio en la que lo acusó de idolatría, fratricidio, poligamia y conspiración contra el rey de España; declarado culpable, fue bautizado y estrangulado en su celda.

ATAÚLFO Rey de los visigodos (?, ? - Barcelona, 415). Sucedió a su cuñado Alarico I* en el año 410, continuando su labor conquistadora hacia Occidente. Fracasado un plan para pasar desde Italia al norte de África, Ataúlfo comenzó la lucha para asentar a su pueblo en la Galia, conquistando Narbona, Tolosa y Burdeos. El emperador Honorio* le ofreció reconocer tales conquistas y hacer la paz, a cambio de la devolución de su hermana Gala Placidia, prisionera de los godos desde que éstos tomaran Roma en tiempos de Alarico. Las negociaciones fracasaron y Ataúlfo decidió entonces casarse con Gala Placidia (414), así como nombrar un emperador títere, Attalo, a quien instaló en Burdeos. El contraataque de Honorio, que bloqueó por mar el abastecimiento de los godos, obligó a Ataúlfo a retirarse hacia el nordeste de la península Ibérica, dando origen a la presencia visigoda en España. Tras la captura romana de Attalo y el nacimiento de un hijo de su matrimonio con

Placidia, Ataúlfo hizo la paz con Honorio y se transformó en aliado de Roma; su proyecto hasta entonces había sido el de sustituir al Imperio Romano por un Imperio Godo de similar alcance; pero, convencido por la experiencia de la dificultad de que los germanos construyeran un Estado y una civilización como las de Roma, optó por poner sus fuerzas al servicio del Imperio Romano. El descontento que esta tendencia filorromana causó entre muchos godos llevó a un complot para asesinarles a él y a sus seis hijos, sucediéndole en el Trono el antirromano Sigerico.

ATILA Rey de los hunos *(hiong-nu)*, pueblo estepario originario de China, que llegó a Europa tras la destrucción de su imperio en el Turkestán (?, h. 395 - Panonia, 453). Heredó el trono de su padre hacia el año 434, conjuntamente con su hermano Bleda. Pero pronto se deshizo de éste asesinándole, dando comienzo su reinado en solitario en el 445. En aquel momento, el poder de los hunos, asentados en Panonia (la actual Hungría), se extendía desde el mar Caspio hasta los Alpes; y se basaba en un ejército compuesto en gran parte por germanos, en el que figuraban consejeros romanos (Orestes) y griegos (Onegesies). Atila lanzó primero sus ataques contra el Imperio Romano de Oriente, al cual sometió al pago de gravosos tributos: en 441-43 llegó hasta las puertas de la capital, Constantinopla; y en 447-49 recorrió los Balcanes hasta Grecia. Posteriormente, sus expediciones se dirigieron contra Occidente. En el 451 invadió la Galia, incitado por el rey vándalo Genserico a atacar el reino visigodo de Tolosa; tras arrasar Metz y asediar Orléans, fue derrotado en la batalla de los Campos Cataláunicos (cerca de Troyes) y hubo de retirarse. En el 452 invadió el norte de Italia, arrasando Aquileya, Milán y Padua; las poblaciones aterrorizadas huyeron de las ciudades y se refugiaron en las montañas o en las lagunas del Adriático, momento del que data la fundación de Venecia. El emperador romano de Occidente, Valentiniano III, parecía a punto de sucumbir ante el empuje de Atila; fue el papa León I quien detuvo la invasión, pactando con el huno su retirada a cambio de pagarle un tributo. Atila se retiró nuevamente a Panonia, en donde murió víctima de un ataque de apoplejía en su noche de bodas. El poderío que Atila había aportado a los hunos, unificando las tribus y lanzándolas a audaces empresas de conquista, desapareció tras su muerte; a las disensiones internas se añadió la peste, que dejó diezmados a los hunos frente al ataque germánico encabezado en el 454 por Arderico, el cual destruyó el imperio del hijo y sucesor de Atila, Elac, y forzó su marcha hacia la zona del Volga. En lo sucesivo, los hunos no volverían a amenazar Europa, e incluso se convirtieron en un bastión que la protegió de la amenaza de los mogoles.

ATTATÜRK. V. **KEMAL, Mustafá.**

ATTLE, Clement Richard Político británico (Surrey, 1883 - Londres, 1967). Abogado formado en la Universidad de Oxford, militante laborista desde 1907, comenzó su carrera política como alcalde de Stepney (en las afueras de Londres) en 1919. En 1922 fue elegido diputado por primera vez. Colaboró inicialmente con MacDonald*, formando parte de los primeros gobiernos laboristas de 1924 y 1930; pero rompió con él cuando éste formó un «gobierno nacional» con conservadores y liberales en 1931. Desde 1935 se convirtió en líder del partido y, por tanto, jefe de la oposición; criticó la actitud pacifista del gobierno conservador, propugnando la intervención británica en la Guerra Civil española de 1936-39 y la adopción de medidas de fuerza contra la agresividad de la Alemania nazi. Churchill* le invitó a formar parte de su gobierno de coalición durante la Segunda Guerra Mundial, en el cual participó como «lord del Sello Privado» (1940), secretario para los Dominios (1942) y lord presidente del Consejo (1943). Tras el fin de la guerra volvió a la oposición por tres meses, pues enseguida ganó las elecciones y sucedió a Churchill como primer ministro (1945-51). Su mandato estuvo marcado por un vasto programa de nacionalizaciones y de mejoras sociales, en respuesta a las aspiraciones de las clases trabajadoras tras la «tregua social» del periodo bélico; globalmente, desarrolló un programa socialdemócrata, equidistante del conservadurismo y del izquierdismo revolucionario. La posición internacional del Reino Unido cambió en esos años sustancialmente con el comienzo de la descolonización (independencia de la India y de Israel), que se intentó compensar con la adquisición de armamento atómico; el aislamiento respecto a las tendencias integradoras de la Europa continental se equilibró con el fortalecimiento de la tradicional alianza con Estados Unidos. Tras ser derrotado en las elecciones de 1951, permaneció como líder del Partido Laborista hasta 1955.

AUGUSTO (Cayo Julio César Octavio) Primer emperador romano (?, 63 a.C. - Nola, Nápoles, 14 d.C.). Procedía de una rica familia del orden ecuestre de Veletri (su abuelo fue banquero y su padre, pretor de Macedonia). Por parte de madre era sobrino-nieto de Julio César*, el cual le adoptó en el 45 a.C. y le designó su heredero. Tras la muerte de César (44), entabló la lucha contra el que había sido su lugarteniente, Marco Antonio*; para ello contó con el apoyo de Cicerón* y de los republicanos del Senado, que esperaban dividir a los cesaristas enfrentándoles entre sí; también contó con el apoyo de los grandes financieros (como Mecenas), lo que le permitió costearse un ejército propio. Tras derrotar a Marco Antonio en la batalla de Módena, exigió del Senado el nombramiento de cónsul; rechazado por su juventud —tenía sólo 20 años—, marchó sobre Roma y tomó el poder sin combatir, ya que las legiones enviadas contra él prefirieron apoyarle. Desde el año 43 a.C., pues, Octavio fue cónsul y se hizo otorgar poderes extraordinarios. Enfrentado a las resistencia de los republicanos Bruto y Casio, fuertes en Oriente, Octavio decidió aliarse con sus antiguos enemigos Marco Antonio y Lépido (entrevista de Bolonia, 43) y formar con ellos un triunvirato. Comenzó entonces la persecución de los republicanos (en la cual murió Cicerón), que culminó en la batalla de Filippi en Macedonia (42). Marginado Lépido, Octavio se repartió el poder de hecho con Marco Antonio, dejando a este último la zona oriental, mientras él permanecía en Roma y controlaba la parte occidental. El enfrentamiento entre ambos condujo a la Guerra de Perugia (41), en la que el jefe militar de Octavio, Agripa, derrotó a los antonianos. La conferencia de Brindisi (40) estableció un nuevo reparto de zonas de influencia entre los triunviros: Octavio dominaba en Occidente; Marco Antonio en un Oriente restringido, que alcanzaba sólo hasta el río Drin (en Albania); Lépido en África; e Italia se consideraba neutralizada bajo el dominio conjunto de los triunviros. El matrimonio entre la hermana de Octavio y Antonio selló la paz, que se mantuvo por cuatro años. Además, en el 39 Sexto Pompeyo recibió Sicilia, Cerdeña, Córcega y Acaya, con el compromiso de mantener a Roma abastecida de grano; pero en el 36 Octavio hubo de enfrentarse a Sexto Pompeyo, a quien derrotó en la batalla de Nauloque (Sicilia). El gobierno de Octavio se hizo popular en Occidente en virtud de su impulso a la agricultura y de la integración de las provincias con Roma. Mientras tanto, Marco Antonio había sucumbido a la influencia de Cleopatra VII de Egipto* y practicaba una política orientalizante, poco propicia a los intereses romanos; Octavio explotó en su favor esta circunstancia, declarando la guerra a Cleopatra en el 32 («Guerra Ptolemaica»). Tras la victoria naval de Actium (31), entró en Alejandría, donde Marco Antonio y Cleopatra se suicidaron (30). Con la anexión de Egipto, Octavio dio a Roma el control sobre todo el Mediterráneo.

Aprovechando su prestigio, Octavio transformó el régimen político de la República romana en una especie de monarquía que recibe los nombres de *Principado* o *Imperio;* el nuevo régimen consistía en un equilibrio de poder entre el Senado y el pueblo romano, por un lado, y el emperador y su casa, por otro. Inicialmente, se hizo renovar cada año el mandato como cónsul en solitario, al cual fue añadiendo nuevos títulos que reafirmaron su poder; *princeps senatus* (el primero de los senadores) en el 28 a.C.; *augustus* (título religioso que reflejaba su misión divina) e *imperator proconsulare* de Galia, Hispania y Siria (lo que le otorgaba el mando militar) en el 27; tribuno vitalicio (con poder de veto sobre las decisiones de los magistrados) en el 23; cónsul vitalicio y prefecto de las costumbres en el 19; gran pontífice (jefe religioso del Imperio) en el 12; y «padre de la patria» en el año 2 a.C. Si bien rechazó su divinización en vida, aprovechó en su favor el culto de los genios, fomentando un culto al emperador que se convirtió en un vínculo adicional entre los habitantes del Imperio. Paralelamente, reformó las instituciones romanas, adaptándolas a la necesidad de gestionar un Imperio tan extenso: creó el Consejo del Príncipe, órgano de gobierno integrado por hombres de su confianza (Agripa, Mecenas…); dividió las provincias en *senatoriales* (confiadas a un gobernador sin mando militar nombrado por el Senado) e *imperiales* (gobernadas por un legado del emperador); reorganizó la fiscalidad, sometiéndola a su gestión directa y haciéndola menos gravosa; protegió el culto; favoreció al orden ecuestre frente a la aristocracia senatorial; aseguró los límites del Imperio frente a los partos y a los germanos; y continuó la expansión en la zona del Danubio y el mar Negro. Entre las debilidades de su poder destaca el no tener sucesor (no tuvo hijos varones de sus tres matrimonios); acabó por adoptar a su yerno Tiberio*, al cual asoció en el poder desde el 13 d.C., y que le sucedería sin dificultad después de su muerte.

AUSTRIA, Casa de. V. HABSBURGO, Casa de.

AUSTRIA, Juan de. V. JUAN DE AUSTRIA, Don.

AVERROES (Abul Walid Muhammad ibn Rusd) Filósofo hispano-musulmán (Córdoba, 1126 - Marrakesh, 1198). Nacido en una familia de jurisconsultos —su padre y su abuelo fueron cadíes supremos de Córdoba—, estudió Derecho y Medicina y fue cadí de Sevilla y de Córdoba, antes de entrar al servicio del califa almohade Abú Yaqub Yusuf como médico. Pasó su vida a caballo entre Andalucía y Marruecos, escribiendo obras de filosofía y de medicina, que alcanzaron gran prestigio en todo el mundo musulmán. Pero en 1195 cayó en desgracia por instigación de los alfaquíes integristas, que desconfiaban del pensamiento filosófico y lograron que el califa Abú Yusuf Yaqub le desterrara a Lucena; rehabilitado, en 1198 volvió a Marrakesh, donde murió. Su cadáver fue trasladado a Córdoba para enterrarlo en el panteón de su familia. La obra de Averroes se centra en conciliar la filosofía de Aristóteles* con la teología musulmana; traducido al hebreo y al latín, ejerció una influencia decisiva sobre la escolástica del Occidente medieval, tanto judía como cristiana.

AYYÚBIDA, Dinastía. V. SALADINO.

AZAÑA DÍAZ, Manuel Político español, presidente de la Segunda República (Alcalá de Henares, Madrid, 1880 - Montauban, Francia, 1940). Procedente de una familia liberal, Azaña estudió Derecho en Zaragoza y Madrid, doctorándose con una tesis sobre *La responsabilidad de las multitudes;* entró por oposición en la función pública (1910); y completó su formación con una beca de la Junta para Ampliación de Estudios en París en 1911-12. Su actividad intelectual le llevó a la secretaría del Ateneo de Madrid, puesto que ocupó entre 1913 y 1920; su interés por los asuntos militares se inició al ser comisionado por el Ateneo para visitar los frentes de la Primera Guerra Mundial en Francia e Italia (1916). En 1913 ingresó en el Partido Reformista de Melquiades Álvarez y participó con Ortega y Gasset en la fundación de la Liga de Educación Política; en 1918 fundó la Unión Democrática Española; pero fracasó en sucesivos intentos de ser elegido diputado en las Cortes de la Restauración (1918 y 1923). Se apartó temporalmente de la política para dedicarse al periodismo, primero como corresponsal en París (1919-20), luego al frente de *La Pluma* (1920-23) y finalmente como director de la revista *España*. Bajo la dictadura de Primo de Rivera* abandonó el Partido Reformista y se declaró partidario de la República, fundando Acción Republicana (1925); al mismo tiempo, crecía su prestigio intelectual, con la publicación de obras como *El jardín de los frailes* o *Ensayos sobre Valera*. En 1930 accedió a la presidencia del Ateneo y, ya como figura de alcance nacional, participó en el Pacto de San Sebastián para derrocar a la monarquía.

Al proclamarse la República española (14 de abril de 1931), Azaña se integró en el gobierno provisional como ministro de la Guerra. Participó activamente en las Cortes constituyentes. Y asumió la Presidencia del Consejo de Ministros cuando las discrepancias sobre las relaciones Iglesia-Estado llevaron a Alcalá Zamora* a abandonar el gabinete. Como jefe de un gobierno formado por socialistas y republicanos de izquierdas (1931-33), Azaña impulsó un amplio programa de reformas: secularizó la vida pública (legalizando el matrimonio civil y el divorcio), reformó el ejército, puso en marcha una reforma agraria y concedió la autonomía a Cataluña. Todo ello le enfrentó con las fuerzas conservadoras, pero no fue suficiente para asegurarle el apoyo del movimiento obrero, en un momento en que la depresión económica mundial agudizaba las dificultades; desprestigiado por la represión armada de un levantamiento campesino en Casas Viejas (Cádiz), hubo de dimitir y perdió las elecciones de 1933, que dieron el gobierno a la derecha.

En 1934 fusionó su partido con los radicales de Marcelino Domingo, formando Izquierda Republicana (1934), partido con el cual realizó una efectiva campaña de oposición al gobierno. La ascensión de Gil Robles* al poder, interpretada como el triunfo del fascismo en España, le llevó a participar primero en la fracasada Revolución de Octubre de 1934 (por lo que pasó algún tiempo en prisión) y a integrarse después en un Frente Popular con todas las fuerzas de izquierdas. El triunfo de dicha formación en las elecciones de febrero de 1936 devolvió a Azaña a la jefatura del gobierno y le promovió después a la Presidencia de la República (mayo). Enseguida retomó el programa reformista del primer bienio republicano, pero apenas tuvo tiempo de desarrollarlo, por el golpe de Estado que, a partir de julio, dio paso a la Guerra Civil (1936-39). Azaña se fue quedando progresivamente aislado, sin capacidad para mantener la unidad y el orden en el bando republicano, ante el radicalismo y los conflictos internos de las organizaciones obreras. Refugiado en su papel de intelectual, se permitió reflexionar sobre la guerra en *La velada en Benicarló* (1937); y defendió la conveniencia de acelerar un final negociado de la contienda, ante la perspectiva inexorable de la derrota (lo cual le enfrentó con Negrín*). Perdida la guerra se exilió en Francia y renunció a la Presidencia (1939).

B

BABEUF, François Noël, llamado *Gracus* Político francés de la época de la Revolución (San Quintín, 1760 - Vendôme, 1797). Se dio a conocer en 1789 con la propuesta de reforma fiscal igualitaria contenida en su proyecto de «catastro perpetuo». A lo largo de la Revolución ocupó cargos en la nueva administración, mientras iba perfilando su pensamiento radical hasta llegar a una formulación comunista: para hacer realidad la soberanía nacional veía necesario abolir las clases sociales y la propiedad privada, organizando la sociedad sobre la base del trabajo en común. Una revolución social debía completar la revolución política realizada desde 1789, aunque para ello fuera necesario emplear la violencia y pasar por un periodo de dictadura. Con tales ideas representó una oposición de izquierdas contra Robespierre* y la dictadura del Comité de Salvación Pública. Siguió luchando contra la «reacción thermidoriana» (1794-95) y contra el Directorio implantado en 1795; pero ahora apoyado por el Club del Panteón (organización política que reunía a antiguos jacobinos y víctimas de la reacción), un periódico propio *(El Tribuno del Pueblo,* 1794-96) y una red de asociaciones babuvistas extendida por toda Francia. Los babuvistas subrayaban las limitaciones y contradicciones de una Revolución que sólo había beneficiado a una nueva clase de privilegiados y que regresaba por entonces, paulatinamente, hacia posiciones conservadoras. En febrero de 1796 Napoleón Bonaparte* cerró el Club por orden del Directorio. Privado de medios legales de acción, Babeuf creó un Comité de Insurrección secreto y lanzó una campaña de propaganda a base de carteles y canciones destinadas a agitar el descontento de las clases populares por la situación económica. No obstante, la campaña no caló mucho entre las masas populares de París, pues sus miembros más activos (los *sans-culottes)* seguían apegados a la defensa de la pequeña propiedad y poco propensos a ideales de tipo comunista. La culminación de la campaña debía ser la planeada *Conspiración de los Iguales* (primavera de 1796), que pretendía derrocar al Directorio y poner en vigor la Constitución de 1793 (texto democrático que nunca había sido aplicado). Pero una delación puso la conspiración al descubierto, sus líderes fueron detenidos antes de actuar, juzgados y condenados, muriendo en la guillotina Babeuf y Darthé (uno de los dirigentes del Club del Panteón).

BACON, Francis Pensador y político inglés (Londres, 1561-1626). Nacido en una familia influyente de la corte de los Tudor*, Bacon estudió Derecho en la Universidad de Cambridge. Pronto entró en la política de su época bajo la protección del conde de Essex (al que luego ayudaría a procesar por traición); fue elegido miembro del Parlamento (1584) y consejero de la reina Isabel I*. Con el acceso al trono de los Estuardo* su ascensión fue más rápida, tanto en títulos (caballero en 1603, barón en 1618, vizconde en 1621) como en cargos (procurador general en 1607, fiscal general en 1613, miembro del Consejo Privado en 1616, lord del Sello Privado en 1617, lord canciller en 1618…). Sin embargo, en 1621 cayó en desgracia y fue declarado culpable de corrupción por el Parlamento: pasó por la cárcel y quedó apartado para siempre de oficios públicos. Paralelamente a su carrera política, Bacon había elaborado una obra escrita tan abundante como innovadora. Gran parte de ella eran ensayos políticos, como la utopía *Nueva Atlántida* (1627), fundamental en el posterior desarrollo de las sociedades secretas y de la masonería. Pero fue más influyente a la larga como filósofo de la ciencia: su obra *Novum Organum* (1620) fue una pieza clave de la «revolución científica», en la que rompía con el principio de autoridad y con las ideas innatas, y diseñaba un modelo de ciencia experimental puesta al servicio del descubrimiento de la verdad y del progreso de la humanidad. Precisamente murió a consecuencia de una bronquitis contraída durante un experimento con el que pretendía probar el efecto del frío inhibiendo la putrefacción.

BADOGLIO, Pietro Militar italiano (Grazzano Monferrato, Piamonte, 1871-1956). Formó parte del mando italiano durante la Guerra de Libia (1911-12) y la Primera Guerra Mundial (1914-18). Pero permaneció al margen del entusiasmo que despertaron entre sus compañeros las hazañas de D'Annunzio* y Mussolini* en los años siguientes. No obstante, al instaurarse el fascismo fue nombrado mariscal y jefe de Estado Mayor (1922) y gobernador de Libia (1928-33). Como jefe del ejército italiano dirigió la triunfal campaña de Abisinia de 1936. Pero juzgó con realismo que Italia no estaba preparada militarmente para los planes de guerra que albergaba Mussolini, razón por la que se enfrentó con el *Duce* a propósito de la participación en la Segunda Guerra Mundial (1939-45). Mussolini le hizo responsable del fracaso de la invasión de Grecia (1940), lo que motivó la dimisión de Badoglio. Cuando Mussolini cayó, en 1943, el rey Víctor Manuel III* le puso al frente del gobierno italiano, a fin de aprovechar su prestigio de militar profesional y moderado en beneficio de Italia cuando se completara la inminente derrota del Eje. Badoglio se apresuró a disolver el partido fascista y a firmar un armisticio por el que Italia cambiaba de bando, poniéndose de parte de los Aliados (si bien su gobierno, refugiado en Brindisi, no controlaba más que la mitad sur del territorio); ayudó así a las fuerzas anglo-americanas en su avance hacia el norte de Italia, ocupado por la Alemania nazi. Ello no impidió que, terminada la guerra en 1944, tuviera que dejar el poder a un gobierno democrático; sus vinculaciones con el fascismo no fueron olvidadas en la posguerra, resultando privado de cargos y honores hasta que la Democracia Cristiana lo rehabilitó en 1948.

BAKUNIN, Mijail Alexandrovich
Revolucionario ruso, considerado el padre del anarquismo (Torjok, 1814 - Berna, Suiza, 1876). Procedente de una familia de terratenientes acomodados, renunció a la carrera militar para dedicarse a la filosofía. Se formó en los círculos de los «jóvenes hegelianos», primero en Moscú y luego en Berlín. La influencia de Proudhon* le acercó al socialismo revolucionario. Pronto plasmó por escrito su propio pensamiento, contrario a cualquier forma de autoridad, y que invitaba a las masas desheredadas a la destrucción del Estado, la Iglesia, la propiedad y la familia; de esa manera se abriría paso a una era de armonía universal, en la que la humanidad entera se organizaría como una federación de individuos, cooperativas y pueblos, siempre de abajo hacia arriba. No se limitó al pensamiento, sino que fue también —y sobre todo— un hombre de acción: luchó en las barricadas de la Revolución de 1848 en París, Polonia y Alemania. Detenido en Sajonia, fue condenado a muerte en Prusia, Austria y Rusia, indultado y confinado en Siberia. Consiguió escapar a Japón en 1861 y desde allí regresó a Europa a través de Estados Unidos. Sostenido económicamente por su amigo Herzen*, participó en las luchas de la unificación italiana, en la revolución de Polonia de 1863 y en un intento de extender a Lyon la insurrección de la Comuna de París (1870). Militó en la Liga por la Paz y la Libertad y, desde 1868, en la Asociación Internacional de Trabajadores (AIT). En la Internacional protagonizó un áspero debate con Marx*, encabezando la disidencia anarquista con respecto a las propuestas más autoritarias y centralistas que el socialismo marxista estaba imponiendo en el movimiento obrero; dicho enfrentamiento, que marcó toda la vida de la Primera Internacional, desembocó en la expulsión de Bakunin (Congreso de La Haya, 1872). Su pensamiento radical y romántico, plasmado en obras como *El Estado y la anarquía* (1873), influyó especialmente sobre los nihilistas rusos.

BALAGUER RICARDO, Joaquín
Político dominicano (Villa Bisonó, 1907 -). Estudió Derecho en las Universidades de Santo Domingo y París. Y entró en la política como servidor de la dictadura del general Trujillo*, en la que ocupó cargos importantes: subsecretario de la Presidencia (1936), embajador en varios países hispanoamericanos y en la ONU (años cuarenta), ministro de Asuntos Exteriores (1954) y de Educación (1955) y vicepresidente de la República (1957). Cuando Trujillo hubo de cesar a su hermano de la Presidencia a causa de su impopularidad en el interior y en el exterior, cedió el poder a Balaguer (1960); estrechamente vigilado por el dictador, Balaguer trató de suavizar el régimen del que se sentía «prisionero». El posterior asesinato de Trujillo (1961) dejó a Balaguer como único poder en el país, ante el difícil intento de desmantelar la dictadura. En 1962 un golpe de Estado militar le obligó a abandonar la República Dominicana y se refugió en Nueva York. Tras el estallido de la guerra civil y la intervención militar norteamericana, regresó en 1965 para participar en la lucha política al frente del Partido Reformista, con el que ganó las elecciones presidenciales de 1966, 1970

y 1974. Perdió las elecciones de 1978 frente al candidato del opositor Partido Revolucionario Dominicano, pero regresó a la Presidencia al ganar de nuevo en 1986. Este largo periodo de gobierno se vio envuelto en la desconfianza por las vinculaciones de Balaguer con la dictadura y por la persistencia de la violencia política. En 1996 abandonó el poder, sustituyéndole en la Presidencia Leonel Fernández.

BALBOA, Vasco Núñez de. V. NÚÑEZ DE BALBOA, Vasco.

BALDUINO I Rey de Bélgica (Castillo de Stuyvenberg, Bélgica, 1930 - Motril, Granada, 1993). Hijo primogénito de Leopoldo III, durante la Segunda Guerra Mundial (1939-45) fue deportado a Alemania junto con el resto de la familia real belga (1944). Acabada la guerra, marchó con la familia al exilio en Suiza, pues el Parlamento belga había declarado a Leopoldo incapaz para reinar a raíz de su rendición al ejército alemán en 1940. No obstante, un plebiscito sobre la forma del Estado devolvió la Corona a Leopoldo en 1950; el desprestigio personal del monarca era tan grande (fue recibido con una huelga general) que prefirió abdicar aquel mismo año en su hijo Balduino, nombrándole príncipe con plenos poderes. En 1951 se convirtió en rey. Desde ese puesto hubo de enfrentarse a las tensiones nacionalistas entre flamencos y valones, así como a la violenta descolonización del Congo (1960). Su matrimonio con la española Fabiola de Mora y Aragón no tuvo descendencia, razón por la que al morir —durante unas vacaciones en España— le sucedió su hermano Alberto II. Ya previamente le había sustituido en la jefatura del Estado durante 36 horas en 1990, cuando Balduino renunció temporalmente para no sancionar con su firma la ley de despenalización del aborto, que chocaba con sus creencias católicas.

BALDWIN, Stanley (conde de Baldwin de Bewdley) Político británico (Bewdley, Worcestershire, 1867 - Stourport, Worcestershire, 1947). Pertenecía a una poderosa dinastía empresarial de la industria siderúrgica. Estudió en Cambridge y, de la mano del Partido Conservador, entró en el Parlamento en 1906. Ocupó puestos subalternos en el gobierno de coalición de 1916-22, cuya ruptura contribuyó a provocar con su intervención en el *meeting* del Carlton Club. Ascendido a ministro de Hacienda en el inmediato gabinete conservador de Bonar Law, sucedió a éste como jefe del partido y primer ministro en 1923-24; luego repitió en el cargo en 1924-29; participó en el «Gobierno Nacional» de coalición de MacDonald*; y volvió a ser primer ministro en 1935-37. Entre los problemas más complicados que tuvo que abordar se pueden señalar: la agresividad de la Alemania nazi, en la que no acertó a percibir una amenaza para Gran Bretaña; la transformación de la India en una federación de provincias británicas y Estados nativos dotados de autonomía (1935), que dividió profundamente a los conservadores; y la crisis constitucional desatada por el matrimonio morganático del rey Eduardo VIII*, que culminó con la abdicación de éste en 1936. Este último asunto llevó a la dimisión* de Baldwin en 1937.

BALFOUR, Arthur James, conde de Político británico (Whittingehame, Escocia, 1848 - Woking, Londres, 1930). Nacido en una familia tradicional de la política británica (era Cecil por su madre), recibió una educación privilegiada en Eton y Cambridge. Entró en el Parlamento como diputado conservador en 1874. Su tío Salisbury* le empleó como secretario particular de 1878 a 1880 y luego le nombró ministro para Irlanda (1887). Su habilidad parlamentaria le convirtió en presidente de la Cámara de los Comunes (1891-92 y 1895-1902) y, finalmente, en jefe del Partido Conservador (1902-11) y primer ministro (1902-05) en sustitución de su tío. Bajo su mandato Gran Bretaña abandonó el aislacionismo anterior, estableciendo una *Entente cordiale* con Francia (1904) y adoptando una serie de medidas defensivas que anticipaban ya el enfrentamiento de la Primera Guerra Mundial (1914-18). La división del partido le hizo perder tres elecciones consecutivas, de manera que no volvería a ocupar cargos sino cuando, con motivo de la guerra, se formó un gabinete de coalición presidido por Lloyd George*, en el que Balfour fue primer lord del Almirantazgo (1915-16) y ministro de Asuntos Exteriores (1916-19). Desde este último puesto adoptó decisiones de la mayor importancia: contribuyó a la entrada en guerra de Estados Unidos (1917); emitió la llamada *declaración Balfour* (1917) por la que Gran Bretaña apoyaba la creación de un «hogar nacional» judío en Palestina (base del posterior Estado de Israel); y definió la postura británica en las negociaciones de paz que condujeron al Tratado de Versalles (1919). Posteriormente fue lord presidente del Consejo de Estado en el gabinete presidido por Baldwin*.

BALMACEDA FERNÁNDEZ, José Manuel Político chileno (Santiago de Chile, 1840-1891). Elegido presidente de la República en 1886, emprendió un vasto plan de reformas, solucionó los contenciosos latentes con la Iglesia católica (superando sus anteriores posturas anticlericales) y promovió un importante desarrollo económico basado en los beneficios de la minería. No obstante, concitó demasiadas fuerzas de oposición: los intereses mineros (chilenos y extranjeros) se le pusieron en contra por sus proyectos de nacionalización; el mundo de las finanzas por el proyecto de crear un gran banco público que desterrara la usura; la oligarquía tradicional por la tendencia de Balmaceda a reforzar el poder presidencial y a favorecer los intereses de las clases medias. Chocó con la oposición frontal de los conservadores, que tenían mayoría en el Congreso; y, al calor de las libertades ampliadas y del desarrollo económico, crecía la fuerza de las clases trabajadoras, que también se le oponían desde el Partido Demócrata. La prórroga de los Presupuestos sin convocar al Congreso dio motivo para una sublevación de la escuadra, acusando al presidente de conducta anticonstitucional; los sublevados controlaron el norte del país, donde formaron un gobierno apoyado por el Congreso, mientras Balmaceda resistía con el ejército. Estalló una guerra civil en la que murieron unas 10.000 personas y que terminó con el desembarco de los sublevados en Valparaíso, la toma de Santiago y el suicidio de Balmaceda, que se había refugiado en la Embajada norteamericana.

BANU QASI, Familia. Clan de muladíes (pobladores autóctonos convertidos al Islam) de Aragón y Navarra. Descendían del conde Casio, un noble visigodo que se hizo vasallo de los Omeyas* de Damasco a cambio de conservar sus dominios (hacia el año 713). La familia fue acrecentando su poder a lo largo del siglo VIII gracias al apoyo que prestó a los Omeyas de Córdoba en sus enfrentamientos con clanes de origen árabe y beréber. En esa época destaca la personalidad de MUSA BEN FORTÚN. Con su hijo MUSA BEN MUSA BEN FORTÚN (Musa III) alcanzó la familia el máximo de su poder, siguiendo estrategias autónomas, que le llevaron a aliarse con príncipes cristianos de los diversos enclaves pirenaicos para luchar contra los emires cordobeses (sublevación de Musa y del rey de Pamplona contra Abderramán II en el 842). Incluso se hizo llamar «tercer rey de España» (junto con los de Asturias y Córdoba). Tras su muerte en el 862, el enfrentamiento con los Omeyas determinó a éstos a prestar su apoyo a linajes árabes rivales de los Banu Qasi, como los Tuyibíes, que en el primer cuarto del siglo X ocuparon el poder que éstos habían llegado a alcanzar en todo el valle del Ebro.

BARBARROJA (Jair el-Din) Corsario berberisco (?, 1483 - Constantinopla, 1546). El sobrenombre de este legendario corsario encubre en realidad las acciones de tres hermanos, que aparecen confundidas en las fuentes: Arug, Jair e Isaac. Su origen, envuelto en la leyenda, podría ser griego, español o provenzal. En 1505 entraron al servicio del emir de Túnez como corsarios contra los españoles; más tarde asesinaron al emir, se hicieron con el poder en Túnez y extendieron sus bases con la conquista de Argel. El gobernador español de Orán, marqués de Gomara, les derrotó en 1518 en la batalla de Tremecén, en la que murió el primogénito Arug; en ese momento asumió el mando Jair, cuya barba roja justificó el sobrenombre. Éste compensó su debilidad frente a los españoles ofreciéndose como vasallo al sultán turco a cambio de refuerzos, con los que fortaleció sus posiciones en el norte de África y asoló las costas mediterráneas de España e Italia. Derrotado nuevamente por la escuadra española mandada por Andrea Doria* (1535), Barbarroja huyó a Constantinopla. Allí fue puesto al mando de la flota turca (1536), con la cual asoló Menorca, conquistó las islas Jónicas y derrotó a Doria en el golfo de Artá (1538). Aliado de Francia en la guerra contra España, asedió Niza en 1541. Luego se retiró a Constantinopla a disfrutar de la gran fortuna acumulada en toda una vida de saqueos.

BARBARROJA, Federico. V. FEDERICO I HOHENSTAUFEN.

BARCELONA, Conde de. V. JUAN DE BORBÓN, conde de Barcelona.

BÁRCIDAS, clan de los. V. AMÍLCAR BARCA y ANÍBAL.

BARDIYA. V. AQUEMÉNIDA, Dinastía.

BARNAVE, Pierre-Joseph-Marie Político de la Revolución francesa (Grenoble, 1761 - París, 1793). Este abogado del Parlamento de Grenoble bajo el Antiguo Régimen, participó como representante del Tercer Estado en los Estados Generales convocados en 1789 por Luis XVI*. En la Asamblea Constituyente (1789-91) fue uno de los más destacados oradores de la «izquierda», teórico de la Revolución y partidario de un liberalismo político de tendencia burguesa, sin connotaciones populares. Defendió propuestas como la inviolabilidad de los diputados, la supresión de las órdenes religiosas o la nacionalización de los bienes del clero. En la posterior Asamblea Legislativa (1791-92) ejerció ya como líder del partido moderado de los *feuillants,* adoptando posturas conservadoras, tendentes a frenar el curso de la Revolución. Todavía en 1791 fue encargado de traer a París a la familia real, que había sido descubierta en Varennes cuando intentaba huir de Francia; pero su influencia comenzó a declinar al defender sin éxito en la Asamblea la inviolabilidad de la persona del rey; y cuando, en 1792, fueron descubiertas sus vinculaciones con la corte, fue detenido, condenado a muerte y guillotinado.

BARRAS, Paul François Jean Nicolas, conde de Político francés de la época de la Revolución (Fos-Amphoux, Var, 1755 - Chaillot, París, 1829). Procedente de una familia aristocrática de Provenza, este ex militar se entusiasmó por la Revolución desde sus comienzos, participó en la toma de la Bastilla en 1789 y se afilió al Club de los Jacobinos. Llegó a diputado de la Convención (1792), votó la condena a muerte de Luis XVI* y colaboró hasta hacer caer a los girondinos. En 1793 fue nombrado comisario de la Convención en el sur de Francia, cargo desde el que dirigió la represión de las sublevaciones realistas y federalistas en aquella región (de entonces data su relación con el joven Napoleón Bonaparte*, a quien conoció de capitán durante el asedio de Tolón). Sin embargo, fue uno de los organizadores del golpe de Estado de *thermidor* que puso fin a la dictadura del Comité de Salvación Pública en 1794 y encabezó personalmente la detención de Robespierre*; luego tuvo que esforzarse por poner coto a los excesos de la reacción que siguió. Nombrado jefe del Ejército del Interior en 1795, consiguió desbaratar la insurrección realista de *vendimiario* en París, con ayuda de Napoleón. Ese mismo año fue elegido miembro del Directorio; promovió el ascenso de Bonaparte, su envío al mando de la campaña de Italia y su matrimonio con una antigua amante suya, Josefina de Beauharnais. Con el golpe de *fructidor* (1797) eliminó a los otros directores y pasó a ejercer una especie de dictadura personal. Fue perdiendo su prestigio debido a su venalidad, su vida de lujo y ostentación, así como sus devaneos con los realistas; hasta que su antiguo protegido, Napoleón, le derrocó por el golpe de Estado de *brumario* (1799). Se apartó de la política y en 1805 se exilió en Bruselas, aunque quizá participó en la conspiración de Malet contra Napoleón (1812). La Monarquía restaurada le permitió vivir en sus propiedades, disfrutando de la gran fortuna acumulada durante la Revolución.

BARRIOS, Violeta. V. CHAMORRO, Familia.

BASILIO I, *el Macedonio* Emperador de Bizancio, fundador de la dinastía macedónica, que se mantuvo en el Trono hasta 1056 (Adrianópolis, Macedonia, h. 812 - Constantinopla, 886). Su prodigiosa ascensión social (era hijo de un pequeño campesino) no parece que tuviera otra base que su belleza y su fortaleza física: palafrenero en la Corte bizantina, trabó amistad con el emperador Miguel III, *el Beodo,* se casó con una de sus amantes y fue nombrado chambelán. Tras asesinar a Bardas, el influyente tío del emperador, fue asociado al poder por éste (866); y se convirtió en emperador al asesinar también a Miguel en el 867. Basilio devolvió al Imperio su capacidad guerrera, aprovechando el momento de debilidad que atravesaban los árabes: expulsó a los musulmanes de Calabria, derrotó al sultán de Bagdad en Samosata (873) y se impuso en Capadocia y Cilicia (878-79). En el oeste afirmó la dominación bizantina en el sur de Italia frente a las pretensiones carolingias: reconquista de Benevento (873), Bari (876) y Tarento (880). En el interior, destituyó al patriarca Focio, que había provocado el cisma de la Cristiandad, y volvió a la obediencia de Roma (Concilio de Constantinopla, 869-70); e inició la vasta obra de revisión del derecho de Justiniano*, que completaría su hijo y sucesor, León VI, *el Sabio.*

BATISTA ZALDÍVAR, Fulgencio
Militar y político cubano (Banes, Oriente, 1901 - Guadalmina, Málaga, España, 1973). De extracción modesta (era hijo de un bracero), ascendió al poder siendo sargento del ejército, al encabezar un golpe de Estado (conocido como la *Revolución de los sargentos)* contra el dictador Gerardo Machado* (1933). Ascendido rápidamente a coronel y jefe del ejército, ejerció el poder de hecho con varios presidentes «títeres»; y se hizo elegir presidente de la República en 1940. En 1941 se ascendió a general. Durante cuatro años llevó adelante un programa de reformas económicas y sociales, aunque poco respetuoso con las libertades políticas. Perdió las elecciones de 1944 y salió temporalmente del país. Pero regresó al poder derrocando al presidente Prío mediante un nuevo golpe de Estado en 1952. Desde entonces instauró una dictadura personal marcada por la corrupción, la falta de libertades y el sometimiento total de Cuba a los intereses de Estados Unidos. Pronto hubo de hacer frente a una oposición armada encabezada por Fidel Castro*, quien fracasó en un primer intento revolucionario en 1953 (asalto al Cuartel de Moncada en Santiago de Cuba), pero en 1956 consiguió establecer una guerrilla en las montañas del este de la isla (Sierra Maestra), de donde partió la revolución que derrocó a Batista en 1959. El dictador huyó a la República Dominicana.

BATUTA, Mohammed Ibn Incansable viajero árabe (Tánger, 1304-Fez, 1377). Recorrió a lo largo de su vida más de 120.000 km. El relato de estos viajes *(Rihläh),* que escribió a partir de 1354, representa una fuente importantísima para conocer la geografía del mundo musulmán en la Edad Media. Partió de Marruecos para cumplir el mandato coránico de peregrinar a La Meca en 1325. Luego recorrió Irak, Irán, Asia Menor, el Yemen, la costa oriental de África, Omán, Ormuz, el Cáucaso, el sur de Rusia, Constantinopla, Turkestán y Afganistán. Entre 1333 y 1342 permaneció en la India, hasta que fue enviado a China por el sultán de Delhi como embajador: en aquel nuevo viaje tocó la costa Malabar, Ceilán, Sumatra, Cantón y Pekín. En 1349 regresó a Marruecos; pero aún emprendió un tercer viaje, que le llevó a recorrer la España musulmana, y un cuarto por los reinos subsaharianos del África negra. Desde 1354 vivió en Marruecos ejerciendo como *cadí* (juez islámico).

BAUER, Otto Político austriaco (Viena, 1881 - París, 1938). Militante socialista desde 1905, es considerado uno de los máximos exponentes del «austromarxismo»: una corriente del socialismo que, atenta a las graves tensiones nacionalistas del Imperio Austro-Húngaro, integraba en la doctrina de Marx* y de Engels* el derecho de autodeterminación de los pueblos. En consecuencia proponía convertir el Imperio en una federación de nacionalidades; pero las dificultades del proyecto le llevaron a propugnar desde 1913 la unión de la parte germanohablante de Austria con Alemania. Atacado por Lenin* a causa de sus ideas, se convirtió en un antibolchevique radical después de ser prisionero en Rusia durante la Primera Guerra Mundial (1914-18). Cuando, tras la derrota se disgregó el Imperio de los Habsburgo*, Bauer asumió por un corto espacio de tiempo (1918-19) el Ministerio de Asuntos Exteriores de la recién nacida República de Austria. En la posguerra se dedicó sobre todo a promover la unidad del movimiento socialista internacional. En 1934 participó en la fallida insurrección obrera de Viena contra el peligro que representaba la ascensión del fascismo en aquel país; fracasado el intento, hubo de exiliarse en Checoslovaquia y, posteriormente, en Francia.

BAZÁN, Álvaro de, marqués de Santa Cruz Marino español al servicio de Felipe II* (Granada, 1506 - Lisboa, 1588). Fue marino por tradición familiar, pues su padre —llamado como él— había sido capitán general de las galeras de la Monarquía Hispana. Las primeras acciones navales que mandó fueron: para proteger la flota de Indias de los corsarios que actuaban en el golfo de Cádiz (1544-62); para socorrer a Mazalquivir y Orán del ataque de los berberiscos (1563); para reconquistar y fortificar el peñón de Vélez de la Gomera (1564); y para socorrer a los caballeros de la Orden de Malta frente a un ataque turco (1565). Desde que en 1568 fue nombrado capitán general de las galeras de Nápoles se dedicó a combatir a los piratas del norte de África, al tiempo que auxiliaba al capitán general de la Mar, don Juan de Austria*. Con ese papel intervino en la batalla de Lepanto (1571), primera acción verdaderamente ofensiva en la que tomó parte. A partir de entonces, sus acciones pasaron del Mediterráneo al Atlántico, nuevo escenario naval prioritario para la Monarquía. Como capitán general de las Galeras de España (1576), participó en la ocupación de Portugal (1580); luego conquistó las islas Azores, que se habían convertido en el último reducto de la resistencia contra Felipe II, y que Francia intentaba separar del resto de Portugal (1582-83). En premio por aquella acción el rey le hizo grande de España y capitán general de la Mar Océana. Su último encargo fue la invasión de Inglaterra; pero Bazán murió tras planear el ataque, mientras preparaba la que sería *Armada Invencible*. Su hijo, de igual nombre que él (1571-1646), siguió la tradición familiar y fue otro prominente marino de la Monarquía.

BEBEL, August Friedrich Político alemán (Colonia, 1840 - Passug, Suiza, 1913). Este tornero de Leipzig llegó a la política a través del movimiento obrero, al hacerse miembro de la Asociación Internacional de Trabajadores. Desde que en 1867 se formó la Confederación de la Alemania del Norte, fue diputado del *Reichstag* (cámara baja), en donde defendió un marxismo ortodoxo, contrario a cualquier compromiso con grupos «burgueses». Se opuso radicalmente a la política de Bismarck* e incluso fue encarcelado por haberse negado a votar los créditos necesarios para la prosecución de la Guerra Franco Prusiana de 1870-71. Participó en los congresos obreros que culminaron en el de Gotha de 1875, del cual nació el Partido Socialdemócrata Alemán (SPD). Cuando Bernstein* lanzó la polémica revisionista en 1899, Bebel se mantuvo fiel a la ortodoxia marxista de que el sistema capitalista estaba a punto de derrumbarse y se opuso, por tanto, a las nuevas tendencias reformistas del socialismo. En 1900 asumió la dirección del partido, desde la cual siguió criticando el militarismo y el colonialismo alemán. Desde el Congreso de Stuttgart (1907) asumió una posición centrista, al surgir a su izquierda el grupo radical de Karl Liebknecht* y Rosa Luxemburgo*. Además de sus memorias, dejó escritos algunos textos doctrinales de gran difusión, como *La mujer y el socialismo* (1883).

BECKET, Thomas (Santo) Eclesiástico y político inglés (Londres, 1118 - Canterbury, 1170). Educado en Londres, París y Bolonia, era arcediano de Canterbury cuando Enrique II* le nombró canciller (1154). La relación de confianza entablada con el monarca le sirvió para ser nombrado arzobispo de Canterbury en 1162. Pero el que había sido fiel servidor de la Corona en delicadas misiones políticas y diplomáticas, se convirtió desde entonces en garante de la independencia de la Iglesia; el conflicto estalló a propósito de la desaprobación papal a las Constituciones de Clarendon (1164), por las que el rey pretendía someter al clero inglés a la jurisdicción ordinaria. A punto de ser juzgado por su actitud, el arzobispo huyó a Francia; pero regresó tras haber recibido garantías de Enrique de que no sería perseguido (entrevista de Fréteval, 1170). Descubrió entonces que durante su ausencia la Corona había transgredido sus prerrogativas como arzobispo de Canterbury (coronación del príncipe por el arzobispo de York, incautación de bienes del Arzobispado...) y reaccionó excomulgando a todos los implicados. Aunque Enrique hizo asesinar a su antiguo amigo por aquello en su propia catedral, puede decirse que Becket obtuvo una victoria póstuma, pues luego el rey retiró las Constituciones de Clarendon y se retractó públicamente por sus agravios a la Iglesia (1172). Fue inmediatamente canonizado (1173) como mártir de la independencia eclesiástica frente al poder civil.

BEGIN, Menachem Político israelí (Brest-Litovsk, Polonia, 1913 - Jerusalén, 1992). Judío ashkenazi, estudió Derecho en la Universidad de Varsovia y se unió muy joven al movimiento sionista *Bethar* (1929), del que llegó a ser jefe en Polonia (1939). Durante la Segunda Guerra Mundial fue detenido por los rusos y encerrado en un campo de concentración en Siberia (1940-41). Tras ser liberado escapó a Palestina (1942). Allí participó en la lucha de la población judía contra el protectorado británico, asumiendo el mando del grupo armado Organización Nacional Militar (conocido como *Irgún* o IZL). Al proclamarse la independencia de Israel en 1948, Begin fundó el partido ultranacionalista y conservador *Herut,* que le llevó a ser un miembro constante del Parlamento; pero el protagonismo que los laboristas habían tenido en la construcción del Estado de Israel relegó a Begin al papel subalterno de líder de la oposición de derechas hasta que, en 1967-70, fue ministro sin cartera de un Gobierno de Unidad Nacional. Buscando oponer un frente más amplio a los laboristas, ya en 1965 había promovido la coalición *Gahal* con los liberales; en 1973 la extendió formando el *Likud*. Dicha coalición fue el grupo más votado en las elecciones de 1977, de modo que Begin se convirtió en primer ministro; luego fue reelegido en 1981. Gobernó desde un nacionalismo agresivo que exacerbó el conflicto con los árabes: fomentó los asentamientos judíos en los territorios palestinos ocupados, trasladó la capital de Israel a la disputada Jerusalén (1980), declaró la anexión de los altos del Golán arrebatados a Siria (1981) e invadió el Líbano para acabar con las bases de la resistencia palestina (1982). Pero queda como su realización más importante la firma del tratado de paz de Camp David con el presidente egipcio Sadat* (1979), que les valió a ambos el Premio Nobel de la Paz en 1978. Begin renunció en 1983, acuciado por problemas de salud y por el aislamiento internacional.

Belgrano, Manuel Político argentino de la época de la independencia (Buenos Aires, 1770-1820). Criollo de origen italiano, estudió Derecho en la Universidad de Salamanca, dedicando especial atención a la economía política (1786-93); desde allí siguió los acontecimientos de la Revolución Francesa de 1789, que le influyeron hasta el punto de hacerle adoptar el ideario liberal. Regresó al Río de la Plata al ser nombrado secretario del Consulado de Buenos Aires (1794-1810). Ganado a las ideas independentistas, Belgrano empezó a conspirar contra la dominación española desde que en 1809 llegaron noticias de haber sido ocupada la metrópoli por el ejército francés. Fue uno de los dirigentes de la insurrección que estalló en 1810, formando parte de la Junta que se formó en Buenos Aires, embrión de un gobierno argentino. Aunque no era militar profesional, fue nombrado general al mando del ejército del Paraguay, pero resultó derrotado por los paraguayos y fracasó en el intento de mantener a Paraguay unido a Argentina (1811). Venció, en cambio, en la batallas de Tucumán (1812) y Salta (1813), que salvaguardaron la independencia argentina al contener la contraofensiva realista lanzada desde el norte; pero volvió a ser derrotado cuando intentó proseguir su avance invadiendo el Alto Perú (1813), fracaso determinante de la posterior separación entre Argentina y Bolivia. Destituido del mando militar, siguió prestando servicios a la causa argentina en el plano diplomático, pues en 1814-15 fue enviado a Europa para negociar el reconocimiento de la independencia (sin resultado). Los últimos años de su vida los pasó combatiendo al frente del ejército del Perú, antes de morir de hidropesía.

Belisario Militar bizantino (Iliria, h. 500 - Constantinopla, 565). Activo ya en el reinado de Justino I (518-27), culminó su carrera ascendente bajo Justiniano*. Contribuyó de manera decisiva a afianzar el poder absoluto del emperador: primero venciendo a los persas en la batalla de Nara (528), que permitió la firma de la «Paz Perpetua» (532); y luego reprimiendo el levantamiento popular de Nika (531-32). Desde entonces el

Imperio Bizantino pudo concentrar sus fuerzas en el proyecto de recuperación de la parte occidental del antiguo Imperio Romano; Belisario fue enviado a conquistar el norte de África (destrucción del reino de los vándalos, 535) y el sur de Italia (donde combatió del 535 al 540, arrebatando a los ostrogodos Catania, Palermo, Siracusa, Nápoles y Roma). Pero Justiniano desconfiaba de él tanto más cuanto mayores eran sus éxitos: encomendó su vigilancia a otro gran general bizantino, Narsés, con quien Belisario mantenía una áspera rivalidad; fracasado Belisario en la defensa de Roma frente a los ostrogodos (546), sería finalmente Narsés quien proporcionara a Bizancio el dominio de Italia (552-55). En el año 559 Belisario obtuvo un éxito notable al salvar la capital del Imperio, Constantinopla, frente a un ataque de los búlgaros. Celoso de su prestigio, Justiniano le apartó entonces de todos sus cargos e hizo que terminara sus días pidiendo limosna.

BELL, Alexander Graham Inventor del teléfono (Edimburgo, Escocia, 1847 - Baddeck, Canadá, 1922). Hijo de un experto en dicción y fisiología del lenguaje y padre de una niña sorda, se dedicó a investigar la transmisión del sonido. En 1871 se estableció en Boston (Estados Unidos) como profesor de fisiología vocal y educador de sordos. Sus investigaciones en ese terreno le llevaron a descubrir el modo de transmitir la voz a distancia por medio de cables en 1875. Patentó su invento en 1876, el mismo día en que otra persona —Elisha Gray— solicitó patentar otro aparato similar, aunque unas horas más tarde. Aquel mismo año, tras defender su patente frente a Gray, Bell presentó el teléfono en la Exposición del Centenario de Filadelfia. Ante el desinterés de las compañías de telégrafos por comprar el invento, Bell formó en 1877 su propia empresa para explotar la patente: la *American Telephone and Telegraph* (AT&T), que llegaría a ser la mayor sociedad privada del mundo. En 1882 adoptó la nacionalidad norteamericana. Aunque la explotación del teléfono le hizo rico, malvendió enseguida la mayor parte de sus acciones, incapaz de comprender la expansión que aguardaba a su invento.

BELLA, Mohammed ben. V. BEN BELLA, Ahmed.

BELTRANEJA, LA. V. JUANA DE CASTILLA, *la Beltraneja*.

BEN BELLA, Ahmed (Mohammed ben Bella) Político argelino (Marnia, Oranesado, 1919 -). Hijo de campesinos, saltó a la política al finalizar la Segunda Guerra Mundial, integrándose en el Movimiento para el Triunfo de las Libertades Democráticas. En 1947 fundó dentro del Movimiento un grupo dedicado a la lucha armada contra los franceses para lograr la independencia de Argelia: la OAS. Detenido en 1950 por sus actividades terroristas, consiguió fugarse en 1952 y pasó a la clandestinidad. Fue uno de los fundadores en 1954 del Frente de Liberación Nacional (FLN) que organizó la insurrección contra la presencia colonial francesa; durante años dirigió la resistencia desde su exilio en Libia. Detenido de nuevo en 1956, ya sólo sería liberado como parte de las condiciones de los Acuerdos de Evian que otorgaron la independencia a Argelia (1962). Se impuso sobre las restantes facciones del FLN, haciéndose elegir jefe del primer gobierno argelino (1962) y primer presidente de la República (1963). Apenas tuvo tiempo de poner a prueba su programa de modernización del país sobre un molde socialista y nacionalista, pues su personalismo condujo al golpe de Estado del coronel Bumedian* en 1965. Permaneció encarcelado sin juicio hasta 1980 y luego marchó al exilio, orientándose hacia el integrismo islámico. Regresó a Argelia con la descomposición del régimen de partido único en 1990.

BENDJEDID, Chadli. V. **BENYEDID, Chadli.**

BENEDICTO XIII (Pedro de Luna) Papa de Aviñón durante el Cisma de Occidente (Illueca, Zaragoza, 1328 - Peñíscola, Castellón, 1422). Perteneciente a un noble linaje aragonés (los Luna), estudió en la Universidad de Montpellier y fue nombrado cardenal en 1375. Participó en el Cisma de Occidente, conflicto abierto por un Colegio cardenalicio de mayoría francesa, aduciendo que la elección del italiano Urbano VI como papa se había realizado bajo presiones, eligió a otro papa, Clemente VII (1378). Detrás de esta rivalidad entre dos papas simultáneos, Urbano VI en Roma y Clemente VII en Aviñón, se escondía una sorda lucha entre franceses e italianos por el control de la Iglesia; y sobre todo una pugna por el poder en Europa, en plena Guerra de los Cien Años, entre Francia por un lado (apoyada por los reinos francófilos de la península Ibérica) e Inglaterra y el Imperio por otro (con Italia, Flandes, Hungría y los reinos escandinavos). Como hábil diplomático que era, el cardenal Luna se encargó de recabar el reconocimiento del papa de Aviñón por Castilla, Aragón, Navarra, Francia y Escocia, aunque fracasó en sus gestiones en Inglaterra, Irlanda, Flandes y Lieja.

Al morir Clemente VII, los cardenales de Aviñón eligieron a Luna para sucederle, con el nombre de Benedicto XIII (1394). Se negó entonces a seguir la *via cesionis* que antes había preconizado, consistente en la renuncia simultánea de ambos papas para que el Colegio cardenalicio eligiera a un tercero; su intransigencia le hizo entrar en conflicto con Francia, que le retiró su apoyo. Desvalido ante el ataque de Francia y la insurrección de la población de Aviñón, el «papa Luna» se refugió durante cinco años en la fortaleza de la ciudad hasta que acudieron a rescatarle tropas aragonesas (1403). Se mostró incapaz de llegar a un acuerdo con los sucesivos papas de Roma (Bonifacio IX, Inocencio VII y Gregorio XII), y resistió con el solo apoyo de los reyes españoles hasta que, en 1409, se impuso la *via cesionis* y, sin su participación, el Concilio de Pisa les depuso tanto a él como a Gregorio XII y eligió un nuevo papa, Alejandro V. Muerto éste en 1410, le sucedió Juan XXIII, quien convocó un nuevo Concilio en Constanza (1417) bajo la influencia del emperador alemán, Segismundo de Luxemburgo. Dicho Concilio decretó la unidad de la Iglesia, condenó la corrupción de costumbres en que había caído la corte papal en los últimos tiempos y trató de purificar la doctrina contra las abundantes herejías que estaban surgiendo (como la de Jan Hus*); Gregorio XII y Juan XXIII renunciaron en favor del nuevo papa que eligió el Concilio, Martín V, pero no así Benedicto XIII, quien se negó a acudir a Constanza y trató de imponer sus condiciones. En consecuencia, el Concilio le declaró antipapa, cismático y hereje. Castilla, Navarra y Aragón, así como los pocos cardenales que le quedaban, reconocieron a Martín V como papa, poniendo fin al cisma.

BENES, Eduard Político checoslovaco (Kozlany, Bohemia, 1884 - Sezimovo-Usti, 1948). De origen modesto, se formó en Francia y forjó una ideología cercana a la socialdemocracia (desde 1920 presidiría el Partido Socialista Nacional). Partidario de Masaryk*, luchó por la independencia checa frente al Imperio Austro-Húngaro; en consecuencia, durante la Primera Guerra Mundial se pasó al bando aliado (1915) para luchar contra los dominadores de su país. Al terminar la guerra y declararse la independencia de Checoslovaquia, formó parte de su primer gobierno provisional (1918); luego fue primer ministro en 1921-22; pero su dedicación principal fueron los Asuntos Exteriores, ministerio que ocupó desde 1919 hasta 1935. Defendió un equilibrio internacional basado en el arbitraje pacífico, apoyando activamente la recién nacida Sociedad de Naciones, de la que fue elegido presidente en 1935. La muerte de Masaryk en aquel mismo año le hizo sucederle como presidente de la República. La agresividad de la Alemania de Hitler*, que arrebató a Checoslovaquia la región de los Sudetes ante la pasividad de las potencias occidentales (Acuerdos de Múnich, 1938) provocó la dimisión de Benes. Cuando, en 1939, Alemania invadió Checoslovaquia, Benes tuvo que huir del país. En 1941 se convirtió en presidente del gobierno checoslovaco exiliado en Londres. Símbolo de un Estado democrático, próspero, culto y tolerante, Benes regresó a Checoslovaquia tras la derrota de Alemania en la Segunda Guerra Mundial y fue inmediatamente elegido presidente (1945). Pero, ante la creciente injerencia soviética (que llegó a imponerle un gobierno de mayoría comunista y a manipular las elecciones) dimitió en 1948.

BEN-GURIÓN, David (David Gruen) Político sionista, creador del Estado de Israel (Plonsk, Polonia, 1886 - Tel Aviv, 1973). Imbuido del ideal de dotar a los judíos de un Estado propio, emigró muy joven a Palestina (1906). En 1908 comenzó a formar una organización armada de defensa de los colonos judíos frente a los ataques de la población árabe *(Hashomer)*. En 1910 entró en política afiliándose al Partido de los Trabajadores de Sión; fue entonces cuando adoptó el nombre hebreo de Ben-Gurión. Al estallar la Primera Guerra Mundial fue expulsado por el Gobierno turco —que dominaba entonces Palestina— por las sospechas que despertaban las actividades del *Hashomer* (1915). Se alistó en la Legión Judía para luchar de parte de los Aliados, pero cuando llegó a Palestina los turcos ya habían sido derrotados (1918). Desde que Palestina pasara a ser un mandato británico (1919), Ben-Gurión se centró en la reconstrucción del país y en el encuadramiento de los inmigrantes judíos que iban llegando. En 1920 participó en la fundación del *Histadrut* (Confederación del Trabajo), la primera gran organización política israelí, de tendencia socialista. Como secretario general de aquella confederación sindical consiguió agrupar a su alrededor a la mayor parte de las organizaciones judías de Palestina, formando en 1930 el *Mapei* (Partido Unido de los Trabajadores). Su liderazgo indiscutible le llevó en 1933 a presidir la Agencia Judía, que actuaba como gobierno informal de los judíos de Palestina. Desde ese puesto se enfrentó a los sionistas moderados (encabezados por Weizmann*), que estaban dispuestos a admitir las pretensiones árabes y británicas de que se detuviera la afluencia de inmigrantes judíos; y al mismo tiempo dirigió la resistencia contra los ataques de los árabes (1936-37). Igualmente tuvo que enfrentarse a la política del «Libro Blanco» británico sobre Palestina, que interrumpía la inmigración judía como paso previo para la independencia de un Estado árabe; en respuesta, la Agencia organizó la inmigración clandestina de judíos (1939-47). Al acabar la Segunda Guerra Mundial en 1945, la Agencia se mostró abiertamente partidaria de dividir Palestina en un territorio árabe y otro judío sobre el que edificar un Estado propio, política admitida por las Naciones Unidas en 1947. El rechazo de los árabes al plan de partición hizo estallar la primera guerra árabe-israelí tan pronto como las autoridades coloniales británicas abandonaron Palestina (1948).

Ben-Gurión, convertido ya en primer ministro y ministro de Defensa del gobierno provisional, proclamó la creación del Estado de Israel y dirigió la llamada «Guerra de Independencia» (1948-49), en la que el nuevo Estado se impuso a los palestinos y a los cinco países árabes que los apoyaban, extendiendo incluso el territorio que le había concedido la ONU. Para ello hubo de unificar sobre la marcha a los grupos armados judíos formando un ejército regular, al tiempo que hacía frente a la disidencia armada del grupo derechista *Irgun*. Vencedor en las elecciones de 1949, 1951, 1955, 1957 y 1961, Ben-Gurión fue primer ministro de 1948 a 1963, con una breve interrupción en 1953-55 para dar ejemplo a la juventud israelí trabajando como colono en un *kibbutz* del Negev. Volvió a dirigir una segunda guerra victoriosa contra los árabes a raíz de la nacionalización del canal de Suez por el Egipto de Nasser* (1957). Su insistencia en esclarecer un caso de terrorismo de Estado ocurrido durante su ausencia del gobierno le enfrentó con la «vieja guardia» del *Mapei,* del que finalmente se escindió en 1965 formando el partido *Rafi* (con Moshé Dayan* y Shimon Peres*).

BENITO DE NURSIA, San Fundador de la orden benedictina (Norcia, Umbría, Italia, h. 480 - Monte Cassino, 547). Comenzó haciendo vida de ermitaño en los montes Sabinos, hacia el año 500. Posteriormente se le fueron uniendo compañeros en su retiro de Subiaco, hasta que, hacia el 529, fundó un monasterio en Monte Cassino (a mitad de camino entre Roma y Nápoles). Hacia el 540 empezó a redactar la *Regla* benedictina, que reelaboró continuamente. Sin pretender formar una orden ni imponer centralización alguna, daba unas indicaciones para la vida monástica que plasmaban sus largos años de experiencia, al tiempo que adaptaban a la cultura europea occidental las tradiciones eremíticas del Mediterráneo oriental. La *Regla* prescribe normas de disciplina, empleo del tiempo, liturgia y trabajo, necesarias para conjugar la retirada del mundo con la vida en comunidad. Impulsada por Carlomagno*, la *Regla* de san Benito se extendió como modelo sobre el que se constituyeron los monasterios medievales, centros de espiritualidad, de cultura y de organización económica; por ello es reconocido su autor como el patriarca del monacato occidental.

BENJAMÍN DE TUDELA Viajero judío (Tudela, Navarra, ? - h. 1173). Este rabino de Tudela realizó entre 1160 y 1171 un largo viaje para tomar contacto con las comunidades judías dispersas por los países ribereños del Mediterráneo. Su itinerario le llevó de Tudela a Zaragoza, Tortosa, Barcelona, Narbona, Montpellier, Arles, Marsella, Génova, Pisa, Roma, Nápoles, Salerno, Tarento y Otranto; luego recorrió el Imperio Bizantino y las islas del Egeo; también recorrió los reinos cristianos de los cruzados en Siria y Palestina; se adentró en el mundo musulmán visitando el Imperio Seléucida (Mesopotamia); en Basora se embarco para circunnavegar la península Arábiga, llegando hasta el Egipto fatimí; y de allí volvió a España pasando por Sicilia. En su relato, publicado en hebreo en Constantinopla en 1543, se incluyen observaciones sobre la situación material, la cultura y la política de los países que visitó; pero sobre todo describe con todo lujo de datos y detalles el estado de las comunidades judías. También se esforzó por reunir noticias sobre las comunidades judías de países en los que no estuvo, como Arabia, Persia, Asia central, India o Ceilán; e incluso menciona la existencia de la judería de Kai Fong en China.

BENSO, Camilo. V. CAVOUR, Conde de.

BENTHAM, Jeremy Pensador inglés, padre del utilitarismo (Houndsditch, 1748 - Londres, 1832). Niño precoz de una familia acomodada, estudió en la Universidad de Oxford y empezó a ejercer como abogado a los 19 años. Pero enseguida se mostró crítico con la educación de su época y con la práctica jurídica, dedicándose por completo a tareas intelectuales. Sus trabajos iniciales atacando el sistema legal y judicial inglés le llevaron a la formulación de la doctrina utilitarista, plasmada en su obra principal: *Introducción a los principios de moral y legislación* (1789). En ella preconizaba que todo acto humano, norma o institución, deben ser juzgados según la utilidad que tienen, esto es, según el placer o el sufrimiento que producen en las personas. A partir de esa simplificación de un criterio tan antiguo como el mundo, proponía formalizar el análisis de las cuestiones políticas, sociales y económicas, sobre la base de medir la utilidad de cada acción o decisión. Así se fundamentaría una nueva ética, basada en el goce de la vida y no en el sacrificio ni el sufrimiento. El objetivo último de lograr «la mayor felicidad para el mayor número» le acercó a corrientes políticas progresistas y democráticas: la Francia republicana surgida de la Revolución le honró con el título de «ciudadano honorario» (1792), si bien Bentham discrepaba profundamente del racionalismo de Rousseau* y consideraba absurdo el planteamiento iusnaturalista subyacente a la Declaración de Derechos del Hombre y del Ciudadano de 1789. También dedicó su atención al tema de la reforma penitenciaria, elaborando por encargo de Jorge III* un modelo de cárcel (el *Panopticon*) por el que ambos entraron en conflicto.

Desde 1814 convirtió su casa en centro de intercambio intelectual y foco de un activo movimiento utilitarista. Entre sus amigos y seguidores más cercanos se encontraba James Mill*, el cual quiso hacer de su hijo, John Stuart Mill, el heredero de Bentham al frente del movimiento. Ambos fueron editores de importantes obras de Bentham, quien tenía la costumbre de escribir mucho, pero dejando la mayor parte de los textos inacabados para que los completaran sus editores. El utilitarismo ejerció su influencia sobre toda una generación de políticos británicos, representada por Peel*; también puede señalarse la incidencia que tendría, a la larga, sobre las doctrinas subjetivas del valor que se impusieron en la teoría económica occidental a partir de la «revolución marginalista» (Walras*, Pareto*, etc.). Bentham fundó el *University College* de Londres, donde, por expreso deseo suyo, está expuesto al público su esqueleto.

BENYEDID, Chadli Militar y político argelino (Sebaa, 1929 -). Suboficial del ejército francés, se integró en 1954 en el Frente de Liberación Nacional (FLN) y tuvo una participación destacada en la insurrección contra la dominación colonial francesa. Una vez lograda la independencia de Argelia, fue nombrado gobernador militar de Constantina (1962) y de Orán (1963). Cooperó en el golpe de Estado de Bumedian* para derrocar al presidente Ben Bella* (1965). Desde entonces fue ascendiendo en el régimen de partido único: miembro del Consejo de la Revolución, ministro de Defensa (1978) y finalmente secretario del FLN y presidente de la República (1979). Dirigió el régimen socialista y no-alineado de Argelia entre 1979 y 1992, haciéndose reelegir en elecciones con candidato único en 1984 y 1988. El descontento popular ante tal dictadura, agravado por las dificultades económicas, estalló en una revuelta en 1988, que no dudó en reprimir violentamente; ello aumentó la radicalización entre las masas populares, que fueron engrosando las filas de la oposición integrista islámica. Su mayor exponente, el Frente Islámico de Salvación (FIS) se impuso en las elecciones municipales de 1990, paralizó el país con una huelga general y demostró su fuerza venciendo en la primera vuelta de las elecciones legislativas de 1991. Con la perspectiva de ver relegado al FLN al papel de tercera fuerza parlamentaria, Benyedid dimitió en 1992, dejando el poder a un Consejo Constitucional que anuló el proceso electoral y diseñó una estrategia para luchar contra el avance integrista.

BERENGUER, Dámaso Militar y político español (San Juan de los Remedios, Cuba, 1873 - Madrid, 1953). General desde su participación en la Guerra de Marruecos en 1909, fue ministro de la Guerra en el gobierno García Prieto de 1918. Luego fue nombrado alto comisario español en Marruecos; desde ese puesto planeó la recuperación del territorio en manos de Abd el-Krim*, que empezó con la toma de Xauén (1920); pero tropezó con el Desastre de Annual (1921). Procesado y separado del servicio por sus responsabilidades, el golpe de Estado de Primo de Rivera* le salvó del castigo, pues el Directorio Militar subsiguiente le amnistió y le nombró jefe de la Casa Militar del rey Alfonso XIII* (1924). Tras la caída del dictador, el rey encargó a Berenguer formar gobierno (1930), con la difícil misión de dirigir la vuelta a la normalidad. Pero su «dictablanda» se enfrentó a una situación enormemente complicada: los partidos tradicionales, desarticulados por siete años de dictadura, no deseaban que se convocaran elecciones a Cortes ordinarias inmediatamente como quería Berenguer; el regreso sin cambios a la situación constitucional anterior al golpe no resultaba admisible para la opinión pública que se inclinaba progresivamente hacia opciones republicanas; el movimiento obrero largamente reprimido salía a la luz, provocando desórdenes públicos; los partidos republicanos se unían para provocar la caída de la Monarquía (Pacto de San Sebastián); y un levantamiento militar intentaba en Jaca la proclamación de la República. Ante tales dificultades, Berenguer renunció en 1931, sustituyéndole el almirante Aznar. Dos meses después caía la Monarquía.

BERIA, Laurenti Paulovich Dirigente soviético (Merjeuli, Georgia, 1899 - Moscú, 1953). Afiliado al Partido Bolchevique desde 1917, al imponerse el régimen comunista en su país de origen, Georgia, asumió la dirección de la policía política (1921), hasta llegar a la dirección del Partido en aquella República (1931). En 1938 Stalin* —georgiano como él— le puso al frente de la policía política de la URSS (NKVD); luego le nombraría miembro del Politburó (1940), ministro del Interior (1942), mariscal (1945) y vicepresidente del Gobierno (1946). Hombre clave del régimen hasta 1951, alcanzó los más altos cargos en el Estado y en el partido, controlando siempre la policía. Fue el principal ejecutor de la política de terror impuesta por Stalin: organizó las farsas de proceso que acabaron con la vida de los adversarios políticos del dictador; intensificó las detenciones arbitrarias, encarcelamientos, deportaciones a Siberia, trabajos forzados, torturas y asesinatos; se ocupó personalmente de la deportación en masa de pueblos enteros, como los del norte del Cáucaso o los tártaros de Crimea. Al morir Stalin en 1953 formó parte del triunvirato que intentó prolongar su línea (con Molotov* y Malenkov), pero fue derrotado por los partidarios de Jruschov*, detenido y ejecutado.

BERLINGUER, Enrico Político italiano (Sassari, Cerdeña, 1922 - Padua, 1984). Hijo de un diputado y senador, ingresó en el Partido Comunista Italiano en los últimos años del régimen fascista (1943), por influencia de su secretario general, Palmiro Togliatti*. Enseguida accedió al Comité Central del Partido (1945) y a su Comisión Ejecutiva (1948). Su influencia en el PCI se acrecentó tras la muerte de Togliatti en 1964, hasta que, en 1972, fue elegido secretario general de la mayor organización comunista del mundo occidental. La postergación de los comunistas italianos de las tareas de gobierno desde el fin de la Segunda Guerra Mundial, así como el aislamiento político al que se veían sometidos en un país del bloque capitalista, le llevaron a promover una profunda renovación del Partido y de sus estrategias políticas; el golpe de Estado que acabó con el experimento de revolución democrática de Allende* en Chile (1973) fue el detonante que le determinó a adoptar el «compromiso histórico»: convertir al PCI en una opción de gobierno responsable, mediante una política de acercamiento a la Democracia Cristiana, basada en la moderación del Partido y en la garantía de no alterar el marco democrático de convivencia (manteniendo incluso a Italia dentro de la OTAN). Inspiró así el llamado *eurocomunismo,* consistente en un progresivo alejamiento de la tutela de la URSS en busca de un modelo de comunismo nacional, adaptado a las tradiciones y circunstancias de Europa occidental (renunciando a la dictadura del proletariado y asumiendo los valores de la democracia). Desde esa posición desautorizó las tentativas desestabilizadoras contra la República Italiana procedentes tanto de la extrema izquierda (terrorismo de las Brigadas Rojas) como de la extrema derecha; condenó la intervención soviética en Checoslovaquia (1968), la invasión de Afganistán (1980) y el golpe de Estado de Jaruzelsky en Polonia (1981). Aunque la coalición de Gobierno con la Democracia Cristiana no llegó a cuajar, la reconversión de los comunistas les llevó a obtener mejores resultados electorales (34,4 por 100 de los votos en 1976) y a acrecentar su influencia moral sobre la opinión pública italiana.

BERLUSCONI, Silvio Empresario y político italiano (Milán, 1936 -). Estudió Derecho en la Universidad de Milán, pero se dedicó enseguida a los negocios, empezando desde los 23 años por el sector inmobiliario y la construcción. En los años setenta se adentró en los medios de comunicación comprando participaciones en varios periódicos italianos, estrategia que culminó en la creación del Canal 5 de televisión (1980). Sus negocios se vieron generalmente favorecidos por el éxito, de tal manera que a comienzos de los años noventa controlaba las tres principales cadenas de la televisión italiana, el grupo editorial Mondadori, varios periódicos y revistas, estudios y salas de cine, la mayor cadena de grandes almacenes de Italia e incluso un club de fútbol (el Milan), al que convirtió en campeón. Un enorme *holding* llamado Fininvest daba unidad a este heterogéneo grupo de empresas, con prolongaciones en Francia, España, Alemania, la antigua URSS y la antigua Yugoslavia. Su situación de hegemonía sobre los medios de comunicación italianos despertó recelos que llevaron en 1990 a aprobar leyes especiales para ponerle coto. Pero, lejos de resentirse por tales ataques, o por el enfrentamiento empresarial con Carlo de Benedetti (el otro gran magnate de la industria italiana), Berlusconi prefirió la huida hacia adelante: ante la crisis de la República por las acusaciones generalizadas de corrupción (operación «manos limpias»), Berlusconi saltó al ruedo político ocupando el vacío que dejaba el descrédito de los partidos tradicionales. Apoyado en su imperio empresarial y en su control de los medios de comunicación, formó un partido propio con una ambigua ideología ultraliberal *(Forza Italia),* cuyo máximo aval era la eficacia de la gestión empresarial de Berlusconi; aliado en un «Polo de la Libertad» con los separatistas de la Liga Norte y con los neofascistas de la Alianza Nacional, llegó a ser primer ministro en 1994. Eso le proporcionó el control de los medios de comunicación públicos, pero apenas pudo hacer labor de gobierno alguna, viéndose él mismo envuelto en acusaciones de fraude fiscal y de soborno a políticos y funcionarios durante la etapa anterior. Perdido el gobierno en 1995 y defraudadas las expectativas de una profunda reforma institucional, Berlusconi y sus aliados fueron derrotados en las elecciones de 1996 por una coalición de centro-izquierda, poniendo fin así al intento de regenerar la clase política italiana con el estilo tecnocrático y antiestatista dominante en el mundo empresarial.

BERNADOTTE, Jean-Baptiste (Carlos XIV de Suecia) Militar francés que llegó a ser rey de Suecia (Pau, Francia, 1764 - Estocolmo, 1844). Soldado del ejército francés desde 1780, las guerras de la Revolución y del Imperio le hicieron ascender rápidamente, tanto de graduación militar como de rango social. En 1794 ya era general de brigada. En 1797 colaboró con Napoleón* en la campaña de Italia. Y al año siguiente estableció lazos de familia con los Bonaparte*, pues se casó con Desirée Clary, antigua amante de Napoleón y hermana de la mujer del futuro José I de España*. Aunque desde su cargo de ministro de Defensa no apoyó el golpe de Estado que llevó al poder a Napoleón (1799), éste siguió confiando en él: le hizo mariscal (1804) y le empleó como gobernador de varios territorios alemanes ocupados por Francia (Hannover primero y las ciudades hanseáticas después). Sus sucesivos éxitos militares probablemente lo justificaban, pues fue él quien detuvo el desembarco inglés en Quiberon (1800), derrotó a los prusianos en Halle y Lübeck, a los rusos en Mohrungen y Spanden (1807) y de nuevo a los ingleses en Walcheren (1809).

El rey de Suecia Carlos XIII carecía de descendencia y estaba obligado a designar un sucesor fuera del país. Eligió a Bernadotte para congraciarse con la Francia napoleónica, que ejercía una hegemonía en la Europa del momento (había derrotado a Suecia y depuesto al anterior rey, Gustavo IV, en 1809); pero también atraído por el trato de favor que Bernadotte había dispensado a Suecia en el momento de su derrota. Adoptado por Carlos XIII como príncipe heredero, Bernadotte se desentendió de los intereses franceses y asumió sin reservas la defensa de la independencia de Suecia: en 1813 comprometió al país en la coalición que finalmente acabaría con el Imperio napoleónico en 1815. Desembarcó al frente del ejército sueco en Alemania para luchar contra sus antiguos compañeros de armas, e incluso participó en la victoria sobre el propio Napoleón (batalla de Leipzig, 1813). Gracias a ello, en la reorganización del mapa europeo decidida en el Congreso de Viena (1815) Suecia obtuvo la anexión de Noruega. Al morir Carlos XIII en 1818, Bernadotte le sucedió en el Trono sueco sin dificultad, adoptando el nombre de Carlos XIV. Fundó así la dinastía Bernadotte, que ha seguido reinando en Suecia hasta la actualidad.

BERNARDO DE CLARAVAL, San Abad y reformador monástico francés, canonizado en 1174 (Castillo de Fontaines, Dijon, 1091 - Claraval, 1153). Procedente de una familia noble, siguió desde muy joven su vocación religiosa. Ingresó en 1112 en la abadía cisterciense de Cîteaux y muy pronto, en 1115, pasó a dirigir el nuevo monasterio de Clairvaux (Claraval). En ambos monasterios impuso el estilo que pronto se extendería a toda la Orden del Císter: disciplina, austeridad, oración y simplicidad. Tales ideales le enfrentaron con Pedro *el Venerable,* abad de Cluny, pues suponían un ataque directo contra la riqueza de los monasterios, la pompa de la liturgia y el lujo de las iglesias cluniacienses. Bernardo fue un defensor de los derechos políticos y económicos del papa: su mediación en favor de Inocencio II en el conflicto que le enfrentaba con el antipapa Anacleto II (1130-37) se vio recompensada con importantes privilegios pontificios para la orden cisterciense. Su influencia creció aún más al llegar al papado su discípulo Eugenio III (1145-53), antiguo fraile cisterciense. Bernardo luchó contra las incipientes tendencias laicistas de su tiempo, haciendo condenar el racionalismo de Abelardo y las propuestas de Arnaldo de Brescia de que la Iglesia volviera a la pobreza primitiva. No dudó de la legitimidad de usar la fuerza en apoyo de la Iglesia, incitando a franceses y alemanes a la segunda Cruzada (1146), o haciendo reconocer a la Orden del Temple como realización del ideal del fraile-soldado (1128). Su teología, en cambio, insistía sobre la Virgen y sobre la humanidad de Cristo, con una ternura que le valió el sobrenombre de *doctor melifluus*.

BERNSTEIN, Eduard Pensador y activista socialdemócrata alemán (Berlín, 1850-1932). Procedente de una familia obrera de origen judío, Bernstein se afilió al Partido Socialdemócrata Alemán (SPD) en 1872. Tuvo que exiliarse en Suiza en 1878, perseguido en virtud de las leyes antisocialistas dictadas por Bismarck*. Allí se convirtió en colaborador de Marx* y Engels*, que le pusieron al frente del periódico del partido. En 1888 fue expulsado de Suiza y se refugió en Inglaterra, entrando en contacto con el socialismo moderado y gradualista de la Sociedad Fabiana, que sin duda influyó sobre sus ideas posteriores. Al morir Engels (1895) se decidió a hacer públicas sus ideas para una necesaria renovación del socialismo, conocidas desde entonces como *revisionismo*. En su principal obra escrita *(Las premisas del socialismo y las tareas de la socialdemocracia*, 1899) desmontaba algunos de los principios fundamentales de la doctrina marxista, como la teoría del valor trabajo o la predicción de un agravamiento de las crisis económicas que conduciría al derrumbamiento del sistema capitalista. Por el contrario, Bernstein constataba la capacidad de adaptación y la buena salud general del capitalismo (en la época de la segunda revolución industrial y la expansión imperialista) y proponía abandonar la estrategia revolucionaria para luchar dentro del sistema por la mejora de las condiciones de vida de los trabajadores. Abandonando el determinismo de Marx, Bernstein veía el socialismo como una construcción humana consciente, nacida del convencimiento de la mayoría de que era necesario instaurar una forma superior de convivencia, y no fruto inevitable del desarrollo de fuerzas económicas impersonales.

Naturalmente, este cambio de óptica le enfrentó con los guardianes de la ortodoxia marxista (Kautsky*, Bebel*, Rosa Luxemburgo*...), que consiguieron la condena de la doctrina revisionista en el Congreso de Dresde de 1903. Bernstein fue elegido diputado del *Reichstag* (cámara baja alemana) en 1902-06, 1912-18 y 1920-28; pero tuvo poca influencia directa en el Partido (entre otras cosas por sus posturas antinacionalistas). Sin embargo, su idea de volcarse en la lucha sindical y política dentro de las estructuras de la democracia «burguesa» fueron impregnando gradualmente el SPD a partir de 1907 y, a la larga, esta línea acabó por imponerse en todos los partidos de la Internacional Socialista, por lo que se puede considerar a Bernstein el padre de la socialdemocracia reformista del siglo XX.

BERWICK, Duque de. V. ALBA, **Casa de.**

BESTEIRO FERNÁNDEZ, Julián Sindicalista y político español (Madrid, 1870 - Carmona, Sevilla, 1940). Se formó en la Institución Libre de Enseñanza y en las universidades de Madrid, París, Múnich, Berlín y Leipzig. A su regreso ganó por oposición la cátedra de Lógica de la Universidad de Madrid. La influencia del marxismo alemán le hizo abandonar su anterior militancia republicana para afiliarse al Partido Socialista Obrero Español y al sindicato Unión General de Trabajadores en 1912; su fundador, Pablo Iglesias*, acogió bien la llegada de este intelectual, apoyando su ascensión en las dos organizaciones. Desde 1913 fue concejal en el Ayuntamiento de Madrid. En 1917 formó parte del Comité de Huelga y fue a la cárcel por ello, de donde salió amnistiado en 1918. En aquel mismo año fue elegido diputado. Y en 1922 se convirtió al mismo tiempo en vicepresidente del PSOE y de la UGT.

La Revolución rusa de 1917 abrió un debate entre los socialistas españoles, como en el resto del mundo; aunque Besteiro acogió favorablemente el estallido revolucionario, su posición se fue endureciendo a medida que se conoció el proceder político de los bolcheviques. En consecuencia, defendió la permanencia del PSOE en la Segunda Internacional frente a los «terceristas» que, fieles a Moscú, proponían la adhesión a la Tercera Internacional y acabarían nutriendo la escisión comunista (1921).

Ante el golpe de Estado de Primo de Rivera* (1923) adoptó una actitud pasiva, marchando a Inglaterra al año siguiente con una beca de la Junta de Ampliación de Estudios. De regreso a España, fue elegido presidente del PSOE y la UGT (1928), en sustitución del recién fallecido Pablo Iglesias. Pero su influencia en el socialismo español declinaba frente a la de Largo Caballero*: ya en 1927 había quedado en minoría al defender la participación socialista en la Asamblea Nacional de la dictadura; y fue derrotado de nuevo al oponerse a que los socialistas participaran con los republicanos en el gobierno provisional de la República en 1931. En consecuencia, dimitió de las dos organizaciones, aunque el PSOE le promovió a la presidencia de las Cortes constituyentes (1931) y la UGT le reeligió presidente en 1932. Ante la progresiva radicalización del sindicato dimitió definitivamente dos años más tarde. Fue elegido diputado del Frente Popular por Madrid en 1936; pero ya estaba completamente aislado dentro del partido. Desde que estalló la Guerra Civil se esforzó por buscar una solución negociada a través de Inglaterra, postura que le hizo participar en el Consejo de Defensa del general Casado (1939); la intolerancia de Franco* hizo fracasar aquel intento y Besteiro, que se había negado durante toda la guerra a abandonar Madrid, fue apresado por los vencedores, juzgado y condenado a la cárcel, donde murió.

BETANCOURT, Rómulo Político venezolano, considerado el «padre» de la democracia en aquel país (Guatire, Venezuela, 1908 - Nueva York, 1981). Se inició en la lucha política en sus años de estudiante en la Universidad de Caracas, participando en la oposición al dictador Juan Vicente Gómez*. Fue encarcelado y luego se exilió a Costa Rica, en donde participó en la fundación del Partido Comunista. Al morir el dictador, regresó a Venezuela y rompió con los comunistas (1936); fundó el Partido Democrático Nacional y el periódico *Orve,* desde donde se enfrentó a la dominación de las grandes multinacionales sobre el sector petrolífero venezolano. Un nuevo gobierno militar suprimió su partido y hubo de exiliarse de nuevo —esta vez en Chile— en 1939. Regresó en 1941 y transformó su antiguo partido en Acción Democrática, primer partido moderno de la historia venezolana, a medio camino entre el liberalismo y el socialismo; y en 1943 creó un nuevo periódico, *El País*. Los «adecos» (de AD) apoyaron la sublevación que derrocó a Isaías Medina en 1945 y llevaron a Betancourt a la Presidencia de la República (hasta 1948). En aquel primer mandato consiguió un acuerdo más beneficioso para Venezuela con las compañías del petróleo, pues con los cánones exigidos el Gobierno pudo financiar importantes mejoras en la educación y la sanidad; también impulsó una nueva Constitución plenamente democrática y dio facilidades para la organización del movimiento obrero y campesino. Le sucedió el también «adeco» Rómulo Gallegos, derrocado en 1948 por un golpe de Estado que instauró una dictadura militar. Desde su exilio en Cuba Betancourt diseñó un programa de reformas sociales que le llevó de nuevo a la Presidencia después de la caída del dictador Pérez Giménez, en 1959. Durante este segundo mandato —que terminó en 1964— realizó una reforma agraria, generalizó la negociación colectiva y dio un fuerte impulso a la economía venezolana con su política proteccionista y de obras públicas; pero adoptó posiciones cada vez más conservadoras y alineadas con los intereses de Estados Unidos, razón por la que su partido sufrió una escisión de izquierdas bajo las siglas MIR (Movimiento de Izquierda Revolucionaria).

BETHMANN-HOLLWEG, Theobald von Político alemán (Hohenfinow, Brandenburgo, 1856-1921). Procedente de una carrera burocrática en la Administración prusiana, en 1909 fue nombrado canciller del *Reich* alemán (primer ministro). Aunque de ideas conservadoras, comprendía la necesidad de modernizar el sistema político creado por Bismarck*, dando más poder al Parlamento; pero fracasó en ese objetivo ante la incomprensión del emperador Guillermo II* y el inmovilismo de los militares. Tampoco consiguió romper el aislamiento internacional de Alemania con un acercamiento a Inglaterra, por las reticencias de ésta ante el crecimiento de la flota alemana, impuesto a Bethmann por Tirpitz* y los militares. En el conflicto austro-serbio de 1914 intentó evitar que Alemania declarara la guerra, a la que se vio empujado por el emperador; comenzada la Primera Guerra Mundial, en cambio, avaló la invasión alemana de Bélgica, ignorando el tratado que garantizaba su neutralidad. A medida que se prolongaba la guerra y que se veía más difícil la victoria de Alemania, creció la oposición contra su gobierno en el interior del país, especialmente contra la estrategia de guerra submarina; finalmente el emperador cesó a Bethmann en 1917, a petición de Hindenburg* y Ludendorff*, que controlarían el poder de hecho en la dictadura militar que siguió hasta el fin de la guerra (1918).

BHUTTO, Benazir. V. BHUTTO, Zulficar Alí.

BHUTTO, Zulficar Alí Político pakistaní (Larkana, 1928 - Rawalpindi, 1979). Se formó en universidades de Inglaterra y Estados Unidos. En 1953 regresó a Pakistán para ejercer como abogado y profesor universitario de Derecho. En 1957 fue nombrado embajador de su país en la ONU, puesto desde el que entró en la política: fue ministro de Comercio (1958), portavoz parlamentario de la Liga Musulmana (1962) y ministro de Asuntos Exteriores (1963). Su política en este cargo se orientó a aumentar la independencia de Pakistán frente a las potencias occidentales, acercándose a la China de Mao*; dimitió en protesta por el Tratado de Tashkent (1966), que ponía fin al conflicto indo-pakistaní por Cachemira. Desde entonces pasó a encabezar la oposición al régimen de Ayub Kan desde su nuevo Partido del Pueblo de Pakistán (1967). Fue encarcelado por sus denuncias contra la dictadura en 1968, pero recuperó la libertad tras el golpe de Estado de Aga Yahya Kan de 1969; éste le nombró primer ministro y ministro de Asuntos Exteriores (1971). Tras la guerra civil que determinó la secesión del Pakistán Oriental (actual Bangla Desh) merced a la victoria militar de la India sobre Pakistán, Aga Yahya Kan dimitió y Bhutto se convirtió en el primer presidente civil de la República (1971-73); tras introducir cambios en la Constitución, que trasladaban el poder efectivo del presidente de la República al primer ministro, Bhutto pasó a ocupar este último cargo (1973). Ejerció un gobierno autoritario (siempre bajo la ley marcial), pero popular entre las masas, basado en la islamización del país, las nacionalizaciones y la tributación de las grandes propiedades. En 1977 fue derrocado por otro golpe de Estado, del general Zia Ul-Haq; éste le hizo condenar a muerte en 1978, bajo la acusación de haber asesinado a oponentes políticos. Su hija, **Benazir Bhutto** (1953 -), le sucedió al frente del PPP y de la oposición a la dictadura (Movimiento para la Restauración de la Democracia); llegó a ser primera ministra en 1988-90 y otra vez en 1993-96, convirtiéndose en la primera mujer que alcanzaba el máximo poder político en un país musulmán.

Bicci, Giovanni di. V. Médicis, Familia.

Bismarck, Otto von Político prusiano, artífice de la unidad alemana (Schoenhausen, Magdeburgo, 1815 - Friedrichsruh, 1898). Procedente de una familia noble prusiana, Bismarck vivió una juventud indisciplinada, autodidacta y llena de dudas religiosas y políticas. A partir de su matrimonio cambió radicalmente de vida, iniciando una carrera política marcada por el más severo conservadurismo. Efectivamente, como diputado del Parlamento prusiano desde 1847, destacó como adversario de las ideas liberales que por entonces avanzaban en toda Europa; la experiencia revolucionaria de 1848-51 le radicalizó en sus posturas reaccionarias, convirtiéndole para siempre en paradigma del autoritarismo y del militarismo prusiano. En los años siguientes ocupó puestos diplomáticos en Frankfurt, San Petersburgo y París, conociendo de primera mano los asuntos internacionales. De esa época data la maduración de su ideario político nacionalista, a medio camino entre el constitucionalismo y las tradiciones germánicas; y su convicción de que el proyecto de unificación que albergaba para Alemania no debía basarse en la apelación a las masas, sino en el empleo inteligente de la diplomacia y de la fuerza militar. Tales ideas le convirtieron en modelo del político realista apartado de todo idealismo, sensibilidad o prejuicios morales.

Desde que el rey Guillermo I* le nombró canciller (primer ministro) en 1862, puso en marcha su plan para imponer la hegemonía de Prusia sobre el conjunto de Alemania, como paso previo para una eventual unificación nacional. Empezó por reorganizar y reforzar el ejército prusiano, al que lanzaría a continuación a tres enfrentamientos bélicos, probablemente premeditados, en todos los cuales resultó vencedor: la Guerra de los Ducados (1864), una acción concertada con Austria para arrebatar a Dinamarca los territorios de habla alemana de Schleswig y Holstein; la Guerra Austro-Prusiana (1866), un artificioso conflicto provocado a raíz de los problemas de la administración conjunta de los ducados daneses y dirigida, en realidad, a eliminar la influencia de Austria sobre los asuntos alemanes; y la Guerra Franco-Prusiana (1870), provocada por un malentendido diplomático con la Francia de Napoleón III* a propósito de la sucesión al vacante Trono de España, pero encaminada de hecho a anular a Francia en la política europea, a fin de que dejara de alentar el particularismo de los Estados alemanes del sur. En cada una de aquellas guerras Prusia acrecentó su poderío y extendió su territorio: en 1867 ya fue capaz de unir a la mayor parte de los Estados independientes que subsistían en Alemania, formando la Confederación de la Alemania del Norte; en 1871, además de anexionarse las regiones francesas de Alsacia y Lorena, impuso la creación de un único Imperio Alemán bajo la corona de Guillermo I, del que sólo quedó excluida Austria.

La política interior de Bismarck se apoyó en un régimen de poder autoritario, a pesar de la apariencia constitucional y del sufragio universal destinado a neutralizar a las clases medias (Constitución federal de 1871). Inicialmente gobernó en coalición con los liberales, centrándose en contrarrestar la influencia de la Iglesia católica *(Kulturkampf)* y en favorecer los intereses de los grandes terratenientes mediante una política económica librecambista; desde 1879 rompió con los liberales y se alió al partido católico *(Zentrum),* adoptando posturas proteccionistas que favorecieran el crecimiento industrial. En esa segunda época centró sus esfuerzos en frenar el movimiento obrero alemán, al que ilegalizó aprobando las Leyes Antisocialistas, al tiempo que intentaba atraerse a los trabajadores con la legislación social más avanzada del momento. En política exterior, se mostró prudente para consolidar la unidad alemana recién conquistada: por un lado, forjó un entramado de alianzas diplomáticas (con Austria, Rusia e Italia) destinado a aislar a Francia en previsión de su posible revancha; por otro, mantuvo a Alemania apartada de la vorágine imperialista que por entonces arrastraba al resto de las potencias europeas. Fue precisamente esta precaución frente a la carrera colonial la que le enfrentó con el nuevo emperador, Guillermo II* (1888), partidario de prolongar la ascensión de Alemania con la adquisición de un imperio ultramarino, asunto que provocó la caída de Bismarck en 1890.

BLANC, Louis Pensador y político francés (Madrid, 1811 - Cannes, 1882). Era hijo de un funcionario de la Administración napoleónica al servicio de José I de España*. Dirigió su pensamiento hacia la crítica del orden burgués y capitalista de su tiempo. Las ideas que expresó en su libro *La organización del trabajo* (1839) permiten considerarle entre los precursores socialistas que Marx* llamó «utópicos»: se inclinaba por la intervención del Estado para corregir las desigualdades sociales; y como medida concreta proponía crear unas cooperativas obreras que organizaran democráticamente cada rama de la producción, repartiendo igualitariamente sus beneficios y suministrando pensiones de vejez y enfermedad. Blanc contribuyó a la caída de Luis Felipe de Orléans* con las críticas vertidas en su obra *Historia de diez años* (1831). La Revolución parisina que, en febrero de 1848, instauró la Segunda República le llevó a formar parte del gobierno provisional como ministro de Trabajo; desde ese cargo impulsó la creación de unos Talleres Nacionales lejanamente inspirados en sus propuestas teóricas, que servirían para mitigar el paro ante la situación de crisis económica, y que, a largo plazo, se esperaba que transformaran las relaciones de producción, acabando con la explotación. Tras la victoria electoral conservadora, el Partido del Orden liquidó los Talleres Nacionales y reprimió las consiguientes protestas obreras (junio de 1848). Blanc se exilió en Londres, de donde no regresó hasta 1870, para ser diputado de la extrema izquierda bajo la Tercera República.

BLANCA I Reina de Navarra, perteneciente a la Casa de Evreux (?, h. 1386 - ?, 1441). Sucedió a su padre, Carlos III, *el Noble* de Navarra, en 1425. Había sido casada con un infante de Aragón, el futuro Juan II, en 1420. Durante su reinado la abulia de la reina permitió que Navarra quedara sometida en todo al rey aragonés y sus intereses, perdiendo el reino territorios fronterizos como consecuencia de la intervención armada de Juan II en los asuntos de Castilla (1428-29). De aquella unión nació Carlos, príncipe de Viana, quien —según las capitulaciones matrimoniales de 1419— debía heredar el reino a la muerte de su madre. Pero al morir doña Blanca, su esposo usurpó el Trono navarro, alegando entre otras razones el testamento en el que la reina recomendaba a Carlos que no se hiciese coronar sin consentimiento de su padre. El resultado fue una guerra civil que enfrentó a los partidarios de Juan II (los *agramonteses,* especialmente fuertes en el norte montañoso) y los del príncipe de Viana (los *beaumonteses,* apoyados por Castilla y fuertes en la Ribera) entre 1451 y 1455 (con un rebrote tras la ejecución de Carlos en Barcelona, en 1460).

BLANQUI, Auguste Teórico y activista del socialismo revolucionario francés (Puget-Théniers, Niza, 1805 - París, 1881). Tras formarse como médico y jurista, se convirtió en un líder republicano y llevó una vida de revolucionario profesional. Protagonizó cuatro intentos de tomar el poder por la fuerza, en 1839 (contra la monarquía de Luis Felipe de Orléans*), 1848 (contra la Asamblea Nacional de la Segunda República), 1861 (contra el régimen imperial de Napoleón III*) y 1870 (contra el gobierno provisional republicano de Thiers*), por los que pasó largos periodos de cárcel y deportación: 1839-44, 1848-59, 1861-65 (evadido) y 1871-79. No pudo, por tanto, intervenir en la revolución de la Comuna de París, en la que sin embargo sus partidarios desempeñaron un papel destacado. Amnistiado por la Tercera

República, en 1879 pasó a la contienda política como diputado y director del periódico *Ni dios ni amo*. No hizo grandes aportaciones doctrinales, manteniéndose en la línea de los socialistas «utópicos» del siglo XVIII. Pero sí tuvo una influencia decisiva en cuanto a las estrategias revolucionarias: seguidor de Babeuf*, Blanqui defendió la vía conspirativa de una escogida minoría de revolucionarios decididos, bien organizados e instruidos en el uso de las armas, que tomarían el poder mediante un golpe de mano. Con ello fijó el modelo para los futuros partidos comunistas según la concepción de Lenin*.

BLUM, Léon Político francés (París, 1872 - Jouy-en-Josas, 1950). Nació en una familia judía de clase media y estudió en la Escuela Normal Superior. Aunque licenciado en Derecho y auditor del Consejo de Estado (1895), su principal dedicación profesional fue la crítica literaria. Desde sus convicciones republicanas se fue acercando progresivamente al socialismo democrático representado por Jean Jaurès*; fue el asunto Dreyfus* (1894-1906) el que acabó por decantarle definitivamente hacia el socialismo, centrando sus esfuerzos en unir a las dispersas formaciones socialistas que había en Francia. Cuando, al estallar la Primera Guerra Mundial (1914-18), se formó el gobierno de la «Unión Sagrada», Blum fue llamado a colaborar como jefe de gabinete del ministro socialista de Obras Públicas (1914-16). Y, una vez acabada la guerra, fue elegido diputado por París y asumió un cierto liderazgo en el partido, proponiendo un nuevo programa político adaptado a las condiciones de la posguerra (1919). En el Congreso de Tours (1920) hizo frente a la mayoría comunista partidaria de adherirse a la Tercera Internacional; al año siguiente fue nombrado jefe del partido socialista francés (Sección Francesa de la Internacional Obrera, SFIO), ya escindido de los comunistas. Y, por contraste con éstos, acentuó la definición del partido socialista como un grupo democrático y humanista, cuyos valores morales resultaban incompatibles con cualquier estrategia para alcanzar el poder que no pasara por el convencimiento de la mayoría expresado en las urnas.

Luchó en el interior del partido por mantener su línea política frente a los ataques de las alas derecha e izquierda; y, al mismo tiempo, colaboró en el Parlamento con los radicales, fortaleciendo la SFIO hasta convertirla en el núcleo de una amplia coalición de izquierdas, el Frente Popular. Dicha formación, creada para hacer frente a la oleada fascista que se extendía por toda Europa, triunfó en las elecciones de 1936, de modo que Blum se convirtió en primer ministro. El gobierno de Léon Blum introdujo importantes reformas sociales, como la semana laboral de 40 horas, las vacaciones pagadas y la negociación colectiva de las condiciones de trabajo; pero no obtuvo el mismo éxito en su lucha contra la depresión económica; y en política exterior adoptó una postura de no-intervención frente a la Guerra Civil española (1936-39), que le distanció de sus aliados comunistas. Finalmente, cayó del gobierno en 1937 por la oposición del Senado a la creación de un impuesto sobre el capital. En 1938 volvió al poder; esta vez su política exterior se caracterizó por una mayor firmeza frente al fascismo, al intentar —aunque sin éxito— que las potencias occidentales pusieran freno al expansionismo de la Alemania de Hitler*.

En 1940, los alemanes invadieron Francia, poniendo fin a la larga experiencia democrática de la Tercera República. Blum fue detenido por el gobierno títere del mariscal Pétain*; tras someterle a un juicio en el que no se le pudo hallar culpable de nada (1942), fue entregado a los alemanes, que le internaron en los campos de concentración de Buchenwald y Dachau (1943-44). Acabada la Segunda Guerra Mundial en 1945, volvió a Francia y a la dirección de la SFIO. Presidió un gobierno socialista monocolor que no duró más que dos meses (1946-47), en cuyo balance hay que anotar la adopción del Plan Monnet* para la reconstrucción económica del país. Desde entonces perdió poder de decisión sobre su propio partido, aunque mantuvo hasta su muerte una gran autoridad moral sobre los socialistas franceses.

BOABDIL, el Chico (Abú Abd Allah) Último rey de Granada (Granada, ? - Vado de Bacuna, Marruecos, 1527). En 1482 destronó a su padre, Muley Hacén, por instigación de su madre y apoyándose en el poderoso clan de los abencerrajes y en la rebelión de las masas populares del Albaicín contra los gravosos impuestos exigidos para financiar la guerra contra los cristianos. Poco después fue hecho prisionero por los castellanos en la batalla de Lucena (1483) y Fernando *el Católico** le obligó a firmar un tratado que le convertía en vasallo de Castilla. De regreso a su reino estallaron de nuevo los enfrentamientos civiles, que le obligaron a refugiarse en Almería y, más tarde, a ponerse bajo la protección castellana en Córdoba. Muley Hacén recuperó el poder en Granada, pero fue destronado poco después por su hermano al-Zagal (1485-86). Gracias a la presión de sus partidarios, Boabdil obtuvo de su tío un reparto del reino en dos zonas de influencia: el sur para al-Zagal y el norte, fronterizo con Castilla, para él. Un nuevo ataque castellano (toma de Loja, 1486) puso a Boabdil de nuevo en manos de don Fernando, que le impuso un tratado más gravoso, con la obligación de combatir contra al-Zagal y abdicar. Efectivamente, Boabdil derrotó a al-Zagal y le expulsó de Granada; pero se negó luego a entregársela a los cristianos. Cercado, acabó por capitular en 1491 y entregar la ciudad en 1492, poniendo fin a la existencia independiente del reino musulmán de Granada. Se retiró a vivir a un feudo concedido en las Alpujarras; pero en 1493 Fernando *el Católico* prefirió hacerle pasar a África para evitarse problemas. Boabdil fue a vivir junto al rey de Fez y murió combatiendo a su servicio.

BODINO, Juan (Jean Bodin) Pensador francés (Angers, 1530 - Laon, 1596). Jurista de formación, Bodin ocupó diversos cargos (abogado en el Parlamento de París desde 1560, procurador del Tercer Estado en los Estados Generales de 1576...) en la época en que Francia se desangraba por las guerras civiles entre católicos y protestantes (hugonotes). Buscando el modo de superar este clima permanente de violencia —que además debilitaba a Francia en su relación con otras potencias— Bodino abrazó un tercer partido, llamado de los «políticos», que proponía la tolerancia religiosa y el reforzamiento de la autoridad del Estado como árbitro que garantizara la paz entre las comunidades enfrentadas. En consecuencia, y aunque había apoyado anteriormente a la Liga católica, acabó reconociendo como rey al hugonote navarro Enrique IV*, cuya conversión al catolicismo puso fin al conflicto mediante una solución de compromiso (1593).

Entretanto, Bodino había plasmado las ideas que sustentaban su postura en un libro fundamental para la historia del pensamiento político occidental: *Los seis libros de la República* (1576), publicados sólo cuatro años después de la gran matanza de hugonotes de la Noche de San Bartolomé. En ellos acuñó el concepto de *soberanía* como el poder único, perpetuo, absoluto e indivisible que impone el orden en un Estado impidiendo la guerra entre sus súbditos; bajo ningún concepto consideraba legítima la insurrección contra el soberano, pues estimaba que siempre era preferible la tiranía a la anarquía. En un terreno más concreto, sus propuestas conducían a un reforzamiento del poder monárquico, razón por la que se le puede considerar un precursor teórico del absolutismo de Luis XIV*. No obstante, el tipo de Estado que Bodino propugnaba incluía varios límites frente a la arbitrariedad del soberano, como la obligación de respetar las leyes divinas y naturales, o la prohibición de imponer nuevos tributos sin consentimiento de los representantes de los contribuyentes. Aunque estas precisiones hagan el sentido general de su obra un tanto ambiguo, no cabe duda de que el pensamiento de Bodino fue un paso fundamental en la definición del moderno Estado nacional.

Bodino fue también un mercantilista, partidario de un sistema de protección estatal para la industria nacional. Pasa por ser el creador de la teoría cuantitativa de la moneda, que sitúa el origen de la inflación de precios en un aumento de la cantidad de dinero en circulación. No obstante, dicha doctrina había sido enunciada algunos años antes por los escolásticos tardíos españoles (Martín de Azpilcueta y Tomás de Mercado) que relacionaron la «revolución de los precios» con la llegada de metales preciosos de las colonias de América.

BOLENA, Ana. V. ANA BOLENA.

BOLÍVAR, Simón Caudillo de la independencia hispanoamericana (Caracas, Venezuela, 1783 - Santa Marta, Colombia, 1830). Nacido en una familia de origen vasco de la hidalguía criolla venezolana, se formó leyendo a los pensadores de la Ilustración (Locke*, Rousseau*, Voltaire*, Montesquieu*...) y viajando por Europa. En París tomó contacto con las ideas de la Revolución y conoció personalmente a Napoleón* y Humboldt*. Afiliado a la masonería e imbuido de las ideas liberales, ya en 1805 se juró en Roma que no descansaría hasta liberar a su país de la dominación española. Y, aunque carecía de formación militar, llegó a convertirse en el principal dirigente de la guerra por la independencia de las colonias hispanoamericanas; además, suministró al movimiento una base ideológica mediante sus propios escritos y discursos.

En 1810 se unió a la revolución independentista que estalló en Venezuela dirigida por Miranda* (aprovechando que la metrópoli se hallaba ocupada por el ejército francés). El fracaso de aquella intentona le obligó a huir del país en 1812; tomó entonces las riendas del movimiento, lanzando desde Cartagena de Indias un manifiesto que incitaba de nuevo a la rebelión, corrigiendo los errores cometidos en el pasado (1812). En 1813 lanzó una segunda revolución, que entró triunfante en Caracas (de ese momento data la concesión por el Ayuntamiento del título de *Libertador*). Aún hubo una nueva reacción realista, bajo la dirección de Morillo y Bobes, que reconquistaron el país para la Corona española, expulsando a Bolívar a Jamaica (1814-15); pero éste realizó una tercera revolución entre 1816 y 1819, que le daría el control del país.

Bolívar soñaba con formar una gran confederación que uniera a todas las antiguas colonias españolas de América, inspirada en el modelo de Estados Unidos. Por ello, no satisfecho con la liberación de Venezuela, cruzó los Andes y venció a las tropas realistas españolas en la batalla de Boyacá (1819), que dio la independencia al Virreinato de Nueva Granada (la actual Colombia). Reunió entonces un Congreso en Angostura (1819), que elaboró una Constitución para la nueva República de Colombia, que englobaba lo que hoy son Colombia, Venezuela, Ecuador y Panamá; él mismo fue elegido presidente de esta «Gran Colombia». Luego liberó la Audiencia Quito (actual Ecuador) en unión de Sucre*, tras imponerse en la batalla de Pichincha (1822). En aquel mismo año se reunió en Guayaquil con el otro gran caudillo del movimiento independentista, San Martín*, que había liberado Argentina y Chile, para ver la forma de cooperar en la liberación del Perú; ambos dirigentes chocaron en sus ambiciones y en sus apreciaciones políticas (pues San Martín se inclinaba por crear regímenes monárquicos encabezados por príncipes europeos), desistiendo San Martín de entablar una lucha por el poder y dejando el campo libre a Bolívar (poco después se marcharía a Europa). Bolívar pudo entonces ponerse al frente de la insurrección del Perú, último bastión del continente en el que resistían los españoles, aprovechando las disensiones internas de los rebeldes del país (1823). En 1824 obtuvo la más decisiva de sus victorias en la batalla de Ayacucho, que determinó el fin de la presencia española en Perú y en toda Sudamérica. Los últimos focos realistas del Alto Perú fueron liquidados en 1825, creándose allí la República de Bolívar (actual Bolivia). Bolívar, presidente ya de Colombia (1819-30), lo fue también de Perú (1824-26) y de Bolivia (1825-26), implantando en estas dos últimas Repúblicas un modelo constitucional llamado «monocrático», con un presidente vitalicio y hereditario.

Sin embargo, los éxitos militares de Bolívar no fueron acompañados por logros políticos comparables. Su tendencia a ejercer el poder de forma dictatorial despertó muchas reticencias; y el proyecto de una gran Hispanoamérica unida chocó con los sentimientos particularistas de los antiguos virreinatos, audiencias y capitanías generales del imperio español, cuyas oligarquías locales acabaron buscando la independencia política por separado. Así fracasó el Congreso continental que Bolívar convocó en Panamá en 1826 para dar forma a su proyecto de confederación de naciones hispanoamericanas, al que sólo asistieron representantes de cuatro países (Colombia, Perú, México y Guatemala). En su misma República colombiana estalló una guerra civil que dio al traste con la unidad en 1830, al separarse Venezuela (bajo el liderazgo de Páez*), Ecuador (presidido por Flores) y Colombia (bajo la dirección de Santander*). Al hundirse su proyecto dimitió de la Presidencia, abandonó Venezuela y murió poco después en la más absoluta pobreza.

BONAPARTE, Familia (o Buonaparte, en el origen). La familia del emperador francés era de origen lombardo, instalada en Córcega desde el siglo XVI. Representa el prototipo de la ascensión política y social ligada a la Revolución francesa.

CHARLES MARIE (1746-1785), el padre de Napoleón, era abogado y pertenecía a la pequeña nobleza de Ajaccio. Partidario del nacionalista corso Paoli, desde 1770-71 se vinculó a la causa monárquica francesa. De su matrimonio con Letizia Ramolino (1750-1836) nacieron 13 hijos (cinco de ellos muertos durante la infancia): JOSÉ* —quien sería rey de España— era el hermano mayor; NAPOLEÓN* —el emperador— el segundo. LUCIANO (1775-1840), el tercer hermano, fue presidente del Consejo de los Quinientos en la época del Directorio, circunstancia que le permitió jugar un papel decisivo en el golpe de Estado del 18 de *Brumario* del año VIII (1799), que llevó al poder a Napoleón. Éste le nombró enseguida ministro del Interior (1799); como embajador en Madrid (1800) ayudó a poner a Carlos IV* del lado francés. En 1803 ingresó en el Instituto de Francia, como reconocimiento de sus aficiones literarias. Sin embargo, las relaciones con Napoleón se enturbiaron pronto, debido a la oposición de Luciano al autoritarismo de su hermano, así como a la desaprobación por Napoleón del matrimonio de Luciano. Tras rechazar las Coronas de España e Italia, se puso bajo la protección del papa, quien erigió para él el Principado de Canino. En 1810 intentó huir a Estados Unidos, pero fue apresado por los ingleses, que le retuvieron hasta 1814. Tras la caída del Imperio se retiró a vivir a Italia. Tuvo 11 hijos, entre ellos: PIERRE (1815-81), revolucionario liberal que luchó en Italia, Colombia y Egipto. Bajo la Segunda República fue diputado de la extrema izquierda y se opuso al golpe de Estado de su primo Luis Napoleón. En 1870 mató por una disputa al periodista republicano Victor Noir, asunto que provocó una oleada de indignación, contribuyendo al descrédito del gobierno y del régimen del Segundo Imperio.

ELISA (1777-1820), la mayor de las hermanas de Napoleón, fue nombrada por éste gran duquesa de Toscana (1809-14). LUIS (1778-1846), el cuarto hermano varón, sirvió desde muy joven como ayuda de campo de Napoleón en las campañas de Italia y de Egipto. En 1802 su hermano le hizo casar contra su voluntad con Hortensia Beauharnais, la hija de Josefina, un matrimonio que se disolvió poco después sin otro resultado que el nacimiento de LUIS NAPOLEÓN (el futuro Napoleón III*). Napoleón hizo a Luis rey de Holanda en 1806, sin imaginar que llegaría a identificarse tanto con los holandeses que, en 1810, renunciaría al Trono en protesta por la política de bloqueo continental. PAULINA (1780-1825), la hermana favorita del emperador, fue duquesa de Guastalla. CAROLINA (1782-1839), la hermana menor, fue gran duquesa de Berg y reina de Nápoles (1808) como esposa de Murat*. JERÓNIMO (1784-1860), el menor de los hermanos, sirvió como marino en la expedición a Santo Domingo. Napoleón le hizo divorciarse de un matrimonio anterior y le casó con una hija del rey de Würtemberg, para hacerle rey de Westfalia (1807), un Estado recién creado por el emperador. Tras participar en la batalla de Waterloo, y perdida ya su Corona, se retiró a Württemberg a vivir con su suegro. Colaboró con Luis Napoleón en la organización del golpe de Estado que le llevó al poder. Uno de sus hijos, **Napoleón José**, llamado *el príncipe Jerónimo,* alias *Plon-Plon* (1822-91) fue el gran amigo de Luis Napoleón en la familia Bonaparte. Activista republicano en el exilio, regresó a Francia tras la Revolución de 1848 y fue diputado de la extrema izquierda. Pero aceptó el golpe de Estado autoritario de su primo y asumió cargos relevantes en el subsiguiente régimen del Segundo Imperio: fue senador y ministro de Argelia y de las Colonias (1858). Representó el ala izquierda de aquel régimen, facilitando su acercamiento al movimiento obrero en la década de 1860.

La familia Bonaparte encarnó el liderazgo de un movimiento político difícil de clasificar en los términos clásicos de izquierda y derecha, el *bonapartismo*. Dicho movimiento, de innegable contenido autoritario, cesarista, ultranacionalista y militarista, respondía no obstante a los ideales liberales nacidos de la Revolución de 1789; y, de hecho, la «leyenda napoleónica» formó parte de la cultura revolucionaria de los liberales románticos que lucharon contra Luis XVIII*, Carlos X* y Luis Felipe de Orléans*. Arraigó con especial fuerza entre el campesinado francés, lo cual explica el regreso de los Bonaparte al poder en la persona de Luis Napoleón (1848) y la consiguiente restauración del Imperio (1852). Tras la caída de Napoleón III (1870), la jefatura de la dinastía recayó sobre su hijo **Eugenio Luis,** *el príncipe imperial* (1856-79). Vivía exiliado con sus padres en Inglaterra; para su formación militar ingresó en el ejército británico, a cuyo servicio murió en la Guerra de los Zulúes. Los bonapartistas —cada vez más conservadores— se negaron entonces a reconocer el liderazgo del príncipe Jerónimo, por sus posturas izquierdistas y anticlericales, de manera que en 1879 reconocieron como jefe y pretendiente al Trono a su hijo, **Víctor** (1862-1926). Expulsado de Francia desde 1886, sus sucesores han seguido encarnando las aspiraciones bonapartistas hasta nuestros días.

Bonifacio VIII (Benedetto Gaetani) Papa (Anagni, h. 1235 - Roma, 1303). Miembro de una familia aristocrática romana destinado a la carrera eclesiástica, fue creado cardenal en 1291 y adquirió gran influencia bajo el pontificado de Celestino V. Probablemente fue Gaetani quien presionó al papa para que abdicara (algo inusual hasta entonces) y hacerse elegir en su lugar (1294). Comenzó entonces el que se ha llamado «último papado medieval», caracterizado por la fuerza con que Bonifacio defendió la doctrina de la teocracia papal frente a los intereses de las restantes familias aristocráticas romanas (encabezadas por los Colonna), frente a las veleidades de dominio sobre la Iglesia del rey de Inglaterra, Eduardo I (a quien impidió gravar al clero con tributos reales), y frente a la continua intromisión del rey de Francia, Felipe IV, *el Hermoso**. Aunque hubo momentos de entendimiento con Francia (como el que condujo a la canonización de Luis IX*, abuelo del rey francés, en 1297), el conflicto estalló finalmente de forma violenta: tras la proclamación de la bula *Unam sanctam,* en la que el papa defendía criterios teocráticos contra la detención de un obispo francés por Felipe (1302), éste hizo apresar a Bonifacio («atentado de Anagni», 1303). Aunque fue liberado por un tumulto, falleció un mes más tarde.

BORBÓN o **BOURBON, Casa de**
Dinastía reinante en Francia, España, Nápoles y Parma. Su nombre procede del castillo familiar de Bourbon-l'Archambault (Francia), aunque no fue aplicado a la *Casa de Francia* hasta que así lo decidió Luis XIV* (1662). Antes de acceder a la realeza eran una casa nobiliaria con extensos dominios en el curso alto del Loira (el Borbonesado, actual departamento del Allier). Tras enlazar con los Capeto*, en 1327 **LUIS** obtuvo el título de duque de Borbón. De los dos hijos que dejó se originaron dos ramas: la principal de los Borbón-Montpensier (que se extinguiría en 1527) y la secundaria de los Borbón-La Marche, que perduró, unificó la casa y obtuvo el título de duques de Vendôme de manos de Francisco I*. Cuando **ANTONIO** (1518-62) se casó en 1548 con la reina Juana de Albret*, la familia accedió al Trono de Navarra. Su hijo **ENRIQUE IV*** (1533-1610), rey de Navarra (con el nombre de Enrique III), se convirtió en rey de Francia en 1589, en virtud de la crisis sucesoria que se produjo al final de las guerras de religión. Desde entonces instauró la Ley Sálica, que preveía la sucesión por vía masculina, y que regiría la vida de la dinastía durante doscientos años. Le sucedieron los cuatro «Luises» de la Casa de Borbón: **LUIS XIII***, **LUIS XIV**, Luis XV* y **LUIS XVI*** (1754-93), que fue destronado por la Revolución y murió en la guillotina. Su hijo (llamado **LUIS XVII** en la cuenta monárquica) no llegó a reinar, aunque fue reconocido como titular legítimo de la Corona por las monarquías europeas en guerra con Francia (1793-95). Acabado el periodo revolucionario y vencido Napoleón* en los campos de batalla, fue restaurada la monarquía borbónica en la persona de **LUIS XVIII*** (1755-1824), hermano de Luis XVI, que accedió al Trono francés en 1814; le sucedió su hermano **CARLOS X*** (1757-1836), conde de Artois, el último Borbón propiamente dicho que reinó en Francia. Fue destronado en 1830 por una revolución de inspiración liberal, que hizo rey a **LUIS FELIPE DE ORLÉANS*** (1773-1850), jefe de una rama secundaria de los Borbones. Este rey, destronado a su vez por la revolución republicana de 1848, representa ya la presencia en el Trono francés de otra familia (la Casa de Orléans), mientras que los legitimistas seguirán hasta nuestros días reivindicando la restauración de la dinastía borbónica.

Entretanto, los Borbones se habían instalado también en el Trono de España, debido a la extinción de la rama española de la Casa de Habsburgo* en 1700 (al morir sin descendientes Carlos II*). La Guerra de Sucesión española que siguió (1701-14) hizo rey a **FELIPE V*** (1683-1746), duque de Anjou, nieto de Luis XIV. Recelosas las potencias europeas de que su coronación encubriera la ambición de unificar bajo una misma Corona a Francia y España, con la amenaza de hegemonía continental que ello hubiera conllevado, exigieron al nuevo rey la renuncia solemne a cualquier intento futuro en ese sentido (formalizada en 1712-13). Desde entonces puede considerarse instalada en España una rama separada del tronco borbónico, cuya sucesión se rigió por una versión suavizada de la Ley Sálica, contenida en un Auto Acordado de 1713. En 1724 Felipe abdicó inesperadamente en su hijo, LUIS I (1707-24); pero la inesperada muerte de este monarca obligó a Felipe V a regresar al Trono, en el que ya se mantuvo hasta morir. Le sucedió entonces su segundo hijo FERNANDO VI* (1712-59), quien, al igual que Luis I, murió sin dejar herederos varones. Felipe V había situado en Estados italianos a varios hijos de su segundo matrimonio: FELIPE, duque de Parma (1720-65) inauguró la rama de los Borbón-Parma, que fueron duques de Parma, Piacenza y Guastalla de 1748 a 1801, reyes de Etruria de 1801 a 1807, y príncipes del diminuto Estado de Lucca de 1817 a 1847. CARLOS III* (1716-88) había sido conde de Parma y Piacenza (como Carlos I, 1732-35), territorios que había permutado con los austriacos por el Tratado de Viena (1735) a cambio del Reino de Nápoles (donde reinó como Carlos VII de 1735 a 1759). Al morir sin herederos sus dos hermanos de padre (Luis I y Fernando VI, hijos del primer matrimonio de Felipe V), pasó a ocupar el Trono de España, dejando Nápoles a su hijo FERNANDO IV (III de Sicilia) (1751-1825); éste fue destronado temporalmente por la invasión francesa, pero recuperó el Trono napolitano en 1815, adoptando al año siguiente el nombre de Fernando I. Con él se inicia la rama de Borbón-Dos Sicilias, que reinó en Nápoles hasta la unificación de Italia (1861). Otro hijo de Carlos III*, GABRIEL, casó con una infanta portuguesa, inaugurando la rama de Borbón-Braganza. En España, mientras tanto, sucedió a la muerte de Carlos III su hijo Carlos IV* (1748-1819). Éste introdujo alteraciones en el orden sucesorio tradicional de la Casa, al proponer la derogación de la Ley Sálica y admitir la herencia por vía femenina contemplada en el derecho sucesorio castellano antes de la llegada de los Borbones (en las *Partidas);* dicha norma, aprobada por las Cortes en 1789, quedó reflejada en una Pragmática Sanción que, sin embargo, el rey no llegó a sancionar. En 1808 el rey fue destronado por su hijo, Fernando VII* (1784-1833), por el llamado *Motín de Aranjuez.* Sin embargo, la inmediata invasión de España por los franceses le impidió iniciar un reinado efectivo, pues la familia real al completo fue confinada en Valençay (Francia) por Napoleón, que la sustituyó en el Trono español por un Bonaparte*. Al terminar la Guerra de la Independencia (1814) volvió Fernando como rey a España. Puesto que sólo contaba con descendencia femenina, Fernando se vio en la obligación de promulgar por fin la Pragmática Sanción (1830). Con ello abrió un pleito sucesorio con su hermano, CARLOS MARÍA ISIDRO* (1788-1855), que habría sido el heredero de mantenerse la Ley Sálica. Apoyado en la opinión absolutista, don Carlos (conocido como Carlos V por sus partidarios) inició la rama *carlista* de la familia, que se rebeló y pretendió el Trono de manera permanente en la Historia contemporánea española, provocando tres guerras civiles (en 1833-40, 1846-48 y 1873-76). Durante la primera de estas guerras se enfrentó a la viuda de Fernando VII, MARÍA CRISTINA* (1806-78), una princesa de la rama napolitana de los Borbones, que ejerció la Regencia en nombre de su hija Isabel desde la muerte de su marido en 1833 hasta que, en 1840, fue expulsada por los progresistas, que pusieron en su lugar a Espartero*. Tres años después volvió a España, al ser declarada mayor de edad ISABEL II* (1830-1904). Ésta fue casada con su primo Francisco de Asís, hijo del hermano menor de Fernando VII (rama de Borbón-Cádiz). La impopularidad de esta reina y su deslealtad al sistema constitucional provocaron el destronamiento de la familia por la Revolución de 1868. Tras seis años de experimentos políticos revolucionarios, la ex reina vio desde el exilio cómo en 1874 accedía al Trono su hijo, en quien había abdicado desde 1870, ALFONSO XII* (1857-85). La estabilidad política del régimen de la Restauración (1874-1923) pudo verse alterada por la temprana muerte del monarca, de no haber sido por el nacimiento póstumo de un heredero varón, ALFONSO XIII* (1886-1941). Tras la Regencia de su madre, María Cristina de Habsburgo*, empezó su reinado personal en 1902. Sus compromisos con la dictadura del general Primo de Rivera* motivaron que, de nuevo, fuera destronado pacíficamente en 1931, marchando al exilio y dejando paso a la Segunda República. La Guerra Civil de 1936-39 y la dictadura de Franco* mantuvieron a los Borbones apartados del Trono durante largos años. Antes de morir, Alfonso XIII abdicó sus derechos dinásticos en su hijo JUAN, CONDE DE BARCELONA* (1913-93), por la renuncia de sus hermanos mayores, Alfonso y Jaime. Don Juan encarnó desde su exilio en Portugal la causa de una restauración monárquica sobre bases liberales y democráticas; pero, en beneficio de los derechos de la familia, admitió que Franco educara en Madrid a su primogénito, JUAN CARLOS I* (1938 -), a quien el dictador convirtió desde 1969 en príncipe heredero del reino sin rey que era España. Don Juan Carlos ya asumió temporalmente la jefatura del Estado durante una enfermedad de Franco en 1974. Y se convirtió en rey al morir el dictador en 1975; don Juan, que nunca había sido rey, no planteó entonces un conflicto con su hijo, a quien cedió sus derechos dinásticos en 1977. Juan Carlos impulsó la transición a la democracia plasmada en la Constitución de 1978 y ha desempeñado desde entonces el discreto papel de un monarca constitucional en un régimen de democracia parlamentaria.

BORBÓN Y BATTENBERG, Juan. V. JUAN DE BORBÓN, conde de Barcelona.

BORGIA o **BORJA, Familia.** Casa nobiliaria romana convertida por la leyenda en prototipo de corrupción, nepotismo, ambición y falta de escrúpulos. De hecho actuaron buscando el poder y la riqueza como otras familias del Renacimiento con las que rivalizaron; fue el hecho de ser extranjeros y de haber roto el monopolio de la aristocracia italiana sobre la corte papal lo que les granjeó muchos y poderosos enemigos. Originarios de Aragón, aparecen establecidos en el Reino de Valencia desde el siglo XIII. Su ascensión social, iniciada con el apoyo a Pedro IV, *el Ceremonioso** en la Guerra de la Unión (1348), culminó con:

ALONSO (o Alfonso) (1378-1458), obispo de Mallorca y de Valencia, que pasó a Italia con la corte de Alfonso V* y llegó a ser papa en 1455 con el nombre de Calixto III. Practicó un nepotismo descarado, del que se beneficiaron sobre todo sus dos sobrinos: PEDRO LUIS (1430-58), jefe del ejército pontificio; y RODRIGO (1431-1503), a quien hizo cardenal y que, más tarde, llegaría a ser papa con el nombre de Alejandro VI*. Continuando la tradición de nepotismo de su casa, éste utilizó su poder para situar a sus numerosos hijos ilegítimos (se conocen ocho), entre ellos: Esteban, Luis, Jerónima, Joffre y CÉSAR (1476-1507). Este último fue hecho cardenal por su padre a los 16 años. Hizo asesinar a su hermano Juan, a quien sucedió al frente del ejército papal (dejando desde entonces la carrera eclesiástica). Se convirtió en un destacado guerrero y exponente de la política amoral del Renacimiento (quizá fue el inspirador de *El Príncipe* de Maquiavelo*). Su padre le envió en 1498 a la corte francesa para entregar la bula de divorcio a Luis XII; allí se casó con una hija del rey de Navarra, Juan de Albret*, y fue nombrado duque de Valentinois. Con el apoyo de Francia conquistó la Romaña a los feudatarios del Papado, tras lo cual su propio padre le nombró duque de Romaña (1501). La muerte de Alejandro VI acabó con su poderío: el nuevo papa (Julio II) le hizo apresar y devolver todos los territorios conquistados; luego sufrió la persecución de Gonzalo Fernández de Córdoba* y de Fernando, *el Católico*, de quien escapó para ponerse bajo la protección de su suegro, el rey de Navarra. Murió en combate durante las luchas civiles navarras entre agramonteses y beaumonteses. Tuvo a su servicio a Leonardo da Vinci*. Otra hija de Alejandro VI, LUCRECIA (1480-1519), fue un instrumento de las luchas políticas de su padre y de su hermano César, que la casaron por tres veces; la última con Alfonso de Este, luego duque de Ferrara (1505). Fue la única de la familia que mantuvo su influencia después de la muerte de su padre; en su corte de Nápoles se dedicó a la protección de artistas y dio refugio a muchos parientes perseguidos por los excesos del periodo anterior, en el que habían ejercido un verdadero dominio sobre Italia. La leyenda que le atribuye toda clase de vicios y crímenes parece injustificada. Su hermano PEDRO LUIS compró a Fernando, *el Católico,* el Ducado de Gandía (1458) y se casó con una hermana del rey aragonés. Al morir Pedro Luis, heredó el Ducado su hermano JUAN. Murió asesinado por instigación de su hermano César. Inauguró una línea ducal valenciana apartada de los asuntos italianos; mientras esta rama mantenía la forma *Borja* en su apellido, las diversas ramas italianas la cambiaron por *Borgia*. Su nieto FRANCISCO (1510-72) fue amigo personal de Carlos I*, a quien sirvió como virrey de Cataluña en 1539-43. Encargado del traslado a Granada de los restos de la emperatriz Isabel de Portugal, la visión del cadáver le hizo reflexionar sobre la vanidad de las glorias terrenales y determinó su vocación religiosa, que siguió ingresando en la Compañía de Jesús después de enviudar (1551). Rechazó ser cardenal, aunque aceptó varios encargos diplomáticos del papa. Desde 1565 fue general de los jesuitas, correspondiéndole la tarea de organizar la Compañía. Fue canonizado en 1671. Entre sus nietos se cuentan: JUAN (1564-1628), gobernador de Nueva Granada (la actual Colombia) desde 1605 hasta 1628; FRANCISCO (1582-1658), príncipe de Esquilache, virrey del Perú entre 1615 y 1621; y GASPAR (1582-1645), arzobispo de Milán, Sevilla y Toledo, cardenal, embajador de España ante el papa y virrey de Nápoles (1620).

BORIS GODUNOV Zar de Rusia (?, h. 1551 - Moscú, 1605). Pertenecía a una familia noble de origen tártaro. Como miembro de la *oprichnina* (casta militar fiel al zar) se había convertido en un personaje influyente en la Corte de Iván IV, *el Terrible**; al morir éste en 1584, fue nombrado regente y ejerció el poder en nombre del zar nominal, el demente Teodoro I, que estaba casado con una hermana de Boris. Durante su regencia (1584-98) afianzó la independencia de la Iglesia rusa creando el Patriarcado de Moscú (1589) y devolvió la estabilidad a la agricultura reduciendo la libertad de movimientos de los siervos (1597). Al morir el zar Teodoro sin descendientes en 1598, se extinguió la casa real de los Rurik, pues el otro hijo de Iván, el príncipe Dimitri V*, había muerto también, asesinado en 1591 (probablemente por instigación de Boris). Fue entonces elegido zar por un *Zemski sobor* (asamblea estamental) y comenzó un reinado turbulento: acusado de haber usurpado el Trono de manera ilegítima, tuvo que enfrentarse a las grandes familias aristocráticas (como los Romanov*) y apoyarse en la Iglesia y en la nobleza de servicio; los campesinos, golpeados por el endurecimiento de la servidumbre y por la gran hambruna de 1601-03, también se rebelaron, siguiendo a un impostor procedente de Polonia que decía ser el *zarévich* Dimitri. Con las tropas polacas ocupando Moscú, Boris fue asesinado en 1605; y el mismo año murió de igual modo su hijo y sucesor, Teodoro II, dando comienzo el llamado «periodo de los desórdenes» (1605-13). La vida de Boris Godunov inspiró un drama de Pushkin (1825) y una ópera de Mussorgsky (1872).

Borja, Familia. V. **Borgia, Familia.**

Bouillon, Godofredo de. V. **Godofredo de Bouillon.**

Boulanger, Georges Militar y político francés (Rennes, 1837 - Ixelles, Bélgica, 1891). Había combatido en las guerras coloniales, en la de Crimea (1854-56) y en la Franco-Prusiana de 1870-71. General de división desde 1884, fue nombrado ministro de la Guerra dos años después. Desde entonces fue agrupando a su alrededor a todos los elementos descontentos con la democracia parlamentaria de la Tercera República, con un discurso demagógico de tipo populista que incluía la manipulación del sentimiento de revancha frente a Alemania. Aglutinó a conservadores monárquicos, bonapartistas, nacionalistas y militaristas de todo tipo en un movimiento de masas conocido como *boulangerismo*. Los intentos de neutralizarlo por parte de los dirigentes republicanos (destinándole fuera de París y enviándole a la reserva en 1888) le otorgaron aún mayor popularidad; sus partidarios, agrupados en la Liga de los Patriotas, le hicieron elegir diputado con un programa que tendía a la revisión constitucional y la creación de una República autoritaria (1889). Pero no se atrevió a dar el paso siguiente, que habría sido el golpe de Estado; la contraofensiva política de los republicanos le llevó a exiliarse en Bruselas, perdiendo desde entonces toda su popularidad. Tras morir su amante, que había ejercido una gran influencia sobre él, decidió suicidarse sobre su tumba.

Braganza, Casa de Dinastía reinante en Portugal entre 1640 y 1910. Tiene su origen en:

Alfonso, hijo natural de Juan I de Portugal, nombrado por su padre duque de Braganza en 1442. Entre sus descendientes se encuentra **CAROLINA**, que fue pretendiente del Trono portugués al extinguirse la dinastía real de los Avís; pero hubo de desistir ante la invasión de Portugal por Felipe II de España*, que hizo valer sus derechos por la fuerza (1580). Portugal quedó así incorporado a la Monarquía de los Austrias (rama española de la Casa de Habsburgo*), hasta que el VIII duque de Braganza, **JUAN IV** (1604-56), encabezó desde 1637 la conspiración de la nobleza portuguesa —apoyada por la Francia de Richelieu*— que culminó en la insurrección contra Felipe IV de España* en 1640. En 1641 reunió unas Cortes que le proclamaron rey de Portugal; y fortaleció su posición derrotando a los españoles en la batalla de Montijo (1644). Le sucedió su hijo incapaz **ALFONSO VI** (1643-83) bajo la regencia de su madre, María Luisa de Guzmán; ésta conspiró para destronarle de hecho en 1667 con su hermano menor, **PEDRO II** (1648-1706), quien, no obstante, se tituló regente, no atreviéndose a proclamarse rey hasta la muerte de su hermano. En la conspiración había participado también María de Saboya, esposa de Alfonso VI; Pedro hizo anular aquel matrimonio y se casó con su cuñada en 1668. Fue él quien obtuvo el reconocimiento de la independencia portuguesa por España en aquel mismo año (Tratado de Lisboa). Le sucedió su hijo **JUAN V** (1689-1750), en cuyo reinado se firmó el Tratado de Lord Methuen (1703) que consolidaba la alianza anglo-portuguesa (ya iniciada con el apoyo inglés a los independentistas portugueses desde 1661) como clave para toda la política exterior del Portugal posterior, inspirada en la necesidad de afirmar su especificidad frente a futuras veleidades de absorción por parte de España. En virtud de esa alianza, Portugal se vio involucrada en la Guerra de Sucesión española. Le sucedió su hijo **JOSÉ I** (1714-77). Durante su reinado ejerció el poder el marqués de Pombal*, que aplicó a Portugal el reformismo propio del «despotismo ilustrado». Sobrevivió a un atentado en 1768, tras el cual hizo ejecutar a los culpables y castigó severamente a toda su familia (los Tavora). Le sucedió su hija **MARÍA I** (1734-1816). Entre 1777 y 1786 compartió el Trono con su tío y esposo, Pedro III (1717-86). Desde 1792 fue declarada loca y se encargó de la Regencia su hijo, **JUAN VI** (1767-1826). Con la invasión francesa de 1807 abandonó el país y se refugió en la colonia portuguesa de Brasil, donde adoptó el título de emperador. Al terminar la guerra (1815) permaneció en Brasil, dejando que gobernara Portugal el embajador inglés, general Beresford; aunque al morir su madre aceptó nominalmente volver a ser rey de Portugal (1816), no regresó hasta 1821. Juró la Constitución liberal de 1822, pero hubo de hacer frente a la sublevación absolutista alentada por su hermano Miguel. Le sucedió su hijo **PEDRO IV** (1798-1834), a quien había nombrado en 1822 emperador del Brasil (como Pedro I), independizándolo de Portugal. Al morir su padre (1826) otorgó una Carta Constitucional más moderada que la Constitución de 1822; pero prefirió conservar sólo la Corona brasileña, dejando el reino de Portugal para su hija **MARÍA II** (Maria da Gloria) (1819-53). Dada su corta edad, la Regencia quedó encomendada a su tío **DON MIGUEL** (1802-66), quien en 1828 usurpó el Trono (como Miguel I) e instauró un régimen absolutista, provocando la guerra civil con los liberales; Pedro IV regresó entonces para luchar en favor de María. Derrotado don Miguel por las fuerzas liberales, Maria da Gloria prosiguió desde 1834 un reinado marcado por las dos dictaduras sucesivas de Passos (1836) y Costa-Cabral (1842), además de una nueva rebelión miguelista (1846-47). Del matrimonio de Maria da Gloria con el príncipe alemán Fernando de Sajonia-Coburgo-Gotha (regente de 1853 a 1855) proceden los cuatro reyes siguientes, que puede decirse que forman una rama distinta de la misma Casa, los Coburgo-Braganza: sus dos hijos, **PEDRO V** (1837-61) y **LUIS I** (1838-89). Bajo su reinado, Portugal sustentó la candidatura de su padre Fernando de Coburgo para ocupar el Trono español vacante (1869). Por otro lado, Portugal conoció entonces una nueva expansión colonial, participando en el «reparto de África» y extendiendo sus posesiones en Angola y Mozambique. Con su hijo **CARLOS I** (1863-1908), comienza la descomposición de la Monarquía, crecientemente impopular; el ultimátum inglés de 1890, que obligó a Portugal a renunciar a sus aspiraciones coloniales en África, hizo descubrir a la opinión pública la debilidad del país, desprestigiando a la clase política y a la Casa reinante. En 1906 se impuso como dictador Juan Franco, hasta que el rey fue asesinado junto con el príncipe heredero. Su hijo menor **MANUEL II** (1889-1932) acabó con la dictadura y convocó elecciones generales, que mostraron el peso que había adquirido la opinión republicana. Finalmente, el rey fue destronado por la Revolución de 1910, que convirtió a Portugal en una República, y se exilió en Inglaterra.

BRANDT, Willy (Karl Herbert Frahm) Político alemán (Lübeck, 1913 - Bonn, 1992). Toda su carrera estuvo ligada al socialismo democrático, pues fue militante de las Juventudes Socialistas y, más tarde, del izquierdista Partido Socialista de los Trabajadores (1931). Con la llegada de los nazis al poder (1933), época de la que data la adopción del seudónimo *Willy Brandt* en la clandestinidad, tuvo que abandonar Alemania y se refugió en Noruega, obteniendo la nacionalidad de aquel país. Durante la Segunda Guerra Mundial (1939-45) luchó en la resistencia contra los nazis. Al terminar la guerra recuperó la nacionalidad alemana (1947), se integró en el Partido Socialdemócrata (SPD), fue elegido diputado del *Bundestag* o cámara baja de la Alemania Federal (1949) y alcalde de Berlín Occidental (1957-66); desde ese cargo vivió la crisis provocada por la construcción por la Alemania Oriental de un muro que dividía Berlín para impedir la emigración hacia el Oeste (1961).

Fue derrotado por los democristianos como candidato a la Cancillería, tanto en las elecciones de 1961 (frente a Adenauer*) como en las de 1965 (frente a Erhard*); estas derrotas le deprimieron profundamente, pues parecían castigar con un fracaso la reconversión del SPD a la moderación y su abandono del marxismo (Congreso de Bad-Godesberg, 1959). Al formarse la «gran coalición» de democristianos y socialdemócratas (1966-69), Brandt fue nombrado vicecanciller y ministro de Asuntos Exteriores. Y finalmente, el triunfo electoral del SPD en 1969 le permitió ser canciller formando un gobierno de coalición con los liberales. Fue reelegido en 1972, pero dimitió en 1974, por el escándalo político que se desató al saberse que su secretario Guillaume era un espía soviético. Le sucedió al frente de la socialdemocracia alemana y del gobierno federal Helmut Schmidt, mientras que Brandt, con su prestigio intacto, mantenía la presidencia del partido hasta 1987 y ejercía como presidente de la Internacional Socialista (1976-92) y como miembro del Parlamento Europeo (1979-83). Entre las realizaciones de Brandt como canciller se recuerda especialmente su *Ostpolitik*, una política de apertura a los países socialistas del este de Europa, que vino a suavizar las tensiones internacionales de la «guerra fría»; reconoció las fronteras entre Alemania y Polonia, logró un tratado internacional sobre Berlín, la firma de tratados de no agresión con la Unión Soviética y Polonia y, sobre todo, estrechó los lazos entre la República Federal Alemana y la República Democrática Alemana, a cuya reunificación nunca renunció. Con este tipo de medidas acrecentó la influencia de su país en el mundo, convertido desde entonces en un actor normal de las relaciones internacionales. Todo ello le valió el Premio Nobel de la Paz en 1971.

BRAUN, Wernher von Ingeniero alemán, pionero de la astronáutica (Wirsitz, Prusia, 1912 - Alexandria, Estados Unidos, 1977). Nacido en una familia noble de Prusia Oriental (entonces alemana, hoy perteneciente a Polonia), se especializó en la investigación sobre cohetes, estimulado por el clima científico-técnico de la Alemania de su época y por el acicate que para la búsqueda de nuevas armas suponían las restricciones al armamento convencional impuestas a su país por el Tratado de Versalles (1919). Tras estudiar ingeniería en Berlín, pasó al servicio del ejército en 1932; la llegada de Hitler* al poder al año siguiente, con sus planes de rearme, impulsaron la carrera de Von Braun. Desde 1937 fue director técnico del centro de fabricación de armas secretas de Peenemünde, de donde salieron los primeros misiles de la historia: los V-2 lanzados sobre las ciudades inglesas al final de la Segunda Guerra Mundial (1944). Militante del partido nazi desde 1940, se entregó —junto con abundante material secreto— al ejército americano al terminar la guerra. El gobierno de Estados Unidos le instaló en un centro de investigación militar, donde diseñó múltiples misiles utilizados por el ejército norteamericano (como los Pershing). Pero sus proyectos astronáuticos (como el de lanzar un cohete tripulado a la Luna, de 1948) eran sistemáticamente rechazados por la incomprensión de la Administración; cuando la Unión Soviética se adelantó en la carrera del espacio con el lanzamiento del primer satélite artificial en 1957, el presidente Eisenhower* comprendió su error y puso a disposición de Von Braun todos los medios necesarios para poner en órbita el primer satélite americano (el Explorer I, en 1959). Desde 1960 se integró en la NASA, desempeñando un papel decisivo en la realización de los cohetes Saturno y Apolo, que llevaron al hombre a la Luna en 1969, superando así por primera vez a la URSS en la carrera espacial. En 1972 se retiró de la NASA para integrarse en la empresa privada.

BRAVO, Juan Cabecilla del movimiento de las comunidades de Castilla (Segovia, ? - Villalar, Valladolid, 1521). Pertenecía a una familia hidalga de la oligarquía urbana de Segovia. En 1519 fue nombrado regidor y jefe de las milicias de Segovia. Aquel mismo año encabezó la rebelión que estalló en la ciudad al saberse que el nuevo rey, Carlos I* partía para Alemania; los amotinados ahorcaron al procurador en las Cortes de La Coruña e impidieron por la fuerza la entrada en la ciudad del alcalde Ronquillo. Aquellos hechos se producían en el marco del descontento creado por el advenimiento del flamenco Carlos I, rodeado de una corte extranjera y que, además de multiplicar las mercedes a extranjeros, postergaba los intereses castellanos preocupado por los asuntos del Imperio. Ese malestar estalló en 1520 en la rebelión llamada de los *comuneros,* movimiento de las ciudades castellanas que reclamaban un gobierno representativo frente al incipiente absolutismo monárquico. Bravo fue uno de los jefes comuneros que se entrevistaron con la reina madre, Juana I*, *la Loca,* recluida en Tordesillas, para pedirle su apoyo. Luego dirigió, junto con Padilla* y Maldonado*, el ejército comunero derrotado en la batalla de Villalar (1521). Allí mismo fue juzgado y decapitado.

BRAVO MURILLO, Juan Político español (Fregenal de la Sierra, Badajoz, 1803-1873). Jurista y catedrático de Filosofía de la Universidad de Sevilla, entró en política al llegar a Madrid durante la Regencia de María Cristina de Borbón* (1836). Frente a la preponderancia militar en la política de aquella época, representaba un elemento civil inusual en los círculos conservadores del Partido Moderado al que se adhirió (por lo que era llamado *el abogado).* De su prestigioso bufete de Madrid saltó al Congreso de los Diputados a partir de 1837; allí destacó como portavoz de los moderados en apoyo del proyecto que daría lugar a la Constitución de 1845, y luego como presidente de la Comisión de Codificación. Más tarde llegó al gobierno, ocupando sucesivamente las carteras de Gracia y Justicia (1847), Comercio, Instrucción y Obras Públicas (1847-48), Hacienda (1849-50 y 1851-52) y la Presidencia del Consejo (1851-52). Desde esos puestos alcanzó importantes logros administrativos, llamados a tener larga duración, como la Ley de Administración y Contabilidad de 1850, el arreglo de la Deuda Pública que asfixiaba el Presupuesto (1851), la conclusión de un Concordato con la Santa Sede (1851) o el inicio de las obras del Canal de Isabel II para abastecer de agua a Madrid.

Pero, en el plano político, adoptó posturas reaccionarias, al proponer una reforma constitucional de carácter autoritario, que recortaba las libertades y vaciaba de contenido el régimen representativo, inspirándose en el Segundo Imperio francés recién implantado por el golpe de Estado de Napoleón III* (1852). Dicho proyecto desató una gran resistencia, incluso entre la mayoría de los moderados, seguidores de Narváez*; perdida la confianza de la reina Isabel II*, Bravo Murillo cayó del gobierno en 1852, dejando detrás un cúmulo de descontentos que estallaron contra sus sucesores en la Revolución progresista de 1854. Vueltos al poder los moderados en 1856, Bravo Murillo siguió militando en el ala derecha del partido, grupo dinástico pero de ideas cercanas al carlismo, con el que compartía posiciones conservadoras, católicas y antiparlamentarias. Aunque no volvió al gobierno, Bravo Murillo aceptó la presidencia del Congreso de los Diputados en 1858 y desempeñó algunas misiones diplomáticas antes de retirarse de la política con la Revolución de 1868. A pesar de su ideología extremista, fue generalmente reconocido como un político honesto e inteligente.

BRAZZA, Pierre Paul François Camille Savorgnan de Explorador francés de origen italiano (Castel Gandolfo, Roma, 1852 - Dakar, Senegal, 1905). Como oficial de la Marina francesa participó en las expediciones colonialistas que precedieron al reparto de África entre las potencias europeas en la época álgida del imperialismo. Realizó dos expediciones por la cuenca del río Ogoué (en el actual Gabón), una en 1875-78 y otra en 1879-82. Durante la segunda fundó Franceville y alcanzó el río Congo en el Pool de Stanley, lugar en el que fundó la ciudad que, más tarde, recibiría el nombre de *Brazzaville* (1880) y sería la capital del Congo francés y de la posterior República del Congo independiente. En los territorios que exploró utilizó el sistema —común en aquella época— de poner a la firma de los jefes indígenas tratados cuyo contenido apenas podían comprender, pero que legitimaban la imposición de un protectorado francés. Sus exploraciones fueron la base para la constitución del África Ecuatorial Francesa. Entre 1886 y 1897 Brazza fue comisario general del Congo francés.

BREZHNEV, Leonid Ilich Dirigente de la Unión Soviética (Kámenskoie, Ucrania, 1906 - Moscú, 1982). Tras estudiar agronomía e ingeniería industrial, se integró en el Partido Comunista de la Unión Soviética en 1931, en la época en que las purgas de Stalin* eliminaron a la «vieja guardia» de la Revolución bolchevique y abrieron las puertas del partido a las jóvenes generaciones formadas bajo el régimen comunista. Combatió contra los alemanes en la Segunda Guerra Mundial (1939-45), alcanzando el grado de general. En 1952 accedió al Comité Central del Partido. Tras la muerte de Stalin en 1953, se mostró decidido partidario y colaborador de la línea aperturista de Jruschov*, bajo cuya protección se convirtió en presidente de la URSS (1960-64); desde ese cargo encabezó la lucha de los jóvenes tecnócratas contra los viejos comunistas ortodoxos. Sin embargo, colaboró en el golpe de Estado que derrocó a Jruschov en 1963. En 1964 fue designado secretario general del PCUS, cargo que le otorgó el máximo poder en el régimen soviético durante 22 años, si bien se instauró una ficción de dirección colegiada para corregir los excesos personalistas de épocas anteriores. La apariencia inicial de un poder compartido con Podgorny (jefe de Estado) y Kossygin (jefe del Gobierno) se disolvió pronto, sobre todo a partir de que las discrepancias entre Brezhnev y Podgorny llevaran a éste a dimitir, acumulando Brezhnev la Presidencia de la URSS (1977). Sin nuevas ideas para dinamizar el régimen comunista, el país volvió al centralismo de la época estalinista y se fue hundiendo paulatinamente en la burocratización y el estancamiento.

En política exterior, Brezhnev defendió la doctrina de la «coexistencia pacífica» con el bloque capitalista, tanto más justificada a medida que el estancamiento económico iba dejando atrás a la URSS en sus posibilidades de competir con Estados Unidos. Pero, aunque impulsó las negociaciones de desarme con Estados Unidos (acuerdos SALT, de 1972 y 1979), no cesó la agresividad militar soviética, especialmente sobre los países de su área de influencia: en 1968 mandó aplastar por la fuerza la «primavera de Praga», un intento de los comunistas de Checoslovaquia de reformar el régimen en sentido democrático; con motivo de aquella invasión formuló la doctrina de la «soberanía limitada», que convertía a los países socialistas del este de Europa, integrados en el Pacto de Varsovia, en satélites semicoloniales de la URSS; igualmente avaló la invasión militar de Afganistán en 1979 —de la que, al parecer, no era partidario—, alegando la existencia de amenazas sobre el régimen prosoviético de aquel país. Desde entonces, ya anciano y enfermo, su influencia en el Politburó decayó hasta su muerte. El «culto a la personalidad» del dictador destacó sus facetas de estratega (nombrado mariscal en 1976) y escritor (Premio Lenin de Literatura en 1980).

BRIAND, Aristide Político francés (Nantes, 1862 - París, 1932). Abogado de Nantes, había sido seguidor del sindicalista Pelloutier y cofundador del Partido Socialista con Jaurès*. Abandonó el socialismo en 1905 y siguió desde entonces una carrera política independiente, basada en su habilidad como parlamentario. Fue ministro 26 veces (18 de las cuales de Asuntos Exteriores) y diez veces presidente del Consejo de Ministros. Cabe destacar su labor como ministro de Instrucción Pública y de Cultos (1906-09), con la separación definitiva entre la Iglesia y el Estado; y la dirección del gobierno francés durante un delicado momento de la Primera Guerra Mundial (de 1915 a 1917). Después de la guerra fue un gran impulsor del desarme, el arreglo pacífico de los contenciosos internacionales (firme partidario de la Sociedad de Naciones) y la reconciliación con los antiguos enemigos. Efectivamente, su nueva concepción de la seguridad de Francia, basada en el entendimiento con Alemania, encontró comprensión en la otra parte (el canciller alemán Stresemann*), por lo que pudo concretarse en el Tratado de Locarno de 1925. Ambos dirigentes recibieron el Premio Nobel de la Paz del año siguiente. Sus ideas pacifistas alcanzaron su máxima realización cuando convenció al secretario de Estado norteamericano Kellog para impulsar un tratado multinacional de renuncia al uso de la guerra, que firmaron 60 países (conocido como Pacto Briand-Kellog, 1928). Fue un precursor del eje político franco-alemán y de la Unión Europea, cuya creación propuso en un memorándum de 1930.

BUDA (Siddharta) Príncipe indio, fundador del budismo (Lumbini, Nepal, h. 560 - Kasia, India, 483 a.C.). El nombre de *Buda* es una apelación honorífica que significa «el iluminado»; su verdadero nombre era Siddharta, del clan de los Gotama y de la tribu Sakya (llamado también por ello *Gotama Buda* o *Buda Sakyamuni)*. Criado en el palacio real de su padre en el norte de la India, a los 29 años lo abandonó, dejando allí a su mujer y a su hijo, para convertirse en un vagabundo sin posesión alguna. Desde entonces se dedicó a meditar sobre las causas de la infelicidad humana y buscar la verdadera sabiduría. Lo intentó primero estudiando con los santones más célebres de su época, de cuyos conocimientos quedó defraudado; luego quiso seguir la vía ascética, pero no encontró nada especialmente esclarecedor en la mortificación del cuerpo. Hasta que, hacia el 528 a.C. creyó recibir la «iluminación» de su propio pensamiento en solitario.

Buda predicaba que el hombre es infeliz a causa de su concupiscencia; pero que puede superar ese estado mediante la negación de todas sus pasiones y apetitos, que le situará en el *nirvana;* y para llegar a esa felicidad suprema enseñaba cómo seguir correctamente los ocho senderos de la visión, el pensamiento, la expresión, la conducta, el modo de vida, el esfuerzo, la atención y la meditación. Se trataba más de una filosofía que de una nueva religión, pues no incluía entre sus enseñanzas la adoración de ninguna divinidad; de ahí que no resultara difícil la asimilación de muchos de sus contenidos por las religiones existentes (como hizo el hinduismo).

Durante 45 años, Buda alternó la predicación de sus enseñanzas por el norte de la India con periodos de retirada para hacer vida monástica; él mismo puso las bases del monaquismo budista posterior, convirtiendo a sus discípulos en monjes con túnicas amarillas que vivían de acuerdo con las reglas que enseñaba el maestro. Nunca escribió sus pensamientos, que se han transmitido a la posteridad a través de la memoria de sus discípulos. Cuando murió había hecho varios miles de seguidores, que organizaron concilios para transcribir las predicaciones de Buda y fijar las reglas de lo que se fue convirtiendo en una religión cada vez más organizada. Sin embargo, a medida que se extendió el budismo, la figura histórica del fundador fue quedando envuelta en la leyenda (hasta el punto de que se ha llegado a dudar que existiera realmente) y, glorificada como la suma de la perfección, alcanzaba un rango sobrenatural; al mismo tiempo surgían otros *budas* que eran objeto de igual veneración, ya que el propio Buda había enseñado que había habido seis budas antes de él y que aún habría de venir después uno más (Maitreya), que extendería por el mundo la buena ley.

En el concilio del 377 a.C. se produjo la ruptura entre los dos «vehículos» o interpretaciones de la doctrina budista: el budismo *himayana* (más fiel a la enseñanza de Buda y predominante en la India y el sur de Asia) y el budismo *mahayana* (predominante en el Tíbet y el norte de Asia, y que distingue entre la verdadera sabiduría reservada para una elite monástica y un budismo popular con culto de dioses y santos). El gran éxito del budismo (en su versión *himayana*) se debió a la obra del emperador Asoka* en el siglo III a.C. El budismo llegó a ejercer su influencia, además de India y Tíbet, en Ceilán, Birmania, Tailandia, Indochina, Indonesia, Malaysia, China, Corea y Japón; incluso algunas de sus enseñanzas pacifistas y de profundo respeto a la naturaleza acabarían por penetrar en la cultura política occidental, ya en la segunda mitad del siglo XX.

BUFFALO BILL. V. CODY, *Bill.*

BUJARIN, Nikolai Ivanovich Dirigente soviético (Moscú, 1888-1938). Se especializó desde muy joven en el estudio de la economía política. En 1906 ingresó en el Partido Socialdemócrata ruso, cuya lucha clandestina contra el régimen de los zares le llevó al exilio en 1911. Siguió a Lenin* en la escisión que condujo a la creación del Partido Bolchevique, de modo que formaba parte del reducido grupo comunista que se hizo con el poder tras la Revolución de 1917; según Lenin era el mayor pensador teórico del grupo (de hecho su obra *El imperialismo y la economía mundial* inspiró las ideas sobre el particular que después publicó Lenin). Desde 1917 formó parte del Comité Central del partido y desde 1919 del Politburó; como máximo guardián de la ortodoxia ideológica marxista, participaba también en la redacción del periódico del partido *(Pravda)* y presidió la Comisión Ejecutiva de la Internacional Comunista. Como portavoz del ala «izquierdista» del partido impulsó la ingenua política de hacer saltar súbitamente a Rusia a un modelo económico comunista (doctrina recogida en su libro *La economía del periodo de transición,* 1920); aquella línea contribuyó al hundimiento de la economía rusa, creando una dramática situación de escasez, hasta que Lenin reconoció su fracaso e introdujo el giro corrector de la Nueva Política Económica (1921). Tras la muerte de Lenin en 1924, Bujarin encabezó el ala «derecha» del partido, a la cual alineó con Stalin* en la lucha sucesoria contra Trotski*; pero una vez derrotado éste, Stalin apartó a Bujarin del poder acusándole de «desviacionismo de derechas» (1929). Aunque reapareció colaborando en la redacción de la Constitución de 1936, fue detenido al año siguiente y murió ejecutado en una de las purgas de Stalin, después de una farsa de juicio encaminada a eliminar a un posible rival político.

BULNES PRIETO, Manuel Militar y político chileno (Concepción, 1799 - Santiago de Chile, 1866). Hijo de un militar, se enroló en el ejército colonial español a los 13 años; enseguida manifestó su apoyo al movimiento independentista, por lo que fue confinado en la isla de Quiriquina (1816). Huyó de allí en una balsa, se unió a los insurrectos y combatió contra los españoles hasta que se logró la independencia chilena (1817-18). Desde 1829 colaboró con su tío Joaquín Prieto en la sublevación que llevó a éste al poder. Ascendido a general en 1831, dirigió eficazmente la guerra contra la confederación peruano-boliviana de Santa Cruz (1838-39). Luego resultó elegido presidente de la República en sustitución de su tío para continuar la política conservadora de aquél, ocupando dicho cargo de 1841 a 1851 (pues fue reelegido en 1846). Durante su mandato (el «decenio Bulnes») Chile alcanzó la estabilidad política de la que había carecido en los primeros años de independencia; se creó la Universidad de Chile (1842); se firmó la paz con España (1844); Chile tomó posesión del estrecho de Magallanes (1843) y, para su control, refundó la ciudad de Punta Arenas (llamada por entonces Puerto Bulnes). Al abandonar la Presidencia estalló una revolución liberal contra su sucesor —Manuel Montt—, que el propio Bulnes reprimió por la fuerza. Habiendo asentado así a los conservadores en el poder para diez años más, se retiró de la vida pública.

BUMEDIAN, Huari (Mohammed Bujarruba Bumedian) Militar y político argelino (Guelma, 1925 - Argel, 1978). Hijo de campesinos, recibió una educación islámica en las universidades de Túnez y El Cairo (1951). En esta ciudad entró en contacto con el movimiento nacionalista argelino y se unió al Frente de

Liberación Nacional. Destacó en la lucha armada por la independencia, de modo que, una vez lograda ésta, fue nombrado ministro de Defensa (1962) y vicepresidente del Gobierno (1963); desde ese puesto se encargó de transformar las fuerzas guerrilleras del FLN en el ejército regular del nuevo Estado. Partidario de implantar un régimen socialista centralizado, en el que el ejército tendría un papel protagonista, se enfrentó con el presidente Ben Bella*, quien defendía la descentralización y la supremacía del poder civil; se hizo portavoz del malestar de los militares contra el personalismo de Ben Bella, hasta que en 1965 le derrocó mediante un golpe de Estado. Tras depurar el partido, estableció una dictadura, reprimiendo toda tentativa de oposición. Durante los 13 años que permaneció en el poder llevó adelante una política económica basada en la reforma agraria y las nacionalizaciones, mientras que en política exterior se aproximaba a la Unión Soviética, se alineaba con el resto de los países árabes (participación en la guerra contra Israel de 1973) y procuraba liderar un bloque tercermundista. En esa línea, organizó y presidió la Conferencia de Países No-Alineados que se celebró en Argel en 1973; y convocó una Asamblea Extraordinaria de las Naciones Unidas para reclamar un nuevo orden económico internacional, más favorable a los países subdesarrollados (1977).

Burguiba, Habib ben Alí Político tunecino (Monastir, 1903 -). Estudió Derecho en París. Desde 1921 militó en el partido nacionalista *Destur*, que se oponía al protectorado que Francia ejercía sobre Túnez. En 1934 encabezó la escisión del partido *Neo-Destur*, caracterizado por su laicismo y su nacionalismo más radical, que los franceses declararon ilegal. Desde la presidencia de dicho grupo protagonizó la lucha por la independencia de su país, resultando encarcelado en tres ocasiones (1934-36, 1938-43 y 1952-54), exiliado (1945-49) y confinado en Francia (1954-55). Tras negociar con los franceses obtuvo la independencia de Túnez en 1955, acumulando enseguida cargos tan importantes como los de presidente de la Asamblea Nacional, primer ministro, ministro de Defensa y de Asuntos Exteriores (1956-57). En 1957 destituyó al *bey,* convirtiendo Túnez en una República, de la cual fue elegido presidente inmediatamente; fue reelegido para el cargo como candidato del partido único en 1964 y 1969; y en 1975 culminó el alejamiento de las formas democráticas haciéndose nombrar presidente vitalicio, tanto de la República como del partido. Durante su larga permanencia en el poder, Burguiba siguió una política moderada y prooccidental. Fue destituido por un golpe de Estado en 1987 y confinado en arresto domiciliario.

Bush, George Herbert 41.º presidente de los Estados Unidos de América (Milton, Massachusetts, 1924 -). Estudió economía en la Universidad de Yale. Combatió en la Segunda Guerra Mundial (1939-45) como piloto naval. En los años cincuenta y sesenta presidió una compañía petrolífera. Y en 1967 pasó a la política con el Partido Republicano, resultando elegido para la Cámara de Representantes por el Estado de Texas. Bajo la Administración de Nixon* ocupó importantes cargos políticos en el servicio exterior: embajador en la ONU (1971-72) y representante en

Pekín una vez abiertas las relaciones chino-norteamericanas (1974-75). Su ascenso dentro del partido fue paralelo, pues llegó a presidir el Comité Nacional Republicano en 1973-74. Todo ello le promovió al estratégico cargo de director de la CIA en 1976-77. La aparición del carismático Ronald Reagan* como líder del sector más conservador de los republicanos le impidió culminar su ascenso por el momento, contentándose con el papel de vicepresidente entre 1981 y 1989. Tras la retirada de Reagan le sucedió como candidato republicano, ganó las elecciones de 1988 y se convirtió en presidente entre 1989 y 1993. Durante ese periodo tuvo que afrontar la mutación en las relaciones internacionales ligada a la desaparición de la URSS, el fin de la «guerra fría», la reunificación de Alemania y la desintegración de Yugoslavia. Para afirmar la posición americana en este nuevo orden desencadenó la Guerra del Golfo (1991) en defensa de Kuwait contra el Irak de Saddam Hussein*, para la cual consiguió agrupar alrededor de Estados Unidos a una gran coalición de países occidentales y árabes moderados. Como continuación de aquel conflicto, puso en marcha el proceso de paz entre Israel y sus vecinos árabes. Pero la evolución de la situación interna (sobre todo en el terreno económico) y su carencia de carisma personal le hicieron perder las elecciones de 1992 frente al candidato demócrata, *Bill* Clinton*.

BYRON, George London, Lord
Poeta inglés (Londres, 1788 - Missolonghi, Grecia, 1824). Nació en una familia noble en decadencia y estudió en la Universidad de Cambridge. Vivió una juventud exaltada en medio de pasiones amorosas e idealismos extremados, sentimientos y frustraciones que plasmó en su extensa obra literaria. La búsqueda desesperada del amor verdadero —según la idealización propia de la época romántica— le arrojó sucesivamente en brazos de Lady Lamb, Lady Oxford, su propia hermanastra Augusta, su desdichada esposa Anna Isabella Milbanke, su cuñada Clare Clairmont y Teresa Guiccioli. Espoleado por su atractivo físico, Byron practicó con fruición el adulterio y el incesto, transgresiones que evocaban en él la tragedia de la condición humana, la fuerza de los instintos frente a las convenciones sociales y el sentimiento atormentado de la culpa. Además de su inacabada obra maestra *Don Juan,* escribió *Horas de ocio, La peregrinación de Childe Harold, El infiel, La novia de Abydos, El corsario, Lara, El sitio de Corinto, El prisionero de Chillon, Childe Harold III, El sueño, Estancias para Augusta, Manfred, Childe Harold IV, Beppo* y *Mazeppa,* entre otras obras.

Hubo de dejar Inglaterra en 1816 ante la persecución de la que era objeto por los conservadores, a raíz de haber publicado una sátira contra el príncipe regente (Jorge IV*); sus enemigos no le perdonaban las posturas radicales que había defendido desde la Cámara de los Lores en 1812-13. Desde entonces se dedicó a recorrer el mundo: vivió en Suiza junto al poeta Shelley (1816-17); en Venecia se entusiasmó con los ideales revolucionarios del liberalismo y del nacionalismo y colaboró con la sociedad secreta de los Carbonarios (1820-21). Su gusto por los ambientes exóticos y su exaltación lírica de la libertad no sólo le suministraron inspiración literaria, sino que le llevaron a comprometerse activamente con causas románticas, la principal de las cuales fue la insurrección de los griegos por su independencia frente al Imperio Otomano. En 1824 viajó a Grecia para unirse a la rebelión, pereciendo en la batalla de Missolonghi. Además de ser uno de los poetas más representativos del romanticismo literario, Byron encarnó en su propia vida el espíritu de la cultura romántica que impregnó toda una época de la historia de Europa: sus hazañas como amante reputado y promiscuo quedaron complementadas con sus facetas de viajero y soldado y su muerte heroica al servicio de una causa justa.

C

CABARRÚS, Francisco, conde de Financiero español de origen francés (Bayona, Francia, 1752 - Sevilla, 1810). Hijo de un comerciante, vino a instalarse en España en 1771 y se naturalizó español diez años más tarde. No tardó en establecer buenas relaciones en la corte: amigo de Campomanes*, entró en contacto con Floridablanca*, ingresó en la Sociedad Económica Matritense de Amigos del País y ejerció como consejero y prestamista del rey Carlos III*. De sus consejos en materia de finanzas vino la emisión de los vales reales, a medio camino entre la deuda pública y una primera emisión de papel moneda; y también la posterior creación del Banco Nacional de San Carlos (1782), primer «banco central» español, para frenar la depreciación de los vales. Igualmente fue iniciativa suya la potenciación del comercio español con Asia, que se materializó en la refundación de la Compañía de Filipinas (1784). Carlos IV* le nombró conde en 1789 por los servicios prestados a la Hacienda; pero enseguida cayó en desgracia, en medio de los temores despertados por la Revolución francesa: perseguido por la Inquisición, víctima de algunos errores cometidos y acusado de malversación de fondos por el ministro de Hacienda, acabó encarcelado en el castillo de Batres en 1790. Al morir su acusador en 1792, fue puesto en libertad y exonerado de culpas, pero su prestigio como financiero ya no pudo recuperarlo. No obstante, en 1796 se le nombró gobernador del Banco de San Carlos y supervisor de varias obras reales; también fue embajador de España en el Congreso de Rastadt (1797). Se le desterró de la Corte en 1800 por instigación de Napoleón*, lo cual no impidió que aceptara ejercer como ministro de Hacienda en el primer gobierno «afrancesado» de su hermano José I*.

CABET, Étienne Activista y pensador político francés (Dijon, 1788 - Saint Louis, Missouri, Estados Unidos, 1856). Era abogado de profesión. En su libro *Viaje a Icaria* (1842) defendía un comunismo basado en la comunidad total de bienes como expresión social de la democracia; en su opinión, esa utopía sería la realización de los ideales de Jesucristo*. Por ese tipo de pensamiento, basado en la crítica radical de la sociedad liberal capitalista y en el diseño detallado de una sociedad futura ideal, se le suele clasificar entre los llamados «socialistas utópicos». Cabet comenzó sus actividades políticas en las filas de la oposición republicana contra los regímenes de Carlos X* y de Luis Felipe de Orléans*; durante esta última etapa dirigió un periódico *(Le Populaire)*. Fue perseguido y hubo de exiliarse en Inglaterra (1834-39). En cambio, tras la triunfante Revolución de 1848, no consiguió hacerse elegir diputado para la Asamblea Constituyente que fundaría la Segunda República en Francia. Optó entonces por marcharse a Estados Unidos para poner en práctica sus ideas sobre la sociedad comunista ideal: junto con un grupo de seguidores (los «icarianos») fundó dos comunidades utópicas, primero en Texas y luego en Illinois, que fracasaron por disensiones internas. Murió poco después en la miseria, tras haber visto cómo se venían abajo todos sus planes.

CABEZA DE VACA, Álvar Núñez.
V. NÚÑEZ CABEZA DE VACA, Álvar.

CABOTO O CABOT, Familia. Dinastía de navegantes italianos de la época de los grandes descubrimientos geográficos.

JUAN (Giovanni Caboto o John Cabot) (h. 1450-99), aunque de origen genovés, estaba naturalizado veneciano. Tras residir en Sevilla, Lisboa y Valencia, hacia 1484 se estableció en Bristol al servicio de Enrique VIII de Inglaterra*, para el cual navegó por el Atlántico en busca de una ruta hacia Asia por el oeste (la misma empresa que llevó a Colón* al descubrimiento de América). Sin embargo, en sus expediciones de 1497 y 1498 no consiguió más que tocar las costas norteamericanas (Cabo Bretón, Terranova, península del Labrador y Groenlandia). En recuerdo de él, el paso entre las islas de Terranova y Cabo Bretón (en Canadá) recibe el nombre de *Estrecho de Cabot.* Su hijo SEBASTIÁN (h. 1476-1557) continuó explorando para los ingleses las costas de Norteamérica. Posteriormente trabajó para Carlos I de España*, llegando a ser miembro del Consejo de Indias y «piloto mayor» (1518). Su expedición de 1525-30 intentó abrir la ruta hacia Asia por el sur del continente americano, sin conseguir otra cosa que explorar los ríos de la Plata, Paraná y Paraguay. En 1544 realizó un importante mapa del mundo entonces conocido. Luego volvió al servicio de Inglaterra (1548) y dirigió otra arriesgada expedición naval buscando el llamado «paso del nordeste»: pretendía navegar hasta China rodeando el Viejo Continente por el norte, esto es, surcando el océano Ártico de oeste a este; aunque no llevó a término aquel intento, sí estableció relaciones comerciales entre los puertos de Inglaterra y del norte de Rusia (1553).

CABRAL, Pedro Álvares Navegante portugués, considerado el «descubridor» del Brasil (Belmonte, h. 1467/68 - cerca de Santarem, h. 1520/25). De familia noble, fue nombrado almirante por el rey Manuel I, *el Afortunado.* Aunque el español Vicente Yáñez Pinzón* llegó poco antes que él a las costas del nordeste del Brasil y la desembocadura del Amazonas, fue Cabral quien tomó posesión del territorio en nombre de Portugal, en el año 1500. Había llegado a las costas meridionales brasileñas a la cabeza de la segunda expedición que los portugueses enviaban a la India; parece que se desvió accidentalmente de su ruta al adentrarse en el Atlántico en busca de vientos que le empujaran hacia el sur, aunque es posible que buscara conscientemente visitar las tierras americanas que le habían correspondido a Portugal en el reparto con Castilla realizado por el Tratado de Tordesillas (1494). Después de una breve escala, partió de nuevo hacia la India bordeando África por el sur, exploró las costas de Mozambique y llegó hasta Calcuta. Regresó a Lisboa en 1501.

CABRERA Y GRIÑÓ, Ramón General carlista (Tortosa, Tarragona, 1806 - Wentworth, Inglaterra, 1877). Destinado por su familia a la carrera eclesiástica, la abandonó cuando, al estallar la Primera Guerra Carlista (1833), fue desterrado de España por sus ideas reaccionarias. Regresó al país y se unió a las partidas guerrilleras que defendían la causa del pretendiente Carlos María Isidro («Carlos V*») en la zona del Maestrazgo. Tuvo enseguida una partida propia y el pretendiente le ascendió a coronel en 1834. En 1835, como represalia por los fusilamientos que ordenó tras la toma de Rubielos, los liberales fusilaron a la madre de Cabrera, acto que refleja la brutalidad de aquella guerra civil. Líder indiscutible del carlismo en el centro y Levante, su lucha se volvió cada vez más feroz, valiéndole el apodo de *Tigre del Maestrazgo*. Participó en las dos grandes expediciones carlistas, la del general Gómez (1836) y la encabezada por el mismo don Carlos hasta las puertas de Madrid (1837). En 1838 conquistó Morella y la convirtió en capital del territorio que dominaba (siendo nombrado por ello «conde de Morella» por el pretendiente). Cuando el Convenio de Vergara puso fin a la guerra en el norte, que había sido su escenario principal (1839), el gobierno concentró todas sus fuerzas contra Cabrera, que se había negado a aceptar la paz. Vencido por Espartero* en 1840, hubo de huir a Francia, donde vivió preso en el castillo de Ham. Volvió a Cataluña en 1846 para ponerse al frente de un nuevo alzamiento carlista que fue igualmente derrotado, obligándole a escapar a Francia otra vez en 1849. En 1850 se casó con una rica hacendada protestante inglesa y se instaló en aquel país. Todavía trabajó para la causa, ya que fue designado jefe del partido carlista en 1869; pero sus desavenencias con el nuevo pretendiente («Carlos VII»*) y con la camarilla que le rodeaba determinaron su apartamiento definitivo de la dirección en 1870. Acabó por reconocer la legitimidad de Alfonso XII* en 1875; y éste, en compensación, le confirmó el título condal y el grado de capitán general del ejército español.

CAETANO, Marcelo (Marcelo das Neves Alves Caetano) Político portugués (Lisboa, 1906 - Río de Janeiro, 1980). Jurista de formación, fue un estrecho colaborador de Salazar* desde los inicios de su carrera política. Como hombre de confianza del dictador, participó en la elaboración del texto constitucional de 1933 y fue nombrado ministro de las Colonias (1944-47), presidente de la Cámara corporativa (1950-55), ministro adjunto de la Presidencia (1955-58) y rector de la Universidad de Lisboa (1959-62), entre otros cargos. Sin embargo, adoptó en el seno del régimen posiciones moderadamente aperturistas, criticando los excesos autoritarios de Salazar, hasta el punto de dimitir como rector en protesta por una intervención de la policía en el campus de su Universidad. Con esa significación liberalizadora, fue nombrado primer ministro en 1968, sustituyendo a Salazar por enfermedad; cuando éste murió, en 1970, Caetano siguió al frente del gobierno, hasta que fue derrocado por la «revolución de los claveles» de 1974. Su mandato se caracterizó por una cierta apertura, aunque manteniendo el carácter antidemocrático de la dictadura salazarista: aligeró la censura de prensa y concedió cierta autonomía a las colonias africanas; pero no pudo hacer nada para detener las guerras coloniales que arruinaban el presupuesto del Estado, ni para frenar la galopante inflación. Finalmente, el descontento de los militares estalló y Gaetano fue derrocado, deportado a Madeira y exiliado en Brasil; aunque el presidente Eanes le indultó en 1978, no quiso regresar a Portugal.

CALÍGULA (Cayo César Germánico) Tercer emperador romano (Anzio, Italia, 12 - Roma, 41). Hijo de Germánico, se crió en los campamentos militares romanos de Germania, donde los soldados le apodaron con el sobrenombre de *Calígula* en alusión a las *caligae* o sandalias militares. Fue adoptado por su tío-abuelo Tiberio*, al cual sucedió como emperador a la temprana edad de 25 años (en el 37). Su mandato no fue muy largo, ni legó realizaciones memorables: las campañas militares emprendidas en Germania y Britania en los años 39-40 no dieron resultados concretos. Transformó el principado que creara Augusto* en una especie de monarquía teocrática helenística, con un ritual cortesano de inspiración oriental. El ejercicio absolutista del poder imperial le enfrentó con la clase senatorial, cuya propaganda contribuyó a crear la imagen de emperador arbitrario y extravagante que ha llegado hasta nosotros. Parece ser que, afectado por alguna enfermedad mental o simplemente por el delirio de grandeza de un joven caprichoso puesto al mando de un imperio, se hizo adorar como un dios, mandó que le construyeran monumentos por victorias militares inexistentes y llegó a nombrar cónsul a su caballo. Ejecutó sin motivo a muchos ciudadanos romanos, de cuyas riquezas se adueñó, e incluso a algunos miembros de su propia familia. Con sus hermanas parece que mantuvo relaciones incestuosas. Acabó asesinado por su guardia pretoriana, que hizo emperador a su tío Claudio*.

CALIXTO III, papa. V. BORGIA o BORJA, Familia.

CALLES, Plutarco Elías Militar y político mexicano (Guaymas, Sonora, 1877 - Ciudad de México, 1945). Fue maestro de escuela antes de entrar en 1912 en el ejército revolucionario de Obregón*. Ascendió rápidamente y pasó a la política, primero como gobernador de Sonora (1912-19), luego como secretario de Comercio, Industria y Trabajo (1919) y más tarde como secretario de Gobernación (1920-23). Fue el colaborador más estrecho del presidente Obregón, a quien sucedió en 1924. La presidencia de Calles (1924-28) se caracterizó por la consolidación y profundización de la revolución mexicana de 1910: reforma agraria, extensión de la enseñanza, construcción de obras públicas, reorganización del ejército... Su política anticlerical le enfrentó violentamente con la Iglesia católica («revolución cristera» de 1925-26). También mantuvo un áspero conflicto con Estados Unidos a raíz de sus pretensiones de nacionalizar el petróleo y las propiedades territoriales como preveía la Constitución aprobada en 1917; finalmente, Calles hubo de ceder, autorizando la penetración en México de los intereses económicos norteamericanos (1927). Continuó en la vida política después de dejar la Presidencia, fundando el Partido Nacional Revolucionario (1929). Como ministro de Hacienda decretó el abandono del patrón oro en 1931. Paulatinamente se fue acercando a posiciones más conservadoras, desde las que criticó la tendencia izquierdista adoptada por la presidencia de Cárdenas*. Esto le obligó a dejar el país y exiliarse en California (1936); regresó a México en 1941, pero ya no intervino más en la política nacional.

CALONNE, Charles Alexandre de Hacendista y político francés que protagonizó el último intento de reformar las finanzas de la Monarquía de Luis XVI*, cuyo fracaso condujo al estallido de la Revolución de 1789 (Douai, 1734 - París, 1802). Calonne se había distinguido como buen administrador al frente de las intendencias de Metz y Lille. En 1783 fue llamado por el rey para resolver la angustiosa situación de su Hacienda, sobre la que pesaba la amenaza de la bancarrota ante la persistente insuficiencia de los impuestos tradicionales. Previamente se había producido el intento de Necker* (1778-81), que había fracasado. Nombrado ministro de Hacienda, Calonne retomó el ambicioso programa de reformas trazado por Turgot* hacia 1775-76, cuya realización habían impedido los privilegiados. Su plan, presentado en 1786, consistía en una liberalización total del comercio interior, el establecimiento de un impuesto sobre la propiedad de la tierra y la creación de asambleas consultivas de ámbito provincial y municipal. Para sortear la oposición de los *parlamentos,* convocó una «Asamblea de Notables» con la intención de que aprobara sus reformas (1787); pero aquella Asamblea, dominada a su vez por los estamentos privilegiados, rechazó las propuestas de Calonne. Caído en desgracia, no sólo hubo de abandonar el cargo, sino también salir del país, al que no regresó hasta tiempos de Napoleón*.

CALVINO, Juan (Jean Cauvin o Calvin) Teólogo y reformador protestante (Noyon, Francia, 1509 - Ginebra, 1564). Fue educado en el catolicismo, realizando estudios de Teología, Humanidades y Derecho. Con poco más de veinte años se convirtió al protestantismo, al adoptar los puntos de vista de Lutero*: negación de la autoridad de la Iglesia de Roma, importancia primordial de la Biblia y doctrina de la salvación a través de la fe y no de las obras. Tales convicciones le obligaron a abandonar París en 1534 y buscar refugio en Basilea (Suiza). 1536 fue un año decisivo en su vida: por un lado, publicó un libro en el cual sistematizaba la doctrina protestante —*Las instituciones de la religión cristiana*—, que alcanzaría enseguida una gran difusión; y por otro, llegó a Ginebra, en donde la creciente comunidad protestante le pidió que se quedara para ser su guía espiritual. Calvino se instaló en Ginebra, pero sus autoridades le expulsaron de la ciudad en 1538 por el excesivo rigor moral que había tratado de imponer a sus habitantes. En 1541 los ginebrinos volvieron a llamarle y, esta vez, Calvino no se limitó a predicar y a tratar de influir en las costumbres, sino que asumió un verdadero poder político, que ejercería hasta su muerte. Aunque mantuvo formalmente las instituciones representativas tradicionales, estableció un control de hecho sobre la vida pública, basado en la asimilación de comunidad religiosa y comunidad civil. Un Consistorio de ancianos y de pastores —dotado de amplios poderes para castigar— vigilaba y reprimía las conductas para adaptarlas estrictamente a la que suponían voluntad divina: fueron prohibidos y perseguidos el adulterio, la fornicación, el juego, la bebida, el baile y las canciones obscenas; hizo obligatoria la asistencia regular a los servicios religiosos; y fue intolerante con los que consideraba herejes (como Miguel Servet*, al que hizo quemar en la hoguera en 1553). El culto se simplificó, reduciéndolo a la oración y la recitación de salmos, en templos extremadamente austeros de donde habían sido eliminados los altares, santos, velas y órganos. La lucha por imponer todas estas innovaciones se prolongó hasta 1555, con persecuciones sangrientas, destierros y ejecuciones; después, Calvino reinó como un dictador incontestado. Ginebra se convirtió así en uno de los más importantes focos protestantes de Europa, desde donde irradiaba la Reforma. El propio Calvino se esforzó hasta el final de su vida por hacer proselitismo, extendiendo su influencia religiosa, especialmente hacia Francia. Muerto Zuinglio* en 1531, Calvino se había erigido como el principal dirigente del protestantismo europeo, capaz de hacer frente a la Contrarreforma católica. El calvinismo superó pronto en influencia al luteranismo (limitado al norte de Alemania y los países escandinavos): calvinista fue el protestantismo dominante en Suiza y en Holanda, así como el de los hugonotes franceses, los presbiterianos escoceses o los puritanos ingleses (que después emigraron a Norteamérica), y otras comunidades importantes de tendencia calvinista surgieron en países como Hungría, Polonia y Alemania. Calvino se opuso siempre a la fusión de las iglesias reformadas inspiradas por él con las de inspiración luterana, alegando irreductibles diferencias teológicas. Entre éstas destaca la doctrina de la predestinación: según Calvino, Dios ha decidido de antemano quiénes se salvaran y quiénes no, con independencia de su comportamiento en la vida; el hombre se salva si ha sido elegido para ese destino por Dios; y las buenas obras no constituyen méritos relevantes a ese respecto, sino una conducta también prevista por el Creador. Quienes han sido destinados a la salvación han sido también destinados a llevar una vida recta; curiosamente, esta doctrina produjo entre los creyentes calvinistas un efecto moralizante, caracterizándose dichas comunidades por un extremado rigor moral y una dedicación sistemática al trabajo, como Calvino prescribió. Otras peculiaridades de su doctrina, como la de admitir el préstamo con interés (en contraste con los católicos y con los luteranos) han permitido que desde Max Weber* algunos historiadores vieran en la ética calvinista el «caldo de cultivo» más propicio para el desarrollo de la moderna economía capitalista.

CALVO SOTELO, José Político español (Tuy, Pontevedra, 1893 - Madrid, 1936). De formación jurídica (era abogado del Estado y profesor universitario de Derecho), su actividad se orientó enseguida hacia la política, en las filas del conservadurismo de Maura*. Fue diputado desde 1919 y ocupó algún cargo más, como el de gobernador civil de Valencia. Pero su ascensión política comenzó realmente bajo la dictadura del general Miguel Primo de Rivera*, con quien le unía su ideología reaccionaria y su concepción autoritaria del poder; de hecho, Calvo Sotelo puede considerarse uno más de los políticos europeos que, durante el periodo de Entreguerras (1918-39) buscaron soluciones autoritarias para la crisis del liberalismo decimonónico. Inmediatamente después del golpe de Estado (1923) fue nombrado director general de Administración, cargo desde el cual reformó la administración local (estatutos de la administración local y provincial) y creó la figura del delegado gubernativo. Tras la sustitución del directorio civil por el directorio militar (1925), se ocupó del Ministerio de Hacienda, manteniendo dicho cargo hasta 1930; su obra en esos años fue muy significativa: creó el Monopolio de Petróleos y el Banco Exterior de España, reforzó la inspección tributaria y adoptó otras medidas de lucha contra el fraude, mejoró la recaudación de los impuestos existentes y empezó a plantear la necesidad de modernizarlos con la introducción de un impuesto general sobre la renta. Cuando cayó la dictadura, arrastrando consigo a la Monarquía, Calvo Sotelo marchó al exilio voluntario, del que regresó al poco tiempo para seguir interviniendo en política. Mientras la Segunda República establecía en España un régimen democrático (1931), él evolucionaba hacia el ideario totalitario del fascismo, tan de moda en Europa; sin embargo, José Antonio Primo de Rivera* rechazó su petición de ingresar en Falange Española. Consiguió un escaño de diputado desde el que defender políticamente sus ideas; y se fue señalando en las Cortes como un enemigo visceral del régimen y de los partidos de izquierdas. Fue asesinado el 13 de julio de 1936 por un grupo de guardias de asalto que le sacaron de su casa en plena noche y abandonaron luego el cadáver; aquel crimen, que se produjo en medio de un clima de tensión y violencia, fue empleado como justificante adicional para la insurrección militar contra la República que, preparada desde tiempo atrás, estalló el día 17 y condujo a España a una guerra civil de tres años (1936-39).

CALVO-SOTELO BUSTELO, Leopoldo Político español (Madrid, 1926 -). Es ingeniero de Caminos (por la Universidad de Madrid, 1951) y sobrino del político ultraconservador José Calvo Sotelo*, asesinado en 1936. Se formó en política durante el régimen de Franco*: siendo estudiante militó activamente en las Juventudes Monárquicas, en la Acción Católica Nacional de Propagandistas Cristianos y en el Sindicato Español Universitario (SEU); alternó su trabajo en la empresa privada (consejero delegado de Unión de Explosivos Riotinto, 1964) y pública (presidente del Consejo de Administración de RENFE, 1967-68); casado con la hija del ex ministro de Educación Ibáñez Martín, llegó a ser procurador de las Cortes «orgánicas» del régimen. Al morir el dictador se lanzó más activamente a la política: ingresó en Reforma Democrática (el partido de Fraga*) y fue nombrado ministro de Comercio en el primer gobierno de la Monarquía restaurada (bajo la presidencia de Arias Navarro*, 1975-76). Se mantuvo en el gabinete al pasar la presidencia del mismo a Adolfo Suárez*, con el cual ocupó la cartera de Obras Públicas (1976-77). Dimitió del cargo para presentarse a las primeras elecciones democráticas (1977) y concentrarse en la organización del nuevo partido que habría de ganarlas: la Unión de Centro Democrático (UCD), del presidente Suárez. Su carrera política continuó en ascenso: portavoz de UCD en el Congreso (1977-78), ministro para las relaciones con la Comunidad Económica Europea (1978-79), vicepresidente del Gobierno para Asuntos Económicos (1980-81)... Tras la dimisión de Suárez su partido le propuso como candidato a la Presidencia del Gobierno: durante su investidura parlamentaria (que requirió dos votaciones, al no obtener mayoría absoluta en la primera) se produjo el asalto de un grupo de militares al Congreso, que formaba parte de un intento fallido de golpe de Estado (23 de febrero de 1981). Durante el mandato de Calvo-Sotelo (1981-82) el Gobierno dio un giro hacia posiciones más conservadoras: promovió un acuerdo de moderación salarial entre patronal y sindicatos, frenó la concesión de autonomías a las regiones mediante un pacto con la oposición socialista y adoptó la impopular medida de ingresar en la OTAN. Sin embargo, no pudo evitar la descomposición acelerada de su partido, que determinó una abrumadora victoria electoral de los socialistas en 1982. Desaparecida la UCD, conservó su escaño en el Congreso por una legislatura más. En 1984 pasó a formar parte de la Asamblea Parlamentaria del Consejo de Europa y, tras el ingreso de España en la Comunidad Europea (1986), fue elegido diputado del Parlamento Europeo en las listas de Alianza Popular (luego Partido Popular), el nuevo grupo mayoritario del centro-derecha, al cual le había llevado su ideología democristiana. No obstante, su actividad política es meramente testimonial, pues vive dedicado principalmente a la empresa privada (Banco Central Hispano-Americano, Ferrovial, Moto Vespa...).

CAMACHO ABAD, Marcelino Sindicalista español (Osma la Rasa, Soria, 1918 -). Se crió en el pueblo aragonés de Ariza, donde su padre era ferroviario. En 1935 ingresó en el Partido Comunista de España (PCE), compromiso que le llevó a luchar en el bando republicano durante la Guerra Civil de 1936-39. Tras la derrota de éste, fue juzgado y condenado en represalia por el bando vencedor: fue encarcelado y, más tarde, asignado a un batallón de trabajos forzados en Tánger. Se evadió de un campo de concentración franquista y pidió asilo político en la Argelia francesa. En 1957 fue indultado y regresó a España, trabajó como obrero metalúrgico en la empresa Perkins Hispania; allí fue elegido miembro del Comité de Empresa. Desde principios de los años sesenta impulsó la formación de las ilegales Comisiones Obreras que, bajo inspiración fundamentalmente comunista, defendían los derechos de los trabajadores al margen del sindicato único del régimen de Franco*. Fue detenido por ello en 1967; encarcelado durante nueve años por la dictadura, el proceso judicial contra él y sus compañeros sindicalistas («Proceso 1.001») se convirtió en un símbolo mundial de la lucha por las libertades; recuperó la libertad por el indulto concedido a la muerte de Franco. Cuando el movimiento de Comisiones Obreras se unificó en una confederación sindical, Camacho fue elegido su primer secretario general (1976). Las primeras elecciones democráticas de la Transición (1977) le dieron un escaño de diputado, al cual renunció dos años después para evitar el conflicto entre la disciplina de voto del partido y su fidelidad a los intereses de los trabajadores. Durante su largo periodo al frente de Comisiones Obreras, consolidó su organización como fuerza sindical mayoritaria (en paridad con la Unión General de Trabajadores, con la que alcanzó progresivamente una línea de acción común). En 1987 dimitió de su puesto por razones de edad y pasó a ocupar el cargo de presidente del sindicato; le sucedió como secretario general el joven Antonio Gutiérrez, con quien se enfrentaría años después a raíz del distanciamiento de Comisiones con el Partido Comunista (de cuyo Comité Central siguió siendo miembro Camacho), hasta el punto de cesar como presidente en 1995.

CAMBISES II. V. AQUEMÉNIDA, Dinastía.

CAMBÓ Y BATLLÉ, Francesc Político español (Verges, Gerona, 1876 - Buenos Aires, 1947). Militante desde su juventud del nacionalismo catalán, se adscribió a su tendencia más conservadora. En 1901 participó en la fundación de la *Lliga regionalista* de Cataluña, iniciando su carrera política como concejal del Ayuntamiento de Barcelona. Impulsó la coalición Solidaridad Catalana, con la cual llegó al Congreso de los Diputados en 1907; con su elección se abrió paso la idea de que los catalanistas debían estar presentes en las instituciones centrales del Estado (desde las que él asumió la defensa de los intereses industriales catalanes), pero en lo sucesivo se movería en la tensión entre dos objetivos irreconciliables: obtener un poder decisivo en el sistema político español y aumentar las cotas de autogobierno de Cataluña. Políticamente, defendía la necesidad de reformar el sistema de la Restauración eliminando el caciquismo y la corrupción electoral, para construir un régimen parlamentario liberal al estilo de los que predominaban en Europa occidental. Tales ideas le llevaron a promover la Asamblea de Parlamentarios que, en 1917, se reunió al margen de las instituciones constitucionales para reclamar profundas reformas políticas. Pero Cambó era también un conservador, cercano a los puntos de vista empresariales, por lo que se alejó de las protestas cuando la huelga general dio a la crisis un sesgo social; así pues, cuando Maura* formó un Gobierno de Unión Nacional en 1918, Cambó se integró en representación de los catalanistas, asumiendo la cartera de Fomento. Posteriormente fue ministro de Hacienda en otro gobierno de Maura (1921-22), circunstancia que aprovechó para adoptar un arancel proteccionista favorable para la industria catalana, así como una Ley de ordenación bancaria. Las tensiones sociales de esos años le decantaron hacia posiciones cada vez más reaccionarias, coherentes con sus intereses como el rico hombre de negocios que era. El golpe de Estado de Primo de Rivera* le alejó de la política activa durante el tiempo que duró la dictadura (1923-30), pero no la combatió, convencido de la necesidad de la represión para frenar al movimiento obrero. Por las mismas razones intentó salvar la monarquía de Alfonso XIII* después de la caída del dictador; no lo consiguió y la Segunda República que se instauró en 1931 vino unida a la derrota electoral de la *Lliga*. Temiendo el aspecto revolucionario de la nueva situación política, se exilió en Francia, de donde volvió en

1933 —una vez comprobado el carácter democrático del régimen republicano— para reorganizar su partido, bajo el nombre de *Lliga catalana*. Salió elegido diputado en las elecciones de 1933, que dieron el triunfo a la derecha, pero no en las de 1936, que ganó el Frente Popular. Finalmente, su conservadurismo primó sobre su catalanismo y apoyó la sublevación militar que originó la Guerra Civil (1936-39) y que llevó al poder a Franco*.

CAMPOAMOR, Clara Política española, pionera de la militancia feminista (Madrid, 1888 - Lausana, 1972). Procedente de una familia modesta, estudió la carrera de Derecho al mismo tiempo que trabajaba y se licenció en la Universidad de Madrid en 1924. Al tiempo que ejercía su actividad como abogada, sus inquietudes políticas le llevaron a aproximarse a los socialistas y a fundar una Asociación Femenina Universitaria. Con el advenimiento de la Segunda República (1931), obtuvo un escaño de diputada por Madrid en las listas del Partido Radical. Formó parte de la Comisión constitucional, destacando en la discusión que condujo a aprobar el artículo 36, que reconocía por vez primera el derecho de voto a las mujeres. Los gobiernos de la República le confiaron otros cargos de responsabilidad, como la vicepresidencia de la Comisión de Trabajo, la dirección general de Beneficencia, la participación en la comisión que preparó la reforma del Código Civil o la presencia en la delegación española ante la Sociedad de Naciones. También fundó una organización llamada Unión Republicana Femenina. No consiguió renovar su acta de diputada en las elecciones de 1933. Y abandonó España en 1938, ante la inminente victoria del alzamiento de los militares reaccionarios; el subsiguiente régimen de Franco* no le permitió regresar al país, de manera que permaneció exiliada, primero en Argentina y, desde 1955, en Suiza, hasta su muerte. Fue una gran defensora de la igualdad de derechos de la mujer, en cuya defensa publicó numerosos escritos (como *El derecho femenino en España* de 1936, o *La situación jurídica de la mujer española* de 1938).

CAMPOMANES, Pedro Rodríguez, conde de Jurista y político español (Santa Eulalia de Sorriba, Asturias, 1723 - Madrid, 1803). Estudió en las universidades de Oviedo y Sevilla, instalándose en Madrid como abogado en 1746. Mientras atendía su bufete desarrolló una activa vida intelectual, acudiendo a tertulias, aprendiendo idiomas y realizando investigaciones históricas sobre temas como los templarios y Cartago. En 1748 ingresó en la Real Academia de la Historia, de la que sería elegido presidente en 1764. Entró al servicio de la Monarquía en 1755 (en el ramo de Correos) y en 1760 el nuevo rey, Carlos III*, le nombró ministro togado del Consejo de Hacienda; dos años más tarde ascendería a fiscal del Consejo de Castilla, cargo de gran influencia política. Desde allí constituyó un firme apoyo para poner en práctica las ideas del reformismo ilustrado, colaborando en medidas como la liberalización de la economía, la reforma de la educación o la expulsión de los jesuitas. Su prestigio se fue traduciendo en cargos y honores: miembro de la Real Academia Española (1763), caballero de la Orden de Carlos III (1772), director de la Academia de Jurisprudencia (1774), conde de Campomanes (1780), consejero de Castilla

(1783), gobernador del Consejo de Castilla (interino en 1783 y en propiedad desde 1789 hasta 1791), presidente de las Cortes de 1789 y consejero de Estado (1792). Fue un autor enormemente prolífico sobre temas jurídicos, económicos y políticos; cabe destacar entre sus obras el *Tratado de la regalía de amortización* (1765) y el *Discurso sobre el fomento de la industria popular* (1774).

CANALEJAS Y MÉNDEZ, José Político español (El Ferrol, 1854 - Madrid, 1912). Este abogado madrileño se dedicó a la política tras fracasar en las oposiciones a catedrático de universidad. Procedente del Partido Demócrata Progresista, al producirse la Restauración borbónica se incorporó al Partido Liberal de Sagasta*. Fue ocupando cargos políticos de importancia creciente: diputado desde 1881, subsecretario de la Presidencia (1883), ministro de Fomento (1888), de Gracia y Justicia (1888-90), de Hacienda (1894-95) y de Agricultura, Industria y Comercio (1902); desde ese último departamento impulsó la creación del Instituto del Trabajo. A raíz de la Guerra de Cuba (1895-98), que puso fin al dominio colonial español en las Antillas, Canalejas empezó sus ataques contra el líder y fundador del partido, destacándose como cabeza de una corriente izquierdista que defendía ideas democráticas y anticlericales. En 1910 consiguió unificar transitoriamente las diversas corrientes que pugnaban en el interior del liberalismo, aupándose a la Presidencia del Consejo de Ministros; durante más de dos años y medio impulsó desde el gobierno un programa de reformas: abolió la Contribución de Consumos, estableció el servicio militar obligatorio y limitó la instalación de órdenes religiosas («Ley del candado»). Visitó Marruecos con el rey Alfonso XIII* en 1911 y ordenó la ocupación de Larache, Arcila y Alcazarquivir en respuesta a la ocupación francesa de Fez; las negociaciones que inició con los franceses conducirían, poco después de su muerte, al establecimiento de un protectorado conjunto en Marruecos. En materia de orden público, hubo de emplear la fuerza para reprimir el intento de sublevación republicana de 1911 (motín del guardacostas *Numancia* y sucesos de Cullera) y la huelga ferroviaria de 1912. Pero no realizó las esperadas reformas políticas que habían de transformar el régimen liberal en una verdadera democracia, acabando con el caciquismo y el fraude electoral. Fue asesinado por un anarquista cuando miraba el escaparate de una librería en la Puerta del Sol, abriéndose desde entonces una larga pugna por el liderazgo del Partido Liberal.

CÁNOVAS DEL CASTILLO, Antonio Político español, artífice del régimen de la Restauración (Málaga, 1828 - Santa Águeda, Guipúzcoa, 1897). Licenciado en Derecho por la Universidad de Madrid, las inquietudes de este joven de origen modesto se dirigieron inicialmente hacia la literatura (en la que le apadrinó su tío, el escritor Serafín Estébanez Calderón) y sobre todo hacia la historia, dedicación esta última que no abandonó ni en los momentos álgidos de su vida política; escribió notables trabajos sobre los Austrias* y la decadencia española, que le valieron el ingreso en la Academia de la Historia (1860). También fue miembro de la Real Academia Española (1867), la de Ciencias Morales y Políticas (1871) y la de Bellas Artes de San Fernando (1887). Sus inquietudes intelectuales se canalizaron, además, a través del Ateneo de Madrid, que presidió en 1870-74, 1882-84 y 1888-89. A la política llegó a través del periodismo, trabajando desde 1849 en el diario de Joaquín Francisco Pacheco, líder del grupo «puritano» que representaba el ala más conciliadora del Partido Moderado. Esa vocación centrista quedó confirmada al integrarse en la Unión Liberal, partido creado por O'Donnell* para interponerse entre moderados y progresistas. Su primera responsabilidad política fue la redacción del Manifiesto de Manzanares, que hizo públicas las posiciones de los militares participantes en la llamada «Revolución de 1854» (O'Donnell, Serrano* y Dulce). Luego fue ocupando puestos políticos de importancia creciente, como los de diputado en las Cortes constituyentes de 1854-56, agente de preces en Roma, gobernador civil de Cádiz, director general de Administración Local, subsecretario de Gobernación, ministro del mismo ramo (1864) y de Ultramar (1865-66). Su actitud ante la insurrección de los sargentos del Cuartel de San Gil (1866) le costó el destierro a Palencia, permaneciendo apartado de todo protagonismo político hasta que estalló la Revolución de 1868, que destronó a Isabel II*. Durante el Sexenio Revolucionario de 1868-74, Cánovas asumió el liderazgo de una minoría conservadora en las Cortes, señalándose en los debates contra el sufragio universal y la libertad de cultos. Atacó tanto al régimen democrático de Amadeo de Saboya* como a la Primera República que le sucedió, aprovechando los fracasos de ambos ensayos para consolidar su opción de restaurar la monarquía de los Borbones*, pero no en la persona de la ex reina Isabel —cuyo descrédito había provocado la revolución—, sino en la de su hijo, a quien haría reponer como rey con el nombre de Alfonso XII*. Una vez que abdicó la reina madre en el exilio (1870), Cánovas consiguió plenos poderes para dirigir la causa monárquica (1873), mientras orientaba la educación del príncipe en Inglaterra y le hacía proclamar el llamado *Manifiesto de Sandhurst,* en el que trazaba las líneas directrices de una futura monarquía parlamentaria, liberal y moderada, llamando en su apoyo a todos los católicos y descontentos con la situación revolucionaria desvinculados del carlismo (1874). Fue fortaleciendo paulatinamente la causa alfonsina en medios políticos y acrecentando la viabilidad de la restauración monárquica a medida que quedaba desacreditada la opción republicana; pero, en contra de su voluntad, el general Martínez Campos* se le adelantó, proclamando al rey mediante un pronunciamiento militar en Sagunto (1874). Sin embargo, por primera vez en la historia de los pronunciamientos españoles, los militares no quisieron ocupar el poder, sino poner en él a Cánovas, como líder de los partidarios de la Monarquía: el último día de aquel año, Cánovas formó un gobierno que ejercería la regencia hasta la llegada de Alfonso XII, el cual confirmó al gabinete en 1875. Dueño de un poder prácticamente incontestado, Cánovas realizó en los dos años siguientes una obra ingente, que puso las bases del régimen de la Restauración, el cual habría de perdurar hasta el golpe de Estado de Primo de Rivera (1923). Preparó e hizo aprobar la Constitución de 1876, estableciendo una monarquía liberal inspirada en las prácticas parlamentarias europeas. La clave era acabar con la violencia política y los pronunciamientos militares que habían marcado el reinado de Isabel II, asentando la primacía del poder civil. Pero para ello había que garantizar la alternancia pacífica en el poder; Cánovas diseñó un modelo bipartidista al estilo británico, formando él mismo un gran Partido Conservador a partir de la extinta Unión Liberal; y buscó una figura que aglutinara la opción política alternativa, encontrándola en Sagasta*, que asumiría el liderazgo del Partido Liberal, con el cual se turnarían los conservadores en el poder. Tras gobernar casi sin interrupciones hasta 1881, Cánovas dejó el poder a Sagasta en aquel año, recuperándolo en 1884. Al morir Alfonso XII en 1885 y para consolidar la regencia de María Cristina de Habsburgo*, selló con Sagasta el llamado «Pacto de El Pardo», por el cual ambos partidos se sucederían sin enfrentarse en la gobernación del país. Y es que, efectivamente, la peculiaridad del régimen canovista era que las elecciones constituían una farsa manejada por las redes oligárquicas del caciquismo, mientras que el Parlamento y el gobierno se formaban de espaldas a la opinión pública, en función de pactos entre los líderes de los dos partidos dinásticos y con una intervención decisiva de la Corona. Cánovas volvió a presidir el Consejo de Ministros en 1890-92 y en 1895-97. En su haber como gobernante hay que anotar la pacificación del país, poniendo fin a la sublevación cantonal (1874), la Tercera Guerra Carlista (1875) y la Guerra de los Diez Años en Cuba (1878). Inspirado por la «lección» histórica de la decadencia española, trató de impulsar un resurgimiento nacional, fomentando un nuevo patriotismo español con actos como los que conmemoraron el cuarto centenario del descubrimiento de América (1892). Pero se mostró impotente ante los nuevos conflictos que suscitaban el nacionalismo catalán, el movimiento obrero, el anarquismo, las disidencias internas de su partido (Francisco Silvela) y la reaparición del movimiento independentista en Cuba (1895). Incapaz de abrir cauces para la participación política de nuevos grupos y aspiraciones, cuando murió asesinado por un anarquista italiano durante su estancia veraniega en un balneario, dejó al régimen ante una situación de crisis que se prolongaría desde la derrota en la Guerra de Cuba (1898) hasta su extinción (1923).

CAPETO, Dinastía Casa reinante en Francia entre los años 987 y 1328, de la que descienden igualmente los reyes posteriores, de las casas de Valois* y de Borbón*. Esta familia germánica, probablemente de origen sajón, aparece en Francia desde el siglo IX, con:

ROBERTO, *el Fuerte* (? - 866), que encabezó la defensa del centro de Francia contra los normandos (también se conoce a los Capeto como *Robertianos).* Dos hijos suyos fueron reyes de Francia tras la desintegración del Imperio Carolingio: Odón I (Eudes o Eudo) (888-93) y Roberto I (922-23); y también lo fue el yerno de este último, Raúl de Borgoña (923-36). Después, sin embargo, volvió a reinar la dinastía Carolingia*, hasta que accedió al Trono el nieto de Roberto I, **HUGO CAPETO** (987-96), que da nombre a la dinastía. Aunque el principio teórico de elección del rey se mantuvo, de hecho los Capeto instauraron la sucesión hereditaria, en la que se vieron favorecidos por la existencia de descendientes directos durante más de tres siglos. A Hugo Capeto le sucedieron su hijo Roberto II, *el Piadoso* (996-1031), su nieto Enrique I (1031-60) y su bisnieto Felipe I (1060-1108). Durante todo ese tiempo, sin embargo, el poder de los reyes era meramente nominal fuera de los dominios de la Corona en la zona central de Francia, en torno a París, mientras que en el resto del «reino de los francos» los señores feudales gozaban de una independencia casi total. La afirmación del poder monárquico comenzó con el hijo de Felipe I, **Luis VI,** *el Gordo* (1108-37), que sometió a los vasallos rebeldes y estableció una provechosa alianza con el Papado. Le sucedió su hijo **Luis VII*,** *el Joven* (1137-80), casado con Leonor de Aquitania*; al divorciarse de esta última, perdió los ducados de Poitou, Guyena y Gascuña, que pasaron al segundo marido de Leonor, Enrique Plantagenet*, luego rey de Inglaterra (Enrique II*); la superposición de derechos sobre esos territorios del suroeste de Francia sería motivo de conflictos con Inglaterra durante siglos. Le sucedió su hijo **Felipe II** *Augusto* (1180-1223). Las guerras que sostuvo contra los reyes de Inglaterra (Juan *sin Tierra** y Ricardo *Corazón de León*)* le proporcionaron los feudos que aquéllos poseían al norte del Loira, con lo que amplió enormemente el dominio real; después de la batalla de Bouvines (1214), un tercio del territorio francés era ya dominio directo de la Corona, lo que ofrecía grandes posibilidades de fortalecer la autoridad monárquica. Con su hijo **Luis VIII,** *el León* (1223-26) la monarquía pasó a ser hereditaria de derecho (ya lo era de hecho). Su hijo **Luis IX,** *el Santo** (1226-70) puso fin a la cruzada contra los herejes albigenses por el Tratado de París (1229), extendiendo los dominios de la Corona hasta el Mediterráneo. También venció a Enrique III de Inglaterra, a quien hizo renunciar a Normandía, Maine, Anjou y Poitou, al tiempo que se reconocía vasallo del rey de Francia como duque de Aquitania. Su hijo **Felipe III,** *el Atrevido* (1270-85) incorporó Navarra a Francia, tras luchar por el control de aquel territorio contra Castilla y Aragón y casar con la heredera de la Corona navarra a su hijo, **Felipe IV,** *el Hermoso** (1285-1314). Le sucedieron los breves reinados de su hijo mayor Luis X, *el Testarudo* (1314-16) y el hijo de éste, Juan I, *el Póstumo* (1316); al agotarse la descendencia masculina, pasó la sucesión a los otros dos hijos varones de Felipe IV: Felipe V, *el Largo* (1316-22) y Carlos IV, *el Hermoso* (1322-28). Al morir este último sin herederos masculinos directos, puede darse por extinguida la casa. Se impuso el principio de sucesión en los varones, pasando la Corona de Francia a Felipe VI de Valois, representante de una rama secundaria de la familia; la reclamación del Trono francés por los reyes de Inglaterra prolongaría el enfrentamiento entre ambos reinos en la llamada «Guerra de los Cien Años» (1339-1453).

Caracalla (Marco Aurelio Antonino Basiano) Emperador romano (Lugdunum, Lyon, Francia, 186 - cerca de Edesa, 217). Era hijo del emperador Septimio Severo (193-211), quien le asoció al trono desde el 198; luego se les incorporó como tercer coemperador su hermano Geta (año 209). Al morir su padre, Caracalla no quiso compartir el poder con su hermano, al cual hizo asesinar junto con la mayor parte de sus partidarios (212). El legado más importante de su mandato fue el llamado *Edicto de Caracalla* o *Constitutio antoniniana* (212), por el cual se extendía la ciudadanía romana a todos los habitantes libres de las provincias; dicha medida, aconsejada por el deseo de acrecentar la unidad política del Imperio y de elevar los ingresos fiscales, dio un gran impulso a la romanización, al dejar al margen de la ciudadanía sólo a las poblaciones rurales y a los bárbaros instalados en las fronteras. En Roma impulsó Caracalla importantes construcciones, como las termas que llevan su nombre. Fue también un emperador guerrero, admirador de las gestas de Alejandro Magno*: venció a los alamanes junto al río Meno (213) y lanzó una campaña contra los partos en Oriente (216). Durante esta última fue asesinado por el prefecto de la guardia, Macrino, quien usurpó el Trono imperial por algún tiempo (217-18); enseguida sería restaurada la dinastía de los Severos, al elevar el ejército al sobrino de Caracalla, Heliogábalo (218-22).

CÁRDENAS Y DEL RÍO, Lázaro
Presidente de México (Jiquilpán, 1891 - Ciudad de México, 1970). Procedente de una familia indígena muy modesta, apenas recibió una educación elemental. En 1914 se unió a la Revolución mexicana (que había estallado cuatro años antes), dando comienzo a una carrera militar en la que ascendería con rapidez (diez años más tarde era general de brigada). Saltó a la política bajo la protección de otro militar revolucionario, el presidente Calles*: fue gobernador de Michoacán (1928), ministro del Interior (1930-32) y ministro de la Guerra (1932-34). En 1934 ganó las elecciones presidenciales, siempre bajo la protección de Calles, que seguía ejerciendo gran influencia en la vida política mexicana; pero, una vez en el poder, se emancipó de su tutela y adoptó una línea política propia, más inclinada hacia la izquierda. Incluso expulsó del país a su antiguo protector, que hubo de exiliarse en Estados Unidos (1936). Cárdenas ejerció la presidencia entre 1934 y 1940. Creó el Partido Revolucionario Mexicano (antecedente del actual PRI), en el cual se integraron un amplio espectro de reformistas y progresistas: comunistas y socialistas, liberales radicales, la Confederación de Trabajadores Mexicanos y la Confederación Nacional de Campesinos. Bajo el lema «México para los mexicanos» llevó adelante una política de nacionalizaciones, especialmente trascendente por lo que respecta al petróleo; ello le enfrentó con Estados Unidos y le obligó a buscar compradores en Alemania. También se ocupó de proteger a la población indígena, impulsó la reforma agraria, combatió el latifundismo, nacionalizó los ferrocarriles y estableció una enseñanza pública laica, gratuita y obligatoria. En definitiva, todo un giro socializante del México posrevolucionario, que hay que situar en el contexto de la depresión económica mundial de los años treinta y el *New Deal* de Franklin Roosevelt* en Estados Unidos; en la lucha contra el fascismo ascendente de aquella época, fue significativa su acogida a los refugiados republicanos españoles que, perdida la Guerra Civil en 1939, huían del régimen de Franco*. El sexenio de Cárdenas, en resumen, fue un periodo de estabilidad política que legó a la posteridad avances significativos en materia de educación y obras públicas. Cárdenas dejó la presidencia en 1940, pero no la vida política: promovió la candidatura de Manuel Ávila Camacho para sucederle, y él mismo aceptó ejercer como ministro de la Guerra en 1942-45.

También colaboró con el presidente Adolfo López Mateos (1961).

CARLOMAGNO Monarca germánico que restauró el Imperio en Europa occidental (Aquisgrán ?, 742 - Aix-la-Chapelle, 814). Hijo primogénito del rey de los francos, Pipino *el Breve**, heredó el Trono al morir su padre (768) y lo completó con los territorios orientales concedidos a su hermano Carlomán, al morir éste en el año 771. Su política expansiva continuó con la conquista y anexión del reino lombardo (el norte de Italia), realizada en el 774, mediante una alianza de los francos con el Papado. Dominada Italia (aunque pervivían tendencias particularistas, especialmente fuertes en los ducados meridionales de Spoleto y Benevento), Carlomagno concentró sus energías en la conquista de Sajonia (norte de Alemania), empresa que le exigió dieciocho campañas sucesivas entre los años 772 y 804. Carlomagno dominaba así el más importante reino de la Europa de su época; pero para mantenerlo tuvo que combatir continuamente: unas veces contra rebeliones o resistencias internas y otras para asegurar las fronteras contra enemigos exteriores. Entre estas últimas cabe destacar la guerra contra los ávaros en la frontera oriental, que le llevó a dominar los territorios actuales de Hungría, Croacia y parte de Serbia; y también un intento infructuoso de penetrar en España, abortado por la derrota que le infligieron los vascos en la batalla de Roncesvalles (778), pero que le sirvió al menos para crear una Marca Hispánica sometida al reino franco, que iba de Pamplona a Barcelona. La extensión geográfica del reino de Carlomagno correspondía a la totalidad de lo que hoy son Francia, Suiza, Austria, Bélgica, Holanda y Luxemburgo, y la mayor parte de Alemania, Italia, Hungría, la República Checa, Eslovaquia y Croacia. Ha sido considerado por ello un predecesor de la unidad europea. Ningún monarca había reunido en su mano un territorio tan extenso desde la caída del Imperio Romano (476); por lo que no es de extrañar que la idea de la restauración imperial se abriese paso, ligada a la alianza estable que Carlomagno mantuvo con el Papado. El día de Navidad del año 800 el papa León III coronó a Carlomagno emperador, dando comienzo así un nuevo Imperio germánico, que perviviría hasta comienzos del siglo XIX. Aunque la continuidad de este Imperio germánico con el Imperio Romano de Occidente, desaparecido tres siglos antes, era una ficción, la restauración de la idea imperial significaba una aspiración a un poder universal por encima de los príncipes de los distintos reinos, que sería la contrapartida temporal de la supremacía del papa en lo espiritual. Esta peculiar alianza y complementariedad del emperador con el papa daría lugar a una pugna por la supremacía entre ambos poderes, que se prolongaría a lo largo de la Edad Media. En una época caracterizada por el alto grado de violencia y de anarquía que presidía la vida social, el Imperio carolingio fue un gran esfuerzo de organización político-administrativa. Aunque no había una capital fija (la capital del Imperio estaba donde se encontrara el emperador con su corte), la ciudad germánica de Aquisgrán cumplió esas funciones de manera casi permanente. Desde allí, una Cancillería, a cuyo frente se encontraba un clérigo culto, dirigía los asuntos tanto civiles como eclesiásticos; el control del territorio estaba en manos de los condes, salvo en las marcas fronterizas, organizadas militarmente; y unos enviados del emperador *(missi dominici)* supervisaban la administración en cada rincón del territorio. La religión cristiana constituía un elemento cultural de integración, de estabilidad y de orden social, que el emperador se encargó de cultivar: protegió a los monasterios y procuró extender la fe cristiana hacia el norte (imponiéndola por la fuerza a los sajones). Sin embargo, aquel gran conglomerado territorial no sobrevivió mucho tiempo. El propio Carlomagno había previsto que, a su muerte, el Imperio se repartiera entre sus tres hijos; pero la muerte de dos de ellos retrasó la fragmentación hasta el momento en que murió el único sucesor superviviente, Ludovico Pío, que también dividió el Imperio entre sus tres hijos (Tratado de Verdún, 843). La dinastía Carolingia* siguió al frente del Imperio hasta comienzos del siglo X, y en el Trono de Francia hasta el 987.

CARLOS, *el Temerario* Último duque independiente de Borgoña (Dijon, 1433 - cerca de Nancy, 1477). En 1467 heredó de su padre, Felipe *el Bueno,* vastos dominios repartidos en dos conglomerados territoriales: los Países Bajos y Borgoña propiamente dicha (con el Charolais y el Franco Condado). Su proyecto fue unificar ambas zonas creando un reino compacto entre Francia y Alemania, para lo cual hubo de combatir incesantemente contra Luis XI de Francia. Lo consiguió temporalmente, al conquistar Lorena (1475) que, efectivamente, ponía en conexión los estados borgoñones del norte y del sur. Si Carlos había conseguido cercar a Francia, aliándose con Inglaterra, Castilla y Aragón, Luis XI hizo lo propio con la Confederación Suiza; ésta lanzó una campaña contra Carlos, al que venció en la batalla de Nancy de 1477 (en la que murió Carlos y Borgoña volvió a perder Lorena). Pero antes de morir había dejado pactada la boda de su hija María con el archiduque Maximiliano de Austria (el futuro emperador alemán Maximiliano I*). De ese matrimonio procede la herencia de Carlos I* y la consiguiente presencia española en los Países Bajos, pues al morir Carlos *el Temerario* sus estados se repartieron por la Paz de Senlis (1493) entre Francia (Borgoña y Picardía) y los Habsburgo* (Franco Condado y Países Bajos); y esta última parte pasó a Carlos I junto con la herencia española de los Reyes Católicos*.

CARLOS DE AUSTRIA, *el Archiduque*. V. CARLOS VI.

CARLOS DE BORBÓN Y AUSTRIA-ESTE, DUQUE DE MADRID Pretendiente carlista al Trono de España, conocido por sus partidarios como «Carlos VII» (Leibach, Iliria, Imperio Austriaco, 1848 - Varese, Italia, 1909). Era nieto del fundador de la causa carlista, Carlos María Isidro*. Su padre y su tío, Juan Carlos y Carlos Luis de Borbón, se había disputado la jefatura de la causa carlista y habían renunciado formalmente a sus eventuales derechos al Trono en uno u otro momento, muriendo los dos con pocos días de diferencia en su refugio de Estiria (Austria) en 1861. El joven Carlos no había reclamado tales derechos hasta que su abuela la princesa de Beira (viuda de don Carlos) lo hizo por él en su *Carta a los españoles* de 1863. En 1866 asumió efectivamente la dirección del carlismo, que volvió a gozar de una oportunidad cuando la

Revolución de 1868 destronó a Isabel II* y estableció la monarquía democrática de Amadeo de Saboya*. Los carlistas recogieron el fruto del fracaso de aquel régimen y del que le sucedió —la Primera República de 1873-74—, aglutinando a los reaccionarios, conservadores, católicos, fueristas y monárquicos para lanzar una Tercera Guerra Carlista (1872-75). Derrotados nuevamente tras la restauración de los Borbones* en España en la persona del hijo de Isabel II, Alfonso XII*, los carlistas siguieron reclamando el Trono para el duque de Madrid por medios políticos y diplomáticos. Sus esperanzas de que se produjera una nueva vacante en el Trono tras la muerte de Alfonso XII se vieron frustradas por el nacimiento de un heredero póstumo varón —Alfonso XIII*—, momento en que don Carlos proclamó un nuevo manifiesto recordando sus aspiraciones (1886). Al morir le sucedió en la jefatura de la causa carlista su hijo Jaime (I).

CARLOS I de Anjou. V. ANJOU, Casa de.

CARLOS I de Austria Último emperador de Austria-Hungría (Persenbeug, Austria, 1887 - Funchal, Madeira, 1922). Nieto del emperador Francisco José I*, se convirtió en su heredero por el asesinato de su tío, el archiduque Francisco Fernando* en Sarajevo, que desencadenó la Primera Guerra Mundial (1914). Accedió al Trono en plena contienda, al morir su abuelo en 1916. Probablemente por influencia de su esposa, Zita de Borbón-Parma, intentó detener la guerra mediante una paz negociada con Francia, cuyos términos no fueron aceptados. Al terminar la guerra con la derrota de las potencias centrales (Alemania y Austria-Hungría), estallaron en el Imperio las tensiones nacionalistas acumuladas desde tiempo atrás y Carlos vio desmembrarse para siempre la herencia de los Habsburgo* (1918). Un último intento de Carlos de mantener la unidad de la Monarquía danubiana bajo una fórmula federativa fue rechazada por los húngaros, que se declararon independientes; la inmediata separación de Checoslovaquia y Yugoslavia fue acompañada de la llamada «revolución de Viena», por la que los diputados de la Dieta se proclamaron Asamblea Nacional austriaca. Carlos huyó del país, refugiándose en Suiza, pero sin abdicar; poco después se proclamó la República en Austria. Desde el exilio, Carlos siguió conspirando para recuperar el poder, lo que intentó por dos veces mediante sendos golpes de Estado fracasados en Hungría (1921).

CARLOS I de España y V de Alemania Rey de España y emperador de Alemania (Gante, Flandes, 1500 - Yuste, Extremadura, 1558). Con él se implantó en España la Casa de Habsburgo*. Era hijo de Juana *la Loca** y de Felipe *el Hermoso* de Castilla*. Fue educado en los Países Bajos por Adriano de Utrecht* y Guillermo de Croy, recibiendo la influencia de los humanistas del Renacimiento (como Erasmo de Rotterdam*). En 1515 asumió la gobernación de los estados de la Casa de Borgoña (los Países Bajos, el Franco Condado, Borgoña y el Charolais), que le correspondían por herencia de su abuela paterna; al morir en 1516 su abuelo materno, Fernando *el Católico**, heredó las Coronas unificadas de Castilla —a la que se había anexionado Navarra el año anterior y día a día se iban incorporando nuevos descubrimientos en las Indias— y de Aragón —con sus dominios mediterráneos de Nápoles, Sicilia, Cerdeña y el Rosellón—. Y en 1519, al morir su abuelo paterno, Maximiliano I de Austria*, heredó los vastos estados patrimoniales de los Habsburgo (Austria, Tirol, Bohemia, Moravia, Silesia, Estiria, Carintia y Carniola), que llevaban aparejada la candidatura a la Corona imperial de Alemania, para la que efectivamente fue elegido aquel mismo año (aunque no sería coronado formalmente por el papa hasta 1530). Dueño de tan extensos territorios, Carlos asumió enseguida el proyecto de Gattinara* de restaurar un Imperio cristiano universal, para lo cual debía lograr una hegemonía efectiva sobre los restantes reyes de la Cristiandad. Ello le enzarzó en guerras continuas contra los rivales de tal hegemonía. Como rey de España, Carlos suscitó importantes resistencias desde su llegada al país en 1517, debido a su condición de extranjero, rodeado por una corte de extranjeros y con la mirada puesta en objetivos políticos que excedían con mucho los límites de la Península. Su política poco respetuosa de la autonomía municipal, al tiempo que la perspectiva de un rey ausente durante largos periodos de tiempo y esquilmando al reino con impuestos para financiar sus empresas europeas, determinaron las insurrecciones urbanas de las Comunidades de Castilla (1520-21) y de las Germanías de Valencia y Mallorca (1519-24), que hubo de aplastar militarmente. Para aplacar los ánimos permaneció unos años en la Península, donde contrajo matrimonio con su prima Isabel de Portugal (1526), como le habían pedido las Cortes de Castilla. En cuanto a su lucha por la hegemonía en Europa, Carlos tuvo que enfrentarse como campeón de la Cristiandad contra el avance de los turcos, que bajo el reinado de Solimán II, *el Magnífico**, avanzaron por los Balcanes hasta el corazón de Austria (primer asedio de Viena en 1529 y anexión turca de Hungría en 1541), al tiempo que *Barbarroja** hostigaba la navegación en el Mediterráneo. Carlos tuvo que librar también cuatro guerras contra el rey «cristianísimo» de Francia, Francisco I*, en 1521-26, 1526-29, 1536-38 y 1542-44, motivadas por diversos contenciosos territoriales en Italia y los Países Bajos; Enrique VIII de Inglaterra* y otros estados europeos —como Venecia, Florencia, Suiza, Dinamarca o Suecia— se aliaron ocasionalmente a Francia, temerosos de la hegemonía austriaca; e incluso el Papado (bajo León X y Clemente VII) luchó contra el emperador, quien no dudó en hacer que sus ejércitos saquearan Roma en represalia (1527). En la propia Alemania, la reforma protestante iniciada por Lutero* en 1519-21 acabó con la unidad católica; Carlos se mostró inflexible con los príncipes protestantes, a los que exigió primero que retornaran al seno de la Iglesia (Edicto de Worms, 1521) y derrotó luego en la Guerra de Esmalcalda de 1546-47 (batalla de Mühlberg). Pero, finalmente, se vio obligado a reconocer la escisión religiosa (Paz de Augsburgo, 1555), mientras el Concilio de Trento (1545-63) iniciaba la «Contrarreforma» en el bando católico. Fracasado de este modo su proyecto imperial, Carlos abdicó en Bruselas en 1555, dejando a su hijo primogénito, Felipe II*, los reinos de España y los estados de la Casa de Borgoña, incluyendo las Indias, Italia (Cerdeña, Nápoles, Sicilia y Milán), los Países Bajos y el Franco Condado; junto con dichos territorios, Carlos legaba a su hijo una Hacienda abocada a la bancarrota por los ingentes gastos de las campañas imperiales. Las tensas disputas en el seno de la Casa de Habsburgo le llevaron a desgajar de la herencia los estados patrimoniales de los Habsburgo en el centro de Europa, que pasaron a su hermano Fernando junto con la Corona imperial (1558), quedando separada desde entonces en dos ramas la Casa de Austria. Carlos, enfermo de gota, se retiró al monasterio de Yuste, donde murió.

CARLOS I de Inglaterra Rey de Inglaterra y Escocia, perteneciente a la dinastía de los Estuardo* (Dumfermline, Escocia, 1600 - Londres, 1649). Accedió al Trono al morir su padre —Jacobo VI de Escocia y I de Inglaterra— en 1625. Desde el comienzo del reinado se lanzó a la guerra contra España y Francia, que tuvo que sufragar exigiendo nuevos impuestos a sus súbditos; esto, unido a un ejercicio absolutista del poder real, le llevó al enfrentamiento con el Parlamento (al que disolvió cada vez que rehusó sus peticiones). Finalmente, la Cámara de los Comunes le hizo frente, obligándole a firmar una Petición de Derechos en la que se establecían garantías frente a las arbitrariedades de la Corona (1628). En aquel mismo año fue asesinado el ministro y confidente del rey, el duque de Buckingham, cuya privanza había concitado las iras de la aristocracia; el subsiguiente periodo de gobierno personal de Carlos coincidió con el fin de las guerras exteriores, lo cual le permitió prescindir del Parlamento (ya que no necesitaba que dotara nuevas aportaciones financieras) mientras continuaba la persecución de sus adversarios políticos y religiosos (1629-40, los llamados «once años de tiranía»). Esta situación se rompió por el deseo de Carlos de extender a Escocia el orden religioso que había impuesto en Inglaterra, lo cual provocó la rebelión de los puritanos y presbiterianos escoceses, a la que siguieron las llamadas «Guerras de los Obispos» (1638-39 y 1640-41). Para financiar los gastos bélicos, el rey se vio obligado a convocar nuevamente el Parlamento en 1640; pero la Cámara de los Comunes, dominada por los puritanos y ofendida por el largo periodo anterior de absolutismo monárquico, aprovechó su posición de fuerza para exigir el control parlamentario sobre el gobierno. El pulso entre el poder de la Corona y el Parlamento fue favorable a este último, que llegó a obtener la destitución, juicio y ejecución del conde de Strafford, que había sido ministro de confianza de Carlos (1641). El llamado Parlamento Largo (que se mantuvo activo desde 1640 hasta 1660) obtuvo del rey múltiples concesiones, como la garantía de convocatorias periódicas y la retirada del derecho regio de disolver la cámara. Pero el enfrentamiento entre el absolutismo que encarnaba Carlos y las aspiraciones de gobierno constitucional del Parlamento acabaría estallando en 1642 en una larga guerra civil entre los *caballeros* (defensores del poder real) y los *cabezas redondas* (partidarios del gobierno parlamentario). Fue el propio Carlos, alentado por los círculos realistas de la Corte, el que la provocó al intentar detener a los dirigentes del movimiento parlamentario. Liderados por Cromwell*, los parlamentarios derrotaron a las fuerzas realistas en las batallas de Moor (1643) y Naseby (1645); el apoyo de las clases medias urbanas suministró la base para este triunfo del poder del Parlamento sobre la Corona, que habría de determinar el futuro constitucional de Gran Bretaña, marcando el modelo para la evolución política del resto de los países occidentales. Carlos se refugió en Escocia, donde fue detenido y entregado a los hombres de Cromwell (1647). Tras negarse a cualquier tipo de acuerdo con el Parlamento, fue juzgado y condenado a muerte en un juicio en el que, aferrado a la concepción de la monarquía de derecho divino, negó toda autoridad al tribunal (1649). Fue decapitado como reo de traición, dando paso a la instauración de una república en Inglaterra (1649-60).

CARLOS I de Parma. V. CARLOS III de España.

CARLOS I de Rumania (o Carol I) Primer rey de Rumania (Sigmaringen, Alemania, 1839 - Sinaia, Rumania, 1914). Los principados de Valaquia y Moldavia habían ido adquiriendo una autonomía creciente en el seno del Imperio Otomano, hasta que el príncipe Alejandro Cuza los unificó formando Rumania (1859) y los condujo a una independencia casi total (1861). En 1866 fue derrocado por una conspiración que estableció una monarquía liberal, llamando para ocupar el Trono al príncipe alemán Carlos de Hohenzollern-Sigmaringen, emparentado con los Hohenzollern* reinantes en Prusia y recomendado por Napoleón III*. Mientras Rumania mantuvo la sumisión teórica al sultán otomano, Carlos sólo pudo titularse príncipe (1866-81); luego, declarada la independencia formal, fue oficialmente rey (1881-1914). Bajo su reinado, Rumania se organizó siguiendo modelos alemanes (ejército, ferrocarriles, enseñanza…). Participó en las diversas Guerras Balcánicas: en la de 1877-78, se alineó con Rusia contra los turcos, valiéndole la victoria la independencia total; en la de 1913 se alió con Serbia, Montenegro, Grecia y Turquía para frenar el expansionismo búlgaro, obteniendo ganancias territoriales en la región de Dobrudja en compensación por la victoria. Desde 1883 Carlos había firmado pactos secretos con Alemania y Austria-Hungría; pero en el momento de estallar la Primera Guerra Mundial (1914-18) fue obligado por el gobierno y por la opinión pública —favorables a los aliados— a mantener la neutralidad de Rumania. Su hermano y sucesor, Fernando I, vio su país invadido y ocupado por los Imperios centrales, pero recogería los frutos de la victoria aliada al final de la contienda, al anexionarse Rumania la amplia región de Transilvania (Tratado del Trianon, 1920).

CARLOS II, *el Calvo*. V. CAROLINGIA, Dinastía.

CARLOS II de Anjou. V. ANJOU, Casa de.

CARLOS II de España Rey de España, último de la Casa de Habsburgo* (Madrid, 1661-1700). Hijo de Felipe IV* y de Mariana de Austria*, heredó el Trono al morir su padre en 1665, permaneciendo bajo la regencia de su madre hasta que alcanzó la mayoría de edad en 1675. Parece ser que los sucesivos matrimonios consanguíneos de la familia real produjeron tal degeneración que Carlos creció raquítico, enfermizo y de corta inteligencia, además de impotente, lo que acarreó un grave conflicto sucesorio, al morir sin descendencia y extinguirse así la rama española de la Casa. Carlos recibió el Trono en una situación turbulenta, marcada por las luchas por el poder entre doña Mariana, Juan José de Austria* (hijo bastardo de Felipe IV), Valenzuela y Nithard. Apoyándose en la nobleza, don Juan José marchó sobre Madrid y tomó el poder en 1677, pero murió tan sólo dos años después. Como Carlos era incapaz de gobernar por sí mismo, siguió confiando el poder a validos como el duque de Medinaceli (1680-85), el conde de Oropesa (1685-91 y 1695-99) y el cardenal Fernández de Portocarrero (1699-1700). Durante este tiempo se arreglaron dos matrimonios sucesivos para el rey, con María Luisa de Orléans (muerta en 1689) y con Mariana de Neoburgo; la desesperación de la corte por no lograr descendencia para continuar la dinastía, llevó a intentar incluso someter al rey a exorcismos, por si fuera cierto que estaba hechizado. Al verse cada vez más claro que el rey moriría sin descendencia, las potencias europeas empezaron a tomar posiciones para aprovechar el vacío de poder que ello crearía: Austria defendía los derechos sucesorios del archiduque Carlos (el futuro emperador Carlos VI*) para intentar recuperar la herencia de los Habsburgo y evitar cualquier tentación hegemónica de Francia. Pero Luis XIV de Francia* maniobró hábilmente para impedir la reedición del imperio de Carlos I* y convertir a España en un territorio satélite; por la Paz de Ryswick de 1697 hizo a España concesiones que, con el apoyo de influyentes personajes de la corte madrileña, moverían a Carlos a designar heredero a Felipe de Anjou, nieto de Luis XIV (dos testamentos anteriores en favor de José Fernando de Baviera quedaron sin efecto al morir aquél en 1699). Tras la muerte de Carlos se produjo una larga Guerra de Sucesión (1701-14) que enfrentó a los partidarios del archiduque (apoyado por Austria, Inglaterra, Portugal, Holanda, Prusia, Saboya y Hannover) contra los de Felipe de Anjou que, apoyado por Francia, consiguió imponerse como rey de España bajo el nombre de Felipe V*, instaurando en el Trono español una rama de la Casa de Borbón*. La debilidad del poder real durante la época de Carlos II y la incapacidad del propio monarca fueron a la vez causa y expresión de la decadencia de la Monarquía de los Austrias en España. Las guerras sostenidas contra Francia se saldaron con sucesivas derrotas: cesión del Franco Condado por la Paz de Nimega (1678), pérdida de Luxemburgo por la Tregua de Ratisbona (1684), invasión francesa de Cataluña (1691)... La Paz de Utrecht (1713), que puso fin a la Guerra de Sucesión, puede considerarse como la culminación de esa decadencia, pues, a cambio de permitir la instauración de un Borbón en el Trono de España, austriacos e ingleses exigieron compensaciones territoriales a costa de España, que perdió sus posesiones en los Países Bajos e Italia (que pasaron a Austria), Gibraltar y Menorca (a Inglaterra).

CARLOS II de Inglaterra Rey de Inglaterra (Londres, 1630-1685). Era hijo de Carlos I*, destronado y ajusticiado tras su derrota en la guerra civil que le enfrentó al Parlamento (1649); dicha guerra llevó al príncipe al exilio en Francia. Intentó recuperar al menos el Trono de Escocia, en donde contaba con partidarios, pero fue derrotado por Cromwell* en la batalla de Worcester (1651). Hubo de esperar a que muriera Cromwell (1658) para ser entronizado por el general Monk en 1660, quedando así restaurada en Inglaterra la dinastía Estuardo*. En lo exterior, su reinado estuvo marcado por dos nuevas guerras contra Holanda (1665-67 y 1672-74), continuación de la primera de 1652-54. En lo interior, cabe destacar los desastres de la peste (1665) y el gran incendio de Londres (1666). Pero, a la larga, lo más importante fue su enfrentamiento con el Parlamento, que demostró que el poder que éste había adquirido durante la guerra civil de 1642-46 no había desaparecido drásticamente con el regreso de los Estuardo. Carlos intentó restablecer el absolutismo monárquico frente al anterior predominio del Parlamento; no proclamó públicamente su fe católica para evitar nuevos conflictos, pero sí restableció la Iglesia anglicana frente a la hegemonía puritana de tiempos de Cromwell. Sin embargo, el Parlamento impuso su fuerza: rechazó la proposición regia de tolerancia hacia los católicos, a los que excluyó en lo sucesivo de ocupar cargos públicos (1673); y arrancó del monarca la ley de *Habeas Corpus* que garantizaba la libertad individual frente a detenciones arbitrarias. Durante su reinado fue tomando forma la monarquía parlamentaria inglesa, apareciendo los dos grandes partidos que se disputarían el poder en lo sucesivo: los *whigs* (liberales) y los *tories* (conservadores). Le sucedió en el Trono su hermano, Jacobo II*, a quien los *whigs* habían tratado en vano de excluir por su catolicismo.

CARLOS III Rey de Nápoles (1734-59) y de España (1759-88), perteneciente a la Casa de Borbón* (Madrid, 1716-88). Era el tercer hijo de Felipe V*, primero que tuvo con su segunda mujer, Isabel de Farnesio, por lo que fue su hermanastro Fernando VI* quien sucedió a su padre en el Trono español. Carlos sirvió a la política familiar como una pieza en la lucha por recuperar la influencia española en Italia: heredó inicialmente de su madre los ducados de Parma, Piacenza y Toscana (1731); pero más tarde, al conquistar Nápoles Felipe V en el curso de la Guerra de Sucesión de Polonia (1733-35), pasó a ser rey de aquel territorio con el nombre de Carlos VII. La muerte sin descendencia de Fernando VI, sin embargo, hizo recaer en Carlos la Corona de España, que pasó a ocupar en 1759, dejando el Trono de Nápoles a su tercer hijo, Fernando IV.

Superado el «motín de Esquilache» (1766), que fue un estallido tradicionalista instigado por la nobleza y el clero contra los aires renovadores que traía Carlos III, se extendería un reinado largo y fructífero. En cuanto a la política exterior, el tercer Pacto de Familia firmado con Francia en 1761 alineó a España con Francia en su conflicto permanente con Gran Bretaña. Ello llevó a España a intervenir en la Guerra de los Siete Años (1756-63) y en la Guerra de Independencia de los Estados Unidos de América (1775-83); como resultado final de ambas, España recuperó Menorca, pero no Gibraltar (al fracasar el asedio realizado entre 1779 y 1782). A partir de entonces, las dificultades financieras obligaron a volver a la política «pacifista» del reinado de Fernando VI, mientras se ensayaban diversas mejoras en la Hacienda Real, como la emisión de vales reales (primer papel moneda) o la creación del Banco de San Carlos (primer banco del Estado). En la línea del despotismo ilustrado propio de su época, Carlos III realizó importantes reformas —sin quebrar el orden social, político y económico básico— con ayuda de un equipo de ministros y colaboradores ilustrados como Esquilache*, Aranda*, Campomanes*, Floridablanca*, Wall y Grimaldi. Reorganizó el poder local y las Haciendas municipales, poniéndolos al servicio de la Monarquía. Puso coto a los poderes de la Iglesia, recortando la jurisdicción de la Inquisición y limitando —como aconsejaban las doctrinas económicas más modernas— la adquisición de bienes raíces por las «manos muertas»; en esa pugna por afirmar la soberanía estatal expulsó de España a los jesuitas en 1767. Fomentó la colonización de territorios despoblados, especialmente en la zona de Sierra Morena, donde las «Nuevas Poblaciones» contribuyeron a erradicar el bandolerismo, facilitando las comunicaciones entre Andalucía y la Meseta. Reorganizó el ejército, al que dotó de unas ordenanzas (1768) destinadas a perdurar hasta el siglo XX. Creó la Orden de Carlos III para premiar el mérito personal con independencia de los títulos heredados. Protegió las artes y las ciencias; apoyó a las Sociedades Económicas de Amigos del País, en donde se agrupaban los intelectuales más destacados de la Ilustración española; sometió las universidades al patronazgo real y creó en Madrid los Estudios de San Isidro (1770) como centro moderno de enseñanza media destinado a servir de modelo. Creó manufacturas reales para subvenir a las necesidades de la Monarquía (cañones, pólvora, armas blancas, cristal, porcelana…), pero también para estimular en el país una producción industrial de calidad. En esa misma línea, impulsó la agricultura (decretando el libre comercio de granos y organizando cultivos experimentales en las huertas reales de Aranjuez) y el comercio colonial (formando compañías como la de Filipinas y liberalizando el comercio con América en 1778).

Cuando el rey murió en 1788 terminó la historia del reformismo ilustrado en España, pues el estallido de la Revolución francesa al año siguiente provocó una reacción de terror que convirtió el reinado de su hijo y sucesor, Carlos IV* en un periodo mucho más conservador. Y, enseguida, la invasión francesa arrastraría al país a un ciclo de revolución y reacción que marcaría el siglo siguiente, sin dejar espacio para continuar un reformismo sereno como el que había desarrollado Carlos III. Entre los aspectos más duraderos de su herencia quizá haya que destacar el avance hacia la configuración de España como nación, a la que dotó de algunos símbolos de identidad (como el himno y la bandera) e incluso de una capital digna de tal nombre, pues se esforzó por modernizar Madrid (con la construcción de paseos y trabajos de saneamiento e iluminación pública) y engrandecerla con monumentos (de su época datan la Puerta de Alcalá, el Museo del Prado —concebido como Museo de Ciencias— o la inauguración del Jardín Botánico) y con edificios representativos destinados a albergar los servicios de la creciente Administración pública. El impulso a los transportes y comunicaciones interiores (con la organización del Correo como servicio público y la construcción de una red radial de carreteras que cubrían todo el territorio español convergiendo sobre la capital) ha sido, sin duda, otro factor político que ha actuado en el mismo sentido, acrecentando la cohesión de las diversas regiones españolas.

CARLOS IV de Anjou. V. ANJOU, Casa de.

CARLOS IV de España Rey de España (Portici, Nápoles, 1748 - Roma, 1819). Sucedió a su padre, Carlos III*, al morir éste en 1788. Fue un rey poco inclinado a los asuntos de gobierno, que dejó en gran medida en manos de su esposa María Luisa de Parma y del amante de ésta, Manuel Godoy*. Inicialmente siguió el consejo de su padre de mantener en el poder a Floridablanca*, pero en 1792 acabó por sustituirlo, primero por Aranda* y luego por Godoy, que se mantendría como valido hasta el final del reinado. Éste vino marcado por la Revolución francesa de 1789, que puso fin a los proyectos reformistas del reinado anterior y los sustituyó por el conservadurismo y la represión, ante el temor a que tales hechos se propagaran a España. Desde 1792, además, el desarrollo de los acontecimientos en Francia condicionó la política internacional en toda Europa y arrastró también a España: tras la ejecución de Luis XVI* por los revolucionarios, España participó junto a las restantes monarquías europeas en la Guerra de la Convención (1794-95), en la que resultó derrotada por la Francia republicana. Cambió entonces Godoy el signo de la política exterior, alineándose España con Francia por los dos tratados de San Ildefonso (1796 y 1800); en consecuencia, España colaboró con Francia en su guerra contra Inglaterra de 1796-97, de nuevo en 1801 atacando a Portugal (Guerra de las Naranjas, que proporcionó a España la población de Olivenza) y, por último, en 1805, poniendo la flota española a disposición de Francia para enfrentarse a Gran Bretaña en la batalla de Trafalgar (en la que se perdió la escuadra). Con tal sucesión de guerras se agravó hasta el extremo la crisis de la Hacienda; y los ministros de Carlos IV se mostraron incapaces de solucionarla, pues el temor a la revolución les impedía introducir las necesarias reformas, que hubieran lesionado los intereses de los estamentos privilegiados, alterando el orden tradicional. Esa descomposición de la Monarquía se agudizó tras el Motín de Aranjuez (1808), por el que el príncipe heredero, Fernando VII*, apartó a su padre del Trono y se puso en su lugar. Carlos llamó entonces en su auxilio a Napoleón*, con quien había acordado poco antes dejar paso libre a las tropas francesas para invadir Portugal y luego repartírselo entre ambos; pero, aprovechando la debilidad de los Borbones* españoles, Napoleón prefirió ocupar también España (dando comienzo la «Guerra de la Independencia», 1808-14) y se llevó a la familia real a Bayona (Francia); allí hizo que Fernando devolviera la Corona a Carlos, que a su vez se la cedió a Napoleón —como le había prometido—, para que éste terminara por entregarla a su hermano José I*. Carlos permaneció prisionero de Napoleón hasta la derrota final de éste en 1814; pero en aquel año fue Fernando VII el repuesto en el Trono español, manteniendo a su padre desterrado por temor a que le disputara el poder. Carlos y su esposa murieron exiliados en la corte papal.

CARLOS V de Alemania. V. CARLOS I de España.

CARLOS V de Francia, *el Sabio.* V. VALOIS, Casa de.

CARLOS VI de Alemania Emperador de Alemania, archiduque de Austria (con el nombre de Carlos II) y aspirante al Trono de España (Viena, 1685-1740). Hijo de Leopoldo I de Austria y de su tercera mujer, era —por tanto— bisnieto del rey español Felipe III*, lo cual le permitió reclamar sus derechos a la Corona de España cuando ésta quedó vacante por la muerte sin descendencia de Carlos II* (1700). El *archiduque* representó así las aspiraciones de la Casa de Habsburgo* a recuperar la herencia de su extinta rama española, enfrentándose a los Borbones* de Francia —que sostuvieron la candidatura del que luego sería Felipe V*— en la Guerra de Sucesión española (1701-14), a la vez guerra civil y guerra internacional europea. Tras la muerte de su hermano, José I, recayeron sobre Carlos el Trono de Austria y la Corona imperial de Alemania (1711); al mismo tiempo, la suerte de las armas le era desfavorable en la península Ibérica, donde los apoyos que tenía en los reinos de la Corona de Aragón no habían sido suficientes para impedir el triunfo de los Borbones. Por tanto, por el Tratado de Rastatt (1714) renunció al Trono español (que reclamaba desde 1703), obteniendo a cambio para Austria importantes concesiones territoriales en Italia y los Países Bajos, que reconocían su victoria en la guerra fuera de la Península. Al no tener herederos varones, cambió la legislación sucesoria para asegurar el Trono a su hija María Teresa* (Pragmática Sanción de 1713), lo que no impidió que, a su muerte, se desatara la Guerra de Sucesión austriaca (1740-48).

CARLOS VI de Francia, *el Loco.* V. VALOIS, Casa de.

CARLOS VII de Francia, *el Victorioso.* V. VALOIS, Casa de.

CARLOS VII de Nápoles. V. CARLOS III de España.

CARLOS VIII de Francia. V. VALOIS, Casa de.

CARLOS IX Rey de Francia, perteneciente a la Casa de Valois* (Saint-Germain-en-Laye, 1550 - Vincennes, 1574). Heredó el Trono a la muerte de su hermano Francisco II, con sólo diez años. Hasta 1563 gobernó como regente su madre, Catalina de Médicis*, que siguió ejerciendo una gran influencia sobre él una vez declarado mayor de edad. Durante su reinado continuaron en Francia las guerras de religión, conflicto civil que enfrentaban a los católicos (liderados por los Guisa y apoyados por España) contra los protestantes o hugonotes (liderados por Condé y Coligny, y apoyados por Inglaterra y algunos príncipes alemanes). Carlos, aconsejado siempre por su madre, intentó poner fin al enfrentamiento mediante la Paz de Saint-Germain de 1570 (que concedía libertad de culto a los hugonotes) y el matrimonio de su hermana Margarita con el hugonote Enrique de Navarra (futuro Enrique IV*). Pero la tensión continuó en la propia corte: la influencia adquirida sobre el rey por Coligny provocó las iras de los católicos, que realizaron una sangrienta matanza en la que murieron unos 20.000 hugonotes (la «Noche de San Bartolomé» de 1572). Los protestantes que sobrevivieron se refugiaron en la plaza de La Rochela, desde donde reanudaron la guerra civil. Carlos murió poco después sin descendencia legítima, heredando el Trono su hermano Enrique III.

CARLOS X Rey de Francia, último de la Casa de Borbón* (Versalles, 1757 -

Gorizia, Venecia, 1836). Hermano menor de Luis XVI* y de Luis XVIII*, sucedió a este último en 1824; hasta entonces se le conocía como conde de Artois. Durante la época de la Revolución francesa (1789-1814) había permanecido en el exilio, desde donde intrigó continuamente en busca de apoyos para la causa monárquica. Con la restauración de la monarquía borbónica, regresó a Francia, manteniéndose apartado de la política bajo el reinado de Luis XVIII (1814-24). No obstante, a su alrededor se agruparon los *ultras,* partidarios de restablecer el absolutismo del Antiguo Régimen como si la Revolución no hubiera existido. Luego, su reinado (1824-30) estuvo marcado por esa tendencia reaccionaria, ejecutada por sus ministros Villèle y Polignac. La impopularidad que alcanzó tal política inmovilista y atávica provocó una nueva revolución de carácter liberal en julio de 1830, que le arrebató el Trono en favor de Luis Felipe de Orléans* e instauró una monarquía de tipo constitucional. De nada sirvió un último intento de Carlos de salvar a la dinastía abdicando en su nieto, el futuro conde de Chambord; hubo de partir al exilio, de donde nunca regresaría.

CARLOS XIV de Suecia. V. **BERNADOTTE, Jean-Baptiste.**

CARLOS ALBERTO I Rey de Piamonte-Cerdeña (Turín, 1789 - Oporto, 1849). Este reino, creado por el Congreso de Viena (1815) para prevenir el resurgimiento de Francia, estaba sometido a la tutela del Imperio Austriaco, que actuaba en toda Italia como guardián del orden de la Restauración contra las tentativas liberales y nacionalistas. Carlos Alberto era miembro de una rama secundaria de la Casa de Saboya, que reinaba en el Piamonte; educado en París y en Ginebra, se sentía cercano a las ideas liberales y a las aspiraciones nacionalistas de unificar Italia, que compartía con sociedades secretas como la de los *Carbonarios,* con las que mantenía contactos amistosos. Sin embargo, debía disimular tales inclinaciones para ganarse la aprobación austriaca si quería algún día acceder al Trono; su conducta oscilante se explica por esta contradicción entre sus convicciones y las conveniencias. Ya en 1821 tuvo una primera experiencia de poder: las revueltas liberales que estallaron en varias ciudades forzaron a abdicar al rey Víctor Manuel I y, en tanto acudía a Turín su sucesor Carlos Félix, la Regencia recayó en Carlos Alberto. Aprovechó la presión popular para otorgar una Constitución avanzada, que seguía el modelo de la española de 1812 (la «Constitución de Cádiz»). Esta actitud disgustó a los austriacos, que le hicieron retirar la Constitución y restablecieron el absolutismo monárquico con la llegada de Carlos Félix. Con la intención de borrar la imagen revolucionaria que había dado, Carlos Alberto participó en la expedición de los «Cien mil hijos de San Luis», que invadió España en 1823 para poner fin al Trienio Constitucional. Su momento llegó, por fin, en 1831: al morir Carlos Félix se extinguió la rama principal de los Saboya y la Corona piamontesa recayó sobre Carlos Alberto. Siempre atrapado por sus contradicciones, firmó una alianza con Austria e intentó agradar a su gobierno reprimiendo con dureza a liberales y nacionalistas; pero, al mismo tiempo, procuraba convencer a los revolucionarios de que compartía sus aspiraciones. Hasta 1842, sin embargo, no dio el giro político que le convertiría en campeón de la causa del nacionalismo italiano contra la dominación «alemana» (austriaca), que era a la vez la causa de las reformas liberales contra el despotismo monárquico. Carlos Alberto protegió y alentó en su reino la actividad propagandística de nacionalistas como Cavour* y defendió la idea de formar una confederación italiana encabezada por el papa. El estallido revolucionario de 1848, que sacudió a toda Europa, le proporcionó la ocasión para dar un paso adelante, otorgando al Piamonte una constitución moderadamente liberal —el *Estatuto Real*— que, en 1861, se convertiría en la primera Constitución de la Italia unificada. Al mismo tiempo, quiso asumir el protagonismo de la unificación, declarando la guerra a Austria, pero rechazando la ayuda militar que le ofrecía Francia por su convicción de que la unificación debía ser obra de los propios italianos (que expresó en el lema *Italia fara da se)*. En 1849 fue derrotado por los austriacos en la batalla de Novara y se vio obligado a abdicar en su hijo Víctor Manuel II* y exiliarse en Portugal. No obstante, el sistema político del Estatuto pervivió, convirtiendo al Piamonte en un modelo de monarquía constitucional para los nacionalistas, que apoyarían la unificación de Italia bajo su liderazgo en la década siguiente.

CARLOS MARÍA ISIDRO DE BORBÓN Pretendiente al Trono español que patrocinó la escisión «carlista» de la Casa de Borbón*, llamado por sus partidarios «Carlos V de España» o simplemente «don Carlos» (Madrid, 1788 - Trieste, 1855). Era hijo de Carlos IV* y hermano menor de Fernando VII*, con quien compartió el exilio en Valençay durante la Guerra de la Independencia (1808-14). Como heredero del Trono en caso de fallecer su hermano, don Carlos se fue convirtiendo en la cabeza visible de los *realistas* o *apostólicos*, monárquicos ultraconservadores que consideraban que la restauración absolutista de Fernando VII había sido demasiado blanda; probablemente alentó varias conspiraciones y rebeliones, tanto contra los gobiernos liberales del Trienio Constitucional (1820-23) como contra la política seguida por su hermano durante la «Ominosa Década» (1823-33). La discrepancia política se vio reforzada al estallar el pleito sucesorio, pues Fernando sólo tuvo descendencia femenina, la futura Isabel II*, nacida en 1830. En virtud del Auto Acordado dado por Felipe V* al acceder al Trono español (1713) las hembras habían quedado excluidas de la sucesión a la Corona, según Ley Sálica, por la que se regían los Borbones franceses, lo cual privaba de derechos a la princesa Isabel; pero las Cortes que habían jurado como rey a Carlos IV en 1789 habían anulado aquella disposición, restableciendo la norma tradicional castellana de las *Partidas* por la que las hembras tenían preferencia como herederas sobre los varones si eran de mejor línea y grado, como era el caso de Isabel con respecto a don Carlos. Como quiera que aquella disposición se había mantenido en secreto, don Carlos y sus partidarios encontraron audiencia para argumentar sobre sus derechos al Trono. Una Pragmática de Fernando VII zanjó la cuestión en 1830, abriendo a Isabel el camino del Trono, momento del que data el enfrentamiento abierto entre las dos ramas de la familia real. Aprovechando una enfermedad del rey, los partidarios de don Carlos consiguieron la revocación de la Pragmática (sucesos de La Granja, 1832), que Fernando VII volvería a firmar una vez restablecido; por aquellos sucesos, Carlos hubo de exiliarse en Portugal. En 1833 se negó a regresar para jurar como heredera a la princesa Isabel y cuando, poco después, murió el rey, proclamó su derecho al Trono, dando comienzo la Primera Guerra Carlista (1833-40). Detrás del pleito sucesorio, aquella larga guerra civil enfrentó a los partidarios de mantener la monarquía absoluta del Antiguo Régimen —los *carlistas*— contra los defensores del Trono de la reina niña Isabel bajo la regencia de su madre, María Cristina de Borbón*, los *isabelinos* o *cristinos,* en cuyas filas se agruparon los liberales dispuestos a implantar en España una monarquía constitucional inspirada en los modelos de Inglaterra y Francia. Don Carlos participó activamente en la guerra: entró en España por Navarra, donde se encontraba el grueso de sus partidarios (1834), e incluso recorrió la Península al frente de una *Expedición Real* que, si bien llegó hasta las puertas de Madrid, no despertó entre las masas la acogida entusiasta que el pretendiente esperaba (1837). Fracasada la expedición y perdida luego la guerra, don Carlos huyó a Francia, cuyo gobierno le confinó en Bourges (1839). En 1845 abdicó en su hijo Carlos Luis, conde de Montemolín (Carlos VI), y se estableció en Italia. La causa carlista siguió viva, encabezada por Montemolín y, desde su muerte en 1861, por su sobrino Carlos (VII)*, dando lugar a otras dos guerras civiles.

CARLOS MARTEL Fundador de la dinastía Carolingia*, que reinó en Francia y Alemania entre los siglos VIII y X —aunque él mismo no recibió nunca título de rey— (?, h. 688 - Quierzy-sur-Oise, Francia, 741). Carlos era hijo bastardo del mayordomo de Austrasia, Pipino II de Herstal, que se hizo con la gobernación del reino franco aprovechando la debilidad de los últimos soberanos Merovingios*. Sucedió a su padre en el 714, pasando por delante de los hijos legítimos de aquél. Tras hacer frente a las tendencias secesionistas de Neustria, sometió Frisia, Sajonia, Turingia y Baviera, restableciendo la unidad del reino franco y extendiendo sus dominios. Pero su lugar en la Historia se lo debe, sobre todo, a su victoria en la batalla de Poitiers (732), en la que derrotó al emir árabe Abderramán, deteniendo el avance del Islam hacia Occidente. Aprovechó la victoria para someter las regiones meridionales del reino, Provenza y Aquitania (cuyo duque había sucumbido al avance musulmán). De esa época data su sobrenombre de *Martel,* que alude a la fuerza con que modeló, como un martillo, la Europa de su tiempo. Aunque de hecho fue un rey, no se atrevió a asumir la soberanía en detrimento de los Merovingios, paso que daría su hijo; él se limitó a titularse mayordomo único del reino de los francos (desde el 737). Su costosa obra de unificación territorial estuvo a punto de desaparecer tras su muerte, pues dejó repartidos sus dominios entre sus hijos Carlomán y Pipino. Sólo la posterior retirada de Carlomán a un monasterio (751) reunificó la herencia carolingia en el que sería primer rey de la dinastía, Pipino, *el Breve*.

CARLYLE, Thomas Escritor e historiador británico, uno de los principales críticos de la Inglaterra de la reina Victoria* (Ecclefechan, Escocia, 1795 - Edimburgo, 1881). Introdujo en su país el idealismo alemán como base intelectual para un severo ataque al materialismo y al utilitarismo imperantes tras el triunfo de la «revolución industrial» (por ejemplo en *Pasado y presente,* de 1843, donde resalta el contraste entre el mundo moderno y una idealizada comunidad religiosa de la Edad Media). John Stuart Mill* le animó a escribir *La Revolución francesa* (1837), que sería su principal trabajo histórico: rechazando la mera narración objetiva de acontecimientos, optó por una historiografía apasionada, en la que el autor transmitiera el «espíritu» de la época; el resultado fue brillante gracias a las cualidades literarias de Carlyle, que consiguió un libro animado y convincente. Su visión de la historia y de la literatura le llevó a centrarse en la figura del héroe (1841) y a estudiar a dos de ellos: Cromwell* (1845) y Federico *el Grande** (1865). Al defender la necesidad de un liderazgo heroico frente a las tendencias democráticas e igualitarias de su tiempo, Carlyle ha sido interpretado a veces como valedor intelectual de las dictaduras.

CARNEGIE, Andrew Empresario americano (Dunfermline, Escocia, 1835 - Lennox, Massachusetts, 1919). Procedía de una familia pobre que emigró a Estados Unidos en 1848. Tuvo una educación autodidacta, al tiempo que se ganaba la vida en oficios duros e iba ahorrando para adquirir participaciones en pequeños negocios de su ciudad, Pittsburgh. En 1865-70 hizo una primera fortuna negociando con bonos de compañías ferroviarias y con productos siderúrgicos. Luego se concentró en la fabricación de acero, invirtiendo a pesar de la «gran depresión» de 1873, hasta dominar el sector hacia 1880. Carnegie representa, pues, el prototipo del «hombre hecho a sí mismo», ideal humano típicamente norteamericano que sólo era posible en aquel contexto histórico de mercado libre, prácticamente sin impuestos ni regulaciones. Las empresas de Carnegie siguieron creciendo en los años ochenta, de la mano de su socio H. C. Frick, quien le hizo comprender la necesidad de la integración vertical: además de la mayor parte de la siderurgia de Pennsylvania, por tanto, adquirió minas de hierro, navieras y ferrocarriles adaptándose así a las nuevas tendencias monopolistas que se impusieron en la economía de finales del siglo XIX. No obstante, rehusó llegar a acuerdos de reparto de mercado entre las grandes compañías, en defensa del viejo ideal del capitalismo competitivo. Esta postura le enzarzó en una desafortunada «guerra» con el poderoso grupo de J. P. Morgan*, que le llevó a extender sus actividades hacia el oeste del país y a nuevos sectores, formando la U. S. Steel Corporation (1901). Derrotado, vio cómo el grupo era adquirido por sus adversarios; pero ello le permitió dedicarse por completo a sus actividades filantrópicas y de mecenazgo, iniciadas años atrás: dotó bibliotecas públicas e instituciones educativas, financió expediciones arqueológicas, creó museos, salas de conciertos y centros de investigación, así como una organización para luchar por la desaparición de las guerras.

CARNOT, Familia. Dinastía de ingenieros y políticos franceses.
LAZARE NICOLAS (1753-1823) fue el más importante, por su actividad política. Este ingeniero militar participó en la Revolución francesa como diputado y como miembro del Comité de Salva-

ción Pública que ejerció la dictadura en 1793-94. A él se debe en gran parte la decisión de la «leva en masa» (1793), por la cual se creó el modelo de ejército de ciudadanos que, tras determinar la superioridad militar de Francia, habrían de seguir todos los países occidentales en el siglo XIX. Reformó profundamente el ejército, haciéndolo capaz de responder a las amenazas que parecían destinadas a acabar con la Francia revolucionaria en 1793 (con los austriacos marchando sobre París y la flota británica operando en el Mediterráneo); tras las victorias obtenidas en 1794 sobre los austriacos (en Fleurus) y los británicos (en Tolón), se le llamó «el organizador de la victoria». Aprovechó su prestigio para poner fin a la dictadura de Robespierre* y Saint-Just*, participando en el «golpe de *thermidor*», que le convirtió en miembro del Directorio gobernante desde 1795. Sin embargo, en 1797 fue apartado del poder por el llamado «golpe de *fructidor*», obra de Barras*. Volvió del exilio para servir a Napoleón* como ministro de la Guerra (1800), pero rompió con él cuando transformó la institución del Consulado en una monarquía. En 1814, cuando los aliados avanzaban hacia Francia, se ofreció de nuevo a Napoleón y participó en la defensa; permaneció a su lado durante el «Imperio de los cien días» (1815) y fue desterrado por el régimen de Luis XVIII* (1816). Su hijo NICOLAS LÉONARD SADI (1796-1832), también ingeniero militar, es considerado uno de los fundadores de la termodinámica (autor del «principio de Carnot» sobre la transformación del calor en movimiento). Su hermano LAZARE HIPPOLYTE (1801-88), abogado, se dedicó a la política, llegando a ser uno de los dirigentes del partido republicano. Fue diputado desde 1839, participó en la Revolución de 1848 y fue ministro de Instrucción Pública de la Segunda República. También fue diputado bajo el Segundo Imperio (1863) y en la Asamblea Nacional de 1871, y senador de la Tercera República (1875). Su hijo FRANÇOIS MARIE SADI (1837-94), ingeniero civil, también se dedicó a la política. Fue miembro de la Asamblea Nacional de 1871 y luego diputado de la Tercera República (desde 1876). En 1885 ocupó brevemente el Ministerio de Finanzas. La caída del presidente Jules Grévy puso a Carnot al frente de la coalición republicana de izquierdas que había servido para desbaratar las intenciones dictatoriales de Boulanger*: en 1887 fue elegido presidente de la República, cargo que mantuvo hasta su asesinato en Lyon por un anarquista italiano.

CAROL I de Rumania. V. CARLOS I.

CAROLINGIA, Dinastía Familia reinante entre mediados del siglo VIII y comienzos del X en la práctica totalidad de Europa occidental (a excepción de la península Ibérica, el sur de Italia y las Islas Británicas). Recibe su nombre de los dos personajes más destacados de la dinastía, Carlos *Martel** y Carlomagno*. Originariamente era una familia noble germánica instalada en Austrasia, en la zona entre los ríos Mosa y Rin; un primer intento de arrebatar el Trono a los Merovingios* a mediados del siglo VII se saldó con un fracaso, sin que las represalias afectaran al patrimonio familiar. En lo sucesivo, la familia prefirió crecer al amparo de la monarquía merovingia, cuya descomposición dejaba el poder efectivo en manos de los mayordomos de los palacios de los distintos territorios:

Pipino II de Herstal (679-714), mayordomo de Austrasia, consiguió hacerse con la gobernación del reino franco al derrotar al mayordomo de Neustria y Borgoña. Su hijo bastardo **Carlos Martel** (714-41) restableció la unidad del reino frente a las tendencias secesionistas de Neustria y Aquitania. Al morir repartió sus dominios entre sus hijos Carlomán (Austrasia, Suabia y Turingia) y Pipino (Neustria, Borgoña y Provenza); Aquitania y Baviera serían compartidas. En el 751 ambos destronaron al último rey Merovingio, Childerico III; Carlomán se retiró a un monasterio y **Pipino, el Breve*** (751-68) asumió la soberanía, haciéndose reconocer por los nobles y coronar por el papa. De nuevo dividió sus estados al morir entre sus hijos, Carlos y Carlomán; pero antes de que estallara el enfrentamiento entre ambos, murió Carlomán (771), quedando como soberano único **Carlomagno*** (768-814), quien se haría coronar emperador en el año 800. Con él llegó la dinastía a su apogeo. Le sucedió su hijo **Luis I**, *el Piadoso (Ludovico Pío)* (814-40). Por la *Ordinatio Imperii* del 817 asoció al Trono a su primogénito **Lotario I** (840-55), que heredaría la dignidad imperial y el gobierno de la mayor parte del territorio. Pero creó un principio de división al otorgar a sus hijos menores el gobierno de Aquitania (Pipino) y de Baviera y la Marca Oriental (Luis, *el Germánico*); la división se acrecentó al desgajar después el reino de Alemania para el hijo que tuvo de su segunda mujer (Carlos II, *el Calvo*). Las luchas entre los hermanos se extendieron desde el 830 hasta el 843, cuando el Tratado de Verdún dividió el Imperio Carolingio en tres reinos de similar extensión para los tres hijos de Luis I supervivientes (Pipino había muerto antes que su padre): en esa división se halla el origen de las actuales Francia (el reino occidental, entregado a Carlos), Alemania (el reino oriental, entregado a Luis) y un reino central entregado a Lotario (la Lotaringia, de cuyo nombre proviene la denominación de la región de Lorena), constituido por una franja que unía los Países Bajos con el norte de Italia. Desde ese momento, la dinastía carolingia se divide en tres ramas, instaladas sobre otros tantos reinos.

La Lotaringia no sobrevivió al reinado de Lotario I (843-55), que nominalmente había ostentado el título imperial. Al morir repartió sus estados entre sus hijos Luis II (Italia y el título imperial), Lotario II (los Países Bajos y Lorena) y Carlos (Borgoña y Provenza).

El reino oriental de **Luis II** *el Germánico* (843-75) también se dividió a su muerte entre sus hijos Carlomán (Baviera y marcas surorientales), Luis III (Baja Franconia, Turingia y Sajonia) y Carlos III, *el Gordo* (Alemania). Tras un periodo de luchas fratricidas, este último reunificó el reino al morir sus hermanos (881). No obstante, fue obligado a abdicar por la nobleza, que elevó a un hijo de Carlomán, **Arnulfo de Carintia** (887-99); le sucedió su hijo **Luis**, *el Niño* (900-911), último rey carolingio de Alemania; tras su muerte, los grandes eligieron un rey ajeno a la familia.

En cuanto al reino occidental, **Carlos I de Francia y II de Alemania,** *el Calvo* (843-877) heredó Italia de Luis II y fue coronado emperador en el 875. Su heredero **Luis II,** *el Tartamudo* (877-79) repartió el reino entre sus dos hijos, **Luis III** (879-82) y **Carlomán** (879-84); la temprana muerte de estos tres monarcas dio paso a un periodo de disgregación, con la independencia de la Alta y de la Baja Borgoña. El rey alemán Carlos III, *el Gordo,* fue elegido rey de Francia como **CARLOS II** (884-87), lo que teóricamente apuntaba hacia una recomposición de la unidad del Imperio Carolingio; pero su pasividad ante los ataques normandos y ante la fragmentación feudal del poder, facilitó el acceso al Trono de varios soberanos de la dinastía Capeto*. Hubo aún varios reyes Carolingios más en Francia, antes de su definitiva sustitución por los Capeto; fueron: **CARLOS III**, *el Simple* (893-922), **LUIS IV** *de Ultramar* (936-54), **LOTARIO** (954-86) y **LUIS V** (986-87).

CARRERO BLANCO, Luis Marino español, dirigente del régimen de Franco* (Santoña, Santander, 1903 - Madrid, 1973). Director de la Escuela Naval de Guerra de Madrid en el momento de estallar la Guerra Civil (1936), se unió en cuanto pudo a los militares sublevados contra la República. Tras acabar la guerra en 1939, Carrero se convirtió en un hombre de confianza de Franco, que le destinó a la subsecretaría de la Presidencia del Gobierno. Desde entonces abandonó su dedicación a la Marina para servir lealmente al dictador en puestos políticos (consejero nacional del Movimiento desde 1940, vicepresidente de las Cortes desde 1943…). Desde 1951 su cargo adquirió rango de Ministerio, desempeñando la secretaría del Consejo de Ministros y —en la práctica— el encargo interino de los demás ministerios durante las ausencias de sus titulares. Su promoción continuó con la elevación a la vicepresidencia del Gobierno en 1967, mientras el régimen no paraba de cubrirle de honores: aunque apartado de la milicia, fue ascendiendo en su carrera militar, hasta llegar a almirante en 1966; aficionado a escribir, el régimen no dudó en otorgarle el Premio Nacional de Literatura en 1947, pues si bien carecía de méritos intelectuales, su tradicionalismo católico y nacionalista era muy del gusto de Franco. En 1973 el dictador le cedió la Presidencia del Gobierno (mientras él se reservaba la Jefatura del Estado), perfilándose Carrero como el heredero llamado a perpetuar la dictadura tras la desaparición de Franco. Un atentado con bomba, que acabó con su vida, impidió tal posibilidad.

CARRILLO SOLARES, Santiago Político comunista español (Gijón, Asturias, 1915 -). Hijo de un destacado militante socialista, siguió inicialmente los pasos de su padre ingresando en las Juventudes Socialistas, de las que llegaría a ser secretario general en 1934. Trabajó como periodista en *El socialista* desde 1928. En 1934 participó en la fracasada Revolución de Octubre en Asturias, por lo que pasó dos años en la cárcel. En 1936 promovió la unificación de las organizaciones juveniles socialista y comunista, formando las Juventudes Socialistas Unificadas (JSU); poco después ingresaba en el Partido Comunista de España (PCE), arrebatando así al PSOE su militancia juvenil; en 1937 entró en el Comité Central del PCE. Durante la Guerra Civil española (1936-39) fue miembro de la Junta de Defensa de Madrid. Al acabar la guerra marchó al exilio, desde donde siguió participando en la dirección del partido, sobre todo desde que, en 1960, sucedió a Dolores Ibárruri* como secretario general. En sintonía con sus protectores soviéticos, decidió liquidar la resistencia guerrillera contra el franquismo y promover la idea de una «reconciliación nacional» (1956), así como expulsar del partido a los llamados «desviacionistas de derechas» (Jorge Semprún, Fernando Claudín...) en 1964. Desde la invasión soviética de Checoslovaquia (1968), que Carrillo condenó, empezó a apartarse de las directrices de Moscú y a alinearse con el Partido Comunista Italiano de Berlinguer* en una línea de independencia conocida como *eurocomunismo*. Al morir Franco* en 1975, Carrillo hizo valer el prestigio y la fuerza que los comunistas habían alcanzado en la lucha por las libertades: entró clandestinamente en España, se hizo detener y fue liberado doce días después (1976), como preámbulo de la legalización del PCE (9 de abril de 1977), que fue uno de los pasos más importantes en la transición a la democracia. Previamente, Carrillo había impuesto al Partido una política de moderación y había ofrecido toda clase de garantías de comportamiento democrático y gestos conciliadores (como la aceptación de la bandera nacional). Desde las primeras elecciones democráticas (1977) fue elegido diputado por Madrid (reelegido en 1979 y 1982); pero los mediocres resultados electorales del partido y el goteo de abandonos de personalidades de talante «renovador» le llevaron a dejar la Secretaría General en manos de un hombre más joven, Gerardo Iglesias, en 1982. Previamente había impulsado el abandono de la ideología leninista (lo que provocó escisiones del partido por la izquierda, sobre todo en Cataluña); su actitud de creciente acomodo a la realidad le fue alejando incluso del marxismo, de modo que llegó a preconizar un acercamiento al Partido Socialista; el enfrentamiento con la dirección del PCE le lle-

vó a ser expulsado del partido en 1986. Con sus seguidores más fieles formó entonces un grupúsculo llamado Partido de los Trabajadores de España, que se fusionó con el PSOE en 1991 tras un total fracaso en las urnas. Él mismo, sin embargo, no dio ese paso, sino que se retiró de la política activa, manteniendo una audiencia entre la opinión pública como testigo lúcido de la lucha contra el franquismo, de la transición a la democracia y de la política española en general.

CARTER, *Jimmy* (James Earl Carter) 39.º presidente de los Estados Unidos de América (Plains, Georgia, 1924 -). De su dedicación original al cultivo del cacahuete (símbolo de su posterior campaña electoral), pasó a la política profesional en las filas del Partido Demócrata, que le llevó a ser senador en 1962-66. Como gobernador de Georgia (1970-74) destacó por su política en favor de los derechos de los negros y de las mujeres. En 1977 obtuvo la Presidencia tras derrotar por estrecho margen al anterior presidente y candidato republicano, Gerald Ford, gracias en parte al descrédito en que habían caído los republicanos por los tropiezos de Nixon* y su precipitada retirada a causa del caso *Watergate*. Durante su mandato, Carter dio un giro radical a la política exterior de Estados Unidos: la defensa de la democracia y de los derechos humanos a escala internacional contribuyó, por ejemplo, a la caída del dictador Somoza* en Nicaragua; reivindicó por primera vez los derechos del pueblo palestino ante las autoridades israelíes; y consiguió que Egipto e Israel firmaran una paz duradera (Camp David, 1979). Pero la opinión pública americana desautorizó dicha política como un exceso de debilidad, especialmente visible ante la revolución islámica de Jomeini* y el secuestro de los funcionarios de la embajada americana en Irán, que enturbió los últimos meses de su mandato. Las elecciones de 1980 dieron un triunfo clamoroso al candidato republicano, Ronald Reagan*. Desde su retiro en 1981, Carter ha rentabilizado su prestigio político actuando como observador imparcial en procesos electorales del Tercer Mundo y como mediador en conflictos internacionales.

CARTIER, Jacques Explorador francés (Saint-Malo, Bretaña, 1491-1557). Navegante de gran pericia (había navegado ya probablemente por Brasil y Terranova), en 1534 fue encargado por Francisco I* de buscar una ruta que comunicara Europa con Asia por el norte de América (el «paso del noroeste»), para eludir el control establecido por los españoles sobre aquel continente. No lo consiguió, pero en su viaje exploró las costas de Terranova, Nueva Brunswick y Canadá, cuyos mares venían siendo frecuentados desde antiguo por pescadores bretones y normandos. En un segundo viaje (1535) penetró por el río San Lorenzo, tomó posesión de la zona de Quebec y creó los primeros asentamientos franceses en Norteamérica (en la península de Gaspé). A él se debe parte de la toponimia de la zona, como el propio nombre de Canadá y el del río San Lorenzo, o el del estrecho de Jacques Cartier. Durante un tercer viaje en 1541, comprendió que las tierras descubiertas carecían de valor según los criterios de la época (puesto que no aportaban metales ni piedras preciosas). No obstante, sus exploraciones fueron el origen de la posterior presencia francesa en Canadá, que se prolongó hasta 1763 y determinó la existencia de la provincia francófona de Quebec hasta nuestros días.

CASANOVA, Giacomo (Giacomo Jacopo Girolamo Casanova de Saingalt) Aventurero italiano (Venecia, 1725 - Dux, Bohemia, 1798). Hijo de actores, empezó una carrera eclesiástica interrumpida por su expulsión del seminario (1743). Después, perseguido por practicar la magia, fue trasladándose de ciudad en ciudad; y se labró una reputación como jugador, amante y libertino. Se hizo francmasón en 1750, lo cual le proporcionó relaciones en los círculos aristocráticos europeos; pero no evitó que, en 1755, le juzgaran y encarcelaran en su ciudad natal por ateísmo, magia negra y conducta licenciosa. Tras escaparse de la cárcel volvió a la vida nómada y alegre de antes, frecuentando las cortes europeas y relacionándose con personajes como Federico II de Prusia*, Catalina II de Rusia* o Voltaire*. Fue un gran embaucador, capaz de ganarse a la gente con la que entraba en contacto por sus dotes de conversador y su atractivo personal; pero a partir de 1763 su éxito en los medios cortesanos comenzó a decaer, siendo denostado como charlatán e impostor. De 1774 a 1782 se vio obligado a trabajar para la República de Venecia como informador o agente secreto; y luego, desde 1785 hasta el final de su vida, vivió de la protección del conde de Waldstein en su castillo de Dux. Allí redactó unas memorias en las que, aparte de jactarse de haber conquistado a 122 mujeres, retrató la vida cosmopolita y extravagante de la alta sociedad europea anterior a la Revolución francesa.

CASAS, Bartolomé de Las. V. LAS CASAS, Bartolomé de.

CASTAÑOS Y ARAGORRI, Francisco Javier, duque de Bailén Militar español, símbolo de la resistencia contra los franceses en la Guerra de la Independencia de 1808-14 (Madrid, 1756-1852). Era comandante general del Campo de Gibraltar cuando se produjo la invasión francesa en 1808; enseguida se puso al servicio de la Junta de Sevilla, que le nombró capitán general de Andalucía. Como tal derrotó a las tropas de Dupont en la batalla de Bailén de aquel mismo año, que expulsó temporalmente a los franceses de la Península y que tuvo una gran resonancia en Europa, por constituir la primera derrota del hasta entonces invencible Napoleón Bonaparte*. Nombrado duque de Bailén por aquella victoria, Castaños se convirtió en un símbolo nacional una vez acabada la guerra, a pesar de que ya no obtuvo más éxitos militares: presidió las últimas Cortes castellanas del Antiguo Régimen, convocadas por Fernando VII* en 1833 para jurar como heredera del Trono a la princesa Isabel (la futura Isabel II*), así como el Consejo de Estado creado para garantizar la sucesión (1832-34). Luego sostuvo el Trono de la «reina niña» frente a las pretensiones de su tío Carlos María Isidro*, aceptando colaborar con la Regencia de María Cristina de Borbón en cargos honoríficos de tanta representación como poco poder: fue presidente de la cámara alta creada por el Estatuto Real de 1834 (el *Estamento de Próceres*), tutor de Isabel en 1843 y senador vitalicio desde 1845.

CASTELAR Y RIPOLL, Emilio Político español, último presidente de la Primera República (Cádiz, 1832 - San Pedro del Pinatar, Murcia, 1899). Tras estudiar Derecho y Filosofía en la Universidad de Madrid, obtuvo una cátedra de Historia Filosófica y Crítica de España (1857) y se dedicó a la lucha política, canalizada a través del periodismo (pasó por varios periódicos hasta fundar el suyo propio en 1864: *La Democracia*). Defendía un republicanismo democrático y liberal, que le enfrentaba a la tendencia más socializante de Pi y Margall*. Desde esas posiciones luchó tenazmente contra el régimen de Isabel II*, llegando a criticar directamente la conducta de la reina en su artículo «El rasgo» (1865). En represalia por aquel escrito fue cesado de su cátedra, arrastrando en su caída al rector de la Universidad de Madrid; las protestas estudiantiles contra su cese fueron reprimidas por el gobierno de forma sangrienta (la «Noche de San Daniel»). Luego intervino en la frustrada insurrección del Cuartel de San Gil de 1866, también reprimida por el gobierno; consiguió huir a Francia al tiempo que recaía sobre él una condena a muerte. Participó en la Revolución de 1868 que destronó a Isabel II, pero no consiguió que condujera a la proclamación de la República. Fue diputado en las inmediatas Cortes constituyentes, en las que destacó por su capacidad oratoria, especialmente a raíz de su defensa de la libertad de cultos (1869). Siguió defendiendo la opción republicana dentro y fuera de las Cortes hasta que la abdicación de Amadeo de Saboya* provocó la proclamación de la República (1873). Durante el primer gobierno republicano, presidido por Estanislao Figueras*, ocupó la cartera de Estado, desde la que adoptó medidas como la eliminación de los títulos nobiliarios o la abolición de la esclavitud en Puerto Rico. Pero

Abd el-Krim: «En 1921, convertido ya en el máximo dirigente anticolonial de Marruecos, organizó la sublevación general del Rif; las tropas españolas, derrotadas en Annual, hubieron de replegarse, mientras Abd el-Krim se erigía en emir de un territorio independiente.» (Retrato de Abd el-Krim en África, 1922.)

Adenauer, Konrad: «Presidió el gobierno de Alemania Occidental durante 14 años, por lo que es considerado el "padre" de la democracia alemana. Entre los logros de su mandato destacan la reconstrucción de la posguerra, la consolidación de una democracia estable y la reintegración de Alemania en el concierto internacional.»

Alcalá Zamora, Niceto: «Fue elegido presidente de la República, cargo que ejerció durante cinco años con lealtad a la Constitución; durante el primer bienio entró en conflicto con las predominantes fuerzas de izquierdas; pero no fue mucho mejor su relación con los partidos de derechas.»

Alfonso X, *el Sabio*: «El reinado de Alfonso destacó en el orden cultural; por ejemplo, puede datarse en su época la adopción del castellano como lengua oficial. Reunió en su corte a sabios y eruditos de las tres religiones peninsulares (cristianos, musulmanes y judíos), creando escuelas de investigadores y traductores en Murcia, Sevilla y, especialmente, Toledo; su labor ayudó a transmitir al occidente cristiano importantes elementos de la cultura oriental y de sus raíces clásicas.» (Retrato en la *Primera Crónica General de España*, s. XIV, manuscrito de la Biblioteca Nacional de Madrid.)

Alfonso XIII: «Su reinado quedó marcado por la cobertura que prestó don Alfonso al golpe de Estado del general Primo de Rivera en 1923 y la dictadura que éste implantó, decisión que le haría perder el Trono. Insensible a las peticiones de los presidentes de las dos cámaras de que cumpliera sus obligaciones constitucionales, se complació en cambio en visitar con el dictador la Italia de Mussolini.»

Allende, Salvador: «Se propuso instaurar en Chile el socialismo desde la legalidad, perspectiva revolucionaria que aterró a las fuerzas conservadoras de su país.»

Amadeo I de Saboya, rey de España: «Desempeñó lealmente el papel de rey constitucional, a pesar de las convulsiones y dificultades de la época: la rebelión carlista en Vascongadas, Navarra y Cataluña, el recrudecimiento de la guerra en Cuba, las conspiraciones de los republicanos y de los partidarios de la Restauración borbónica...» (Litografía de Legrand.)

Andreotti, Giulio: «Protagonizó el intento de integrar a los comunistas en la gobernación del Estado mediante un gobierno de coalición (el «compromiso histórico»), experiencia que fracasó por la oposición de la izquierda a la política económica de los democristianos y a la adhesión de Italia al sistema monetario europeo.»

Arafat, Yasser: «Ha sobrevivido a multitud de atentados y ha ejercido un papel moderador frente a las tendencias árabes radicales. Como máximo líder de la OLP, fue rechazado en muchos países occidentales por sus vinculaciones con el terrorismo árabe; pero tuvo también momentos de aceptación.»

Aristóteles: «La característica común de sus escritos es la consideración de todos los aspectos de la realidad natural y de la vida humana como objeto de análisis, que merece la pena estudiar combinando la especulación racional con la experimentación.» (Recreación renacentista de Aristóteles localizada en el Palacio Spada de Roma.)

Augusto: «Transformó el régimen político de la República romana en una especie de monarquía que recibe los nombres de *Principado* o *Imperio*.» (Busto de Augusto, Museo Capitolino de Roma.)

Azaña, Manuel: «Impulsó un amplio programa de reformas: secularizó la vida pública (legalizando el matrimonio civil y el divorcio), reformó el ejército, puso en marcha una reforma agraria y concedió la autonomía a Cataluña. Todo ello le enfrentó con las fuerzas conservadoras, pero no fue suficiente para asegurarle el apoyo del movimiento obrero.»

Balduino I de Bélgica: «Desde su puesto hubo de enfrentarse a las tensiones nacionalistas entre flamencos y valones, así como a la violenta descolonización del Congo (1960).»

Bazán, Álvaro de: «Su último encargo fue la invasión de Inglaterra; pero Bazán murió tras planear el ataque, mientras preparaba la que sería *Armada Invencible*.» (Grabado de B. Vázquez, Museo Municipal de Madrid.)

Benedicto XIII, el *Papa Luna*: «Se negó entonces a seguir la *via cesionis* que antes había preconizado, consistente en la renuncia simultánea de ambos papas para que el Colegio cardenalicio eligiera a un tercero.» (Supuesto retrato de Benedicto XIII, San Pedro *«in cathedra»*, pintura aragonesa, s. XV.)

Bernadotte, Jean-Baptiste (Carlos XIV de Suecia): «Adoptado por Carlos XIII como príncipe heredero, Bernadotte se desentendió de los intereses franceses y asumió sin reservas la defensa de la independencia de Suecia.» (Grabado sobre el retrato de J. W. Bollinger.)

Bhutto, Zulficar Alí: «Ejerció un gobierno autoritario (siempre bajo la ley marcial), pero popular entre las masas, basado en la islamización del país, las nacionalizaciones y la imposición sobre las grandes propiedades.»

Bismarck, Otto von: «Formó la Confederación de la Alemania del Norte; en 1871, además de anexionarse las regiones francesas de Alsacia y Lorena, impuso la creación de un único Imperio Alemán bajo la corona de Guillermo I.»

Bolívar, Simón *(el Libertador)*: «Afiliado a la masonería e imbuido de las ideas liberales, ya en 1805 se juró en Roma que no descansaría hasta liberar a su país de la dominación española. Y, aunque carecía de formación militar, llegó a convertirse en el principal dirigente de la guerra por la independencia de las colonias hispanoamericanas; además, suministró al movimiento una base ideológica mediante sus propios escritos y discursos.» (Retrato de Paulen Guerín, 1842, Ministerio de Asuntos Exteriores, Caracas.)

Borgia, César: «Hizo asesinar a su hermano Juan, a quien sucedió al frente del ejército papal. Se convirtió en un destacado guerrero y exponente de la política amoral del Renacimiento (quizá fue el inspirador de *El Príncipe* de Maquiavelo).»

Brandt, Willy: «Entre sus realizaciones como canciller se recuerda especialmente su *Ostpolitik*, una política de apertura a los países socialistas del Este de Europa que vino a suavizar las tensiones internacionales de la "guerra fría".»

Buda: «Buda predicaba que el hombre es infeliz a causa de su concupiscencia; pero que puede superar ese estado mediante la negación de todas sus pasiones y apetitos, que le situará en el *nirvana*; y para llegar a esa felicidad suprema enseñaba cómo seguir correctamente los ocho senderos.» (Cabeza de bronce de Buda del período Nara, Kófuku-ji, Nara.)

Byron, George London: «Además de ser uno de los poetas más representativos del romanticismo literario, encarnó en su propia vida el espíritu de la cultura romántica que impregnó toda una época de la historia de Europa.» (Litografía de Maurin.)

Calvino, Juan: «... Dios ha decidido de antemano quiénes se salvarán y quiénes no, con independencia de su comportamiento en la vida; el hombre se salva si ha sido elegido para ese destino por Dios; y las buenas obras no constituyen méritos relevantes a ese respecto.» (Litografía de Hans Holbein en el *Antifonario* de Dresde.)

Calvo Sotelo, José: «Su asesinato, que se produjo en medio de un clima de tensión y violencia, sirvió de justificante adicional para la insurrección militar contra la República que ... condujo a España a una guerra civil de tres años (1936-39).» (Retrato conservado en el Ateneo de Madrid.)

Cánovas del Castillo, Antonio: «Dueño de un poder prácticamente incontestado, realizó en dos años una obra ingente que puso las bases del régimen de la Restauración, el cual habría de perdurar hasta el golpe de Estado de Primo de Rivera.» (Retrato de Ricardo de Madrazo, Palacio de las Cortes, Madrid.)

Carlos I de España y V de Alemania: «Dueño de extensos territorios, Carlos asumió el proyecto de Gattinara de restaurar un Imperio cristiano universal, para lo cual debía lograr una hegemonía efectiva sobre los restantes reyes de la Cristiandad. Ello le enzarzó en guerras continuas contra los rivales de tal hegemonía.» (Retrato de Juan Pantoja de la Cruz, Monasterio de San Lorenzo de El Escorial, Madrid.)

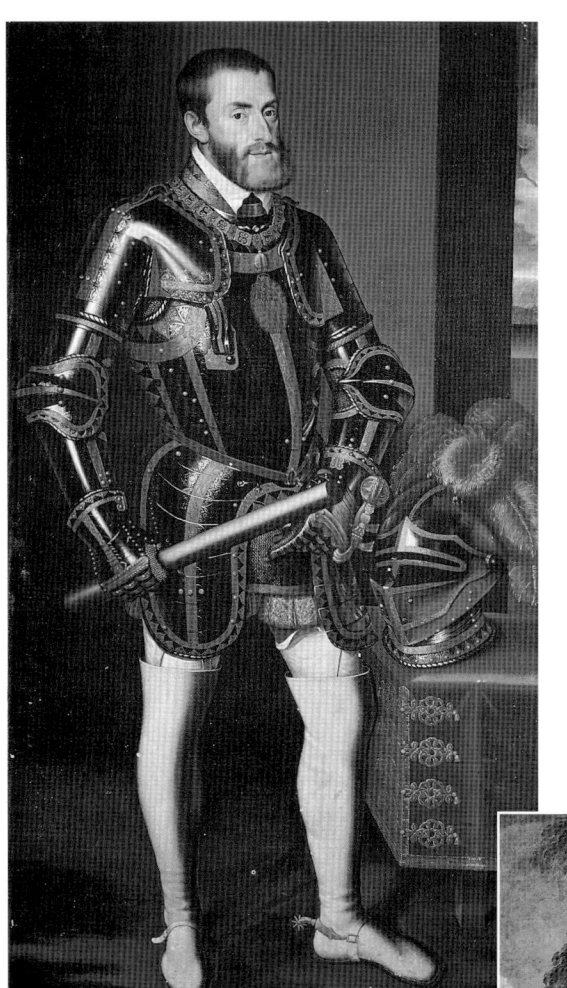

Carlos I de Inglaterra: «Tras negarse a cualquier tipo de acuerdo con el Parlamento, fue juzgado y condenado a muerte ... aferrado a la concepción de la monarquía de derecho divino ... Fue decapitado como reo de traición, dando paso a la instauración de una república en Inglaterra.» (*Carlos I, rey de Inglaterra*, por Antoon van Dyck, Museo del Louvre, París.)

Carlos María Isidro de Borbón: «Detrás del pleito sucesorio, aquella larga guerra civil enfrentó a los partidarios de mantener la monarquía absoluta del Antiguo Régimen —los carlistas— contra los defensores del Trono de la reina niña Isabel ... en cuyas filas se agruparon los liberales dispuestos a implantar en España una monarquía constitucional». (Museo Lázaro Galdiano, Madrid.)

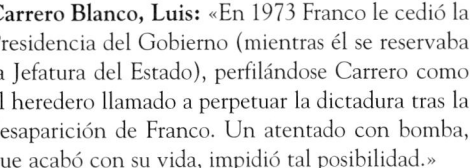

Carrero Blanco, Luis: «En 1973 Franco le cedió la Presidencia del Gobierno (mientras él se reservaba la Jefatura del Estado), perfilándose Carrero como el heredero llamado a perpetuar la dictadura tras la desaparición de Franco. Un atentado con bomba, que acabó con su vida, impidió tal posibilidad.»

Castro, Fidel: «Bajo su dirección, Cuba ha obtenido importantes logros sociales, especialmente visibles en educación y sanidad ... pero el coste político y cultural ha sido enorme, pues ha exigido un ejercicio dictatorial del poder, con desprecio de las libertades individuales y del pluralismo, bajo la vigilancia continua de un Estado policial.»

Cea Bermúdez, Francisco: «... representaba el casi imposible punto de encuentro entre los absolutistas más abiertos y los liberales más conservadores.» (Retrato de Francisco Cea Bermúdez, por V. Carderera, Colección del Marqués de Zoca.)

Chang Kai-shek: «Prácticamente ejerció una dictadura personal de ideología conservadora, pues intentaba recuperar la armonía social tradicional que predicaba Confucio y el poder fue repartido entre cuatro grandes familias, todas ellas ligadas al dictador.»

Chirac, Jacques: «Líder indiscutible del partido gaullista (que él transformó en 1976 de UDR en RPR), Chirac vio desgajarse a los giscardianos, que formaron un nuevo partido (la UDF).»

Cid Campeador, El: «Para la imaginación de sus contemporáneos encarnó las virtudes del caballero fiel a su rey y del guerrero invicto, respetado tanto por los cristianos como por los musulmanes, y su figura pasó a la leyenda como símbolo del héroe medieval.» (Monumento al Cid Campeador, Burgos.)

Cleopatra VII: «Trató de utilizar su influencia sobre César para restablecer la hegemonía de Egipto en el Mediterráneo oriental como aliada de Roma ... Tras el asesinato de César ... intentó repetir la maniobra seduciendo a su inmediato sucesor, el cónsul Marco Antonio.» (Cabeza de Cleopatra, British Museum, Londres.)

Clinton, William J., *Bill*: «Vinculó su imagen a la memoria del asesinado presidente John F. Kennedy, con el que le unían su juventud, su habilidad oratoria, exquisita educación, estilo simpático y enérgico y un ambiguo programa de "cambio", capaz de atraer votos de las más diferentes procedencias.»

Colón, Cristóbal: «Aunque fracasó en su idea original de abrir una nueva ruta comercial entre Europa y Asia, abrió algo más importante: un "Nuevo Mundo" ... incorporando un vasto imperio a la civilización occidental y modificando profundamente las condiciones políticas y económicas del Viejo Continente.» (Grabado de Cristóbal Colón, por H. E. Lefort, Museo Naval, Madrid.)

Confucio: «El centro de sus preocupaciones fue la moral personal, tanto por lo que respecta a la orientación de las conductas privadas como a las normas de buen gobierno. Dicha moral ... constituía en realidad una sistematización de ideas presentes en la cultura china.» (Acuarela china del s. XVIII.)

el régimen por el que tanto había luchado se descomponía rápidamente, desgarrado por las disensiones ideológicas entre sus líderes, aislado por la hostilidad de la Iglesia, la nobleza, el ejército y las clases acomodadas, y acosado por la insurrección cantonal, la reanudación de la Guerra Carlista y el recrudecimiento de la rebelión independentista en Cuba. La Presidencia fue pasando de mano en mano —de Figueras a Pi y Margall en junio y de éste a Salmerón* en julio— hasta llegar a Castelar en septiembre. Para tratar de salvar el régimen disolvió las Cortes y actuó con la diligencia de un dictador, movilizando hombres y recursos y encargando el mando de las operaciones a militares profesionales, aunque de dudosa fidelidad a la República. Cuando se reanudaron las sesiones de Cortes a comienzos de 1874, Castelar presentó su dimisión tras perder una votación parlamentaria, lo cual determinó la inmediata intervención del general Pavía, que dio un golpe de Estado disolviendo las Cortes y creando un vacío de poder que aprovechó el general Serrano* para autoproclamarse presidente del Poder Ejecutivo. Liquidada así la Primera República, el pronunciamiento de Martínez Campos* vino a restablecer la Monarquía proclamando rey a Alfonso XII*. Tras regresar de un largo viaje por el extranjero, Castelar volvió a la política, encarnando en las Cortes de la Restauración la opción de los republicanos «posibilistas» que aspiraban a democratizar el régimen desde dentro; cuando, en los años noventa, se aprobaron las leyes del jurado y del sufragio universal, Castelar se retiró de la vida política, aconsejando a sus partidarios la integración en el Partido Liberal de Sagasta* (1893).

CASTLEREAGH, Henry Robert Stewart Político británico (Dublín, 1769 - Londres, 1822). Hijo de un rico terrateniente de la aristocracia irlandesa, unió a la riqueza y a los títulos heredados (vizconde de Castlereagh y marqués de Londonderry) una educación privilegiada y una excelente red de relaciones en la alta sociedad británica. Entró sin esfuerzo en la política, siendo nombrado en 1798 ministro para Irlanda en el gobierno Pitt*; durante su gestión se aprobó la Ley que eliminaba el Parlamento irlandés, creando el Reino Unido de Gran Bretaña e Irlanda (1800). Como ministro de la Guerra durante la larga contienda contra Napoleón* (1805-07 y 1807-09) decidió la intervención en España, a cuyo frente puso a Lord Wellington*. En 1812 fue nombrado ministro de Asuntos Exteriores y portavoz de la mayoría conservadora *(tory)* en la Cámara de los Comunes. Durante los diez años en que dirigió la política exterior británica consiguió consolidar una alianza firme con Austria, Prusia y Rusia, que fue la que finalmente derrotó a Napoleón en 1814-15. En consecuencia, le tocó un papel protagonista en el ordenamiento de la Europa de la posguerra, que se decidió por el Congreso de Viena (1815); su labor se centró en moderar las represalias contra Francia para no provocar un sentimiento de revancha, al tiempo que se esforzaba por establecer un equilibrio entre las potencias continentales para dejar a salvo el dominio de Gran Bretaña en los mares, el comercio y las colonias, donde estaban sus intereses esenciales. Tan pronto como le fue posible integró a Francia en el sistema de congresos establecido para garantizar el orden de la Restauración (1818). Sin embargo, se mantuvo apartado de los intentos de las autocracias continentales de utilizar su alianza para reprimir los experimentos constitucionales que surgieron en Europa: rehusó participar en la «Santa Alianza» del zar Alejandro I* y se opuso al intervencionismo de Metternich* (aunque sin llegar a romper con los antiguos aliados). En cuanto a la política interior, se le puede encuadrar entre los «viejos estúpidos conservadores» responsables de la restricción de las libertades individuales y la represión del movimiento obrero, cuestionados por los «jóvenes *tories*» como Palmerston* o Peel*. Acusado de homosexualidad, Castlereagh se suicidó y fue sustituido por su enemigo George Canning, con quien había llegado a batirse en duelo a muerte en 1809.

CASTRO RUZ, Fidel Revolucionario y estadista cubano (Mayarí, 1927 -). Procedente de una familia de hacendados gallegos, estudió Derecho en la Universidad de La Habana, en la cual se doctoró en 1950. Su ideología izquierdista le llevó a participar desde muy joven en actividades revolucionarias, como la sublevación contra la dictadura de Rafael Leónidas Trujillo* en Santo Domingo (1947). Desde 1949 militó en el Partido del Pueblo Cubano. Exiliado en México, en 1952 inició su actividad revolucionaria contra la dictadura del general Batista*, que había entregado al país en manos de los intereses norteamericanos. Su primer intento fue el asalto al Cuartel de Moncada en Santiago de Cuba, que se saldó con un fracaso (1953); fracaso militar, pues el cuartel no fue tomado ni provocó la esperada insurrección popular, pero no fracaso político, puesto que aquel acto dio una gran popularidad a sus protagonistas, acrecentada durante el juicio subsiguiente, en el que Castro se defendió a sí mismo y aprovechó para pronunciar un extenso alegato político («La Historia me absolverá»). Fue condenado a 15 años de prisión, de los que sólo cumplió dos —en la isla de Pinos— merced a un indulto que le puso en libertad en 1955. Se exilió entonces en México, desde donde preparó un segundo intento; pero, habiendo aprendido que su lucha tendría pocas posibilidades de triunfar en un medio urbano, esta vez apostó por crear una guerrilla rural, en la zona más apartada y montañosa del país: la Sierra Maestra, en el Oriente de Cuba. Desembarcó allí a finales de 1956 con un contingente de sólo 80 hombres (el «Grupo 26 de julio») a bordo del yate *Gramma*. Dos años después, sus bases en la Sierra eran lo suficientemente sólidas y sus efectivos lo bastante nutridos como para llevar a cabo con éxito la ocupación de Santiago (1958). Desde allí lanzó la ofensiva final que recorrió la isla de este a oeste, hasta entrar en La Habana en 1959, secundado por sus colaboradores Ernesto Guevara (el *Che)**, Camilo Cienfuegos* y su hermano Raúl Castro. Al inicial apoyo del campesinado pobre había seguido el fin de las reticencias del Partido Comunista, que abrió la posibilidad de encontrar apoyo en las ciudades; la dictadura, minada por la corrupción fue incapaz de hacer frente al movimiento popular. El triunfo militar puso a Castro al frente del gobierno cubano, acumulando los cargos de primer ministro y comandante en jefe de las Fuerzas Armadas. Sin pérdida de tiempo empezó a hacer realidad los proyectos de cambio que habían suministrado una base social a la Revolución: el más importante de todos, la reforma agraria, que expropiaba las grandes haciendas extranjeras para dar medios de vida a los campesinos pobres (1959); y, enseguida, la nacionalización de los bienes de compañías norteamericanas en Cuba (1960). Ese indudable contenido nacionalista que tuvo en un principio la Revolución cubana (contra el dominio semicolonial que ejercía Estados Unidos) se transformó dos años después por la dinámica de enfrentamiento con el gobierno norteamericano. Mientras Castro llamaba a una revolución general contra el imperialismo en Latinoamérica *(Primera declaración de La Habana),* el presidente Eisenhower* rompía las relaciones diplomáticas con Cuba y decretaba un embargo comercial destinado a ahogar la economía cubana y forzar la retirada de Castro, ya que Cuba dependía casi totalmente de sus exportaciones a Estados Unidos, fundamentalmente de azúcar (1961). Al sucederle Kennedy* no aflojó la presión, sino que se agudizó con la organización de un desembarco de exiliados cubanos armados en la bahía de Cochinos, que fue repelido por el ejército revolucionario (1961). Después de aquello, Fidel Castro proclamó el carácter marxista-leninista de la Revolución cubana y alineó a su régimen con la política exterior de la Unión Soviética *(Segunda declaración de La Habana,* 1962); al mismo tiempo eliminó del gobierno a los políticos liberales con los que se había aliado al llegar al poder, y unificó a los grupos políticos que apoyaban la Revolución en un único Partido Unido de la Revolución Socialista. En 1962 permitió que los soviéticos instalaran en suelo cubano rampas de lanzamiento de misiles con las que podían alcanzarse objetivos en Estados Unidos; descubiertas por el espionaje americano, Kennedy reaccionó con un bloqueo naval a Cuba y la exigencia de retirada de las instalaciones: la consiguiente «crisis de los misiles» estuvo a punto de hacer estallar una guerra nuclear entre las dos superpotencias, que se evitó a última hora al retirar Jruschov* los misiles soviéticos, a cambio de la promesa de que no habría nuevos intentos de invadir Cuba. En 1965 el partido cambió su denominación por la de Partido Comunista de Cuba, del cual fue elegido secretario general el propio Castro; en 1976 acumuló el título de presidente del Consejo de Estado. La presión norteamericana le había convertido en un dictador comunista más, el primero en el hemisferio americano. Bajo la dirección de Fidel Castro, Cuba ha obtenido importantes logros sociales, especialmente visibles en educación y sanidad, materias en las que llegó a constituir un modelo para los países subdesarrollados; pero el coste político y cultural ha sido enorme, pues ha exigido un ejercicio dictatorial del poder, con desprecio de las libertades individuales y del pluralismo, bajo la vigilancia continua de un Estado policial. Ha desarrollado una política exterior muy activa, basada en la lucha contra el imperialismo, destacando el protagonismo del propio Fidel Castro en el Movimiento de Países No Alineados (cuya conferencia presidió en 1980) y la intervención militar cubana en África (en apoyo de los regímenes socialistas de Angola y Etiopía). La economía planificada de inspiración soviética dio algunos frutos iniciales, racionalizando las inversiones hacia objetivos de interés colectivo y facilitando una mejor distribución de la riqueza; pero, al igual que había ocurrido en la propia Unión Soviética, anuló los incentivos y las iniciativas, aisló al país de las corrientes inversoras internacionales y, finalmente, condujo a un grave estancamiento. Cuando las dificultades económicas de la URSS impidieron que siguiera subvencionando a la retrasada economía cubana, ésta se hundió en una crisis sin precedentes. No obstante, Castro rehusó introducir reformas en un sentido liberalizador, al estilo de la *perestroika* que auspiciaba Gorbachov*. Salvó así su régimen del hundimiento del resto de los regímenes prosoviéticos y de la propia URSS a finales de los años ochenta y principios de los noventa; y entró en una fase agónica de duración imprevisible, en medio de la intensificación de las presiones norteamericanas.

CATALINA DE ARAGÓN Reina de Inglaterra (Alcalá de Henares, Madrid, 1485 - Kimbolton, Huntingdon, Inglaterra, 1536). Hija menor de los Reyes Católicos*, fue casada con el heredero del Trono inglés, Arturo, quien murió antes de haberse consumado el matrimonio (1502). El hermano del difunto, el futuro Enrique VIII*, reclamó entonces la mano de la princesa española, a lo que ella se negó reiteradamente. Sólo en 1509, siendo ya Enrique rey de Inglaterra, accedió Catalina a casarse con él. Del matrimonio nació una hija en 1516, María Tudor*, que sería la heredera del Trono. Pero el rey se enamoró de una de las damas de Catalina, Ana Bolena*, y para casarse con ella solicitó el divorcio de Catalina, alegando la existencia de un parentesco previo que haría ilegítimo el matrimonio. La negativa del papa Clemente VII llevó a Enrique a separar a la Iglesia de Inglaterra de la obediencia de Roma, dando lugar a la reforma protestante en aquel país. Uno de los principales consejeros del rey, Tomás Moro*, cayó en desgracia y fue ejecutado por oponerse al divorcio de Enrique y a la ruptura con la Iglesia católica, y fue sustituido por Cranmer que, una vez puesto al frente de la nueva Iglesia independiente inglesa, otorgó al rey el divorcio deseado (1533). Catalina vivió recluida en el castillo de Kimbolton hasta su muerte (quizá envenenada por orden del rey), sin renunciar nunca a sus derechos como reina.

CATALINA DE MÉDICIS Reina regente de Francia (Florencia, 1519 - Blois, Francia, 1589). Hija de la noble familia italiana de los Medici*, fue casada a los 14 años con el que luego sería Enrique II de Francia*. Como reina consorte no tuvo protagonismo político, eclipsada por la favorita del rey; pero la muerte de Enrique II (1559) y posteriormente de su hijo Francisco II (1560) la convirtieron inesperadamente en regente de Francia, durante la menor edad de su segundo hijo, Carlos IX*. Aparte de su regencia propiamente dicha —de 1560 a 1563— siguió ejerciendo una gran influencia como reina madre durante los reinados de sus hijos, Carlos IX (1560-74) y, en menor medida, Enrique III (1574-89). Prototipo del político puro sin principios, sin moral y sin escrúpulos, maniobró en el contexto de las guerras de religión sin asomo de fanatismo religioso, buscando sobre todo acrecentar el poder de la Corona y de ella misma. Para ello, no dudó en enfrentar entre sí a católicos y hugonotes (protestantes franceses), aunque las circunstancias la arrojaran más en el bando de los primeros que de los segundos; si bien concedió la tolerancia a los hugonotes por el Edicto de Saint Germain (1562), no hizo nada por evitar la matanza de los mismos en la Noche de San Bartolomé (1572).

Catalina I de Rusia. V. **Romanov, Dinastía.**

Catalina II, *la Grande* Zarina de Rusia (Stettin, Prusia, 1729 - San Petersburgo, 1796). Esta aristócrata alemana se casó por interés con el heredero de la Corona rusa a muy temprana edad; compensó su infelicidad matrimonial con frecuentes aventuras e infidelidades, al tiempo que completaba su formación intelectual con la lectura de los pensadores de la Ilustración francesa. Su habilidad para congraciarse apoyos en la corte y para hacerse apreciar como defensora de las esencias rusas contrastaba con la torpeza de su esposo, Pedro III, odiado por la nobleza por su marcada inclinación germanófila. Apenas había accedido Pedro al Trono en 1761 —pensando ya en divorciarse de Catalina— cuando fue derrocado por una conjura de militares y clérigos, instigada por los hermanos Orlov, amantes de Catalina; poco después moriría asesinado en su retiro campestre. En su lugar pusieron como zar a su hijo de siete años, Pablo, tutelado por Catalina como regente (1762). Movida por una ambición desmedida, Catalina dio enseguida un golpe de mano por el que se hizo nombrar soberana de Rusia —y no mera regente— con el nombre de Catalina II, con el cual reinó hasta el día de su muerte; a su hijo le hizo firmar un documento de abdicación y lo mantuvo prisionero, declarándolo luego sucesor suyo (reinaría como Pablo I). Durante su larguísimo reinado (34 años), Catalina fue un prototipo del déspota ilustrada, manteniendo un estrecho contacto con Diderot*. Apoyó la fundación de la Universidad de Moscú por Lomonosov (1755). Abrió Rusia a la influencia cultural y tecnológica occidental. Fomentó el asentamiento de campesinos traídos de Alemania en Crimea y las orillas del Volga. Codificó los privilegios nobiliarios por la Carta de la Nobleza (1785). Reformó la administración de justicia aboliendo la tortura judicial y haciendo electivos los cargos de jueces y magistrados. Descentralizó la Administración creando unos gobiernos provinciales. Y, si bien mantuvo un poder autocrático, mejoró su eficiencia mediante el asesoramiento de un Consejo Imperial (1775). La amenaza que pudo suponer la sublevación de los cosacos en 1773-74 fue conjurada mediante una sangrienta represión. Catalina *la Grande* creó las estructuras de la Rusia moderna, cuya fuerza se puso a prueba en las guerras que le permitieron expandir su territorio a costa de Polonia y de Turquía. Rusia participó en los tres repartos de Polonia con Austria y Prusia (1772, 1793 y 1795); y sus victorias en las guerras contra los turcos le proporcionaron la anexión de Crimea y las costas del mar Negro (1783) así como la protección de los principados ortodoxos de los Balcanes, reforzando luego su hegemonía en el mar Negro con la construcción de una flota y la fundación de ciudades como Sebastopol (1784). Fue esa Rusia modernizada y fortalecida la que en tiempos de Alejandro I* se enfrentó a la Francia napoleónica y, tras derrotarla, se convirtió en una de las grandes potencias del siglo XIX.

Catilina, Lucio Sergio Político romano de la época de las guerras civiles (?, h. 108 - cerca de Pistoia, 62 a.C.). Procedía de una familia patricia, aunque arruinada. Militó en el partido popular o democrático, enfrentado al grupo oligárquico que representaba Cicerón*; tanto éste como Salustio (de similar tendencia política) nos han hecho llegar la imagen de Catilina como personificación de una juventud inmoral, atribuyéndole los rasgos del político corrupto y ambicioso. Sabemos que fue agente de Sila* y propretor de África (67 a.C.), pero que fracasó en su intento de hacerse elegir cónsul. Pasó entonces a la lucha subversiva, sea por sinceras convicciones democráticas o —como dijeron sus enemigos— porque necesitaba del poder para cubrir sus deudas. La llamada «Conjuración de Catilina» (63-62 a.C.) comenzó con un intento fallido de asesinar a los dos cónsules electos, al tiempo que fracasaba una nueva candidatura de Catilina al Consulado; Cicerón denunció a Catilina en el Senado pronunciando un famoso discurso en el que le interpelaba diciendo: «¿Hasta cuándo abusarás de nuestra paciencia?» Desenmascarado, Catilina huyó de Roma y se unió a sus partidarios sublevados en Etruria. Las *Catilinarias* de Cicerón, famosas piezas de oratoria política, fueron lanzadas en el Senado con motivo de los disturbios protagonizados en la ciudad por los partidarios de Catilina, que fueron detenidos. El propio Catilina fue derrotado y murió en el campo de batalla.

CAUVIN, Jean. V. **CALVINO, Juan.**

CAVOUR, Conde de (Camilo Benso) Político piamontés, artífice de la unificación italiana (Turín, 1810-1861). Su familia, siguiendo la costumbre aristocrática, le destinó a la carrera militar (al Cuerpo de Ingenieros), pero él abandonó el ejército en 1831 por sus ideas liberales. Desde entonces se dedicó a administrar las fincas familiares, destacando como un empresario agrícola moderno y eficiente. Sus viajes por el extranjero y su ascendencia ginebrina le hicieron un admirador de la cultura francesa y del modelo político británico. El aperturismo del reinado de Carlos Alberto* le permitió expresar públicamente sus ideas. En 1847 fundó en Turín la revista *Il Risorgimento,* cuyo título acabaría por dar nombre al movimiento por la unificación y a toda una época de la historia de Italia. Dicha revista expresaba un ideal de liberalismo nacionalista muy moderado, atractivo para las clases medias conservadoras: hablaba de unificar Italia y emanciparla de la dominación austriaca, así como de introducir una Constitución con división de poderes, elecciones y gobierno responsable ante el Parlamento; pero todo ello sin apelar a la violencia revolucionaria y distanciándose netamente del radicalismo representado por Mazzini*. En 1850 fue nombrado ministro de Agricultura y Comercio, con tal éxito que pronto eliminó de la lucha política a todos sus colegas y fue nombrado primer ministro (1852). La obra de gobierno de Cavour se centró en promover la unificación de Italia bajo el liderazgo de Víctor Manuel II* del Piamonte, implantando en toda la península un régimen liberal moderado; y en reconocer que, a la vista de lo ocurrido en 1848-49, los italianos no podían liberarse de la dominación austriaca sin ayuda exterior. Para conseguirlo maniobró hábilmente tanto en la política interior como en la diplomacia internacional. Comenzó por recabar el apoyo de todas las corrientes liberales y nacionalistas, incluidas las más radicales, defraudadas por el fracaso de las pasadas intentonas revolucionarias: incluso Mazzini y Garibaldi* le dieron un voto de confianza a este aristócrata conservador. Luego hizo saltar la «cuestión italiana» a la escena internacional al involucrar al Piamonte en la lejana Guerra de Crimea (1854) en la que Francia e Inglaterra defendían al Imperio Otomano contra el expansionismo ruso; con ello alineó a su país con las potencias occidentales y, al mismo tiempo, se sentó junto a los vencedores en la conferencia de paz de París (1856), donde hizo valer que la mera amenaza de su ataque en el norte de Italia había inmovilizado a Austria, haciéndole desistir de intervenir en los Balcanes. Atrajo al emperador francés Napoleón III* hacia la causa de la unificación italiana, presentándola como la justa causa de un país pequeño que luchaba por su libertad contra el despotismo germánico y reaccionario de Austria, causa que podía acrecentar la popularidad del emperador entre las inquietas masas urbanas de Francia; y, en una entrevista secreta que mantuvieron en el balneario alsaciano de Plombières (1858), Cavour trazó con él el plan que luego seguirían para realizar la unificación. El plan empezó con una provocación, al embarcarse Cavour en una política de rearme y rechazar el ultimátum que le lanzó Austria; ésta cayó en la trampa atacando al Piamonte, momento en que el ejército francés acudió en su ayuda. Las fuerzas conjuntas franco-piamontesas derrotaron a los austriacos en Magenta y Solferino, como estaba previsto; pero ahí Napoleón III detuvo el avance, incumpliendo el resto del plan: por el armisticio de Villafranca (1859) pasaba al Piamonte la Lombardía, pero no el Véneto, que seguía en manos austriacas. En cambio, el Piamonte sí tuvo que entregar a Francia los territorios de Niza y Saboya, que había prometido en pago por la ayuda recibida. En protesta por esta «traición», que el rey piamontés hubo de aceptar, Cavour dimitió temporalmente de su puesto, al que fue llamado de nuevo enseguida (1860). La victoria sobre los austriacos desencadenó en toda Italia una oleada de entusiasmo nacionalista: en Toscana, Parma y Módena se celebraron plebiscitos que decidieron la anexión de estos tres estados al Piamonte, e incluso ocurrió lo mismo en la Romaña, territorio perteneciente a los Estados Pontificios. Cavour utilizó el entusiasmo nacionalista de Garibaldi para completar la tarea: le puso al frente de una expedición que, desembarcando en Sicilia, movilizó a los revolucionarios del sur de Italia hasta arrebatar a los Borbones* todo el Reino de Nápoles, que Garibaldi entregó disciplinadamente al Piamonte. Argumentando el peligro que para el papa podía suponer el avance de los garibaldinos sobre Roma —que habría acabado definitivamente con la alianza francesa—, Cavour lanzó a sus tropas a conquistar la Italia central, completando la unificación con las Marcas y Umbría, en donde también se celebraron plebiscitos. Cavour proclamó a Víctor Manuel rey de Italia, extendiendo al Estado recién unificado las viejas instituciones políticas del Piamonte (1861). Tres meses después moría Cavour, dejando creado el Estado italiano, pero cargado de graves problemas que no pudo contribuir a resolver: el enfrentamiento con la Iglesia católica (por la «cuestión romana»), la pervivencia de territorios de lengua italiana en manos extranjeras («territorios irredentos») y un desequilibrio flagrante entre el norte y el sur del país.

CEA BERMÚDEZ, Francisco (o Zea) Político español (Málaga, 1772 - París, 1850). Este diplomático fue nombrado por Fernando VII* primer secretario de Estado y del Despacho (lo que llevaba aparejada la presidencia del Consejo de Ministros) en 1825, para tratar de buscar un camino intermedio entre el liberalismo del Trienio Constitucional (1820-23), que acababa de liquidar por la fuerza, y el realismo reaccionario de los *apostólicos* que ya comenzaban a agruparse en torno al infante Carlos María Isidro*. La experiencia fue muy breve, pues estos últimos provocaron su caída. Sólo hacia el final del reinado volvió a llamarle el rey a dirigir el gobierno, cuando el pleito sucesorio le había enfrentado ya con su hermano don Carlos (1832-33). Cea dirigió así el último gabinete de Fernando VII y el primero de María Cristina de Borbón*, pues ésta le confirmó en el cargo al asumir la Regencia. Cea representaba el casi imposible punto de encuentro entre los absolutistas más abiertos y los liberales más conservadores. Ya antes de morir Fernando VII adoptó unas cuantas medidas destinadas a atraer en apoyo de la causa de Isabel II* a la opinión pública liberal: disolvió a los *voluntarios realistas* (foco de partidarios de don Carlos), purgó de *ultras* los altos mandos militares y dio carácter electivo a los Ayuntamientos. Luego dictó un manifiesto en el que, intentando atraerse a los carlistas, entroncaba con la herencia del despotismo ilustrado al proponer un programa de reformas sin modificar el carácter absolutista de la Monarquía (la medida más significativa adoptada por su gobierno en esa línea fue la división provincial de Javier de Burgos de 1833, que ha perdurado hasta la actualidad). El rechazo a su línea política tanto de los absolutistas (que se alzaron en armas) como de los liberales (que pedían una Constitución), obligó a la regente a echarse en brazos de estos últimos para salvar el Trono de Isabel, sustituyendo a Cea por Martínez de la Rosa* en 1834. Odiado por todos, Cea partió al exilio en Francia.

CEAUSESCU, Nicolae Dictador comunista rumano (Scornicesti, 1918 - cercanías de Bucarest, 1989). Procedente de una familia campesina, emigró a Bucarest en 1931 para trabajar en la industria; un año después entraba en el movimiento sindical y en 1933 se unía a la Juventud Comunista. Su militancia le llevó a varias cárceles y campos de concentración. Al terminar la Segunda Guerra Mundial fue elegido diputado (1946) y accedió al Comité Central del Partido Comunista (1948), al tiempo que la influencia soviética en aquella zona convertía a Rumania en un régimen comunista. Pasó por diversos cargos políticos en la agricultura y las fuerzas armadas; en 1955 accedió al Politburó; y en 1965 culminó su ascensión al hacerse con la Secretaría General del Partido (que dos años más tarde completó con la Presidencia del Consejo de Estado). Una posterior reforma de la Constitución le permitió hacerse designar presidente de la República en 1974. Durante más de veinte años, Ceausescu gobernó Rumania como un dictador implacable: mantuvo un Estado policial de corte estalinista (basado en una eficaz policía política, la *Securitate),* al que añadió un toque autóctono de corrupción y nepotismo. El «clan» de los Ceausescu monopolizó los más importantes cargos del país y acumuló gracias a ello una enorme fortuna. Sin embargo, algunos políticos occidentales alabaron la política de este personaje, ya que se mantuvo moderadamente distante de la línea oficial soviética: por ejemplo, cuando denunció la invasión soviética de Checoslovaquia (1968). Su obsesión por liberar a Rumania de la deuda externa le llevó a canalizar todas las energías productivas del país hacia la exportación, con lo cual —si bien es cierto que aligeró la deuda— condenó a la población a niveles de vida miserables. Quizá sea eso lo que explique el final de su régimen, más violento que el de las restantes dictaduras comunistas de Europa Oriental: ante la política democratizadora de Gorbachov* en la URSS y la retirada del apoyo soviético, el pueblo rumano se lanzó a la insurrección en 1989. Durante un discurso en Timisoara (cuyo contenido expresaba su posición inmovilista), Ceausescu fue abucheado y, en represalia, ordenó disparar contra la multitud; el descontento estalló en rebelión armada, a la que se unió parte del ejército. Ceausescu y su esposa, Elena, fueron apresados cuando se disponían a huir del país, juzgados sumariamente y fusilados.

CÉSAR, Cayo Julio Militar y político cuya dictadura puso fin a la República en Roma (Roma, 100 - 44 a.C.). Procedente de una de las más antiguas familias del patriciado romano, los Julios, fue educado esmeradamente con maestros griegos. Pasó una juventud disipada, en la que empezó muy pronto a acercarse al partido político «popular», al cual le unía su relación familiar con Mario*. Se ganó el apoyo de la plebe subvencionando fiestas y obras públicas. Y fue acrecentando su prestigio en los diferentes cargos que ocupó: cuestor (69), edil (65), gran pontífice (63), pretor (62) y propretor de la Hispania Ulterior (61-60). De regreso a Roma, consiguió un gran éxito político al reconciliar a los dos líderes rivales, Craso y Pompeyo*, a los que unió consigo mismo mediante un acuerdo privado para repartirse el poder formando un triunvirato y así oponerse a los *optimates* que dominaban el Senado (60). Al año siguiente, César fue elegido cónsul (59); y las medidas que adoptó vinieron a acrecentar su popularidad: repartió lotes de tierra entre veteranos y parados, aumentó los controles sobre los gobernadores provinciales y dio publicidad a las discusiones del Senado. Pero la ambición política de César iba más allá y, buscando la base para obtener un poder personal absoluto, se hizo conceder por cinco años —del 58 al 51— el control de varias provincias (Galia Cisalpina, Narbonense e Iliria). El triunvirato fue fortalecido por el Convenio de Luca (56), que aseguraba ventajas para cada uno de sus componentes; pero respondía a un equilibrio inestable, que habría de evolucionar hacia la concentración del poder en una sola mano. Craso murió durante una expedición contra los partos (53) y la rivalidad entre César y Pompeyo no encontró freno una vez muerta Julia, la hija de aquél casada con éste (54). Entretanto, César se había lanzado a la conquista del resto de las Galias, que no sólo completó, sino que aseguró lanzando dos expediciones a Britania y otras dos a Germania, cruzando el Rin. Con ello llegó a dominar un vasto territorio, que aportaba a Roma una obra comparable a la de Pompeyo en Oriente. El prestigio y el poder alcanzados por César preocuparon a Pompeyo, elegido cónsul único en Roma en medio de una situación de caos por las luchas entre mercenarios (52). Conminado por el Senado a licenciar sus tropas, César prefirió enfrentarse a Pompeyo, a quien el Senado había confiado la defensa de la República como última esperanza de salvaguardar el orden oligárquico tradicional. Tras pasar el río Rubicón —que marcaba el límite de su jurisdicción—, César inició una guerra civil de tres años (49-46) en la que resultó victorioso: conquistó primero Roma e Italia; luego invadió Hispania; y finalmente se dirigió a Oriente, en donde se había refugiado Pompeyo. Persiguiendo a éste, llegó a Egipto, en donde aprovechó para intervenir en una disputa sucesoria de la familia faraónica, tomando partido en favor de Cleopatra* («Guerra Alejandrina», 48-47). Asesinado Pompeyo en Egipto, César prosiguió la lucha contra sus partidarios. Primero hubo de vencer al rey del Ponto Pharnaces en la batalla de Zela (47), que definió con su famosa sentencia *veni, vidi, vinci* («llegué, vi y vencí»); luego derrotó a los últimos pompeyistas que resistían en África (batalla de Tapso, 46) y a los propios hijos de Pompeyo en Hispania (batalla de Munda, cerca de Córdoba, 45). Vencedor en tan larga guerra civil, César acalló a los descontentos repartiendo dádivas y recompensas durante las celebraciones que organizó en Roma por la victoria. Una vez dueño de la situación, César acumuló cargos y honores que fortalecieran su poder personal: cónsul por diez años, prefecto de las costumbres, jefe supremo del ejército, pontífice máximo (sumo sacerdote), dictador perpetuo, emperador con derecho de transmisión hereditaria... si bien rechazó la diadema real que le ofreció Marco Antonio*. El Senado fue reducido a un mero consejo del príncipe. Estableció así una dictadura militar disimulada por la apariencia de acumulación de magistraturas civiles. Murió asesinado en una conjura dirigida por Casio y Bruto, que le impidió completar sus reformas; no obstante, dejó terminadas algunas, como el cambio del calendario (que se mantuvo hasta el siglo XVI), una nueva ley municipal que concedía mayor autonomía a las ciudades, el reasentamiento como agricultores de las masas italianas proletarizadas... todo apuntaba a transformar Roma de la ciudad-estado que había sido en cabeza de un imperio que abarcara la práctica totalidad del mundo conocido, al tiempo que se transformaba su vieja constitución oligárquica por una monarquía autoritaria de tintes populistas; dicha obra sería completada por su sobrino-nieto y sucesor, Octavio Augusto*.

CÉSPEDES Y BORJA DEL CASTILLO, Carlos Manuel Dirigente independentista cubano (Bayamo, 1819 - cerca de San Lorenzo, 1874). Este terrateniente de la zona oriental de Cuba recibió una cuidada educación, primero en La Habana y luego en Barcelona, en donde se doctoró en Derecho (1840); allí tomó contacto con políticos progresistas, como Juan Prim*. Tras viajar unos años por Europa, volvió a Cuba (primero a Bayamo y, más tarde, a Manzanillo). Simultaneó su trabajo como abogado con la actividad política conspirativa a favor de la independencia de Cuba del dominio colonial español. Al formarse en 1868 una Junta Revolucionaria para dirigir la sublevación contra los españoles, Céspedes participó como representante del grupo de Manzanillo; y en menos de dos meses, dio un golpe de fuerza que le erigió en líder supremo del movimiento. El 10 de octubre de 1868 lanzó la insurrección por la independencia (con el llamado «grito de Yara»), que, favorecida por la desorganización que causó en la metrópoli la Revolución de septiembre de 1868 y el consiguiente destronamiento de Isabel II*, dio paso a la «Guerra de los Diez Años» (1868-78). Durante la misma Céspedes fue elegido presidente provisional de la República federal cubana que proclamó la asamblea de los insurrectos reunida en Guáimaro (1869); entre sus principales medidas destaca la abolición de la esclavitud. Pero la causa de la emancipación se encaminó a la derrota, en parte porque no consiguió el reconocimiento del presidente norteamericano Grant*, y quizá más por las divisiones internas que debilitaron el movimiento. Incluso antes de perder la guerra, Céspedes fue relevado como jefe de los rebeldes, por oponerse a castigar los abusos de un cuñado suyo, al que había puesto al frente del ejército independentista (1873). Refugiado en Sierra Maestra, fue descubierto por tropas españolas, ante cuyo acoso se suicidó.

CHAMBERLAIN, Arthur Neville
Político conservador británico (Birmingham, 1869 - Heckfield, 1940). Era hijo de Joseph Chamberlain (1836-1914), líder de los liberales «unionistas» que se unieron al Partido Conservador y uno de los políticos más influyentes del país a finales del siglo XIX; su hermanastro Joseph Austen Chamberlain (1863-1937) también se dedicó a la política, llegando a ser presidente de la Cámara de los Comunes, ministro en múltiples ocasiones y fugaz jefe del Partido Conservador. Sin embargo, Arthur pasó tardíamente a la política, tras haberse dedicado a los negocios. Fue elegido alcalde de Birmingham en 1915 (su padre ya había destacado en ese cargo, en 1873-76). Su prestigio político se lo labró al frente del Ministerio de la Salud (1924-29); la reforma social que introdujo en la sanidad británica consolidó la nueva imagen populista del Partido Conservador, que había empezado a construirse con el ingreso en el mismo de su padre. Luego fue ministro de Hacienda en plena depresión económica mundial (1931-37), a la que respondió adoptando medidas proteccionistas. Finalmente, en 1937 consiguió el puesto de primer ministro, que conservaría hasta 1940. Llevó personalmente los asuntos de política exterior, en una línea de apaciguamiento (*appeasement*) con la que esperaba salvaguardar la paz ofreciendo algunas concesiones a las ambiciones expansionistas de Hitler*; dicha política culminó con la Conferencia de Múnich de 1938, que permitió a Alemania anexionarse los Sudetes. Sólo tras la invasión alemana de Checoslovaquia comprendió Chamberlain su error y rectificó apresuradamente, acelerando el rearme británico para la guerra que se avecinaba. Acordó entonces con Francia garantizar la integridad de Polonia y, consecuente con dicho compromiso, declaró la guerra a Alemania cuando invadió aquel país (1939). Iniciada así la Segunda Guerra Mundial, Chamberlain se mostró tan torpe en la dirección de las operaciones militares como lo había sido en las relaciones diplomáticas anteriores; su propio partido le sustituyó por Churchill*, a quien Chamberlain mantuvo su apoyo desde la presidencia del Consejo de Estado.

CHAMORRO, Familia. Esta rica familia de notables de Nicaragua ha suministrado cinco presidentes de la República; su persistencia en el poder a lo largo del tiempo es un caso típico de la continuidad histórica de las oligarquías centroamericanas.

FRUTOS CHAMORRO (1806-55). Militar dedicado a la política desde 1836. Fue delegado supremo del Poder Ejecutivo durante la confederación con Honduras y El Salvador (1843-44), ministro de Hacienda en diversas ocasiones (1846 y 1851) y jefe del Poder Ejecutivo desde 1853. Conservó el poder hasta su muerte, pero una rebelión armada le impidió realizar sus proyectos políticos.
PEDRO JOAQUÍN CHAMORRO BOLAÑOS (1818-90). Encabezó la lucha armada por la independencia nacional frente a las apetencias de Gran Bretaña y de Estados Unidos por controlar la zona, pensando en la construcción de un canal de navegación que uniera el Atlántico con el Pacífico (1850-57). Más tarde, erigido en jefe del Partido Conservador, combatió en las luchas civiles de 1863-69. Fue elegido presidente de 1875 a 1879, periodo en el cual realizó importantes obras públicas e impulsó la enseñanza.
EMILIANO CHAMORRO VARGAS (1871-1966). Ingeniero y militar, se inició en la política luchando contra el liberal José Santos Celaya (derrocado en 1909). En 1912 fue nombrado comandante en jefe del ejército nicaragüense. Más tarde representó a su país ante Estados Unidos, firmando el Tratado Bryan-Chamorro (1916), por el cual se concedía a los americanos el derecho de construir y utilizar un canal transoceánico en Nicaragua (que nunca se hizo). Ocupó la presidencia de la República en dos ocasiones, en 1917-21 y en 1926; entre ambas, fue presidente su sobrino Diego Manuel Chamorro, de 1921 a 1923. Tanto uno como otro se mantuvieron en el poder merced al apoyo de Estados Unidos, cuyos intereses en la zona salvaguardaron eficazmente. Desde 1933 el general Emiliano Chamorro ejerció como jefe del Partido Conservador Tradicionalista. Con el acceso al poder de los Somoza* en 1936, los Chamorro quedaron apartados del gobierno hasta la caída de aquéllos en 1979; durante mucho tiempo, el general Chamorro encabezó desde Guatemala la lucha armada contra el general Somoza, en una lucha clásica entre caudillos de clanes familiares rivales. Los Chamorro conservaron su fortuna y una gran influencia social, sobre todo a través del periódico familiar, *La Prensa*, dirigido por **PEDRO JOAQUÍN CHAMORRO CARDENAL** (1925-78). A través del periódico familiar y de la Unión de Liberación Democrática, se convirtió en una de las figuras más destacadas de la oposición a la dictadura de Somoza (llegando a formar parte del gobierno nicaragüense en el exilio formado en 1959). Su asesinato en 1978 fue atribuido de forma generalizada al gobierno y acrecentó la impopularidad del mismo dentro y fuera del país. Tras el triunfo de la revolución sandinista en 1979, su viuda, **VIOLETA BARRIOS DE CHAMORRO** (1929 -), que hasta entonces había permanecido apartada de la vida política, aceptó formar parte de la Junta Revolucionaria. Enseguida se retiró de la misma, denunciando las tendencias dictatoriales del régimen sandinista (1980) y pasó a capitalizar el recuerdo del periodista asesinado en sentido contrario. La familia quedó así dividida, con la madre y dos hijos (Pedro Joaquín y Cristina) militando en la oposición, mientras otros dos hijos seguían fieles al sandinismo y ocupaban cargos de responsabilidad en el régimen (Vio-

leta y Carlos Fernando, éste último director del periódico oficial *Barricada,* desde donde se enfrentaba ásperamente con *La Prensa,* dirigido primero por su madre y luego por su hermano Pedro Joaquín). Cuando los sandinistas convocaron elecciones democráticas en 1990, Violeta Barrios aceptó encabezar la coalición opositora UNO (Unión Nacional Opositora), que obtuvo la victoria, convirtiéndose en presidenta de la República; su mandato (1990-96) estuvo marcado por los intentos de apaciguar las tensiones entre los sandinistas, los diversos grupos componentes de la UNO, los últimos reductos de la guerrilla contrarrevolucionaria y las presiones norteamericanas.

CHAMPOLLION, Jean-François
Egiptólogo francés (Figeac, Lot, 1790 - París, 1832). Su pasión por desvelar los misterios de la civilización egipcia le llevó a especializarse en lenguas orientales. A partir de 1821-22 consiguió descifrar la escritura jeroglífica, partiendo de textos copiados por viajeros y por los arqueólogos que habían acompañado a Napoleón* en su expedición a Egipto (1798-1802); pero la pieza clave fue la llamada *piedra de Rosetta,* un monolito de basalto negro de la época de los Ptolomeos*, descubierto en el delta del Nilo por la expedición napoleónica en 1799. La piedra contenía el mismo texto inscrito en caracteres griegos, demóticos y jeroglíficos, de manera que, a partir de los dos alfabetos conocidos, pudo descifrar el tercero. Desde entonces se considera a Champollion el padre de una nueva especialidad científica, la egiptología. Dejó su antiguo puesto de profesor de Historia en Grenoble para viajar por Italia, comisionado por Carlos X*, para inspeccionar colecciones de antigüedades egipcias (1824-26); luego fue conservador del departamento egipcio en el Museo del Louvre (1826); se le encomendó la dirección de una expedición arqueológica a Egipto en 1828-30; y se le otorgó una cátedra en el Colegio de Francia (1831). Después de su muerte se publicaron los importantes trabajos que tenía preparados sobre la lengua y los monumentos del Egipto faraónico.

CHANG KAI-SHEK (Jiang Jieshi) Militar y político chino, primer presidente de la República Nacionalista China (Fonghien, 1887 - Taipei, Taiwan, 1975). Formado como militar en el Japón (1907-11), se unió al movimiento nacionalista *Kuomintang* de Sun Yat-Sen*; éste le envió a la Unión Soviética a estudiar los métodos organizativos de los bolcheviques; y luego le encargó la dirección de la nueva academia militar de Whampao (1924), bajo la supervisión política del comunista Chu En-Lai*. Al morir Sun en 1925, Chang asumió el mando del Kuomintang y lanzó la llamada «revolución nacional» en unión con los comunistas: desde sus bases en el sur de China fueron derrotando a los jefes militares semindependientes que dominaban el centro y norte, hasta lograr la práctica unificación del país en 1927-28. Entonces rompió con los comunistas, a cuyos simpatizantes persiguió de forma sangrienta (matanzas de Shangai y Cantón, 1927), y formó un gobierno monocolor nacionalista con capital en Nankín. Prácticamente ejerció una dictadura personal de ideología conservadora, pues intentaba recuperar la armonía social tradicional que predicaba Confucio*; el poder fue repartido entre cuatro grandes familias, todas ellas ligadas al dictador: los Chang, los Sung, los Kung y los Chen. El contenido nacionalista del movimiento quedó resaltado al obtener de los occidentales la devolución de algunas concesiones coloniales; en cambio, abandonó objetivos sociales como la reforma agraria, que había defendido durante el periodo de alianza con los comunistas. El consiguiente descontento campesino fue la base sobre la que se apoyó la revolución comunista liderada por Mao Zedong* que, a partir de 1930, sumió a China en una guerra civil. Chang venció al «Ejército Rojo» de los comunistas después de combatir con ellos en cinco campañas, obligándoles a retirarse hacia el interior (la «larga marcha» de 1934-36). Pero ello no asentó el poder de Chang Kaishek, ya que, por un lado, Mao consiguió refugiarse en la provincia de Yenan, donde fundó una República comunista; y, por otro, Japón dirigió hacia China sus ambiciones de expansión territorial, ocupando sucesivamente Manchuria (1932), Jehol (1933) y la costa norte de China, incluyendo Pekín y Nankín, hasta Shangai (1937). La parte más densamente poblada del país quedaba así en manos extranjeras. La Guerra Chino-Japonesa de 1937-45 fue un capítulo más de la Segunda Guerra Mundial. Chang hubo de aliarse de nuevo con sus adversarios comunistas para oponer una resistencia más eficaz a los invasores; a cambio, recibió de éstos el mando supremo de las operaciones militares. Pero, tan pronto como la contraofensiva de los aliados (británicos y norteamericanos) derrotó al Japón en 1945, nacionalistas y comunistas reanudaron las hostilidades en una nueva guerra civil, que se extendería hasta 1949. El Kuomintang consiguió controlar las grandes ciudades, pero los comunistas, apoyados en la miseria del campesinado, fueron avanzando posiciones. A pesar del intenso apoyo de Estados Unidos, Chang acabó admitiendo su derrota y se retiró con sus partidarios (unos dos millones de personas) a la isla de Formosa o Taiwan, en donde mantuvo la Administración de la China nacionalista, mientras en el continente los comunistas implantaban la República Popular China (1949). El contexto de «guerra fría» entre las superpotencias proporcionó a Chang la protección norteamericana como luchador anticomunista: durante algún tiempo conservó la representación de China en las Naciones Unidas (detentando el correspondiente sillón de miembro permanente del Consejo de Seguridad), mientras la China de Mao, excluida de la ONU, era sometida a un bloqueo económico. Pero, finalmente, el realismo de las relaciones internacionales se impuso y la China nacionalista quedó como un pequeño Estado más, enemigo de la poderosa República Popular China. Chang se mantuvo hasta su muerte como presidente de la pequeña República de Taiwan, que mantenía la ficción de ser el último reducto de la China nacionalista, aspirando teóricamente a la reunificación del país bajo su poder. Fue, en cambio, la China comunista la que, apoyándose en su notable superioridad demográfica, económica y militar, intentó tomar Taiwan por la fuerza en 1957-58; no lo consiguió, una vez más, por la protección norteamericana, que estuvo a punto de conducir a un enfrentamiento armado entre China y Estados Unidos.

CHATEAUBRIAND, François-René de, vizconde de Escritor y político francés (Saint Malo, Bretaña, 1768 - París, 1848). Fiel al principio de legitimidad dinástica, se opuso a la Revolución francesa, alistándose en uno de los ejércitos de emigrados monárquicos que lucharon contra la Convención desde 1792; regresó a Francia en tiempos de Napoleón*, de quien aceptó algunos cargos públicos (1799-1804) antes de romper definitivamente con el régimen y marchar al exilio. Contribuyó a modelar la Francia de la Restauración, tanto desde el punto de vista ideológico (fomentando el resurgimiento de la religiosidad con su obras *El genio del cristianismo,* de 1802, y *Los mártires,* de 1809) como político (justificando el regreso de los Borbones* en su escrito *De Bonaparte y de los Borbones,* 1814). Fue ministro del Interior de Luis XVIII*, con quien también rompió por discrepancias políticas. Se convirtió entonces en portavoz del partido más conservador del régimen reaccionario de la Restauración, los llamados «ultras». Fue embajador en Berlín (1820) y Londres (1822), antes de convertirse en ministro de Asuntos Exteriores (1822-24). Como representante francés en el Congreso de Verona, fue uno de los principales inspiradores de la expedición de los «Cien mil hijos de San Luis» que invadió España para acabar con el régimen constitucional en 1823. Caído nuevamente en desgracia desde 1824, se transformó en paladín de la causa liberal contra los gobiernos de Carlos X* (lo que no le impidió aceptar el cargo de embajador en Roma en 1828-30). Tras la Revolución de 1830, que llevó al Trono a Luis Felipe de Orléans*, Chateaubriand puso por delante su celo legitimista frente a la causa de las libertades y se enfrentó al nuevo régimen, lo que le costó el apartamiento definitivo de la política activa. En sus *Memorias de ultratumba* (1848) explicaba que había sido fiel a la dinastía borbónica, a pesar de tener convicciones liberales, por razones sentimentales, ligadas al sentido del honor propio de la época romántica.

CHE GUEVARA. V. GUEVARA DE LA SERNA, **Ernesto.**

CHENG. V. SHIH HUANG TI.

CHIA CHING. V. MING, **Dinastía.**

CHILDERICO I. V. MEROVINGIA, **Dinastía.**

CHILDERICO III. V. MEROVINGIA, **Dinastía.**

CHIN, Dinastía. V. TSIN, **Dinastía.**

CHIRAC, Jacques Político francés (París, 1932 -). Procedente de una familia de clase media de la región de Corrèze, se formó en la elitista Escuela Nacional de Administración (ENA). Entró en la política en las filas del «gaullismo» (seguidores de Charles De Gaulle*), ligado estrechamente a Georges Pompidou* (en cuyo gabinete trabajó desde 1962) y a Valery Giscard d'Estaing*. Fue recorriendo toda la escala de cargos políticos: diputado desde 1967, secretario de Estado desde 1968 y, finalmente, ministro en 1971. Si en la crisis de 1968 se había distinguido negociando con los sindicatos en tanto que secretario de Estado de Empleo, en 1972-74 adquirió popularidad entre el electorado campesino defendiendo sus intereses ante el Mercado Común como ministro de Agricultura. Al morir Pompidou, desempeñó un papel decisivo canalizando el apoyo de los gaullistas hacia Giscard (1974); éste premió su fidelidad nombrándole primer ministro una vez elegido presidente de la República. Dos años después, Chirac dimitía de su cargo por discrepancias con el presidente, ahondándose la distancia entre el centrismo liberal de Giscard y el populismo nacionalista y conservador de Chirac. Líder indiscutible del partido gaullista (que él transformó en 1976 de UDR en RPR), Chirac vio desgajarse a los giscardianos, que formaron un nuevo partido (la UDF). En 1977 ganó su primer pulso a Giscard obteniendo la alcaldía de París (cargo que conservaría durante casi veinte años). Desde que, en 1981, el socialista Mitterrand* ganara la presidencia de la República, las discrepancias entre Chirac y Giscard mantendrían dividida a la oposición de derechas. No obstante, la victoria de ésta en las elecciones legislativas de 1986 llevó a Chirac al cargo de primer ministro; la experiencia de «cohabitación» entre un presidente socialista y un primer ministro conservador terminó en 1988, al resultar nuevamente derrotado Chirac por Mitterrand en las elecciones presidenciales. Hubo de esperar al final de un segundo mandato de Mitterrand para ganar las elecciones de 1995, en las que tuvo que imponerse a la candidatura de su correligionario y amigo Edouard Balladur, convirtiéndose en el quinto presidente de la Quinta República francesa.

CHUANG-LIE-TI. V. **MING, Dinastía.**

CHU EN-LAI (o Zu Enlai) Dirigente comunista chino (Shoa-Xing, Chekiang, 1898 - Pekín, 1976). Procedente de una familia acomodada, recibió una buena educación en su propio país, completada en Japón y Francia. Atraído por el marxismo, desde 1919 participó en las actividades clandestinas de los comunistas chinos; pero defendía una línea política más ortodoxa que la de Mao Zedong*, basada en la revolución del proletariado industrial, mientras que Mao apostaría por el campesinado. Desde 1924 fue nombrado comisario político del «Ejército Rojo» (fuerzas armadas del Partido Comunista Chino) y supervisó el trabajo de Chang Kai-shek* al frente de la Academia Militar de Whampao. Al romperse la alianza con el Kuomintang, fue también Chu el encargado de organizar la insurrección, que no tuvo éxito (1927). Luego fue uno de los máximos dirigentes de la República que los comunistas erigieron fugazmente en la provincia meridional de Kiengsi (1930-34). Tras la derrota militar frente a Chang, Chu participó en la «Larga Marcha» de los comunistas (1934-36) hasta refugiarse en Yenan, donde fundaron una nueva República. De ese momento data su acercamiento a Mao, con el cual colaboraría estrechamente hasta su muerte. Chu En-Lai se encargó de negociar la alianza con Chang Kai-shek para enfrentarse juntos a la invasión japonesa (1937-45). Y cuando, en 1949, los comunistas se impusieron a los nacionalistas, fue nombrado primer ministro de la recién nacida República Popular China; mantuvo tan relevante puesto hasta su muerte, acumulándolo al de ministro de Asuntos Exteriores entre 1949 y 1958. Le correspondió, por tanto, la difícil tarea de organizar el Estado socialista en China y de insertar al país en la comunidad internacional. Aunque fue leal a Mao en todo momento, se distinguió como un dirigente realista e integrador, que se esforzó por proteger a los reformistas (como Deng Xiaoping*) frente a los experimentos radicales promovidos por el presidente («gran salto adelante» y «revolución cultural»).

Chu Hou Tsung. V. Ming, Dinastía.

Chu I Chun. V. Ming, Dinastía.

Ch'ung Chen. V. Ming, Dinastía.

Chung Tsung. V. T'ang, Dinastía.

Churchill, John. V. Marlborough, Duque de.

Churchill, Sir Winston Leonard Spencer Político inglés (Blenheim Palace, Oxfordshire, 1874 - Londres, 1965). Nació en una familia aristocrática, descendiente del duque de Marlborough*, y estudió la carrera militar en la Academia de Sandhurst. Durante sus primeros destinos en Cuba, la India, Sudán y Sudáfrica (1895-1902) desarrolló el espíritu aventurero que refleja en sus novelas juveniles y que le convertiría en el hombre idealista y soñador que los británicos necesitaban en 1940. Hasta que llegó ese momento, sin embargo, tuvo grandes dificultades para insertarse en la política de partido, perdiendo tantas elecciones que bien podría considerársele un político fracasado. Siguiendo los pasos de su padre, Lord Randolph Churchill, militó inicialmente con los conservadores, tratando de dotarles de un programa de reformas sociales; pero se distanció de ellos por discrepar de su política económica proteccionista, pasando en 1904 al Partido Liberal. Colaboró, pues, con la política de lucha contra el desempleo de Asquith* y Lloyd George* de 1908-16. Fue designado para cargos importantes, el principal de ellos el de ministro de Marina, en el que fracasó estrepitosamente de 1912 a 1916: centró la estrategia naval británica durante la Primera Guerra Mundial en un ataque rápido a la zona de los Dardanelos, que se mostró ineficaz (1915). Aislado y fracasado en la política británica, Churchill aprovechó la tendencia ascendente de los conservadores para unirse nuevamente a ellos. Aceptó el cargo de ministro de Hacienda en el gabinete Baldwin* de 1924-29, desde el que tomó la decisión de abandonar el patrón oro (criticada, entre otros, por Keynes*). Error tras error, en un solo asunto estuvo más acertado que sus colegas, y fue el que le otorgó la popularidad y el poder en los años treinta: la naturaleza del fascismo y la amenaza que representaba para el futuro de las democracias occidentales. Mientras la plana mayor de los conservadores (con Baldwin y Chamberlain* a la cabeza) seguían una política de «apaciguamiento» hacia la Alemania nazi para salvaguardar la paz a toda costa, Churchill clamaba por la adopción de una postura más intransigente: no hacer tantas concesiones a Hitler* (condenó los acuerdos de Múnich de 1938) y rearmarse para frenar el expansionismo alemán mediante una guerra que creía inevitable. Cuando, después de la invasión alemana de Checoslovaquia, se hizo evidente el error en que habían estado los dirigentes británicos respecto a las intenciones de los nazis, su posición política salió reforzada. Una vez que estalló la Segunda Guerra Mundial, repitió en el cargo de ministro de

Marina en un gabinete presidido por Chamberlain (1939); y, aunque volvió a equivocarse al fracasar la campaña de Noruega, las culpas recayeron sobre Chamberlain —que hubo de dimitir— y la popularidad de Churchill no se vio afectada. En 1940 los conservadores le pusieron al frente del gobierno de coalición como primer ministro. Su retórica visionaria infundió valor y esperanza a la población frente al avance arrollador de la maquinaria de guerra alemana que, en aquellos momentos, invadía Europa occidental. Luego le tocó el turno a Gran Bretaña, bombardeada masivamente durante la llamada «batalla de Inglaterra» (1940-41), que se creía preámbulo de una segura invasión. Churchill galvanizó las fuerzas de la nación con sus brillantes arengas a los británicos (como aquella en la que aseguró que sólo podía prometerles «sangre, sudor y lágrimas»), repatrió la mayor parte de las tropas británicas en el continente (reembarco de Dunkerke, 1940) y organizó eficazmente la defensa aérea de la isla, haciendo desistir a los alemanes de sus planes de invasión hasta el momento en que la intervención norteamericana cambiara el equilibrio de fuerzas. Ese momento llegó en 1941-42 y el curso de la guerra se orientó a favor de los aliados, cuya victoria sobre Alemania culminaría en 1945. Churchill aportó a la guerra nuevos errores, como el de sobrevalorar el escenario mediterráneo (claramente secundario en aquella contienda) o el de retrasar la apertura del «segundo frente» que reclamaba Stalin* para dividir las fuerzas alemanas entre el este y el oeste; pero es innegable su eficacia como símbolo de unidad nacional, de dignidad frente a la agresión y de moral de combate. También desempeñó un papel importante en las conferencias de paz que prepararon la posguerra (Postdam y Yalta, 1945); allí fue uno de los principales responsables del reparto del mundo en zonas de influencia entre la Unión Soviética y los aliados occidentales, que degeneraría en los años inmediatos hacia la llamada «guerra fría». En las elecciones de aquel mismo año fue derrotado por el laborista Attlee*, que encarnaba las aspiraciones de los británicos de compensar con mejoras sociales los sacrificios del periodo bélico. Churchill volvería a ser primer ministro tras la victoria electoral conservadora de 1951; carente de ideas nuevas, presidió un gobierno sin logros relevantes hasta que se retiró en 1955, dejando el puesto a su colaborador Eden*.

CHURRUCA Y ELORZA, Cosme Damián Marino español (Motrico, Guipúzcoa, 1761 - Golfo de Cádiz, 1806). Su carrera en la Armada está jalonada de hechos de armas, que alternó con periodos de dedicación a la ciencia y el estudio. Tras formarse en la Escuela Naval de El Ferrol, intervino muy joven en el cuarto sitio español de Gibraltar (1782), que terminó en fracaso como los anteriores. Luego participó en una expedición geográfica por el estrecho de Magallanes y pasó una temporada en el observatorio de Cádiz. En 1792 dirigió otra expedición geográfica, esta vez a las costas de Norteamérica y las Antillas, en donde levantó valiosos mapas. En 1805 se le confió el mando del navío San Juan Nepomuceno, con el que combatió en la escuadra franco-española que se enfrentó a la británica mandada por Nelson* en la batalla de Trafalgar; aunque discrepó de la estrategia seguida por el almirante francés Villeneuve, que mandaba la escuadra combinada, acató las órdenes que condujeron a la derrota y, atacado simultáneamente por cinco barcos ingleses, resistió hasta que una bala de cañón le arrancó la vida.

CHU TI. V. **MING, Dinastía.**

CHU TSAI KOU. V. **MING, Dinastía.**

CHU YAN CHANG. V. **MING, Dinastía.**

CHU YU CHIEN. V. **MING, Dinastía.**

CIANO, Galeazzo, conde de Cortellazzo Dirigente fascista italiano (Livorno, 1903 - Verona, 1944). Era hijo de un militar, héroe de la Primera Guerra Mundial y fascista de la primera hora. Siguió la carrera diplomática y se casó con la hija de Mussolini*, Edda. En consecuencia, ocupó importantes puestos en el régimen de su suegro: fue ministro de la Prensa (1935-36) y de Asuntos Exteriores (1936-43). Desde este último puesto diseñó la política imperialista que alineó a la Italia fascista con la Alemania nazi y la llevó a entrar en la Segunda Guerra Mundial: intervención en la Guerra Civil española (1936-39) en apoyo de Franco*, adhesión al Pacto Antikomintern (1937), invasión italiana de Albania (1939) y firma del «Pacto de Acero» con Alemania (1939). No obstante, al estallar la guerra intentó evitarla mediando entre Hitler* y los gobiernos occidentales; y sus reticencias frente a las ambiciones de hegemonía de Alemania se transformaron en discrepancias con Mussolini. Éste le cesó como ministro, nombrándole embajador ante el Vaticano; y Ciano se vengó votando la destitución del *Duce* en el Gran Consejo Fascista aquel mismo año (1943). Luego fue detenido por los nazis y entregado a las autoridades fascistas de la República de Saló, que lo fusilaron.

CICERÓN, Marco Tulio Político romano de la época de las guerras civiles, famoso por su oratoria (Arpinum, Lacio, Italia, 106 - Caieta, Lacio, 43 a.C.). Procedía de una familia del orden ecuestre, que le suministró la más esmerada educación (recibió lecciones de filosofía y de retórica de los mejores sabios griegos de la época). Tras adquirir un gran prestigio como abogado, pasó a la política en el año 77, ejerciendo como cuestor de Lilibea (Sicilia). Fue designado cónsul en el 63, momento en que se produjo la Conjuración de Catilina*, que Cicerón denunció y desbarató (fue entonces cuando pronunció sus más célebres discursos políticos, las *Catilinarias*). Políticamente se situaba en el partido oligárquico, aspirando a unificar los dos órdenes privilegiados —senadores y caballeros— para oponer un freno a las tendencias democratizadoras; escribió algunos tratados de política, en los que defendía una república aristocrática en la cual se equilibraran los principios monárquico y democrático. Pero carecía de apoyos sólidos en Roma, lo que le costó ser enviado al exilio por uno de sus mayores enemigos, el tribuno de la plebe Clodio (58). A su regreso trató de romper el triunvirato establecido entre César*, Craso y Pompeyo*, atrayendo a este último al partido oligárquico; pero su maniobra fue desbaratada por César al fortalecer la unidad de los triunviros por el Convenio de Luca (56). Tras una estancia en Cilicia como procónsul

(51-50), regresó para unirse, con el partido senatorial, a la lucha de Pompeyo contra César (49-46); sin embargo, aceptó el perdón de éste tras su victoria y le prestó apoyo con sus dotes oratorias. Tras el asesinato de César (44), optó por apoyar las aspiraciones del sobrino-nieto de éste —Octavio Augusto*— atacando al usurpador Marco Antonio* (a tal fin pronunció otros famosos discursos, las *Filípicas,* de 43-44 a.C.); Cicerón esperaba así restaurar el orden de la República anterior a César, pero no contó con que Octavio se uniría a Antonio en un nuevo triunvirato. Para sellar la alianza entre ambos, Octavio aceptó la ejecución de Cicerón, cuyas manos y cabeza fueron cortadas y expuestas en la tribuna de oradores.

CID CAMPEADOR, El (Rodrigo Díaz de Vivar) Caballero castellano de la Reconquista (Vivar, Burgos, h. 1043 - Valencia, 1099). Procedente de la pequeña nobleza, fue criado en la corte y empleado al servicio del rey Sancho II. Como alférez de las huestes castellanas intervino en las luchas de aquel reinado contra Navarra y contra los musulmanes. También intervino en las luchas de Sancho de Castilla contra su hermano Alfonso VI* de León, que se disputaron el conjunto de ambos reinos tras la muerte de su padre, Fernando I*: el asesinato a traición de Sancho durante el asedio de Zamora otorgó a Alfonso VI el trono reunificado de León y de Castilla. Con ello, la carrera cortesana de Rodrigo, criado desde niño en el séquito del infante Sancho, quedaba truncada; y las reticencias de una parte de la nobleza castellana frente al nuevo rey se expresaron en la demanda que le hizo *el Cid* en la iglesia de Santa Gadea de Burgos de que jurara no haber intervenido en la muerte de su hermano (1072). Aquel acto provocó la ira del rey, quien, sin embargo, procuró atraerse al *Cid* como cabeza visible del «partido intransigente» castellano. En los años siguientes le mantuvo a su servicio, otorgándole un puesto relevante en la corte, le concedió honores y privilegios e incluso le casó con su sobrina Jimena. Pero las relaciones se rompieron definitivamente a raíz de una embajada del *Cid* a Sevilla para cobrar los tributos debidos a Alfonso por el rey musulmán de aquella ciudad; allí tuvo un encontronazo con García Ordóñez, que luchaba para el rey de Granada y atacó al de Sevilla: Rodrigo le derrotó y apresó, ganándose una enemistad que acabaría por arrastrar la del propio rey, que le desterró en 1081. *El Cid* salió de los reinos de Alfonso con su mesnada y se empleó como mercenario al servicio de los reyes musulmanes de Zaragoza. Cuando la invasión almorávide de la España musulmana desequilibró las fuerzas en la Península en perjuicio de los cristianos —como demostró la batalla de Sagrajas (1086)— Alfonso VI perdonó al *Cid* para reforzar su posición (1087). Rodrigo siguió combatiendo en la zona de Levante, en un delicado juego de alianzas entre los diversos reinos cristianos y musulmanes, pero actuando ahora en nombre del rey castellano: sometió a los reinos de Albarracín y Alpuente e hizo que el conde de Barcelona abandonara el cerco al que tenía sometida a Valencia (1089). Quiso entonces colaborar con Alfonso en la campaña para levantar el sitio que los almorávides habían puesto a la fortaleza cristiana de Aledo (en Murcia); pero un malentendido le hizo faltar a la cita, desatando nuevamente la ira del rey, que le desterró por segunda vez y confiscó sus bienes. De nuevo sin señor, *el Cid* se encontró dueño de amplios estados en torno a Valencia. Su poderío alarmó al conde de Barcelona, que temía verse privado de toda posibilidad de influir sobre los reinos de Taifas; en consecuencia, Berenguer atacó a Rodrigo con ayuda de los reyes musulmanes de Zaragoza y de Lérida, resultando derrotados los atacantes y dejados en libertad por *el Cid* (1090). Sometido a tributo el rey de Lérida y aliado el de Zaragoza, Rodrigo quedaba como dueño indiscutible de Levante. Esta vez fue Alfonso VI el que decidió arrebatar al *Cid* sus territorios, a pesar de los gestos de buena voluntad de Rodrigo hacia el que había sido su rey (como el acudir en apoyo de su expedición a Granada). Para apoderarse de Valencia, Alfonso contó con la ayuda del conde de Barcelona y del rey de Aragón; pero *el Cid* les ganó la iniciativa lanzando un ataque devastador en La Rioja, que —unido al fallo de las prometidas naves genovesas y pisanas— les hizo desistir de la idea y levantar el cerco. Inexplicablemente, sin embargo, el rey volvió a reconciliarse con Rodrigo y reconoció su protectorado de Valencia que, por lo mismo, pasaba a ser un territorio dependiente de Castilla (1092). La creciente presión de los almorávides sobre Valencia hizo que *el Cid* la perdiera y la recuperara varias veces en los años siguientes, al tiempo que se veía obligado a reprimir conspiraciones y sublevaciones en la ciudad (1092-99). Mientras las armas almorávides se imponían en el resto de la Península, *el Cid* consiguió vencerlas en las batallas de Cuarte (1094) y Bailén (1097); pero tras su temprana muerte, el rey castellano no pudo conservar Valencia por más de tres años, cayendo por fin en manos de los almorávides en 1102. Si las conquistas territoriales del *Cid* no perduraron, quedó de él la hazaña de haberse hecho un reino y haber resistido al empuje militar de la invasión almorávide, frente al que sucumbieron ejércitos mucho mayores. Para la imaginación de sus contemporáneos encarnó las virtudes del caballero fiel a su rey y del guerrero invicto, respetado tanto por los cristianos como por los musulmanes y su figura pasó a la leyenda —fundamentalmente a través del *Poema de Mio Cid*— como símbolo del héroe medieval.

CIENFUEGOS, Camilo Revolucionario cubano (La Habana, 1932 - en el mar, 1959). Compañero y colaborador de Fidel Castro*, acompañó a éste en el viaje del *Granma,* que les llevó a ambos a desembarcar en Cuba en 1956 para establecer un foco guerrillero en el este de la isla. Durante la ofensiva final contra la dictadura de Batista*, Cienfuegos dirigió la llamada «Columna Antonio Maceo», que fue la primera unidad de los insurgentes que abandonó el refugio de Sierra Maestra. En unión con el Che Guevara*, libró la decisiva batalla para tomar Santa Clara (1958), tras la cual les quedó expedito el camino hacia La Habana, donde entraron triunfantes el 2 de enero de 1959. Sin embargo, no pudo ver los frutos de la Revolución por la que tanto había luchado, pues murió en un accidente de aviación en aquel mismo año.

CIERVA, Familia de La. V. LA CIERVA, Familia de.

CIRO II, *el Grande* Primer rey de Persia, fundador de la dinastía Aqueménida* (?, h. 579 - ?, h. 529 a.C.). Heredó de su padre, Cambises I, la jefatura de la tribu de los pasargadas en el Irán oriental, sometida a la soberanía del reino meda. En el 555 a.C. se rebeló contra el rey meda, su abuelo materno Astiages, con ayuda del rey de Babilonia. En el 550 se impuso, al tomar la capital meda Ecbatana. La fusión de medas y persas fue el punto de partida para una gran expansión territorial, que se inició con la anexión de Lidia (al vencer a su rey Creso en el 546); luego se hizo con todo el Irán hasta los ríos Iaxartes e Indo, así como el Asia Menor (Cilicia, Licia, Caria, Frigia, Jonia); y finalmente conquistó Babilonia en el 539. Con ello quedaba prácticamente unificado el Medio Oriente, labor que completaría su hijo y sucesor, Cambises II. Sobre el vasto territorio conquistado, Darío impuso una unidad política basada en una cierta magnanimidad (permitió que los judíos deportados en Babilonia regresaran a Israel) y en el respeto a la autonomía de los pueblos sometidos (o al menos los más desarrollados, como era el caso de los babilonios, a los cuales permitió conservar tanto su religión tradicional como su propia administración). El principal problema para el Imperio Persa a la muerte de su fundador seguía siendo la seguridad de las fronteras, especialmente las del nordeste, amenazadas por los pueblos nómadas de Asia central: allí murió Ciro en el curso de una campaña contra los masagetas.

CISNEROS, Francisco Jiménez de Prelado y político castellano (Torrelaguna, Madrid, 1436 - Roa, Burgos, 1517). Este modesto fraile franciscano entró en contacto con la corte al elegirle como confesor la reina Isabel *la Católica**, por consejo del arzobispo de Toledo (1492); ahí comenzó su carrera ascendente, pues al cabo de tres años se había convertido en provincial de su orden, arzobispo de Toledo y principal consejero de la reina. El papa le concedió su confianza para emprender la reforma de la Iglesia castellana, a cuyo fin convocó los sínodos de Alcalá (1497) y Talavera (1498). Desde 1499 los reyes le encargaron de la evangelización del reino de Granada, recientemente conquistado a los musulmanes, una tarea en la que empleó métodos violentos y represivos (obligando a elegir entre la conversión o la emigración), pero en la que obtuvo un notable éxito —en términos de conversiones masivas— una vez dominadas las sublevaciones de la ciudad y las Alpujarras. La muerte de la reina Isabel en 1504 le otorgó un gran protagonismo, asumiendo el cargo de regente de Castilla en 1506-07, ante el vacío de poder creado por la muerte de Felipe *el Hermoso**, la locura de la reina Juana I* y la ausencia de Fernando *el Católico*. Cisneros colaboró activamente con don Fernando en la gobernación de Castilla, obteniendo del papa el nombramiento de cardenal y el de inquisidor general (1507). En su obra como gobernante cabe destacar la fundación de la Universidad de Alcalá de Henares en 1507 (que se perfilaba como un centro humanista e innovador en contraposición a la más tradicional de Salamanca) y el inicio de una política africana, continuación lógica de la reconquista castellana frente al Islam, que en 1492 había culminado con la expulsión de los musulmanes de la Península (financió la conquista de Mazalquivir en 1507 y dirigió personalmente la de Orán en 1509). Al morir don Fernando en 1516, Cisneros ocupó de nuevo la Regencia hasta la llegada del heredero Carlos I*, que se produjo en 1517. Durante ese año hubo de hacer frente a diversas fuerzas que intentaban aprovechar la aparente debilidad de la Monarquía: contra la insumisión que alentaba la alta nobleza, formó una milicia propia —la «Gente de la Ordenanza»— que sometió motines urbanos como el que estalló en Valladolid; contra el ataque de Juan de Albret*, que intentaba recuperar Navarra con apoyo francés, lanzó una campaña victoriosa que mantuvo el reino en manos españolas y acabó con la destrucción de todas las fortalezas navarras a excepción de la de Pamplona; su expedición en el Mediterráneo contra los ataques del corsario Barbarroja*, en cambio, no tuvo éxito. Cisneros murió con Carlos I ya en España, cuando se dirigía a su encuentro cerca de Valladolid.

CLAUDIO I (Tiberio Claudio Druso Nerón Germánico) Emperador romano de la dinastía Julio-Claudia (Lyon, 10 a.C. - Roma, 54 d.C.). Era sobrino de Tiberio*, sobrino segundo de Augusto* y tío de Calígula*, a quien sucedió en el año 41. Marcado por varias taras (era cojo, epiléptico y tartamudo), Claudio era tenido por un bobo en la corte romana, pues se había mantenido apartado de los asuntos públicos, concentrado en escribir estudios históricos sobre los etruscos y los cartagineses. Cuando la guardia pretoriana destronó y asesinó a Calígula, acabando con su despótico reinado, coronó a Claudio, que con más de cincuenta años era el único superviviente de la dinastía, pensando quizá en poner al frente del Imperio a alguien manejable. Claudio se reveló entonces como un hombre inteligente y un emperador capaz: amante de las tradiciones romanas, restableció el modelo administrativo de Augusto, repudiando el absolutismo en favor de una mayor colaboración con el Senado. Trató de volver a la pureza de la religión romana, restaurando cultos abandonados y combatiendo las que entendía como «supersticiones» extranjeras (para ello expulsó de la ciudad a los astrólogos y a los judíos). Para mayor eficacia puso los cargos políticos decisivos en manos de sus libertos (como Polibio o Narciso), poniendo las bases de la burocracia imperial. Extendió la ciudadanía romana entre los provinciales. Y, en el terreno exterior, impulsó la conquista de Britania (la actual Gran Bretaña) entre el 43 y el 47, así como la anexión definitiva al Imperio de Mauretania (norte de Marruecos y Argelia) y los territorios orientales de Licia, Panfilia, Judea y Tracia (43-46). Una de las lacras del reinado de Claudio fue la influencia que sus mujeres ejercieron en los asuntos de gobierno. Su tercera mujer, Mesalina, le ridiculizó públicamente con su escandalosa promiscuidad, hasta que se decidió a ejecutarla en el 48. Casado luego con su sobrina Agripina (que a la vez era biznieta de Augusto), ésta le convenció para que designara sucesor a Nerón* (hijo de un matrimonio anterior de Agripina), en lugar de Británico (hijo de Mesalina y —supuestamente— del propio Claudio). Conseguido su objetivo, Agripina envenenó a su marido y vio acceder a su hijo al Trono imperial.

CLAUSEWITZ, Karl von Militar prusiano (Burg, Magdeburgo, 1780 - Breslau, Silesia, 1831). Se formó durante las guerras contra la Francia de la Revolución y de Napoleón*, durante las cuales combatió (desde 1793), fue hecho prisionero (1806), participó en la reorganización del ejército prusiano (1808) y sirvió al zar de Rusia para seguir luchando contra los franceses tras la derrota prusiana (1812). Reintegrado al ejército prusiano una vez vencido Napoleón (1815), se convirtió en director de la Academia de Guerra (1818-30); poco después se le encomendó también la formación militar del príncipe heredero (el futuro Federico Guillermo IV). Se le considera el fundador de la doctrina militar moderna por las teorías que acuñó durante aquel periodo docente, lo esencial de las cuales está recogido en su obra *De la guerra*. Según su frío análisis «la guerra es la continuación de la política por otros medios», por lo que en periodo de guerra se obtiene la máxima eficacia unificando la dirección política y militar (como, efectivamente, se haría en Alemania durante las dos guerras mundiales). Creó también el concepto de «guerra total», que compromete todos los recursos y energías del país y toma como objetivo de guerra el país enemigo en su integridad; dicho concepto se haría realidad en las guerras del siglo XX.

CLEMENCEAU, Georges Político francés (Mouilleron-en-Pareds, Vendée, 1841 - París, 1929). Era médico de formación y de convicciones republicanas, siguiendo en ambos aspectos la tradición de su familia. Entró en política tras el hundimiento del Segundo Imperio, desempeñando cargos municipales en París y formando parte de la Asamblea Nacional reunida en 1871. Trató sin éxito de mediar entre el gobierno de Versalles y los revolucionarios de la Comuna de París (1871). Instaurada la Tercera República, abandonó su puesto de alcalde de París para participar en la política nacional: fue elegido diputado y se erigió en líder de los radicales (1876). Defendía un ideario democrático e individualista, marcado por el cientifismo, el anticolonialismo y el anticlericalismo, en el que se aprecian las influencias de Comte*, Darwin* y John Stuart Mill*. Tras haber ejercido una oposición parlamentaria feroz (que le valió el sobrenombre de *el Tigre),* tuvo que apartarse de la política en 1893, al verse involucrado en el escándalo del canal de Panamá. Se dedicó entonces al periodismo (fundamentalmente en el diario *L'Aurore),* y desempeñó un papel relevante encabezando el «bloque republicano» en la denuncia del caso Dreyfus* desde 1898. Volvió a la política activa en 1902, primero como senador y luego como ministro del Interior (1906). En aquel mismo año fue designado primer ministro, cargo que conservó hasta 1909; durante este primer mandato rehabilitó al capitán Dreyfus, al que ascendió y condecoró; también aprobó mejoras sociales, pero empleó la represión contra el movimiento obrero (enviando al ejército contra los huelguistas). Entre 1909 y 1917 se centró nuevamente en la actividad periodística, denunciando la ineficacia del gobierno en la dirección de la guerra contra Alemania (la Primera Guerra Mundial, que estalló en 1914). En consecuencia, el presidente Poincaré* le llamó a formar gobierno cuando más baja estaba la moral de los franceses (1917); supo restablecer la moral de combate y facilitó que, bajo el mando de Foch* y de Pétain*, los aliados lanzaran la ofensiva final que les proporcionó la victoria en 1918. A continuación le correspondió a Clemenceau representar a Francia en las conversaciones de paz con Wilson*, Lloyd George* y Orlando*, que condujeron a la conclusión del Tratado de Versalles con Alemania (1919). En aquellas negociaciones impuso a los aliados una postura revanchista e intransigente en defensa de los intereses franceses: el resultado fueron unas condiciones tan duras para Alemania (pago de reparaciones por los costes causados por la guerra, grandes pérdidas territoriales, desarme y desmilitarización...) que dificultaron su recuperación económica y fueron sentidas como una humillación nacional, facilitando la ascensión de Hitler* al poder. No obstante, el Parlamento francés criticó la «debilidad» de Clemenceau y éste dimitió en 1920. Su intento de obtener la presidencia de la República fracasó aquel mismo año.

CLEMENTE VII (Giulio di Medici). V. MÉDICIS, Familia.

CLEOPATRA (VII) Última reina de Egipto, perteneciente a la dinastía de los Lágidas o Ptolomeos* (Alejandría, 69 - 30 a.C.). Hija de Ptolomeo XII, fue casada con su propio hermano Ptolomeo XIII, con quien heredó el Trono en el año 51 a.C. Pronto estallaron los conflictos entre los dos hermanos y esposos, que llevaron al destronamiento de Cleopatra. Sin embargo, su suerte cambió al llegar hasta Egipto las luchas civiles de Roma: persiguiendo a su enemigo Pompeyo*, Julio César* fue a Egipto y tomó partido por Cleopatra en el conflicto con su hermano. Durante la llamada «Guerra Alejandrina» (48-47 a.C.) murieron tanto Pompeyo como Ptolomeo XIII y tuvo lugar el incendio de la legendaria Biblioteca de Alejandría, que se perdió para siempre. Cleopatra fue repuesta en el Trono por César, que se había convertido en su amante (46 a.C.); y contrajo matrimonio de nuevo con su otro hermano, Ptolomeo XIV, a quien manejó a su antojo. Cleopatra trató de utilizar su influencia sobre César para restablecer la hegemonía de Egipto en el Mediterráneo oriental como aliada de Roma; y el nacimiento de un hijo de ambos —Ptolomeo XV o Cesarión— parecía reforzar esa posibilidad. Tras el asesinato de César en el 44 a.C., Cleopatra intentó repetir la maniobra seduciendo a su inmediato sucesor, el cónsul Marco Antonio*, que por aquel entonces luchaba con Augusto* por el poder (36 a.C.). Cleopatra y Antonio impusieron su fuerza en Oriente creando un nuevo reino helenístico capaz de conquistar Armenia en el 34. Entonces estalló la «Guerra Ptolemaica» (32-30 a.C.), por la que Augusto llevó hasta Egipto su lucha contra Antonio. El enfrentamiento definitivo tuvo lugar en la batalla naval de Actium (31), en la que la flota de Antonio fue derrotada fácilmente al abandonarle los egipcios. Marco Antonio consiguió huir y refugiarse con Cleopatra en Alejandría; cuando las tropas de Augusto tomaron la ciudad, Antonio se suicidó. Cleopatra intentaría aún, por tercera vez, seducir al guerrero romano —en esta ocasión Octavio Augusto— para salvar la vida y el Trono; pero Augusto se mostró insensible a sus encantos y decidió llevarla a Roma como botín de guerra. Ante tal perspectiva, Cleopatra se suicidó por el procedimiento ritual egipcio de hacerse morder por un áspid. Augusto aprovechó la circunstancia para asesinar también a su hijo Cesarión, extinguiendo así la dinastía ptolemaica y anexionando Egipto al Imperio Romano.

CLINTON, *Bill* (William Jefferson Clinton) 42.º presidente de los Estados

Unidos de América (Hope, Arkansas, 1946 -). Se formó como abogado en las universidades de Washington (Georgetown), Oxford y Yale; en esta última conoció a Hillary Rodham, con quien se casó en 1975. Entró en la política activa desde 1972 de la mano del Partido Demócrata, para el que trabajó en las campañas electorales de McGovern y Carter*. Tras adquirir popularidad en su Estado natal como fiscal general, fue elegido gobernador en 1978; perdió las elecciones de 1980, pero volvió a ganar las de 1982, 1984 y 1986. En 1992 fue nominado por su partido como candidato a la presidencia frente al republicano George Bush*; durante la campaña electoral vinculó su imagen a la memoria del asesinado presidente John F. Kennedy* —también demócrata—, con el que le unían su juventud, su habilidad oratoria, exquisita educación, estilo simpático y enérgico y un ambiguo programa de «cambio», capaz de atraer votos de las más diferentes procedencias. Al ganar aquellas elecciones ocupó la presidencia en 1993. Tanto durante la campaña como en la posterior acción de gobierno contó con dos colaboradores tan brillantes como el vicepresidente Al Gore y su propia esposa, Hillary Clinton, destacada militante de la causa feminista. Precisamente a ella le encargó desarrollar el proyecto emblemático de su programa, la implantación de un sistema nacional de salud; sin embargo, no pudo sacarlo adelante por la creciente oposición conservadora, materializada al obtener los republicanos mayoría en las dos cámaras del Congreso en las elecciones legislativas de 1994. Clinton dio un giro conservador a su política, con medidas como el recorte de las ayudas sociales o el endurecimiento del bloqueo a Cuba (1996). Consiguió así recuperar su popularidad, superando toda una serie de acusaciones personales que se le lanzaron desde su primera campaña presidencial (desde haber consumido drogas, haber eludido el servicio militar o haber sido infiel a su esposa, hasta haber manipulado a la Justicia para encubrir sus manejos inmobiliarios en el caso *Whitewater*). Logró así la reelección para un segundo mandato en 1996; pero las acusaciones de acoso sexual lanzadas desde la extrema derecha reaparecieron y pusieron a Clinton en graves aprietos.

CLODOVEO I (o Clovis) Rey de los francos fundador de la dinastía Merovingia* (?, h. 466 - París, 511). Tras suceder a su padre, Childerico I, unificó bajo su mando las tribus germánicas que habían ido cruzando el Rin y estableciéndose en el territorio de la que fuera Galia romana. Primero se impuso a los jefes salios y ripuarios; después derrotó al duque Siagrio, último representante de la autoridad romana en las Galias (486); más tarde expulsó a los alamanos en la batalla de Tolbiac (496). Dominador ya de un territorio que se extendía entre el Rin y el Loira, Clodoveo se convirtió al cristianismo católico (los restantes reyes germánicos eran arrianos), quizá por influencia de su esposa Clotilde (497); de esta manera consiguió el apoyo de la Iglesia y facilitó la fusión de los elementos germánicos y galorromanos en un reino franco unido. Temerosos de la fuerza que le daba el ser el único monarca legítimo a los ojos de las masas católicas, visigodos, burgundios y ostrogodos hicieron causa común contra Clodoveo. Éste derrotó a los visigodos en la batalla de Vouillé (507), conquistando Aquitania y extendiendo así su reino hasta los Pirineos; pero no consiguió abrir sus dominios al Mediterráneo, por la existencia de un reino burgundio en el valle del Ródano (aunque derrotó a su rey en Dijon hacia el año 500). Tras haber unificado prácticamente toda Francia, al morir, dejó sus estados repartidos entre sus cuatro hijos (Teodeberto, Childeberto, Clodomiro y Clotario), siguiendo la norma del derecho privado.

CLOTARIO I. V. MEROVINGIA, Dinastía.

CLOTARIO II. V. MEROVINGIA, Dinastía.

CLOVIS I. V. CLODOVEO I.

COBDEN, Richard Político inglés (Midhurst, Sussex, 1804 - Londres, 1865). Este empresario textil establecido en Manchester en la época álgida del triunfo de la «revolución industrial» inglesa, tuvo una formación autodidacta a base de viajar y leer libros de política y economía. Se inició en las luchas políticas a escala local, interviniendo en la política municipal de Manchester en los años treinta. Desde 1838 se lanzó a una campaña más ambiciosa a nivel nacional, fundando con Bright la Liga contra las Leyes de Granos, para pedir la derogación de dicha legislación proteccionista que favorecía a la aristocracia terrateniente y perjudicaba a los industriales y a la economía británica en su conjunto (como se habían ocupado de señalar, desde su aprobación en 1815, David Ricardo* y los «clásicos» de la economía política). Cobden, portavoz de la «escuela de Manchester», desplegó una actividad incesante como propagandista del librecambismo; desde 1841 fue diputado en la Cámara de los Comunes, lo que le llevó a abandonar la gestión de sus empresas, que entraron en declive. En 1846 consiguió la derogación de las Leyes de Granos por Peel*; y en 1860 logró un nuevo éxito al negociar con Francia los términos del «Tratado Cobden-Chevalier», que abrió una era de predominio del librecambio en las relaciones comerciales de toda Europa. Su obra escrita y, sobre todo, sus discursos, insisten en la idea de que el predominio de la aristocracia en la política arrastraba a las naciones a la guerra, mientras que el comercio libre sería la base de unas relaciones internacionales pacíficas; dicho comercio debía basarse en el principio competitivo de que cada mercancía fuera suministrada a los mercados por el productor más eficiente.

CODY, Bill (William Frederick Cody, llamado *Buffalo Bill*) Cazador y aventurero cuya vida ejemplifica la transposición de la realidad histórica del Oeste americano a la imagen mítica que hemos recibido por el cine (Scott, Iowa, 1846 - Denver, Colorado, 1917). Empezó desde niño a trabajar en la frontera como carretero. A los 14 años ya cabalgaba para el servicio de correo *Pony Express*, realizando hazañas que le dieron renombre como jinete consumado. Durante la Guerra de Secesión (1861-65) se enroló en el ejército federal como explorador y combatió en un regimiento de Caballería tanto contra los indios como contra los sudistas. Su sobrenombre procede del trabajo que realizó en los años siguientes (1867-68), cazando búfalos en las praderas para abastecer de carne a los trabajadores que construían el ferrocarril hacia el Pacífico. Alcanzado ya un gran prestigio como jinete, tirador y conocedor del Oeste, Cody alternó en los años siguientes su trabajo para el ejército como explorador en las guerras contra los indios (1868-72 y 1876) con la actuación en una obra de teatro sobre la vida en las praderas. En 1883 creó su propio espectáculo circense sobre el «Salvaje Oeste», al frente del cual recorrió América y Europa. Ello le permitió comprar un rancho en Nebraska y fundar la ciudad de Cody en Wyoming; pero en los últimos años de su vida se arruinó y desde 1913 tuvo que trabajar por cuenta ajena en espectáculos y películas del Oeste.

COLBERT, Jean-Baptiste Ministro del rey Luis XIV* de Francia, exponente de la política mercantilista (Reims, 1619 - París, 1683). Su origen plebeyo y su eficiencia burocrática llegaron a hacerle tan leal e imprescindible para el rey —que le nombró marqués de Seignelay— como detestado por la corte. Procedente de una familia de mercaderes, entró al servicio de la Administración real y en 1651 se convirtió en secretario personal de Mazarino*. Fue el propio cardenal el que se lo recomendó al rey, quien le nombró intendente de Finanzas en 1661. Entretanto, Colbert se había preocupado por irse haciendo una fortuna personal con la gestión de negocios ajenos, al tiempo que acumulaba pruebas contra el superintendente Fouquet, cuyo puesto ambicionaba; finalmente consiguió la caída de Fouquet y acumuló los puestos de superintendente de Construcciones y Manufacturas (1664), controlador general de Finanzas (1665), secretario de la Casa del Rey (1668) y secretario de Marina (1669). Ennobleció a su familia y la convirtió en un clan que dominaba puestos claves de la Monarquía, aumentando así su poder y el odio que le tenía la nobleza. Durante su gobierno, Colbert acabó con la corrupción que había marcado la era de Mazarino y abrió un periodo de prosperidad económica. Siguiendo en gran medida la línea política de Richelieu*, creó y fomentó manufacturas; frenó las importaciones e incentivó las exportaciones; construyó carreteras, canales y puertos; impulsó el comercio creando compañías con participación estatal; amplió la flota; y puso las bases de la expansión colonial francesa en Canadá, las Antillas y Extremo Oriente. Con todo ello convirtió a Francia en la primera potencia europea en el terreno industrial, consiguiendo una balanza comercial favorable, que era como creía que cada país acrecentaba sus reservas de metales preciosos y, por tanto, su riqueza, arrebatándosela a los países vecinos. Según las ideas del mercantilismo, esta política proteccionista e intervencionista estaba destinada a crear las bases económicas sobre las que reposaría la fuerza de la Monarquía; para hacer llegar la nueva riqueza a las arcas reales, reformó el sistema tributario haciéndolo más eficiente y racional. El intervencionismo estatal no se limitó a lo económico: en gran parte se debe a Colbert la labor de codificación del Derecho, la uniformización administrativa desarrollada por la figura de los intendentes, el mecenazgo real sobre las artes a través de la creación de Academias y la intensa labor constructora del reinado Luis XIV. Pero Colbert cometió también errores importantes: no consiguió implantar la libertad en el comercio interior, sacrificó la agricultura (de la que vivían la mayor parte de los franceses) a los intereses comerciales y la mayor parte de las compañías que creó acabaron fracasando. En un exceso de nacionalismo económico (pues veía el comercio como «la guerra del dinero»), no dudó en llevar la rivalidad comercial al terreno de las armas, empujando a Luis XIV a la invasión de Holanda en 1672; aquella guerra fracasó ante la tenaz resistencia de los holandeses y sus costes gravaron pesadamente las finanzas francesas.

COLÓN, Cristóbal Descubridor de América (Génova ?, 1451 - Valladolid, 1506). El origen de este navegante, probablemente italiano, está envuelto en el misterio por obra de él mismo y de su primer biógrafo, su hijo Hernando. Parece que empezó como artesano y comerciante modesto y que tomó contacto con el mar a través de la navegación de cabotaje con fines mercantiles. En 1476 naufragó la flota genovesa en la que viajaba, al ser atacada por corsarios franceses cerca del cabo de San Vicente (Portugal); desde entonces se estableció en Lisboa como agente comercial de la casa Centurione, para la que realizó viajes a Madeira, Guinea, Inglaterra e incluso Islandia (1477). Luego se dedicó a hacer mapas y a adquirir una formación autodidacta: aprendió las lenguas clásicas que le permitieron leer los tratados geográficos antiguos (tomando conocimiento de la idea de la esfericidad de la Tierra, defendida por Aristóteles*); y empezó a tomar contacto con los grandes geógrafos de la época (como el florentino Toscanelli). De unos y otros le vino la idea de que la Tierra era esférica y de que la costa oriental de Asia podía alcanzarse fácilmente navegando hacia el oeste (ya que una serie de cálculos erróneos le habían hecho subestimar el perímetro del Globo y suponer, por tanto, que Japón se encontraba a 2.400 millas marinas de Canarias, aproximadamente la situación de las Antillas). Marineros portugueses versados en la navegación atlántica le informaron seguramente de la existencia de islas que permitían hacer escala en la navegación transoceánica; e incluso es posible que, como aseguran teorías menos contrastadas, tuviera noticia de la existencia de tierras por explorar al otro lado del Océano, procedentes de marinos portugueses o nórdicos (o de los papeles de su propio suegro, colonizador de Madeira). Con todo ello, Colón concibió su proyecto de abrir una ruta naval hacia Asia por el oeste, basado en la acertada hipótesis de que la Tierra era redonda y en el doble error de suponerla más pequeña de lo que es e ignorar la existencia del continente americano, que se interponía en la ruta proyectada. El interés económico del proyecto era indudable en aquella época, ya que el comercio europeo con Extremo Oriente era extremadamente lucrativo, basado en la importación de especias y productos de lujo; dicho comercio se realizaba por tierra a través de Oriente Medio, controlado por los árabes; los portugueses llevaban años intentando abrir una ruta marítima a la India bordeando la costa africana (empresa que culminaría Vasco da Gama* en 1498). Colón ofreció su proyecto al rey Juan II de Portugal, quien lo rechazó asesorado por un comité de expertos. Probó suerte entonces en España con el duque de Medina Sidonia* y con los Reyes Católicos*, que lo rechazaron igualmente, por considerarlo inviable y por las desmedidas pretensiones de Colón. Finalmente, la reina Isabel aprobó el proyecto de Colón por mediación del tesorero del rey, Luis de Santángel, a raíz de la toma de Granada, que ponía fin a la reconquista cristiana de la Península frente al Islam (1492). La reina otorgó las Capitulaciones de Santa Fe, por las que concedía a Colón una serie de privilegios como contrapartida de su arriesgada empresa; y financió una flotilla de tres carabelas —la *Pinta,* la *Niña* y la *Santa María*—, con las que Colón partió de Palos el 3 de agosto de 1492. Navegó hasta Canarias y luego hacia el oeste, alcanzando la isla de Guanahaní (San Salvador, en las Bahamas) el 12 de octubre; en aquel viaje descubrió también Cuba y La Española (Santo Domingo) e incluso construyó allí un primer establecimiento español con los restos del naufragio de la *Santa María* (el fuerte Navidad). Persuadido de que había alcanzado las costas asiáticas, regresó a España con las dos naves restantes en 1493.

Colón realizó tres viajes más para continuar la exploración de aquellas tierras: en el segundo (1493-96) tocó Cuba, Jamaica y Puerto Rico y fundó la ciudad de La Isabela; pero hubo de regresar a España para hacer frente a las acusaciones surgidas del descontento contra su forma de gobernar La Española. En el tercer viaje (1498-1500) descubrió Trinidad y tocó tierra firme en la desembocadura del Orinoco; pero la sublevación de los colonos de La Española forzó su destitución como gobernador y su envío prisionero a España. Tras ser juzgado y rehabilitado, se le renovaron todos los privilegios —excepto el poder virreinal— y emprendió un cuarto viaje (1502) con prohibición de acercarse a La Española; recorrió la costa centroamericana de Honduras, Nicaragua, Costa Rica y Panamá. Regresó a España aquel mismo año y pasó el resto de su vida intentando conseguir mercedes reales para sí mismo y para sus descendientes, pues el rey Fernando intentaba recortar los privilegios concedidos ante las proporciones que iba tomando el descubrimiento y la inconveniencia de dejar a un advenedizo como único señor de las Indias.

Colón había descubierto América fortuitamente como consecuencia de su intuición y fuerza de voluntad. Aunque fracasó en su idea original de abrir una nueva ruta comercial entre Europa y Asia, abrió algo más importante: un «Nuevo Mundo» que, en los años siguientes sería explorado por navegantes, misioneros y soldados de España y Portugal, incorporando un vasto imperio a la civilización occidental y modificando profundamente las condiciones políticas y económicas del Viejo Continente. Aunque los vikingos habían llegado a América del Norte unos quinientos años antes (expedición de Leif Ericson), no habían dejado establecimientos permanentes ni habían hecho circular la noticia del descubrimiento, quedando éste, por tanto, sin consecuencias hasta tiempos de Colón.

COMPANYS I JOVER, Lluis Político o nacionalista catalán (Tarrós, Lérida, 1882 - Barcelona, 1940). Abogado de formación, participó desde comienzos de siglo en diversos movimientos republicanos contrarios al régimen de la Restauración, combinando en su ideario el izquierdismo con el catalanismo y repartiendo su actividad entre la lucha política y sindical. En 1921 fue elegido diputado, al mismo tiempo que creaba la Unión de *Rabassaires* para llevar el sindicalismo al medio rural catalán. En 1931 fundó el partido *Esquerra Repu-*

blicana de Catalunya, junto con Macià* y Tarradellas*. Tras la victoria de las candidaturas republicanas en las elecciones de abril participó en la ocupación del Ayuntamiento de Barcelona, desde donde proclamó la República Catalana como Estado integrante de una «Federación Ibérica». Reconducido el proceso político catalán al marco común de la Segunda República Española, Companys actuó como portavoz de su partido en las Cortes, hasta que, aprobado el Estatuto de Autonomía para Cataluña, fue elegido presidente del Parlamento catalán (1932). Durante el verano de 1933 ejerció brevemente como ministro de Marina en el gobierno de Azaña*. Al morir Macià en 1934, Companys le sucedió como presidente de la *Generalitat* o gobierno autónomo catalán. En aquel mismo año aprovechó la Revolución lanzada por las izquierdas contra la amenaza fascista que veían en Gil Robles* para proclamar nuevamente la soberanía de un «Estado Catalán» integrado en la República Federal Española; el ejército aplastó aquella rebelión y Companys fue detenido y condenado a trienta años de cárcel. Sin embargo, fue amnistiado tras el triunfo del Frente Popular en las elecciones de 1936, en las que obtuvo acta de diputado. Durante la Guerra Civil que estalló a continuación (1936-39), siguió presidiendo la Generalidad hasta que, perdida la contienda, huyó a Francia. Fue detenido por los nazis tras la invasión alemana de Francia (1940), entregado al gobierno de Franco* y fusilado en el castillo de Montjuich.

COMTE, Auguste Pensador francés, padre del positivismo (Montpellier, 1798 - París, 1857). Rompiendo con la tradición católica y monárquica de su familia, se orientó durante la época de la Restauración hacia el agnosticismo y las ideas revolucionarias. Desde 1817 se vinculó al socialista Saint-Simon*, para el cual trabajó de secretario hasta su ruptura en 1824. Descubierto bajo su influencia el problema social, Comte consagraría su esfuerzo a concebir un modo de resolverlo, cerrando la crisis abierta por la Revolución francesa y sus consecuencias. Halló la respuesta en la ciencia, hacia la que estableció un verdadero culto: el conocimiento objetivo que proporciona la ciencia debía aplicarse a la ordenación de los asuntos políticos, económicos y sociales, superando las ideologías apoyadas en la imaginación, los intereses o los sentimientos. Contra la libertad de pensamiento, origen de la anarquía moral que atribuía a la Revolución, no oponía el dogma religioso o los principios de la tradición, sino la «ciencia positiva» que, al atenerse a los hechos tal como son, proporcionaba —según él— el único punto de apoyo sobre el que se podría edificar un futuro de «orden y progreso». Contrario al individualismo y a la democracia, confiaba en un mundo regido por el saber, en el que productores y banqueros ejercerían una especie de dictadura. Tales ideas, fundamento del pensamiento *positivista,* tuvieron un gran éxito en los países occidentales desde mediados del siglo XIX, proporcionando un credo laico para el mundo del capitalismo liberal y de la industria triunfante. Sin embargo, Comte vivió una vida desgraciada: el exceso de trabajo le produjo problemas psiquiátricos, un intento de suicidio y el abandono de su mujer. Su rebeldía y su intransigencia le impidieron insertarse en el mundo académico: expulsado en 1817 de la Escuela Politécnica, no pudo acabar sus estudios, que completó de forma autodidacta; luego, aunque llegó a enseñar en la misma escuela desde 1832, no pudo obtener cátedra en ella, y fue expulsado de nuevo en 1844. Sólo la ayuda económica de algunos admiradores (como Littré o John Stuart Mill*) le salvó de la miseria. En 1848 creó una Sociedad Positivista, que tuvo seguidores sobre todo en los países anglosajones. Su pensamiento, reflejado en obras como *Curso de filosofía positiva* (1830-42) o *Sistema de política positivista* (1851-54), han ejercido su influencia sobre las más diversas ramas del conocimiento (filosofía, medicina, historia, sociología…) y sobre corrientes políticas diversas (incluyendo el pensamiento reaccionario de Maurras).

CONDORCANQUI, José Gabriel. V. TÚPAC AMARU II.

CONFUCIO (Kung Fu-Tse) Pensador chino (Lu, actual Shantung, China, h. 551-479 a.C.). Procedente de una familia noble arruinada, a lo largo de su vida alternó periodos en los que ejerció como maestro con otros en los que sirvió como funcionario del pequeño estado de Lu, en el nordeste de China, durante la época de fragmentación del poder bajo la dinastía Chu. Fracasó en sus intentos por atraerse a los príncipes, limitándose su influjo en vida al que consiguió ejercer directamente sobre algunos discípulos. La importancia del personaje procede de la difusión posterior de su pensamiento, conocido como *confucianismo* o *confucionismo,* contenido fundamentalmente en sus *Entrevistas.* Dicho pensamiento puede interpretarse como una respuesta al clima de desorden y de continuas luchas entre señores feudales que imperaba en la época histórica que le tocó vivir. El confucianismo es fundamentalmente una ética y no una religión, pues apenas hay en él mención a la divinidad, ya que Confucio rehusó especular sobre el más allá. El centro de sus preocupaciones fue la moral personal, tanto por lo que respecta a la orientación de las conductas privadas como a las normas del buen gobierno. Dicha moral, basada en el altruismo, la tolerancia, el respeto mutuo, la armonía social y el cumplimiento del deber, constituía en realidad una sistematización de ideas presentes en la cultura china, razón por lo que se difundió con facilidad y contribuyó a modelar la sociedad y la política chinas sobre una base común. Se trata, en consecuencia, de un pensamiento conservador, y de hecho así lo presentó Confucio, situando en el pasado la «edad de oro» en la que habían imperado los buenos principios a los que los chinos debían regresar. Confucio reforzó la importancia de la familia tradicional en la sociedad china, al insistir en el respeto de los hijos a los padres y en la obediencia de las mujeres a sus maridos. También reforzó la sumisión del pueblo a las autoridades, aunque rechazando la tiranía: los súbditos debían obediencia al soberano, ya que el Estado existía para buscar el bien de los gobernados; pero, por la misma razón, los gobernantes debían gobernar según rectos principios éticos, aplicando el ejemplo moral y no la fuerza. Soñaba con el regreso a un pasado idealizado en el que un emperador sabio y bondadoso (el «hijo del Cielo») gobernara y fuera obedecido como un padre por sus hijos, en un clima general de paz y de orden. Confucio creía en la existencia de un orden cósmico perfecto, que debía ser imitado en los asuntos humanos, logrando la armonía de la tierra con el Cielo, fuerza inteligente que gobierna el mundo. A pesar de su talante netamente conservador, el pensamiento de Confucio tenía un potencial innovador en la medida en que exigía un gobierno moral y bienhechor: proclamaba que la nobleza no procedía del nacimiento sino de la superioridad moral; y dejaba abierta la puerta a la rebeldía contra los gobernantes inmorales. Quizá por ello sus ideas no fueron aceptadas por los dirigentes de la época, mientras se iban extendiendo entre el pueblo llano; perseguido infructuosamente durante la época de la dinastía Ts'in (221-206 a.C.), el confucianismo se convirtió en la filosofía oficial del Estado bajo la dinastía Han* (206 a.C.-220 d.C.). Desde entonces, el sistema de selección del personal al servicio del Estado mediante oposiciones convirtió el estudio del pensamiento de Confucio y de sus seguidores en uno de los pilares de la formación de un hombre culto, que abría las puertas de la burocracia y de la promoción social. Esta doctrina moderada y fuertemente anclada en la mentalidad tradicional ha marcado la ética dominante en China al menos hasta comienzos del siglo XX y su influencia sigue siendo perceptible hasta nuestros días, a pesar del esfuerzo de las autoridades comunistas por erradicarla; su influencia se propagó también a Japón, Corea y Vietnam como parte del influjo cultural que en términos generales han recibido esos países de la vecina China.

CONRADINO HOHENSTAUFEN. V. HOHENSTAUFEN, Dinastía.

CONRADO I de Franconia. V. HOHENZOLLER, Casa de.

CONRADO III de Alemania. V. HOHENSTAUFEN, Dinastía.

CONRADO III HOHENZOLLERN. V. HOHENZOLLERN, Casa de.

CONRADO IV de Alemania. V. HOHENSTAUFEN, Dinastía.

CONSTANT, Benjamin (Henri Benjamin Constant de Rebecque) Escritor y político francés (Lausana, Suiza, 1767 - París, 1830). Procedente de una desarraigada familia de protestantes franceses emigrados en Suiza, recibió una educación cosmopolita pasando por las universidades de Oxford, Erlangen y Edimburgo. Su dedicación a la política comenzó durante el periodo de la Revolución francesa, al entrar en contacto con Madame de Staël y convertirse en un decidido defensor de las ideas liberales. Constant apoyó el régimen del Directorio, lo que le valió obtener de éste la nacionalidad francesa en 1798. Un año más tarde, al tomar el poder Napoleón*, participó en el nuevo régimen como miembro del Tribunado; pero asumió en su seno una posición liberal contraria al autoritarismo napoleónico, por lo que fue expulsado en 1802. Exiliado en Alemania con Staël, ambos tomaron contacto con el pensamiento romántico, que luego contribuirían a difundir en Francia; y se distinguieron como críticos feroces de la dictadura bonapartista. No obstante, en 1806 rompió con su amiga, experiencia traumática que quedó reflejada en su novela *Adolfo* (publicada en 1816), sin duda su mejor obra literaria. Constant aceptó colaborar con Napoleón formando parte del Consejo de Estado durante su fugaz retorno al poder en 1815 (el «Imperio de los cien días»), por razones de oportunismo político y quizá por una convicción sincera de que Napoleón podía ser mejor para las libertades que el triunfo de sus oponentes dispuestos a restaurar la monarquía absoluta del Antiguo Régimen; de hecho, preparó una reforma constitucional que apuntaba hacia la transformación del Imperio en un régimen liberal. Por esa época publicó sus *Principios de política* (1815), en donde defendía a ultranza las libertades individuales, poniendo a su servicio un modelo político moderado y pragmático de monarquía constitucional, con división de poderes y responsabilidad ministerial ante el Parlamento, inspirado en la práctica británica. Siguió defendiendo esas mismas ideas como diputado durante los reinados de Luis XVIII* y Carlos X*; ante el giro ultrarreaccionario que adoptó la Restauración bajo este último, Constant endureció su oposición y participó en los preparativos de la Revolución de 1830. La subsiguiente «Monarquía de julio», encabezada por Luis Felipe de Orléans*, respondía en gran medida a las aspiraciones políticas de Constant, que ostentó desde entonces hasta su muerte la presidencia del Consejo de Estado. Bajo ese régimen terminó de publicar su obra principal: *De la religión considerada en su fuente, sus formas y sus desarrollos* (1824-31).

CONSTANTINO I, *el Grande* (Cayo Flavio Valerio Claudio Constantino) Primer emperador cristiano de Roma (Naissus, Dacia, actual Serbia, h. 280 - Ancycrona, Ponto, actual Turquía, 337). Era hijo de un militar al servicio de Diocleciano*, Constancio o Cloro, que asumió la gobernación de la parte occidental del Imperio al abdicar aquél (305). Muerto Constancio al año siguiente en Britania, las tropas allí estacionadas proclamaron emperador a Constantino; pero hubo de librar duros combates contra sus rivales hasta que, en la batalla del puente Milvio (312) se impuso a Majencio y se hizo con Roma. Con ello obtenía la parte occidental del Imperio, mientras que la oriental, controlada por Licinio, no pasó bajo su poder hasta el 323 (batalla de Adrianópolis). Desde entonces hasta su muerte ejerció como emperador único (*Totius orbis imperator*). La trascendencia del reinado de Constantino para la historia occidental procede de las consecuencias que tuvo su conversión al cristianismo (en algún momento indeterminado del proceso de conquista del poder, aunque no se bautizó hasta poco antes de morir); descartada la sinceridad de su sentimiento religioso, es posible que dicha conversión se debiera al fracaso de las persecuciones de los reinados anteriores, así como a la búsqueda de elementos de unidad que contrarrestaran las tendencias disgregadoras del Imperio. Por el Edicto de Milán (313) acabó con el culto estatal pagano en Roma, decretó el fin de las persecuciones contra los cristianos y la devolución a éstos de los bienes expropiados. Aunque no convirtió al cristianismo en religión oficial del Estado (un paso que daría Teodosio* en el 391), concedió importantes privilegios y donaciones a la Iglesia, apoyó la construcción de grandes templos y dio preferencia a los cristianos a la hora de seleccionar a sus colaboradores. A cambio, otras comunidades religiosas comenzaron a ser perseguidas dentro del Imperio, como sería el caso de los judíos. Temeroso de que las disputas teológicas rompieran la unidad de la religión cristiana, puso el poder a disposición de la jerarquía eclesiástica para combatir las numerosas herejías de la época. Ya en el 317 dictó leyes contra los donatistas, a quienes el Concilio de Arlès había situado fuera de la ortodoxia cristiana. Repitió la operación contra los arrianos, convocando y haciendo aplicar el primer concilio general de la Iglesia (Nicea, 325), en el cual se aprobó el *Credo* que recogía las propuestas de san Atanasio frente a las de Arrio*. Constantino reconstruyó y amplió la ciudad griega de Bizancio (la actual Estambul), a la que cambió el nombre por el de Constantinopla (330) y convirtió en capital cristiana del Imperio, en sustitución de Roma, símbolo del paganismo. Con ello hizo bascular el centro político del Imperio hacia el este, suministrando una capital magnífica al futuro Imperio Romano de Oriente (Imperio Bizantino) y, desde 1453, al Imperio Otomano. En lo político, puede decirse que con Constantino culminan las tendencias autoritarias y dirigistas del reinado de Diocleciano, completando la evolución del Imperio hacia el absolutismo: los Senados de Roma y Constantinopla pasaron a ser asambleas representativas meramente municipales; se reforzaron el ejército —especialmente el del interior—, la policía y los servicios de información; se reestructuró la Administración en un sentido centralista; se desarrolló una burocracia jerárquicamente organizada a las órdenes de un Consejo de la Corona; y se estableció un riguroso ceremonial cortesano tendente a resaltar la supremacía del emperador y su carácter divino. Otras reformas importantes del reinado de Constantino tuvieron lugar en el terreno económico, en el que intentó poner freno a la grave crisis que arrastraba el Imperio desde el siglo anterior.

Para contener la inflación reformó el sistema monetario, basándolo enteramente sobre el oro (creación del *solidus*). Decretó el carácter hereditario de los oficios. Y completó el proceso de vinculación de los colonos a la tierra que cultivaban, poniendo las bases de la institución medieval de la servidumbre. Por todo ello, puede considerarse que en el reinado de Constantino se dieron pasos decisivos hacia la configuración de la Edad Media europea. Tras su muerte se desataron ásperas disputas sucesorias entre sus hijos, en las que resultó victorioso Constancio II.

COOK, James Navegante inglés (Whitby, Yorkshire, 1728 - Hawai, 1779). Tras adquirir experiencia como marino en el Báltico y el mar del Norte, se enroló en la Armada al estallar la Guerra de los Siete Años con Francia (1756-63). Sus acciones de guerra en el Canadá le valieron un rápido ascenso y le permitieron obtener el mando de tres expediciones al Pacífico, en las que levantó los primeros mapas occidentales de muchas de sus islas. El primer viaje (1768-71), destinado a la observación astronómica, le llevó a bordear América por el sur, arribando a Tahití, islas de la Sociedad, Nueva Zelanda y Australia, tomando posesión de las tierras descubiertas en nombre de Inglaterra y regresando tras completar la vuelta al mundo. En el segundo viaje (1772-75), en el que pretendió sin éxito buscar el continente antártico, recorrió las islas de Nueva Zelanda, Nuevas Hébridas, Pascua, Marquesas, Tahití, Tonga, Nueva Caledonia, Palmerston, Norfolk y Niue, aportando a la medicina de su tiempo importantes avances en cuanto a la salud de las tripulaciones. Ascendido a capitán, emprendió su tercer viaje (1776-80) con el fin de hallar el «paso del noroeste» que conectara el Pacífico con el Atlántico rodeando América por el norte; aunque no lo logró, descubrió las islas Sandwich o Hawai y alcanzó el océano Ártico por el estrecho de Bering. De retorno a Hawai para abastecerse y efectuar reparaciones, murió en un ataque de los nativos. Conservan el nombre de Cook una bahía en la Tierra del Fuego, un brazo de mar en Alaska, un archipiélago del Pacífico, el estrecho que separa las dos islas de Nueva Zelanda y el monte más alto de una de ellas.

COOLIDGE, Calvin Cary 30.º presidente de los Estados Unidos de América (Plymouth, Vermont, 1872 - Northampton, Massachusetts, 1933). Este abogado de Northampton, ligado a los republicanos, fue alcalde de dicha ciudad (1910-11), senador (1912-15) y gobernador de Massachusetts (1919-20). Fue elegido vicepresidente bajo la presidencia de Harding (1920) y, al morir éste en 1923, le sucedió como presidente. Ganó la reelección en 1924, por lo que se mantuvo como presidente hasta 1929; pero no se presentó a la reelección para otro mandato, sucediéndole el también republicano Hoover*. La labor de Coolidge, en continuidad con la de su predecesor, consistió en proteger a toda costa los intereses empresariales de los grandes capitalistas (mantuvo como ministro de Hacienda al multimillonario conservador Andrew Mellon): reducción de impuestos directos, eliminación de ayudas sociales, proteccionismo aduanero, represión del movimiento sindical... Todo ello produjo un clima de crecimiento y de euforia financiera, que estallaría en la crisis bursátil de 1929, cuyas desastrosas consecuencias arrastraría la economía mundial en los diez años siguientes (la «gran depresión» de los años treinta).

COPÉRNICO, Nicolás (Nikolaj Kopernik) Astrónomo polaco (Torun, Polonia, 1473 - Frauenburg, Prusia, 1543). Estudió en las universidades de Cracovia, Bolonia, Padua y Ferrara, doctorándose en Derecho Canónico. En realidad, ejerció como canónigo de la catedral de Frauenburg, dedicándose a la astronomía sólo en el tiempo libre. No obstante, su aportación en ese terreno resultó decisiva, pues desafió la opinión generalizada en su tiempo de que el Sol y los planetas giraban alrededor de la Tierra (sistema «ptolemaico»). Recuperando la conjetura de un filósofo de la Antigüedad griega, Aristarco de Samos, defendió que eran la Tierra y los planetas los que giraban alrededor del Sol; y añadió el descubrimiento de que la Tierra gira sobre su propio eje y de que la Luna gira alrededor de la Tierra. Trató de apoyar dichas teorías con cálculos y observaciones precisas, que recogió en su obra principal: *De revolutionibus orbium coelestium* (Sobre la revolución de las esferas celestes), publicada justo antes de su muerte, en 1543. Las intuiciones y observaciones de Copérnico, sin embargo, contenían imprecisiones y errores que retrasaron su aceptación, tanto más cuanto que desmentir la creencia tradicional de que la Tierra era el centro del Universo suponía un cambio de mentalidad de amplias consecuencias, al que además se oponía la autoridad de la Iglesia. No obstante, de la obra de Copérnico arranca la astronomía moderna, ya que planteó el problema en el terreno científico de las hipótesis contrastables mediante la observación y la experimentación y expresadas con rigor matemático. Posteriormente otros autores, como Tycho Brahe, Johannes Kepler* y Galileo Galilei*, partirían de la teoría heliocéntrica de Copérnico para completar la radical transformación de nuestra visión del Universo, que desde entonces representa el paradigma del «giro copernicano». Y pusieron así las bases de la física moderna, que arranca de Newton*, por lo que se suele considerar a Copérnico un precedente de la «revolución científica» del siglo XVII.

CÓRDOBA Y VÁLOR, Fernando.
V. ABÉN HUMEYA.

CORTÉS, Hernán Conquistador español de México (Medellín, Badajoz, 1485 - Castilleja de la Cuesta, Sevilla, 1547). Procedente de una familia de hidalgos de Extremadura, estudió brevemente en la Universidad de Salamanca. En 1504 pasó a las Indias recién descubiertas por Colón* y se estableció como escribano y terrateniente en La Española (Santo Domingo). Participó en la expedición a Cuba de 1511 como secretario del gobernador Diego Velázquez, con quien emparentó al casarse con su cuñada y que le nombró alcalde de la nueva ciudad de Santiago. En 1518 le confió el mando de una expedición a Yucatán; sin embargo, el gobernador desconfiaba de Cortés, a quien ya había encarcelado en una ocasión acusado de conspiración, y decidió relevarle del encargo antes de partir. Advertido Cortés, aceleró la partida y se hizo a la mar antes de recibir la notificación (1519). Con once barcos, unos seiscientos hombres, 16 caballos y 14 piezas de artillería, Cortés navegó desde Santiago a Cozumel y Tabasco; allí derrotó a los mayas y recibió —entre otros regalos— a la india doña Marina, que le serviría como amante, consejera e intérprete durante toda la campaña. Desobedeciendo órdenes expresas del gobernador Velázquez, fundó en la costa del golfo de México la ciudad de Villa Rica de la Veracruz. Allí tuvo noticias de la existencia del imperio azteca en el interior, cuya capital se decía que guardaba grandes tesoros, y se aprestó a su conquista. Para evitar la tentación de regresar que amenazaba a muchos de sus hombres ante la evidente inferioridad numérica, hundió sus naves en Veracruz. Logró la alianza de algunos pueblos indígenas sometidos a los aztecas, como los toltecas y tlaxcaltecas. Tras saquear Cholula, llegó a la capital azteca, Tenochtitlán, en donde fue recibido pacíficamente por el emperador Moctezuma*, que se declaró vasallo del rey de Castilla. La posible identificación de los españoles con seres divinos y de Cortés con el anunciado regreso del dios Quetzalcóatl favoreció quizá esta acogida a unos extranjeros que enseguida se empezaron a comportar como invasores ambiciosos y violentos. Entonces tuvo que dejar la ciudad a su lugarteniente Alvarado*, para hacer frente a las tropas de Pánfilo de Narváez, enviadas por el gobernador Velázquez para castigar su rebeldía y devolverle a Cuba; Cortés los derrotó en Cempoala y consiguió que se uniese a él la mayor parte del contingente (1520). Cuando regresó a Tenochtitlán, encontró una gran agitación indígena contra los españoles a causa de los ataques realizados a sus creencias y símbolos religiosos y de la matanza de su nobleza por Alvarado para desbaratar una supuesta conspiración. Hizo prisionero a Moctezuma e intentó que éste mediara para calmar a su pueblo, sin lograr otra cosa que la muerte del emperador. Finalmente, Cortés se vio obligado a abandonar Tenochtitlán en la llamada «Noche Triste» (30 de junio de 1520), en la que su pequeño ejército resultó diezmado. Refugiado en Tlaxcala, siguió luchando contra los aztecas —ahora bajo el mando de Cuauhtémoc*—, a los que derrotó en la batalla de Otumba; y, finalmente, cercó y tomó Tenochtitlán (1521). Destruida la capital azteca, reconstruyó en el mismo lugar (una isla en el centro de un lago) la ciudad española de México. Dominado el antiguo imperio azteca, lanzó expediciones hacia el sur para anexionar los territorios de Yucatán, Honduras y Guatemala.

Los detalles de la conquista de México, así como los argumentos que justificaban las decisiones de Cortés fueron expuestos en las cuatro *Cartas de relación* que envió al rey. En 1522 fue nombrado gobernador y capitán general de Nueva España (nombre que dieron los conquistadores al territorio mexicano). Sin embargo, la Corona española —ya en manos de Carlos I*— practicó una política de recorte de los poderes de los conquistadores, para controlar más directamente las Indias; funcionarios reales aparecieron en México enviados para compartir la autoridad de Cortés hasta que, en 1528, éste fue destituido y enviado a la Península. En España salió absuelto de todas las acusaciones e incluso fue nombrado marqués del Valle de Oaxaca, además de conservar el cargo honorífico de capitán general, aunque sin funciones gubernativas. De vuelta a México en 1530, todavía organizó algunas expediciones de conquista, como las que incorporaron a México la Baja California (1533 y 1539). Regresó nuevamente a España para intentar obtener mercedes de la Corona por los servicios prestados, para lo cual llegó a participar en una expedición contra Argel en 1540; pero sus reclamaciones nunca obtuvieron plena satisfacción. Se instaló en un pueblo cercano a Sevilla, en donde reunió una tertulia literaria y humanística. El conquistador de México, impulsado por un gran fervor religioso —aparte de la ambición de honores y riquezas común a todos los conquistadores—, fue un hombre culto y con preocupaciones morales inusuales en su entorno (como la de plantearse si era legítimo esclavizar a los indios).

COSA, Juan de La Navegante español (Santoña, Cantabria, ? - Turbaco, Colombia, 1509). Participó como cartógrafo en el segundo viaje de Colón* (1493-95) y es posible que también estuviera presente en el primero, que descubrió América (aunque el que figura como maestre de la *Santa María* podría ser otro del mismo nombre). En 1499-1500 organizó su propia expedición de descubrimiento por las costas de Guayana y Venezuela, en la que le acompañaron Alonso de Hojeda y Américo Vespucio*. Al regresar a la Península elaboró para los Reyes Católicos* el primer mapa en el que aparece el continente americano, obra fechada en 1500 en el Puerto de Santa María, que le ha proporcionado su lugar en la Historia. En dicho mapa reflejó los resultados de los descubrimientos de Colón, Hojeda, Vasco da Gama*, Cabral*, Pinzón* y Juan Caboto*, acertando al suponer que las tierras descubiertas en el norte y el sur de América estaban unidas formando una única masa continental; Cuba aparece identificada como una isla, en contra de lo que creía Colón; y el contorno de África está dibujado por primera vez con su forma correcta. En cambio grandes zonas de Asia están vacías por ser desconocidas o porque se identificaban aún con las «Indias» descubiertas por Colón. Cosa gozó en vida de un gran prestigio como navegante (que los reyes reconocieron otorgándole cargos y repartimientos, y convocándole a la Junta de Burgos, en la que reunieron en 1507 a los cuatro mejores marinos del momento). Participó en cuatro viajes más a las costas de lo que hoy son Venezuela, Colombia y Panamá, en 1500, 1504, 1507 y 1509, pereciendo en este último en combate con los indios.

COSTA Y MARTÍNEZ, Joaquín
Publicista español representativo del movimiento regeneracionista (Monzón, Huesca, 1846 - Graus, Huesca, 1911). Procedente de una familia campesina modesta, consiguió estudiar en la Universidad de Madrid, doctorándose en Derecho (1872) y Filosofía y Letras (1873). Su dedicación a la docencia se vio truncada por la estrecha política universitaria del momento, que le decantó hacia otras actividades como la de notario, letrado de Hacienda y profesor de la Institución Libre de Enseñanza. Pronto comenzó a distinguirse por sus conferencias, artículos y ensayos sobre múltiples aspectos de la realidad española, que le señalaban como un intelectual populista, crítico y sagaz, ligado al krausismo (la corriente filosófica de los seguidores de Krause*). La crisis agrícola de finales del siglo XIX y, sobre todo, la conmoción que sufrió la conciencia nacional española con la derrota en la guerra frente a Estados Unidos y la consiguiente pérdida de las posesiones coloniales de Cuba, Puerto Rico y Filipinas (1898), le estimularon en sus ataques al orden establecido y la búsqueda de propuestas de cambio. Postuló la recuperación de la economía y de la sociedad agrarias a partir de las tradiciones españolas *(Colectivismo agrario en España,* 1898) y de una política de fomento *(Política hidráulica,* 1911), como base para la reconstrucción del país y su inserción entre las potencias europeas *(Reconstrucción y europeización de España,* 1900).

A pesar de sus convicciones republicanas, hasta los años noventa no había participado en la política activa; en 1896 fracasó en su primer intento por hacerse elegir diputado, acentuando desde entonces la crítica al dominio de los caciques en el medio rural, que corrompía las elecciones y tergiversaba el sentido del sistema parlamentario *(Oligarquía y caciquismo como la forma actual de gobierno de España,* 1901-02). Consciente de que los vicios caciquiles eran comunes a todos los partidos del régimen de la Restauración, canalizó su actividad política a través de organizaciones de nuevo cuño, como la Liga de Contribuyentes de Ribagorza o la Cámara Agrícola del Alto Aragón. En 1899 estas instituciones se unificaron con otras similares, dando lugar a la Liga Nacional de Productores; y en 1900 confluyeron con la Asamblea de Cámaras de Comercio de Basilio Paraíso, formando la Unión Nacional. Aquel grupo de presión regeneracionista resultó poco eficaz, por lo que Costa decidió abandonarlo en 1903, presentándose a las elecciones en las listas de la Unión Republicana. Su delicado estado de salud no le permitió ocupar el escaño, retirándose en aquel mismo año a Graus. Sus críticas al régimen oligárquico de la Restauración, al que culpaba del atraso nacional, expresaban la frustración de las clases medias españolas ante la pobreza del país y su incapacidad para dotarse de un sistema político moderno; pero, en la medida en que confiaba para solucionarlo en la actuación personal de un «cirujano de hierro» con fuerza para desmontar el caciquismo, anticipaba la solución autoritaria que llegaría con la dictadura de Primo de Rivera*, por lo que se ha relacionado a Costa con los orígenes del pensamiento fascista.

COUBERTIN, Pierre, barón de
Historiador y pedagogo francés que creó los Juegos Olímpicos de la era moderna (París, 1863 - Ginebra, 1937). Su doble dedicación le hizo concebir la idea de restaurar los Juegos Olímpicos que se celebraban en la antigua Grecia, para fomentar el deporte a escala mundial con fines educativos. Con estos certámenes, limitados a deportistas aficionados, pretendía impulsar las relaciones pacíficas y constructivas entre las naciones, fomentando un espíritu de superación personal, juego limpio y sana competencia (el «espíritu olímpico»). En 1888 proclamó en la Universidad de la Sorbona la restauración de los Juegos Olímpicos, cuya primera edición moderna se celebraría en 1896 en Atenas, para enlazar simbólicamente con las raíces griegas. Creó el Comité Olímpico Internacional, del que fue segundo presidente (1906), tras ceder una primera presidencia honorífica a un griego. Coubertin reglamentó los juegos y presidió la organización de las Olimpiadas de París (1900), San Luis (1904), Londres (1908) y Estocolmo (1912). Coincidiendo con el estallido de la Primera Guerra Mundial (1914), que interrumpió la celebración de los Juegos cada cuatro años, diseñó la bandera olímpica con los cinco aros enlazados (símbolo de la fraternidad entre los cinco continentes). En 1925 dimitió, al haberse arruinado donando toda su fortuna al «movimiento olímpico» y no poder seguir apoyándolo financieramente.

CRISTINA I Reina de Suecia entre 1632 y 1654 (Estocolmo, 1626 - Roma, 1689). Era hija de Gustavo Adolfo II*, al que sucedió en el Trono con sólo seis años (1632). Cuando en 1644 asumió personalmente el gobierno, tuvo que enfrentarse con el todopoderoso canciller Oxenstierna, que había administrado el país al frente del Consejo de Regencia. Los éxitos logrados por los ejércitos suecos en la Guerra de los Treinta Años habían convertido a Suecia en una gran potencia; por la Paz de Westfalia, que puso fin a aquella guerra en 1648, Suecia obtuvo dos territorios estratégicos en el continente (Bremen y Pomerania) y el derecho a participar en la Dieta imperial alemana. Sin embargo, Cristina no se encontraba a gusto sobre el Trono de Suecia: su afición a la música, las fiestas y el lujo chocaban con la austera moral protestante de sus súbditos; culta e inteligente, se sentía mucho más inclinada hacia Francia (mantenía amistad con Descartes*) y, finalmente, abdicó en su primo Carlos X (1654). Libre de responsabilidades, llevó desde entonces una vida extravagante: se convirtió al catolicismo y desconcertó al papa al entrar en Roma cabalgando en traje de amazona; durante una posterior estancia en Francia asesinó a su amante Monaldeschi (1657), al que luego sustituiría por el cardenal Azzolino. Hasta su muerte no paró de conspirar primero para arrebatar a los españoles el Trono de Nápoles, luego para recuperar el de Suecia, más tarde para obtener el de Polonia. En su palacio de Roma reunió una pléyade de intelectuales y artistas, con los que fundó la «Academia de la Arcadia».

CRISTO. V. **JESUCRISTO.**

CROCKETT, *Davy* (David) Aventurero norteamericano (Limestone, Tennessee, 1786 - San Antonio, Texas, 1836). Nacido y criado en la frontera del sudoeste, representa el prototipo del cazador en lucha continua contra los indios. En 1812-13 el ejército utilizó sus servicios como explorador en la guerra contra los *creeks*. Sus hazañas le proporcionaron un prestigio entre sus vecinos, que aprovechó para hacerse elegir juez de paz, coronel de milicias, representante en la Legislatura de Tennessee y, por fin, congresista en la Cámara de Representantes (1827-31). Crocket fue elegido en las filas de los demócratas, llevando a Washington una muestra auténtica del estilo rudo y primario del Oeste, sobre el que se apoyaba el proyecto democrático del presidente Jackson*; pero, demasiado violento y racista para los cánones de la política federal, rompió con Jackson por discrepancias acerca de la política que se debía seguir con los indios. Se pasó entonces a la oposición *whig*, con la que volvió a ser elegido miembro del Congreso en 1830-32. Por entonces recorrió la costa este dando mítines que consistían más bien en un espectáculo de narración de historias del salvaje Oeste. Siempre en busca de aventuras, se enroló con los rebeldes tejanos que luchaban por independizarse de México y murió en combate contra el general Santa Anna* defendiendo el fuerte de *El Álamo* (1836). En los últimos años de su vida y, sobre todo, después de muerto, se convirtió en un símbolo del espíritu nacional americano tal como se revelaba en las duras condiciones de vida del Oeste, siendo manipulado hasta la saciedad por los diversos partidos políticos.

CROMWELL, Oliver Dirigente militar y político de las fuerzas parlamentarias durante la guerra civil inglesa de mediados del siglo XVII (Hungtingdon, Inglaterra, 1599 - Londres, 1658). Cromwell era un terrateniente puritano, elegido para formar parte del Parlamento en 1628. Reinaba por entonces en Inglaterra Carlos I*, un rey de tendencia absolutista que prefirió disolver el Parlamento en aquel mismo año y prescindir de él en lo sucesivo. No obstante, se vio obligado a convocar nuevas elecciones en 1640 para que el Parlamento le dotara de fondos con los que financiar su guerra contra Escocia; Cromwell, elegido nuevamente, se encontraba entre los miembros del Parlamento que exigieron al rey garantías de que no volvería al régimen de poder personal de los años anteriores. La tensión entre el rey y el Parlamento fue creciendo hasta degenerar en guerra abierta en 1642. Cromwell regresó a su ciudad, donde reclutó tropas para luchar contra la Corona (los *ironsides);* enseguida demostró tener grandes dotes militares, por lo que los rebeldes le otorgaron el mando de las fuerzas parlamentarias. Cromwell consiguió cambiar el curso desfavorable de la guerra y encaminarla, a través de las batallas de Marston Moor (1644) y Naseby (1645) hasta la victoria final y la captura del rey (1646). Aprovechando las divisiones internas de los vencedores, el rey consiguió huir y reavivar la lucha, pero sus partidarios fueron vencidos de nuevo en la batalla de Preston (1648) y el propio rey, juzgado y ejecutado (1649). Inglaterra se convirtió así en una República (la *Commonwealth*) gobernada por un Parlamento unicameral y por un Consejo de Estado que presidía el propio Cromwell. Las interminables disputas entre las tendencias representadas en el Parlamento —y fundamentalmente las diferencias religiosas— dieron al traste con todos los intentos de edificar un régimen político duradero, por lo que Cromwell se vio empujado a asumir una especie de poder dictatorial bajo el título vitalicio de *Lord Protector* (1653), a pesar de que defendía la idea de un sistema representativo, moderado en lo político y tolerante en lo religioso. Mantuvo ese poder hasta que murió de malaria en 1658. Hasta ese momento, siguió siendo un jefe militar, que dirigió campañas punitivas contra los irlandeses en 1649 (con persecución de los católicos y expropiación general del suelo, origen del odio secular contra Inglaterra en aquella isla) y contra los escoceses en 1650; también lanzó guerras exteriores contra Holanda (1652-54) y contra España (1654-59). Durante su mandato, Inglaterra estuvo dominada por los puritanos, que se verían luego perseguidos y obligados, muchos de ellos, a emigrar a Norteamérica, donde pusieron las bases de una nueva nación. En cuanto a la República, no sobrevivió a la muerte de Cromwell, a pesar del intento de sucederle de su hijo Richard. Tras la dimisión de éste en 1660, la monarquía de los Estuardo* fue restaurada en Carlos II*, que intentó devolver las cosas a su estado anterior (haciendo desenterrar el cadáver de Cromwell para ahorcarlo). Sin embargo, la fuerza adquirida por el Parlamento ya no desapareció y sirvió de base para transformar a Inglaterra —desde la «Gloriosa Revolución» de 1688— en una monarquía parlamentaria, modelo político de secular permanencia en Gran Bretaña, y que habría de inspirar el constitucionalismo liberal en todo el mundo a partir de las revoluciones norteamericana y francesa del siglo XVIII.

CROUCHBACK, *el Cruzado,* **Edmond.** V. LANCASTER, Casa de.

CUAUHTÉMOC (o Guatimozín) Último emperador azteca (Tenochtitlán, México, 1497 - Izancanac, Campeche o Guatemala, 1525). Señor de Tlatelolco en el momento en que los españoles invadieron México bajo el mando de Cortés*, se distinguió como cabecilla de los partidarios de resistir a toda costa, en oposición a la postura más contemporizadora de Moctezuma*. Participó en la rebelión de los aztecas contra la presencia española en Tenochtitlán (ciudad de México) conocida como «la Noche Triste» (30 de junio de 1520); y fue elegido emperador al morir Moctezuma. Dirigió la resistencia de la capital del imperio contra el sitio que le puso Cortés y contra el asalto final que lanzó a través del lago (1521). Capturado cuando intentaba huir, Cuauhtémoc fue torturado en una parrilla por los españoles, que pretendían que revelara el escondite del supuesto tesoro imperial azteca, lo que no consiguieron. Cortés mantuvo a Cuauhtémoc —lisiado por las torturas— como rehén contra posibles rebeliones indígenas, otorgándole el título honorífico de gobernador, aunque sin poder efectivo. Durante la expedición de Cortés a las Hibueras, Cuauhtémoc fue ahorcado tras ser acusado de conspirar con los suyos para rebelarse contra los españoles. Su figura ha sido mitificada por los indigenistas y nacionalistas mexicanos como símbolo de la rebeldía frente a la dominación extranjera.

CURIE, Familia. Físicos franceses, dedicados a la investigación de la radiactividad.

PIERRE CURIE (1859-1906) fue educado por su padre, un médico librepensador, sin acudir a la escuela. Luego estudió Física en la universidad parisina de la Sorbona, con brillantes resultados. En colaboración con su hermano —Jacques Curie— descubrió el efecto piezoeléctrico. Desde 1882 trabajó como profesor de la Escuela Municipal de Física y Química de París. En 1894 conoció a la que luego sería su esposa, Marya Sklodowska, iniciando una colaboración científica que se prolongaría hasta su muerte. Se doctoró con una tesis sobre el magnetismo en 1895, el mismo año que contrajo matrimonio. En 1897, Marya y él consiguieron permiso para utilizar unas dependencias abandonadas de la escuela en la que enseñaba, en donde realizaron investigaciones sobre la radiación del uranio (descubierta un año antes por Becquerel), que les llevaron a descubrir dos nuevos elementos químicos en 1898: el polonio y el radio. En 1903 recibieron el Premio Nobel de Física, compartido con Becquerel. Poco después de obtener una cátedra de Física en la Sorbona (1904), murió atropellado por un carruaje. MARIE CURIE (1867-1934), cuyo nombre de soltera era Marya Sklodowska, era de origen polaco. Tras iniciar su carrera en la Universidad de Varsovia, en 1891 se trasladó para ampliar estudios a París, donde conoció a Pierre. Colaboró con éste en todas sus investigaciones y le sustituyó al morir en la cátedra de Física de la Sorbona (1906). Marie siguió investigando sobre la radiactividad, lo que le valió el Premio Nobel de Química en 1911 (fue la primera mujer que recibió un Premio Nobel y la primera persona del mundo en recibir dos), pero también soportar tal cantidad de radiación que le produjo la leucemia de la que moriría. Su hija, IRÈNE JOLIOT-CURIE (1897-1956), estudió Física igualmente y fue una gran colaboradora de su madre, a la que ayudó a organizar un servicio radiológico móvil durante la Primera Guerra Mundial (1914-18). En 1925 se casó con el físico Jean-Frédéric Joliot, ayudante de su madre desde la muerte de Pierre. Juntos descubrieron la radiactividad artificial en 1934, por lo que recibieron el Premio Nobel de Física en 1935. Al igual que su madre, moriría de leucemia causada por la prolongada exposición a la radiación.

CURZON, George Nathaniel Político inglés (Kedleston Hall, Derbyshire, 1859 - Londres, 1925). Procedente de una familia aristocrática, recibió una educación privilegiada en Eton y Oxford; un accidente en 1878 le provocó una afección en la columna vertebral que le hizo llevar un corsé rígido el resto de su vida. Entró en política con los conservadores, actuando como miembro del Parlamento desde 1885. De 1898 a 1905 fue virrey de la India, fracasando en el intento de someter el Tíbet al dominio británico para asegurar las fronteras; dimitió por su enfrentamiento con el jefe militar británico en la India, Lord Kitchener*. Luego entró en el gobierno de coalición presidido por Asquith* como Lord del Sello Privado (1915). Fue un defensor del imperialismo, apostando por aumentar la presencia británica en el mundo musulmán en lugar de apoyar las pretensiones judías sobre Palestina (uno de los motivos de su enfrentamiento con Balfour*). Fue también un adversario furibundo de la emancipación de la mujer, formando parte de la Liga contra el sufragio femenino (que fue derrotada en 1917). En política exterior fue un «duro», que reclamó al terminar la Primera Guerra Mundial que se hiciera pagar a Alemania todos los costes de la guerra y se sometiera a juicio al emperador Guillermo II* (1918). La coalición entre liberales y conservadores le llevó a ser ministro de Asuntos Exteriores (1919-24) en el gobierno de Lloyd George*, al que no tardó en criticar agriamente. Desempeñó un papel importante en la negociación de los tratados de paz que pusieron fin a la Primera Guerra Mundial y que intentaron resolver los agudos problemas internacionales de los años siguientes (en especial la Paz de Lausana de 1923, que puso fin a la Guerra Greco-Turca); se dio el nombre de *línea Curzon* a la frontera que propuso en 1919 entre Polonia y la Unión Soviética, drásticamente corregida por la Guerra Ruso-Polaca de 1920.

CUSTER, George Armstrong Militar norteamericano (New Rumley, Ohio, 1839 - Little Big Horn, Montana, 1876). Graduado en la Academia de West Point en 1861, luchó primero contra los confederales (sudistas) en la Guerra de Secesión (1861-65) y más tarde mandó el 7.º de Caballería en varias campañas contra los indios (1868-74). Durante ese tiempo demostró brillantes aptitudes militares (como la capacidad para el mando, la determinación y el valor, propios de un militar romántico); pero mostró también marcados defectos, como la tendencia a la indisciplina (en 1867 sufrió un consejo de guerra por desobedecer órdenes de un superior) y la ambición (su rápido ascenso despertó críticas entre sus colegas). En 1876 hubo de responder ante una Comisión del Congreso por acusaciones de corrupción; su declaración decidió al presidente Grant* a relevarle del mando en 1876, desconfiando del carácter egocéntrico e impetuoso de un hombre que se tomaba la guerra como un juego; pero la presión popular le hizo rectificar y ponerle de nuevo al mando del 7.º de Caballería para unirse a una expedición contra los *sioux* y los *cheyenes* mandados por *Toro Sentado**. Cercado junto al río Little Big Horn por un contingente de indios más de diez veces superior en número, murió en combate junto con sus 260 hombres.

D

DA GAMA, Vasco. V. GAMA, Vasco da.

DAGOBERTO I. V. MEROVINGIA, Dinastía.

DAGUERRE, Louis Jacques Mandé Artista e inventor francés, pionero de la fotografía (Cormeilles-en-Parisis, cerca de París, 1787 - Bry-sur-Marne, cerca de París, 1851). Pintor de decorados teatrales, hacia 1827 había inventado el diorama, un espectáculo a base de pinturas y efectos luminosos. Buscando un método para reproducir la realidad en imágenes sin necesidad de pintarlas, coincidió con Nicéphore Niepce, que desde 1820 venía experimentando con placas de betún de Judea dentro de una cámara oscura, en las que obtenía rudimentarias imágenes fotográficas tras una exposición de varias horas. Daguerre se asoció con Niepce en 1830; y, tras su muerte en 1833, perfeccionó el método reduciendo el tiempo de exposición a unos pocos minutos, al sustituir el betún por yoduro de plata (sustancia sensible a la luz, cuyas propiedades había descubierto J. Schulze cien años antes). Así consiguió, en 1837, un primer procedimiento fotográfico conocido como *daguerrotipo*, cuyo uso no tardó en extenderse; fue premiado por el Gobierno francés y gozó de una gran popularidad. En 1839, el inglés W. H. F. Talbot anunció el descubrimiento de otro método con la obtención previa de negativos, primera de una serie de innovaciones que han seguido perfeccionando la técnica fotográfica hasta nuestros días.

DAIMLER, Gottlieb Ingeniero alemán que inventó el automóvil con motor de gasolina (Schorndorf, Württemberg, 1834 - Stuttgart, 1900). Tras estudiar Ingeniería mecánica en Stuttgart y Estrasburgo, trabajó en diversas fábricas de maquinaria alemanas. En 1872-75 trabajó con N. A. Otto* en el perfeccionamiento de su motor de gas, época en la que concibió la posibilidad de desarrollar una versión con propulsión de gasolina (introduciendo un carburador) que resultara más eficaz y económica. Por fin, en 1882, estableció su propia factoría en Stuttgart, en la que fabricó los primeros motores de combustión interna de gasolina ligeros y rápidos; su objetivo era aplicarlos para mover vehículos, algo que no consiguió hasta 1885, debido a los problemas de encendido. El modelo inicial, instalado en una motocicleta, fue perfeccionado en los años siguientes con otro de dos cilindros en *V* (aplicado ya a un automóvil), que se presentó en la Exposición Universal de París de 1889. Su idea atrajo a Panhard y Levassor, que fueron quienes iniciaron la fabricación de automóviles con fines comerciales en Francia en 1891. En cuanto a Daimler, las necesidades de capital le llevaron en 1890 a fundar una sociedad (la Compañía de Motores Daimler), de la que salió tres años más tarde para concentrarse en el desarrollo técnico de los motores y la experimentación en carreras de coches. Retomó el control de la empresa en 1895.

DALADIER, Édouard Político francés (Carpentras, Vaucluse, 1884 - París, 1970). Este profesor de Geografía e Historia de origen modesto asumió una actitud republicana militante bajo el impacto del caso Dreyfus*, que le llevó a ingresar en el Partido Radical Socialista. En sus listas fue elegido diputado, representando a Vaucluse entre 1919 y 1940. Tras la victoria de la coalición de izquierdas en 1924, entró a formar parte del gobierno presidido por su maestro Herriot*. Durante los años siguientes asumió la presidencia del Consejo de Ministros en dos ocasiones (1933 y 1934); pero destacó sobre todo como ministro de la Guerra (1932-34 y 1936-40), cargo que le convirtió en el principal artífice de la política de defensa nacional frente al expansionismo de la Alemania nazi y, por tanto, responsable en parte de la incapacidad militar francesa frente a la invasión alemana de 1940. Fue uno de los artífices del Frente Popular que se impuso en las elecciones de 1936, agrupando a la izquierda francesa para frenar la amenaza fascista; y sucedió a Léon Blum* como presidente del Gobierno en el crucial periodo de 1938-40. Como representante de Francia en la Conferencia de Múnich (1938), se dejó arrastrar por la política de «apaciguamiento» británica al acceder a las pretensiones de Hitler* sobre Checoslovaquia; consciente del error cometido, no lo repitió cuando Hitler invadió Polonia, declarando en aquel momento la guerra a Alemania (1939) y cayendo del gobierno poco después. Tras la invasión de Francia por los nazis fue detenido por las autoridades colaboracionistas de Vichy y juzgado como responsable de la derrota militar francesa; se defendió con tal empeño que el juicio tuvo que suspenderse (1942). Más tarde fue deportado a Alemania (1943-45). Volvió a la política una vez terminada la Segunda Guerra Mundial (1939-45), como diputado de la IV República (1946-58) y presidente del Partido Radical (1957-58); pero, desprestigiado por sus responsabilidades en el periodo anterior, no consiguió entrar en el gobierno. Tras la instauración de la Quinta República por De Gaulle* perdió su escaño de diputado (1958) y se retiró de la política.

DALAI LAMA. Jefe espiritual del budismo tibetano, considerado por sus seguidores la reencarnación del *bodhisattva* Avalokitesvara; desde 1642 hasta 1959 los Dalai Lama ostentaron además el poder temporal en el Tíbet. Al morir cada Dalai Lama, los monjes *(lamas)* del Monasterio Amarillo designan a su siguiente reencarnación en un niño de corta edad, interpretando una serie de signos con arreglo a su religión; no se trata, por tanto, de una dinastía de monarcas hereditarios, sino de la máxima magistratura personal de un régimen teocrático. En el interregno entre la muerte de un Lama y la mayoría de edad del siguiente, el Monasterio ejerce directamente el poder designando a un regente, al tiempo que se ocupa de la educación del futuro jefe.

Ge-dun-grup-pa (?-1474) fue el primero, fundador de la secta budista de los monjes amarillos y del sistema sucesorio de la reencarnación de los lamas. **Sonam Gyatso, III Dalai Lama** (1543-88) fue en realidad el primero que asumió el título de *Dalai* (palabra mongola que significa «gran océano»). Al convertir al jefe mongol Altan Khan y a toda su tribu, asentó definitivamente la hegemonía de la secta en el Tíbet, extendiendo su influencia sobre Mongolia, China occidental, Bután y Sikkim. **Ngawang Gyatso, V Dalai Lama** (1617-82) fue el primero en asumir el gobierno temporal del Tíbet además del liderazgo espiritual. Dicho cambio tuvo lugar en 1642, al destronar el príncipe mongol Gusri Khan al rey del Tíbet y titularse él mismo rey; en realidad, Gusri se limitó a ejercer un protectorado militar sobre el Dalai Lama, que era quien gobernaba efectivamente. Al morir Gusri en 1655, el Lama pasó a controlar el poder en solitario, si bien su autoridad religiosa estaba limitada por la de otro dignatario budista, el Panchen Lama. Fue este V Dalai Lama quien construyó el Palacio de Potala en Lhasa, desde donde han ejercido el poder sus sucesores hasta el siglo XX. Su sucesor **Tshangyang Gyatso, VI Dalai Lama** (1683-1707), desbarató el prestigio adquirido por los monjes amarillos con su comportamiento disoluto y mujeriego. El emperador chino aprovechó la ocasión para intervenir en Tíbet, poniendo coto a su influencia espiritual sobre Mongolia y la propia China. En 1720 los chinos invadieron el Tíbet y sometieron al Dalai Lama a una relación de vasallaje, que perduró hasta la desaparición del Imperio Chino en 1911. **Thupten Gyatso, XIII Dalai Lama** (1876-1933) fue un gobernante despótico, cuya torpeza diplomática le enfrentó con las grandes potencias de la zona. Jugó la baza del acercamiento a Rusia, viéndose atacado por una expedición británica que le obligó a refugiarse en China (1904); más tarde, reconciliado con los británicos, sufrió el ataque de China y hubo de refugiarse en la India (1910). Regresó al Tíbet en 1913, al recuperar el país la independencia por la caída de la dinastía Manchú* en China (1911). Aliado ahora de los británicos —mientras el Panchen Lama representaba los intereses chinos—, quiso emprender una política modernizadora en terrenos como la educación o la defensa, pero el conservadurismo de los lamas frustró sus intentos de reforma. Al morir se identificó a su sucesor en el niño **Tendzin Gyatso, XIV Dalai Lama** (1939 -) nacido en una familia pobre de origen tibetano en la provincia china de Quinghai (1935). En 1950, cuando aún no había cumplido la mayoría de edad, los comunistas chinos invadieron el país; Tendzin Gyatso, declarado mayor de edad antes de tiempo, asumió el poder y se refugió cerca de la frontera con la India; pero, al no recibir ayuda exterior pese a su llamamiento a la India de Nehru* y a las Naciones Unidas, hubo de aceptar la tutela comunista, firmando en 1951 un tratado que convertía al Tíbet en «provincia autónoma» de China. Las relaciones con la China de Mao* fueron muy conflictivas, luchando el Dalai Lama por preservar el sistema tradicional tibetano y los chinos por controlar el poder de hecho (designando por sí mismos a un joven chino como la reencarnación del Panchen Lama). En 1956 estalló una primera rebelión antichina en dos provincias fronterizas de población tibetana, que fue reprimida de forma sangrienta. En 1959 un levantamiento popular apoyado por el ejército se enfrentó a las tropas chinas, que respondieron violentamente hasta la total ocupación del país. El Dalai Lama consiguió huir a la India con unos 70.000 exiliados tibetanos, mientras Mao ponía en el gobierno del Tíbet al Panchen Lama (al que sin embargo no consiguió manejar a su gusto y encarceló en 1964). En 1982 Deng Xiaoping* invitó a regresar al Dalai Lama, que prefirió permanecer en el exilio, dedicándose a preservar en el norte de la India, Nepal, Bután y Sikkim la cultura tibetana destruida por las autoridades chinas en su país de origen, al tiempo que asumía públicamente los ideales de la democracia y el pacifismo.

D'ALEMBERT, Jean Le Rond Científico y pensador francés de la Ilustración (París, 1717-1783). Sus investigaciones en matemáticas, física y astronomía le llevaron a formar parte de la Academia de Ciencias con sólo 25 años; y resultaron de tal relevancia que aún conservan su nombre un principio de física que relaciona la estática con la dinámica y un criterio de convergencia de series matemáticas. Sin embargo, su mayor renombre lo iba a alcanzar como filósofo. Junto con Diderot* dirigió la *Enciclopedia,* compendio del saber de su tiempo que ha dado nombre para este tipo de obras hasta nuestros días; el propio D'Alembert redactó en 1751 el «Discurso preliminar», en el cual apuntaba el enfoque general de la obra, ligado a la filosofía de las «Luces». Su pensamiento resulta una síntesis entre el racionalismo y el empirismo, que subraya la unidad del saber y la fe en el progreso de la Humanidad a través de las ciencias, unificadas por una filosofía desprendida de mitos y creencias trascendentales. Cuando la campaña de los reaccionarios contra la Enciclopedia consiguió que se prohibiera continuar su edición (1759), se retiró de la obra, dejando a Diderot como único director. Pero siguió sosteniendo el pensamiento crítico, humanista y reformista de los ilustrados desde su puesto como secretario perpetuo de la Academia Francesa (1772).

D'ANNUNZIO, Gabriele Escritor y aventurero político italiano (Pescara, 1863 - Gardone, 1938). Tras una brillante carrera como poeta, novelista y dramaturgo, se interesó por la política hacia finales de siglo. En 1897-1900 fue diputado en el Parlamento italiano; su carácter aventurero, radical y extremista le llevó en tan breve periodo a alinearse con la extrema derecha primero y con la extrema izquierda después. Era un esteta obsesionado por vivir su vida como una obra de arte: así, entre 1898 y 1910 vivió una de las historias de amor más conocidas de la época con la actriz Eleanora Duse en la lujosa finca toscana de La Capponcina (lo que le obligó a huir del país en 1910, acosado por sus deudores); luego descubrió el sentimiento «patriótico» y lo exacerbó cantando al imperialismo italiano y al uso de la fuerza en la época de la conquista de Libia (1912); con el estallido de la Primera Guerra Mundial (1914) clamó para que Italia interviniera abandonando su neutralidad (1915); él mismo quiso transformarse en un héroe de novela, se alistó en el ejército, y se distinguió en varias acciones arriesgadas contra los austriacos (como el *raid* naval de Buccari o el vuelo sobre Viena, ambos en 1918). Su espíritu aventurero llegó al extremo cuando, acabada la guerra, los tratados de paz privaron a Italia de algunos frutos que había esperado de la victoria, como la ciudad croata de Fiume; animado por la exaltación patriótica que recorría Italia clamando por los «territorios irredentos», D'Annunzio tomó Fiume con un millar de voluntarios y lo mantuvo en sus manos durante todo un año (1919-20), lo cual provocó enormes dificultades políticas a los gobiernos sucesivos de Nitti y Giolitti*; finalmente se retiró para evitar un enfrentamiento entre sus «legionarios» y el ejército italiano. Su liderazgo sobre los nacionalistas de extrema derecha fue dejando paso paulatinamente a la figura de Mussolini*, un político más realista y ambicioso, que tomó para su movimiento —el fascismo— toda la simbología creada por D'Annunzio. En 1921 se retiró a una villa cerca del Lago de Garda, donde vivió hasta su muerte como el intelectual más respetado del régimen fascista (que le hizo príncipe de Montenevoso y presidente de la Academia de Italia).

DANTON, Georges-Jacques Político de la Revolución francesa (Arcis, Aube, 1759 - París, 1794). A partir del estallido de la Revolución en 1789, este joven abogado se erigió como líder de las masas populares de París, con las que conectó gracias a su oratoria llana, su energía desbordante y su carácter vitalista. Fue uno de los animadores del Club de los *Cordeliers,* aunque mantenía contacto con el de los Jacobinos. Apenas había entrado en la Administración revolucionaria de París cuando el intento de huida de Luis XVI* a Varennes le hizo apoyar las peticiones de instaurar la República (1791); pero escapó a la represión sobre el movimiento republicano huyendo a Inglaterra y atrayéndose así las primeras acusaciones de inmoralidad. A su regreso se convirtió en uno de los inspiradores de las jornadas revolucionarias de 1792 que dieron paso al régimen de la Convención; al principio ocupó en dicho régimen un papel político preponderante, teóricamente como ministro de Justicia, pero en la práctica actuando como un verdadero jefe de gobierno. Elegido diputado por París, se alineó con el radical partido de la Montaña, si bien sus ideas le inclinaban más bien a un compromiso con los rivales girondinos. En 1793 propuso la creación de un sistema de Comités que ejercerían el poder ejecutivo ante la situación de emergencia creada por las amenazas interiores y exteriores contra el régimen revolucionario. Él mismo llegó a presidir el más importante, el Comité de Salvación Pública; sin embargo, tres meses más tarde fue expulsado y sustituido por Robespierre*, dando comienzo un periodo de dictadura revolucionaria de los «montañeses». Danton —que había apoyado la concesión de poderes especiales al Comité— se opuso a esa dictadura y a la sangrienta represión que lanzó contra toda clase de disidentes (conocida como el «Terror»); argumentando que las victorias militares obtenidas por los ejércitos revolucionarios en 1793 hacían ya innecesarias las medidas de excepción, organizó una campaña política en favor de la clemencia y de la aplicación de la Constitución. Danton había sido acusado de corrupción y de cobardía por los girondinos, pues había aprovechado su influencia política para enriquecerse y se había ausentado cada vez que se acercaba el peligro; su talante de vividor volvió a quedar de manifiesto cuando, tras enviudar, tomó por esposa a una joven de 16 años y se retiró algún tiempo de la política. Los hombres de Robespierre y de Saint-Just* (los Jacobinos) aprovecharon esta imagen de hombre sin escrúpulos para atacar a Danton y a sus partidarios (los «Indulgentes»); detenidos por el Comité de Salvación Pública, fueron juzgados por un Tribunal revolucionario y guillotinados a la semana siguiente. Aunque nunca hizo explícito su programa de gobierno, Danton ha quedado para la historia como el símbolo de la Revolución en su aspecto puramente liberal, burgués, republicano, clemente y a la defensiva, mientras que Robespierre se relaciona con la fase más social y agresiva del proceso; pero en ese contraste, Danton queda también como el político corrupto frente a la integridad de Robespierre.

DAOÍZ Y TORRES, Luis Militar español, héroe del levantamiento del dos de mayo de 1808 contra la invasión francesa (Sevilla, 1767 - Madrid, 1808). Era un artillero con experiencia de combate en el norte de África (Ceuta, 1790; Orán, 1791) y en la guerra contra la Convención (Rosellón, 1793-94). Estuvo prisionero en Francia en 1794-96; y luego sirvió como artillero de la Armada, participando en la defensa de Cádiz y en dos viajes a América. Capitán desde 1800, estaba destinado desde comienzos de 1808 en el Parque de Artillería de Madrid. Al producirse la invasión francesa de la Península y saberse que Napoleón* se había llevado a la familia real a Bayona, fue uno de los militares que salieron a las calles de Madrid para encabezar la insurrección popular contra las tropas francesas en el levantamiento del 2 de mayo de 1808, con el que dio comienzo la Guerra de la Independencia. Junto con Pedro Velarde* (el otro protagonista de la «confabulación de los artilleros»), representa un dúo mítico en la memoria histórica española, como encarnación del espíritu de independencia nacional, dignidad y valor patriótico que se atribuye a aquel movimiento. Murió de las heridas recibidas en aquella jornada luchando contra un general francés en la Calle Ancha de San Bernardo.

DARÍO I, *el Grande* Rey de Persia (550 - 485 a.C.). Era hijo del sátrapa de Partia, de una rama secundaria de la familia real Aqueménida*. Pertenecía a la guardia real del emperador Cambises II cuando éste murió en el 522 a.C.; junto con otros nobles, se enfrentó al usurpador Gaumata, que, haciéndose pasar por el hermano del emperador, Bardiya o Smerdis (muerto, en realidad), se había proclamado rey. Darío se hizo con el poder mediante un golpe de Estado en el 521, si bien propagó la leyenda de que había sido elegido rey mediante la hipomancia o adivinación por los caballos; con la muerte de Gaumata y el aplastamiento de sus partidarios, Darío sometió a la casta sacerdotal persa. Hasta el 518 se dedicó a consolidar su poder, eliminando a nueve competidores, además de someter las rebeliones de Babilonia, Susa y Egipto. Pronto retomó la dinámica de expansión de sus predecesores: envió expediciones al Punjab y a las costas del golfo Pérsico (hacia el 512). Su guerra contra los escitas le permitió anexionarse Tracia y someter al rey de Macedonia; pero no consiguió llevar sus conquistas más allá del Dniéster. Espoleadas por el relativo fracaso de Darío ante los escitas, las ciudades griegas de Jonia se rebelaron contra la dominación persa y llamaron a Atenas en su ayuda (499). La revuelta fue reprimida con dureza, pero Darío creyó necesario prevenir nuevos estallidos llevando la guerra hasta el corazón de Grecia; el primer intento fracasó por el naufragio de la flota persa durante una tormenta (492). El segundo parecía tener más garantías de éxito, pues el oro persa garantizó la neutralidad de la mayoría de las ciudades, dejando aisladas a Atenas y Esparta; sin embargo, los atenienses consiguieron derrotar al ejército persa en la batalla de Maratón (490 a.C.). Cuando, cuatro años más tarde, murió Darío, los ecos de aquella derrota en el extremo occidental del Imperio animaron nuevas insurrecciones en Egipto y Babilonia, que su hijo y sucesor, Jerjes I*, tardaría en reprimir. Sin embargo, junto con estas dificultades militares, Darío le legó un Imperio sólidamente organizado desde el punto de vista político y militar, en torno a la figura del sátrapa, gobernador provincial con amplias atribuciones políticas y militares, vigilado por un secretario real; la monarquía absolutista que implantó iba acompañada de un respeto exquisito por los cultos religiosos de los pueblos conquistados, que convivían con el culto oficial a Zoroastro*.

Darío II. V. Aqueménida, Dinastía.

Darío III Codomán. V. Aqueménida, Dinastía.

Darwin, Charles Robert Científico inglés, padre de la teoría evolucionista de la selección natural de las especies (Shrewsbury, Shropshire, 1809 - Down, Kent, 1882). No había sido más que un mal estudiante de Medicina y de Teología hasta que, a los 22 años, se embarcó como naturalista en la expedición del navío *Beagle*. El viaje recorrió las costas de Sudamérica y múltiples islas del Atlántico sur, el Pacífico y el Índico entre 1831 y 1836; Darwin tomó notas de sus observaciones sobre especies animales y vegetales, fósiles y tribus indígenas, que constituirían el material básico de su trabajo científico posterior. Adquirió prestigio como biólogo publicando algunos de aquellos materiales, al tiempo que avanzaba en privado buscando una teoría que explicara el que las especies naturales hubieran ido cambiando de forma a lo largo del tiempo (circunstancia ya apuntada por J. Lamarck y por su propio abuelo, Erasmus Darwin). La lectura del *Ensayo sobre el principio de la población* de Malthus* en 1838 le inspiró la hipótesis de que la evolución de las especies era fruto de la selección natural en un proceso de lucha por la supervivencia, en el que sólo sobrevivían las especies más fuertes o mejor adaptadas al medio. En 1858, cuando se encontraba aún madurando su teoría y recopilando elementos de prueba, tuvo conocimiento de que el naturalista británico Alfred R. Wallace había llegado por su cuenta a las mismas conclusiones; en lugar de enzarzarse en una disputa por la primacía, Darwin y Wallace presentaron conjuntamente sus propuestas a la comunidad científica, aunque sería el primero el que obtendría en los años siguientes mayor reconocimiento como patrocinador de la idea. En 1859 Darwin publicó su obra fundamental: *Del origen de las especies por medio de la selección natural o la preservación de las razas mejor dotadas en* *la lucha por la vida*. Enseguida se desató una enorme polémica, tanto dentro como fuera del mundo científico, agudizada cuando Darwin precisó la posibilidad de que el hombre moderno descendiera de un tronco simiesco primitivo común con los monos (en un nuevo libro de 1871: *El origen del hombre y la selección natural*). Sin embargo, Darwin —aquejado de una mala salud crónica— no participó directamente en tales discusiones públicas, dejando la defensa de la teoría evolucionista a autores como Thomas H. Huxley. En las décadas finales del siglo XIX las teorías de Darwin acabaron por recibir aceptación general, a pesar de la resistencia de los medios conservadores y religiosos, modificando profundamente la interpretación del lugar que ocupa el ser humano en el mundo, al comprender que somos simplemente un estadio transitorio en el proceso global de la evolución de las especies naturales. Por otra parte, los mecanismos de selección descritos por Darwin encontraron en el pensamiento de otros autores una transposición a la vida social, económica y política: empezó a hablarse así de un «darwinismo social» para referirse a la justificación de un mundo plenamente liberal y competitivo en el que la «lucha por la vida» aseguraría el triunfo de los más fuertes y la eliminación de los incapaces.

DATO E IRADIER, Eduardo Político español (La Coruña, 1856 - Madrid, 1921). Este prestigioso abogado de Madrid (que aconsejaba, por ejemplo, a los Rothschild*) entró en la política con el Partido Conservador. Tras una larga carrera parlamentaria (en la que destacó por sus dotes oratorias) adquirió protagonismo en 1886-88, cuando se enfrentó al fundador del partido, Cánovas*, siguiendo a Romero Robledo al reprocharle que hubiera cedido el poder a los liberales tras la muerte de Alfonso XII*. Y rompió definitivamente con él al seguir al disidente Francisco Silvela en 1895; bajo su presidencia fue ministro de Gobernación (1899-1900) y de Gracia y Justicia (1902-03). Luego ocupó cargos menores, como el del alcalde de Madrid o el de presidente del Congreso, mientras la dirección de los conservadores recaía en Antonio Maura*. Su momento llegó cuando la aversión de Alfonso XIII* hacia Maura le hizo buscar otro líder conservador para formar gobierno, encargando la tarea a Dato (1913-15) y provocando así la escisión del «maurismo»; presidente del gobierno al estallar la Primera Guerra Mundial (1914), consiguió mantener la neutralidad española. Luego formó otro gabinete más breve en 1917, que cayó ante el movimiento corporativista de las Juntas de Defensa militares, una huelga general revolucionaria y las reivindicaciones democráticas de los catalanistas y reformistas reunidos en la Asamblea de Parlamentarios. En el Gobierno Nacional de concentración presidido por Maura en 1918 ocupó la cartera de Estado. Y volvió a la Presidencia del Consejo en 1920-21, un periodo de fuerte agitación obrera, que trató de calmar impulsando una legislación social (para lo cual creó el Ministerio de Trabajo); pero no consiguió parar la espiral de terrorismo y represión, especialmente en Barcelona. Murió asesinado por tres anarquistas catalanes cuando regresaba del Senado.

DAVID Segundo rey de Israel, verdadero creador del Estado judío (Belén, h. 1014 - ?, h. 970 a.C.). Era pastor y tañedor de cítara hasta que el profeta Samuel le designó como heredero del rey Saúl. Instalado ya en la corte, se distinguió en la guerra de los judíos contra los filisteos (episodio reflejado en la Biblia como el combate entre David y Goliat); pero su éxito desató la envidia de Saúl, que le persiguió para matarle. David se vio entonces obligado a buscar asilo entre sus antiguos enemigos, los filisteos. Tras la muerte de Saúl en la batalla de Jezrael, David regresó para hacerse proclamar rey en Hebrón (h. 1002 a.C.); durante los primeros siete años de su reinado sólo controlaba el sur (Judá), mientras que el norte (Israel) estaba en manos del hijo de Saúl, Eshbaal. Tras vencerle y unificar a las doce tribus hebreas en un solo reino, David lo extendió combatiendo sucesivamente contra los filisteos, cananeos, moabitas, amonitas y edomitas; formó así un gran reino palestino, que se extendía a ambos lados del río Jordán. La ciudad de Jerusalén, conquistada a los cananeos, fue arrasada y repoblada con familias judías, para convertirla en capital. Ese reino judío unificado y llevado por David a su máxima extensión, llegaría a ser el referente histórico para los sionistas radicales del siglo XX, que reclaman para el actual Estado de Israel las fronteras alcanzadas en los lejanos tiempos de David, sin renunciar a que su capital sea la histórica Jerusalén. David fue también un dirigente religioso, dada la importancia que tenía para la identidad del pueblo judío su fe monoteísta; escribió varios salmos, reglamentó el culto e hizo construir en Jerusalén un tabernáculo, adonde trasladó el Arca de la Alianza que simbolizaba el pacto entre el dios Yahvé y el «pueblo elegido». El aumento de la presión fiscal y el adulterio del rey con Betsabé crearon un clima de descontento, sobre el que se apoyó la rebelión de su propio hijo Absalón, que David reprimió por la fuerza. Al morir le sucedió su hijo Salomón*.

DA VINCI, Leonardo. V. LEONARDO DA VINCI.

DAVIS, Jefferson Político norteamericano, único presidente de la Confederación formada por los Estados del Sur en 1861-65 (Todd County, Kentucky, 1808 - Nueva Orléans, 1889). Militar formado en la Academia de West Point, luchó en campañas contra los indios y en la guerra contra México de 1846-48. Tras casarse con una hija de Zachary Taylor (presidente de los Estados Unidos en 1849-50) se estableció como plantador de algodón en Mississippi y se dedicó a la política. Representó al Estado de Mississippi en la Cámara de Representantes (1845) y luego en el Senado (1847-51 y 1857-61); y en 1853-57 fue secretario de Guerra. Políticamente se distinguió como partidario de la expansión de Estados Unidos hacia México, Nicaragua y Cuba; también fue un defensor de la esclavitud y de la autonomía de los Estados frente al gobierno federal, en armonía con los intereses de los plantadores del Sur. Trató de evitar hasta el final que los Estados del Sur se separaran de la Unión; pero cuando lo hicieron, se unió como militar al ejército de la Confederación sudista, en el que luchó durante la subsiguiente Guerra de Secesión (1861-65). En 1861 los rebeldes le eligieron presidente de su recién creada Confederación, debido a su prestigio como un hombre íntegro y ecuánime. Pero, superado por la tarea de construir un nuevo Estado al tiempo que sostenía una guerra contra un enemigo muy superior en recursos, fracasó en todos sus objetivos políticos: primero en intentar una solución negociada con el presidente Lincoln*; luego en atraerse el apoyo de Francia y Gran Bretaña; en todo momento en mantener la unidad política en el bando sudista, atrapado en la contradicción entre el principio de autonomía de los Estados y la necesidad de crear una administración centralizada en aras de la eficacia; e incluso fracasó en mantener su popularidad entre la población, resentida por la implantación del servicio militar obligatorio y otras medidas de excepción impuestas por la guerra civil. Derrotado el ejército sudista, Davis fue capturado por los federales cuando intentaba huir a Texas con su gobierno para continuar la lucha (1865); fue acusado de traición y encarcelado hasta 1867, pero nunca se le juzgó, pues se benefició de la amnistía de 1868.

DAWES, Charles Gates Político norteamericano (Marietta, Ohio, 1865 - Evanston, Illinois, 1951). Tras unos años ejerciendo la abogacía, se dedicó con gran éxito al negocio del gas a partir de 1894. De los negocios pasó a la política, siempre con los republicanos: en 1897-1902 el presidente McKinley* le encargó reorganizar el sistema bancario americano para evitar que se repitieran crisis de pánico como la ocurrida cuatro años antes; y en 1921-24 fue el primer director de la Oficina Presupuestaria creada por Harding. Especializado ya en cuestiones de economía pública, fue enviado a París en 1924 para representar a Estados Unidos en una comisión que debía reexaminar la cuestión de las reparaciones económicas impuestas a Alemania por los vencedores en la Primera Guerra Mundial (1914-18); el crecido volumen de indemnizaciones exigido por el revanchismo francés en el Tratado de Versalles (1919) amenazaba con arruinar la economía alemana y arrastrar a la del resto del mundo. El *Plan Dawes* estableció un sistema realista de pagos graduales, acompañado de medidas adicionales para facilitar la recuperación económica de Alemania (préstamos, ayudas y regreso al patrón oro). Dicho plan, que contribuyó a abrir en Europa unos años de prosperidad y de entendimiento internacional, dio tal prestigio a Dawes que en aquel mismo año fue elegido vicepresidente con Calvin Coolidge* (1924) y un año después le otorgaron el Premio Nobel de la Paz, compartido con Joseph Austen Chamberlain (1925); ocupó múltiples cargos públicos de tipo financiero y diplomático hasta que se retiró de la política en 1932, coincidiendo con el fin de una era de hegemonía política de los republicanos y de los grandes capitalistas.

DAYÁN, Moshé Militar y político israelí (Deganiah, 1915 - Ramat Gan, 1981). Este hijo de inmigrantes judíos nació en el primer *kibbutz* que establecieron los sionistas en Palestina. Trabajó en la agricultura y en la construcción hasta que en 1929, ante los ataques de que eran objeto las comunidades judías de Palestina por parte de los árabes, se integró en la *Haganah* (milicia defensiva judía en la clandestinidad); con ella combatió en la primera guerra entre árabes y judíos, aún bajo mandato británico, en 1936-39. En 1939 fue detenido por las autoridades británicas por su actividad armada; pero le liberaron en 1941 para colaborar en el esfuerzo de guerra contra la Alemania nazi; y aquel mismo año fue herido cuando efectuaba un reconocimiento en Siria, perdiendo el ojo izquierdo. Desde entonces se dedicó completamente a la carrera militar, trabajando como oficial de inteligencia. Durante la Guerra de Independencia de Israel (1948) mandó el sector de Jerusalén; luego siguió una carrera ascendente en el recién nacido Ejército israelí, al que infundió una mezcla de eficacia y moral de combate que él mismo puso a prueba en la siguiente guerra árabe-israelí, cuando dirigió la ofensiva victoriosa sobre el Sinaí (1956). Convertido en un símbolo de la fuerza militar del nuevo Estado, Dayán abandonó el ejército en 1958 para dedicarse a la política profesional (militaba desde 1946 en el partido sionista socialista *Mapei* de Ben-Gurión*). En 1959 se integró como ministro de Agricultura en el gobierno de Ben-Gurión; con él se escindió del *Mapei* en 1966, formando el Partido *Rafi* y pasando a la oposición. En 1967, cuando la amenaza de una nueva guerra se cernía sobre Israel, aceptó ser ministro de Defensa en un Gobierno de Unidad Nacional. Desde ese puesto dirigió la Guerra de los Seis Días, que hizo a Israel dueña del Sinaí, Gaza, Cisjordania, Jerusalén oriental y los altos del Golán. Después de la guerra, la «familia» socialista se reconcilió, uniéndose *Mapei*, *Rafi* y otros grupos en el nuevo Partido Laborista. Dayán seguía siendo ministro de Defensa cuando, en 1973, Israel estuvo a punto de ser derrotada por un ataque sorpresa de Egipto y Siria; aunque la contraofensiva dio la victoria a Israel en la Guerra de Yom-Kippur, la opinión pública culpó del «susto» a Dayán y a la primera ministra Golda Meir*, por lo que ambos quedaron excluidos del nuevo gabinete que formó Rabin* (1974). En 1977 fue llamado de nuevo como ministro de Asuntos Exteriores en un Gobierno presidido por el derechista Begin*; desde su nuevo cargo fue uno de los principales artífices del Tratado de Camp David (1979) que estableció la paz con Egipto. Pero cuando quiso continuar el proceso de paz con la población palestina de los territorios ocupados, la resistencia de sus compañeros de gabinete le obligó a dimitir. En 1981 fundó un nuevo partido de corte centrista, el *Telem;* pero murió ese verano de un ataque al corazón.

DE GASPERI, Alcide Político italiano fundador de la Democracia Cristiana (Pieve Tesino, Trentino, 1881 - Sella di Valsugana, 1954). Nacido en una familia de clase media del Trentino (que pertenecía por entonces al Imperio Austro-Húngaro), completó sus estudios en la Universidad de Viena en 1905. Militó desde muy joven en las filas del Partido Popular del Trentino, inspirado por la doctrina social de la Iglesia, y representó a la minoría italiana en el Parlamento austriaco desde 1911 hasta el fin de la Primera Guerra Mundial (1918). Al incorporarse el Trentino a Italia por el Tratado de Saint-Germain (1919), ingresó en el Partido Popular Italiano (del que sería secretario general a partir de 1924) y figuró como diputado en el Parlamento italiano desde 1921 hasta su destitución por Mussolini* en 1926. Denunció la dictadura fascista y fue encarcelado por ello en 1927; liberado en 1929, trabajó como bibliotecario del Vaticano hasta la desaparición del régimen fascista al final de la Segunda Guerra Mundial (1945). Como representante de los democristianos en el Comité de Liberación Nacional que había coordinado la resistencia, participó en los primeros gobiernos de la posguerra. De Gasperi refundó el centro-derecha italiano creando un nuevo partido de inspiración católica para frenar la ascensión de los comunistas: la Democracia Cristiana. Presidió el gobierno por un largo periodo (1945-53), al principio del cual contó con ministros comunistas y socialistas para impulsar las tareas de reconstrucción nacional; pero a partir de su victoria en las elecciones de 1948, la hegemonía democristiana le permitió gobernar con el solo apoyo de republicanos y socialdemócratas. Tras favorecer la instauración de la República en Italia (1946), siguió una política conservadora, marcada por la plena integración en el bloque occidental (aceptación del Plan Marshall*, integración en la OTAN y en la CECA...). Cayó del gobierno en 1953, al no lograr una mayoría parlamentaria suficiente frente al «pacto de unidad» de las izquierdas.

DE GAULLE, Charles André Joseph Marie Militar y político francés, líder de la «Francia libre» durante la Segunda Guerra Mundial y creador de la Quinta República (Lille, 1890 - Colombey-les-Deux-Églises, 1970). Nacido en una familia católica de clase media, siguió la carrera militar en 1909-12. Combatió en la Primera Guerra Mundial (1914-18) y luego fue destinado a auxiliar al ejército polaco en su guerra contra la Rusia soviética (1920). Hizo su carrera bajo la protección del general Pétain*, que le promovió a cargos de responsabilidad antes de romper las relaciones en 1938 por un asunto de plagio; pero De Gaulle ascendía con lentitud por hacerse notar como un joven ambicioso e indisciplinado, que criticaba las directrices de la defensa nacional y publicaba pretenciosos tratados de estrategia y filosofía militar. Cuando se produjo la invasión alemana de Francia en 1940, De Gaulle demostró cierta brillantez estratégica al mando de una unidad acorazada, pero no pudo evitar ser derrotado ante el avance arrollador de la «guerra relámpago» alemana. En aquel momento de derrota, sin embargo, obtuvo la doble victoria personal de ascender a general y acceder a un primer cargo en el gobierno (subsecretario de la Guerra) por su amistad con el nuevo primer ministro, Reynaud. Nada pudo hacer en aquel puesto, pues la derrota arrastró la caída del gobierno Reynaud y su sucesor, Pétain*, se apresuró a firmar la paz con Hitler* y aceptar la ocupación alemana de la mayor parte de Francia, estableciendo sobre el resto el régimen colaboracionista de Vichy. De Gaulle se refugió en Londres, lanzando a través de la radio un llamamiento a los franceses para continuar la resistencia contra Alemania. Aunque carecía de apoyos, fue reconocido por Churchill* como representante legítimo de la «Francia libre» ante los aliados. Hizo valer su liderazgo sobre los movimientos de resistencia del interior, al tiempo que lograba el control de algunas colonias francesas, donde contar con territorios y ejércitos propios que justificaran su papel en la guerra. Adoptó una postura intransigente en defensa de la dignidad e independencia de Francia, reclamando ser tratado en pie de igualdad por Gran Bretaña y Estados Unidos; ello dificultó las relaciones con los aliados, sobre todo con Roosevelt*, que desconfiaba del ambicioso general y de sus tentaciones autoritarias. Fueron los americanos los que dejaron a De Gaulle al margen del desembarco aliado en el norte de África, sustituyéndole por Giraud. Pero De Gaulle se impuso a Giraud como jefe del gobierno francés en el exilio, al reunir a su alrededor a representantes de los antiguos partidos (incluidos los comunistas) con sus promesas de restablecer la democracia e introducir mejoras sociales (1943).

Tras el desembarco de Normandía, De Gaulle se instaló en Francia al frente de un gobierno provisional de concentración (1944) y procedió rápidamente a afirmar el poder central y depurar a los colaboracionistas. Recogió los frutos de la victoria aliada, consiguiendo para Francia el tratamiento de gran potencia que pretendía, al obtener una zona de ocupación en Alemania, así como un puesto permanente en el Consejo de Seguridad de la ONU. Pero dimitió en 1946, en desacuerdo con la Constitución de la Cuarta República, en la que habría querido introducir un poder ejecutivo más fuerte frente a la insistencia de los demás partidos en la preponderancia democrática del Parlamento. Desde entonces encabezó un movimiento de oposición que contribuyó a acentuar la inestabilidad política de la que acusaba a la Cuarta República. Al no obtener el triunfo electoral que esperaba, se retiró de la política en 1953, dejando sin embargo que sus partidarios mantuvieran vivo el movimiento «gaullista».

Fue la guerra de Argelia la que le permitió volver al poder: ante el avance del movimiento independentista, los partidarios de mantener la presencia francesa en Argelia dieron en 1958 un golpe de Estado con participación gaullista. Para evitar el establecimiento de una dictadura militar, los dirigentes de la República aceptaron llamar al gobierno al general De Gaulle, como pedían los sublevados. Con la oposición de la izquierda, obtuvo del Parlamento plenos poderes y el encargo de preparar una revisión constitucional. La resultante Constitución de 1958 dio lugar a la Quinta República, que perdura en Francia hasta nuestros días; sus instituciones fueron hechas a la medida de De Gaulle y reflejan su pensamiento a medio camino entre la tradición republicana y el autoritarismo bonapartista: todo se centra en la figura del presidente, dotado de amplísimos poderes y elegido para un largo mandato (directamente por el pueblo desde 1962). El propio De Gaulle ocupó la presidencia desde 1958 hasta 1969; su labor se centró en recuperar el protagonismo internacional que correspondía a la «grandeza» histórica de Francia; la base para conseguirlo fue la estabilidad política creada por la Constitución del 58 y por su propia permanencia en el poder. Una vez liquidado el espinoso problema de Argelia (a la que concedió la independencia en 1962), intentó emancipar a Francia de la tutela norteamericana rompiendo la lógica bipolar de la «guerra fría»: dotó a Francia de armas nucleares, sacó al país de la estructura militar de la OTAN, vetó el ingreso de Gran Bretaña en la Comunidad Económica Europea, estableció relaciones con la China comunista... Pero su conservadurismo en materia económica y social provocó un estallido de descontento obrero y juvenil en 1968 que amenazó los fundamentos de su régimen; intentó recomponerlo sometiendo a referéndum un proyecto de reforma constitucional, pero al ser derrotado en la consulta dimitió como presidente, dejando el cargo a su fiel colaborador Pompidou*.

DE LA CIERVA, Familia. V. **LA CIERVA, Familia de.**

DELCASSÉ, Theophile Político francés. Era miembro del Partido Radical (Pamiers, Ariège, 1852 - Niza, 1923). Diputado desde 1889 y ministro de Colonias en 1894-95, llegó en 1898-1905 al puesto de ministro de Asuntos Exteriores, desde el que habría de ejercer un importante papel histórico. Su paciente labor creó la alianza entre Francia, Gran Bretaña, Rusia e Italia que haría frente a los Imperios Centrales en la Primera Guerra Mundial (1914-18). Aprovechando que el *caso Dreyfus** mantenía a la opinión pública francesa absorbida en la crisis política interna, empezó por superar la anglofobia dominante en Francia, sobre todo después del incidente de Fachoda, por el que Francia fue obligada a retirarse del Sudán en beneficio de Gran Bretaña (1898). Luego organizó un reparto en esferas de influencia en el norte de África (Marruecos para Francia, Libia para Italia y Egipto para Gran Bretaña), en virtud del cual consiguió desvincular a Italia de su compromiso con Alemania y Austria (la Triple Alianza de 1882) mediante un pacto secreto, así como formar una alianza sólida con Gran Bretaña (la *Entente Cordiale* de 1904). Por último, aprovechó las dificultades de Rusia en su guerra contra el Japón (1905) para mediar en el acercamiento anglo-ruso que daría lugar, años más tarde, a la Triple Entente (Francia, Gran Bretaña y Rusia). Tales maniobras provocaron la irritación del emperador alemán Guillermo II*, quien, tras intentar sin éxito que le invitaran a visitar oficialmente París, hizo una demostración de fuerza en Tánger que desencadenó una crisis diplomática; Delcassé quiso adoptar una postura de fuerza ante aquella provocación alemana, pero al verse desautorizado por el resto del gobierno, dimitió de su cargo. En los años siguientes provocó la caída de un gobierno Clemenceau* con su informe sobre la debilidad de la Marina francesa (1909), lo que le valió ocupar luego el Ministerio de Marina en 1911-13. Al estallar la Primera Guerra Mundial (1914) fue llamado nuevamente como ministro de Asuntos Exteriores; consiguió atraer definitivamente a Italia al bando aliado prometiéndole compensaciones territoriales (Tratado de Londres, 1915) y dimitió después por motivos de salud.

DELORS, Jacques Político francés, dirigente de la Comunidad Europea (París, 1925 -). Tras estudiar Derecho y Economía trabajó para la Administración de la Quinta República desde su instauración por De Gaulle* (1959). En 1973 se convirtió en consejero del Banco de Francia y catedrático de Gestión de Empresas de la Universidad de París; y al año siguiente ingresó en el Partido Socialista Francés. Su brillante carrera política le condujo a ser diputado en el Parlamento Europeo (1979-84) y ministro de Economía y Finanzas en el primer gobierno de Mitterrand* (1981-84). Catapultado en 1985 a la presidencia de la Comisión Europea, Delors desempeñó el cargo como un gestor eficaz y un político entusiasta, impulsando con su talante negociador y realista la causa de la unidad europea. Durante su mandato al frente de la institución (1985-95) amplió la Comunidad negociando el ingreso de España y Portugal (1985), Austria, Finlandia y Suecia (1994); y dinamizó la marcha hacia la integración de los países miembros con la firma del Acta Única (1986) y del Tratado de Maastricht que hizo nacer la Unión Europea (1992). El *Informe Delors* sobre la integración económica y monetaria, que elaboró en 1989, es la base sobre la que se apoya tan complicado proceso hasta nuestros días; también se debe a su inspiración el Libro Blanco sobre el Empleo en Europa (1993), que diseñó una ambiciosa política socialdemócrata de inversiones en infraestructuras y nuevas tecnologías. Superó con habilidad obstáculos como el solapado antieuropeísmo de Gran Bretaña durante el gobierno de Margaret Thatcher*, las «tormentas monetarias» de comienzos de los años noventa o el resultado del referéndum de Dinamarca contrario al Tratado de Maastricht. El prestigio alcanzado por Delors al frente de la Comunidad Europea (posición que, además, le permitió quedar al margen de las luchas internas por la sucesión de Mitterrand al frente del Partido Socialista), su imagen de hombre conciliador y moderado (católico y miembro de la corriente política liderada por Jospin), hicieron que se pensara en él como candidato socialista capaz de ganar a Chirac* en las elecciones presidenciales de 1995. Sin embargo, rehusó el ofrecimiento por una mezcla de razones políticas y personales, a las que seguramente no fue ajena la intención de salvaguardar la prometedora carrera política de su hija, Martine Aubry.

DEMETRIO I *SOTER.* V. **SELÉUCIDA, Dinastía.**

DEMETRIO II *NICÁTOR.* V. **SELÉUCIDA, Dinastía.**

DENG XIAOPING (Teng Hsiao-P'ing o Deng Xixian) Dirigente político de la República Popular China (Xiexing, Sichuán, 1904 - Pekín, 1997). Hijo de un terrateniente, Deng recibió una educación moderna, que completó con estancias en París y Moscú. Tras afiliarse al Partido Comunista en 1924, colaboró en varias misiones políticas y militares durante la guerra civil en el Sur (1930-34) hasta que los comunistas hubieron de huir, derrotados por Chang Kai-shek*. Participó en la Larga Marcha hasta el establecimiento de una nueva base comunista en Yenan (1934-36); entretanto, se alineó con las tesis que defendía Mao Zedong* dentro del Partido, lo cual le proyectó a la cabeza del movimiento cuando Mao se hizo con el control en 1935. Durante la guerra contra los japoneses (1937-45), Deng actuó como comisario político en el ejército, estableciendo estrechas relaciones con los jefes militares, que se revelarían decisivas para impulsar su carrera posterior. En 1945 entró en el Comité Central del Partido Comunista, en 1954 ascendió a la vicepresidencia del Gobierno y en 1955 se convirtió en secretario general del Partido y miembro del Politburó. Deng se distinguió pronto como un líder moderado y pragmático, frente al radicalismo auspiciado por Mao en los años del «Gran Salto Adelante» (1958-61); contra el dogmatismo ideológico maoísta lanzó su famosa sentencia de «gato negro o gato blanco, poco importa si caza ratones». En 1962-65 tuvo que dedicarse a reparar los estragos económicos causados por los excesos del presidente, de manera que la «Revolución Cultural» iniciada en 1966 le tomó como uno de sus principales objetivos: acusado de practicar políticas capitalistas y burguesas, fue destituido de sus cargos, obligado a hacer autocrítica de sus «errores» (1967) y enviado a trabajar como obrero en una fábrica (1970). El posterior enfrentamiento por el poder entre la «Banda de los Cuatro» (que, encabezada por la mujer de Mao, pretendía continuar la «Revolución Cultural») y los aperturistas (encabezados por el primer ministro Chu En-Lai*) llevó a éstos a rehabilitar a Deng, haciéndole de nuevo miembro del Comité Central y viceprimer ministro (1973). Pero al morir tanto Mao como Chu en 1976, Deng hubo de hacer frente, apoyado por movilizaciones populares, al ataque de la «Banda de los Cuatro» y la vieja guardia maoísta. Aliado con Hua Guofeng*, Deng se impuso en esa lucha por el poder y se convirtió en el nuevo «hombre fuerte» de China (1977). Tras eliminar del aparato del Estado a los continuistas, inició una audaz política de reformas bajo el lema de las «cuatro modernizaciones» (agrícola, industrial, científico-técnica y de defensa). Liberalizó la economía china abriendo espacios para la iniciativa privada y para la inversión extranjera; esto le obligó a mejorar sus relaciones con los países occidentales, haciendo concesiones en materia de política exterior y de respeto de los derechos humanos; todo ello aceleró el crecimiento económico, mejoró el nivel de vida e hizo aparecer una nueva clase empresarial. Pero su aperturismo no se extendió al terreno político, manteniendo la dictadura del partido único, la restricción de las libertades y la represión de los disidentes; una movilización estudiantil reclamando la democratización del régimen se saldó en 1990 con una sangrienta represión (la matanza de Tiananmen). Para esa fecha el anciano Deng había abandonado ya todos sus cargos políticos, obligando a retirarse al mismo tiempo a los demás dirigentes de su generación y situando en los puestos clave a un grupo de hombres de su confianza; pero, desde su retiro, siguió controlando la política china hasta su muerte.

DESCARTES, René Pensador francés (La Haye, Turena, 1596 - Estocolmo, 1650). Tras estudiar con los jesuitas se convenció de lo dudoso que era el saber de su época, a excepción de las matemáticas; prefirió, pues, completar su formación viajando por Europa (1616-28), para lo cual se alistó como mercenario en varios ejércitos de la época. En 1619 creyó haber encontrado el «método» para distinguir lo verdadero de lo falso (que luego describió en su obra *Reglas para la dirección de la mente*) y decidió aplicarlo para elaborar una visión general del mundo. Para trabajar en ello se estableció en 1629 en Holanda, país tranquilo y alejado de las «distracciones» de París, y en el que se daba el clima de libertad necesario para la especulación intelectual. Allí estudió las más diversas materias del conocimiento humano, aplicando a todas ellas su método y entablando diálogo con los especialistas. Pensaba compendiar sus descubrimientos en un monumental *Tratado del mundo;* pero cuando ya lo tenía muy avanzado, tuvo noticia de que las autoridades eclesiásticas habían condenado a Galileo* por sostener las teorías astronómicas de Copérnico* (1633). En aquel momento decidió no seguir adelante con su *Tratado,* para evitarse una más que probable confrontación con la Iglesia (pues, entre otras cosas, sostenía la cosmología copernicana y había sido ya atacado en varias ocasiones por los jesuitas). En 1637 publicó el *Discurso del método para la correcta orientación de la razón y el descubrimiento de la verdad en las ciencias,* obra fundamental escrita en francés —y no en latín como era costumbre entre los filósofos— para que pudiera iluminar las mentes de las personas corrientes. En esa obra presenta un camino plenamente racional hacia el conocimiento de la verdad, que ha de arrancar de un total escepticismo hacia las apariencias y la autoridad de los maestros (la «duda metódica»); sólo desde esa base creía posible remontarse hasta el conocimiento a través de la certeza metafísica de la existencia de uno mismo («Pienso, luego existo»), del mundo y de Dios. El libro tenía tres apéndices con ejemplos de aplicaciones del método «cartesiano» (de Descartes) a la óptica, la meteorología y la geometría (este último con aportaciones de gran trascendencia). Rechazando todas las supersticiones y prejuicios, Descartes creó un pensamiento plenamente racionalista, atento al rigor de los conocimientos adquiridos, que prefería ver expresados con la precisión y objetividad de las matemáticas; de la aplicación de tal método resultaba la visión moderna de un universo que funcionaba mecánicamente. Su racionalismo vino a complementar el pensamiento empírico de Bacon* y Newton*, contribuyendo junto con ellos al cambio de la mentalidad occidental ligado a la «revolución científica» del siglo XVII. La Iglesia desconfió siempre de este hombre (refugiado en la protestante Holanda) y de su pensamiento (que prescindía de la fe en la «verdad» revelada); por ello, aunque fue un católico ferviente y aunque sus conclusiones no contradecían la doctrina de Roma, vio sus obras incluidas en el *Índice* de libros prohibidos. Desde 1646 entabló relación epistolar con la inquieta reina Cristina de Suecia*; aceptó ir a instalarse en su corte en 1649, pero un invierno bajo el frío de Estocolmo fue suficiente para acabar con Descartes, que murió de neumonía.

DE VALERA, Eamon Líder nacionalista irlandés (Nueva York, 1882 - Dublín, 1975). Huérfano de padre (un artista español) desde los tres años fue a instalarse con la familia materna en Irlanda. Se unió desde muy joven al movimiento nacionalista, formando parte del *Sinn Fein* y de los Voluntarios Irlandeses que luchaban contra el gobierno de Londres. Participó en la «insurrección de Pascua» que, aprovechando la debilidad de Gran Bretaña por la Primera Guerra Mundial, proclamó la independencia y la República en Irlanda (1916). Tras aplastar la insurrección, los británicos ejecutaron a todos sus dirigentes, excepto a De Valera, a quien se le conmutó la pensa de muerte por su origen americano; de ese modo se convirtió en el único superviviente de los activistas de su generación. En 1917 fue liberado por las autoridades británicas, interesadas en atraerse las simpatías norteamericanas para decidir la intervención de los Estados Unidos en la guerra contra Alemania. De Valera hizo valer su veteranía para imponerse al frente del movimiento nacionalista. Y, cuando las elecciones de 1918 dieron una holgada victoria al *Sinn Fein,* se erigió en presidente de la República y del gobierno de Irlanda en la clandestinidad. La ofensiva guerrillera de 1920 llevó a largas negociaciones con el gobierno de Lloyd George*, hasta que los nacionalistas aceptaron el tratado de 1921, que dividía la isla entre la provincia de Irlanda del Norte (de predominio protestante), que permanecía en el Reino Unido, y un «Estado Libre de Irlanda» con estatuto de dominio dentro de la *Commonwealth*.

De Valera, que aspiraba a la independencia total de la isla bajo un régimen republicano, denunció aquel acuerdo como una traición. De Valera se escindió al frente de los nacionalistas radicales, que protagonizaron una guerra civil contra el nuevo gobierno irlandés en 1922-23. Luego canalizó la oposición republicana por cauces políticos, fundando el partido *Fianna Fail* (1926), cuya victoria en las elecciones de 1932 llevó a De Valera a presidir el Gobierno irlandés durante 16 años (1932-48). Su lucha contra los vestigios de la dominación británica le enzarzó en una «guerra» económica con Gran Bretaña (1932-36). Pero finalmente consiguió su objetivo con la Constitución de 1937, que creaba el Estado soberano del Eire, republicano en todo salvo en el nombre; no consiguió en cambio incorporar a dicho Estado el territorio de Irlanda del Norte, en donde la guerra civil larvada entre católicos y protestantes continuaría hasta nuestros días. Por lo demás, la línea política de De Valera fue de defensa de la democracia (seriamente amenazada por movimientos de tendencia fascista) y de extensión de la protección social. En política exterior siguió una línea pacifista, manteniendo la neutralidad irlandesa incluso en los años de la Segunda Guerra Mundial (1939-45). Volvió a presidir el Gobierno en 1957-59. En 1959, ya casi ciego, ocupó el cargo honorífico de presidente de la República del Eire (proclamada oficialmente en 1949), hasta su retirada voluntaria en 1973.

DIAS, Bartolomeu Navegante portugués (?, h. 1450 - cerca del cabo de Buena Esperanza, 1500). Este descendiente del descubridor de Cabo Verde (Dinis Dias) realizó en 1487-88 un viaje a la costa africana por encargo de Juan II, en busca del mítico Preste Juan y de otras noticias traídas por anteriores expediciones portuguesas; sin lograr aquellos objetivos, el viaje recorrió la costa occidental de África hasta doblar el cabo de Buena Esperanza (que llamó «Cabo de las Tormentas» por haberle asaltado allí una terrible). Dias —que en principio no se dio cuenta de ello— había descubierto el paso marítimo entre el océano Atlántico y el Índico por el sur de África, abriendo así una ruta marítima entre Europa y Asia. Regresó a Portugal presionado por el descontento de su tripulación, sin haberse adentrado a explorar el nuevo Océano ni sus costas. En lo sucesivo, sin embargo, su carrera declinó, al preferir el rey a otros navegantes, como Vasco da Gama* y Cabral*, en cuyos viajes figuró Dias como subordinado. Navegando con Cabral participó en el descubrimiento del Brasil (1500) y desapareció durante una tormenta en el cabo de Buena Esperanza (que él mismo había descubierto 12 años antes y que había recibido ya ese nombre por orden de Juan II).

DÍAZ, Porfirio Dictador al que derrocó la Revolución mexicana (Oaxaca, 1830 - París, 1915). Alistado en el ejército desde la guerra contra Estados Unidos (1846-48), entró en política apoyando el movimiento liberal de Juárez* contra Santa Anna* (1854) y contra los conservadores (1858-61). Ascendió a general por méritos de guerra luchando contra la invasión de México por tropas francesas, inglesas y españolas (1861); luego contra los franceses (1861-64); y más tarde contra el régimen imperial de Maximiliano I* (1864-67). Perdió las elecciones de 1867 frente a Juárez y se retiró a su ciudad natal. En 1876 se hizo con el poder e implantó una dictadura que duró hasta 1911, periodo conocido como el *Porfiriato,* en el cual ocupó intermitentemente la presidencia de México (en 1876, 1877-80 y 1884-1911). Mantuvo las instituciones constitucionales, aunque las vació de contenido democrático y las redujo a una mera fachada de su poder personal; censuró la prensa y reprimió por la fuerza a los disidentes. Inicialmente desarrolló una política anticlerical de raíz progresista (disolución de órdenes religiosas, nacionalización de los bienes de la Iglesia, legalización del matrimonio civil, libertad de cultos…). Pero pronto limitó sus objetivos a un crecimiento económico que sólo favorecía a las clases acomodadas (haciendo aumentar las desigualdades) y a los inversores extranjeros. La estabilidad política y el pago meticuloso de la deuda exterior atrajeron capitales del extranjero hacia sectores como el ferrocarril o el petróleo, al tiempo que el Estado impulsaba la construcción de carreteras y puertos. A partir de 1896 México experimentó una gran prosperidad económica, lo que no evitó que, desde 1907, comenzara una época de agitación de obreros, campesinos e intelectuales, sobre la que se apoyó la Revolución de 1911; derrocado por Madero*, Díaz se exilió en Francia.

DÍAZ DE SOLÍS, Juan. V. SOLÍS, Juan Díaz de.

DÍAZ DE VIVAR, Rodrigo. V. *CID CAMPEADOR, El.*

DIDEROT, Denis Escritor y pensador francés de la Ilustración (Langres, Champaña, 1713 - París, 1784). De origen humilde, llevó una vida miserable desde que llegó a París en 1728, dedicada al estudio de las más diversas disciplinas; en esa época tuvo sus primeros contactos con la filosofía de las «Luces», al trabar amistad con Rousseau* (más tarde se relacionaría también con Voltaire* y otros autores). Su primera obra importante, *Pensamientos filosóficos* (1746), fue condenada por impiedad por el Parlamento de París; y su *Carta sobre los ciegos para uso de los que ven* (1749), acusada de materialismo, le llevó a la cárcel. Era sólo el principio de una serie de persecuciones, debidas al carácter innovador de su pensamiento, que criticaba la hipocresía de la sociedad de su tiempo, sometida por el despotismo y la superstición; en lo político, llegaría a concebir un ideal de tipo liberal o democrático, que sin duda influyó sobre el planteamiento ideológico de la Revolución francesa de 1789. Desde 1750 se centró —junto con D'Alembert*— en la dirección de la *Enciclopedia,* un compendio del saber desde el punto de vista de los ilustrados; la obra concitó las iras de los reaccionarios, cuya campaña condujo a la revocación del permiso para su edición en 1759 (aunque se seguiría publicando hasta 1764). Diderot mantuvo relación con Catalina II de Rusia*, en cuya corte permaneció en 1772-74, y que le ayudó económicamente comprándole su biblioteca y cediéndosela en usufructo. Fue un escritor muy prolífico, autor de novelas, obras dramáticas, de crítica literaria y artística, ensayos y tratados de historia, de política, de moral, matemáticas, fisiología…

DIMITRI V Zarévich de Rusia (?, 1583 - ?, 1591). Hijo menor de Iván IV, *el Terrible**, debía haber sido el sucesor de su hermano Teodoro I; pero murió cuando era aún un niño, se supone que asesinado por instigación del regente Boris Godunov*, quien prefería gobernar con el demente Teodoro y hacerse con la Corona cuando éste muriera (como hizo en 1598). La misteriosa desaparición de Dimitri dio lugar a la leyenda de que seguía vivo, unida a la esperanza de que volvería para restaurar la dinastía de los Ruríkidas frente al usurpador Boris. Durante el periodo de desórdenes que siguió a la elección de Boris como zar (1601-13) aparecieron varios *FALSOS DIMITRI*, impostores que se hicieron pasar por el príncipe asesinado. El más importante fue GRICHKA OTREPEIEV (1580-1606), un antiguo monje polaco que organizó una rebelión contra el zar en Rusia en 1604. Consiguió apoyo del papa y del rey de Polonia, que esperaban ponerle en el Trono para extender su influencia sobre Rusia. Efectivamente, derrotó a Boris Godunov y se hizo coronar zar en 1605; pero a su vez fue destronado —y asesinado— por una revuelta que provocó su política dictada desde Polonia. Hubo un segundo Dimitri falso, llamado el *BANDIDO DE TUCHINO* (?-1610). Fue aclamado como zar por una rebelión de cosacos y campesinos en 1607, apoyada también por el rey de Polonia. Cuando se hallaba cerca de Moscú, hubo de retirarse ante la amenaza de un ejército sueco que vino en ayuda del zar y de los boyardos. Murió en un accidente de caza. El tercer falso Dimitri fue el diácono SIDORKA (?-1612), que encabezó otra rebelión de los cosacos en Narva en 1611. Una traición le dejó en manos del zar, que le mandó ejecutar.

DIOCLECIANO, Cayo Aurelio Valerio Emperador romano (Salona, Dalmacia; hoy Split, Croacia, 245 - 313). Este militar de origen humilde fue elevado al poder por las legiones en el año 284, como capítulo final de un periodo de anarquía política y social, en el que se sucedieron rápidamente emperadores militares aclamados por el ejército (desde el 235). Tras vencer en la batalla de Margus (285) a su predecesor, Carino, fue reconocido por el Senado; pero nunca llegó a pisar Roma, absorbido por diversas campañas militares en la mitad oriental del Imperio. Ante las múltiples amenazas para la seguridad del Imperio (presión de los germanos en las fronteras del Danubio y del Rin y en las costas atlánticas, incursiones de los árabes en Siria, correrías de los bagaudas en las Galias, rebeliones en Egipto...), optó por compartir el poder formando una tetraquía: habría dos augustos o emperadores (él mismo y el civil Maximiano), que adoptarían como césares, yernos y sucesores a los jefes de sus respectivas guardias pretorianas (Galerio y Constancio Cloro). Con el reparto del territorio entre los cuatro multiplicó las posibilidades de control y consiguió remontar la difícil situación militar, manteniendo la unidad del Imperio; las rebeliones interiores fueron sofocadas, las fronteras aseguradas por el momento, e incluso se produjo una cierta expansión en Mesopotamia a costa de los persas (297). En otro orden de cosas, Diocleciano introdujo reformas que facilitaron la superación de la crisis del siglo III: reorganizó la administración dividiendo el territorio imperial en diócesis y provincias, fijó precios máximos de las mercancías esenciales para detener la inflación (Edicto del Máximo, 301), hizo obligatoria la sucesión hereditaria en ciertos oficios, organizó a los artesanos en corporaciones obligadas a proveer al ejército y vinculó los campesinos a la tierra convirtiéndolos en siervos de la gleba; con todo ello puso las bases de la sociedad europea de la Edad Media que sucedería a la caída del Imperio Romano (476). Por lo que respecta a la magistratura imperial, Diocleciano la rescató de su descrédito y la convirtió en una monarquía absolutista divinizada. En el 303 impuso un acuerdo según el cual los augustos se renovarían cada 20 años, sucediéndoles los césares, que a su vez nombrarían dos nuevos césares. La transmisión de poderes se realizó en el 305, retirándose Diocleciano a su palacio de Salona; desde allí pudo ver cómo se desmoronaba el sistema de la tetrarquía y el Imperio volvía a sumirse en luchas por el poder; llamado en el 308 para resolver el conflicto, renunció a asumir nuevamente la dignidad imperial.

DISRAELI, Benjamin Político inglés (Londres, 1804-1881). Nacido en una familia judía sefardí, pertenecía a la primera generación bautizada por la Iglesia de Inglaterra (en 1817). Tras hacerse abogado, se dedicó a la literatura desde 1824. Su juventud fue una sucesión de fracasos: perdió todo el dinero que invirtió en la Bolsa, no consiguió sacar adelante el periódico que fundó y perdió cinco elecciones parlamentarias. Cuando por fin entró en la Cámara de los Comunes gracias a su incondicional apoyo al jefe de los conservadores —Robert Peel*—, los diputados recibieron entre risas su primer y extravagante discurso (1837). En 1842-46 encabezó una rebelión del ala derecha del partido contra el librecambismo de Peel, que derribó a éste del gobierno; con ello, sin embargo, no consiguió más que debilitar a su partido, que hubo de pasar a la oposición. En 1848 fue designado líder de los conservadores en los Comunes, pero siguió acumulando fracasos electorales, apenas compensados por sus éxitos como escritor. Muchas de sus novelas contenían críticas a la política de su tiempo —como *Vivian Grey* (1825-27) o *Lothair* (1870)— o consideraciones histórico-filosóficas que sustentaban su posición política —como *Coningsby* (1844), *Sybil* (1845) o *Tancred* (1847)—. Sirvió dos veces como ministro de Hacienda hasta que la reina Victoria* le nombró primer ministro en 1867-68. La principal realización de ese periodo de gobierno fue la reforma de 1867, que extendió el derecho de voto hasta doblar el cuerpo electoral; con ello suministró una base de votantes populares a su proyecto político de «democracia *tory*», que consistía en transformar el viejo partido aristocrático conservador en un partido «nacional» capaz de anudar la alianza entre un fuerte poder monárquico y un electorado trabajador. Durante la década de los setenta la política británica estuvo marcada por el enfrentamiento entre Disraeli y el líder de los liberales, Gladstone*, cuya política atacó aquél desde la oposición (especialmente en lo tocante a Irlanda y a las colonias). Cuando accedió a un segundo mandato como primer ministro (1874-80), puso en marcha el ambicioso programa imperialista que había anunciado en su discurso del Crystal Palace (1872): anexión de las islas Fidji (1874), adquisición de las acciones egipcias que otorgarían a Gran Bretaña el control del canal de Suez (1875), coronación de la reina Victoria como emperatriz de la India (1876) y guerras coloniales en Afganistán y Sudáfrica (tanto contra los zulúes como, tras la anexión del Transvaal en 1877, contra los *bóers*). Su agresividad en política exterior le permitió frenar el expansionismo ruso defendiendo al Imperio Otomano (al que hizo pagar su apoyo en 1878 con la entrega de Chipre). En 1880 perdió las elecciones y al año siguiente murió de una bronquitis.

Dollfuss, Engelbert Político austriaco, creador del «austrofascismo» (Kirnberg an der Mank, Baja Austria, 1892 - Viena, 1934). Tras estudiar Derecho y Economía, se convirtió en líder del movimiento campesino de la Baja Austria. De la mano del Partido Social Cristiano pasó a la política y fue nombrado ministro de Agricultura en 1931. Su carrera culminó al año siguiente al ser nombrado jefe de gobierno (1932-34), con el apoyo de la Liga agraria y del *Heimwehr*, movimiento armado inspirado en el fascismo italiano. Su disposición más importante fue la confirmación de la polémica renuncia oficial de Austria a llegar a una unión aduanera con Alemania, a cambio de una ayuda financiera de la Sociedad de Naciones (que temía que, después del desmembramiento del Imperio de los Habsburgo* en 1918, Austria decidiera integrarse en Alemania, reforzando así el temido poderío alemán). Dollfuss, que no contaba con una mayoría clara en el Parlamento, se vio confrontado por aquella medida a los ataques de los pangermanistas, que venían a unirse a los de los socialdemócratas, que criticaban su política conservadora y antiobrera. En 1933 decidió, pues, disolver el Parlamento, instaurando una dictadura. Al año siguiente destruyó el Partido Socialdemócrata aprovechando un intento de insurrección contra su dictadura; prohibió todos los partidos, monopolizando la acción política con su Frente Patriótico; y dio al Estado «austrofascista» una organización corporativa inspirada en la doctrina social del papa Pío XI*. Pero la ascensión de Hitler* al poder en Alemania en 1933 hacía temer la anunciada anexión de Austria *(Anschluss)*; para evitarla, Dollfuss se echó en manos de Mussolini*, que llegó a amenazar a Hitler con una intervención militar si atentaba contra la independencia austriaca; un golpe de Estado nacionalsocialista (proalemán) en 1934 fue desbaratado, sin que Hitler se atreviera a apoyarlo, pero Dollfus murió asesinado en el intento. Su régimen pervivió hasta 1938, cuando la alianza entre Hitler y Mussolini permitió la realización del *Anschluss*.

Doria, Andrea Marino genovés (Oneglia, 1466 - Génova, 1560). Pertenecía a una noble familia de la República genovesa. En su juventud se formó combatiendo en las guerras italianas al servicio del papa, los duques de Urbino y de Milán, o los reyes de Aragón y de Francia que pugnaban por dominar Nápoles. Durante las luchas por el poder que tuvieron lugar en Génova en 1507-15 se convirtió en uno de los personajes más influyentes de la República. Aprovechó su poder para reformar la Marina genovesa, al tiempo que se hacía con una flota propia; puso tanto una como otra al servicio, sucesivamente, de Francisco I de Francia* y de Carlos I* y Felipe II* de España, que luchaban por imponer su hegemonía en Italia. Su ruptura con Francisco I se produjo en 1528 por la exigencia de éste de que le entregara los prisioneros que había hecho en el bando del emperador; Doria levantó el sitio que tenía puesto a Nápoles, para alivio de los españoles, y se convirtió en «gran almirante» de la armada española en el Mediterráneo. Carlos I le ayudó a consolidar definitivamente su poder en Génova, aunque no quiso asumir el título de *Dogo* que correspondía al máximo mandatario de la República; y Felipe II le permitió por la Paz de Cateau-Cambrésis (1559) recuperar el dominio sobre Córcega, que le había arrebatado Enrique II de Francia*. Se distinguió sobre todo luchando contra los turcos y los berberiscos (Morea, 1532; Túnez, 1535; Preventza, 1538; Argel, 1541), contribuyendo a la derrota de Barbarroja*.

DRAKE, Francis Corsario inglés (Tavistock, Devonshire, h. 1545 - Portobelo, Panamá, 1596). Se inició como marino navegando en barcos negreros de unos parientes lejanos; pero, indignado por un incidente con una flota española, decidió dedicar el resto de su vida a luchar contra el monopolio español sobre el comercio americano (1567). La tensión entre Felipe II de España* e Isabel I de Inglaterra* facilitó el que ésta le apoyara en su proyecto de practicar la piratería contra los españoles, hostigando así a los enemigos de Inglaterra sin arrostrar los riesgos de una guerra abierta. Drake descubrió que la clave de las rutas comerciales que sostenían el Imperio español era el istmo de Panamá y centró allí sus ataques (1570-71): aliado con los *cimarrones* (esclavos negros fugitivos) tomó temporalmente la ciudad de Nombre de Dios, saqueó Cartagena de Indias y regresó a Inglaterra tras capturar un cargamento de oro. En 1577-81 realizó su principal viaje, nuevamente financiado por la reina: pasó del Atlántico al Pacífico por el estrecho de Magallanes, recorrió las costas de Chile, Perú, Nicaragua y México, hundiendo barcos españoles y apoderándose de cuantas riquezas encontró; llegó hasta California, donde una bahía lleva el nombre de Drake en recuerdo de aquella visita. Luego atravesó el Pacífico y el Índico y bordeó África en dirección a Inglaterra, completando la vuelta al mundo (era el primer inglés que lo conseguía). La reina, satisfecha de sus acciones, le hizo caballero y alcalde de Plymouth. En su tercer viaje (1585-86) saqueó Vigo, capturó Santo Domingo y Cartagena de Indias (por las que exigió un rescate) y destruyó la población española de San Agustín en Florida. Ante la inminente guerra contra España, realizó un ataque preventivo, cuarto viaje durante el cual incendió la flota concentrada en Cádiz, tomó temporalmente la torre de Sagres y capturó un cargamento portugués procedente de la India en las Azores (1587). Luego participó en los combates del Canal de la Mancha contra la «Armada Invencible» enviada por Felipe II a conquistar Inglaterra (1588). Su carrera empezó a declinar al fracasar en el intento de tomar Lisboa en 1589 por un exceso de precaución; en 1595 volvió a fracasar cuando intentaba tomar San Juan de Puerto Rico. Dispuesto a recuperar su prestigio, tomó otra vez Nombre de Dios, sin saber que la ruta de los metales preciosos ya no pasaba por allí. Hostigado por los españoles, murió en el istmo panameño de disentería.

DREYFUS, Alfred Militar francés (Mulhouse, Alsacia, 1859 - París, 1935). Pertenecía a una familia judía que abandonó Alsacia cuando fue anexionada por

Alemania tras la Guerra Franco-Prusiana (1871). Siguió la carrera militar, adquiriendo el grado de capitán del ejército francés en 1889. Estaba destinado en el Estado Mayor cuando, en 1894, estalló el *caso Dreyfus:* el espionaje francés descubrió que los alemanes habían recibido documentos secretos entregados por un militar francés; una torpe investigación llegó a la conclusión de que Dreyfus era el culpable (sin más indicios que un leve parecido caligráfico). Un consejo de guerra le condenó por traición, fue expulsado del ejército y enviado de por vida al presidio de la Isla del Diablo (Guayana). Pero Dreyfus, que era inocente, nunca admitió las acusaciones que se le hicieron. Su familia siguió intentando probar su inocencia y poniendo de manifiesto las irregularidades del juicio (como que Dreyfus hubiera sido condenado por un informe del Servicio de Inteligencia que nunca fue comunicado a la defensa); pero tales denuncias eran descalificadas como maniobras de un grupo de presión judío que intentaba desacreditar al ejército y a las más altas instituciones de la nación. En 1895 cambió el jefe del servicio de Inteligencia militar y el nuevo responsable descubrió que el verdadero culpable era el mayor Esterhazy y que Dreyfus había sido víctima del antisemitismo del anterior jefe de Inteligencia. Esterhazy, protegido por los militares reaccionarios, antisemitas o corporativistas, consiguió ser declarado inocente en 1898. Pero la opinión pública ya se había dividido sobre este tema, enfrentándose los partidarios de revisar el caso —*dreyfusards*— y los de cerrarlo: en el primer bando se agrupó la izquierda de convicciones democráticas y republicanas, en defensa del Estado de derecho y de los derechos del Hombre; y en el segundo la derecha nacionalista, teñida de antisemitismo y de tendencias autoritarias, más propensa a comprender la «razón de Estado» y a defender las instituciones conservadoras frente al avance de la modernidad. El escritor Émile Zola y los líderes políticos Jean Jaurès* (socialista) y Clemenceau* (radical) encabezaron la causa de los *dreyfusards* a partir de la publicación en el periódico de este último *(L'Aurore)* de una carta abierta de Zola al presidente de la República (titulada «Yo acuso»), en la cual acusaba al tribunal que juzgó a Esterhazy de haberle declarado inocente a sabiendas de que era culpable. De los medios *anti-dreyfusards* surgió el nacionalismo integrista de Charles Maurras, que en 1898 fundó el movimiento fascista *Action française*. En aquel mismo año uno de los oficiales que habían participado en la manipulación de las pruebas confesó para después suicidarse y el caso fue reabierto; pero, puesto que estaba en juego el «honor» del ejército, un nuevo consejo de guerra volvió a declarar a Dreyfus culpable, aunque atenuando la pena a 10 años de cárcel (1899). Hubo de ser el presidente de la República el que le otorgara el indulto. Dreyfus siguió luchando por demostrar su inocencia, lo que consiguió finalmente en 1906 (ante un tribunal ordinario): fue reintegrado al Ejército con todos sus honores, para retirarse poco después (sólo volvió al servicio activo para luchar contra los alemanes durante la Primera Guerra Mundial, en 1914-18). El caso había servido de pretexto para un pulso entre el «bloque republicano» y la derecha francesa, saldado con el triunfo de los primeros, que procedieron a redefinir la Tercera República en 1902-06 en un sentido laico y progresista.

DUARTE DE PERÓN, Eva María (*Evita* Perón) Política argentina (Jujuy, 1919 - Buenos Aires, 1952). Esta actriz y cantante se hizo amante del coronel Juan Domingo Perón* en 1944, cuando era secretario de Trabajo y Previsión Social. Desempeñó un papel importante en la ascensión del «peronismo» como movimiento popular, utilizando su posición en la radio para dar publicidad a las reformas sociales de Perón y a su labor sindicalista. Cuando en 1945 los enemigos de Perón dieron un golpe y le enviaron a prisión, *Evita* encabezó la movilización popular que produjo su liberación. Un día después contrajeron matrimonio. Y al año siguiente —1946— Perón fue elegido presidente con la inestimable ayuda de su esposa, que había organizado la campaña electoral del Partido Justicialista. Bajo el régimen peronista, *Evita* asumió un papel muy activo: fue la fundadora y dirigente de la sección femenina del partido y valedora ante el Gobierno del sindicato Confederación General del Trabajo; encabezó las acciones sociales del régimen, creando al efecto una fundación que llevaba su nombre; y actuó como embajadora de la «nueva Argentina», realizando una gira de propaganda por Europa. Enferma de cáncer, renunció a ser candidata a la vicepresidencia en las elecciones de 1951 y murió convertida en un mito nacional. El Parlamento la nombró «jefa espiritual de la Nación» y su cadáver, embalsamado en España, regresó a Argentina.

DUBCEK, Alexander Político checoslovaco, dirigente de la «Primavera de Praga» de 1968 (Uhrowec, Eslovaquia, 1921 - Praga, 1992). Este obrero de la fábrica Skoda, militante comunista de la resistencia contra la dominación nazi durante la Segunda Guerra Mundial (1939-45), entró en la vida política en 1949 —un año después de la instauración del régimen comunista en aquel país— animado por su padre, el dirigente comunista Stefan Dubcek. Mientras iba ascendiendo en la jerarquía del partido y del Estado, destacó en la defensa de los derechos de la minoría eslovaca, a la cual pertenecía. En cuanto accedió a la Secretaría General del Partido en 1968, emprendió una línea política reformadora, que pretendía la democratización del régimen hasta conseguir «un socialismo de rostro humano». La experiencia inédita de intentar liquidar la dictadura del partido único sin abandonar los ideales socialistas tuvo muy buena acogida en el país y en Occidente, por cuanto abría una esperanzadora «tercera vía» entre democracias capitalistas y dictaduras comunistas; pero levantó recelos en la URSS, cuyos dirigentes no estaban dispuestos a admitir que los «países satélites» decidieran libremente acerca de su sistema político, por cuanto ello pudiera debilitar sus posiciones estratégicas en Europa central y oriental en el marco de la «guerra fría». En aquel mismo año, tropas soviéticas y de los aliados del Pacto de Varsovia invadieron Checoslovaquia, aplastaron las reacciones populares adversas y obligaron a Dubcek a desmontar las reformas iniciadas (Protocolo de Moscú, 1968). En 1969 fue destituido de todos sus cargos y alejado de los centros de poder, enviándolo como embajador a Turquía; y en 1970 fue expulsado del Partido y se le envió a trabajar como jardinero a Bratislava. Volvió a la actividad pública participando en la «revolución de terciopelo» de 1989, que hizo caer al régimen comunista; nada más restablecerse la democracia fue elegido presidente del Parlamento por aclamación, y se aprestó a emprender una nueva andadura política en el seno del Partido Público contra la Violencia, pero murió tres años después en un accidente de tráfico.

Du Guesclin, Bertrand (o Beltrán Duguesclin) Capitán francés de la Guerra de los Cien Años (Dinan, Bretaña, 1314 - Chateauneuf Randon, Auvernia, 1380). Luchó inicialmente al servicio de Carlos de Blois y, más tarde, del delfín —y luego rey— Carlos V de Francia. Cuando Carlos quiso librarse de la molesta presencia en su reino de los ejércitos mercenarios conocidos como las «Grandes Compañías», las envió bajo el mando de Du Guesclin a intervenir en la guerra civil castellana en favor de Enrique II* contra Pedro I, *el Cruel**. Du Guesclin fue vencido y apresado en la batalla de Nájera (1367), pero fue rescatado, reorganizó sus tropas en Francia y consiguió la victoria en Montiel (1369). Sitiado Pedro I en el castillo de Montiel, pidió negociar con Du Guesclin su huida, ocasión que éste aprovechó para prepararle una trampa en la que —con su ayuda— Enrique II asesinó a Pedro I, quedando así implantada en Castilla la Casa de Trastámara*. Du Guesclin intervino luego en la guerra de Castilla contra Portugal y combatió eficazmente a los ingleses. En 1370 fue nombrado condestable de Francia, cargo desde el que emprendió la reforma de la administración y el ejército reales. Murió durante el asedio a una fortaleza.

Dunant, Jean-Henri Filántropo suizo fundador de la Cruz Roja (Ginebra, 1828 - Heiden, Apenzell, 1910). Este comerciante y banquero del patriciado de Ginebra militó en su juventud en movimientos cristianos. En 1859, mientras intentaba reunirse con Napoleón III* para exponerle los problemas de sus negocios en Argelia, contempló el campo de batalla de Solferino después del enfrentamiento de los ejércitos austriaco y franco-piamontés que combatían en la guerra de unificación italiana; impresionado por aquel espectáculo de horror y por la ineficacia de los servicios sanitarios de la época, escribió *Un recuerdo de Solferino,* libro que publicaría en 1862. Desde entonces se lanzó a una campaña de sensibilización de los gobiernos y la opinión pública acerca de los sufrimientos de los heridos de guerra, luchando por mitigar las consecuencias humanas de los enfrentamientos bélicos, ya que no era posible acabar con ellos. Fruto de sus esfuerzos fueron la fundación de un servicio sanitario neutral para actuar en los campos de batalla —la Cruz Roja Internacional (1863)— y la reunión de la conferencia internacional que adoptó la *Convención de Ginebra* sobre heridos de guerra (1864). La dedicación a esta causa humanitaria le llevó a descuidar sus negocios, quedando totalmente arruinado en 1867; tras unos años de gloria pasajera, hubo de dimitir como presidente de la Cruz Roja y abandonar temporalmente Suiza perseguido por sus deudores. Halló refugio en la Francia del Segundo Imperio, cuyo titular —Napoleón III— le prestó apoyo incluso después de ser derrocado y exiliarse en Inglaterra. En 1887 regresó a Suiza para ser tratado de múltiples enfermedades, viviendo recluido en un sanatorio hasta su muerte. Olvidado prácticamente por todos, en la última década del siglo varios amigos reivindicaron su figura, que vio reconocida públicamente su labor con la concesión del primer Premio Nobel de la Paz en 1901.

DUVALIER, Familia. Dinastía de dictadores que gobernó Haití desde 1957 hasta 1986.

FRANÇOIS (1907-71), llamado *Papa Doc*. Médico muy popular en su país, se dedicó a la política ocupando cargos en el sector sanitario. En 1957 fue elegido presidente de la República con el apoyo de las clases más pobres y del ejército americano. Implantó una terrorífica dictadura personal, rodeándose de brujos y de una milicia armada de nueva creación (los *ton-ton macoutes*) con la cual reprimió toda disidencia. Autoproclamado presidente vitalicio desde 1964, mantuvo el control del país frente a todas las tentativas de derrocarle. Haití no alcanzó bajo su gobierno ninguna mejora apreciable; pero sí la familia Duvalier, situada en los puestos clave. Al morir transmitió el poder a su hijo de 19 años, JEAN-CLAUDE (1951 -), llamado *Baby Doc*, que se convirtió así en el jefe de Estado más joven del mundo. Sin modificar el carácter dictatorial y represivo del régimen, introdujo algunas reformas que le dieran un aspecto más moderado, asegurándose así el apoyo de Estados Unidos. Pero tampoco hizo nada por la población de su país, convertido en el más pobre del mundo. La oposición democrática creció hasta convertirse en insurrección popular en 1986, momento en que, viéndose privado del apoyo americano, abandonó Haití y se instaló en la Costa Azul.

EBERT, Friedrich Dirigente obrero y primer presidente de la República Alemana (Heidelberg, 1871 - Berlín, 1925). Tras aprender el oficio de guarnicionero, se unió a los socialistas a los 18 años. Establecido en Bremen desde 1891, pronto ocupó puestos de responsabilidad local en el Partido Socialdemócrata Alemán (SPD). Ya en el siglo XX dio el salto a la política nacional, al ingresar en el Comité del Partido (1905) y ser elegido diputado (1912). Su habilidad como mediador entre las alas derecha e izquierda del SPD le llevaron a formar parte de la Ejecutiva desde 1913 y a ejercer como portavoz parlamentario desde 1916. Desde dichos puestos defendió la postura pacifista del SPD contra la Primera Guerra Mundial (1914-18) y contra las posibles anexiones territoriales alemanas. Al ser derrotada Alemania y hundirse el Imperio en 1918, Ebert encabezó un gobierno provisional que fue el que firmó el Tratado de paz de Versalles; posteriormente la derecha alemana le culparía de haber aceptado aquel tratado, que contenía cláusulas humillantes para el país. Mientras preparaba las elecciones para reunir unas Cortes constituyentes, hubo de hacer frente a las amenazas armadas procedentes tanto de la extrema izquierda como de la extrema derecha, para lo cual llegó a un acuerdo con el Ejército (el «pacto Ebert-Groener») que le permitió reprimir la revolución de 1918-19. La Asamblea Nacional reunida en Weimar le eligió como presidente de la República, cargo en el que fue confirmado tras aprobarse la primera Constitución republicana (1919). Ejerció el cargo hasta su muerte, tratando de consolidar el régimen democrático mediante alianzas con las fuerzas moderadas del Parlamento. Quizá por eso mismo fue blanco de los ataques de la prensa reaccionaria, llegando a ser acusado de alta traición ante los tribunales (1924).

ÉBOLI, Príncipes de. Título napolitano concedido por Felipe II de España* a su amigo y consejero.
RUY GÓMEZ DE SILVA (1516-73). Este portugués vino a España de niño con el séquito de Isabel de Portugal, esposa de Carlos I*; vivió en la corte española como paje y fue amigo de juegos del príncipe Felipe. Cuando el príncipe tuvo casa propia, Ruy Gómez fue uno de sus gentileshombres de cámara (1548). Convertido Felipe en rey, siguió confiando en su amigo para múltiples misiones, nombrándole consejero de Estado y de Guerra, mayordomo y contador del príncipe Carlos. Tan grande fue su

influencia en la corte, que se hablaba de un «partido ebolista» que le disputaba el poder al del duque de Alba*; ambos grupos constituían redes clientelares rivales, enfrentadas por cuestiones como la sublevación de los Países Bajos (que Éboli prefería solucionar por la vía del compromiso, mientras que Alba confiaba más en la fuerza). Además de príncipe de Éboli, Ruy Gómez fue nombrado por el rey duque de Pastrana (1572), señorío de la Alcarria donde estableció su mayorazgo. El propio rey arregló su matrimonio en 1559 con ANA MENDOZA DE LA CERDA (1540-92), hija del príncipe de Mélito, virrey del Perú. La que desde entonces fue princesa de Éboli se situó bien en la corte, trabando amistad con la reina Isabel de Valois. Al quedar viuda en 1573, ingresó en un convento, donde llevó una vida impropia de una monja. Felipe II intervino para sacarla de allí y ponerla a administrar la cuantiosa herencia de sus hijos. La leyenda que le atribuye haber sido amante del rey no parece cierta; tampoco resulta probable que fuera amante de Antonio Pérez*, el secretario de Felipe II, de quien la princesa se sirvió para acrecentar su influencia política. Las rivalidades en la corte que culminaron en 1578 con el asesinato de otro secretario real, Escobedo, llevaron a la cárcel tanto a Antonio Pérez como a la princesa de Éboli (1579). Mientras el primero era procesado y torturado y escapaba a Aragón, dando lugar a graves conflictos entre las instituciones aragonesas y la Corona (1590), la princesa permaneció encerrada en Pinto y en Santorcaz, hasta que el rey le permitió retirarse a su villa de Pastrana (1581). Sin embargo, había sido privada de la tutela de sus hijos, acusada de prodigalidad.

ECHEGARAY Y EIZAGUIRRE, José
Ingeniero, escritor y político español (Madrid, 1832-1916). Se graduó con el número uno de su promoción en la Escuela de Ingenieros de Caminos de Madrid, en la que entró como profesor. Sus ideas políticas y económicas liberales le llevaron a participar en la Sociedad Libre de Economía Política en defensa de las ideas librecambistas. Tras la revolución democrática de 1868, en la que no había participado, contribuyó al afianzamiento del nuevo régimen ocupando diversos cargos políticos: fue diputado en las Cortes constituyentes, director general de Obras Públicas (1868-69), ministro de Fomento (1869-70 y 1872) y ministro de Hacienda (1872-73). Participó activamente con Ruiz Zorrilla en la fundación del Partido Radical. Tras el hundimiento de la monarquía de Amadeo de Saboya* (1873) apoyó el efímero régimen de la Primera República, a la que sirvió encargándose por dos veces del Ministerio de Hacienda (en 1873 y 1874). A él se deben medidas como la Ley de Bases de Ferrocarriles (1870) o el monopolio de emisión de billetes del Banco de España (1874). Siguió fiel a sus ideales republicanos tras el pronunciamiento de Martínez Campos* que restauró la Monarquía (1874). No obstante, participó como diputado en las Cortes monárquicas de 1876, a fin de poder defender su gestión de las críticas de los conservadores. Luego participó con Martos y Salmerón* en la fundación del Partido Republicano Progresista (1880) y, finalmente, aceptó entrar en la política del régimen de la Restauración, formando parte del ala izquierda del Partido Liberal de Sagasta*. Fue en su época un hombre de inmenso prestigio, presidente del Ateneo de Madrid (1888),

director de la Real Academia Española (1896), senador vitalicio (1900) y dos veces presidente de la Academia de Ciencias Exactas, Físicas y Naturales (1894-96 y 1901-16). Fue también autor dramático, con gran éxito entre el público de la época, aunque desprovisto de valores literarios visto desde nuestros días; no obstante, en 1904 la Academia sueca le concedió el Premio Nobel de Literatura, decisión que escandalizó a las vanguardias literarias españolas y, en particular, a los escritores de la generación del 98. En virtud de su prestigio fue llamado nuevamente a la cartera de Hacienda en un gobierno presidido por Montero Ríos (1905).

EDEN, Robert Anthony (conde de Avon) Político conservador inglés (Windlestone Hall, Durham, 1897 - Alvediston, Wiltshire, 1977). Procedía de una familia de clase alta, que le proporcionó una educación elitista en Eton y Oxford. Desde que decidió dedicarse a la política en 1923, fue elegido diputado del Partido Conservador por el distrito de Warwick y Leamington, escaño que guardaría durante toda su vida parlamentaria. Ocupó diversos cargos políticos relacionados con la política exterior; pero en 1938 dimitió como secretario de Asuntos Exteriores por su desacuerdo con la política de apaciguamiento que seguía Chamberlain* frente a Hitler*. En consecuencia, fue llamado de nuevo cuando llegó Churchill* al gobierno, pues ambos coincidían acerca de la amenaza que representaba la Alemania nazi (1939). A lo largo de la Segunda Guerra Mundial (1939-45) sirvió como secretario para los Dominios, secretario de Guerra, secretario de Asuntos Exteriores y portavoz parlamentario. Churchill le promovió como su sucesor en la jefatura del partido al acabar la guerra y resultar derrotado en las elecciones por los laboristas de Attlee* (1945). Asumió, pues, el papel de líder de la oposición hasta que, tras la victoria electoral conservadora de 1951, entró como ministro de Exteriores en un nuevo gobierno presidido por Churchill, con cuya sobrina se casó al año siguiente. Al retirarse Churchill en 1955, asumió el cargo de primer ministro. Durante su breve paso por el poder hubo de hacer frente a la llamada «crisis de Suez», desencadenada en 1956 al nacionalizar el presidente egipcio Nasser* el canal de Suez, cuya propiedad compartían británicos y franceses. Eden reaccionó enviando una fuerza militar franco-británica, que hubo de retirar ante las críticas internacionales generalizadas. Después de aquel fracaso, que marcaría profundamente la acción exterior de Gran Bretaña en lo sucesivo, se vio obligado a dimitir y se retiró de la política en 1957, acuciado por su mala salud.

EDISON, Thomas Alva Inventor estadounidense (Milan, Ohio, 1847 - West Orange, Nueva Jersey, 1931). Apenas recibió enseñanza escolar, pues sus profesores le consideraron un niño retrasado. Se dedicó por su cuenta a inventar objetos útiles y comercializables, como máquinas para contar automáticamente votos o cotizaciones de bolsa. Convertido en un hombre rico y famoso, creó en Nueva Jersey un laboratorio donde empleó a un equipo de investigadores, modelo de los posteriores departamentos de investigación de las compañías industriales. De él salieron más de mil inventos patentados, algunos de enorme trascendencia social, como el fonógrafo (1877) y la bombilla eléctrica (1879). También aportó perfeccionamientos técnicos relevantes al cine, el telégrafo y la máquina de escribir. Y descubrió algunos fenómenos importantes para la ciencia, como el llamado «efecto Edison», consistente en la transmisión eléctrica entre dos hilos que no están en contacto (fundamental para el posterior desarrollo de la electrónica). En 1882 fundó en Nueva York la primera compañía distribuidora de corriente eléctrica para el alumbrado doméstico (origen de la General Electric), con lo que abrió el camino para el uso masivo de la energía eléctrica en los hogares.

EDMUNDO DE LANGLEY, Duque de York. V. YORK, Casa de.

EDUARDO I de Inglaterra. V. PLANTAGENET, Casa de.

EDUARDO II de Inglaterra. V. PLANTAGENET, Casa de.

EDUARDO III de Inglaterra. V. PLANTAGENET, Casa de.

EDUARDO IV de Inglaterra. V. YORK, Casa de.

EDUARDO V de Inglaterra. V. YORK, Casa de.

EDUARDO VI de Inglaterra. V. TUDOR, Casa de.

EDUARDO VII de Gran Bretaña. V. HANNOVER, Casa de.

EDUARDO VIII Rey de Gran Bretaña e Irlanda (Londres, 1894 - Neuilly, Francia, 1972). Sucedió a su padre, Jorge V*, en enero de 1936. Su reinado, sin embargo, iba a ser muy breve, debido al romance que mantenía desde 1934 con Wallis W. Simpson, una multimillonaria americana divorciada. El anuncio por el rey de su intención de casarse con la señora Simpson le enfrentó con el primer ministro Baldwin*, quien expresaba los prejuicios de la época al considerar inadmisible tal matrimonio morganático. Eduardo fue obligado a abdicar en diciembre en favor de su hermano, Jorge VI, quedándole a él el título de duque de Windsor; en 1937 se casó por fin con Wallis Simpson. Sus simpatías por la Alemania nazi comenzaron a manifestarse entonces sin disimulos, canalizando el despecho que sentía hacia los medios oficiales británicos por el menosprecio recibido (por ejemplo, al no conceder a la señora Simpson el tratamiento de «Alteza Real»). Realizó un viaje a Alemania, en donde fue calurosamente acogido por Hitler*; al estallar la Segunda Guerra Mundial (1939), se dedicó a dar discursos criticando la actitud británica y defendiendo a los nazis; aceptó el plan alemán para reponerle en el Trono si conseguían derrotar a Inglaterra; e incluso espió para Alemania, suministrándole información sobre la reacción británica en caso de invadir Bélgica. Los duques de Windsor eligieron para pasar la guerra las dictaduras del sur de Europa: la España de Franco* primero, y el Portugal de Salazar*, después. Churchill* consiguió apartarlos de la escena política enviando a Eduardo a gobernar las Bahamas (1940-45); acabada la guerra, se estableció en París hasta su muerte.

EINSTEIN, Albert Científico creador de la teoría de la relatividad (Ulm, Alemania, 1879 - Princeton, Nueva Jersey, 1955). Nacido en una familia judía alemana, estudió en Italia y en Suiza, siendo en este último país (cuya nacionalidad adoptó en 1900) en donde realmente se formó como científico (se doctoró en la Universidad de Zúrich en 1905). En aquel mismo año, en medio de grandes dificultades para abrirse camino en el mundo académico, publicó ya tres importantes trabajos sobre el movimiento browniano, la teoría especial o restringida de la relatividad y el efecto fotoeléctrico. Sus ideas desataron grandes controversias y proporcionaron a su autor un prestigio no exento de críticas; ello le permitió integrarse en el mundo científico alemán, pues fue admitido en la Academia de Ciencias de Prusia y obtuvo una cátedra en la Universidad de Berlín, además de la dirección del Instituto de Física *Kaiser Wilhelm*. Esta situación le permitió dedicarse por entero a la investigación, completando su obra con la formulación de la teoría general de la relatividad en 1916. Sus méritos fueron recompensados con el Premio Nobel en 1921. Sin embargo, cuando Hitler* llegó al poder en 1933, Einstein tuvo que huir de las persecuciones desatadas por los nazis contra los judíos alemanes. Emigró entonces a Estados Unidos, instalándose para continuar su trabajo en el Institute for Advanced Studies de Princeton (y nacionalizándose estadounidense en 1940).

Curiosamente, el Premio Nobel se le concedió principalmente por sus trabajos sobre el efecto fotoeléctrico, una parte menor de sus aportaciones a la ciencia, aunque más fácilmente asimilable que las teorías de la relatividad y, en todo caso, suficiente para justificar la obtención del premio y la trascendencia histórica del personaje. Dichos trabajos, en los que defendía la existencia de fotones o partículas de luz, constituyeron una aportación relevante a la teoría cuántica lanzada por Planck*.

En cuanto a la teoría de la relatividad, base de la física actual, está considerada como una de las más perfectas teorías científicas jamás enunciadas, pues, además de su sencillez y su elegancia matemática, ha resistido hasta el momento el contraste experimental, sin que puedan señalársele excepciones. Consiste en una formulación matemática rigurosa de la relatividad de las observaciones científicas, basada en una nueva concepción del tiempo y del espacio. A partir de la aceptación de las teorías de la relatividad, la ciencia ha abandonado la anterior creencia en un tiempo y un espacio absolutos independientes de la subjetividad del observador. Entre las conclusiones de dichas teorías se encuentra también una nueva forma de concebir la materia y la energía, condensada en la fórmula: $E = mc^2$ (donde E es la energía, m la masa y c la velocidad de la luz). Las consecuencias de esta fórmula (la posibilidad de obtener una gran cantidad de energía a partir de la transformación de una pequeña cantidad de materia) permitieron el desarrollo de la energía nuclear, que debe, por tanto, a Einstein su fundamentación científica. De hecho, el propio Einstein escribió al presidente norteamericano Franklin Roosevelt* en 1939, hablándole de los posibles usos militares de la energía atómica y tratando de convencerle de la necesidad de que Estados Unidos se anticipara en ese terreno a la Alemania nazi. Probablemente influyó en la decisión del presidente de impulsar el Proyecto Manhattan, que daría lugar a las primeras bombas atómicas lanzadas por los norteamericanos sobre Hiroshima y Nagasaki, que pusieron fin a la Segunda Guerra Mundial (1945). No obstante, Einstein fue un pacifista muy activo, preocupado por las realidades sociales y políticas de su tiempo; fue un demócrata convencido, enemigo de las dictaduras y defensor de la causa sionista.

EISENHOWER, Dwight David *(Ike)* 34.º presidente de Estados Unidos de América (Denison, Texas, 1890 - Washington D. C., 1969). Hijo de una modesta familia rural de Kansas, recibió una educación religiosa y disciplinada. Estudió en la academia militar de West Point, en la que entró como becario gracias a sus brillantes calificaciones (1911). Tras graduarse en 1915, fue destinado a puestos de organización y oficinas que le mantuvieron alejado de los campos de batalla de la Primera Guerra Mundial. En los años treinta sirvió como asistente del general MacArthur* en Filipinas. Pero fue con el estallido de la Segunda Guerra Mundial (1939) y el consiguiente crecimiento del ejército americano, cuando Eisenhower obtuvo su primer empleo con mando sobre tropas, demostrando cualidades que le valieron el ascenso a general (1941). La confianza que inspiró al jefe del Estado Mayor, George Marshall*, hizo que fuera nombrado comandante en jefe de la operación de desembarco en el norte de África de británicos y norteamericanos *(Operación Torch,* 1942). A pesar de los errores y problemas de aquella operación, el Magreb quedó en manos de los aliados y Eisenhower conservó el mando. Desde aquella base se le encomendó el primer asalto de los aliados al continente europeo, supervisando la invasión de Sicilia y la posterior campaña de Italia.

Pero la principal acción militar de la carrera de Eisenhower fue el mando sobre el desembarco de Normandía, destinado a abrir definitivamente un frente occidental hacia el corazón de la Alemania nazi *(Operación Overlord,* 1944). El éxito de aquella arriesgada y compleja operación de desembarco masivo contribuyó a acelerar el final de la guerra y proporcionó a su responsable prestigio y popularidad. Apoyado en la superioridad numérica y armamentística de sus tropas (reflejo de la capacidad industrial de Estados Unidos), Eisenhower dirigió la ofensiva final victoriosa contra el Tercer *Reich* a través de Francia y de la misma Alemania, hasta el encuentro en el río Elba con las tropas de los aliados soviéticos que venían avanzando desde el este (1945). Recibió entonces la rendición incondicional del ejército alemán y sirvió brevemente como comandante en jefe de las tropas de ocupación estadounidenses en Alemania. Luego sucedió a Marshall como jefe del Estado Mayor y organizó desde ese cargo la desmovilización del enorme ejército que había combatido en la Segunda Guerra Mundial. Tras un breve periodo como presidente de la Universidad de Columbia de Nueva York (1948-51), volvió al ejército como comandante supremo de las fuerzas de la OTAN.

La popularidad que le había dado la victoria militar aliada sobre Alemania hizo a Eisenhower objeto de invitaciones para entrar en política desde el mismo final de la guerra. Inicialmente las rechazó todas, aludiendo al apoliticismo del ejército y a la neutralidad que debe mantener el político profesional. Pero, tras la inesperada victoria electoral de Truman* en 1948, sus convicciones conservadoras se impusieron y aceptó asumir la candidatura republicana para la presidencia en los siguientes comicios y así contribuir a frenar la extensión del Estado de bienestar que venían impulsando los demócratas desde tiempos de F. D. Roosevelt*; al mismo tiempo esperaba poder combatir las tendencias aislacionistas que dominaban el Partido Republicano en materia de política exterior. Con Nixon* como vicepresidente, *Ike* ganó las elecciones de 1952 y 1956 sin grandes dificultades. Durante sus dos mandatos como presidente (1953-61) se mostró moderadamente conservador: detuvo el crecimiento del sector público y del Estado de bienestar, pero no desmontó las grandes reformas sociales iniciadas por Roosevelt; se esforzó por equilibrar el presupuesto con medidas de austeridad generalizadas, que no impidieron la realización de grandes obras públicas, como el sistema de autopistas interestatales o la conexión fluvial de los Grandes Lagos con el océano Atlántico. Aunque no era un luchador antirracista, llevó la defensa de los principios constitucionales y de las sentencias del Tribunal Supremo hasta el punto de ordenar la intervención de tropas federales contra la segregación racial en las escuelas de Arkansas (1957).

Pero sus retos principales procedían de la política internacional, dominada en aquellos años por la «guerra fría» que enfrentaba a los Estados Unidos con la Unión Soviética a escala mundial. Eisenhower decidió compensar la reducción del presupuesto militar con un sistema de defensa que descansaría cada vez más sobre las armas nucleares; y trató de fortalecer sus posiciones aceptando como aliado a cualquier país dispuesto a participar en la lucha contra el comunismo (caso de la España de Franco*, con la que firmó varios tratados en 1953-59). Entre sus éxitos más significativos hay que destacar la victoria en la Guerra de Corea en 1953 y las conversaciones con la Unión Soviética de Jruschov*. Eisenhower fue el primer presidente afectado por la 22.ª enmienda de la Constitución, que le impidió presentarse para un tercer mandato; en las elecciones de 1960, su vicepresidente Nixon sería derrotado por el candidato demócrata John F. Kennedy*. *Ike* se despidió del cargo con un discurso en el cual advertía al país sobre el excesivo peso que el «complejo militar-industrial» tenía sobre la política nacional. Luego se retiró a Pennsylvania hasta que una serie de ataques cardiacos acabaron con su vida.

ELAC. V. **ATILA.**

ELCANO, Juan Sebastián Navegante español que completó la primera vuelta al mundo (Guetaria, Guipúzcoa, 1476 - océano Pacífico, 1526). Las primeras noticias que se tienen de él le presentan como un marino vasco con amplios conocimientos náuticos, que participó en la expedición de Cisneros* a Argel (1509) y en las campañas de Italia del Gran Capitán*. En 1518 conoció en Sevilla al navegante portugués Magallanes*, que preparaba una expedición al servicio de España para buscar la ruta a las Indias navegando hacia el Oeste. Elcano se enroló en la expedición, que partió de Sanlúcar de Barrameda en 1519 y exploró el Río de la Plata y la Patagonia; allí ayudó Elcano a sofocar un primer motín, pero participó en un segundo intento contra Magallanes, el cual le perdonó la vida, sea por no hallarle culpable o por considerarle imprescindible para continuar el viaje (1520). Con Elcano reducido a un papel secundario, la expedición descubrió el paso del Atlántico al Pacífico por el sur del continente americano, así como las islas Marianas y las Filipinas. Cuando Magallanes murió en un combate con los indígenas de las isla filipina de Mactam (1521) la expedición quedó bajo el mando, sucesivamente, de varios de sus capitanes que se disputaban el poder, mientras continuaban explorando las islas, entablando relaciones con los jefes locales y buscando denodadamente la ruta a las Molucas.

Finalmente, un triunvirato encabezado por Elcano se hizo con el mando de lo que quedaba de la flota, argumentando que los jefes portugueses (incluido Magallanes) habían eludido a propósito las Molucas para no perjudicar a Portugal, que poseía el lucrativo monopolio del comercio de las especias navegando hasta aquellas islas alrededor de África y a través del océano Índico (1521). Tras alcanzar las Molucas y establecer tratados con los príncipes nativos, adquirieron un cargamento de especias y se dispusieron a regresar. Sin embargo, una avería en una de las dos naos que quedaban hizo que la expedición se separara: la nao averiada se quedaría en las Molucas hasta su reparación y regresaría a tierras españolas de América cruzando el Pacífico; mientras que Elcano regresaría con la nao *Victoria* a la Península por la ruta portuguesa. Este último viaje fue una hazaña difícil y peligrosa, pues a las dificultades propiamente marítimas (como la de doblar el cabo de Buena Esperanza) se añadía la necesidad de cruzar el Índico y bordear el continente africano sin hacer escalas, por miedo a ser capturados por los portugueses, que ya habían enviado una flota para hacer fracasar el empeño de Magallanes. Elcano consiguió dominar la impaciencia de la tripulación, ansiosa de bajar a tierra desde que pasaran ante las costas de Mozambique; pero la falta de víveres le obligó finalmente a repostar en las islas de Cabo Verde, donde varios tripulantes fueron apresados por el gobernador portugués y el resto hubieron de huir apresuradamente. Allí descubrió Elcano que en su cuenta del tiempo llevaban un día de menos, consecuencia de haber dado una vuelta completa al mundo. Por fin, la expedición llegó a Sanlúcar de Barrameda en 1522, con sólo 18 hombres de los 265 que habían partido de allí mismo tres años antes.

El emperador Carlos V* recibió a Elcano en audiencia, aunque no fue muy generoso en las recompensas por su hazaña. Su viaje constituyó un éxito, tanto desde el punto de vista geográfico (pues confirmaba experimentalmente la esfericidad de la Tierra) como económico (ya que la venta de las mercancías en Amberes sufragó sobradamente los costes de la expedición). Las expectativas de negocio así abiertas hicieron que se fundara en La Coruña una nueva Casa de Contratación destinada a especializarse en el comercio de las especias. Desde allí salió una segunda expedición, costeada por los Fugger* y mandada por Loaisa (un aristócrata, para evitar nuevos problemas de insubordinación); Elcano viajaba, a pesar de sus protestas, como piloto mayor. Pero aquella expedición, que salió de La Coruña en 1525, fracasó por la muerte de Loaisa y de Elcano sucesivamente (1526).

EL-WALID I. V. OMEYA, **Dinastía.**

ELTSIN, Boris. V. YELTSIN, **Boris Nicolaiévich.**

EMPECINADO, El (Juan Martín Díaz) Guerrillero español (Castrillo de Duero, Valladolid, 1775 - Roa, Burgos, 1825). Este hijo de un labrador acomodado de Castilla tenía experiencia como soldado desde que combatió contra la Francia de la Convención en la Guerra del Rosellón (1792-95). Posteriormente, su animadversión contra los franceses le llevó a realizar alguna operación de sabotaje en la época en que Francia era aliada de España. Tras el levantamiento popular de 1808, con el que dio comienzo la Guerra de la Independencia, se unió a las fuerzas del general Cuesta, vencidas por los franceses en las batallas de Cabezón y Medina de Rioseco. Tras la derrota del ejército regular, y consciente de la dificultad de vencer al poderoso ejército napoleónico en campo abierto, organizó partidas de guerrilleros que hostigaron continuamente a los franceses con pequeñas acciones rápidas que dificultaban las comunicaciones; amparándose en el conocimiento del terreno y en la movilidad de pequeñas partidas irregulares, sostuvo una guerra de desgaste penosa para el ejército napoleónico, que mantuvo abierta la «guerra peninsular» hasta 1814. *El Empecinado* (apodo que recibían los vecinos de su pueblo natal) organizó diversas partidas por las actuales provincias de Valladolid, Burgos, Segovia, Guadalajara y Cuenca, como la «Partida de descubridores de Castilla la Vieja», los «Tiradores de Sigüenza» o los «Voluntarios de Guadalajara», hasta un total de unos diez mil hombres; sus acciones se extendieron ocasionalmente hasta la costa mediterránea y la frontera portuguesa, y estuvieron coordinadas con la ofensiva inglesa mandada por Wellington*. Los franceses intentaron infructuosamente capturarle, encargando de ello al general Joseph Leopold Hugo, que tenía experiencia en la lucha contra la guerrilla en la Vendée y en los Abruzzos italianos. *El Empecinado* se convirtió en un héroe mítico en la imaginación del pueblo que sufría la ocupación francesa; la Junta Central y la Regencia le reconocieron sus méritos concediéndole el grado de general. Pero cuando, derrotados los franceses, recuperó el Trono Fernando VII* y éste restauró el absolutismo monárquico rechazando la obra de las Cortes de Cádiz, *El Empecinado* se declaró partidario del liberalismo y reclamó al rey que aceptara la Constitución. Lejos de ello, Fernando VII le confinó en Valladolid. Cuando la Constitución volvió a ser puesta en vigor tras el pronunciamiento de Riego* (1820), se le encomendaron al antiguo guerrillero cargos de responsabilidad en la Administración liberal (gobernador militar de Zamora, segundo jefe de la Capitanía General de Castilla la Vieja). Participó en la resistencia contra la nueva invasión francesa de los «Cien mil hijos de San Luis», que en 1823 vinieron a acabar con la experiencia liberal en España. Tras la derrota se exilió brevemente en Portugal, de donde regresó aquel mismo año para ser detenido y encarcelado en el castillo de Roa. Allí fue sometido a un trato denigrante por los Voluntarios Realistas hasta que, después de una farsa de juicio fue condenado a muerte y ejecutado por expreso deseo del rey.

ENGELS, Friedrich Pensador y dirigente socialista alemán (Barmen, Renania, 1820 - Londres, 1895). Nació en una familia acomodada, conservadora y religiosa, propietaria de fábricas textiles. Sin embargo, desde su paso por la Universidad de Berlín (1841-42) se interesó por los movimientos revolucionarios de la época: se relacionó con los hegelianos de izquierda y con el movimiento de la Joven Alemania. Enviado a Inglaterra al frente de los negocios familiares, conoció las míseras condiciones de vida de los trabajadores de la primera potencia industrial del mundo; más tarde plasmaría sus observaciones en su libro *La situación de la clase obrera en Inglaterra* (1845). En 1844 se adhirió definitivamente al socialismo y entabló una duradera amistad con Karl Marx*. En lo sucesivo, ambos pensadores colaborarían estrechamente, publicando juntos obras como *La Sagrada Familia* (1844), *La ideología alemana* (1844-46) y el *Manifiesto Comunista* (1848). Aunque corresponde a Marx la primacía en el liderazgo socialista, Engels ejerció una gran influencia sobre él: le acercó al conocimiento del movimiento obrero inglés y atrajo su atención hacia la crítica de la teoría económica clásica. Fue también él quien, gracias a la desahogada situación económica de la que disfrutaba como empresario, aportó a Marx la ayuda económica necesaria para mantenerse y escribir *El Capital;* e incluso publicó los dos últimos tomos de la obra después de la muerte de su amigo.

Pero Engels tuvo también un protagonismo propio como teórico y activista del socialismo, a pesar de lo contradictoria que resultaba su doble condición de empresario y revolucionario: participó personalmente en la revolución alemana de 1848-50; fue secretario de la primera Internacional obrera (la AIT) desde 1870; y publicó escritos tan relevantes como *Socialismo utópico y socialismo científico* (1882), *El origen de la familia, la propiedad privada y el Estado* (1884) o *Ludwig Feuerbach y el fin de la filosofía clásica alemana* (1888). Tras la muerte de Marx en 1883, Engels se convirtió en el líder indiscutido de la socialdemocracia alemana, de la segunda Internacional y del socialismo mundial, salvaguardando lo esencial de la ideología marxista, a la que él mismo había aportado matices relativos a la desaparición futura del Estado, a la dialéctica y a las complejas relaciones entre la infraestructura económica y las superestructuras políticas, jurídicas y culturales. No obstante, en los últimos años de su vida se alejó de sus primitivas concepciones revolucionarias y abrió la puerta a un socialismo más reformista, vía que seguiría después de la muerte de Engels su colaborador Eduard Bernstein* y que acabaría por imponerse entre los socialdemócratas.

ENRIQUE, el Navegante Infante de Portugal (Oporto, 1394 - Sagres, 1460). Era el cuarto hijo del rey Juan I. Desde joven mostró un gran interés por las matemáticas, la astronomía, la navegación y la geografía, entregándose a la misión de explorar el continente africano y evangelizar a sus poblaciones. Para ello fundó cerca del cabo San Vicente (Algarve) la llamada Villa do Infante (puerto de Sagres), una especie de escuela de cartografía y navegación con su propio observatorio astronómico. Desde allí dirigió las expediciones portuguesas que exploraron la costa africana a partir de la conquista de Ceuta (1415) y hasta el descubrimiento de Guinea (1446). A él se debe la colonización portuguesa de las islas de Madeira (1419-20), Azores (1431) y Cabo Verde (1444). A partir de las expediciones de

Diego Gomes (1456-60) el infante y su entorno lanzaron la idea de abrir una nueva ruta hacia las Indias rodeando toda África, a fin de evitar el paso por el Mediterráneo oriental, dominado por los turcos. Aunque don Enrique murió antes de que Bartolomeu Dias* y Vasco da Gama* hicieran realidad aquellos proyectos en 1487-98, fue él quien impulsó los inicios de la expansión colonial portuguesa, abriendo para toda Europa la era de los descubrimientos.

ENRIQUE II de Castilla, *el de las Mercedes* Rey de Castilla, primero de la casa de Trastámara* (Sevilla, 1333/34 - Santo Domingo de la Calzada, Rioja, 1379). Era hijo bastardo de Alfonso XI, aunque había sido adoptado por Rodrigo Álvarez, conde de Trastámara, de quien tomará nombre la dinastía que inauguró. Durante todo el reinado de su hermano paterno, Pedro I *el Cruel**, mostró una actitud levantisca: se sublevó en Asturias en 1352 y de nuevo en Ciudad Rodrigo en 1354. Derrotado, huyó a Francia y a Aragón, estableciendo alianzas con sus reyes respectivos. Apoyado por ambos en sus pretensiones al Trono castellano, en 1366 encabezó una nueva rebelión nobiliaria; entró en Castilla secundado por las «Compañías» de Bertrand Du Guesclin* y se autoproclamó rey en Calahorra. Pedro I recurrió al auxilio de tropas inglesas y derrotó al pretendiente en la batalla de Nájera (1367). Pero, tan pronto como los ingleses abandonaron Castilla, Enrique recuperó la iniciativa militar, puso cerco a Toledo y derrotó a las tropas reales en Montiel. Sitiado don Pedro en el castillo de Montiel, intentó parlamentar con su hermano y cayó en la trampa que éste le tendió; con ayuda de Du Guesclin, Enrique asesinó a Pedro y liquidó así la disputa por el Trono (1369). El afianzamiento en el Trono resultó difícil, ya que el nuevo rey sólo contaba con el apoyo de Francia, mientras que debía defenderse de los ataques de Inglaterra, Portugal, Navarra y Aragón; regiones enteras —como Galicia, Zamora, Ciudad Rodrigo o Carmona— quedaban fuera de su control, fieles a la memoria del rey asesinado. La alianza con el rey francés explica la intervención de Castilla en la Guerra de los Cien Años, e incluso puede interpretarse la instauración de los Trastámara en el Trono castellano como un capítulo más de aquella guerra anglo-francesa: Francia aspiraba a controlar la flota castellana para cortar las comunicaciones inglesas, mientras que Inglaterra buscaba la neutralización de dicha flota. En consecuencia, Enrique hubo de proseguir una guerra exterior después de ganar la guerra civil, lanzando primero sus fuerzas contra Portugal; tras ocupar Braganza impuso a Fernando I de Portugal la Paz de Alcoutim (1371). Luego se enfrentó a Inglaterra, a la que derrotó en la batalla naval de La Rochela (1372). Ante el resurgimiento de la amenaza portuguesa, ocupó Almeida y Viseo y bloqueó el puerto de Lisboa, hasta que Fernando firmó el Tratado de Santarem (1373), por el que Portugal prestaría su flota al bando franco-castellano. Más tarde volvió sus armas contra Navarra, a cuyo rey venció e impuso la Paz de Briones (1373). Y por último, se dirigió contra Pedro IV de Aragón*, al que también derrotó e hizo firmar la Paz de Almazán (1375). Por cada uno de estos tres tratados de paz, Enrique II estableció alianzas matrimoniales entre sus hijos y los de los reyes de Portugal, Navarra y Aragón, iniciando así el afianzamiento y la expansión de su dinastía.

En el interior, Enrique hubo de impulsar la reconstrucción del país, dañado por la guerra civil. Su enérgica acción exterior libró al territorio castellano de las amenazas bélicas que se cernían sobre él, facilitando dicha reconstrucción. Mas para facilitar la recuperación de las economías nobiliarias y ganarse el apoyo de las grandes casas, Enrique tuvo que hacer a éstas donaciones masivas de privilegios, bienes y rentas (las llamadas «mercedes enriqueñas»). Este ritmo de concesión de mercedes le obligó a convocar Cortes con mucha frecuencia (Toro, 1371; Burgos, 1373 y 1377...). Al final del reinado se vio obligado a ocuparse de nuevo de las guerras exteriores, por el ataque combinado de Inglaterra y de Navarra (1377); contuvo el ataque sobre Soria y firmó con Navarra la Paz de Santo Domingo de la Calzada (1379), poco antes de morir. Asentada ya la dinastía, le sucedió en el Trono su hijo Juan I*.

ENRIQUE II de Francia Rey de Francia, perteneciente a la Casa de Valois* (Saint-Germain-en-Laye, 1519 - París, 1559). Heredó el Trono de su padre, Francisco I*, en 1547, y continuó su política de lucha contra el poder de los Habsburgo*; para ello no dudó en fortalecer la alianza francesa con los turcos y en aliarse con los príncipes protestantes rebeldes del Imperio, si bien en el interior de su reino combatió a los protestantes franceses (los hugonotes). Las victorias que obtuvo inicialmente contra Carlos V* llevaron a firmar la tregua de los cinco años (1556), que el propio Enrique rompió al año siguiente, dividida ya la herencia de los Habsburgo entre Felipe II* de España y Fernando I de Austria. Derrotado por los españoles en la batalla de San Quintín (1557) y Gravelinas (1558), hubo de firmar la Paz de Cateau-Cambrésis (1559), por la que Francia perdía parte de sus conquistas en el norte y en el este, Córcega, Monferrato, Saboya y Piamonte, y renunciaba a intervenir en Italia. Frente al otro enemigo exterior, Inglaterra, Enrique consiguió avances más duraderos, como la recuperación de Boulogne (1552) y de Calais (1558). En lo interior, el reinado de Enrique II se caracterizó por un reforzamiento del poder real, con la institución del Consejo de los Negocios, cuatro Secretarías de Estado y nuevos tribunales provinciales. Llevó la lucha contra los hugonotes hasta el punto de decretar la pena de muerte para quienes practicaran clandestinamente el culto calvinista. Su matrimonio con Catalina de Médicis* le proporcionó diez hijos, tres de los cuales se sucederían en el Trono de Francia (Francisco II, Carlos IX* y Enrique III), tras la crisis desencadenada al morir el rey por las heridas recibidas en un torneo.

ENRIQUE II de Inglaterra Rey de Inglaterra, primero de la dinastía Plantagenet* (Le Mans, Francia, 1133 - Chinon, 1189). Era hijo de Godofredo V de Anjou y de Matilde, hija y heredera de Enrique I de Inglaterra. Al morir su abuelo en 1135, el Trono fue usurpado por Esteban de Blois (nieto de Guillermo I, *el Conquistador**) y se abrió una guerra civil (1139-53), que terminó cuando Esteban reconoció como sucesor al hijo de Matilde, Enrique II. Accedió, pues, al Trono, al morir Esteban en 1554, reuniendo bajo su dominio, además de Inglaterra, los feudos franceses de Normandía, Bretaña, Maine, Turena y Anjou, a los que añadió Aquitania por su matrimonio con Leonor de Aquitania* (1152). Impulsó la conquista de las islas Británicas bajo dominio inglés, sometiendo Escocia y Gales e iniciando la conquista de Irlanda (1171).

El reinado de Enrique II se caracterizó por un reforzamiento del poder real, en lucha incesante contra los señores feudales y la Iglesia. Reorganizó la administración real en un sentido centralizador, implantando un sistema de inspectores reales itinerantes. Creó un Tribunal del Rey central y cinco tribunales permanentes con normas procesales establecidas, así como un sistema de jurados de elección popular. Impulsó el desarrollo del derecho común y de un ejército permanente *(Assize of Arms,* 1181). En su proceso de centralización del poder promulgó las Constituciones de Clarendon (1164), por las que reforzaba la jurisdicción real en detrimento de los tribunales feudales y eclesiásticos. Ello le hizo entrar en conflicto con el papa y con su propio canciller, el arzobispo de Canterbury Thomas Becket*; a pesar de la amistad que había existido entre los dos, el rey hizo asesinar a Becket en su catedral en 1170. Arrepentido de aquel acto, Enrique acabó retirando las Constituciones de Clarendon (1172), pidió públicamente disculpas a la Iglesia e hizo penitencia sobre la tumba del arzobispo asesinado (1174), que había sido canonizado un año antes. Por esa época hubo de hacer frente a la rebelión de sus propios hijos, incitados por la reina Leonor y por el rey de Francia, Luis VII.

ENRIQUE II DE ALBRET, rey de Navarra. V. ALBRET, Casa de.

ENRIQUE III de Castilla, *el Doliente.* V. TRASTÁMARA, Casa de.

ENRIQUE III de Francia. V. VALOIS, Casa de.

ENRIQUE III de Inglaterra. V. PLANTAGENET, Casa de.

ENRIQUE IV de Castilla, *el Impotente.* V. TRASTÁMARA, Casa de.

ENRIQUE IV de Francia y Navarra Rey de Francia, primero de la dinastía de Borbón* (Pau, 1553 - París, 1610). Hijo de Antonio de Borbón y de la reina de Navarra, Juana de Albret*, fue educado en la religión calvinista. Combatió en el bando hugonote (protestante) durante la tercera guerra de religión francesa, al final de la cual se decidió su matrimonio con la hermana de Carlos IX* como signo de reconciliación entre católicos y protestantes (paz de Saint-Germain, 1570). Una semana después del casamiento (1572), los extremistas católicos rompieron todo entendimiento organizando la matanza de hugonotes conocida como la «Noche de San Bartolomé». Para salvar la vida, Enrique tuvo que convertirse oficialmente al catolicismo; pero en 1576 consiguió escapar de la corte y, declarando de nuevo su profesión de fe calvinista, se puso al frente del ejército protestante. Desde 1584 la muerte del hermano del rey convirtió a Enrique en heredero del Trono francés, perspectiva inaceptable para el partido católico (la «Liga»). La muerte de Enrique III en 1589 hizo recaer la Corona sobre la cabeza de Enrique de Navarra; pero sólo fue aceptado por los hugonotes, mientras continuaba la guerra civil, con victorias significativas para los protestantes en las batallas de Coutras (1587), Arques (1589) e Ivry (1590). La intervención en los asuntos franceses de Felipe II* de España (Alejandro Farnesio* había impedido a los hugonotes tomar París) dividió a los partidarios de la Liga católica, facilitando finalmente a Enrique el acceso de hecho al Trono, con tal de abjurar del protestantismo; en un acto de realismo político, dio ese paso en 1593 (momento en que se le atribuye la célebre frase «París bien vale una misa», seguramente apócrifa). Fue coronado e hizo su entrada en París en 1594, aunque tuvo que sostener combates hasta 1598 para acabar con los últimos reductos de la Liga y para rechazar los ataques españoles. La tolerancia religiosa decretada por el Edicto de Nantes (1598) fue acompañada del reconocimiento del catolicismo como religión del Estado y de una política de reconciliación basada en la renuncia a toda revancha o depuración; con ello pacificó el país y consolidó el Trono. Su reinado se caracterizó por el fortalecimiento de la autoridad absoluta de la Corona (en la línea preconizada por los escritos de Bodino*): dejó de convocar los Estados Generales, redujo la influencia de los parlamentos e introdujo la venalidad de los cargos. Murió asesinado por un fanático católico en las calles de París.

Enrique IV de Inglaterra. V. **Lancaster, Casa de.**

Enrique V de Inglaterra. V. **Lancaster, Casa de.**

Enrique VI de Alemania. V. **Hohenstaufen, Dinastía.**

Enrique VI de Inglaterra. V. **Lancaster, Casa de.**

Enrique VII de Alemania. V. **Hohenstaufen, Dinastía.**

Enrique VII de Inglaterra. V. **Tudor, Casa de.**

Enrique VIII de Inglaterra Rey de Inglaterra, perteneciente a la dinastía Tudor* (Greenwich, 1491 - Westminster, 1547). Sucedió a su padre, Enrique VII, en 1509. Este príncipe culto e inteligente empleó su brillantez contra la reforma protestante lanzada por Lutero* en 1520, mostrándose enérgico «defensor de la fe» católica (título que le dio el papa León X por el *Tratado de los siete sacramentos* que escribió en 1521). Pero esta situación cambiaría a raíz del conflicto desatado con la Iglesia por el problema sucesorio: el primer matrimonio del rey con la viuda de su hermano, Catalina de Aragón*, no le había dado herederos varones, por lo que Enrique pidió al papa la anulación del matrimonio so pretexto del parentesco previo entre los cónyuges (1527); el papa, prisionero de Carlos V* (que era sobrino de Catalina), negó la anulación y Enrique decidió romper con Roma, aconsejado por Thomas Cranmer y Thomas Cromwell. Se armó de argumentos recabando de diversas universidades europeas dictámenes favorables a su divorcio (1529); y aprovechó el descontento reinante entre el clero secular inglés por la excesiva fiscalidad papal y por la acumulación de riquezas en manos de las órdenes religiosas para hacerse reconocer jefe de la Iglesia de Inglaterra (1531). En 1533 hizo que Cranmer (a quien había nombrado arzobispo de Canterbury) anulara su primer matrimonio y coronara reina a su amante Ana Bolena*, dama de honor de Catalina, con quien se había casado en secreto. El papa Clemente VIII respondió con la excomunión del rey, a la que Enrique opuso el cisma de la Iglesia de Inglaterra, aprobado por el Parlamento (*Ley de Supremacía,* 1534). La Iglesia de Inglaterra quedó desligada de la obediencia de Roma y convertida en una Iglesia nacional independiente cuya cabeza era el propio rey, lo cual permitió a la Corona expropiar y vender el patrimonio de los monasterios; los católicos ingleses que permanecieron fieles a Roma fueron perseguidos como traidores (y ejecutado su principal exponente, Tomás Moro*, en 1535). Sin embargo, Enrique VIII no permitió que se pusieran en entredicho los dogmas fundamentales del catolicismo (dictando los «seis artículos» de 1539); aunque no pudo evitar que, después de su muerte, Cranmer realizara la reforma de la Iglesia anglicana que la situó definitivamente en el campo del cristianismo protestante, con la introducción de elementos luteranos y calvinistas.

El segundo matrimonio del rey también acabó de forma desgraciada, pues Enrique se deshizo de Ana Bolena haciéndola ejecutar acusada de adulterio para casarse con una tercera mujer, Juana Seymour (1536). Fallecida ésta de parto al año siguiente, el rey volvió a casarse con Ana de Clèves para fortalecer la alianza de Inglaterra con los protestantes alemanes (1540). La repudió antes de un año para tomar por quinta esposa a Catherine Howard, a la que mandó ejecutar en 1542. Su sexta mujer fue, desde 1543, Catherine Parr, que habría de sobrevivirle. Al morir Enrique VIII le sucedió en el Trono su único hijo varón, Eduardo VI, nacido del matrimonio con Juana Seymour, que contaba sólo nueve años; muerto éste en 1553, se abrió un periodo de reacción católica bajo el reinado de María I*, hija mayor de Enrique VIII (nacida de su matrimonio con Catalina de Aragón). Al morir ésta en 1558, ocupó el Trono otra hija de Enrique VIII, Isabel I* (nacida del matrimonio con Ana Bolena).

El reinado de Enrique VIII se caracterizó por un fortalecimiento de la autoridad real, al someter por entero a la Iglesia; lo que no impidió la consolidación del Parlamento, a la vez como instrumento de la política del rey y como órgano representativo del reino. Inglaterra aumentó su protagonismo en Europa, apoyado por el crecimiento de su marina de guerra y por una política exterior dominada por la búsqueda del equilibrio entre las potencias continentales: primero luchó contra Francia aliándose con Carlos V, pero cuando le pareció que éste alcanzaba un poderío excesivo, se alió contra él al lado de Francisco I* (1525). Otro capítulo importante fueron sus campañas victoriosas contra Escocia en 1512-13 y en 1542-45, que no fueron suficientes para unificar Gran Bretaña bajo su poder.

ENSENADA, Marqués de La (Zenón de Somodevilla y Bengoechea) Político español (Hervías, La Rioja, 1702 - Medina del Campo, Valladolid, 1781). Procedente de una familia de hidalgos, fue incorporado al servicio de la Monarquía por Patiño*, quien le reclutó como oficial del Ministerio de Marina durante la preparación de una expedición a Ceuta (1720). Ascendió progresivamente en la carrera burocrática hasta el puesto de comisario de Marina en El Ferrol (1730). Pero lo que le encumbró políticamente fue su eficaz labor como organizador de la escuadra española destinada a reconquistar Nápoles para el príncipe Carlos (el futuro Carlos III*) durante la Guerra de Sucesión de Polonia (1733); sus servicios fueron premiados con el título de marqués de La Ensenada en 1736. Desde entonces ocupó los más altos cargos de la Monarquía: secretario del Consejo del Almirantazgo (1737), intendente de Ejército y Marina de la expedición a Italia durante la Guerra de Sucesión de Austria (1741)… y, en 1743, secretario de Estado y del Despacho, ocupando simultáneamente tres de las cuatro carteras ministeriales existentes: la de Hacienda, la de Guerra y la de Marina e Indias. Su poder se completó con cargos como los de notario de los reinos de España, lugarteniente general del Almirantazgo, superintendente de las Rentas de Millones y de Tabacos, miembro del Consejo de Estado… La muerte de Felipe V* en 1746 mejoró aún más su situación, pues el nuevo monarca, Fernando VI* le confirmó en todos sus cargos y le nombró además secretario de la reina (1747).

Convertido prácticamente en ministro universal, Ensenada encaminó su política hacia el fortalecimiento del Ejército y la Marina en previsión del inevitable conflicto que, a la larga, tendría que sostener España con Inglaterra por sus intereses coloniales enfrentados, conflicto en el que desconfiaba de poder contar con la ayuda de Francia. Para ello se esforzó por impulsar la economía productiva de la Península y el comercio con América, mejorar el rendimiento del sistema fiscal, fortalecer el control de la metrópoli sobre las Indias y reconstruir la flota. En ese ambicioso programa destacan medidas como las nuevas ordenanzas militares, el envío de «espías industriales» a Europa para modernizar la construcción naval española, la creación del Real Giro, el levantamiento de un catastro general de la riqueza de las 22 provincias castellanas (el famoso «Catastro de Ensenada»), el proyecto de simplificar la Hacienda y hacer contribuir a los estamentos privilegiados a través de la Única Contribución, la construcción de canales y carreteras… en definitiva, una acción de fortalecimiento del poder real y de fomento de la riqueza del país, que le sitúan en el ámbito del «despotismo ilustrado» propio de su época. Su posición en la corte fue socavada desde 1746 por el secretario de Estado Carvajal, representante de los intereses ingleses; tras la muerte de aquél en 1754, Ensenada cayó del gobierno por la acción combinada de las protestas inglesas y del malestar que sus iniciativas fiscales habían causado entre los estamentos privilegiados. Fue desterrado a Granada y más tarde al Puerto de Santa María. Con el advenimiento al Trono de Carlos III (1760) fue liberado, pero no recibió cargos políticos; por el contrario, en 1766 fue acusado de haber participado en el motín de Esquilache* y nuevamente confinado, esta vez en Medina del Campo.

ENVER PACHÁ (o Enver Bajá) Militar y político turco (Estambul, 1882 - Dushanbe, Tayikistán, 1922). Durante su brillante carrera militar recibió instrucción de oficiales prusianos. Junto con Mustafá Kemal*, fue uno de los principales dirigentes del movimiento de los Jóvenes Turcos, que se oponían tanto a los rasgos arcaicos y autocráticos del Imperio Otomano como a la intromisión en el mismo de potencias extranjeras. En 1908 dirigió un golpe de Estado en Salónica que forzó primero el restablecimiento de la Constitución y después la abdicación del sultán Abdul Hamid II (1909). Durante el reinado de su sucesor, Mohammed V, los Jóvenes Turcos dominaron la política imperial. Enver Pachá fue alejado enviándolo como agregado militar a Berlín (1909), donde consolidó su tendencia germanófila. Regresó para combatir en la Guerra de Trípoli (1911-12) y en las dos Guerras Balcánicas (1912-13). Sus éxitos le llevaron a ser nombrado jefe del Alto Estado Mayor (1912), completando su poder al casarse con una sobrina del sultán (1914). Al estallar la Primera Guerra Mundial (1914-18) fue nombrado ministro de la Guerra y generalísimo del ejército. Quiso aprovechar la oportunidad para encontrar aliados capaces de infligir una gran derrota a Rusia que restableciera el liderazgo turco sobre los pueblos islámicos; para ello estableció una alianza secreta con Alemania e hizo atacar por su cuenta los puertos rusos del mar Negro, forzando la entrada de Turquía en la guerra como aliada de Austria y Alemania. Fracasó en el frente del Cáucaso, donde el empuje ruso le arrebató Armenia. Y hubo de abandonar el país en 1918, ante el alcance de la derrota militar y las pérdidas territoriales que supuso para Turquía. Desde que estallara la Revolución rusa (1917), Enver Pachá había asumido la causa del nacionalismo turanio, que aspiraba a reunir a todos los pueblos de origen turco, emancipando del dominio ruso el Cáucaso y el Turquestán. Durante la guerra civil de 1920-21 colaboró con los bolcheviques, con la esperanza de que hicieran realidad sus promesas de emancipación de los pueblos orientales. Desengañado acerca de las intenciones de los bolcheviques, puso a su ejército contra los soviéticos y pereció en combate con ellos.

ERASMO DE ROTTERDAM, Desiderio (Gerhard Gerhards) Humanista europeo de origen holandés (Rotterdam, 1466/69 - Basilea, 1536). Hijo ilegítimo de un clérigo y huérfano desde muy joven, se educó en la carrera eclesiástica y se ordenó en 1492 (posteriormente obtendría del papa la dispensa de sus votos). Ascendió hasta la más alta consideración social en toda Europa, en virtud exclusivamente de su inteligencia y su erudición. Escribió una obra amplísima en latín (la lengua común de los europeos cultos de la época), cuya difusión se benefició de los inicios de la imprenta; en ella trataba de recuperar la herencia intelectual de la Antigüedad clásica, haciéndola compatible con la fe cristiana en una nueva «filosofía de Cristo» característica del humanismo del Renacimiento. Es una doctrina cosmopolita, pacifista y tolerante, llena de matices en su intento de reconciliar los contrarios, optimista acerca de la perfectibilidad del hombre, confiada en las virtudes de la cultura y la educación. Erasmo fue un viajero incansable, estudiante en Inglaterra, Francia e Italia y, más tarde, profesor en Inglaterra, Francia y Suiza; consiguió ser apreciado por igual en todos los países de la Europa occidental, adoptando posiciones intermedias en los grandes conflictos políticos y religiosos de su época (como el suscitado por la reforma protestante). Defendió el regreso del cristianismo a sus fuentes (la Biblia y los Padres de la Iglesia), criticando la superstición, el escolasticismo y los abusos de la Iglesia, razones por las que algunos le atribuyeron haber dado argumentos a Lutero* y Zuinglio*; pero Erasmo permaneció fiel al catolicismo romano e incluso se enfrentó por escrito con Lutero en una disputa pública sobre el libre arbitrio del hombre (1524-27). Entre sus obras destacan su versión latina del Nuevo Testamento (1516), el *Elogio de la locura* (1511), los *Coloquios* (1518) y una *Institución del príncipe cristiano* (1516) en la que pedía a Carlos V* (de quien fue consejero) que se dejara guiar por el Evangelio y la sabiduría clásica, rechazando todo fanatismo.

ERHARD, Ludwig Economista y político alemán (Fürth, Baviera, 1897 - Bonn, 1977). Hasta el final de la Segunda Guerra Mundial (1939-45) se mantuvo alejado de la política, ejerciendo su profesión de economista como director del Instituto de Investigación Industrial de Núremberg; los nazis le destituyeron en 1942 por su defensa de posiciones liberales. Tras la caída del Tercer *Reich* pasó a la política activa para participar en la reconstrucción de una Alemania democrática en la zona occidental del país e impedir la extensión del comunismo que se había apoderado de la zona oriental. Cercano a la Unión Demócrata-Cristiana (en la que acabaría por integrarse), fue nombrado ministro de Economía del gobierno bávaro (1945), director económico de las zonas de ocupación británica y norteamericana (1948), diputado en el Parlamento de la recién creada República Federal Alemana (1949) y ministro de Economía del gobierno Adenauer* (1949). Desde ese puesto dirigió la espectacular recuperación conocida como el «milagro económico alemán», apoyado en parte en la ayuda norteamericana del Plan Marshall*, pero también en los incontables sacrificios que Erhard impuso a la población alemana. El coraje de su reforma monetaria, que desvalorizó los patrimonios particulares, le permitió restablecer rápidamente la libertad de precios y estimular la actividad de las empresas, obteniendo tasas de crecimiento cercanas al 8 por 100 anual, que acabaron con el paro y convirtieron a la derrotada Alemania en la cuarta potencia industrial del mundo. Este éxito de su política económica permitió a Erhard rivalizar con Adenauer por el liderazgo democristiano, encabezando la rebelión generacional contra el viejo líder del partido. En 1963 consiguió la renuncia de Adenauer, al que sustituyó como canciller, para continuar una política básicamente igual. El abandono por los liberales de la coalición de gobierno le obligó a dimitir en 1966, dejando paso a un gobierno de concentración con los socialdemócratas, presidido por otro miembro de su partido, Kiesinger. En 1967 dejó la presidencia del partido democristiano y se retiró de la política.

ERNESTO AUGUSTO DE HANNOVER. V. HANNOVER, Casa de.

ESCIPIÓN, Familia *(Scipio)*. Dinastía patricia de Roma, perteneciente a la *gens* Cornelia. De ella forman parte varios políticos de los siglos IV y III a.C., que ocuparon cargos de *magister equitum,* tribuno, *interrex,* cónsul, dictador, pontífice máximo, legado, propretor, censor y edil.

PUBLIO CORNELIO ESCIPIÓN (cónsul en el 218 y procónsul en el 217 a.C.) participó en la Segunda Guerra Púnica (218-201), dirigiendo las tropas romanas derrotadas por Aníbal* en Marsella, Tesino y Trebia. Más tarde se unió a su hermano **Cneo Cornelio Escipión** *Calvo* (cónsul en 222 a.C.) en Hispania y juntos consiguieron tomar Sagunto (217) e impedir que Asdrúbal franqueara el Ebro (batalla de Hibera, 215). Sin embargo, ambos morirían en acciones contra las tropas cartaginesas hacia el 212/11. El hijo del anterior, llamado como él, **Publio Cornelio Escipión** *Africano, el Mayor* (h. 236-184 a.C.) se tomaría la revancha venciendo definitivamente a Aníbal. Gracias al prestigio militar que había adquirido durante las anteriores luchas contra los cartagineses, obtuvo el mando de cuatro legiones de Hispania en el 211, a pesar de su juventud. Demostrando grandes dotes como estratega, como jefe de sus tropas y como diplomático en sus relaciones con los indígenas, consiguió tomar Cartagena (209) y derrotar a los cartagineses en Bailén y Alcalá del Río, haciéndose dueño de Andalucía. Allí fundó la ciudad de Itálica (Sevilla) para asentar a sus veteranos. Habiendo iniciado así la larga presencia de los romanos en la península Ibérica (206), Escipión consiguió autorización del Senado para continuar la lucha en la propia África, territorio de origen de los cartagineses (204). Con ayuda de los jefes númidas venció a diversos ejércitos cartagineses, hasta que en el 202 forzó el regreso a África del propio Aníbal y le derrotó en la batalla de Zama. Tras esta campaña, que consolidó la hegemonía romana en el Mediterráneo occidental, fue censor y cónsul (194), anticipando la idea de crear un Imperio Romano a imagen del que edificara Alejandro Magno*. Acusado de corrupción por la oposición conservadora, se retiró a sus propiedades en Campania hasta su muerte. Su hermano **Lucio Cornelio Escipión** *Asiático* también combatió en las guerras púnicas y se hizo famoso como vencedor de Antíoco III de Siria en Magnesia (190 a.C.). Compartió con su hermano las acusaciones de malversación que les hizo Catón. En los años siguientes se distinguieron en la política y en las guerras de Roma su primo Publio Cornelio Escipión Násica, el hijo de éste, Publio Cornelio Escipión Násica *Córculo*, y el nieto, Publio Cornelio Escipión Násica Serapión. La familia alcanzó de nuevo protagonismo en la lucha de Roma contra Cartago con **Publio Cornelio Escipión Emiliano** *Africano, el Menor* (185/184-129 a.C.). En realidad era hijo de Paulo Emilio, el vencedor de la Tercera Guerra de Macedonia (171-168), pero fue adoptado por el hijo mayor del *Africano mayor*. Cuando Roma atizó al rey de Numidia contra los cartagineses, haciendo estallar la Tercera Guerra Púnica (149-146), este Escipión fue nombrado cónsul y puesto al mando del ejército romano (147). Desembarcó en África, conquistó la capital —Cartago— y la destruyó para siempre, reduciendo a sus habitantes a la esclavitud y convirtiendo su territorio (la actual Túnez) en provincia romana (146). Posteriormente fue censor y cónsul (134). Ante la persistente rebelión de la ciudad hispana de Numancia (desde el 154 a.C.), consiguió tomarla con un formidable ejército, matando y esclavizando a sus habitantes (133).

Espartaco Jefe de una rebelión de esclavos en Roma (Tracia, ? - Lucania, 71 a.C.). Al parecer era un desertor del ejército romano, que había sido capturado y vendido como esclavo a un entrenador de gladiadores de Capua llamado Léntulo. En el 73 a.C. consiguió escapar junto con otros 70 esclavos y desencadenó una rebelión en el sur de Italia. Refugiado en la zona del Vesubio, aprovechó sus conocimientos militares y sus innegables dotes organizativas para formar un verdadero ejército, que llegó a tener más de 70.000 hombres. Intentó sacarlos de Italia para garantizar su libertad, pero después de seguirle hasta el norte de la Península (Galia Cisalpina), sus hombres no quisieron atravesar los Alpes y prefirieron permanecer en Italia, divididos en bandas dedicadas al saqueo. Espartaco regresó al sur con los que le quedaban, con intención de escapar por mar. Había derrotado seis veces a las tropas que Roma había enviado contra él; pero, ante el temor a que intentara apoderarse de la ciudad, Marco Licinio Craso fue nombrado procónsul con mando sobre diez legiones para acabar con la rebelión. En el 71 a.C. Craso sorprendió y venció a lo que quedaba del ejército rebelde en Lucania, donde murió Espartaco. Pompeyo* y Lúculo terminaron de limpiar Italia de bandas de esclavos fugitivos, crucificando a cuantos capturaron. La imagen de Espartaco como libertador de las masas oprimidas explica que, ya en el siglo XX, diera nombre al periódico de Karl Liebknecht* y a la corriente comunista que éste lideró durante la revolución alemana de 1918-19 (los «espartaquistas»).

ESPARTERO, Baldomero (conde de Luchana, duque de la Victoria y príncipe de Vergara) Militar y político español (Granátula, Ciudad Real, 1793 - Logroño, 1879). Hijo de un carretero de La Mancha, adoptó el segundo apellido de su padre (pues su nombre completo sería Baldomero Fernández Álvarez Espartero). Al estallar la Guerra de la Independencia (1808-14) abandonó la carrera eclesiástica y tomó las armas. Desde 1810 permaneció en el Cádiz sitiado por los franceses, donde se estaban desarrollando las Cortes constituyentes; allí realizó sus primeros estudios militares. Entre 1815 y 1824 estuvo destinado en América, donde combatió contra los independentistas hasta que España perdió sus colonias en el continente; aunque no participó en la decisiva batalla de Ayacucho, en el futuro sus partidarios serían conocidos popularmente como los *ayacuchos* en recuerdo del pasado americano de Espartero y de la influencia que sobre sus ideas políticas tuvieron otros militares liberales de aquella campaña. Al morir Fernando VII*, se decantó por el apoyo a la causa de Isabel II* y de la regente María Cristina*, en virtud de sus convicciones constitucionales. Luchó contra la reacción absolutista en la Primera Guerra Carlista (1833-40), en la que desempeñó un papel destacado: sus éxitos militares le llevaron de ascenso en ascenso hasta obtener el mando del ejército del Norte a raíz del motín de los sargentos de La Granja (1835). Rompió el cerco carlista de Bilbao venciendo en la batalla de Luchana (1836); organizó la defensa de Madrid frente a la expedición de don Carlos* (1837); y aprovechó las disensiones en el bando carlista para atraerse al general Maroto* y negociar con él la paz que sellaron ambos con el «abrazo de Vergara» (1839). Luego se dirigió al Maestrazgo, donde venció a Cabrera* en 1840, poniendo fin a la guerra.

Desde entonces puso su prestigio al servicio de sus ideales políticos progresistas. Se enfrentó al conservadurismo de María Cristina haciendo que ésta le nombrara presidente del Consejo de Ministros en 1840-41; pero, ante la resistencia de la regente al programa liberal avanzado que defendía, exigió a ésta que abdicara e hizo que las Cortes le nombraran regente a él mismo (1841-43). Completaba así la ascensión social que, desde un origen modestísimo, le había llevado a ser conde, duque, grande de España y, finalmente, regente. El «espadón» progresista se enemistó con muchos de sus partidarios, a causa de su modo de gobernar autoritario, personalista y militarista; en 1843 se vio obligado a disolver unas Cortes que se le habían vuelto hostiles. Un pronunciamiento conjunto de militares moderados y progresistas (encabezados por Narváez* y Serrano*) le arrebató el poder en aquel mismo año; pronto se declararía mayor de edad a Isabel II y comenzaría una década de predominio conservador. Espartero se exilió en Inglaterra, de donde regresó en 1849 para vivir retirado en Logroño. Ante el deterioro político del final de la década moderada (1844-54), las tendencias autoritarias de la reina y la hegemonía política de la minoría ultraconservadora, se produjo una nueva revolución en 1854, que llevó a Espartero a la presidencia del Gobierno; durante el siguiente «bienio progresista» (1854-56) avaló el reformismo de los liberales avanzados, pero no pudo evitar que se reprodujeran las mismas disensiones acerca de su liderazgo. De nuevo fue expulsado del poder por un pronunciamiento encabezado por su antiguo aliado, el general O'Donnell*, tras el cual vino un nuevo periodo de ostracismo político de los progresistas, que Espartero contempló pasivamente desde su retiro de Logroño. Allí recibió, tras la revolución que destronó a Isabel II en 1868, la oferta de Prim* de hacerle elegir por las Cortes rey constitucional de España, oferta que rechazó. Tras la coronación de Amadeo de Saboya* éste completó el encumbramiento honorífico de Espartero nombrándole príncipe de Vergara con tratamiento de *alteza real*.

ESQUILACHE, Marqués de (o de *Squilace*) (Leopoldo de Gregorio) Ministro de Carlos III* en sus reinados en Nápoles y España (Mesina, Sicilia, 1741 - Venecia, 1785). Este hombre de origen humilde era asentador de víveres del ejército cuando el rey Carlos VII (el futuro Carlos III de España) le confió la administración de las aduanas de Nápoles (1748). Su eficacia en la gestión y su cercanía al reformismo ilustrado del monarca le hicieron ascender a puestos de mayor responsabilidad, siendo nombrado secretario de Hacienda, Guerra y Marina. Cuando el rey dejó Nápoles para ocupar el Trono de España (1759), se llevó con él a un equipo de colaboradores con Esquilache a la cabeza. Inmediatamente fue nombrado secretario de Estado de Hacienda. Acumuló un gran poder, lo cual, unido a su condición de extranjero y a las reformas que realizó, le granjeó muchos enemigos; pronto llovieron sobre Esquilache las acusaciones de corrupción, que nunca pudieron probarse. Durante su estancia en el poder (1759-66) creó la lotería y el montepío de viudas y huérfanos de militares; dictó las ordenanzas para el reemplazo militar; reguló el despacho con Roma; reorganizó los propios y arbitrios de los pueblos; modernizó la capital con un sistema de alumbrado nocturno de las calles, además de edificar la Casa de Postas y la Aduana (sedes actuales de la Comunidad de Madrid y del Ministerio de Hacienda); limitó los privilegios del clero, exigiendo a la Iglesia el cumplimiento del Concordato y reduciendo su jurisdicción en beneficio del poder real. Con el fin de acabar con la impunidad de los criminales nocturnos en las ciudades, dictó un bando en 1766 que prohibía los tradicionales sombreros redondos y capas largas que usaban los embozados; aquel «atentado» a las costumbres españolas por parte de un extranjero fue el detonante de una insurrección popular contra el ministro conocida como el *motín de Esquilache,* que estalló simultáneamente en las principales ciudades del reino; en Madrid fue saqueada la propia casa de Esquilache. Parece que detrás del motín se hallaba la Compañía de Jesús, enemiga del regalismo monárquico y de las avanzadas reformas protagonizadas por el ministro, que organizó la conspiración sirviéndose del descontento popular ante la sucesión de malas cosechas, escasez y carestías desde 1762. De resultas del motín, el rey depuso a Esquilache de todos sus cargos y le envió a Italia, no sin antes compensarle con la concesión de rentas y honores; en 1767 la pugna entre el regalismo del monarca ilustrado y el tradicionalismo auspiciado por la Iglesia tendría un nuevo capítulo con la expulsión de los jesuitas de España. En 1772 Esquilache fue nombrado embajador de España en Venecia.

ESTEBAN I, San Primer rey de Hungría, canonizado por la Iglesia romana en 1083 (Esztergom, 975 - Buda, 1038). Era hijo del duque húngaro Geza, que había convertido a los magiares en un pueblo sedentario y había permitido la acción de misioneros cristianos de origen bizantino, búlgaro, bávaro y checo. Padre e hijo se bautizaron en el 985; fue entonces cuando éste, que se llamaba originariamente Vaïk, tomó el nombre cristiano de Esteban (en honor del primer san Esteban, judío del siglo I convertido por los apóstoles, que fue uno de los siete primeros diáconos de la Iglesia de Jerusalén). Al suceder a su padre como duque en el 997, Esteban inició un doble proceso de cristianización de Hungría y de consolidación de una monarquía inspirada en la de los reyes germanos (de hecho se casó con una hija del rey de Baviera); ambas cosas iban unidas, constituyendo la religión cristiana un instrumento adicional de legitimación y de fortalecimiento del poder de los príncipes. En 1001 Esteban puso a Hungría bajo la dependencia del papa Silvestre I; y, con la aquiescencia de éste y del emperador Otón III, convirtió a Hungría en un reino, haciéndose coronar en Esztergom. Según la leyenda, para aquella ocasión el papa le obsequió con una corona real, que desde entonces ha simbolizado la unidad e independencia de Hungría (la «corona de san Esteban»).

ESTILICÓN, Flavio Militar romano de origen germánico (Panonia, h. 360 - Rávena, 408). Era hijo de un militar vándalo cristianizado al servicio de Roma. Su ascensión en el ejército romano culminó al casarse con una sobrina del emperador Teodosio* en el 384. Un año después fue nombrado *magister militum,* alcanzando así el mando supremo del ejército. Desde ese puesto supo ganarse la confianza de Teodosio, que al morir en el 395 le nombró tutor de su hijo Honorio*, heredero del Imperio de Occidente, que sólo contaba once años. Estilicón ejerció la regencia en Occidente hasta su muerte, al tiempo que mantenía la jefatura militar teórica sobre ambas partes del Imperio (de hecho, perdió toda influencia sobre Oriente). Su labor principal fue proteger las fronteras frente al empuje de las invasiones germánicas: en los años 401-403 venció a los visigodos de Alarico* y en el 405 a los ostrogodos. Ello le dio una gran popularidad en Roma. Pero, al mismo tiempo, negociaba con los germanos para integrarlos en el ejército y ponerlos al servicio de Roma; sus enemigos en el Senado, contrarios a todo entendimiento con los bárbaros, veían en este proyecto una traición: acusando a Estilicón de querer usurpar el Trono imperial para sus propios hijos, le dieron muerte en el momento en que Alarico volvía a marchar sobre Italia, facilitando así la toma de Roma por los visigodos, que se produjo en el 410.

ESTUARDO, Dinastía (Stuart o Stewart). Familia reinante en Escocia (1371-1714) y en toda Gran Bretaña (1603-1714). En sus orígenes era una familia noble de Escocia, que se disputaba el poder con los clanes rivales de los Bruce y los Baliol. Consiguieron la realeza con **ROBERTO II** (1316-90), que recibió el Trono a la muerte del hermano de su madre, David II Bruce, en 1371. Desde 1388, dada su avanzada edad, dejó la regencia a su segundo hijo, **ROBERTO,** duque de Albany (?-1420), quien la mantuvo durante el reinado de su hermano mayor, Roberto III (1337-1406), por enfermedad de éste. La muerte del rey en 1406 otorgó de nuevo el poder a Albany hasta 1420, pues el heredero del Trono, **JACOBO I** (1394-1437) había sido capturado aquel mismo año por los ingleses cuando viajaba hacia Francia para evitar morir asesinado como su hermano David. Ni Roberto ni su hijo Murdoch, que le sucedió como regente, hicieron nada por liberar a Jacobo, el cual permaneció 18 años en poder de los ingleses; durante ese tiempo recibió una excelente educación. Desde que regresó a Escocia en 1424 abrió un periodo de tregua en los continuos enfrentamientos con Inglaterra, que le sirvió para reforzar el poder real frente a los nobles y reorganizar la administración siguiendo el modelo inglés. Murió asesinado por un pariente suyo. Le sucedieron su hijo Jacobo II (1437-60) y su nieto **JACOBO III** (1451-88). Su matrimonio con la hija del rey de Dinamarca permitió un acercamiento a ese reino, gracias al cual pudo Escocia anexionar las islas Órcadas y Shetland (1472). Hubo de hacer frente a la rebeldía de los nobles, que le encerraron en el castillo de Edimburgo en 1482; de allí vino a liberarle su hermano Alejandro, duque de Albany (1454-85), quien usurpó brevemente el poder hasta 1483. Jacobo III murió en combate contra una nueva rebelión nobiliaria que, en 1488, había proclamado rey a su primogénito **JACOBO IV** (1473-1513). Tras reprimir la rebelión aristocrática, volvió a la tradición escocesa de combatir contra los ingleses. No obstante, en 1503 quiso sellar la paz casándose con Margarita Tudor*, hija de Enrique VII de Inglaterra. De esa unión procederá la legitimidad dinástica reivindicada por los Estuardo para acceder al Trono inglés en el siglo XVII. Eso no evitó posteriores enfrentamientos, que culminaron en la batalla de Flodden (1513), en la que murieron tanto el rey como la mayoría de los nobles escoceses. Le sucedieron su hijo Jacobo V (1512-42) y su nieta **MARÍA I** (1542-87), que fue reina de Escocia desde el mismo año de su nacimiento y reina consorte de Francia por su matrimonio con Francisco II entre 1559 y 1560. Se mantuvo fiel al catolicismo, pero tolerante con los predicadores protestantes (como John Knox), en medio de los conflictos que dividían al país a propósito de la Reforma. Se casó en 1565 con un primo suyo, al que se decía que hizo asesinar para casarse tres meses después con el presunto asesino; en todo caso, este matrimonio fue utilizado como pretexto para una rebelión protestante, que le obligó en 1567 a abdicar en su hijo de un año. Huyó a Inglaterra, donde Isabel I* la mantuvo encerrada por temor a que pudiera reclamar algún derecho a su Trono; hubo, en efecto, conspiraciones para cambiar a Isabel por María como reina de Inglaterra, una de las cuales fue descubierta y llevó a Isabel a ejecutarla. Entretanto, su hijo JACOBO VI (1566-1625) fue educado en el protestantismo y en la noción de un poder monárquico limitado, no obstante lo cual consiguió imponer el orden en Escocia desde que se hizo cargo personalmente del gobierno en 1578. En 1603 unificó bajo su Corona la totalidad de las islas Británicas, al convertirse también en rey de Inglaterra e Irlanda con el nombre de *Jacobo I* (1603-25), como heredero más cercano de Isabel I. Empeñado en afirmar la monarquía absoluta de derecho divino (sobre la cual teorizó en sus escritos), mantuvo unas relaciones difíciles con el Parlamento inglés *(Gran Protesta,* 1621). También ejerció un exclusivismo religioso como cabeza de la Iglesia de Inglaterra, provocando la rebelión de los católicos *(Conspiración de la Pólvora,* 1605) y la huida de los puritanos hacia Holanda y América (adonde llegaron a bordo del *Mayflower* en 1620 los «padres peregrinos» que fundarían la colonia de Massachusetts). También fracasó en política exterior, enemistándose con todos los contendientes en la Guerra de los Treinta Años. Más acertado en el plano cultural, fue protector de William Shakespeare. Le sucedió su hijo CARLOS I* (1600-49), cuya terca defensa de la autoridad real contra el Parlamento llevó a una guerra civil (1642). Derrotado por las fuerzas de Cromwell*, acabó decapitado y dio paso a la única experiencia republicana de la historia británica (1649-60). Su hijo CARLOS II* (1630-85) fue restablecido en el Trono en 1660 tras la muerte de Cromwell. No obstante, no consiguió recuperar los poderes de un rey absoluto, afirmándose definitivamente en su reinado la monarquía parlamentaria británica. Le sucedió su hermano menor JACOBO II* (1633-1701), quien fracasó en el intento de restablecer el catolicismo en Inglaterra. La resistencia de la Iglesia anglicana y de los líderes de los partidos parlamentarios llevó a éstos a pedir la intervención del estatúder holandés Guillermo de Orange* para defender la hegemonía protestante en Inglaterra; éste desembarcó en la isla en 1688 y destronó a Jacobo, que era su suegro, ocupando el Trono inglés con el nombre de *Guillermo III,* junto con su esposa, María II Estuardo (1662-94). Al morir Guillermo en 1702, ocupó el Trono inglés la última reina de la dinastía Estuardo, ANA I* (1665-1714), segunda hija de Jacobo II. Bajo su reinado, la unión personal que los Estuardo habían realizado de las Coronas inglesa y escocesa, se hizo constitucional por la Ley de Unión (1707), que hizo nacer oficialmente el Reino Unido de Gran Bretaña. Previamente, al morir el último de sus 17 hijos, Ana había firmado la Ley de Establecimiento (1701), en virtud de la cual, al morir la reina, el Trono inglés pasó a sus parientes protestantes más directos, que resultaron ser los Hannover*. No obstante, su hermano JACOBO FRANCISCO EDUARDO, *el Caballero de san Jorge* (1688-1766) mantuvo sus aspiraciones al Trono británico desde la muerte de su padre, Jacobo II. Fue excluido de la sucesión por su fe católica, aunque Luis XIV* de Francia le reconoció como rey legítimo de Inglaterra y Escocia en 1703. En el marco de la Guerra de Sucesión Española, que enfrentaba a Inglaterra con Francia, sus partidarios (los *jacobitas*) se sublevaron en Escocia, donde fracasó un intento de desembarco del pretendiente en 1715.

EUGENIA DE MONTIJO (Eugenia María de Guzmán y Portocarrero, condesa de Teba, marquesa de Moya) Emperatriz de los franceses (Granada, 1826 - Madrid, 1920). Esta española, hija de los condes de Montijo y de Teba, se convirtió en emperatriz consorte de Francia al casarse con Napoleón III* en 1853. De esta unión nació en 1856 el príncipe imperial Eugenio Luis, que parecía asegurar la continuidad dinástica de los Bonaparte*. La emperatriz, considerada una gran belleza según el gusto de la época, constituyó el centro de la vida social y festiva de la corte imperial. Pero, al mismo tiempo, como ferviente católica, encabezó la corriente política más reaccionaria entre los partidarios del Segundo Imperio. Influyó sobre importantes decisiones del emperador, como la defensa de los intereses del papa frente a la incipiente unificación italiana, la intervención francesa en México, el alineamiento con Austria o la declaración de la Guerra Franco-Prusiana (1870). Esta última contienda, fatal para el Imperio, llevó al nombramiento de Eugenia como regente durante la ausencia del emperador. La inmediata derrota militar, la captura de Napoleón III por los alemanes y la caída del régimen le obligaron a huir de Francia. Se refugió bajo la protección de la reina Victoria* en Inglaterra, donde se le unirían más tarde su marido y su hijo. Eugenia quedó viuda en 1873 y perdió también a su único hijo en 1879, en una expedición del ejército británico (al cual pertenecía) contra los zulús. Se retiró de la vida pública, dedicándose a viajar por todo el mundo y a relacionarse con la realeza y la aristocracia europeas. Murió en el palacio de los duques de Alba*, con quienes estaba emparentada por el matrimonio de su hermana.

EURICO Rey de los visigodos (?, h. 420 - Arlès, 484). Accedió al Trono en el 466 tras asesinar a su hermano Teodorico II. Dirigió sus esfuerzos hacia el engrandecimiento territorial del reino visigodo. Fracasado un intento de coalición de los reyes germánicos arrianos contra Roma en 468, Eurico se volvió contra los suevos y contra el Imperio, completando la conquista de Aquitania. Ante las derrotas que sufrió en el norte a manos de tropas romanas y francas, aceptó la frontera del Loira y dirigió sus fuerzas hacia la península Ibérica, adquiriendo la Lusitania (468) y la Tarraconense (472) y dejando a los suevos cercados en Galicia. Su condición de arriano le enemistaba con la población local cristianorromana, lo cual hizo la conquista más sangrienta y provocó después persecuciones religiosas. En el 476, conquistado el bastión galorromano de Auvernia, que se le había resistido largamente, Eurico obtuvo el reconocimiento como rey de Hispania y de la Galia hasta el Loira y el Ródano, y declaró caducado el *foedus* o tratado que vinculaba a los visigodos con Roma; de esa manera quedó consolidado el reino visigodo de Tolosa como Estado independiente. Con ayuda de juristas romanos, Eurico realizó la más antigua compilación del Derecho germánico, el *Codex Euricianus;* tanto el contenido de ese código como la creación de una corte real en Tolosa, tendían a asegurar la preponderancia de la casta militar germánica sobre las poblaciones conquistadas. Con el poderío que había alcanzado, se permitió aspirar a derrocar a Odoacro* del Trono romano y restaurar el Imperio Romano de Occidente (desaparecido en el 476). Pero murió cuando se disponía a hacer realidad tal proyecto marchando sobre Italia.

F

FARNESE, Alessandro. V. PABLO III.

FARNESIO, Alejandro, duque de Parma Militar italiano al servicio de España (Roma, 1545 - Saint-Vaast, Arras, 1592). Era nieto del papa Pablo III* (también llamado Alessandro Farnese) y del emperador Carlos V* (pues su madre era Margarita de Parma, hija natural del emperador). Fue educado en España, entablando desde joven una estrecha amistad con don Juan de Austria*. Sirvió en el ejército de Felipe II*, distinguiéndose en la batalla de Lepanto (1571). En 1577 fue enviado a los Países Bajos al frente de los tercios de Italia, obteniendo brillantes éxitos militares contra los rebeldes protestantes; en consecuencia, al año siguiente fue nombrado gobernador de los Países Bajos (cargo que ya había ocupado su madre, Margarita de Parma en 1559-67), en sustitución de Juan de Austria. Su primer éxito consistió en lograr la unidad de las provincias católicas del sur de los Países Bajos a cambio de garantizar sus libertades (Unión de Arras, 1579); desde esa base pudo hacer frente a las fuerzas protestantes, lideradas por Guillermo de Orange*, y reconquistar para España Gante, Bruselas, Malinas y Anvers. Farnesio proyectaba continuar su ofensiva hasta recuperar también las provincias del Norte; pero Felipe II no apoyó ese ambicioso proyecto. Mandó también las tropas españolas que intervinieron en la guerra civil francesa en apoyo de las fuerzas católicas de la Liga contra los protestantes de Enrique IV, con la intención de poner sobre el Trono a la hija de Felipe II, Isabel Clara Eugenia (intromisión que no fue aceptada por los franceses); con su acostumbrada brillantez militar, Farnesio consiguió romper el cerco al que los protestantes tenían sometido a París (1590). Murió de las heridas recibidas en un combate contra Mauricio de Nassau (hijo del asesinado Guillermo de Orange).

FARNESIO, Alejandro (o Alessandro Farnese). V. PABLO III.

FARUK I Rey de Egipto (El Cairo, 1920 - Roma, 1965). Era hijo de Fuad I, a quien sucedió en 1936. Su reinado estuvo marcado por la hegemonía del partido Wafd, de inspiración nacionalista, que impuso recortes en los privilegios que el Reino Unido mantenía en Egipto como antigua potencia colonial. Pero su política quedó interrumpida por la Segunda Guerra Mundial (1939-45), que convirtió a Egipto en campo de batalla de británicos y alemanes. Al acabar la guerra, Faruk fue uno de los principales promotores de la Liga Árabe. Dicha organización declaró la guerra en 1948 al naciente Estado de Israel; pero, a pesar de la desproporción de los ejércitos contendientes, Israel se impuso y Egipto hubo de aceptar la existencia de un Estado judío en su frontera oriental (que no reconoció más que como una línea de alto el fuego). El desprestigio de la Monarquía, la corrupción y el resentimiento contra las potencias occidentales alimentaron un periodo de agitación social impulsada por la Hermandad Musulmana. La oposición nacionalista culminó en 1952, con un golpe de Estado encabezado por Nasser* y Naguib, que derrocó al rey y le hizo abdicar en su hijo de meses, Fuad II. Un año después se proclamaba la República y Faruk partía al exilio.

FEDERICO I de Alemania, *Barbarroja* Emperador alemán de la dinastía Hohenstaufen* (Waiblingen, Franconia, 1122 - Río Cydnos o Salef, Asia Menor, 1190). Era duque de Suabia cuando fue elegido emperador por la Dieta de Frankfurt, sucediendo a su tío Conrado III (1152). Se esforzó por pacificar Alemania moderando las aspiraciones de independencia de los príncipes feudales, unas veces por la fuerza y otras llegando a acuerdos. Intentó hacer realidad el ideal carolingio de supremacía universal del Imperio, para lo cual hubo de dirigir su política hacia una recuperación del poder imperial sobre Italia, imponiéndose a la voluntad de autonomía de las ciudades del norte y del Papado. Realizó hasta seis campañas de guerra en Italia: durante la primera (1154-55) ayudó a someter la rebelión de Arnaldo de Brescia en Roma, a cambio de que el papa Adriano IV le coronara emperador; en la segunda (1158-62) se impuso a Milán en la pugna por recuperar ciertas regalías de la Corona imperial (incluido el derecho a nombrar funcionarios locales), además de abrir un cisma al apoyar la elección del antipapa Víctor V contra el papa electo Alejandro III; en la tercera (1163-64) se enfrentó con éxito a una liga de ciudades encabezada por Verona; en la cuarta (1166-68), en cambio, las tropas imperiales resultaron derrotadas y se formó una Liga Lombarda antiimperial, encabezada por el papa Alejandro III, que excomulgó al emperador y al clero alemán; en la quinta (1174-78) fue nuevamente derrotado en la batalla de Legnano, lo que le obligó a pedir perdón al papa de rodillas; en la sexta (1184-86) tuvo más éxito, asistido por la alianza de Milán y de Francia contra el papa Urbano III y los príncipes alemanes rebeldes. Por otra parte, hizo coronar rey de Italia a su hijo Enrique (el futuro Enrique VI, que le sucedería en el Trono imperial), al cual casó con una hija del rey normando de las Dos Sicilias (1186), abriendo las puertas del sur de Italia a los Hohenstaufen. Con todo ello preparaba Federico su revancha sobre el papa. Pero en 1189 decidió abandonar temporalmente los asuntos italianos para ponerse al frente de la Tercera Cruzada (1189-93), siguiendo el principio de que el emperador debía ser la cabeza de la Cristiandad; auxiliado por los reyes de Francia (Felipe II *Augusto*) e Inglaterra (Ricardo I, *Corazón de León**) partió de Ratisbona y cruzó la península Balcánica hasta Asia Menor, donde derrotó a los musulmanes en la batalla de Iconio (1190); pero murió ahogado al intentar cruzar a nado un río de aquella región.

FEDERICO I de Brandenburgo. V. **HOHENZOLLERN, Casa de.**

FEDERICO I de Prusia. V. **HOHENZOLLERN, Casa de.**

FEDERICO I de Núremberg. V. **HOHENZOLLERN, Casa de.**

FEDERICO II de Alemania Emperador de Alemania y rey de las Dos Sicilias, perteneciente a la dinastía Hohenstaufen* (Iesi, Ancona, 1194 - Fiorentino, Apulia, 1250). Era hijo de Enrique VI, *el Cruel,* y nieto de Federico I *Barbarroja**. Al morir su madre, Constanza de Sicilia (1198), heredó el Reino de las Dos Sicilias; desde entonces fue criado bajo la protección del papa Inocencio III, como un príncipe italiano apenas interesado por los asuntos alemanes. No obstante, el papa apoyó con éxito su elección como emperador de Alemania en 1212. A cambio, Federico prometió al papa la realización de una nueva Cruzada para arrebatar a los musulmanes los Santos Lugares; tras posponerla indefinidamente (lo que le costó la excomunión papal en 1227), finalmente lanzó su Cruzada en 1228-29, pero en vez de combatir negoció el establecimiento de un condominio cristiano-musulmán sobre Jerusalén, Belén y Nazaret, a cambio de una indemnización. Indignado por esta acción, el papa apoyó la rebelión de las ciudades italianas contra el emperador, pero hubo de plegarse a la voluntad de éste y retirar la excomunión (1230). Los veinte años siguientes los pasó en una sucesión de guerras contra sus enemigos: primero contra la rebelión de los príncipes alemanes encabezados por su propio hijo Enrique (1228-35); luego contra las ciudades lombardas, a las que derrotó en Cortenuova (1237); por fin contra las demandas de supremacía del nuevo papa Inocencio IV, que reunió un Concilio en Lyon para declararle depuesto (1245). Entre tantas amenazas, Federico encontró tiempo para dedicarse al cultivo y la protección de las artes, las ciencias y las letras, reuniendo en Palermo una brillante corte de influjo oriental.

FEDERICO II de Núremberg. V. **HOHENZOLLERN, Casa de.**

FEDERICO II de Prusia, *el Grande* Rey de Prusia, de la Casa de Hohenzollern* (Berlín, 1712 - Sans-Souci, Postdam, 1786). Era hijo de Federico Guillermo I, a quien sucedió en 1740. Durante su juventud se sintió inclinado hacia la literatura francesa y mantuvo correspondencia con algunos filósofos de la Ilustración; no obstante, su rechazo a la disciplina de la corte y a las tradiciones militares prusianas terminaron después de que fracasara en un intento de escapar a Inglaterra, de resultas del cual fue ejecutado un íntimo amigo del príncipe y él mismo fue condenado a prisión (1730-32). Poco antes de acceder al Trono defendió públicamente sus ideas ilustradas en su obra *Anti-Maquiavelo* (1739), en la que condenaba el realismo político inspirado por Maquiavelo* en nombre de una mayor exigencia moral para los gobernantes. Efectivamente, durante su largo reinado (1740-86) se convirtió en uno de los exponentes del «despotismo ilustrado», introduciendo desde su posición de monarca absoluto algunas reformas inspiradas en el pensamiento de las Luces. Impulsó la codificación del Derecho prusiano, reformándolo según el principio de que la ley debía servir para proteger a los más débiles: abolición de la tortura, independencia judicial, igualdad ante la Ley... Fomentó la colonización con inmigrantes de las zonas más despobladas y atrasadas del país. Practicó un proteccionismo aduanero sistemático en apoyo de la industria nacional. Y fue un gran protector de la ciencia y de la cultura, a las que impregnó de influencias francesas: refundó la Academia de Ciencias prusiana, apoyó materialmente a escritores y artistas y él mismo fue un ensayista bastante prolífico. Sin embargo, no llevó su compasión por el género humano hasta el punto de abolir la servidumbre, por temor a debilitar a la nobleza prusiana, que constituía la casta dominante que hacía funcionar eficazmente la administración y el ejército que Federico había heredado de su padre. Mantuvo relaciones con filósofos como Voltaire*.

La brillante acción exterior de Federico II contribuyó a la expansión territorial de Prusia, permitiendo hacer de ésta, a pesar de sus limitados recursos, una gran potencia europea, capaz de disputarle la primacía a Austria dentro del Imperio Germánico. Nada más iniciar su reinado, aprovechó las dificultades de María Teresa* para afirmarse en el Trono austriaco y se anexionó Silesia a costa de aquel país, desencadenando la Guerra de Sucesión de Austria (1740-48). La rivalidad austro-prusiana degeneró en un nuevo enfrentamiento en la Guerra de los Siete Años (1756-63), en la que Federico, aliado con Gran Bretaña, hizo frente con éxito a la poderosa coalición continental constituida por Austria, Rusia, Francia y Sajonia. La mayor organización, movilidad y disciplina del ejército prusiano, le permitieron resistir contra enemigos muy superiores; pero habría perdido la guerra en 1762, con Berlín ocupado por los rusos y las arcas reales al borde de la bancarrota, de no ser por la llegada al Trono de un nuevo zar, Pedro III, cuya admiración por Federico le llevó a retirar a Rusia de la guerra (Paz de Hubertsburgo, 1763). En lo sucesivo, Federico siguió una política exterior más prudente, limitada a la defensa del equilibrio europeo y del *status* de gran potencia recién alcanzado por Prusia. En 1772 participó con Austria y Rusia en el primer reparto de Polonia, a cambio de no obstaculizar las ambiciones territoriales de estos dos países sobre el debilitado Imperio Otomano; Prusia obtuvo así un vasto territorio que compactaba sus posesiones, uniendo la Prusia Oriental con Pomerania y Brandenburgo. En 1784 organizó una Liga de príncipes alemanes para salvaguardar el *statu quo* en los Países Bajos frente a las ambiciones expansionistas de Baviera. Federico II murió sin herederos, ya que su aversión a las mujeres convirtió en una ficción el matrimonio de conveniencia que le preparó su padre. Le sucedió su sobrino Federico Guillermo II.

FEDERICO III de Austria. V. **HABSBURGO, Casa de.**

FEDERICO III de Brandenburgo. V. **HOHENZOLLERN, Casa de.**

FEDERICO III HOHENZOLLERN. V. **HOHENZOLLERN, Casa de.**

FEDERICO III de Núremberg. V. **HOHENZOLLERN, Casa de.**

FEDERICO III de Prusia. V. HOHENZOLLERN, Casa de.

FEDERICO IV HOHENZOLLERN. V. HOHENZOLLERN, Casa de.

FEDERICO VI de Núremberg. V. HOHENZOLLERN, Casa de.

FEDERICO GUILLERMO de Brandenburgo, *el Gran Elector.* V. HOHENZOLLERN, Casa de.

FEDERICO GUILLERMO I de Prusia. V. HOHENZOLLERN, Casa de.

FEDERICO GUILLERMO II de Prusia. V. HOHENZOLLERN, Casa de.

FEDERICO GUILLERMO III de Prusia. V. HOHENZOLLERN, Casa de.

FEDERICO GUILLERMO IV de Prusia. V. HOHENZOLLERN, Casa de.

FELIPE, duque de Parma. V. BORBÓN, Casa de.

FELIPE DE SUABIA. V. HOHENSTAUFEN, Dinastía.

FELIPE I, *el Hermoso* Rey de Castilla, primero de la Casa de Habsburgo* (Brujas, Flandes, 1478 - Burgos, 1506). Su padre, el emperador Maximiliano I de Austria* pactó su matrimonio con Juana I*, la hija de los Reyes Católicos*, en el marco de la Liga Santa que unió a la monarquía castellano-aragonesa con el Imperio, Inglaterra, Nápoles, Génova y Milán contra las pretensiones hegemónicas de Francia en Italia (1496). La muerte de tres infantes hizo que las Cortes reconocieran como sucesores al Trono castellano a don Felipe y doña Juana en 1502. Las relaciones de Felipe con su suegro Fernando fueron malas, sobre todo desde que éste desautorizó las concesiones que Felipe había hecho a los franceses al negociar el Tratado de Lyon (1503). Ello no impidió que, al morir la reina Isabel en 1504, don Fernando proclamara a los duques de Borgoña (título que hasta entonces habían ostentado don Felipe y doña Juana) reyes de Castilla, manteniéndose él como regente mientras los reyes se hallaran en Flandes. Entretanto, doña Juana había enloquecido, según algunos por los celos que le producían las infidelidades de su marido, hacia el que sentía un amor tan apasionado como no correspondido. La Concordia de Salamanca (1505), que estableció en Castilla un gobierno tripartito de Fernando, Felipe y Juana, no zanjó la disputa entre suegro y yerno. Don Felipe llegó a La Coruña en 1506 encabezando un ejército alemán y enseguida agrupó a su alrededor a los nobles castellanos descontentos; con el fin de evitar la guerra, el rey católico admitió su retirada como regente de Castilla. Aunque las Cortes reunidas en Valladolid se negaron a declarar la incapacidad de la reina Juana, Felipe I ejerció el poder en solitario, repartiendo dádivas y prebendas entre los nobles para buscar su apoyo. Pero murió sin haber iniciado apenas su reinado, al beber un vaso de agua helada para refrescarse después de jugar a la pelota. Le sucedió su hijo, Carlos I de España y V de Alemania*.

FELIPE II Rey de España y Portugal (Valladolid, 1527 - El Escorial, 1598). Era hijo de Carlos I* y de Isabel de Portugal. Durante el reinado de su padre había asumido en varias ocasiones las funciones de gobierno —bajo la tutela de un Consejo de Regencia—, por ausencia del emperador, absorbido por los conflictos de los Países Bajos (1539) y Alemania (1543). En 1554 Carlos I abdicó en él Nápoles y Milán, al tiempo que la boda con María Tudor* le convertía en rey consorte de Inglaterra; las abdicaciones del emperador se completaron con la entrega a Felipe de los Países Bajos, Sicilia (1555), Castilla y Aragón (1556). Austria y el Imperio fueron entregados al tío de Felipe, Fernando, quedando separadas las ramas alemana y española de la Casa de Habsburgo*.

Felipe II modernizó y reforzó la administración de la Monarquía Hispana, apartándola de las tradiciones medievales y de las aspiraciones de dominio universal que había representado la Monarquía Católica de su padre. Los órganos de justicia y de gobierno sufrieron notables reformas, al tiempo que la corte se hacía sedentaria (capitalidad de Madrid, 1560). Desarrolló una burocracia centralizada, sobre la cual ejercía una supervisión directa y personal de los asuntos. Pero las cuestiones financieras le sobrepasaron, dado el peso de los gastos militares sobre la maltrecha Hacienda Real; en consecuencia, Felipe hubo de declarar a la Monarquía en bancarrota en tres ocasiones (1560, 1575 y 1596). Alrededor del rey se disputaban el poder dos «partidos»: el del duque de Alba* y el que encabezaron primero el príncipe de Éboli* y más tarde Antonio Pérez*; las luchas entre ambas redes se exacerbaron a raíz del asesinato del secretario Escobedo (1578), culminando con la detención de Pérez y el confinamiento de Alba. Desde entonces hasta el final del reinado, dominó el poder el cardenal Granvela*, coincidiendo con la época en que, gravemente enfermo el rey, se alejó de los asuntos de gobierno y delegó en *Juntas* de nueva creación.

En política exterior, el reinado de Felipe II se inició con la liberación de la Corona de las responsabilidades imperiales (1556), el abandono del proyecto de unión con Inglaterra por la muerte de María Tudor (1558) y las victorias militares de San Quintín (1557) y Gravelinas (1558), que pacificaron temporalmente el recurrente conflicto con Francia (Paz de Cateâu Cambrésis, 1559). En consecuencia, Felipe II pudo orientar su política hacia el Mediterráneo, encabezando la empresa de frenar el poderío islámico representado por el Imperio Turco; esta empresa tenía tintes de cruzada religiosa, pero también una lectura de política interior, pues Felipe hubo de reprimir una rebelión de los moriscos de Granada (1568-71), musulmanes de sus propios reinos que habían apelado al auxilio turco. Para conjurar el peligro formó Felipe la Liga Santa, en la que se unieron a España Génova, Venecia y el Papado. La resonante victoria que obtuvieron sobre los turcos en la batalla naval de Lepanto (1571) quedó reafirmada en los años posteriores con las expediciones al norte de África.

A finales de la década de 1570, distraída la atención de los turcos por la presión persa en el este, disminuyó la tensión en el Mediterráneo. Ello permitió a Felipe reorientar su política hacia el Atlántico, para atender a la grave situación creada por la sublevación de los Países Bajos contra el dominio español, alentada por los protestantes desde 1568; a pesar del esfuerzo militar que dirigieron, sucesivamente, el duque de Alba, Requeséns*, don Juan de Austria* y Alejandro Farnesio*, las provincias del norte de los Países Bajos se declararon independientes en 1581 y ya nunca serían recuperadas por España. La orientación atlántica de la Monarquía se acrecentó en 1581, al incorporar el reino de Portugal, aprovechando una crisis sucesoria en la que Felipe II hizo valer sus derechos al Trono mediante la invasión del país, que le convirtió en Felipe I de Portugal. En aquel momento alcanzó la Monarquía su mayor expansión territorial, añadiendo a sus dominios europeos las colonias españolas y portuguesas en América, África, Asia y Oceanía, hasta constituir un imperio en el que «no se ponía el sol». Aprovechando las guerras de religión, Felipe se permitió también intervenir en 1584-90 en la disputa sucesoria francesa, apoyando al bando católico frente a los protestantes de Enrique de Navarra (el futuro Enrique IV*), circunstancia que aprovechó para intentar sin éxito poner en el Trono francés a su hija Isabel Clara Eugenia (nacida del tercer matrimonio de Felipe, con la hija de Enrique II* de Francia, Isabel de Valois). La mayor presencia española en el Atlántico acrecentó la tensión con Inglaterra, manifestada en el apoyo inglés a los rebeldes protestantes de los Países Bajos, el apoyo español a los católicos ingleses y las agresiones de los corsarios ingleses contra el imperio colonial español (protagonizadas por Drake*); todo ello condujo a Felipe a planear la invasión de la isla por la *Armada Invencible,* empresa que fracasó estrepitosamente en 1588, iniciando el declive del poderío español en Europa. Coincidió éste con la vejez y enfermedad de Felipe II, cada vez más retirado en el palacio-monasterio de El Escorial, que había hecho construir en 1563-84. Al morir le sucedió Felipe III*, hijo de su cuarto matrimonio (con Ana de Austria); el primer heredero varón que tuvo (el incapaz príncipe Carlos, hijo de su primer matrimonio con María Manuela de Portugal) había muerto muy joven encerrado en el Alcázar de Madrid y, según la «leyenda negra» que alentaban los enemigos de Felipe II, por instigación de su padre.

FELIPE II de Francia, *Augusto.* V. **CAPETO, Dinastía.**

FELIPE III de España Rey de España y Portugal (Madrid, 1578-1621). Era hijo de Felipe II*, a quien sucedió en 1598. Aficionado al teatro, a la pintura y —sobre todo— a la caza, delegó los asuntos de gobierno en manos de su *valido,* el duque de Lerma*; por influencia de éste, la corte española se trasladó temporalmente a Valladolid (1601), volviendo luego a su sede de Madrid (1606). Al morir Lerma en 1619, le sucedió en el valimiento su hijo, el duque de Uceda, si bien el rey impidió que alcanzara un poder tan ilimitado como había tenido su padre. A lo largo del reinado se sucedieron las reformas institucionales para solucionar los problemas de corrupción e inoperancia que aquejaban a la administración de la Monarquía: aparte de los cambios introducidos en el tradicional sistema de *Consejos,* se extendió cada vez más el recurso a las *Juntas,* órganos destinados a mermar el poder de aquéllos en favor de un gobierno más ágil y coherente, pero que no produjeron el resultado apetecido (Junta de Guerra de Indias, Junta de Desempeño, Junta de Hacienda de Portugal…). Los problemas financieros, que se arrastraban desde el reinado anterior, hicieron al rey dependiente de las Cortes, a las que hubo de reunir con más frecuencia que sus antecesores para que le otorgaran los recursos imprescindibles para mantener la acción exterior de la Monarquía *(servicios de millones)*. Por último, en la política interior de Felipe III hay que destacar la expulsión de los moriscos (1610), que liquidó el problema creado en tiempos de Felipe II, al esparcir por toda la Península a los musulmanes granadinos derrotados en la Guerra de las Alpujarras; dicha expulsión tuvo efectos económicos muy negativos.

Con Felipe III se inicia la serie de los llamados «Austrias menores», monarcas de la Casa de Habsburgo* en el siglo XVII, bajo los cuales se produjo la decadencia del poderío español en Europa. Los inicios del reinado se caracterizaron por una línea pacifista, obligada por las dificultades financieras: en 1604 se firmó la Paz de Londres con Inglaterra; en 1609 la Tregua de los Doce Años con las Provincias Unidas de los Países Bajos; la paz con Francia, que Felipe II había concertado en sus últimos momentos (Vervins, 1598) quedó consolidada en 1615, mediante sendos matrimonios del rey francés con una infanta española y del príncipe heredero de España (el futuro Felipe IV*) con una infanta francesa; y los éxitos militares conseguidos en el norte de Italia parecieron abrir también allí un periodo de tranquilidad (Convenio de Pavía, 1617). Esa situación se rompió cuando los conflictos internos de los Habsburgo arrastraron a toda Europa a la Guerra de los Treinta Años (1618-48). Iniciada a propósito del enfrentamiento entre católicos y protestantes en Bohemia, la primera fase de la guerra (la correspondiente al reinado de Felipe III) enfrentó a España, aliada de Austria y de Baviera (que encabezaba a los príncipes alemanes de la Liga Católica), contra los protestantes bohemios apoyados por el Palatinado (que encabezaba a los príncipes alemanes de la Unión Protestante). La victoria de las tropas españolas mandadas por Spínola* en el Palatinado, y de las tropas de la Liga mandadas por Tilly en Bohemia, saldó esta primera fase en beneficio de los intereses españoles; pero la guerra se reanudaría en el reinado de Felipe IV en un sentido mucho menos favorable.

FELIPE III de Francia, *el Atrevido.* V. CAPETO, Dinastía.

FELIPE IV de España Rey de España y Portugal, perteneciente a la Casa de Habsburgo* (Valladolid, 1605 - Madrid, 1665). Era hijo de Felipe III*, a quien sucedió en 1621. Durante la mayor parte de su largo reinado el gobierno de la Monarquía estuvo encomendado a su valido, el conde-duque de Olivares* (de 1621 a 1643). Éste emprendió un ambicioso programa de reformas encaminado a fortalecer la autoridad real, sanear su Hacienda, instaurar un sistema de gobierno más ejecutivo e integrar a los diversos territorios de la Monarquía en el sostenimiento de la política exterior (la *Unión de Armas).* Las expectativas abiertas por este empeño reformador se vieron frustradas por la mala acogida que tuvieron las medidas entre las instituciones que se sentían perjudicadas (Cortes, Consejos, Juntas y reinos periféricos) y por los compromisos europeos de la Monarquía, que la involucraron en guerras continuas. La bancarrota de 1627 puso fin a las buenas intenciones del comienzo del reinado y, a partir de 1635, puede hablarse de una desarticulación total de las bases fiscales de la Monarquía, que culminó en una nueva bancarrota en 1647.

El reinado se inició con la decisión de no renovar la Tregua de los Doce Años, que expiraba en 1621; se reanudó, por tanto, la lucha contra los holandeses, con la intención de consolidar el dominio español sobre el sur de los Países Bajos. Pero ahora se trataba de un frente más de la Guerra de los Treinta Años (1618-48), que afectaba prácticamente a toda Europa. Los holandeses infligieron graves derrotas a la flota española en las batallas de Matanzas (Cuba, 1628) y Las Dunas (1639), desarticulando el sistema de defensa y comunicaciones de la Monarquía. Entretanto se habían abierto nuevos frentes, al entrar la Francia de Luis XIV* en el conflicto contra España y el Imperio (1636). Las victorias iniciales de España en Nordlingen (contra los suecos, 1634) y en Fuenterrabía (contra los franceses, 1638) quedaron anuladas por la gran derrota de Rocroi (1643); ésta provocó la caída de Olivares y acabó prácticamente con el poderío español en Europa, elevando en cambio a Francia al rango de gran potencia. Las paces de Westfalia (1648) y de los Pirineos (1659) consagraron el nuevo orden de cosas, perdiendo España Artois, el Rosellón y la Cerdaña y desapareciendo del continente el sueño imperial de los Habsburgo. Para sellar la paz, la infanta María Teresa, hija del primer matrimonio de Felipe IV con Isabel de Borbón, se casó con Luis XIV en 1660; de este enlace procederían los derechos aludidos por la Casa de Borbón* para hacerse con el Trono de España en la persona de Felipe V* (nieto del matrimonio) a la muerte de Carlos II* (1700).

El esfuerzo de guerra desencadenó, además, graves tensiones centrífugas en el interior de la Monarquía Hispana, en la medida en que la búsqueda de recursos fiscales llevó a implantar impuestos extraordinarios y a aumentar la presión sobre la nobleza. Ya en 1630-34 se habían producido motines en Vizcaya; pero en 1640-41 estallaron rebeliones secesionistas simultáneas en Andalucía, Cataluña y Portugal, en 1646 en Aragón y Navarra, y en 1647 en Nápoles; la propia Castilla, base del poder de la Monarquía, vivió disturbios coincidiendo con las malas cosechas de 1647-52 y 1655-57. Los movimientos de mayor alcance fueron el de Cataluña (cuya represión exigió una guerra de doce años, 1640-52) y el de Portugal (que, tras una guerra aún más larga, obligaría a conceder la independencia a ese país por el Tratado de Lisboa de 1668, ya durante el reinado siguiente). Fracasados los últimos intentos por recuperar Portugal (batallas de Elvas —1658—, Ameixal —1663—, Ciudad Rodrigo —1664— y Montesclaros —1665—), Felipe dedicó el final de su reinado a asegurar la sucesión para su hijo de cuatro años, Carlos II, bajo la regencia de su madre Mariana de Austria*. Le dejaba una Monarquía gravemente debilitada, inmersa en un proceso de descomposición de la autoridad real, pérdida de prestigio en Europa, ruina económica y financiera e impotencia militar. Además del incapaz heredero Carlos, Felipe IV tuvo otros once hijos legítimos (de los cuales sólo le sobrevivieron dos mujeres) y multitud de bastardos (el más conocido de ellos fue don Juan José de Austria*, que habría de desempeñar un importante papel en el reinado siguiente).

FELIPE IV de Francia, *el Hermoso* Rey de Francia, perteneciente a la dinastía Capeto* (Fontainebleau, 1268 - 1314). Era hijo de Felipe III *el Atrevido,* a quien sucedió en 1285. Un año antes ya era rey de Navarra y duque de Champaña, por su matrimonio con Juana I de Navarra (1284). Fue un rey piadoso, aficionado a la caza y celoso de la grandeza de su linaje (hizo canonizar a su abuelo Luis IX*); pero apenas se ocupó de los asuntos de gobierno, que dejó en manos de sus consejeros. No obstante, esa política hizo evolucionar a la Monarquía en un sentido moderno, que fortaleció a la Corona, sobre todo en el aspecto financiero, con la institución de un tribunal de cuentas y la sustitución de las prestaciones militares personales de los vasallos por impuestos en dinero destinados a contratar mercenarios; la expulsión de los judíos en 1306 respondía también a móviles económicos. Cuando Felipe quiso completar el saneamiento de la Hacienda Real imponiendo tributos a la Iglesia, se encontró con la oposición del papa Bonifacio VIII*, con quien entró en conflicto a raíz del proceso que la justicia del rey emprendió contra un clérigo francés (1301). El papa respondió afirmando la supremacía pontificia contra el poder temporal de los reyes (bula *Unam Sanctam*). Felipe reunió un concilio nacional para juzgar al papa y éste fue hecho prisionero por el canciller francés Guillermo de Nogaret («atentado de Anagni», 1302). La muerte de Bonifacio, poco después, permitió a Felipe hacer elegir a papas franceses (Benedicto XI en 1303 y Clemente V en 1305), de quienes obtuvo todo cuanto pidió (por ejemplo, la supresión de la Orden del Temple en 1307). El dominio francés sobre la Iglesia quedó plasmado en el traslado de la sede pontificia de Roma a Aviñón (1309).

La política exterior de Felipe IV abrió una nueva etapa de la historia de Francia, marcada por el largo enfrentamiento con Inglaterra conocido como la Guerra de los Cien Años (1339-1453): desde el comienzo de su reinado liquidó el conflicto con Aragón por el Tratado de Anagni (1295) e hizo invadir el Ducado de Guyena, posesión continental del monarca inglés (1294-99). Este enfrentamiento anglo-francés se reavivó a propósito de las luchas civiles de Flandes, en las que Francia apoyó la rebelión del patriciado urbano contra el conde aliado de Inglaterra. Felipe hizo ocupar Flandes (1297), pero sus tropas fueron expulsadas por una sublevación de las ciudades, que culminó con la derrota francesa en la batalla de Courtrai o de «las espuelas de oro» (1302). Aunque nominalmente Flandes siguió siendo un feudo francés (Tratado de Athis, 1305), las posteriores campañas de Felipe *el Hermoso* (1312-14) no consiguieron su completa incorporación a la Corona. Más eficaz fue la acción expansiva de la Monarquía hacia el este, con la aceptación de la soberanía francesa en el Franco Condado (1295-1301) y la incorporación a la Corona de Lyon (1312) y Champaña (1314). Felipe IV fracasó en su candidatura al Imperio en 1308. Al morir le sucedió su hijo Luis X, *el Testarudo*.

FELIPE V Rey de España, con el que se implantó la Casa de Borbón* en este país (Versalles, 1683 - Madrid, 1746). Felipe, que llevaba el título de duque de Anjou*, era el segundo hijo de Luis, el *gran delfín* de Francia, que murió antes de acceder al Trono, y nieto —por tanto— de Luis XIV*. Mientras el derecho a heredar la Corona de Francia recaía sobre el hijo de su hermano (el futuro

Luis XV*), él fue destinado por su abuelo a reclamar el Trono de España, que iba a quedar vacante por la muerte sin descendencia de Carlos II*; alegando los derechos que le pertenecían por ser su abuela paterna una hija de Felipe IV*, Francia consiguió que el testamento de Carlos II le designara heredero. La perspectiva de ver ampliarse el poderío francés adquiriendo la Corona de España aterraba a las demás potencias europeas, que no aceptaron esa sucesión y defendieron la candidatura del archiduque Carlos de Austria (el futuro emperador Carlos VI*). Al morir Carlos II se abrió, por tanto, la Guerra de Sucesión española (1700-14) entre Francia, de un lado, y de otro, Inglaterra, Portugal, Saboya, Prusia, Hannover, los Países Bajos, Austria y el Imperio. La propia España se dividió en dos bandos, inclinándose en líneas generales la Corona de Castilla por don Felipe, mientras los reinos orientales de la Corona de Aragón apoyaban al archiduque Carlos. La suerte de las armas fue favorable a Felipe en la Península (batallas de Almansa —1707—, Brihuega y Villaviciosa —1710— y toma de Barcelona —1714—); pero en el conjunto de la contienda europea se impuso la *Gran Alianza* antiborbónica (batallas de Blenheim, Ramillies, Turín, Lille, Oudenaarde, Malplaquet…). En consecuencia, por el Tratado de Utrecht (1713), Felipe V quedó como rey de España y de sus colonias americanas, pero con el compromiso de mantener perpetuamente separadas las Coronas española y francesa, y la obligación de ceder Gibraltar y Menorca (a Gran Bretaña), Sicilia (a Saboya) y Nápoles, Cerdeña, Milán y los Países Bajos (a Austria). En 1724 Felipe abdicó en su hijo, Luis I; pero, al morir éste siete meses más tarde, la reina Isabel de Farnesio le obligó a reasumir la Corona en aquel mismo año, saltándose el orden sucesorio; Felipe V conservó ya la Corona hasta su muerte, si bien desde 1727 padeció una demencia progresiva, que dejó el poder efectivo en manos de la reina.

Privada de sus antiguas posesiones en Europa, la monarquía española inició con Felipe V un nuevo rumbo de reconstrucción política, económica y militar. Aprovechando su reciente victoria bélica y auxiliado por un equipo de ministros reformistas (Macanaz*, Alberoni*, Patiño*, Ensenada*, Orry, Campillo…), Felipe uniformizó el territorio reduciendo autonomías y privilegios (decretos de Nueva Planta), fortaleció la autoridad real frente a toda clase de instituciones intermedias, practicó una política *regalista* en detrimento del poder de la Iglesia, modificó la norma sucesoria con arreglo a la costumbre francesa (Auto Acordado de 1713) e intentó imponer un estilo de administración más ejecutivo y centralizado (reforma de los Consejos en 1713 e instauración de los intendentes en 1718). En el aspecto económico, el reinado de Felipe V fue una época de recuperación, impulsada por la revitalización del comercio americano: traslado de la Casa de Contratación de Sevilla a Cádiz, paso del sistema de flotas al de registros, formación de compañías privilegiadas de comercio, construcción del arsenal de El Ferrol…

En el exterior, Felipe V siguió una política inspirada por los intereses de la dinastía borbónica, buscando en particular —por instigación de la reina— adquirir territorios italianos en los que situar como soberanos a sus hijos. El ataque contra Cerdeña y Sicilia (1717) desencadenó la reacción de una Cuádruple

Alianza, formada por Gran Bretaña, Francia, Holanda y Austria, que derrotó a las tropas españolas en 1719-20 y restauró el orden del Tratado de Utrecht, si bien concedió a Felipe la instalación de sus hijos Felipe y Carlos (el futuro Carlos III*) en los ducados de Parma, Piacenza y Toscana. Al iniciarse su segundo reinado, Felipe V estableció una alianza con su antiguo enemigo Carlos VI (ya emperador) para enfrentarse juntos a Inglaterra (Tratado de Viena, 1725); fracasado el asedio de Gibraltar, se restableció el *statu quo* por el Tratado de Sevilla (1729). No cejó Felipe en su empeño, concertando con Francia el primer Pacto de Familia (1734), que llevó a España a intervenir en la Guerra de Sucesión de Polonia (1733-35) y en la Guerra de Sucesión de Austria (1740-48): con la primera consiguió para Carlos III el Trono de Nápoles y Sicilia, a cambio de renunciar a Parma, Piacenza y Toscana; pero en la segunda fracasó en el intento de conseguir Milán para el infante don Felipe, quien hubo de contentarse con los ducados de Parma, Piacenza y Guastalla. Muerto Felipe V de apoplejía, le sucedieron su hijos Fernando VI* y Carlos III.

FELIPE VI de Francia. V. VALOIS, Casa de.

FERNÁN GONZÁLEZ Primer conde independiente de Castilla (?, ? - Burgos, 970). Sus orígenes son mal conocidos: se sabe que en el año 929 había recibido de Alfonso IV de León la mandación de Lara con el título de conde; y que posteriormente se casó con una hermana de la reina, lo cual le dio acceso a la corte. Fue ensanchando sus posesiones gracias al favor de Ramiro II, a quien acompañó en la importante batalla de Simancas (939) contra los musulmanes del Califato de Córdoba; mientras el rey explotaba su victoria repoblando los territorios ganados en la parte occidental de la frontera, dejaba a Fernán González que hiciera lo propio en la parte oriental, destacando en esa área la repoblación de Sepúlveda (940). Por entonces ya integraba bajo su mando todas las mandaciones castellanas: además de Lara, Burgos, Lantarón, Amaya, Alva y Cerezo. Su poder creció hasta el punto de desafiar al rey, quien le hizo encerrar en el 944; más tarde le liberó, después de haber prestado juramento de fidelidad, pero le mantuvo en la corte como magnate palaciego. Al morir Ramiro en el 951, Fernán González aprovecho la crisis sucesoria para afirmar su vocación de independencia, apoyada sobre un particularismo castellano que rechazaba las tradiciones leonesas de origen visigodo. Con el inicio del reinado de Ordoño III la situación de Fernán González pudo haber mejorado, ya que el nuevo monarca estaba casado con su hija Urraca; pero pronto la repudió, al tomar partido el conde castellano por su hermano Sancho en la guerra civil que estalló por el Trono leonés. Al morir Ordoño (956), sin embargo, Fernán González no siguió apoyando a Sancho I, sino que se puso de parte de su primo Ordoño IV, con quien casó de nuevo a Urraca. Entre tanta confusión, el conde aprovechó la debilidad de la Corona para extender sus dominios por la parte oriental del reino leonés. Su buena estrella se apagó en el 960, cuando fue apresado por el rey de Navarra para obligarle a aceptar una rectificación a su favor de la frontera navarro-castellana en la zona de La Rioja; el navarro pretendía, además, quitarle el apoyo castellano a Ordoño IV y facilitar la reposición sobre el Trono leonés de su candidato, Sancho I, lo que efectivamente logró en aquel mismo año. Fernán González, sin embargo, superó ese momento de dificultades, como había superado otros, maniobrando y manejando las alianzas con oportunismo y ambición. Con el acceso al Trono de Ramiro III (966) se abrió un nuevo periodo de debilidad en el reino de León, que Fernán González aprovechó para afirmar la independencia de su condado y ligarla de modo hereditario a su linaje; efectivamente, al morir le sucedió su hijo García Fernández, quedando Castilla consolidada como entidad política autónoma apenas ligada a la Corona leonesa.

FERNÁNDEZ DE CÓRDOBA, Gonzalo, *el Gran Capitán* (o Fernández de Córdova) Militar al servicio de los Reyes Católicos* (Montilla, Córdoba, 1453 - Granada, 1515). Perteneciente a la casa de Aguilar se formó a caballo entre la tradición guerrera de la frontera andaluza y la corte real castellana. En las Guerras de Granada (1480-92) empezó a practicar sus innovaciones tácticas, que superaban la guerra medieval de choque entre líneas de caballería por la mayor maniobrabilidad de una infantería mercenaria encuadrada en unidades sólidas; su habilidad para aprovechar todos los recursos, adaptando la táctica a las condiciones del momento (empleando, por ejemplo, espías para disponer de la ventaja de la información, o practicando una lucha de guerrillas en alguna de sus campañas), explica los éxitos de su carrera, que le convirtieron desde joven en el más destacado jefe militar de la monarquía castellano-aragonesa. Los reyes le encomendaron varias embajadas para negociar con el rey Boabdil de Granada*, con quien tenía relaciones de amistad. Los servicios que prestó durante aquella campaña fueron premiados con la encomienda de la Orden de Santiago, además de otras rentas y señoríos.

Completada la Reconquista con la capitulación de Granada (1492), Isabel y Fernando le emplearon en Italia, donde sostendrían una larga guerra disputando la hegemonía en la región contra Francia. La invasión francesa de Nápoles —reclamando la herencia de la Casa de Anjou*— fue respondida con una campaña de dos años (1494-96) dirigida por Fernández de Córdoba, que derrotó a los franceses y repuso al monarca napolitano, perteneciente a la familia real aragonesa. Los éxitos de aquella guerra (como la toma de Reggio, Atella y Nápoles) le valieron el sobrenombre de *Gran Capitán* y el título de duque de Santángelo. Regresó a España en 1498, pero pronto hubo de volver a Italia, al zanjar Francia y Aragón su disputa con el Tratado de Granada (1500), que repartía el reino de Nápoles en dos zonas: el norte para Francia y el sur para Aragón. El propio Fernández de Córdoba fue puesto al mando del ejército que ocupó Nápoles arrebatándole el Trono a la dinastía que había defendido cuatro años antes. El expansionismo francés provocó además la reapertura del conflicto con España en 1502. Fernández de Córdoba, que se hallaba combatiendo a los turcos en Cefalonia, fue llamado nuevamente para dirigir las tropas españolas. Consciente de su inferioridad numérica frente al ejército francés, adoptó una estrategia defensiva, resistiendo el asedio enemigo en Barletta en espera de refuerzos; en cuanto éstos llegaron, salió a campo abierto, y derrotó a los franceses en las batallas de Ceriñola, Garellano y Gaeta (1503). Nápoles pasó así al dominio español, bajo el cual se mantendría hasta el siglo XVIII, quedando Gonzalo como gobernador del reino.

La muerte de la reina Isabel en 1504 marcó el inicio de la caída en desgracia del *Gran Capitán*. Su enfrentamiento con Fernando *el Católico* alcanzó un punto culminante a raíz del Tratado de Blois (1505), por el que el rey devolvió a la Corona francesa las tierras napolitanas que Fernández de Córdoba había expropiado a los príncipes de la Casa de Anjou y había repartido entre sus oficiales. En 1507 Fernando viajó a Nápoles para tomar posesión de su nuevo reino, momento en que cuenta la leyenda que exigió al *Gran Capitán* que rindiera cuentas de su gestión financiera; en todo caso, fue depuesto como gobernador de Nápoles, adonde nunca regresó a pesar de sus protestas.

FERNÁNDEZ-MIRANDA Y HEVIA, Torcuato Político español (Gijón, Asturias, 1915 - Londres, 1980). Este catedrático de Derecho Político realizó su carrera político-administrativa bajo el régimen de Franco*, adquiriendo protagonismo político como secretario general del Movimiento (1969-74). El dictador le encargó igualmente una responsabilidad importante como preceptor de su sucesor en la jefatura del Estado, el entonces príncipe Juan Carlos*. Nombrado vicepresidente del gobierno de Carrero Blanco*, asumió interinamente la presidencia a raíz del asesinato de éste (1973). La lucha por el poder que se desató entonces entre las «familias» del régimen, agravada por la perspectiva sucesoria que auguraba la avanzada edad de Franco, se saldó en contra de Fernández-Miranda, que resultó apartado en beneficio de Arias Navarro (1974)*. Tras la muerte del dictador y la coronación de Juan Carlos I (1975), Fernández-Miranda colaboró estrechamente con el rey en la tarea de impulsar una transición pacífica a la democracia desde la legalidad del régimen anterior. Para ello fue nombrado presidente de las Cortes orgánicas (sería su último presidente, de 1975 a 1977); desde aquel cargo, que llevaba aparejada la presidencia del Consejo del Reino, ayudó al rey a desembarazarse del ultraconservador Arias y poner al frente del gobierno al joven y renovador Adolfo Suárez*, quien habría de llevar a término la reforma política. En reconocimiento a los servicios prestados, fue nombrado duque de Fernández-Miranda y senador de designación real en las primeras Cortes democráticas (1977-79).

FERNÁNDEZ ORDÓÑEZ, Francisco Político español (Madrid, 1930-1992). Estudió Derecho en Madrid y Harvard (Estados Unidos), e ingresó por oposición en el Ministerio de Hacienda (1959), en el que realizó una larga carrera administrativa. En las últimas fases del régimen de Franco* fue llamado a puestos políticos como el de subsecretario de Hacienda (1973) y presidente del Instituto Nacional de Industria (1974). Sin embargo, sus discrepancias con el presidente del gobierno, Arias Navarro*, le llevaron a dimitir en aquel mismo año y a pasar oportunamente a las filas de la oposición, fundando un minúsculo Partido Socialdemócrata. En 1977 se integró con su grupo en la Unión de Centro Democrático (UCD) que encabezaba el presidente Suárez* y que avalaba la transición a la democracia desde la legalidad del régimen anterior. En el siguiente Gobierno de Suárez fue nombrado ministro de Hacienda (1977-80), cargo desde el que impulsó la reforma fiscal iniciada por Fuentes Quintana, modernizando la tributación española con arreglo al modelo dominante en el resto del mundo occidental. Su éxito al frente de una de las carteras ministeriales más difíciles quedó completado cuando pasó a la de Justicia (1980-82), desde la cual impulsó la legalización del divorcio. Cuando la UCD empezó a debilitarse en 1982, Fernández Ordóñez dimitió denunciando públicamente un caso de torturas policiales y se escindió creando un partido propio (Partido de Acción Democrática). Enseguida se integró en el Partido Socialista Obrero Español (PSOE), vencedor en las elecciones de aquel año, al cual representaría como diputado en los diez años siguientes. La administración socialista le destinó primero a la presidencia del Banco Exterior de España (1982-86), hasta que entró como ministro de Asuntos Exteriores en el gobierno de Felipe González* (1985-92). Desde este último cargo impulsó el alineamiento de España con Estados Unidos y la OTAN (apoyando, por ejemplo, la intervención aliada contra Irak en 1990-91); dirigió la integración de España en la Comunidad Económica Europea; negoció la reducción de las bases militares norteamericanas en España; y preparó la Conferencia de Madrid que puso en marcha las negociaciones de paz árabe-israelíes (1991). Dimitió por problemas de salud en 1992, poco antes de morir.

FERNANDO DE PORTUGAL (Fernando de Sajonia-Coburgo-Gotha). V. BRAGANZA, Casa de.

FERNANDO I de Aragón, *el de Antequera*. V. TRASTÁMARA, Casa de.

FERNANDO I de Austria. V. HABSBURGO, Casa de.

FERNANDO I de Calabria. V. TRASTÁMARA, Casa de.

FERNANDO I de Castilla, *el Grande* Primer rey de Castilla (?, h. 1017 - León, 1065). Era hijo de Sancho III, *el Mayor*, de Navarra* y de doña Munia, hija del conde de Castilla Sancho García. En 1029 recibió por herencia materna el condado castellano, aunque fue su padre quien lo gobernó de hecho. Al morir éste en 1035, Fernando recibió el pleno dominio de Castilla con título de rey, aunque mermado su territorio por el este y por el oeste en beneficio de Navarra y de León. El conflicto con ambos reinos vecinos por recuperar los territorios perdidos le llevó a sendas guerras victoriosas, mediante las cuales consolidó y agrandó su reino recién nacido. En la primera venció a los leoneses en la batalla de Tamarón (1037), en la que murió su rey; alegando los derechos de su esposa Sancha al Trono leonés vacante, Fernando se hizo coronar rey de León en 1038, uniendo por primera vez las dos coronas. La segunda guerra fue contra su hermano García IV de Navarra, al que derrotó y dio muerte en la batalla de Atapuerca (1054). La última parte de su vida la dedicó a combatir contra los musulmanes: reconquistó Viseo, Lamego (1055) y Coimbra (1064); y dirigió varias expediciones militares para exigir de los reinos de Taifas de Zaragoza, Toledo, Badajoz y Sevilla el pago de tributos en reconocimiento de vasallaje. Al morir dejó sus estados repartidos entre sus hijos Alfonso VI* (León), Sancho II (Castilla) y García (Galicia).

FERNANDO II de Aragón y V de Castilla, *el Católico*. V. REYES CATÓLICOS.

FERNANDO III, *el Santo* Rey de Castilla y de León (Valparaíso, Zamora ?, 1199/1201 - Sevilla, 1252). Con él volvieron a unirse ambas Coronas, al heredar el reino de Castilla por la muerte de su primo Enrique I (1217) y el de León por la muerte de su padre Alfonso IX (1230). Las dos herencias plantearon problemas y resistencias, salvadas gracias a la habilidad diplomática de la reina madre Berenguela. Una vez sometidos los nobles díscolos y unificados los dos reinos, Fernando dio un fuerte impulso a la Reconquista, aprovechando la superioridad militar obtenida sobre el Islam desde la victoria de su tío Alfonso VIII* en la batalla de Las Navas (1212). Dicha empresa habría de conducir a la reconquista del valle del Guadalquivir, que convirtió al reino castellano-leonés en un territorio mucho más extenso que cualquiera de sus vecinos y el único que conservaba frontera terrestre con el Islam (por la supervivencia del reino de Granada hasta el siglo XV). El inicio de esa gran campaña guerrera fue aprobado en la Curia de Carrión de 1224, coincidiendo con las luchas por el poder que se abrieron entre los musulmanes al morir el sultán almohade Abú Yacub Yusuf.

Una tras otra fueron cayendo en manos cristianas ciudades musulmanas tan significativas como Córdoba (1236) o Jaén (1246). Sevilla, en cambio, resistió duramente, exigiendo añadir al esfuerzo militar en tierra la actuación de la flota castellana del Cantábrico bajo el mando de Ramón Bonifaz, que asedió la ciudad por el río y bloqueó el Atlántico para impedir que llegaran refuerzos. Finalmente, Sevilla se rindió al rey Fernando en 1248. En cambio, no consiguió completar el dominio de la Baja Andalucía con la toma de Cádiz —aunque lo intentó varias veces—, objetivo que cumpliría su hijo Alfonso X*. A la reconquista siguió la repoblación de las tierras recién incorporadas mediante repartimientos a caballeros y peones cristianos. Murió en 1252, cuando preparaba una campaña para continuar la Reconquista hacia el norte de África; fue enterrado en la catedral de Sevilla. La Iglesia católica le canonizó en 1671.

FERNANDO IV de Nápoles y III de Sicilia. V. BORBÓN, Casa de.

FERNANDO VI Rey de España (Madrid, 1712 - Villaviciosa de Odón, Madrid, 1759). Era hijo del primer matrimonio de Felipe V*, a quien sucedió al morir en 1746 (y no en 1724, al morir su hermano Luis I, como habría exigido la norma sucesoria de la Casa de Borbón*, ya que la reina Isabel de Farnesio empujó a Felipe V a recuperar el Trono y mantenerlo el resto de su vida). Comenzó su reinado eliminando la influencia de la reina viuda Isabel y de su grupo de cortesanos italianos; de tiempos de su padre conservó, sin embargo, al marqués de La Ensenada* como secretario de Hacienda, Marina e Indias, equilibrando su poder con el nombramiento de José de Carvajal para la Secretaría de Estado. La pugna entre ambos terminó en 1754, al morir Carvajal y caer Ensenada, pasando Ricardo Wall a ser el nuevo «hombre fuerte».

La política exterior de Fernando VI se orientó a conservar la paz, liquidando el belicismo del reinado anterior; con ello se pretendía reducir el peso de los gastos militares y concentrar las energías sobre el desarrollo interior. Terminada la Guerra de Sucesión austriaca (1740-48), España no intervino en nuevos conflictos. Antes al contrario, la Monarquía buscó su lugar en el equilibrio europeo firmando acuerdos con Portugal (Tratado de Límites, 1750) y con Inglaterra (convenio de compensación, 1750; Tratado de Aranjuez, 1752). Los peligros de la situación italiana se conjuraron concertando una alianza matrimonial entre la hermana de Fernando VI y el heredero del Trono de Saboya (1750) y un tratado defensivo con Austria y Saboya (1752). El estallido de la Guerra de los Siete Años (1756-63) no desvió a España de su posición neutral, resistiendo las ofertas que hicieron tanto Francia como Inglaterra para intervenir en la contienda.

El pacifismo del reinado de Fernando VI permitió a sus ministros concentrarse sobre la reconstrucción económica y financiera del país. El proyecto de Ensenada pasaba por la implantación en Castilla de una Única Contribución directa proporcional a las fortunas familiares, medidas en virtud de un catastro que se levantó al efecto (1749-56); las dificultades y resistencias que suscitó aquella operación, sin embargo, hicieron que no pudiera ser aplicada hasta el reinado de Carlos III* (1760) y aun entonces sólo de forma transitoria y parcial. Otras medidas de reforma de la Hacienda fueron más eficaces: la administración directa de las Rentas Provinciales y la acción de los intendentes (a los que se dio una nueva ordenanza en 1755) permitieron prescindir de los arrendatarios particulares que mediatizaban la recaudación de los impuestos en beneficio propio; al mismo tiempo, la centralización de las transacciones exteriores del Estado en la oficina del Real Giro (1751-52) permitió prescindir de la costosa intermediación de banqueros y asentistas. Con todo ello mejoraron los ingresos de la Hacienda Real y, al mismo tiempo, se aligeró la presión fiscal, facilitando la recuperación económica. La bonanza financiera del reinado permitió impulsar la reconstrucción de la Marina, vital para mantener el comercio trasatlántico y el imperio americano. Un nuevo Concordato con el Papado (1753) completó la obra de reforzamiento de la autoridad de la Corona en una línea *regalista,* al obtener el rey el derecho de patronato sobre las iglesias de Granada e Indias y renunciar el papa a apropiarse de los *expolios y vacantes* (herencias de los obispos fallecidos). Como monarca ilustrado, don Fernando protegió las ciencias y las artes (especialmente la música), caracterizándose su reinado por un florecimiento cultural: creación de la Real Academia de Bellas Artes de San Fernando (1752) y de las Reales Sociedades Económicas de Amigos del País... Aquejado de problemas mentales, que se agravaron al quedar viudo de su única esposa, Bárbara de Braganza (1758), se retiró a su palacio de Villaviciosa, donde murió sin dejar descendencia, sucediéndole su hermano de padre, Carlos III, hasta entonces rey de Nápoles.

FERNANDO VII Rey de España (El Escorial, 1784 - Madrid, 1833). Era hijo de Carlos IV*, con quien mantuvo muy malas relaciones: ya como príncipe de Asturias conspiró contra su padre, agrupando a su alrededor un partido *fernandista* con cierto apoyo cortesano y popular, de todos los descontentos con la política del valido Godoy*. Descubierta la conspiración, el príncipe fue condenado por el proceso de El Escorial (1807), aunque enseguida pidió y obtuvo el perdón de su padre. Ello no le impidió encabezar el motín de Aranjuez, por el que arrebató el Trono a Carlos IV y derribó a Godoy del poder (1808). Fernando, que había mantenido contactos con Napoleón* a lo largo de sus conspiraciones, se encontró en aquel mismo año con que el emperador invadía España y le hacía apresar y conducir a Bayona (Francia); allí le obligó a devolver la Corona a Carlos IV, sólo para forzar que éste abdicara el Trono español en el propio hermano del emperador, José I*. Mientras Fernando permanecía recluido en Valençay (Francia), fue el pueblo español el que asumió por su cuenta la resistencia contra la ocupación francesa y el proceso revolucionario que había de conducir a las Cortes de Cádiz a elaborar la primera Constitución española en 1812; durante la consiguiente Guerra de la Independencia (1808-14), el rey cautivo se convirtió en un símbolo de las aspiraciones nacionales españolas, motivo al que se debe que recibiera el sobrenombre de *el Deseado*. Derrotados militarmente los franceses, Fernando recuperó el Trono por el Tratado de Valençay (1813); tan pronto como llegó a España se apresuró a seguir la invitación de un grupo de reaccionarios *(Manifiesto de los Persas)* y restablecer la monarquía absoluta del siglo anterior, eliminando la Constitución y la obra reformadora realizada en su ausencia por las Cortes (1814).

El resto del reinado de Fernando VII estuvo marcado por su resistencia a reformar las caducas estructuras del Antiguo Régimen, acompañada de una represión sangrienta contra los movimientos de inspiración liberal. Durante los «seis mal llamados años» (1814-20) se limitó a restaurar la monarquía absoluta como si nada hubiera ocurrido desde 1808, agravando los problemas financieros derivados de la pervivencia de los privilegios fiscales y la insuficiencia del sistema tributario tradicional; un endeudamiento creciente ahogaba a la Hacienda Real, al tiempo que España perdía todo protagonismo internacional (la participación en el Congreso de Viena de 1815 se saldó sin beneficio alguno para el país). Incapaz de reaccionar ante el proceso de emancipación de las colonias americanas, Fernando permitió prácticamente que consolidaran su independencia de España; cuando, en 1820, reunió en Andalucía un ejército expedicionario destinado a recuperar el control sobre América, éste se pronunció bajo el mando del general Riego* y puso en marcha un proceso revolucionario que obligó al rey a aceptar la restauración de la Constitución de 1812. Durante el siguiente Trienio Liberal (1820-23), Fernando intentó salvar el Trono fingiendo admitir su nuevo papel de monarca constitucional, pero utilizó todos los recursos que pudo para hacer fracasar el régimen y obstaculizar las reformas de las Cortes y los gobiernos liberales: conspiró para organizar un golpe de Estado de la Guardia Real en Madrid, que fracasó en 1822; posteriormente llamó en su ayuda a las potencias absolutistas de la Santa Alianza, hasta propiciar una nueva invasión francesa de la Península, la campaña de los «Cien mil hijos de San Luis» que, bajo el mando del duque de Angulema*, derribó el régimen constitucional y repuso a Fernando como rey absoluto (1823). Se inició entonces la «Ominosa Década» (1823-33), durante la cual Fernando exacerbó su odio vengativo contra todo atisbo de liberalismo, mientras dejaba que se consumara la pérdida del imperio español en América: anuló una vez más toda la obra legislativa de las Cortes constitucionales, abocó a la Hacienda a la quiebra y ahogó en sangre nuevos pronunciamientos liberales. En los últimos años de su reinado, sin embargo, las preocupaciones políticas del monarca vinieron de otro lado: en 1830 Fernando promulgó por fin la Pragmática Sanción aprobada por las Cortes de 1789, en la que se abolía la Ley Sálica, volviendo al derecho sucesorio tradicional castellano que permitía que heredaran el Trono las mujeres; decisión oportuna, ya que en aquel mismo año nació por fin un heredero de su cuarto matrimonio, con su sobrina María Cristina de Borbón*, pero resultó ser hembra (la futura Isabel II*). Esta situación desató las iras del príncipe Carlos María Isidro*, hermano del rey, que se vio apartado de la sucesión en beneficio de su sobrina, y pasó a encabezar desde entonces el descontento de los ultrarrealistas, reacios a cualquier apertura o compromiso con el signo de los tiempos, que era inequívocamente liberal en toda Europa. Los realistas puros habían protagonizado ya una sublevación en Cataluña en 1827 (la *Rebelión de los Agraviados*) y en los últimos años del reinado se preparaban para afrontar una contienda civil; su intransigencia hizo mella en el rey, quien en un momento de enfermedad derogó la Pragmática, para volverla a promulgar una vez sano (1832). Con todo ello alentó la escisión dinástica que condujo al país a la Primera Guerra Carlista (1833-39), una vez muerto Fernando y gobernando María Cristina como regente en nombre de su hija, Isabel II.

FERRY, Jules Político francés (Saint-Dié, Vosgos, 1832 - París, 1893). Abogado y periodista de familia acomodada, participó activamente en la oposición republicana contra el Segundo Imperio: fue famoso su ataque contra las reformas urbanísticas del Barón de Haussmann* *(Las cuentas fantásticas de Haussmann,* 1868); y también denunció los abusos del régimen desde el escaño que logró en el Cuerpo Legislativo en las elecciones de 1869. Al hundirse el Imperio por su derrota en la Guerra Franco-Prusiana (1870-71), Ferry fue nombrado alcalde de París. Luego, durante la época de MacMahon*, fue alejado del poder nombrándole embajador en Grecia (1872-73); pero siguió siendo diputado en la Asamblea Nacional, contribuyendo a fundar la Tercera República Francesa (1873). Líder de los republicanos *oportunistas* frente a los *radicales* de Clemenceau*, Ferry ejerció una gran influencia política en los años 1876-85. Como ministro de Instrucción Pública (1879-81 y 1882) y presidente del Consejo de Ministros (1880-81 y 1883-85), venció la resistencia católica e instauró un sistema de enseñanza pública laica, obligatoria y gratuita, que habría de constituir uno de los pilares de la República. Impregnó a la sociedad francesa de los ideales republicanos regulando por Ley el divorcio y las libertades de prensa, reunión y asociación. Fue un decidido partidario de la expansión colonial, convencido de la misión civilizadora de Francia en el mundo y dispuesto a acrecentar el prestigio internacional del país sin inquietar a Alemania: estableció el protectorado de Túnez (1881) e impulsó la penetración francesa en África (Madagascar, Congo y Níger); pero el fracaso inicial de su política en Asia (conquista de Tonkín) no sólo provocó su caída del poder, sino un descrédito que le impidió aspirar en el futuro a entrar en el gobierno o a presidir la República. Tras sobrevivir a un atentado (1887), fue derrotado en las elecciones de 1889. En 1893 sería elegido presidente del Senado, tres meses antes de morir.

FICHTE, Johann Gottlieb Pensador alemán (Rammenau, Sajonia, 1762 - Berlín, 1814). Tras realizar sus estudios bajo la protección de un aristócrata, pasó por dificultades económicas que le llevaron a un intento de suicidio. Su encuentro con Kant* fue decisivo, tanto por la influencia que éste ejercería sobre el pensamiento de Fichte, como por el apoyo que le prestó para publicar sus primeras obras. En 1794 entró como profesor de Filosofía en la Universidad de Jena, cargo del que sería destituido en 1799, acusado de ateísmo. Vivió en Berlín, Erlagen y Könisberg, antes de establecerse definitivamente en Berlín, de cuya universidad llegaría a ser rector. En 1807-1808 pronunció sus *Discursos a la nación alemana,* que tuvieron especial resonancia por hallarse el país invadido por el ejército francés; allí se precisa el concepto romántico de la «nación» como expresión política de un pueblo dotado de una misión específica y definido por un carácter nacional manifiesto en la lengua común (concepción revolucionaria en una Alemania dividida por entonces en múltiples Estados independientes). El pensamiento idealista de Fichte alcanzó su expresión más depurada en sus sucesivas versiones de la *Doctrina de la ciencia* (1794, 1801, 1804).

FIGUEROA Y TORRES, Álvaro de. V. **ROMANONES, Conde de.**

FIGUERAS Y MORAGAS, Estanislao Primer presidente de la República Española (Barcelona, 1819 - Madrid, 1882). Este abogado de Tarragona y, más tarde, de Madrid, se inició en la política militando con los progresistas desde 1840; después se escindió con los demócratas; y en 1851 ya representaba las ideas republicanas en el Congreso de los Diputados. Participó en las revoluciones de 1854 y 1868. Desde el inicio del Sexenio Revolucionario (1868-74) adquirió un papel destacado defendiendo la instauración de la República en el debate constitucional (1868-69) que condujo a la monarquía de Amadeo de Saboya* (1870-73). En esa época compatibilizó su función de diputado con la dedicación a la prensa, haciendo propaganda de las ideas republicanas desde su propio periódico *(La Igualdad).* De las diversas facciones en que se dividieron los republicanos de entonces, Figueras representaba la tendencia federalista. Al abdicar el rey y proclamarse la Primera República, las Cortes designaron a Figueras presidente del Poder Ejecutivo (pues la presidencia de la República propiamente dicha no existiría en tanto no se aprobara una nueva Constitución). Sólo ocupó el cargo cinco meses (del 11 de febrero al 11 de julio de 1873), acosado por los gravísimos problemas que acabarían hundiendo al régimen en aquel mismo año: el estallido de una Tercera Guerra Carlista, la sublevación separatista de Cataluña, la indisciplina de los militares frente al Gobierno republicano, conspiraciones monárquicas, división de las filas republicanas, intentos de golpe de Estado protagonizados por Martos, estallido de la insurrección cantonal... La principal obra del gobierno de Figueras consistió en disolver las Cortes heredadas de la Monarquía anterior y convocar elecciones a Cortes constituyentes; una vez reunidas éstas, le sustituyeron en la presidencia por Pi y Margall*. Marchó entonces a Francia, de donde volvió poco después para intentar —sin éxito— unificar a las diversas corrientes en que se había escindido el republicanismo. Tras el hundimiento de la República y la Restauración de los Borbones* en el Trono, Figueras permaneció en España y fundó el Partido Federal Orgánico (1880).

FILIPO II Rey de Macedonia (?, h. 389 - Pella, 336 a.C.). En su juventud había vivido como rehén en Tebas, donde se instruyó sobre las prácticas políticas y militares del mundo griego. Cuando accedió al poder en el 359 a.C., como regente de su sobrino Amyntas, Macedonia era un país bárbaro superficialmente helenizado en la frontera norte de Grecia, una región rica, pero sometida a continuas disputas sucesorias y a los ataques de los pueblos balcánicos vecinos. Filipo impuso la unidad en el interior sometiendo a los diversos candidatos al Trono, lo que le permitió lanzarse a la expansión del reino, al que pretendía dotar de una salida al mar; a su vez, los éxitos militares en el exterior aseguraron la cohesión interna de la que el reino había carecido hasta entonces. Filipo se impuso a todos sus enemigos haciendo valer la superior organización y armamento del ejército macedonio, en el que se combinaban una caballería nobiliaria y una infantería de campesinos libres encuadrados en *falanges;* el ataque en línea oblicua y el empleo de maquinaria oriental para asaltar las plazas fortificadas fueron otras tantas innovaciones que determinaron la impresionante sucesión de campañas victoriosas: las primeras, dirigidas contra los peonios y los ilirios (358-357) le consolidaron en el poder, siendo aclamado desde entonces como rey (aun en vida de Amyntas); luego se lanzó a la conquista de Anfípolis y Calcidia (357), que le dio el control de las minas de oro del Pangeo, con las que sufragaría las guerras posteriores. En la Guerra de los Confederados (357-355) acabó con el poder marítimo de Atenas y de sus aliados de la segunda Liga Délica en el norte del Egeo. En la segunda Guerra Santa (356-346), aliado con Atenas y Esparta contra los focios de Tebas, conquistó Tesalia, extendiendo sus dominios hacia el corazón de Grecia. Tras firmar con Atenas un pacto para mantener el *statu quo* (Paz de Filócrates, 346), Filipo dirigió sus fuerzas hacia el Este, adueñándose de Tracia (343-342). En aquel momento era tal el poderío alcanzado por Macedonia que apareció en Atenas un partido (liderado por Isócrates) que proponía la unificación de Grecia bajo la monarquía de Filipo para hacer frente al Imperio Persa; a él se oponía el partido belicista de Demóstenes, quien exhortaba en sus *filípicas* a defender las libertades griegas contra la barbarie macedonia. La línea de estos últimos se impuso, dando pie a la formación de la Liga Helénica para impedir a Filipo la toma de Bizancio y el consiguiente control del acceso al mar Negro (340). La tercera Guerra Santa (339-338) condujo a una nueva victoria de Filipo tras la batalla de

Queronea (338). Esto permitió formar la Liga de Corinto (337), en la que se agruparon bajo el liderazgo macedonio la mayor parte de las ciudades griegas, cumpliendo en cierto modo el ideal de Isócrates; dicha Liga se proponía atacar al Imperio Persa y liberar de su dominio las ciudades griegas de Asia Menor. Pero Filipo murió durante los preparativos de aquella campaña, asesinado en la boda de su hija. Su obra fue continuada por su hijo y sucesor, Alejandro Magno*, quien, apoyándose en la sólida base que le proporcionaba un reino unido, rico, bien armado y rodeado de aliados, pudo lanzarse a extender el poder de Macedonia hasta los confines del mundo conocido.

FITZ-JAMES STUART FALCÓ, Jacobo. V. ALBA, Casa de.

FLEMING, Alexander Médico británico, descubridor de la penicilina (Lochfield, Escocia, 1881 - Londres, 1955). Tras estudiar en el Saint Mary's Hospital de Londres, fue su experiencia como médico militar en la Primera Guerra Mundial (1914-18) la que le acercó al problema de las infecciones y a la necesidad de hallar una sustancia que atacase eficazmente a las bacterias sin dañar las células humanas. Sus primeras investigaciones en ese terreno durante la posguerra apenas arrojaron resultados, hasta que en 1928 descubrió fortuitamente que el moho producido en uno de sus cultivos de la bacteria estafilococo acababa con ella; a partir de ahí comprobó que el hongo *(Penicillium notatum)* inhibía el crecimiento de muchas bacterias perjudiciales y que no era tóxico para el hombre. Publicó sus resultados en 1929, pero el medicamento que describía (la *penicilina*) no fue aplicado inmediatamente, en parte porque Fleming no había desarrollado la técnica para purificarlo. Fueron otros dos médicos británicos, H. W. Florey y E. B. Chain, quienes diez años más tarde recuperaron del olvido el artículo de Fleming, repitieron sus experimentos comprobando la veracidad del hallazgo, lo completaron con un procedimiento para purificar el medicamento y lo sometieron a nuevas pruebas con éxito en animales y en humanos (1941). El contexto era el de una nueva guerra mundial, la segunda (1939-45), y los gobiernos de Gran Bretaña y Estados Unidos alentaron el esfuerzo de las compañías farmacéuticas para fabricar penicilina en grandes cantidades con destino a los heridos de guerra. Desde el final de la guerra su uso se extendió a la población civil de todo el mundo, al tiempo que los investigadores completaban el arsenal terapéutico de los médicos con el descubrimiento de nuevos antibióticos. Enfermedades infecciosas que antes podían causar la muerte (como la sífilis, gonorrea, fiebre escarlata, difteria, gangrena, neumonía, bronquitis, artritis, etc.) pasaron a ser dolencias de fácil curación. El mérito de Fleming fue reconocido con la concesión del Premio Nobel de Medicina, conjuntamente con Florey y Chain, en 1945.

FLOR, Roger de. V. ROGER DE FLOR.

FLORIDABLANCA, Conde de (José Moñino y Redondo) Político español (Murcia, 1727 - Sevilla, 1808). Sus contactos como abogado con personajes influyentes, como el duque de Alba* o Diego de Rojas, le facilitaron la entrada en el Consejo de Castilla como fiscal de lo criminal en 1766; allí establecería una estrecha relación con Campomanes* —también fiscal—, consagrándose ambos en la defensa de las prerrogativas de la Corona frente a otros poderes y, en particular contra la Iglesia *(regalismo)*. En aquel mismo año actuó contundentemente contra los instigadores del motín de Esquilache* en Cuenca y apoyó la consiguiente expulsión de los jesuitas de España en 1767. Nombrado embajador en Roma en 1772, le correspondió canalizar las tensas relaciones de Carlos III* con el Papado, consiguiendo la supresión de la Compañía de Jesús (1773). El agradecimiento del rey por aquella gestión le valió el título de conde. Fue entonces cuando accedió a la Secretaría de Estado (especie de Ministerio de Asuntos Exteriores), que ocuparía por 15 años (1777-92); posteriormente se ocuparía también de la cartera de Gracia y Justicia (1782-90). Pronto se vio enfrentado al «partido aragonés» que encabezaba el conde de Aranda*, pues Floridablanca pretendía reequilibrar las instituciones de la Monarquía dando más peso al estilo de gobierno ejecutivo de las Secretarías de Estado y del Despacho, mientras que Aranda defendía el estilo judicialista tradicional que representaban los Consejos. En esa línea creó en 1787 la Junta Suprema de Estado (presidida por él mismo), que respondía a la idea de coordinar las distintas secretarías en una especie de Consejo de Ministros.

Floridablanca orientó la política exterior de Carlos III hacia un fortalecimiento de la posición española frente a Inglaterra, motivo por el que decidió la intervención en apoyo de los revolucionarios norteamericanos en la Guerra de la Independencia de Estados Unidos (1779-83); consiguió éxitos como la recuperación de Menorca (1782) y de Florida (1783), pero también un sonado fracaso en los intentos de recuperar Gibraltar. Potenció la amistad con los príncipes italianos de la Casa de Borbón* y con Portugal (esta última alianza proporcionó a España las islas africanas de Annobón y Fernando Poo en 1778). La muerte del rey y el acceso al Trono de Carlos IV* no afectaron a la posición de Floridablanca, quien presidió la reacción conservadora del gobierno español frente a los temores despertados por la Revolución francesa (1789). Tras años de intrigas, en 1792 sus adversarios consiguieron que fuera destituido y encerrado en la ciudadela de Pamplona, bajo acusaciones de corrupción y abuso de autoridad. Juzgado y absuelto poco después, se retiró de la vida pública hasta que, con motivo de la invasión francesa de la Península (1808), fue llamado a presidir la Junta Suprema Central que había de organizar la resistencia, cargo en el que murió.

FOCH, Ferdinand Militar francés (Tarbes, Altos Pirineos, 1851 - París, 1929). Tras estudiar con los jesuitas y en la Escuela Politécnica, siguió la carrera militar espoleado por la humillación nacional sufrida en la Guerra Franco-Prusiana (1870-71). Se convirtió en un brillante oficial de artillería y enseguida profesor de la Escuela de Guerra (1885), de la que fue comandante desde 1907; contribuyó a elaborar la doctrina militar que Francia seguiría en la Primera Guerra Mundial (1914-18), expresada en obras suyas como *Principios de la guerra* (1903) o *Conducción de la guerra* (1904). Al estallar la guerra asumió el mando de un cuerpo de ejército en Lorena, que participó en la fracasada ofensiva inicial francesa sobre territorio alemán. Más tarde contribuyó a frenar el avance de los alemanes hacia París (batalla del Marne, 1914) y hacia el mar (batalla del Yser, 1914) y dirigió las contraofensivas de 1915, que no lograron romper el frente enemigo. Ante el estancamiento de la «guerra de posiciones», en 1917 se produjeron relevos en la dirección militar francesa, que llevaron a Foch a ser nombrado jefe del Alto Estado Mayor y consejero militar del gobierno; desaparecido el frente oriental por la retirada rusa como consecuencia de la Revolución bolchevique, Foch se dedicó especialmente a fortalecer la coordinación del esfuerzo bélico de los aliados en el frente occidental, con la institución de un Consejo Supremo anglo-franco-italiano (1917). Ante el poderoso ataque lanzado por los alemanes hacia Amiens en 1918, Foch fue nombrado generalísimo de las tropas aliadas; detuvo el ataque enemigo y dirigió la contraofensiva victoriosa que hizo desmoronarse al ejército alemán, con el que firmó el Armisticio de Compiègne. El artífice principal de la victoria aliada en la Gran Guerra fue recompensado con el nombramiento de mariscal y se mantuvo como asesor militar del gobierno francés hasta su muerte.

FORD, Henry Empresario norteamericano (Dearborn, Michigan, 1863-1947). Tras haber recibido sólo una educación elemental, se formó como técnico maquinista en la industria de Detroit. Tan pronto como los alemanes Daimler* y Benz empezaron a lanzar al mercado los primeros automóviles (hacia 1885), Ford se interesó por el invento y empezó a construir sus propios prototipos. Sin embargo, sus primeros intentos fracasaron.

No alcanzó el éxito hasta su tercer proyecto empresarial, lanzado en 1903: la Ford Motor Company. Consistía en fabricar automóviles sencillos y baratos destinados al consumo masivo de la familia media americana; hasta entonces el automóvil había sido un objeto de fabricación artesanal y de coste prohibitivo, destinado a un público muy limitado. Con su modelo T, Ford puso el automóvil al alcance de las clases medias, introduciéndolo en la era del consumo en masa; con ello contribuyó a alterar drásticamente los hábitos de vida y de trabajo y la fisonomía de las ciudades, haciendo aparecer la «civilización del automóvil» del siglo XX.

La clave del éxito de Ford residía en su procedimiento para reducir los costes de fabricación: la producción en serie, conocida también como *fordismo*. Dicho método, inspirado en el modo de trabajo de los mataderos de Detroit, consistía en instalar una cadena de montaje a base de correas de transmisión y guías de deslizamiento que iban desplazando automáticamente el chasis del automóvil hasta los puestos en donde sucesivos grupos de operarios realizaban en él las tareas encomendadas, hasta que el coche estuviera completamente terminado. El sistema de piezas intercambiables, ensayado desde mucho antes en fábricas americanas de armas y relojes, abarataba la producción y las reparaciones por la vía de la estandarización del producto.

La fabricación en cadena, con la que Ford revolucionó la industria automovilística, era una apuesta arriesgada, pues sólo resultaría viable si hallaba una demanda capaz de absorber su masiva producción; las dimensiones del mercado norteamericano ofrecían un marco propicio, pero además Ford evaluó correctamente la capacidad adquisitiva del hombre medio americano a las puertas de la sociedad de consumo. Siempre que existiera esa demanda, la fabricación en cadena permitía ahorrar pérdidas de tiempo de trabajo, al no tener que desplazarse los obreros de un lugar a otro de la fábrica, llevando hasta el extremo las recomendaciones de la «organización científica del trabajo» de F. W. Taylor*. Cada operación quedaba compartimentada en una sucesión de tareas mecánicas y repetitivas, con lo que dejaban de tener valor las cualificaciones técnicas o artesanales de los obreros, y la industria naciente podía aprovechar mejor la mano de obra sin cualificación de los inmigrantes que arribaban masivamente a Estados Unidos cada año. Los costes de adiestramiento de la mano de obra se redujeron, al tiempo que la descualificación de la mano de obra eliminaba la incómoda actividad reivindicativa de los sindicatos de oficio (basados en la cualificación profesional de sus miembros), que eran las únicas organizaciones sindicales que tenían fuerza en aquella época en Estados Unidos. Al mismo tiempo, la dirección de la empresa adquiría un control estricto sobre el ritmo de trabajo de los obreros, regulado por la velocidad que se imprimía a la cadena de montaje. La reducción de los costes permitió, en cambio, a Ford elevar los salarios que ofrecía a sus trabajadores muy por encima de lo que era normal en la industria norteamericana de la época: con su famoso salario de cinco dólares diarios se aseguró una plantilla satisfecha y nada conflictiva, a la que podía imponer normas de conducta estrictas dentro y fuera de la fábrica, vigilando su vida privada a través de un «departamento de sociología». Los trabajadores de la Ford entraron, gracias a los altos salarios que recibían, en el umbral de las clases medias, convirtiéndose en consumidores potenciales de productos como los automóviles que Ford vendía; toda una transformación social se iba a operar en Estados Unidos con la adopción de estos métodos empresariales.

El éxito de ventas del Ford T, del cual llegaron a venderse unos 15 millones de unidades, convirtió a su fabricante en uno de los hombres más ricos del mundo, e hizo de la Ford una de las mayores compañías industriales, hasta nuestros días. Fiel a sus ideas sobre la competencia y el libre mercado, no intentó monopolizar sus hallazgos en materia de organización empresarial, sino que intentó darles la máxima difusión; en consecuencia, no tardaron en surgirle competidores dentro de la industria automovilística, y pronto la fabricación en cadena se extendió a otros sectores y países, abriendo una nueva era en la historia industrial. Henry Ford, por el contrario, reorientó sus esfuerzos hacia otras causas en las que tuvo menos éxito: fracasó primero en sus esfuerzos pacifistas contra la Primera Guerra Mundial (1914-18); y se desacreditó luego organizando campañas menos loables, como la propaganda antisemita que difundió en los años veinte o la lucha contra los sindicatos en los años treinta.

FOUCHÉ, Joseph, duque de Otranto Político francés de la Revolución y del Imperio napoleónico (La Martinière, Bretaña, 1759 - Trieste, 1820). Era religioso de la orden de los oratorianos. Al estallar la Revolución en 1789, la apoyó con ardor, integrándose en el Club de los Jacobinos. Su participación política activa comenzó cuando la Revolución evolucionó hacia posiciones más radicales en 1792: fue diputado de la Convención (del partido radical de la Montaña), miembro del Comité de Instrucción Pública y votó por la ejecución de Luis XVI*. Durante la dictadura del Comité de Salvación Pública fue uno de los representantes enviados a provincias para implantar el Terror, distinguiéndose por su celo en la campaña de descristianización y en la represión de Lyon (1793). Robespierre* empezó a sospechar de sus simpatías hebertistas (de los extremistas partidarios de Hébert*); sintiéndose en peligro, Fouché participó en el golpe de Estado de *thermidor* que puso fin a la dictadura de Robespierre y su Comité (1794). Una vez liquidado el régimen de la Convención e implantado el Directorio, los nuevos dirigentes también desconfiaron de este político hábil y calculador, al que encarcelaron en 1795 como partícipe de la política robespierrista (1795). Parece que fue Fouché uno de los delatores de la conspiración de Babeuf* en 1796, lo que le permitió ganarse la confianza de Barras* y, por su intercesión, ser amnistiado y empleado como agente diplomático del gobierno. En 1799 fue nombrado ministro de la Policía y tejió por toda Francia una eficaz red de agentes, que puso al servicio del golpe de Estado que llevó al poder a Napoleón Bonaparte*; éste formó inmediatamente un gobierno provisional con Fouché al frente de la policía, ministerio que ocupó en 1799-1802 y 1804-09. Dicho puesto significaba que Fouché controlaba el poder de hecho en Francia durante las largas ausencias del emperador, ocupado en misiones bélicas y diplomáticas. Entre sus iniciativas destaca la implantación de una oficina de censura de prensa (el *Gabinete negro*).

Su caída en desgracia tuvo que ver con la desconfianza del emperador ante las continuas intrigas entre Fouché y Talleyrand*, exacerbada por la oposición del primero al matrimonio de Napoleón con María Luisa. En 1809 fue apartado de París, encargándole el gobierno de las Provincias Ilíricas (actual Croacia), anexionadas por Francia. Desde 1810 conspiró para el retorno de los Borbones*, aunque aceptó volver a ser ministro del Interior cuando Napoleón regresó de su destierro en Elba y recuperó el poder (Imperio de los Cien Días, 1815). Demostró gran capacidad de supervivencia política al encabezar el gobierno provisional que se formó tras la derrota definitiva de Napoleón en la batalla de Waterloo; negoció el traspaso de poderes con los aliados y contribuyó al retorno del rey Luis XVIII*. Inicialmente se mantuvo como jefe de la Policía en el gobierno de la monarquía restaurada, esforzándose por suavizar la represión sobre sus antiguos correligionarios; pero fue alejado aquel mismo año a la embajada francesa en Sajonia, debido a las protestas de los ultrarrealistas. En 1816 se exilió huyendo de la Ley de Luis XVIII contra los regicidas, estableciéndose en el Imperio Austriaco (en la ciudad de Trieste, antigua capital de su gobernación ilírica).

FOULQUES V. V. **ANJOU, Casa de.**

FOURIER, Charles Pensador socialista francés (Besançon, Franco Condado, 1772 - París, 1837). Empresario arruinado en la época de la Revolución, vivió con muchas dificultades económicas como modesto oficinista. Tuvo una formación autodidacta, absorbiendo por la lectura las influencias de diversas corrientes de pensamiento del siglo XVIII (en especial de Rousseau*). Fue un pionero en la crítica sistemática de la nueva sociedad industrial capitalista y liberal, por lo que se le suele encuadrar entre los socialistas llamados *utópicos,* junto a Saint-Simon*, Owen*, Proudhon* y Blanc* (aunque se enfrentó abiertamente a las teorías de algunos de ellos). Buen conocedor de la especulación comercial, atribuyó a la mala organización del intercambio muchos males del mundo moderno. Propuso un nuevo sistema de organización social basado en la libre asociación de hombres libres atraídos por el «juego de las pasiones». Para ello ideó unas comunidades modélicas, los llamados *falansterios,* especie de cooperativas de producción y consumo donde regiría la armonía social; esta utopía sería puesta en práctica sin éxito a mediados del siglo XIX en Francia y Estados Unidos por sus discípulos (en especial Victor Considérant). Entre las obras de Fourier destacan el *Tratado de la asociación doméstica y agrícola* (1822), *El nuevo mundo industrial* (1829) y *La falsa industria* (1835).

FRAGA IRIBARNE, Manuel Político español (Villalba, Lugo, 1922 -). Estudió Derecho y Ciencias Políticas en las universidades de Santiago y Madrid. Desde 1948 fue catedrático de Teoría del Estado y Derecho Constitucional. Su carrera en la Administración franquista le llevó a ser secretario general del Instituto de Cultura Hispánica (1951), secretario general del Ministerio de Educación Nacional (1955) y director del Instituto de Estudios Políticos (1961), además de procurador en Cortes, miembro del Consejo Nacional, del Consejo de Estado y del Consejo de Economía Nacional. En 1962 Franco* le nombró ministro de Información y Turismo, cargo que ocupó hasta 1969, en la época álgida de crecimiento del turismo extranjero en España; a él se debe la Ley de Prensa de 1966. Posteriormente fue nombrado embajador de España en Londres (1973-75), cargo que contribuyó a consolidar su admiración por el conservadurismo británico y por su modelo de monarquía parlamentaria. Tras la muerte de Franco desempeñó un papel importante en la época de la transición a la democracia. En el primer gobierno de la Monarquía, presidido por Arias Navarro*, Fraga ocupó la esencial cartera de Gobernación, que conllevaba una vicepresidencia del Gobierno (1975-76). Tras el fracaso de aquel gabinete, y ante la perspectiva de un proceso democratizador más audaz bajo la dirección de Adolfo Suárez*, Fraga fundó en 1976 un nuevo partido, Alianza Popular; situado a la derecha de la Unión de Centro Democrático del presidente Suárez, aglutinó a elementos procedentes del régimen anterior, pero dispuestos a aceptar el sistema democrático. Las elecciones de 1977 le convirtieron en diputado, portavoz parlamentario y miembro de la ponencia que redactó la Constitución de 1978. Desde las elecciones de 1979 buscó mejorar sus resultados electorales formando la Coalición Popular, en la que se unieron con AP el Partido Demócrata Popular y el Partido Liberal. El hundimiento de la UCD permitió que, a partir de las elecciones de 1982, Fraga se convirtiera en líder de la oposición al gobierno socialista de Felipe González*. Pero, a pesar del liderazgo carismático indiscutido del que gozaba en su partido, sus resultados electorales no mejoraron en 1986, avalando la tesis de que Fraga impedía a los populares alcanzar una mayoría de gobierno por su pasado franquista y su imagen de hombre autoritario; en consecuencia, cedió la dirección del partido al joven Hernández Mancha en 1986 y renunció al protagonismo en la política nacional, ejerciendo como diputado en el Parlamento Europeo (1987-89). Cuando en 1989 se repitieron los malos resultados electorales, Fraga volvió para presidir la refundación del que se llamaría en lo sucesivo Partido Popular: un proyecto inspirado en la democracia cristiana, a cuyo frente situó a José María Aznar. Aunque mantuvo un cierto liderazgo moral sobre la derecha española, desde 1990 Fraga se retiró a su Galicia natal, encabezando la acción del partido en aquella región, donde goza de una gran popularidad; desde 1990 es presidente del gobierno autónomo (la *Xunta de Galicia*).

FRANCIA, José Gaspar Rodríguez de (o França) Dictador paraguayo (Asunción, h. 1756/66-1840). Nacido en una familia de origen brasileño, siguió inicialmente la carrera eclesiástica, que abandonó para dedicarse a oficios como la abogacía, la enseñanza y la administración local. Cuando la ocupación de España por los franceses hizo estallar la rebelión independentista en el Río de la Plata (1810), Francia participó formando parte de la Junta del Paraguay. En 1811 consiguió desligar al Paraguay de la dependencia de Buenos Aires. Maniobrando contra sus rivales, se hizo con un poder personal desde 1812. Y en 1813 proclamó oficialmente la independencia de la República del Paraguay; primero se hizo nombrar *primer cónsul* y brigadier del ejército, títulos a los que añadió luego el de *dictador supremo* (1814, con carácter perpetuo desde 1816). Ejerció una tiranía cruel y arbitraria, tan personalizada que no había ministros ni asamblea: él era además el juez supremo y el jefe del ejército, poseía la única biblioteca del país y prohibía el uso de la imprenta o la importación de libros. Paraguay quedó completamente aislado del mundo, pero al margen de las luchas civiles que asolaban al resto de Iberoamérica. Implantó un régimen de terror y represión masiva, sobre todo después de abortar una conspiración para derrocarle en 1821.

FRANCISCO I Rey de Francia (Cognac, 1494 - Rambouillet, 1547). Hijo del duque de Angulema, heredó el Trono en 1515 de su primo Luis XII, con cuya hija estaba casado. Fue un príncipe típico del Renacimiento: gran deportista, aficionado a la caza y a los torneos, pero también protector de intelectuales y artistas: fundó el Colegio de Francia (1530) e introdujo en aquel país la cultura renacentista italiana (atrayendo a hombres como Leonardo da Vinci*). Con él adquirió importancia la corte como espacio de poder: un lugar marcado por el lujo y la generosidad del rey (que gravaron pesadamente las finanzas de la Monarquía), en donde se concentraba una nobleza ávida de influencia política, pero alejada de toda tentación de autonomía. Allí actuaban los favoritos en los que Francisco delegó sucesivamente el ejercicio cotidiano del poder (Bonnivet, Chabot y Ana de Montmorency), los miembros de la familia real (fundamentalmente la hermana de Francisco, Margarita de Angulema, y su madre, Luisa de Saboya) y las amantes reales (la condesa de Châteaubriand, la duquesa de Étampes, Diana de Poitiers…) que ejercieron igualmente una gran influencia sobre los asuntos de gobierno. En torno a este foco de poder, Francisco reforzó la centralización administrativa y la unificación de la Monarquía. La Ordenanza de Villers-Cotterêts (1539) implantó el francés como lengua oficial en lugar del latín. En asuntos religiosos, en cambio, Francisco demostró cierta indiferencia, aunque reprimió los primeros brotes protestantes mientras necesitó la ayuda financiera de la Iglesia.

La política exterior de Francisco I estuvo marcada por el enfrentamiento con los Habsburgo*, cuyos territorios rodeaban a los de la monarquía francesa. Continuó la lucha por la hegemonía en Italia, que heredó de sus predecesores en el Trono, iniciándola con buen pie por su victoria sobre los suizos en Marignan (1515), que le hizo dueño del Milanesado. Posteriormente sostuvo cuatro guerras contra Carlos V*: la primera (1521-26), motivada por disputas territoriales en Italia y Navarra, se saldó con la derrota de Pavía, que llevó a Francisco, prisionero en Madrid, a concluir una paz desventajosa, cuyas condiciones rompería una vez puesto en libertad. En la segunda guerra (1526-29), Francisco reunió la Liga de Cognac o Liga Clementina (con Venecia, Florencia, Milán, Inglaterra y el papa Clemente VII); tras el saqueo de Roma por Carlos V, Francisco hubo de renunciar a intervenir en Italia por la Paz de Cambray o «de las damas», si bien su adversario renunció a sus pretensiones sobre Borgoña. La tercera guerra (1536-38) estalló a raíz de la anexión de Milán por Carlos V, a la que respondió Francisco —aliado con los protestantes alemanes— invadiendo Saboya, hasta que ambos firmaron la Tregua de Niza. En la cuarta guerra (1542-44), Francisco consiguió la alianza del Imperio Turco, Suecia y Dinamarca, mientras que Carlos obtenía la de Enrique VIII* de Inglaterra; el avance de las tropas imperiales llegó a amenazar París, pero fue detenido en la batalla de Cerisoles y permitió firmar la Paz de Crépy. Su hijo y sucesor Enrique II* hubo de continuar el enfrentamiento, tanto contra Carlos V como contra Felipe II*.

FRANCISCO II de Austria. V. **HABSBURGO, Casa de.**

FRANCISCO II de Francia. V. **VALOIS, Casa de.**

FRANCISCO DE BORJA, San. V. **BORGIA** o **BORJA, Familia.**

FRANCISCO FERNANDO Archiduque de Austria-Hungría (Graz, 1863 - Sarajevo, 1914). Este sobrino del emperador Francisco José I* se convirtió en heredero del Trono en 1896, tras una sucesión de muertes en la familia Habsburgo*. Desde entonces obtuvo una gran influencia en el Imperio, llegando a dominar prácticamente el ejército. El principal problema político que tenía planteado el Estado austro-húngaro eran las tensiones nacionalistas, en especial de las minorías eslavas; Francisco Fernando era partidario de una apertura en ese sentido, transformando la monarquía dual vigente desde 1867 en una monarquía federal tripartita en la que los eslavos vieran reconocida su autonomía. En particular, se había mostrado cercano a las reclamaciones de los eslavos del sur (croatas, bosnios y eslovenos); pero al hacerlo contrarió los planes de Serbia, que enarbolaba la defensa de dichos pueblos frente a la dominación austro-húngara, con la ambición última de someterlos a su propio poder. En 1914, cuando el archiduque se encontraba en Sarajevo (capital de la provincia austriaca de Bosnia) para presidir unas maniobras militares, fue asesinado por un estudiante serbobosnio llamado Princip. Puesto que el asesino era militante de la organización nacionalista serbia *Unidad o Muerte,* el gobierno austriaco culpó a Serbia; mediante un ultimátum exigió al gobierno serbio la represión de las acciones antiaustriacas lanzadas desde su territorio, la autorización para que policías austriacos participaran en la investigación del atentado en Serbia y el castigo de los responsables. La negativa serbia a ese ultimátum, alegando que violaba su soberanía nacional, fue el detonante para el estallido de la Primera Guerra Mundial (1914-18), pues el juego de las alianzas arrastró a Alemania en apoyo de Austria-Hungría, y a Rusia, Francia y Gran Bretaña en apoyo de Serbia.

FRANCISCO JAVIER, San (Francisco de Jaso y Azpilcueta) Misionero español (Castillo de Javier, Navarra, 1506 - isla de Sancián, China, 1552). Mientras estudiaba filosofía y teología en París conoció a Ignacio de Loyola*, quien le reclutó para su proyecto de fundar una nueva orden: Francisco hizo sus primeros votos en París (1534), se ordenó sacerdote en Venecia (1537) y participó en la fundación de la Compañía de Jesús en Roma (1539). Desde entonces se consagró a la actividad misionera: en 1541 fue enviado a la India como legado pontificio, con la misión de evangelizar las tierras situadas al este del cabo de Buena Esperanza, respondiendo a una petición de Juan III de Portugal. Instalado en 1542 en Goa (capital de la India portuguesa) desplegó una intensa actividad cuidando enfermos, visitando presos, predicando el cristianismo, convirtiendo nativos, negociando con las autoridades locales y defendiendo la justicia frente a los abusos de los colonos. Su apostolado se extendió por el sur de la India, Ceilán, Malaca, las islas Molucas y Japón. Cuando se disponía a entrar en China para continuar su labor, murió de pulmonía a las puertas de Cantón. Fue canonizado en 1622 y declarado patrono de las misiones de la Iglesia católica.

FRANCISCO JOSÉ I Emperador de Austria y rey de Hungría (Schönbrunn, Viena, 1830-1916). Fue elevado al Trono por la Revolución de 1848, que derrocó a su tío Fernando I; no obstante, con el apoyo de Rusia, consiguió contrarrestar los efectos de aquella revolución, recuperando el control austriaco sobre Hungría y las regiones italianas de Lombardía y el Véneto (1849) y desbaratando el intento de unificación de Alemania (1851). Desde entonces ejerció un poder autoritario, reprimiendo toda oposición liberal o nacionalista. Su largo reinado conoció una sucesión de fracasos en política exterior que, poco después de su muerte, conducirían a la desintegración del Imperio de los Habsburgo*. Para empezar, sus dudas con ocasión de la Guerra de Crimea (1854-56) le hicieron perder la alianza de Rusia. Esa debilidad facilitó luego la intervención del Segundo Imperio francés de Napoleón III* en apoyo del Piamonte, librando ambos emperadores la batalla de Solferino (1859): la derrota austriaca le hizo perder la Lombardía y abrió las puertas a la unificación de Italia en detrimento de la antigua influencia austriaca sobre los pequeños Estados de la península. Más tarde, el creciente poderío de la Prusia de Bismarck*, que le disputaba a Austria el liderazgo sobre los restantes Estados alemanes, acabó traduciéndose en enfrentamiento abierto en la Guerra Austro-Prusiana, que se saldó con la derrota austriaca de Sadowa (1866). Como resultado, Francisco José perdió toda capacidad de influencia sobre los asuntos de Alemania, al tiempo que cedía el Véneto a la Italia unificada. La derrota militar hizo que el gobierno imperial no pudiera resistir por más tiempo las tensiones centrífugas, en particular la reivindicación nacionalista de los húngaros; para encauzarla se creó en 1867 una monarquía dual, en la que germanos y magiares se repartían el poder en pie de igualdad sobre dos Estados semindependientes —Austria y Hungría— federados bajo la soberanía de Francisco José. El acuerdo de 1867 dio cierta estabilidad al Imperio, pero las reivindicaciones de los pueblos eslavos —que habían quedado sometidos a la hegemonía compartida de germanos y magiares— siguió obstaculizando la modernización del Estado y su acción exterior. Las tendencias absolutistas de Francisco José, reacio a emprender cualquier reforma, agravaron la situación de un país cada vez más atrasado. Una sucesión de dramas familiares marcó los años que le quedaban de vida: primero el fusilamiento de su hermano Maximiliano*, al fracasar su intento de imponerse como emperador en México (1867); luego el suicidio de su único hijo Rodolfo (1869); y finalmente el asesinato por nacionalistas serbios de su sobrino y heredero Francisco Fernando* (Sarajevo, 1914). Este último atentado, ligado íntimamente al problema del nacionalismo eslavo en el interior del Imperio, desencadenó la Primera Guerra Mundial (1914-18), a la que Austria acudió aliada con el Imperio Alemán, pues Francisco José había alineado su política exterior con Alemania desde que ésta se unificara en 1871. El emperador murió en plena contienda y su Imperio sólo le sobreviviría dos años, pues sucumbió a la derrota militar de 1918.

FRANCO BAHAMONDE, Francisco Jefe del Estado español durante la dictadura de 1939-75 (El Ferrol, 1892 - Madrid, 1975). Nacido en una familia de clase media de tradición marinera, eligió la carrera militar, terminando en 1910 sus estudios en la Academia de Infantería de Toledo. Ascendió rápidamente por méritos de guerra, aprovechando la situación bélica de Marruecos, en donde permaneció destinado entre 1912 y 1926, con breves interrupciones: en 1923 era ya jefe de la Legión, y en 1926 se convirtió en el general más joven de Europa. Su brillante carrera continuó bajo distintos regímenes políticos: con la dictadura de Primo de Rivera* llegó a dirigir la Academia General Militar de Zaragoza (1928); con la Segunda República participó en la represión de la Revolución de Asturias (1934), fue comandante en jefe del ejército español en Marruecos (1935) y jefe del Estado Mayor Central (1936). El gobierno del Frente Popular le alejó a la Comandancia de Canarias, puesto que ocupaba al estallar la guerra civil.

De ideas conservadoras, valoraba sobre todo el orden y la autoridad. Desconfiaba del régimen parlamentario, del liberalismo y de la democracia, a los que creía causantes de la «decadencia» de España en el siglo XX; su postura era representativa del grupo de militares «africanistas» que veían en el ejército la quintaesencia del patriotismo y la garantía de la unidad nacional. Por tales razones se sumó, aunque a última hora, a la conspiración preparada por varios militares para sublevarse contra la República en julio de 1936 (el día 17 en la Península y el 18 en África, donde estaba Franco, razón por la que el régimen identificó más tarde esta última fecha —el *Alzamiento*— como su momento fundacional). Fracasado el golpe de Estado, se abrió una guerra civil que duraría tres años y que llevaría a Franco al poder. Tras pasar el estrecho de Gibraltar al frente del ejército de África, Franco avanzó por la Península hacia el norte. El 1 de octubre de 1936, sus compañeros de armas, reunidos en una Junta de Defensa Nacional en Burgos, le eligieron jefe político y militar del bando sublevado. Franco dirigió la guerra con criterios conservadores, muy alejados de la guerra rápida que propugnaban las doctrinas estratégicas modernas. La unidad impuesta en su bando contrastaba con los enfrentamientos que desangraban al bando leal a la República; la disciplina y la profesionalidad de sus fuerzas, con la politización y el voluntarismo de sus enemigos; si a esto se une la ayuda militar que le prestaron la Alemania nazi y la Italia fascista, puede explicarse la victoria que Franco consiguió en 1939 (1 de abril).

Terminada la guerra civil, Franco impuso en toda España un régimen de nuevo cuño, inicialmente alineado con los fascismos de Hitler* y Mussolini*, que eran sus aliados e inspiradores. A pesar de ello, no comprometió del todo a España en la Segunda Guerra Mundial (1939-45), pues, dada la debilidad en que se encontraba el país, no consiguió de Hitler las desmesuradas compensaciones que pretendía por su apoyo (entrevista de Hendaya); tan sólo envió tropas voluntarias a combatir junto a los alemanes contra la Unión Soviética (la *División Azul*). Terminada la guerra con la derrota de las fuerzas del Eje, aliadas de Franco, su régimen sufrió un cierto aislamiento diplomático, pero consiguió mantenerse, rentabilizando su anticomunismo radical en el contexto de la «guerra fría».

En lo político, Franco instauró desde el principio una dictadura personal de carácter autoritario, sin una ideología definida más allá de su carácter confesional (católico integrista), unitario y centralista (contra toda autonomía regional o reconocimiento de peculiaridades culturales), reaccionario y conservador (los partidos y los sindicatos de clase fueron prohibidos). Copió de sus modelos fascistas la idea de una jefatura carismática unipersonal (con el apelativo de *Caudillo*), de un partido único (el *Movimiento Nacional*) y de un vago corporativismo (sindicato vertical). La represión de la oposición fue feroz (con unos 60.000 ejecutados sólo entre 1939 y 1945, continuando las ejecuciones políticas hasta 1975). En lo económico, optó por una política de autarquía que hundió a España en el estancamiento y el atraso, en contraste con la recuperación que vivía el resto de Europa; sin embargo, la necesidad de homologarse con los países occidentales y de reforzar la alianza con Estados Unidos le llevó a una progresiva liberalización económica a partir del Plan de Estabilización de 1959. Los años sesenta —con los «planes de desarrollo» y la influencia política del *Opus Dei*— fueron de rápido crecimiento económico, industrialización, apertura y urbanización: las mejoras materiales facilitaron el mantenimiento de Franco en el poder, a pesar del creciente anacronismo de su régimen; pero también produjeron cambios sociales que hicieron inviable su continuidad una vez muerto el general. Desde 1969 Franco había institucionalizado como sucesor al príncipe Juan Carlos*, nieto del último rey de España (Alfonso XIII*); tal previsión sucesoria se cumplió tras la muerte de Franco el 20 de noviembre de 1975, pero no fue acompañada de una continuidad política, ya que, sin romper con la legalidad vigente, el nuevo rey promovió una transición pacífica a la democracia.

FRANKLIN, Benjamin Escritor, inventor, empresario y político norteamericano (Boston, 1706 - Filadelfia, 1790). Procedente de una familia pobre, pasó de trabajar como obrero en una imprenta de Filadelfia a poseer su propia imprenta (1729), donde editaba un periódico *(Gaceta de Pennsylvania)* y un famoso almanaque popular en el que fomentaba un ideal de vida sencilla, honesta, ahorradora y disciplinada *(Almanaque del Pobre Richard)*. Fue también un autodidacto de las ciencias, a las que aportó investigaciones sobre la electricidad; y aplicó su talento a la producción de inventos prácticos, como las gafas bifocales o el pararrayos. Otra faceta en la que destacó fue la de organizador de instituciones: fue un eficaz director del correo colonial británico en Norteamérica (1754); fundó el primer hospital público de Filadelfia, el cuerpo municipal de policía, la primera sociedad científica de las colonias y la primera biblioteca ambulante.

En cuanto a su actividad política, ésta venía inspirada por el pensamiento de la Ilustración. Fue una de las primeras personas que propugnaron la unificación de las colonias británicas de Norteamérica (Congreso de Albany, 1752). Al estallar la revolución de las Trece Colonias (que posteriormente darían lugar a los Estados Unidos de América), Franklin participó activamente como diputado en la Legislatura de Pennsylvania. Representó a las colonias en las primeras negociaciones con el Gobierno británico, tratando de moderar las posturas de ambos bandos en busca de una solución de compromiso; ante el fracaso de esa vía y el estallido de la guerra abierta (1775), Franklin optó radicalmente por la revolución: colaboró con Jefferson* en la redacción de la Declaración de Independencia de los Estados Unidos (1776). Pero su aportación principal a la revolución americana la realizó al ser nombrado primer embajador de Estados Unidos en París (1776-85); allí fue reconocido y celebrado como encarnación del espíritu de las Luces y de la democracia de la joven nación. Contribuyó decisivamente a hacer que Francia interviniera en la Guerra de Independencia en apoyo de la rebelión colonial (concluyendo el primer tratado franco-norteamericano de amistad en 1778); y, ante el curso favorable de la guerra, firmó los preliminares de la paz con Gran Bretaña (1781) y participó en las negociaciones que condujeron a un tratado favorable para Estados Unidos (Paz de Versalles, 1783). De regreso a su país, el prestigio acumulado le permitió ser elegido presidente del gobierno de Pennsylvania (1785-88) y formar parte de la Convención de Filadelfia que elaboró la Constitución de los Estados Unidos (1787). En dicha asamblea asumió, junto con Madison*, un papel de mediador en el conflicto entre los republicanos de Jefferson y los federalistas de Hamilton* y Washington*.

FREUD, Sigmund Psiquiatra austriaco, creador del psicoanálisis (Freiberg, Moravia, 1856 - Londres, 1939). Nació en un familia judía que, procedente de la región checa de Moravia, se instaló en la capital del Imperio Austro-Húngaro, Viena, cuando él era niño. Allí se hizo médico en la universidad (1881) y empezó a trabajar como psiquiatra. Al mismo tiempo amplió sus estudios de fisiología y neurología, colaborando con eminencias como Jean Charcot (trabajando acerca de la histeria) y Josef Breuer (con quien exploró las posibilidades de la hipnosis). Al círculo de debate sobre Psicología que reunió en Viena desde 1902 acudieron personalidades como Alfred Adler y Carl Jung, que alcanzarían gran renombre e influencia en años posteriores; junto con la propia hija del maestro, Anna Freud, constituyen la llamada «escuela de Viena» de la psicología. Paralelamente fue desarrollando su obra teórica, publicando trabajos que le dieron fama internacional, como los *Estudios sobre la histeria* (1895), *La interpretación de los sueños* (1900), *Psicopatología de la vida cotidiana* (1902), *Tótem y tabú* (1912), *Más allá del principio del placer* (1920) o *El porvenir de una ilusión* (1927). Cuando la Alemania nazi se adueñó de Austria en 1938, Freud fue obligado a abandonar el país por su condición de judío. Aquejado desde 1923 por un cáncer de mandíbula del que le habían operado más de treinta veces, murió al año siguiente de haberse instalado en Inglaterra.

Entre sus múltiples aportaciones al estudio de la mente humana, cabe destacar la idea de la influencia del inconsciente sobre el comportamiento, en función de la cual intentó explicar los sueños, los lapsus e incluso algunas enfermedades. Según su explicación la personalidad humana está compuesta por un *yo* (la esfera de lo consciente), un *ello* (lo inconsciente) y un *superyó* (las normas procedentes del exterior e interiorizadas por el individuo); en una personalidad normal existe un equilibrio entre estos tres componentes, equilibrio que puede alterarse si los impulsos inconscientes desbordan la represión continua que ejerce el yo consciente, o si el superyó exige del individuo ideales que no puede alcanzar. En coherencia con su visión de la mente, Freud creó un nuevo método para tratar las enfermedades mentales, llamado *psicoanálisis,* que consistía en acceder al inconsciente del individuo. Subrayó de manera especial la importancia de los factores sexuales de la conducta humana, atribuyendo a la represión sexual la causa de muchas enfermedades mentales. Fue también él quien primero señaló que los deseos sexuales aparecen en el individuo desde la primera infancia y no en la adolescencia. Muchas de estas teorías fueron objeto de viva discusión ya en vida de Freud, en parte por razones científicas (algunas de sus intuiciones carecían de demostración) y en parte porque ponían en primer plano ideas que la sociedad de su tiempo consideraba tabú, y que contradecían los dogmas morales y religiosos establecidos. En todo caso, produjeron un triple efecto sobre la posteridad: por una parte, la aparición de una corriente específica de la psicología y de la psiquiatría, la escuela psicoanalítica, formada por los seguidores de las teorías de Freud; por otro lado, un efecto de renovación considerable sobre el conjunto de la psicología y de la psiquiatría, que en lo sucesivo prestaría más atención al tipo de temas destacados por

Freud, aunque fuera para llegar a conclusiones diferentes; y, en tercer lugar, un efecto general sobre la sociedad occidental del siglo XX, que aprendió a interesarse por el funcionamiento de la mente, concedió a la psicología un rango importante como rama del saber, desmitificó los tabúes sexuales heredados del pasado, extendió las pautas freudianas a la interpretación de la cultura y de la civilización y plasmó todo ello en nuevas manifestaciones artísticas y literarias.

FRIEDMAN, Milton Economista estadounidense (Brooklyn, Nueva York, 1912 -). Formado en las universidades de Rutgers, Chicago y Columbia, desde 1948 ha sido profesor de la de Chicago. Es el principal representante de la llamada *escuela de Chicago,* corriente neoliberal y monetarista que encabezó la reacción contra las políticas económicas preconizadas por Keynes*. Friedman critica el gran tamaño adquirido por el sector público en los países occidentales, denunciando la distorsión que la intervención estatal introduce en el funcionamiento de los mercados. Propone desmontar el Estado de bienestar y dejar que actúen libremente las leyes de la oferta y la demanda, volviendo a la pureza original del sistema que definiera Adam Smith*. Recuperando viejas ideas, ha actualizado la teoría cuantitativa de la moneda, denunciando los efectos inflacionistas de las políticas expansivas keynesianas. Sin embargo, ha defendido al mismo tiempo medidas de protección contra la pobreza, como un impuesto sobre la renta con tramos negativos para los ciudadanos de menores ingresos. Ha influido poderosamente sobre las políticas económicas implementadas para salir de la crisis en el último cuarto del siglo XX (ha sido asesor de los presidentes americanos Nixon* y Reagan*, así como de la dictadura militar chilena de Pinochet*). Considerado uno de los más grandes economistas vivos, ha recibido multitud de honores, incluido el Premio Nobel de Economía (1976). Entre sus obras cabe destacar *Una teoría de la función del consumo* (1957), *Historia monetaria de los Estados Unidos, 1867-1960* (1963), *Teoría de los precios* (1976) y varias obras divulgativas escritas en colaboración con su mujer *(Capitalismo y libertad,* 1962; *Libertad de elegir,* 1980).

FUGGER o FÚCARES, Familia. Negociantes alemanes que llegaron a constituir uno de los mayores grupos empresariales de los siglos XV y XVI, representantes del primer capitalismo comercial y financiero de la época; amasaron una enorme fortuna, que les permitió gozar de gran influencia política, fundar establecimientos de beneficencia, coleccionar bibliotecas y obras de arte y practicar el mecenazgo.

Descendientes de campesinos de Suabia, desde tiempos de **HANS** (?-1409) aparecen instalados en Augsburgo y dedicados a la fabricación y el comercio de tejidos. Su hijo mayor, **ANDREAS** (1388-1457) inició la rama de los *Fugger del gamo,* llamados así por el motivo de su escudo nobiliario. Esta rama se extinguió en 1538. El segundo hijo de Hans, **JACOBO I,** *el Viejo* (1412-69), fundó la rama de los *Fugger del lis,* que también obtuvo un escudo de armas en 1473. Diversificó los negocios familiares introduciéndose en la minería de plata del Tirol. La fortuna familiar culminó con sus tres hijos: Ulrich (1411-1510), Georg (1453-1510) y sobre todo **JACO-**

BO II, *el Rico* (1429-1525). Bajo su dirección la familia constituyó una casa de banca cuyas factorías se extendían por toda Europa. Se convirtieron en banqueros de los Habsburgo* en tiempos de Maximiliano I* y Carlos V* (financiaron la campaña de Carlos V para acceder al Trono imperial de Alemania en 1519); y arrebataron a los banqueros italianos las finanzas del Papado (su rivalidad con la familia Médicis* acabó inclinándose de parte de los Fugger). Tenían fábricas siderúrgicas y comerciaban con paños, lanas, sedas, especias, sal... En cuanto a la minería, controlaban el plomo, la plata, el cobre y el alumbre prácticamente en régimen de monopolio. También financiaron viajes de exploración y conquista en la época de los descubrimientos, tanto portugueses como españoles. Su sobrino **ANTÓN** (1493-1560) apoyó la elección imperial de Fernando I en 1530 y financió posteriormente la lucha de los Habsburgo contra los protestantes. Completó los negocios de la familia obteniendo el derecho de acuñar moneda (1534) y concesiones comerciales en Venezuela, Chile, Perú y Moscú. Explotó el monopolio del mercurio de las minas de Almadén que había conseguido su tío en sus últimos años de vida. Desde 1557 la familia entró en decadencia, arrastrada por la bancarrota de la Monarquía Hispana en tiempos de Felipe II*. En cambio, su hijo **MARCOS** (1529-97) consiguió que Felipe II excluyera a los Fugger de la suspensión de pagos de 1575. En el siglo XVII la casa se dividió nuevamente en dos ramas: los *Fugger viejos* y los *Fugger nuevos*. Y hacia finales de aquel siglo se retiraron de las finanzas y pasaron a llevar una vida aristocrática de propietarios latifundistas.

G

GADDAFI, Muammar el- Militar y político libio (Sirte, h. 1938/42 -). Nacido en una modesta familia nómada, recibió una educación tardía que le llevó a graduarse en la Academia Militar de Benghasi; completó su formación con estudios de Historia y una breve estancia en Inglaterra. Con poco más de veinte años participó en la fundación de un grupo político clandestino de oficiales jóvenes (los Oficiales Unionistas Libres, 1964), con el cual organizó un golpe de Estado que derrocó al rey Idris I (1969). Se erigió en jefe del Estado Mayor y presidente del Consejo de la Revolución que controlaba el poder; al año siguiente acumuló los cargos de primer ministro y ministro de Defensa (1970-72), que dejó luego en manos de personas de confianza; tras la aprobación de una nueva Constitución en 1977 fue nombrado presidente del Congreso General del Pueblo, máximo órgano colegiado de la recién creada República Árabe Socialista Popular; en 1979 abandonó nominalmente todos sus cargos y se tituló simplemente «líder maestro», manteniendo el poder de hecho de un régimen basado en su autoridad personal. Entre sus medidas políticas más destacadas cabe mencionar la reforma agraria y la nacionalización del petróleo. En 1973 sintetizó sus aspiraciones políticas en el llamado *Libro verde:* en él se mezclan el socialismo, el islamismo y el nacionalismo árabe, vinculándolos a un proyecto visionario de expansión por África y Asia. Efectivamente, Gaddafi ha impulsado proyectos de unión política de Libia con Egipto (1970, 1972), Siria (1971, 1980), Túnez (1974), Chad (1981) y Marruecos (1984), todos ellos fracasados; pactó con los dirigentes de Marruecos, Mauritania, Argelia, y Túnez la Unión del Magreb Árabe (1989); apoyó la causa palestina contra Israel; y acrecentó su carisma de luchador antiimperialista interviniendo en las guerras del Chad contra la presencia francesa (1977-88); su prestigio entre los líderes radicales del Tercer Mundo le ha llevado a presidir la Organización para la Unidad Africana (1982-83). En su lucha contra el imperialismo, alineó su política exterior con la Unión Soviética; en cambio sus relaciones con los países occidentales han sido especialmente malas, llegando los norteamericanos a bombardear Libia en 1986, acusando a Gaddafi y a su régimen de fomentar el terrorismo internacional. Ha conseguido, sin embargo, mantener el poder (a pesar de dos intentos de golpe de Estado en 1992 y 1993), mediante una combinación de medidas represivas y concesiones a sus rivales.

GALILEO GALILEI Científico italiano de la época de la «revolución científica» (Pisa, 1564 - Arcetri, Florencia, 1642). Fue catedrático de las universidades de Pisa y Padua. Sus primeras investigaciones se centraron en la mecánica, terreno en el que contribuyó al conocimiento de la gravedad, formuló los principios de la dinámica y la ley de la inercia y aplicó el isocronismo del péndulo a la medición del tiempo. Galileo abordó todos estos problemas con una actitud basada en sustituir el criterio de autoridad por la experimentación sistemática, la observación rigurosa y la plasmación de los resultados cuantitativos en fórmulas matemáticas de validez general; por todo ello se le considera uno de los padres de la física moderna, en la que introdujo el método científico.

A partir de 1609, Galileo dirigió su atención hacia la astronomía. Estimulado por noticias recibidas de Holanda, construyó un telescopio de su invención, con el cual descubrió que la Vía Láctea estaba formada por multitud de estrellas e investigó las manchas solares, la superficie lunar, los satélites de Júpiter y las fases de Venus y Mercurio. Aquellas observaciones le ayudaron a demostrar la validez de la teoría de Copérnico*, según la cual los planetas giran alrededor del Sol y no alrededor de la Tierra como se creía hasta entonces. Convertido por ello en un hombre famoso, Galileo se encontró, sin embargo, con la censura eclesiástica: el papa Gregorio XV le ordenó en 1616 que cesara de predicar la teoría copernicana, que entraba en contradicción con la visión tradicional del Universo mantenida por la Iglesia. Tras la muerte del papa y su sustitución por Urbano VIII, que había sido admirador de Galileo, éste creyó terminada la restricción eclesiástica y publicó un libro en el que demostraba científicamente sus teorías *(Diálogo sobre los dos sistemas principales del mundo,* 1632). Sin embargo, y a pesar de que el libro había sido impreso con autorización eclesiástica, el clero conservador consiguió que Galileo fuera acusado ante la Inquisición por haber violado la prohibición de 1616. El tribunal que le juzgó en Roma le obligó a retractarse públicamente, aunque no pudo alterar sus convicciones (según la leyenda, tras acatar la condena susurró la frase «Y, sin embargo, se mueve», relativa al péndulo con el que había demostrado el movimiento de la Tierra). Desde entonces se retiró a su villa de Arcetri, donde volvió a dedicarse a la mecánica, sin renegar nunca de la religión ni de la Iglesia católica.

GÁLVEZ, Familia Saga de políticos españoles en las Indias, originaria de Macharavialla (Málaga).

JOSÉ (1720-87), de origen modesto, estudió Leyes en Salamanca y Alcalá y ascendió al servicio de la Monarquía de Carlos III*. En 1765 se le encomendó la visita de Nueva España (el actual México) con amplios poderes, que utilizó para reformar la deteriorada administración de aquella colonia: reorganizó la Hacienda, introdujo nuevos impuestos, combatió el contrabando y la corrupción de las Aduanas, introdujo el nuevo mecanismo administrativo de las intendencias, contribuyó a organizar el primer ejército permanente español en México e hizo efectiva en aquel territorio la expulsión de los jesuitas. Todo ello dio lugar a resistencias y motines, que se saldaron con la sustitución del virrey y una sangrienta represión. Gálvez alentó también la consolidación del dominio español sobre el norte de México y la colonización de California. De regreso a España en 1772, recogió el fruto de sus éxitos reformadores, al ser nombrado miembro de la Junta General de Comercio, Marina y Minas, presidente de la Primera Sala del Consejo de Indias, miembro del Consejo de Estado, marqués de la Sonora y secretario de Indias (1776-87). Desde este último puesto, extendió a toda la América española su política de reformas: generalizó el sistema de intendencias, creó el Virreinato del Río de La Plata y trató de revitalizar el comercio trasatlántico liberalizando el tráfico entre las colonias y un cierto número de puertos españoles. Su hermano **MATÍAS** (1717-84) fue gobernador y capitán general de Guatemala y, por decisión de José, virrey de Nueva España (1783-84). A pesar de la brevedad de su gobierno, realizó importantes mejoras urbanísticas en México, impulsó las excavaciones arqueológicas precolombinas, fundó en la colonia la Academia de San Carlos y una sucursal del Banco de San Carlos metropolitano. Le sucedió su hijo **BERNARDO** (1746-86), militar de carrera. Se había distinguido en las campañas contra los apaches del norte de México (1769) y contra Argel (1775). En 1777 fue nombrado virrey de Luisiana, donde estableció colonos españoles (dando nombre a la ciudad de Galveston en la actual Texas, Estados Unidos) y fomentó las relaciones comerciales con el resto de las Indias españolas, así como con el Canadá francés. Tuvo un papel importante en la Guerra de la Independencia de las colonias británicas de Norteamérica, dirigiendo la toma de Panzacola (1781) en ayuda de los insurrectos; aquella campaña puso en manos españolas la Florida occidental y le valió a Gálvez el nombramiento de conde y el mando del ejército expedicionario español en América. En 1784 añadió a sus cargos los de gobernador de Cuba y virrey de México. Durante su mandato, también breve, adoptó medidas de lucha contra la carestía, el desempleo y las epidemias, que le hicieron muy popular; y acrecentó la influencia de la familia colocando a sus cuñados al frente de dos intendencias.

GAMA, Vasco da Navegante portugués (Sines, Alentejo, 1469 - Cochin, India, 1524). En 1497-99 descubrió la ruta marítima que unía Europa con Asia bordeando el sur de África, con lo que puso las bases para la construcción del Imperio portugués en Oriente, enriqueció a su país, debilitó la presencia musulmana en el océano Índico y desplazó las rutas comerciales del Mediterráneo hacia el Atlántico. Da Gama completó así la empresa colectiva de exploración que habían impulsado los portugueses desde tiempos de Enrique *el Navegante*** y que había llevado a Bartolomeu Dias* a doblar el cabo de Buena Esperanza en 1488. La expedición de Da Gama, compuesta por cuatro barcos, no bordeó la costa africana occidental —como era costumbre—, sino que se adentró en el Atlántico navegando hacia el sur desde Cabo Verde y girando luego al este para alcanzar el extremo sur del continente. Desde allí remontó la costa africana oriental hasta la actual Kenia, desde donde un piloto hindú le condujo a Calcuta (1498). El éxito de aquel viaje hizo que el rey encomendara a Da Gama una nueva expedición a la India en 1502, con una misión de represalia por los ataques que habían sufrido los hombres de Cabral*; empleando la fuerza con extrema crueldad, Da Gama asentó en aquella ocasión el dominio comercial portugués sobre la India. Fue ampliamente recompensado por el rey y en 1524 volvió a la India como virrey, cargo en el que murió.

GANDHI, Indira. V. NEHRU, Familia.

GANDHI, Mohandas Karamchand Líder espiritual y político de la India (Porbandar, Kathiawar, 1869 - Delhi, 1948). Nació en una familia hindú acomodada, perteneciente a una casta de comerciantes y políticos. Después de estudiar Derecho en la metrópoli (Londres, 1888-91) y de fracasar en sus primeros pasos como abogado en la India, se estableció en Sudáfrica —también colonia británica— en 1893. Conmocionado por el espectáculo de la discriminación racial, se dedicó a luchar por los derechos de la minoría india en aquel país. Durante aquella campaña, Gandhi fraguó sus ideales de pacifismo y pureza espiritual: predicó la resistencia pacífica como medio eficaz de reivindicación no violenta, con el que consiguió un acuerdo con las autoridades coloniales que eliminaba las injusticias más flagrantes (Pacto Smuts-Gandhi, 1913). Completó sus convicciones pacifistas, arraigadas en la religiosidad hindú, con la lectura de escritos occidentales de Thoreau, Ruskin y Tolstoi; en lo sucesivo defendería un ideal de fraternidad universal por encima de toda diferencia de opinión, raza, nacionalidad, religión o condición social. Cuando regresó a la India en 1915 había adquirido ya un ascendiente carismático sobre las masas reforzado por su ascetismo: era rigurosamente vegetariano y, desde 1907, también célibe, después de haber tenido cuatro hijos; había abandonado la vestimenta occidental, simbolizando con su vuelta a la túnica india una actitud de reivindicación de las tradiciones nacionales y de liberación personal de las servidumbres materiales; y era llamado *Mahatma* («alma grande»), nombre ideado para él por el poeta Rabindranath Tagore.

Instalado definitivamente en la India durante la Primera Guerra Mundial (1914-18), Gandhi siguió predicando sus ideales de regeneración espiritual, al tiempo que organizaba un servicio de ambulancias, como ya había hecho en Sudáfrica con motivo de la Guerra de los Bóers (1899-1902). Sus esperanzas de que las autoridades británicas reconocieran la colaboración de los indios en el esfuerzo de guerra iniciando un proceso de descolonización, se vieron defraudadas y convencieron a Gandhi en 1920 para ponerse al frente del Partido del Congreso, principal movimiento nacionalista de la India. En 1921 consiguió que dicho partido aceptara su programa de resistencia pacífica basado en la desobediencia civil y el boicot a las instituciones y productos ingleses. Se inició entonces una lucha, en la que Gandhi proclamaba la recuperación de los valores tradicionales de la India perdidos bajo la dominación extranjera, instando a hacerse menos dependientes en todos los aspectos (incluyendo el económico, que simbolizó en la defensa de la artesanía textil tradicional frente a la importación de tejidos industriales ingleses). Luchó por unificar a la población de la India para formar una verdadera nación: se comprometió personalmente en el ideal de unir en esa lucha a hindúes y musulmanes —las dos comunidades religiosas de la India—, realizando por ello una huelga de hambre que estuvo a punto de costarle la vida; también empleó la huelga de hambre para reivindicar la igualdad de derechos de las castas inferiores, secularmente discriminadas en la India; fomentó la educación de las masas inspirada en las tradiciones culturales propias, pero marcada por la idea de uniformizar a la nación, impulsando el empleo del hindi como lengua común.

Su lucha por la independencia estuvo jalonada por acciones de gran poder simbólico en las que incitaba a los indios a valerse por sí mismos: en 1930 organizó la marcha de la sal, una protesta pacífica contra el impuesto colonial que gravaba el consumo de sal, consistente en invitar a la población a fabricar ilegalmente su propia sal con agua del mar. El éxito de sus campañas dio confianza al movimiento nacionalista. Los ingleses, que inicialmente respondieron encarcelando a Gandhi en 1922-24 (luego sería detenido y liberado cinco veces más) negociaron con él en 1931 un pacto para liberar a los presos nacionalistas y conceder algunos logros simbólicos, a cambio de detener la campaña de desobediencia civil; la torpeza de Churchill*, que despreció la figura de Gandhi y se negó a recibirle, impidió un entendimiento más profundo. Ello hizo que, al estallar la Segunda Guerra Mundial (1939-45) el Congreso instara a sus seguidores a la no-cooperación con el esfuerzo bélico aliado (entre otras razones, porque nadie había consultado a los indios o a sus representantes si deseaban entrar en guerra). Encarcelado de nuevo en 1942-44, Gandhi siguió apoyando la demanda del Congreso, encabezado ahora por su amigo y colaborador Nehru*, de que Gran Bretaña abandonara la India, lo que efectivamente se vio obligada a hacer al terminar la contienda. En ese último avance hacia la independencia, Gandhi concentró sus esfuerzos en tratar de impedir la secesión de los musulmanes, que aspiraban mayoritariamente a la formación de un Estado separado. Efectivamente, cuando en 1946 los ingleses formaron un primer gobierno indio presidido por Nehru, los musulmanes, encabezados por Jinnah*, se negaron a participar en las nuevas instituciones, donde temían ser anulados por la mayoría hindú, e iniciaron una lucha armada. Gandhi fue calmando sucesivos brotes de violencia, a base de autoridad moral, presencia personal en los lugares conflictivos, huelgas de hambre... pero los enfrentamientos continuaron y el Congreso acabó por aceptar la partición de la India en dos Estados, con un Pakistán independiente para los musulmanes (1947). Defraudado por el comportamiento de su pueblo, Gandhi se negó a participar en las celebraciones de la independencia y siguió haciendo huelgas de hambre en favor de la paz y la unidad. Murió asesinado por un extremista hindú.

GANDHI, Rajiv. V. NEHRU, Familia.

GANTE, Juan de. V. LANCASTER, Casa de.

GAO ZONG. V. T'ANG, Dinastía.

GARIBALDI, Giuseppe Revolucionario italiano (Niza, 1807 - Caprera, Cerdeña, 1882). Este oficial de la Marina piamontesa se afilió en su juventud a la sociedad clandestina Joven Italia, fundada por Mazzini*, en defensa de sus ideales nacionalistas y liberales. Condenado a muerte por su participación en una intentona insurreccional en Génova (1834), huyó a Sudamérica, en donde participó en movimientos revolucionarios de Brasil y Uruguay, formando desde 1843 su propio ejército de voluntarios italianos, los «camisas rojas». En 1848 regresó para participar en la revolución que había estallado en varios lugares de Italia: combatió en el norte contra el ejército austriaco que trataba de restaurar el orden, y más tarde en Roma, en defensa de la recién proclamada República Romana contra los ataques combinados de Francia, Austria, España, Nápoles y el Papado. Derrotado en aquella ocasión y proscrito de nuevo, se retiró a sus tierras de la isla de Caprera (1849-53), mientras en toda Italia se extendía su fama como héroe del nacionalismo italiano en su versión más avanzada; desde 1857 presidió la Sociedad Nacional Italiana fundada por Mazzini. Por fin, en 1859, el rey del Piamonte Víctor Manuel II* y su primer ministro Cavour* pusieron en marcha la unificación italiana, enfrentándose en una guerra contra Austria con el apoyo de la Francia de Napoleón III*; Garibaldi no les perdonaría que entregaran su ciudad natal —Niza— a los franceses en pago del apoyo prestado en aquella ocasión. Mientras la unificación italiana avanzaba en la mitad norte del país, impulsada por el Piamonte, el sur de la Península seguía dominado por los Borbones* del Reino de Nápoles; fue Garibaldi quien solucionó la situación, formando para ello un cuerpo de voluntarios (la *Expedición de los mil*) con los que desembarcó en Marsala (Sicilia) en 1860. Garibaldi recorrió Sicilia de oeste a este, pasó al continente y avanzó sobre Nápoles, reclutando adeptos a su marcha y derrotando a los ejércitos que se le enfrentaron hasta quedar dueño del sur de Italia; anteponiendo el ideal nacionalista a las aspiraciones revolucionarias, Garibaldi entregó el territorio conquistado a Víctor Manuel II para que lo anexionara al recién formado reino de Italia (1860). Quedaba por conquistar Roma, aún en manos de los papas, en la que los nacionalistas italianos no renunciaban a establecer su capital; pero las conveniencias políticas del momento aconsejaron a Cavour no enfrentarse al papa (protegido por una guarnición militar francesa). Garibaldi, ajeno a tales compromisos, dirigió sus fuerzas contra Roma en 1862 (derrotado por el ejército italiano en Aspromonte) y 1867 (derrotado por los franceses en Mentana). En 1866 luchó de nuevo contra los austriacos, en el marco de la participación italiana en la Guerra Austro-Prusiana, que le valió al Reino de Italia la anexión del Véneto; pero, a pesar de sus victorias en el Trentino, hubo de aceptar las negociaciones diplomáticas que dejaron en manos austriacas aquel territorio «irredento». Durante la Guerra Franco-Prusiana acudió en auxilio de las fuerzas que defendían París (1871) y fue elegido diputado por aquella ciudad, aunque no apoyó la revolución de la Comuna. En 1874 fue elegido diputado del Parlamento italiano por la ciudad de Roma, incorporada al Reino desde 1870.

GATES, *Bill* (William Henry Gates III) Empresario estadounidense (Seattle, Washington, 1955 -). Nació en una familia acomodada que le proporcionó una educación en centros de elite como la Escuela de Lakeside (1967-73) y la Universidad de Harvard (1973-77). Siempre en colaboración con su amigo Paul Allen, se introdujo en el mundo de la informática formando un pequeño equipo dedicado a la realización de programas que vendían a empresas o Administraciones públicas. En 1975 se trasladaron a Alburquerque (Nuevo México) para trabajar suministrando a la compañía MITS programas susceptibles de ser utilizados con el primer microordenador, el Altair. En 1976 fundaron en Alburquerque su propia empresa de producción de *software* informático, Microsoft Corporation, con Gates como presidente y director general; su negocio consistía en elaborar programas adaptados a las necesidades de los nuevos microordenadores y ofrecérselos a las empresas fabricantes más baratos que si los hubieran desarrollado ellas mismas. En 1979 Microsoft comenzó a crecer (16 empleados), momento en que Gates decidió trasladar su sede a Seattle. La expansión posterior fue espectacular: en 1980 llegó a un acuerdo con IBM para suministrarle un sistema operativo adaptado a sus nuevos ordenadores personales, el MS-DOS, que desde 1981 iría instalado en todos los ordenadores de la marca; la posterior imitación del sistema IBM-PC por los ordenadores «compatibles» de las demás marcas generalizó el uso del DOS de Microsoft como soporte de todos los programas de aplicación concretos. Volcado en un proceso de innovación tecnológica acelerada, en 1983 volvió a revolucionar la informática personal con la introducción del «ratón» y de un nuevo interfaz gráfico llamado a sustituir al DOS (el *Windows);* en aquel mismo año fue cuando Allen dejó Microsoft, aquejado de una grave enfermedad. Cuando, en 1986, Microsoft salió a la Bolsa, las acciones se cotizaron tan alto que Gates se convirtió en el hombre más rico de Estados Unidos. Desde entonces, el negocio no ha cesado de crecer (de los 1.200 empleados que tenía en 1986 hasta más de 20.000 en 1996), obteniendo un virtual monopolio del mercado del *software* mundial (reforzado por su victoria en el pleito contra Apple en 1992); y han seguido llegando innovaciones como las nuevas versiones *Windows 3.0* (muy bien recibida por los usuarios) y *Windows '95* (en cuya campaña de promoción a escala mundial asumió el propio Gates el papel de profeta de la sociedad cibernética como personificación de Microsoft). Desde 1993 embarcó a la compañía en la promoción de los soportes multimedia, especialmente en el ámbito educativo. El talento de Gates se ha reflejado en múltiples programas informáticos, cuyo uso se ha difundido por todo el mundo como lenguajes básicos de los ordenadores personales; pero también en el éxito de una empresa flexible y competitiva, gestionada con criterios heterodoxos y con una atención especial a la selección y motivación del personal. Su rápido enriquecimiento ha ido acompañado de un discurso visionario y optimista sobre un futuro transformado por la penetración de los ordenadores en todas las facetas de la vida cotidiana, respondiendo al sueño de introducir un ordenador personal en cada casa y en cada puesto de trabajo; este discurso, que alienta una actitud positiva ante los grandes cambios sociales de nuestra época, goza de gran audiencia entre los jóvenes de todo el mundo por proceder del hombre que simboliza el éxito material basado en el empleo de la inteligencia (su libro *The Road Ahead* fue uno de los más vendidos en 1995). Las innovaciones de Gates han contribuido a la rápida difusión del uso de la informática a nivel personal, produciendo una innovación técnica trascendental en las formas de producir, transmitir y consumir la información. El presidente Bush* reconoció la importancia de la obra de Gates otorgándole la Medalla Nacional de Tecnología en 1992.

GATTINARA, Mercurino Arborio Político y militar italiano (Vercelli, Piamonte, 1465 - Innsbruck, Tirol, 1530). Procedente de la pequeña nobleza piamontesa, se empleó como jurista al servicio de los duques de Saboya y, más tarde de la Casa de Habsburgo (del emperador Maximiliano I* y su hija Margarita de Austria). Presidente del Parlamento de Borgoña desde 1508, Gattinara fue enviado a España en 1510 para supervisar la transmisión de la Corona en favor del nieto de Maximiliano, Carlos V*; también se encargó de preparar la elección de éste para el Imperio. En 1518 fue nombrado canciller de Carlos V, cargo que ocuparía hasta su muerte. Desde entonces ejerció un gran influjo sobre la política exterior del rey, contrapesando la influencia de otros consejeros como Chièvres (partidario del alineamiento con Francia) o el español Pedro Ruiz de la Mota. Gattinara colaboró probablemente para que Carlos V asumiera la idea de encabezar una monarquía cristiana universal, orientándole hacia la candidatura imperial, en cuya preparación desempeñó un papel decisivo (1519); maniobró para conseguir que las sucesivas reuniones de Cortes votaran favorablemente los subsidios que necesitaba la política imperial; y negoció con el papado después del saqueo de Roma (1529) hasta conseguir la coronación del emperador por el papa en Bolonia. En premio por sus gestiones recibió el nombramiento de cardenal poco antes de morir.

GAULLE, Charles de. V. DE GAULLE, Charles André Joseph Marie.

GAUMATA. V. AQUEMÉNIDA, Dinastía.

GAUTAMA. V. BUDA.

GELMÍREZ, Diego Obispo de Santiago (?, h. 1068 - Santiago de Compostela, h. 1139/40). Este eclesiástico, hijo de un caballero gallego, sirvió como notario a los condes de Galicia Raimundo de Borgoña y doña Urraca. Por influjo de éstos fue nombrado obispo de Santiago al quedar la sede vacante en 1100. Su política de entendimiento con Roma y con el rey leonés (Alfonso VI*) le permitió engrandecer la diócesis (elevada al rango arzobispal en 1120), adquiriendo privilegios como el de acuñar moneda; unido esto a la riqueza que las peregrinaciones aportaban a la diócesis compostelana, Gelmírez llegó a ejercer como una especie de gobernador de Galicia, con amplios poderes eclesiásticos y temporales; reprimió varios intentos de rebelión de burgueses y nobles, armó barcos para defender las costas de las incursiones normandas y musulmanas, y desempeñó un papel importante en la transición del reinado de Alfonso VI al de Alfonso VII*. Efectivamente, cuando la reina viuda, doña Urraca, casó con Alfonso I de Aragón*, Gelmírez apoyó la proclamación de Alfonso VII como rey de Galicia, sometiendo a los nobles reticentes (1109-11); por aquella postura llegó a estar en prisión durante los enfrentamientos que siguieron. Más tarde llegó a un entendimiento con Urraca y, muerta ésta en 1126, colaboró con su hijo Alfonso VII, ya rey de León, en el sometimiento de la nobleza gallega y las luchas contra Portugal. Sin embargo, la ambición del rey por apoderarse de las riquezas de la diócesis le llevó a apoyar una conspiración contra el obispo, en la que el éste resultó herido (1135); en lo sucesivo, viejo y aislado, Gelmírez vio declinar su poder y tuvo que entregar cuantiosos donativos al rey.

GENGIS KAN (Temudchin o T'ai Tsu) Fundador del Imperio mongol (1162-1227). Temudchin era hijo del jefe de uno de los clanes nómadas dedicados al pastoreo en las estepas de Mongolia; su infancia estuvo marcada por la desgracia de su tribu, derrotada varias veces por tribus rivales: quedó huérfano y fue hecho prisionero por sus enemigos. Tras escapar de su cautiverio, mantuvo luchas incesantes para unificar varias tribus, que le aceptaron como *kan* o soberano (1196). Continuó su ascensión hasta imponer su poder en toda Mongolia, haciendo que una asamblea de nobles mongoles y turcomanos le elevara al rango de *gengis kan* o emperador universal (1205). La unidad del país hizo que las energías de sus feroces guerreros dejaran de perderse en querellas internas, para dirigirse hacia la ambiciosa empresa de conquistar el mundo; la destreza de los mongoles como jinetes quedó reforzada al organizarles Gengis Kan en un verdadero ejército. Con él se lanzó a la conquista del reino Hsi-Hsia (la actual Mongolia Interior) en 1205-09, el Imperio Chin (Manchuria y el norte de China) en 1211-16, Turkestán, Persia, Afganistán y el norte de la India en 1218-25. Mientras tanto, otros ejércitos mongoles habían derrotado a los rusos penetrando hasta más allá del Volga (batalla de Kalka, 1222). Las conquistas de Gengis Kan unificaron un gran Imperio continental que se extendía desde las costas del mar del Japón hasta el mar Caspio; pero su dominio era meramente militar, pues no iba acompañado de una verdadera ocupación, una unificación político-administrativa ni mucho menos una repoblación de los territorios conquistados. Después de sus conquistas, Gengis Kan volvió a Mongolia, donde murió, dejando designado como sucesor a su hijo Ogadai. Éste continuó las campañas de su padre, consolidando el dominio mongol sobre el centro y norte de Asia y amenazando Europa con sus victorias sobre los rusos, búlgaros, polacos, húngaros y alemanes; sólo la muerte de Ogadai detuvo el avance mongol sobre Europa, mientras que su dominio sobre Asia se extendería bajo los descendientes posteriores de Gengis Kan (Batu, Mangu, Qubilay*, Tamerlán* y Baber). Hasta que su poder declinó en el siglo XV, los mongoles se mantuvieron como una casta dominante en la mayor parte de Asia, como consecuencia de la acción conquistadora de Gengis Kan, justamente recordado como soberano del Imperio más extenso de todos los tiempos y el hombre que otorgó a su pueblo un protagonismo en la Historia.

GEORGE, Henry Pensador social norteamericano (Filadelfia, 1839 - Nueva York, 1897). Procedente de una familia protestante de clase media, trabajó como marinero, escritor, minero y tipógrafo y viajó por Estados Unidos, Canadá, Australia y la India, antes de establecerse definitivamente como periodista en California (1858). A través de la observación de las condiciones económicas en aquel territorio en pleno proceso de colonización concibió una doctrina basada en la denuncia de los monopolios y de la desigualdad económica extrema. En su obra fundamental, *Progreso y miseria* (1879), denunció el monopolio de los propietarios de la tierra sobre un recurso natural limitado, lo que según él hace que la pobreza aumente a medida que se enriquece un país (al considerar ilegítimas las plusvalías del suelo, seguía ideas anticipadas por David Ricardo* y John Stuart Mill*). En consecuencia, propuso la nacionalización de la renta del suelo mediante un impuesto único confiscatorio. La doctrina basada en esa sencilla idea, conocida como *georgismo,* prendió con fuerza en países como Estados Unidos, el Reino Unido, Australia y Nueva Zelanda, donde fue predicada por el propio George, y en otros a los que llegó por traducciones de su obra, como Alemania, Holanda, Francia, Italia, Suecia, Noruega, Rusia e incluso China; sólo en Estados Unidos llegó a haber 131 organizaciones georgistas en 1889. En España se creó una Liga del Impuesto Único de inspiración georgista, íntimamente ligada al primer nacionalismo andaluz (1911). Aunque no fue un socialista propiamente dicho, el pensamiento de George influyó poderosamente sobre los socialistas europeos y americanos de finales del siglo XIX.

GIBELINOS. V. **HOHENSTAUFEN, Dinastía.**

GIL ROBLES Y QUIÑONES, José María Político español (Salamanca, 1898 - Madrid, 1980). Tras licenciarse en Derecho por la Universidad de Salamanca (1919) se integró en la redacción del periódico madrileño *El Debate,* órgano de la opinión católica y conservadora más militante (1922). Se inició en la política bajo la dictadura de Primo de Rivera* (1923-30), colaborando con el ministro Calvo Sotelo* en la redacción del Estatuto Municipal. Tras la caída de la Dictadura y la proclamación de la Segunda República (1931) consiguió un acta de diputado en las Cortes constituyentes. En aquel mismo año alcanzó el liderazgo del partido Acción Popular, desde el cual participó en la oposición a las reformas del gobierno Azaña*. En 1933 consiguió formar alrededor de su partido una gran coalición conservadora, la Confederación Española de Derechas Autónomas (CEDA), que resultó el partido más votado en las elecciones de aquel año. Erigido en árbitro de la situación política, en 1934 consiguió tres carteras ministeriales para la CEDA en el gobierno de coalición de las derechas, lo cual provocó el estallido de la Revolución de Octubre, pues la izquierda veía en Gil Robles el representante español de la oleada de dictadores reaccionarios que se estaba adueñando de Europa (Mussolini*, Hitler*, Dollfuss*…). Reprimida la revolución de 1934 por el Ejército, al año siguiente la CEDA obtuvo cinco carteras en el Gobierno, con Gil Robles como ministro de la Guerra; desde ese puesto se dispuso a desmontar la obra reformadora del primer bienio republicano, pero un escándalo político (el caso del *estraperlo)* lo impidió, al romper la coalición en aquel mismo año. Al no ser llamado a formar gobierno por el presidente Alcalá Zamora*, como él esperaba, Gil Robles se inclinó ya decididamente por la opción de un golpe militar para tomar el poder, aunque el golpe no fraguó entonces porque lo consideraron prematuro los militares con los que Gil Robles estaba en contacto (como Mola* o Franco*). En las elecciones celebradas en 1936 se dio un retroceso importante de la CEDA, paralelo al triunfo de las fuerzas de izquierdas agrupadas en el Frente Popular. Al producirse finalmente el golpe militar en el verano de aquel año, Gil Robles prefirió salir de España y desarrolló una campaña de apoyo a los sublevados desde Portugal. Tras el triunfo en la Guerra Civil (1936-39) del bando de Franco, que no le reservó papel político alguno, Gil Robles se integró en el consejo del pretendiente monárquico don Juan de Borbón*. En 1953 regresó a España e intentó formar un movimiento demócrata-cristiano (1953); expulsado de nuevo en 1962, no pudo volver a la política activa hasta la muerte del dictador, en 1975. Participó entonces en la formación de la Federación Demócrata Cristiana, con la que se presentó a las elecciones de 1977, en las que fracasaron tanto él como su opción política.

GINER DE LOS RÍOS, Francisco

Pensador español (Ronda, Málaga, 1839 - Madrid, 1915). Estudió Derecho y Filosofía en las universidades de Barcelona, Granada y Madrid. En esta última conoció a Sanz del Río, introductor en España del pensamiento del filósofo alemán Krause*; desde entonces se situaría en el centro del núcleo *krausista* (junto a Salmerón*, Moret*, Azcárate, Labra...), que tanta influencia habría de tener sobre el pensamiento y la acción de los liberales españoles. Dicha escuela defendía un ideal racionalista de armonía social basado en la reforma ética del individuo a través de la educación, para sustentar un Estado verdaderamente liberal. En 1867 obtuvo por oposición la cátedra de Derecho Natural de la Universidad de Madrid, que sin embargo abandonó a los pocos meses en protesta por las sanciones del gobierno a Sanz del Río. Volvió a su cátedra tras el triunfo de la Revolución de 1868, fue separado de ella tras la Restauración borbónica por el gobierno Cánovas* (1875) y nuevamente repuesto al llegar al poder los liberales de Sagasta* (1881). En 1876 fundó la Institución Libre de Enseñanza, empresa a la que dedicaría el resto de su vida; se trataba de un centro educativo basado en modelos pedagógicos modernos, laicos y progresistas, que se proponían como alternativa a la enseñanza oficial dominada por la Iglesia. Giner dejó una amplísima obra escrita sobre temas jurídicos, filosóficos, políticos, artísticos y literarios.

GIOBERTI, Vincenzo

Pensador y político italiano (Turín, 1801 - París, 1852). Sacerdote católico de origen humilde, se unió a la causa de la unificación nacional italiana, inicialmente bajo la versión revolucionaria y republicana que representaba Mazzini*. Ello le hizo perder su posición como profesor universitario en Turín y capellán del rey Carlos Alberto del Piamonte*, debiendo exiliarse en 1833-48 al descubrirse su implicación en un complot de la organización *Joven Italia*. Desde Bruselas publicó *Sobre la superioridad civil y moral de los italianos* (1843), obra en la que propugnaba la federación de los diversos Estados que entonces componían Italia bajo la autoridad del papa; esta idea, que Pío IX* saludó con entusiasmo, se convirtió en la base de la corriente *neo-güelfa* del nacionalismo italiano. Al tiempo que luchaba por la unificación política de Italia, produjo una obra filosófica encaminada a nacionalizar también el pensamiento, recuperando el legado de los filósofos renacentistas italianos. Tras las reformas liberalizadoras introducidas en el Piamonte como consecuencia de la Revolución de 1848, volvió a su país y se convirtió en presidente del Parlamento, ministro de Educación y primer ministro. Sin embargo, su idea de una federación italiana encabezada por el papa perdió partidarios a raíz del endurecimiento de las posiciones del Papado contra el liberalismo y contra el nacionalismo italiano, resultante de la amenaza que para su posición había supuesto la revolución republicana de Roma de 1849. Aislado políticamente, Gioberti hubo de dimitir en 1849 y fue alejado como embajador a París. Allí publicó un nuevo libro, *Sobre la renovación civil de Italia* (1851), en donde abandonaba la idea neo-güelfa y ponía sus esperanzas de una futura unificación nacional en el protagonismo del reino piamontés, línea que efectivamente seguiría el proceso de unificación de Italia bajo la dirección de Cavour*; Pío IX hizo incluir aquella obra en el Índice de libros prohibidos por la Iglesia, por los ataques que contenía a su poder temporal.

GIOLITTI, Giovanni Político liberal italiano (Mondovi, Piamonte, 1842 - Cavour, Piamonte, 1928). Hijo de campesinos, se licenció en Derecho por la Universidad de Turín en 1861. Entró enseguida al servicio del Estado italiano, recién unificado por impulso de su país natal, el Piamonte. De la administración pasó a la política, en la que ascendió rápidamente, pues llegó a ser diputado (desde 1882), ministro (de Hacienda en 1889-90, del Interior en 1901-03) y primer ministro (en 1892-93, 1903-05, 1906-09 y 1911-14). Se apoyó sobre una inestable coalición con hegemonía liberal y apoyos católicos y socialistas, que venía a representar la izquierda del régimen monárquico italiano. Llevó adelante un programa avanzado en el que figuraban muchas demandas tradicionales de los socialistas: impulsó grandes obras públicas, nacionalizó los ferrocarriles, reconoció oficialmente a los sindicatos e introdujo reformas sociales en favor de las clases trabajadoras en terrenos como sanidad, vivienda, pensiones, relaciones laborales y condiciones de trabajo. A él se debe la introducción del sufragio universal masculino en Italia (1912).

Sin embargo, la necesidad de contar con apoyos parlamentarios para mantenerse en el poder le llevó a practicar un estilo político amoral (el *giolittismo*), que consistía en maniobrar continuamente para ganarse aliados y dividir a sus adversarios, manipular las consultas electorales y pasar por encima de los principios para sostener coaliciones meramente coyunturales, lo cual corrompía la esencia del régimen representativo y contribuía al descrédito del parlamentarismo liberal de la Italia postunitaria. Cuando creyó que peligraban sus apoyos, no dudó en embarcar al país en una guerra exterior para distraer la atención, atacando a la debilitada Turquía para arrebatarle Libia y el Dodecaneso (1911-12); en cambio, defendió sin éxito la neutralidad de Italia en la Primera Guerra Mundial (1914-18) cuando se hallaba en la oposición. Al terminar la guerra, en la que Italia había intervenido con escaso acierto militar y con un decepcionante fracaso en las negociaciones de paz, Giolitti fue llamado de nuevo a presidir el Gobierno (1920-21) con el objetivo de calmar las graves tensiones sociales y políticas desatadas. Sus promesas al movimiento obrero desactivaron inicialmente la oleada de huelgas y ocupaciones de fábricas; pero se volvieron contra él al no ser capaz de llevarlas a la práctica. Perdido el apoyo de la izquierda, se enemistó también con la derecha: sus propuestas fiscales fueron desaprobadas por la Iglesia, su proyecto de reforma agraria le enfrentó con los grandes terratenientes y las renuncias territoriales que hizo frente a Yugoslavia al firmar el Tratado de Rapallo (1920) le desacreditaron ante la opinión nacionalista. Caído en desgracia y políticamente aislado, asistió pasivamente a la destrucción del régimen parlamentario por Mussolini* (1922), aunque empezó a criticar la dictadura fascista dos años después.

GISCARD D'ESTAING, Valéry Político francés (Coblenza, Alemania, 1926 -). Estudió en las elitistas Escuela Politécnica y Escuela Nacional de Administración, siguiendo después la carrera de su padre como inspector de Hacienda. Saltó a la política sustituyendo a su abuelo como diputado moderado por el Puy-de-Dôme (1956). Desde su grupo de «republicanos independientes» apoyó al general De Gaulle*, quien le nombró ministro de Economía y Finanzas en 1962-63, impulsando desde dicho cargo una impopular política antiinflacionista. Desde entonces cultivó su imagen de tecnócrata dinámico y moderno, con un partido centrista moderadamente crítico con De Gaulle. Pidió el voto negativo en el referéndum de 1969, que provocó que De Gaulle abandonara el poder. Después colaboró con el presidente Pompidou*, de nuevo como ministro de Economía y Finanzas (1969-74). En 1974 ganó las elecciones presidenciales por un estrecho margen. Durante sus siete años de presidencia (1974-81) intentó modelar una sociedad «liberal avanzada», con medidas progresistas, como la mayoría de edad a los 18 años o la legalización del aborto; pero la crisis económica mundial y el conservadurismo de los grupos que le apoyaban pusieron fin a tales reformas, dando paso a un final de mandato vacío de ideas. Las fuerzas del centro-derecha se dividieron, al dimitir su primer ministro Chirac* y formar el partido gaullista RPR (1976), mientras centristas y liberales seguían a Giscard en la UDF (Unión por la Democracia Francesa). Divididos sus partidarios y desprestigiado el gobierno por la mala situación económica, Giscard perdió las elecciones de 1981 frente al socialista Mitterrand*. Compartió con Chirac el liderazgo de la oposición en los años siguientes, pero dejó que fuera éste quien capitalizara el desgaste socialista presidiendo el gobierno de «cohabitación» de 1986-88 y encabezando las candidaturas presidenciales de 1988 y 1995.

GLADSTONE, William Ewart Político liberal británico (Liverpool, 1809 - Hawarden, Flintshire, 1898). Procedente de una familia acomodada, recibió una educación elitista en Eton y Oxford. Se inició como diputado en las filas del partido *Tory* (conservador) en 1832. En los años cuarenta fue abandonando sus ideas extremadamente conservadoras y acercándose al liberalismo, centrándose en la defensa de una política librecambista y suavizando su anterior intolerancia religiosa anglicana. Robert Peel*, líder del ala liberal de los conservadores, le introdujo en su gobierno, nombrándole ministro de Comercio (1843-45) y de las Colonias (1845-46). Tras la muerte de Peel (1850), Gladstone reforzó su papel político oponiéndose al proteccionista Disraeli*, y llegó a ser ministro de Hacienda en los gobiernos de coalición de Aberdeen (1852-55) y Palmerston* (1859-65), desde los que impulsó la liberalización del comercio exterior.

Al morir Palmerston en 1865 se produjo un realineamiento general de los partidos, que dejó atrás las antiguas denominaciones *Tory* y *Whig,* dando paso a las modernas de Partido Conservador y Partido Liberal. Gladstone completó su paulatino desplazamiento hacia la izquierda al convertirse en líder de este nuevo Partido Liberal, resultante de la fusión de los liberales tradicionales (los *whigs)* con la facción liberal del partido *Tory* (los *peelitas).* Tras vencer a los conservadores de Disraeli en las elecciones de 1868, se convirtió en primer ministro (1868-74). Volvería a presidir el gabinete en 1880-85, 1886 y 1892-94. Su impresionante labor de gobierno incluye medidas modernizadoras como la apertura del ejército y de las universidades, eliminando de estas instituciones tradicionales privilegios y prejuicios religiosos; extendió el sistema de oposiciones para el acceso a la función pública; puso las bases de un sistema educativo nacional; introdujo el secreto de voto (1872). Aunque se oponía por principios al imperialismo, las dificultades causadas a los productores británicos por la crisis agrícola de finales de siglo le llevaron a aceptar la presión popular que pedía la adquisición por la fuerza de nuevos mercados: ése fue el sentido de la ocupación de Egipto (1882) y de la penetración en Sudán (1885), donde tuvo un memorable tropiezo con la muerte de Gordon*. Con respecto al grave problema de Irlanda, Gladstone hizo todo lo posible por solucionar el conflicto agrario (Leyes de la tierra de 1870 y 1881) y reprimir la violencia nacionalista (Ley de prevención de crímenes de 1882); pero, ante la persistencia del problema, se decidió a impulsar un proyecto de ley que concedía a Irlanda un Parlamento autónomo con amplias competencias *(Home Rule,* 1886), proyecto que no fue aprobado por la escisión de los «liberales unionistas» que, encabezados por Joseph Chamberlain, se pasaron al Partido Conservador por este asunto. Cayó entonces del gobierno e inició un periodo de decadencia política, crecientemente apartado del electorado y del partido por su insistencia en defender una política exterior pacifista y la autonomía para Irlanda (en 1893 consiguió la aprobación del *Home Rule).* En 1894 dimitió y se retiró de la política, después de negarle la reina Victoria* una reforma de la anacrónica Cámara de los Lores.

GODOFREDO V. V. ANJOU, Casa de.

GODOFREDO DE BOUILLON Caballero de la primera Cruzada, creador del Reino de Jerusalén (Baisy, Brabante, h. 1061 - Jerusalén, 1100). Era duque de la Baja Lorena (Países Bajos) y fiel aliado del emperador Enrique IV, a quien había ayudado en sus luchas contra Rodolfo de Suabia y contra el papa Gregorio VII. Cuando el papa Urbano II hizo un llamamiento a la Cristiandad para una Cruzada que liberara los «Santos Lugares» de manos del Islam, Godofredo fue uno de los primeros en acudir (1095). Vendió la mayor parte de sus dominios para financiar un ejército propio, con el que llegó a Constantinopla en 1096. Prestó vasallaje al emperador bizantino a cambio de que le aportara víveres y tropas. Y, tras su destacada participación en varias batallas victoriosas contra los musulmanes (Nicea, Dorilea, Antioquía), se convirtió en jefe de los cruzados. Éstos le nombraron rey de Jerusalén una vez tomada la ciudad en 1099; pero Godofredo no admitió el título, alegando humildad cristiana, y lo cambió por el de «protector del Santo Sepulcro». Organizó como una teocracia el nuevo Estado, que se extendía por el territorio actual de Israel, sur del Líbano y partes de Siria y Jordania. Muerto al año siguiente, le sucedió su hermano Balduino, ya con el título de rey.

GODOY Y ÁLVAREZ DE FARIA, Manuel Político español, ministro de Carlos IV* (Badajoz, 1767 - París, 1851). Procedente de una familia de hidalgos de Extremadura, se instaló en la corte en 1784, al ingresar en los guardias de corps. Su trabajo en la guardia del Palacio Real le puso en contacto con la reina, María Luisa de Parma, que le hizo su amante y apreció en él un atractivo personal del que pronto hizo partícipe al rey Carlos IV, quizá porque ambos le creyeron el hombre idóneo para contrarrestar la influencia del equipo de políticos ilustrados procedente del reinado de Carlos III*. El joven militar fue encumbrado con honores como el título de duque de Alcudia y el cargo de consejero de Estado. En 1792 fue nombrado primer secretario de Estado (cargo equivalente a los de ministro de Asuntos Exteriores y primer ministro) para hacer frente a los conflictos derivados de la Revolución francesa, asunto en el que se dio por fracasados a Floridablanca* y Aranda*. Dirigió la participación española en la Guerra contra la Convención francesa (1793-95) y la negociación de la Paz de Basilea (1795), que puso fin a la contienda (y que le valió a Godoy el título de *Príncipe de la Paz).* Inclinado hacia un entendimiento con Francia, negoció el Tratado de San Ildefonso (1796), por el que Francia y España se convertían en aliadas; ello arrastró al país a la guerra contra Gran Bretaña (1796-1802 y 1804-1808), que se saldó con las derrotas navales sufridas frente al cabo de San Vicente (1797) y Trafalgar (1805); por instigación francesa atacó a Portugal en la llamada «Guerra de las Naranjas», que dirigió personalmente (empleando por primera vez el título de *Generalísimo),* proporcionando a España la anexión de Olivenza (1801). Los enfrentamientos bélicos de estos años agravaron la crisis en que se hallaba sumida la Hacienda Real; Godoy buscó recursos extraordinarios bajo la forma de empréstitos, donativos y una primera desamortización eclesiástica (que afectó únicamente a obras pías y capellanías), al mismo tiempo que reformaba los mecanismos administrativos en busca de un estilo más ejecutivo (potenciando las intendencias).

Godoy fue muy impopular, por los recelos que despertaron su rápida ascensión social y política, la intimidad que tenía con los reyes y su estilo de gobierno que, intentando situarse por encima de los partidos revolucionario y reaccionario, acabó por disgustar a casi todos. Limitó el poder de la Inquisición, fundó múltiples instituciones científicas y culturales y fue un destacado protector de artistas y escritores (como Goya o Moratín); pero también permitió el regreso de los jesuitas expulsados por Carlos III y, en general, su conservadurismo fue mal visto por los intelectuales ilustrados. En 1798, a petición de Francia, fue apartado del poder; pero el fracaso de sus sucesores (Saavedra y Urquijo) le permitió retomar las riendas de la Monarquía en 1800, si bien prefirió hacerlo como mero valido en la sombra (por cuyo refrendo tenían que pasar todas las disposiciones), mientras situaba en los puestos claves a hombres de confianza. Miembro de la familia real desde 1797, por su matrimonio con María Teresa de Borbón, Godoy se sintió seguro de su posición hasta el punto de perseguir a los que habían contribuido a su caída (desterrando y luego encarcelando a Jovellanos*) y de despreciar públicamente a la reina María Luisa, en beneficio de su amante oficial, Pepita Tudó (nombrada marquesa por la propia reina). Su política se orientó aún más hacia Francia al convertirse ésta en la potencia hegemónica de Europa tras el acceso al poder de Napoleón* (1799); con él negoció en secreto la invasión conjunta de Portugal para dividirla en tres partes, una de las cuales quedaría bajo la soberanía del mismo Godoy, que se convertiría en *Príncipe de los Algarves* (Tratado de Fontainebleau, 1807). Todo ello agravó las tensiones en la corte entre los partidarios de Godoy y los del príncipe heredero, el futuro Fernando VII*, que conspiraba ya abiertamente contra su padre (complot y proceso de El Escorial, 1807). Cuando Godoy planeaba la huida con los reyes a la América española para seguir reinando fuera del alcance de Napoleón, Fernando se impuso mediante el motín de Aranjuez (1808), que destronó a Carlos IV y derribó a Godoy del poder (los amotinados asaltaron sus palacios y a punto estuvieron de lincharle). Inmediatamente entraron en la Península los ejércitos franceses que, lejos de dirigirse a Portugal como se había pactado, ocuparon España y exigieron la abdicación de la familia real en beneficio de José I Bonaparte*, dando lugar a la Guerra de la Independencia (1808-14). Los liberales que en aquel periodo alentaron las Cortes de Cádiz identificaron a Godoy como la personalización del despotismo con el que pretendían acabar. Godoy siguió a Carlos y María Luisa a Bayona (donde abdicaron) y luego a sus exilios de Compiègne, Marsella y Roma; perseguido con saña por Fernando VII, hubo de renunciar a sus títulos españoles, que sustituyó por el papal de *Príncipe de Bassano* (1829). Tras la muerte de María Luisa y de don Carlos, se retiró a París (1832). Aunque fue rehabilitado por Isabel II* en 1847, nunca regresó a España.

GODUNOV, Boris. V. **BORIS GODUNOV.**

GOEBBELS, Joseph Dirigente de la Alemania nazi (Rheydt, Renania, 1897 - Berlín, 1945). Procedente de una familia católica modesta, estudió Filología alemana en la universidad, gracias a una beca. En 1922 se unió al Partido Nacionalsocialista, vinculándose estrechamente a Hitler*, a quien admiró hasta el extremo. A pesar de su aislamiento en el partido y de no responder en absoluto al ideal racial que predicaba, Goebbels ascendió rápidamente en el escalafón del nazismo, dedicándose siempre a labores de propaganda. Cuando, en 1933, Hitler tomó el poder, le nombró ministro de Información y Propaganda, cargo que conservó hasta su muerte. Controló de manera absoluta la prensa, la radio, el cine, la literatura y el arte, actividades que sometió a las directrices del *Führer* haciendo realidad su ideal de Estado totalitario. Se ocupó de eliminar del mundo de la cultura y de la educación a los judíos, disidentes o independientes, acabando con las vanguardias alemanas. Instigó actos abominables como el pogrom antisemita de 1938 («noche de los cristales rotos»), la persecución del «arte degenerado» o la quema pública de los libros que contuvieran ideas socialistas, democráticas, liberales o fueran obra de judíos. Durante la Segunda Guerra Mundial (1939-45) su poder se acrecentó, al adquirir mayor relevancia la manipulación de las masas; desde 1944 dirigió personalmente la desesperada «guerra total» del Tercer *Reich*. Se suicidó junto con su mujer al ver perdida la guerra, invadida Alemania y muerto al *Führer,* el cual le había designado en su testamento como sucesor al frente de la Cancillería.

GOERING, Hermann Dirigente de la Alemania nazi (Rosenheim, Baviera, 1893 - Núremberg, 1946). Había destacado como aviador en la Primera Guerra Mundial (1914-18). En 1922 se unió al Partido Nacionalsocialista de Hitler*, quien le puso al frente de su brazo armado, las «Secciones de Asalto» (SA). Participó en el fracasado golpe de Estado nazi de Múnich (1923), en el que resultó herido. Huyó entonces de Alemania, adonde regresó en 1927, para ser elegido diputado (1928) y presidente de la cámara baja del Parlamento (1932). Ayudó eficazmente a Hitler en su acceso al poder, tras el cual fue nombrado ministro sin cartera del Gobierno alemán y ministro del Interior de Prusia (1933). Se ocupó de crear la policía secreta del Estado nazi *(Gestapo)* y los primeros campos de concentración, poniendo en marcha el mecanismo brutal de represión contra judíos y disidentes, que sin embargo no quedó bajo su control. Nombrado en aquel mismo año ministro del Aire, se encargó de construir y dirigir el arma aérea del ejército alemán *(Lutwafe),* que tan eficaz resultaría en los primeros momentos de la Segunda Guerra Mundial (1939-45). Más allá de sus cometidos nominales, Goering dirigió el rearme de su país desde 1936, sometiendo a toda la industria alemana a una especie de dictadura bajo la lógica de la economía de guerra. Durante la guerra dirigió igualmente la explotación económica de los territorios ocupados al servicio de Alemania, sin descuidar en esa tarea su enriquecimiento personal. Participó en la decisión de aplicar la «solución final» del exterminio de los judíos de Europa. Pero su prestigio declinó con los fracasos aéreos de las batallas de Inglaterra y Stalingrado, perdiendo gradualmente influencia en el Estado y en el partido. Mariscal desde 1940, sucesor *in pectore* de Hitler, éste acabó por expulsarle del partido en los últimos momentos de la guerra, como respuesta a un intento de sustituirle en el mando (1944). Derrotada Alemania, fue hecho prisionero por el ejército americano y juzgado por el Tribunal de Núremberg, que le condenó a muerte; se suicidó la noche antes de ejecutarse la sentencia.

GÓMEZ, Juan Vicente Dictador venezolano (San Antonio, Tachira, 1859 - Maracay, 1935). Sin haber recibido formación alguna, Gómez se convirtió en un rico terrateniente de la región de Tachira y se involucró en las luchas políticas locales en alianza con Cipriano Castro. Cuando éste tomó el poder mediante un golpe de fuerza en 1899, Gómez fue nombrado vicepresidente de la República y comandante en jefe del ejército venezolano. En 1908 aprovechó un viaje del presidente Castro a Europa para hacerse con el poder, que ejercería de forma dictatorial hasta su muerte (si bien cedió formalmente la presidencia de la República en 1915-22 y en 1929-31). Durante su mandato se descubrió petróleo en el país (1914) y Gómez no dudó en fomentar las inversiones de las compañías extranjeras para explotarlo. Venezuela se convirtió en los años treinta en uno de los mayores exportadores de petróleo del mundo, lo que permitió a Gómez liquidar la deuda exterior, construir una buena red de carreteras y modernizar el armamento del ejército (de cuyo apoyo dependía para mantenerse en el poder). Aquellos años de prosperidad fueron aprovechados por Gómez y sus militares de confianza para hacerse con una fortuna personal, apoderándose de plantaciones por todo el país. Los disidentes y opositores fueron reprimidos por la fuerza, aplastando los diversos motines y conspiraciones que intentaron derrocarle.

GÓMEZ, Máximo Dirigente militar de los independentistas cubanos (Baní, República Dominicana, 1836 - La Habana, 1905). Destinado a la carrera eclesiástica, cambió ésta por la de las armas al producirse la invasión de Santo Domingo por Haití en 1855. En 1865 pasó a Cuba y se unió al movimiento nacionalista contra la dominación colonial española. Cuando estalló la primera guerra por la independencia cubana, la «guerra de los diez años» (1868-78), Gómez luchó junto a Céspedes*, ascendiendo gracias a su experiencia militar hasta obtener el mando sobre las fuerzas de la provincia de Oriente. Allí implementó una eficaz táctica de guerrillas que le dio el control de la región, pero en cambio fracasó en su campaña para invadir la mitad occidental de la isla (1875). Acuciado por disensiones internas, abandonó Cuba poco antes de firmarse la Paz de Zanjón (1878). Refugiado en Honduras —donde fue nombrado general del Ejército— apoyó un nuevo intento de insurrección en Cuba, que también fracasó (la «Guerra Chiquita» de 1879-80). En 1892 llegó a un acuerdo con José Martí* y Antonio Maceo* para organizar una nueva insurrección, de la que Gómez sería jefe militar. Muerto Martí al comienzo de la Guerra de la Independencia (1895-98), Gómez y Maceo dirigieron la ofensiva rebelde desde el este hacia el oeste de la isla (1895-96); pero fueron derrotados por la enérgica política con la que respondieron los españoles bajo el mando del general Weyler. La muerte de Maceo (1896) dejó solo a Gómez al frente del movimiento, de nuevo confinado a la lucha guerrillera en las montañas orientales. A pesar de su débil posición militar, se negó a todo compromiso con los españoles, rechazando el plan de autonomía que ofreció el gobierno Sagasta* (1898). La intervención de Estados Unidos vino a expulsar a los españoles de Cuba en 1898 por la fuerza de las armas; y la nueva República independiente tuvo en Gómez a su héroe nacional, encarnación de la lucha revolucionaria. Sin embargo, Gómez entró en conflicto con los nuevos dirigentes políticos y con el gobierno de intervención norteamericano, y dimitió del mando del Ejército.

GÓMEZ DE SANDOVAL Y ROJAS, Francisco. V. LERMA, Duque de.

GÓMEZ DE SILVA, Ruy. V. ÉBOLI, Príncipes de.

GOMULKA, Wladislaw Político comunista polaco (Krosno, Galitzia, 1905 - Varsovia, 1982). Desde 1918 militaba en el Partido Socialista, siguiendo la tradición familiar; en 1926 pasó al Partido Comunista en la clandestinidad. Tras la invasión alemana de Polonia con la que dio comienzo la Segunda Guerra Mundial (1939-45), Gomulka se convirtió en uno de los principales líderes de la resistencia. En los años finales de la guerra fue nombrado secretario general del Partido Comunista (1943) y vicepresidente del gobierno provisional polaco auspiciado por la Unión Soviética (1944). Terminada la guerra encabezó el «Gobierno de Unidad Nacional» que se formó y ganó por un amplio margen las elecciones de 1947. Sin embargo, sus relaciones con Moscú se fueron deteriorando a medida que la instauración de un régimen comunista en Polonia se traducía en la sumisión del país a las directrices soviéticas; en 1948 apoyó las posiciones de Tito* en el conflicto que enfrentaba al líder yugoslavo con la Unión Soviética, motivo por el que fue expulsado del partido y del gobierno (1949) y, en 1951, encarcelado. Fue rehabilitado en 1956 para aplacar las tensiones después del aplastamiento de la insurrección de Poznan, en el marco de la desestalinización impulsada desde Moscú por Jruschov*. Desde la Secretaría General del que ahora se llamaba Partido Obrero Unificado Polaco (resultante de la fusión entre comunistas y socialistas en 1948), Gomulka impulsó una cierta liberalización del régimen y eliminó a la vieja guardia estalinista del aparato del Estado; no obstante, hubo de mantener el alineamiento con Moscú para conservar el poder, llegando a aprobar la intervención militar soviética contra la «primavera de Praga» (1968). Fue su incapacidad para solucionar los problemas económicos y sociales del país lo que le obligó a dimitir, a raíz de la oleada de huelgas de 1970. Definitivamente inclinado a los métodos autoritarios, se opuso a toda concesión de la dictadura comunista y apoyó el golpe de Estado de Jaruzelski en 1981.

GONZÁLEZ MÁRQUEZ, Felipe Político español (Sevilla, 1942 -). Procedente de una familia modesta, se licenció en Derecho por la Universidad de Sevilla (1966), ciudad en la que trabajó algún tiempo como abogado laboralista. En 1964 ingresó en el Partido Socialista Obrero Español, con el que participó en la lucha contra la dictadura de Franco* desde la clandestinidad (la persecución policial le hizo asumir el sobrenombre de *Isidoro*). Ascendió rápidamente en el partido, accediendo a su Comisión Ejecutiva en 1970. Arropado por un reducido grupo de jóvenes renovadores, sevillanos en su mayoría, acudió al Congreso celebrado por el partido en Suresnes (Francia) en 1974; allí se debatió la sustitución de la «vieja guardia» que controlaba el PSOE desde el exilio, con escasa influencia dentro del país, por un equipo más joven, capaz de arraigar entre la población del interior ante la eventualidad de la muerte del dictador y el cambio de régimen. Entre los dos grupos —madrileño y vizcaíno— que se disputaban el liderazgo de esa tarea, Felipe González apareció como solución de compromiso y fue elegido secretario general del partido, cargo que conservó hasta 1997. Desde entonces condujo al socialismo español a una profunda renovación: modernizó su mensaje político en un sentido más moderado y cercano a las preocupaciones populares, acrecentó su presencia entre los trabajadores de todas las regiones de España e intensificó las relaciones con los partidos socialistas europeos (en especial con el Partido Socialdemócrata Alemán). Con todo ello contribuyó a hacer del PSOE el primer partido de la oposición y alternativa de gobierno a la UCD del presidente Suárez*, una vez que la muerte de Franco (1975) permitió realizar la transición política a la democracia (1977).

Legalizado el partido en 1977, Felipe González le representó en la «Comisión de los Diez» que formó la oposición para negociar con el gobierno. Fue elegido diputado en 1977 y ha sido reelegido ininterrumpidamente hasta la actualidad. Como portavoz del grupo parlamentario socialista encabezó una oposición constructiva, que facilitó el consenso con el que se elaboraron los Pactos de la Moncloa y la Constitución de 1978; y fue adquiriendo un liderazgo carismático que le asentó como líder indiscutido de su partido. En 1979 dio un paso más en su proyecto de modernización del PSOE, forzando el abandono oficial de la ideología marxista mediante la escenificación de su dimisión como secretario general; un congreso extraordinario acabó admitiendo sus tesis moderadas y otorgándole un dominio total sobre el partido (que había reforzado un año antes con la absorción del Partido Socialista Popular de Tierno Galván). Con tales bazas obtuvo un triunfo arrollador en las elecciones de 1982, que le catapultaron a la Presidencia del Gobierno apoyado por una mayoría absoluta en el Parlamento. Se mantuvo al frente del gobierno hasta 1996, revalidando su triunfo en las urnas por mayoría absoluta en 1986 y 1989 y por mayoría relativa en 1993. Durante más de trece años de mandato, siguió una línea política moderada y pragmática, más cercana a posiciones de centro-izquierda que a las tradiciones propiamente socialistas. Ciertamente, fue fiel a su electorado de izquierdas en aspectos como la profundización de la democracia y las libertades, la construcción de infraestructuras o la financiación de gastos sociales mediante el aumento de la presión fiscal sobre las rentas más altas. Pero, en general, avaló una política económica ortodoxa, centrada en la modernización del aparato productivo y la lucha contra la inflación, lo cual le obligó a decisiones impopulares, como la reconversión industrial, el recorte de las pensiones o la flexibilización del mercado de trabajo; ello provocó el enfrentamiento con los sindicatos (incluida la Unión General de Trabajadores, central socialista que lideraba su antiguo colaborador Nicolás Redondo), que se saldó con dos huelgas generales contra el gobierno (1988 y 1994). En política exterior, impulsó un alineamiento con los países occidentales aliados de Estados Unidos, cambiando su postura con respecto al ingreso de España en la OTAN (al cual se había opuesto en 1981); ya en el gobierno, González defendió la permanencia en la Alianza Atlántica, convocando al efecto un referéndum en 1986, que le fue favorable. Entre sus éxitos hay que anotar el ingreso de España en la Comunidad Europea (1985), en cuyo seno adquirió un protagonismo destacado, merced al entusiasmo europeísta del país y de su gobierno. En relación con este logro están los dos aspectos más brillantes del gobierno socialista, como son la modernización económica, que llevó a superar la crisis de los años setenta, y la adquisición por España de un mayor protagonismo internacional (tanto en Europa como en Iberoamérica). La celebración simultánea en 1992 del quinto centenario del descubrimiento de América, la Exposición Universal de Sevilla y los Juegos Olímpicos de Barcelona marcaron el punto más alto del prestigio internacional de Felipe González y de la imagen exterior de la nueva España como un país moderno y democrático. El deseo de profundizar en la integración europea llevó a González a asumir el tratado de Maastricht de 1991; para ello tuvo que acentuar los sacrificios exigidos a la población, mediante una política de austeridad orientada al cumplimiento de los criterios de convergencia económica con el resto de la Unión Europea, previstos en aquel tratado. Esta política económica restrictiva, unida a una nueva coyuntura de recesión, hicieron que en las elecciones de 1993 perdiera la mayoría absoluta, si bien el PSOE siguió siendo el partido más votado gracias a su defensa del Estado de Bienestar; González pudo así iniciar un último mandato, apuntalando su mayoría relativa mediante pactos con los nacionalistas catalanes. Sin embargo, este último periodo de gobierno estuvo jalonado por dos problemas: la desunión en las filas socialistas, entre el aparato del partido (fiel al vicesecretario general Alfonso Guerra, defenestrado del gobierno en 1991) y los partidarios de una renovación que diera a éste un nuevo impulso político (animados por el propio González); por otro lado, la imagen del presidente se fue deteriorando a medida que los medios de comunicación iban sacando a la luz sucesivos escándalos en torno a los múltiples casos de corrupción que se habían producido bajo la Administración socialista y a las sospechas de complicidad del aparato del Estado en la guerra sucia contra el terrorismo de ETA. Procesados importantes políticos socialistas por ambos tipos de acusación, el PSOE perdió las elecciones europeas, municipales y autonómicas de 1994 y las generales de 1996, y Felipe González se retiró de la jefatura del partido en 1997.

GORBACHOV, Mijail Sergueievich Último dirigente de la Unión de Repúblicas Socialistas Soviéticas (Privolnoje, Stavropol, 1931 -). Procedente de una familia campesina rusa de la región del norte del Cáucaso, estudió Derecho en la Universidad de Moscú (1950-55). Allí se casó con Raisha Maximovna Titorenko y se afilió al Partido Comunista. De regreso a su región de origen, realizó una rápida carrera política, ascendiendo a cargos de responsabilidad regional en las juventudes comunistas y en el partido. Completó su formación con estudios de Agronomía en los años sesenta, lo cual le permitió obtener su primer gran éxito político al afrontar la catastrófica sequía de 1968. Fue entonces cuando saltó a la política nacional, resultando elegido miembro del Sóviet Supremo (1970), del Comité Central del Partido (1971; secretario de Agricultura en 1978) y del Politburó (1980). Esta rápida ascensión culminó con su elección como secretario general del Partido Comunista de la URSS tras la muerte de Chernenko (1985), por un estrecho margen de votos; obtenía así el máximo poder de la declinante potencia soviética, que se completaría con su nombramiento como presidente del Sóviet Supremo y jefe del Estado (1988).

La llegada de Gorbachov al poder suponía no sólo una renovación generacional, sino también una esperanza de renovación política: Gorbachov encarnaba la corriente reformista que proponía una apertura liberalizadora para sacar a la URSS del estancamiento económico, político y cultural en el que había quedado sumida desde la época de Brezhnev*. Gorbachov no defraudó esas expectativas, pues desde 1990 puso en marcha un programa político extremadamente audaz que no sólo acabaría con la dictadura comunista en la URSS, sino con la propia existencia de aquel Estado, transformando así profundamente el escenario internacional. Dicho programa, sin embargo, era obra de un comunista convencido, deseoso de reforzar y perfeccionar el régimen socialista mediante la trasparencia (*glasnost*) y la reestructuración (*perestroika*). La *glasnost* se produjo primero y con más facilidad: Gorbachov implantó una mayor trasparencia informativa, acabó con la represión hacia los disidentes, desmontó el Estado policial y la censura de prensa, restauró cierta libertad de expresión y reconoció públicamente los crímenes y los errores cometidos en el pasado por el partido y por el Estado soviético. Con todo ello se ganó el apoyo de los gobiernos y de la opinión pública occidental. Esta acogida no es de extrañar, dado que Gorbachov practicó una política exterior pacifista, llevando de hecho a la URSS a renunciar a su papel de gran potencia mundial, con tal de reducir así los pesados gastos militares que apenas podía soportar la debilitada economía del país (tratado de desarme pactado con los Estados Unidos de Reagan* en 1987; retirada de Afganistán en 1989). La retirada del ejército soviético condujo a procesos más o menos revolucionarios que acabaron con los regímenes comunistas en Europa central y oriental, abriendo el camino para la reunificación de Alemania (1990).

La reconstrucción económica, sin embargo, sería uno de los principales fracasos de Gorbachov: la *perestroika* suponía sacar a la economía soviética del caos y el anquilosamiento en el que estaba sumida, introduciendo mayor libertad de empresa y dejando actuar al mercado para corregir los defectos de la planificación. Sin embargo, estas reformas no tuvieron resultados positivos inmediatos, pues desorganizaron aún más el sistema productivo existente y ahondaron el empobrecimiento de la mayor parte de la población. Todo ello creó tensiones sociales, agravadas por los intereses político-económicos que se veían afectados. En el aspecto político, se inició una apertura que debía conducir gradualmente a una democracia pluripartidista; pero los avances en ese camino, considerados excesivos por la «vieja guardia» comunista, fueron considerados demasiado lentos por la creciente oposición ajena al partido: Gorbachov y su equipo avanzaban despacio por las resistencias existentes dentro del régimen y por el temor a perder el control del proceso. El efecto principal de la apertura fue la eclosión de los sentimientos nacionalistas, que cuajaron en movimientos independentistas en las diversas repúblicas que formaban la URSS. En 1991 se produjo un intento de golpe de Estado militar de tendencia involucionista, que fue detenido por la fuerza del movimiento democrático radical, encabezado por Boris Yeltsin*; éste se hizo dueño del poder en Rusia, apartando a Gorbachov y pactando con los dirigentes de las otras repúblicas el desmantelamiento de la URSS. Gorbachov se retiró de la política en aquel mismo año; aunque se presentó a las elecciones presidenciales de Rusia en 1996, obtuvo un resultado pésimo, reflejo de la impopularidad que se ganó en su propio país.

GORDON, Charles George General británico (Woolwich, Inglaterra, 1833 - Jartum, Sudán, 1885). Perteneciente al cuerpo de Ingenieros, se distinguió en la Guerra de Crimea (1854-56). Mandó la expedición británica de 1860-65 a China, durante la cual exploró parte de aquel territorio y ayudó al emperador a reprimir la rebelión de los Taiping en 1863-64 (de esa época le vino el sobrenombre de «el *chino* Gordon»). En 1874 fue destinado a Egipto, donde estuvo al servicio del jedive Ismail como administrador del Sudán hasta 1880 (contribuyendo decisivamente a erradicar la esclavitud en aquel país). Mientras permanecía en su nuevo destino de Sudáfrica, en 1884 fue llamado de nuevo a Egipto (ya bajo protectorado británico desde 1882), para combatir la sublevación del Mahdi* en el Sudán, contra la cual había fracasado una expedición británica anterior. Gordon *Pachá* —otro de sus apodos— subestimó las fuerzas de la rebelión indígena y se encontró sitiado en Jartum. Resistió allí un asedio de diez meses en espera de unos refuerzos que se retrasaron en exceso, muriendo ejecutado por el Mahdi tras la toma de la ciudad (dos días antes de que llegaran las tropas británicas). La popularidad de Gordon en Gran Bretaña hizo que la opinión pública y la reina Victoria* culparan de su muerte al primer ministro Gladstone*, lo cual contribuyó a su caída del gobierno y a su posterior declive político.

GOTAMA. V. **BUDA.**

GRACOS. Familia plebeya romana a la que pertenecieron varios políticos, cuyas reformas dieron comienzo a una larga época de luchas civiles en la Roma republicana.

TIBERIO SEMPRONIO (210-150 a.C.) fue tribuno de la plebe (187) y cónsul (177 y 163). Como pretor de Hispania participó en la lucha para someter a los celtíberos (180); también colaboró en la represión de una sublevación en Cerdeña. De su matrimonio con una hija de Escipión *el Africano** nacieron sus dos hijos: **TIBERIO SEMPRONIO** (162-133 a.C.) también fue pretor en Hispania, donde asistió a la derrota romana frente a Numancia y negoció una capitulación posteriormente desautorizada por el Senado (137). Elegido tribuno de la plebe (133) impulsó una reforma agraria consistente en limitar el tamaño de los latifundios instalados sobre el *ager publicus* (tierras comunales) y repartir la tierra restante entre el proletariado romano, a fin de incrementar la masa de pequeños campesinos propietarios. Este proyecto suscitó grandes oposiciones, incrementadas cuando Graco pareció ambicionar un poder personal contrario a los usos políticos de la República, destituyendo al otro tribuno de la plebe, constituyendo un triunvirato agrario con su hermano y su cuñado, y presentándose para ser reelegido; la oposición senatorial, dirigida por el pontífice máximo Escipión Násica organizó un complot en el que fueron asesinados Graco y unos 500 partidarios. Su hermano CAYO SEMPRONIO (154-121 a.C.) continuó su carrera política bajo la reacción de los patricios que siguió al asesinato de Tiberio, cuya labor reformadora continuó. Fue cuestor en Cerdeña (126) y tribuno de la plebe (123-122). Dotado de una elocuencia política excepcional, fue el jefe de filas de los reformistas contra los conservadores encabezados por su cuñado Escipión Emiliano. Cayo puso en práctica las reformas agrarias de su hermano, completándolas con un programa político encaminado a debilitar al Senado; acabó de ganarse a la plebe de la ciudad garantizándoles el suministro de grano a bajo precio; y para obtener además el apoyo de los caballeros les atribuyó funciones judiciales arrebatadas a los senadores *(Lex judiciaria)*. Pero su posición quedó debilitada por el proyecto de extender la ciudadanía romana a los latinos y pueblos aliados, lo que levantó recelos entre el pueblo; este descrédito fue aprovechado por la clase senatorial para lanzar una ofensiva que detuviera las reformas de Graco. Derrotado en la elección tribunicia para el año 121, sus partidarios se rebelaron haciéndose fuertes en el Aventino; el Senado declaró el estado de sitio y lanzó una sangrienta represión en la que murieron Graco y unos 3.000 partidarios.

GRAMSCI, ANTONIO Intelectual y activista político italiano, fundador del Partido Comunista (Ales, Cerdeña, 1891 - Roma, 1937). Gracias al apoyo de su hermano y a su capacidad intelectual superó las dificultades producidas por su deformidad física (era jorobado) y por la pobreza de su familia (desde que su padre fuera encarcelado, acusado de malversación de fondos). Estudió en la Universidad de Turín, donde recibió la influencia intelectual de Croce y de los socialistas. En 1913 se afilió al Partido Socialista Italiano, convirtiéndose enseguida en dirigente de su ala izquierda: tras haber trabajado en varias publicaciones periódicas del partido, fundó, junto con Togliatti* y Terracini, la revista *Ordine nuovo* (1919). Ante la disyuntiva planteada a los socialistas de todo el mundo por el curso que tomaba la Revolución rusa, Gramsci optó por adherirse a la línea comunista y, en el Congreso de Livorno (1921), se escindió con el grupo que fundó el Partido Comunista Italiano. Perteneció desde el principio al Comité Central del nuevo partido, al que también representó en Moscú en el seno de la Tercera Internacional (1922), dotó de un órgano de prensa oficial *(L'Unità,* 1924) y representó como diputado (1924). Fue miembro de la Ejecutiva de la Internacional Comunista, cuya ortodoxia bolchevique defendió en Italia al expulsar del partido al grupo ultraizquierdista de Bordiga, acusándole de «trotskismo» (1926). Enseguida hubo de pasar a la clandestinidad, dado que desde 1922 Italia estaba bajo el poder de Mussolini*, que ejercería a partir de 1925 una férrea dictadura fascista. Gramsci fue detenido en 1926 y pasó el resto de su vida en prisión, sometido a vejaciones y malos tratos, que vinieron a añadirse a su tuberculosis para hacerle la vida en la cárcel extremadamente difícil, hasta que murió de una congestión cerebral. En estas condiciones, sin embargo, Gramsci fue capaz de producir una gran obra escrita (los voluminosos *Cuadernos de la cárcel),* que contiene una revisión original del pensamiento de Marx*, en un sentido historicista y tendente a modernizar el legado comunista para adaptarlo a las condiciones de Italia y de la Europa del siglo XX. Ya en el Congreso de Lyon (1926) había defendido la ampliación de las bases sociales del comunismo abriéndolo a toda clase de trabajadores, incluidos los intelectuales. Sus aportaciones teóricas influirían poderosamente en la adaptación democrática del comunismo occidental que se produjo en los años sesenta y setenta *(eurocomunismo).*

GRAN CAPITÁN. V. **FERNÁNDEZ DE CÓRDOBA, Gonzalo,** *el Gran Capitán.*

GRANT, Ulysses Simpson 18.º presidente de los Estados Unidos de América (Point Pleasant, Ohio, 1822 - Mount McGregor, Nueva York, 1885). Hizo la carrera militar en la Academia de West Point y destacó en la guerra contra México de 1845-48. Después se retiró del Ejército, al cual regresó al estallar la Guerra de Secesión (1861-65) para combatir en el bando nordista. Destinado al frente del Oeste —mientras Sherman* se ocupaba del Este—, demostró grandes dotes para el mando, la táctica y la estrategia. Tras una serie de acciones brillantes, como la toma de Vicksburg, el restablecimiento de la navegación por el Mississippi y la batalla de Chatanooga, el presidente Lincoln* le nombró comandante en jefe del Ejército federal (1864). Condujo a las fuerzas del Norte hasta la victoria sobre la Confederación del Sur, imponiéndose en el estrecho pero crucial espacio que separaba las capitales de los dos bandos (Washington y Richmond); allí obtuvo resonantes victorias sobre el comandante sudista Lee*, que obligaron a éste a capitular aceptando las generosas condiciones que le ofreció Grant (Appomatox, 1865).

Ya en tiempo de paz y asesinado Lincoln por un fanático sudista en 1865, el ala radical del Partido Republicano aprovechó el prestigio de Grant como héroe de guerra para ganar con él las elecciones presidenciales de 1868. Grant sustituyó así al moderado Andrew Johnson, que había continuado la política de reconciliación y reconstrucción de Lincoln. Durante sus dos mandatos como presidente (1869-77) Grant utilizó los recursos del Estado para recompensar a compañeros de armas y veteranos de guerra, permitiendo que la corrupción y la arbitrariedad se extendieran por todos los niveles de la Administración. Permitió que los agentes del Norte (los *carpetbaggers)* implantaran en los Estados del Sur una especie de dictadura corrupta y opresora; fue en ese clima enrarecido en el que los plantadores blancos del Sur reaccionaron introduciendo en sus Estados normativas racistas y creando la organización secreta Ku-Klux-Klan para someter por el terror a los antiguos esclavos negros, que durante la Administración anterior habían obtenido la libertad (1865) y la igualdad de derechos civiles (1868) y, ya con Grant, el derecho de voto (1870). El descrédito de Grant por los escándalos de corrupción, incluso entre los republicanos moderados, hizo que no optara a la reelección en 1876, sustituyéndole en la Presidencia el también republicano Hayes.

GRANVELA, cardenal (Antonio Perrenot, señor de Granvela) Consejero de Felipe II* de España (Ornans, Franco Condado, 1517 - Madrid, 1586). Era hijo de Nicolás Perrenot, señor de Granvela y canciller de Carlos V*, quien se había encargado de proporcionarle una posición influyente en la corte de los Austrias (a los que pertenecía entonces su país natal, el Franco Condado). Estudió en las universidades de París, Padua y Lovaina, y a los 23 años era obispo de Arras. Realizó importantes misiones diplomáticas para Carlos V, al que representó en la apertura del Concilio de Trento y en la negociación del matrimonio de Felipe II con María Tudor*. Tras la abdicación del emperador (1555), acrecentó su poder por la confianza que le tenía el nuevo rey, Felipe II: entró en el Consejo de Estado (1565), negoció con Francia la Paz de Câteau-Cambrésis (1559) y acompañó a Margarita de Parma como consejero cuando ésta quedó de gobernadora de los Países Bajos (1559). Se ocupó de reorganizar bajo su autoridad la Iglesia de los Países Bajos, amenazada por el avance del protestantismo (época de la que data su acceso al cardenalato, en 1561); en esa labor se enfrentó con la nobleza local, que se sintió perjudicada económicamente y amenazada por la posibilidad de que se implantara la Inquisición en sus estados, tensión que culminó con la caída de Granvela (1564). Fiel a Felipe II, siguió prestándole consejo y sirviéndole desde la corte papal, desempeñando cargos como los de virrey de Nápoles (1571-75), presidente del Consejo de Italia (1579) y gobernador de España durante la ausencia de Felipe II por la guerra de anexión de Portugal (1580-81).

GRAVINA, Federico Carlos Marino español (Palermo, Sicilia, 1756 - Cádiz, 1806). Procedía de una familia de la nobleza siciliana vinculada tradicionalmente a la monarquía española. Ingresó en la Armada en 1775 y participó en diversas acciones como la expedición a América contra los portugueses (1776-77), el sitio de Gibraltar (1779), la reconquista de Menorca (1881-82), un nuevo intento de arrebatar Gibraltar a los ingleses (1782), varias expediciones contra Argel y, ya como capitán de navío: un viaje a Constantinopla (1788), otro a Cartagena de Indias y Cuba (1789) y la evacuación española de Orán (1791). Cuando la Revolución francesa arrastró a España a la Guerra contra la Convención (1793-95), Gravina tuvo una intervención destacada en el asedio de Tolón (donde mandó cuatro navíos y fue herido) y en la costa catalana; por estas acciones fue ascendido al mando de la Escuadra. Tras pactarse la alianza de España con la Francia revolucionaria (1796), colaboró con los franceses en la guerra contra Gran Bretaña: defendió los puertos de Cádiz, El Ferrol y Brest; y acompañó al almirante Villeneuve en las batallas de Finisterre y Trafalgar (1805). En esta última tuvo una labor destacada, que no pudo evitar la derrota de la escuadra franco-española frente a Nelson*; murió al año siguiente por las heridas recibidas en la batalla.

GREGORIO VII, San (Hildebrando de Soana) Papa (Soana, Toscana, h. 1020 - Salerno, Nápoles, 1085). Este monje toscano adquirió experiencia en la política romana como secretario del papa Gregorio VI (1045-46) y luego tesorero de León IX (1049-54). Bajo los pontificados de Nicolás II (1059-61) y

Cortés, Hernán: «El conquistador de México, impulsado por un gran fervor religioso —aparte de la ambición de honores y riquezas común a todos los conquistadores—, fue un hombre culto y con preocupaciones morales inusuales en su entorno (como la de plantearse la legitimidad de esclavizar a los indios).» (Grabado de Hernán Cortés, por V. Carderera sobre un retrato conservado en el Hospital de la Purísima Concepción, México D. F.)

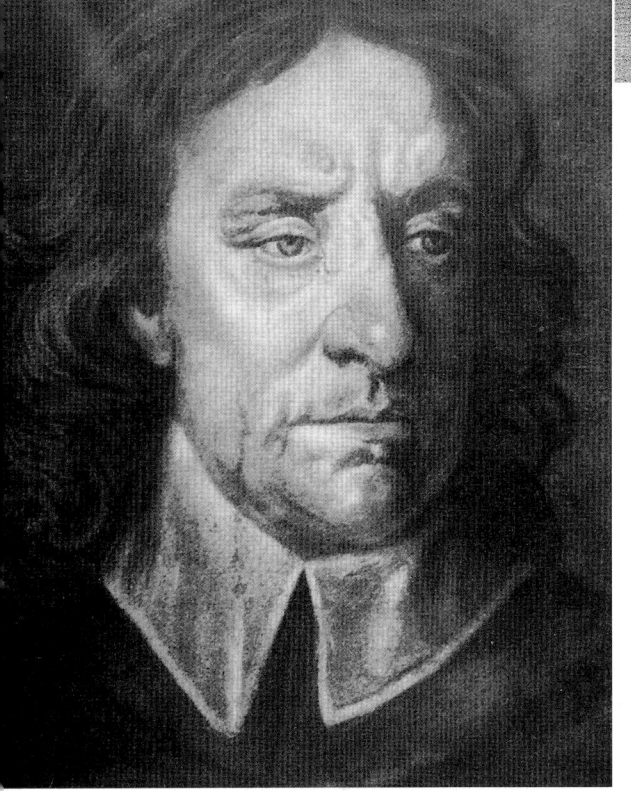

Cromwell, Oliver: «Las interminables disputas entre las tendencias representadas en el Parlamento ... le empujaron a asumir una especie de poder dictatorial ... a pesar de que defendía la idea de un sistema representativo, moderado en lo político y tolerante en lo religioso.» (Dibujo al pastel de Samuel Cooper, Sidney Sussex College, Cambridge.)

Daguerre, Jacques: «... al sustituir el betún por yoduro de plata ... consiguió, en 1837, un primer procedimiento fotográfico conocido como *daguerrotipo*, cuyo uso no tardó en extenderse.»

Dalai Lama, Tendzin Gyatso, XIV: «... prefirió permanecer en el exilio, dedicándose a preservar... la cultura tibetana destruida por las autoridades chinas en su país de origen, al tiempo que asumía públicamente los ideales de la democracia y el pacifismo.»

Darwin, Charles R.: «... las teorías de Darwin acabaron por recibir aceptación general, a pesar de la resistencia de los medios conservadores y religiosos, modificando profundamente la interpretación del lugar que ocupa el ser humano en el mundo, al comprender que somos simplemente un estadio transitorio en el proceso global de la evolución de las especies naturales.»

De Gaulle, Charles: «... su labor se centró en recuperar el protagonismo internacional que correspondía a la "grandeza" histórica de Francia; la base para conseguirlo fue la estabilidad política creada por la Constitución del 58 y por su propia permanencia en el poder.»

Disraeli, Benjamin: «... la reforma de 1867, que extendió el derecho de voto hasta doblar el cuerpo electoral ... suministró una base de votantes populares a su proyecto político de "democracia *tory*" ... capaz de anudar la alianza entre un fuerte poder monárquico y un electorado trabajador.»

Duarte de Perón, Eva, *Evita:* «Desempeñó un papel importante en la ascensión del "peronismo" como movimiento popular, utilizando su posición en la radio para dar publicidad a las reformas sociales de Perón y a su labor sindicalista.»

Einstein, Albert: «Curiosamente, el Premio Nobel se le concedió principalmente por sus trabajos sobre el efecto fotoeléctrico, una parte menor de sus aportaciones a la ciencia, aunque más fácilmente asimilable que las teorías de la relatividad y, en todo caso, suficiente para justificar la obtención del premio y la trascendencia histórica del personaje.»

Eisenhower, Dwight David, Ike: «La popularidad que le había dado la victoria militar aliada sobre Alemania le hizo objeto de invitaciones para entrar en política desde el mismo final de la guerra. Inicialmente las rechazó todas ... Pero ... sus convicciones conservadoras se impusieron y aceptó asumir la candidatura republicana para la Presidencia.»

Enrique VIII de Inglaterra: «Su reinado se caracterizó por un fortalecimiento de la autoridad real, al someter por entero a la Iglesia; lo que no impidió la consolidación del Parlamento, a la vez como instrumento de la política del rey y como órgano representativo del reino.» *(Enrique VIII*, por Hans Holbein, National Museum and Galleries on Merside Walter Art Gallery.)

Erasmo de Rotterdam: «Defendió el regreso del cristianismo a sus fuentes ... criticando la superstición, el escolasticismo y los abusos de la Iglesia ... Pero Erasmo permaneció fiel al catolicismo romano e incluso se enfrentó por escrito con Lutero en una disputa pública sobre el libre arbitrio del hombre.» *Erasmo de Rotterdam*, por A. Moro.)

Espartero, Baldomero: «... puso su prestigio al servicio de sus ideales políticos progresistas. Se enfrentó al conservadurismo de María Cristina haciendo que ésta abdicara ... e hizo que las Cortes le nombraran regente a él mismo.» (Litografía de Maurin.)

Eugenia de Montijo, emperatriz de Francia: «... considerada una gran belleza según el gusto de la época, constituyó el centro de la vida social y festiva de la corte imperial. Pero ... encabezó la corriente política más reaccionaria entre los partidarios del Segundo Imperio.» (Eugenia de Montijo en 1857, por Winterhalter, Museo Municipal, Madrid.)

Federico II de Prusia: «... se convirtió en uno de los exponentes del "despotismo ilustrado", introduciendo desde su posición de monarca absoluto algunas reformas inspiradas en el pensamiento de las Luces.» (*Federico II el Grande, rey de Prusia*, por F. G. Weitsch.)

Felipe II de España: «Modernizó y reforzó la administración de la Monarquía Hispana, apartándola de las tradiciones medievales y de las aspiraciones de dominio universal que había representado la Monarquía Católica de su padre. Los órganos de justicia y de gobierno sufrieron notables reformas, al tiempo que la corte se hacía sedentaria… Desarrolló una burocracia centralizada, sobre la cual ejercía una supervisión directa y personal de los asuntos.» (Litografía de J. Donon sobre dibujo de Véllego, s. XIX.)

Felipe III de España: «A lo largo del reinado se sucedieron las reformas institucionales para solucionar los problemas de corrupción e inoperancia que aquejaban a la administración de la Monarquía: aparte de los cambios introducidos en el tradicional sistema de *Consejos*, se extendió cada vez más el recurso a las *Juntas*, órganos destinados a mermar el poder de aquéllos en favor de un gobierno más ágil y coherente.» (Litografía de Palmaroli, s. XIX.)

Felipe IV de España: «Las expectativas abiertas por su empeño reformador se vieron frustradas por la mala acogida que tuvieron las medidas entre las instituciones que se sentían perjudicadas (Cortes, Consejos, Juntas y reinos periféricos) y por los compromisos europeos de la Monarquía, que la involucraron en guerras continuas.» (Litografía de R. Casado.)

Felipe V: «... la Monarquía española inició con Felipe V un nuevo rumbo de reconstrucción política, económica y militar ... uniformizó el territorio reduciendo autonomías y privilegios, ... fortaleció la autoridad real frente a toda clase de instituciones intermedias, practicó una política *regalista* en detrimento del poder de la Iglesia, modificó la norma sucesoria ... e intentó imponer un estilo de administración más ejecutivo y centralizado.» (Grabado de L. R. Vialy.)

Fernando VII: «... durante la Guerra de la Independencia, el rey cautivo se convirtió en un símbolo de las aspiraciones nacionales españolas motivo al que se debe que recibiera el sobrenombre de *el Deseado* ... tan pronto como llegó a España se apresuró a restablecer la monarquía absoluta del siglo anterior, eliminando la Constitución y la obra reformadora realizada en su ausencia por las Cortes.» (Retrato de Antonio Carnicero, Palacio Real de Riofrío, Segovia.)

Floridablanca, Conde de: «Pretendía reequilibrar las instituciones de la Monarquía dando más peso al estilo de gobierno ejecutivo de las Secretarías de Estado y del Despacho ... En esa línea creó en 1782 la Junta Suprema de Estado (presidida por él mismo), que respondía a la idea de coordinar las distintas secretarías en una especie de Consejo de Ministros.» (Grabado de J. Páez.)

Ford, Henry: «La clave del éxito de Ford residía en su procedimiento para reducir los costes de fabricación: la producción en serie, conocida también como *fordismo* ... pronto se extendió a otros sectores y países, abriendo una nueva era en la historia industrial.»

Fraga Iribarne, Manuel: «... por su pasado franquista y su imagen de hombre autoritario ... renunció al protagonismo en la política nacional ... Aunque ha mantenido un liderazgo moral sobre la derecha española, desde 1990 Fraga se retiró a su Galicia natal donde... desde 1990 es presidente del gobierno autónomo.»

Gaddafi, Muammar el-: «... sintetizó sus aspiracione[s] políticas en el llamado *Libro verde*: en él se mezclan [el] socialismo, el islamismo y el nacionalismo árabe, vincu[-]lándolos a un proyecto visionario de expansión p[or] África y Asia.»

Gandhi, Mohandas Karamchand: «Con su programa [de] resistencia pacífica basado en la desobediencia civil y [el] boicot a las instituciones y productos ingleses ... procla[-]maba la recuperación de los valores tradicionales de [la] India perdidos bajo la dominación extranjera ... se com[-]prometió personalmente en el ideal de unir en esa luch[a] a hindúes y musulmanes ...; reivindicó la igualdad d[e] derechos de las castas inferiores, secularmente discrim[i-]nadas en la India; fomentó la educación de las masas in[s-]pirada en las tradiciones culturales propias...»

Garibaldi, Giuseppe: «... dueño del sur de Italia, ante[-]poniendo el ideal nacionalista a las aspiraciones revol[u-]cionarias, Garibaldi entregó el territorio conquistado [a] Víctor Manuel II para que lo anexionara al recién forma[-]do Reino de Italia.»

Gil Robles, José María: «Tras el triunfo en la Guerra Civil del bando de Franco, que no le reservó papel político alguno, Gil Robles se integró en el consejo del pretendiente monárquico don Juan de Borbón ... no pudo volver a la política activa hasta la muerte del dictador.»

Godoy, Manuel: «... fue muy impopular, por los recelos que despertaron su rápida ascensión social y política, la intimidad que tenía con los reyes y su estilo de gobierno que, intentando situarse por encima de los partidos revolucionario y reaccionario, acabó por disgustar a casi todos.» (*El Capitán General Manuel de Godoy* [retratado como vencedor de la Guerra de las Naranjas]; litografía de J. Donon sobre un dibujo de B. Valdivieso.)

González, Felipe: «Durante más de trece años de mandato, siguió una línea política moderada y pragmática, más cercana a posiciones de centro-izquierda que a las tradiciones propiamente socialistas. Ciertamente, fue fiel a su electorado de izquierdas en aspectos como la profundización de la democracia y las libertades, la construcción de infraestructuras o la financiación de gastos sociales mediante el aumento de la presión fiscal sobre las rentas más altas.»

Gorbachov, Mijaíl S.: «... puso en marcha un programa político extremadamente audaz que no sólo acabaría con la dictadura comunista en la URSS, sino con la propia existencia de aquel Estado, transformando así profundamente el escenario internacional. Dicho programa, sin embargo, era obra de un comunista convencido, deseoso de reforzar y perfeccionar el régimen socialista mediante la transparencia (*glasnost*) y la reestructuración (*perestroika*).»

Grant, Ulysses S.: «Durante sus dos mandatos como presidente utilizó los recursos del Estado para recompensar a compañeros de armas y veteranos de guerra, permitiendo que la corrupción y la arbitrariedad se extendieran por todos los niveles de la Administración.» (Litografía de I. Badillo.)

[G]uevara de la Serna, Ernesto Che: «Al [fr]ente de un pequeño grupo intentó poner [en] práctica su teoría, según la cual no era [n]ecesario esperar a que las condiciones [so]ciales produjeran una insurrección popu[la]r, sino que podía ser la propia acción [ar]mada la que creara las condiciones para [qu]e se desencadenara un movimiento revo[lu]cionario.»

Guillermo II de Alemania: «Decidido a hacer valer el poderío económico y militar de la nueva Alemania a escala mundial, fomentó la navegación y el comercio, apoyó el rearme naval y dotó a Alemania de un imperio colonial en África.» (Biblioteca de Artes Decorativas, París.)

Hailé Selassié I: «... modernizó Etiopía y la introdujo en la escena internacional: reforzó y centralizó el poder del Estado, reformó el Ejército, ingresó en la Sociedad de Naciones ... y se alineó, en general, con las democracias de Europa occidental.»

Hassán II: «... ha mantenido un régimen autoritario basado en la uniformización cultural (arabización), en l represión policial y en un delicado equilibrio entre la tra dición islámica y la modernidad occidental.»

Hegel, George Wilhelm Friedrich «Concebía la realidad como un deven continuo que explicaba con la *dialéctica*: Historia de la Humanidad es el desarrol de la Idea absoluta como fruto de la perm nente contradicción entre una tesis y ur antítesis, de la que surge como síntesis ur forma más elevada de la Razón.» (Grabac de G. W. F. Hegel, por Ballinger sobre u retrato de Zeller.)

Hitler, Adolf: «... destruyó el régimen constitucional y lo sustituyó por una dictadura de partido único basada en su poder personal. El Tercer *Reich* así creado fue un régimen totalitario basado en un nacionalismo exacerbado y en un complejo de superioridad racial.» (Afiche conservado en el Deutsches Plakatmuseum, Essen.)

Ho Chi Minh: «... impulsó una profunda reforma agraria y se esforzó por impedir la corrupción y el abuso de poder, manteniendo un liderazgo carismático.» (Dibujo de R. Girard.)

Hussein I de Jordania: «... ha sido tradicionalmente un exponente de los regímenes árabes moderados, alineados con Occidente.»

Ibárruri Gómez, Dolores, *Pasionaria*: «... la sublevación de los militares contra el Gobierno de la República acrecentó su carisma popular, al desplegar durante la Guerra Civil una gran actividad de propaganda; su prosa apasionada, sensible y coherente la convirtió en símbolo de la resistencia y combatividad de la España republicana.» (Cartel impreso por el PCE a su muerte, 1989.)

de Alejandro II (1061-73), Hildebrando se perfiló como uno de los hombres más influyentes de la Curia papal, representante de la corriente reformista. En 1073 fue elegido papa y se consagró a la que desde entonces se conoce como «reforma gregoriana»: un esfuerzo por elevar el nivel moral del clero, al mismo tiempo que trataba de encuadrar mejor a los fieles, defender la independencia del Papado frente a las restantes monarquías y reforzar la supremacía de la autoridad romana sobre las iglesias «nacionales» occidentales (después del gran cisma que había protagonizado la Iglesia de Oriente en 1054). Todos estos objetivos eran los que venían defendiendo los reformistas católicos desde que los propusiera León IX, pero Gregorio se distinguió por la intransigencia y la energía con que los defendió. Fue él quien, en el Concilio de Roma de 1074, proclamó el celibato de los eclesiásticos que todavía perdura en la Iglesia católica. Continuó la lucha de sus predecesores contra la simonía, prohibiendo a los laicos conceder cargos eclesiásticos (en la línea de Nicolás II, que había decretado en 1059 la elección del papa por los cardenales, sin intervención del emperador ni la nobleza romana). En el tajante *Dictatus papae* de 1075 afirmó que sólo el papa podía nombrar y deponer a los obispos como cabeza de la Iglesia; y llevó su autoritarismo hasta el punto de defender que también correspondía al papa la designación de los reyes, por tener éstos un poder delegado de Dios. Estalló entonces la «Querella de las Investiduras» (1075-1122), en la que el Papado se enfrentó con el Imperio a propósito de la investidura de los obispos: el emperador Enrique IV declaró depuesto al papa y Gregorio VII declaró depuesto y excomulgado al emperador (Concilio de Letrán, 1076). Éste, temeroso de perder la fidelidad de sus súbditos, se avino a hacer penitencia en Canosa hasta que el papa le levantó la excomunión (1077); pero para recuperar la Corona imperial hubo de emplear la fuerza contra los príncipes alemanes, provocando una nueva excomunión (1080). Marchó entonces sobre Roma, depuso a Gregorio y le sustituyó en el Trono papal por el antipapa Clemente III, quien le coronó emperador en 1084. Gregorio VII resistió asediado en el castillo de Sant'Angelo hasta que vinieron a rescatarle los normandos de Sicilia, en cuyos dominios moriría poco después. Fracasaba así el intento de imponer al Papado sobre los poderes seculares, aunque la misma política sería sostenida por sus sucesores y honrada por la Iglesia de la Contrarreforma al canonizar a Gregorio VII en 1606.

GREGORIO, Leopoldo de. V. **ESQUILACHE, Marqués de.**

GROMYKO, Andrei Andreiévich
Dirigente de la Unión de Repúblicas Socialistas Soviéticas (Minsk, Bielorrusia, 1909 - Moscú, 1989). Tras estudiar Economía, entró en el servicio diplomático soviético en 1939. Su carrera fue muy rápida, pues en 1943 ya era embajador en Washington, puesto crucial dada la importancia que tenía para la URSS la alianza con Estados Unidos en el marco de la Segunda Guerra Mundial (1939-45). Terminada la guerra, pasó a ser embajador de la URSS ante las Naciones Unidas, otro puesto de relevancia en el momento de organización de la paz (1946-49). Todavía en vida de Stalin* completó su carrera diplomática en el

exterior como embajador en Londres (1952-53). Quizá fue su conocimiento de los países occidentales lo que le determinó a apoyar la apertura de Jruschov*, salvándole así del proceso de desestalinización; por el contrario, Jruschov le promovió al cargo de ministro de Asuntos Exteriores, que ocuparía durante el dilatado periodo que va de 1957 a 1985. El hecho de que no fuera sustituido tras la caída de Jruschov y el ascenso de Brezhnev* indica un alto grado de continuidad en la política exterior de la URSS; incluso acrecentó su poder, pues en 1973 entró en el Politburó, órgano directivo del Partido Comunista, desde donde influiría más decisivamente sobre la orientación general de la política soviética. Durante el largo periodo en el que controló la política exterior de la URSS gestionó la llamada «guerra fría» con el bloque occidental, tratando de aprovechar la descolonización para extender la influencia mundial de la URSS: intervino en Vietnam apoyando a Ho Chi Minh* contra Estados Unidos (1964-73); tomó partido por el mundo árabe en sus conflictos con Israel (guerras de 1967 y 1973); avaló la invasión soviética de Afganistán (1979); y apoyó invariablemente a los regímenes más o menos socialistas del Tercer Mundo que se oponían a la hegemonía norteamericana. Pero también impulsó acciones de distensión en el marco de la doctrina de la *coexistencia pacífica* entre regímenes comunistas y capitalistas, como las que condujeron al tratado de renuncia a la fuerza con la República Federal de Alemania (1970), las múltiples conversaciones de Jruschov y Brezhnev con los presidentes norteamericanos y la firma de los acuerdos de desarme *SALT* (1972). Con respecto a las relaciones con los demás Estados socialistas, Gromyko sostuvo la *doctrina Brezhnev* de soberanía limitada de los países del Pacto de Varsovia, en virtud de la cual el Ejército soviético invadió Checoslovaquia para acabar con la «Primavera de Praga» (1968); pero no pudo evitar el deterioro de las relaciones con China y el abandono por Albania del Pacto de Varsovia en los años sesenta. Con la llegada al poder de Gorbachov*, Gromyko apareció como un conservador, contrario a las reformas que conducirían a la URSS a renunciar a su papel de gran potencia mundial. Para llevar adelante sus planes liberalizadores y pacifistas, Gorbachov le apartó del Ministerio de Asuntos Exteriores en beneficio de Shevarnadze, pasando Gromyko al puesto mucho menos influyente de presidente del Sóviet Supremo (1985) y abandonando el Politburó (1988).

GUATIMOZÍN. V. CUAUHTÉMOC.

GUDERIAN, Heinz General alemán (Kulm, Prusia Oriental, 1888 - Schwangau, Baviera, 1954). Siguió la carrera militar por tradición familiar, participando en los combates de la Primera Guerra Mundial (1914-18). Tras la derrota de Alemania se especializó en carros de combate, preconizando la constitución de una fuerza blindada independiente, capaz de aplicar con eficacia una guerra de movimientos. El acceso de Hitler* al poder en 1933 le dio la oportunidad de imponer ese criterio, pues el gobierno nazi le encargó de dotar al ejército alemán de un arma blindada moderna y poderosa (las *Panzerdivisionen*). Fue uno de los teóricos de la «guerra relámpago» *(Blitzkrieg)* que los alemanes llevaron a cabo durante los primeros momentos de la Segunda Guerra Mundial (1939-45), en la invasión de Polonia, Francia y los Países Bajos, campañas en las que Guderian tuvo una participación destacada. Mandó los blindados del sector central durante la Campaña de Rusia, pero su fracaso en el intento de tomar Moscú (1941) le hizo caer en desgracia ante el *Führer* (sería rehabilitado en 1943 como inspector de las unidades blindadas). Su fidelidad a Hitler le hizo apartarse de las conspiraciones contra el *Führer* que se tramaban entre los altos mandos del ejército, como la que culminó en el atentado frustrado de 1944. A raíz de aquel episodio, Hitler le nombró jefe del Estado Mayor del Ejército (1944-45), cargo del que sin embargo le cesaría poco antes de acabar la guerra, por discrepancias estratégicas.

GÜEMES Y HORCASITAS GORDÓN, Juan Francisco de. V. REVILLAGIGEDO, Condes de.

GÜEMES PACHECO DE PADILLA, Juan Vicente de. V. REVILLAGIGEDO, Condes de.

GUEVARA DE LA SERNA, Ernesto (el *Che* Guevara) Revolucionario iberoamericano (Rosario, Argentina, 1928 - Higueras, Bolivia, 1967). Nació en una familia acomodada de Argentina, en donde estudió Medicina. Su militancia izquierdista le llevó a participar en la oposición contra Perón*; desde 1953 viajó por Perú, Ecuador, Venezuela y Guatemala, descubriendo la miseria dominante entre las masas de Iberoamérica y la omnipresencia del imperialismo norteamericano en la región, y participando en múltiples movimientos contestatarios, experiencias que le inclinaron definitivamente a la ideología marxista. En 1955 conoció en México a Fidel Castro* y a su hermano Raúl, que preparaban una expedición revolucionaria a Cuba. Guevara trabó amistad con los Castro, se unió al grupo como médico y desembarcó con ellos en Cuba en 1956. Instalada la guerrilla en Sierra Maestra, Guevara se convirtió en lugarteniente de Castro y mandó una de las dos columnas que salieron de las montañas orientales hacia el Oeste para conquistar la isla. Participó en la decisiva batalla por la toma de Santa Clara (1958) y finalmente entró en La Habana en 1959, poniendo fin a la dictadura de Batista*. El nuevo régimen revolucionario concedió a Guevara la nacionalidad cubana y le nombró jefe de la Milicia y director del Instituto de Reforma Agraria (1959), luego presidente del Banco Nacional y ministro de Economía (1960) y, finalmente, ministro de Industria (1961). Buscando un camino para la independencia real de Cuba, se esforzó por la industrialización del país, ligándolo a la ayuda de la Unión Soviética, una vez fracasado el intento de invasión de la isla por Estados Unidos y clarificado el carácter socialista de la revolución cubana (1961). En aquellos años, Guevara representó a Cuba en varios foros internacionales, en los que denunció frontalmente el imperialismo norteamericano.

Su inquietud de revolucionario profesional, sin embargo, le hizo abandonar Cuba en secreto en 1965 y marchar al Congo, donde luchó en apoyo del movimiento revolucionario en marcha, convencido de que sólo la acción insurreccional armada era eficaz contra el imperialismo. Relevado ya de sus cargos en el Estado cubano, volvió a Iberoamérica en 1966 para lanzar una revolución que esperaba fuera de ámbito continental: valorando la posición estratégica de Bolivia, eligió aquel país como centro de operaciones para instalar una guerrilla que pudiera irradiar su influencia hacia Argentina, Chile, Perú, Brasil y Paraguay. Al frente de un pequeño grupo intentó poner en práctica su teoría, según la cual no era necesario esperar a que las condiciones sociales produjeran una insurrección popular, sino que podía ser la propia acción armada la que creara las condiciones para que se desencadenara un movimiento revolucionario (*Guerra de guerrillas*, 1960; *Recuerdos de la guerra revolucionaria*, 1963). Sin embargo, su acción no prendió en las masas bolivianas; por el contrario, aislado en una región selvática en donde padeció la agudización de su dolencia asmática, fue delatado por campesinos locales y cayó en una emboscada del ejército boliviano en la región de Valle Grande, donde fue herido y apresado. Dado que el *Che* se había convertido en un símbolo para los jóvenes de todo el mundo, los militares bolivianos, aconsejados por la CIA, quisieron destruir el mito revolucionario, asesinándole para después exponer su cadáver, fotografiarse con él y enterrarlo en secreto. Se salvó, sin embargo, su *Diario de campaña*, publicado en 1967. En 1997 sus restos fueron localizados, exhumados y trasladados a Cuba, donde fueron enterrados con todos los honores por el régimen de Fidel Castro.

GUILLERMO I Rey de Prusia y emperador de Alemania, de la Casa de Hohenzollern* (Berlín, 1797-1888). Era el segundo hijo de Federico Guillermo III de Prusia; pero la muerte sin descendencia de su hermano mayor, Federico Guillermo IV, le llevó a ocupar el Trono desde 1861 (ya desde 1858 ejercía el poder como regente por enfermedad mental del titular). En su juventud luchó en las guerras napoleónicas, quedando hondamente impresionado por las derrotas prusianas; tan pronto como accedió al Trono se trató de reforzar militarmente a su país. Pero, como encontrara resistencias entre los liberales prusianos, llamó al gobierno al conservador y autoritario Bismarck* (1862), quien se encargó de forzar la Constitución y llevar a cabo los planes de rearme. Una vez que tuvo el ejército más moderno y eficaz de Europa, apoyó el proceso por el que Bismarck impuso el poder de Prusia en Alemania, venciendo sucesivamente en las guerras contra Dinamarca (1864), Austria (1866) y Francia (1870). Esta última victoria permitió la unificación del Imperio Alemán, bajo hegemonía prusiana y con la exclusión definitiva de Austria; Bismarck proclamó entonces a Guillermo primer emperador de la Alemania unificada (el segundo *Reich*) en el Palacio de los Espejos de Versalles (1871). En 1878 sufrió dos atentados, que sirvieron de pretexto a Bismarck para poner fuera de la ley a los socialistas. Guillermo mantuvo a Bismarck en el gobierno alemán hasta el final de su vida, a pesar de que discrepaba de su forma de actuar y de algunas orientaciones políticas (en particular la *Kulturkampf* contra la Iglesia católica).

GUILLERMO I, *el Conquistador* Rey de Inglaterra (Falaise, Normandía, Francia, 1027 - Ruán, Francia, 1087). Era el hijo único e ilegítimo del duque de Normandía Roberto I, a quien sucedió al frente del Ducado cuando sólo contaba ocho años (1035). Su infancia y adolescencia estuvieron marcadas por la rebeldía de los nobles normandos, sobre los que consiguió imponerse tras una larga lucha, que duró hasta 1060. Una vez asentado en sus dominios, Guillermo logró expandirlos con la conquista de Maine y Bretaña (1063-64). Al morir sin descendencia el rey Eduardo III de Inglaterra en 1066, Guillermo se proclamó su heredero, alegando un lejano parentesco con el rey difunto y la promesa que éste le había hecho en 1051 de que le sucedería en el Trono. Los lores ingleses, en cambio, designaron como rey a uno de ellos, Haroldo II, provocando la decisión de Guillermo de desembarcar en el sur de la isla con un ejército para hacer valer su candidatura; el éxito de aquella empresa vino facilitado por la intervención del rey de Noruega, quien, al desembarcar en el norte de Inglaterra con idénticas pretensiones de conquista, había distraído el esfuerzo de guerra inglés. Haroldo II derrotó al ejército noruego, pero no al normando, que se impuso en la batalla de Hastings (1066), donde perecieron el rey anglosajón y sus hermanos. Guillermo fue coronado entonces rey de Inglaterra, aunque aún le llevaría algún tiempo completar la conquista del reino (hasta 1071) y someter a la nobleza anglosajona, a la que arrebató posesiones y privilegios, que repartió entre una nueva casta dominante normanda. Su política de control del reino quedó reforzada con dos operaciones que se completaron hacia el final del reinado, en 1086: la primera, la elaboración del *Domesday Book* (Libro del Día del Juicio Final), una mezcla de catastro y censo de población, en el cual quedaron reflejadas las posesiones territoriales de los vasallos de Guillermo y la renta que producían, consolidando así los dominios feudales distribuidos por la Corona entre los nobles normandos; y la segunda, la declaración de la Asamblea de Salisbury de que la obediencia a los señores feudales quedaba supeditada a la fidelidad de éstos al rey. La invasión de Inglaterra por Guillermo I ha sido la última que ha conocido la isla en su historia; desde entonces, afianzado el poder de la Corona y relativamente centralizada la administración del reino, Inglaterra se convirtió en una potencia expansiva, capaz de emprender grandes conquistas ultramarinas. Todos los reyes posteriores de Inglaterra, hasta nuestros días, son descendientes directos del bastardo Guillermo I, el cual murió como consecuencia de las heridas recibidas en la batalla de Mantes (1087), durante la campaña para sofocar la revuelta alentada en Normandía por su propio hijo Roberto *Curthose;* éste le sucedió al frente del Ducado originario, mientras el Trono inglés recaía en el primogénito Guillermo II, *el Rojo* (ambos territorios serían reunificados por el tercer hijo de Guillermo I, Enrique I, en 1106).

GUILLERMO II Último emperador de Alemania (Berlín, 1859 - Doorn, Países Bajos, 1941). Era hijo de Federico III, a quien sucedió en 1888 (el mismo año en que éste había sucedido a su abuelo, Guillermo I*). Su juventud imprimió a la política alemana un giro radical, rompiendo con la línea que había seguido el anciano Guillermo I; para ello empezó por prescindir de Bismarck* (1890), sustituyéndole en la Cancillería por hombres menos capaces, como Caprivi, Hohenlohe-Schillingsfürst, Von Bülow, Bethmann-Hollweg*, Michaelis, Hertling o Max de Baden. Pudo así imponer su idea de incorporar a Alemania a la carrera imperialista que mantenían las grandes potencias occidentales. Decidido a hacer valer el poderío económico y militar de la nueva Alemania a escala mundial, fomentó la navegación y el comercio, apoyó el rearme naval dirigido por Tirpitz* y dotó a Alemania de un imperio colonial en África. Pero las tensiones desatadas por su política de prestigio y expansión contribuyeron al aislamiento de Alemania (rodeada por los aliados de la Triple Entente: Inglaterra, Francia y Rusia) y contribuyeron al estallido de la Primera Guerra Mundial (1914-18). Su actuación autoritaria, impulsiva, cambiante y orgullosa le hizo impopular en Alemania, donde se criticaron cada vez más sus inclinaciones militaristas, antidemocráticas y antisociales. Durante la guerra permitió que Hindenburg* y Ludendorff* ejercieran prácticamente una dictadura militar, lo cual contribuyó a que, tras la derrota, se viera obligado a abdicar y abandonar el país, declarándose la primera República Alemana (1918).

GUILLERMO III (Guillermo de Orange) Estatúder de Holanda y rey de Inglaterra (La Haya, 1650 - Londres, 1702). El príncipe de Orange era hijo póstumo de Guillermo II de Nassau (que había sido estatúder en 1647-50). En 1672 fue elegido estatúder de las Provincias Unidas del norte de los Países Bajos, cargo equivalente al de rey. Nada más acceder al poder hubo de afrontar una guerra contra las dos potencias europeas vecinas, Inglaterra y Francia. Consiguió la retirada del ejército francés que había invadido Holanda (1672-73) y la paz con Inglaterra (1674). Mediante su matrimonio con la hija del heredero de los Estuardo* (el futuro rey Jacobo II* de Inglaterra) en 1677, invirtió las alianzas, formando una coalición europea opuesta a la hegemonía de la Francia de Luis XIV*, a la que obligó a garantizar la independencia de los Países Bajos (Paz de Nimega, 1678). Sin embargo, Guillermo habría de traicionar a su suegro, el católico Jacobo II, cuando éste se vio confrontado en su país a la oposición de la Iglesia anglicana y de los protestantes que dominaban el Parlamento; éstos llamaron en su ayuda a Guillermo, quien no dudó en desembarcar con su ejército en Torbay y ponerse al frente de la «Gloriosa Revolución» inglesa de 1688. Aquella revolución, de inspiración protestante, parlamentaria y *whig,* destronó a Jacobo II ante el temor a ver consolidarse en el Trono inglés a una dinastía católica y tendente a imitar el absolutismo francés; los rebeldes coronaron en su lugar a Guillermo III, que podía alegar derechos al Trono tanto por ser nieto (por parte de madre) de Carlos I* de Inglaterra como por estar casado con María Estuardo. No obstante, para asentarse en el Trono inglés (que por entonces llevaba ya unidos los de Escocia e Irlanda), hubo de completar la victoria sobre los jacobitas (católicos partidarios de Jacobo II), especialmente fuertes en Irlanda; derrotados en la batalla de Boyne (1690), los católicos capitularon en Limerick (1692).

A la instauración del nuevo rey siguió la aprobación de la Declaración de Derechos (1689), que consagraba definitivamente la hegemonía del Parlamento y las libertades ciudadanas en la constitución política inglesa; de hecho, Guillermo se desentendería prácticamente de la política interior, dejando desarrollarse el gobierno parlamentario. Fueron los asuntos internacionales los que absorbieron su atención desde que el apoyo de Luis XIV* a Jacobo II arrastró a una nueva guerra con Francia (1689-97). La unión dinástica entre Inglaterra y Holanda proporcionó a Guillermo III una hegemonía marítima llamada a perdurar a largo plazo como un componente esencial del poderío británico en el mundo; con tal arma encabezó la «gran alianza» formada contra las ambiciones hegemónicas de Luis XIV, introduciendo otro elemento duradero en la política exterior británica, el principio del equilibrio europeo. Por la Paz de Ryswick (1697) Luis XIV reconoció por fin a Guillermo como rey de Inglaterra. Sin embargo, la muerte sin descendientes de Carlos II de España* (1700) y la aceptación por Luis XIV de la herencia española para la Casa de Borbón* desencadenó un nuevo conflicto: Guillermo III se enfrentó otra vez a las ambiciones francesas formando una nueva coalición con los Habsburgo* contra la candidatura de Felipe V*; pero murió cuando realizaba los preparativos militares para la Guerra de Sucesión Española (1701-14). Poco antes de morir, Guillermo aprobó la Ley de Asentamiento (1701), que excluía del Trono inglés a los católicos, por la cual, si bien a Guillermo III le sucedió Ana I Estuardo* (hija de Jacobo II), al morir ésta la Corona recaería sobre la Casa de Hannover*.

GUILLERMO TELL. V. **TELL, Guillermo.**

GUIZOT, François Político francés (Nimes, 1787 - Val-Richer, Calvados, 1874). Procedía de una familia burguesa protestante y era historiador de profesión, dedicado a la enseñanza en la Universidad de la Sorbona. Dio sus primeros pasos en política al participar en la oposición contra Napoleón*; durante el último periodo de éste en el poder —el «Imperio de los Cien Días»— Guizot estuvo al lado del pretendiente monárquico, Luis XVIII*, a quien sirvió como consejero hasta su acceso al Trono (1814). Durante el periodo de la Restauración ocupó puestos de responsabilidad, orientándose hacia el liberalismo *doctrinario* que defendía una política de «justo medio» entre el liberalismo de la Revolución y el absolutismo del Antiguo Régimen. Desde esa postura, defendió el espíritu de la Carta Constitucional de 1814, pero la orientación reaccionaria del reinado de Carlos X* (1824-30) le inclinó hacia las filas de la oposición. En esa época presidió una sociedad liberal llamada «Ayúdate y el Cielo te ayudará», y sufrió represalias por sus actividades (como la suspensión de su cátedra de Historia Moderna). Apoyó, por tanto, la Revolución de julio de 1830, que llevó al Trono a Luis Felipe de Orléans*; fue uno de los políticos claves de la monarquía liberal moderada que se instauró entonces, cuyo sistema político consideraba perfecto. Líder del grupo de centro-derecha de la cámara baja, desempeñó sucesivamente los cargos de ministro del Interior (1830-31), de Instrucción Pública (1832-37) y de Asuntos Exteriores (1840-47); de hecho, desde 1840 ejerció como jefe de gobierno bajo la presidencia nominal de Soult, aunque oficialmente no sería nombrado primer ministro hasta 1847-48. En su gestión ministerial hay que destacar la reforma de la enseñanza primaria que llevó al Estado a asumir la instalación de una escuela en cada municipio de Francia (1833); también fue obra suya la aproximación diplomática a Gran Bretaña, que se produjo en 1841-44. Pero, como orientador general de la política del centro-derecha en la última fase de la Monarquía de Julio, cometió el error de orientar las decisiones del gobierno en beneficio exclusivo de los grandes capitalistas, ignorando las crecientes demandas de democratización del régimen y de reformas sociales. Su liberalismo conservador (que respondía a las peticiones de extensión del derecho de voto recomendando a los excluidos por no tener ingresos suficientes: ¡*Enriqueceos!*), concitó una gran coalición de descontentos, que estalló en la Revolución de 1848. El cese de Guizot por el rey, respondiendo a la demanda de los insurrectos, no fue suficiente para salvar al régimen, que cayó también, dando paso a la Segunda República francesa. Guizot se exilió en Inglaterra, de donde volvió en 1849, para vivir retirado en sus posesiones de Normandía, concentrado en su trabajo de historiador.

Gulbenkian, Calouste Sarkis
Empresario de origen armenio (Escutari, Turquía, 1869 - Lisboa, 1955). Educado y nacionalizado en Inglaterra (1902), Gulbenkian acrecentó la fortuna de su familia asociándose con la Shell para la explotación del petróleo de Irak desde fines del siglo XIX. En 1912 fundó su propia compañía, la Turkish Petroleum Company, que tras la desaparición del Imperio Turco y el establecimiento del mandato británico en Irak, pasó a ampliarse bajo la denominación de Irak Petroleum Company (1920). Gran parte de la fortuna que amasó con el auge del petróleo en la primera mitad del siglo XX la destinó a adquirir obras de arte, reuniendo una extraordinaria colección en sus palacios de Londres y París. Durante la Segunda Guerra Mundial (1939-45) buscó refugio en Portugal, país en el que fijaría su residencia desde 1942. Hizo donaciones artísticas al Museo de Arte Antiguo de Lisboa, precedentes de la disposición testamentaria por la que legó la mayor parte de sus colecciones y grandes medios financieros para la institución en Portugal de una Fundación que lleva su nombre, dedicada a fines culturales, científicos, educativos y benéficos. Desde 1969 las colecciones de la Fundación se exponen al público en el Museo Calouste Gulbenkian de Lisboa.

Gustavo Adolfo II Rey de Suecia (Estocolmo, 1594 - Lützen, Sajonia, 1632). Era hijo de Carlos IX, a quien sucedió en 1611. Enseguida dio un giro a la política sueca, tendente a fortalecer su influencia en el norte de Europa: con ayuda de su canciller Oxenstierna (cabeza de la aristocracia sueca), centralizó el poder, creó un Tribunal superior de Justicia, reglamentó las atribuciones de la Dieta, separó la Administración civil de la militar y, sobre todo, introdujo reformas militares que dotaron a Suecia de uno de los ejércitos más modernos y potentes de la época. Prescindió de los tradicionales contingentes de mercenarios, sustituyéndolos por un ejército «nacional» que combatía por su rey y por su religión luterana (desde 1621 implantó el servicio militar obligatorio); encuadrados en pequeñas formaciones móviles fuertemente disciplinadas y con gran potencia de fuego (pues iban armados con mosquetones ligeros y culebrinas), los soldados suecos acabaron convirtiéndose en el terror de los campos de batalla europeos. Desde el comienzo de su reinado, Gustavo Adolfo hubo de hacer frente al conflicto con Dinamarca por el control de la Laponia noruega, heredado del reinado anterior (Guerra de Kalmar, 1611-13), que él liquidó imponiendo la Paz de Knäred, que permitía a Suecia mantener un acceso al mar del Norte. También heredó de su padre el conflicto con Rusia, a la que derrotó privando de toda salida al mar Báltico mediante la conquista de Finlandia, Carelia y las bocas del Neva, que asentó la hegemonía de Suecia en el Báltico (Paz de Stolbova, 1617). Más tarde se enfrentó a Polonia (1621-29), a la que arrebató Livonia y varias plazas en Prusia Oriental. Sin embargo, durante los primeros periodos de la Guerra de los Treinta Años (1618-48) Gustavo Adolfo mantuvo a Suecia apartada del conflicto general que asolaba Europa; fue en 1630 cuando, deseoso de aprovechar las posibilidades de expansión territorial que le ofrecía el conflicto, decidió intervenir apoyando al bando protestante, cuyas armas habían salido mal paradas en los años anteriores. Empezaba así el llamado «periodo sueco» (1630-35) de la Guerra de los Treinta Años: Gustavo Adolfo desembarcó en Pomerania (norte de Alemania) y estableció su campamento en Stettin; pactó con la Francia de Richelieu* el Tratado de Bärwalde, por el que se comprometía a respetar la religión católica en los territorios que conquistara, a cambio de recibir un subsidio anual; obtuvo el apoyo de Brandenburgo y Sajonia; venció al ejército imperial que mandaba Tilly en la batalla de Breitenfels (1631), salvando así a los protestantes del norte de Alemania de la aniquilación; avanzó por Turingia y Franconia, venciendo de nuevo en la batalla de Rain (1632), en la que murió Tilly; pero su avance hacia Viena fue detenido por la contraofensiva imperial dirigida por Wallenstein. Murió en la batalla de Lützen (1632), sin embargo favorable para el ejército sueco. El Trono de Suecia, elevada por Gustavo Adolfo al rango de gran potencia, pasó a su hija Cristina I*, durante cuya minoría de edad gobernó el país Oxenstierna, al frente de un Consejo de Regencia.

GUTENBERG, Johannes Gensfleich Inventor de la imprenta (Maguncia, Alemania, h. 1399-1468). A mediados del siglo XV perfeccionó el procedimiento de fabricación de libros en serie, mejorando un conjunto de elementos que, en sí mismos, ya estaban inventados, la mayor parte de ellos por los chinos (tinta de impresión, tipos móviles, aleación metálica adecuada para fundirlos...). Aunque ninguna de sus innovaciones fue un descubrimiento completamente nuevo, sí difundió en Europa la imprenta de tipos móviles —mucho más eficaz que el anterior procedimiento de moldes compactos grabados para cada página— de manera independiente a los chinos, quienes, por otra parte, apenas hicieron uso de dicho invento desde su aparición en el siglo XI. De la imprenta de Gutenberg en Maguncia salieron los primeros «incunables» (libros impresos antes de 1500), en ninguno de los cuales se menciona el nombre del impresor; el más importante fue la llamada *Biblia de Gutenberg* (1454). A pesar de la enorme influencia que la introducción de la imprenta de tipos móviles tuvo sobre la evolución de la civilización occidental, Gutenberg no sacó de ella un gran provecho económico. Sus dificultades llegaron hasta el punto de perder su maquinaria en un pleito con uno de sus socios.

GUZMÁN, Alonso Pérez de, duque de Niebla (Guzmán, *el Bueno*) Noble castellano, origen de la casa ducal de Medina Sidonia* (León, 1255 - Gaucín, Málaga, 1309). Era hijo bastardo del adelantado mayor de Andalucía, Pedro Núñez de Guzmán. Por desavenencias con sus hermanos abandonó el reino y se puso al servicio del sultán de Marruecos. Regresó a Castilla en 1291, llamado por Sancho IV*, quien quería aprovechar su conocimiento y relaciones con los musulmanes en su lucha contra los benimerines por el control del estrecho de Gibraltar. Participó en la conquista castellana de Tarifa (1292), plaza de la que fue nombrado alcaide (1293). Se distinguió en la defensa de la ciudad frente al asedio que le puso el sultán benimerín Ibn Ya'qub (o Abenjacob), al que se había unido el hermano del rey, el traidor infante Juan. Éstos quisieron acelerar la rendición de la plaza ante la inminente llegada de una flota aragonesa para romper el cerco, capturando al hijo de Guzmán y amenazando con matarle si el alcaide no rendía Tarifa; según la leyenda, no sólo no se rindió, sino que lanzó a los sitiadores su propio puñal para que cumplieran su amenaza, gesto heroico que le valió el sobrenombre de *el Bueno* (1294). El hijo de Guzmán fue, efectivamente, asesinado, pero el asedio fracasó y hubo de ser levantado enseguida. Guzmán continuó combatiendo en Andalucía contra los musulmanes, hasta que halló la muerte en la Serranía de Ronda.

GUZMÁN, Familia. V. MEDINA SIDONIA, Duque de.

GUZMÁN Y PIMENTEL, Gaspar de. V. OLIVARES, Conde-duque de.

GUZMÁN Y PORTOCARRERO, Eugenia María de. V. EUGENIA DE MONTIJO.

H

HABSBURGO, Casa de Familia reinante en Austria desde 1278 hasta 1918, cuyo dominio se extendió a otros territorios, incluida España. Toma su nombre del castillo familiar de Habichtsburg, construido en el siglo XI en Suiza; en esa época inicial sus dominios se extendían por el norte de Suiza y Alsacia.

Accedieron por primera vez a la dignidad imperial de Alemania en 1273, con **RODOLFO I** (1218-91). Fue él quien adquirió los ducados de Austria, Estiria y Carniola. Volvieron a poseer la Corona imperial en tiempos de su hijo **ALBERTO I** (1250-1308), elegido en 1298, después del interregno de Adolfo I de Nassau, al que destronó. Sin embargo, a duras penas consiguió mantenerse como rey de Alemania, gracias al apoyo de Francia, Bohemia y el Papado, mientras muchos príncipes alemanes le opusieron resistencia hasta que murió asesinado por su propio sobrino, Juan de Suabia, pasando la Corona imperial a la Casa de Luxemburgo. A lo largo del siglo XIV, los Habsburgo completaron sus territorios patrimoniales con la incorporación de Carintia, Tirol, Friburgo, Trieste y Vorarlberg; al mismo tiempo que una larga lucha con los suizos —iniciada en tiempos de Alberto I— les hacía perder sus dominios originales del oeste. De nuevo consiguieron la Corona imperial en 1438, con **ALBERTO II** (1397-1439). A partir de entonces, aunque la dignidad imperial siguió siendo teóricamente electiva, quedó vinculada a la Casa de Habsburgo hasta la desaparición del Sacro Imperio Romano Germánico en 1806 (con una breve interrupción en 1740-45). Le sucedió al frente de la Casa y del Imperio su primo **FEDERICO III** (1415-1493), que inició la serie de enlaces matrimoniales que extendieron los dominios de la Casa hacia Europa occidental, al casar a su hijo **MAXIMILIANO I*** (1459-1519) con María de Borgoña, que proporcionó a los Habsburgo los amplios territorios borgoñones de los Países Bajos y el Franco Condado. Su hijo **FELIPE I**, *el Hermoso** (1478-1506) fue rey de Castilla por matrimonio con la heredera de los Reyes Católicos*, Juana I *la Loca**. El hijo de ambos, **CARLOS V*** (1500-58) reinó en España con el nombre de Carlos I, antes de ser elegido emperador en 1519. La herencia de Carlos reunía en una sola mano Austria, los Países Bajos, el Franco Condado, Castilla (con Navarra, Granada y las Indias recién descubiertas) y la Corona de Aragón (con Nápoles, Sicilia y Cerdeña). Con él llegó a su apogeo el poderío de la Casa, llegando a concebir un ideal de Monarquía cristiana universal, que fracasó ante la resistencia opuesta a sus planes por Francia y por la reforma protestante, que escindió a la Cristiandad occidental. Al abdicar, en 1555-56, repartió sus dominios entre su hermano Fernando y su hijo Felipe, creando así dos ramas de la familia, asentadas respectivamente en Austria y España. **Fernando I** (1503-64) recibió el Imperio (1558), junto con los dominios patrimoniales originales de la Casa en Austria. Su matrimonio le proporcionó, además, Bohemia y Hungría. Al morir, la rama austriaca de la Casa se dividió, a su vez, en tres líneas: los Habsburgo de Austria (Rodolfo II y Matías, con quien se extingue esta línea en 1619), los del Tirol (que se extinguen en 1666) y los de Estiria (Fernando II, Fernando III, Leopoldo I, José I...). Fueron estos últimos los que heredaron la dignidad imperial y acabaron reuniendo en su mano los dominios repartidos desde la muerte de Fernando I. **Felipe II*** (1527-98), hijo de Carlos V, inicia la serie de los Habsburgo de España, conocidos también en este país como la Casa de Austria. Recibió, además de los reinos de Castilla y Aragón con sus posesiones americanas, los dominios de la Casa en Italia, los Países Bajos y el Franco Condado, a los que él añadió Portugal, anexionado por la fuerza haciendo valer los derechos de Felipe en un momento de crisis sucesoria (1580). Se casó con una princesa de la Casa, Ana de Austria. Le sucedieron en el Trono español los llamados «Austrias menores», cuyas incesantes guerras exteriores no pudieron impedir el declive del poderío de los Habsburgo en Europa: Felipe III* (casado con Margarita de Austria), Felipe IV* (casado con Mariana de Austria*) y **Carlos II*** (1661-1700). La muerte de éste sin descendencia desencadenó una pugna general en Europa por ocupar el Trono de España, conocida como la Guerra de Sucesión Española (1701-14). Los Habsburgo defendieron la candidatura del «Archiduque Carlos», que luego sería emperador con el nombre de **Carlos VI*** (1685-1740). Éste consiguió apoyos en los reinos de la Corona de Aragón, pero, derrotado por los partidarios del pretendiente francés, Felipe V*, hubo de renunciar al Trono español, que pasó desde entonces a la Casa de Borbón*. Las paces de Utrecht (1713) y Rastatt (1714), que pusieron fin a la guerra, desgajaron sin embargo de la Corona española los dominios de los Países Bajos e Italia (Nápoles, Sicilia, Cerdeña y Milán), que revirtieron desde entonces a la rama austriaca de la familia, representada por Carlos VI, ya emperador desde 1711 (salvo Sicilia, que pasó a Saboya). Durante el reinado de Carlos VI se aprobó la Pragmática Sanción de 1713 que vinculaba los dominios de los Habsburgo asegurando su transmisión indivisa. No obstante, el juego diplomático y militar del equilibrio europeo le hizo perder sucesivamente Cerdeña (intercambiada por Sicilia en 1720), Nápoles (1735) y Sicilia (1738). La muerte de Carlos VI sin descendencia masculina directa desencadenó la intervención de las potencias europeas que dio lugar a la Guerra de Sucesión de Austria (1740-48); por aquella contienda, se afirmó en el Trono austriaco la hija de Carlos VI, **María Teresa*** (1717-80), quien, sin embargo, no fue emperatriz de Alemania, arrebatando esa dignidad a los Habsburgo el príncipe elector de Baviera, Carlos VII de Wittelsbach (emperador en

1742-45). La guerra le costó, además a María Teresa, la pérdida de Silesia a manos de Prusia. Su matrimonio con el duque de Lorena, Francisco I (a quien hizo elegir emperador desde 1745), dio lugar al nuevo linaje de Habsburgo-Lorena. Le sucedió el hijo de ambos JOSÉ II* (1741-1790), emperador desde la muerte de su padre en 1765 y rey de Austria desde la muerte de su madre en 1780. Su hermana María Carolina de Habsburgo, se casó con Fernando I de Nápoles (el hijo de Carlos III* de España), dando origen al linaje borbónico de los reyes de las Dos Sicilias (hasta 1860). También era hermana suya María Antonieta*, que se casó con el rey de Francia, Luis XVI*. A José II le sucedieron al frente del Imperio su hermano, Leopoldo III —en 1790-92— y el hijo de éste, FRANCISCO II (1768-1835) —en 1792-1806—. Fue el último soberano del Sacro Imperio Romano Germánico, pues esta entidad de origen medieval fue destruida por Napoleón* en el marco de la reordenación general de Europa que siguió a las victorias militares francesas. Dichas guerras le habían hecho perder a Austria los Países Bajos y el Milanesado (1797), así como sus dominios en la orilla izquierda del Rin (1801). En 1806 Francisco II se vio obligado a admitir la desaparición del Imperio del que era titular, sustituido por una Confederación del Rin que hegemonizaba Napoleón. Limitado a sus estados patrimoniales en Austria, asumió el título de *emperador de Austria* con el nombre de Francisco I. Aún sufriría nuevas derrotas a manos de Napoleón, que le obligaron a darle en matrimonio a su propia hija María Luisa (1810). Finalmente, sin embargo, la suerte de la guerra se inclinó de parte de la alianza antifrancesa en la que participaba Austria por decisión del ministro de Francisco II, Metternich* (1814-15). En consecuencia, el Congreso de Viena (1815) le devolvió parte de los territorios perdidos, compensando la cesión definitiva de los Países Bajos con la adquisición del Véneto y una influencia general sobre la península italiana. El Sacro Imperio, en cambio, no fue restaurado, sino sustituido por una Confederación Germánica, de la que los Habsburgo ostentarían la presidencia hasta que desapareció en 1871. Le sucedieron su hijo Fernando I y su nieto FRANCISCO JOSÉ* (1830-1916). Éste accedió al Trono en 1848, cuando su tío y predecesor fue derrocado por una revolución. Se inició entonces un largo reinado lleno de desgracias para la familia, que vería declinar paulatinamente el poder de Austria. Primero perdió una guerra contra el Reino del Piamonte, apoyado por la Francia de Napoleón III*, que le hizo ceder la Lombardía y admitir la unificación de Italia, perdiendo su antigua influencia en la península (1859). Napoleón III le ofreció una compensación, haciendo coronar a su hermano Maximiliano I* emperador de México en 1863, aprovechando la ocupación del país por un ejército francés; pero la resistencia mexicana acabó con aquel experimento y Maximiliano fue fusilado en 1867. Mientras tanto, Francisco José fue derrotado de nuevo en la Guerra Austro-Prusiana de 1866, por la que perdió el Véneto a manos de la Italia unificada; debilitado, se vio obligado además a ceder ante la presión del nacionalismo húngaro, transformando su reino en el *Imperio Austro-Húngaro,* una monarquía dual donde el elemento magiar quedaba reconocido en pie de igualdad con el elemento germánico (1867). En 1871 asistió impotente a la unificación de Alemania bajo la hegemonía de Prusia, que liquidó la Confederación Germánica y excluyó del nuevo Imperio Alemán a Austria-Hungría. En 1889 Francisco José perdió a su único hijo y heredero, el archiduque Rodolfo, que se suicidó en Mayerling bajo la doble presión de un matrimonio desgraciado y un entorno hostil a sus ideas políticas francófilas, liberales y federalistas. Las tensiones nacionalistas continuaron en el interior de la monarquía dual, alimentadas por la marginación de los pueblos eslavos; dichas tensiones condujeron a Austria a declarar la guerra a Serbia tras el asesinato en Sarajevo del nuevo heredero del Trono, el archiduque Francisco Fernando* (sobrino del emperador) por un nacionalista serbio (1914). Aquel conflicto arrastró a Europa a la Primera Guerra Mundial (1914-18), durante la cual murió el emperador y fue sucedido por su nieto CARLOS I* (1887-1922). Éste fue el último emperador Habsburgo, pues la derrota en la guerra llevó al desmantelamiento del Imperio Austro-Húngaro como reclamaban los movimientos nacionalistas, en 1918.

HAFIZ, Muley. V. ALAUITA, Dinastía.

HAILÉ SELASSIÉ I (Tafari Makonnen) *Negus* o emperador de Etiopía (Harrar, 1892 - Addis Abeba, 1975). Era hijo del gobernador de Harrar y miembro de la familia real del único país de África no sometido a la dominación colonial extranjera en la época de la Primera Guerra Mundial (1914-18). En 1916 encabezó una rebelión de las elites cristianas opuestas al proceso de islamización del emperador Iyasu V (su primo); la rebelión había sido auspiciada por Gran Bretaña para derrocar a Iyasu, cuyas simpatías hacia el Imperio Otomano hacían peligrar la estrategia de los aliados en África. Selassié accedió así al poder como regente en nombre de su tía Zauditu. Apoyado en el movimiento de los «Jóvenes Etíopes» Selassié modernizó Etiopía y la introdujo en la escena internacional: reforzó y centralizó el poder del Estado, reformó el Ejército, ingresó en la Sociedad de Naciones (1923), firmó el Pacto Briand*-Kellog (1928) y se alineó, en general, con las democracias de Europa occidental. Al morir Zauditu en 1930, Hailé Selassié se convirtió en emperador; dio a Etiopía una constitución que establecía una monarquía semiparlamentaria (1931). La Italia fascista, sin embargo, tenía puestos sus ojos en Etiopía, como uno de los escasos territorios extraeuropeos susceptibles de servir para una expansión colonial tardía; la resistencia del *Negus* a las pretensiones de penetración económica de Mussolini* llevó a éste a invadir Etiopía y deponerle en 1936. Hailé Selassié se exilió en Londres clamando contra la impotencia de la Sociedad de Naciones, incapaz de contrarrestar con sus sanciones comerciales la agresión italiana. La Segunda Guerra Mundial (1939-45) le permitió, con la derrota de Italia frente a Gran Bretaña, recuperar el Trono de Etiopía en 1941. Convertido en un símbolo de la independencia africana, acogió en su capital a la Organización para la Unidad Africana que formaron las nuevas naciones descolonizadas desde 1963. Pero en realidad ejerció como un rey absoluto y corrupto, gobernando al modo tradicional sobre un país miserable: la lentitud de sus reformas (Constitución de 1955, primeras elecciones en 1957…)

y la difícil integración en el país de la región musulmana de Eritrea, provocaron tensiones que sólo la fuerza del ejército mantuvo soterradas. Tras una hambruna catastrófica, fueron los propios militares los que le depusieron en 1974, instaurando un régimen socialista.

HAMILTON, Alexander Político norteamericano (Nevis, Antillas británicas, 1757 - Nueva York, 1804). Era un joven abogado de Nueva York cuando estalló la Guerra de Independencia de las trece colonias británicas de Norteamérica (1775-83). En 1777 se convirtió en secretario de George Washington*, comandante en jefe del ejército insurrecto. Durante los primeros años de vida del nuevo país, Hamilton encabezó —junto con Madison*— la corriente política *federalista,* partidaria de unir más sólidamente a los trece Estados confederados para formar una única nación capaz de protagonizar un proceso expansivo, tanto en el aspecto territorial como económico. Contribuyó a que se reuniera la Convención de Filadelfia, que elaboró la Constitución de los Estados Unidos de América (1787), todavía vigente; allí actuó como líder de los llamados «federalistas centralistas» (con Washington y John Adams) frente a los «republicanos federalistas» (encabezados por Jefferson*), que representaban el particularismo local y las tendencias democráticas. Logró imponer muchas de sus ideas, desterrando de la política americana la democracia directa propia del radicalismo revolucionario anterior y dando lugar a una República federal y presidencialista, con amplios poderes para el gobierno central; pero se vio obligado —con la mediación de Madison y Franklin*— a hacer concesiones para lograr un texto equilibrado y consensuado, renunciando a algunas de sus ideas más conservadoras, como la de hacer que los cargos de presidente y senador fueran vitalicios. No obstante, la ratificación de la Constitución por los Estados fue muy polémica y Hamilton hubo de colaborar a ella con una activa propaganda. Ratificada la Constitución y elegido Washington como primer presidente, Hamilton fue nombrado secretario del Tesoro (1789-95), con la responsabilidad de orientar la política económica y financiera de los Estados Unidos: creó una moneda nacional (el *dólar),* un Banco federal y una Administración tributaria eficaz; saneó el crédito del nuevo Estado en los mercados internacionales; y orientó la política comercial en un sentido fuertemente proteccionista, asentando el futuro crecimiento industrial de Estados Unidos sobre la reserva del mercado interior para los productores nacionales. Hamilton gobernó conscientemente en favor de la elite capitalista en la que confiaba para hacer crecer al país, empleando métodos expeditivos contra las masas populares y contra sus adversarios políticos, que dieron lugar a la expresión «terror federalista» para denominar a este periodo (por ejemplo, haciendo aprobar en 1798 una ley que prohibía toda crítica al gobierno). Hamilton es visto por el Partido Republicano actual como su raíz ideológica, así como los demócratas se reconocen herederos de Jefferson.

HAMMURABI Rey de Babilonia (?-1750 a.C.). Sexto monarca de la dinastía amorrita gobernante en Babilonia, accedió al Trono hacia 1792 a.C. Mediante su acción política y militar consiguió unificar Mesopotamia bajo su poder: aliado de los reyes de Larsa y Mari, sometió primero Sumer, Akad, Asur, Eschnunna y Subartu; luego se volvió contra sus aliados tradicionales, conquistando también Larsa (1763) y Mari (1760). Construyó un Estado unificado de inspiración akadia, tomando también de Akad su lengua oficial; pero en lugar de la divinización del monarca propia de Akad, tomó en cambio de Sumer la idea de un monarca investido por la divinidad. Construyó grandes canales de regadío que aumentaron la riqueza del reino e, indirectamente, la del rey, gracias a un sistema de impuestos en especie sobre las cosechas. Hammurabi es famoso por su obra legislativa, plasmada en estelas de basalto con inscripciones cuneiformes que se exponían en los templos, una de las cuales ha llegado hasta nosotros: el *Código de Hammurabi,* hallado en Susa en 1901. Contiene 282 leyes que los jueces debían aplicar con carácter general, inspiradas en la ley del Talión y sancionadas con fuertes castigos (flagelación, mutilaciones y ejecuciones por empalamiento, cremación y ahogamiento). El imperio de Hammurabi no le sobrevivió, pues sus sucesores, debilitados por un ataque de los hititas en 1595, sucumbieron a la invasión de los cassitas de las montañas de Irán (hacia 1570).

HAN, Dinastía Familia reinante en China entre el 206 a.C. y el 221 d.C., con una breve interrupción entre el año 9 y el 25 d.C.

Su poder se inicia con LIEU PANG (o Kao-tsu) (?-195 a.C.), primero de los llamados Han *anteriores* o Han *occidentales,* que tenían su capital en Ch'ang-An. Era un simple campesino convertido en policía. Durante la decadencia de la dinastía Ts'in formó una banda armada con presos que había liberado y se hizo con un dominio propio en su región natal de Kiang-su. Extendió su influencia luchando contra otros jefes de banda, hasta hacerse con el Trono imperial en el 206 a.C. Gobernando con el estilo simple propio de su origen, se convirtió en un emperador muy popular. Inició la obra de fortalecimiento del Estado chino, apoyado en una burocracia profesional frente al progresivo debilitamiento del poder de la nobleza. Entre sus sucesores destaca WU TI (o Wudi) (? - 87 a.C.), que accedió al Trono en el 140 a.C. Con él culminó el poderío de los Han, pues extendió el imperio chino hacia el sur (Cantón) y el norte (Corea) y venció definitivamente a los hunos, que en lo sucesivo orientarían sus acciones guerreras hacia Europa. Se alió con los letrados confucionistas para quebrar el peso de la nobleza feudal, obligando a ésta a aceptar la fragmentación de sus patrimonios mediante un sistema sucesorio igualitario. Sus descendientes se mantuvieron en el poder hasta que éste les fue arrebatado por el usurpador Wang Mang (9 d.C.). Recuperaron el Trono imperial en el año 25 d.C., con el acceso de LIU HSIU (? - 58 d.C.), primero de los Han *posteriores* o Han *orientales,* que trasladaron la capital a Lo-yang. En el siglo I el imperio vivió, bajo sus sucesores, un nuevo florecimiento basado en el comercio de la seda a través del puerto de Cantón, así como en una nueva expansión territorial hacia Asia central. En el siglo II, sin embargo, la dinastía se vio debilitada por las disputas sucesorias y las conspiraciones cortesanas; éstas culminaron en la revuelta popular de los «Turbantes Amarillos» (desde 184), que obligó a abdicar al último emperador

Han, Hsien (emperador de el 190 al 220), dando paso al periodo de los Tres Reinos (dinastías Wei, Wu y Shu).

HANNOVER, Casa de Dinastía alemana reinante en Gran Bretaña desde 1714 hasta nuestros días, que tiene su origen en una casa nobiliaria establecida en Suabia y Baviera desde el siglo IX.

En el siglo XVII **ERNESTO AUGUSTO** (1629-98), duque de Brunswick-Luneburgo, unificó bajo su mando diversos territorios del noroeste de Alemania, agrupados en torno a la ciudad donde residía —Hannover—, obteniendo del emperador Leopoldo I su constitución en feudo hereditario para los primogénitos varones de su linaje, con la dignidad de electores del Imperio (1692). Se casó con Sofía, hija del elector del Palatinado y nieta de Jacobo I de Inglaterra, enlace por el que la Casa adquirió derechos sobre el Trono inglés. Tales derechos los hizo efectivos su hijo **JORGE I** (1660-1727), quien accedió al Trono de Gran Bretaña en 1714, como consecuencia de la muerte sin descendencia de Ana I* y de la Ley de Establecimiento de 1701, que excluía a los católicos de la sucesión. La Casa de Hannover sustituía así a la de Estuardo* sobre el Trono de Gran Bretaña (recién unificada en 1707). Y, al mismo tiempo, mantenía la soberanía sobre el territorio continental originario, ampliado por el matrimonio con Sofía de Celle (heredera del resto del antiguo Ducado de Brunswig) y por la anexión de Bremen y Verden a costa de Dinamarca. De hecho, actuó más como príncipe alemán que como rey británico, abandonando la dirección de los asuntos políticos de Gran Bretaña en manos de sus ministros Stanhope y Walpole*, ambos del partido *Whig*, lo cual permitió el fortalecimiento del sistema parlamentario en aquel país. Le sucedió su hijo **JORGE II** (1683-1760), que también ejerció más como príncipe alemán que como rey británico. Expandió los estados de Hannover con la anexión de Hadeln y Bentheim, y fundó la Universidad de Gotinga (1735). Le sucedió su nieto **JORGE III*** (1738-1820), el cual unificó el Reino Unido con la incorporación de Irlanda a la Corona británica (1800) y amplió Hannover con la anexión de Osnabrück (1802). Durante las guerras napoleónicas, Hannover fue ocupado por los franceses y arrebatado a los reyes británicos, en guerra con Francia; su territorio fue primero cedido a Prusia (1806), y luego repartido entre el propio Imperio Francés y el nuevo Reino de Westfalia (1807). El congreso de Viena (1815) devolvió la independencia a Hannover, rectificando algunas de sus fronteras, elevándolo a la categoría de reino y devolviéndoselo a Jorge III. Éste fue el primer miembro de la dinastía que ejerció plenamente como rey de Gran Bretaña. Su locura hizo que, desde 1811, el poder real recayera de hecho sobre su hijo **JORGE IV*** (1762-1830) en calidad de regente; más tarde sería él quien le sucedería en el Trono. Se casó en secreto con una católica en 1785, pero, al descubrirse este enlace ilegal, el matrimonio fue anulado y volvió a casarse con su prima Carolina de Brunswick. Muerto sin descendientes, le sucedió su hermano Guillermo IV (1765-1837). Con el advenimiento de la sobrina de ambos, **VICTORIA I*** (1819-1901), se separaron la Corona de Inglaterra y el Electorado de Hannover, pues las normas sucesorias feudales impedían que éste tuviera por soberana a una mujer (1837). La Corona de Hannover recayó sobre **ERNES-**

TO AUGUSTO I (1771-1851), tío de Victoria y hermano menor de Guillermo IV. Fue un rey reaccionario, al que sólo la Revolución de 1848 obligó a introducir un régimen constitucional. Le sucedió su hijo JORGE V de Hannover (1819-78), último soberano independiente de aquel territorio. Se opuso al proyecto de unificación de Alemania que alentaba la Prusia de Guillermo I* y Bismarck*, poniéndose de parte de Austria en la Guerra Austro-Prusiana de 1866. La derrota militar arrastró la caída de la dinastía, incorporándose Hannover al Reino de Prusia. Mientras tanto, en Gran Bretaña seguía reinando Victoria, casada con Alberto, príncipe de Sajonia-Coburgo-Gotha, por lo que puede considerarse iniciada una nueva denominación de la Casa (Sajonia-Coburgo-Gotha) con el hijo de ambos: EDUARDO VII (1841-1910). Apartado del Trono hasta los sesenta años por la longevidad de su madre, fue uno de los artífices del acercamiento británico a Francia y su alineamiento contra Alemania. Le sucedió su hijo JORGE V de Gran Bretaña* (1865-1936). Separada ya completamente la dinastía de sus orígenes alemanes, en 1917 cambió su denominación oficial por la de *Casa de Windsor* (que alude al palacio real de dicha ciudad inglesa, construido por Jorge III sobre el emplazamiento de una residencia empleada por los reyes desde el siglo XI), denominación que han conservado los monarcas británicos hasta la actualidad. Bajo su reinado se produjo la independencia de la mayor parte de Irlanda (1922). Le sucedió fugazmente su hijo EDUARDO VIII* (1894-1972), cuyo matrimonio morganático con la divorciada Wallis Simpson le obligó a abdicar el mismo año de su acceso al Trono (1936) en su hermano JORGE VI (1895-1952). Éste, superados sus problemas de tartamudez, mala salud y timidez extrema, se convirtió en un rey muy popular, sobre todo por la dignidad con la que hizo frente a la Segunda Guerra Mundial (1939-45), permaneciendo en Londres para compartir la suerte de sus súbditos bajo los bombardeos alemanes, visitando los frentes de guerra para elevar la moral de las tropas, y esforzándose por reforzar su amistad personal con el presidente Roosevelt* para ahuyentar la tentación aislacionista de Estados Unidos. En la posguerra desempeñó con total lealtad su papel de rey parlamentario, colaborando con el gobierno laborista. Hubo de asumir los inicios de la descolonización del Imperio británico (independencia de la India, 1947). Dejó el Trono completamente asegurado para su hija ISABEL II* (1926 -), actual soberana británica. Su reinado coincidió con la liquidación del resto del Imperio colonial británico y con una crisis en la imagen de la dinastía, causada por los desgraciados matrimonios de sus hijos, tres de los cuales acabaron en divorcio, incluido el del príncipe heredero Carlos.

HARÚN AL-RASHID. V. ABASIDA, Dinastía.

HASAN ALÍ SHA, AGA KAN I. V. AGA KAN.

HASSÁN II Rey de Marruecos, perteneciente a la dinastía Alauita* (Rabat, 1929 -). En 1961 sucedió a su padre, Mohammed V*, quien había preparado su advenimiento al Trono haciéndole estudiar Derecho en la Universidad de Burdeos (licenciado en 1952) y nombrándole jefe del Ejército (1957). Su pretensión inicial de democratizar el país (Constitución de 1962) quedó interrumpida por los conflictos sociales de 1965, después de los cuales asumió todos los poderes del Estado; aunque hizo aprobar una nueva Constitución en 1970 (reformada dos años después), ha mantenido un régimen autoritario, basado en la uniformización cultural (arabización), en la represión policial, especialmente dirigida contra la izquierda (y que no ha impedido ocasionales estallidos de violencia social y política, y varios atentados contra su vida, como el que protagonizó el general Ufkir en 1972) y en un delicado equilibrio entre la tradición islámica y la modernidad occidental. Esta dictadura paternalista viene reforzada por su papel de califa o líder religioso del país (se dice descendiente de Mahoma*), escenificada en la exhibición de piedad islámica que supuso la construcción de la mezquita de Casablanca, la mayor del mundo después de la de La Meca, precisamente en un momento (1993) en que las masas populares del Magreb empezaban a sentirse atraídas por el integrismo islámico. En cuanto a la política exterior, en general se ha alineado con los países occidentales: la formación del llamado «grupo de Casablanca», opuesto a la hegemonía francesa sobre África (1961), parece inspirada por sus ambiciones territoriales sobre Mauritania; al igual que su simbólica contribución a la lucha árabe contra Israel no pasa de ser un gesto para consumo interno; mientras que en otras acciones se ha mostrado claramente como instrumento de la política africana de Francia y Estados Unidos, como cuando intervino en el Zaire en apoyo de Mobutu* (1977). Para continuar la consolidación del reino iniciada por su padre y contribuir así a aplacar las tensiones internas, ha mantenido una política expansionista, que le ha llevado a conflictos con sus vecinos: ya en 1963 sostuvo una primera guerra fronteriza con Argelia, país con el que ha mantenido malas relaciones desde entonces (a pesar de haber impulsado la formalización en 1989 de la Unión del Magreb Árabe, que integra a ambos países junto con Túnez, Libia y Mauritania); luego obtuvo la cesión de Ifni por España (1969); más tarde organizó la «Marcha Verde», con la que forzó el abandono español del Sahara Occidental (1975) y su anexión a Marruecos, a despecho de las resoluciones de la ONU y a costa de una larga guerra para someter a la población autóctona; y aún hoy mantiene la reivindicación sobre las ciudades españolas de Ceuta y Melilla.

HAUSSMANN, George Eugène, barón de Funcionario del Segundo Imperio francés que dirigió las grandes reformas urbanísticas de París (París, 1809 - 91). Procedente de una familia protestante de Alsacia, este abogado ejerció como subprefecto departamental (subgobernador de una provincia) bajo la Monarquía de Orléans (desde 1831). En cuanto la Revolución de 1848 dio paso a la Segunda República, apoyó a Luis Napoleón Bonaparte (el futuro Napoleón III*), que pronto sería presidente (1848) y, mediante un golpe de Estado (1851), emperador desde 1852. El apoyo de Haussmann al golpe de Estado en la Gironda (departamento del que era prefecto) le ganó la confianza de Napoleón III, que le nombró prefecto del departamento del Sena, cargo que conllevaba el gobierno de la capital. Desde ese cargo, que ocupó entre 1853 y 1870, emprendió una profunda remodelación de París, que le dio a la ciudad su fisonomía actual. En cooperación con el emperador invirtió grandes sumas en modificar el trazado de las calles, abriendo avenidas anchas y rectilíneas, que partieron el laberinto de callejuelas del París antiguo: con ello buscaba racionalizar y modernizar la capital del Imperio, pero también facilitar la represión de los movimientos populares urbanos, permitiendo el empleo de la caballería y la artillería y dificultando el levantamiento de barricadas como las que habían hecho triunfar la Revolución del 48. La reforma expulsó del centro de la ciudad a las clases modestas, dando lugar a la construcción de viviendas burguesas, mientras las familias trabajadoras se veían confinadas en los suburbios del norte y este, incorporados a la ciudad en una vasta operación de ampliación. Toda esta actividad constructora dio lugar a movimientos especulativos de los que no estuvo ausente la corrupción. La oposición republicana hizo responsable a Haussmann de los efectos económicos, sociales y políticos de sus reformas, criticándole ásperamente hasta que fue depuesto por el gobierno reformista de Émile Ollivier (en la época del «Imperio liberal», 1870). Haussmann permaneció fiel al Imperio después de su hundimiento en la Guerra Franco-Prusiana (1870-71) y participó en la política de la Tercera República como diputado bonapartista (1877-81).

HAVEL, Vaclav Intelectual y político checo, último presidente de la República Checoslovaca y primero de la República Checa (Praga, 1936 -). Estudió Teatro en la Academia de Artes de Praga (1963-67) y siguió una brillante carrera como dramaturgo, en la que destacan obras como *Fiesta en el jardín* (1963), *El comunicado* (1965), *Dificultad de concentración* (1968), *Audiencia* (1975), *Inauguración* (1977), *Protesta* (1979), *Largo desolato* (1985) o *La tentación* (1986); en ellas critica el absurdo de la sociedad actual. Su disidencia frente al régimen comunista que dominaba Checoslovaquia le llevó a pasar de la literatura a la acción: como presidente del Club de Escritores Independientes apoyó la «Primavera de Praga» (1968), lo que le costó la posterior prohibición de publicar sus obras; más tarde fue portavoz de los movimientos de defensa de los derechos humanos *Carta-77* y *VONS* (Comité para la defensa de las personas injustamente perseguidas), por lo que fue encarcelado. Convertido en un símbolo de la lucha por las libertades, pasó un total de cinco años en la cárcel. Cuando las reformas de Gorbachov* en la Unión Soviética debilitaron la posición de la dictadura comunista en Checoslovaquia, Havel participó en la fundación del Foro Cívico en el que quedó aglutinada la mayor parte de la oposición (1989). Encabezó la llamada «Revolución de Terciopelo» de aquel año, que, apoyada por una gran movilización popular, consiguió el desmantelamiento de la dictadura sin derramamiento de sangre e instauró en Checoslovaquia un régimen democrático, del que el propio Havel fue elegido presidente. Defendió una línea política europeísta y democrática, marcada en lo económico por las reformas liberalizadoras del primer ministro Vaclav Klaus; el coste social del desmantelamiento de la economía planificada, especialmente gravoso para la atrasada Eslovaquia, acabó exacerbando el nacionalismo eslovaco y provocando la secesión del país, que también se produjo pacíficamente, al proclamar Eslovaquia su independencia en 1992. Havel dimitió como presidente para no participar en esta división, a la que se opuso frontalmente; pero, una vez constituida la República Checa, Havel fue elegido presidente por su Parlamento en 1993.

HAYA DE LA TORRE, Víctor Raúl
Político peruano (Trujillo, 1895 - Lima, 1979). Procedente de una familia acomodada, se educó en las universidades de Lima y Londres. Ya como estudiante inició actividades políticas, centradas en la idea de extender la educación a las clases trabajadoras. Su oposición a la dictadura de Leguía le llevó a la cárcel, de donde salió tras una huelga de hambre para exiliarse en México (1923-30). Allí fundó en 1924 el APRA (Alianza Popular Revolucionaria), un partido populista de ideología nacionalista, antiimperialista y anticapitalista. Regresó al Perú tras el derrocamiento de Leguía, participando en las elecciones de 1931; pero la victoria le fue arrebatada por Sánchez Cerro, que lanzó la persecución del APRA, encarcelando a su líder (en 1933 Sánchez Cerro sería asesinado por un exaltado aprista). Se iniciaba así un largo periodo de persecuciones, coincidiendo con la sistemática vulneración de las libertades en el Perú del siglo XX: en 1936 tuvo que exiliarse de nuevo, al ser anuladas las elecciones en las que había triunfado el candidato apoyado por el APRA; tras regresar a la actividad política en 1943, el golpe de Estado de 1948 le obligó a refugiarse en la embajada de Colombia en Lima, de donde no pudo salir hasta que en 1954 se le permitió exiliarse en México; volvió al Perú en 1957 y triunfó en las elecciones presidenciales de 1962, pero un nuevo golpe militar le impidió tomar posesión del cargo. Por fin, los buenos resultados obtenidos por el APRA en las elecciones legislativas de 1978 le convirtieron en presidente del Parlamento, pero murió poco después, sin llegar a ver el acceso a la presidencia de la República del aprista Alan García (1985).

HÉBERT, Jacques Rénée Activista político de la Revolución francesa (Alençon, Maine, 1757 - París, 1794). Era un artesano sin oficio fijo, de ideología ultrarrevolucionaria cercana al anarquismo. Tras el estallido revolucionario de 1789 fundó un periódico (*Le Père Duchesne,* 1790), cuyo estilo popular y extremista obtuvo mucha audiencia. Pronto se convirtió en jefe del ala izquierda de los jacobinos. Sus partidarios, llamados *hebertistas,* llegaron a dominar el *Club des Cordeliers,* las sociedades populares y las «secciones» parisinas, orientando así la política de la Convención en un sentido radical. Estos hombres contribuyeron a hacer caer del poder a los girondinos y a que la Convención adoptara medidas como la Ley de sospechosos o la Ley del máximo (1793). Casado con una antigua monja, fue también uno de los impulsores de la campaña de descristianización y del nuevo Culto a la Razón revolucionario. Hébert y sus partidarios, sin embargo, juzgaban demasiado moderada la política de la Convención montañesa y del Comité de Salvación Pública; prepararon una insurrección de las secciones para arrebatar el poder a Robespierre* y Saint-Just* en beneficio de la Comuna de París; pero sucumbieron víctimas del Terror, pues fueron descubiertos, detenidos y ejecutados en 1794.

HEGEL, Georg Wilhelm Friedrich Pensador alemán (Stuttgart, 1770 - Berlín, 1831). Fue profesor de Filosofía en las universidades de Jena, Núremberg, Heidelberg y Berlín. Elaboró un pensamiento idealista coherente y original, culminación del racionalismo europeo (contenido en obras como: *Fenomenología del espíritu,* 1807; *Ciencia de la lógica,* 1817; *Enciclopedia de las ciencias filosóficas en compendio,* 1817; o *Filosofía del Derecho,* 1821). Partiendo de la crítica de Kant* y Fichte*, concibió un «idealismo objetivo», según el cual «todo lo real es racional y todo lo racional es real». Concebía la realidad como un devenir continuo que explicaba con la *dialéctica:* la Historia de la Humanidad es el desarrollo de la Idea absoluta como fruto de la permanente contradicción entre una tesis y una antítesis, de la que surge como síntesis una forma más elevada de la Razón; dicha idea, matizada con un componente materialista, constituyó la base del pensamiento de Marx*, cuya formación filosófica arranca de Hegel. Pero Hegel fue también un nacionalista prusiano, exaltador del Estado e inclinado a concebirlo de una forma totalitaria, por lo que se le puede considerar un precedente intelectual tanto de la unificación alemana por la vía militarista y autoritaria de Bismarck*, como del exacerbado nacionalismo germánico del Estado nazi creado por Hitler*. Efectivamente, según él, para llegar al reino de la libertad objetiva que constituye el fin de la Historia, sería necesaria la renuncia a la libertad individual en beneficio de un monarca que encarnara la voluntad del Estado. Ya en su época de Jena publicó una obra criticando la debilidad de los Estados en que se encontraba dividida Alemania —puesta patéticamente de manifiesto por las victorias de Napoleón*— y clamando por el liderazgo de una elite guerrera capaz de actuar con heroísmo y ennoblecer así al pueblo alemán *(Constitución alemana,* 1802). Hegel ejerció una gran influencia sobre el pensamiento alemán del siglo XIX: tanto sobre el grupo de pensadores conservadores y religiosos conocidos como la «derecha hegeliana», como sobre los «jóvenes hegelianos» o «hegelianos de izquierda» que, desprendiéndose de toda connotación religiosa, emplearon el sistema de Hegel para la crítica del orden establecido (Ludwig Feuerbach, David Friedrich Strauss, Bruno Bauer, Max Stirner…). Fueron estos últimos los que traspasaron la influencia de Hegel a Marx.

HERDER, Johann Gottfried von Pensador alemán (Mohrungen, Prusia Oriental, 1744 - Weimar, 1803). Este pastor protestante de origen modesto sentó las bases del movimiento literario conocido como *Sturm und Drang,* precursor del romanticismo alemán (ejerció una influencia decisiva sobre Goethe, al que conoció en 1770). Entre sus obras principales cabe destacar *Fragmentos sobre una nueva literatura alemana* (1767), *Ensayo sobre el origen del lenguaje* (1772) e *Ideas sobre la filosofía de la historia de la humanidad* (1784-91). En ellas sentó las bases de la doctrina nacionalista según la cual el arte, la lengua y la literatura son expresiones del diferente espíritu que caracteriza a cada pueblo y que se manifiesta en los sentimientos individuales de sus miembros; y la historia puede interpretarse como un juego de conflictos y equilibrios cuyos protagonistas son esos pueblos o naciones con personalidad propia independiente y anterior a la de los Estados. Dicha doctrina, que tendría un peso decisivo para la afirmación nacional de Alemania en los siglos XIX y XX, surgió como antítesis al individualismo liberal que, apoyándose en la filosofía de la Ilustración, habría de conducir a la Revolución francesa. Herder conoció a Kant* y a los enciclopedistas franceses (Diderot* y D'Alembert*), de quienes discrepó ásperamente: frente al humanismo universalista de los ilustrados, opuso un relativismo de base cultural; frente a la fe ilustrada en el progreso, opuso un historicismo más bien pesimista acerca de la perfectibilidad humana.

HERODES I, *el Grande* Rey de los judíos (Ascalon, h. 73 - Jerusalén, 4 a.C.). Hijo de un idumeo y de una nabatea, en realidad era un palestino de cultura helenística dedicado al servicio de Roma, que dominaba Palestina desde que fuera conquistada por Pompeyo* (63 a.C.). Herodes fue nombrado primero gobernador de Galilea (47) y posteriormente «tetrarca» para dirigir las relaciones de Roma con los judíos (41); pero hubo de huir ante el ataque de los partos, que apoyaban en el Trono a Antígona, la última reina de la dinastía de los Asmoneos o Macabeos, representante de la resistencia judía contra la dominación política y cultural del Occidente grecorromano. En el año 40 a.C. el Senado romano nombró a Herodes rey de los judíos por indicación de Marco Antonio*, con el encargo de recuperar Judea de manos de Antígona. Combatió con ella durante tres años hasta que conquistó Jerusalén y la decapitó (37). Su ilegitimidad dinástica y su indiferencia religiosa le hicieron impopular entre los judíos, especialmente frente al partido religioso ortodoxo de los *fariseos*. Se vio obligado a establecer un régimen basado en el terror, con una persecución sangrienta de la antigua familia reinante (incluyendo el asesinato de su propia esposa asmonea, su suegra, su cuñado y tres de sus hijos); en ese contexto de obsesión por consolidar su posición en el Trono frente a posibles pretendientes, se enmarca la «degollación de los inocentes» que narra el Evangelio según san Mateo, episodio literario consistente en una matanza de todos los niños menores de dos años nacidos en Belén, para conjurar la profecía mesiánica según la cual había nacido en aquella ciudad el que habría de ser rey de los judíos (Jesucristo*). Por lo demás, Herodes fue un rey hábil: supo eludir su participación en la batalla de Actium, lo que permitió que Augusto* le mantuviera en el Trono después de su victoria, con una autonomía política prácticamente total a pesar de ser vasallo del Imperio; defendió eficazmente el reino frente a los ataques de partos y árabes; construyó ciudades y fortalezas; embelleció la capital; respetó las costumbres locales y comenzó la reconstrucción del Templo de Jerusalén. Al morir dejó el reino dividido entre sus hijos: Judea, Samaría e Idumea para Arquelao (destituido dos años después por el gobernador romano Poncio Pilatos) y Galilea y Perea para Herodes Antipas (el que, según los Evangelios, eludió juzgar a Jesucristo cuando se lo envió Pilatos). El nieto de Herodes, **HERODES AGRIPA I,** fue el último rey que gobernó sobre la totalidad de Palestina y el que, según los *Hechos de los Apóstoles,* hizo encarcelar a san Pedro* y condenó a muerte a Santiago, *el Mayor**. Bajo su hijo **HERODES AGRIPA II** estalló la rebelión de los judíos que llevó a la destrucción de Jerusalén por Tito* y la anexión de Palestina a Siria como provincia romana (70 d.C.).

HERRIOT, Édouard Político francés (Troyes, 1872 - Saint-Genis-Laval, Lyon, 1957). Profesor de filosofía de Lyon, fue uno de los muchos intelectuales de su generación que entraron en el Partido Radical a raíz del caso Dreyfus*; llegó a ser presidente del Partido desde 1919 hasta su muerte. Empezó su carrera política como alcalde de Lyon (1905-57), senador (1912-19) y diputado (1919-57). Encabezó la coalición de izquierdas que se impuso en las elecciones de 1924 ante la impopularidad de la política de austeridad del gobierno Poincaré* y el temor a una deriva dictatorial del presidente Millerand*. Formó un gobierno con mayoría socialista (1924-25), en cuya labor cabe destacar el reconocimiento de la Unión Soviética, la evacuación del Ruhr (ocupado por Francia desde 1923), la adopción del Plan Dawes* para facilitar el pago de las deudas de guerra y la recuperación económica de Alemania y, en general, una reorientación de la política exterior francesa que hacía descansar la seguridad en el desarme y el arbitraje. Sin embargo, se ganó la enemistad de los poderes financieros por su proyecto de impuesto sobre el capital; el veto del Banco de Francia al presupuesto le hizo dimitir. Fracasado un intento de formar gobierno en 1926, participó como ministro de Educación en el siguiente «Gobierno de Unión Nacional» presidido por Poincaré (1926-29), antes de volver a la oposición. Una nueva victoria electoral de las izquierdas en 1932 le llevó a presidir el gobierno por tercera vez, aunque sólo por seis meses. Desde que en 1934 se produjo el asalto de las ligas fascistas al Palacio Borbón y fracasó un intento de reforma constitucional, Herriot se orientó hacia la derecha, participando en varios gabinetes conservadores; sin embargo, permitió que su partido formara parte, con comunistas y socialistas, del Frente Popular en 1936. Tras la invasión de Francia por la Alemania nazi, Herriot completó esta oscilación entre izquierda y derecha, apoyando la opción colaboracionista de Pétain* y participando en el régimen de Vichy (1940); pero su enfrentamiento con Pétain desde 1942 hizo que fuera deportado a Alemania en 1944. Terminada la Segunda Guerra Mundial (1939-45), fue elegido diputado de la Asamblea constituyente que creó la Cuarta República francesa; de 1947 a 1954 ejerció como presidente de la Asamblea Nacional.

HERTZ, Heinrich Rudolf Científico alemán, primero en transmitir ondas de radio (Hamburgo, 1857 - Bonn, 1894). Tras hacerse ingeniero en 1878, abandonó dicha profesión para dedicarse a la investigación en Física, materia en la que se doctoró por la Universidad de Berlín en 1880. Fue profesor de las universidades de Kiel (1883), Karlsruhe (1885) y Bonn (1889). Confirmó experimentalmente las teorías del físico inglés James C. Maxwell sobre la identidad de características entre las ondas luminosas y electromagnéticas, consagrándose a la tarea de emitir estas últimas («Experimento de Hertz», 1887). Para ello construyó un oscilador (antena emisora) y un resonador (antena receptora), con los cuales transmitió ondas electromagnéticas, poniendo en marcha la telegrafía sin hilos. Desde entonces se conocen como *ondas hertzianas* a las ondas electromagnéticas producidas por la oscilación de la electricidad en un conductor, que se emplean en la radio; también deriva de su nombre el *hertzio,* unidad de frecuencia que equivale a un ciclo por segundo y se representa por la abreviatura Hz (y sus múltiplos: *kilohertzio, megahertzio* y *gigahertzio).* Después siguió investigando en otros temas científicos, hasta elaborar unos *Principios de mecánica* (que aparecieron después de su muerte, en 1894) en los que desarrollaba toda la mecánica a partir del principio de mínima acción, prescindiendo del concepto de fuerza.

Herzen, Alexander Ivanovich Intelectual y revolucionario ruso (Moscú, 1812 - París, 1870). Tras admirar en su juventud el avance tecnológico y las ideas socialistas procedentes de Europa occidental, quedó decepcionado por el fracaso de las revoluciones de 1848 *(Desde la otra orilla,* 1850). Desde entonces volvió sus ojos hacia Rusia, país en el que creía ausentes los obstáculos que impedían en Occidente el triunfo de una revolución socialista; incluso afirmaba que la comunidad campesina tradicional de Rusia (el *mir)* respondía a un modelo socialista por su periódica repartición de la tierra con arreglo a las necesidades familiares. Compartió con Tolstoi la fe en el campesinado ruso como fuente de regeneración del país. Puso las bases del movimiento paneslavista al defender que Rusia se hallaba, en realidad, más avanzada que el resto de Europa (por estar más cerca del socialismo) y que, en consecuencia, le correspondía una misión directora con respecto al resto del continente. Desde 1852 vivió exiliado en Londres, pero ejerció gran influencia sobre la oposición clandestina al régimen de los zares, a través de su revista *Kolokol* («La campana», fundada en 1857). Sin embargo, su aislamiento de las masas rusas le impidió valorar los intensos sentimientos nacionalistas de éstas y cometió un error político al apoyar la insurrección independentista de Polonia en 1863, lo que le hizo perder prácticamente audiencia en el interior de Rusia.

Herzl, Theodor Intelectual judío del Imperio Austro-Húngaro, padre del sionismo político (Budapest, 1860 - Edlach, Austria, 1904). Estudió Derecho en Viena, pero vio cerrado su acceso a la carrera judicial por los prejuicios antisemitas. Destinado en París como corresponsal de un periódico vienés, fue la observación de la sociedad francesa la que le hizo reflexionar acerca del fenómeno antisemita, en particular a raíz del asunto Dreyfus* (1894-98). La marginación y persecución de los judíos en toda Europa y los obstáculos que se oponían a su completa integración en la sociedad occidental le hicieron concebir la idea de crear un Estado nacional independiente para su pueblo, ignorando la existencia previa de autores (como Moisés Hess o el doctor Pinkser) y movimientos (como los «Amantes de Sión») que defendían la misma idea. Tras pensar en la posibilidad de instalar dicho Estado en Argentina, Herzl se decidió por defender el regreso al solar histórico de los judíos en Palestina. Su libro *El Estado judío* (1896) tuvo mucho éxito entre los judíos de Europa oriental, que vivían sometidos a peores condiciones de vida y que estaban nutriendo ya un flujo de emigrantes hacia Palestina; se enfrentó, por el contrario a las iras de los antisemitas, los judíos partidarios de la asimilación (predominantes en Europa occidental) y los religiosos ortodoxos (que creían que sólo el Mesías podía conducir de nuevo al pueblo de Israel a la Tierra Prometida). Herzl reunió en 1897 el Congreso Sionista Mundial de Basilea (primero de una serie de congresos que se celebrarían con periodicidad anual) e inició una campaña diplomática para intentar que las grandes potencias (en particular Guillermo II de Alemania*) presionaran al Imperio Otomano para hacerle aceptar la instalación en sus dominios de Palestina de un «hogar nacional» para los judíos (independiente o, al menos, políticamente autónomo). Ante las dificultades que encontró y dada la urgencia de proteger a los judíos de Rusia (sometidos a un nuevo *pogrom* en 1903), se sintió temporalmente atraído por la oferta que hizo el gobierno británico de facilitar la instalación del Estado judío en su colonia africana de Uganda (1903); aquel desliz acabó de privarle del liderazgo sionista en favor de los «Sionistas de Sión» y la «Fracción Democrática», que seguía desde 1901 a Chaim Weizmann*. Murió muy joven, entre el aislamiento y la incomprensión de los suyos; pero puso en marcha un movimiento político que no se detendría hasta la creación del Estado de Israel en 1948.

HESS, Rudolf Dirigente de la Alemania nazi (Alejandría, Egipto, 1894 - Spandau, Alemania Oriental, 1987). Veterano de la Primera Guerra Mundial (1914-18), se afilió en la posguerra a una violenta organización antisemita. En 1920 fue uno de los miembros fundadores del Partido Nacionalsocialista, con el cual colaboró en el intento fallido de golpe de Estado que protagonizó Hitler* en Múnich (1923). Encarcelado junto a Hitler, transcribió al dictado de éste su manifiesto ideológico —*Mi lucha*— y siguió siendo su secretario personal una vez en libertad. Al acceder Hitler al poder en 1933, nombró a Hess «adjunto del *Führer*» y ministro sin cartera. No obstante, la influencia en el partido y en el Estado nazis de este hombre sectario y poco inteligente fue declinando en favor de Goering* (a quien Hess seguía teóricamente en el orden sucesorio del Tercer *Reich*). Al estallar la Segunda Guerra Mundial (1939-45) formó parte del Consejo de Defensa del *Reich*. Pero en 1941, de forma inesperada, escapó volando de Alemania y se lanzó en paracaídas sobre Escocia, con la intención de convencer al gobierno británico de que se uniera a Alemania, formando una alianza antisoviética (que garantizara el éxito de la invasión de Rusia, que Hitler estaba a punto de lanzar). Fue detenido por lo que quedaba de guerra y juzgado por el Tribunal de Núremberg, que le condenó a cadena perpetua en 1946. Permaneció más de cuarenta años en prisión bajo control de la Unión Soviética, convirtiéndose en el último prisionero de la Segunda Guerra Mundial, hasta que se suicidó en su celda.

HIDALGO Y COSTILLA, Miguel Iniciador de la revolución independentista de México (Corralejo, 1753 - Chihuahua, 1811). Desde 1803 este cura criollo tenía encomendada la parroquia de Dolores (Guanajuato), donde demostró sus ideas ilustradas fomentando el progreso económico de sus feligreses. Esas mismas ideas le llevaron a participar en una conspiración insurreccional en Querétaro; descubiertos y detenidos parte de los conjurados, Hidalgo tomó la iniciativa por sí solo, se trasladó a su parroquia y arengó allí a las masas para que se rebelaran contra el dominio español que representaba el virrey Venegas, si bien proclamando su fidelidad teórica al rey Fernando VII*, cautivo de los franceses (1810). Este llamado *Grito de Dolores* señaló el inicio de la Guerra de la Independencia de México, pues arrastró a las masas campesinas a una insurrección en la que se mezclaba el nacionalismo con la reivindicaciones sociales y raciales (indigenistas). Avanzando entre saqueos y violencias contra los españoles, las fuerzas rebeldes, que nombraron a Hidalgo capitán general, tomaron Celaya, Guanajuato y Valladolid. La insurrección se extendió luego por las provincias norteñas de Coahuila, Nuevo León, Nuevo Santander y Texas, hasta constituir un Gobierno provisional en Guadalajara. Pero, en su afán emancipador, Hidalgo había promovido medidas revolucionarias como la abolición de la esclavitud y del tributo indígena, la rebaja de los impuestos y la confiscación de los bienes de los españoles; estas medidas le enfrentaron con los terratenientes criollos, que secundaron la reacción del ejército virreinal. Éste acabó imponiendo su organización y preparación militar frente a la nulidad estratégica de Hidalgo, al que venció en las batallas de Aculco y Puente Calderón (1811). Intentó huir a Estados Unidos, pero fue apresado y fusilado; la insurrección, sin embargo, continuó viva bajo la dirección de Morelos*.

HIDETADA. V. **TOKUGAWA, Familia.**

HILDEBRANDO DE SOANA. V. **GREGORIO VII, San.**

HIMMLER, Heinrich Dirigente de la Alemania nazi (Múnich, 1900 - Luneburgo, Hannover, 1945). Era ingeniero agrónomo de profesión y un ultranacionalista alemán por influencia paterna. Acabada la Primera Guerra Mundial (1914-18), en la que se alistó como soldado, militó en movimientos nacionalistas, antes de unirse a Hitler* durante el fallido golpe de Estado que éste protagonizó en Múnich (1923). En 1929 Hitler le puso al frente de su guardia personal, la SS (unos 280 hombres). Himmler hizo de ese grupo armado la base de su poder, dotándole de un servicio de información propio extremadamente útil en la lucha política (1931) y ampliándolo hasta contar unos 52.000 hombres en vísperas de la conquista del poder. Tras el acceso de Hitler al gobierno (1933), Himmler fue nombrado jefe de la policía política *(Gestapo);* en alianza con Goering* eliminó en aquel mismo año a Röhm, jefe de la organización paramilitar rival de la SS dentro del nazismo (las Secciones de Asalto o SA), durante la «Noche de los Cuchillos Largos». Aquel golpe fortaleció su poder, permitiéndole convertir a la SS en el cuerpo de elite del *Reich,* al tiempo que le otorgaba el control sobre los campos de concentración y el conjunto de la policía alemana (1936). Le correspondió, por tanto, la máxima responsabilidad en la sangrienta persecución de disidentes y opositores que realizaron los nazis, así como en la persecución contra los judíos. Con el estallido de la Segunda Guerra Mundial (1939-45) terminó de completarse su poder, al ser nombrado Comisario del *Reich* para la Defensa y Reforzamiento de la Raza Alemana: se ocupó desde entonces de la implantación de poblaciones «arias» en los territorios conquistados en Europa oriental, así como de la campaña de exterminio de los judíos de los países controlados por el ejército alemán. La extraordinaria crueldad con que la SS dirigió el asesinato de millones de judíos europeos respondió a órdenes personales de Himmler, metódicamente interesado en los detalles técnicos de la operación. Desde que el curso de la guerra se volvió en contra de Alemania, Himmler, nombrado ministro del Interior en 1943, inició contactos con el enemigo para salvar su vida. En 1944 se le dio mando militar en el frente de Rusia, que le fue retirado enseguida por demostrada incompetencia. Enterado Hitler de su traición en los últimos momentos de la guerra, le expulsó del Partido Nazi; trató de escapar disfrazado, pero, tras ser detenido por el ejército británico, se suicidó.

HINDENBURG, Paul von Beneckendorff und von Militar y político alemán, último presidente de la República de Weimar (Poznan, 1847 - Neudeck, Prusia Oriental, 1934). Procedente de la casta aristocrática dominante de los *Junker* prusianos, siguió la carrera militar y combatió en la Guerra Franco-Prusiana, que condujo a la unificación de Alemania en 1871. Desde 1911 era un general retirado; pero el estallido de la Primera Guerra Mundial (1914-18) le puso al mando de un ejército en el frente oriental; los éxitos que logró allí contra los rusos (batalla de Tannenberg, 1914) le llevaron a ser nombrado jefe del Estado Mayor en 1916. Con la colaboración de Ludendorff*, no sólo imprimió un curso más enérgico a la guerra, sino que asumió parcelas crecientes del poder político, estableciendo virtualmente una dictadura militar sobre Alemania. El estancamiento del frente occidental y los reveses sufridos en aquel escenario militar a lo largo de 1918 le llevaron a reconocer la derrota, pedir el armisticio y recomendar al emperador Guillermo II* que abdicara y dejara el país por el momento. Aún dirigió la repatriación del ejército alemán antes de retirarse de nuevo tras la firma del Tratado de Versalles (1919). Convertido en un símbolo de la vieja Alemania monárquica, aceptó pasar a la política en 1925 encabezando con éxito la candidatura del bloque de derechas para la presidencia de la República. Si bien defraudó a sus partidarios más reaccionarios al aceptar la política de reconciliación de Stresemann* (lo cual permitió su reelección frente a Hitler* en 1932, apoyado por un bloque de centro-izquierda), pronto se mostró como el ultraconservador que era, frenando el proyecto de reforma agraria de su gobierno, negándose a ilegalizar la violencia nazi y, finalmente, nombrando a Hitler canciller (1933). Viejo y enfermo, asistió impotente al establecimiento de la dictadura nazi, que se completó tras su muerte.

HIROHITO (Showa Tenno) Emperador del Japón (Tokyo, 1901 - 1989). Era hijo primogénito del emperador Yoshihito*, al cual sucedió en 1926. Recibió una educación nacionalista y tradicional bajo la tutela de los militares; y completó su formación con un viaje sin precedentes a Europa occidental, que le causó gran impresión. Al regresar de aquel viaje hubo de asumir la regencia en nombre de su padre, aquejado de una enfermedad mental (1921). Muerto Yoshihito, Hirohito fue coronado en 1926, adoptando para su reinado el nombre de *Showa* («Paz y armonía»). Hubo de hacer frente al ascenso del poder de los militares, que desde 1927-31 impulsaron la penetración japonesa en Manchuria, mientras promovían en el interior conspiraciones tendentes a sustituir los gobiernos de partido por una dictadura militar bajo la cobertura del emperador. Hirohito, inclinado a comportarse como un monarca constitucional al estilo europeo, luchó mientras pudo contra esas tendencias, castigando a los culpables (especialmente con ocasión de la insurrección militar de 1936). Sin embargo, atenazado por el temor a perder el Trono, acabó por admitir la política imperialista que impusieron los militares desde que estalló la guerra con China (1937), así como el alineamiento con la Alemania nazi y el ataque a Estados Unidos, que hicieron entrar a Japón en la Segunda Guerra Mundial (1941). Durante toda la contienda permaneció en su palacio de Tokyo, sufriendo los bombardeos para compartir la suerte de sus súbditos; y fue él quien, después de que los americanos lanzaran las bombas atómicas sobre Hiroshima y Nagasaki, impuso la inevitable rendición en 1945 y la anunció por radio a los japoneses. Contra todo pronóstico, los aliados aceptaron el criterio de MacArthur* de mantener al emperador como garantía de estabilidad y de reconstrucción del Japón vencido. Se abría así una época de grandes reformas, que se inició con la declaración pública de Hirohito de su carácter humano, que acababa con la ficción de la monarquía sagrada tradicional (1946); durante la ocupación norteamericana la democratización del Japón le obligó a realizar un gran esfuerzo personal, asumiendo un papel meramente simbólico sin influencia política efectiva y saliendo de la corte para conocer directamente la realidad del país. Adaptado a la nueva situación, presidió un proceso de occidentalización y de crecimiento económico espectacular, refugiándose en el estudio de la biología marina, en la que llegó a ser especialista. Fue el primer emperador japonés que viajó al extranjero (a Europa y Estados Unidos, en los años setenta). Al morir le sucedió su hijo Akihito.

HISHAM II. V. OMEYA, Dinastía.

HITLER, Adolf Máximo dirigente de la Alemania nazi (Braunau, Bohemia, 1889 - Berlín, 1945). Hijo de un aduanero austriaco, su infancia transcurrió en Linz y su juventud en Viena. Su formación fue escasa y autodidacta, pues apenas recibió educación. En Viena (1907-13) fracasó en su vocación de pintor, malvivió como vagabundo y vio crecer sus prejuicios racistas ante el espectáculo de una ciudad cosmopolita, cuya vitalidad intelectual y multicultural le era por completo incomprensible. De esa época data su conversión al nacionalismo germánico y al antisemitismo. En 1913 huyó del Imperio Austro-Húngaro para no prestar servicio militar; se refugió en Múnich y se enroló en el ejército alemán durante la Primera Guerra Mundial (1914-18). La derrota le hizo pasar a la política, enarbolando un ideario de reacción nacionalista, marcado por el rechazo del nuevo régimen democrático de la República de Weimar, a cuyos políticos acusaba de haber traicionado a Alemania aceptando las humillantes condiciones de paz del Tratado de Versalles (1918). De vuelta a Múnich ingresó en un pequeño partido ultraderechista, del que pronto se convertiría en dirigente principal, rebautizándolo como Partido

Nacionalsocialista de los Trabajadores Alemanes (NSDAP). Dicho partido se declaraba nacionalista, antisemita, anticomunista, antisocialista, antiliberal, antidemócrata, antipacifista y anticapitalista, aunque este último componente revolucionario de carácter social quedaría pronto en el olvido; este abigarrado conglomerado ideológico, fundamentalmente negativo, se alimentaba de los temores de las clases medias alemanas ante las incertidumbres del mundo moderno. Influenciado por el fascismo de Mussolini*, este movimiento, adverso tanto a lo existente como a toda tendencia de progreso, representaba la respuesta reaccionaria a la crisis del Estado liberal que la guerra había acelerado.

Sin embargo, Hitler tardaría en hacer oír su propaganda. En 1923 fracasó en un primer intento de tomar el poder desde Múnich, apoyándose en las milicias armadas de Ludendorff* («*Putsch* de la Cervecería»). Fue detenido, juzgado y encarcelado, aunque tan sólo pasó en la cárcel un año y medio, tiempo que aprovechó para plasmar sus estrafalarias ideas políticas en un libro que tituló *Mi lucha* y que diseñaba las grandes líneas de su actuación posterior. De nuevo en libertad desde 1925, reconstituyó el NSDAP expulsando a los posibles rivales y se rodeó de un grupo de colaboradores fieles como Goering*, Himmler* y Goebbels*. La profunda crisis económica desatada desde 1929 y las dificultades políticas de la República de Weimar le proporcionaron una audiencia creciente entre las legiones de parados y descontentos dispuestos a escuchar su propaganda demagógica, envuelta en una parafernalia de desfiles, banderas, himnos y uniformes. Combinando hábilmente la lucha política legal con el uso de la violencia en las calles, los nacionalsocialistas o *nazis* fueron ganando peso electoral hasta que Hitler —que nunca había obtenido mayoría— se hizo confiar el gobierno por el presidente Hindenburg* en 1933. Desde la Cancillería, Hitler destruyó el régimen constitucional y lo sustituyó por una dictadura de partido único basada en su poder personal. El Tercer *Reich* así creado fue un régimen totalitario basado en un nacionalismo exacerbado y en un complejo de superioridad racial sin fundamento científico alguno (basado en estereotipos que contrastaban con la ridícula figura del propio Hitler). Tras la muerte de Hindenburg, el canciller se hizo nombrar *Führer* o «caudillo» de Alemania y se hizo prestar juramento por el ejército. La sangrienta represión contra los disidentes culminó en la purga de las propias filas nazis durante la «Noche de los Cuchillos Largos» (1934) y la instauración de un control policial total de la sociedad; mientras que la persecución contra los judíos, iniciada con las racistas Leyes de Núremberg (1935) y con el pogrom conocido como la «Noche de los Cristales Rotos» (1938) culminó con el exterminio sistemático de los judíos europeos a partir de 1939 (la «Solución Final»).

La política internacional de Hitler fue la clave de su prometida reconstitución de Alemania, basada en desviar la atención de los conflictos internos hacia una acción exterior agresiva. Se alineó con la dictadura fascista italiana, con la que intervino en auxilio de Franco* en la Guerra Civil española (1936-39), ensayo general para la posterior contienda mundial; y completó sus alianzas con la incorporación del Japón en una alianza antisoviética (Pacto Antikomintern, 1936) hasta formar el Eje Berlín-Roma-

Tokyo (1937). Militarista convencido, empezó por rearmar al país para hacer respetar sus demandas por la fuerza (restauración del servicio militar obligatorio en 1935, remilitarización de Renania en 1936); con ello reactivó la industria alemana, redujo el paro y prácticamente superó la depresión económica que le había llevado al poder. Luego, apoyándose en el ideal pangermanista, reclamó la unión de todos los territorios de habla alemana: primero se retiró de la Sociedad de Naciones, rechazando sus métodos de arbitraje pacífico (1933); luego forzó el asesinato de Dollfuss* (1934) y el *Anschluss* o anexión de Austria (1938); a continuación invadió la región checa de los Sudetes y, tras engañar a la diplomacia occidental prometiendo no tener más ambiciones (Conferencia de Múnich, 1938), ocupó el resto de Checoslovaquia, la dividió en dos y la sometió a un protectorado; aún se permitió arrebatar a Lituania el territorio de Memel (1939); pero, cuando el conflicto en torno a la ciudad libre de Danzig le llevó a invadir Polonia, Francia y Gran Bretaña reaccionaron y estalló la Segunda Guerra Mundial (1939-45). Hitler había preparado sus fuerzas para esta gran confrontación, que según él habría de permitir la expansión de Alemania hasta lograr la hegemonía mundial (Protocolo Hossbach, 1937); en previsión del estallido bélico había reforzado su alianza con Italia (Pacto de Acero, 1939) y, sobre todo, había concluido un Pacto de no-agresión con la Unión Soviética (1939), acordando con Stalin* el reparto de Polonia. El moderno ejército que había preparado obtuvo brillantes victorias en todos los frentes durante los primeros años de la guerra, haciendo a Hitler dueño de casi toda Europa mediante una «guerra relámpago»: ocupó Dinamarca, Noruega, Holanda, Bélgica, Luxemburgo, Francia, Yugoslavia, Grecia... (mientras que Italia, España, Hungría, Rumania, Bulgaria y Finlandia eran sus aliadas, y países como Suecia y Suiza declaraban una neutralidad benévola). Sólo Gran Bretaña resistió el intento de invasión (batalla aérea de Inglaterra, 1940-41); pero su suerte empezó a cambiar cuando lanzó la invasión de Rusia, respondiendo tanto al ideal anticomunista básico del nazismo como al proyecto de arrebatar a la «inferior» raza eslava del este el «espacio vital» que soñaba para engrandecer a Alemania (1941). A partir de la batalla de Stalingrado (1943), el curso de la guerra se invirtió y las fuerzas soviéticas comenzaron una contraofensiva que no se detendría hasta tomar Berlín en 1945; simultáneamente se reabrió el frente occidental con el aporte masivo en hombres y armas procedente de Estados Unidos (involucrados en la guerra desde 1941), que permitió el desembarco de Normandía (1944). Derrotado y fracasados todos sus proyectos, Hitler vio cómo empezaban a abandonarle sus colaboradores y la propia Alemania era arrasada por los ejércitos aliados; en su limitada visión del mundo no había sitio para el compromiso o la rendición, de manera que arrastró a su país hasta la catástrofe y finalmente se suicidó en el búnker de la Cancillería de Berlín donde se había refugiado, después de haber sacudido al mundo con su sueño de hegemonía mundial de la «raza» alemana, que provocó una guerra total a escala planetaria y un genocidio sin precedentes en los campos de concentración.

HIXEM II. V. OMEYA, Dinastía.

HO CHI MINH (Nguyen That Thanh o Nguyen Ai Quoc) Líder revolucionario vietnamita (Hoang Tru, 1890 - Hanoi, 1969). Nacido en la Indochina francesa, emigró a la metrópoli en 1912. En París se convirtió en militante del partido socialista francés (SFIO). Cuando la Revolución rusa escindió a los socialistas de todo el mundo, se alineó con el grupo que fundó el Partido Comunista Francés (1920). Tras haber participado en actividades de la Internacional Comunista, se trasladó a China, donde organizó la Juventud Revolucionaria, reclutando entre los exiliados el núcleo humano necesario para impulsar una revolución anticolonial en Indochina (1924); sobre aquella base fundó más tarde el Partido Comunista Indochino (1930). Condenado a muerte por las autoridades coloniales francesas, hubo de huir y refugiarse en la Unión Soviética (1931). En 1938 entró en contacto con Mao Zedong* en China, desde donde pasó a Vietnam en 1941, para participar en la lucha contra Japón y contra la Francia de Vichy, en el marco de la Segunda Guerra Mundial (1939-45). Fue entonces cuando fundó el *Vietminh* (Liga para la Independencia de Vietnam). Tratando de formar un frente amplio tanto contra los japoneses como contra Francia, recabó el apoyo del dirigente nacionalista chino Chang Kai-shek*, pero éste desconfió de él y le hizo apresar. Liberado en 1943, tomó el mando de la insurrección nacional vietnamita contra los franceses, adoptando el nombre de guerra de *Ho Chi Minh* («el que ilumina»). En 1945 vio reconocida formalmente la independencia de la República Democrática de Vietnam, como parte de la estrategia japonesa para utilizar los nacionalismos asiáticos en contra de la presencia europea en la zona; pero, al terminar la guerra con la derrota del Japón, los vencedores decidieron en la Conferencia de Postdam dividir Vietnam en dos zonas, la República Democrática de Vietnam al norte, dominada por el Vietminh, y una zona de ocupación británica en el sur. En 1946 Gran Bretaña entregó a Francia su zona de ocupación, coyuntura que aprovechó el gobierno francés para negarse a reconocer al nuevo Estado independiente del Norte e intentar recuperar por la fuerza el control de sus antiguas colonias de Indochina. El Vietminh hubo de sostener una nueva guerra, en la que contó con el apoyo de la Unión Soviética y de China, enfrentadas en el marco de la «guerra fría» contra el régimen conservador y prooccidental del emperador Bao Dai en el sur, al que apoyaban Francia y Estados Unidos. La guerra se saldó con el triunfo del Vietminh tras la batalla de Dien Bien Phu (1954), que obligó a Francia a reconocer la existencia en Indochina de cuatro Estados independientes: Laos, Camboya, Vietnam del Sur y Vietnam del Norte, este último bajo gobierno de Ho Chi Minh. Éste estableció un régimen socialista alineado con la Unión Soviética, impulsó una profunda reforma agraria y se esforzó por impedir la corrupción y el abuso de poder, manteniendo un liderazgo carismático basado en compartir las decisiones políticas y en mantener un estilo de vida austero y popular. Prosiguió su lucha revolucionaria por la reunificación de Vietnam, prestando apoyo desde el norte al movimiento guerrillero comunista del sur *(Vietcong)*, que se enfrentaba a una dictadura sostenida por la ayuda militar de Estados Unidos. Desde 1957, la insurrección masiva del campesinado contra el gobierno títere del sur hizo recaer el peso de la guerra sobre el ejército norteamericano, que utilizó su abrumadora superioridad en medios para masacrar cruelmente a la población civil, sin poder impedir la derrota final frente a la estrategia guerrillera del Vietcong. Desde 1968, el presidente norteamericano Johnson* abrió negociaciones de paz con Vietnam del Norte, que se completarían bajo el mandato de Nixon*. Sin embargo, el líder y fundador del movimiento, Ho Chi Minh, murió antes del fin de la guerra, sin llegar a ver la retirada estadounidense (1973), el hundimiento militar de Vietnam del Sur (1975) y la reunificación del país bajo un régimen comunista (1976). En su honor, las autoridades vietnamitas pusieron el nombre de Ciudad Ho Chi Minh a la antigua capital de Vietnam del Sur, Saigón (1975).

HOBBES, Thomas Pensador inglés (Westport, 1588 - Hall, Derby, 1679). Hijo de un vicario anglicano que abandonó a su familia, fue un estudiante brillante en la Universidad de Oxford (1603-08). Su dominio precoz de la filosofía y las lenguas clásicas le proporcionó empleo como tutor de la aristocrática familia Cavendish, lo que le permitió dotarse de una buena biblioteca, viajar por el extranjero y conocer a personajes influyentes. Se interesó por la Historia, las Matemáticas, el Derecho y la Epistemología, antes de desarrollar tardíamente un pensamiento político propio en su obra fundamental: *Leviatán* (1651). En ella explicó la necesidad del Estado como artificio creado para salir del «estado de naturaleza» en el que la búsqueda individual del poder, la riqueza y la libertad conducirían a la guerra de todos contra todos; sólo un poder fuerte (monstruoso incluso, de ahí el nombre de *Leviatán),* podría garantizar la seguridad colectiva, a cambio de que cada individuo le sacrificara su derecho natural a la libertad; la paz social, en su opinión, no podía cimentarse sobre los buenos sentimientos de las personas (en los que no creía), sino que habría de ser resultado del temor a un soberano investido de grandes poderes. Con este planteamiento, Hobbes puso las bases para sustentar la legitimidad del Estado moderno como resultado de la cesión de las voluntades de sus súbditos en una especie de «contrato social» originario. Pero también avaló la fórmula concreta que ese Estado adquirió en la mayor parte de Europa en el siglo XVII, la monarquía absoluta, al declarar al soberano libre de ataduras legales e ilegítima cualquier rebelión contra él. Esta inclinación hacia el absolutismo le obligó a huir de Inglaterra en varios momentos de enfrentamiento civil, en particular durante el periodo revolucionario que llevó a Cromwell* al poder (durante su exilio en Francia, de 1640 a 1651, fue preceptor del futuro rey de Inglaterra, Carlos II*). Hobbes conoció durante su larga vida a Descartes* y a Bacon* y trató de establecer una vía filosófica intermedia entre sus respectivas propuestas racionalistas y empiristas, ahondando sobre la radical distinción entre los objetos y su percepción por el hombre; bajo el peso de la Revolución Científica del siglo XVII (también conoció a Galileo*), practicó asiduamente la traslación de los esquemas mecánicos de la Física a la explicación de los asuntos sociales y políticos.

HOHENSTAUFEN, Dinastía Familia de Suabia que dominó la Corona imperial alemana entre 1138 y 1254. Su nombre procede del castillo de Hohenstaufen, construido en el Jura hacia 1080; también se les conoce —a los Hohenstaufen y a sus partidarios— como *gibelinos,* denominación procedente del señorío de Waiblingen que aquéllos poseían. La ascensión de la familia se produjo al servicio de los emperadores de la dinastía Sálica, a los que acabarían sustituyendo.

La lucha por el Imperio se inició tras la muerte de Enrique V (1125), cuando CONRADO III (1093-1152), duque de Franconia desde 1112, le disputó la Corona imperial a Lotario de Supplinburgo; el matrimonio de una hija de Lotario con Enrique *el Soberbio,* duque de Baviera, convirtió a éste y a su familia (los *Welfen* o *güelfos)* en el apoyo principal gracias al cual fue coronado emperador Lotario II. Se iniciaba así la larga lucha entre los dos grupos familiares, güelfos y gibelinos. Conrado fue coronado rey de Italia en 1127 y, tras la muerte de Lotario, se impuso como emperador de Alemania en 1138. No obstante, hubo de reconocer a los güelfos el dominio de Sajonia y de Baviera. Le sucedió su sobrino FEDERICO I, *Barbarroja** (1123-90), cuya elección para la Corona imperial fue un compromiso entre los Hohenstaufen y los güelfos, a cuyo principal representante, Enrique *el León,* sometería por la fuerza en 1180-81. Federico dedicó sus mayores esfuerzos a restablecer la autoridad imperial en Italia. Le sucedió su hijo ENRIQUE VI, *el Cruel* (1165-97). En virtud de su matrimonio con Constanza de Sicilia (1186), fue elegido rey de aquella isla con el apoyo de un partido normando, uniéndola a la Corona imperial. No obstante, fueron precisas dos campañas militares (1191 y 1194-95) para vencer las múltiples resistencias que se oponían a su poder sobre Italia, en particular la del papa. Su proyecto era convertir el Sacro Imperio Romano Germánico en una monarquía hereditaria para sus descendientes y no electiva, como venía siendo hasta entonces; pero su temprana muerte impidió tal transformación, dejando en cambio debilitada a la dinastía Hohenstaufen por la minoría de edad de su hijo FEDERICO II* (1194-1250). Éste fue criado bajo la tutela del papa Inocencio III y de su madre, Constanza. Durante su infancia, hubo una crisis en el Imperio por la doble elección de emperadores de 1198, que desató la lucha por el Trono entre el candidato gibelino Felipe de Suabia (hijo de Federico *Barbarroja*) y el güelfo Otón IV de Wittelsbach (hijo de Enrique *el León)*. Muerto Felipe de Suabia, el apoyo papal permitió que Federico II se impusiera a Otón IV, tras una nueva lucha entre los güelfos (apoyados por Inglaterra) y los gibelinos (apoyados por Francia); su elección imperial de 1212 quedó confirmada tras la derrota de sus enemigos en la batalla de Bouvines (1214) y su coronación en Roma (1220). Más tarde se enemistó con el Papado, que le declaró excomulgado y depuesto (1239); y hubo de hacer frente a la rebelión de su propio hijo, ENRIQUE VII (1211-42), que se declaró rey de Germania con el apoyo de las ciudades italianas. Fue sometido y desterrado por Federico, muriendo en Apulia antes que éste, por lo que no llegó a sucederle en el Trono imperial. Fue otro hijo de Federico II, CONRADO IV (1228-54), quien resultó elegido emperador en 1250. La temprana muerte de éste abrió el periodo conocido como el «Gran Interregno» (1254-73), durante el cual se disputaron la Corona imperial personajes como Ricardo de Cornualles, Alfonso X *el Sabio* de Castilla* y Carlos de Anjou*. Dos Hohenstaufen pugnaron por el Imperio en aquel agitado periodo: **MANFREDO** (1232-66), hijo de Federico II, que arrebató a Conrado IV el Reino de Sicilia y se proclamó a sí mismo emperador (1255-61); y **CONRADINO** (1252-68), hijo de Conrado IV, en quien recayó nominalmente la Corona imperial al morir éste. Sin embargo, una coalición antigibelina formada por el papa y los Anjou acabó derrotándole. Murió decapitado en Nápoles, poniendo fin al poder de los Hohenstaufen y haciendo recaer la Corona imperial por vez primera en la familia Habsburgo*.

HOHENZOLLERN, Casa de Dinastía de electores de Brandenburgo (1411-1701), reyes de Prusia (1701-1871) y emperadores de Alemania (1871-1918), procedente de una casa nobiliaria asentada en Suabia desde el siglo XI; de esa época data el castillo familiar de Zollern, cerca de Sigmaringen (suroeste de Alemania), que ha dado nombre a la Casa. La ascensión de los Hohenzollern se produjo en los siglos XI-XIII, como aliados de los Hohenstaufen*.

FEDERICO III (I de Núremberg) (1139-1201) amplió sus estados con la adquisición de Núremberg en 1191. Pero al morir repartió el patrimonio familiar entre sus dos hijos, dividiendo definitivamente a los Hohenzollern en una rama de Suabia y otra de Franconia. **FEDERICO IV** (II de Núremberg) (?-1255) inauguró la rama de la familia que quedó asentada en los territorios originales de Suabia. Con el paso del tiempo, esta rama quedaría a su vez subdividida en dos, los Hohenzollern-Hechingen y los Hohenzollern-Sigmaringen. Ambas familias vendieron sus principados al reino de Prusia en 1849, pero así como la primera se extinguió en 1869, la segunda pervivió, dando lugar a dos personajes históricos relevantes: por un lado, Carlos I de Rumania*, que elegido rey en 1866, dio inicio a la dinastía reinante en aquel país hasta 1947; y, por otro, el príncipe Leopoldo de Hohenzollern-Sigmaringen, cuya candidatura al Trono vacante de España en 1870 dio lugar a un incidente diplomático que sirvió de pretexto para desencadenar la Guerra Franco-Prusiana. **CONRADO III** (I de Franconia) (?-1260) inauguró la rama de los Hohenzollern de Franconia, que a la larga tendría mayor fortuna histórica. Su nieto **FEDERICO III** de Núremberg (1225-97) supo reaccionar a tiempo ante la decadencia de los Hohenstaufen, ligándose al poder ascendente de los Habsburgo*. Ello le permitió extender sus dominios con la incorporación de Bayreuth y Kulmbach (1248). Descendiente suyo fue **FEDERICO I** de Brandenburgo y VI de Núremberg (1371-1440), que recibió del emperador Segismundo la Marca de Brandenburgo (1411) y la dignidad de elector del Imperio, en recompensa por la ayuda prestada contra los turcos y contra sus rivales en Alemania. Federico hubo de imponerse sobre la nobleza local para hacerse con aquel territorio, que, continuamente agrandado y fortalecido por los Hohenzollern en los siglos siguientes, sería el germen del reino de Prusia y de la Alemania unificada. Le sucedieron once electores de Brandenburgo, descendientes suyos: Federico II, Alberto III, Juan Cicero, Joaquín I, Joaquín II, Juan Jorge, Joaquín Federico... **JUAN SEGISMUNDO** (1572-1619) amplió el territorio hacia el este (incorporando por matrimonio Prusia Oriental como feudo de Polonia, lo que le otorgó el título de duque de Prusia) y hacia el oeste (incorporando Ravensberg, Mark y Cleves, que ponían las bases de la futura presencia prusiana en Alemania occidental). Brandenburgo era ya un principado protestante, desde que el elector Joaquín II había introducido la reforma luterana en 1539; Juan Segismundo se convirtió al calvinismo, imponiéndolo como religión del Estado desde 1618. Le sucedieron los electores Jorge Guillermo (1595-1640) y FEDERICO GUILLERMO, *el Gran Elector* (1620-88). Estableció su poder sobre una base financiera sólida, al crear impuestos permanentes que le permitieron sostener uno de los ejércitos más fuertes de Alemania. Con él intervino en la Guerra de los Treinta Años (1618-48), a la que le arrastraron sus intereses patrimoniales y su condición de principado protestante. La Paz de Westfalia (1648) le proporcionó la anexión de Pomerania oriental y otras ganancias territoriales. Luego continuó su ascensión con las victorias que obtuvo sobre Polonia (1655-60), Francia (1672-74) y Suecia (1675). Acogió en sus reinos a los exiliados protestantes expulsados de países católicos (como Francia). Le sucedió su hijo FEDERICO III de Brandenburgo y I de Prusia (1657-1713), prácticamente incapaz, que dejó crecer el poder de la corte y la nobleza, perdiendo Brandenburgo la influencia ganada en años anteriores en los asuntos de Alemania. Esta debilidad la intentó compensar exagerando el ceremonial y la exhibición de grandeza de su Casa, motivo por el que se hizo coronar rey en Könisberg en 1701, pasando el Electorado de Brandenburgo a convertirse en reino de Prusia, previo acuerdo con el emperador Leopoldo I. Le sucedió su hijo FEDERICO GUILLERMO I de Prusia, *el Rey Sargento* (1688-1740). Éste concentró su labor en fomentar el crecimiento económico como base de un ejército dirigido por una casta aristocrática cerrada. Reforzó militarmente a Prusia, pero apenas intervino en guerras exteriores, salvo la que le permitió hacerse con Pomerania occidental a costa de Suecia (1715-20). Le sucedió su hijo FEDERICO II, *el Grande** (1712-1786), reformador del Estado en la línea del «despotismo ilustrado». Su intervención en la Guerra de Sucesión de Austria (1740-48) le permitió anexionarse Silesia. Consiguió nuevas ampliaciones territoriales en el este, al pactar con Rusia y Austria el primer reparto de Polonia (1772). Con la eficacia de su Estado y de su ejército, Prusia acrecentó su prestigio e influencia en Alemania, convirtiéndose en rival de Austria y amenazando desde entonces los Hohenzollern la tradicional hegemonía de los Habsburgo. Le sucedió su sobrino FEDERICO GUILLERMO II (1744-97), inspirador de la Declaración de Pillnitz (1791), que dio lugar a las guerras contra la Francia revolucionaria. Fracasado en esa campaña, que le obligó a ceder a Francia los territorios que poseía en la margen izquierda del Rin, continuó en cambio la ampliación de Prusia hacia el este, participando dos nuevos repartos de Polonia (1793 y 1795). Le sucedió su hijo FEDERICO GUILLERMO III (1770-1840), que hubo de continuar las luchas contra Francia, para garantizar la independencia de Prusia frente a las ambiciones hegemónicas de Napoleón*. Éste le derrotó completamente en la batalla de Jena (1806) e incluso tomó Berlín (1807), haciéndole huir de su capital por espacio de tres años. Como consecuencia, el Tratado de Tilsit (1807) dejó a Prusia reducida a un tercio de su territorio. Federico Guillermo impulsó entonces audaces reformas que restauraron la fuerza del reino, lanzando de nuevo sus ejércitos contra Francia en unión con la coalición que derrotaría definitivamente a Napoleón en 1813-15. Recogió los frutos de la victoria en el Congreso de Viena (1815), que convirtió definitivamente a Prusia en una gran potencia, recuperando sus antiguas posesiones y extendiéndolas en Renania (Prusia Occidental) para controlar la frontera francesa. El liderazgo prusiano en el conjunto de Alemania quedó asentado tanto en el terreno político como económico con la formación de la Unión Aduanera de 1834. Le sucedió su hijo **Federico Guillermo IV** (1795-1861). Durante su reinado se inició la industrialización de Prusia, que acarrearía grandes cambios económicos y sociales. Hubo de hacer frente a la Revolución de 1848, que le obligó a reunir una Asamblea Nacional tendente a dar a Prusia una Constitución liberal; tan pronto como pudo, sin embargo, disolvió la Asamblea y decretó su propio texto constitucional, marcadamente autoritario (1850). También combatió el componente pangermanista de aquella revolución, rechazando la Corona imperial de Alemania que le ofreció el Parlamento reunido en Frankfurt por los revolucionarios nacionalistas. Desde entonces, reinó como un monarca absolutista y reaccionario, cayendo en la locura a partir de 1857. Muerto sin descendencia, le sucedió su hermano **Guillermo I*** (1797-1888), quien ya se había hecho cargo de la regencia durante los últimos tres años de vida de Federico Guillermo. Guillermo fue el artífice de la unificación del Imperio Alemán en 1871, en colaboración con su canciller Bismarck*. Además de rey de Prusia desde ese año fue, por tanto, emperador de Alemania (el primero de este «Segundo *Reich*»). Le sucedió brevemente su hijo **Federico III** (1831-88), quien murió el mismo año de acceder al Trono. Le sucedió entonces su hijo **Guillermo II*** (1859-1941), último emperador de Alemania. Orientó al país hacia una política imperialista que favoreció el estallido de la Primera Guerra Mundial (1914-18). Derrotada Alemania en la contienda, hubo de abdicar y exiliarse en Holanda, abandonando para siempre el Trono los Hohenzollern.

Holstein-Gottorp, Casa de.
V. **Romanov, Dinastía.**

Honecker, Erich Dirigente de la República Democrática Alemana (Neunkirchen, Sarre, 1912 - Santiago de Chile, 1994). Procedente de una familia minera, se afilió en su juventud al Partido Comunista Alemán (1929), del que era ya dirigente al acceder Hitler* al poder (1933). Detenido por las autoridades nazis dos años después, permaneció en la cárcel hasta que la derrota en la Segunda Guerra Mundial (1939-45) provocó el hundimiento del Tercer *Reich*. Fue liberado por el ejército soviético cuando éste invadió Alemania, e inmediatamente se alineó con la política de la URSS en su zona de ocupación de Alemania oriental, colaborando en la formación de una República Democrática Alemana separada de la zona occidental (1949). Tras seguir cursos de adoctrinamiento político en Moscú, en los años cincuenta se convirtió en estrecho colaborador del dictador comunista germano-oriental,

Walter Ulbricht. Éste le otorgó el control del aparato de seguridad, fundamental en su Estado policial, haciéndole entrar en 1956 en el Comité Central del Partido Comunista de la Alemania Oriental (SED) y, dos años después, en el Politburó; fue uno de los artífices de la construcción del Muro de Berlín como parte del dispositivo destinado a impedir la fuga de ciudadanos a la Alemania occidental. En 1971 sustituyó a Ulbricht como primer secretario del Partido e inició un proceso de concentración de poderes, que culminó con su designación como jefe del Estado (1976). Perpetuó en Alemania Oriental una dictadura basada en el terror, hasta que las reformas de Gorbachov* en la URSS despertaron en la población de la RDA un amplio movimiento reclamando la democratización política, la liberalización económica y la unificación con la Alemania occidental; reacio a introducir cualquier reforma e inclinado a reprimir por la fuerza a los manifestantes, fue el propio Gorbachov quien le hizo desistir, forzando su sustitución al frente del Partido y de la República (1989). Un año después y en pleno proceso de liquidación del régimen comunista de la RDA, Honecker fue detenido bajo acusaciones de traición y corrupción. Aprovechando un traslado a Moscú para seguir tratamiento médico, se escapó y pidió asilo en la embajada de Chile (1991); pero fue extraditado a Alemania —ya unificada— para hacer frente a graves acusaciones (incluida su responsabilidad en la muerte de ciudadanos alemanes que intentaban huir a la parte occidental). El juicio iniciado en Berlín se suspendió en 1993 ante el avanzado proceso cancerígeno que sufría Honecker; desde entonces se refugió en Chile, donde vivía una de sus hijas.

HONGW. V. **MING, Dinastía.**

HONORIO, Flavio Primer emperador romano de Occidente (Constantinopla, 384 - Rávena, 423). Tenía once años cuando murió su padre, Teodosio I*, dividiendo definitivamente el Imperio Romano en dos entidades políticas agrupadas en torno a las dos capitales de hecho: Honorio heredó la parte occidental con capital en Roma (que trasladaría a Rávena en 404), mientras su hermano mayor, Arcadio, recibía la parte oriental con centro en Constantinopla (395). Con Honorio se inician ochenta años de patética supervivencia del Imperio de Occidente, debilitado por los ataques de los bárbaros. Durante su minoría de edad, el poder quedó en manos de Estilicón* como regente, jefe del ejército y suegro del emperador (pues le casó sucesivamente con dos de sus hijas). Finalmente, Estilicón fue asesinado, con la aquiescencia de Honorio, en una conjura senatorial contra su política de integración de los germanos y sus supuestos planes para usurpar la Corona imperial (408). La muerte de Estilicón dejó al Imperio de Occidente indefenso frente a los germanos: los visigodos de Alarico I* invadieron la Galia, tomaron Roma y asediaron al emperador en Rávena (410). Luego la presión de los bárbaros fue contenida por un nuevo jefe del ejército, Constancio, que era cuñado de Honorio; éste le asoció al Trono como co-emperador en 421; pero, muerto Constancio III en aquel mismo año, Roma quedó de nuevo inerme frente a los germanos asentados en su territorio. Honorio murió sin descendientes, pasando el Imperio a su sobrino Valentiniano III, que era hijo de Constancio.

HOOVER, Herbert Clark 31.er presidente de los Estados Unidos de América (West Branch, Iowa, 1874 - Nueva York, 1964). Este cuáquero conservador, educado en la Universidad de Stanford, trabajó como ingeniero de minas en Australia y China. Durante la Primera Guerra Mundial (1914-18) el presidente Wilson* le encargó la organización del transporte de abastecimientos a los frentes de Europa. Caracterizado como un liberal convencido de las virtudes del capitalismo individualista y competitivo, los republicanos le mantuvieron como secretario de Comercio durante las presidencias de Harding y Coolidge* (1921-28); e incluso le promovieron a la presidencia en las elecciones de 1928, que ganó en medio de un clima de euforia económica que él mismo contribuyó a alimentar con su propaganda optimista. No previó en absoluto la crisis bursátil de 1929, luego transformada en una depresión económica profunda y duradera, que pondría fin al tipo de capitalismo liberal que él conocía y defendía. Incapaz de hacer frente a la crisis, incluso agravó sus efectos al intentar combatirla con medidas contraproducentes, como la reducción del gasto público. Aquella crisis marcó todo su mandato (1929-33), impidiéndole cumplir las grandilocuentes promesas de prosperidad en las que había basado su campaña. En política exterior fue aislacionista, procurando que los Estados Unidos se desentendieran de las tensiones de Europa y Asia, manteniendo el intervencionismo en Iberoamérica en defensa de sus intereses económicos. El descontento creado por la situación económica le hizo perder las elecciones de 1932 en beneficio del demócrata Franklin D. Roosevelt*, quien corregiría a partir de 1933 el rumbo dado por Hoover tanto a la política exterior como a la política económica. Participó activamente en la oposición conservadora contra Roosevelt, defendiendo el aislacionismo incluso después de la Segunda Guerra Mundial (1939-45).

HORTHY DE NAGYBÁNYA, Miklós Marino y político húngaro (Kenderes, 1868 - Estoril, Portugal, 1957). Fue el último comandante en jefe de la Armada austro-húngara en la Primera Guerra Mundial (1914-18); tras la derrota y la disolución del Imperio, quedó como héroe de la Marina de un país —Hungría— sin salida al mar. Cuando en la posguerra estalló la revolución comunista de Béla Kun*, el almirante Horthy encabezó las fuerzas contrarrevolucionarias que acabaron con la «República de los Consejos», expulsaron a los invasores rumanos y conquistaron Budapest (1919). Una Asamblea Nacional restableció la Monarquía, pero declaró vacante el Trono y nombró a Horthy regente (1920), cargo desde el cual hubo de firmar el Tratado de paz del Trianon. Instauró una dictadura conservadora, restauró el orden agrario tradicional que beneficiaba a los aristócratas que le habían llevado al poder, estableció legalmente la discriminación contra los judíos y reprimió los movimientos sociales y políticos de oposición. En política exterior Horthy mantuvo una postura revisionista, buscando la recuperación de algunos territorios de habla magiar perdidos por el Tratado del Trianon; ello le llevó a alinearse en los años treinta con la Italia de Mussolini* y la Alemania de Hitler*, que también rechazaban el orden impuesto en Europa al final de la guerra. Estas alianzas le permitieron, como consecuencia de los primeros éxitos militares de la Alemania nazi, anexionar los territorios que venía reclamando: parte de Eslovaquia (1938), Rutenia (1939) y el norte de Transilvania (1940). Participó al lado de Alemania en la campaña de Rusia desde 1941. Sin embargo, Horthy era contrario a la ideología nazi y, previendo la derrota de Alemania, entabló contactos con los aliados; Hitler reaccionó ordenando la ocupación de Hungría, a la que respondió Horthy buscando el apoyo de Stalin*: tropas soviéticas entraron en Hungría, concluyendo con el regente una paz separada. Pero la contraofensiva alemana llevó a la detención de Horthy por la SS y su deportación a Alemania, poniendo en el poder al jefe del movimiento nazi autóctono, los «Cruces Flechadas» (1944). Terminada la guerra fue protegido por Estados Unidos y vivió exiliado en Portugal.

HOXHA, Enver Dictador comunista de Albania (Gjirokastra, 1908 - Tirana, 1985). Procedía de una familia musulmana acomodada. Durante su época de estudiante en Francia se afilió al Partido Comunista Francés. Regresó a Albania en 1936 y participó en la oposición al régimen del rey Zogu I y a la invasión italiana de 1939. En 1941 organizó el Partido Comunista Albanés, que dirigió la resistencia contra la ocupación italo-alemana. La retirada de Alemania, derrotada en la Segunda Guerra Mundial (1939-45), le permitió formar un gobierno provisional que derrocó a Zogu I (1944), eliminó a las fuerzas no comunistas y, bajo la influencia de la vecina Yugoslavia, instauró en Albania un régimen socialista de partido único (1946). En estrecha sintonía con Stalin*, aprovechó la ruptura de la Yugoslavia de Tito* con el régimen soviético para romper a su vez con Yugoslavia y reforzar su control sobre el partido, depurándolo de elementos supuestamente «titistas» (1948). Más tarde rechazó la desestalinización y la apertura que introdujo Jruschov* en la Unión Soviética, rompiendo con aquel país en 1961 (abandonó el Pacto de Varsovia tras la invasión soviética de Checoslovaquia, en 1968). Desde entonces cerró su país a todo contacto con el exterior, convirtiéndolo en uno de los regímenes comunistas más rígidos y atrasados del mundo; en política exterior sustituyó la protección de la URSS por el alineamiento con China, con la que sin embargo rompería también cuando Mao* estableció relaciones con Estados Unidos (1978). Aunque renunció a la jefatura del Estado y del gobierno en 1981, siguió controlando el poder hasta su muerte desde la jefatura del partido.

HSIEN. V. **HAN, Dinastía.**

HSIEN FENG. V. **MANCHÚ, Dinastía.**

HSÜAN-TSUNG. V. **T'ANG, Dinastía.**

HUA GUOFENG (o Hua Kuo-Feng) Dirigente comunista chino (Hunan, 1921 -). Inició su carrera política en su provincia natal de Hunan, de la que llegó a ser vicegobernador (1958-67). Tras el triunfo de la «Revolución Cultural» instigada por el presidente Mao Zedong*, pasó al Comité Central del Partido Comunista Chino (1969). No obstante, formó parte de la línea aperturista de Chu En-Lai* y Deng Xiaoping*, en oposición contra la ortodoxia de Lin Piao. Impulsado por el peso creciente de los reformistas, en 1973 accedió al Politburó y en 1975 fue nombrado ministro de Seguridad Publica y vicepresidente del gobierno. Tras la muerte de Chu En-Lai y de Mao Zedong, sucedió al primero como jefe del gobierno chino y al segundo como presidente del Partido Comunista (1976-81). Desde ambos puestos colaboró con Deng en la eliminación de la vieja guardia izquierdista representada por la viuda de Mao y su «Banda de los Cuatro»; pero se distanció de los reformistas pragmáticos al defender la preservación de la ideología comunista e intentar presentarse como el heredero de Mao. Su intento de disputarle el liderazgo a Deng acabó por hacerle caer en desgracia: los nuevos dirigentes le fueron apartando paulatinamente de sus cargos en el gobierno y en el partido entre 1979 y 1982 (aunque ha seguido siendo miembro del Comité Central).

HUA KUO-FENG. V. **HUA GUO-FENG.**

HUÁSCAR (Inti Cusi Hualpa) Inca* del Perú (Cuzco ?, h. 1491 - Cajamarca, 1532). Era hijo y legítimo heredero de Huayna Cápac*, pero al morir éste, en 1525, sólo heredó el centro y sur del imperio, con capital en Cuzco, mientras que su hermanastro Atahualpa* recibía la parte norte, con capital en Quito. Ambos reyes se enzarzaron desde 1530 en una guerra civil, que fue inicialmente favorable a Atahualpa; éste derrotó a Huáscar en Riobamba y Cotobamba, y le apresó cuando huía, matando después a su familia y amigos de la corte. Huáscar consiguió escapar a Cuzco y retomar la iniciativa militar. Cuando, en 1532, aparecieron en Perú los españoles, mandados por Pizarro*, Huáscar rechazó la oferta de Atahualpa de concertar una tregua para enfrentarse juntos al invasor; fue un gran error, ya que Atahualpa optó entonces por aliarse con los españoles contra Huáscar. El rey de Cuzco fue derrotado y apresado por el caudillo quiteño Challcuchima, quien le mató por orden de Atahualpa, temiendo que le suplantara como aliado de Pizarro; éste, por su parte, tomó la ejecución de Huáscar como pretexto para ejecutar a Atahualpa y hacerse con el control del imperio.

HUAYNA CÁPAC, *el Grande* Inca* del Perú (Cuzco ?, h. 1465 - Quito, 1525). Heredó el Imperio Inca de su padre, Túpac Yupanqui, en 1493. Tras luchar contra sus hermanos para asentarse en el Trono, desarrolló varias campañas militares en el norte, que condujeron al imperio a su máxima extensión, incorporando amplios territorios en torno a Cajamarca y Quito. Para asentar su dominio sobre esa zona se casó con una quiteña y trasladó la Corte imperial de Cuzco a Quito, desplazando así hacia el norte el centro político del Imperio. Aunque hubo de sofocar varias revueltas, en general el reinado de Huayna Cápac fue un periodo de estabilidad, que permitió la construcción de grandes templos y obras públicas. Sin embargo, facilitó la descomposición del imperio al dividir la herencia entre su hijo legítimo Huáscar* (al que legó la parte sur, con capital en Cuzco) y su hijo predilecto Atahualpa* (al que hizo rey de la parte norte, con capital en Quito). Desde 1523 tuvo noticia de la presencia en Sudamérica de los españoles, encabezados por Alejo García; fueron probablemente ellos quienes extendieron la epidemia de origen europeo por la que murió el propio inca. Siete años después, el enfrentamiento entre sus dos hijos permitió la dominación del Perú por el reducido ejército de Pizarro*.

HUERTA, Victoriano Militar mexicano (Colotlán, Jalisco, 1854 - El Paso, Texas, 1916). Procedente de una familia de indios huicholes, siguió la carrera militar en la Academia de Chapultepec. Ascendió al generalato durante la dictadura de Porfirio Díaz*, a quien escoltó hasta la frontera cuando la Revolución mexicana le obligó a huir (1911). Continuó como militar al servicio del régimen revolucionario, participando en la represión contra los partidarios de Zapata* en el sur y de Orozco en el norte. Aunque existían grandes recelos entre él y el presidente Madero*, éste siguió recurriendo a sus servicios porque necesitaba militares profesionales eficaces; cuando la rebelión de Reyes amenazó la propia ciudad de México, Huerta, que había sido encargado de su defensa, traicionó a Madero, al que derrocó e hizo asesinar (1913). La muerte de Madero unió a los líderes revolucionarios, hasta entonces divididos, contra el usurpador y alcohólico Huerta, que estableció una violenta dictadura. Hasta el presidente de Estados Unidos, Woodrow Wilson*, le negó su reconocimiento, apoyando en cambio a la coalición revolucionaria que formaron Orozco, Zapata, Villa* y Carranza*, que acabó por vencerle en 1914. Se refugió en Estados Unidos, conspirando hasta su muerte desde la frontera para intentar un nuevo golpe contrarrevolucionario.

HUGO CAPETO. V. CAPETO, Dinastía.

HUMBOLDT, Alexander von, barón de Explorador y naturalista prusiano (Berlín, 1769-1859). Nacido en una familia aristocrática de tradición militar, dedicó su vida al estudio y la investigación científica. Estudió Filosofía, Medicina y Botánica, además de interesarse por la minería y la economía y completar sus conocimientos viajando por toda Europa. Su labor de explorador la orientó fundamentalmente hacia Sudamérica, adonde viajó con patente de Carlos IV* entre 1799 y 1804. Visitó las islas Canarias y Cuba, se adentró en la selva del Orinoco, recorrió los Andes desde Cartagena de Indias hasta Lima, se detuvo para subir al monte Chimborazo (la mayor altura conquistada por el hombre hasta la época) y completó el periplo atravesando el Virreinato de Nueva España entre Acapulco y Veracruz. A lo largo de la expedición realizó observaciones sobre la fauna, flora, geología, geografía y astronomía, pero también sobre la sociedad, economía, historia, razas y costumbres de América; de regreso a Europa trajo importantes colecciones de dibujos, plantas, minerales y animales disecados, que se conservan en museos de Berlín y París. Luego dedicó gran parte de su vida a plasmar por escrito sus observaciones: primero en los cinco volúmenes del *Viaje a las regiones equinocciales del Nuevo Continente* (1807-27); y luego en los cuatro de *Cosmos. Ensayo de una descripción física del mundo* (1844-57). Entre ambas obras realizó otra expedición científica al Asia central, bajo la protección del zar Nicolás I*. En las costas peruanas del Pacífico descubrió una corriente marina fría que, desde entonces, se denomina *corriente de Humboldt*. Su hermano mayor Karl Wilhelm von Humboldt (1767-1835), fue un destacado filólogo, pensador, diplomático y político liberal, que participó en las reformas de Stein*, modernizó el sistema educativo prusiano y fundó la Universidad de Berlín.

Hus, Jan Impulsor de la reforma eclesiástica checa (Husinec, Bohemia, 1369 - Constanza, 1415). Nació en una familia campesina pobre del suroeste de Bohemia. Sin embargo, consiguió estudiar Teología y Artes en la Universidad de Praga y ordenarse sacerdote (1400). En 1402 fue nombrado rector de la Universidad, apoyado por el sentimiento particularista checo frente a la dominación germánica. Bajo la influencia del hereje inglés Wycliff, Hus empezó desde 1405 a predicar contra la excesiva riqueza de la Iglesia y la inmoralidad del clero, reclamando la vuelta a la pureza del mensaje evangélico, la predicación en la lengua checa que podía entender el pueblo y la comunión bajo las dos especies. Su influencia se vio acrecentada por la crisis en que se hallaba sumida la Iglesia de Roma por el «Cisma de Occidente», así como por la reacción nacionalista checa contra la minoría alemana (iniciada con la lucha por el control de la Universidad de Praga). Hus fue excomulgado por el papa (1411), pero continuó su campaña y publicó sus tesis en su libro principal, *De Ecclesia*. Fue llamado a justificarse al Concilio de Constanza (1415), adonde acudió con un salvoconducto del emperador Segismundo; una vez allí, se negó a retractarse de sus ideas y fue quemado en la hoguera por orden del emperador. El nuevo papa, Martín V, condenó la doctrina *husita* en su bula *Inter Cunctas* (1418). Pero la muerte de Hus le convirtió en un héroe nacional para los checos; cuando Segismundo intentó proclamarse rey de Bohemia, estalló una revuelta de los husitas, que controlaron la mayor parte del país entre 1419 y 1478, realizando incursiones hasta Núremberg, Sajonia, Brandenburgo, Danzig y el norte de Austria. El ala husita más extremista (los *taboristas*) fue finalmente derrotada, pero se fundió con otra corriente herética procedente de Francia e Italia (los *valdenses*) y, bajo el nombre de «Hermanos Moravos», ha pervivido hasta la actualidad; por su parte el ala husita moderada (los *utraquistas* o *calicistas*) llegó a un acuerdo con los católicos, que permitió el reconocimiento de la Iglesia Checa o Utraquista con ciertas especificidades litúrgicas.

Hussein, Saddam Político iraquí (Tikrit, 1937 -). Estudió en las universidades de El Cairo y Bagdad. En 1957 se unió al Partido *Baas,* de inspiración socialista y panarabista. En 1959 participó en un atentado frustrado contra el dictador Kassem, por el que fue condenado a muerte y hubo de refugiarse en Siria; luego continuó su exilio en Egipto, ejerciendo un cierto liderazgo sobre el Partido *Baas* de aquel país. Regresó a Irak en 1963, al tomar el poder los baasistas; pero el golpe de Estado del general Aref le llevó a la cárcel al año siguiente. En la clandestinidad se convirtió en líder principal del *Baas* iraquí (secretario general en 1966), con el que organizó el golpe de 1968 que le llevó al poder. Inicialmente ejerció como vicepresidente del Consejo de la Revolución, pero su poder se fue fortaleciendo hasta convertirse en presidente de la República y del Gobierno en 1979. Enmendó la Constitución de 1970 con una Carta Nacional de 1980 y una nueva Constitución en 1990; pero, bajo estos textos formales, ha mantenido de hecho una dictadura de partido único con un poder autoritario personal, cuya principal víctima ha sido la minoría kurda. La economía iraquí, extremadamente dependiente de las exportaciones de petróleo, empeoraba continuamente agravando el problema de la deuda exterior; cuando Saddam Hussein lanzó al país a una guerra de resultado incierto contra el Irán de Jomeini* (1980-88), los problemas económicos se agudizaron. La oposición de Kuwait en el seno de la OPEP a admitir la elevación de los precios del petróleo que habría permitido a Irak aliviar su situación, llevó a Saddam a la «huida hacia delante» de invadir y anexionar Kuwait, cumpliendo una vieja reivindicación iraquí (desde 1961) so pretexto de un conflicto por unos pozos petrolíferos fronterizos (1990). Insensible a todas las presiones internacionales, hubo de hacer frente en 1991 a la Guerra del Golfo, campaña conjunta de Estados Unidos y de sus aliados en Europa y en el mundo árabe, que aniquilaron las defensas iraquíes y obligaron a Saddam a aceptar las condiciones de paz impuestas por la ONU. Devuelta la independencia a Kuwait, Irak se encontró aislado y con sus problemas económicos agravados por un embargo comercial, al tiempo que su soberanía quedaba mermada por la protección internacional a las minorías kurda y chiíta del norte y del sur del país. No obstante, Saddam ha conseguido perpetuarse en el poder, explotando los restos de su carisma como héroe del nacionalismo árabe.

HUSSEIN I Rey de Jordania, perteneciente a la dinastía Hachemita —que se dice descendiente de Mahoma*— (Ammán, 1935 -). Se educó en Egipto e Inglaterra (donde pasó por la Academia militar de Sandhurst). En 1952 regresó a su país para suceder a su padre, Talal I, que había abdicado por problemas de salud al acceder en 1951 al Trono de su abuelo, el rey Abdullah*. Coronado en 1953, ha conseguido mantener la monarquía sorteando innumerables amenazas: tres guerras perdidas contra Israel (1956, 1967 y 1973), la segunda de las cuales le obligó a ceder Jerusalén y Cisjordania; influencia neocolonial de Gran Bretaña (a cuyas tropas expulsó en 1958); ambiciones de dominación por parte de Siria (a cuyo ejército expulsó también en 1957) y del Egipto de Nasser* (que alentó varios intentos de golpe de Estado para incorporar Jordania a la República Árabe Unida); creciente peso demográfico de los refugiados palestinos fieles a la OLP de Arafat*, que llegaron a formar un Estado dentro del Estado (tras intentar expulsarlos en 1971-74, Hussein apoyaría las acciones de Siria contra ellos en el Líbano, en 1981). Hussein ha sido tradicionalmente un exponente de los regímenes árabes moderados, alineados con Occidente (no por casualidad en 1978 se casó por cuarta vez con una norteamericana): a comienzos de los años setenta intentó negociar una paz separada con Israel, que no consiguió; luego apoyó a Irak en su guerra contra el Irán de Jomeini* (1980-88). Pero, tras la invasión iraquí de Kuwait, se alineó con el régimen de Saddam Hussein* en la Guerra del Golfo (1991) contra los aliados occidentales y al mundo árabe moderado, buscando con ello reforzar su situación política, ganándose con ello la simpatía de su pueblo y una posición de árbitro en Oriente Medio. Ha intentado capitalizar esa posición durante las negociaciones de paz entre Israel y los países árabes, a las que se ha incorporado firmando un tratado de paz jordano-israelí en 1994.

I

IBÁRRURI GÓMEZ, Dolores, *Pasionaria* Dirigente comunista española (Gallarta, Vizcaya, 1895 - Madrid, 1989). Nacida en una familia minera conservadora, se interesó por la lucha obrera bajo la influencia de su marido, un militante socialista con el que se casó en 1915. Desde que pasó a la acción con motivo de la huelga general revolucionaria de 1917, fue adquiriendo prestigio como oradora y articulista política, a pesar de que había interrumpido muy pronto su formación escolar para ponerse a trabajar como sirvienta. Impresionada por el triunfo de la Revolución bolchevique en Rusia, participó junto con la agrupación socialista de Somorrostro, de la que era miembro, en la escisión del PSOE que dio lugar al nacimiento del Partido Comunista de España (PCE) en 1920, llegando a formar parte de su Comité Central en 1930; en 1931 se trasladó a Madrid para trabajar en la redacción del periódico del Partido, *Mundo Obrero*. Su activismo de luchadora incansable le llevó a la cárcel por dos veces en 1931-33. Recién elegida diputada por Asturias en 1936, la sublevación de los militares contra el gobierno de la República acrecentó su carisma popular, al desplegar durante la siguiente Guerra Civil (1936-39) una gran actividad de propaganda; su prosa apasionada, sensible y coherente la convirtió en símbolo de la resistencia y combatividad de la España republicana. Ya durante la guerra ascendió al segundo lugar en influencia dentro del partido, después de su secretario general, José Díaz. Tras la derrota militar se exilió en la Unión Soviética (1939-77), continuando su labor como representante de España en la Internacional Comunista. Al morir Díaz en 1942, *Pasionaria* le sustituyó como secretaria general del PCE, cargo del que sería desplazada por Santiago Carrillo* en 1960; se mantuvo, no obstante, en el cargo honorífico de presidenta del Partido. Regresó a España tras la muerte de Franco* y la transición a la democracia, resultando elegida de nuevo diputada por Asturias (1977). Incluso entonces permaneció aferrada a los viejos ideales del comunismo prosoviético, que apenas tenían ya eco ni en la sociedad española ni en el PCE; aquejada por problemas de salud, abandonó pronto su escaño y se retiró de la política activa.

IBN BATUTA, Mohammed. V. BATUTA, Mohammed Ibn.

IEMITSU. V. TOKUGAWA, Familia.

IEYASU. V. **TOKUGAWA, Familia.**

IGLESIAS POSSE, Pablo Fundador del Partido Socialista Obrero Español, PSOE (El Ferrol, La Coruña, 1850 - Madrid, 1925). Huérfano y procedente de una familia pobre, aprendió en el hospicio de Madrid el oficio de tipógrafo, que desempeñaría toda su vida. Durante el Sexenio Revolucionario (1868-74) se inició en la actividad reivindicativa del movimiento obrero, afiliándose a la primera Internacional (AIT) en 1869 y a la Asociación General del Arte de Imprimir (de la que llegaría a ser presidente) en 1873. En las luchas desencadenadas dentro de la AIT entre los partidarios de Bakunin* y los de Marx*, Iglesias se mantuvo fiel a la línea marxista, minoritaria en España, creando la Nueva Federación Madrileña (1872). Tras la Restauración borbónica, condenado el movimiento obrero a la clandestinidad, fundó en Madrid un partido político —el PSOE— junto con un reducido grupo de correligionarios marxistas, la mayor parte de ellos tipógrafos (1879); trató de dotar al nuevo partido de una gran pureza ideológica y moral, lo que contribuyó a mantener muy reducido el número de sus afiliados. Por esa época empezó a sufrir las represalias patronales por su actividad reivindicativa, quedando excluido de trabajar en los periódicos hasta que fundó el suyo propio, *El Socialista,* en 1886. En 1888 completó el entramado institucional del socialismo español al crear el sindicato Unión General de Trabajadores (UGT), aprovechando la apertura para el asociacionismo obrero que supuso el gobierno largo de Sagasta*; en 1905 añadió a estas organizaciones las Juventudes Socialistas. En los años siguientes, partido y sindicato crecieron y se extendieron, abriéndose «Casas del Pueblo» (sedes socialistas locales) por Madrid, Vizcaya, Asturias, Valencia y Málaga. En 1905 consiguió su primer éxito político significativo, al resultar elegido concejal del Ayuntamiento de Madrid, junto con otros dos compañeros socialistas; desde allí lanzaría una campaña contra la corrupción imperante, de gran impacto popular. Tras la Semana Trágica de Barcelona (1909), aceptó flexibilizar sus posiciones políticas en aras de una oposición de izquierdas más eficaz, formando la Conjunción Republicano-Socialista; esta alianza le permitió ser elegido diputado por Madrid en las elecciones de 1910. Utilizó aquel primer escaño socialista de la historia de España para lanzar fuertes ataques contra el régimen de la Restauración y la dominación política de la burguesía española, denunciando su inmoralidad. Problemas de salud le fueron apartando de la actividad política paulatinamente, aunque mantuvo la presidencia, tanto del PSOE como de la UGT, hasta su muerte. En sus últimos años asistió al agrio debate entre los socialistas respecto a la Revolución rusa (1917), la consiguiente escisión de los comunistas (1921), la liquidación del régimen parlamentario por el golpe de Estado de Primo de Rivera* (1923) y la posterior colaboración con la dictadura. Aunque dejó al frente de las dos organizaciones a Julián Besteiro*, el liderazgo de éste sería mucho más contestado que el de Iglesias, pues no gozaba del carisma del fundador, dividiéndose los socialistas entre los seguidores de Largo Caballero*, Prieto* y el propio Besteiro.

IGNACIO DE LOYOLA, San (Íñigo López de Recalde) Fundador de la Compañía de Jesús (Loyola, Guipúzcoa, 1491 - Roma, 1556). Su primera dedicación fueron las armas, siguiendo la tradición familiar. Pero, tras resultar gravemente herido en la defensa de Pamplona contra los franceses (1521), cambió completamente de orientación: la lectura de libros piadosos durante su convalecencia le decidió a consagrarse a la religión. Se retiró inicialmente a hacer penitencia y oración en Montserrat y Manresa, donde empezó a elaborar el método ascético de los *Ejercicios espirituales* (1522). Luego peregrinó a los Santos Lugares de Palestina (1523). De regreso a España comenzó a estudiar (ya con 33 años) para poder afrontar mejor su proyecto de apostolado, en las universidades de Alcalá de Henares, Salamanca y París. Sus primeras actividades difundiendo el método de los ejercicios espirituales le hicieron sospechoso de heterodoxia (asimilado a los «alumbrados» o a los seguidores de Erasmo*): en Castilla fue procesado, se le prohibió la predicación (1524) y hubo de interrumpir sus estudios. En cambio en París (1528-34), donde se graduó como maestro en Artes (aunque no terminó los estudios de Teología), consiguió reunir un grupo de seis compañeros a los que comunicó sus ideas y con los que sembró el germen de la Compañía de Jesús, haciendo juntos votos de pobreza y apostolado en la Cueva de Montmartre. Ante la imposibilidad de marchar a hacer vida religiosa en Palestina, por la guerra contra los turcos, se ofrecieron al papa Pablo III, quien les ordenó sacerdotes (1537). En los años siguientes se dedicaron al apostolado, la enseñanza, el cuidado de enfermos y la definición de una nueva orden religiosa, la Compañía de Jesús, cuyos estatutos aprobó el papa en 1540; Ignacio, cuyo fervor y energía inspiraban al grupo, fue elegido por unanimidad su primer general. La Compañía reproducía la estructura militar en la que Ignacio había sido educado, pero al servicio de la propagación de la fe católica, amenazada en Europa desde las predicaciones de Lutero*; las Constituciones que Ignacio le dio en 1547-50 la configuraron como una orden moderna y pragmática, concebida racionalmente, disciplinada y ligada al papa, para el cual resultaría un instrumento de gran eficacia en la «reconquista» de la sociedad por la Iglesia en la época de la Contrarreforma católica. Aquejado de graves problemas de salud, Ignacio alcanzó a ver, sin embargo, en sus últimos años de vida, la expansión de la Compañía por Europa y América, con una fuerte presencia en la educación de la juventud y en el debate intelectual, en el apostolado y en la actividad misionera (destacando la labor en Asia de Francisco Javier*). Muerto Ignacio, le sucedió como general de los jesuitas su más estrecho colaborador, el castellano Laínez. Fue canonizado en 1622 por Clemente XV.

INCAS Los incas eran un grupo familiar de origen quechua, que llegó a dominar un amplio imperio andino, el *Incario*, *Imperio Inca* o *Tahuantinsuyu* (imperio de las cuatro partes del mundo). La palabra *inca,* pues, es equívoca, ya que denomina, además de ese clan dominante, el propio imperio que formó, la magistratura imperial que lo encabezaba y la civilización que floreció en su seno. El inca era un jefe militar, político y religioso; tenía un carácter semidivino, pues era venerado como personificación del dios Sol. Su poder se basaba en una especie de absolutismo teocrático, que venía a coronar una organización colectivista de la sociedad: a cambio de la obligación de sustentar a sus súbditos, el inca imponía a éstos el deber de trabajar en la construcción de obras de regadío, edificios públicos, puentes, túneles y una extensa red de carreteras. El clan incaico estaba jerarquizado en tres grupos, según el parentesco que tuvieran con el inca: el grupo superior lo constituían el *inca,* sus hermanos, ascendientes y descendientes, incluida la hermana mayor del inca *(coya),* con quien éste estaba obligado a contraer matrimonio para mantener la pureza del linaje; un segundo grupo eran las *palla,* concubinas del inca, también de sangre real, y su descendencia; y el grupo inferior eran las *mama-kunas,* concubinas no emparentadas con el clan, con sus respectivos descendientes. Los hijos de las concubinas de la segunda y la tercera clase constituían la aristocracia del imperio, de donde se extraía el personal dirigente del clero, el ejército y la política.

Según la tradición incaica, los incas descendían de MANCO CÁPAC, hijo del Sol, que se estableció en Cuzco, procedente del lago Titicaca, en el siglo XIII; no es seguro si este personaje legendario existió realmente, al igual que ocurre con sus siete primeros sucesores. Durante esa época, llamada del «imperio legendario», el dominio inca se limitaba a la ciudad de Cuzco y sus alrededores. El «imperio histórico» se inicia en el siglo XV, con los incas PACHACUTI INCA YUPANQUI (1438-71) y TÚPAC INCA YUPANQUI (1471-93); ambos extendieron su dominación formando propiamente el *Tahuantinsuyu,* que abarcaría lo que hoy es el Perú, Ecuador y Bolivia, el sur de Colombia y el centro y norte de Chile, un vasto imperio andino que limitaba al oeste con las costas del Pacífico y al este con la selva amazónica. Su sucesor, HUAYNA CÁPAC* (1493-1525) extendió ligeramente el imperio llevándolo a su apogeo; pero, a su muerte, lo dividió entre sus dos hijos: el reino de Cuzco para HUÁSCAR* y el de Quito para ATAHUALPA*. Estalló entonces una guerra entre los dos hermanos por hacerse con el control del imperio (1527-32); en ese momento tuvo lugar la aparición de los españoles en Perú. Pizarro* aprovechó el enfrentamiento para conquistar el país (1532-33), apoyando a Atahualpa hasta que venció y ejecutó a Huáscar, y matando luego a Atahualpa, para nombrar inca a su hermano MANCO CÁPAC II o MANCO INCA* (1533-44). Éste trató a los españoles como aliados, hasta que, en 1536-37, encabezó una rebelión contra ellos. Los españoles consiguieron sofocar la rebelión con el auxilio del propio hermano del inca, PAULLU. Derrotado, Manco Cápac se retiró a la región montañosa de Vilcabamba, donde mantuvo un foco de resistencia organizado como remedo del antiguo imperio. Le sucedieron sus hijos SAYRY TÚPAC (1544-58), TITO CUSI (1558-71) y TÚPAC AMARU I* (1571-72), hasta que en 1572 los españoles tomaron el reducto y ejecutaron al último inca. De una hija de Túpac Amaru sería descendiente TÚPAC AMARU II o simplemente TÚPAC AMARU*, cacique que en el siglo XVIII protagonizó una sublevación indígena contra los españoles.

INDÍBIL y **MANDONIO** Caudillos iberos (segunda mitad del siglo III a.C.). Ambos se distinguieron en la lucha por la independencia de sus reinos frente a la invasión de cartagineses y romanos, durante los años de la Segunda Guerra Púnica (218-201 a.C.). Indíbil pertenecía a los ilergetes, pueblo ibérico establecido entre los Pirineos, el Ebro, el Segre y el Gállego, en torno a su capital, Ilerda (la actual Lérida). Mandonio, por su parte, pertenecía a los ausetanos, establecidos en torno a Ausa (la actual Vich). Ambos lucharon como aliados de los cartagineses contra Roma, cuando ésta atacó la península Ibérica para contrarrestar el avance de Aníbal* en Italia; Indíbil participó con Asdrúbal en la batalla contra Publio Escipión* en la que éste murió (212). Pero, mientras Asdrúbal Barca preparaba una nueva campaña contra Italia, Publio Cornelio Escipión convenció a Indíbil y Mandonio de que los cartagineses les habían traicionado y les atrajo al bando romano; ilergetes y ausetanos colaboraron con los romanos en las campañas que les llevaron a arrebatar la península Ibérica a los cartagineses. Pronto descubrirían que los romanos no habían venido para devolverles su independencia, sino para someterles a su dominio, por lo que continuaron su lucha en contra de Escipión. Éste les venció y sometió en los años 206-204 a.C., aunque Indíbil sobrevivió y siguió combatiendo durante algún tiempo.

INFANTE PÉREZ, Blas Inspirador del movimiento andalucista (Casares, Málaga, 1885 - Sevilla, 1936). Este notario de Sevilla, cercano a los ideales del krausismo y del regeneracionismo, desarrolló un pensamiento nacionalista original aplicado a Andalucía, que plasmó en su obra *Ideal andaluz* (1915). En sus propuestas, fuertemente idealistas, buscaba la «regeneración» de Andalucía por la acción al margen de los partidos de un movimiento de «hombres nuevos» (los andalucistas) que acabaran con el caciquismo y fomentaran la imprescindible reforma agraria para crear una clase media de campesinos propietarios. Su actitud de intelectual exquisito, reacio, atento a participar en las luchas partidistas como a manipular a las masas con un discurso populista, le dejaron aislado, a pesar de su empuje inicial en la creación de órganos de prensa y Centros Andaluces, en los últimos años de la Restauración. Tras la proclamación de la Segunda República (1931), aprovechó el nuevo marco democrático para introducirse en la política: transformó los Centros Andaluces en Junta Liberalista de Andalucía, se presentó sin éxito a las elecciones de 1931 en una candidatura andalucista cercana al Partido Republicano Federal, vio rechazado su intento de acercarse al Partido Social Revolucionario por la desconfianza de los líderes obreros, y se integró en Izquierda Radical Socialista (1932), partido con el cual volvió a fracasar en las elecciones de 1933. Colaboró en la redacción de un Estatuto de Autonomía para Andalucía que nunca llegaría a aprobarse. Pero, decepcionado de la política, se retiró a su casa de Coria, dejando libertad de voto a sus seguidores. Murió asesinado por partidarios de los militares sublevados en los primeros momentos de la Guerra Civil.

INGELGER. V. **ANJOU, Casa de.**

INTI CUSI HUALPA HUÁSCAR. V. **HUÁSCAR.**

IRIGOYEN, Hipólito. V. **YRIGOYEN, Hipólito.**

Isabel I de Castilla, *la Católica*. V. Reyes Católicos.

Isabel I de Inglaterra Reina de Inglaterra, perteneciente a la dinastía Tudor* (Greenwich, 1533 - Richmond, 1603). Era hija de Enrique VIII* y de su segunda esposa, Ana Bolena*; el Parlamento la declaró hija ilegítima y sólo accedió al Trono en 1558, siguiendo el orden sucesorio establecido en 1544, tras la muerte de sus hermanastros Eduardo VI y María I*. Esta última había intentado restablecer el catolicismo, reprimiendo duramente a los protestantes favorecidos por los dos reinados anteriores (la propia Isabel había estado encarcelada en la Torre de Londres). El advenimiento de Isabel I supuso el triunfo definitivo del protestantismo como religión oficial de la monarquía inglesa, pero buscando una definición doctrinal intermedia que apaciguara las tensiones religiosas: tras rechazar la oferta de matrimonio que le hizo Felipe II de España* (viudo de María I), hizo aprobar en 1559 la Ley de Supremacía (que declaraba a la Corona cabeza de la Iglesia de Inglaterra, desligada de Roma) y la Ley de Uniformidad (que restablecía la liturgia anglicana), y en 1563 los «39 artículos» de la Iglesia de Inglaterra (definición dogmática básicamente calvinista, pero con concesiones al catolicismo). Aquellos intentos iniciales por cimentar la convivencia religiosa fracasaron ante la oposición tanto de los protestantes puritanos (que rechazaban la confusión entre el poder temporal y el espiritual) como de los católicos (que conspiraron contra Isabel, siguiendo la línea definida por los papas al excomulgar a la reina y declarar legítima la insurrección contra ella en 1570). El destronamiento de la reina de Escocia María I Estuardo* por una rebelión protestante en 1567 complicó el problema, cuando ésta buscó refugio en Inglaterra; ante la sospecha de que la católica María (que podía reclamar derechos sucesorios al Trono inglés) conspiraba con los rebeldes católicos para hacerse proclamar reina de Inglaterra, Isabel la hizo encerrar y ejecutar (1587), en un contexto de persecución contra los católicos. En su conflicto abierto contra el catolicismo, Isabel apoyó militarmente la rebelión de los protestantes holandeses contra el dominio español, al tiempo que fomentaba las acciones de corsarios como Drake* contra los intereses españoles en Europa y en América. Felipe II respondió con el envío de una expedición destinada a invadir Inglaterra en 1588 (la «Armada Invencible»); pero ésta sucumbió ante la flota inglesa y las inclemencias de la navegación en los mares del Norte.

En lo interior, el reinado de Isabel I fue un periodo de absolutismo monárquico: la reina reprimió varias rebeliones aristocráticas, reforzó el control sobre los territorios de Gales y el norte de Inglaterra, utilizó los instrumentos a su alcance para dominar al Parlamento y empleó a la Iglesia de Inglaterra para controlar mejor al pueblo llano. La reina permaneció soltera toda su vida (incluso proclamó públicamente su virginidad, que no era cierta, ya que tuvo amantes desde muy joven). Al morir sin descendencia dejó nombrado sucesor al hijo de la ejecutada María, Jacobo VI de Escocia, quien reinaría en Inglaterra con el nombre de Jacobo I, unificando ambos reinos bajo la dinastía Estuardo. La «era isabelina» (1558-1603) ha quedado identificada como una edad de oro en la historia de Inglaterra: no sólo coincidió con una brillante producción literaria que la reina apoyó (fue la época de Shakespeare), sino también con una relativa pacificación religiosa, una expansión industrial y comercial, un crecimiento demográfico, la consolidación del papel de Inglaterra como gran potencia basada en el dominio de los mares y, finalmente, la unificación dinástica de Gran Bretaña.

ISABEL I de Rusia. V. ROMANOV, Dinastía.

ISABEL II de España Reina de España (Madrid, 1830 - París, 1904). Nació del cuarto matrimonio de Fernando VII* con su sobrina María Cristina de Borbón*, poco después de que el rey promulgara la Pragmática por la que se restablecía el derecho sucesorio tradicional castellano, según el cual podían acceder al Trono las mujeres en caso de morir el monarca sin descendientes varones. En virtud de aquella norma, Isabel fue jurada como princesa de Asturias en 1833 y proclamada reina al morir su padre en aquel mismo año; sin embargo, su tío Carlos María Isidro* no reconoció la legitimidad de esta sucesión, reclamando su derecho al Trono en virtud de la legislación anterior y desencadenando con esta actitud la Primera Guerra Carlista (1833-40). Hasta que Isabel alcanzara la mayoría de edad, la Regencia recayó en su madre María Cristina, la cual encabezó la defensa de sus derechos dinásticos contra los partidarios de don Carlos; para ello entabló una alianza con los liberales, que veían en la opción isabelina la posibilidad de hacer triunfar sus ideas frente al partido absolutista agrupado en torno a don Carlos. En consecuencia, llamó al gobierno a los liberales y aceptó el régimen semiconstitucional del *Estatuto Real* (1834); la presión de los liberales más avanzados le obligaría luego a admitir la nacionalización de los bienes de la Iglesia (desamortización de Mendizábal*) y el establecimiento de un régimen propiamente liberal (Constitución de 1837). Entretanto, la suerte de las armas fue favorable para la causa de Isabel, pues los ejércitos de Espartero* consiguieron imponerse a los carlistas en el frente del Norte (Convenio de Vergara de 1839) y en el Maestrazgo (derrota de Cabrera* en 1840). En aquel mismo año, sin embargo, María Cristina fue apartada de la Regencia y expulsada de España, desacreditada por su matrimonio morganático y por su actitud reacia al liberalismo progresista; el propio general Espartero le sucedió como regente en 1841. Por entonces se habían decantado ya las dos corrientes en las que se dividió la «familia» liberal: el partido *moderado* (conservador) y el partido *progresista* (liberal avanzado).

Después de tres años de Regencia de Espartero y de consiguiente predominio político de los progresistas, en 1843 fue derrocado el regente por un movimiento en el que participaron moderados y progresistas descontentos (1843); para evitar una nueva Regencia, se decidió adelantar la mayoría de edad de Isabel II, quien comenzó, por tanto, su reinado personal con sólo 13 años. Una maniobra de los moderados completó la operación apartando del poder al progresista Olózaga bajo la acusación de haber forzado la voluntad de la reina niña. En lo sucesivo, Isabel inclinaría sistemáticamente sus preferencias políticas hacia los moderados, incumpliendo su papel arbitral de reina constitucional al llamar a formar gobierno siempre al mismo partido, lo cual obligó a los progresistas a recurrir a la fuerza para tener opción de gobernar; por esa razón se sucedieron los *pronunciamientos,* mecanismo de insurrección militar, frecuentemente combinada con algaradas callejeras, para forzar un cambio político. La ignorancia y candidez de Isabel se complicaron con su insatisfacción sexual, fruto del desgraciado matrimonio que le arreglaron a los 16 años con su primo Francisco de Asís; una sucesión de amantes reales adquirieron influencia sobre las decisiones de la Corona, al tiempo que confesores y consejeros aprovechaban el sentimiento de culpabilidad y los accesos religiosos de la reina para hacer sentir también su influencia. Isabel se rodeó así de una «camarilla» palaciega con influencia política extraconstitucional, causa adicional de su descrédito ante el pueblo y la opinión liberal.

Desde el comienzo de su reinado, Isabel inauguró esta tónica al amparar diez años de gobierno ininterrumpido de los moderados (la «Década Moderada» de 1844-54), en los que el poder estuvo dominado por el general Narváez*. Este predominio moderado se plasmó en una nueva Constitución en 1845, en la que el poder de la Corona quedaba reforzado frente a los órganos de representación nacional; y también en toda una serie de leyes importantes que conformaron el modelo de Estado liberal en España en una versión muy conservadora; este giro permitió restablecer las relaciones con el Papado, que reconoció a Isabel como reina legítima en 1845. El descontento de los liberales acabó por provocar una revolución que dio paso a un «Bienio Progresista» (1854-56), marcado de nuevo por la influencia de Espartero. Pero una nueva sublevación militar restableció la situación conservadora, abriendo un periodo de alternancia entre los moderados de Narváez y un tercer partido de corte centrista liderado por el general O'Donnell* (la *Unión Liberal).* Los progresistas, excluidos del poder, se inclinaron otra vez por la vía insurreccional, que prepararon desde el Pacto de Ostende de 1866; pero esta vez exigieron el destronamiento de Isabel, a la que acusaban de intervencionismo partidista y de deslealtad hacia la voluntad nacional. El resultado fue la Revolución de 1868, que obligó a Isabel II (de vacaciones en Guipúzcoa) a exiliarse en Francia. En 1870 abdicó en su hijo Alfonso y confió a Cánovas* la defensa en España de la causa de la restauración dinástica; ésta se logró tras el fracaso de los sucesivos regímenes políticos del Sexenio Revolucionario (1868-74), y la entronización de Alfonso XII*. La reina madre, símbolo del pasado y del desprestigio de los Borbones*, regresó a España en 1876, severamente vigilada y bajo la prohibición de cualquier actividad política; pero sus desavenencias con el gobierno de Cánovas le decidieron a exiliarse definitivamente en París, donde permaneció resentida y aislada, sobreviviendo a su madre (1878), su hijo (1885), su marido (1902) y la mayor parte de sus amantes y amigos.

ISABEL II de Inglaterra Reina del Reino Unido de Gran Bretaña e Irlanda del Norte (Londres, 1926 -). Fue la hija primogénita de Jorge VI, a quien sucedió en el Trono en 1952. Durante su largo reinado ha asumido el papel meramente decorativo reservado a la Corona en el régimen británico de democracia parlamentaria: mantiene sus funciones simbólicas de representación del Estado, cabeza de la Iglesia de Inglaterra, jefa del ejército y soberana de la *Commonwealth,* pero en todas ellas carece de influencia efectiva, dejando al gobierno la definición de la política a seguir. Isabel se ganó el aprecio de sus súbditos mostrándose respetuosa de las limitaciones que le impone su condición constitucional, y desplegando al mismo tiempo una actividad desbordante para representar la unidad nacional y ofrecer al país un modelo moral (visitas oficiales, inauguraciones, presidencia de asociaciones, obras de caridad y beneficencia, apoyo a la cultura…). Sin embargo, bajo su reinado, la monarquía británica se enfrenta a una de las más graves crisis de su historia, planteándose abiertamente en la opinión pública el debate sobre su continuidad. Las protestas contra los privilegios fiscales de la reina —que posee una de las mayores fortunas del mundo— le obligaron a empezar a pagar impuestos en 1993. Por otra parte, el esfuerzo de la Casa Real por mantener su solemnidad y su prestigio conservando las tradiciones más anacrónicas y haciendo ostentación de los lujos más costosos, se ha visto desmontado por los escándalos a los que ha dado pie en los años noventa la vida privada de los príncipes (en especial las ridículas circunstancias del divorcio del heredero Carlos) y las torpezas políticas del rey consorte (Felipe de Grecia, nombrado duque de Edimburgo).

ISMAIL, Muley. V. **ALAUITA, Dinastía.**

ITURBIDE, Agustín (Agustín I de México) Dirigente de la independencia mexicana y posterior emperador del país (Valladolid, Morelia, México, 1783 - Padilla, 1824). Procedente de una rica familia de hacendados, hizo gala de su capacidad militar al participar en la lucha de las milicias realistas contra la primera revolución independentista de corte liberal, social e indigenista, que encabezaron Hidalgo* y Morelos* en 1810-15. Aplastada aquella primera rebelión, Iturbide quedó al mando sobre el ejército del Norte. Cuando el levantamiento de Riego* instauró en España un régimen político liberal (1820), Iturbide encabezó a los criollos conservadores que decidieron apoyar la independencia mexicana. En 1821 proclamó el *Plan de Iguala* o *de las tres garantías,* programa político consistente en proclamar la independencia de la metrópoli, sustituyendo a los españoles por criollos en los órganos de gobierno, pero manteniendo el orden social establecido y la preeminencia de la Iglesia católica. El apoyo de los grupos sociales dominantes permitió a Iturbide hacerse dueño del país con facilidad; el último virrey español, sin fuerza militar que oponer, no pudo más que negociar el Tratado de Córdoba (1821), por el que reconocía la independencia de México como una monarquía a cuyo frente se pondría un príncipe de la Casa de Borbón*. Sin embargo, el rechazo de los Borbones a aceptar el Trono mexicano hizo que las Cortes de aquel país nombraran una regencia de cinco miembros encabezada por Iturbide. Posteriormente sería proclamado emperador de México con el nombre de Agustín I (1822), al no reconocer el gobierno español el Tratado de Córdoba. La política imperial se encaminó a consolidar el poder y la pompa de la nueva monarquía, al tiempo que intentaba sin éxito extender su dominio hacia Centroamérica. Quiso liquidar su continua confrontación con la oposición liberal y republicana disolviendo el Congreso en 1822, lo que provocó un levantamiento militar contra él, encabezado por Santa Anna*. Iturbide hubo de dimitir (1823) y se formó un régimen republicano federal. Desterrado en Italia, regresó a su país para ofrecerse a combatir ante la inminente llegada de una expedición de reconquista española; pero las autoridades republicanas interpretaron su regreso como un intento de recuperar el poder, le acusaron de traición y le hicieron fusilar.

IVÁN IV, *el Terrible* Primer zar de Rusia (Kolomenskoïe, 1530 - Moscú, 1584). Era hijo del gran príncipe de Moscú Basilio III, a quien sucedió con sólo tres años (1533). Durante su infancia sufrió las intrigas y violencias de los clanes nobiliarios que se disputaban el poder (y que provocaron la muerte de su madre, la regente Elena Glinski, en 1538). A los 13 años comenzó su lucha por afirmar la Monarquía, eliminando a los boyardos más influyentes. En 1547 fue el primer «zar de todas las Rusias» que se hizo coronar como tal con arreglo al rito bizantino (pasando de ser Iván IV de Moscú a ser Iván I de Rusia). En lo sucesivo prescindió de la asamblea de los nobles (Duma) y gobernó a través de su consejo privado, apoyándose en la pequeña nobleza, la Iglesia ortodoxa y la guardia real. Completó la unificación y centralización del Estado, iniciada por su predecesores, con la promulgación de una recopilación legislativa común para toda Rusia (Código Sudebnik, 1550), la reforma de la Iglesia rusa con un nuevo código de derecho canónico *(Stoglav,* 1551) y la modernización técnica del ejército (introducción de armas de fuego por expertos extranjeros). La persecución de la aristocracia tradicional de los boyardos fue sangrienta, asesinando a muchos de ellos y deportando a otros a colonizar las regiones recién conquistadas. Convirtió vastos territorios del centro de Rusia en dominios reservados, administrados por una milicia fiel al zar (la *Oprichnina);* para ello arrebató dominios a los boyardos, que luego repartió entre esta nueva casta de la pequeña nobleza de servicio. Los intentos de resistencia, como el que llevó a la rebelión de Novgorod en 1570, fueron aplastados por la fuerza. Al mismo tiempo, lanzó a sus ejércitos a continuas guerras de expansión: en el sur conquistó los kanatos tártaros de Kazán (1552) y Astrakán (1556), que extendieron Rusia hasta el mar Caspio, pero tuvo que sufrir la contraofensiva de los tártaros de Crimea, que llegaron a tomar e incendiar Moscú (1571); en el norte la larga Guerra de Livonia (1558-83) le proporcionó una salida al Báltico tras derrotar a la Orden Teutónica, aunque luego la perdió a manos de Suecia. Las guerras, excesos y atrocidades de Iván *el Terrible* provocaron grandes dificultades económicas, empobreciendo a la agricultura rusa. A pesar de que vinculó legalmente a los campesinos a la tierra que trabajaban, estableciendo la servidumbre de la gleba, muchos campesinos huyeron de Rusia y Ucrania; algunos de éstos (los cosacos) emigraron al este para fundar comunidades libres, facilitando así el inicio de la colonización de Siberia, que Iván IV había encomendado a la familia Stroganov (1558). El despotismo del zar le llevó al extremo de asesinar a su hijo y heredero en un acceso de cólera (1581); así pues, cuando murió hubo de sucederle un niño demente, Teodoro I, bajo la regencia de un noble de la *Oprichnina* (Boris Godunov*), dando paso a una época de anarquía. Bajo la dictadura de Stalin*, sin embargo, las atrocidades de Iván *el Terrible* fueron presentadas a los rusos (por ejemplo, en la película que le dedicó Eisenstein) como una necesidad histórica, en un claro intento de buscar precedentes que justificaran la brutalidad estalinista.

IVÁN V de Rusia. V. ROMANOV, **Dinastía.**

IVÁN VI de Rusia. V. ROMANOV, **Dinastía.**

J

JACKSON, Andrew Séptimo presidente de los Estados Unidos de América (Waxhaw, Carolina del Sur, 1767 - Nashville, Tennessee, 1845). Este hijo de inmigrantes irlandeses combatió muy joven en la Guerra de Independencia de los Estados Unidos, en la que perdió a toda su familia. Tras llevar una vida juvenil desordenada, en la que ejerció los oficios más diversos, estudió Derecho en Carolina del Norte y marchó a hacer fortuna a la frontera del Oeste, estableciéndose en Nashville como abogado. Allí se hizo con un patrimonio inmobiliario, se integró en la alta sociedad local, desempeñó puestos relevantes (como fiscal y juez) y participó en la convención de 1796 que propuso y consiguió la formación del Estado de Tennessee como decimosexto Estado de la Unión (una tradición le atribuye incluso la invención del nombre de aquel Estado, en memoria de un jefe indio *cherokee*). En aquel mismo año fue elegido congresista para ocupar el único escaño de Tennessee en la Cámara de Representantes; al año siguiente fue elegido senador; pero renunció a ambos cargos para presidir el Tribunal Supremo de Tennessee (1797-1804). Luego se retiró de la vida pública para dedicarse a dirigir su plantación de *Hermitage* y sus múltiples negocios.

Como general de milicias, se distinguió en la lucha contra los indios; se convirtió en un héroe nacional al dirigir con éxito espectacular la defensa de Nueva Orléans al final de la segunda guerra contra Gran Bretaña (1815); y realizó una expedición a Florida, cuyo éxito permitió al presidente Monroe* exigir a España la venta de aquel territorio a Estados Unidos (1819). Ejerció brevemente como gobernador de Florida, antes de ser reelegido para el Senado (1823). Su popularidad le permitió presentarse a la elección presidencial de 1824, en la que fue el candidato más votado; sin embargo, no obtuvo mayoría absoluta y la presidencia le fue arrebatada por John Quincy Adams en alianza con otro candidato. Tras cuatro años de oposición y denuncia, en 1828 se impuso claramente rodeado de una aureola de mártir de la democracia y encarnación del hombre del pueblo. Aquellas elecciones conformaron el sistema bipartidista americano que ha perdurado hasta nuestros días: la coalición en la que se apoyó Jackson fue el germen del Partido Demócrata, mientras que sus adversarios se coligaron también en torno a Adams, dando origen al Partido Republicano.

Los dos mandatos de Jackson como presidente (1829-37) fueron el inicio de una nueva era en la política norteamericana, marcada por la participación de las masas y el fortalecimiento del poder presidencial. Eliminó las últimas restricciones en el derecho de voto e introdujo la costumbre de nombrar a personas del partido gobernante para ocupar los puestos de la Administración *(spoils system)*. Jackson introdujo en la política el sentido democrático de la frontera, enfrentándose a los grandes capitalistas y al mundo de los negocios, de cuya actividad especulativa e influencia política siempre había desconfiado; dicha batalla tuvo su punto culminante en la decisión presidencial de acabar con los privilegios del Banco de los Estados Unidos como banco central. También impulsó la construcción de la nación americana, por ejemplo expulsando a los indios al oeste del Mississippi. Por otro lado, durante su primer mandato se enfrentó con el vicepresidente Calhoun en torno al sentido de la Unión: mientras Calhoun (natural, como él, de Carolina del Sur) sostenía el derecho de cada Estado a declarar nulas las leyes federales, Jackson defendió que la autonomía de los Estados no llegaba hasta el punto de anular la legislación general. Aquella discrepancia desencadenó una lucha abierta en el seno de la Administración demócrata, que sólo remitió cuando, en su segundo mandato, Jackson sustituyó a Calhoun por Van Buren como vicepresidente. En 1832 Carolina del Sur utilizó la doctrina de Calhoun para rechazar el arancel proteccionista recién aprobado, que reservaba el mercado interior para los productores industriales del Norte, perjudicando los intereses económicos del Sur y el Oeste; Jackson consiguió evitar la confrontación armada y la amenaza de secesión mediante un arancel de compromiso, saliendo el poder presidencial fortalecido de la crisis, pero dejando abierta la herida que se reproduciría en la Guerra de Secesión de 1861-65. Jackson se retiró de la política en 1837 y le sucedió en la Presidencia su estrecho colaborador Martin Van Buren.

Jacobo I de Escocia. V. Estuardo, Dinastía.

Jacobo II Rey de Inglaterra, Escocia e Irlanda, perteneciente a la dinastía Estuardo* (Londres, 1633 - Saint-Germain-en-Laye, 1701). Era el segundo hijo de Carlos I*. Durante la revolución parlamentaria de 1642, que terminaría con la ejecución de su padre, Jacobo fue hecho prisionero; pero consiguió huir al extranjero en 1648. Tras la restauración de la monarquía en la persona de su hermano, Carlos II* (1660), fue nombrado almirante y se distinguió en las guerras navales contra Holanda. En 1671 se convirtió al catolicismo, por lo que fue destituido de sus cargos públicos en virtud de la Ley del *Test*, que excluía a los que no fueran anglicanos del servicio de la Monarquía (1673); incluso tuvo que huir de Inglaterra a raíz del descubrimiento de una conspiración católica en 1678. Sin embargo, su hermano impidió que el Parlamento le apartara de la sucesión, de modo que, al morir éste en 1685, Jacobo accedió al Trono. En 1687 eliminó las discriminaciones legales contra los católicos, implantando una amplia tolerancia religiosa. Ello le enfrentó con la Iglesia anglicana y con el partido *tory*, que vinieron a unirse a la oposición radical de los *whigs* contra las tendencias absolutistas de los Estuardo; estas posturas se endurecieron cuando el nacimiento de un príncipe heredero (Jacobo III) pareció asegurar la continuidad de una dinastía católica. Los líderes protestantes ingleses, que dominaban el Parlamento, lanzaron una revolución en defensa de la monarquía parlamentaria y de la preeminencia de su religión en 1688, e invitaron al estatúder de las Provincias Unidas de los Países Bajos, Guillermo III de Orange*, a disputarle el Trono a Jacobo (alegando los derechos que le pudieran corresponder por estar casado con la hija primogénita de éste, María II). Guillermo desembarcó en Inglaterra y, apoyado por las fuerzas parlamentarias, arrebató el Trono a Jacobo; éste intentó recuperarlo desde Irlanda, pero fue derrotado en la batalla de Boyne (1690). Tras la Capitulación de Limerick (1692) se exilió en Francia, donde pasó el resto de su vida intentando recuperar el Trono inglés; pero sólo después de su muerte fue coronada una hija suya, Ana I*.

JACOBO III de Escocia. V. ESTUARDO, **Dinastía.**

JACOBO IV de Escocia. V. ESTUARDO, **Dinastía.**

JACOBO VI de Escocia y I de Inglaterra. V. ESTUARDO, **Dinastía.**

JACOBO FRANCISCO EDUARDO, *Caballero de san Jorge*. V. ESTUARDO, **Dinastía.**

JAIME I, *el Conquistador* Rey de Aragón, Cataluña, Mallorca y Valencia (Montpellier, 1208 - Valencia, 1276). Era hijo de Pedro II, *el Católico,* a quien sucedió en la Corona catalano-aragonesa tras su muerte en la batalla de Muret (1213). Su reinado personal lo inició a los diez años, cuando una parte de la nobleza, descontenta con la política seguida en el sur de Francia, obligó a dimitir al regente don Sancho, tío de Jaime (1218). Tuvo que hacer frente a múltiples rebeliones nobiliarias, que consiguió pacificar hacia 1227. Desde entonces lanzó al reino a grandes campañas contra los musulmanes, que hicieron avanzar espectacularmente la Reconquista en la zona oriental de la Península: en 1229-30 desembarcó en Mallorca, que quedó sometida; Menorca se le sometió pacíficamente como tributaria en 1232; y completó el dominio de las Baleares tomando Ibiza en 1235. Más importante aún fue la conquista de Valencia, decidida en las Cortes de Monzón de 1232 y completada con la toma de la capital en 1238. Esta expansión hacia el sur le hizo entrar en conflicto con Alfonso X, *el Sabio* de Castilla*, empeñado por aquella época en la conquista de Murcia; el Tratado de Almizra (1244) evitó el enfrentamiento entre ambos, al renunciar Jaime I a cualquier pretensión sobre Murcia, cerrando definitivamente por el sur la frontera de la reconquista aragonesa. La conquista del reino valenciano quedaría consolidada al reprimir las dos rebeliones de la población musulmana en 1254 y 1272-76; en 1264-66 ayudó también al rey de Castilla (que se había convertido en yerno de Jaime I) a sofocar la rebelión de los musulmanes de Murcia, sin intentar aprovechar la ocasión para hacerse con aquel territorio. El gran avance territorial hacia el sur quedó compensado por el retroceso sufrido en el norte, pues Jaime I quiso concentrar sus energías en la obra reconquistadora contra el Islam, logrando a toda costa la paz con los reinos cristianos vecinos: por el Tratado de Corbeil (1258) renunció a los derechos que poseía la Corona de Aragón en el sur de Francia; pero, a cambio, consolidó su dominio sobre Montpellier, Rosellón y Cerdaña, a los que Luis IX de Francia* liberó de vasallaje. Una posterior expedición de Cruzada a Tierra Santa quedó frustrada en 1269.

Los años finales del reinado de Jaime I estuvieron marcados por las desavenencias entre sus hijos a propósito del reparto de la herencia, que fueron causa de nuevas sublevaciones nobiliarias: desde el primer proyecto de reparto del reino, conocido en 1248, empezaron los descontentos y los conflictos, que no remitieron con la muerte del primogénito y un segundo reparto (en 1262); el rey murió dejando Aragón, Cataluña y Valencia a Pedro III*, y a Jaime II el reino de Mallorca y el señorío de Montpellier, como vasallo de su hermano. A pesar de este acto final, en el que primaron las consideraciones familiares, el reinado de Jaime I contribuyó a afianzar las instituciones políticas aragonesas y a fomentar el comercio en el Mediterráneo: durante su reinado empezaron a funcionar las Cortes, se creó el Consejo de Ciento para el gobierno municipal de Barcelona y se redactó el primer código mercantil catalán (el *Libro del Consulado del Mar*).

JAIME II, *el Justo* Rey de Aragón (Valencia, 1267 - Barcelona, 1327). Era el segundo hijo de Pedro III*, de quien heredó el reino de Sicilia en 1285; en 1291 recibió también la Corona aragonesa, al morir sin descendencia su hermano Alfonso III. Su dominio sobre Sicilia había sido contestado por el Papado y los Anjou*, por lo que Jaime se avino finalmente a ceder la isla al papa a cambio de los derechos sobre Córcega y Cerdeña, por el Tratado de Anagni (1295). Sin embargo, su hermano Fadrique, al que había dejado de lugarteniente en Sicilia, se negó a abandonar el dominio de la isla, resistió eficazmente la campaña militar de Jaime II para arrebatársela y hubo de ser finalmente reconocido como rey por la Paz de Caltabellota (1302). Terminada aquella contienda, Jaime conquistó Córcega y Cerdeña (1323-25), que quedaron así incorporadas a la Corona de Aragón, a pesar de la oposición de Génova y Pisa y de múltiples rebeliones locales posteriores. Esta política de expansión en el Mediterráneo se completó con un acuerdo con Castilla para repartirse las respectivas zonas de influencia en el norte de África (Vistas de Monteagudo, 1291), lo que permitió a Aragón intensificar su presencia en Túnez, Bugía y Tremecén. También organizó Jaime II una expedición catalano-aragonesa a Oriente bajo el mando de Roger de Flor*, concebida para librar al reino de la presencia de las peligrosas compañías militares conocidas como los «almogávares» (1302).

Con respecto a su política peninsular, Jaime consolidó la Corona de Aragón al declarar la unión indisoluble entre los reinos de Aragón, Cataluña y Valencia (1319); obtuvo el vasallaje de los reyes de Mallorca (miembros de la casa real aragonesa); recuperó el Valle de Arán; reforzó la posición de la Corona sometiendo a la nobleza con el apoyo de las ciudades; hizo avanzar la frontera del reino de Valencia a costa del de Murcia, aprovechando la intervención en las disputas sucesorias castellanas (1304); y reforzó la defensa del flanco sur frente a los musulmanes creando para ello la orden militar de Montesa (1317).

También elaboró una política de enlaces matrimoniales con la familia real castellana, pero no dio los resultados que esperaba. Al morir le sucedió en el Trono su hijo, Alfonso IV.

JANSENIO o **JANSENIUS** (Cornelius Otto Jansen) Teólogo flamenco (Acquoy, Gueldres, Países Bajos, 1585 - Yprès, 1638). Estudió en Utrecht, Lovaina y París, donde asistió a las controversias entre los profesores de la Facultad de Teología de Lovaina (defensores del papel esencial de la gracia divina en la salvación, por influencia de san Agustín*) y los teólogos jesuitas (partidarios de la doctrina humanista y optimista de Luis de Molina, que dejaba un papel mucho mayor para la libertad del hombre). En 1611-16 se retiró a Campde-Prats (cerca de Bayona, en el País Vasco francés) con su amigo Jean Duvergier de Hauranne, para profundizar en el estudio de la Biblia y de los Padres de la Iglesia. Desde 1617 Jansenio fue profesor de Teología en Lovaina, asumiendo el liderazgo de aquella escuela teológica contra la Compañía de Jesús. Llegó a ser nombrado obispo de Yprès (1636), mientras dedicaba sus esfuerzos a un profundo estudio del pensamiento de san Agustín: en él defendía una visión pesimista de la condición humana, marcada por el pecado original y por la predestinación. Este voluminoso tratado fue editado por sus discípulos después de su muerte *(Augustinus,* 1640). Los jesuitas consiguieron que su doctrina, conocida desde entonces como *jansenismo,* fuera condenada por el papa Urbano VIII (1642). Por su parte Richelieu*, que no perdonaba a Jansenio un panfleto de 1635 criticando su política exterior, lanzó la persecución en Francia de los «jansenistas», encabezados por Duvergier de Hauranne, abad de Saint-Cyran; éste había desarrollado su propia interpretación práctica de san Agustín, basada en una piedad anti-intelectual y una concepción rigurosa de los sacramentos. Convertida en una secta de «puros» enfrentada a la «laxitud» de los jesuitas, el jansenismo se desarrollaría desde entonces como un movimiento de renovación dentro de la Iglesia católica, inspirado en el agustinismo y especialmente fuerte en Francia. Antoine Arnauld y Blaise Pascal* se convirtieron en su máximos exponentes intelectuales, y la Abadía de Port-Royal (disuelta y arrasada en 1709), en su foco principal. Descartada la posibilidad de una piedad jansenista dentro del catolicismo romano, desde 1723 se formó en Holanda una Iglesia jansenista cismática.

JASO Y AZPILCUETA, Francisco de. V. **FRANCISCO JAVIER, San.**

JAURÈS, Jean Dirigente socialista francés (Castres, Tarn, 1859 - París, 1914). Este profesor de Filosofía de la Universidad de Toulouse, procedente de una familia acomodada, inició su andadura política en las filas de los republicanos «oportunistas» de centro-izquierda (1885). Fue su investigación doctoral sobre los orígenes del pensamiento socialista alemán la que le llevó a abrazar el ideario socialista y enriquecerlo con sus propias aportaciones. Sostuvo un socialismo humanista ecléctico, pero coherente, en el que se mezclan patriotismo e internacionalismo, individualismo y colectivismo, reforma y revolución. Defendió el valor de la democracia parlamentaria para mejorar la condición obrera, encauzando el socialismo francés por vías legales y reformistas; contribuyó a que los socialistas se sumaran a las reclamaciones de revisión del proceso Dreyfus* (1898) y participaran en gobiernos reformistas de la Tercera República. Sus brillantes cualidades intelectuales y morales, así como su entrega a la causa obrera, le convirtieron en el gran líder del socialismo francés anterior a la Primera Guerra Mundial y un referente moral para la época posterior. Diputado socialista desde 1893, fue elegido presidente de la cámara en 1903. Tuvo un papel importante en la unificación de las diversas tendencias en que se hallaban divididos los socialistas franceses, facilitando la formación del partido Sección Francesa de la Internacional Obrera (SFIO) en 1905; y posteriormente se impuso en su seno sobre el dogmático marxista Jules Guesde. Ante las tensiones internacionales de comienzos de siglo, Jaurès criticó el imperialismo y defendió la negociación pacífica de las diferencias entre Francia y Alemania; esta actitud le ganó la enemistad de los ultranacionalistas franceses, uno de los cuales le asesinó en vísperas del estallido de la Primera Guerra Mundial.

JEFFERSON, Thomas Tercer presidente de los Estados Unidos de América (Shadwell, Virginia, 1743 - Monticello, Virginia, 1826). Pertenecía a la aristocracia de grandes hacendados del Sur, posición que había completado haciéndose abogado. Sus inquietudes intelectuales le acercaron a la filosofía de las Luces y a las ideas liberales, haciéndole abandonar la religión. Empezó a participar en la política de Virginia desde 1769, defendiendo la tolerancia religiosa y una enseñanza pública igualitaria. Cuando se agravó el conflicto entre Gran Bretaña y sus trece colonias norteamericanas, Jefferson defendió los derechos de éstas, publicando un ensayo de corte radical (*Breve análisis de los derechos de la América británica,* 1774). Durante la siguiente Guerra de Independencia fue elegido delegado de Virginia en la Convención continental de Filadelfia (1775), donde se distinguió como orador y como autor de declaraciones políticas. Redactó el borrador de la Declaración de Independencia (1776), donde plasmó las ideas de Locke*; justificó la rebelión por las transgresiones del rey Jorge III* contra los derechos reconocidos a los ciudadanos por la constitución no escrita de Gran Bretaña; su defensa de la democracia, de la igualdad, del derecho de los pueblos a disponer de ellos mismos y del derecho natural de los hombres «a la vida, la libertad y la búsqueda de la felicidad» han marcado la historia posterior de los Estados Unidos. Otro documento fundamental del que fue inspirador fue la Ordenanza del Noroeste (1787): en ella se regulaba la forma de expansión de las trece colonias originarias hacia los amplios territorios por colonizar en el Oeste, estableciendo en ellos gobernadores nombrados por el Congreso hasta que alcanzaran entidad demográfica suficiente para ser admitidos como Estados de la Unión.

Fue gobernador de Virginia en 1779-81. Luego fue miembro del Congreso, defendiendo sin éxito la abolición de la esclavitud. Como embajador de Estados Unidos en París (1785-89) aprovechó su experiencia para asesorar al primer gobierno surgido de la Revolución francesa (1789). Más tarde fue nombrado por Washington* primer secretario de Estado (ministro de Asuntos Exteriores) de Estados Unidos (1790-93). Desde esa época se enfrentó al secretario del Tesoro, Hamilton*, perfilando el primer sistema bipartidista americano: Hamilton, líder de los «federalistas centralistas» o simplemente «federalistas» (antecedente ideológico del Partido Republicano), proponía reforzar el poder del gobierno federal al servicio de la expansión de la Unión y de la hegemonía de los capitalistas del Norte; Jefferson, dirigente de los «federalistas republicanos» o simplemente «republicanos» (precursores del Partido Demócrata), defendía la autonomía de los Estados, especialmente para proteger los intereses del Sur, y un modelo democrático de pequeños propietarios independientes.

En 1796 perdió las elecciones presidenciales frente al federalista John Adams, por lo que, en virtud de una disposición constitucional luego derogada, se convirtió en vicepresidente como segundo candidato más votado (1797-1801). Finalmente, ganó las elecciones en 1800 y 1804, por lo que fue presidente entre 1801 y 1809. Lo más relevante de sus dos mandatos fue la consolidación de un reparto de funciones entre los poderes constitucionales, según el cual el gobierno federal se encargaría de la defensa y la política exterior, dejando a los Estados una amplia autonomía política interior; con ello llevó a la práctica sus convicciones filosóficas sobre la necesidad de limitar al poder para salvaguardar la libertad. También favoreció la futura expansión de los Estados Unidos, al adquirir a Francia el extenso territorio de Luisiana (1803) y potenciar las exploraciones hacia el oeste de Lewis y Clark (1804-06). Siguiendo el ejemplo de Washington, no se presentó a una tercera reelección (en 1808 se impuso el también republicano Madison*), se retiró a cultivar sus múltiples aficiones intelectuales (1809) y fundó la Universidad de Virginia (1819).

JENNER, Edward Médico inglés que introdujo la vacunación contra la viruela (Berkeley, Gloucestershire, 1749-1823). Se interesó desde muy joven por las ciencias naturales, materia en la que destacó hasta el punto de que le ofrecieran un puesto de naturalista en las expediciones del capitán Cook*. Sin embargo, rechazó esa clase de ofertas para dedicarse a la investigación médica (se licenció en 1792). Siguiendo el método científico basado en la experimentación rigurosa, puso a prueba la creencia popular de que quienes contraían una determinada enfermedad benigna contagiada por las vacas quedaban inmunizados contra la viruela; esta forma de inmunización resultaba mucho menos peligrosa que la costumbre, procedente de Asia e introducida en Inglaterra a comienzos del siglo XVIII, de inocular a individuos sanos con material extraído de las pústulas de enfermos de viruela (pues se sabía que quien había sobrevivido al ataque de la enfermedad no volvía a padecerla en su vida). Tras demostrar empíricamente la efectividad de la prevención de la viruela a través de las vacas (1796), publicó sus resultados (1798) y obtuvo el reconocimiento oficial del gobierno británico (1800). Las autoridades implantaron la vacuna con carácter obligatorio en el ejército y la marina y premiaron económicamente a Jenner. Éste dedicó el resto de su vida a trabajar por la generalización de la vacuna (método que tomó ese nombre por haber tenido origen en el ganado vacuno), contribuyendo a la erradicación de una de las enfermedades más mortíferas para la humanidad.

JERJES I Rey persa de la dinastía Aqueménida* (519 - 465 a.C.). Era hijo de Darío I*, de quien heredó el Trono en el 486 a.C. Nada más acceder al poder, hubo de enfrentarse a la sublevación de Egipto y Babilonia, que reprimió con extrema dureza. Desde el 483 intentó completar la expansión territorial iniciada por sus predecesores, enviando una nueva expedición a Grecia; derrotado en las batallas de Salamina (481 a.C.), Platea y Mycale (479), hubo de retirarse y dar por concluidas sus aspiraciones sobre Grecia. El resto de su reinado lo pasó recluido en sus palacios de Persépolis y Susa, sometido a las intrigas palaciegas que habrían de marcar en lo sucesivo la vida política del imperio persa, ya en fase de decadencia. Fue asesinado por su ministro Artabán, a su vez ejecutado por su hijo y sucesor, Artajerjes.

JESUCRISTO (Jesús o Cristo) Predicador judío fundador de la religión cristiana, a quien sus seguidores consideran el hijo de Dios —el nombre de *Cristo* significa en griego «el ungido» y viene a ser un título equivalente al de Mesías— (Belén, h. 6 a.C. - Jerusalén, h. 30 d.C.). Su vida está narrada en los Evangelios redactados por algunos de los primeros cristianos. Jesús nació en una familia pobre de Nazaret, hijo de José y de María. Aunque la civilización cristiana ha impuesto la cuenta de los años a partir del supuesto momento de su nacimiento (con el que daría comienzo el año primero de nuestra era), se sabe que en realidad nació un poco antes, pues fue en tiempos del rey Herodes*, que murió en el año 4 a.C. Fueron precisamente las persecuciones de Herodes las que llevaron a la familia, después de la circuncisión de Jesús, a refugiarse temporalmente en Egipto. El relato evangélico rodea el nacimiento de Jesús de una serie de prodigios que forman parte de la fe cristiana, como la genealogía que le hace descender del rey David*, la virginidad de María, la anunciación del acontecimiento por un ángel, la adoración del recién nacido por los pastores y por unos astrónomos de Oriente, etc. Por lo demás, la infancia de Jesucristo transcurrió con normalidad en Nazaret, donde su padre trabajaba de carpintero.

Hacia los treinta años inició Jesucristo su breve actividad pública incorporándose a las predicaciones de su primo, Juan *el Bautista*. Tras escuchar sus sermones, Jesús se hizo bautizar en el río Jordán, momento en que Juan le señaló como encarnación del Mesías prometido por Dios a Abraham*. Juan fue pronto detenido y ejecutado por Herodes Antipas, lanzándose Jesucristo a continuar su predicación. Se dirigió fundamentalmente a las masas populares, entre las cuales reclutó un grupo de fieles adeptos (los doce apóstoles), con los que recorrió Palestina. Predicaba una revisión de la religión judía basada en el amor al prójimo, el desprendimiento de los bienes materiales, el perdón y la esperanza de vida eterna. Su enseñanza sencilla y poética, salpicada de parábolas y anunciando un futuro de salvación para los humildes, halló un cierto eco entre los pobres. Su popularidad se acrecentó cuando corrieron noticias sobre los milagros que le atribuían sus seguidores, considerados como prueba de los poderes sobrenaturales de Jesucristo. Esta popularidad, unida a sus acusaciones directas contra la hipocresía moral de los fariseos, acabaron por preocupar a los poderosos del momento.

Jesús fue denunciado ante el gobernador romano, Poncio Pilatos, por haberse proclamado públicamente Mesías y rey de los judíos; si lo primero era cierto, y reflejaba un conflicto de la nueva fe con las estructuras religiosas tradicionales del judaísmo, lo segundo ignoraba el hecho de que la proclamación de Jesús como rey era metafórica, refiriéndose al «reino de Dios» y sin poner en cuestión los poderes políticos constituidos. Consciente de que se acercaba su final, Jesús celebró una última cena para despedirse de sus discípulos; luego fue apresado mientras rezaba en el Monte de los Olivos, al parecer con la colaboración de uno de ellos, llamado Judas. Comenzaba así la *Pasión* de Cristo, proceso que le llevaría hasta la muerte tras sufrir múltiples penalidades; con ella daba a sus discípulos un ejemplo de sacrificio en defensa de su fe, que éstos asimilarían exponiéndose al martirio durante la época de persecuciones que siguió. Jesús fue torturado por Pilatos, quien sin embargo, prefirió dejar la suerte del reo en manos de las autoridades religiosas locales; éstas decidieron condenarle a la muerte por crucifixión. La cruz, instrumento de suplicio usual en la época, se convirtió después en símbolo básico de la religión cristiana. Los Evangelios cuentan que Jesucristo resucitó a los tres días de su muerte y ascendió a los cielos. Judas se suicidó, arrepentido de su traición, mientras los apóstoles restantes se esparcían por el mundo mediterráneo para predicar la nueva religión; uno de ellos, Pedro*, quedó al frente de la Iglesia o comunidad de los creyentes cristianos, por decisión del propio Jesucristo. Pronto se incorporarían a la predicación nuevos conversos, entre los que destacó Pablo de Tarso*, que impulsó la difusión del cristianismo más allá de las fronteras del pueblo judío. La obra de Pablo hizo que el cristianismo dejara de ser una secta judía cismática —como tantas otras— y se transformara en una religión más universal; la nueva religión se expandió hasta los confines del Imperio Romano y más tarde, desde Europa, se difundió por el resto del mundo, convirtiéndose hasta nuestros días en la religión más extendida de la humanidad (si bien se encuentra dividida en varias confesiones, como la católica romana, la ortodoxa griega y las diversas protestantes).

JESÚS DE NAZARET. V. JESUCRISTO.

JIMÉNEZ DE CISNEROS, Francisco. V. CISNEROS, Francisco Jiménez de.

JIN, Dinastía. V. TSIN, Dinastía.

JINNAH, Mohammed Alí Líder de los musulmanes de la India y padre de la independencia de Pakistán (Karachi, 1876-1948). Nació en una familia acomodada de comerciantes de la secta musulmana ismailita de los *kojas*. Estudió en Inglaterra y, en 1896, se estableció como abogado en Bombay. Se unió al partido del Congreso y a la Liga Musulmana, que luchaban contra las autoridades coloniales inglesas por la independencia de la India. Dentro de ambas organizaciones asumió inicialmente posturas moderadas y defendió con ahínco la unidad entre las dos comunidades religiosas de la India, hindúes y musulmanes. Pero, paulatinamente, se fue convenciendo de que la concordia era imposible y se decantó por la defensa de la minoría musulmana; ello le distanció del Congreso, partido que abandonó en 1921 por discrepancias con Gandhi* (no aceptaba su apelación a la acción de las masas populares al margen de la legalidad). En 1931 se apartó de la política, decepcionado también por la división e inoperancia de la Liga Musulmana. A raíz de la reforma política de la India británica de 1935, regresó a la política, al estimar que con el establecimiento de un sistema democrático la mayoría hindú dominaría el país en detrimento de los musulmanes. Revitalizó la Liga Musulmana como partido político defensor de los derechos de la minoría islámica desde las elecciones de 1937. Desde 1940 asumió posiciones nacionalistas intransigentes, defendiendo que la descolonización de la India debía dar lugar a dos Estados separados, uno hindú y otro musulmán; el predicamento que alcanzó entre los musulmanes le hizo imprescindible en las negociaciones para la independencia que se iniciaron en 1945. Los intentos de recuperarle para la causa de una India independiente y unida por parte de Gandhi, Nehru* y el Congreso fracasaron. En consecuencia, en 1947 los británicos abandonaron la India creando dos Estados separados. Sobre los territorios de mayoría musulmana (los actuales Estados de Pakistán y Bangla Desh) se creó una República de Pakistán separada de la India, de la que Jinnah fue nombrado primer gobernador general. Con un poder casi absoluto intentó hacer frente a los grandes problemas del nuevo país, sumido en la miseria, enfrentado con sus vecinos, sacudido por conflictos violentos, con miles de desplazados (minorías musulmanas que huían de la India y minorías hindúes que huían de Pakistán) y separado en dos bloques territoriales muy distantes entre sí (Pakistán oriental y Pakistán occidental, que se enfrentarían en una guerra civil y se separarían, a su vez, en 1971). Pero no pudo desarrollar la labor de consolidar el Estado que había contribuido a crear, ya que murió un año después, aquejado de tuberculosis.

JOFFRE, Joseph Militar francés (Rivesaltes, Rosellón, 1852 - París, 1931). Hizo la mayor parte de su carrera en destinos coloniales como Indochina, África occidental y Madagascar. De vuelta a Francia, ascendió a general de brigada en 1902 y fue nombrado jefe del Estado Mayor y vicepresidente del Consejo Superior de la Guerra (1911). Desde tales puestos hubo de afrontar el estallido de la Primera Guerra Mundial (1914-18). Convertido en comandante del ejército del Norte, fue derrotado por el avance alemán en las fronteras de Bélgica; pero decidió oportunamente un repliegue estratégico que hizo fracasar la maniobra envolvente prevista por los alemanes en el Plan Schlieffen* (1914). Ello le permitió preservar las fuerzas de su ala izquierda, lanzar con éxito la contraofensiva del Marne, que detuvo el avance alemán hacia París, y organizar la resistencia francesa para una larga «guerra de posiciones». En reconocimiento a sus méritos fue nombrado generalísimo (1915) y mariscal (1916). Sin embargo, la derrota del Somme (1916) afectó a su prestigio e hizo que fuera relevado en el mando supremo del Ejército francés por Nivelle. Su último destino fue una misión diplomático-militar en Estados Unidos (1917). Se retiró al terminar la guerra.

JOHNSON, Lyndon Baines 36.º presidente de los Estados Unidos de

América (Stonewall, Texas, 1908 - Austin, Texas, 1973). Procedente de una familia modesta, había iniciado su carrera política en 1937, al ser elegido para la Cámara de Representantes por Texas; luego fue senador (1949) y jefe del grupo demócrata del Senado (1953). Kennedy* le incorporó a su candidatura presidencial como vicepresidente en virtud de su experiencia parlamentaria y de sus orígenes sureños; de modo que, tras la victoria electoral de 1960, se convirtió en vicepresidente en 1961. El asesinato de Kennedy en 1963 le convirtió automáticamente en presidente (curiosamente, de la misma manera en que el vicepresidente sudista Andrew Johnson había sucedido a Lincoln* tras su asesinato en 1865). En las elecciones siguientes, de 1964, fue reelegido con una amplia mayoría. Johnson profundizó las reformas de Kennedy, lanzando su programa de «la gran sociedad»: hizo abolir las últimas discriminaciones raciales, extendió la asistencia sanitaria pública, dictó medidas en favor de los pobres... En política exterior mantuvo un intervencionismo agresivo, que le llevó a la invasión de Santo Domingo (1965) y, sobre todo, a comprometer profundamente a los Estados Unidos en la Guerra de Vietnam (1965), de la que el país saldría muchos años después, derrotado y afectado por una profunda crisis moral. Consciente de aquel fracaso, renunció a presentarse a la reelección en 1968, sucediéndole al año siguiente el republicano Nixon*.

JOMEINI, Rudollah Líder de la revolución islámica en Irán (Jomein, Qom, 1902 - Teherán, 1989). Por tradición familiar siguió la carrera teológica, convirtiéndose en *ayatollah* o sabio de la ley coránica en 1927. Desde los años treinta se dedicó a la enseñanza de la teología islámica en Qom, ciudad santa de los musulmanes *chiítas*. Adquirió notoriedad por sus ataques contra los soberanos de la dinastía Pahlevi, a quienes acusaba de impiedad por su laicismo. Estos ataques subieron de tono tras el acceso al Trono de Reza Pahlevi* en 1941 y el inicio de su política modernizadora y occidentalizante; y aún más a partir del comienzo de la reforma agraria y la «revolución blanca» del sha en los primeros años sesenta. Acusado de participar en un atentado frustrado contra el sha, Jomeini fue detenido en 1963, lo que provocó motines populares. Luego se exilió en Turquía, Irak y Francia, desde donde siguió lanzando ataques contra el régimen del sha, al tiempo que incitaba al pueblo a sublevarse para implantar un gobierno estrictamente inspirado en el Corán. Esta oposición radical al occidentalismo del régimen le convirtió en un símbolo y una esperanza para las masas populares de Irán, dispuestas a buscar en las raíces islámicas un antídoto contra las dificultades políticas, económicas y sociales de los años setenta.

Cuando los movimientos populares hicieron caer al sha en 1979, Jomeini regresó al país y aprovechó su popularidad para ponerse al frente de la coalición revolucionaria. Apartó del poder a los restantes líderes revolucionarios e implantó en Irán una «República islámica» de la que se hizo proclamar *Imam* o guía. Su régimen fue una dictadura teocrática, basada en una aplicación estricta de las normas coránicas, un extraordinario rigor moral, el regreso a las tradiciones y el rechazo de la influencia occidental, todo ello siguiendo una interpretación integrista de la religión islámica. Los opositores, disidentes, indiferentes o simplemente modernos fueron reprimidos cruelmente. Su fanatismo le llevó a intentar extender la revolución islámica al resto del mundo musulmán, que pronto quedó desestabilizado por el florecimiento de movimientos integristas apoyados por Irán. Esto acabó provocando un ataque militar del vecino Irak, cuyo régimen laico temía el contagio revolucionario, dada la presencia en el país de una importante minoría chiíta; la Guerra del Golfo con Irak (1980-88) reforzó la unidad del país en torno al régimen integrista, que lanzó hacia los frentes a masas de soldados mal armados y peor preparados, poseídos de un ideal religioso fanático; las pérdidas humanas fueron inmensas, pero se consiguió impedir la invasión por el moderno ejército enemigo. Poco antes de su muerte Jomeini sacudió la conciencia del mundo occidental al condenar a muerte a un escritor británico (Salman Rushdie), al que acusó de blasfemo por uno de sus libros; la condena suponía una invitación al asesinato para los islamistas fanáticos de todo el mundo, que se movilizaron para matar al escritor, obligando a éste a permanecer escondido desde entonces. Sin embargo, entre las masas iraníes aún enfervorizadas por el mensaje político-religioso del integrismo islámico, la popularidad de Jomeini se mantuvo hasta el final, permitiendo la pervivencia del régimen integrista después de su muerte.

JORGE I de Gran Bretaña. V. **HANNOVER, Casa de.**

JORGE II de Gran Bretaña. V. **HANNOVER, Casa de.**

JORGE III Rey de Gran Bretaña e Irlanda y de Hannover (Londres, 1738 - Windsor, 1820). En 1760 sucedió a su abuelo, Jorge II como rey de Gran Bretaña e Irlanda y como elector del Estado alemán de Hannover*, que daba nombre a la familia. El joven e inexperto rey orientó su política hacia el reforzamiento de las prerrogativas de la Corona, aprovechando las divisiones en el seno del partido *Whig* y empleando la corrupción, el patronazgo y el fraude electoral para hacerse con un grupo de partidarios que controlaran el Parlamento y gobernar personalmente. Así, se deshizo de una personalidad política de peso, como era el viejo Pitt*, para poner en su lugar a personajes de su confianza y más manejables, como Bute, primero, y Lord North, después. No obstante, la desaparición del control parlamentario fue suplida por activas campañas de prensa de la oposición, en las que se criticaron los errores y abusos del monarca; de hecho sólo fue un rey popular en provincias, en donde se apreciaban su sencillez y sus aficiones agrícolas, mientras que era despreciado por la alta sociedad londinense y odiado por las clases populares urbanas.

Jorge III empezó su política exterior firmando apresuradamente la paz con Francia en la Guerra de los Siete Años (1756-63) sin contar con el parecer de su aliada Prusia; la oposición le acusó en aquella ocasión de no haber sacado el partido suficiente de la victoria. Más tarde hubo de enfrentarse al descontento de los colonos norteamericanos, asunto que llevó torpemente, haciendo aumentar la presión fiscal a despecho de las libertades tradicionales de las Trece Colonias. Su obstinación condujo a la Declaración de Independencia, justificada según los rebeldes por la tiranía del rey (1776). Tras una larga guerra hubo de reconocer la independencia de los Estados Unidos de América por el Tratado de Versalles (1783). Este último tropiezo pareció poner fin al gobierno personal de Jorge III, que en adelante dejó los asuntos en manos de Pitt *el Joven**, que fue quien se encargó de dirigir la política británica durante la difícil época de las guerras contra la Francia de la Revolución y de Napoleón*. En 1801 recuperó parcialmente el protagonismo político, deponiendo a Pitt cuando éste se empeñó en que el rey sancionara la emancipación legal de los católicos. Afectado por una enfermedad mental que ya le había trastornado en 1765 y en 1788-89, el rey quedó completamente enajenado en 1810. Desde 1811 hasta su muerte vivió retirado en el castillo de Windsor, mientras ejercía la regencia su hijo y heredero, el futuro Jorge IV*. Durante las guerras napoleónicas perdió sus estados alemanes, que recuperó tras la derrota francesa en 1814, pero ya con el título de rey de Hannover y no meramente de elector.

JORGE IV Rey de Gran Bretaña e Irlanda y del Reino de Hannover* (que daba nombre a la Casa) (Londres, 1762 - Windsor, 1830). Era hijo primogénito de Jorge III*, con el cual mantuvo malas relaciones durante su turbulenta juventud, en parte por la tendencia del príncipe a asociarse contra el rey con la oposición *Whig*. Siendo todavía príncipe de Gales se casó en secreto con una dama católica, matrimonio que fue descubierto y anulado. En 1795 volvió a casarse —para cubrir sus deudas— con una prima suya protestante, que le abandonó al año siguiente. Desde 1811 se hizo cargo de la Regencia por enfermedad mental de su padre; y al morir éste, en 1820, comenzó su reinado personal. Su orientación política fue netamente conservadora, confiando el gobierno británico principalmente a *Tories,* como Castlereagh* y Wellington*. En realidad perdió la mayor parte de la influencia política que su padre había recuperado para la Corona. Entre las medidas más señaladas de su reinado se encuentra una a la que se opuso con todas sus fuerzas: la emancipación de los católicos (1829), que autorizaba a éstos para ocupar empleos públicos. Completó la lucha contra Napoleón* y decidió la deportación de éste a la isla de Santa Helena una vez derrotado, denegándole la petición de asilo que le hizo (1815). Impopular por su género de vida frívolo y escandaloso, acabó de desacreditarse ante sus súbditos por su frustrado intento de divorcio. Murió sin descendientes y le sucedió su hermano Guillermo IV.

JORGE V Rey de Gran Bretaña e Irlanda (Londres, 1865 - Sandringham, 1936). Como hijo segundo de Eduardo VII, no había sido educado como príncipe heredero (lo cual le hizo ser, paradójicamente, el primer rey de la Casa de Hannover* que no hablaba el inglés con acento extranjero). Sin embargo, la muerte del primogénito en 1892 le obligó a abandonar su carrera de marino, casarse con la novia de su difunto hermano y prepararse para suceder a su padre. La muerte de éste le convirtió en rey en 1910. Se esforzó por calmar el clima político y unir a los partidos en aquel momento de crisis constitucional; también hubo de afrontar el grave problema de Irlanda, en donde la resistencia nacionalista acabaría por obligar al gobierno británico a conceder la independencia en

1922 (solución pacífica a la que contribuyó eficazmente el rey). Le preocupó el crecimiento de los sentimientos independentistas en la India, país que visitó personalmente (fue el único monarca inglés que lo hizo antes de la independencia de aquella colonia). En todos estos asuntos, sin embargo, el rey se entrometió poco, cumpliendo lealmente su papel de monarca constitucional y limitándose a aconsejar soluciones de concordia y unidad; aunque es cierto que el debilitamiento temporal del sistema bipartidista le hizo intervenir más que a otros monarcas (por ejemplo, cuando nombró primer ministro a Baldwin* en 1923). Su voluntad de entendimiento pacífico y su carisma personal acrecentaron la popularidad de la Monarquía, que en esta época empleó por primera vez la radio para comunicarse con sus súbditos.

JORGE V de Hannover. V. HANNOVER, Casa de.

JORGE VI de Gran Bretaña. V. HANNOVER, Casa de.

JOSÉ I BONAPARTE Rey de España (Corti, Córcega, 1768 - Florencia, 1844). Era el hermano mayor de la familia Bonaparte* y tenía ya una trayectoria política cuando su hermano Napoleón* accedió al poder. Estudió Derecho en Pisa, participó en la Revolución francesa, combatió contra los independentistas corsos y acompañó a Napoleón en la campaña de Italia (1796); bajo el Directorio fue diputado del Consejo de los Quinientos y embajador en Roma (1797). Tras el golpe de Estado que llevó al poder a Napoleón (1799), éste le empleó al servicio de su política en varios órganos del Estado y misiones diplomáticas. La coronación de Napoleón como emperador (1804) convirtió a José en miembro de la familia imperial y elector del Imperio, pero no heredero de Napoleón como él pretendía. Presidió el gobierno francés durante la ausencia del emperador por las campañas de Alemania (1805-06).

Cuando la extensión del dominio francés en Europa permitió a Napoleón proceder a una reorganización política del continente, hizo a José rey de las Dos Sicilias en sustitución de la Casa de Borbón* (1806-08); el ejército francés impuso su control sobre la parte continental del Reino (Nápoles), pero no así sobre la isla de Sicilia, donde siguió gobernando el destronado rey Fernando IV. El reinado de José sobre Nápoles llevó a aquellas tierras las reformas nacidas de la Revolución, desmontando el régimen feudal y racionalizando la Administración, la Justicia, la Hacienda y la educación.

Sin embargo, la invasión de España por Francia en 1808 llevó a Napoleón a buscar un miembro de su familia para ocupar aquel Trono, arrebatado también a los Borbones. Sus hermanos Luis y Jerónimo rehusaron el ofrecimiento y Napoleón llamó a José, quien se convirtió así en rey de España (1808-13). Su acceso al Trono se acompañó de la promulgación de la Constitución de Bayona, un texto conservador inspirado en las instituciones políticas de la Francia imperial, que se hizo aprobar por una asamblea de notables y que nunca se aplicó. Alrededor de José I se reunió un régimen compuesto en su mayor parte por ilustrados moderados, que vieron en la opción «afrancesada» la oportunidad de retomar el programa reformista del reinado de Carlos III. Sin embargo, la mayor parte del pueblo fue hostil a José y alimentó la resistencia contra los franceses, dando lugar a la Guerra de la Independencia (1808-14). Nada más iniciarse su ficticio reinado, hubo de evacuar la capital por la derrota de las armas francesas en la batalla de Bailén (1808) y sólo recuperó el reino tras la invasión de un nuevo ejército mandado personalmente por el emperador. José no consiguió nunca un control efectivo del territorio; su autoridad se vio minada por la lucha de las guerrillas y por la persistencia de instituciones fieles al destronado Fernando VII*, que organizaron la resistencia (Junta Central, Regencia y Cortes de Cádiz). Por otra parte, tampoco consiguió que Napoleón le concediera una autonomía política real, ni que le suministrara los recursos necesarios para someter al país; al contrario, Napoleón puso los recursos de la Hacienda española al servicio de su política exterior y militar, haciendo inviables los proyectos reformistas que podrían haber justificado el gobierno de José. Su poder y su imagen quedaron aún más mermadas cuando Napoleón arrebató al gobierno español el control de las regiones al norte del Ebro, poniéndolas bajo administración militar directa del Imperio (1810) y luego decretó la anexión de Cataluña a Francia (1812). Derrotadas las fuerzas francesas en la batalla de Arapiles (1812), José hubo de evacuar Madrid; lo recuperó en poco tiempo, pero el avance británico le hizo retirarse definitivamente hacia el norte con su gobierno; derrotado en la batalla de Vitoria (1813), perdió su reino y huyó a Francia. La Corona de España fue devuelta a Fernando VII por el Tratado de Valençay (1813). José acompañó a su hermano en la última campaña de resistencia de Francia contra los aliados (1814) y en su posterior intento de recuperar el poder durante el Imperio de los Cien Días (1815). Después de la derrota fue detenido y autorizado a exiliarse en Estados Unidos y, desde 1841, en Florencia.

JOSÉ I de Portugal. V. BRAGANZA, Casa de.

JOSÉ II Emperador alemán de la Casa de Habsburgo* (Viena, 1741-1790). Al morir su padre, Francisco I, en 1765, José le sucedió nominalmente como emperador de Alemania y fue asociado como corregente de los estados patrimoniales de Austria por su madre, María Teresa*, que fue quien ejerció realmente el poder hasta su muerte en 1780. Culto y refinado, José se impregnó en su juventud de los ideales racionalistas de la Ilustración, encarnando en su reinado el modelo del déspota ilustrado.

Sus reformas intentaron completar la centralización y la unificación del poder iniciadas por su madre, creando el Estado burocrático y la Iglesia nacional que caracterizarían al Imperio de los Habsburgo hasta su desaparición. Para ello acabó con los privilegios y peculiaridades de Hungría, impuso la uniformización lingüística (con el alemán como lengua oficial), redujo la autonomía de los poderes locales y concentró el poder en Viena, convirtiéndola en única capital. Actuó con igual contundencia contra el poder de la Iglesia católica, a la que intentó mantener separada de Roma y estrechamente sometida a la Corona (política conocida como «josefismo»); su pensamiento ilustrado le llevó a completar esa política religiosa decretando la libertad de cultos y la igualdad de todas las confesiones para optar a empleos públicos, medidas de las que se beneficiaron sobre todo luteranos, calvinistas y ortodoxos. Abolió la servidumbre (1781) y realizó una reforma judicial en la que eliminó la tortura (1787). Inspirado por el pensamiento fisiocrático, siguió una política económica de liberalización de los mercados y fomento de la riqueza: libre comercio de granos, abolición de corporaciones, levantamiento de un catastro para la recaudación de un impuesto único de base agrícola, construcción de puertos para favorecer el comercio exterior, colonización de tierras…

Su dogmatismo y sus métodos autoritarios levantaron muchos descontentos y resistencias: aplastó varias sublevaciones de los checos, pero la que protagonizó la nobleza húngara le obligó a desmontar la mayor parte de sus reformas en aquel territorio; y la que tuvo lugar en los Países Bajos en 1789-90 dio lugar a la aparición de unas «Provincias Belgas Unidas» emancipadas del dominio austriaco, que sólo las reconquistaría en el reinado siguiente. En cuanto a la política exterior de José II, fue una sucesión de fracasos: su política de concertación con Prusia para extender su poder en Alemania y en el Este fracasó ante las reticencias de Federico II*; fracasó en sus intentos de anexionarse Baviera y Venecia; y no pudo cumplir sus aspiraciones en los Balcanes a pesar de la intervención en la Guerra Ruso-Turca (1788). Al menos, su obra de saneamiento de las finanzas y de fortalecimiento del Ejército dejó a Austria preparada para desempeñar un papel importante en la lucha contra la Francia revolucionaria que se desencadenó después de su muerte. Le sucedió su hermano, Leopoldo II.

JOVELLANOS Y RAMÍREZ, Gaspar Melchor de Principal representante del pensamiento de la Ilustración en España (Gijón, Asturias, 1744 - Vega, Asturias, 1811). Nacido en una familia hidalga, hizo sus estudios en Alcalá de Henares, pero rechazó la carrera eclesiástica por la de jurista. En su primer empleo como alcalde del crimen y oidor de la Audiencia de Sevilla (1768) tomó contacto con el grupo de ilustrados de la ciudad, con Olavide al frente. En 1778 se trasladó a Madrid como alcalde de Casa y Corte, lo que le permitió relacionarse con el foco reformista que albergaba la corte de Carlos III*: Floridablanca*, Campomanes*, Cabarrús*… Enseguida ingresó en la Sociedad Económica Matritense de Amigos del País y en la Academia de la Historia (1779). Tras la muerte del rey (1788) y la Revolución francesa (1789), Jovellanos fue víctima de la reacción conservadora contra los ilustrados que presidió el reinado de Carlos IV*; se concentró entonces en organizar el Real Instituto de Gijón como modelo de enseñanzas técnicas destinadas a fomentar el crecimiento económico. Desde 1796 fue perseguido por la Inquisición por sus ideas críticas hacia el Antiguo Régimen. Sin embargo, fue llamado al gobierno al año siguiente, como ministro de Gracia y Justicia; durante aquella breve estancia en el poder planteó al rey sus críticas a la Inquisición y un ambicioso plan educativo. Pronto cayó del gobierno por sus ideas avanzadas y hubo de hacer frente a la persecución del valido Godoy*, que no le perdonaba el haberse opuesto a su poder (1798). Godoy impulsó el proceso inquisitorial, que culminó con el encierro de Jovellanos en el castillo de Bellver (Mallorca) en 1802. Hubo de esperar a la caída de Godoy y de Carlos IV para ser liberado, a raíz del motín de Aranjuez (1808). Tras la invasión francesa de la Península, en aquel mismo año, rehusó colaborar con el gobierno «afrancesado» de José Bonaparte*, a diferencia de muchos de los ilustrados de su generación. Por el contrario, entró como representante de Asturias en la Junta Central que se formó para dirigir la resistencia contra los franceses en ausencia del rey. Desde dicho órgano impulsó la *Consulta al País* de 1810 y adoptó una postura política moderada frente a los revolucionarios radicales: convocatoria de Cortes sí, pero no para crear una Constitución totalmente nueva, pues defendía una interpretación historicista según la cual España poseía ya una constitución consuetudinaria de carácter representativo; monarquía parlamentaria sí, pero con un esquema bicameral que moderara los impulsos de cambio procedentes de la cámara baja. Aunque las Cortes de Cádiz ignoraron después aquellas precauciones políticas conservadoras, muchas de sus reformas en materia económica y social sí estuvieron inspiradas en las propuestas de Jovellanos.

Su amplia obra escrita incluye incursiones en la poesía y el teatro. Pero destacó sobre todo como ensayista de temas políticos, sociales y económicos. Bajo la influencia de Quesnay*, Turgot* y Adam Smith* abrazó la doctrina del liberalismo económico, cuya introducción en España defendió en escritos como el *Informe sobre la ley agraria* (1793); en él criticaba la amortización de tierras en manos de la Iglesia y de los pueblos, proponiendo su salida al mercado libre, así como el libre comercio de productos agrícolas. También defendió las virtudes de la enseñanza para el progreso de la humanidad *(Memoria sobre la educación pública,* 1802).

JRUSCHOV, Nikita (Jrushov, Jruschev o Kruschev) Dirigente de la Unión de Repúblicas Socialistas Soviéticas (Kalinovka, Kursk, Rusia, 1894 - Moscú, 1971). Procedente de una familia minera, participó en la Revolución bolchevique (1917) y luchó en el Ejército Rojo durante la Guerra Civil que le siguió (1918-20). Luego hizo carrera política en el Partido Comunista de Ucrania, hasta llegar a ser primer secretario de la región de Moscú (1935-38) y de la República de Ucrania (1938-49). Desde este último cargo se esforzó por reducir el nacionalismo ucraniano; organizó la anexión de los territorios ganados por Ucrania en virtud del reparto de Polonia entre la Alemania nazi y la Unión Soviética; y dirigió la resistencia contra la invasión alemana en el curso de la Segunda Guerra Mundial (se distinguió especialmente en la batalla de Stalingrado). Sobrevivió a todas las purgas de la época, haciendo gala de un gran celo estalinista. En 1949 regresó a Moscú, donde empezó a destacar como especialista en cuestiones agrícolas en el Comité Central.

Al morir Stalin* en 1953, Jruschov fue elegido primer secretario del Partido Comunista de la Unión Soviética, compartiendo el poder con una dirección colegiada del *Presídium* del partido. Paulatinamente, Jruschov se erigió en líder de una corriente renovadora, dispuesta a romper con el pasado estalinista: primero se deshizo del ministro del Interior Beria*, que representaba la pervivencia del estalinismo; la mala marcha de la economía le permitió apartar también a su rival, el primer ministro Malenkov

(1955); la dimisión del nuevo primer ministro, Bulganin, en 1958, permitió por fin a Jruschov concentrar personalmente la dirección del Estado y del partido. En 1956 defendió ante el XX Congreso del Partido un informe en el que denunciaba los crímenes y errores de la época de Stalin, el culto a la personalidad y el dogmatismo ideológico. Un año después eran expulsados del Comité Central los dirigentes más significativos de la etapa anterior, en medio de un proceso general de *desestalinización*. Y en 1961 hizo que el XXII Congreso del Partido condenara oficialmente a Stalin.

Jruschov orientó la política soviética en un sentido liberalizador, pero manteniéndose dentro de la ortodoxia comunista y de la dictadura de partido único. Así, aunque impulsó la reconciliación con la Yugoslavia de Tito*, no dudó en intervenir militarmente para aplastar la revuelta anticomunista de Hungría (1956) y rompió con la China de Mao* (1961). Aunque acuñó la doctrina de la «coexistencia pacífica» con el bloque occidental, las relaciones con Estados Unidos incluso empeoraron, a raíz de la construcción del Muro de Berlín (1961) y del intento de instalar misiles en Cuba (1962). Bajo su mandato, la URSS obtuvo logros significativos en la carrera espacial (lanzamiento del primer satélite en 1957 y primer vuelo espacial tripulado en 1961) y en la carrera de armamentos; pero fracasó en su intento de llevar la rivalidad entre las superpotencias al terreno económico. Lanzó planes orientados a revitalizar la economía soviética para alcanzar a Estados Unidos: descentralizó la planificación aumentando la autonomía de regiones y empresas, impulsó la colonización de tierras vírgenes en Siberia, fomentó la investigación científica, prestó mayor atención a la agricultura y la industria ligera, dio prioridad al abastecimiento de bienes de consumo… Fueron precisamente sus fracasos en materia económica (los malos resultados agrícolas obligaron a la importación masiva de cereales) los que, unidos al aislamiento exterior, debilitaron a Jruschov y permitieron que se fraguara una conspiración para apartarle del poder. Las reformas que había iniciado para aligerar la burocracia le habían hecho impopular en el partido y en la Administración. En 1964 fue forzado a dimitir, sucediéndole al frente del partido uno de sus más estrechos colaboradores, Leonid Brezhnev*.

JUAN DE AUSTRIA Militar español (Ratisbona, Alemania, 1545 - Namur, Países Bajos, 1578). Hijo natural de Carlos V*, que sirvió como militar a su hermanastro Felipe II de España*. Bautizado en realidad como Jerónimo *(Jeromín)*, fue criado en Castilla y no conoció a su padre hasta que éste le mandó llamar en su retiro de Yuste (Extremadura) en 1556. Fue Felipe II quien, siguiendo la indicación testamentaria de su padre, le reconoció como miembro de la familia real y le puso el nombre de Juan de Austria, otorgándole honores y rentas dignas de un infante (1559). Completó su educación en la Universidad de Alcalá de Henares, pero rehusó dedicarse a la carrera eclesiástica. Su decidida vocación militar hizo que el rey le pusiera al mando de una escuadra para combatir a los piratas berberiscos en el Mediterráneo (1568); luego demostró sus dotes militares dirigiendo la represión de la sublevación de los moriscos del reino de Granada (1569). Aquel éxito le permitió culminar su carrera militar, al obtener el mando supremo de la flota de la Liga Santa que formaron España, Venecia y el Papado contra los turcos (1570); frente a la estrategia defensiva que preconizaban sus consejeros más prudentes, don Juan de Austria impuso su criterio de buscar a la flota turca y hundirla, lo que consiguió en la batalla de Lepanto (1571).

El resonante éxito de Lepanto, que puso fin al poderío turco en el Mediterráneo, avivó las ambiciones de Juan de Austria: Felipe II hubo de descartar prudentemente sus planes de aprovechar la situación para una gran expansión territorial por el Mediterráneo; también rechazó sus demandas de ser reconocido oficialmente como infante con tratamiento de *alteza*. Quizá para poner fin a sus ambiciones, el rey le envió como gobernador a los Países Bajos (1576), puesto enormemente difícil en el que ya habían fracasado el duque de Alba* y Luis de Requeséns*, incapaces de poner fin a la rebelión protestante; para convencerle le insinuó la posibilidad de lanzar más adelante una invasión de Inglaterra y colocarle como rey de aquel país junto a María Estuardo. Pronto comprendió don Juan lo inviable de aquel proyecto, mientras fracasaba día a día en su intento de contener la rebelión de los Países Bajos. Poco consiguió con su compromiso de retirar los Tercios y de respetar las libertades flamencas a cambio de que los rebeldes reconocieran la fe católica y la soberanía española (Edicto Perpetuo de 1577). Las intrigas que organizaba Antonio Pérez* en la corte le pusieron en peor situación con el rey y los recursos que necesitaba (de hombres y de dinero) llegaban con parsimonia. Murió del tifus contraído durante una campaña militar.

JUAN DE AUSTRIA, *el Segundo.* V. JUAN JOSÉ DE AUSTRIA.

JUAN DE BORBÓN, conde de Barcelona Infante de España (La Granja, 1913 - Pamplona, 1993). Como tercer hijo varón de Alfonso XIII*, no estaba destinado a heredar la Corona y, en todo caso, hubo de partir al exilio con el resto de la familia real tras la proclamación de la Segunda República (1931). Sin embargo, la renuncia de sus hermanos mayores, Alfonso y Jaime, le convirtió en heredero de los derechos dinásticos de la Casa de Borbón*. Durante la Guerra Civil española (1936-39) intentó unirse al bando rebelde para luchar contra la República, pero Franco* se lo impidió, expulsándole del país. A partir de la muerte de Alfonso XIII (1941) encabezó la defensa de la causa monárquica contra la dictadura de Franco, ligando el proyecto de restauración de la monarquía a una concepción política liberal y democrática *(Manifiesto a los españoles,* 1945). En 1946 se instaló en Estoril (Portugal) y desde allí, asesorado por un Consejo Privado, desplegó una paciente labor diplomática en favor de la restauración monárquica. Varias entrevistas con Franco le convencieron de que no tenía intención de devolverle el Trono; pero consintió en que su hijo Juan Carlos* fuera educado en España bajo la tutela del dictador y en que éste le nombrara sucesor en la Jefatura del Estado (1969). Consiguió así el restablecimiento de la monarquía borbónica, si bien al precio de renunciar a sus propias aspiraciones a la Corona, pues fue Juan Carlos quien se convirtió en rey en 1975. En 1977 renunció oficialmente a sus derechos dinásticos, cediendo a su hijo la jefatura de la Casa Real.

JUAN I Rey de Castilla (Épila, Aragón, 1358 - Alcalá de Henares, 1390). Sucedió en 1379 a su padre, Enrique II*, quien había accedido al Trono mediante una guerra civil y había intentado consolidar su posición prodigando mercedes entre los nobles. Fue Juan I quien asentó definitivamente en Castilla la dinastía de Trastámara*, al tiempo que ponía coto a los privilegios de la nobleza, acrecentados durante el reinado de su padre. En colaboración con las Cortes, reorganizó la Monarquía con la creación del Consejo Real (1385). Heredó de su padre los compromisos exteriores que ligaban a Castilla con Francia en la Guerra de los Cien Años y en el conflicto eclesiástico conocido como el «Cisma de Occidente». La flota castellana siguió colaborando con la francesa en los ataques contra Inglaterra; pero ésta reaccionó lanzando a Portugal contra Castilla en apoyo de las pretensiones al Trono de Juan de Gante, duque de Lancaster (casado con una hija de Pedro I de Castilla*). Juan detuvo la ofensiva e invadió Portugal, casando con la heredera de aquel reino (1383); posteriormente intentaría hacerse con el control de Portugal, pero hubo de desistir tras ser derrotado en Aljubarrota (1385). Los ingleses aprovecharon aquel momento de debilidad para invadir Galicia, pero Juan detuvo su avance hacia la meseta y les hizo firmar la Paz de Bayona (1387). Murió al caer de un caballo y le sucedió su hijo Enrique III (otro hijo suyo, Fernando I, fue rey de Aragón).

JUAN II de Aragón. V. TRASTÁMARA, Casa de.

JUAN II de Castilla. V. TRASTÁMARA, Casa de.

JUAN II de Francia, *el Bueno*. V. VALOIS, Casa de.

JUAN II DE ALBRET, rey de Navarra. V. ALBRET, Casa de.

JUAN IV de Portugal. V. BRAGANZA, Casa de.

JUAN V de Portugal. V. BRAGANZA, Casa de.

JUAN VI de Portugal. V. BRAGANZA, Casa de.

JUAN XXIII (Angelo Giuseppe Roncalli) Papa (Sotto il Monte, Bérgamo, Italia, 1881 - Roma, 1963). Procedente de una familia campesina pobre, ingresó en el seminario a los doce años y se ordenó sacerdote en 1904. Sus primeros empleos fueron los de secretario del obispo de Bérgamo, capellán militar durante la Primera Guerra Mundial (1914-18) y presidente de la Obra para la Propagación de la Fe. Luego inició una larga carrera en la diplomacia vaticana: tras ser consagrado arzobispo de Areópolis (1925), se le destinó sucesivamente a Bulgaria, Turquía, Grecia y Francia. En 1953, Pío XII* le nombró cardenal y patriarca de Venecia, diócesis en la que desplegó una intensa actividad.

Al morir Pío XII en 1958, un cónclave eligió papa a Roncalli, quien tomó el nombre de Juan XXIII. Su avanzada edad (77 años) y el hecho de que fuera un desconocido dejaban traslucir que había sido elegido como una solución de compromiso entre las diversas tendencias de los cardenales, pensando en que presidiera un pontificado de transición. Ciertamente, su papado fue breve, pero puso en marcha una renovación tan profunda de la Iglesia católica que permite considerarlo como uno de los pontificados más trascendentales desde la Edad Media. Hasta el propio estilo personal del papado se vio transformado por el advenimiento de este papa afable, accesible, sencillo y con sentido del humor. Modernizó la vida en la corte vaticana, flexibilizando el protocolo y facilitando el contacto del papa con la realidad cotidiana. Rejuveneció el Colegio Cardenalicio creando una amplia hornada de nuevos cardenales más modernos y emprendedores, entre los cuales incluyó a representantes de zonas del mundo tradicionalmente ausentes. Intensificó las relaciones diplomáticas del Papado con los líderes políticos mundiales; y, al incluir a los líderes soviéticos entre sus contactos, contribuyó a reducir la tensión entre comunistas y cristianos. Estableció relaciones amistosas con las Iglesias protestantes y ortodoxas, completando los encuentros personales con la institucionalización en el Vaticano de una Comisión para la Unidad Cristiana. Y eliminó de la liturgia las viejas alusiones contrarias a los judíos.

Publicó ocho encíclicas. Entre ellas, *Mater et Magistra* (1961), en donde actualizó la doctrina social de la Iglesia diseñada por León XIII* y Pío IX*, al incluir temas nuevos, como la obligación de los países ricos de contribuir al desarrollo económico del Tercer Mundo. *Pacem in Terris* (1963) fue la primera encíclica de la Historia dirigida «a todos los hombres de buena voluntad» y no sólo a los creyentes; en ella defendió los derechos humanos, criticó la carrera de armamentos y expresó su apoyo a las Naciones Unidas como instrumento de cooperación internacional y de preservación de la paz.

Pero el hecho principal del pontificado de Juan XXIII fue la convocatoria de un concilio para promover la adaptación de la Iglesia a los nuevos tiempos *(aggiornamento)* y el acercamiento a las restantes confesiones cristianas *(ecumenismo)*. El Concilio Vaticano II, primero que se celebraba desde el Vaticano I de 1870, comenzó sus sesiones en 1962. El papa anunció que su intención, a diferencia de la mayor parte de los 21 concilios anteriores, no era la de refutar errores, sino la de examinar en profundidad la religión católica para ofrecérsela al mundo del siglo XX en un lenguaje comprensible y significativo para las gentes. Esta actitud positiva hacia las novedades del mundo moderno se reflejó en múltiples reformas que dinamizaron a la Iglesia y la acercaron a las preocupaciones sociales de la época. Pero Juan XXIII no pudo ver el resultado de tales reformas, pues murió cuando apenas se habían celebrado las primeras sesiones del Concilio; la tarea de completar el Concilio y plasmar en la vida de la Iglesia tanto sus resoluciones concretas como su «espíritu» renovador en general, le correspondió a su sucesor, Pablo VI*.

JUAN SIN TIERRA Rey de Inglaterra, perteneciente a la dinastía Plantagenet* (Oxford, 1167 - Newark, Nottinghamshire, 1216). Era el quinto hijo de Enrique II*, quien le dejó sin territorio en el reparto de la herencia (de ahí procede el sobrenombre que le puso su propio padre). Sin embargo, pronto se hizo con un patrimonio y se convirtió en un importante señor de vasallos. Durante el reinado de su hermano, Ricardo *Corazón de León**, demostró una gran ambición de poder, conspirando en cuantas ocasiones se le ofrecieron (por ejemplo, la ausencia del rey cuando marchó a las Cruzadas). Al morir Ricardo en 1199, Juan se proclamó rey de Inglaterra, título que hubo de defender luchando contra su sobrino Arturo de Bretaña, cuyos derechos dinásticos apoyaba el rey de Francia, Felipe Augusto. Juan derrotó a Arturo y le hizo ejecutar en 1203; pero tuvo que seguir luchando contra múltiples enemigos hasta el fin del reinado. Sostuvo una guerra casi continua contra Francia por los feudos ingleses en el continente. También se enfrentó temporalmente con el papa Inocencio III (1209-13). Finalmente fueron sus propios súbditos los que se rebelaron: la acción combinada de los barones, obispos y burgueses le obligó a aceptar la *Carta Magna* (1215), primer compromiso escrito de un monarca inglés de respetar una serie de derechos y libertades. Dicho texto de carácter feudal, que ha seguido formando parte hasta nuestros días de la constitución consuetudinaria de Inglaterra, sentaba un precedente del sistema parlamentario, al instaurar una asamblea nobiliaria con potestad exclusiva para aprobar los nuevos impuestos. Juan intentó luego incumplir esa promesa, provocando una nueva insurrección de los barones para destronarle (1216); sólo su muerte permitió que le sucediera su hijo, Enrique III, salvando el Trono para la dinastía.

JUAN CARLOS I Rey de España (Roma, 1938 -). Hijo de don Juan de Borbón* y nieto, por tanto, de Alfonso XIII*, Juan Carlos nació en el exilio. La dictadura instaurada por Franco* al terminar la Guerra Civil (1936-39) mantuvo a la familia apartada del Trono y del país. Tras vivir con su familia en Italia, Suiza y Portugal, Juan Carlos pasó a España, donde sería educado bajo la tutela de Franco, por acuerdo entre éste y don Juan (1955). Recibió una formación amplia, que incluyó como componente fundamental el paso por las academias militares. En 1962 se casó en Atenas con la princesa Sofía, perteneciente a la casa real de Grecia, con la que ha tenido tres hijos: las infantas Elena, Cristina y el que luego sería príncipe de Asturias, Felipe. Las negociaciones de Franco con don Juan y la importante renuncia personal que éste hizo al dejar en manos del dictador la educación de su hijo, dieron el fruto apetecido al designar Franco a Juan Carlos como sucesor en la Jefatura del Estado (1969). Desde 1971 las funciones del príncipe se completaron con la previsión de que sustituyera temporalmente a Franco en situaciones de ausencia o enfermedad. Tal situación se produjo, efectivamente, en 1974, cuando Juan Carlos asumió por unos meses la Jefatura del Estado en funciones por enfermedad de Franco.

La muerte de Franco en 1975 conllevó, según las previsiones legales, la coronación de Juan Carlos como rey, restableciendo en España la monarquía de la Casa de Borbón*. El nuevo rey sorprendió al mundo impulsando entonces una transición pacífica de la dictadura a la democracia desde la legalidad vigente. Tan pronto como pudo se deshizo del último presidente del gobierno nombrado por Franco —Arias Navarro*— y nombró en su lugar a un joven más abierto y liberal: Adolfo Suárez* (1976). Con el apoyo continuo del rey, éste llevó adelante la reforma política (1977) y reunió unas Cortes constituyentes democráticas, de las que salió consensuada la Constitución que el pueblo español aprobó en referéndum en 1978. En tal proceso, don

Juan Carlos renunció a la mayor parte de los poderes que había heredado de la dictadura, quedando convertido en un monarca parlamentario con poderes meramente simbólicos y representativos, similares a los que poseen los demás reyes de Europa occidental. Con ello adquirió un gran prestigio internacional y una popularidad generalizada entre los españoles, pilares que han asegurado la continuidad de la monarquía que él encarna. Su última intervención pública decisiva para consolidar el régimen democrático tuvo lugar en 1981, cuando un intento de golpe de Estado protagonizado por Tejero y Miláns del Bosch, le obligó a salir públicamente en defensa de la legalidad, desautorizando a los golpistas y utilizando su ascendiente sobre los militares para llamarles a la disciplina; con ello contribuyó a desbaratar el golpe y acabó de ganarse el respeto general dentro y fuera de España.

Don Juan Carlos ha desempeñado fielmente las tareas que le atribuye la Constitución, interviniendo mediante consultas con los líderes parlamentarios en la designación del candidato a presidente del gobierno después de cada consulta electoral. Su función de representación del Estado le ha llevado a viajar incesantemente por el extranjero, en apoyo de la política exterior decidida por sus gobiernos; cabe destacar en este aspecto su liderazgo simbólico sobre la Comunidad Iberoamericana de naciones, así como el apoyo a la integración española en las organizaciones occidentales (OTAN y Unión Europea), que se ha producido durante su reinado. También viaja frecuentemente para visitar las distintas comunidades autónomas que componen el Estado español: en ese aspecto, la actitud abierta que ha demostrado hacia la pluralidad cultural y lingüística, la descentralización política y administrativa y las idiosincrasia de las diferentes regiones ha facilitado el mantenimiento del frágil equilibrio entre unidad y diversidad que diseñó la Constitución de 1978.

JUAN JOSÉ DE AUSTRIA (o el «segundo» Juan de Austria) Militar y político español (Madrid, 1629-1679). Hijo natural que tuvo Felipe IV de España* con la actriz María Calderón *(la Calderona)*. Fue criado en secreto, pensando en destinarle a la carrera eclesiástica; pero, por consejo del conde-duque de Olivares*, el rey le reconoció en 1642 para suplir la eventual falta de herederos varones. En 1643 fue elevado a la dignidad de príncipe y se le nombró prior de la orden militar de San Juan para los reinos de Castilla y León; sin embargo, el rey rechazó siempre su pretensión de ser legitimado y reconocido como infante. Empezó a emular las hazañas del primer Juan de Austria* con sólo 18 años, cuando fue puesto al mando de la flota enviada a sofocar la revuelta de Nápoles (1647-51). Su crédito aumentó al dirigir el sitio de Barcelona de 1652, que puso fin a la larga guerra de la Corona contra la rebelión de Cataluña, recibiendo el nombramiento de virrey de aquel territorio (1653-56). Después fue virrey de Flandes (1656-59), tarea en la que obtuvo algunos éxitos frente a los franceses, como el levantamiento del cerco de Valenciennes o la toma de Condé, pero no pudo evitar la pérdida de Dunkerke. Por último, Felipe IV le puso al mando del ejército español que intentaba recuperar el control de Portugal, tarea en la que fracasó (1661-64).

Desde la muerte de Felipe IV (1665) cambió la actividad militar por la política cortesana. A la vista de los problemas sucesorios y de la debilidad en que estuvo la Corona durante el reinado de su hermanastro Carlos II*, don Juan de Austria se esforzó por lograr una legitimación que le facilitara el acceso a la gobernación de la Monarquía. Incluso planeó casarse con una hija del rey difunto y alarmó a la rama austriaca de la Casa de Habsburgo* con sus poco disimuladas aspiraciones al Trono. La lucha por el poder le enfrentó a la reina gobernadora Mariana de Austria* y a su valido, el jesuita austriaco Nithard. Éstos intentaron apartarle destinándole a Flandes para contener un nuevo ataque francés; pero rechazó el nombramiento (1668). En aquel mismo año fue desterrado al descubrirse su implicación en un complot contra Nithard; antes de ser detenido, huyó a Cataluña y se puso al frente de una fuerza armada, con la que marchó hacia Madrid, forzando la caída de Nithard (1669). No obstante, no se atrevió a atacar la capital y vio cómo el poder quedaba en manos de un nuevo valido, Valenzuela; eludió como pudo nuevos intentos de la reina por alejarle de España destinándole a Flandes (1670) y a Nápoles (1675). En 1675 regresó fugazmente a Madrid, al cumplir Carlos II la mayoría de edad y llamarle para que le prestara juramento con honores de infante, en una tensa lucha del joven rey para librarse de la regencia de su madre y del poder de Valenzuela; pero fue alejado de la corte enseguida por influencia de la reina madre. Fue la presión de los grandes de España y de los militares la que logró su rehabilitación después de la caída de Valenzuela (1676). Desde que en 1677 se instaló en la corte dirigió el gobierno de la Monarquía hasta su muerte. En esos tres años, aparte de ajustar cuentas vengándose de la reina madre y de Valenzuela (al que desterró a Filipinas), sólo cabe destacar la Paz de Nimega (1678), por la que España cedió a Francia amplios territorios.

JUAN PABLO II (Karol Wojtila) Papa (Wadowice, Polonia, 1920 -). La invasión de su país por la Alemania nazi, con la que dio comienzo la Segunda Guerra Mundial (1939-45), le obligó a interrumpir sus estudios en la Universidad de Cracovia. Mientras trabajaba se preparó clandestinamente para el sacerdocio, ordenándose en 1946; por entonces Polonia había caído ya bajo la influencia de la Unión Soviética, instaurándose un régimen comunista que Wojtila condenaría toda su vida (de hecho la Iglesia católica fue uno de los grandes focos de resistencia al régimen comunista mientras éste perduró en Polonia). Fue profesor de teología y, en 1958, llegó a arzobispo de Cracovia. Participó activamente en el Concilio Vaticano II (1962-65) y en la consiguiente renovación de la Iglesia polaca. En 1967 fue nombrado cardenal por Pablo VI*; al morir éste, y tras el brevísimo pontificado de Juan Pablo I, un cónclave eligió papa a Wojtila, quien tomó el nombre de Juan Pablo II (1978).

La llegada del primer papa no italiano desde el siglo XVI dio lugar a una revitalización de la Iglesia católica, en gran parte debida a la energía de Wojtila. Poniendo fin a una etapa de dudas y divisiones internas, Wojtila restableció la autoridad pontificia y la unidad de la Iglesia en torno a su línea conservadora: desautorizó a las corrientes más innovadoras (como la «teología de la liberación») y a las minorías integristas cismáticas, lanzó al mundo sus propios modelos ortodoxos de conducta con una política masiva de canonizaciones y beatificaciones, y apoyó la expansión de grupos y corrientes de talante conservador (como el *Opus Dei* o *Comunión y Liberación*). Sensibilizado con la problemática de los países del Este de donde procedía, contribuyó con su autoridad moral y con su poder simbólico a poner fin a los regímenes comunistas europeos.

La novedad esencial del pontificado de Juan Pablo II ha sido el cambio en los modos de presencia y comunicación de la Iglesia con la sociedad. El papa ha desplegado una intensa actividad personal como comunicador, tanto en sus viajes por los cinco continentes como en las masivas audiencias y peregrinaciones que ha recibido en Roma; y, sobre todo, ha puesto los medios de comunicación modernos al servicio de la difusión del mensaje de la Iglesia. Esta renovación en los medios, sin embargo, la ha empleado para difundir un mensaje esencialmente dogmático y conservador: un retorno a los fundamentos de la doctrina y de la moral católicas para apartarse de los «riesgos» del *aggiornamento* iniciado por Juan XXIII*. Éste es el sentido del *Catecismo Católico* que hizo componer y publicar en 1992, así como de sus encíclicas: *Laborem exercens* (1981), *Sollicitudo rei socialis* (1987), *Centesimus annus* (1991) y *Splendor veritatis* (1993). El papa ha reafirmado los valores tradicionales de la persona y de la familia, rechazando las ideologías colectivistas y totalitarias, el capitalismo descontrolado, el laicismo y la libertad sexual. Reacio a revisar las tradiciones eclesiásticas en función de las tendencias sociales, ha rechazado con virulencia el aborto, el divorcio, el sacerdocio de las mujeres y la posibilidad del matrimonio de los clérigos. Con todo ello ha clarificado el mensaje de la Iglesia católica y ha elevado su prestigio entre los conservadores de todo el mundo.

JUANA DE ARCO, Santa Legendaria heroína francesa que combatió en la Guerra de los Cien Años (Domrémy, Champaña, h. 1412 - Ruán, 1431). Era hija de un labrador acomodado de Lorena y piadosa cristiana. En aquella época, la guerra que la Corona francesa sostenía contra la presencia de dominios ingleses en su reino se vio complicada por una guerra civil entre el regente duque de Orléans y el duque de Borgoña (apoyado por las corporaciones parisinas y aliado de Inglaterra). En una situación desesperada para el bando real (que había perdido la región de París), apareció esta campesina adolescente que decía haber escuchado voces de santos que, desde el cielo, le ordenaban liberar el territorio francés de manos extranjeras; el rey Carlos VII le concedió el mando sobre algunas tropas, con las que Juana liberó la ciudad de Orléans del cerco al que la tenían sometida los ingleses (1429). Envuelta en un halo de milagro, su presencia contribuyó a reanimar la resistencia del bando real, galvanizando a las tropas alrededor de esta figura femenina y virginal, en la que veían la intervención directa de Dios; Juana acompañó a las fuerzas del rey en la toma de Auxerre, Troyes, Châlons y Reims, donde fue coronado Carlos VII. Luego intentó tomar París, a cuyas puertas resultó herida. Y, cuando intentaba romper el cerco de Compiègne, fue apresada, juzgada y quemada viva en la hoguera, bajo la acusación de herejía. Una vez terminada la guerra civil y recuperado París por Carlos VII, Juana de Arco fue rehabilitada (1456). En 1920, el papa la canonizó. Para los nacionalistas franceses contemporáneos, Juana de Arco es un símbolo de la voluntad nacional de unidad e independencia, con un componente político conservador, católico y monárquico.

JUANA DE CASTILLA, *la Beltraneja* Princesa castellana (Madrid, 1462 - Lisboa, 1530). Aunque nacida del matrimonio de Enrique IV con su esposa Juana de Portugal, los adversarios de su padre la acusaron de bastarda, en virtud de los rumores sobre la impotencia del rey y la frivolidad de la reina; de ahí su sobrenombre, pues decían que era hija del favorito Beltrán de la Cueva. Esta circunstancia, de la que no existen pruebas, empezó a ser aludida por los participantes en la revuelta nobiliaria contra Enrique IV de 1464-68. Los rebeldes defendieron primero los derechos del infante don Alfonso (hermano del rey) y, al morir éste durante la revuelta, de su otra hermana, la infanta Isabel (la futura Isabel I, *la Católica**). Por el Pacto de los Toros de Guisando (1486) Enrique IV se comprometió a revisar el orden sucesorio (Juana había sido jurada como heredera por las Cortes) para dejar como heredera a Isabel; pero incumplió la promesa a raíz del matrimonio de Isabel con Fernando de Aragón (1469) y, en 1470, reconoció a Juana como heredera legítima. Al morir don Enrique cuatro años después, se inició una guerra civil en Castilla entre los partidarios de Isabel y los de Juana, apoyados éstos por el rey de Portugal, Alfonso V, que contrajo matrimonio con *la Beltraneja*. Tras ser derrotados sus partidarios, el Tratado de Alcaçovas (1479) obligó a Juana a recluirse en un convento de Coimbra. Salió de allí unos años más tarde para ir a establecerse en Lisboa, donde permaneció hasta su muerte haciéndose llamar reina de Castilla.

JUANA I, *la Loca* Reina de Castilla (Toledo, 1479 - Tordesillas, Valladolid, 1555). Era la tercera hija de los Reyes Católicos*, que la casaron con el archiduque austriaco Felipe *el Hermoso** (1496). La muerte de sus hermanos mayores y de un sobrino la convirtieron en heredera de las Coronas de Castilla y Aragón desde 1500. El mismo año en que fue jurada como heredera por las Cortes de Castilla (1502) empezó a manifestársele una enfermedad mental, determinada según algunos por la infidelidad de su marido, hacia quien sentía un amor apasionado. Al morir Isabel *la Católica**, Juana I y Felipe I fueron proclamados reyes de Castilla (1504); pero, dada la locura de la reina, se acordó que gobernarían conjuntamente en Castilla su marido y su padre el rey de Aragón, Fernando *el Católico**. Las malas relaciones entre el yerno (apoyado por la nobleza castellana) y el suegro hicieron que éste renunciara al poder en Castilla para evitar un enfrentamiento armado (1506). Pero aquel mismo año murió el rey Felipe, recuperando don Fernando la regencia en Castilla en nombre del hijo de Juana y Felipe (el futuro Carlos I de España y V de Alemania*). La demencia de la reina se agravó, permaneciendo recluida en Tordesillas desde 1509 hasta su muerte. En 1516 murió Fernando *el Católico* y Carlos I fue proclamado rey de Castilla y de Aragón, de modo que doña Juana no llegó a suceder a su padre en la Corona aragonesa; pero nunca fue declarada incapaz por las Cortes castellanas ni se le retiró el título de reina. Durante la Guerra de las Comunidades de Castilla (1520), los jefes comuneros alzados en armas contra su hijo intentaron ponerla de su parte; pero ella se negó a intervenir en el conflicto en ningún sentido.

JUANA II DE ALBRET, reina de Navarra. V. ALBRET, Casa de.

JUÁREZ GARCÍA, Benito Político mexicano (San Pablo Guelatao, Oaxaca, 1806 - México, 1872). Este abogado indígena se dedicó a la política movido por una sincera preocupación por la suerte del pueblo llano mexicano. Apoyado en la opinión liberal, llegó a ser gobernador del Estado de Oaxaca (1847-52), cargo que hubo de abandonar durante la dictadura del general Santa Anna* (1853-55). La toma del poder por los liberales le convirtió en ministro de Justicia (1855), luego vicepresidente del gobierno y, finalmente, presidente de la República (desde 1858 hasta su muerte). Lanzó una intensa política de laicización del país (separación entre la Iglesia y el Estado, nacionalización de los bienes eclesiásticos, supresión de las órdenes religiosas) y trató de someter tanto a la Iglesia como al ejército, para asegurar el éxito de la reforma agraria. Este espíritu modernizador se plasmó en la Constitución liberal de 1857. Pero las fuerzas conservadoras se alzaron en armas contra las reformas, dando lugar a una guerra civil; Juárez sostuvo la lucha desde Veracruz, contando con el apoyo de Estados Unidos, hasta que reconquistó la capital en 1860. Sin embargo, la decisión de suspender el pago de la deuda exterior provocó una intervención militar conjunta de Francia, Gran Bretaña y España en 1861; aunque llegó a un acuerdo que hizo retirarse a británicos y españoles, Napoleón III de Francia* aprovechó la ocasión para invadir México e intentar implantar allí un Imperio con Maximiliano de Austria* a la cabeza, apoyándose en los monárquicos y conservadores descontentos. Juárez necesitó otros cinco años de lucha (1862-67) para derrotar a los franceses, liquidar a Maximiliano y recuperar el poder. Pudo entonces consolidar el Estado liberal y laico que venía defendiendo; pero no pudo completar su programa de reformas políticas y sociales, debido a la desunión de sus partidarios y los múltiples brotes revolucionarios, guerrilleros y de bandolerismo que asolaron el país. Juárez fue traicionando paulatinamente todas sus ideas para conservar el poder: practicó el fraude electoral y acabó ejerciendo una dictadura personal.

JUI-TSUNG. V. T'ANG, Dinastía.

JULIÁN, Conde don (o Yulián, Olbán, Urbán o Urbano) Noble visigodo que, según la leyenda, facilitó la invasión musulmana de la península Ibérica con su traición (siglo VIII). Su identidad real permanece envuelta en el misterio, pues ni siquiera se sabe si era godo, bizantino o beréber. Parece que era un hombre de confianza de Vitiza (penúltimo de los reyes godos), a cuyos hijos acogió al morir aquél, en sus dominios de la provincia norteafricana de Tingitania (710). Posteriormente, y ante la presión de los musulmanes sobre la plaza de Ceuta, parece que llegó a un entendimiento con los jefes de éstos, Musa ibn Nusair* y Tariq ben Ziyad*; en esa colaboración pudo tener un papel importante la pertenencia de don Julián al «partido vitizano», que aspiraba a poner en el Trono visigodo a los hijos de Vitiza en lugar del recién electo don Rodrigo* (dicho partido representaría la opción de los hispanos «colaboracionistas» con la dominación musulmana, frente a los «antivitizanos» refugiados en Asturias); según otras versiones, el conde se pasó al bando musulmán por deseos de venganza contra el rey Rodrigo, que había deshonrado a su hija, La Caba. Sea como sea, don Julián cruzó el Estrecho encabezando una expedición mixta de vitizanos y musulmanes, que probablemente fue derrotada por las huestes de Rodrigo; y poco después acompañó a la expedición de Tariq que conquistó la Península y acabó con el reino visigodo (711).

JULIANO, *el Apóstata* (Flavio Claudio Juliano) Emperador romano (Constantinopla, 331 - Mesopotamia, 363). Este sobrino de Constantino I, *el Grande**,* fue uno de los pocos miembros de su familia que escaparon a la matanza que aquél ordenó en el 337 para eliminar rivales a sus descendientes directos. Pasó su juventud exiliado en Capadocia, donde recibió una cuidada educación en la cultura helenística; tomó contacto con los filósofos griegos de la época y se convirtió al paganismo clásico, si bien hubo de fingir que seguía la religión cristiana oficial en el Imperio. El emperador Constancio II le nombró césar en 355 y le casó con su hija. Destinado a la frontera del Rin, luchó eficazmente contra los germanos y reforzó las fortificaciones de la Galia; el prestigio militar que adquirió en aquellas campañas hizo que las tropas, amotinadas contra la orden de trasladarse a Oriente, le proclamaran emperador en Lutecia (París) en el 360. Marchó contra Constancio II, pero no llegó a combatir con él, pues la muerte del emperador en el 361 le franqueó a Juliano la entrada en Constantinopla. Durante su breve reinado, restableció el paganismo como religión oficial, protegió a los judíos y trató de desmontar la influencia adquirida por los cristianos, aunque sin lanzar persecuciones religiosas (les prohibió ocupar cargos públicos y dedicarse a la enseñanza). Emprendió un programa de reformas tendente a aligerar la burocracia y combatir la corrupción. Su última acción fue una campaña victoriosa contra los persas, que le llevó hasta el corazón de Mesopotamia (363); sin embargo, cuando se retiraba por falta de víveres, fue herido de muerte en una escaramuza. Le sucedió al frente de las tropas (y también del Imperio, en cuanto Juliano murió) un militar panonio llamado Joviano, que restableció oficialmente el cristianismo, ya muy arraigado entre las masas populares.

JULIO CÉSAR. V. CÉSAR, Cayo Julio.

JUSTINIANO I (Flavius Petrus Sabbatius Justinianus) Emperador bizantino (Tauresio, Macedonia, 482 - Constantinopla, 565). Procedía de una familia tracia muy humilde, encabezada por su tío Justino, el cual había ascendido en el ejército hasta ser nombrado emperador (518). Justino I no tuvo descendencia y designó como sucesor a Justiniano, asociándole al Trono en el 527 (el mismo año en que murió). Desde entonces hasta su muerte, se aplicó con energía a revitalizar el Imperio de Oriente, contando con la inestimable ayuda de su esposa, la emperatriz Teodora (una ex actriz de grandes cualidades intelectuales, que participó en tareas de gobierno hasta que murió en el 548). Justiniano centralizó y reformó la Administración, reforzó el absolutismo monárquico y el ceremonial cortesano, sometió a la jerarquía eclesiástica convirtiéndola en instrumento del poder imperial y emprendió grandes construcciones (como la basílica de Santa Sofía de Constantinopla). Tras asegurar la frontera oriental conteniendo a los persas («Paz Perpetua», 532), se propuso la reunificación del Imperio Romano, reconquistando los amplios territorios perdidos en Occidente con ayuda de sus generales Belisario* y Narsés. Aunque no lo consiguió del todo, sí recuperó de manos de los bárbaros el norte de África (arrebatado a los vándalos en el 534), Italia (arrebatada a los ostrogodos en el 540) y una franja del sureste de la península Ibérica (arrebatada a los visigodos en el 554); restauró así la unidad imperial de las riberas del Mediterráneo, a falta sólo de las costas de Marruecos, la Tarraconense y la Galia.

Tan importante o más que sus acciones de conquista fue el impulso que dio a la codificación del Derecho romano, controlando personalmente una comisión de expertos que lo recopiló, simplificó, armonizó y unificó en un *Corpus Iuris Civilis* (529). Estaba compuesto por un código de leyes imperiales vigentes (el *Código Justiniano),* una recopilación de dictámenes jurídicos (el *Pandectas* o *Digesto)* y un manual para la enseñanza del Derecho *(Instituciones).* Las leyes promulgadas por el propio Justiniano después de la promulgación del *Corpus Iuris Civilis* (534) fueron recopiladas y añadidas a aquél en las *Novelas.* La importancia de estos códigos va más allá de lo que supuso de racionalización y de reforzamiento del poder imperial en Bizancio: desde entonces constituyeron la base del Derecho imperial bizantino; pero fue también a través de ellos como se produjo la recepción del Derecho romano en Europa occidental a partir del siglo XII, sentando las bases para una cultura jurídica común en gran parte de las naciones europeas actuales (las que tienen un Derecho Civil de raíz romana).

Sin embargo, Justiniano fue un emperador impopular. Sus campañas exteriores y sus grandes construcciones arquitectónicas incrementaron los gastos del Estado, haciendo aumentar la presión fiscal. En el 532 estalló contra él una insurrección popular (la Revuelta de Nika), que fue ahogada en sangre por Teodora y Belisario (unos 30.000 muertos). También existieron disidencias religiosas: Justiniano persiguió a los seguidores de Arrio* y de Nestorio*, pero no se atrevió a hacer lo mismo con los monofisitas; aunque era un ortodoxo convencido (partidario de las tesis del Concilio de Nicea), no consiguió restablecer del todo la sintonía con el Papado, para no enemistarse con las tendencias monofisitas, muy extendidas en Oriente y especialmente en Siria y Egipto. A su muerte, recibida con júbilo por el pueblo, gran parte de su obra se vino abajo, pues Bizancio perdió la mayor parte de los territorios ganados en Occidente y se convirtió definitivamente en un Imperio oriental.

K

K'ANG-HI. V. Manchú, **Dinastía.**

KANT, Immanuel Pensador alemán, padre de la filosofía idealista (Königsberg, Prusia Oriental, 1724-1804). Este hombre de origen modesto vivió siempre en su ciudad natal, donde llevó una vida sencilla, solitaria y metódica, dedicada a la creación intelectual. Estudió filosofía, matemáticas y física en la Universidad de Königsberg, de la que más tarde fue profesor (1770). A partir de entonces comenzó a construir una «filosofía crítica» centrada en los problemas del conocimiento humano, en la que se mezcla la herencia del racionalismo de Leibniz* y del empirismo de Hume.

En su obra cumbre, la *Crítica de la razón pura* (1781), Kant trató de poner coto a las especulaciones metafísicas, afirmando la necesidad de suspender los juicios sobre aquellas cuestiones para las que no existen medios de prueba; la razón debe ponerse límites para hacerse objetiva y esos límites son los que definen la ciencia experimental. En la *Crítica de la razón práctica* (1788) fundamentó, sin embargo, una nueva metafísica consecuente con la idea de sustituir los juicios sobre cuestiones del mundo no sensible por el análisis de la naturaleza del espíritu humano en relación con tales cuestiones (como la ley moral, la existencia de Dios, la libertad individual o la inmortalidad del alma); indagando en el mundo inteligible, Kant trazó en esa obra un rigorismo moral.

Kant fue uno de los pensadores más destacados de la Ilustración, movimiento cultural que contribuyó a superar. Simpatizó con los ideales de la rebelión por la independencia de Estados Unidos y de la Revolución francesa. Su racionalismo le llevó a ser pacifista, antimilitarista y antinacionalista. En 1794 una orden real le amenazó con sanciones por lo que interpretaba como ataques a las enseñanzas de la Biblia; sin embargo, además de su extremado rigor moral, Kant era también un hombre religioso, ligado a la espiritualidad de la secta protestante del pietismo. La influencia de Kant ha sido inmensa. No se limita a sus seguidores directos, los filósofos kantianos, sino que es reconocible en el pensamiento de Schelling, Fichte*, Hegel* y sus respectivos seguidores. Dicha influencia se revitalizó a finales del siglo XIX con la aparición de una escuela neokantiana.

KAO-TSU (Lieu Pang). V. Han, **Dinastía.**

Kao-tsu (Li Yüan). V. T'ang, Dinastía.

Kao-tsung. V. T'ang, Dinastía.

Kapp, Wolfgang Político ultraderechista alemán (Nueva York, 1858 - Leipzig, 1922). Su carrera en la Administración de la Alemania imperial le llevó hasta el cargo de gobernador provincial en Prusia Oriental (1906), al tiempo que desarrollaba convicciones políticas ultranacionalistas. Durante la Primera Guerra Mundial (1914-18) se opuso públicamente a que Alemania aceptara una paz de compromiso y, más concretamente, a la resolución parlamentaria de 1917 por la que Alemania renunciaba a realizar anexiones territoriales; para ello fundó, junto con el almirante Tirpitz*, el Partido Patriótico Alemán. Las duras condiciones impuestas a Alemania tras la derrota por el Tratado de Versalles exacerbaron la reacción nacionalista de Kapp y le dieron cierta popularidad. En 1920 protagonizó un intento de golpe de Estado contra el gobierno democrático de la República de Weimar, conocido como «el *putsch* de Kapp»: apoyado por tropas de la Marina bajo el mando del general Lüttwitz, ocupó Berlín y se hizo proclamar canciller. Pero el éxito de la huelga general convocada por los sindicatos le obligó a abandonar a los cuatro días, refugiándose en Suecia. En 1922 se entregó a la Justicia alemana para hacer frente a la acusación de alta traición; pero estaba ya gravemente enfermo y moriría antes de celebrarse el juicio. A pesar de que su intentona golpista fracasó, contribuyó a debilitar al régimen democrático y puede considerarse un precedente de la ascensión del nacionalsocialismo de Hitler*.

Karim al-Hussaini, Aga Kan IV. V. Aga Kan.

Karolyi de Nagykaroly, Mihály, conde Primer presidente de la República de Hungría (Budapest, 1875 - Vence, Francia, 1955). Miembro de una de las principales familias de la aristocracia terrateniente, inició su carrera parlamentaria en las filas conservadoras (1905). Gradualmente, sin embargo, se fue inclinando hacia posturas más avanzadas: defendió la forma de Estado republicana y la independencia de Hungría con respecto a Austria. Criticó la vinculación del Imperio Austro-Húngaro con Alemania y, desde que estalló la Primera Guerra Mundial (1914-18), defendió la conveniencia de vincularse más bien a Francia y Rusia; más aún, consideró que la guerra no convenía a los intereses nacionales y que sólo se había llegado a ella por carecer de un sistema democrático. El curso desfavorable de la contienda fortaleció las posiciones políticas de Karolyi, quien derribó al gobierno encabezando un movimiento revolucionario popular que reclamaba la paz, la democracia y el socialismo (1918). Karolyi se apresuró a proclamar la independencia de la República Húngara (de la que fue nombrado presidente provisional), desentendiéndose de un último intento del emperador Carlos I* por mantener unida a la Monarquía de los Habsburgo*; pidió el armisticio, esperando que los aliados victoriosos consideraran que Hungría había sido víctima del dominio austriaco y fueran indulgentes con ella en los tratados de paz. Sin embargo, las fuerzas de la Pequeña Entente (Checoslovaquia, Rumania y Yugoslavia) penetraron profundamente en Hungría, arrebatándole los territorios de población eslava que había controlado tradicionalmente; y los aliados occidentales mostraron su intención de castigar a Hungría con fuertes recortes territoriales. El descrédito del gobierno Karolyi por estos fracasos dio lugar a nuevas agitaciones populares, que llevaron a la instauración del «Gobierno de los Sóviets» de Béla Kun* (1919). Karolyi partió al exilio, del que no regresaría hasta 1945, pues el régimen de Horthy* le consideró siempre un traidor. De 1946 a 1949 sirvió al régimen comunista húngaro como diplomático; luego se volvió a exiliar, en protesta por el carácter totalitario que adoptó el régimen.

KAUTSKY, Karl Teórico y activista socialdemócrata alemán (Praga, 1854 - Ámsterdam, 1938). En su juventud de estudiante en Viena se sintió atraído por el darwinismo, el materialismo y, finalmente, el marxismo. Hizo amistad con Marx* e ingresó en 1875 en el Partido Socialdemócrata Alemán (SPD). Durante algún tiempo fue secretario de Friedrich Engels*; en colaboración con éste dirigió desde 1883 la revista teórica socialista *Los nuevos tiempos* de Stuttgart, que se convirtió en el órgano ideológico más influyente de la Internacional Socialista (creada en 1889). Tras la muerte de Engels en 1895, defendió la ortodoxia marxista del Partido y de la Internacional, fijada por el Programa de Erfurt (que él mismo había contribuido a redactar en 1891); se enfrentó contra las innovaciones doctrinales que pretendía introducir la corriente *revisionista* liderada por Eduard Bernstein*, pero también contra los «desviacionistas» de izquierdas como Rosa Luxemburgo*. Entre el reformismo moderado de los primeros y el insurreccionalismo revolucionario de los segundos, Kautsky defendió una vía intermedia que confiaba en el derrumbe inmediato del sistema capitalista. Al estallar la Primera Guerra Mundial (1914), Kautsky se sumó a quienes consideraban que Alemania era culpable de la contienda, razón por la que se escindió con el Partido Socialdemócrata Independiente (USPD), que mantuvo un pacifismo activo convocando huelgas contra la guerra; por tal disidencia, el SPD le apartó de la dirección de *Los nuevos tiempos* (1917). Pero, adoptando una vez más una postura intermedia, también se alejó de los comunistas —a diferencia de la mayoría de los dirigentes del USPD— y criticó la Revolución rusa, acusando a Lenin* y a los bolcheviques de traicionar los principios democráticos y socialistas, desencadenando la revolución en un país que no estaba maduro y encaminándose hacia una dictadura represiva *(Terrorismo y comunismo,* 1918). Acabada la guerra fue viceministro de Asuntos Exteriores por un breve tiempo (1918). En 1919 colaboró en la edición de una colección de documentos destinados a mostrar las responsabilidades de Alemania y los Hohenzollern* en la reciente guerra; perdida su influencia en la socialdemocracia alemana, abandonó el país y se estableció en Viena, donde continuó publicando obras de teoría marxista. La anexión de Austria por la Alemania nazi le obligó a exiliarse en Checoslovaquia primero y en Holanda después.

KEIKI. V. **TOKUGAWA, Familia.**

KELSEN, Hans Pensador jurídico y político austriaco (Praga, 1881 - Berkeley, California, 1973). Este profesor de Filosofía del Derecho de la Universidad de Viena (desde 1917) fue uno de los principales autores de la Constitución republicana y democrática que se dio Austria en 1920, tras su derrota en la Primera Guerra Mundial (1914-18) y la consiguiente disgregación del Imperio Austro-Húngaro. En 1929 pasó a la Universidad de Colonia, pero la ascensión de Hitler* al poder le llevó a dejar Alemania (1933). Tras unos años enseñando en la Universidad de Ginebra, pasó a la de Praga (1936). Finalmente, el estallido de la Segunda Guerra Mundial (1939-45) le decidió a abandonar Europa, refugiándose en los Estados Unidos (1940). Allí ejerció la docencia en la Universidad de Harvard, de donde pasó a enseñar Ciencia Política en la de Berkeley (1942). Kelsen defendió una visión positivista que él llamó «teoría pura del Derecho»: un análisis formalista del Derecho como un fenómeno autónomo de consideraciones ideológicas o morales, del cual excluyó cualquier idea de «derecho natural». Analizando la estructura de los sistemas jurídicos llegó a la conclusión de que toda norma emana de una legalidad anterior, remitiendo su origen último a una «norma hipotética fundamental» que situó en el Derecho internacional; de ahí que defendiera la primacía del Derecho internacional sobre los ordenamientos nacionales. Su concepción del Derecho como técnica para resolver los conflictos sociales le convierte en uno de los principales teóricos de la democracia del siglo XX. Entre sus obras destacan: *De la esencia y valor de la democracia* (1920), *Teoría general del Estado* (1925) y *Teoría pura del Derecho* (1935).

KEMAL, Mustafá *(Attatürk)* Militar y político, fundador de la Turquía moderna (Salónica, 1881 - Estambul, 1938). Desde los inicios de su carrera militar se mostró opuesto a las tendencias absolutistas del sultán Abdul Hamid II. Para combatirlas, en 1905 creó en Damasco una sociedad militar secreta, de la cual nacería la organización de los Jóvenes Turcos, opuestos al mismo tiempo a los rasgos arcaicos del Imperio Otomano y a la continua intromisión en el mismo de potencias extranjeras. Participó con Enver Pachá* y los Jóvenes Turcos en el golpe de Salónica de 1908, que consiguió el restablecimiento de la Constitución y, un año más tarde, la deposición del sultán y su sustitución por Mehmet V. Kemal combatió en la Guerra de Libia (1911-12) y en la Primera Guerra Mundial (1914-18). Al terminar ésta con la derrota otomana y desmembrarse el Imperio, Kemal abandonó el Ejército; pero no sufrió represalias, a diferencia de otros generales, debido a las diferencias que había mantenido tanto con los militares alemanes como con los panislamistas que lideraba Enver Pachá. Incluso fue comisionado por el sultán para reprimir los desórdenes de la zona del mar Negro (1919).

Pero las negociaciones de paz con los aliados avanzaban hacia un recorte territorial drástico de Turquía, que Kemal no estaba dispuesto a admitir. Apoyándose en las tropas bajo su mando, se dirigió a Anatolia central y puso en marcha una sublevación nacionalista contra el sultán y contra el Tratado de Sèvres (1919-20). Estableció un gobierno propio en Ankara (adonde luego trasladaría la capital), abolió la monarquía y sostuvo una larga lucha hasta hacerse con el control del país, sometiendo a los kurdos, derrotando a italianos y franceses y expulsando a los griegos de Asia Menor (1922). En 1923 el Tratado de Lausana reconoció a la República de Turquía fundada por Kemal como el Estado nacional independiente que ha seguido siendo hasta nuestros días. En aquel mismo año, Kemal fue elegido presidente, cargo que mantuvo hasta su muerte y que ejerció de modo autoritario. Durante 25 años modernizó el país y le devolvió un lugar en la escena internacional, para lo cual hubo de vencer múltiples resistencias, especialmente la de los islamistas (insurrección del Kurdistán, 1925). Creó un Estado laico de corte occidental, emancipó a las mujeres, adoptó el Derecho europeo y trató de imponer modelos culturales occidentales en el vestido, las costumbres y la escritura (alfabeto latino y cifras arábigas). También impulsó la construcción de una red de transportes que garantizara la cohesión nacional, e impulsó un cierto crecimiento industrial. Jugando la baza del equilibrio entre Rusia y las potencias occidentales, acabó por conseguir el pleno control turco del Bósforo (Acuerdos de Montreux, 1936). Con todo ello puso las bases para el resurgimiento de Turquía de las cenizas del Imperio Otomano, por lo que recibió el apelativo de *Attatürk* o padre de los turcos.

KENNEDY, Clan. Familia de políticos estadounidenses del Partido Demócrata. Esta familia católica de origen irlandés se estableció en Boston (Massachusetts) a mediados del siglo XIX; pronto adquirieron influencia política representando los intereses de la comunidad irlandesa local.

Completaron su ascensión social en tiempos de **JOSEPH** (1888-1969), cuyas especulaciones financieras proporcionaron a la familia una de las mayores fortunas del país. Apoyó la campaña presidencial de Franklin D. Roosevelt*, y bajo su Administración fue nombrado embajador en Londres (1938). Sin embargo, hubo de abandonar el cargo un año más tarde, ya que sus inclinaciones antisemitas y su simpatía por la Alemania nazi le llevaron a defender el aislacionismo de Estados Unidos ante la Segunda Guerra Mundial (1939-45). Desde entonces se volvió contra Roosevelt en el seno del partido. Tanto él como su mujer, Rose Fitzgerald, orientaron a sus hijos hacia la política. La carrera del primogénito, **JOSEPH** (1915-42), se truncó al morir durante la guerra pilotando un bombardero sobre Francia. En cambio el segundo, **JOHN FITZGERALD*** (1917-63), llegó a ser presidente de los Estados Unidos en 1961. Su carrera se interrumpió también al morir asesinado. Su hermano **ROBERT FRANCIS** (1925-68), que había sido fiscal y un destacado senador (presidente del Comité de Encuestas del Senado desde 1954), fue designado ministro de Justicia al acceder John a la Presidencia. Destacó su trabajo en favor de la integración racial y, posteriormente, contra la intervención norteamericana en Vietnam. En 1968 quiso continuar la obra de su hermano asesinado, luchando por la nominación como candidato presidencial; pero murió tras sus primeros éxitos en las elecciones primarias de aquel año, asesinado también por un terrorista palestino contrario a su defensa del Estado de Israel. Continuó en la política un cuarto hermano, **EDWARD MOORE** (1932 -), que había sustituido a John como senador por Massachusetts en 1962. Su prestigio quedó empañado por el escándalo de un oscuro accidente de automóvil en el que murió su secretaria en 1969; condenado por imprudencia temeraria, hubo de abandonar de momento sus aspiraciones políticas. En 1980 intentó conseguir la nominación demócrata para la Presidencia, que le fue arrebatada por *Jimmy* Carter*. No obstante, siguió desempeñando un papel muy activo en el Senado, enfrentándose a las posteriores Administraciones republicanas. La generación más joven de la familia ha tenido menos éxito en sus empresas políticas: de los hijos de Robert, sólo JOSEPH (1952 -) logró un escaño en la Cámara de Representantes en 1986.

KENNEDY, John Fitzgerald 35.º presidente de los Estados Unidos de América (Brookline, Massachusetts, 1917 - Dallas, Texas, 1963). Perteneciente al «clan» de los Kennedy*, John estudió en la Universidad de Harvard y sirvió en la marina durante la Segunda Guerra Mundial (1939-45). Enseguida entró en la política, en las filas del Partido Demócrata: fue elegido por Massachusetts para la Cámara de Representantes (1946) y para el Senado (1953); y completó su rápida ascensión con la nominación demócrata para las elecciones presidenciales de 1960. Tras una campaña electoral en la que se televisó por primera vez un debate entre los candidatos, venció por un estrecho margen a su oponente republicano, Richard Nixon*, apoyándose en su imagen de hombre joven, culto, optimista y emprendedor. Al elegirle, los norteamericanos respaldaron su proyecto de la «nueva frontera», un ambiguo programa de cambio que quedaría plasmado en algunas realizaciones. Su acceso a la presidencia no se limitó a imprimir un nuevo estilo al gobierno federal americano y a despertar entre los ciudadanos grandes esperanzas de progreso y modernización: impulsó la igualdad de derechos civiles, poniendo toda la fuerza del Estado al servicio de las sentencias del Tribunal Supremo contra la discriminación racial vigente en los Estados del Sur; estimuló el espíritu de innovación y de competencia para revitalizar la economía; y dio el impulso político definitivo al proyecto Apolo, que permitiría la llegada del hombre a la Luna (lograda en 1969).

Sin embargo, en política exterior su Administración mostró una gran continuidad con las anteriores, manteniendo e incluso incrementando las tensiones de la «guerra fría». Ciertamente, se acercó a la Unión Soviética de Jruschov*, con quien se entrevistó en Viena (1961) y firmó un tratado de limitación de armas nucleares (1963); pero quiso también dar pruebas de firmeza, defraudando las expectativas de quienes esperaban de su talante progresista una actitud más pacifista. Permitió que siguiera adelante una invasión de Cuba por contingentes de exiliados anticastristas preparada desde tiempos de Eisenhower* para poner fin a la experiencia revolucionaria en la isla, empresa que fracasó ante la resistencia cubana (desembarco de la bahía de los Cochinos, 1961); cuando la Unión Soviética respondió instalando en Cuba misiles destinados a garantizar la defensa del régimen socialista, Kennedy reaccionó con un bloqueo naval de la isla y una escalada de amenazas que puso al mundo al borde de la guerra nuclear y que sólo cesaron tras la retirada de los misiles (crisis de los misiles, 1961-62). También envió los primeros militares norteamericanos a Vietnam. Y trató de fortalecer la presencia americana en el

Tercer Mundo incrementando la ayuda militar a los gobiernos leales e introduciendo artificios como los *Cuerpos de Paz* (técnicos voluntarios para ayudar a los países subdesarrollados) y la *Alianza para el Progreso* (organización de ayuda económica para el desarrollo de Iberoamérica).

El presidente Kennedy fue asesinado durante una visita a Dallas en circunstancias nunca aclaradas del todo. Le sucedió su vicepresidente Johnson*, el cual impulsó una investigación oficial que culpó del atentado a un único francotirador, Lee H. Oswald. Este joven oscuro murió a su vez asesinado por un enfermo terminal, borrándose todas las pistas de lo que muchos han señalado como un complot en gran escala, detrás del cual estarían los grandes magnates de la industria, los servicios secretos u otros poderes contrarios a la política del presidente.

KENT SIANO, Victoria Política española (Málaga, 1898 - Nueva York, 1987). En una época en la que las mujeres apenas tenían intervención en la vida pública española, Victoria comenzó a romper las barreras al estudiar Derecho en la Universidad de Madrid, hacerse abogada (fue la primera mujer en ingresar en el Colegio de Abogados de Madrid en 1924, en plena dictadura de Primo de Rivera*) y asumir la defensa de Álvaro de Albornoz ante el Tribunal Supremo de Guerra que le juzgó en 1930 por firmar un manifiesto republicano (fue la primera mujer del mundo que ejerció como abogada ante un tribunal militar). Tras proclamarse la Segunda República (1931) se presentó a las elecciones por el Partido Radical Socialista y obtuvo un escaño de diputada en las Cortes constituyentes. El gobierno de Azaña* le nombró directora general de Prisiones (1931-34), cargo desde el cual introdujo reformas para humanizar el sistema penitenciario: mejora de la alimentación de los reclusos, libertad de culto en las prisiones, ampliación de los permisos por razones familiares, creación de un cuerpo femenino de funcionarias de prisiones... Paradójicamente, a pesar de sus convicciones democráticas y feministas, Victoria Kent se opuso a la concesión del derecho de voto a las mujeres, pues creía que lo emplearían en un sentido conservador; y sostuvo una polémica al respecto con otra representante feminista en las Cortes republicanas, Clara Campoamor*. Durante la Guerra Civil (1936-39) fue enviada a París como secretaria de la embajada española (1937). Allí se quedó cuando las fuerzas de Franco* derrotaron a la República e instauraron una dictadura reaccionaria en España. Poco después se vio sorprendida por el estallido de la Segunda Guerra Mundial (1939-45) y la invasión alemana de Francia, que le obligó a esconderse para no caer en manos de la Gestapo. Permaneció el resto de su vida exiliada en México y Estados Unidos, donde dirigió la revista de los exiliados españoles, *Ibérica*.

KENYATTA, Jomo (Kamau Johnstone o Kamau Ngengi) Primer presidente de Kenia (Ichweri, Kiambu, 1893 - Mombasa, 1978). Inició sus actividades nacionalistas contra la dominación colonial británica en 1922, defendiendo a su tribu, los Kikuyu, de los abusos de los colonos blancos. Tras completar su formación intelectual y política en Moscú y Londres (1929-46), regresó a su país al término de la Segunda Guerra Mundial, considerando llegado el momento de reclamar la independencia. Reorganizó el partido nacionalista y panafricanista Unión Africana de Kenia, del que fue elegido presidente en 1947. Los británicos le encarcelaron en 1952 como consecuencia de la rebelión Mau-Mau, un violento movimiento campesino en el que no tenía responsabilidad alguna. Ello acrecentó su popularidad como mártir de la causa nacional. Cuando recobró la libertad en 1961 fue elegido presidente del nuevo partido KANU (Unión Nacional Africana de Kenia), partidario de la independencia bajo un Estado unitario, frente a su rival federalista KADU (Unión Democrática Africana de Kenia). Decididos a iniciar el proceso de concesión de la independencia, los británicos organizaron unas primeras elecciones, en las que resultó vencedor el KANU, convirtiéndose Jomo Kenyatta en primer ministro e interlocutor de la colonia (1961-64); obtuvo la autonomía de Kenia en 1962 y la independencia en 1963. Luego resultó elegido presidente de la República en las primeras elecciones del país independiente, celebradas en 1964; conservaría el cargo hasta su muerte. Aunque en teoría defendía un modelo socialista adaptado a las realidades africanas (según las propuestas de Julius Nyerere*), practicó más bien una política económica liberal, que hizo aumentar las desigualdades sociales. La oposición populista fue reprimida y proscrita, implantándose un régimen de partido único desde 1969; la corrupción, la violencia política, el autoritarismo presidencial y el favoritismo hacia los Kikuyu marcaron la larga presidencia del Mzee («el Viejo»).

KEPLER, Johannes Científico alemán (Weil der Stadt, Alemania, 1571 - Ratisbona, Baviera, 1630). Estudió en la Universidad de Tubinga, en donde conoció la innovadora teoría de Copérnico* según la cual la Tierra y los planetas giraban alrededor del Sol (y no el Sol alrededor de la Tierra como se creía entonces de forma mayoritaria). En 1600, el astrónomo imperial Tycho Brahe le invitó a trabajar como ayudante en su observatorio de Praga; la muerte de Brahe al año siguiente hizo que el emperador Rodolfo II designara a Kepler para sucederle como matemático imperial. Heredó así la documentación en la que Brahe había anotado las observaciones realizadas a lo largo de su vida sobre el movimiento de los planetas. Kepler estudió esa documentación y elaboró sus propias leyes acerca del movimiento de los planetas, tomando como base la idea heliocéntrica copernicana. En su obra *Astronomia nova* (1609) defendió que los planetas giran describiendo órbitas elípticas en uno de cuyos focos se encuentra el Sol («primera ley de Kepler») y que la traslación de los planetas es tanto más rápida cuanto más cerca se encuentran del Sol, barriendo con sus radios áreas iguales en iguales periodos de tiempo (segunda ley). En *Harmonices Mundi* (1619) completó su sistema con una tercera ley que establecía la proporcionalidad entre el cuadrado del tiempo de revolución de los planetas y el cubo de sus distancias medias al Sol. Paradójicamente, su acertada formulación del problema fundamental de la astronomía no atrajo mucha atención en su época e incluso fue despreciada por Galileo*; pero, a partir de la época de Newton*, recibiría aceptación general como descripción de las leyes naturales que rigen el Sistema Solar. Y, sobre todo, sentó un método nuevo, llamado a desarrollarse a partir de la Revolución Científica del siglo XVII: la búsqueda de armonías matemáticas en los fenómenos naturales expresaba, al mismo tiempo, la confianza en la existencia de un orden en el caos aparente del Universo y la exigencia de la cuantificación sistemática para alcanzar un conocimiento cierto.

KERENSKI, Alexander Feodoróvich Político ruso (Volks, 1881 - Nueva York, 1970). Era hijo de un maestro de escuela, que casualmente tuvo a Lenin* entre sus discípulos. Tras estudiar Derecho en la Universidad de San Petersburgo, se dedicó a la lucha política contra el zarismo, resultando elegido diputado de la Duma por el Partido Social Revolucionario (1912). La primera Revolución rusa de 1917 *(Revolución de febrero),* que derrocó al zar Nicolás II*, le convirtió en ministro en el gobierno provisional del príncipe Lvov, primero de Justicia y luego de la Guerra; también fue dirigente del comité ejecutivo designado por los *sóviets* para controlar el ejército. Contribuyó a desbaratar un intento de golpe de Estado bolchevique en Petrogrado, obligando a Lenin a refugiarse temporalmente en Finlandia; como consecuencia del golpe, Kerenski fue nombrado primer ministro. Trató de impulsar la guerra contra Alemania (cuyo curso desfavorable había sido una de las causas de la revolución), lanzando una gran ofensiva en la zona de Galitzia dirigida por el general Brusilov; pero fracasó ante el triple obstáculo de la resistencia militar alemana, la desorganización del ejército ruso y los deseos de paz del pueblo. En septiembre desbarató un nuevo intento de golpe de Estado, esta vez de tendencia reaccionaria, protagonizado por el general Kornilov*. Pero, abandonado por los partidos moderados, no pudo hacer nada cuando los bolcheviques se hicieron con el control de los *sóviets;* sucumbió ante una segunda revolución en aquel mismo año de 1917 *(Revolución de octubre),* que instauró una dictadura comunista hasta 1991. Kerenski hubo de huir y permanecer exiliado hasta su muerte; con su caída se cerró la posibilidad de que la Revolución rusa transitara por vías democráticas.

KEYNES, John Maynard Economista inglés (Cambridge, 1883 - Firle, Sussex, 1946). Recibió una educación de elite en Eton y Cambridge, orientándose hacia la economía por consejo de su maestro, Alfred Marshall*. Tras un breve periodo trabajando en el servicio administrativo británico para la India, en 1909 entró como profesor en el King's College de Cambridge, donde enseñaría economía hasta su muerte. Fue un hombre de vasta cultura, un humanista erudito y de prosa exquisita, gran orador, contertulio y mecenas de intelectuales y artistas; pero también fue un hombre de mundo interesado por los asuntos políticos y por la economía práctica, dedicando parte de su tiempo a negocios ajenos y propios con los que llegaría a hacerse millonario.

Todos sus escritos económicos fueron respuesta a problemas acuciantes de la economía de su tiempo. Así, como fruto de su trabajo en la Administración colonial, escribió *La moneda india y las finanzas* (1913). *Las consecuencias económicas de la paz* (1919) fue resultado de su participación como representante del Tesoro en la delegación británica enviada a negociar el Tratado de Versalles después de la derrota de Alemania en la Primera Guerra

Mundial (1914-18); Keynes dimitió de aquel cargo para mostrar su desacuerdo con las duras condiciones impuestas a los vencidos y escribió este libro para argumentar que tales condiciones, fruto de un espíritu de venganza, serían imposibles de cumplir y conducirían a la ruina económica de Alemania, con graves consecuencias para el resto del mundo. Desgraciadamente, el tiempo demostró que sus previsiones eran acertadas, y Keynes volvió sobre el tema en *Una revisión del tratado* (1922). Las cuestiones monetarias siguieron atrayendo su atención en el *Tratado sobre la reforma monetaria* (1923) y el *Tratado sobre el dinero* (1930), en donde criticó respectivamente la adhesión al patrón oro y la teoría cuantitativa de la moneda.

Pero su obra decisiva fue la *Teoría general de la ocupación, el interés y el dinero* (1936), con la que dio una respuesta definitiva a la grave depresión económica desencadenada en todo el mundo a partir del *crash* de la Bolsa de Nueva York de 1929. Retomando intuiciones olvidadas de los teóricos del subconsumo (como Malthus*), Keynes indicó que la causa de la crisis era la insuficiencia de la demanda, debida a la creciente propensión marginal al ahorro de las sociedades desarrolladas (esto es: que a medida que aumenta la renta, es mayor la parte de ésta que se destina al ahorro y menor la que se dedica al consumo, con lo que una parte de la producción no encuentra comprador). En su opinión, el desempleo así originado no podía remediarse únicamente con medidas monetarias. La debilidad del consumo privado sólo podía remediarse incrementando el gasto público en periodos de recesión, haciendo que el Estado incurriera en un déficit para crear demanda adicional. La importancia de los puntos de vista contenidos en aquel libro fue tal que fundó toda una rama de la teoría económica moderna, la *macroeconomía*, dedicada a explorar las relaciones entre los grandes agregados de la renta nacional.

Tras vencer las resistencias conservadoras de la ortodoxia liberal, la «revolución keynesiana» fue penetrando en el mundo académico y en las políticas económicas de los países: influyó quizá sobre el *New Deal* de Franklin D. Roosevelt*, pero fue sobre todo después de la Segunda Guerra Mundial (1939-45) cuando se extendió como una nueva ortodoxia, determinando las políticas económicas de todo el mundo occidental durante más de tres décadas de crecimiento sostenido. Los partidos conservadores y liberales se sumaron a esta política capaz de devolver la estabilidad al sistema capitalista después de los sobresaltos del periodo de Entreguerras; e incluso los socialdemócratas la aceptaron con entusiasmo, en la medida en que justificaba la intervención del Estado en la economía y el crecimiento del sector público. El prestigio alcanzado por Keynes fue tal que el rey Jorge VI le nombró barón en 1942, ingresando en la Cámara de los Lores. Al final de su vida ejerció una influencia directa sobre la política económica de su país como director del Banco de Inglaterra y asesor del ministro del Tesoro. En 1944 presidió la delegación británica en la Conferencia de Bretton Woods, donde contribuyó a dar forma al Fondo Monetario Internacional.

KIA TSING. V. **MING, Dinastía.**

K'IEN-LONG. V. **MANCHÚ, Dinastía.**

KIM IL SUNG (Kim Song Ju) Dirigente comunista de Corea del Norte (Mangyondae, 1912 - Pyongyang, 1994). Este militante de las Juventudes Comunistas coreanas, de origen campesino, participó activamente en la lucha contra la ocupación japonesa de Corea desde 1931. La expulsión de los japoneses al término de la Segunda Guerra Mundial (1939-45) llevó a la división de Corea en dos zonas de ocupación —americana y soviética—, lo cual permitió que los soviéticos pusieran a Kim Il Sung en el poder en la zona Norte. Fue designado secretario general del Partido (1945) y presidente del gobierno provisional (1946). Rechazó la celebración de elecciones democráticas bajo la supervisión de las Naciones Unidas y proclamó la República de Corea del Norte, de la que se erigió en primer ministro (1948). Allí instauró una dictadura comunista apoyada por la URSS y, más tarde, por China. En 1950 lanzó un ataque por sorpresa contra Corea del Sur, con la intención de reunificar el país bajo su régimen; pero la reacción de los Estados Unidos se lo impidió, dando lugar a la Guerra de Corea (1950-53). Un ejército multinacional auspiciado por las Naciones Unidas contraatacó, haciendo necesaria la intervención militar directa de China para salvar la existencia de la República de Corea del Norte. Más tarde, la ruptura entre la Unión Soviética y China hizo a Kim Il Sung decantarse por la alianza con esta última, después de intentar el equilibrio entre ambas (1962). En 1972 dio al país una nueva Constitución, proclamándose presidente de la República. A medida que fue envejeciendo, se endureció el carácter represivo y totalitario de su régimen, cada vez más anquilosado y cerrado al exterior. Murió rodeado de un extraordinario culto personal, tras haber designado como sucesor a su hijo Kim Jong Il, originando así la primera transmisión hereditaria del poder en un régimen comunista.

KING, Martin Luther Dirigente del movimiento de los negros de Estados Unidos contra la discriminación racial (Atlanta, Georgia, 1929 - Memphis, Tennessee, 1968). Al igual que su padre, era pastor de la Iglesia baptista, labor que desempeñaba en Montgomery (Alabama). En 1955-56 instigó una primera campaña de protesta contra la discriminación que sufrían los de su raza en los Estados del Sur; dicha campaña consistió en boicotear los transportes públicos de su ciudad, en los que los negros estaban obligados legalmente a ceder los asientos a los blancos. A partir de entonces lanzó un movimiento de mayor alcance, empleando su carisma y su oratoria para reunir en 1957 una conferencia de líderes religiosos cristianos de todo el sur de los Estados Unidos para luchar contra la segregación racial; aquel movimiento se inspiró en los métodos no violentos preconizados por Gandhi*. Bajo el liderazgo de King, las masas afroamericanas realizaron marchas de protesta, manifestaciones, sentadas y actos simbólicos contra la discriminación en los transportes y en las escuelas.

Sin embargo, los métodos pacifistas de King contrastaban con la violencia que exhibían tanto los blancos racistas (organizados en el Ku Klux Klan) como los revolucionarios negros radicales (*Malcom X**, por ejemplo). La tensión se agravó en 1962, cuando las autoridades segregacionistas de algunos Estados del Sur se opusieron incluso a las sentencias del Tribunal Supremo favorables a la igualdad de derechos civiles de los negros, provocando la intervención federal para hacerlas cumplir, por orden del presidente Kennedy*. En el verano de 1963 la espiral de violencia se extendió, amenazando con dar al traste con los esfuerzos pacíficos y democráticos de King; éste reaccionó convocando una gigantesca marcha de sus partidarios sobre Washington en apoyo del programa para la concesión de derechos civiles de la Administración Kennedy, al final de la cual pronunció un encendido discurso sobre su «sueño» de una América sin desigualdades raciales. Asesinado Kennedy en aquel mismo año, King resaltó aún más como símbolo del pacifismo y de la lucha por la dignidad humana en todo el mundo, viendo reconocidos sus esfuerzos con la concesión del Premio Nobel de la Paz en 1964; pero entre los negros americanos, desencantados por la brutalidad de sus oponentes, fue perdiendo predicamento frente a otros líderes jóvenes más radicales. En los últimos años de su vida extendió sus acciones hacia otros objetivos, como la lucha contra la pobreza o contra la participación americana en la Guerra de Vietnam. Murió asesinado por un blanco racista un 4 de abril; el Congreso norteamericano decretó festivo ese día en honor de King, a partir de 1983, reconociendo el mérito de haber encauzado por métodos no violentos la lucha por la igualdad democrática de la población negra, mayoritaria en el sur de los Estados Unidos.

KISSINGER, Henry Político y diplomático estadounidense (Fuerth, Alemania, 1923 -). Su origen judío le obligó a abandonar Alemania con su familia para escapar de la persecución nazi (en 1938). En 1942 obtuvo la nacionalidad americana, pero el hecho de no haber nacido en Estados Unidos pesaría siempre sobre su futuro, cerrándole la posibilidad de ser candidato a la presidencia. Estudió Ciencias Políticas y se dedicó a la enseñanza en la Universidad de Harvard, antes de pasar a la política activa de la mano del Partido Republicano. El presidente Nixon* aprovechó su conocimiento de la política internacional, nombrándole asesor para asuntos de seguridad nacional en 1968; la brillantez con la que ejerció su labor hizo que en 1973 le nombrara secretario de Estado (ministro de Asuntos Exteriores). Cuando Nixon hubo de dimitir, forzado por el escándalo *Watergate,* y le sucedió el vicepresidente Ford (1974-77), éste mantuvo a Kissinger al frente de la política exterior.

Durante los cuatro años en que dirigió la diplomacia norteamericana, Kissinger diseñó una nueva política exterior y quizá incluso un nuevo marco internacional. Impulsó la distensión mediante la renuncia de los Estados Unidos al principio de intervención militar global, así como el reconocimiento de la Unión Soviética como interlocutora y partícipe de la hegemonía mundial (Conferencia de Helsinki, 1975). Fue uno de los principales artífices del acercamiento de los Estados Unidos a la República Popular China (viajó a Pekín en 1971, donde preparó el reconocimiento diplomático del régimen de Mao* y la visita de Nixon en 1972). Sus esfuerzos por la paz se orientaron hacia dos escenarios principales, que constituían dos «puntos calientes» de fricción entre las superpotencias: Vietnam, en donde negoció el fin de la guerra y la retirada del Ejército americano (1973); y Oriente Medio, en donde medió para restablecer la paz entre Israel y sus vecinos árabes, poniendo fin a la Guerra de Yom Kippur (1973). También cabe destacar su intervención en el conflicto de Rhodesia, que contribuyó a poner fin a la guerra civil con unas elecciones libres que otorgaron el poder a la mayoría negra (1976). En 1973 le fue concedido el Premio Nobel de la Paz. Desde su retirada se ha dedicado a los negocios y a la redacción de sus memorias; su inmenso prestigio le ha mantenido, sin embargo, como un consejero habitual de los posteriores presidentes americanos sobre temas de política internacional.

KITCHENER, Horace Herbert
Militar británico destacado en las guerras coloniales del periodo álgido del imperialismo (Bally Longford, Kerry, 1850 - océano Atlántico, 1916). Sus primeros destinos fueron en Francia, Palestina, Chipre y Egipto (1871-83). En 1885 fue enviado a Sudán para socorrer al general Gordon*, sitiado en Jartum por las fuerzas del Mahdi*, pero no llegó a tiempo. Luego fue nombrado *sirdar* o comandante en jefe del ejército de Egipto (1890), con la misión de recuperar el control anglo-egipcio del Sudán; cumplió el objetivo tras vencer a las fuerzas del Mahdi en Omdurman y tomar Jartum (1898). En su avance hacia el sur del Sudán se encontró en Fachoda con las fuerzas francesas del general Marchand, que avanzaban hacia el Este; el «incidente de Fachoda» (1898) reflejaba la pugna entre las grandes potencias por el control del mundo en general y de África en particular, plasmado en el proyecto británico de unir sus posesiones del norte y del sur de África en un continuo territorial de El Cabo a El Cairo, mientras que los franceses pretendían igualmente unir sus colonias del África Occidental con el enclave de Djibuti; tras arduas negociaciones diplomáticas, el incidente se resolvió sin enfrentamiento militar, con la retirada francesa y el consiguiente control británico del alto Nilo. Kitchener fue ennoblecido por sus éxitos en Sudán, con el título de conde Kitchener de Jartum. Luego fue destinado a Sudáfrica, donde combatió en la Guerra de los *Bóers* (1899-1902), primero como adjunto de Roberts y luego como comandante en jefe en sustitución de aquél (1900-02); empleó métodos contundentes, como la concentración de la población en poblados fortificados, que, aunque levantaron muchas críticas, fueron acabando con la resistencia guerrillera de los *bóers*. De allí pasó a la India, donde sirvió como comandante en jefe de las fuerzas británicas (1902-09); sostuvo un agrio conflicto con el virrey Curzon*, pero vio defraudadas sus aspiraciones de sustituirle en el puesto. Luego fue representante británico en el protectorado de Egipto (1911-14). Nada más estallar la Primera Guerra Mundial, en 1914, fue nombrado ministro de la Guerra en el gobierno de Asquith*; desde aquel cargo consiguió elevar la moral de combate de las tropas y de la población británica, pero apenas pudo iniciar la necesaria reorganización del Ejército, en medio de graves disensiones con sus colegas de gabinete y con los altos mandos militares. Murió cuando una mina alemana hundió el barco en el que viajaba hacia Rusia, cerca de las Órcadas.

KOHL, Helmut Político alemán (Ludwigshften, Palatinado, 1930 -). Procedente de una familia de clase media de Alemania occidental, Kohl estudió

Historia y Ciencias Políticas en la Universidad de Heidelberg. Con sólo 15 años, al terminar la Segunda Guerra Mundial se integró en las juventudes del recién fundado partido demócrata cristiano (CDU). Durante una larguísima carrera política en la que siguió fielmente la estela de Adenauer*, fue ocupando puestos políticos de responsabilidad creciente en su *Land* natal de Renania-Palatinado, hasta llegar a presidir el gobierno regional (1969). De allí saltó a la política nacional avalado por su buena gestión y se convirtió en presidente de la CDU en 1973. Aunque su partido obtuvo buenos resultados en las elecciones siguientes (1976), la coalición entre socialdemócratas y liberales permitió que el poder siguiera en manos de Helmut Schmidt, quedando Kohl como líder de la oposición en el Parlamento federal de Bonn. En la siguiente convocatoria electoral, en 1980, se vio obligado a ceder la candidatura democristiana a la Cancillería en favor del bávaro Franz Joseph Strauss, que resultó derrotado por un amplio margen. Kohl continuó ejerciendo el liderazgo de la oposición hasta que, en 1982, los liberales se desmarcaron de la mayoría socialdemócrata que apoyaba al gobierno; una moción de censura de liberales y democristianos desplazó a Schmidt y convirtió a Kohl en canciller de la República Federal Alemana. Ha seguido ocupando ese puesto hasta nuestros días, batiendo el récord de longevidad política que ostentaba Bismarck*; para ello ha tenido que ganar cuatro elecciones generales sucesivas: las de 1983 y 1987 en la Alemania occidental y las de 1990 y 1994 ya en la Alemania reunificada.

Y es que, efectivamente, el logro principal de Kohl puede considerarse la reunificación de las dos zonas en las que había quedado dividida Alemania al término de la Segunda Guerra Mundial: aprovechando hábilmente la apertura política promovida por Gorbachov* en el bloque socialista y el consiguiente hundimiento del régimen comunista de la Alemania oriental (República Democrática Alemana) en 1989, Kohl impulsó el triunfo electoral de sus socios democristianos del Este y una rápida reunificación del país por la vía de integrar a los *Lander* orientales en la República Federal Alemana, antes limitada a la parte occidental (1990); a pesar del entusiasmo que suscitó inicialmente el logro inesperado de ese objetivo largamente deseado por la población de las dos Alemanias, la forma en que se realizó la unificación ha tenido costes sociales, económicos y políticos muy altos, haciendo aumentar el paro, la desigualdad y la xenofobia en el país. Por lo demás, en la brillante gestión de Kohl cabe destacar su decidido europeísmo, basado en el reforzamiento del eje franco-alemán para profundizar la integración y ampliación de la Comunidad Europea (Unión Europea desde 1993); con una política económica apegada a la ortodoxia liberal ha incrementado el protagonismo de Alemania como motor económico de Europa y eje de su anunciada unificación monetaria; leal al compromiso político-militar fundamental con Estados Unidos (inició su gestión logrando que el Parlamento aprobara el despliegue en territorio alemán de los misiles americanos de alcance medio), Kohl ha sabido, sin embargo, incrementar la independencia y el protagonismo internacional de Alemania, rentabilizando su éxito económico y su peso en las instituciones europeas para aumentar su presencia en todo el mundo, especialmente en Europa oriental y los Balcanes. Por lo demás, Kohl se ha mostrado siempre como un pragmático, hábil para la improvisación, la negociación y la transacción, pero también fiel a sus principios ideológicos, con sentido del Estado y visión de futuro.

KOLCHAK o **KOLTCHAK, Alexis Vasiliévich** Marino ruso (San Petersburgo, 1874 - Irkutsk, 1920). Procedente de la pequeña nobleza ucraniana, ascendió en la Armada zarista por su participación en la Guerra Ruso-Japonesa (1905) y en varias expediciones al océano Polar Ártico. Ya con el grado de almirante, mandó la flota del mar Negro durante la Primera Guerra Mundial (1914-18). Después de la Revolución de febrero de 1917, que derrocó a Nicolás II*, se mantuvo fiel a la monarquía y fue destituido del mando por una revuelta de sus marineros. Después del triunfo bolchevique en la Revolución de octubre, abandonó Rusia y conspiró con los británicos para lanzar una contrarrevolución. En 1918 desembarcó en el extremo oriental de Siberia, destituyó a las autoridades comunistas y creó un gobierno contrarrevolucionario con sede en Omsk. Recibió el reconocimiento de Francia y Gran Bretaña como gobierno legítimo de Rusia, convirtiéndose, por tanto, en el componente principal de los ejércitos *blancos* que trataran de recuperar el control de Rusia durante la Guerra Civil (1918-20). Al frente de un numeroso ejército avanzó por Siberia hasta los confines de la Rusia europea, donde se le unió un contingente adicional formado por prisioneros de guerra bohemios y moravos que se habían rebelado contra los bolcheviques (la *Legión Checa*). Desde finales de 1918 hasta comienzos de 1920 luchó contra el Ejército Rojo en la región de los Urales; pero fue derrotado y hubo de retirarse hacia el este. Sus propios soldados se amotinaron y le entregaron a las autoridades soviéticas, que le hicieron ejecutar.

KORNILOV, Lavr Georgiévich Militar ruso (Ust-Kamenogorsk, 1870 - Ekaterinodar, 1918). De origen cosaco, este oficial zarista fue puesto al mando del Ejército ruso por el gobierno revolucionario de Kerenski*, sustituyendo a Brusilov a raíz de su fracaso en la ofensiva de Galitzia (1917). Kornilov colaboró con Kerenski en el difícil intento de restablecer la disciplina en el ejército ruso, desorganizado por la Revolución de febrero y por sus reiterados fracasos en la Primera Guerra Mundial (1914-18). Sin embargo, Kornilov simpatizaba con las fuerzas conservadoras contrarias a la Revolución; cuando solicitó mayores poderes a Kerenski, éste desconfió y prefirió destituirle para evitar que encabezara una escalada de poder de los militares. Kornilov intentó entonces dar un golpe de Estado, marchando con sus tropas sobre Petrogrado (septiembre de 1917); fracasó, fue detenido y encarcelado, pero consiguió escapar a Ucrania. Al ser derrocado Kerenski por la Revolución de octubre, que llevó al poder a los bolcheviques de Lenin*, Kornilov obtuvo el mando de los ejércitos *blancos* que se formaron en el sur para combatir a los *rojos*. Al comienzo de la Guerra Civil (1918-20) fundó en el sur de Rusia una efímera República del Don contrarrevolucionaria. Murió en combate contra el Ejército Rojo en la zona del Cáucaso.

KOSSUTH, Lajos Dirigente nacionalista húngaro (Monok, 1802 - Turín, Italia, 1894). Nació en una familia de la pequeña nobleza protestante magiar, originaria de Eslovaquia. Estudió Derecho y se distinguió por sus proclamas nacionalistas y liberales contra la dominación austriaca, tanto desde la prensa como desde la Dieta húngara (asamblea nobiliaria de la que formó parte en 1825-27 y 1832-36). Incluso fue encarcelado por ese motivo en 1837-40, acusado de traición por las autoridades austriacas. Ello acrecentó su popularidad y le facilitó la reelección en 1847. Sus discursos le erigieron en líder de un nacionalismo húngaro que se oponía tanto a la hegemonía del elemento germánico en el seno del Imperio Austriaco como a las aspiraciones de igualdad de los pueblos eslavos. En 1848, en el marco de una revolución generalizada en muchos lugares de Europa, lanzó una rebelión independentista en Hungría; fue nombrado ministro de Hacienda del gobierno provisional y presidente del comité encargado de organizar la resistencia frente al contraataque imperial; en 1849 fue nombrado jefe del gobierno y depuso formalmente a la dinastía de Habsburgo* en el territorio bajo su control. Pero el ejército que formó no fue capaz de resistir los ataques combinados del ejército imperial, la rebelión croata y la enemistad de los grandes propietarios y la Iglesia católica; en aquel mismo año, la intervención de un ejército ruso desequilibró el conflicto, restableciendo la unidad del Imperio Austriaco. Kossuth hubo de huir a Turquía y permaneció el resto de su vida en el exilio, conspirando contra la monarquía de los Habsburgo y viendo cómo fracasaban sus llamamientos a la insurrección. En 1867 la presión del nacionalismo magiar condujo a una reestructuración dual del Imperio Austro-Húngaro, basada en la autonomía entre la parte occidental y la oriental, quedando las poblaciones eslavas y latinas sometidas al poder de los austriacos y de los húngaros; Kossuth desaprobó aquel compromiso *(Ausgleich)* y no aceptó el escaño que le ofrecieron en la nueva Dieta húngara.

KRAUSE, Karl Christian Friedrich Pensador idealista alemán (Eisenberg, Sajonia, 1781 - Múnich, 1832). Fue discípulo de Fichte* y Schelling en la Universidad de Jena; pero orientó su pensamiento hacia la crítica de sus maestros y de Hegel*, intentando superar y completar la obra de Kant*. En sus obras, como *El ideal de la humanidad* (1811), creó una filosofía propia, a la que denominó «racionalismo armónico» y que resulta extremadamente abstrusa y complicada; ello explica que, aunque Krause fue profesor en las universidades de Jena, Berlín, Gotinga y Múnich, su pensamiento ejerciera escasa influencia en Alemania. Sin embargo, durante la segunda mitad del siglo XIX se desarrolló una corriente *krausista* en Alemania, Bélgica, Holanda y, especialmente, en España. La influencia del krausismo español sobrepasó el mundo académico e intelectual, haciéndose presente en la política activa mediante un grupo de liberales reformistas inspirados por las enseñanzas de Julián Sanz del Río (Francisco Giner de los Ríos*, Nicolás Salmerón*, Fernando de Castro, Francisco de Paula Canalejas, Gumersindo de Azcárate, Segismundo Moret...). Estos autores apreciaban la idea de Krause de la unidad de la Humanidad, cuya historia representaría un progreso continuo hacia la meta de la «Humanidad racional» o, lo que es lo mismo, una ascensión hacia Dios. Contra la idea hegeliana del Estado, Krause defendió la superioridad moral de las asociaciones «de finalidad universal» (como la familia o la nación), cuya federación voluntaria debía ir realizando ese ideal de la Humanidad unida.

KREMER, Gerhard. V. MERCATOR, Gerhard.

KROPOTKIN, Piotr Alexeiévich
Revolucionario y teórico del anarquismo ruso (Moscú, 1842 - Dmitrov, 1921). Nacido en una familia aristocrática, fue dedicado a la carrera militar. Durante su destino en Siberia contribuyó a la exploración de aquel territorio y adoptó las ideas anarquistas, influido por Proudhon* y Bakunin*. A raíz de la represión de la insurrección de Polonia en 1863, abandonó el Ejército y se dedicó a la Geografía, asumiendo posturas críticas contra el régimen zarista. Durante sus viajes por Europa y Asia tomó contacto con activistas anarquistas. En 1872 se afilió a la Primera Internacional (la AIT), en cuyo seno apoyó la corriente anarquista de Bakunin en contra del liderazgo de Marx*. Cuando regresó a Rusia, en 1874, fue detenido por sus actividades revolucionarias; pero consiguió evadirse y huir a Francia en 1876. Allí participó en los intentos de reunificación del movimiento obrero internacional y fundó la revista *El Rebelde*, en cuyas páginas defendió las ideas anarquistas y la necesidad de hacerlas realidad mediante el uso de la violencia. En 1882 fue detenido por las autoridades francesas, pasando a Inglaterra tras su excarcelamiento en 1886.

Entre las obras de Kropotkin destacan *La conquista del pan* (1888), *Campos, fábricas y talleres* (1899), *Ayuda mutua* (1902) y *Memorias de un revolucionario* (1906). En ellas definió el comunismo libertario, ideología predominante entre los anarquistas de finales del siglo XIX y comienzos del XX, que vino a sustituir al colectivismo de Proudhon y Bakunin. Consistía en defender la organización colectiva de la producción en comunas autosuficientes, regidas por una concepción del mundo estrictamente científica, unas relaciones sociales basadas en el apoyo mutuo y una moral de libertad, solidaridad y justicia. Gradualmente fue adoptando posiciones más moderadas: preconizó vías de acción eminentemente políticas, valoró positivamente la lucha sindical como medio de despertar la conciencia revolucionaria de las masas, e incluso recomendó a sus seguidores apoyar al bando aliado en la Primera Guerra Mundial (1914-18). Nada más estallar la Revolución rusa (1917) regresó a Rusia y prestó su apoyo tanto al gobierno de Kerenski* como al de Lenin*; sin embargo, enseguida empezó a criticar el poder dictatorial de los bolcheviques. Murió cuando intentaba formar un grupo político de inspiración anarquista en la Rusia soviética.

KRUGER, Paul (o Paulus Krüger, llamado *Ohm* Kruger) Líder político de los *bóers* sudafricanos (Vaalbank, El Cabo, 1825 - Clarens, Suiza, 1904). Nació en la colonia británica de El Cabo en una familia puritana de origen alemán, establecida desde la época de la colonización holandesa. Los conflictos entre las autoridades coloniales británicas y la población europea no británica establecida con anterioridad (los *bóers*) forzaron a la familia a sumarse a la Gran Migración hacia el norte (el *Great Trek* de 1836-44). Los Kruger se instalaron en el Transvaal, participando en la fundación de un Estado *bóer* sobre aquel territorio, del que Paul llegaría a ser vicepresidente (1852). Cuando, en 1877, Gran Bretaña se anexionó también aquella región, Kruger encabezó la resistencia junto con Pretorius y Joubert, consiguiendo que el gobierno británico reconociera la independencia de la República del Transvaal, tras imponerse en la «Primera Guerra de los *bóers*» (batalla de Majuba, 1881). Kruger fue elegido presidente del Transvaal (1883-1900), ejerciendo un gobierno autoritario, paternalista e inspirado en la interpretación protestante de la Biblia. El descubrimiento de minas de oro en Witwatersrand (1886) impulsó el crecimiento económico y atrajo hacia el Transvaal trabajadores inmigrantes europeos (los *uitlanders),* a los que el gobierno mantuvo marginados y privados de derechos políticos. Las ambiciones británicas sobre el territorio se acrecentaron, dando lugar a graves incidentes como el *raid* de Jameson de 1895 (frustrada expedición británica lanzada por Rhodes* para derrocar a Kruger con apoyo de los *uitlanders).* Bajo la dirección antibritánica de Kruger, el Transvaal se preparó para la guerra comprando armas a Alemania y, finalmente, desató la Guerra de los *bóers* (1899-1902). Tras algunos éxitos iniciales del general *bóer* Smuts en los ataques a El Cabo y Natal, el curso de la guerra se inclinó de parte de las fuerzas británicas (mandadas por Kitchener*). En 1900 Kruger viajó a Europa en busca de ayuda, pero la simpatía que su causa despertaba en Alemania, Francia y Holanda no se tradujo en aportaciones que pudieran impedir la derrota y la transformación del Transvaal en colonia británica (Paz de Vereeniging, 1902). Kruger vivió exiliado en Europa hasta su muerte.

KRUSCHEV, Nikita. V. **JRUSCHOV, Nikita.**

KUANG-SU. V. **MANCHÚ, Dinastía.**

KUBLAI KAN. V. **QUBILAY KAN.**

KUN, Béla Revolucionario comunista húngaro (Szilagycsen, Transilvania, 1886 - ?, Unión Soviética, h. 1937). Procedía de una familia judía modesta de la Transilvania húngara. Durante la Primera Guerra Mundial (1914-18) sirvió como suboficial en el ejército imperial austro-húngaro y fue hecho prisionero por la Rusia zarista. Tras el triunfo en Rusia de la Revolución bolchevique (1917), se unió a los comunistas y dirigió un centro de adoctrinamiento ideológico para prisioneros de guerra húngaros. En 1918 fue enviado como agitador comunista a Budapest, donde contribuyó a la caída del presidente Karolyi*. La crisis desatada por las duras condiciones de paz que los aliados pretendían imponer a Hungría desató una insurrección popular, canalizada hacia objetivos revolucionarios por la coalición de comunistas y socialdemócratas (1919). Durante cuatro meses y medio se implantó una «dictadura del proletariado» controlada por Béla Kun, aunque la presidencia nominal recayera en Garbai. El «Gobierno de los Sóviets» inició una reforma agraria y nacionalizó la banca, la industria y los transportes. También intentó la recuperación de los territorios perdidos, lanzando al ejército revolucionario a la invasión de Eslovaquia; pero el contraataque de Checoslovaquia y Rumania, apoyado por Francia, impidió que lograra sus objetivos. Kun y su gobierno, hubieron de dimitir ante la invasión de Hungría por el ejército rumano, mientras decaía su popularidad y crecía la amenaza contrarrevolucionaria representada por las fuerzas del almirante Horthy* (1919). Kun huyó a Austria dejando el poder en manos de los líderes sindicales, que serían derrocados enseguida por la contrarrevolución conservadora y monárquica de Horthy (1920). Luego se refugió en la Unión Soviética, en donde actuó como dirigente de la Internacional Comunista, hasta que desapareció en la época de las purgas de Stalin*.

KUNG FU-TSE. V. CONFUCIO.

L

LA CIERVA, Familia de Esta familia de la oligarquía local de Mula (Murcia) proporcionó al sistema político de la Restauración uno de sus caciques más característicos.

JUAN DE LA CIERVA Y PEÑAFIEL (1874-1938), prestigioso abogado criminalista afiliado al Partido Conservador, recorrió entre 1892 y 1896 todo el escalafón político del régimen, pasando de diputado provincial y concejal a alcalde de Murcia y a diputado nacional. Tras ocupar puestos como el de director general de Registros o el de gobernador civil de Madrid, en 1904-05 fue nombrado ministro por primera vez, ocupando la cartera de Instrucción Pública. Luego fue ministro de Gobernación bajo la presidencia de Maura* (1907-09), periodo en el que creó el Instituto Nacional de Previsión, impulsó la reforma electoral y modernizó la policía. Desde aquel puesto dirigió la represión contra los manifestantes que se oponían al envío de tropas a Marruecos, desatando la *Semana Trágica* de Barcelona (1909), que desacreditó al gobierno hasta provocar su caída. Durante la posterior escisión de los conservadores entre los partidarios de Eduardo Dato* y los de Maura, La Cierva permaneció fiel a este último, aunque acabó por formar una minoría propia dentro del partido, convertido ya en el gran cacique de la región murciana (1914). Su tendencia autoritaria y ultraconservadora le hizo simpatizar con el movimiento de rebeldía militar de las Juntas de Defensa, razón por la que el liberal García Prieto le llamó a ocupar el Ministerio de la Guerra como concesión para desactivar el movimiento (1917-18). Luego volvió a ser ministro de Hacienda (1919), de Fomento (1921) y de Guerra (1921-22). Tras la dictadura de Primo de Rivera* (1923-30), La Cierva aceptó formar parte como ministro de Fomento del último gobierno de Alfonso XIII*, presidido por el almirante Aznar (1931). Ante la victoria republicana en las elecciones municipales de aquel año, La Cierva fue el único miembro del gabinete partidario de resistir por la fuerza y mantener la monarquía a toda costa. Al proclamarse la Segunda República huyó a Francia, de donde sólo regresó tras la victoria electoral de la derecha en 1933. Su hijo **JUAN DE LA CIERVA Y CODORNIÚ** (1895-1936) fue también diputado, aunque más por influencia de su padre que por verdadera vocación política. Se hizo ingeniero de Caminos en Madrid (1919) y se orientó hacia la investigación aeronáutica. Siendo aún muy joven diseñó un bombardero trimotor con el que pensaba equipar a la aviación española, pero éste se estrelló durante las pruebas, empujando a La Cierva a interesarse por otros aparatos de vuelo. Fue así como inventó el *autogiro,* especie de avión sustentado por unas alas giratorias horizontales similares a las del helicóptero, pero autopropulsadas por efecto del avance del aparato, sin necesidad de motor adicional (1920-23). Apoyado por el Ejército del Aire, continuó perfeccionando el autogiro, lo dio a conocer en el extranjero y creó una compañía para fabricarlo; pero los éxitos iniciales se verían enseguida frustrados por la competencia del helicóptero. En 1936 colaboró con los militares que se rebelaron contra la Segunda República dando lugar a la Guerra Civil (1936-39), en la cual actuó como agente de los sublevados en el extranjero. Murió en un accidente de aviación cuando regresaba de Inglaterra.

LAFARGUE, Paul Revolucionario socialista francés (Santiago de Cuba, 1842 - Draveil, París, 1911). Siendo estudiante de Medicina en París (1862-65) se convirtió en activista revolucionario influenciado por las ideas de Proudhon*, Blanqui* y Bakunin*. Cuando las autoridades le expulsaron de la universidad se trasladó a Londres para proseguir sus estudios. Allí se afilió a la primera Internacional (la AIT) y conoció a Karl Marx* y también a su hija Laura, con quien se casó en 1868, emparentando así con el fundador del marxismo. El eclecticismo ideológico de Lafargue le había llevado ya, por entonces, a asumir el pensamiento de Marx sin desprenderse por completo de sus anteriores ideas anarquistas (procedentes de Proudhon y Bakunin). De vuelta a Francia, participó en la revolución de la Comuna de París (1871), cuya derrota le obligó a huir a España. En este país permaneció durante el periodo de libertades abierto por el Sexenio Revolucionario (1868-74), desempeñando un papel importante en la introducción en España de las ideas marxistas (en su personal y distorsionada interpretación), así como en los conflictos que enfrentaban en el seno de la Federación Regional Española de la AIT a la minoría marxista con la mayoritaria corriente bakuninista. En 1880 conoció al principal representante del marxismo en Francia, Jules Guesde, con quien fundó el Partido Obrero Francés; su marxismo rígido, radical e intransigente chocó enseguida con la corriente «posibilista», produciendo la escisión del socialismo francés en 1882. Después de la muerte de su suegro en 1883 continuó teniendo un papel de primer orden como organizador, propagandista y teórico del socialismo. Fue iniciativa suya la adopción del Primero de Mayo como jornada de reivindicación obrera a escala mundial (Congreso de 1889 de la Internacional Socialista). Tras la reunificación de los socialistas franceses en 1905, el peso de los «guesdistas» se fue reduciendo frente al liderazgo moral e intelectual de Jaurès*, con quien Lafargue sostuvo una polémica ideológica. Lafargue y su esposa se suicidaron juntos. Entre sus escritos teóricos *(El socialismo y la conquista de los poderes públicos,* 1899; *El socialismo y los intelectuales,* 1905) destaca por su originalidad el que dedicó a *El derecho a la pereza* (1880).

LA FAYETTE, Marie-Joseph-Paul Motier, marqués de Militar y político francés (Chavagnac, Auvernia, 1757 - París, 1834). Este joven y rico aristócrata, oficial del ejército de

Luis XVI*, dejó pronto el ejército y se interesó por la ideología política liberal. Tuvo una intervención destacada en la Guerra de la Independencia de las trece colonias británicas de Norteamérica: primero organizando un cuerpo de voluntarios para combatir junto a los insurgentes americanos, por iniciativa propia y contraviniendo las órdenes del rey (1777); luego contribuyendo a intensificar la intervención oficial de su país en apoyo de los revolucionarios (1779); y, finalmente, mandando las tropas francesas que colaboraron con el ejército de Washington* contra los británicos, tarea en la que obtuvo la decisiva victoria de Yorktown (1781). Terminada la guerra en 1783 con la independencia de Estados Unidos de América, La Fayette regresó a Francia. En 1789 fue elegido diputado por el brazo nobiliario para los Estados Generales de los que surgió la Revolución. Adherido desde el comienzo a la causa revolucionaria, su prestigio como defensor de la libertad en la pasada guerra contra Gran Bretaña hizo que fuera nombrado presidente de la Asamblea Nacional y comandante de la Guardia Nacional. Durante los primeros años de la Revolución el «héroe de dos mundos» fue muy popular, al encarnar a la nobleza liberal y el brazo armado del nuevo régimen; pero tuvo también un papel de moderador, defendiendo el mantenimiento de la monarquía constitucional e impidiendo los ataques contra la familia real. En 1791 fue él quien trajo a París al rey, sorprendido en Varennes cuando intentaba huir de Francia; pero fue también él quien ordenó disparar sobre las masas de manifestantes que, como consecuencia, pedían su destronamiento (matanza del Campo de Marte). Tras la formación del régimen republicano de la Convención (1792), La Fayette dio la razón a quienes dudaban de su lealtad, al huir de Francia después de haber fracasado en el intento de sublevar a sus tropas en favor del rey. Sin embargo, los enemigos de Francia en aquel momento no le acogieron como un aliado y le mantuvieron prisionero, primero en Prusia y luego en Austria; fue Napoleón* quien obtuvo su liberación tras derrotar a los austriacos en 1797. Durante la época del Imperio se mantuvo al margen de la política; pero más tarde contribuyó a forzar la abdicación final de Napoleón (1815) y encabezó la oposición liberal contra Luis XVIII* y Carlos X*. Durante la Revolución de 1830 la aclamación de las masas le llevó de nuevo al mando de la Guardia Nacional. Desde aquel puesto apoyó el acceso al Trono de Luis Felipe de Orléans*; pero volvió a las filas de la oposición tan pronto como comprobó que con la «Monarquía de Julio» no se realizaban sus anhelos de libertad política (1831-34).

LAFFITE, Jacques Banquero y político francés (Bayona, 1767 - París, 1844). De origen humilde, pues su padre era un modesto carpintero, entró a trabajar en una casa de banca suiza en París (1788), en la que ascendió por méritos propios. Su patrón, Perrégaux, le hizo socio en 1800, en agradecimiento por haberle salvado la vida frente a las persecuciones del Terror; le casó con su hija y en 1804 le dejó la propiedad del negocio. Bajo el Imperio de Napoleón* continuó su ascensión (convertido en yerno de un senador, cuñado de un mariscal y del chambelán del emperador), llegando a regente del Banco de Francia en 1809. No perdió su influencia tras la Restauración de los Borbones*, pues ejerció como gobernador del Banco de Francia de 1814 a 1819; al mismo tiempo pasó a la política activa, resultando elegido diputado en 1816 y convirtiéndose desde entonces en uno de los líderes más destacados de la oposición liberal a los gobiernos de Luis XVIII* y Carlos X*. Participó en la organización de la Revolución de Julio de 1830, impulsando la candidatura al Trono de Luis Felipe de Orléans*. En los inicios del reinado de éste se destacó como cabeza del partido «popular» frente a los «moderados» de Périer*, y obtuvo el cargo de primer ministro (1830-31). Por entonces empezaron a marchar mal sus negocios, como consecuencia de la financiación del movimiento revolucionario y de la inmediata crisis económica, salvándose de la quiebra gracias a la protección del rey. Laffite cayó del poder a causa de la oposición mayoritaria del Parlamento y de los disturbios populares en 1831, agitación procedente de múltiples descontentos por su política tanto interior (juicio de los ministros del reinado anterior) como exterior (reconocimiento de los tratados de paz de 1815 y no intervención en el asunto de la independencia de Bélgica). El deterioro de su situación financiera le obligó a cerrar su casa de banca en 1836.

LÁGIDAS. V. **PTOLOMEOS.**

LAMARTINE, Alphonse de Escritor y político francés (Mâcon, 1790 - París, 1869). Procedía de la aristocracia terrateniente y monárquica de Borgoña. Fue uno de los más destacados poetas del romanticismo francés, con obras en las que, sin grandes innovaciones formales, introdujo la temática de los más intensos sentimientos personales en un registro lírico, como en sus *Meditaciones* (1820), *Armonías poéticas* (1830), *Getsemaní* (1834), *Jocelyn* (1836), *La caída de un ángel* (1839), *Recogimientos* (1839)... Tras una breve experiencia como militar en los inicios de la Restauración, desde 1820 siguió la carrera diplomática, sirviendo sobre todo en Italia. Durante el reinado de Luis Felipe de Orléans* pasó a la actividad política, desde que fuera elegido diputado en 1833. Paulatinamente se fue alejando de su educación conservadora e inclinándose hacia posiciones liberales más avanzadas, hasta simpatizar con los republicanos. Participó en la oposición a Guizot*, reclamando una reforma electoral democrática; y la Revolución de 1848, que derrocó a Luis Felipe, le llevó a presidir el gobierno provisional. Confiando en sus viejos ideales de libertad y fraternidad, rehusó reforzar su poder personal y contribuyó a que la Segunda República tuviera un ejecutivo colegiado. También se esforzó por moderar las tendencias populares radicales. Todo ello le hizo perder influencia, contribuyendo a su aplastante derrota por Luis Napoleón Bonaparte* en las elecciones presidenciales de diciembre de 1848. Fracasado el sueño de Lamartine de servir de punto de encuentro para todos los partidos del régimen, acabó por abandonar la política tras el golpe de Estado protagonizado por Luis Napoleón en 1851. Derrotado y arruinado, pasó sus últimos años escribiendo por dinero novelas populares, biografías, ensayos históricos y sus propias memorias.

LANCASTER, Casa de Rama secundaria de la familia Plantagenet*, que reinó en Inglaterra entre 1399 y 1471.

Su fundador fue **EDMOND CROUCHBACK**, *el Cruzado* (1245-96), hijo de Enrique III de Inglaterra, de quien recibió el título de conde de Lancaster (1267). Gobernó el Condado de Champaña (en Francia) por su casamiento con Blanca de Artois. Su hijo **THOMAS** (h. 1278-1322), segundo conde de Lancaster, luchó contra el favorito del rey Eduardo II, Gaveston, a quien arrebató el poder y ejecutó en 1312. Fue a su vez desplazado por un nuevo favorito, Despenser, que le hizo ejecutar. Pero su hermano **HENRY** (h. 1281-1345), segundo conde de Lancaster, continuó la lucha hasta apresar al rey y proclamarse jefe de un Consejo de Regencia (1326). Su hijo **HENRY** (h. 1300-61) sirvió a Eduardo III como militar durante la Guerra de los Cien Años, lo cual le valió el título de primer duque de Lancaster. Sin embargo, no tuvo descendientes varones, por lo que dicho título y la inmensa riqueza de la familia pasaron a su yerno, el cuarto hijo del rey, **JUAN DE GANTE** (1340-99). Al quedar viudo, éste se casó con una hija de Pedro I, *el Cruel,* de Castilla*, razón por la que reivindicó sin éxito el Trono castellano. Convertido en el noble más poderoso de Inglaterra, ejerció como regente de hecho durante los últimos años del reinado de Eduardo III y actuó de mediador entre el siguiente monarca —Ricardo II— y los nobles descontentos. En cambio su primogénito, **ENRIQUE IV** (1366-1413), encabezó la rebelión nobiliaria hasta hacerse con la Corona en 1399. Asesinó al depuesto rey Ricardo II y se afianzó en el poder derrotando a los ejércitos escoceses, galeses y de nobles ingleses que se le opusieron. Le sucedió su hijo **ENRIQUE V** (1387-1422), a quien corresponde el mérito de haber consolidado a la dinastía en el Trono inglés; en contraste con su padre, que murió aislado y detestado, Enrique V fue un rey popular, con fama de buen administrador y buen guerrero. Para fortalecer la unidad en torno a la Corona relanzó la Guerra de los Cien Años contra Francia, obteniendo una resonante victoria en la batalla de Azincourt (1415) y conquistando Normandía. El consiguiente Tratado de Troyes (1420) le convirtió en regente de Francia, yerno de su rey Carlos VI y heredero del Trono francés, aunque nada de esto se llegó a plasmar en la práctica por la pronta muerte de Enrique V. Le sucedió su hijo de un año **ENRIQUE VI** (1421-71), que pronto se revelaría retrasado mental. Durante su infancia, dos tíos suyos ejercieron la Regencia respectivamente sobre Inglaterra y sobre sus dominios de Francia. La suerte desfavorable de las armas llevó a Inglaterra a abandonar sus pretensiones sobre la Corona francesa, mientras en el interior se sucedían las revueltas de todo tipo. Durante el reinado de Enrique VI el poder efectivo lo ejerció su esposa, la francesa Margarita de Anjou. La oposición nobiliaria la encabezó la Casa de York*, formada por descendientes de Enrique III; este enfrentamiento dio lugar a la llamada «Guerra de las Dos Rosas» (1455-85) entre las casas de Lancaster (simbolizada por una rosa roja) y de York (la rosa blanca). Los Lancaster fueron derrotados en 1461, pasando el Trono al candidato de los York, Eduardo IV, mientras Enrique VI y su esposa se refugiaban en Holanda; sin embargo, Enrique sería repuesto transitoriamente en el Trono en 1470 por la traición del favorito de Eduardo, el conde de Warwick. Derrotado definitivamente al año siguiente, Enrique VI fue encerrado en la Torre de Londres, donde murió. Su fama de hombre bueno y piadoso convirtió su tumba en lugar de peregrinación e incluso Enrique VII solicitó a Roma su canonización, sin conseguirla.

LANGLEY, Edmundo de. V. YORK, Casa de.

LANUZA, Juan de, *el Joven* o *el Mozo* Justicia mayor de Aragón (?, h. 1564 - Zaragoza, 1591). Este mismo cargo lo habían ocupado su padre (Juan de Lanuza, *el Viejo)* y muchos otros miembros de su familia (fue el quinto con el mismo nombre en dicho cargo). El justicia mayor era una especie de juez nobiliario de origen medieval, a quien correspondía el ejercicio de un cierto poder político en Aragón como máximo intérprete de los fueros del Reino. Siendo justicia mayor Juan de Lanuza, *el Viejo,* se produjo el conflicto entre Felipe II* y su secretario Antonio Pérez*; éste escapó de la prisión de Madrid en 1590 y, acogiéndose a su condición de aragonés, se situó bajo la protección del justicia de Aragón, con quien mantenía amistad. El rey intentó perseguir a Pérez a través de la Inquisición, pero un motín popular en Zaragoza liberó al secretario, que se puso de nuevo bajo la protección foral. En esa situación murió el justicia mayor y le sucedió su hijo, *el Joven* (1591). Inmediatamente, un ejército real entró en Aragón para capturar a Pérez, acción que las autoridades aragonesas consideraron contraria a los fueros; en consecuencia, el justicia mayor y la Diputación General de Aragón organizaron la resistencia armada contra la Corona. Las fuerzas de los foralistas se dispersaron ante el avance de las tropas reales, que tomaron Zaragoza sin dificultad; Lanuza, tras facilitar la huida de Pérez a Francia, lanzó desde Épila un llamamiento a la resistencia que no fue seguido. De regreso a Zaragoza, fue detenido y condenado a muerte sin juicio por orden del rey. Quien encarnara la defensa de las «libertades forales» murió decapitado en una plaza pública de Zaragoza.

LAO TSE Pensador chino, creador del taoísmo (Norte de China, h. ss. VI-IV a.C.). Conocido sólo por la leyenda, se discute la época en que vivió e incluso hay quien duda de la existencia real de este personaje de nombre desconocido (pues *Lao Tse* es sólo un título que significa «viejo maestro»). Una tradición poco fiable le haría contemporáneo de Confucio* (ss. VI-V a.C.), mientras que otras noticias parecen indicar que trabajó como bibliotecario en Loyang, capital de la dinastía Chou durante el periodo de los «reinos guerreros» (ss. V-IV a.C.). En todo caso, su importancia radica en haber redactado el libro *Tao Te King* («Sobre el camino y su poder»), del que arranca la filosofía taoísta. En ese breve tratado propuso una moral individual basada en seguir el camino de la naturaleza (el *Tao);* en consecuencia, recomendó virtudes como la sencillez y la naturalidad, censuró la ambición de poder y de riqueza y proscribió el ejercicio de la violencia. El pensamiento de Lao Tse aconsejó además una línea política liberal y pacifista, aconsejando a las autoridades intervenir lo menos posible en la vida de los pueblos y no agobiarles con impuestos y reglamentaciones. Después de su muerte, esa filosofía laica se transformó en una religión, llenándose el taoísmo posterior de influencias ajenas a la obra original de Lao Tse: dio lugar primero a una mística contemplativa basada en la inacción y en la identificación por el éxtasis con la energía absoluta e impersonal del mundo (el *Tao);* y más tarde a una religión de prácticas mágicas gobernada por un sumo sacerdote llamado Maestro del Cielo (desde el siglo I a.C. hasta 1926). También fue de inspiración taoísta la rebelión popular de los «Turbantes Amarillos», que tuvo lugar en China oriental en el siglo II y llegó a amenazar al poder imperial. A largo plazo, la influencia más duradera del pensamiento de Lao Tse —dado el declive de las creencias taoístas propiamente dichas— ha resultado de su influjo sobre otras corrientes filosóficas o religiosas de Asia, como el confucionismo y el budismo.

LARGO CABALLERO, Francisco
Dirigente socialista español (Madrid, 1869 - París, 1946). Desde su niñez había trabajado en el oficio de estuquista. En 1890 se afilió al sindicato socialista Unión General de Trabajadores (UGT), creado por Pablo Iglesias* dos años antes; también se afilió al Partido Socialista Obrero Español desde 1894, pero su protagonismo en el movimiento socialista estuvo siempre vinculado a su liderazgo sindical. Fue ascendiendo en ambas organizaciones, que le hicieron vocal del Instituto de Reformas Sociales (1904) y concejal del Ayuntamiento de Madrid (1905). Siendo ya vicepresidente de la UGT (1911), inició su línea política estrictamente socialista, intentando romper la coalición electoral con los republicanos y competir por la movilización de las masas con el sindicato rival anarquista CNT. Durante los años de la Primera Guerra Mundial (1914-18) dirigió la expansión de la UGT y la unidad de acción con la CNT. Formó parte del comité conjunto de ambas centrales que organizó la «huelga general revolucionaria» de 1917, que fracasó en sus objetivos; por aquellos hechos fue condenado a cadena perpetua, pero resultó excarcelado al salir elegido diputado en las elecciones de 1918. En aquel mismo año ascendió a secretario general de la UGT, cargo que mantuvo hasta la Guerra Civil. Contribuyó a que la mayoría del Partido (1921) y de la Unión (1922) decidieran permanecer fieles a la línea socialista frente a quienes defendían el modelo soviético implantado por la Revolución en Rusia, acordando ambas organizaciones rechazar las condiciones exigidas por los bolcheviques para entrar en la Tercera Internacional. Tras el golpe de Estado de Primo de Rivera* (1923) defendió —en contra de líderes como Indalecio Prieto*— una línea de colaboración con la dictadura que se implantó, a fin de salvaguardar la organización sindical; en consecuencia, él mismo accedió en representación de las organizaciones obreras al Consejo del Trabajo y al Consejo de Estado (1924). A medida que se puso de manifiesto el carácter reaccionario de aquel régimen y su intención de perpetuarse en el poder, Largo Caballero fue adoptando una postura más distante y, con él, el conjunto del movimiento socialista. Fue así como, en 1930, PSOE y UGT se integraron con los republicanos en el pacto que habría de terminar con la monarquía de Alfonso XIII*. De esta época final de la dictadura data su definitivo enfrentamiento con Julián Besteiro*, líder de la rama más moderada y gradualista del socialismo español, elegido presidente del PSOE y de la UGT en 1928 en sustitución de Iglesias, fallecido tres años antes.

Al proclamarse la Segunda República, Largo Caballero fue nombrado ministro de Trabajo en los gobiernos presididos por Alcalá Zamora* y Azaña* (1931-33). Desde aquel cargo encarnó la política de reformas sociales del primer bienio republicano, implantando un sistema de jurados mixtos para regular las relaciones laborales. En 1932 arrebató a Besteiro la presidencia del PSOE y, en 1934 la de la UGT. Completó entonces el proceso de radicalización de las organizaciones socialistas, ganándose el apelativo —un tanto exagerado— de «el Lenin español»; como respuesta a la victoria electoral de la derecha en 1933 y el consiguiente peligro de que accediera al gobierno un derechista autoritario como Gil Robles*, Largo Caballero embarcó a los socialistas en un intento de revolución armada contra el gobierno legítimo, que fracasó en 1934. Aquel fracaso y la consiguiente insistencia de Prieto para restablecer la cooperación con los republicanos le llevaron a abandonar la dirección del Partido en 1935, concentrándose desde entonces en la organización sindical. Sus reiteradas llamadas a la unidad con los comunistas se plasmaron con la formación del Frente Popular, que ganó las elecciones de febrero de 1936. Frente a la sublevación militar de julio de aquel año que dio comienzo a la Guerra Civil (1936-39), Largo Caballero movilizó las fuerzas de la UGT con la formación de milicias para la defensa de la República. En septiembre fue puesto al frente de un gobierno en el que se integraron las diversas organizaciones del Frente Popular e incluso representantes de la CNT; desde la cartera de Guerra, que se reservó él mismo, apoyó la reconstitución del ejército regular para hacer frente a los sublevados con mayor eficacia que las milicias. Sin embargo, la marcha desfavorable de la guerra (con la caída de Málaga) y las divisiones internas de las fuerzas gubernamentales (con el enfrentamiento abierto en las calles de Barcelona) le obligaron a dimitir como presidente en mayo de 1937, sustituyéndole Juan Negrín*. Quedó marginado de la política republicana y, tras la derrota militar, se exilió en Francia en 1939. Durante la Segunda Guerra Mundial (1939-45) fue detenido por las autoridades colaboracionistas francesas de Vichy e internado en el campo de concentración alemán de Oranienburg, de donde le liberaron las tropas soviéticas en 1945. De regreso a Francia, se incorporó al PSOE y la UGT en el exilio.

LAS CASAS, Bartolomé de Religioso español, defensor de los derechos de los indígenas en los inicios de la colonización de América (Sevilla, 1474 - Madrid, 1566). Tuvo una formación más bien autodidacta, orientada hacia la Teología, la Filosofía y el Derecho. Pasó a las Indias diez años después de su descubrimiento, en 1502; en La Española (Santo Domingo) se ordenó sacerdote en 1512 (fue el primero que lo hizo en el Nuevo Mundo) y un año después marchó como capellán en la expedición que conquistó Cuba. Conmovido por los abusos de los colonos españoles hacia los indígenas y por la gradual extinción de éstos, emprendió desde entonces una campaña para defender los derechos humanos de los indios; para dar ejemplo, empezó por renunciar él mismo a la *encomienda* que le había concedido el gobernador de Cuba, denunciando dicha institución castellana como una forma de esclavitud encubierta de los indios (1514). Insistiendo en la evangelización como única justificación de la presencia española en América, propuso a la Corona reformar las Leyes de Indias, que en la práctica se habían demostrado ineficaces para poner coto a los abusos. Las Casas proponía suprimir la encomienda como forma de premiar a los colonos y replantear la colonización del continente sobre la base de formar comunidades mixtas de indígenas y campesinos castellanos (hacia una economía colonial más agrícola que minera); para la isla de La Española, dado el hundimiento de la población indígena y su supuesta incapacidad para el trabajo, proponía una colonización enteramente castellana, reforzada con la importación de esclavos negros africanos (cuya explotación consideraba legítima, en un exceso de celo por proteger a los indios).

El acceso al Trono de Carlos I* permitió a Las Casas ser escuchado en la corte, de manera que en 1520 la Corona le encargó un plan de colonización en Tierra Firme según sus propuestas; pero el proyecto fracasó por la resistencia de los indios, las represalias de los colonizadores y la mala selección del personal (se enrolaron muchos participantes en el movimiento de las Comunidades de Castilla, huyendo de la persecución consiguiente a su derrota); obligado a transigir en los principios para obtener apoyos locales, acabó por desistir del empeño en 1522. Por entonces decidió ingresar en la orden dominicana (1523) por motivos religiosos y estratégicos, pues dicha orden venía defendiendo la dignidad de los indios desde el comienzo de la conquista, frente a los franciscanos (que sostenían el punto de vista de los colonizadores). En 1537-38 dirigió otra empresa de colonización en Guatemala, esta vez con más éxito, pues obtuvo el control del territorio por medios pacíficos y desterró de allí la práctica de la encomienda (aunque el tributo indígena que implantó en su lugar conducía muchas veces a la servidumbre personal como forma de pago). Las ideas de Las Casas tuvieron eco en la metrópoli, donde hacia 1540 se desató el debate sobre los títulos con los que España ejercía el dominio sobre las Indias. De la misma época data la revisión de la legislación indiana, con la adopción de las llamadas Leyes Nuevas (1542-43), en las que quedaron reflejados algunos puntos de vista lascasianos: la consideración de los indios como hombres libres que no podían ser esclavizados ni sometidos a trabajos penosos; y la prohibición de crear nuevas encomiendas, disolviendo de inmediato las de eclesiásticos y oficiales reales. En 1543, además, Las Casas fue nombrado obispo de Chiapas (México), aunque la hostilidad de sus feligreses por sus rigurosas exigencias morales le hizo regresar a Castilla para no volver nunca, en 1547. Una nueva controversia sostenida con Ginés de Sepúlveda acerca de la licitud de la guerra contra infieles a los que no se hubiera dado a conocer el Evangelio (1550) se plasmó en las Instrucciones de 1556, que exigieron de los colonizadores españoles una actitud pacífica y misional hacia los pueblos de América aún no conquistados. Desde 1551 hasta su muerte, Las Casas fue nombrado procurador de indios, con la misión de transmitir a las autoridades las quejas de la población indígena de toda la América española. Insatisfecho con lo logrado y dispuesto a seguir luchando (a pesar de recibir una pensión vitalicia de la Corona), Las Casas publicó en 1552 una serie de escritos críticos, entre los que se incluía la *Brevísima relación de* *la destrucción de las Indias;* en ella denunciaba los abusos de la colonización española con una amplitud de miras incomprensible para su época, pero con tal acritud que sería empleada con fines propagandísticos por los enemigos de los Habsburgo*, contribuyendo a engrosar la llamada «leyenda negra».

LAVAL, Pierre Político francés (Châteldon, Auvernia, 1883 - Fresnes, 1945). Procedente de la pequeña burguesía de provincias (su padre era dueño de un café), estudió Derecho en París y, desde 1907 ejerció como abogado de sindicalistas. Sus ideas pacifistas y revolucionarias le llevaron a entrar en política «socialista independiente»: fue elegido diputado (desde 1914), senador (desde 1927) y ministro (1925). Desde entonces inició un deslizamiento ideológico que le llevó a formar parte de un gobierno centrista (1925-26) y otro de derechas (1930). Ya en posiciones claramente conservadoras, saltó al primer plano de la política convirtiéndose en jefe de gobierno (1931-32 y 1935-36) y ministro de Asuntos Exteriores (1934-36). En esa época intentó el aislamiento diplomático de Alemania mediante un pacto con la Unión Soviética y una alianza con Italia (1935); pero las reticencias británicas hicieron fracasar aquel proyecto, acentuando la anglofobia de Laval. Por otro lado, su política económica deflacionista aumentó el descontento de las clases trabajadoras y facilitó el triunfo electoral del Frente Popular en 1936. Tras permanecer apartado del poder durante el periodo de gobierno de la izquierda, volvió a la política activa con motivo de la invasión alemana de Francia al comienzo de la Segunda Guerra Mundial (1940). Fue uno de los principales artífices de la concesión de plenos poderes por la Asamblea al mariscal Pétain*, que puso fin a la Tercera República y permitió la formación del régimen colaboracionista de Vichy. Tras ejercer unos meses como vicepresidente del gobierno, un enfrentamiento con Pétain provocó su cese y detención; fue liberado por orden de los ocupantes alemanes, que le pusieron de nuevo al frente del gobierno en 1942. Fiel colaborador del Tercer *Reich,* instauró el servicio de trabajo obligatorio en favor de Alemania, creó la Milicia colaboracionista y organizó la deportación de judíos franceses para ser exterminados. En 1944 se refugió en Alemania ante el avance de los ejércitos aliados, pero finalmente fue capturado por los americanos y entregado a las autoridades de la Francia liberada. Juzgado por alta traición en 1945, fue condenado a muerte y fusilado, tras un intento frustrado de suicidio.

LAW, John Banquero escocés que impulsó la primera experiencia de papel moneda de la Historia (Edimburgo, 1671 - Venecia, 1729). Era el hijo de un orfebre, enriquecido con el juego y observador atento de los sistemas financieros de su época durante un viaje realizado por Europa. En 1700 el Parlamento de Escocia rechazó su proyecto de crear un banco que emitiera papel moneda de curso legal. Dicho proyecto respondía a la idea de que el Estado podía asumir un papel más activo en el impulso del crecimiento económico controlando la circulación monetaria y aumentándola sin las limitaciones que hasta entonces imponía en todos los países la disponibilidad de metales preciosos por el uso exclusivo de monedas metálicas (Law expuso estas teorías en su libro *Consideraciones* *sobre el dinero y el comercio,* 1705). Lo que no había conseguido en su país lo consiguió en Francia, donde el regente Felipe de Orléans, acuciado por la necesidad de aligerar el peso de la deuda pública que había dejado Luis XIV* al morir, le concedió en autorización para poner en marcha un banco privado emisor de billetes convertibles al portador (el *Banco General)* en 1716. El éxito inicial de la empresa le permitió completar el «sistema Law» con otras empresas igualmente lucrativas: en 1717 creó una compañía privilegiada de comercio ligada al banco (la Compañía de Occidente o del Mississippi, luego llamada Compañía de Indias), que explotaba negocios como el comercio con la Luisiana, la recaudación de los impuestos reales o la acuñación de moneda; la deuda pública se redujo por la vía de pagar a los acreedores de la Monarquía entregándoles acciones de la Compañía y del Banco; y en 1718 el Banco General se transformó en banco de la Corona. Law se convirtió al catolicismo y fue elevado al rango de ministro de Finanzas del rey de Francia. Una activa propaganda consiguió que la cotización de las acciones de la Compañía subiera extraordinariamente, en medio de una fiebre especulativa generalizada. Confiado en el éxito de su sistema, Law aumentó la emisión de billetes muy por encima de lo que le permitían los recursos de su Banco. Bastó una crisis de confianza para que se desatara el pánico en los mercados: la cotización de las acciones se hundió, mientras el público reclamaba inesperadamente la conversión de sus billetes en moneda metálica. Incapaz de hacer frente a los pagos, el Banco quebró en 1720. Habiendo provocado la ruina de muchos ahorradores, Law tuvo que huir del país y murió en la pobreza. Su sistema, frustrado por la ambición excesiva de ganancias especulativas, se demostró prematuro para la época y sembró, en cambio, entre la opinión pública francesa una desconfianza duradera hacia instituciones como el papel moneda, los bancos centrales y toda experiencia financiera con visos especulativos, lo cual contribuyó a retrasar la modernización del sistema bancario hasta el siglo XIX.

LAWRENCE, Thomas Edward, *Lawrence de Arabia* Aventurero británico (Tremadoc, Gales, 1888 - Moreton, Dorset, 1935). Siendo estudiante de la Universidad de Oxford realizó excavaciones arqueológicas en Siria y Mesopotamia, que le dieron un buen conocimiento del mundo árabe (1910-14). Al estallar la Primera Guerra Mundial (1914-18) concibió la idea de debilitar al Imperio Otomano (enemigo de Gran Bretaña) apoyando la rebelión iniciada por los países árabes que aquél dominaba en Oriente Medio. Aceptado su plan por las autoridades británicas, fue enviado por el Servicio de Inteligencia a Yida, en donde tomó contacto con el emir Faisal y el cherif Hussein (1916); su carisma personal y la promesa británica de aportar armamento moderno le permitieron dirigir la revuelta árabe, participando en ataques contra el ferrocarril Damasco-Medina y en la toma de ciudades estratégicas para establecer contacto con el Egipto británico (como el puerto de Akaba, en 1917). Ascendido a coronel por este éxito inesperado, reforzó el ala derecha del avance británico hacia Palestina, que mandaba el general Allenby, al frente de un gran ejército árabe, con el que se apoderó de

Damasco en 1918. Terminada la guerra, Lawrence vio frustrado su sueño de formar una gran nación árabe independiente, ante la falta de unidad de los propios árabes y la existencia de un pacto francobritánico para repartirse la dominación colonial sobre el Oriente Medio arrebatado a los turcos, en contra de lo prometido al estallar la revuelta (Acuerdo Sykes-Picot de 1916). Decepcionado por esta «traición» de la diplomacia occidental, rechazó los cargos públicos que se le ofrecieron y se enroló como un soldado anónimo en la aviación. Murió en un accidente de motocicleta.

LEE, Robert Edward Jefe militar de la Confederación sudista durante la Guerra de Secesión norteamericana —1861-65— (Stratford, Virginia, 1807 - Lexington, Virginia, 1870). Tras salir de la Academia militar de West Point ingresó en el Cuerpo de Ingenieros, y luchó en la Caballería de los Estados Unidos durante la guerra contra México (1846-48). Al estallar el conflicto constitucional que provocó la secesión de los Estados del Sur y la formación de su propia Confederación independiente (1861), era considerado uno de los militares más capaces del país, por lo que el presidente Lincoln* le ofreció el mando de los ejércitos federales destinados a combatirla; pero, aunque Lee era contrario a la esclavitud (había liberado a sus esclavos) e incluso a la secesión, acabó pesando más la fidelidad a su Estado de Virginia, con cuyas clases dominantes estaba emparentado, y prefirió pasarse a los sublevados. La Confederación obtuvo así un estratega brillante, lo que reforzó sus posibilidades de éxito militar. Lee mandó el ejército del norte de Virginia (en el crucial frente que separaba las capitales de los dos bandos rivales) y actuó como asesor militar del presidente sudista Davis*; al final de la guerra fue, además, comandante en jefe del ejército confederado (1865). Después de sus éxitos de Bull Run (1861), Fredericksburg (1862) y Chancellorsville (1863) su penetración en el territorio del Norte quedó frenada por la derrota de Gettysburg (1863). Tras ser derrotado de nuevo por Grant* en Appomatox (1865) capituló allí mismo poniendo fin a la guerra civil.

LEGAZPI, Miguel López de Conquistador español de las islas Filipinas (Zumárraga, Guipúzcoa, h. 1510 - Manila, 1572). Desde que pasó a las Indias en 1545 se instaló en México ejerciendo oficios burocráticos. Aunque no era marino, fue puesto al mando de una expedición española a Filipinas, organizada en 1564-65 por la Audiencia de México, a pesar de saber que dicho archipiélago caía en la zona de demarcación reservada a Portugal por el Tratado de Tordesillas (1494). Aquella expedición, cuyo piloto era el agustino Andrés de Urdaneta, tío de Legazpi, tenía como objetivos traer especias y rescatar a posibles supervivientes del anterior viaje de Villalobos (1542-44), que era quien había dado a las islas el nombre de Filipinas en honor del rey Felipe II*. Legazpi tomó posesión para España de la isla de Guam (en el archipiélago de las Marianas) y algunas de las principales islas de Filipinas: Leyte, Samar, Bohol, Camiguin, Mindanao, Negros y Cebú; en esta última fundó una ciudad que le sirvió de base para la conquista. Estableció relaciones amistosas con algunos reyes locales, pero en otros lugares encontró una fuerte resistencia, como reacción de los indígenas contra los abusos sufridos en el pasado a manos de exploradores portugueses. Urdaneta (que regresó a México en 1565 para llevar noticias, descubriendo la ruta de navegación hacia el este por el norte del Pacífico), se opuso siempre a la colonización del territorio, para respetar los derechos de los portugueses; éstos reaccionaron con hostilidad a la intromisión española, enviando contra Legazpi una flota que no consiguió arrebatarle Cebú (1568-69).

En 1569 Felipe II decidió conservar el dominio español sobre el archipiélago, envió refuerzos para hacerlo efectivo y nombró a Legazpi gobernador y capitán general. Éste, que permaneció en Filipinas hasta su muerte, continuó la conquista con la adquisición de nuevas islas: Panay (donde estableció su nueva base), Masbate, Mindoro y, por fin, Luzón. En esta última, la mayor de las Filipinas, hubo de vencer una fuerte resistencia de los indígenas tagalos, tras lo cual construyó allí la capital del archipiélago, Manila (1571). Completado el control de Luzón, Legazpi organizó la colonización según el modelo seguido por los españoles en América, a base de conceder *encomiendas* a los colonizadores; dejó la evangelización en manos de los religiosos agustinos; y estableció relaciones comerciales con el continente asiático a través de la importante colonia de comerciantes chinos establecidos en Luzón desde antes de su llegada.

LEIBNIZ, Gottfried Wilhelm Pensador alemán (Leipzig, 1646 - Hannover, 1716). Huérfano desde muy niño, se educó leyendo la biblioteca de su padre, que había sido profesor de Filosofía en la Universidad de Leipzig. Él mismo se doctoró allí en 1663 y continuó después sus estudios en Jena y París, ampliando su interés desde la Filosofía hasta terrenos como las Matemáticas, la Historia y el Derecho. Vivió algún tiempo bajo protección del arzobispo de Maguncia como consejero de su Tribunal Supremo (1667-76) y luego del duque de Brunswick como bibliotecario y redactor de una historia de la Casa de Hannover* (desde 1676); incluso el zar Pedro *el Grande* de Rusia* le empleó como consejero (1712). Su filosofía, contenida en obras como el *Discurso de metafísica* (1698) o la *Monadología* (1714), puede definirse como un idealismo dinámico, en el cual se combina la metafísica idealista con una nueva concepción del movimiento; describió un Universo regido por una «armonía preestablecida» y compuesto por *mónadas,* sustancias simples, diferenciadas y cambiantes que componen todos los elementos del mundo. Leibniz compartió con Newton* el descubrimiento del concepto de energía cinética, trascendental para la Física. En cuanto a su teoría del conocimiento, esencialmente racionalista, venía matizada por la consideración de la percepción sensorial. Entre sus aportaciones a la Matemática destacan la invención del cálculo infinitesimal (terreno en el que trabajó al mismo tiempo que Newton) y el diseño de una máquina de calcular que superaba a la construida por Pascal*.

Leibniz se interesó por la política alemana de su tiempo, exhortando a los países de lengua y cultura alemana a unirse en torno a Prusia para rechazar el agresivo expansionismo de la Francia de Luis XIV* (1696). Luchó por dos objetivos que creía esenciales para restaurar la grandeza de Alemania: por un lado, la creación de una sociedad que impulsara las artes y las ciencias (lo que logró en

1700, con la fundación de la Academia de Berlín, de la que fue primer presidente); y, por otra parte, la unificación de las Iglesias cristianas. Para esto último, se esforzó por conciliar la razón y la revelación, a fin de ofrecer una fundamentación racional del cristianismo que sirviera de base para la tolerancia religiosa entre católicos y protestantes *(Ensayos de teodicea,* 1710). El pensamiento de Leibniz ha ejercido una gran influencia: tuvo muchos discípulos y su peso sobre el pensamiento alemán fue determinante hasta tiempos de Kant*; muchos de sus valores filosóficos, además, serían redescubiertos por generaciones posteriores (por ejemplo, sus trabajos en lógica simbólica, recuperados en el siglo XX).

LENIN (Vladimir Ilich Ulianov) Líder comunista ruso que dirigió la Revolución de octubre y creó el régimen comunista soviético (Simbirsk, 1870 - Nijni-Novgorod, 1924). Procedía de una familia de clase media de la región del Volga. Su animadversión contra el régimen zarista se exacerbó a partir de la ejecución de su hermano en 1887, acusado de conspiración. Estudió en las universidades de Kazán y San Petersburgo, en donde se instaló como abogado en 1893. Sus actividades contra la autocracia zarista le llevaron a entrar en contacto con el principal líder revolucionario ruso del momento, Plejánov*, en su exilio de Suiza (1895); fue él quien le convenció de la ideología marxista. Bajo su influencia, contribuyó a fundar en San Petersburgo la Liga de Combate por la Liberación de la Clase Obrera, embrión del Partido Obrero Socialdemócrata Ruso presidido por Plejánov. En 1897, Lenin fue detenido y deportado a Siberia, donde se dedicó al estudio sistemático de las obras de Marx* y Engels* y elaboró su primer trabajo sobre la aplicación del pensamiento marxista a un país atrasado como Rusia *(El desarrollo del capitalismo en Rusia).* Tras su liberación en 1900 partió al exilio y fundó en Ginebra el periódico *Iskra* («La Chispa») en colaboración con Plejánov; por entonces publicó la obra *Qué hacer* (1902), en donde defendió la posibilidad de hacer triunfar en Rusia una revolución socialista con tal de que estuviera dirigida por una vanguardia de revolucionarios profesionales decididos y organizados como un ejército. En el II Congreso del Partido Socialdemócrata Ruso (1903), impuso aquellas ideas al frente del grupo radical *bolchevique,* que defendía su modelo de partido fuertemente disciplinado como vanguardia de la revolución que creía viable a corto plazo; en 1912 quedaría confirmada definitivamente la ruptura con la minoría *menchevique* de Plejánov y Martov, apegada a un modelo de partido de masas que preparara las condiciones para el triunfo de la revolución obrera a más largo plazo, pasando antes por una etapa de democracia burguesa.

En 1905 Lenin volvió a San Petersburgo para participar en la Revolución que había estallado en Rusia como consecuencia de la derrota en la Guerra Ruso-Japonesa; aunque el régimen zarista superó la crisis, Lenin consideró aquel movimiento como un «ensayo general» de la revolución socialista, del que apreció especialmente la forma organizativa espontánea de los revolucionarios rusos, como eran los *soviets* o consejos populares. El fracaso de aquella revolución le obligó a exiliarse de nuevo en 1907. Luchó por atraer a sus posturas radicales a otros líderes socialistas, al tiempo que completaba un programa revolucionario de aplicación inmediata para Rusia: mezclando la herencia de Marx con la tradición insurreccionalista de Blanqui*, propuso anticipar la revolución en Rusia por ser este uno de los «eslabones débiles» de la cadena capitalista, en donde un pequeño grupo de revolucionarios decididos y bien organizados podía arrastrar a las masas obreras y campesinas a una revolución, de la que saldría un Estado socialista. En *El Estado y la Revolución* (1917) Lenin definía ese Estado como una fase transitoria y necesaria de dictadura del proletariado, que habría de preparar el camino para el futuro comunista. El estallido de la Primera Guerra Mundial (1914-18) le dio la oportunidad de poner en práctica sus ideas: definió la contienda como fruto de las contradicciones del capitalismo y del imperialismo *(El imperialismo, fase superior del capitalismo,* 1916) y, en nombre del internacionalismo proletario, llamó sin éxito al movimiento socialista mundial a transformar la contienda en una guerra civil generalizada; más tarde, el deterioro del régimen zarista por efecto de la guerra le permitió pensar en lanzar la revolución socialista en su país como primer paso para una era de revolución mundial. Cuando la Revolución de febrero de 1917 derrocó al zar y llevó al gobierno a Kerenski*, Lenin regresó apresuradamente a Rusia con la ayuda del ejército alemán (que veía en Lenin un agitador capaz de debilitar a su enemiga Rusia). Publicó sus *Tesis de Abril* ordenando a los bolcheviques cesar en el apoyo al gobierno provisional y preparar su propia revolución mediante la reclamación de «todo el poder para los *sóviets*». Un primer intento fracasado en julio le obligó a refugiarse en Finlandia, dejando que fuera Trotski* quien dirigiera al partido para tomar el poder mediante un golpe de Estado en los primeros días de noviembre de 1917 (según el calendario occidental). El golpe se convirtió en la triunfante Revolución de octubre gracias a la estrategia bolchevique de centrar sus demandas en el fin de la guerra (lo que les atrajo el apoyo de los soldados y las clases populares) y el reparto de tierras (que les permitió contar con la simpatía del campesinado). Lenin regresó enseguida para presidir el nuevo gobierno o Consejo de Comisarios del Pueblo.

Como líder indiscutido del Partido (que en 1918 pasó a llamarse Partido Comunista), dirigió desde entonces la edificación del primer Estado socialista de la Historia. Cumplió sus promesas iniciales al apartar a Rusia de la guerra por la Paz de Brest-Litowsk (1918) y repartir a los campesinos tierras expropiadas a los grandes terratenientes. Pero, consciente del carácter minoritario de sus ideas radicales, demostrado por los resultados electorales, despreció la tradición democrática del socialismo occidental y adoptó una violenta dictadura de partido único, empleando métodos brutales de represión. Disolvió la Asamblea constituyente (1918), proscribió a la oposición y creó una policía política para perseguir a los disidentes; a escala mundial, exigió a los demás partidos socialistas fidelidad absoluta a sus directrices, provocando la escisión del movimiento obrero con la aparición en todos los países de partidos comunistas sometidos al control de una Tercera Internacional comunista *(Komintern)* con sede en Moscú (1919). Delegó en Trotski la organización del Ejército Rojo, con el que consiguió resistir al ataque combinado de los ejércitos *blancos* (contrarrevolucionarios) y la intervención extranjera en el curso de una larga Guerra Civil (1918-20). Una vez recuperado el control del antiguo imperio de los zares, articuló el territorio creando la Unión de Repúblicas Socialistas Soviéticas (1922), a la que dotó de organización formal por la Constitución de 1923.

Acuciado por las necesidades de la guerra, pero también siguiendo sus propias convicciones ideológicas, impuso una política de socialización inmediata de la economía, nacionalizando los principales medios de producción y sometiendo las actividades a una estricta planificación central *(comunismo de guerra);* las dificultades de una transformación tan radical (que nunca había sido prevista por Marx) provocaron el hundimiento de la producción y una desorganización general de la economía rusa. Lenin tuvo entonces el pragmatismo suficiente como para rectificar sus errores iniciales, convenciendo a su partido de la necesidad de introducir la *Nueva Política Económica* (1921), que consistió en volver atrás en el camino de la socialización, dejando un cierto margen para la libertad de mercado y la iniciativa privada (autorización de inversiones extranjeras, libertad de salarios...), con lo cual consiguió una apreciable recuperación económica. Aquejado por una grave enfermedad, Lenin se fue retirando paulatinamente de la dirección política, mientras veía cómo sus colaboradores —especialmente Trotski y Stalin*— iniciaban la disputa por la sucesión; antes de morir llegó a dejar constancia de su preocupación por la creciente burocratización del Partido y del Estado, así como por la ascensión de Stalin, del cual desconfiaba. Efectivamente, sería éste quien le sucediera, desvirtuando en parte la herencia política del fundador del Estado soviético. La URSS sobrevivió a su creador bajo un régimen comunista hasta 1991; entretanto, el movimiento comunista (basado en la ideología marxista-leninista) se extendió por todo el mundo, inspirando revoluciones y regímenes políticos tan importantes como los implantados en Europa central y oriental, China, Cuba, Vietnam, etc. La figura de Lenin fue objeto de un culto semirreligioso bajo el régimen soviético: su cuerpo fue embalsamado y expuesto en un mausoleo en la Plaza Roja de Moscú; su ciudad natal fue rebautizada en su honor como *Ulianovsk* y la capital en donde desarrolló su lucha política (San Petersburgo o Petrogrado) pasó a llamarse *Leningrado*.

LEÓN X, papa. V. MÉDICIS, Familia.

LEÓN XIII (Vincenzo Gioacchino Pecci) Papa (Carpineto Romano, 1810 - Roma, 1903). Procedente de una familia aristocrática del Lacio, se ordenó sacerdote en 1837. Estudió en la academia de la diplomacia vaticana y fue destinado como nuncio a Bruselas (1843-46). Luego ejerció como obispo de Perugia, de 1846 y 1877 y Pío IX* le hizo cardenal en 1856. En los años siguientes se produjo la unificación italiana (1859-70), que supuso la liquidación de los Estados Pontificios y el enfrentamiento radical entre la Iglesia católica y el Estado liberal (especialmente, el nuevo Reino de Italia). La postura moderada que mantuvo en estos temas el cardenal Pecci le convirtió en un candidato idóneo para suavizar las tensiones, razón que probablemente influyó en la decisión del Colegio Cardenalicio de elegirle papa al morir Pío IX en 1878.

Su largo pontificado significó un acercamiento de la Iglesia a las realidades del mundo moderno. Frente al creciente problema obrero, creó una doctrina social de la Iglesia que condenaba tanto el socialismo como el capitalismo liberal, destacando la función social del trabajo y de la propiedad y proponiendo un ideal de armonía entre ambos (encíclica *Rerum novarum*, 1891). El realismo político y la habilidad diplomática del papa permitieron poner fin a la hostilidad del régimen imperial alemán hacia los católicos (abandono por Bismarck* de la *Kulturkampf* en 1879 y visita a Roma del emperador Guillermo II* en 1888); igualmente, propugnó el fin de la confrontación entre la Iglesia francesa y la Tercera República, avalando la participación de los católicos franceses en el régimen republicano; pero, en cambio, mantuvo el enfrentamiento con el Estado italiano, insistiendo en el boicot de los católicos italianos a la vida política nacional. Reforzó los lazos con la Iglesia norteamericana, fomentando la expansión del catolicismo en Estados Unidos. Con todo ello, León XIII contribuyó a dotar a la Iglesia de un nuevo protagonismo a escala mundial, reforzado por dos tipos de iniciativas suyas: por un lado, el acercamiento a la Iglesia anglicana y a los ortodoxos griegos, que inició la tendencia ecuménica de los papas del siglo XX; y por otro, el impulso de la acción misionera, especialmente en África.

LEONARDO DA VINCI Artista, pensador e investigador italiano que, por su insaciable curiosidad y su genio polifacético, representa el modelo más acabado del hombre del Renacimiento (Vinci, Toscana, 1452 - Amboise, Turena, 1519). Era hijo ilegítimo de un abogado florentino, quien no le permitió conocer a su madre, una modesta campesina. Leonardo se formó como artista en Florencia, en el taller de Andrea Verrochio; pero gran parte de su carrera se desarrolló en otras ciudades italianas como Milán (en donde permaneció entre 1489 y 1499 bajo el mecenazgo del duque Ludovico Sforza, *el Moro*) o Roma (en donde trabajó para Julio de Médicis). Aunque practicó las tres artes plásticas, no se ha conservado ninguna escultura suya y parece que ninguno de los edificios que diseñó llegó a construirse, por lo que de su obra como escultor y arquitecto sólo quedan indicios en sus notas y bocetos personales. Es, por tanto, su obra pictórica la que le ha hecho destacar como un personaje cumbre en la historia del arte, debido a una veintena de cuadros conservados, entre los cuales destacan *La Gioconda* o *Mona Lisa*, *La Anunciación*, *La Virgen de las Rocas*, *La Santa Cena*, *La Virgen y Santa Ana*, *La Adoración de los Magos*, el *Retrato de Ginebra Benzi*... Son composiciones muy estudiadas, basadas en la perfección del dibujo y con un cierto halo de misterio, en las que la gradación del color contribuye a completar el efecto de la perspectiva; en ellas introdujo la técnica del *sfumato,* que consistía en prescindir de los contornos nítidos de la pintura del «Quattrocento» y difuminar los perfiles envolviendo las figuras en una especie de neblina característica. El propio Leonardo teorizó su concepción del arte pictórico como «imitación de la naturaleza» en un *Tratado de pintura* que sólo sería publicado en el siglo XVII.

Interesado por todas las ramas del saber y por todos los aspectos de la vida, los apuntes que dejó Leonardo (escritos de derecha a izquierda y salpicados de dibujos) contienen también incursiones en otros terrenos artísticos, como la música (en la que destacó tocando la lira) o la literatura. Según su criterio no debía existir separación entre el arte y la ciencia, como no la hubo en sus investigaciones, dirigidas de forma preferente hacia temas como la anatomía humana (avanzando en el conocimiento de los músculos, el ojo o la circulación de la sangre), la zoología (con especial atención a los mecanismos de vuelo de aves e insectos), la geología (con certeras observaciones sobre el origen de los fósiles), la astronomía (terreno en el que se anticipó a Galileo* al defender que la Tierra es sólo un planeta del Sistema Solar), la física o la ingeniería. En este último terreno fue donde quedó más patente su talento de precursor a juicio de las generaciones posteriores, ya que Leonardo concibió multitud de máquinas que no dio a conocer entre sus contemporáneos y que la técnica ha acabado por convertir en realidad siglos más tarde: aparatos de navegación (como un submarino, una campana de buceo y un salvavidas), máquinas voladoras (como el paracaídas, una especie de helicóptero y unas alas inspiradas en las de las aves para hacer volar a un hombre), máquinas de guerra (como un puente portátil y un anticipo del carro de combate del siglo XX), obras de ingeniería civil (como canalizaciones de agua o casas prefabricadas), máquinas herramientas (como una hiladora, una laminadora, una draga o una cortadora de tornillos), fortificaciones, etcétera. Sin embargo, el genio de Leonardo le encaminó a tal cantidad de objetivos diferentes que apenas ejerció influencia sobre la marcha de los distintos campos que tocó (aunque sí obtuvo un gran prestigio personal, que ha perdurado hasta nuestros días): muchos de los proyectos que emprendió quedaron inacabados cuando otros nuevos atrajeron su interés; y, en cuanto a los inventos, se limitó a concebir ideas útiles, pero no se esforzó por plasmarlas en modelos viables que pudieran funcionar, por lo que la mayoría de sus investigaciones fueron especulaciones teóricas sin consecuencias prácticas. En ellas se concentró a partir de 1516 cuando, con las manos afectadas por una parálisis, pasó a vivir en Francia bajo la protección de Francisco I*.

LEONOR DE AQUITANIA Reina de Francia y de Inglaterra (?, h. 1122 - Fontevrault, 1204). Hija y heredera del último duque de Aquitania y de Poitou, al casarse con el rey Luis VII de Francia aportó a éste como dote Guyena, Gascuña y Poitou (1137). Posteriormente, el adulterio de la reina provocaría la ruptura de aquel matrimonio, que el rey hizo anular en 1152. Leonor se casó enseguida con el duque de Normandía y de Anjou, Enrique Plantagenet*, que dos años más tarde se convertiría en Enrique II de Inglaterra*. De esta manera pasaron a la Corona inglesa los feudos franceses de Aquitania, redondeando un extenso reino angevino a ambos lados del canal de La Mancha; este dominio inglés sobre la mitad occidental de Francia sería el origen del prolongado conflicto entre las dos Coronas, conocido como la Guerra de los Cien Años (1339-1453). El segundo matrimonio de Leonor estuvo marcado por la infidelidad de su marido, que movió a la reina a separarse de él y establecerse en Poitiers, no sin antes haber intentado envenenar a la amante del rey. Desde allí fomentó la fracasada rebelión de sus hijos contra Enrique II (1173), que éste castigó haciéndola internar en un convento. De allí fue liberada a la muerte de Enrique por su hijo Ricardo *Corazón de León**, nuevo rey de Inglaterra (1189). Leonor fue incluso nombrada regente durante la ausencia de Ricardo por la Tercera Cruzada (1190-92) y vivió para ver a un segundo hijo suyo —Juan *sin Tierra**— en el Trono de Inglaterra (1199).

LEOPOLDO I Primer rey de Bélgica, con el que dio comienzo la dinastía de Sajonia-Coburgo (Coburgo, 1790 - Bruselas, 1865). Era el hijo menor de la casa ducal de un pequeño principado independiente de Alemania (el Ducado de Sajonia-Coburgo). La lucha contra Napoleón* le llevó a servir como oficial en el ejército ruso (1805-10). Acabada la guerra, pasó a vivir en Inglaterra, donde contrajo matrimonio con la heredera del Trono (1816), muerta al año siguiente. Las dos primeras revoluciones europeas que dieron lugar a alteraciones en el orden del Congreso de Viena le ofrecieron la Corona de los respectivos Estados independientes que crearon: Leopoldo rechazó la de Grecia (1830), pero aceptó la de Bélgica, que acababa de rebelarse contra el dominio holandés (1831). Leopoldo empezó por jurar la Constitución del nuevo Estado, considerada más tarde un paradigma del liberalismo clásico; y a lo largo de su reinado se atuvo escrupulosamente a su papel de monarca constitucional, permaneciendo neutral en los conflictos políticos entre liberales y católicos. Su primera tarea fue defender la independencia de Bélgica frente a los intentos de reconquistarla que lanzaron los holandeses; en este objetivo le proporcionaron una buena ayuda diplomática sus vinculaciones familiares, pues no sólo contó con el apoyo británico, sino también con el de Francia, con cuyo nuevo monarca, Luis Felipe de Orléans*, había emparentado al contraer matrimonio con su hija (1832). Rechazado el ataque holandés, obtuvo el Tratado de Londres (1839), por el que quedaban reconocidas las nuevas fronteras, repartiéndose Limburgo entre Holanda y Bélgica, y anexionándose esta última gran parte del territorio de Luxemburgo. Fue un hábil diplomático, capaz de hacerse notar en la política internacional desde su pequeño y joven reino: casó a un sobrino suyo con la reina María de Portugal en 1836; e incluso ejerció cierta influencia sobre su sobrina, la reina Victoria de Inglaterra*, a la cual casó en 1840 con otro sobrino suyo (Alberto de Sajonia-Coburgo-Gotha). Por lo demás, el largo reinado de Leopoldo coincidió con la época de consolidación del Estado belga y de desarrollo de su economía.

LEOPOLDO II Rey de Bélgica, perteneciente a la dinastía de Sajonia-Coburgo (Bruselas, 1835 - Laeken, 1909). Sucedió a su padre, Leopoldo I*, en 1865. Como su antecesor, fue un hábil diplomático, capaz de obtener, merced al apoyo de Gran Bretaña, que la neutralidad belga fuera respetada en la confrontación entre Bismarck* y Napoleón III*, que culminaría con la Guerra Franco-Prusiana (1870-71). No obstante, las tensiones internacionales crecientes de finales de siglo le convencieron de la necesidad de reforzar la defensa del país, anticipándose así a la violación de la neutralidad belga que perpetrarían los alemanes en la Primera Guerra Mundial (1914-18); poco antes de morir consiguió que se aprobara la Ley del servicio militar (1909).

Pero Leopoldo II fue también un activo hombre de negocios, que simbolizó en su persona el éxito de la economía belga bajo su largo reinado. Su negocio más ambicioso fue la colonización del Congo, que acabó convirtiendo a la pequeña Bélgica en una potencia imperialista. Interesado por el continente africano cuando su interior era prácticamente desconocido en Occidente, creó una Asociación Internacional Africana movida aparentemente por objetivos científicos y humanitarios (1876); impulsó las exploraciones de la cuenca del río Congo por parte de Stanley* (1879-85), que le proporcionaron el control de un vasto territorio a través de la Asociación Internacional del Congo (fundada por Leopoldo en 1882). La Conferencia internacional de Berlín (1885), que repartió el continente africano entre las potencias europeas, creó un Estado Libre del Congo y se lo concedió a título personal a Leopoldo. Éste dirigió durante los años siguientes su colonización y explotación, abanderando la lucha contra la esclavitud y sirviéndose del personal y las estructuras administrativas y militares del Estado belga. Leopoldo intentó financiar los gastos por sí mismo, como había exigido el Parlamento belga, pero cuando la empresa sobrepasó claramente las posibilidades económicas del monarca, éste solicitó ayuda del presupuesto nacional (1886). Los sucesivos préstamos para financiar la presencia en el Congo concedidos a Leopoldo por el Estado belga acabaron por atribuir a éste la titularidad del territorio; pero con tales prevenciones de la opinión pública contra la idea colonialista, que el Parlamento no aceptó la donación real hasta 1908.

LEOPOLDO DE HOHENZOLLERN-SIGMARINGEN. V. **HOHENZOLLERN, Casa de.**

LEOVIGILDO Rey de los visigodos (?, ? - Toledo, 586). Fue asociado al Trono por su hermano Liuva I (elegido rey en el 567) en el año 568, como forma de evitar una guerra civil entre ambos después de la muerte de Atanagildo. Leovigildo reforzó su poder casándose con la influyente viuda de Atanagildo, Goswinta, y se encargó de gobernar los territorios visigodos en la península Ibérica, mientras su hermano dominaba la Septimania, última provincia que les quedaba a los visigodos en las Galias. La muerte de Liuva en el 571 permitió a Leovigildo erigirse en único monarca y gobernar la totalidad del reino. Puede decirse que fue Leovigildo quien convirtió definitivamente el reino visigodo en un Estado hispánico: fijó la capital en Toledo; contuvo en sendas campañas militares a los otros dos poderes presentes en la Península, representados por los asentamientos bizantinos del sureste (571) y por el reino suevo del noroeste (573-76); venció definitivamente a este último, incorporando Galicia a sus dominios (585); aplastó la rebelión de la aristocracia bética en el sur (572); rechazó un intento de los burgundios por arrebatarle Septimania (585); sometió a los cántabros (574), a los vascones (fundando para controlarlos la ciudad de Vitoria) y a otros pueblos del norte.

Pero la labor de Leovigildo no se limitó a la expansión territorial del reino visigodo por medio de campañas guerreras; también lo consolidó mediante reformas internas. Convirtió la monarquía electiva tradicional de este pueblo germánico, procedente de su época nómada, por una monarquía hereditaria en su propia familia; para ello asoció al Trono a sus hijos Recaredo* y Hermenegildo en el 573; un posterior intento de rebelión de este último fue abortado sin contemplaciones, dejando a Recaredo como único heredero. Inspirándose en el modelo del Imperio Bizantino, reforzó la majestad y el poder simbólico del monarca, enriqueciendo el ceremonial cortesano y acuñando monedas de oro. Y realizó múltiples reformas administrativas, judiciales, fiscales y militares, tendentes todas ellas a la centralización del poder y a la sumisión de la nobleza. El principal fracaso de su reinado estuvo en la política religiosa, pues no consiguió imponer a la población hispanorromana la fe arriana de la casta dominante goda; la rebelión de Hermenegildo —convertido al catolicismo— en 579-84 mostró la virulencia del conflicto religioso latente, al sublevar de nuevo a las ciudades de la Bética. Leovigildo reforzó desde entonces la persecución de los católicos; pero la resistencia autóctona le aconsejó cambiar de actitud hacia el final de su vida, favoreciendo quizá la posterior conversión de su hijo y sucesor, Recaredo, a la fe católica.

LERMA, Francisco de Sandoval y Rojas, duque de Aristócrata español, valido del rey Felipe III* (Tordesillas, Valladolid, 1553 - Valladolid, 1625). Era hijo del marqués de Denia y nieto de san Francisco de Borja*. Protegido por su padre y por su tío, arzobispo de Sevilla, se educó en la corte de Felipe II*. Gradualmente se ganó la confianza del príncipe heredero, hasta el punto de aconsejar su alejamiento de la corte nombrándole virrey de Valencia (1595-97). Llamado de nuevo por el príncipe, que le nombró su caballerizo mayor como hombre de confianza, el acceso al Trono de Felipe III tras la muerte de su padre en 1598 le permitió hacerse con el poder en la corte. Alejó a los cortesanos más influyentes del reinado anterior y restringió en beneficio propio el acceso a la persona real (organizando continuos viajes del rey e incluso trasladando la corte a Valladolid entre 1601 y 1606). Situó a la gente de su Casa en los puestos clave del poder (oficios de Palacio, secretarías, juntas y consejos) y empleó los recursos de la Monarquía para fortalecer su propia red clientelar mediante el ejercicio del patronazgo. Las mercedes reales y el poder omnímodo del que dispuso le permitieron amasar una gran fortuna y engrandecer a su Casa con nuevos privilegios, títulos, cargos, rentas, territorios y enlaces familiares. Nacía así la figura del *valido,* ministro todopoderoso propio de los llamados «Austrias menores» (Felipe III, Felipe IV* y Carlos II*), monarcas teóricamente absolutos, pero alejados en la práctica de la gestión política por una mezcla de incapacidad e indiferencia; en el caso de Felipe III, era más bien por indiferencia, que Lerma acentuó cultivando la inclinación del rey por la caza, el juego y los deportes.

La política de Lerma comenzó por la reforma de los órganos de gobierno de la monarquía, fortaleciendo las Juntas en detrimento de los tradicionales Consejos, a fin de ganar en agilidad y carácter ejecutivo, al tiempo que se acrecentaba el poder del valido y sus partidarios. En lo exterior, impuso una política pacifista, reconociendo con realismo las dificultades financieras y militares por las que atravesaba el país: firmó la paz con Francia, Inglaterra y, sobre todo, con Holanda (Tregua de los Doce Años, 1609). La paz permitió reconstruir la Hacienda Real y la explotación de los metales americanos. También fue obra de Lerma la expulsión de España de los moriscos en 1609-14.

Lerma hubo de hacer frente a una facción rival encabezada por su propio hijo, el duque de Uceda, y auspiciada por la reina, que recibiría un inesperado refuerzo por parte de los jefes militares procedentes de Flandes que regresaban a la corte y cuestionaban la política pacifista; el rey recibía memoriales contra los abusos de su valido, mientras en la calle circulaban rumores y pasquines en el mismo sentido. Los enemigos de Lerma aprovecharon en su favor el fracaso del sistema de Juntas, los excesos de nepotismo, avaricia y corrupción cometidos en el ejercicio del patronazgo regio suplantado por el valido y los errores de éste en su relación con las Cortes castellanas. Lerma fue perdiendo capacidad para situar a sus candidatos en puestos de poder y, en consecuencia, para atraer partidarios; hasta que, perdido también el favor real, hubo de dejar el poder y retirarse a sus dominios en 1618 (con ello salvaguardaba los intereses familiares, ya que le sustituía en la privanza del rey el duque de Uceda, que era hijo suyo). Antes, y para ponerse a salvo de represalias, se hizo nombrar cardenal en 1618 (y se ordenó sacerdote en 1619), por lo que quedó a salvo del proceso que se abrió contra él y sus «hechuras»; no obstante, el proceso le fue muy desfavorable y murió en medio del mayor desprestigio, después de ver cómo moría su antiguo amigo y protector Felipe III (en 1621) y cómo su hijo perdería el poder en favor de Olivares*, para morir él también (en 1624). La línea pacifista seguida por la Monarquía se rompió inmediatamente con el inicio de la Guerra de los Treinta Años (1618-48).

LERROUX GARCÍA, Alejandro
Político español (La Rambla, Córdoba, 1864 - Madrid, 1949). Militó desde joven en las filas del republicanismo radical, como seguidor de Ruiz Zorrilla. Practicó un estilo periodístico demagógico y agresivo en las diversas publicaciones que dirigió *(El País, El Progreso, El Intransigente* y *El Radical)*. Su discurso populista y anticlerical, así como la intervención en diversas campañas contra los gobiernos de la Restauración, le hicieron muy popular en los medios obreros de Barcelona, que acabaron constituyendo la base de un electorado fiel. Fue elegido diputado por primera vez en 1901; y de nuevo en 1903 y 1905, en las candidaturas de la Unión Republicana que había contribuido a formar junto con Nicolás Salmerón*. La defección de éste hacia la coalición Solidaridad Catalana en 1906, llevó a Lerroux a separarse, formando el Partido Republicano Radical (1908) y encabezando la lucha contra el creciente nacionalismo catalán. Hubo de exiliarse en varias ocasiones, primero para escapar a la condena dictada por uno de sus artículos (1907) y más tarde huyendo de la represión gubernamental por la Semana Trágica de Barcelona (1909). De vuelta a España, aceptó entrar en la Conjunción Republicano-Socialista, con la que volvió a ser elegido diputado en 1910. Desde entonces se vio envuelto en una serie de escándalos

que le alejaron de su electorado barcelonés, entre acusaciones de corrupción (hasta el punto de que hubo de cambiar de distrito, presentándose por Córdoba en 1914). Bajo la dictadura de Primo de Rivera (1923-30) su partido se vio debilitado por la escisión de los Radical-Socialistas de Marcelino Domingo (1929). No obstante, continuó en la política activa, participando en el comité revolucionario que preparó el derrocamiento de Alfonso XIII* y la proclamación de la Segunda República en 1931.

Bajo el régimen republicano desempeñó un papel político de primera fila. Formó parte de la coalición de izquierdas que sostuvo las reformas del gobierno Azaña* durante el primer bienio (1931-33), en el que participó personalmente como ministro de Estado (1931). Pero fue derivando hacia posturas de derechas que le acercaron a la oposición, pasando en 1933-36 a formar parte de la mayoría conservadora que accedió al poder; fue tres veces presidente del gobierno entre 1933 y 1935 y ocupó carteras ministeriales tan destacadas como la de Guerra (1934) y la de Estado (1935). Tras señalarse en la represión del intento de revolución obrera de 1934, quedó de nuevo desacreditado ante la opinión pública por el escándalo del *estraperlo* (un caso de corrupción ligado al negocio del juego), que acabó por romper su alianza con la derecha y deteriorar incluso su posición dentro del partido. En las elecciones de 1936 ni siquiera salió elegido diputado y, cuando aquel mismo año estalló la Guerra Civil (1936-39), prefirió ponerse a salvo en Portugal. Regresó a España en 1947.

LESSEPS, Ferdinand de Diplomático francés que construyó el canal de Suez (Versalles, 1805 - La Chesnaye, Indre, 1894). Tras acceder a la carrera diplomática por tradición familiar, recibió varios destinos en el área del Mediterráneo, entre otros en Madrid (1848-49) y en la Roma de Mazzini* (1849); fue su fracaso en esta última misión el que le llevó a abandonar el servicio diplomático. Antes, sin embargo, había servido algún tiempo en Egipto (al igual que su padre), donde había trabado amistad con el príncipe heredero Said. El acceso de éste al Trono en 1854 le dio a Lesseps la oportunidad de poner en práctica un viejo proyecto suyo, consistente en construir un canal de navegación a través del istmo de Suez, que conectara el Mediterráneo con el mar Rojo. Dicha idea había sido lanzada por los discípulos de Saint-Simon*, pero la cercanía de Lesseps con el nuevo pachá le otorgó una ventaja decisiva para hacerla realidad. Tras obtener de Said una concesión por 99 años (en 1856), fundó la Compañía Universal del canal de Suez en 1858 e inició los trabajos al año siguiente. Al hacerlo ignoró las repercusiones geoestratégicas y políticas, pues la prevista ruta del canal pasaría a ser un eje crucial en las comunicaciones del Imperio Británico, uniendo la India con Inglaterra a través del Mediterráneo. El gobierno británico presionó al sultán otomano (de quien teóricamente era vasallo Egipto) para que retrasara la obra de Lesseps. Pero no lo consiguió y la obra siguió adelante, con participación financiera del pachá, pero con una mayoría del capital en manos francesas, lo cual daba a la Francia de Napoleón III* una presencia en esa estratégica zona. No es de extrañar, por ello, que tanto el emperador como la emperatriz Eugenia de Montijo* prestaran un apoyo constante al proyecto del canal. La muerte de Said en 1863 significó un contratiempo, pues su sucesor, Ismail Pachá, retiró los trabajadores autóctonos con intención de impedir las obras; Lesseps reaccionó con la introducción de máquinas modernas que permitieron completar la construcción del canal en 1869.

El éxito obtenido en Suez convirtió a Lesseps en un héroe nacional, celebrado en Francia como símbolo del progreso. Aunque la influencia francesa en Egipto se fue debilitando por la presión de Gran Bretaña (que compró la participación del pachá en el canal en 1875), el prestigio personal de Lesseps no decayó. Animado por el éxito, inició una segunda operación para atravesar con otro canal navegable el istmo de Panamá, conectando el Atlántico con el Pacífico. En 1879 fundó una compañía por acciones y en 1880 inició los trabajos en Panamá. En este caso, sin embargo, las dificultades geográficas y climáticas hicieron que las obras avanzaran con lentitud, mientras la compañía se endeudaba desmesuradamente ocultando al público su situación real. En 1889 se detuvieron los trabajos y la compañía se declaró en quiebra, provocando la ruina de muchos inversores; la construcción del canal de Panamá quedaría abandonada hasta que la retomaran definitivamente los Estados Unidos en 1901. Lesseps perdió la razón como consecuencia, por lo que quedó ajeno a la condena que le impusieron los tribunales, anulada más tarde.

LI CHIH. V. T'ANG, Dinastía.

LI CHIU AI-TI. V. T'ANG, Dinastía.

LI SHIH-MIN. V. T'ANG, Dinastía.

LI YÜAN. V. T'ANG, Dinastía.

LIEBKNECHT, Karl Cofundador del Partido Comunista Alemán (Leipzig, 1871 - Berlín, 1919). Era hijo de Wilhelm Liebknecht (1826-1900), revolucionario socialista amigo de Marx*, que había implantado en Alemania la primera Internacional y había fundado con Bebel* el Partido Obrero Socialdemócrata de Alemania, que en 1875 se unificó con el grupo de Lasalle para crear el moderno Partido Socialdemócrata Alemán (SPD). Karl militó en el ala izquierda del SPD y, desde 1912, fue diputado en el *Reichstag*. Al estallar la Primera Guerra Mundial (1914-18) adoptó una postura pacifista, coherente con los ideales internacionalistas que el socialismo había venido sosteniendo. Fue detenido en 1916 durante una manifestación contra la guerra en Berlín; y permaneció en la cárcel hasta que le liberó la revolución de 1918 que derrocó al emperador Guillermo II*. Karl Liebknecht se negó a entrar en el gobierno que formó la mayoría socialdemócrata bajo la presidencia de Ebert* y, junto con Rosa Luxemburgo*, se escindió formando la Liga de los Espartaquistas (desde 1919 transformada en Partido Comunista Alemán o KPD). Dicho grupo, inspirado por el modelo revolucionario desarrollado por Lenin* en Rusia, lanzó su propia revolución en 1919 contra el gobierno republicano de Ebert; la represión del movimiento corrió a cargo del ejército alemán, reforzado con voluntarios monárquicos, y en ella murió asesinado Liebknecht.

LIEU PANG. V. HAN, Dinastía.

LINCOLN, Abraham 16.º presidente de los Estados Unidos de América (Hodgenville, Kentucky, 1809 - Washington, 1865). Durante su juventud en Indiana e Illinois realizó diversos trabajos tan modestos como duros; pero se dio una educación autodidacta y llegó a hacerse abogado en 1837. Establecido en Springfield (Illinois) y casado con una mujer de clase alta, pronto adquirió prestigio e influencia a nivel local. Sus ideas conservadoras le llevaron a participar en política, haciéndose elegir diputado de la Asamblea estatal de Illinois (1834-42) y más tarde congresista en la Cámara de Representantes federal (1847-49); pero rompió con sus colegas conservadores y abandonó el Congreso cuando se opuso a la guerra contra México (1846-48). Fue la cuestión de la esclavitud la que decidió a Lincoln a regresar a la política activa y le proporcionó un papel protagonista en la fundación de una nueva formación: el Partido Republicano; éste nacía para oponerse a la extensión de la esclavitud a nuevos territorios de la Unión, autorizada por la Ley de Kansas-Nebraska (1854). La campaña de Lincoln por un escaño de senador en 1858, en la que resultó derrotado, le permitió sin embargo erigirse en portavoz de la actitud contraria a la esclavitud que sostenía el Partido Republicano; Lincoln se convirtió en líder de los abolicionistas, esgrimiendo su oposición moral a la pervivencia de una institución que consideraba radicalmente injusta, pero propugnó la vía moderada de limitarse a prohibir su extensión a nuevos territorios, convencido de que el progreso humano haría por sí solo declinar la esclavitud en los Estados del Sur donde ya existía. Con tales ideas, Lincoln llegó a imponerse a políticos tradicionales con más experiencia en el manejo profesional del aparato partidista (como Seward, que luego le serviría lealmente como secretario de Estado), alzándose con la nominación republicana para las elecciones presidenciales de 1860; en éstas derrotó al dividido Partido Demócrata y ganó con una exigua mayoría relativa (en torno a un 10 por 100 de los votos, obtenidos principalmente en los Estados del Norte).

El acceso de Lincoln a la presidencia en 1861 desencadenó la secesión de once Estados del sur del país, encabezados por Carolina del Sur, que temían que su política condujera a la abolición de la esclavitud, sobre la cual descansaba su economía agrícola. Éstos formaron una Confederación presidida por Jefferson Davis*, alegando su derecho constitucional a separarse de la Unión en la que un día entraron como Estados soberanos. Lincoln defendió enérgicamente la ilegitimidad de esta separación y dirigió una larga guerra civil para restaurar la unidad de la federación (la «Guerra de Secesión», que enfrentó al Norte contra el Sur de los Estados Unidos entre 1861 y 1865). La guerra le forzó a radicalizar su postura decretando la total abolición de la esclavitud (1862), con lo que reforzó la situación militar y diplomática del Norte, ganándose el apoyo de Gran Bretaña y la mayor parte de los gobiernos europeos y permitiendo, al mismo tiempo, que sus ejércitos reclutaran soldados negros. A pesar del reforzamiento del poder presidencial, Lincoln mantuvo vigentes durante la guerra todos los principios democráticos, incluida la supremacía del poder civil sobre los militares. A partir de la decisiva victoria de Gettysburg (1863), donde Lincoln pronunció un vibrante discurso en defensa de la libertad y la democracia, se sucedieron los éxitos militares obtenidos por los generales nordistas Grant* y Sherman*, que facilitaron la reelección de Lincoln en 1864. Frente a la tendencia de los demócratas a buscar una paz negociada con el Sur, Lincoln demostró una gran firmeza de principios, al defender hasta el final la unidad nacional y la abolición de la esclavitud. La capitulación de los ejércitos sudistas del general Lee* en Appomatox (1865) completó el éxito de Lincoln y de sus ideas, asegurando en lo sucesivo la unidad de los Estados Unidos y la hegemonía en su seno de los Estados del Norte.

Aunque elegido sólo por los votantes de las zonas controladas por los ejércitos nordistas durante la guerra, Lincoln siguió ejerciendo tras la paz como presidente constitucional de los Estados Unidos de América. Inmediatamente lanzó un plan de reconstrucción destinado a recomponer la vida económica, social y política de los Estados del Sur, gravemente alterada por la liberación de los esclavos negros y por el distanciamiento de sus clases dirigentes respecto a la Unión y la Constitución. Pero no pudo hacer realidad sus generosas intenciones de integración, ya que murió asesinado en aquel mismo año por un fanático sudista llamado Booth. Le sucedió el vicepresidente Andrew Johnson, un demócrata del Sur a quien Lincoln había escogido por representar a los escasos sureños leales a la Unión; aislado políticamente, el nuevo presidente (1865-69) no conseguiría hacer realidad las directrices heredadas de Lincoln: un Congreso dominado por republicanos radicales impuso una política revanchista hacia los Estados vencidos, que fueron ocupados militarmente, castigados con dureza y controlados por políticos corruptos venidos del Norte. La fosa que separaba al Norte del Sur acabó así de ahondarse mientras se enquistaba en ellos un grave conflicto racial.

LINDBERGH, Charles August
Héroe de la aviación norteamericana (Detroit, Míchigan, 1902 - Hawai, 1974). Hijo de un congresista de Minnesota, Lindbergh inició estudios de Ingeniería, que abandonó para hacerse aviador en 1920, cuando la aviación era aún un asunto de pioneros con grandes dosis de riesgo y aventura. Trabajó como piloto de exhibición y, desde 1926, en el Correo aéreo. Pero saltó a la fama en 1927 al realizar en solitario el primer vuelo sin escalas entre Nueva York y París. La hazaña respondía al reto de una empresa hotelera francesa que había ofrecido un gran premio para quien la realizara; y fue posible gracias al apoyo financiero de algunos empresarios de San Luis, que permitió a Lindbergh construir para la ocasión su propio avión, el *Espíritu de San Luis*. La importancia de aquel primer vuelo trasatlántico directo quedó resaltada por los fracasos anteriores de otros famosos aviadores mejor equipados; varios gobiernos reconocieron su mérito con condecoraciones y honores, que completaron el entusiasmo popular despertado por esta figura heroica. Posteriormente, Lindbergh realizó el primer viaje sin escalas entre Washington y México (1927) y exploró las rutas aéreas hacia Asia a través del Pacífico (1931-33). En los años treinta se convirtió en directivo de la compañía aérea *Panamerican* y participó en las investigaciones científicas del premio Nobel de Medicina Alexis Carrel. El secuestro y asesinato de su hijo en 1932 desató una oleada de indignación popular que llevó al reforzamiento de los poderes del gobier-

no federal en la lucha contra el crimen. Al comienzo de la Segunda Guerra Mundial (1939-45) defendió posturas aislacionistas, movido por su ideología racista, su simpatía hacia la Alemania nazi y su convicción de que la aviación alemana era invencible; no obstante, a partir de la entrada de los Estados Unidos en la contienda, sostuvo el esfuerzo bélico norteamericano como consejero técnico de las Fuerzas Aéreas. Su relato autobiográfico obtuvo el premio Pullitzer en 1953.

LIST, Friedrich Economista alemán (Reutlingen, Württemberg, 1789 - Kufstein, Austria, 1846). Inició su vida pública como defensor ardiente de las ideas liberales procedentes de la Revolución francesa. Fue diputado en Württemberg desde 1820; pero sus críticas al régimen de aquel Estado alemán le llevaron a ser encarcelado en 1822. Liberado en 1824, se exilió en los Estados Unidos, tierra de promisión para los liberales europeos de la época; allí se hizo rico explotando minas de carbón y, al mismo tiempo, maduró su pensamiento económico proteccionista observando el desarrollo de la economía norteamericana. Regresó a Alemania en 1830 como cónsul de Estados Unidos en Hamburgo y desplegó una intensa campaña propagandística en defensa de un modelo de nacionalismo económico consistente en poner las bases para un mercado nacional alemán. Sus ideas empezaron a tomar forma cuando se inició la construcción de una red ferroviaria alemana centralizada en Berlín (desde 1833); y se hicieron realidad cuando, en 1834, se concertó la Unión Aduanera *(Zollverein)* de los diversos Estados en que se hallaba dividida políticamente Alemania, a fin de formar un único mercado que, protegido de la competencia exterior por fuertes barreras aduaneras, sirviera de cimiento para el desarrollo industrial del país. List plasmó sus ideas en su obra *Sistema nacional de economía política* (1841), en la cual atacaba frontalmente las concepciones liberales abstractas y cosmopolitas de la escuela clásica británica (contra Adam Smith* y David Ricardo* en particular). Sin negar la superioridad teórica del librecambismo, hizo una profesión de fe nacionalista, en virtud de la cual Alemania estaría destinada a alcanzar un nivel de desarrollo comparable al de Gran Bretaña, y para ello necesitaba de un periodo de proteccionismo que reservara el mercado interior a la industria naciente (todo ello al servicio de un ideal de unidad germánica y de hegemonía continental a largo plazo). A pesar del influjo que ejercieron sus ideas económicas (sustento ideológico de la industrialización alemana y de su posterior unificación política), su avanzado liberalismo político se vio defraudado por la resistencia del Antiguo Régimen en Alemania; siguió sufriendo persecuciones y dificultades, siempre al margen del mundo académico, hasta que decidió suicidarse.

LITTLE, Malcom. V. *MALCOM X.*

LIU HSIU. V. **HAN, Dinastía.**

LIVINGSTONE, David Médico y misionero británico que inició la exploración del interior de África (Blantyre, Escocia, 1813 - Chitambo, Zambia, 1873). Procedente de una familia pobre, sacó adelante sus estudios de Medicina en la Universidad de Glasgow y se enroló en la Sociedad Misionera de Londres movido por sentimientos religiosos (fue ordenado sacerdote protestante en 1840). A petición propia, fue destinado al sur de África en 1841. Desde allí se adentró hacia el norte en la actual Botswana, predicando la religión cristiana y explorando territorios desconocidos en medio de graves peligros. En 1852-54 atravesó el desierto de Kalahari hasta conectar El Cabo con Luanda, capital de la colonia portuguesa de Angola; desde allí, rechazando las invitaciones para que regresara a Inglaterra y, a pesar de sus problemas de salud, inició una nueva travesía del Atlántico al Índico, uniendo Angola con Mozambique a través del río Zambeze (1854-56). Durante su posterior estancia en Inglaterra fue premiado y recibido por la reina, convirtiéndose en un héroe popular. Sus escritos y conferencias despertaron el interés por el misterioso continente africano en todo el mundo, incitando a la posterior carrera colonial por el reparto de su dominio entre las potencias europeas; no obstante, las intenciones del propio Livingstone fueron siempre pacíficas, impulsando el conocimiento científico del continente, el establecimiento de relaciones amistosas con los pueblos indígenas y la erradicación de la esclavitud. El gobierno británico financió un segundo viaje para explorar el Zambeze como vía de penetración hacia el interior de África en 1858-64; pero las múltiples cataratas que descubrió frustraron el proyecto. Un tercer viaje, financiado por la Real Sociedad Geográfica en 1865-73, le llevó a explorar las regiones en torno a los lagos Nyasa y Tanganika. En 1871 circuló en Occidente la noticia de que Livingstone se había perdido y dos periódicos enviaron en su búsqueda a Henry Stanley*; éste se internó en el África oriental y encontró a Livingstone en Ujiji, a orillas del lago Tanganika. Pero no consiguió convencerle para que regresara y, tras aprovisionarle, ambos se separaron en 1872. Mientras Stanley continuaba su exploración por el río Congo, Livingstone siguió su camino y falleció un año más tarde de muerte natural.

LLOYD GEORGE, David Político liberal británico (Manchester, 1863 - Criccieth, Carnavonshire, 1945). Aunque inglés de nacimiento, su infancia transcurrió en Gales en un medio muy modesto, dada su orfandad. Tras hacerse abogado, pasó joven a la política, resultando elegido miembro de la Cámara de los Comunes en 1890 como candidato liberal: representó a la circunscripción de Carnavon durante 55 años. Sus discursos parlamentarios le distinguieron como un radical inconformista, defensor del particularismo galés y crítico hacia la postura británica durante la Guerra de los *bóers* (1899-1902). Representando al ala izquierda del Partido Liberal, accedió al gobierno como ministro de Comercio (1905-08) y de Hacienda (1908-15). En ese tiempo introdujo significativas reformas tendentes a mantener el apoyo del electorado obrero, con las que puso las bases del Estado de Bienestar británico (Ley de pensiones para la vejez en 1908, seguro sanitario nacional en 1911...). Su proyecto de Presupuesto para 1909, destinado a financiar tales gastos sociales, introducía además significativas reformas tributarias, como el aumento del impuesto de sucesiones o la creación de un moderno impuesto sobre la renta personal de carácter progresivo. El obstruccionismo contra el «Presupuesto Popular» que encontró en la Cámara de los Lores, bastión de la conservadora aristocracia británica, le determinó a impulsar la reforma del sistema político en un sentido más democrático, apoyando la reducción de los poderes de la cámara alta mediante la Ley Parlamentaria del primer ministro Asquith* (1911).

Al estallar la Primera Guerra Mundial (1914-18) su protagonismo político se acrecentó: primero fue nombrado ministro de Municiones (1915-16), dirigiendo la organización de la industria británica de armamento; luego pasó a ser ministro de la Guerra (1916); y finalmente encabezó a los disidentes del partido que, aliados con los conservadores, derrocaron al liberal Asquith, a quien sustituyó como primer ministro el propio Lloyd George (1916-22). Al frente de un gabinete de coalición con los conservadores, movilizó las fuerzas militares y civiles de Gran Bretaña y manejó hábilmente la diplomacia internacional hasta lograr la victoria sobre Alemania, al mismo tiempo que hacía valer la prevalencia del poder civil sobre el militar. Su política de mejoras para los trabajadores consiguió atenuar la conflictividad durante la guerra y evitar un gran estallido social en los años posteriores (1919-20). Acabada la guerra, asistió personalmente a la Conferencia de Paz de París (1919), donde intentó moderar la dureza de las condiciones impuestas a los vencidos, enfrentándose al revanchismo francés contra Alemania; fue también Francia la que frustró su proyecto de revisar las reparaciones de guerra exigidas a Alemania para facilitar la recuperación económica de Europa. Dio una solución al problema irlandés, que se había convertido en rebelión abierta durante la guerra, otorgándole la independencia a la isla en 1921. Pero fracasó en su política exterior de engrandecimiento de Grecia a costa de Turquía (nuevamente por la oposición francesa). Fueron estos dos últimos asuntos los que le enemistaron definitivamente con sus socios conservadores, que le hicieron caer del gobierno en 1922. Aunque el Partido Liberal fue reunificado en 1923, no pudo detener el declive en que había entrado con la escisión de 1916, debido al fortalecimiento del Partido Laborista como alternativa de poder independiente. Lloyd George quedó políticamente aislado y perdió más tarde el prestigio que le quedaba al declarar su admiración por Hitler*.

LOCKE, John Pensador inglés (Wrington, Somerset, 1632 - Oaks, Essex, 1704). Este hombre polifacético estudió en la Universidad de Oxford, en donde se doctoró en 1658. Aunque su especialidad era la Medicina y mantuvo relaciones con reputados científicos de la época (como Isaac Newton*), fue también diplomático, teólogo, economista, profesor de griego antiguo y de retórica, y alcanzó renombre por sus escritos filosóficos, en los que sentó las bases del pensamiento político liberal. Locke se acercó a tales ideas como médico y secretario que fue del conde de Shaftesbury, líder del partido *Whig,* adversario del absolutismo monárquico en la Inglaterra de Carlos II* y de Jacobo II*. Convertido a la defensa del poder parlamentario, el propio Locke fue perseguido y tuvo que refugiarse en Holanda, de donde regresó tras el triunfo de la «Gloriosa Revolución» inglesa de 1688.

Locke fue uno de los grandes ideólogos de las elites protestantes inglesas que, agrupadas en torno a los *whigs,* llegaron a controlar el Estado en virtud de aquella revolución; y, en consecuencia, su pensamiento ha ejercido una influencia decisiva sobre la constitución política del Reino Unido hasta la actualidad. Defendió la tolerancia religiosa hacia todas las sectas protestantes e incluso a las religiones no cristianas; pero el carácter interesado y parcial de su liberalismo quedó de manifiesto al excluir del derecho a la tolerancia tanto a los ateos como a los católicos (siendo el enfrentamiento de estos últimos con los protestantes la clave de los conflictos religiosos que venían desangrando a las islas Británicas y a Europa entera). En su obra más trascendente, *Dos ensayos sobre el gobierno civil* (1690), sentó los principios básicos del constitucionalismo liberal, al postular que todo hombre nace dotado de unos derechos naturales que el Estado tiene como misión proteger: fundamentalmente, la vida, la libertad y la propiedad. Partiendo del pensamiento de Hobbes*, Locke apoyó la idea de que el Estado nace de un «contrato social» originario, rechazando la doctrina tradicional del origen divino del poder; pero, a diferencia de Hobbes, argumentó que dicho pacto no conducía a la monarquía absoluta, sino que era revocable y sólo podía conducir a un gobierno limitado. La autoridad de los Estados resultaba de la voluntad de los ciudadanos, que quedarían desligados del deber de obediencia en cuanto sus gobernantes conculcaran esos derechos naturales inalienables. El pueblo no sólo tendría así el derecho de modificar el poder legislativo según su criterio (idea de donde proviene la práctica de las elecciones periódicas en los Estados liberales), sino también la de derrocar a los gobernantes deslegitimados por un ejercicio tiránico del poder (idea en la que se apoyaron Jefferson* y los revolucionarios norteamericanos para rebelarse contra Gran Bretaña en 1776, así como los revolucionarios franceses para alzarse contra el absolutismo de Luis XVI* en 1789). Locke defendió la separación de poderes como forma de equilibrarlos entre sí e impedir que ninguno degenerara hacia el despotismo; pero, al inclinarse por la supremacía de un poder legislativo representativo de la mayoría, se le puede considerar también un teórico de la democracia, hacia la que acabarían evolucionando los regímenes liberales. Por legítimo que fuera, sin embargo, ningún poder debería sobrepasar determinados límites (de ahí la idea de ponerlos por escrito en una Constitución). Este tipo de ideas inspiraron al liberalismo anglosajón (reflejándose puntualmente en las constituciones de Gran Bretaña y Estados Unidos) e, indirectamente, también al del resto del mundo (a través de ilustrados franceses, como Montesquieu* o Voltaire*). Menos incidencia tuvo el pensamiento propiamente filosófico de Locke, basado en una teoría del conocimiento empirista inspirada en Bacon* y en Descartes*.

LONGQING. V. **MING, Dinastía.**

LONG T'SING. V. **MING. Dinastía.**

LÓPEZ DE LEGAZPI, Miguel. V. **LEGAZPI, Miguel López de.**

LÓPEZ DE MENDOZA, Íñigo. V. **SANTILLANA, Marqués de.**

LÓPEZ DE RECALDE, Íñigo. V. **IGNACIO DE LOYOLA, San.**

LOTARIO. V. **CAROLINGIA, Dinastía.**

Loyola, Ignacio de. V. Ignacio de Loyola, San.

Lucena, Conde de. V. O'Donnell, Leopoldo, duque de Tetuán.

Luchana, Conde de. V. Espartero, Baldomero.

Ludendorff, Erich Militar y político alemán (Kruszewnia, Posnania, Prusia, 1865 - Múnich, 1937). Sus brillantes cualidades militares le hicieron destacar desde el comienzo de la Primera Guerra Mundial (1914-18), cuando tomó la ciudad belga de Lieja mediante un audaz golpe de mano. Hindenburg* le nombró entonces jefe de Estado Mayor (1914) y juntos formaron un equipo inseparable hasta el final de la contienda. Primero dirigieron las operaciones alemanas en el frente del este, donde obtuvieron la victoria de Tannenberg sobre el ejército ruso. Y, desde que los partidarios de concentrar el ataque en el frente occidental quedaron desautorizados por el fracaso de Verdún (1916), Hindenburg y Ludendorf quedaron dueños del poder militar en Alemania; de hecho, ese poder se extendió al terreno político en una especie de dictadura de los dos generales: para tener las manos libres hicieron revocar a Bethman-Hollweg* y sustituirlo por cancilleres de menor personalidad; hicieron caso omiso de las resoluciones del Parlamento pidiendo la paz; lanzaron la guerra submarina, que acabó provocando la intervención de los Estados Unidos contra Alemania (1917); y movilizaron las fuerzas de la nación para una verdadera «guerra total». Cuando, derrotada Alemania, el gobierno de Max de Baden decidió pedir la paz, Ludendorff se quedó solo defendiendo la continuación de la resistencia. Su destitución por el emperador en el mes de octubre dio paso al estallido de la revolución de noviembre, que en gran parte fue una reacción de la izquierda contra la dictadura reaccionaria del tándem Hindenburg-Ludendorff. Este último huyó disfrazado a Suecia, regresando a Baviera en 1919. Durante la República de Weimar (1919-33), participó en diversos movimientos ultraderechistas contra el régimen democrático: participó en el fracasado *putsch* de Hitler* en Múnich (1922); fue derrotado como candidato nacionalsocialista a la Presidencia de la República (1925); y, tras dirigir el Partido Nacional Alemán de la Libertad, fundó con su esposa una secta nacionalista llamada Liga de Tannenberg (1926).

Ludovico Pío. V. Carolingia, Dinastía.

Luis, rey de Francia, San. V. Luis IX, *el Santo*.

Luis I de Anjou. V. Anjou, Casa de.

Luis I de España. V. Borbón, Casa de.

Luis I de Francia *(Ludovico Pío).* V. Carolingia, Dinastía.

Luis I de Portugal. V. Braganza, Casa de.

Luis II Último rey independiente de Baviera, perteneciente a la dinastía de Wittelsbach (Nymphenburg, 1845 - Starnberg, 1886). Era hijo primogénito de Maximiliano II, a quien sucedió en el Trono en 1864. Fue un gran protector de artistas, especialmente de Richard Wagner; éste influyó posiblemente sobre el romántico nacionalismo germánico del rey. Sin embargo, la creciente hegemonía de Prusia como impulsora de la unificación alemana acentuó en Luis II el sentimiento de particularismo bávaro, convirtiéndole en un defensor de la independencia de su Estado y, por tanto, en un obstáculo para el proyecto unificador de Bismarck*. Así, por ejemplo, Baviera apoyó a Austria en su infructuosa guerra contra Prusia de 1866. Para vencer las reticencias de Luis II, Bismarck compró su voluntad suministrándole fondos para su verdadera pasión, que era la construcción de grandes edificios, como el castillo de Neuschwanstein. El desinterés del rey por la política es el que explica que, tras la derrota en la Guerra Franco-Prusiana (1870) de la Francia de Napoleón III*, que había sido la potencia garante de la independencia de Baviera frente al expansionismo prusiano, fuera el propio Luis II quien proclamara a Guillermo I de Prusia* emperador de una Alemania unificada, pronunciándose en nombre de los restantes príncipes alemanes mediante la firma de una carta que había sido redactada por Bismarck (1871). El nuevo *Reich* alemán, de estructura confederal, reconoció a Baviera una amplia autonomía, conservando su propio ejército, su sistema fiscal y su rey. No obstante, Luis II se apartó ya por completo de los asuntos de gobierno y, aquejado por problemas mentales, se concentró en el disfrute de las artes. En 1886 sus ministros decidieron recluirle en el castillo de Berg, pasando a ejercer la Regencia su tío Leopoldo; tres días después moría ahogado en el lago de Starnberg, sucediéndole su hermano Otón, también demente.

LUIS VI de Francia, *el Gordo.* V. CAPETO, **Dinastía.**

LUIS VII de Francia. V. CAPETO, **Dinastía.**

LUIS VIII de Francia, *el León.* V. CAPETO, **Dinastía.**

LUIS IX, *el Santo* Rey de Francia (Poissy, 1215 - Túnez, 1270). Era hijo de Luis VIII y de Blanca de Castilla, y accedió al Trono al morir su padre en 1226. Dada su corta edad, la Regencia recayó en la reina madre, en cuyas manos dejó luego Luis la gobernación del reino, desde que fuera declarado mayor de edad en 1234 hasta 1242. Probablemente fue también la influencia de su madre la que le hizo profundamente religioso, consagrándose a la tarea de reinar con firme apego a los principios cristianos. Consolidó el poder de la Corona imponiéndose sobre los señores feudales y sobre su aliado, el rey de Inglaterra; la victoria en la cruzada contra los albigenses hizo posible la posterior extensión de los dominios de la Corona francesa hasta el Mediterráneo. Lograda la victoria militar, Luis estableció con las potencias rivales que mantenían feudos en territorio francés acuerdos de paz basados en concesiones recíprocas, inspiradas por un alto sentido de la justicia: el Tratado de Corbeil con Aragón (1258) y el Tratado de París con Inglaterra (1259). Aunque fue criticado en Francia por su «entreguismo», su equidad le hizo famoso en Europa, siendo llamado a arbitrar en conflictos como el que enfrentaba a Enrique III de Inglaterra con los barones de su reino (Laudo de Amiens, 1264). También llevó este sentido de la justicia y de la ética cristiana a su política interior, que redundó en un refuerzo del poder real: extendió el alcance de la justicia real frente a las jurisdicciones de los señores, creó inspectores de la Corona para controlar los abusos de sus oficiales, erradicó los duelos y las guerras privadas, combatió el juego y la prostitución, acuñó buena moneda y logró su aceptación en todo el reino al renunciar a manipularla, estableció los primeros controles sobre las cuentas de la Hacienda Real, fundó la Universidad de la Sorbona... Pero su afán religioso le llevó a ausentarse de Francia en dos ocasiones, para participar en sendas cruzadas contra el Islam: en la primera dejó la gobernación a su madre una vez más, mientras él perdía su ejército en un ataque fracasado contra Egipto y se dedicaba a construir fortificaciones en Siria (1248-52); en la segunda murió a causa de la peste, cuando intentaba convertir al sultán de Túnez. Fue canonizado en 1297 por Bonifacio VIII*.

LUIS XI de Francia. V. **VALOIS, Casa de.**

LUIS XII de Francia. V. **VALOIS, Casa de.**

LUIS XIII, *el Justo* Rey de Francia (Fonteinebleau, 1601 - Saint-Germain-en-Laye, 1643). Era hijo del primer monarca de la Casa de Borbón* que se sentó en el Trono de Francia, Enrique IV*, a quien sucedió al morir en 1610. Durante su minoría se ocupó de la Regencia su madre, María de Médicis, la cual mantuvo su influencia incluso después de que el rey fuera declarado mayor de edad en 1614. En 1617 hizo ejecutar al favorito en quien su madre había confiado el poder, Concini, al cual sustituyó por Albert de Luynes. Tras la muerte de éste en 1621, Luis XIII se apoyó en otros ministros, hasta que en 1624 inició su estrecha colaboración con Richelieu*, que habría de determinar la orientación del reinado. En contra de la política pacifista que defendían la reina (Ana de Austria) y la reina madre, el rey y su ministro hicieron amplio uso de la guerra para mejorar su situación en Europa en contra de los Habsburgo*: tras participar indirectamente en la Guerra de los Treinta Años (1618-1648) apoyando a los enemigos de los Habsburgo con independencia de su confesión religiosa, desde 1635 lanzaron a Francia a la guerra contra España, obteniendo importantes éxitos. Todo ello estaba en función de un designio de política interior marcado por la idea de reforzar la autoridad real, luchando contra los privilegios de la nobleza y de los protestantes. El nacimiento de un heredero —el futuro Luis XIV*— se produjo en 1638, desplazando de la sucesión al hermano del rey, Felipe de Orléans (y terminando así con las conspiraciones nobiliarias tejidas alrededor de éste). Poco después moría Richelieu y el rey —aquejado siempre de una salud delicada— le seguía en 1643. Antes de morir, sin embargo, había nombrado ministro principal a Mazarino*, hechura y continuador de Richelieu, que habría de prolongar su política en el reinado siguiente, en el cual culminaría la tendencia absolutista de Luis XIII.

LUIS XIV, *el Rey Sol* Rey de Francia (Saint-Germain-en-Laye, 1638 - Versalles, 1715). Era hijo de Luis XIII*, a quien sucedió en 1643. Durante su minoría de edad (1643-54) ocupó la Regencia su madre, Ana de Austria, que era hija de Felipe III de España*; pero el poder efectivo fue ejercido por el cardenal Mazarino*, favorito y amante de la reina madre, hasta su muerte en 1661. Su reinado personal fue el más largo de la historia de Francia y representa el paradigma clásico del absolutismo monárquico: el poder del rey fue restaurado después de la debilidad en que lo había sumido la privanza de Mazarino y, sobre todo, la revuelta nobiliaria de la Fronda (1648-53). Convencido de la doctrina del origen divino y, por lo tanto, incontestable del poder real (que teorizó por aquellos años Bossuet), Luis XIV ejerció un gobierno personal apoyado en ministros y consejeros reclutados entre los juristas o burgueses de ennoblecimiento reciente. Redujo, en cambio, la influencia de los poderes intermedios, especialmente de la aristocracia y los parlamentos provinciales; sometió a la Iglesia francesa, mientras reprimía a los disidentes jansenistas y volvía a perseguir abiertamente a los protestantes. Centralizó cuanto pudo el poder en torno a la fastuosa corte que creó en Versalles, consolidando al mismo tiempo la figura del intendente para controlar el territorio. Aconsejado por Colbert* siguió una política mercantilista basada en el impulso directo a las manufacturas y el comercio, como medio para sanear las finanzas reales y fortalecer económicamente al reino en la «guerra del dinero» contra las potencias rivales.

Esta política de refuerzo del poder monárquico le proporcionó la base para una acción exterior ambiciosa, orientada a imponer el dominio francés en Europa. La debilidad a la que se enfrentaban los Habsburgo* desde la Paz de Westfalia (1648), tanto los de España (en plena decadencia económica, política y militar) como los de Austria (sometidos a la presión de los turcos), vino a facilitar una escalada bélica que proporcionó a Francia un periodo de hegemonía continental. El rey movilizó todos los recursos del reino, incluyendo una diplomacia basada en los subsidios (ayuda financiera para obtener aliados, comprar neutralidades o promover rebeliones contra los monarcas enemigos). La Guerra de Devolución contra España (1667-68) y la Guerra contra Holanda (1672-78) condujeron, por la Paz de Nimega (1678) a la incorporación a Francia de Lorena, el Franco Condado y algunos territorios fronterizos en Flandes. Luego prosiguió con una política de anexiones en tiempo de paz, con la cual logró la «reunión» a Francia de territorios como el Charolais, Flandes, Luxemburgo, el Palatinado y la mayor parte de Alsacia hasta alcanzar la frontera del Rin. Este agresivo expansionismo provocó la formación en 1686 de la Liga de Augsburgo, una gran coalición europea dispuesta a frenar las ambiciones francesas. La consiguiente Guerra del Palatinado (1688-97) terminó con la derrota francesa, obligando a Luis XIV a devolver sus conquistas en Flandes, Luxemburgo, Lorena y el Palatinado por la Paz de Ryswick (1697). No obstante, Francia conservó Alsacia y el Charolais y siguió siendo la potencia preponderante de Europa. Por tal motivo, cuando la muerte sin descendencia de Carlos II* en 1700 dejó vacante el Trono de España y Luis XIV promovió con éxito la candidatura para ocuparlo de su propio nieto, Felipe de Anjou (el futuro Felipe V*), las potencias europeas interpretaron que se trataba de un nuevo intento del *Rey Sol* por reforzar su dominio continental anexionándose España y sus posesiones, y respondieron con una coalición antifrancesa (Gran Bretaña y Hannover, Austria y el Imperio, Prusia, Saboya, Holanda y Portugal), que dio lugar a la Guerra de Sucesión española (1701-14). Las armas francesas fueron derrotadas en aquella guerra y, si bien la Casa de Borbón* se consolidó en el Trono de España con Felipe V, fue al precio de renunciar a sus pretensiones de hegemonía, dando paso a un periodo de equilibrio continental en el que sería Gran Bretaña la que ejerciera de árbitro. Por los Tratados de Paz de Utrecht (1713) y de Rastatt (1714) Francia hubo de renunciar expresamente a la reunión de las monarquías española y francesa, así como a seguir apoyando la causa de los Estuardo* frente a los Hannover* en Inglaterra; cedió al Imperio algunas plazas situadas al oeste del Rin y a los británicos territorios coloniales en Norteamérica y las Antillas; fue obligada a demoler algunas fortificaciones en las fronteras de Flandes y del Rin y a aceptar, en cambio, el paso de los Países Bajos españoles a manos austriacas y la instalación de guarniciones holandesas en sus fronteras. Este fracaso final de los sueños de hegemonía de Luis XIV vino ligado al deterioro de la situación interna del reino en los últimos años del reinado: el abandono en que la política colbertista había dejado a la agricultura, unido al coste financiero del prolongado esfuerzo bélico, provocaron a partir de 1709 años de miseria y escasez. Los levantamientos campesinos fueron reprimidos con dureza; pero Luis XIV murió dejando a su biznieto Luis XV* (de un año de edad) un reino en bancarrota.

Luis XV Rey de Francia (Versalles, 1710-1774). Era biznieto de Luis XIV*, a quien sucedió en 1715. Durante su minoría de edad gobernó como regente el duque de Orléans, que hubo de hacer frente a la delicada situación financiera en que el *Rey Sol* había dejado a Francia. De hecho, no hizo sino agravar los problemas con el frustrado intento de sanear las arcas reales con el experimento bancario de Law* (1717-20). Aunque Luis fue declarado mayor de edad en 1723, no asumió el poder hasta veinte años después, dejando los asuntos en manos del duque de Borbón (1723-26) y del cardenal Fleury (1726-43). El gobierno de este último estabilizó la moneda y las finanzas reales, impulsando un cierto auge económico; pero no pudo impedir comprometer a Francia en la desgraciada Guerra de Sucesión de Polonia (1733-35). Entretanto, Luis XV se dedicaba a la caza, los viajes y las diversiones de la corte. Desde que en 1743 asumió personalmente la dirección del reino, no dejó de cometer errores que contribuyeron a desprestigiar a la Monarquía y prepararon el terreno para la Revolución que destronaría a su sucesor, Luis XVI*. Dejó crecer la influencia política de sus sucesivas amantes, sobre todo la marquesa de Pompadour y la duquesa Du Barry, en medio de un lujo cortesano desaforado que escandalizaba a los franceses por su derroche. Mantuvo el equilibrio entre dos facciones enfrentadas en la corte, llamando a gobernar alternativamente a una y otra. Alentó y luego prohibió la obra de los enciclopedistas, que contenía la crítica de los ilustrados al orden establecido. Fue incapaz de superar la oposición nobiliaria a las imprescindibles reformas hacendísticas que emprendió. También fue inconstante en política exterior, sin obtener resultados ni de su inicial alianza con Prusia contra Austria (Guerra de Sucesión austriaca,

1740-48) ni de la posterior con Austria contra Prusia y Gran Bretaña (Guerra de los Siete Años, 1756-63), por la cual perdió Francia su imperio colonial en la India y Canadá. Por último, acabó por ser visto como un déspota cuando zanjó la confrontación que mantenía con los parlamentos por motivos religiosos y financieros, desterrando a los parlamentarios y convirtiendo los parlamentos en meros tribunales de justicia (1771).

LUIS XVI Rey de Francia destronado por la Revolución (Versalles, 1754 - París, 1793). Era nieto de Luis XV*, a quien sucedió en el Trono en 1774, por haber muerto previamente su padre y dos hermanos mayores. En 1770 había sido casado con María Antonieta*, hija del emperador Francisco I de Austria; este matrimonio, al parecer desgraciado, atraería sobre la Corona una gran impopularidad, pues la reina —además de ser extranjera y de llevar una vida demasiado jovial— reunió en su entorno a los más reaccionarios conspiradores y privilegiados. Ese «partido cortesano» fue uno de los principales responsables del fracaso de Turgot*, a quien el rey había nombrado ministro de Hacienda en 1774; cercano a las ideas de los fisiócratas, Turgot había emprendido una avanzada política de liberalización de la economía y de racionalización del sistema impositivo, a la cual se enfrentaron los aristócratas más conservadores, la ira de las masas populares urbanas (por la elevación inmediata del precio del pan) y los parlamentos provinciales. El rey destituyó a su ministro y lo sustituyó por Necker*; pero éste no fue capaz de hacer frente al agravamiento del desequilibrio entre ingresos y gastos motivado por la intervención francesa en la Guerra de Independencia de las Trece Colonias norteamericanas contra Gran Bretaña (1778-83), y así se lo expuso al rey en un memorial que causó su destitución (1781). Una creciente opinión liberal, surgida del pensamiento racionalista de la Ilustración, iba tomando forma entre los intelectuales y clases medias del país; este «partido patriótico» —inspirado en el modelo político de la joven democracia norteamericana— criticaba la inoperancia y debilidad de la Monarquía, atenazada ante problemas como el de la Hacienda por no ser capaz de eliminar los privilegios tradicionales heredados de la época feudal. La gestión de posteriores ministros no hizo sino agravar el problema hasta llevar a Francia a la bancarrota, demostrando la necesidad de reformar las instituciones de la Monarquía, para lo cual decidió Luis XVI volver a llamar a Necker y convocar a los Estados Generales (1788).

Bajo la influencia de los «patriotas» liberales, sin embargo, el brazo que representaba al Tercer Estado en aquella asamblea estamental se erigió en representante legítimo de la Nación y asumió la potestad de reformar el Estado en beneficio general; esta decisión, adoptada en 1789, fue el comienzo de la Revolución francesa. Ante la obstinada resistencia del rey y de los privilegiados, los diputados del Tercer Estado se conjuraron y, apoyándose en la movilización popular en las calles de París (toma de la cárcel de la Bastilla…) acabaron imponiendo al rey sus reformas. El ejército real fue disuelto y los revolucionarios formaron una Guardia Nacional adicta. Los diputados de los Estados Generales se declararon Asamblea Constituyente y convirtieron a Francia en una monarquía constitucional con división de poderes y garantía de los derechos fundamentales, que proclamaron naturales, imprescriptibles e iguales para todos los ciudadanos. El rey no tuvo otra elección que seguir los acontecimientos: cuando hizo ademán de no sancionar la Declaración de Derechos del Hombre y del Ciudadano y los decretos de la Asamblea que abolían el régimen feudal, se vio obligado a hacerlo bajo la presión de una marcha popular de mujeres sobre Versalles (1789). Aislado en la corte ante la dinámica revolucionaria, no pudo impedir tampoco la nacionalización de los bienes del clero y su conversión en funcionarios del Estado (1790) ni la redacción de una Constitución liberal que limitaba estrictamente el poder real (1791).

En 1791 el rey intentó huir del país con su familia para ponerse bajo la protección de los monarcas absolutistas del resto de Europa y recuperar el poder mediante una intervención militar exterior. Descubiertos en Varennes (cerca de la frontera alemana), fueron detenidos y devueltos a París. Esta deslealtad del rey al régimen constitucional desautorizó a los liberales moderados, impulsando a la Revolución en un sentido radical. El rey fue suspendido de sus funciones y la Guardia Nacional tuvo que emplear la fuerza para contener a los manifestantes que pedían la República (matanza del Campo de Marte, 1791). Luis XVI juró fidelidad a la Constitución recién aprobada, pero siguió conspirando con los contrarrevolucionarios franceses y extranjeros para recuperar el poder absoluto: se mostró favorable a la guerra con Austria (convencido de que sería desfavorable para Francia y determinaría la vuelta al antiguo Régimen), mientras el gobierno revolucionario también deseaba la guerra por el motivo contrario (pensaban que la victoria uniría a los franceses, consolidaría el régimen y desenmascararía a los traidores). La guerra con Austria, iniciada en 1792, acabaría por ser favorable a la Francia revolucionaria; pero, entretanto, la actitud obstruccionista del rey, negándose a firmar las medidas defensivas adoptadas por el gobierno, desencadenaron la ira de las masas radicalizadas de París: el Palacio de las Tullerías fue asaltado y Luis XVI buscó refugio en la Asamblea Legislativa. Ésta lo destituyó y convocó una Convención Nacional elegida por sufragio universal (1792). La Convención juzgó al rey («ciudadano Luis Capeto») y, hallándole culpable de traición, le condenó en 1793 a morir guillotinado en la plaza pública, junto con su esposa María Antonieta. Su muerte provocó la formación de una gran coalición de monarquías europeas que se lanzaron a la guerra contra la Primera República francesa.

LUIS XVII de Francia. V. BORBÓN, Casa de.

LUIS XVIII Rey de Francia (Versalles, 1755 - París, 1824). Conocido por su título de conde de Provenza, era hermano de Luis XVI*. Durante el reinado de éste adoptó una postura avanzada, cercana al pensamiento de la Ilustración, e incluso aceptó la Revolución de 1789. Más tarde, sin embargo, la evolución de la Francia revolucionaria le decidió a huir del país en 1791 (el mismo día que el rey era detenido en Varennes cuando intentaba escapar por otro camino); se reunió con su otro hermano (el futuro Carlos X*) y empezó a encabezar las intrigas de los emigrados contra el régimen revolucionario, dirigiendo una red de espías y manteniendo contacto con los insurgentes contrarrevolucionarios del interior. Tras la ejecución de Luis XVI en 1793, se proclamó regente en el exilio, y luego rey por la muerte del delfín Luis XVII (1795). Sin embargo, la causa de la restauración de los Borbones* pasó por horas bajas durante el periodo de Napoleón*, que presionó a los restantes Estados europeos para entorpecer las actividades del pretendiente. Después de peregrinar por varios países, las derrotas de Napoleón en 1813-14 le abrieron nuevas perspectivas: con el apoyo de Gran Bretaña y de Talleyrand* se abrió paso la idea de poner a Luis en el Trono cuando se consumara la victoria aliada sobre Francia. Desembarcó en Calais y prometió a los franceses establecer una monarquía constitucional, que plasmó en la Carta otorgada de 1814, donde la autoridad del rey quedaba limitada por un Parlamento bicameral y por la garantía de los derechos individuales de los súbditos. El regreso de Napoleón durante el Imperio de los Cien Días le obligó a refugiarse en Gante hasta que sus partidarios volvieron a imponerse en la batalla de Waterloo (1815). Volvió al poder en una segunda Restauración, tratando de ejercer un gobierno moderado que salvaguardara parte de la herencia revolucionaria y limitara el revanchismo de los ultrarrealistas. No le fue posible mantener esta vía intermedia y, finalmente, la derecha se impuso en el gobierno desde 1820; dicha línea reaccionaria continuaría bajo el reinado de su sucesor, Carlos X, haciendo inaceptable para los franceses la continuidad de la dinastía borbónica, que sería destronada por una nueva revolución en 1830.

LUIS FELIPE I de Francia (Luis Felipe de Orléans) Rey de Francia (París, 1773 - Claremont, Surrey, Inglaterra, 1850). Era miembro de una rama colateral de la Casa de Borbón*, descendiente de Luis XIII*; su padre era el duque de Orléans, apodado Felipe *Igualdad* desde que se distinguiera como uno de los pocos miembros de la familia real que defendieron las ideas revolucionarias (incluso votó a favor de la ejecución de Luis XVI*) y decidieron permanecer en Francia a pesar de la radicalización del régimen en 1792-93 (lo que no le evitaría caer guillotinado en 1793). Su hijo Luis Felipe fue también un aristócrata revolucionario, miembro del Club de los Jacobinos y militar al servicio de la Convención; pero decidió escapar de Francia y buscar la protección austriaca en 1793 para evitar caer él también víctima del Terror. Permaneció en Suiza y Estados Unidos hasta su regreso a Francia en 1817, convirtiéndose enseguida en una figura apreciada por las clases medias liberales, por su postura a medio camino entre los excesos de la revolución popular y la reacción ultrarrealista que se impuso desde finales del reinado de Luis XVIII*. El descontento contra los gobiernos de Carlos X* provocó finalmente la Revolución de julio de 1830, que destronó a los Borbones; los dirigentes liberales moderados de aquel movimiento (Thiers*, Laffite*, La Fayette*...) eligieron a Luis Felipe como rey constitucional.

El reinado de Luis Felipe (1830-48) fue una monarquía constitucional en la que el poder recayó en manos de la gran burguesía de negocios. Fue en esa época cuando inició Francia la colonización de Argelia. Tras un periodo inicial de gobierno del partido conocido como el *Movimiento,* que representaba el ala más liberal del régimen (Laffite, La Fayette...), el rey —que tendía a inmiscuirse en los asuntos políticos más de lo que aconsejaba el carácter electivo del régimen— se inclinó desde 1831 por los conservadores del partido de la *Resistencia* (Thiers, Périer*, Guizot*, De Broglie…). Aunque el gobierno de este grupo dio estabilidad a la «Monarquía de Julio» desde 1840, el descontento no dejó de crecer por su talante conservador, especialmente por su resistencia a ampliar el derecho de voto hacia las clases populares; también contribuyó al desprestigio del rey una política exterior de alianza con las monarquías absolutistas contra los movimientos nacionalistas y liberales, inspirada quizá por el deseo de consolidar la dinastía de Orléans casando a sus hijos con príncipes de las principales casas reinantes del continente. Legitimistas (partidarios de restaurar la monarquía borbónica), bonapartistas (el futuro Napoleón III* intentó dos golpes de Estado) y republicanos lanzaron campañas de oposición que tomaron fuerza en el clima de crisis económica de 1846-48. La campaña de «banquetes» organizada por la oposición republicana contra Guizot degeneró en una verdadera Revolución en 1848. El rey intentó salvar el régimen destituyendo a Guizot primero y abdicando después en su nieto, el conde de París; pero no quiso emplear la fuerza para reprimir al pueblo de París y hubo de ver cómo se proclamaba la Segunda República. Luis Felipe abandonó Francia y permaneció refugiado en Inglaterra hasta su muerte.

Luis Napoleón Bonaparte. V. **Napoleón III.**

Lumière, Hermanos Auguste (1862-1954) y Louis (1864-1948). Inventores franceses que construyeron la primera cámara cinematográfica. Eran hijos de Antoine Lumière, un empresario dedicado a la fabricación de productos químicos para uso fotográfico, que había realizado sus propias investigaciones para perfeccionar el invento de Daguerre*. Casados con dos hermanas y obligados a trabajar juntos para sacar adelante el negocio familiar, los Lumière se instalaron en la misma casa una vez logrado un cierto desahogo económico (1886) e iniciaron su colaboración para perfeccionar el kinetoscopio de Edison*. Continuando los hábitos de investigación adquiridos durante los años escolares, los dos hermanos crearon el cinematógrafo y rodaron con él la primera toma de cine de la Historia en 1894 *(La salida de las fábricas Lumière).* Al año siguiente patentaron el invento e iniciaron su explotación en exclusiva con proyecciones públicas en un café de París; posteriormente permitirían su difusión mundial, dando comienzo la historia del cine. Louis Lumière continuó luego sus investigaciones en campos como la fotografía en color y en relieve, la música y la aviación, al tiempo que seguía dirigiendo la empresa familiar; recibió múltiples premios, ingresando en la Academia de Ciencias francesa en 1919. Su hermano Auguste se orientó hacia la Bioquímica y la Fisiología, investigó las técnicas de revelado e ingresó también en la Academia en 1928.

Lumumba, Patrice Dirigente de la emancipación del Congo (Katako-Kombé, Kasai, 1925 - Elisabethville, Katanga, 1961). Procedente de una de las regiones más pobres del centro del Congo belga, se instaló en 1947 en la capital de la colonia, Léopoldville (la actual Kinshasa). Su educación fue autodidacta, tras haber sido expulsado de varias escuelas misionales. Pronto se hizo notar en los movimientos asociativos indígenas por su militancia en favor de ideales igualitarios, antiimperialistas y pacifistas. Defraudado por las escasas posibilidades de acción social que le permitían las autoridades coloniales belgas, desde 1958 se orientó decididamente hacia la lucha por la descolonización del Congo; fue entonces cuando fundó el Movimiento Nacional Congolés, partidario de crear un Estado independiente y laico, cuyas estructuras políticas unitarias ayudaran a superar las diferencias tribales creando un sentimiento nacional. En los años siguientes fue ganándose el aprecio de otros líderes nacionalistas africanos (como Nkrumah*) y se impuso a los restantes dirigentes autóctonos del Congo con motivo de la Mesa Redonda de Bruselas que preparó el camino a la independencia (1960). Las elecciones de aquel mismo año dieron el triunfo a su movimiento, que demostró ser el único con implantación en todo el país.

Convertido en primer ministro por el triunfo electoral, Lumumba aceptó un compromiso cediendo la presidencia de la República al líder moderado Kasavubu, partidario de una organización federalista del Estado que dejara subsistir las peculiaridades regionales (1960). Aun así, no pudo impedir que la precipitada retirada del ejército belga diera paso al caos político y social, con motines, pronunciamientos militares, ataques a la población blanca y disturbios generalizados. La rebelión fue especialmente grave en la región minera de Katanga, que se declaró independiente bajo el liderazgo de Tschombé; Lumumba denunció que esta secesión había sido promovida por el gobierno belga en defensa de los intereses de la compañía minera que explotaba los yacimientos de la región. Lumumba pidió ayuda a la ONU, que envió un pequeño contingente de «cascos azules» incapaces de restablecer el orden, pero rehusó inmiscuirse en lo que consideró un «asunto interno» del Congo. Viéndose aislado, recurrió al apoyo de la Unión Soviética, con lo que amenazó directamente los intereses occidentales en el marco de la confrontación entre las superpotencias; un golpe de Estado militar protagonizado por el coronel Mobutu* —aliado enseguida con el presidente Kasavubu— se hizo con el control del poder en todo el Congo occidental. Lumumba fue destituido y apresado cuando intentaba reunirse con sus partidarios, fuertes en el este del país. Mobutu lo entregó a los rebeldes de Katanga, que no dudaron en asesinarle. Para la posteridad, Lumumba ha quedado como mártir del nacionalismo africano y de sus aspiraciones de paz y justicia social, inspirando la resistencia de un movimiento lumumbista en su propio país.

LUNA, Álvaro de Condestable de Castilla y favorito del rey Juan II (Cañete, Cuenca, h. 1390 - Valladolid, 1453). Hijo bastardo del copero mayor de Enrique III y procedente del importante linaje aragonés de los Luna, se introdujo como doncel en la Corte castellana, bajo la protección del arzobispo de Toledo y del cardenal y luego papa de Aviñón, Benedicto XIII*, ambos parientes suyos. Amigo del rey desde la más tierna infancia, se ganó su confianza por su brillante inteligencia y por la ayuda que le prestó para consolidarse en el Trono contra las pretensiones de su primo, el infante don Enrique (1420). Fue entonces cuando, nombrado conde y condestable, inició su dominio sobre la política castellana, en medio de las pugnas que desangraban a la Casa de Trastámara*. Tras una dura lucha contra el «partido aragonés», que degeneró en guerra abierta contra Aragón en 1429-30, don Álvaro instauró una línea de gobierno tendente a reforzar el poder monárquico apoyándose en una estrecha oligarquía nobiliaria leal. A él se debió el esplendor alcanzado en estos años por la Corona de Castilla. Pero su poder y sus intenciones políticas desataron la oposición del resto de la nobleza que, aliada con el rey de Navarra y con los ambiciosos infantes de Trastámara, se rebeló en 1438; aunque fue desterrado en 1441, recuperó el poder y venció a sus oponentes en la batalla de Olmedo (1445). Las críticas a don Álvaro no hicieron sino acrecentarse y, aprovechando la debilidad senil del rey, los bandos nobiliarios fueron erosionando el poder del valido. Finalmente, el propio rey le negó su confianza después de saber que había arrojado a un rival por una ventana en 1453. Fue juzgado apresuradamente y ejecutado.

LUNA, Pedro de. V. **BENEDICTO XIII.**

LUNG CH'ING. V. **MING, Dinastía.**

LUTERO, Martín Teólogo alemán cuya ruptura con la Iglesia católica puso en marcha la Reforma protestante (Eisleben, Turingia, 1483-1546). Contrariando la voluntad de sus padres, se hizo monje agustino en 1505 y comenzó a estudiar Teología en la Universidad de Wittenberg, en donde se doctoró en 1512. Siendo ya profesor comenzó a criticar la situación en la que se encontraba la Iglesia católica: protestaba por la frivolidad en la que vivía gran parte del clero (especialmente las altas jerarquías, como había podido contemplar durante una visita a Roma en 1510) y también el que las bulas eclesiásticas —documentos que teóricamente concedían indulgencias a los creyentes por los pecados cometidos— fueran objeto de un tráfico puramente mercantil. Las críticas de Lutero reflejaban un clima bastante extendido de descontento por la degradación de la Iglesia, expresado desde la Baja Edad Media por otros reformadores que se pueden considerar predecesores del luteranismo, como el inglés John Wyclif (siglo XIV) o el bohemio Jan Hus (siglo XV). Las protestas de Lutero fueron subiendo de tono hasta que, a raíz de una campaña de venta de bulas eclesiásticas para reparar la basílica de San Pedro, decidió hacer pública su protesta redactando 95 tesis que clavó a la puerta del castillo de Wittenberg (1517). La Iglesia hizo comparecer varias veces a Lutero para que se retractase de aquellas ideas (en 1518 y 1519); pero en cada controversia Lutero fue más allá y rechazó la autoridad del papa, de los concilios y de los «Padres de la Iglesia», remitiéndose en su lugar a la Biblia y al uso de la razón. En 1520, Lutero completó el ciclo de su ruptura con la Iglesia, al desarrollar sus ideas en tres grandes «escritos reformistas»: *Llamamiento a la nobleza cristiana de la nación alemana, La cautividad babilónica de la Iglesia* y *Sobre la libertad cristiana.* Finalmente, el papa León X le condenó y excomulgó como hereje en una bula que Lutero quemó públicamente (1520); y el nuevo emperador, Carlos V*, le declaró proscrito tras escuchar sus razones en la Dieta de Worms (1521). Lutero permaneció un año escondido bajo la protección del elector Federico de Sajonia; pero sus ideas habían hallado eco entre el pueblo alemán y también entre algunos príncipes deseosos de afirmar su independencia frente al papa y frente al emperador, por lo que Lutero no tardó en recibir apoyos que le convirtieron en dirigente de un movimiento religioso conocido como la *Reforma*.

Desligado de la obediencia romana, Lutero emprendió la reforma de los sectores eclesiásticos que le siguieron y que conformaron la primera Iglesia protestante, a la cual dotó de una base teológica. El luteranismo se basa en la doctrina (inspirada en escritos de san Pablo* y de san Agustín*) de que el hombre puede salvarse sólo por su fe y por la gracia de Dios, sin que las buenas obras sean necesarias ni mucho menos suficientes para alcanzar la salvación del alma; en consecuencia, expedientes como las bulas que vendía la Iglesia católica no sólo eran inmorales, sino también inútiles. Lutero defendió la doctrina del «sacerdocio universal», que implicaba una relación personal directa del individuo con Dios en la cual desaparecía el papel mediador de la Iglesia, privando a ésta de su justificación tradicional; la interpretación de las Sagradas Escrituras no tenía por qué ser un monopolio exclusivo del clero, sino que cualquier creyente podía leer y examinar libremente la Biblia, para lo cual ésta debía ser traducida a idiomas que todos los creyentes pudieran entender (él mismo la tradujo al alemán, creando un monumento literario de gran repercusión sobre la lengua escrita en Alemania en los siglos posteriores). También negó otras ideas asumidas por la Iglesia a lo largo de la Edad Media, como la existencia del Purgatorio o la necesidad de que los clérigos permanecieran célibes; para dar ejemplo, él mismo contrajo matrimonio con una antigua monja convertida al luteranismo. De los sacramentos católicos sólo consideró válidos los dos que halló reflejados en los Evangelios, es decir, el bautismo y la eucaristía, rechazando los demás. Al rechazar la autoridad centralizadora de Roma, Lutero proclamó la independencia de las Iglesias nacionales, cuya cabeza debía ser el príncipe legítimo de cada Estado; la posibilidad de hacerse con el dominio sobre las Iglesias locales (tanto en su vertiente patrimonial como en la de aparato propagandístico para el control de las conciencias) atrajo a muchos príncipes alemanes y facilitó la extensión de la Reforma. Tanto más cuanto que Lutero insistió en la obediencia al poder civil, contribuyendo a reforzar el absolutismo monárquico y desautorizando movimientos populares inspirados en su doctrina, como el que desencadenó la «guerra de los campesinos» (1524-25).

La extensión del luteranismo dio lugar a las «guerras de religión» que enfrentaron a católicos y protestantes en Europa a lo largo de los siglos XVI y XVII, si bien las diferencias religiosas fueron poco más que el pretexto para canalizar luchas de poder en las que se mezclaban intereses políticos, económicos y estratégicos. El protestantismo acabó por consolidarse como una religión cristiana separada del catolicismo romano; pero, a su vez, también se dividió en múltiples corrientes, al aparecer disidentes radicales en la propia Alemania (como Thomas Münzer*) y al extenderse el protestantismo a otros países europeos en donde aparecieron reformadores locales que crearon sus propias Iglesias con doctrinas teológicas diferenciadas (como en la Inglaterra de Enrique VIII* o la Suiza de Zuinglio* y Calvino*).

Luxemburgo, Rosa Revolucionaria y teórica del socialismo alemán, de origen judío polaco (Zamosc, Rutenia, 1870 - Berlín, 1919). Hija de un comerciante de Varsovia, su brillante inteligencia le permitió estudiar a pesar de los prejuicios de la época y de la discriminación que las autoridades zaristas imponían en Polonia contra los judíos. Su militancia socialista le obligó a exiliarse desde los 18 años, refugiándose en Suiza, donde terminó sus estudios de Derecho, trabó contacto con revolucionarios exiliados y se unió a la dirección del joven Partido Socialdemócrata Polaco. Contraria a todo nacionalismo, en 1898 se trasladó a Alemania para unirse al poderoso Partido Socialdemócrata de aquel país (SPD) y participar en los debates teóricos que lo agitaban desde la muerte de Marx* y Engels*. Asociada con Kautsky*, defendió la «ortodoxia» marxista frente al «revisionismo» de Bernstein* e hizo aportaciones teóricas originales en torno al imperialismo y al derrumbe del capitalismo, que creía inevitable *(La acumulación del capital,* 1913). Se distanció de Kautsky y de la mayoría del partido a medida que éstos se inclinaron hacia los métodos parlamentarios, pasando a ser reconocida como la líder principal del ala izquierda del SPD; pero también criticó a Lenin* y su concepción centralista y autoritaria del partido de revolucionarios profesionales. Junto con Karl Liebknecht* encabezó las protestas de los socialistas de izquierda contra la Primera Guerra Mundial (1914-18) y contra la renuncia del SPD al internacionalismo pacifista; fue detenida por ello en 1915, pero continuó escribiendo desde la cárcel. Fue ella quien puso las bases teóricas para la escisión de la Liga de los Espartaquistas (1918), transformada un año más tarde en Partido Comunista Alemán (KPD). En libertad desde la revolución de 1918 que hizo abdicar al emperador Guillermo II*, lanzó junto con Liebknecht la Revolución espartaquista de 1919; y, como él, murió a manos de los militares encargados de su represión.

M

MACANAZ, Melchor Rafael de Político español (Hellín, Albacete, 1670-1760). Este catedrático de Derecho de la Universidad de Salamanca, comenzó su carrera política al optar por el bando borbónico en la Guerra de Sucesión (1701-14). Durante dicho conflicto fue secretario del virrey de Aragón, acompañó a Felipe V* en la campaña de Cataluña, se encargó de la reforma del Reino de Valencia, fue intendente de Aragón y colaboró con Orry en la reforma de los Consejos. Su fidelidad al bando vencedor se vio recompensada con el importante cargo de fiscal general del Consejo de Castilla (1713). Desde allí se distinguió como un político regalista, partidario de una mayor intervención de la Corona en la Iglesia, así como de reducir las competencias de la Inquisición. Estas posiciones le enfrentaron con el primer ministro Alberoni* y el inquisidor general Giúdice, hasta que en 1715 perdió el favor real. Exiliado en Francia, permaneció al servicio de la Monarquía cumpliendo diversas misiones diplomáticas, que continuaron en tiempos de Fernando VI*. No obstante, en 1748 se le ordenó regresar a España y fue encarcelado en el castillo de San Antón de La Coruña. El castigo no le fue levantado hasta 1760, cuando ya viajaba hacia España un nuevo rey, Carlos III*.

MACARTHUR, Douglas Militar estadounidense (Little Rock, Arkansas, 1880 - Washington, 1964). Su interés por los asuntos japoneses data de 1905, cuando fue comisionado como observador en la Guerra Ruso-Japonesa. A los 32 años alcanzó el grado de general. De 1930 a 1935 fue jefe de Estado Mayor; pasó luego como asesor militar a Filipinas, donde le sorprendió el inicio de la Segunda Guerra Mundial (1939-45). En 1941 se convirtió en comandante en jefe de las fuerza americanas en Extremo Oriente. Ante el ataque japonés que se produjo poco después, se vio obligado a retirarse, refugiándose en Australia (1942); de ese momento data su famosa promesa de recuperar las Filipinas, que se convirtió en un lema de guerra para los aliados («Me voy, pero volveré»). La Conferencia de Washinghton de 1943 le otorgó el mando de las fuerzas aliadas en el Pacífico suroccidental. Dirigió la contraofensiva que conduciría a la victoria, basada en la estrategia de ir saltando de isla en isla hasta llegar al Japón propiamente dicho: desembarcó en Guadalcanal, Nueva Guinea, las islas del Almirantazgo, islas Salomón... y —ya en unión con las fuerzas de Nimitz— las Filipinas (Leyte, Luzón y, finalmente, Manila en 1945). MacArthur fue el encargado de recibir la rendición japonesa a bordo del portaaviones *Missouri,* anclado en la bahía de Tokyo, el 2 de septiembre de 1945. Fue nombrado jefe de las fuerzas de ocupación en Japón, cargo que mantuvo hasta 1950. Organizó las labores de reconstrucción de la posguerra, los procesos contra los criminales de guerra, el pago de reparaciones, el regreso de los prisioneros... Pero también realizó reformas de fondo, que adaptaron el país a modelos occidentales; la Constitución de 1946, que democratizó la vida política japonesa, constituye el símbolo de esta transformación que dio origen al Japón actual. Cuando en 1950 estalló la Guerra de Corea, MacArthur fue llamado de nuevo para tomar el mando de un ejército bajo bandera de las Naciones Unidas en el que participaban quince países. Dirigió la contraofensiva occidental contra Corea del Norte; pero hubo de retroceder ante la recuperación de los comunistas, apoyados por China, hasta la estabilización del frente en el paralelo 38°. En consecuencia, solicitó poderes para atacar las bases aéreas y las fuentes de abastecimiento del enemigo en territorio chino; el presidente Truman*, partidario de evitar un conflicto abierto con China, le destituyó del mando en 1951. La guerra se saldaría en 1953 con la partición definitiva de Corea en una República comunista al Norte y otra pro-occidental al Sur. MacArthur regresó a Estados Unidos, donde se dedicó a los negocios y a la política (junto al ala más derechista del Partido Republicano).

MacDonald, James Ramsay
Político británico (Lossiemouth, Escocia, 1866 - en el mar, 1937). De origen humilde, entró en 1894 en el Partido Laborista Independiente, del que llegaría a ser presidente. En 1900 participó en la formación del Comité de Representación Laborista, organización destinada a asegurar la presencia en el Parlamento de un grupo autónomo que defendiera las ideas reformistas e igualitarias del movimiento sindical. En 1906 fue elegido diputado en medio de un gran éxito electoral de su partido, que cambió el nombre por el de *Partido Laborista*. Dirigió el grupo parlamentario de 1911 a 1914, año en que no consiguió la reelección por su postura pacifista ante el conflicto con Alemania. Reelegido en 1922 por un distrito minero galés, se convirtió en líder de la oposición. En 1924 llegó a ser primer ministro y ministro de Asuntos Exteriores de un breve gobierno en minoría, desde el cual impulsó el desarme, contribuyó a solucionar el problema de las reparaciones de guerra y estableció relaciones diplomáticas con la Unión Soviética. En aquel mismo año perdió las elecciones, desacreditado por la publicación de una carta de Zinoviev* en la que urgía a los laboristas británicos a la revolución. Volvió a presidir el gobierno en 1929, pero perdió el apoyo de la mayor parte de su partido en 1931 por la política de austeridad con la que intentaba responder a la crisis económica de 1929. Formó entonces un «Gobierno Nacional» con conservadores y liberales, en el que tuvo poca influencia, hasta que dimitió en 1935, dejando el puesto a Baldwin*.

Maceo, Antonio Líder de la independencia cubana de raza mulata (Santiago de Cuba, 1845 - Punta Brava, 1896). En 1864 ingresó en la masonería, desde donde empezó a participar en conspiraciones contra la dominación española y contra la esclavitud. Participó en la Guerra de los Diez Años (1868-78); adiestrado por Máximo Gómez*, pronto destacó como dirigente guerrillero, encabezando expediciones contra las plantaciones de azúcar en las que liberaba a los esclavos y sumaba a muchos de ellos al ejército rebelde. En 1876 le fue confiado el mando de las fuerzas revolucionarias de Oriente. Aunque era muy popular entre los negros, despertó recelos entre los blancos más conservadores, que no aprobaban su estrategia de destrucción de los ingenios azucareros y temían que acabara dirigiendo una república negra al estilo de Haití. Se negó a firmar la Paz de Zanjón (1878) y continuó luchando por su cuenta, después de reunirse con Martínez Campos* en Baraguá para reclamarle la independencia y la abolición de la esclavitud. Esta vez su debilidad era manifiesta, por lo que, derrotado, hubo de huir a Jamaica. En 1879-80 apoyó la «Guerra Chiquita» —un nuevo intento revolucionario que fracasó—, aunque no llegó a desembarcar en Cuba para no despertar recelos. Se reunió con Gómez en Honduras, en cuyo ejército le fue reconocido el grado de general, mientras esperaba la ocasión para volver a luchar por la independencia de Cuba. Se había instalado en Costa Rica como plantador cuando Martí* le invitó a participar en sus planes revolucionarios en 1893. Desembarcó en Oriente en 1895 y formó un ejército que recorrió Cuba de este a oeste. Muerto Martí al comienzo de la guerra, Maceo y Gómez asumieron el mando de la Revolución. Fue derrotado cerca de La Habana en 1896 y se retiró a Punta Brava, donde murió en combate. Los españoles creyeron que con su muerte se extinguiría el movimiento rebelde, pero éste continuó hasta que la intervención de Estados Unidos en 1898 decidió la guerra en favor de la independencia.

MACHADO Y MORALES, Gerardo Militar y político cubano (Santa Clara, 1871 - Miami, Florida, 1939). Participó en la Guerra de Independencia cubana de 1895-98, alcanzando el grado de general del ejército rebelde. Acabada la guerra, se dedicó a los negocios, colaborando con capitalistas norteamericanos y alcanzando una notable fortuna. Se hizo con el control del Partido Liberal y fue elegido presidente de la República. Durante su primer mandato (1925-29) la coyuntura económica favorable le permitió ser fiel a su lema electoral («Agua, carreteras y escuelas») y lanzar un gran programa de obras públicas: amplió la Universidad de La Habana, construyó la carretera central, el Capitolio y centros sanitarios; pero también manipuló los poderes legislativo y judicial y sometió a la oposición para garantizar su reelección. Su segundo mandato estuvo marcado por las dificultades económicas de la «gran depresión» (desde la crisis de 1929) y el carácter dictatorial que iba adquiriendo el gobierno. En consecuencia, surgieron movimientos de protesta y se acrecentó la represión. Los Estados Unidos intentaron una salida pacífica enviando a la isla a Summer Welles como mediador. En 1933 se produjo una huelga general y un golpe militar encabezado por Batista* —la «Revolución de los Sargentos»— obligó a Machado a abandonar el poder y exiliarse en Estados Unidos.

MACHIAVELLI, Niccolo. V. **MAQUIAVELO, Nicolás.**

MACIÀ I LLUSA, Francesc Político catalán (Vilanova i la Geltrú, Barcelona, 1859 - Barcelona, 1933). Era ingeniero militar (había estudiado en la Academia de Guadalajara y alcanzado el grado de comandante); pero se fue distanciando de las posturas dominantes en el ejército español por acontecimientos como el asalto de grupos de oficiales contra las redacciones de dos periódicos catalanistas (1905) o la consiguiente Ley de Jurisdicciones que establecía la vigilancia de la jurisdicción militar sobre una libertad de prensa restringida (1906). Canalizó su desacuerdo incorporándose a la coalición catalanista *Solidaridad Catalana* y abandonando el ejército en 1906. En 1907 fue elegido diputado por Borges Blanques (Lérida), de donde era originaria su familia; renovó el escaño en las siete elecciones siguientes, hasta el final de la Restauración (1923). Ante las disensiones internas que desintegraron Solidaridad Catalana (1908), se distanció de la coalición y se aproximó a los republicanos (1910-14); en la Asamblea de Parlamentarios de 1917 defendió posturas revolucionarias y reclamó la autodeterminación de Cataluña. Desde 1918 centró sus esfuerzos en crear una alternativa nacionalista a la monárquica y conservadora *Lliga regionalista*, que fuera más radical y con contenido social: lo intentó con la *Federació democràtica nacionalista* (1919) y con *Acció catalana* (1922); pero, al no conseguir que se impusiera su proyecto separatista, fundó finalmente *Estat Català* (1922). Desde esa formación siguió buscando la unidad con las restantes fuerzas catalanistas, empeño en el que le sorprendió el golpe de Estado de Primo de Rivera* (1923). Durante la dictadura subsiguiente se exilió en Francia. Recorrió varios países buscando apoyos para la causa nacionalista, recabando especialmente ayuda financiera entre los centros catalanistas de América. Entró en contacto con los anarquistas, comunistas y nacionalistas vascos; pero también con los nacionalistas irlandeses de De Valera* e incluso con la Internacional Comunista en Moscú (1925). En 1926 organizó una expedición armada de exiliados catalanes desde Francia, desbaratada en Prats de Molló (Rosellón) por la policía francesa. Continuó su exilio en Bélgica, Uruguay, Argentina, Chile y Cuba. La caída de la dictadura en 1930 le sorprendió mientras preparaba otra intentona armada. Tras su regreso a Cataluña (ilegalmente en 1930 y, ya legalmente, en 1931), integró su partido en una nueva formación, *Esquerra Republicana de Catalunya,* de la que fue elegido presidente. Dicho partido venció en las elecciones municipales de 1931 que determinaron el fin de la monarquía de Alfonso XIII*. El 14 de abril proclamó la República Catalana, de la que fue presidente provisional, hasta que tres días después aceptó transformarla en *Generalitat de Catalunya,* dentro de la República española. Fue diputado en las Cortes constituyentes. Como presidente provisional de la Generalidad, organizó el referéndum que aprobó el Estatuto de Autonomía de Cataluña en 1931 y participó en las comisiones que negociaron aquel texto con las Cortes hasta su aprobación definitiva en 1932. Fue elegido diputado del Parlamento catalán y de las Cortes españolas y reelegido presidente de la Generalitat por cinco años; murió sin haber terminado dicho mandato.

MAC-MAHON, Marie Edme Patrice Maurice de, conde de Segundo presidente de la Tercera República Francesa (Sully, Loiret, 1808 - Montargis, Loiret, 1893). Hijo de un par de Francia, entró en el ejército en 1827. Sirvió en Argelia desde la adquisición de aquella colonia por Francia en 1830. General desde 1848, comenzó a destacar en la Guerra de Crimea, dirigiendo la toma del fuerte Malakoff (1855). Volvió a distinguirse en 1859, en la Guerra Austro-Piamontesa que condujo a la unificación de Italia, al mando de las tropas francesas vencedoras en la batalla de Magenta; con este motivo, Napoleón III* le nombró mariscal y duque de Magenta. En 1864 se le nombró gobernador general de Argelia. En la Guerra Franco-Prusiana de 1870 mandaba las tropas derrotadas en la batalla de Sedán, donde fue herido y hecho prisionero. Liberado tras la firma de la paz, dirigió la represión de la Comuna de París en 1871. Una Asamblea Nacional de mayoría conservadora le eligió presidente de la República en 1873. Asumió su papel de guardián de las instituciones, rechazando los intentos de restaurar la monarquía; se inhibió de la política diaria, excepto para reprimir a los republicanos; y dejó los asuntos de gobierno en manos de su primer ministro, el reaccionario duque de Broglie. La victoria de los republicanos en las elecciones de 1876 le obligó a aceptar el gobierno de Jules Simon; pero hizo dimitir a éste en 1877 («crisis del 16 de mayo»). Ante la oposición de la Asamblea, Mac-Mahon la disolvió (única ocasión en que lo hizo un presidente de la Tercera República) y convocó elecciones. La revalidación de la victoria republicana le llevó a dimitir y a abandonar la política en 1879.

MACMILLAN, Maurice Harold (conde de Stockton) Político británico (Londres, 1894 - Birch Grove, Sussex, 1986). Educado en Eton y en Oxford, se introdujo por matrimonio en una de las familias más arraigadas en el Partido Conservador, los Cavendish. Desde 1924 fue diputado por Stockton-on-Tees (Cleveland). En los años treinta se distinguió como disidente en las filas conservadoras, abogando por una lucha más enérgica contra el paro, defendiendo las propuestas de Keynes* para combatir la crisis económica, y criticando la política exterior apaciguadora de Chamberlain*. Esas posturas le hicieron atractivo para Churchill*, quien le nombró ministro delegado en el cuartel general aliado del norte de África (1942). Después de la guerra llegó a ser ministro de la Vivienda y de Administración Local (1951), de Defensa (1954-55), Asuntos Exteriores (1955) y Hacienda (1955-57). Culminó su carrera como primer ministro, desde 1957 hasta 1963. Su distinguida familia y su formación elitista le ayudaron a conducir la modernización del Partido Conservador después de la crisis de Suez, haciéndole aceptar novedades como la independencia del África negra (1960) o la planificación económica gubernamental (1961). Como europeísta convencido, promovió incluso el ingreso de Gran Bretaña en el Mercado Común Europeo, frustrado por el veto francés en 1963.

MADARIAGA ROJO, Salvador de Intelectual español (La Coruña, 1886 - Locarno, Suiza, 1978). Estudió Ingeniería en París, aunque posteriormente se dedicaría a la literatura, cultivando la poesía, la novela, el ensayo, la historia y la crítica literaria. Durante la Primera Guerra Mundial (1914-18) fue articulista de *The Times* en Londres; de 1921 a 1927 trabajó en la secretaría de la Sociedad de Naciones; y en 1928 marchó a Oxford como profesor de Literatura española. Cuando en 1931 se proclamó en España la Segunda República, sus convicciones le llevaron a colaborar como diplomático (embajador en Washington y en París, delegado ante la Sociedad de Naciones...) y como político (diputado y ministro de Instrucción Pública y de Justicia en el Gobierno Lerroux* de 1934). Al estallar la Guerra Civil española (1936-39) declaró hallarse «igualmente lejano de ambos bandos» y partió al exilio, desde el que mantuvo su oposición a la dictadura de Franco*. Su trayectoria liberal y europeísta fue reconocida con la presidencia honoraria de la Unión Liberal Internacional y con los premios Goethe y Carlomagno. Tras la muerte de Franco, regresó a España (1976) y leyó su discurso de ingreso en la Real Academia, ocupando el sillón para el que había sido elegido en 1936.

MADERO, Francisco Indalecio
Político revolucionario mexicano (Parras, Coahuila, 1873 - México, 1913). Hijo de un terrateniente, estudió en Francia y en Estados Unidos. Su preocupación por las condiciones de vida de las masas le hizo entrar en política, defendiendo ideas democráticas y de reforma social. Su oposición contra la dictadura de Porfirio Díaz* le llevó a la cárcel (1910); se evadió a Texas y allí organizó la Revolución mexicana de 1910. Derrotado el gobierno por las tropas de Orozco y de Zapata*, se celebraron elecciones presidenciales, en las que triunfó Madero (1911). En sus quince meses de gobierno quiso reconciliar a la Revolución con los restos del antiguo régimen; pero la división del movimiento revolucionario puso fin a sus planes. Madero había establecido un régimen de libertades y de democracia parlamentaria; pero no había satisfecho las aspiraciones de cambio social que latían en las masas revolucionarias. Zapata, Reyes y Orozco se sublevaron contra él; y Huerta*, comandante de las fuerzas que debían defender México, le traicionó, le depuso y le mandó asesinar alegando que había intentado escapar (1913). Quien no había conseguido en vida mantener unidos a los revolucionarios, se convirtió tras su muerte en un símbolo eficaz de la unidad de la Revolución contra el usurpador Huerta.

MADISON, James Cuarto presidente de los Estados Unidos de América (Port Conway, Virginia, 1751 - Montpellier, Virginia, 1836). Era hijo de un plantador de Virginia. Fue miembro de la Convención de Virginia que declaró la independencia de Gran Bretaña y elaboró la Constitución de aquel Estado (1776); consejero del gobernador Jefferson* (1777); miembro del Congreso Continental (1780-83), de la Convención constituyente de Filadelfia (1787) y de la primera Cámara de Representantes; y asesor del primer presidente, Washington*. Encabezó, junto con Hamilton*, la corriente *federalista,* que defendía el establecimiento de un gobierno central fuerte para asegurar la victoria en la guerra abierta contra la metrópoli y el posterior desarrollo económico del país; y argumentaba que una República fuertemente unida, lejos de representar la amenaza de un nuevo despotismo, era una garantía de libertad, pues los poderes locales y los intereses particulares se equilibrarían unos con otros. En 1790 rompió con Hamilton, criticando su excesivo centralismo frente a la autonomía de los Estados, su tendencia a privilegiar los intereses comerciales, y su alineamiento con Gran Bretaña en asuntos internacionales, en detrimento de la Francia revolucionaria. La disidencia de Madison y Jefferson con respecto al Partido Federalista, les llevó a crear el *Partido Republicano,* antecesor del actual Partido Demócrata. Apoyó la campaña para la elección presidencial de Jefferson en 1800 y se convirtió en su secretario de Estado (1801-09): durante las guerras napoleónicas aprovechó las dificultades de Francia para comprarle la Luisiana (1803). Sucedió a Jefferson en la presidencia en 1809 y fue reelegido para un segundo mandato (1813-17). No consiguió mantener la neutralidad en el enfrentamiento franco-británico, y se embarcó en una segunda guerra contra Gran Bretaña (1812-14), muy impopular, sobre todo en los Estados de Nueva Inglaterra, que amenazaron con separarse de la Unión. El curso de la guerra no fue favorable a los americanos, que tuvieron que evacuar la capital; pero tampoco a los británicos, que abandonaron toda pretensión de recuperar sus antiguas colonias o de oponerse a su expansión hacia el oeste. En sus últimos años como presidente se concentró sobre la política interior y el desarrollo económico. Retirado en 1817, asesoró ocasionalmente al nuevo presidente —Monroe*— y escribió en apoyo del proteccionismo aduanero y de la creación de un banco central.

MADOZ, Pascual Político e intelectual español (Pamplona, 1806 - Génova, 1870). Su actividad política liberal le llevó ya en 1823 a participar en la defensa del castillo de Monzón contra el ejército francés que pretendía restaurar el absolutismo en España (los «Cien mil hijos de San Luis»). Tras pasar algún tiempo en la cárcel, terminó sus estudios de Derecho y se exilió en Francia. A la muerte de Fernando VII* regresó a España, acogiéndose a la amnistía, y se instaló en Barcelona como abogado (1835), al tiempo que dirigía el periódico *El Catalán.* Pasó luego al Valle de Arán como juez y gobernador. Desde 1836 fue diputado por el Partido Progresista. Pasó nuevamente por la cárcel en 1844. Entre 1845 y 1850 publicó su monumental *Diccionario geográfico-estadístico-histórico de España y sus posesiones de Ultramar* en 16 volúmenes, que constituye uno de los testimonios más completos sobre la realidad socioeconómica de España en el siglo XIX. La Revolución de 1854 le llevó a ser gobernador de Barcelona, diputado, presidente del Congreso y, en 1855, ministro de Hacienda. Promovió la Ley de desamortización general («desamortización de Madoz»), que venía a completar la obra de Mendizábal*, al disponer la venta de todos los bienes del Estado y de las corporaciones; la oposición que levantó aquella norma llevó a su caída del Ministerio en aquel mismo año. Continuó luchando por sus ideas progresistas, en 1856 al frente de la Milicia Nacional, luego exiliado hasta 1865, de nuevo como diputado, gobernador de Madrid tras la Revolución de 1868… Murió cuando viajaba a Italia con la comisión que debía ofrecer la Corona de España a Amadeo de Saboya*.

MAGALHÃES, Fernão de. V. MAGALLANES, Fernando de.

MAGALLANES, Fernando de (o Fernão de Magalhães) Navegante portugués al servicio de España (Oporto o Sabrosa, Tras os Montes, h. 1480 - Mactán, Filipinas, 1521). Procedente de una familia de hidalgos, pasó a la corte de Juan II de Portugal como paje de la reina Leonor. Allí recibió la influencia del ambiente de exploraciones geográficas de la época. Participó en expediciones a la India (1505), al África oriental (1506) y a Sumatra y Java (1509); en ellas acumuló información sobre Malasia y sobre el comercio de las especias, antes de regresar a Portugal en 1513. Inmediatamente se alistó en una expedición contra Azamor (Marruecos). Pero, desairado por el rey Manuel I, entró en negociaciones con el gobierno español en 1516, pasando a Sevilla en 1517, y poniéndose al servicio de Carlos V* por capitulaciones firmadas en Valladolid en 1518.

La empresa de Magallanes consistía en alcanzar las islas de las especias rodeando la Tierra por el oeste y burlando así el monopolio portugués de la ruta del este, concedido por el Tratado de Tordesillas (1494); es decir, completar el proyecto de Colón*, una vez comprobado que las tierras descubiertas por éste no eran las costas de Asia, sino un nuevo continente. Para ello tenía que buscar el paso entre el Atlántico y el Pacífico por el sur de América, empresa en la que ya había fracasado la expedición de Díaz de Solís* en 1516. Tras sortear múltiples dificultades, incluidas las intrigas portuguesas para impedir la expedición, Magallanes partió de Sanlúcar de Barrameda con cinco naves en 1519. Siguió la ruta de Tenerife, Guinea y Brasil. Exploró el Río de la Plata y la costa de Patagonia, donde invernó (1520); allí se enfrentó con éxito a un motín de sus capitanes. El 21 de octubre descubrió el estrecho que separa el continente de la Tierra del Fuego (bautizado más tarde como *estrecho de Magallanes*). Ya sólo con cuatro barcos y escaso de víveres, lo atravesó y continuó el viaje contra la opinión de muchos de sus hombres; un barco más desertó durante el trayecto. Remontó la costa chilena y se adentró en el océano en una penosa travesía de tres meses, hasta llegar a las islas Marianas (1521). Era la primera vez que hombres occidentales atravesaban el Pacífico. Tomó posesión de Guam y descubrió las islas Filipinas el 16 de marzo. Entabló relaciones con varios príncipes filipinos, comerciando, bautizando y firmando tratados. Murió en combate con uno de ellos, que se había negado a someterse. No obstante, la expedición continuó, mandada sucesivamente por varios capitanes, el último de los cuales, Elcano*, regresó a España bordeando África con una sola nave, y completó así la primera vuelta al mundo.

MAGINOT, André Político francés conocido por haber dado su nombre a una línea defensiva fortificada frente a Alemania (París, 1877-1932). Comenzó su carrera política como diputado de la izquierda democrática en 1910. Luego fue subsecretario de Guerra en 1913-14, Ministerio del que llegaría a ser titular en 1922-24 y en 1929-32. Ante la creciente tensión con Alemania, promovió la Ley de 1930, basada en un proyecto de Painlevé de 1925: la construcción de una línea de fortines subterráneos comunicados entre sí, que se consideraba inexpugnable para un posible ejército invasor, y que cubriría la frontera este de Francia desde Suiza hasta Luxemburgo. La línea no fue continuada hacia el norte, ya que el gobierno belga estimaba improbable la penetración alemana por las Ardenas. En consecuencia, cuando estalló la Segunda Guerra Mundial (1939-45), el ejército alemán pudo esquivar la *línea Maginot* invadiendo Bélgica para atacar Francia desde el norte y ocuparla rápidamente; Francia firmó el armisticio con la línea prácticamente intacta. Esta maniobra de «guerra relámpago» puso en evidencia el anacronismo de la concepción defensiva estática que representaba la *línea Maginot,* y que había proporcionado a los franceses un sentimiento de seguridad infundado.

MAHDI o **MAHDÍ** Título genérico que significa «el bien dirigido» y que designa entre los musulmanes a un Mesías esperado para imponer el Islam, la justicia y la fraternidad. Tal creencia, ajena a la doctrina de Mahoma*, es rechazada por los musulmanes *sunníes,* pero ocupa un lugar importante entre los *chiíes,* que lo identifican con el «imán oculto», miembro de la familia de Alí*.

En momentos de crisis, esta creencia ha sido aprovechada por fanáticos con ambición de poder que han obtenido el apoyo de masas fervorosas. Así, por ejemplo, 'Ubaid Allah a principios del siglo X (el fundador de la dinastía fatimí); o Ibn Tumart en el siglo XII (fundador de la dinastía almohade); o, el más conocido, **MOHAMMED AHMED** (1844-85). Encabezó la rebelión del Sudán contra la penetración colonial británica desde Egipto en 1881, como «guerra santa» del Islam. Sitió y capturó Jartum en 1885, dando muerte al general Gordon* y a toda su guarnición. Los *derviches,* seguidores del *Mahdi,* llegaron a controlar todo el Sudán excepto los puertos del mar Rojo; los británicos no recuperaron el país hasta 1898, cuando Kitchener* derrotó al sucesor del *Mahdi*

(el califa Abdullah el Taashi) y ordenó destruir la tumba del *Mahdi* como símbolo de su venganza.

MAHOMA (Muhammad, Mohammed o Mahomet) Profeta árabe, fundador de la religión musulmana (La Meca, h. 575 - Medina, 632). Su biografía, de la que se conocen muy pocos datos seguros, nos ha llegado envuelta en la leyenda. Su nombre primitivo fue probablemente Ahmad; nació en una familia pobre de la noble tribu de Quraish (acontecimiento que los musulmanes celebran con la fiesta del *Mawlud).* A los seis años quedó huérfano y fue recogido por su tío Abú Talib, al que acompañó en sus viajes de comercio. A los veinticinco años se casó con la rica viuda Jadicha, de quien era criado; Jadicha le dio una hija —Fátima—, además de una posición social más desahogada como un comerciante respetado en la ciudad. Conoció —si bien superficialmente— las dos grandes religiones monoteístas de su época a través de las pequeñas comunidades cristiana y judía que habitaban en La Meca y quizá también por sus viajes de negocios. Con tan escasa cultura —pues probablemente era analfabeto— se permitió crear una religión que serviría de base para toda una cultura de difusión universal.

A los cuarenta años comenzó a retirarse al desierto y a permanecer días enteros en una cueva del monte Hira, en donde creyó recibir la revelación de Dios —*Alá*—, que le hablaba a través del arcángel Gabriel y le comunicaba el secreto de la verdadera fe. Animado por Jadicha, comenzó a predicar en su ciudad natal, presentándose como continuador de los grandes profetas monoteístas anteriores, Abraham*, Moisés* y

Jesucristo*. Por entonces se limitaba a predicar la vuelta a la religión de Abraham. Mahoma consiguió sus primeros adeptos entre las masas urbanas más pobres, al tiempo que se enemistaba con los ricos. Cuando sus seguidores se hicieron numerosos, las autoridades empezaron a verle como una amenaza contra el orden establecido; se le acusó de impostor y comenzaron las persecuciones. Una parte de sus seguidores huyeron a Abisinia, en donde recibieron la protección del *negus* cristiano. Pero las amenazas a la seguridad de Mahoma llegaron hasta tal punto que, después de la muerte de Jadicha y de Abú Talib en el 619, se decidió a huir a Medina el 16 de julio del año 622. Se considera el momento de esa huida —la *Hégira*— como fecha fundacional de la era islámica.

En Medina, Mahoma tomó contacto con la comunidad judía, que le rechazó por su errónea interpretación de las Escrituras; comprendió entonces que su predicación no conducía a la religión de Abraham, sino que constituía una nueva fe: de entonces data el cambio de la orientación de la oración, de Jerusalén a La Meca. Combinando la persuasión con la fuerza, Mahoma se fue rodeando de seguidores, que empezaron a practicar las *razias* contra caravanas y poblaciones del entorno como medio de vida. Estas escaramuzas (Badr, Uhud...), elevadas a la categoría de batallas por la historia oficial, fueron descubriendo a los musulmanes la «guerra santa», el uso de la fuerza para someter y convertir a los infieles. En Medina, Mahoma se convirtió en un caudillo no sólo religioso, sino también político y militar. Los enfrentamientos entre Medina y La Meca culminaron con la conquista de esta última ciudad por los mahometanos en el 630, fruto de la presión militar, de la negociación política y de convenientes enlaces matrimoniales (Mahoma se casó hasta con doce mujeres, nueve de ellas al mismo tiempo). El santuario de la Kaaba, piedra negra venerada en La Meca, fue inmediatamente consagrado a Alá. Poco antes de morir, Mahoma realizó una peregrinación de Medina a La Meca, que ha servido de modelo para este rito que todo musulmán debe realizar una vez en su vida.

Mahoma fue personalmente el creador de la teología islámica, que quedó reflejada en el *Corán,* único libro sagrado de los musulmanes; es una colección de sentencias que se suponen inspiradas por Alá y que fueron recogidas en vida del profeta y recopiladas hacia el 650. En los dos últimos años de la vida de Mahoma el Islam se extendió al resto de Arabia, unificando a las diversas tribus paganas que habitaban aquel territorio. Eran un conjunto de tribus semíticas politeístas, cuyo continuo estado de guerra entre clanes les había impedido hasta entonces tener protagonismo alguno en la Historia. A pesar de haber nacido en una región atrasada y marginal del planeta, y de proceder él mismo de un ambiente modesto, Mahoma convirtió a las belicosas tribus árabes en un pueblo unido y las embarcó en una expansión sin precedentes. Al morir Mahoma sin heredero varón, estallaron las disputas por la sucesión, que recayó en el yerno del profeta, Abú Bakr, convertido así en el primer *califa* o sucesor.

MAHOMET. V. **MAHOMA.**

MAIMÓNIDES (Moshéh ben Maimón) Filósofo y teólogo judío español (Córdoba, 1135 - El Cairo, 1204). Hijo

Isabel I de Inglaterra: «La "era isabelina" ha quedado identificada como una edad de oro en la historia de Inglaterra: no sólo coincidió con una brillante producción literaria que la reina apoyó, sino también con una relativa pacificación religiosa, una expansión industrial y comercial, un crecimiento demográfico, la consolidación del papel de Inglaterra como gran potencia basada en el dominio de los mares y la unificación dinástica de Gran Bretaña.» (*Retrato del Armiño*, Anónimo, Hartfield House.)

Isabel II de España: «... inclinaría sistemáticamente sus preferencias políticas hacia los moderados, incumpliendo su papel arbitral... lo cual obligó a los progresistas a recurrir a la fuerza para tener opción de gobernar ... La ignorancia y candidez de Isabel se complicaron con su insatisfacción sexual ... y una sucesión de amantes reales ..., confesores y consejeros ... formaron una "camarilla" palaciega con influencia política extraconstitucional.» (Litografía de J. J. Martínez sobre un dibujo de C. Legrand.)

Isabel II de Inglaterra: «... se ganó el aprecio de sus súbditos mostrándose respetuosa de las limitaciones que le impone su condición constitucional, y desplegando al mismo tiempo una actividad desbordante para representar la unidad nacional y ofrecer al país un modelo moral ... Sin embargo, bajo su reinado, la Monarquía británica se enfrenta a una de las más graves crisis de su historia, planteándose abiertamente en la opinión pública el debate sobre su continuidad.»

Jaime I, *el Conquistador*: «... su reinado contribuyó a afianzar las instituciones políticas aragonesas y a fomentar el comercio en el Mediterráneo... empezaron a funcionar las Cortes, se creó el Consejo de Ciento para el gobierno municipal de Barcelona y se redactó el primer código mercantil catalán.» (Retrato anónimo.)

Jesucristo: «La religión cristiana se expandió hasta los confines del Imperio Romano y más tarde, desde Europa, se difundió por el resto del mundo, convirtiéndose hasta nuestros días en la religión más extendida de la Humanidad.» (*Faz de Jesucristo*, atribuida al Maestro de Arlés, Museo Lázaro Galdiano, Madrid.)

Johnson, Lyndon Baines: «Profundizó las reformas de Kennedy ... hizo abolir las últimas discriminaciones raciales, extendió la asistencia sanitaria pública, dictó medidas en favor de los pobres...»

Jomeini, Rudollah: «Su régimen fue una dictadura teocrática, basada en una aplicación estricta de las normas coránicas, un extraordinario rigor moral, el regreso a las tradiciones y el rechazo de la influencia occidental.»

José I Bonaparte: «... reunió un régimen compuesto en su mayor parte por ilustrados moderados, que vieron en la opción "afrancesada" la oportunidad de retomar el programa reformista del reinado de Carlos III. Sin embargo, la mayor parte del pueblo le fue hostil.» (Dibujo de Maurin.)

Jovellanos y Ramírez, Gaspar Melchor de: «... destacó sobre todo como ensayista de temas políticos, sociales y económicos ... abrazó la doctrina del liberalismo económico, cuya introducción en España defendió.» (*Gaspar Melchor de Jovellanos*, por Francisco de Goya, Museo Lázaro Galdiano, Madrid.)

Juan XXIII: «... su papado fue breve, pero puso en marcha una renovación tan profunda de la Iglesia católica que permite considerarlo como uno de los pontificados más trascendentales desde la Edad Media. Hasta el propio estilo personal del papado se vio transformado por el advenimiento de este papa afable, accesible, sencillo y con sentido del humor.»

Juan Carlos I de España: «... renunció a la mayor parte de los poderes que había heredado de la dictadura, quedando convertido en un monarca parlamentario con poderes meramente simbólicos y representativos ... Con ello adquirió un gran prestigio internacional y una popularidad generalizada entre los españoles, pilares que han asegurado la continuidad de la monarquía que él encarna.»

Juan Pablo II: «La novedad esencial del pontificado de Juan Pablo II ha sido el cambio en los modos de presencia y comunicación de la Iglesia con la sociedad. El papa ha desplegado una intensa actividad personal como comunicador, tanto en sus viajes por los cinco continentes como en las masivas audiencias y peregrinaciones que ha recibido en Roma; y, sobre todo, ha puesto los medios de comunicación modernos al servicio de la difusión del mensaje de la Iglesia.»

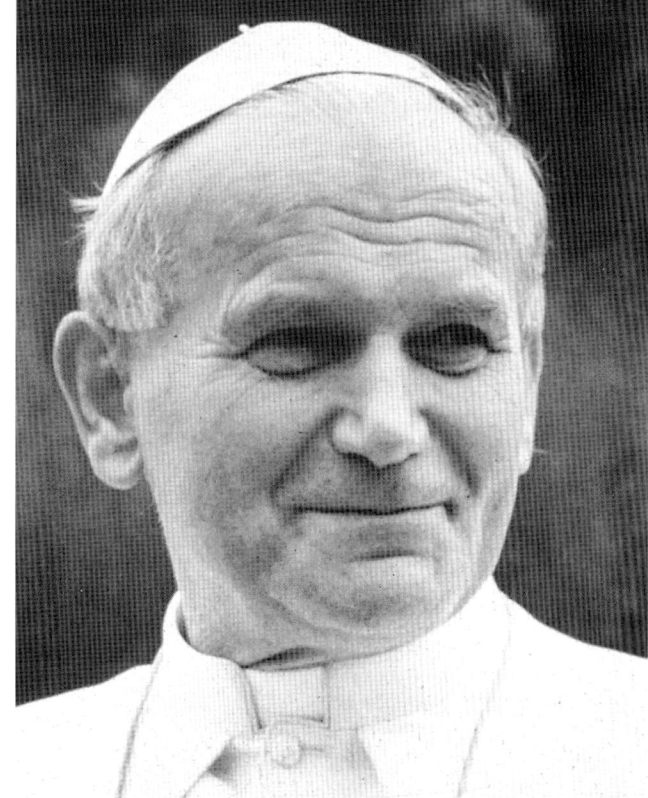

Juana I de Castilla, *la Loca*: «El mismo año en que fue jurada como heredera por las Cortes de Castilla (1502) empezó a manifestársele una enfermedad mental, determinada según algunos por la infidelidad de su marido, hacia quien sentía un amor apasionado.» (*Juana la Loca*, por el Maestro de la Abadía de Affinghen, Museo Real de Bellas Artes, Bruselas.)

Justiniano I: «Se propuso la reunificación del Imperio Romano, reconquistando los amplios territorios perdidos en Occidente con ayuda de sus generales Belisario y Narsés. Aunque no lo consiguió del todo ... casi restauró así la unidad imperial de las riberas del Mediterráneo.» (*Justiniano I y Belisario*, detalle del mosaico de San Vital de Rávena.)

Kant, Immanuel: «... trató de poner coto a las especulaciones metafísicas, afirmando la necesidad de suspender los juicios sobre aquellas cuestiones para las que no existen medios de prueba; la razón debe ponerse límites para hacerse objetiva y esos límites son los que definen la ciencia experimental.» (Grabado de H. B. Schnorr.)

Kemal, Mustafá, *Attatürk*: «Creó un Estado laico de corte occidental, emancipó a las mujeres, adoptó el Derecho europeo y trató de imponer modelos culturales occidentales en el vestido, las costumbres y la escritura.»

Kennedy, John F.: «Su acceso a la presidencia ... impulsó la igualdad de derechos civiles, poniendo toda la fuerza del Estado al servicio de las sentencias del Tribunal Supremo contra la discriminación racial vigente en los Estados del Sur; estimuló el espíritu de innovación y de competencia para revitalizar la economía; y dio el impulso político definitivo al proyecto Apolo, que permitiría la llegada del hombre a la Luna.»

Kerenski, Alexander F.: «... abandonado por los partidos moderados, no pudo hacer nada cuando los bolcheviques se hicieron con el control de los *sóviets* sucumbió ante la *Revolución de octubre* ...; con su caída se cerró la posibilidad de que la Revolución rusa transitara por vías democráticas.»

King, Martin Luther: «Convocó una gigantesca marcha de sus partidarios sobre Washington en apoyo del programa para la concesión de derechos civiles de la Administración Kennedy, al final de la cual pronunció un encendido discurso sobre su "sueño" de una América sin desigualdades raciales. Asesinado Kennedy aquel mismo año, King resaltó aún más como símbolo del pacifismo y de la lucha por la dignidad humana en todo el mundo, viendo reconocidos sus esfuerzos con la concesión del Premio Nobel de la Paz en 1964.»

Kohl, Helmut: «... su logro principal puede considerarse la reunificación de las dos zonas en las que había quedado dividida Alemania al término de la Segunda Guerra Mundial: ... a pesar del entusiasmo que suscitó inicialmente el logro inesperado de ese objetivo largamente deseado por la población de las dos Alemanias, la forma en que se realizó la unificación ha tenido costes sociales, económicos y políticos muy altos, haciendo aumentar el paro, la desigualdad y la xenofobia en el país.»

Kruger, Paul: «... elegido presidente del Transvaal (1883-1900), ejerció un gobierno autoritario, paternalista e inspirado en la interpretación protestante de la Biblia.» (Litografía publicada en Madrid en 1902.)

La Fayette, Marqués de: «Durante los primeros años de la Revolución el "héroe de dos mundos" fue muy popular, al encarnar a la nobleza liberal y el brazo armado del nuevo régimen; pero desempeñó también un papel de moderador, defendiendo el mantenimiento de la monarquía constitucional.» (Litografía de Bachiller sobre dibujo de Ortega.)

Largo Caballero, Francisco: «... encarnó la política de reformas sociales del primer bienio republicano, implantando un sistema de jurados mixtos para regular las relaciones laborales. En 1932 arrebató a Besteiro la presidencia del PSOE y en 1934 la de la UGT. Completó entonces el proceso de radicalización de las organizaciones socialistas, ganándose el apelativo —un tanto exagerado— de "el Lenin español".» (Retrato de J. Huertas, 1937, Servicio Histórico Militar, Madrid.)

Lenin, Vladimir Ilich Ulianov: «... consciente del carácter minoritario de sus ideas radicales, demostrado por los resultados electorales, despreció la tradición democrática del socialismo occidental y adoptó una violenta dictadura de partido único, empleando métodos brutales de represión... A escala mundial, exigió a los demás partidos socialistas fidelidad absoluta a sus directrices, provocando la escisión del movimiento obrero con la aparición en todos los países de partidos comunistas sometidos al control de una Tercera Internacional comunista.»

Leopoldo I: «... a lo largo de su reinado se atuvo escrupulosamente a su papel de monarca constitucional, permaneciendo neutral en los conflictos políticos entre liberales y católicos. Su primera tarea fue defender la independencia de Bélgica frente a los intentos de reconquistarla que lanzaron los holandeses... Fue un hábil diplomático, capaz de hacerse notar en la política internacional desde su pequeño y joven reino.» (*Leopoldo I, rey de los belgas*, litografía de J. Donon sobre un dibujo de C. Legrand.)

Lerma, Duque de: «Su política comenzó por la reforma de los órganos de gobierno de la Monarquía ... a fin de ganar en agilidad y carácter ejecutivo... En lo exterior, impuso una política pacifista, reconociendo con realismo las dificultades financieras y militares por las que atravesaba el país.» (*El Duque de Lerma*, por Rubens, Museo del Prado, Madrid.)

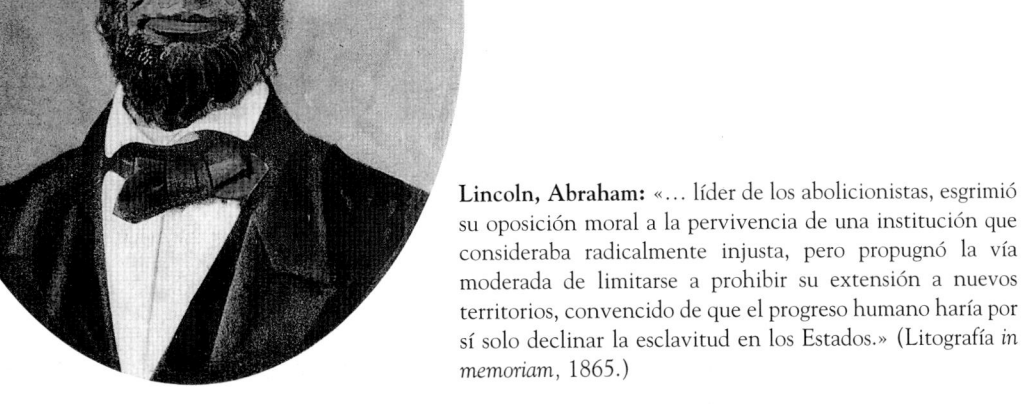

Lincoln, Abraham: «... líder de los abolicionistas, esgrimió su oposición moral a la pervivencia de una institución que consideraba radicalmente injusta, pero propugnó la vía moderada de limitarse a prohibir su extensión a nuevos territorios, convencido de que el progreso humano haría por sí solo declinar la esclavitud en los Estados.» (Litografía *in memoriam*, 1865.)

Lloyd George, David: «... asistió personalmente a la Conferencia de Paz de París (1919), donde intentó moderar la dureza de las condiciones impuestas a los vencidos, enfrentándose al revanchismo francés contra Alemania... Dio una solución al problema irlandés, que se había convertido en rebelión abierta durante la guerra, otorgándole la independencia a la isla en 1921.»

Luis XIV. el Rey Sol: «Convencido de la doctrina del origen divino y, por lo tanto, incontestable del poder real... ejerció un gobierno personal apoyado en ministros y consejeros reclutados entre los juristas o burgueses de ennoblecimiento reciente. Redujo la influencia de los poderes intermedios...; sometió a la Iglesia francesa, mientras reprimía a los disidentes jansenistas y volvía a perseguir abiertamente a los protestantes. Centralizó cuanto pudo el poder en torno a la fastuosa Corte que creó en Versalles, consolidando al mismo tiempo la figura del intendente para controlar el territorio.» (Busto de Bernini, Museo de Versalles.)

Lutero, Martín: «... defendió la doctrina del "sacerdocio universal", que implicaba una relación personal directa del individuo con Dios en la cual desaparecía el papel mediador de la Iglesia, privando a ésta de su justificación tradicional; la interpretación de las Sagradas Escrituras no tenía por qué ser un monopolio exclusivo del clero, sino que cualquier creyente podía leer y examinar libremente la Biblia, para lo cual ésta debía ser traducida a idiomas que todos los creyentes pudieran entender.» (Retrato de autor anónimo, Museo Poldi-Pezzoli, Milán.)

MacArthur, Douglas: «Dirigió la contraofensiva que conduciría a la victoria, basada en la estrategia de ir saltando de isla en isla hasta llegar al Japón.»

Macià i Llusa, Francesc: «El 14 de abril de 1931 proclamó la República Catalana, de la que fue presidente provisional, hasta que tres días después aceptó transformarla en *Generalitat de Catalunya*, dentro de la República Española.» (Dibujo de Ramón Casas.)

Magallanes, Fernando de: «La empresa de Magallanes consistía en alcanzar las islas de las especias rodeando la Tierra por el Oeste y burlando así el monopolio portugués de la ruta del Este ... esto era, completar el proyecto de Colón, una vez comprobado que las tierras descubiertas por éste no eran las costas de Asia, sino un nuevo continente.» (Grabado de P. B. Boutlats.)

Makarios III: «Fue elegido primer presidente de la República de Chipre y reelegido en 1968 y 1973... La guerra civil entre las comunidades griega y turca (1963-1964) le llevó a ... defender la independencia y unidad de la isla; paralelamente, su política exterior se alejó aún más del régimen de los coroneles de Grecia.»

Mandela, Nelson: «Las elecciones de 1994 convirtieron a Mandela en el primer presidente negro de Sudáfrica; desde ese cargo puso en marcha una política de reconciliación nacional, manteniendo a De Klerk como vicepresidente.» (Fotografiado con el atuendo tradicional de la tribu Xhosa.)

Mao Zedong: «Considerando el modelo soviético inadecuado para las condiciones nacionales de China, Mao impulsó desde 1954 el "Gran Salto Adelante": un esfuerzo voluntarista para acelerar el desarrollo económico y la socialización mediante el fervor revolucionario de las masas. Desde 1958 el país entero se organiza sobre la base de "comunas populares", unidades de vida y de producción fuertemente politizadas.»

Marco Antonio: «... trató de establecer un reino helenístico propio en el Mediterráneo oriental. Para ello estableció una alianza con Cleopatra a la que cedió territorios romanos y probablemente hizo su amante... Pero Octavio ... se lanzó a la conquista de Oriente desencadenando la Guerra Ptolemaica... Derrotado en la Batalla de Actium..., Marco Antonio se suicidó cuando las tropas de Octavio entraban en Alejandría.» (Busto de Marco Antonio joven, escultura romana, Museo Capitolino, Roma.)

María Cristina de Borbón: «... fue avanzando hacia una Monarquía constitucional a medida que se lo demandaba la presión liberal ... dictó una amnistía para los liberales perseguidos por el régimen absolutista y puso en marcha unas primeras Cortes electivas mediante el Estatuto Real de aquel año.» (Grabado de F. Bellay sobre el retrato de V. López.)

María Cristina de Habsburgo-Lorena: «María Cristina, que había sido una reina discreta en vida de su esposo, desempeñó a la perfección como regente de su hijo su papel de monarca constitucional, dejando que fueran los políticos de turno quienes gobernaran. Durante su regencia gobernaron predominantemente los liberales, que reformaron el régimen político introduciendo la libertad de asociación y el sufragio universal.» (Retrato con Alfonso XIII niño, de Antonio Lerería, Ministerio de Hacienda, Madrid.)

Martí, José: «... se adhirió desde muy joven a la causa de la independencia cubana contra la dominación colonial española, realizando una activa labor de propaganda y definición ideológica.» (Retratado en 1894.)

de un juez, se educó en colegios musulmanes y judíos de Córdoba. Tras la invasión almohade, que instaló la intolerancia en al-Ándalus, sufrió persecución por motivos religiosos y se vio obligado a huir a Fez (1158), antes de emigrar a Oriente: Palestina, Alejandría y, finalmente, El Cairo (1165). Allí llegó a ser médico del último rey fatimí, al-'Adid, y *nagid* o guía espiritual de la comunidad judía de Egipto. Su principal labor consistió en asentar la teología judaica sobre los principios de la razón según la filosofía aristotélica, papel comparable al que cumplieron Averroes* en el Islam y santo Tomás* en el cristianismo. La *Guía de los perplejos* (1190) es su obra más relevante en ese terreno. También realizó aportaciones notables a la medicina y a la jurisprudencia talmúdica. Sufrió continuas dificultades y persecuciones, tanto por parte de los musulmanes (denunciado como apóstata del islamismo, sólo la protección personal del visir de Saladino*, al-Fádil, le salvó de la muerte), como de los judíos tradicionalistas que recelaban de su tendencia racionalista (llegando incluso a recurrir a la Inquisición para que condenara sus obras).

MAKARIOS III (Mijail Khristodulos Muskos) Prelado y político chipriota (Ano Panaya, 1913 - Nicosia, 1977). Educado en Grecia y en Estados Unidos, fue designado obispo en 1948 y arzobispo de Chipre en 1950. Desde entonces encabezó a los partidarios de la *enosis,* esto es, de que Chipre —que por entonces era una colonia británica— se uniera a Grecia, dado que la mayoría de su población era griega (80 por 100). La combinación de su actividad política con la religiosa respondía al carácter de «guerra santa» que la religión ortodoxa griega otorga a la lucha por la liberación de la patria; la *enosis* sería, así, la culminación del proceso de independencia de Grecia frente a los turcos, comenzado en 1821. Los británicos le deportaron a las islas Seychelles (1956-57) por reclamar la autodeterminación de la isla, pero su liderazgo se mantuvo intacto hasta que los acuerdos de Zúrich y Londres (1959) concedieron la independencia a Chipre. Makarios fue elegido primer presidente de la República y reelegido en 1968 y 1973. No obstante, la guerra civil entre las comunidades griega y turca (1963-64) le llevó a abandonar la idea de la *enosis* y defender la independencia y unidad de la isla; paralelamente, su política exterior se orientó hacia la Unión Soviética, lo cual le alejó aún más del régimen de los coroneles de Grecia. En 1974 fue depuesto por un golpe de Estado pro-griego, que provocó la invasión turca de la parte norte de Chipre y la partición efectiva de la isla (consolidada en 1983 con la proclamación de un Estado turco-chipriota independiente en la zona norte).

MALCOLM X (Malcolm Little) Líder revolucionario de la minoría negra norteamericana (Omaha, Nebraska, 1925 - Nueva York, 1965). Era hijo de un pastor protestante y de una mujer mulata, nacida de la violación de una negra por un hombre blanco; durante su infancia sufrió los continuos traslados de residencia de su familia, huyendo de las agresiones de grupos racistas, que culminaron con el asesinato de su padre en 1931. En 1942 se instaló en Nueva York y se convirtió en un criminal callejero (traficante de drogas, proxeneta, ladrón...). Condenado a siete años de cárcel en

1946, abandonó su adicción a las drogas, estudió por correspondencia y tomó contacto con la Nación del Islam (NOI), movimiento religioso musulmán liderado por Elijah Muhammad, que consideraba a los negros el pueblo favorito de Alá y a los blancos la personificación del diablo. Pasó así del crimen y la marginalidad a la que le habían condenado las circunstancias, a un eficaz activismo político en defensa de una minoría racial maltratada. Al salir de la cárcel en 1952 se adhirió a *la Nación* y cambió su apellido por la «X», que simbolizaba el apellido africano original que los negros americanos habían perdido. Su labor de propaganda extendió la influencia de la NOI en Detroit, Boston y Filadelfia; fundó el periódico *Muhammad Speaks;* y llegó a ser el responsable de la NOI en Nueva York. Desde finales de los cincuenta fue presentado por los medios de comunicación como un apóstol de la violencia, tergiversando su mensaje de rechazo de la dominación blanca y de autodefensa contra el racismo. Su popularidad determinó una rivalidad con Muhammad que terminaría con la escisión de *Malcolm X* en 1964, cuando tuvo conocimiento de que existían planes para asesinarle; *Malcolm X* propugnaba participar más activamente en la lucha política, denunciando que ni las acciones de reforma individual de la NOI, ni la campaña por los derechos civiles —en auge por aquellos años— conducirían por sí solas a la liberación de los negros. Fundó su propio movimiento, la Mezquita Musulmana. En aquel mismo año cumplió el precepto religioso de peregrinar a La Meca, aprovechando para visitar siete países musulmanes. Este viaje le convirtió a una forma más ortodoxa del Islam, en la que veía posible la hermandad de todas las razas; abandonó el racismo de la NOI, dejó de predicar el separatismo y pasó a proponer un nacionalismo negro (emancipación sobre la base de tomar el control de sus propias organizaciones y comunidades). En un segundo viaje aquel año tomó contacto con importantes líderes africanos (Nasser*, Nyerere*, Nkrumah*, Kenyatta*…) e incorporó a su discurso la lucha contra el imperialismo norteamericano; su reflejo fue la fundación, todavía en 1964, de la Organización de la Unidad Afro-Americana, un movimiento laico de tendencia socialista. Estas transformaciones no llegaron a dar fruto, pues fue asesinado al año siguiente, probablemente por orden del propio Muhammad.

MALDONADO, Francisco Jefe del movimiento de las Comunidades de Castilla en Salamanca (Salamanca, h. 1490 - Villalar, Valladolid, 1521). Fue delegado de la ciudad en la Junta Santa convocada en Ávila en 1520 para rechazar la dimensión europea del imperio de Carlos V* y reclamar un gobierno específicamente castellano; de su vida anterior no existen datos. Cuando en 1521 los comuneros hubieron de hacer frente a una guerra contra el ejército imperial, Maldonado dirigió las milicias de Salamanca y acompañó a Padilla* y a Juan Bravo* como segundo jefe de los rebeldes. Derrotados en la batalla de Villalar (23 de abril de 1521), Maldonado y sus compañeros fueron hechos prisioneros, juzgados y decapitados allí mismo al día siguiente.

MALTHUS, Thomas Robert Economista inglés (Rookery, Surrey, 1766 - Bath, 1834). Junto con Adam Smith* y David Ricardo* compone la terna fundacional de la escuela clásica de economía política, que es tanto como decir el origen de esta moderna disciplina. Se educó en un ambiente intelectual muy selecto, dado que su padre, Daniel Malthus se relacionaba con personajes de la talla de Hume* o Rousseau*. Tras estudiar en Cambridge, se ordenó sacerdote anglicano (1788). En 1805 obtuvo una cátedra de Historia Moderna y Economía Política en Haileybury, convirtiéndose en el primer catedrático de economía de Inglaterra (y, por tanto, del mundo). Mantuvo una polémica con su padre acerca de las optimistas ideas de Godwin sobre el progreso de la Humanidad, ideas propias del pensamiento de la Ilustración. El joven Malthus las rebatió anónimamente en su *Ensayo sobre el principio de la población* (1798), un polémico folleto en el cual señalaba el riesgo que entraña para el futuro de la especie la tendencia a multiplicarse con más rapidez que el crecimiento de los recursos. Esta preocupación le llevó a sugerir una «ley de la población», según la cual ésta aumenta cada vez que mejora su situación económica, y dicho aumento no se detiene sino por la miseria que él mismo causa. En consecuencia, Malthus proponía «frenos preventivos» al crecimiento demográfico, lo cual explica que se haya dado el nombre —un tanto abusivo— de *neo-malthusianismo* a la defensa del control de natalidad, de la que fue precursor. Malthus fue también autor de unos *Principios de Economía Política* (1820), en los que apunta cuestiones trascendentales para la evolución posterior de la teoría económica. Por ejemplo, la evidencia de que las economías de mercado pueden sufrir crisis generales de subconsumo, contra lo que creían la mayoría de los autores clásicos, aferrados a la ley de Say*. Este tipo de cuestiones le llevaron a debatir continuamente con Ricardo, con quien, no obstante, mantuvo una larga amistad (1811-23). A ambos les separaban no sólo las ideas económicas, sino también el método de trabajo, más empírico, realista e intuitivo en Malthus, y más racionalista, dogmático y abstracto en Ricardo. En 1933 Keynes* reivindicaría la figura de Malthus y retomaría muchas de sus ideas, señalando cómo la corriente dominante de la economía política se había retrasado en más de un siglo por seguir erróneamente el camino trazado por Ricardo y no el de Malthus.

MANCHÚ, Dinastía (o dinastía Ts'ing). Última dinastía reinante en China (1644-1912). Eran guerreros tungusos venidos de Siberia, infiltrados en Manchuria desde el siglo XVI; en 1644 consiguieron tomar Pekín y derrocar a los Ming*, imponiendo su dominio al resto de China en 1651.

Los emperadores K'ang-hi (1662-1722) y K'ien-long (1736-96) extendieron el poder de China a Mongolia, Tíbet, Asia Central y Corea. Al mismo tiempo, China se fue cerrando cada vez más sobre sí misma, expulsando a los misioneros cristianos (1724) y limitando estrictamente el comercio con Occidente. La presión inglesa para que China se abriera a la influencia occidental se concretó en la Guerra del Opio (1841-42), que obligó al emperador Tao Kuang (1821-50) a ceder la isla de Hong-Kong y abrir cinco puertos al comercio británico (Tratado de Nankín, 1842); norteamericanos y franceses obtuvieron ventajas análogas en los años siguientes. La crisis del imperio se agravó durante el reinado de HSIEN FENG (1850-61), al estallar la revuelta entre mística y colectivista de los T'ai-p'ing (1850-64), que controló toda la China meridional durante más de diez años y sólo pudo ser vencida con la ayuda de los occidentales. Éstos, por su parte, siguieron presionando para obtener ventajas comerciales y políticas, llegando a ocupar Pekín en 1860. Franceses e ingleses obtuvieron nuevas concesiones por el Tratado de T'ien-tsin (1858) y las Convenciones de Pekín (1860). Rusia se sumó al reparto anexionándose la ribera septentrional del Amur (1858) y el territorio entre el Usuri y el Pacífico (1860). De esa época data la influencia determinante en la corte de la emperatriz viuda TS'EU-HI (1861-1908), que dominó a los emperadores nominales, su hijo T'Ung-Chih (1861-75) y su sobrino Kuang-su (1875-1908); fue ella quien impuso una política conservadora a ultranza a pesar de que la situación del país no paraba de deteriorarse. La pugna por Corea llevó a la Guerra Chino-Japonesa (1894-95), que demostró hasta qué punto el imperio manchú se encontraba atrasado en comparación con el industrializado Japón. Por el Tratado de Shimonoseki (1895) China perdió Corea, Formosa, las islas Pescadores y la península de Liao-tung. La postración de China aceleró la penetración extranjera: los rusos prolongaron el ferrocarril Transiberiano hasta Vladivostok a través de Manchuria y se establecieron en Port-Arthur; alemanes, franceses e ingleses añadieron nuevas bases a las que ya tenían. La continua humillación de China llevó al poder en 1898 al partido reformador, que se afanó en reestructurar la Administración, el ejército y la enseñanza, para librarse de la tutela occidental. Pero un golpe palaciego de Ts'eu-hi frenó las tendencias modernizadoras. Desde entonces alentó las sociedades secretas xenófobas y tradicionalistas, que promovieron la Guerra de los *Bóxers* (1900) contra los occidentales. Un cuerpo expedicionario occidental recuperó el control militar, ocupando de nuevo Pekín. La Guerra Ruso-Japonesa de 1905 fue, en realidad, un conflicto por el reparto de territorios que se le iban arrebatando a China: Japón estableció un protectorado sobre Corea y Manchuria. Ante tantas derrotas, la propia Ts'eu-hi adoptó posiciones reformistas, llegando a transformar China en una monarquía constitucional en 1908. La muerte de Ts'eu-hi y de Kuang-su en aquel mismo año interrumpieron el proceso. El Trono pasó a un niño de tres años, PU-YI* (1908-12), mientras ejercía como regente su padre, Tch'uen, ligado al partido tradicionalista. La detención de las reformas dejó la iniciativa en manos de los revolucionarios nacionalistas de Sun Yat-sen*, que establecieron la República en 1911 y forzaron la abdicación del último emperador en 1912.

MANCO CÁPAC. V. INCAS.

MANCO CÁPAC II (o Manco Inca) Soberano del imperio incaico que colaboró con los conquistadores españoles (Cuzco, h. 1500 - Vilcabamba, 1544). Hijo del inca* Huayna Cápac* y hermano, por tanto, de Atahualpa* y de Huáscar*, Manco Cápac tomó partido por el bando de Cuzco que encabezaba este último en la guerra civil que enfrentó a sus dos hermanos (1527-32). Cuando Pizarro* se deshizo de los dos aspirantes a gobernar el imperio, promovió a Manco Cápac II como inca (1533), a fin de servirse del aparato administrativo y del poder simbólico de los incas para controlar mejor el territorio; los españoles mantuvieron la ficción de que el imperio seguía existiendo y se limitaron a manipular a su soberano en beneficio propio. Manco Cápac se prestó a esta colaboración, e incluso ayudó a los españoles a conquistar Chile, enviando mensajeros para anunciar que debían ser recibidos como aliados del inca. No obstante, la evolución de los acontecimientos (saqueo de Cuzco, reparto de los indios en encomiendas, fundación de las ciudades de Lima y Trujillo...) le fue convenciendo de que los españoles consideraban el Perú como país conquistado y de que estaban dispuestos a permanecer en él. En consecuencia, en 1536 se sublevó contra los hombres de Pizarro, a los que sitió en Lima y Cuzco. Los españoles consiguieron sofocar la rebelión con ayuda de las tropas de Almagro*, que regresaban de Chile, y de tropas indígenas del propio hermano del inca, Paullu. En 1537 Manco Cápac se retiró al reducto montañoso de Vilcabamba, donde mantuvo independiente una organización similar a la del imperio inca, si bien sobre un territorio exiguo. Murió en 1544, asesinado por soldados españoles. Le sucedió su hijo Sayry Túpac.

MANCO INCA. V. MANCO CÁPAC II.

MANDELA, Nelson Político sudafricano (Umtata, Transkei, 1918 -). Renunciando a su derecho hereditario a ser jefe de una tribu xosa, se hizo abogado en 1942. En 1944 ingresó en el Congreso Nacional Africano (ANC), un movimiento de lucha contra la opresión de los negros sudafricanos. Mandela fue uno de los líderes de la Liga de la Juventud del Congreso, que llegaría a constituir el grupo dominante del ANC; su ideología era un socialismo africano: nacionalista, antirracista y antiimperialista. En 1948 llegó al poder en Sudáfrica el Partido Nacional, que institucionalizó la segregación racial creando el régimen del *apartheid*. Bajo la inspiración de Gandhi*, el ANC propugnaba métodos de lucha no violentos: la Liga de la Juventud (presidida por Mandela en 1951-52) organizó campañas de desobediencia civil contra las leyes segregacionistas. En 1952 Mandela pasó a presidir el ANC del Transvaal, al tiempo que dirigía a los voluntarios que desafiaban al régimen; se había convertido en el líder de hecho del movimiento. La represión produjo 8.000 detenciones, incluyendo la de Mandela, que fue confinado en Johannesburgo. Allí estableció el primer bufete de abogados negros de Sudáfrica. En 1955, cumplidas sus condenas, reapareció en público, promoviendo la aprobación de una *Carta de la Libertad,* en la que se plasmaba la aspiración de un Estado multirracial, igualitario y democrático, una reforma agraria y una política de justicia social en el reparto de la riqueza. El endurecimiento del régimen racista llegó a su culmen en 1956, con el plan del gobierno de crear siete reservas o *bantustanes,* territorios marginales supuestamente independientes, en los que confinar a la mayoría negra. El ANC respondió con manifestaciones y boicoteos, que condujeron a la detención de la mayor parte de sus dirigentes; Mandela fue acusado de alta traición, juzgado y liberado por falta de pruebas en 1961. Durante el largo juicio tuvo lugar la matanza de Sharpeville, en la que la policía abrió fuego contra una multitud desarmada que protestaba contra las leyes racistas, matando a 69 manifestantes (1960). La matanza aconsejó al gobierno declarar el estado de emergencia, en virtud del cual arrestó a los líderes de la oposición negra: Mandela permaneció detenido varios meses sin juicio. Aquellos hechos terminaron de convencer a los líderes del ANC de la imposibilidad de seguir luchando por métodos no violentos, que no debilitaban al régimen y que provocaban una represión igualmente sangrienta. En 1961 Mandela fue elegido secretario honorario del Congreso de Acción Nacional de Toda África, un nuevo movimiento clandestino que adoptó el sabotaje como medio de lucha contra el régimen de la recién proclamada República Sudafricana; y se encargó de dirigir el brazo armado del ANC (la Lanza de la Nación). Su estrategia se centró en atacar instalaciones de importancia económica o de valor simbólico, excluyendo atentar contra vidas humanas. En 1962 viajó por diversos países africanos recaudando fondos, recibiendo instrucción militar y haciendo propaganda de la causa sudafricana. A su regreso fue detenido y condenado a cinco años de cárcel. Un juicio posterior contra los dirigentes de la Lanza de la Nación le condenó a cadena perpetua en 1964. Ese mismo año fue nombrado presidente del ANC. Prisionero durante 27 años en penosas condiciones, el gobierno de Sudáfrica rechazó todas las peticiones de que fuera puesto en libertad. Mandela se convirtió en un símbolo de la lucha contra el *apartheid* dentro y fuera del país, una figura legendaria que representaba la falta de libertad de todos los negros sudafricanos. En 1984 el gobierno intentó acabar con tan incómodo mito, ofreciéndole la libertad si aceptaba establecerse en uno de los bantustanes a los que el régimen había concedido una ficción de independencia; Mandela rechazó el ofrecimiento. Durante aquellos años, su esposa Winnie simbolizó la continuidad de la lucha, alcanzando importantes posiciones en el ANC. Finalmente, Frederik De Klerk, presidente de la República por el Partido Nacional, hubo de ceder ante la evidencia y abrir el camino para desmontar la segregación racial, liberando a Mandela en 1990 y convirtiéndole en su principal interlocutor para negociar el proceso de democratización. Mandela y De Klerk compartieron el Premio Nobel de la Paz en 1993. Las elecciones de 1994 convirtieron a Mandela en el primer presidente negro de Sudáfrica; desde ese cargo puso en marcha una política de reconciliación nacional, manteniendo a De Klerk como vicepresidente, y tratando de atraer hacia la participación democrática al díscolo partido Inkhata de mayoría zulú.

MANDONIO. V. **INDÍBIL** y **MANDONIO**.

MANFREDO HOHENSTAUFEN. V. **HOHENSTAUFEN, Dinastía**.

MANNERHEIM, Carl Gustav Emil, barón de Militar y político finlandés (Vilnäs, Turku, 1867 - Lausana, Suiza, 1951). Era general del ejército zarista cuando, en 1917, estalló la Revolución rusa. Reconocida por los bolcheviques la independencia de Finlandia —hasta entonces una provincia del imperio ruso—, estalló en el país una guerra civil entre los comunistas y los «blancos», que vino a encabezar Mannerheim. Venció a los comunistas con ayuda de Alemania y fue nombrado regente (1918); pero abandonó la política al transformarse el país en una República al año siguiente. Encabezó el ejército finés en la Primera Guerra Ruso-Finlandesa (1919-20), hasta asegurar la independencia de Finlandia frente a la Rusia soviética. Construyó una línea de fortificaciones contra un posible ataque soviético apoyándose en la naturaleza lacustre y pantanosa del istmo de Carelia (la «Línea Mannerheim»). Nombrado mariscal en 1933, volvió a ponerse al frente del ejército cuando la URSS intentó invadir Finlandia al comienzo de la Segunda Guerra Mundial (Segunda Guerra Ruso-Finlandesa, 1939-40); la Línea Mannerheim resistió durante más de tres meses, hasta que el desembarco aliado en Noruega llevó a Stalin* a suspender la ofensiva. Cuando la Alemania nazi lanzó la invasión de la URSS, Mannerheim apoyó el alineamiento con el Eje y dirigió una Tercera Guerra Ruso-Finlandesa (1941-44). Elegido presidente de Finlandia en 1944, cuando la contraofensiva soviética anunciaba ya la derrota de Hitler*, firmó el armisticio con la URSS y volvió su ejército contra Alemania, a fin de garantizar la independencia de Finlandia (1945). Después de la guerra se mantuvo como presidente. En 1946 renunció alegando motivos de salud y se retiró a Suiza.

MANSUR. V. **ABASIDA, Dinastía.**

MANUEL II DE PORTUGAL. V. **BRAGANZA, Casa de.**

MAO ZEDONG (o Mao Tse-tung) Dirigente comunista fundador de la República Popular China (Shaoshan, Hunan, 1893 - Pekín, 1976). Nacido en una familia campesina del centro de China, Mao estudió hasta hacerse maestro (1918). Encaminó sus lecturas hacia el pensamiento occidental y hacia los reformistas chinos que buscaban la modernización del país; y asumió así posturas políticas basadas en la necesidad de unificar China (fragmentada en manos de los «señores de la guerra»), liberarla del peso de las anacrónicas estructuras heredadas de la Edad Media y emanciparla de su dependencia hacia las potencias occidentales. El ejemplo de la Revolución rusa (1917) añadió a estas ideas el interés por las doctrinas de Marx* y de Lenin*, que llevó a Mao a participar en la fundación del Partido Comunista Chino (Shangai, 1921).

Convertido desde el comienzo en uno de los principales activistas del partido en medios campesinos, Mao hubo de seguir las directrices de Rusia, que exigían a los comunistas chinos apoyar la revolución nacionalista de Sun Yat-sen* y Chang Kai-shek*. Los comunistas ingresaron, pues, en el *Kuomintang* fundado por Sun (1924) y apoyaron la expedición hacia el norte dirigida por Chang (1926), hasta que los «señores de la guerra» fueron derrotados y el país quedó unificado. Pero las expectativas de que aquella revolución política fuera seguida de reformas sociales quedaron defraudadas cuando Chang decidió deshacerse de sus aliados comunistas e inició una sangrienta persecución contra ellos (matanza de Shangai, 1927). En los años siguientes, Mao fue un disciplinado militante comunista, siguiendo la estrategia del Partido de intentar arrebatarle el control de las ciudades a la dictadura de Chang. Pero, al mismo tiempo, disentía de aquella línea de acción, inspirada en la doctrina marxista que hacía del proletariado industrial urbano el agente necesario de toda revolución socialista; por el contrario, Mao insistía en la estrechez de la industrialización y de la clase obrera en China, proponiendo como agente de la Revolución a las masas campesinas hambrientas y explotadas durante siglos, que venían mostrando tendencias revolucionarias espontáneas. Mao dirigió el establecimiento de enclaves comunistas de base campesina en el sur de China, donde puso en práctica sus ideas, acrecentando así su influencia en el partido; pero la presión militar de los nacionalistas se recrudeció y, tras una larga guerra civil (1930-34), los comunistas fueron derrotados. Mao organizó entonces la huida de los supervivientes en una *Larga Marcha* de unos diez mil kilómetros, durante la cual los comunistas sufrieron muchas bajas, privaciones, dificultades y ataques gubernamentales (1934-36). Cuando finalmente se reagruparon fundando una nueva república comunista en la provincia noroccidental de Yenan, Mao había consolidado su liderazgo, convirtiéndose en presidente del Partido Comunista. Desde el año siguiente, el ataque japonés a China forzó un nuevo acercamiento entre el *Kuomintang* y los comunistas para resistir al invasor; la lucha se prolongó, ya en el marco de la Segunda Guerra Mundial, hasta 1945. Después de la derrota japonesa se reanudó la lucha entre los partidarios de Mao y los de Chang; aunque éste contaba con un ejército mayor y mejor armado, además de la ayuda norteamericana, los comunistas acabaron por imponerse en 1949, gracias al apoyo del campesinado: la China continental quedó en manos de Mao, mientras el régimen nacionalista buscaba refugio en la isla de Formosa (Taiwan).

Mao fundó la República Popular China en 1949. Era un régimen comunista de partido único, inspirado en la experiencia soviética: nacionalizó las industrias, impulsó una reforma agraria, diseñó un primer plan económico quinquenal y firmó un pacto de amistad con la URSS. Pero la vía China adquirió enseguida algunas diferencias con respecto al modelo ruso, que han permitido hablar de una doctrina y una política *maoístas*. Considerando el modelo soviético inadecuado para las condiciones nacionales de China, Mao impulsó desde 1954 el «Gran Salto Adelante»: un esfuerzo voluntarista para acelerar el desarrollo económico y la socialización mediante el fervor revolucionario de las masas. Desde 1958 el país entero se organizó sobre la base de «comunas populares», unidades de vida y de producción fuertemente politizadas. El conflicto ideológico con la Unión Soviética estalló en 1959-60: el Partido Comunista de la URSS condenó el modelo de las comunas chinas, y Mao defendió la teoría estalinista de los «dos campos» internacionales frente a las tesis de «coexistencia pacífica» con Occidente propugnadas por Jruschov*; desde que en la «crisis de los misiles» de Cuba (1962), Mao acusara a Jruschov de traicionar a la causa comunista mundial, se abrió una dualidad en el bloque socialista, con el intento de China de arrebatar a la URSS el liderazgo del emergente Tercer Mundo. Los resultados del radicalismo de Mao fueron desastrosos en el terreno económico, agravando la pobreza del país hasta causar mortandades millonarias por hambre. Surgieron entonces intentos de dirigentes moderados del partido por limitar los poderes del presidente para poner en marcha políticas más pragmáticas. Mao respondió lanzando la «Revolución Cultural Proletaria» en 1966: con el apoyo de la juventud radical, agrupada en la Guardia Roja, efectuó una depuración sistemática en el partido, en el Estado y en la sociedad china, eliminando a todos los opositores moderados, los técnicos, intelectuales, profesionales, burócratas y clases dirigentes «aburguesadas». Desprovisto el país de sus dirigentes más pragmáticos y sensatos, el «Gran Timonel» de la Revolución siguió ejerciendo hasta su muerte una dictadura personal represiva y violenta, que mantuvo a China en el estancamiento económico y político. Las tensiones con la URSS se agravaron hasta degenerar en enfrentamientos armados fronterizos en 1969. Un año después, China establecía relaciones con los Estados Unidos, que culminarían con la admisión de China en la ONU (1971) y la visita de Nixon* a Mao (1972). Durante los últimos años de su vida, debilitado Mao por la enfermedad de Parkinson, se desató la lucha por el poder, que acabaría beneficiando al pragmático y reformista Deng Xiaoping*.

MAQUIAVELO, Nicolás (Niccolo Machiavelli) Pensador político del Renacimiento italiano (Florencia, 1469-1527). Era hijo de un abogado de familia distinguida. En 1498 entró al servicio de la República florentina como embajador y organizador de la Milicia; realizó importantes misiones diplomáticas en las cortes de Francia, del Imperio y del Papado, y participó en la conquista de Pisa (1509). Sin embargo, el regreso de los Médicis* al poder en 1512 le hizo caer en desgracia: fue destituido, torturado y encarcelado. Cuando recuperó su libertad —en aquel mismo año— se retiró a una finca de la Toscana, donde dedicaría el resto de su vida a reflexionar y escribir sobre la política, la guerra y la historia. No obstante, aceptó algunos encargos diplomáticos de los Médicis en 1520-27, por lo que muchos republicanos le consideraron un traidor a su causa.

Maquiavelo debe su lugar en la Historia al más importante de sus ensayos de filosofía política: *El príncipe* (1513). Bajo la apariencia de un manual de consejos para gobernantes, género muy abundante en la época, el libro rompía con la tradición moralista de la filosofía política, recomendando prescindir de consideraciones éticas y apoyarse en la fuerza y la astucia para lograr y conservar el poder. Maquiavelo aconsejaba al príncipe prescindir de escrúpulos morales y examinar fríamente lo que más conviniera a sus intereses, poniendo todos los medios para lograrlo: desconfiar de la palabra ajena, incumplir la propia si era necesario, reforzar cuanto fuera posible sus fuerzas armadas, recurrir al engaño como instrumento, aprovecharse de la ingenuidad de las masas para manipularlas en beneficio propio, y someter a los súbditos por una mezcla de amor y temor en la que este último debía primar. Con todo ello no inventó una forma de actuar, sino que analizó objetivamente la forma en que los monarcas de mayor éxito de la historia habían impuesto su voluntad: príncipes de la época, como César Borgia* o el rey aragonés Fernando, *el Católico**, le sirvieron de inspiración. Por esta forma de abordar el tema, Maquiavelo puede ser considerado el padre de la moderna ciencia política. No obstante, su enfoque amoral ha sido criticado frecuentemente desde un punto de vista idealista, dando lugar al adjetivo *maquiavélico,* que se refiere a la disposición maliciosa para emplear la astucia y el engaño para obtener una finalidad; de lo que no cabe duda es de que Maquiavelo dio una base doctrinal al «realismo político» practicado por políticos de todo tipo en los siglos siguientes (algunos, como Napoleón* o Mussolini*, le alabaron expresamente). Entre las motivaciones de Maquiavelo hay que considerar la división y debilidad político-militar en que se encontraba Italia, cuyos minúsculos principados eran presa del reparto de influencias entre monarcas franceses, españoles y alemanes; Maquiavelo preconizó la unificación de la península y soñó con que ésta fuera realizada por un príncipe como el que describía en su tratado, fuerte, astuto y realista, para que fuera capaz de someter a los estados rivales y expulsar de Italia a los ejércitos extranjeros.

MARAT, Jean-Paul Político de la Revolución francesa (Boudry, Neuchâtel, 1743 - París, 1793). Estudió Medicina en Burdeos y París, llegando a convertirse en médico de la guardia del conde de Artois. Al mismo tiempo desarrolló un pensamiento político igualitario, materialista y revolucionario, que le llevó a integrarse en la francmasonería. Al estallar la Revolución de 1789 se lanzó a la actividad política: a través de su periódico, *El amigo del pueblo* (fundado en aquel mismo año), ejerció un liderazgo político sobre las masas populares de París (los *sans-culottes*). Sus posturas reformistas iniciales se radicalizaron enseguida, pasando a formar parte de la extrema izquierda revolucionaria agrupada en el Club de los *Cordeliers* (junto con Danton* y Hébert*). Desde el intento de huida de Luis XVI*, descubierto en Varennes (1791), Marat fue uno de los que incitaron a las masas urbanas contra la monarquía, contra la gran burguesía y contra los moderados de La Fayette*. Sufrió persecuciones y represalias (como la suspensión de su periódico), pero finalmente impuso su línea lanzando el asalto popular a las Tullerías y la formación de la Comuna insurreccional de París en 1792. Aquel golpe dio paso al régimen republicano de la Convención, en el que Marat actuó como portavoz de los *sans-culottes,* enfrentándose a los girondinos y consiguiendo medidas como la imposición sobre las grandes fortunas, el reparto de víveres en las ciudades y de tierras en el campo. Pidió la destitución y ejecución del rey, así como la formación de un Comité de Salvación Pública para luchar contra las amenazas contrarrevolucionarias; y fue el organizador del ataque popular contra la Asamblea que hizo caer del poder a los girondinos y elevó al partido de la Montaña (1793). Mientras la dictadura así instaurada (bajo el control de Robespierre* y Saint-Just*) iniciaba la sangrienta represión revolucionaria conocida como «el Terror», Marat murió asesinado por la joven normanda Charlotte Corday.

MARCEL, Étienne Preboste de los comerciantes de París, que dirigió la insurrección de la ciudad en 1358 (?, h. 1315 - París, 1358). Este rico fabricante de paños, erigido en portavoz de los puntos de vista de la burguesía parisina, fue elegido representante del Tercer Estado en los estados de los países de lengua de *oil* celebrados en 1355-56. Allí encabezó la demanda de reformas políticas, que incluían el control de los impuestos por las asambleas representativas del reino, exigiendo del delfín Carlos (el futuro Carlos V de Francia) la renovación del Consejo real con consejeros designados por la asamblea. Aunque sus demandas fueron reflejadas en la Ordenanza de 1357, ésta no se aplicó, por lo que Marcel provocó la insurrección de las corporaciones de París, a imagen y semejanza de los movimientos comunales que desde hacía décadas venían protagonizando las principales ciudades mercantiles de Flandes y el norte de Italia. La insurrección se dirigió contra el delfín Carlos, regente en aquel momento, por haber sido capturado el rey Juan II por los ingleses; Marcel se alió con Carlos II, *el Malo,* de Navarra, y consiguió que la insurrección se extendiera al mundo rural, con el estallido de una sublevación campesina contra los impuestos y las obligaciones feudales. Pero el delfín consiguió escapar de la sangrienta matanza instigada por Marcel en el Palacio real, reunió de nuevo a los Estados Generales en Compiègne, recabó el apoyo de la nobleza y gran parte del pueblo humilde y dejó aislados a los rebeldes. Sometido París al asedio de las tropas reales, la causa de Marcel perdió apoyos entre los burgueses de la ciudad y uno de ellos le asesinó, poniendo fin a la rebelión.

MARCO ANTONIO Militar y político romano del periodo de las guerras civiles (?, h. 83 - Alejandría, 30 a.C.). Miembro de una familia patricia, era nieto de otro político del mismo nombre, asesinado por Mario* en el 87 a.C. Tras una juventud disoluta, entró al servicio de su tío Julio César*, a quien ayudó a imponerse sobre la oligarquía romana. Conquistado el poder, desde el 48 gobernó Italia mientras César proseguía la lucha contra Pompeyo* en África. En el 44 fue nombrado cónsul y promovió la restauración del poder monárquico en la persona de César. El asesinato de éste en aquel mismo año otorgó a Antonio el control de la ciudad, encargándose de defender su memoria y perseguir a los asesinos. No obstante, César había declarado sucesor a Octavio (el futuro Augusto*), por lo que se inició una pugna por el poder entre los dos hombres. Derrotado en la Guerra de Módena (44-43 a.C.), Antonio aceptó compartir el poder formando un triunvirato con Octavio y Lépido (43), que se encargó de reprimir a los partidarios de la República. Aunque en el reparto territorial le correspondía sólo la Galia Cisalpina, Antonio siguió la lucha contra los asesinos de César, derrotando a dos de ellos —Casio y Bruto— en Filippi (42) y extendiendo así su control hacia Asia, Siria y Egipto. La nueva situación fue reconocida por el Tratado de Brindisi (40), que otorgaba a Antonio el control de Oriente, dejando Occidente para Octavio y África para Lépido. En el año 37 estableció una alianza con Octavio para deshacerse de Sexto Pompeyo (que había adquirido el control de Sicilia, Córcega, Cerdeña y Acaya) y de Lépido (eliminado en el 36). Enfrentados ya sólo Octavio y Antonio, como dominadores de la parte occidental y de la oriental, el segundo se separó de la hermana de Octavio (con quien se había casado para promover la anterior alianza) y trató de establecer un reino helenístico propio en el Mediterráneo oriental. Para ello estableció una alianza con la última reina del Egipto ptolemaico, Cleopatra*, a la que cedió territorios romanos y probablemente hizo su amante (36). Juntos expandieron sus dominios conquistando Armenia en el 34. Pero Octavio, que había ganado la batalla política en Roma explotando la «orientalización» de Antonio, se lanzó a la conquista de Oriente desencadenando la Guerra Ptolemaica (32-30 a.C.). Derrotada la flota egipcia en la batalla de Actium, Marco Antonio no intentó resistir en tierra firme y se suicidó cuando las tropas de Octavio entraban en Alejandría.

MARCO AURELIO Emperador romano, perteneciente a la dinastía de los Antoninos (Roma, 121 - Vindobona, Viena, 180). Nacido en una familia ilustre procedente de Hispania, fue protegido por el emperador hispano Adriano*, el cual le nombró prefecto de Roma y le hizo adoptar por su sucesor, Antonino Pío (138). En consecuencia, recibió la diadema imperial al morir éste en el año 161; inicialmente, reinó como diarca junto con su hermano adoptivo Lucio Vero, que murió en el 169, dejando a Marco Aurelio como único monarca. Fue llamado «el emperador filósofo», por su sabiduría y su adhesión al estoicismo (llegó a escribir doce volúmenes de *Meditaciones* en griego). Su reinado se caracterizó por el reforzamiento del poder central frente a los municipios, así como el endurecimiento de la actitud oficial hacia los cristianos. Protegió eficazmente las fronteras exteriores mediante dos guerras victoriosas: una contra los partos (161-67) y otra contra los pueblos germánicos —cuadros y marcomanos— que habían traspasado la frontera del Danubio (167-75). En el 176 asoció al Trono como regente a su hijo Cómodo, quien le sucedería después de su muerte; con aquel acto, Marco Aurelio sustituyó el principio de la adopción por el de la herencia dinástica como mecanismo sucesorio del Imperio Romano.

MARCO POLO. V. **POLO, Marco.**

MARCONI, Guglielmo Físico italiano que inventó la radio (Bolonia, 1874 - Roma, 1937). Nacido en una familia acomodada, fue educado por tutores privados y estudió en el Instituto Técnico de Livorno. Allí conoció los experimentos de Hertz* que demostraban la posibilidad de transmitir ondas electromagnéticas. En 1895 consiguió un primer aparato de telegrafía sin hilos, con el que realizó una demostración en Inglaterra y obtuvo la patente del invento. La transmisión de mensajes en el código de Morse* a través del canal de la Mancha (1898) puso de manifiesto la utilidad práctica y la rentabilidad de la radiotelegrafía inventada por Marconi. Éste creó una compañía para explotarla, la Marconi Telegraph Company, fundada en Londres en 1899; y en aquel mismo año instaló una estación emisora en La Spezia. Siguió perfeccionando el invento y demostrando su capacidad para enviar mensajes a distancias cada vez mayores: en 1901 hizo llegar el primer mensaje de radio a través del Atlántico (de Inglaterra a Canadá). En 1909 el mensaje de socorro de un barco que se estaba hundiendo permitió salvar a la mayor parte de la tripulación, contribuyendo a extender la fama de Marconi, que en aquel mismo año obtuvo el Premio Nobel de Física. Desde 1906 inició, además, experimentos para transmitir la voz humana, poniendo las bases para la expansión masiva de la radio comercial desde comienzos de los años veinte. Marconi tuvo que sostener duras batallas legales hasta que los tribunales le reconocieron la propiedad intelectual exclusiva de su invento, en 1914. En los últimos años de su vida se dedicó a investigar sobre la radio de onda corta y a establecer una red de telegrafía sin hilos para el gobierno británico.

MARCOS, Ferdinand Político filipino Sarrat, Ilocos Norte, 1917 - Honolulú, Hawai, 1989). Era hijo de un terrateniente y político conservador. En 1933 fue condenado por el asesinato de un rival político de su padre; pero, tras estudiar Derecho en la cárcel, asumió su propia defensa en la revisión de la causa y consiguió salir absuelto (1939). Combatió junto a los Estados Unidos en la guerra contra Japón (1941-45), adquiriendo fama de héroe militar, si bien aprovechó la contienda para enriquecerse por medios ilícitos y vendió información al enemigo. Su dedicación a la política se inició en las filas del Partido Liberal, que le llevó a ser elegido diputado en 1949. Luego acrecentó su popularidad al casarse con la ganadora de varios concursos nacionales de belleza (1954). Y en 1965 ganó las elecciones presidenciales, ya como candidato del Partido Conservador, en medio de acusaciones de fraude. Fue reelegido para otro mandato en 1969. Pero burló la norma constitucional que le impedía presentarse por tercera vez, dando un golpe de Estado en 1972: disolvió el Parlamento, decretó la ley marcial e inició una dictadura personal en la que concedió un importante papel a su propia esposa, Imelda. Su régimen autocrático se caracterizó por la corrupción, el nepotismo, la falta de libertades y la más estrecha connivencia con las clases dominantes tradicionales; Filipinas se hundió cada vez más en la pobreza y el atraso, mientras el dictador acumulaba una enorme fortuna personal a costa del país. Su anticomunismo y su sumisión a los designios de los Estados Unidos le proporcionaron el apoyo americano, que permitió la persistencia del régimen. En 1978 puso en marcha la transición hacia la normalidad parlamentaria, perspectiva que motivó el regreso del líder de la oposición democrática, Benigno Aquino, en 1983; el asesinato de éste nada más descender del avión hizo que el gobierno norteamericano dejara de apoyar a Marcos. Convocadas elecciones presidenciales para 1986, la oposición democrática se unió en torno a Corazón Aquino*, viuda del líder asesinado; pero Marcos le arrebató la victoria manipulando los resultados. Estalló entonces una revuelta popular contra el dictador, que, unida a las presiones internacionales, forzó la dimisión de Marcos y su refugio en las islas Hawai (Estados Unidos).

MARÍA I de Escocia (MARÍA ESTUARDO). V. ESTUARDO, Dinastía.

MARÍA I de Inglaterra (María Tudor) Reina de Inglaterra, perteneciente a la dinastía Tudor* (Greenwich, 1516 - Londres, 1558). Era hija de Enrique VIII* y de su primera esposa, Catalina de Aragón*. Accedió al Trono en 1553, sucediendo a su hermano Eduardo VI. Quiso poner fin a la Reforma protestante por la que su padre había separado a la Iglesia de Inglaterra del catolicismo romano; para ello, reconcilió a la Iglesia de Inglaterra con el Papado y alineó a Inglaterra con la política internacional de los Habsburgo*, al contraer matrimonio con el hijo de su primo Carlos V*, el futuro Felipe II de España* (1554). Esta alianza le llevó a declarar la guerra a Francia en 1557, enfrentamiento que se saldó con la recuperación por los franceses de la plaza de Calais, en poder de Inglaterra hasta 1558. La resistencia que suscitó entre los protestantes le hizo endurecer su política religiosa, acrecentando el autoritarismo monárquico y persiguiendo a los herejes (la historiografía protestante la recuerda por ese motivo como María *la Sanguinaria*). María dejó como sucesora a su hermanastra Isabel I*, con la condición de que mantuviera la religión católica; pero bajo su reinado se impondría definitivamente el protestantismo como religión de Estado, e Inglaterra rompería su breve entendimiento con España.

María I de Portugal. V. Braganza, Casa de.

María II de Inglaterra y Escocia. V. Estuardo, Dinastía.

María II de Portugal (Maria da Gloria). V. Braganza, Casa de.

María Antonieta Reina consorte de Francia (Viena, 1755 - París, 1793). Cuarta hija de la emperatriz María Teresa de Austria* y de su esposo Francisco I, fue casada por razones de Estado con el heredero francés —el futuro Luis XVI*— en 1770. El acceso de éste al Trono en 1774 convirtió a María Antonieta en centro de una vida cortesana muy activa, jovial, frívola y suntuosa. Al mismo tiempo, agrupó a su alrededor al partido reaccionario de la corte y ejerció sobre el rey una notable influencia política en sentido conservador. Por todo ello se ganó la enemistad de los reformistas, acelerando el descrédito de la Monarquía frente a las fuerzas que habrían de protagonizar la Revolución de 1789. María Antonieta fue acusada de arruinar al Tesoro arrastrando a la corte a una vida de derroche; se dijo también que empujaba al rey a favorecer los intereses de Austria en detrimento de los de la propia Francia; y tales acusaciones se mezclaron con insinuaciones acerca de su infidelidad matrimonial y su supuesto desenfreno sexual. Una vez que estalló la Revolución, fue María Antonieta quien animó a Luis XVI a resistir, organizando el fallido intento de escapar del país que fue descubierto por los revolucionarios en Varennes (1791); con ello aceleró la caída de la Monarquía (1792) y la ejecución del rey (1793). Más tarde, descubiertas sus maquinaciones secretas para provocar una intervención militar austro-prusiana contra Francia, se desató la ira popular contra esta reina tenida por reaccionaria, extranjera y antifrancesa. Fue juzgada por un tribunal revolucionario y guillotinada, nueve meses después que su marido.

María Cristina de Borbón Reina consorte y regente de España (Palermo, Sicilia, 1806 - El Havre, Francia, 1878). Era hija del rey de Nápoles, Francisco I; siendo muy joven se convirtió en la cuarta esposa de su tío Fernando VII de España*. En 1830 le dio a éste la descendencia que no había tenido de enlaces anteriores, que resultó ser una niña (la futura Isabel II*); oportunamente, el rey había publicado poco antes la Pragmática Sanción aprobada en 1789 por la que la Casa de Borbón* restauraba las prácticas sucesorias tradicionales de Castilla, permitiendo el acceso al Trono de las mujeres. María Cristina luchó por asegurar la sucesión para su hija frente a las expectativas que había despertado la posibilidad de que el rey muriera sin descendencia en su hermano Carlos María Isidro*, cabeza visible de la facción ultrarrealista de la corte. Por su parte, Cristina adoptó una postura aperturista hacia la oposición liberal, con la que había tenido prometedores contactos cuando atravesaba Francia en su viaje hacia España. Aprovechando una enfermedad del rey en 1832, los *ultras* le hicieron firmar un codicilo anulando su anterior disposición sucesoria y restaurando la Ley Sálica; pero tal rectificación fue a su vez anulada cuando Fernando VII recobró la salud. La inevitable confrontación estalló al morir el rey en 1833, dejando como heredera a una niña de tres años y como regente durante su minoría de edad a su madre María Cristina. La rebelión de los absolutistas, agrupados en el bando *carlista*, dio lugar a siete años de guerra civil (1833-40), que obligaron a María Cristina a buscar apoyo entre los liberales para garantizar el Trono de Isabel. Contando con el reconocimiento de Francia e Inglaterra, María Cristina fue avanzando hacia una monarquía constitucional a medida que se lo demandaba la presión liberal.

En 1834 llamó a gobernar al moderado Martínez de la Rosa*, quien dictó una amnistía para los liberales perseguidos por el régimen absolutista y puso en marcha unas primeras Cortes electivas mediante el Estatuto Real de aquel año. La presión combinada de los movimientos populares y de los pronunciamientos militares, unida a la necesidad de reforzar el bando *cristino* en la guerra contra los carlistas, determinaron la caída de aquel gabinete y la llamada al poder del progresista Mendizábal* (1835), que puso en marcha la desamortización de los bienes de la Iglesia. En 1836 se produjo el «Motín de los sargentos» de La Granja, que condujo a la liquidación del régimen del Estatuto Real; tras un breve periodo de vigencia de la Constitución de 1812, los progresistas elaboraron una nueva Constitución liberal en 1837. Bajo aquel régimen consiguió el general Espartero* derrotar por fin a los carlistas en 1839-40. Entretanto, María Cristina se había hecho impopular, tanto por sus inequívocas inclinaciones políticas conservadoras, como por su matrimonio morganático con un guardia de su escolta llamado Fernando Muñoz, con quien tuvo varios hijos y emprendió los más turbios negocios. Aprovechando su prestigio militar, Espartero se erigió en líder de los liberales progresistas y en 1840 dio un golpe por el que derrocó a la regente, asumiendo él mismo la Regencia del Reino al año siguiente. María Cristina y su marido tuvieron que exiliarse en París, desde donde organizaron conspiraciones con los moderados para recuperar el poder; fracasado un primer intento, obra de Diego de León (1841), por fin el golpe de Estado del general Narváez*, declaró la mayoría de edad anticipada de Isabel II y permitió a la reina madre regresar a España (1843). Desde la sombra siguió ejerciendo gran influencia en la corte, organizó los matrimonios reales, nombró a su marido duque de Riánsares y se enriquecieron ambos participando en toda clase de negocios. Eso explica su descrédito creciente, que se manifestó cuando, durante una nueva revolución progresista en 1854, fue saqueado su palacio madrileño y posteriormente secuestrados sus bienes por el gobierno de Espartero. Tras la caída de éste en 1856 regresó ocasionalmente a España, pero ya no influyó directamente en los asuntos políticos.

MARÍA CRISTINA DE HABSBURGO-LORENA Reina consorte y regente de España (Gross-Seelowitz, Moravia, 1858 - Madrid, 1929). Esta archiduquesa de la Casa de Habsburgo* era prima del emperador de Austria-Hungría, Francisco José I*, cuando se convirtió en la segunda esposa de Alfonso XII de España*. Las dos primeras hijas del matrimonio fueron niñas y, tras la prematura muerte del rey (1885) dio a luz un heredero varón póstumo: Alfonso XIII* (1886). Comenzaba así la reina madre la más larga Regencia de la Historia de España, garantizada la estabilidad política del régimen de la Restauración por el llamado *Pacto del Pardo* que, desde 1885 aseguró el turno pacífico en el poder entre los liberales de Sagasta* y los conservadores de Cánovas*. María Cristina, que había sido una reina discreta en vida de su esposo, desempeñó a la perfección como regente su papel de monarca constitucional, dejando que fueran los políticos de turno quienes gobernaran. Durante su Regencia gobernaron predominantemente los liberales, que reformaron el régimen político introduciendo la libertad de asociación y el sufragio universal. Las dificultades aparecieron hacia el final de la Regencia, cuando la insurrección independentista en Cuba dio lugar a una larga guerra (1895-98), zanjada por la intervención norteamericana, que determinó la rápida derrota de España y el fin de tres siglos de imperio colonial, con la pérdida de Cuba, Puerto Rico y Filipinas (Tratado de París, 1898). María Cristina intervino en aquellos momentos más de lo habitual en ella, buscando insistentemente la paz para evitar que los acontecimientos pudieran determinar la caída de la Monarquía. Salvó el Trono de su hijo, pero la guerra trajo a España un clima de crisis moral y política, agravado por la desaparición del líder del Partido Conservador y creador del régimen, pues Cánovas murió asesinado en 1897. El régimen creado en 1876 se vio confrontado al crecimiento del movimiento obrero, el terrorismo anarquista, la aparición de movimientos nacionalistas en Cataluña y el País Vasco, y demandas generalizadas de «regeneración» del país, atenazado por las prácticas caciquiles de la clase política tradicional. No obstante, cuando en 1902 se declaró mayor de edad a Alfonso XIII* y terminó la Regencia, María Cristina transmitía a su hijo una monarquía consolidada y estable. Retirada de nuevo a un discreto segundo plano, la reina madre pudo ver cómo don Alfonso malgastaba ese capital, entrometiéndose en los asuntos políticos y avalando un golpe de Estado militar contra la Constitución.

MARÍA TERESA Emperatriz austriaca —aunque en realidad sólo tuvo los títulos de archiduquesa de Austria, reina de Bohemia y reina de Hungría— (Viena, 1717-1780). Era hija del emperador Carlos VI*, a quien sucedió al morir en 1740. La mayor parte de las monarquías europeas reconocieron esta sucesión y la Pragmática Sanción de 1713 que declaraba indivisibles los territorios de la Casa de Habsburgo*; pero no así Federico II de Prusia*, que aprovechó la circunstancia para atacar a Austria y arrebatarle Silesia. La debilidad militar de Austria en aquel momento llevó a intervenir contra ella también a Baviera (cuyo elector, Carlos VII, le arrebató a María Teresa la Corona imperial de Alemania en 1742-45) y una gran coalición formada por Francia, el Palatinado, Sajonia, España y las Dos Sicilias, desencadenando la Guerra de Sucesión Austriaca (1740-48). María Teresa dirigió hábilmente la guerra, salvaguardando el grueso de sus estados (salvo la anexión prusiana de Silesia) y asegurando la Corona imperial para su esposo, Francisco I (1745-65); con ello consolidó la unidad del Imperio Austriaco y conservó para éste el rango de gran potencia.

Durante los años de paz, María Teresa reorganizó sus reinos introduciendo reformas propias del «despotismo ilustrado»: saneó las finanzas, modernizó el ejército, impulsó las ciencias y las artes, extendió la educación, uniformizó la legislación, limitó la influencia política de la Iglesia, racionalizó la administración y sometió los poderes locales al gobierno central. Bohemia y Moravia fueron unificadas administrativamente con Austria, pero no así Hungría, donde María Teresa realizó concesiones al poder de la nobleza, a cambio de la ayuda crucial que le había prestado durante la guerra (quedaba así prefigurado el futuro dualismo austro-húngaro de la Monarquía). Luego aprovechó la preocupación francesa por el acercamiento entre Prusia e Inglaterra para salir del aislamiento diplomático, formando una alianza con Francia, orientada a la reconquista de Silesia. No consiguió recuperar aquella región, pero, al menos, la intervención austriaca en la Guerra de los Siete Años (1756-63), extendió sus dominios en Galitzia oriental y Bucovina, además de garantizar la sucesión en la Corona imperial para el hijo primogénito de María Teresa, José II* (1765-90). Después volvió a defender una política exterior pacifista para concentrarse en las reformas internas, aceptando a regañadientes participar en el reparto de Polonia de 1772; igualmente renunció a luchar por la sucesión de Baviera firmando la Convención de Teschen (1778). Entre los 16 hijos que tuvo, además del sucesor José II, se cuentan María Antonieta* (reina de Francia), María Carolina (reina de Nápoles), Leopoldo (gran duque de Toscana) y Fernando (duque de Módena).

MARIANA DE AUSTRIA Reina consorte y regente de España (Viena, 1634 - Madrid, 1696). Esta archiduquesa de la Casa de Habsburgo*, hija del emperador austriaco Fernando III, se convirtió muy joven en la segunda esposa de su tío, Felipe IV de España* (1649). Dio a luz cinco hijos, pero sólo uno de los varones sobrevivió, el que reinaría con el nombre de Carlos II* (nacido en 1661). La muerte del rey en 1665 dejó a la reina madre como regente de la Monarquía durante la minoría de edad de su hijo, asesorada por una Junta de Gobierno. En la práctica, delegó el gobierno en su confesor, el jesuita austriaco Nithard; y se vio enfrentada a la oposición del partido que encabezaba don Juan José de Austria*, hijo bastardo de Felipe IV. A raíz de la derrota española frente a la Francia de Luis XIV* en la Guerra de Devolución (1667-68), don Juan consiguió la destitución de Nithard (1669), pero no el poder, que acabó siendo confiado a un nuevo valido, Fernando Valenzuela. La regente consiguió debilitar al partido de don Juan, concediéndole cargos menores y realizando gran parte de su programa político. Pero cuando intentó prorrogar su Regencia, basándose en la inmadurez e ineptitud del joven rey, se encontró con la rebeldía de Carlos II, que asumió personalmente el poder en 1675, apoyándose en don Juan de Austria. La tensión política se solventó haciendo a la reina madre primer ministro (1676); pero en 1677, caído ya Valenzuela, fue desplazada y confinada en Toledo. Regresó a Madrid tras la muerte de don Juan (1679) y siguió ejerciendo hasta su muerte una cierta influencia en la corte, en conflicto con sus nueras. Ante la cuestión crucial de la sucesión de la Corona, planteada por la incapacidad de Carlos II para tener hijos, doña Mariana defendió sin éxito la candidatura de su sobrino José Fernando de Baviera.

MARIO, Cayo Militar y político romano (Cereatae, Italia, 157 - Roma, 86 a.C.). Desde que se distinguió en el cerco de Numancia a las órdenes de Escipión Emiliano* (133), inició una carrera política basada en la confrontación con la oligarquía nobiliaria romana. Fue elegido tribuno del pueblo en el 119 a.C., pretor en el 116 y cónsul seis veces entre el 107 y el 100 a.C., siempre representando al partido popular. Realizó una importante reforma en el ejército, eliminando los requisitos de riqueza personal que hasta entonces se exigían para ser soldado; en consecuencia, el reclutamiento de pobres y parados daría lugar a un ejército mercenario completamente fiel a sus jefes, un instrumento político que Mario aprendería a utilizar; combinando el golpe de Estado militar con el apoyo de las masas populares, Mario indicó a su sobrino, Julio César*, el camino para acabar con la República romana. Su prestigio se acrecentó al liquidar la Guerra de Yugurta* (111-105 a.C.) con la anexión de Numidia, y al cortar luego el avance germánico hacia Italia imponiéndose sobre cimbrios y teutones en Aquae Sextiae (102) y Vercellae (101). Sobrepasado en sus demandas por sus partidarios, Mario permitió que fueran masacrados por el Senado al reprimir la revuelta social de 91-89 a.C. La vieja rivalidad entre Mario y Sila* (cabeza del partido conservador) dio paso a la guerra civil en el 88: para responder a los ataques del rey del Ponto, Mitrítades, el Senado encargó del mando del ejército a Sila, que fue destituido en favor de Mario por la presión popular. Sila atacó entonces Roma y desterró a Mario, que regresó a la ciudad tan pronto como supo que Sila había marchado a Oriente (87). Nombrado cónsul por séptima vez, Mario murió al año siguiente; sus partidarios, bajo las órdenes de Cinna, se mantuvieron en el poder hasta el 82, cuando fueron desplazados de nuevo por Sila.

MARLBOROUGH, John Churchill, duque de Militar y político inglés (Ashe, Devonshire, 1650 - Cranbourn Lodge, Windsor, 1722). Tras haber servido a Jacobo II*, que le colmó de honores en cuanto accedió al Trono, Churchill fue uno de los primeros en abandonarle y apoyar la causa del protestante Guillermo III* en 1688. Éste, en recompensa, le hizo conde de Marlborough y miembro de su Consejo, aunque más tarde le hizo encarcelar al descubrir que mantenía contactos con el monarca católico destronado. Volvió a la corte bajo la protección de Ana I* (hija de Jacobo), que se convirtió en reina en 1702; la amistad entre la reina y la esposa de Marlborough (Sarah Jennings) hizo de éste uno de los hombres más poderosos de aquel reinado. Fue nombrado comandante en jefe del ejército inglés durante la Guerra de Sucesión española (1701-14), en la que Inglaterra intervino para contener las ambiciones hegemónicas de la Francia de Luis XIV* y lograr un equilibrio continental. Sus primeras victorias le valieron el título de duque (1702); posteriormente consiguió expulsar a los franceses de Alemania (1704) y de los Países Bajos (1709). Pero cuando estaba en su momento de mayor gloria militar, cayó en desgracia en la corte de Londres por el enfrentamiento entre la reina y su mujer, al tiempo que los *tories* obtenían el poder político en detrimento de los *whigs* que apoyaban a Marlborough (1711). Fue acusado de malversación, perdió todos su cargos y abandonó Inglaterra, mientras un gobierno *tory* recogía los frutos de sus victorias militares, con la firma del Tratado de Utrecht (1713). Tras morir la reina Ana, fue rehabilitado por Jorge I y regresó al país (1714).

MAROTO, Rafael Militar español, jefe del ejército carlista (Lorca, Murcia, 1783 - Concón, Chile, 1847). Combatió en la Guerra de la Independencia (1808-14) y en los intentos españoles por conservar Perú y Chile durante las guerras de emancipación de las colonias americanas. Volvió a la Península, ya como general, en 1825, y fue nombrado gobernador militar de Toledo. El conflicto dinástico desatado a la muerte de Fernando VII* entre su hermano Carlos María Isidro* y los partidarios de Isabel II* le hizo dimitir y unirse a los carlistas en defensa de la monarquía absoluta, motivo por el que fue procesado y hubo de huir para reunirse en Portugal con el pretendiente. Durante la Primera Guerra Carlista (1833-40) don Carlos hizo de él uno de sus principales jefes militares, primero como gobernador militar de Vizcaya, luego como comandante en jefe del ejército de Cataluña (1836) y, por fin, como comandante en jefe del ejército del Norte (1838). Sin embargo, su liderazgo fue muy contestado en las filas del carlismo, tanto por la irregularidad de los resultados militares (en Cataluña cosechó una derrota total) como por su tendencia a buscar un entendimiento con el enemigo (por ejemplo, fue él quien propuso sin éxito liquidar la escisión dinástica casando a la princesa Isabel con el primogénito de don Carlos). Maroto reaccionó contra sus oponentes haciendo fusilar a los generales carlistas discrepantes. Cuando don Carlos le apartó del mando, Maroto hizo detener a su sustituto y firmó por su cuenta un acuerdo con el jefe militar del bando isabelino (Espartero*), que puso fin a la guerra civil en el decisivo frente del Norte (Convenio de Vergara, 1839). En virtud de dicho acuerdo, el Gobierno liberal confirmó los fueros tradicionales de las provincias vascas, y Maroto y sus hombres se integraron en el ejército regular español; él llegaría a ser capitán general y magistrado del Tribunal Supremo militar. Maroto se decidió a firmar la paz cuando se convenció de que la relación de fuerzas hacía imposible una victoria carlista, e incluso dudó en el último momento y firmó presionado por sus subordinados; no obstante, muchos carlistas le consideraron un traidor a la causa. Después del Convenio de Vergara, la guerra sólo siguió viva en el Maestrazgo, alentada por Cabrera*, a quien pronto derrotaría también Espartero (1840).

MARSHALL, Alfred Economista británico fundador de la corriente neoclásica (Londres, 1842 - Cambridge, 1924). Procedente de una formación matemática, se interesó por la economía con la intención de dar una base científica a sus ideales de regeneración moral de la sociedad. En 1885 consiguió la cátedra de Economía Política de la Universidad de Cambridge y cinco años más tarde publicaba su obra principal, *Principios de Economía Política* (de la que se hicieron ocho ediciones entre 1890 y 1920). En ella diseñaba una síntesis entre los principios tradicionales de la escuela clásica británica (de Ricardo* y John Stuart Mill*, fundamentalmente) y las tendencias innovadoras representadas en aquel momento por el marginalismo y las doctrinas subjetivas del valor (Jevons, Menger y Walras*); no obstante, Marshall rechazó que los marginalistas hubieran influido directamente sobre su obra, remitiéndose más bien a los predecesores de aquéllos, como Cournot o Von Thünen. Más concretamente, Marshall criticó la confianza de los marginalistas en las matemáticas como base de la economía, haciendo una teoría menos abstracta y de pretensiones más limitadas; aunque el rigor con el que precisó sus conceptos los hizo susceptibles de manipulación matemática, poniendo las bases para el posterior desarrollo de la econometría. Formalizó el análisis de los equilibrios parciales de una empresa y de un sector industrial, en función de las condiciones de los mercados (costes y demanda), asentando así la microeconomía neoclásica que habría de perdurar hasta nuestros días. También prestó alguna atención a los problemas monetarios, en su obra *Dinero, crédito y comercio* (1923), en la que creó la teoría de los saldos en efectivo. Como autor de la última síntesis global de la economía política (los *Principios* se convirtieron en el manual universal para el estudio académico de la economía en el mundo anglosajón), la influencia de Marshall se extendió sobre varias generaciones de economistas como Pigou, Sraffa, Harrod, Robinson, Chamberlain o Keynes*.

MARSHALL, George Catlett Militar y político norteamericano (Uniontown, Pennsylvania, 1880 - Washington, 1959). Como oficial de Estado Mayor, había demostrado ya sus cualidades en el curso de la Primera Guerra Mundial (1914-18). Nada más estallar la Segunda Guerra Mundial (1939-45), la Administración demócrata del presidente Roosevelt* le nombró jefe del Estado Mayor en Washington; cuando, a partir de 1941, los Estados Unidos tomaron parte en aquella contienda, Marshall fue el responsable de coordinar las fuerzas militares americanas hasta la victoria final. Su prestigio quedó reforzado por el éxito obtenido y, después de la guerra, fue destinado a importantes misiones diplomáticas. La primera de ellas fue tratar de mediar, como embajador extraordinario en China (1945-47), entre los nacionalistas de Chang Kai-shek* y los comunistas de Mao Zedong*, que, después de haber sido aliados en la lucha contra los japoneses, parecían volver a su anterior confrontación; Marshall, bien considerado por los dos bandos, no pudo evitar que estallara entre ellos la guerra civil que terminaría con la victoria comunista en 1949.

En 1947-49, Marshall dirigió la política exterior de Estados Unidos como secretario de Estado del presidente Truman*. Sus esfuerzos se encaminaron hacia la reconstrucción de Europa, incluyendo a los países vencidos en la guerra, para no repetir los errores cometidos al final de la Primera Guerra Mundial. En 1948 puso en marcha el *Plan Marshall*, consistente en suministrar ayuda económica masiva a los países europeos destruidos por la guerra, incluyendo en la oferta a los regímenes comunistas. El rechazo por parte de la Unión Soviética impidió que dicha ayuda llegara a los países del Este y provocó la ruptura de los partidos comunistas occidentales con sus aliados nacionales, en el contexto de la guerra fría que por entonces comenzaba a enfrentar a las superpotencias. La ayuda americana facilitó el «milagro económico» de una recuperación rápida, al tiempo que estableció en Europa occidental mecanismos de unidad (como la OECE) y una estrecha vinculación a Estados Unidos. Marshall impulsó también las primeras negociaciones para la formación de una alianza militar antisoviética entre Estados Unidos y sus aliados europeos, que conducirían, ya después de su dimisión, a la creación de la OTAN (1949). El estallido de la Guerra de Corea (1950-53) llevó a Truman a llamarle de nuevo, nombrándole ministro de la Guerra; la labor de Marshall consistió en cesar al impulsivo general MacArthur* (que había reclamado plenos poderes para la dirección de la guerra) y apaciguar gradualmente el conflicto coreano para evitar que degenerara en una guerra de grandes dimensiones con el bloque socialista. Logrados sus objetivos, se retiró de la política y del servicio militar activo en 1951. En 1953 recibió el Premio Nobel de la Paz.

Martí, Farabundo Revolucionario salvadoreño (?, h. 1893 - San Salvador, 1932). Tras haber participado en las luchas sociales del periodo posrevolucionario en México, colaboró en la fundación del Partido Socialista Centroamericano (Guatemala, 1925). Entre 1928 y 1930 se unió a las fuerzas de Augusto César Sandino*, que combatían contra la intervención norteamericana en Nicaragua; pronto se convirtió en hombre de confianza de Sandino, que le hizo nombrar coronel de su ejército. Al regresar a El Salvador encontró un clima de crisis económica y social provocado por el hundimiento de los precios del café a raíz del *crash* de 1929; fue entonces cuando fundó el Partido Comunista Salvadoreño (1930). Tras el golpe de Estado militar de 1931, que frustró las esperanzas de democratización del país, Martí preparó una acción revolucionaria; pero sus planes fueron descubiertos y él mismo detenido. Juzgado sumariamente por los militares, Martí fue ejecutado y su partido ilegalizado (1932) en el marco de una gran oleada represiva conocida como *la Matanza*. En 1980 el Partido Comunista de El Salvador se unió con otras cuatro formaciones para crear un grupo guerrillero llamado Frente Farabundo Martí de Liberación Nacional (FMLN), en recuerdo de este pionero de la revolución socialista en Centroamérica; el Frente, de ideología marxista-leninista y apoyado por el Frente Sandinista triunfante en Nicaragua, sostuvo una larga guerra civil contra los gobiernos de la oligarquía salvadoreña hasta 1992. Desde que en aquel año se firmaran los acuerdos de paz que permitieron su reintegración a la vida civil, el FMLN se convirtió en una fuerza política de izquierdas, con amplia presencia en el Parlamento salvadoreño.

Martí, José Dirigente del movimiento independentista cubano (La Habana, 1853 - Dos Ríos, 1895). Este abogado y escritor era hijo de españoles. Pero se adhirió desde muy joven a la causa de la independencia cubana contra la dominación colonial española, realizando una activa labor de propaganda y definición ideológica. Sus textos revolucionarios contienen una mezcla de argumentaciones políticas racionales de carácter democrático con ardientes proclamas poéticas por la liberación de «la patria». Durante la Guerra de los Diez Años (1868-78) fue detenido por sus escritos separatistas y deportado a España (1871). Trabajó algún tiempo como profesor en México y Guatemala, hasta que la Paz de Zanjón (1878) le permitió regresar a Cuba. Inmediatamente se consagró a la creación de núcleos nacionalistas en las principales ciudades de la isla, hasta que en 1879 fue deportado a España de nuevo. Consiguió escapar a Estados Unidos, donde se dedicó al periodismo político y a la organización de los dispersos exiliados cubanos para lanzar una nueva acción revolucionaria. A tal efecto, fundó el Partido Revolucionario Cubano en 1882 con los grupos del exilio cubano en Florida y Nueva York. Su primer proyecto de desembarco en Cuba, el *Plan de Fernandina,* no pudo llevarse a cabo al ser descubierto por las autoridades coloniales (1894). El segundo intento, en cambio, tuvo éxito: por el *Manifiesto de Monte Christi* (1895), Martí y su partido proclamaron la rebelión de los patriotas cubanos contra España; luego desembarcaron Martí y los principales líderes exiliados en la provincia cubana de Oriente; y, reconocido ya como jefe supremo de la Revolución cubana, lanzó la ofensiva hacia el Oeste, con intención de arrebatar al ejército español el control de toda la isla. El capitán general español recién llegado, Martínez Campos*, trató de negociar un acuerdo con los insurrectos para evitar que se reavivara la lucha que él mismo había zanjado en 1878; pero Martí se mantuvo inasequible a sus invitaciones, dispuesto a luchar por la completa independencia de Cuba, con el respaldo de una gran parte de la población de la isla descontenta con la situación colonial y, eventualmente, con la ayuda de Estados Unidos, que soportaban mal la presencia de colonias españolas a pocos metros de sus costas. Sin embargo, Martí murió en aquel mismo año en una de las primeras refriegas con las tropas españolas, dejando el mando de la Guerra de Independencia (1895-98) en manos de sus colaboradores Máximo Gómez* y Antonio Maceo*.

MARTÍN I, *el Humano* Rey de Aragón y de Sicilia, último de la dinastía catalano-aragonesa implantada en el siglo XII (Gerona o Perpiñán ?, 1356 - Barcelona, 1410). Era el segundo hijo de Pedro IV, *el Ceremonioso**, de quien obtuvo el reino de Sicilia en 1380. Cuando todavía se hallaba luchando con la nobleza siciliana para imponer su poder en la isla, heredó la Corona de Aragón por la muerte de su hermano, Juan I, en 1396. Su mujer, María de Luna, ejerció como regente, luchando contra quienes pretendían arrebatarle el Trono, hasta que Martín regresó en 1397. Lanzó dos «cruzadas» contra el norte de África (1398-99); y también un gran ataque para someter a la nobleza rebelde de Cerdeña y expulsar de allí a los genoveses (1409); pero, dada la escasa inclinación guerrera de este rey débil y devoto, en general fue un reinado de paz exterior, lo cual agudizó las luchas entre bandos nobiliarios en el interior. Todo el reinado estuvo marcado por el cisma de la Iglesia, permaneciendo Martín aliado del papa de Aviñón, el aragonés Benedicto XIII*, que era pariente de la reina: llevó su protección hasta el punto de intervenir militarmente en Aviñón, salvando al «papa Luna» del asedio al que estaba sometido y acogiéndole en sus estados (1403). Martín murió sin descendencia legítima, pues su único hijo murió antes que él y sólo dejó un hijo bastardo, Fadrique. No quiso designar su heredero, abriéndose una crisis sucesoria que se cerraría con el Compromiso de Caspe (1412), por el que se extendió a Aragón la dinastía castellana de los Trastámara*, con la elección como rey de Fernando I, *el de Antequera*.

MARTÍN DÍAZ, Juan. V. *EMPECINADO, EL*.

MARTÍNEZ CAMPOS, Arsenio Militar y político español (Segovia, 1831 - Zarauz, Guipúzcoa, 1900). Perteneciente al Cuerpo de Estado Mayor desde 1852, hizo su carrera militar combatiendo en la Guerra de África (1859-60), en la intervención en México junto a Francia y Gran Bretaña (1862), en la Guerra de los Diez Años de Cuba (1868-78), en la Tercera Guerra Carlista (1872-76) y en la represión de la insurrección cantonal de Alicante y Cartagena (1874). En todos estos conflictos demostró brillantes dotes militares, potenciadas por su habilidad para recurrir a la diplomacia. Siendo ya un general de reconocido prestigio, se anticipó a las intenciones de Cánovas*, protagonizando un pronunciamiento militar en Sagunto por el que puso fin a la moribunda Primera República y restauró la Monarquía de los Borbones* en la persona de Alfonso XII* (1874).

Apartados los militares de la lucha política por el régimen de la Restauración, Martínez Campos volvió a Cuba como capitán general (1876), acrecentando su prestigio al poner fin a la rebelión mediante la Paz de Zanjón (1878). Fue, por ello, puesto al frente de un gobierno conservador, en el que ocupó, además de la Presidencia, la cartera de Guerra (1879). Posteriormente, sin embargo, su decidida inclinación a abolir la esclavitud le aproximó a los liberales, formando parte del gobierno de Sagasta* como ministro de la Guerra (1881-83). Ocupó varias capitanías generales en la Península, sufriendo un atentado anarquista sin consecuencias durante su estancia en Barcelona (1893). En aquel mismo año volvió a recibir destinos coloniales, al dirigir las tropas españolas que actuaron en la Guerra de Melilla (1893). De nuevo gobernador y capitán general de Cuba (1895-96), intentó hacer frente a la rebelión independentista practicando una prudente política de atracción; pero el escepticismo de la población cubana y los éxitos iniciales de los insurrectos frente a unas tropas españolas recién llegadas y mal adaptadas, decidieron a Cánovas a sustituir a Martínez Campos por el general Weyler en 1896, buscando una conducción más enérgica de la contienda. De regreso a la Península, fue nombrado presidente del Tribunal Supremo militar.

MARTÍNEZ DE PERÓN, María Estela *(Isabelita)* Política argentina (La Rioja, Argentina, 1931 -). Era una bailarina de variedades cuando conoció al ex presidente y general Juan Domingo Perón*, con quien se casó en España en 1961 (éste permanecía viudo desde la muerte de Eva Duarte* en 1954). Compartió el exilio con Perón, regresó con él a Argentina en 1973 y colaboró con la campaña del Partido Justicialista, que condujo a su marido de nuevo a la Presidencia de la República en aquel mismo año. Dado el fuerte personalismo de aquel régimen populista, *Isabelita* fue promovida al cargo de vicepresidenta; la inmediata enfermedad y muerte de Perón le llevó a sustituirle como presidenta de la República y del partido en 1974. Su mandato —meramente simbólico, pues el poder efectivo lo detentaba el ultraderechista López Rega— constituyó un desastre, carente *Isabelita* del carisma necesario para sustituir políticamente al fallecido líder populista, en un clima de deterioro económico y social; fue entonces cuando se inició la «guerra sucia» de los militares argentinos contra los movimientos estudiantiles e izquierdistas. El ascenso del poder del ejército se completó con el golpe de Estado que en 1976 derrocó a la presidenta y la sustituyó por la dictadura de una Junta Militar. Mientras la dictadura desarrollaba una sangrienta represión, *Isabelita* fue detenida, puesta en arresto domiciliario (1976) y condenada por corrupción en 1981. En aquel mismo año recuperó la libertad y volvió a establecerse en España. Regresó temporalmente a Argentina tras la caída de la dictadura militar y la derrota electoral de los peronistas, para dirigir el pacto institucional de los justicialistas con el nuevo presidente democrático, el radical Raúl Alfonsín* (1984-85); pero las divisiones internas del justicialismo le llevaron a dimitir como presidenta del partido y retirarse de la política.

MARTÍNEZ DE LA ROSA, Francisco Político y escritor español (Granada, 1787 - Madrid, 1862). Este catedrático de Filosofía Moral de la Universidad de Granada (1808) se sumó a las filas de los revolucionarios liberales durante la Guerra de la Independencia (1808-14) y fue diputado en las Cortes de Cádiz que aprobaron la Constitución de 1812. Por ello, fue encarcelado tras el regreso de Fernando VII* y el restablecimiento del absolutismo. Recuperó la libertad durante el Trienio Liberal (1820-23), en el cual asumió el liderazgo de la rama más moderada de los liberales (los «doceañistas») frente a la mayoría de «exaltados», e incluso encabezó el gobierno como ministro de Estado en 1822. Una nueva reacción absolutista durante la «Ominosa Década» (1823-33), que le obligó a exiliarse en Francia, acabó de conducirle a una postura ideológica ecléctica, inspirada en el liberalismo doctrinario de Guizot*: en lo sucesivo defendería un liberalismo muy moderado que sirviera para una transacción con la monarquía y con los partidarios del absolutismo. Fue esa postura centrista la que llevó a la regente María Cristina* a llamarle para formar gobierno en 1834-35. En aquel periodo crucial, Martínez de la Rosa puso en pie un régimen de monarquía limitada con el primer Parlamento bicameral de la historia de España, reflejado en el Estatuto Real (1834). Buscando el apoyo de la opinión liberal a la causa de Isabel II* contra las pretensiones al Trono de don Carlos*, Martínez de la Rosa decretó la amnistía para los liberales encarcelados durante el periodo absolutista; pero, siempre en posiciones centristas, intentó también humanizar la guerra declarada contra los carlistas. Su moderación fue sobrepasada enseguida por las aspiraciones radicales de las masas populares, que llevaron al gobierno a líderes progresistas como Mendizábal* e impusieron modelos constitucionales más abiertamente liberales (1836). En lo sucesivo, Martínez de la Rosa sería uno de los inspiradores de la formación del Partido Moderado, que había de presidir largos periodos de la vida política española, representando el ala conservadora del liberalismo, sobre la que descansó el reinado de Isabel II. Él mismo fue diputado, embajador en París y en Roma, presidente del Consejo de Estado, ministro de Estado (1844-46 y 1857-58) y presidente del Congreso (1851, 1857 y 1860). Como escritor se inscribió en la línea del romanticismo; destacó sobre todo en el terreno dramático (*La conjuración de Venecia,* 1834), aunque también practicó la poesía y el ensayo (*El espíritu del siglo,* 1851). Su prestigio intelectual le llevó a formar parte de las Reales Academias Española (que presidió de 1839 a 1862), de la Historia, de Bellas Artes y de Jurisprudencia, así como a ser presidente del Ateneo de Madrid.

MARWÁN I. V. **OMEYA, Dinastía.**

MARX, Karl Pensador socialista y activista revolucionario de origen alemán (Tréveris, Prusia occidental, 1818 - Londres, 1883). Procedía de una familia judía de clase media (su padre era un abogado convertido recientemente al luteranismo). Estudió en las universidades de Bonn, Berlín y Jena, doctorándose en Filosofía por esta última en 1841. Desde esa época, el pensamiento de Marx quedaría asentado sobre la dialéctica de Hegel*, si bien sustituyó el idealismo de éste por una concepción materialista, según la cual las fuerzas económicas constituyen la infraestructura que determina en última instancia los fenómenos «superestructurales» del orden social, político y cultural. En 1843 se casó con Jenny von Westphalen, cuyo padre inició a Marx en el interés por las doctrinas racionalistas de la Revolución francesa y por los primeros pensadores socialistas. Convertido en un demócrata radical, Marx trabajó algún tiempo como profesor y periodista; pero sus ideas políticas le obligaron a dejar Alemania e instalarse en París (1843). Por entonces estableció una duradera amistad con Friedrich Engels*, que se plasmaría en la estrecha colaboración intelectual y política de ambos. Fue expulsado de Francia en 1845 y se refugió en Bruselas; por fin, tras una breve estancia en Colonia para apoyar las tendencias radicales presentes en la Revolución alemana de 1848, pasó a llevar una vida más estable en Londres, en donde desarrolló desde 1849 la mayor parte de su obra escrita. Su dedicación a la causa del socialismo le hizo sufrir grandes dificultades materiales, superadas gracias a la ayuda económica de Engels.

Marx partió de la crítica a los socialistas anteriores, a los que calificó de «utópicos», si bien tomó de ellos muchos elementos de su pensamiento (de autores como Saint-Simon*, Owen* o Fourier*); tales pensadores se habían limitado a imaginar cómo podría ser la sociedad perfecta del futuro y a esperar que su implantación resultara del convencimiento general y del ejemplo de unas pocas comunidades modélicas. Por el contrario, Marx y Engels pretendían hacer un «socialismo científico», basado en la crítica sistemática del orden establecido y el descubrimiento de las leyes objetivas que conducirían a su superación; la fuerza de la Revolución —y no el convencimiento pacífico ni las reformas graduales— serían la forma de acabar con la civilización burguesa. En 1848, a petición de una Liga revolucionaria clandestina formada por emigrantes alemanes, Marx y Engels plasmaron tales ideas en el *Manifiesto Comunista,* un panfleto de retórica incendiaria situado en el contexto de las revoluciones europeas de 1848. Posteriormente, durante su estancia en Inglaterra, Marx profundizó en el estudio de la economía política clásica y, apoyándose fundamentalmente en el modelo de David Ricardo*, construyó su propia doctrina económica, que plasmó en *El Capital;* de esa obra monumental sólo llegó a publicar el primer volumen (1867), mientras que los dos restantes los editaría después de su muerte su amigo Engels, poniendo en orden los manuscritos preparados por Marx. Partiendo de la doctrina clásica, según la cual sólo el trabajo humano produce valor, Marx denunció la explotación patente en la extracción de la *plusvalía,* es decir, la parte del trabajo no pagada al obrero y apropiada por el capitalista, de donde surge la acumulación del capital. Criticó hasta el extremo la esencia injusta, ilegítima y violenta del sistema económico capitalista, en el que veía la base de la dominación de clase que ejercía la burguesía. Sin embargo, su análisis aseguraba que el capitalismo tenía carácter histórico, como cualquier otro sistema, y no respondía a un orden natural inmutable como habían pretendido los clásicos: igual que había surgido de un proceso histórico por el que sustituyó al feudalismo, el capitalismo estaba abocado a hundirse por sus propias contradicciones internas, dejando paso al socialismo. La tendencia inevitable al descenso de las tasas de ganancia se iría reflejando en crisis periódicas de intensidad creciente hasta llegar al virtual derrumbamiento de la sociedad burguesa; para entonces, la lógica del sistema habría polarizado a la sociedad en dos clases contrapuestas por intereses irreconciliables, de tal modo que las masas proletarizadas, conscientes de su explotación, acabarían protagonizando la Revolución que daría paso al socialismo. En otras obras suyas, Marx completó esta base económica de su razonamiento con otras reflexiones de carácter histórico y político: precisó la lógica de lucha de clases que, en su opinión, subyace en toda la historia de la humanidad y que hace que ésta avance a saltos dialécticos, resultado del choque revolucionario entre explotadores y explotados, como trasunto de la contradicción inevitable entre el desarrollo de las fuerzas productivas y el encorsetamiento al que las someten las relaciones sociales de producción; también indicó el sentido de la Revolución socialista que esperaba, como emancipación definitiva y global del hombre (al abolir la propiedad privada de los medios de producción, que era la causa de la alienación de los trabajadores), completando la emancipación meramente jurídica y política realizada por la Revolución burguesa (que identificaba con el modelo francés); sobre esa base, apuntaba hacia un futuro socialista entendido como realización plena de las ideas de libertad, igualdad y fraternidad, como fruto de una auténtica democracia; la «dictadura del proletariado» tendría un carácter meramente instrumental y transitorio, pues el objetivo no era el reforzamiento del poder estatal con la nacionalización de los medios de producción, sino el paso —tan pronto como fuera posible— a la fase comunista en la que, desaparecidas las contradicciones de clase, ya no sería necesario el poder coercitivo del Estado.

Marx fue, además, un incansable activista de la Revolución obrera. Tras su militancia en la diminuta Liga de los Comunistas (disuelta en 1852), se movió en los ambientes de los conspiradores revolucionarios exiliados, hasta que, en 1864, la creación de la Asociación Internacional de Trabajadores (AIT) le dio la oportunidad de impregnar al movimiento obrero mundial de sus ideas socialistas. Gran parte de sus energías las absorbió la lucha, en el seno de aquella primera Internacional, contra el moderado sindicalismo de los obreros británicos y contra las tendencias anarquistas continentales representadas por Proudhon* y Bakunin*. Marx triunfó e impuso su doctrina como línea oficial de la Internacional, si bien ésta acabaría por hundirse como efecto combinado de las divisiones internas y de la represión desatada por los gobiernos europeos a raíz de la revolución de la Comuna de París (1870). Retirado desde entonces de la actividad política, Marx siguió ejerciendo su influencia a través de sus discípulos alemanes (como Bebel* o Liebknecht*); éstos crearon en 1875 el Partido Socialdemócrata Alemán, grupo dominante de la segunda Internacional que, bajo inspiración decididamente marxista, se fundó en 1889. Muerto ya Marx, Engels asumió el liderazgo moral de aquel movimiento y la influencia ideológica de ambos siguió siendo determinante durante un siglo. Sin embargo, el empeño vital de Marx fue el de criticar el orden burgués y preparar su destrucción revolucionaria, evitando caer en las ensoñaciones idealistas de las que acusaba a los visionarios utópicos; por ello no dijo apenas nada sobre el modo en que debían organizarse el Estado y la economía socialistas una vez conquistado el poder, dando lugar a interpretaciones muy diversas entre sus seguidores. Éstos se escindieron entre una rama socialdemócrata cada vez más orientada a la lucha parlamentaria y a la defensa de mejoras graduales salvaguardando las libertades políticas individuales (Kautsky*, Bernstein*, Ebert*...) y una rama comunista que dio lugar a la Revolución bolchevique en Rusia y al establecimiento de Estados socialistas con economía planificada y dictadura de partido único (Lenin*, Stalin*, Mao*...).

MASARYK, Tomás Garrigue Primer presidente de la República de Checoslovaquia (Hodonin, Moravia, 1850 - Praga, 1937). Este hombre de origen humilde estudió Filosofía en la Universidad de Praga y se dedicó a la lucha política en las filas de la *Joven Chequia*. Desde 1891 fue diputado en el *Reichsrat* austriaco. Y en 1905 fundó el Partido Progresista Checo, de tendencia socialdemócrata. Su programa, estrictamente democrático, se basaba en asociar el reformismo social con la independencia nacional de los checos respecto al Imperio Austro-Húngaro. Al estallar la Primera Guerra Mundial (1914-18) se exilió en Londres, donde creó un Consejo Nacional Checoslovaco y una Legión Checa para participar en la contienda de parte de los aliados y contra Austria. La derrota de ésta llevó a la desintegración del Imperio y a la creación de una República checoslovaca independiente. Masaryk fue elegido su primer presidente, y más tarde reelegido en 1927 y 1934. Inspiró la redacción de la Constitución democrática de 1920. Y trató de garantizar la paz y la seguridad del nuevo Estado mediante la alianza con Francia y la Pequeña Entente con Yugoslavia y Rumania (1920-21). Se retiró en 1935 por motivos de salud, tras asegurar la sucesión en su ministro de Asuntos Exteriores, Eduard Benes*.

MASTAI-FERRETI, Giovanni Maria. V. PÍO IX.

MATEO SAGASTA, Práxedes. V. SAGASTA, Práxedes Mateo.

MATTEOTTI, Giacomo Político italiano (Fratte Polesine, Véneto, 1885 - Roma, 1924). Procedente de la burguesía terrateniente del noreste, Matteotti entró en la política como socialista reformista, y en 1921 se integró en el Partido Socialista Italiano. Era uno de los personajes más odiados por Mussolini*, desde que se opuso a la entrada de Italia en la Primera Guerra Mundial (1914-18) y, ya en la época de agitaciones sociales de la posguerra, fue un activo promotor del cooperativismo obrero en el medio rural; luego destacó en el Parlamento por sus advertencias contra el peligro de la violencia fascista, e incluso atacó al gobierno de Giolitti* en 1921 por su debilidad frente al terrorismo de las escuadras fascistas (no obstante lo cual, optó por seguir apoyando al gobierno para reforzar su capacidad de resistencia, desobedeciendo las directrices del partido). Tras la «Marcha sobre Roma», que llevó al poder a Mussolini en 1922, Matteotti siguió denunciando públicamente los excesos de los fascistas y, en un discurso parlamentario de 1924, criticó la tendencia de Mussolini hacia la dictadura y propuso anular los escaños de los diputados fascistas. En represalia, sicarios fascistas le secuestraron y asesinaron diez días después. De nada sirvió la protesta simbólica de los diputados demócratas retirándose al Aventino, pues aquel crimen impune (el rey no depuso a Mussolini y éste acabó por reconocer su implicación) significó el inicio de veinte años de dictadura fascista en Italia.

MAURA Y MONTANER, Antonio Político conservador español (Palma de Mallorca, 1853 - Torrelodones, Madrid, 1925). Cuando inició sus estudios de Derecho en la Universidad de Madrid no era más que un modesto huérfano de provincias que apenas hablaba castellano. Superó todas las dificultades con esfuerzo y voluntad, y pronto pudo demostrar sus cualidades. La amistad con la familia Gamazo (con la cual enlazó por matrimonio en 1878) le dio trabajo en el bufete madrileño de Germán Gamazo y le permitió pasar a la política protegido por este notable liberal. En 1881 obtuvo su primer escaño de diputado por Mallorca, en unas Cortes de mayoría liberal; y en 1892 Sagasta* le nombraba ministro por primera vez. Como ministro de Ultramar (1892-94) preparó una audaz reforma ampliando la autonomía de Cuba y Puerto Rico; la oposición de la cámara le impidió sacarla adelante y le llevó a dimitir, descartando esta opción autonomista que quizá podría haber atemperado la insurrección que condujo a la independencia en 1898. Volvió al gobierno al estallar la rebelión cubana (1895), ocupando la cartera de Gracia y Justicia; pero la inmediata caída de los liberales del poder le impidió influir sobre la política colonial como pretendía. A raíz de la crisis provocada por la derrota en la Guerra contra Estados Unidos y la pérdida de las colonias, Maura unió su voz a los que condenaban la falsedad del régimen de la Restauración, cuya representación parlamentaria estaba viciada por el fraude electoral sistemático, el intervencionismo de la Corona y el caciquismo; y propuso transformar el régimen en un sistema realmente parlamentario, basado en la sinceridad electoral, realizando el gobierno una «revolución desde arriba» para evitar que una verdadera revolución estallara desde abajo. Esa necesidad de «regeneración» política venía preconizándola por entonces el nuevo dirigente del Partido Conservador, Francisco Silvela, al que decidieron unirse los gamacistas, separándose del Partido Liberal en 1899 (al hacerlo representaban también los intereses agrícolas castellanos, atraídos por el programa proteccionista de los conservadores). Gamazo murió en 1901 y fue Maura el que, asumiendo la jefatura del grupo, completó la negociación para integrarse en el Partido Conservador (1902). Inmediatamente, Silvela le nombró ministro de Gobernación (1902-03), cargo desde el que intentó purificar el sufragio eliminando las presiones gubernamentales en las elecciones municipales de 1903. En aquel mismo año, la dimisión de Silvela le permitió acceder a la jefatura del Partido Conservador y convertirse en primer ministro (1903-04); pero hubo de dimitir ante las continuas intromisiones de Alfonso XIII*, al que no consiguió limitar a su papel de monarca constitucional. Tras intentar en vano que los liberales se unieran para gobernar, el rey acabó reconociendo la evidencia y Maura volvió a presidir el gobierno en 1907-09, periodo en que impulsó amplias reformas legislativas: reorganizó la Marina (inexistente desde 1898), hizo aprobar una nueva Ley Electoral (con tímidas innovaciones encaminadas a dar mayor transparencia a las consultas), realizó concesiones sociales para frenar al movimiento obrero y lanzó las operaciones militares para la ocupación del Protectorado de Marruecos. Las protestas desatadas contra el envío de tropas a esa campaña fueron contestadas con una dura represión, que degeneró en la «Semana Trágica» de Barcelona; la amplitud de las protestas (incluso internacionales) acabaron con el gobierno de Maura. Incluso el rey pretendió apartarlo definitivamente de la política, llamando a gobernar a otro conservador —Eduardo Dato*— en 1913. Maura representaba por entonces la opción política de regenerar el régimen desde posiciones conservadoras, para convertirlo en una monarquía parlamentaria realmente representativa, al estilo europeo, capaz de desactivar los conflictos sociales; en apoyo de tales posturas movilizó uno de los primeros movimientos políticos de masas de la época, el *maurismo,* que le ayudaría a contrarrestar el favoritismo de la corte hacia Dato. Sólo las dificultades extremas causadas por la Primera Guerra Mundial (1914-18), la rebelión de la Asamblea de Parlamentarios, la indisciplina de las Juntas de Defensa militares y la huelga general revolucionaria (1917) hicieron al rey confiar de nuevo en Maura, nombrándole presidente de un gobierno de Unión Nacional, que no duró por las desavenencias entre sus miembros (1918). En 1919 volvió a presidir un gobierno con la idea de organizar unas inéditas elecciones limpias; como las perdió, hubo de ceder el puesto a otros líderes conservadores. Y, de nuevo en un momento de crisis, a raíz de la derrota de las tropas españolas en el «desastre» de Annual (1921), fue llamado Maura a gobernar; la sospecha sobre corruptelas militares y responsabilidades en el fracaso de la campaña de Marruecos, le llevó a nombrar un juez militar que investigara el asunto (el general Picasso), con la intención de castigar a los culpables. Los militares, descontentos con dicha actitud, provocaron la caída de Maura en 1922 y dieron un golpe de Estado que acabó con el régimen parlamentario en 1923 y enterró el asunto de las responsabilidades por la Guerra de Marruecos. Dos hijos de Maura se dedicaron a la política y colaboraron con él: Gabriel y Miguel Maura y Gamazo. Ambos se opusieron a la dictadura de Primo de Rivera*, como había hecho su padre hasta que murió; pero, mientras que Gabriel optó por defender el regreso a la monarquía liberal (formando parte del último gobierno de Alfonso XIII* en 1931), Miguel entendió que la connivencia del rey con el dictador no dejaba otra salida que la República (y entró a formar parte del primer gobierno de la Segunda República en aquel mismo año).

MAXIMILIANO I Archiduque de Austria y emperador de Alemania (Wiener Neustadt, 1459 - Wels, 1519). Era hijo del emperador Federico III, a quien sucedió en 1493. Su matrimonio con María de Borgoña, heredera de Carlos *el Temerario** (1477) hizo entrar en el patrimonio de la Casa de Habsburgo* los Países Bajos y el Franco Condado; para ello, hubo de concertar un acuerdo con Francia por el Tratado de Arras (1482), en virtud del cual se repartían los dominios borgoñones entre Austria (Países Bajos y Franco Condado) y Francia (Picardía y Borgoña), tras la muerte de su mujer en aquel mismo año. No obstante, tardó diez años en afirmar su poder sobre los Países Bajos frente a la rebelión de las ciudades flamencas, reacias a ser incorporadas al Imperio (Paz de Kadzand, 1492). Continuó incrementando el patrimonio territorial de los Habsburgo mediante una hábil política matrimonial: incorporó a la familia los reinos de Castilla y Aragón mediante el matrimonio de su hijo, Felipe *el Hermoso**, con la hija de los Reyes Católicos*, Juana I *la Loca** (1496); se aseguró también la herencia de Hungría y Bohemia mediante el doble matrimonio de sus hijos Fernando y María con los hijos del rey de Hungría (Tratado de Viena, 1515); y por su segundo matrimonio con la sobrina de Ludovico Sforza, Maximiliano adquirió derechos sobre el Ducado de Milán, si bien hubo de renunciar a su control por la derrota militar que le infligió Francisco I de Francia* (1515). Por el contrario, la frontera imperial retrocedió durante su reinado en Suiza, cuyos cantones se independizaron por el Tratado de Basilea (1499). Con todo, fue Maximiliano quien puso los fundamentos del poderío de los Habsburgo en Europa, reuniendo una herencia colosal para su nieto, Carlos V*.

MAXIMILIANO I Emperador de México (Viena, 1832 - Querétaro, México, 1867). Era un archiduque de la Casa de Habsburgo*, hermano del emperador austriaco Francisco José* y yerno del rey belga Leopoldo I*. En 1857 fue nombrado gobernador de las provincias italianas de Lombardía y el Véneto, pertenecientes al Imperio Austriaco; y, como tal, sufrió el ataque del Piamonte que, con el apoyo militar del Segundo Imperio francés, le arrebató la Lombardía y puso en marcha la unificación de Italia en 1859. Desde entonces se retiró de la vida pública, dedicándose a viajar y estudiar botánica. En 1863 Maximiliano volvió a entrar en los planes del emperador francés Napoleón III*: éste había invadido México para exigir el pago de las deudas del gobierno de Juárez* en 1861; y una vez allí, había decidido convertirlo en un Estado satélite, desde el cual contener la influencia anglosajona en América Latina en beneficio de Francia, aprovechando el debilitamiento de los Estados Unidos por la Guerra de Secesión (1861-65). Napoleón hizo que la asamblea de notables conservadores que le apoyaban en México ofreciera la Corona del país a Maximiliano, para así reconciliarse con Austria y compensarle por la pérdida del Piamonte. Maximiliano aceptó en 1864 y se convirtió en emperador de México, apoyándose en la opinión católica y conservadora frente a los liberales de Juárez, que contaban con el apoyo popular. Sostenido únicamente por el apoyo militar francés, Maximiliano quedó indefenso cuando Napoleón III decidió retirarse de México acosado por la presión de los Estados Unidos —concluida ya su guerra civil— y por dificultades financieras (1867). Cayó en manos de los juaristas, que le juzgaron, condenaron y fusilaron.

MAZARINO, Julio (Giulio Mazarini o Jules Mazarin) Cardenal italiano al servicio de la monarquía francesa, que ejerció el poder en los primeros años del reinado de Luis XIV* (Pescina, Abruzzos, 1602 - Vincennes, Francia, 1661). Procedente de una familia siciliana cliente de los Colonna, estudió en la Universidad de Alcalá de Henares y trabajó en la diplomacia papal. Sus misiones diplomáticas le pusieron en contacto con Richelieu*, que reparó en su talento político; el favorito de Luis XIII* le protegió, naturalizándole francés (1639), haciéndole cardenal sin ser siquiera sacerdote (1641) y recomendándoselo al rey en su testamento (1642). Fue así como, a la muerte de Richelieu, Mazarino le sucedió como primer ministro de Francia. La muerte del rey en 1643 acrecentó su poder, pues dejó de heredero un rey menor de edad y como regente a una reina madre, Ana de Austria, que Mazarino dominó completamente, haciéndola su amante y probablemente su esposa. Continuó la política de Richelieu, defendiendo el absolutismo monárquico contra las ambiciones de los nobles y sosteniendo con éxito la ofensiva final que conduciría a la victoria francesa en la Guerra de los Treinta Años. Tras obtener importantes ventajas frente al Imperio por la Paz de Westfalia (1648), continuó la lucha contra España apoyándose en la alianza con los protestantes de Alemania, los Países Bajos y la Inglaterra de Cromwell*, logrando la favorable Paz de los Pirineos (1659), por la que Francia obtuvo el Rosellón. En el orden interno, hubo de hacer frente a la rebelión parlamentaria y nobiliaria de la Fronda (1648-53), que le llevó dos veces al destierro antes de derrotarla definitivamente. Con todo ello puso las bases para la hegemonía de Francia durante el reinado personal de Luis XIV, que era su ahijado y que recibió de él su educación como gobernante. El nuevo rey, mayor de edad desde 1654, reconoció la labor de Mazarino en defensa del Trono, manteniéndole en el gobierno hasta que murió. Su imagen histórica quedó deteriorada por la intensa campaña de libelos en su contra aparecidos en la época de la Fronda, que criticaron su origen extranjero, su escandaloso enriquecimiento, su afición a las artes y un realismo político maquiavélico.

MAZZINI, Giuseppe Revolucionario del *Risorgimento* italiano (Génova, 1805 - Pisa, 1872). Tras estudiar Derecho brevemente, se consagró a la lucha contra el orden establecido por el Congreso de Viena (1815). Su lucha tenía dos objetivos: era una lucha nacionalista por la unidad de Italia y la eliminación de la influencia extranjera en la península; y también una lucha liberal y republicana contra el absolutismo monárquico de la Restauración. En 1828 ingresó con tales fines en la sociedad secreta de los *Carbonarios,* que habían protagonizado la fracasada insurrección de 1821; fue descubierto y encarcelado en 1830. Pero se convenció de la ineficacia de sus conspiraciones esporádicas y decidió fundar una organización de masas de alcance nacional: con él realizaría una intensa labor de propaganda entre las generaciones jóvenes, de cuyo patriotismo esperaba el «resurgimiento» de Italia sin contar con la ayuda de potencias extranjeras (de ahí el lema *L'Italia farà da sè,* con el que fundó la *Joven Italia* en 1831). Desbaratado por la policía piamontesa un intento de insurrección que organizó en 1832, Mazzini fue condenado a muerte y hubo de huir de Italia, estableciendo su base en Marsella y, desde 1837, en Londres. En esa época entró en contacto con revolucionarios exiliados de otros países y en 1834 fundó con ellos en Berna la *Joven Europa,* otra sociedad secreta que aspiraba a completar la emancipación nacional con un gran movimiento revolucionario para unir a toda Europa bajo una confederación republicana. Al estallar las revoluciones de 1848, se trasladó a Milán, donde luchó por la liberación contra los austriacos. Luego colaboró en el movimiento insurreccional lanzado por sus partidarios de Roma contra el papa y fue uno de los triunviros que gobernaron la consiguiente República Romana de 1849. La acción combinada de los ejércitos austriacos, franceses, napolitanos y españoles puso fin al experimento romano en aquel mismo año; y, poco a poco, la represión se fue imponiendo en toda Italia, haciendo que muchos nacionalistas y liberales quedaran desengañados sobre las posibilidades de la vía radical mazziniana. En los años siguientes, los partidarios de la unificación italiana bajo un régimen liberal confiaron más en la opción moderada que representaban el rey Víctor Manuel II del Piamonte* y su ministro Cavour*, que serían quienes finalmente lograrían la unificación del Reino de Italia hacia 1860. Mazzini no renunció a sus ideales republicanos y quedó limitado al liderazgo de reducidos círculos de la oposición y a ser un símbolo de rigor moral, austeridad personal y coherencia ideológica, como precursor de la democracia. Los electores de Mesina le eligieron diputado varias veces, viendo tal resultado anulado por las autoridades monárquicas. Desde el exilio impulsó a sus seguidores a participar en múltiples complots fallidos, así como en la fundación de la Asociación Internacional de Trabajadores. En 1869 regresó a Italia de incógnito para morir en su país.

MCCARTHY, Joseph Raymond Político ultraderechista de Estados Unidos (Appleton, Wisconsin, 1908 - Bethesda, Maryland, 1957). Abogado de Wisconsin, fue senador republicano de 1947 a 1957. Carecía de toda notoriedad hasta que, en 1950, se convirtió en paladín de la lucha contra la supuesta infiltración de comunistas en el aparato del Estado. Su instrumento principal fue un comité de investigación del Senado desde el que organizó la persecución contra políticos, militares, funcionarios, artistas e intelectuales sospechosos de «actividades antiamericanas». Sus denuncias hallaron eco en el marco de la guerra fría (recrudecida con la victoria de Mao* en China y con los primeros experimentos nucleares soviéticos) y condujeron a la sociedad norteamericana a un clima de histeria anticomunista y de sospecha generalizada, que se conoce como «macarthismo». Bajo su influjo se aprobaron leyes que autorizaban el registro de las organizaciones simpatizantes del comunismo (1950) e imponían restricciones a la inmigración (1952). La conciencia de que esta «caza de brujas» ponía en peligro la esencia de la democracia, llevó a los líderes de su partido a permitir que prosperara una moción de censura contra él en 1954, una vez arrebatada la presidencia a los demócratas, con la sustitución de Truman* por Eisenhower* (1953).

MCKINLEY, William 25.º presidente de los Estados Unidos de América (Niles, Ohio, 1843 - Buffalo, Nueva York, 1901). Abogado de Ohio, ligado al Partido Republicano, fue elegido para la Cámara de Representantes en 1876. Se ganó su reputación al impulsar la tarifa aduanera proteccionista conocida como «arancel McKinley» (1890), si bien las consecuencias de ésta para los consumidores le costaron la pérdida del escaño en las elecciones de 1891. Elegido gobernador de Ohio en 1892, su Administración fue respaldada por una reelección más holgada en 1894. El apoyo del millonario Mark Hanna le facilitó la elección presidencial en 1896 frente al candidato demócrata-popular, William J. Bryan. Durante su primer mandato (1897-1900) reforzó el proteccionismo aduanero como respuesta a la crisis económica. Ante la Guerra de Independencia de Cuba (1895-98), mantuvo una postura de no intervención hasta que la explosión en La Habana del navío norteamericano *Maine* le decidió a apoyar la causa de los rebeldes contra la metrópoli española, como venían pidiendo mediante campañas de prensa importantes sectores de la opinión pública norteamericana. La consiguiente Guerra Hispano-Norteamericana (1898) puso fin a la presencia colonial española en Cuba, Puerto Rico y Filipinas y proporcionó a Estados Unidos la anexión de Puerto Rico, Filipinas y Guam, así como una influencia decisiva en Cuba. Otro problema que tuvo que resolver fue la rebelión de los *bóxers* contra la penetración extranjera en China, que se saldó con el envío de un cuerpo expedicionario multinacional que tomó Pekín en 1900. Ese mismo año obtuvo la reelección como presidente, a pesar de las acusaciones demócratas de haber sido instrumento de los grandes intereses empresariales y de un nuevo imperialismo. Murió en un atentado anarquista en la Exposición Panamericana de Buffalo en 1901, sucediéndole su vicepresidente Theodore Roosevelt*.

MÉDICIS o **MEDICI, Familia** Familia de comerciantes y banqueros de Florencia que llegaron a gobernar la

Toscana y a ejercer una influencia considerable sobre la política italiana. Representantes de la burguesía ascendente en las ciudades del norte de Italia en la época de expansión del capitalismo mercantil y financiero, dejaron su impronta en el arte del Renacimiento ejerciendo abundantemente el mecenazgo. Aparecen ocupando el cargo de *gonfaloniero* o jefe de la ciudad desde el siglo XIV.

La familia se dividió en dos ramas a partir de **JUAN DE MÉDICIS (Giovanni di Bicci)** (1360-1429): mientras su hijo menor, Lorenzo (1395-1440) daba lugar a una rama secundaria, postergada hasta comienzos del siglo XVI, el poder en Florencia recaía en manos de la rama principal, que arranca de su hijo mayor, **COSME,** *el Viejo* **(Cosimo)** (1389-1464). Tras vencer al partido del patriciado tradicional, instauró desde 1434 un poder dictatorial en Florencia, si bien respetó la forma republicana de las instituciones y se mantuvo alejado personalmente de los cargos principales, encomendándolos a clientes suyos. Cosme duplicó la fortuna de la familia y la empleó para fomentar las artes y el pensamiento, haciendo de Florencia un gran foco de cultura renacentista: Brunelleschi, Donatello y Filippo Lippi, entre otros, se beneficiaron de su mecenazgo; con el mismo espíritu de recuperación de la cultura clásica, compró importantes manuscritos griegos, con los que formó la biblioteca familiar. Su hijo, **PEDRO I,** *el Gotoso* **(Piero)** (1414-69), se limitó a conservar el poder y a emparentar con la familia aristocrática de los Orsini mediante el matrimonio de su hijo, **LORENZO I,** *el Magnífico* (1449-92). Éste consiguió resistir los intentos de arrebatarle el poder por parte del patriciado, que se alió con el papa Sixto IV, aunque perdió a su hermano Julián (1453-78) durante la rebelión de los Pazzi (1478). Lorenzo fue un típico príncipe renacentista, protector de escritores, sabios y artistas, impulsor de las primeras imprentas italianas y organizador de fiestas. Su prodigalidad puso en peligro la fortuna de los Médicis y despertó las iras de Savonarola*. Su hijo **PEDRO II (Piero)** (1471-1503), fue expulsado del poder por una revuelta instigada por Savonarola en 1494. Su alianza con Carlos VIII de Francia no fue suficiente para recuperar la ciudad. Su hermano **JUAN (Giovanni)** (1475-1521), recuperó el poder en 1512 gracias a la ayuda del papa Julio II, de manera que Florencia quedó subordinada a Roma en los años siguientes. Ejerció el poder junto con su hermano menor, **JULIÁN (Giuliano)** (1478-1516). Juan, que era cardenal desde los 13 años, fue elegido papa en 1513, tomando el nombre de León X. Practicó asiduamente el nepotismo, situando a miembros de la familia Médicis en los órganos de poder de la Iglesia romana; incluso gravó a la Hacienda papal con los gastos de la Guerra de Urbino (1516-17), destinada a conquistar dicho ducado para su sobrino Lorenzo II. El pontificado de León X (1513-21) apenas trajo novedades en materia religiosa, pues se comportó como un príncipe italiano más, dedicado a conservar y ampliar sus dominios por medio de la diplomacia y de la guerra, así como a ejercer el mecenazgo artístico. Encargó a Rafael Sanzio construir la basílica de San Pedro, cuyo coste le obligó a recabar fondos intensificando la venta de bulas de indulgencia; la denuncia contra la inmoralidad de este tráfico mercantil sería el detonante que haría a Lutero* romper con la Iglesia católica, dando origen a la reforma protestante (1517-21). En 1523, tras el breve pontificado de Adriano VI*, accedió al Papado otro Médicis, hijo bastardo de Julián: JULIO (Giulio) (1478-1534), que tomó el nombre de Clemente VII. Queriendo liberarse de la tutela de Carlos V, en 1526 impulsó contra éste la Liga Santa de Cognac (o *Liga Clementina*), formada por Francia, Inglaterra, Florencia, Venecia, Milán y el Papado. El emperador respondió tomando Roma y entregándola al saqueo de sus soldados *(Sacco de Roma,* 1527); el papa fue encarcelado durante siete meses en el Castillo de Sant'Angelo y sólo la peste desatada en la ciudad hizo que fuera evacuada por las tropas imperiales. Clemente decidió entonces reconciliarse con Carlos V, a quien coronó emperador y rey de Italia en Bolonia en 1530; a cambio, Carlos le devolvió los territorios que le había arrebatado y conquistó Florencia, poniendo de nuevo en el poder a los Médicis (que lo habían perdido) en la persona de Alejandro (quizá hijo natural del mismo papa). Por último, el pontificado de Clemente VII tuvo una importancia crucial para la Iglesia, pues, al negarse a reconocer el divorcio de Enrique VIII* (decisión inevitable, dada la subordinación del Papado a la política de Carlos V) desencadenó el cisma de la Iglesia de Inglaterra. En Florencia, mientras tanto, ocupó el poder LORENZO II (1492-1519), hijo de Pedro II. Gobernó nominalmente dirigido por su tío, el papa León X (que en 1516 le hizo duque de Urbino). De su matrimonio con una aristócrata francesa nació CATALINA* (1519-89), que habría de ser reina de Francia por su matrimonio con Enrique II*. HIPÓLITO (Ippolito) (1511-35), hijo natural de Julián, fue hecho cardenal por su tío Clemente VII, que le empleó para dirigir la política florentina en su nombre. Probablemente murió envenenado por su pariente ALEJANDRO (Alessandro) (1510-37), hijo natural de Lorenzo II o quizá del cardenal Julio de Médicis. Fue impuesto en el poder en 1530 por las armas de Carlos V*, que en aquel momento controlaban Italia. El emperador hizo a Alejandro duque de Florencia (1532), con lo que los Médicis quedaron convertidos en dinastía ducal de una monarquía hereditaria. Alejandro ejerció un poder tiránico que causó gran descontento en la ciudad. Sus habitantes enviaron a Hipólito de Médicis a plantear sus quejas ante Carlos V, pero el enviado murió durante el viaje, seguramente envenenado por Alejandro. Éste moriría también —extinguiéndose la rama principal de los Médicis— a manos de un miembro de la rama secundaria de la familia, LORENZINO o LORENZACCIO (1514-48). Éste era un escritor de la corte de Alejandro, a quien decidió asesinar imbuido de ideales republicanos. Para su decepción, la muerte del tirano no dio paso a un régimen de libertades, sino a la sucesión en el Ducado de otro Médicis de esta rama, COSME I (Cosimo) (1519-74), en 1537. Once años después, Cosme haría asesinar, a su vez, a Lorenzino. Cosme fue otro tirano como Alejandro, protegido como él por Carlos V. Bajo su principado alcanzó Florencia el apogeo de su poder en Italia, conquistando Lucca y Siena. En 1569 esta ampliación territorial fue sancionada por la coronación de Cosme como gran duque de Toscana por el papa Pío V. Inició además una política de limpieza del Mediterráneo de piratas berberiscos, que continuarían sus sucesores. Le sucedió su hijo FRANCISCO MARÍA (Francesco Maria) (1541-87), que continuó la línea de gobierno despótico y aliado de España. Su hija María (1573-1642) llegaría a ser reina de Francia por su matrimonio con Enrique IV* y regente durante la minoría de edad de Luis XIII*. Francisco María murió probablemente envenenado por su hermano, el cardenal **FERNANDO I (Ferdinando)** (1549-1609). Al suceder a su hermano en la Corona ducal (1587) abandonó el capelo cardenalicio y contrajo matrimonio. Con él se inició la protección de los Médicis a Galileo*, que continuarían sus sucesores. Cambió la orientación política de Toscana, alineándola con la Francia de Enrique IV contra la España de Felipe II* y Felipe III* (de hecho, fue él quien casó en 1601 a su sobrina María con el rey francés). Sin embargo, cuando Francia hizo la paz con el duque de Saboya, Fernando volvió a aliarse con Felipe III para hacer frente a su enemigo italiano. Le sucedieron su hijo **COSME II** (1590-1621), su nieto **FERNANDO II** (1610-70), su bisnieto **COSME III** (1642-1723) y su tataranieto **JUAN GASTÓN** (1671-1737), bajo los cuales tuvo lugar la decadencia de la dinastía. El último de los mencionados no tuvo descendientes varones, con lo que se extinguió el linaje de los Médicis, dejando Toscana a merced de los intereses diplomáticos de las grandes potencias. Por el Tratado de Viena (1735) la Corona ducal de Toscana fue otorgada al duque de Lorena, esposo de María Teresa de Austria*, que más tarde sería emperador con el nombre de Francisco I.

MEDINA SIDONIA, Duques de (o Medinasidonia) Linaje nobiliario castellano que arranca de **ALONSO PÉREZ DE GUZMÁN**, *el Bueno** (1256-1309). En los siglos XIV y XV, sus descendientes extendieron sus dominios señoriales por Andalucía occidental, en torno a Sanlúcar de Barrameda y obtuvieron el Condado de Niebla, así como el cargo de adelantado mayor de la frontera andaluza.

Destaca entre ellos **JUAN ALONSO DE GUZMÁN** (1410-68), a quien Juan II otorgó el título de duque de Medina Sidonia, que en adelante llevarían sus descendientes: **ENRIQUE DE GUZMÁN EL BUENO Y MENESES** (?-1492) participó en las guerras de los Reyes Católicos* contra el Reino de Granada, destacándose en la toma de Alhama y de Málaga. Le sucedió su hijo **JUAN ALONSO DE GUZMÁN EL BUENO** (?-1559), el cual participó en varias expediciones contra el norte de África. Su nieto **ALONSO PÉREZ DE GUZMÁN** (?-1619) fue designado por Felipe II* para el mando de la Armada Invencible, destinada a invadir Inglaterra (1588); su incompetencia en tal cargo pudo contribuir al fracaso de la expedición. No obstante, el rey siguió confiando en él como capitán general de la costa de Andalucía y le añadió el nombramiento de capitán general del Mar Océano (1595), por lo que estaba al mando de la plaza de Cádiz cuando fue saqueada por la flota inglesa (1596). Su hijo **MANUEL ALONSO PÉREZ DE GUZMÁN** (?-1636) fue también capitán general del Mar Océano y capitán general de las galeras. Dirigió las campañas navales contra los piratas del Mediterráneo. Su matrimonio con una hija del duque de Lerma* le hizo ascender en los órganos de gobierno de la monarquía, gracias a la protección del valido de Felipe III*. Le sucedió su hijo **GASPAR ALONSO PÉREZ DE GUZMÁN Y SANDOVAL** (?-1664), que encabezó un intento de revuelta de la nobleza andaluza para separarse de la monarquía en 1641.

La conspiración, organizada por el marqués de Ayamonte en el marco de crisis general de 1640 (cuando Cataluña, Portugal y Aragón se rebelaron contra Felipe IV* y el conde-duque de Olivares*), pretendía hacer rey de Andalucía al duque de Medina Sidonia, cuñado del duque de Braganza (que, a su vez, era el aspirante a la Corona de Portugal). Descubiertos los conspiradores, la rebelión fue abortada y Medina Sidonia salvó su vida sólo por el parentesco que le unía al valido Olivares. El XIV duque de Medina Sidonia, **Pedro de Alcántara de Guzmán** (?-1777), murió sin descendencia, por lo que, extinguido el linaje de los Guzmán, el título pasó a los marqueses de Villafranca.

Mehmet Alí (Mehmed Alí o Mohammed Alí) Gobernador otomano de Egipto, que fundó la dinastía reinante en el país hasta 1952 (Cavalla, Macedonia, 1769 - Alejandría, Egipto, 1849). Este militar turco de origen albanés llegó a Egipto en 1798, mandando las fuerzas enviadas para combatir contra la invasión francesa dirigida por Napoleón*. Tras imponerse en la batalla de Abukir (1799), aprovechó la debilidad del poder central en el Imperio Otomano para apoderarse del territorio egipcio e instalar en él un gobierno personal, que el sultán no tuvo más remedio que reconocer nombrándole *pachá* (virrey o gobernador) en 1805. En 1811 completó su control del poder exterminando a los mamelucos, casta dominante del país hasta la llegada de Napoleón. Su labor de gobierno se orientó a la modernización de Egipto: construyó carreteras y canales, introdujo nuevos cultivos, reformó el ejército, envió estudiantes egipcios a las universidades occidentales y trajo al país técnicos extranjeros, fomentando con todo ello una notable prosperidad económica. La fortaleza de su poder le permitió sostener una política expansionista: lanzó primero una campaña contra la secta *wahabita* de Arabia, que le llevó a conquistar el Hedjaz, con las ciudades santas de La Meca y Medina (1813-18); luego buscó la expansión natural de Egipto hacia el alto Nilo, conquistando Sudán (1820-30) y fundando allí Jartum (1823). En 1822-27 combatió al servicio del Imperio Otomano contra los independentistas griegos, pero la presión internacional le obligó a abandonar sus conquistas en Creta y Morea; al negarle el sultán compensaciones territoriales, Mehmet Alí se apoderó por la fuerza de Siria y Palestina. Sólo la intervención diplomática occidental impidió que dirigiera sus fuerzas contra la capital del Imperio, contentándose con la anexión de Creta y el nombramiento de su hijo, Ibrahim Pachá, como gobernador de Siria, Palestina, Cilicia y el Hedjaz (1833). Todas estas conquistas las perdería en los años siguientes, como consecuencia de la revuelta de Siria y Arabia contra su poder y la retirada del apoyo anglofrancés (1838-41). Mehmet Alí tuvo que contentarse con el reconocimiento de un poder hereditario sobre Egipto y Sudán (independientes de hecho del sultán), prolongándose la monarquía que instauró hasta el derrocamiento de Faruk I*.

Mehmed Alí. V. **Mehmet Alí.**

Meiji Tenno. V. **Mutsuhito.**

Meir, Golda (Golda Mabovich) Política israelí (Kiev, Ucrania, 1898 - Jerusalén, 1978). Era hija de un modesto carpintero judío de la parte occidental del Imperio ruso, que emigró a Estados Unidos en 1906, como muchos judíos *ashkenazis* que huían de la marginación y las persecuciones que sufrían en Europa oriental a principios de siglo. Establecida la familia en Milwaukee, Golda se hizo maestra y se casó en 1917 con Morris Myerson (más tarde hebraizó su apellido como *Meir*). Se adhirió al movimiento sionista que buscaba el establecimiento de un Estado propio para los judíos, dentro de la mayoritaria corriente socialista. En coherencia con sus ideales, Golda y su marido se trasladaron a vivir y trabajar como colonos agrícolas en el *kibbutz* Mehavia en Palestina (1921), entonces bajo mandato colonial británico. Pronto se trasladaron a Tel Aviv y Golda empezó a ocupar puestos de responsabilidad en el movimiento laborista judío de Palestina, el *Histadrut:* trabajó en su empresa constructora (esencial para los proyectos de colonización), dirigió su rama femenina y, por fin, en 1934 fue elegida secretaria general, convirtiéndose en una de las principales colaboradoras de Ben-Gurión* al frente del partido *Mapei*. Acabada la Segunda Guerra Mundial (1939-45), cuando se agudizó la presión sionista para exigir la independencia de los británicos, Meir ejerció incluso transitoriamente como presidenta de la Agencia Judía de Palestina (1946), que funcionaba como gobierno en la sombra de los colonos judíos (ya que los restantes dirigentes estaban detenidos por las autoridades coloniales). Desde aquel cargo colaboró eficazmente en el proceso que culminó con la creación del Estado de Israel en 1948 (fue una de las firmantes de la declaración de independencia). Pasó seis meses como embajadora del nuevo Estado en la Unión Soviética, intentando que las autoridades comunistas suavizaran el trato a la comunidad judía y dejaran de poner trabas a la emigración hacia Israel. En 1949 Ben-Gurión le nombró ministra de Trabajo y Seguridad Social, cargo en el que demostró una gran eficacia en la construcción del Estado de Bienestar israelí y la integración laboral y social de las masas de inmigrantes que afluían al país. Luego pasó a ocupar la cartera de Asuntos Exteriores (1956-66), desde la cual desplegó una gran actividad para lograr el reconocimiento y el apoyo al Estado de Israel por los nuevos países independientes que estaban surgiendo de la descolonización africana. Su avanzada edad y graves problemas de salud le hicieron anunciar por dos veces su retirada de la política activa (en 1965 y 1968); pero hubo de regresar a instancias de sus compañeros, para evitar que las rivalidades personales entre los líderes socialistas acabaran con la unidad del partido. En 1965 se enfrentó con Ben-Gurión, que abandonó el *Mapei,* quedando Meir como secretaria general. Luego participó en la reunificación de las fuerzas socialistas en el Partido Laborista (fundado en 1968). Y en 1969 accedió al cargo de primera ministra tras la muerte de Eshkol, respaldada por una holgada mayoría en las elecciones de aquel mismo año. Desde ese puesto apoyó la política de su ministro Moshé Dayán* y el ala derecha del partido, impulsando la colonización de los territorios árabes ocupados desde la guerra de 1967. En 1973 hubo de hacer frente a un nuevo ataque combinado de los países árabes contra Israel, la Guerra del Yom Kippur; aunque Israel rechazó el ataque y respondió con una ofensiva victoriosa sobre sus enemigos, no pudo obtener frutos de su victoria, ya que los países árabes utilizaron su virtual monopolio sobre las exportaciones mundiales de petróleo para imponer una paz favorable mediante la presión diplomática occidental. Ello, unido a la imprevisión de los servicios secretos israelíes ante el ataque árabe, desacreditó a la primera ministra y provocó su caída en 1974, sustituyéndola Itzak Rabin* al frente del Gobierno y del partido.

MENCHÚ, Rigoberta Activista de los derechos humanos de Guatemala Chimel, Uspatán, 1959 -). Nació en una numerosa familia campesina muy de la etnia indígena maya-quiché. Su infancia y su juventud estuvieron marcadas por el sufrimiento de la pobreza, la discriminación racial y la violenta represión con la que las clases dominantes guatemaltecas trataban de contener las aspiraciones de justicia social del campesinado. Varios miembros de su familia, incluida su madre, fueron torturados y asesinados por los militares o por la policía paralela de los «escuadrones de la muerte»; su padre murió con un grupo de campesinos que se encerraron en la embajada de España en un acto de protesta, cuando la policía incendió el local quemando vivos a los que estaban dentro (1980). Mientras sus hermanos optaban por unirse a la guerrilla, Rigoberta inició una campaña pacífica de denuncia del régimen guatemalteco y de la sistemática violación de los derechos humanos de que eran objeto los campesinos indígenas, sin otra ideología que el cristianismo revolucionario de la «teología de la liberación»; ella misma personificaba el sufrimiento de su pueblo con notable dignidad e inteligencia, añadiéndole la dimensión de denunciar la situación de la mujer indígena en Hispanoamérica. Para escapar a la represión se exilió en México, donde publicó su autobiografía en 1983; recorrió el mundo con su mensaje y consiguió ser escuchada en las Naciones Unidas. En 1988 regresó a Guatemala, protegida por su prestigio internacional, para continuar denunciando las injusticias. En 1992 su labor fue reconocida con el Premio Nobel de la Paz, coincidiendo con la celebración oficial del quinto centenario del descubrimiento de América, a la que Rigoberta se había opuesto por ignorar las dimensiones trágicas que aquel hecho tuvo para los indios americanos. Su posición le permitió actuar como mediadora en el proceso de paz entre el Gobierno y la guerrilla iniciado en los años siguientes.

MENDEL, Gregor Monje austriaco que descubrió los principios de la herencia genética (Heinzendorf, Moravia, 1822 - Brünn, Moravia 1884). Ingresó en la orden de los agustinos en 1843 y se ordenó sacerdote en 1847. La orden le envió a estudiar Ciencias a la Universidad de Viena (1851-53), aunque fue un mal estudiante y nunca consiguió hacerse profesor; no pasó de ejercer como profesor suplente en la Escuela Moderna de la ciudad donde vivía, Brünn (la actual Brno, en la República Checa, entonces perteneciente al Imperio Austriaco). Desde 1856 realizó experimentos sobre la hibridación de plantas, que le llevaron a descubrir que en todo organismo vivo existen unos elementos que transmiten ciertas características de padres a hijos (los *genes);* en 1865, tras registrar y analizar meticulosamente miles de observaciones sobre plantas de guisante (estudiando la transmisión del color como carácter), formuló las tres leyes científicas que regulan la herencia de rasgos biológicos: la ley de la uniformidad, la ley de la disyunción y la ley de la segregación independiente. Sus descubrimientos fueron publicados en una revista local de poca difusión y los expertos de la época no se dieron cuenta de la trascendencia que tenían. Luego, Mendel fue nombrado abad de su monasterio (1868), por lo que sus ocupaciones le impidieron seguir profundizando en la investigación. De hecho, sus hallazgos quedaron totalmente olvidados hasta que, en 1900, fueron redescubiertos simultáneamente por tres biólogos que habían llegado a las mismas conclusiones por su cuenta y que reconocieron la prioridad y el acierto de Mendel: el austriaco Erich von Tschermak, el alemán Carl Correns y el holandés Hugo de Vries. Este último popularizó con el nombre de *Leyes de Mendel* las que han sido la base de la genética moderna con muy pocas modificaciones posteriores.

MENDELÉIEV, Dimitri Ivanóvich
Químico ruso que elaboró la tabla periódica de los elementos (Tobolsk, Siberia, 1834 - San Petersburgo, 1907). Estudió en las universidades de San Petersburgo, París y Heidelberg, doctorándose en 1865; dos años después obtuvo una cátedra de Química en San Petersburgo. Se dedicó a investigar las propiedades de los 63 elementos químicos conocidos en su época, con intención de encontrar un modo de clasificarlos racionalmente; fue así como descubrió que, si se clasificaban los elementos por su peso atómico, las restantes características químicas aparecían periódicamente, permitiendo formar grupos de elementos relacionados por sus valencias de combinación. El resultado fue la tabla periódica de los elementos (1869), cuya principal novedad era la presencia de seis casillas vacías que Mendeléiev esperaba rellenar con elementos aún desconocidos. Dicha predicción quedó confirmada en los años siguientes por el descubrimiento del galio (1874), el escandio (1879) y el germanio (1885). Mendeléiev no fue un científico aislado de la realidad, sino un activista de la modernización de Rusia: se preocupó por introducir mejoras técnicas en la industria petrolera y siderúrgica, la minería del carbón y la agricultura; sostuvo ideas liberales que le llevaron a entrar en conflicto con la Iglesia ortodoxa rusa y con el Estado zarista; fue el principal introductor del sistema métrico decimal en el país (1899); y aprovechó el prestigio que le dieron sus descubrimientos para hacer propaganda en favor de la reforma del sistema educativo ruso. Entre su abundante obra escrita destacan unos *Principios de Química* (1869).

MENDÈS-FRANCE, Pierre Político francés (París, 1907-1982). Este economista y abogado de gran precocidad fue diputado radical-socialista desde los 25 años. A los 31 entró en el gobierno de Léon Blum* como subsecretario del Tesoro (1938). Durante la Segunda Guerra Mundial (1939-45) fue detenido y encarcelado por el régimen colaboracionista de Vichy (1940); pero consiguió evadirse y se unió en Inglaterra a las fuerzas de la «Francia Libre» que mandaba el general De Gaulle* (1941). Desde entonces combatió contra la Alemania nazi como aviador. Tras la liberación de Francia, De Gaulle le nombró ministro de Economía del primer gobierno provisional (1944-45), cargo del que dimitió por diferencias con sus compañeros de gabinete. Siguió siendo diputado por su distrito del Eure, pero se mantuvo al margen de las cambiantes combinaciones de gobierno de la Cuarta República hasta que, en 1954-55, fue llamado a presidir el gobierno, a raíz de la derrota francesa en Indochina (batalla de Dien Bien Phu). Gobernó con un estilo nuevo y lleno de honestidad, afrontando abiertamente los problemas, hablando directamente a la opinión pública y eligiendo a sus colaboradores por su valía personal por encima de los intereses de partido. Cosechó sus mayores éxitos con la descolonización de Indochina y la preparación de la independencia de Túnez; pero tuvo una política menos clara en el caso de Argelia, donde vivía una numerosa minoría francesa (su ministro del Interior, François Miterrand*, se encargó de dirigir la represión de los rebeldes nacionalistas). También fue muy discutida su negativa al proyecto de crear una Comunidad Europea de Defensa. Tras caer del gobierno siguió encabezando una alianza de centro-izquierda que triunfó en las elecciones de 1956; en aquel mismo año fue brevemente ministro de Estado, pero dimitió al no aceptarse su opinión favorable a la negociación con los independentistas argelinos; denunció sin ambages el regreso al poder del general De Gaulle en 1958 como fruto de un golpe de Estado; y fue objeto de admiración y respeto entre los rebeldes de Mayo de 1968. Pero su prestigio y su autoridad moral no se plasmaron en éxitos electorales tangibles, por lo que en 1973 se retiró de la política activa, dejando el liderazgo de la izquierda en manos de Mitterrand.

MENDIZÁBAL, Juan Álvarez Político español (Cádiz, 1790 - Madrid, 1853). Miembro de la burguesía comercial gaditana, actuó como proveedor del ejército organizado por Fernando VII* para recuperar las colonias españolas en América (1820); junto con otros conspiradores, preparó el pronunciamiento de aquel ejército que, encabezado por el general Riego*, obligó al rey a aceptar la Constitución de 1812. No ocupó cargos políticos durante el siguiente Trienio Liberal, pero su significación le obligó a exiliarse cuando los «Cien mil hijos de San Luis» restablecieron en España el absolutismo (1823). Sus actividades comerciales en Inglaterra le proporcionaron una gran fortuna. Y su prestigio político entre los exiliados liberales se acrecentó cuando contribuyó a financiar la expedición militar británica que acabó con el absolutismo en Portugal y aseguró en el Trono a María II (1834). Por tal motivo, la corriente progresista del liberalismo español le propuso como alternativa para sustituir en el gobierno al moderado Martínez de la Rosa* en 1835. Un movimiento revolucionario obligó a la regente María Cristina de Borbón* a entregar el poder a Mendizábal, que fue nombrado ministro de Hacienda y primer ministro (1835-36). La medida más significativa que adoptó fue la llamada *desamortización de Mendizábal* (1836), proceso de nacionalización de los bienes del clero regular para venderlos en pública subasta; aquella medida, inspirada por la Revolución francesa, tenía por objeto dinamizar la economía agrícola del país sacando al mercado libre el ingente patrimonio inmobiliario acumulado por las órdenes religiosas, formando además con sus compradores una clase media dispuesta a apoyar el régimen liberal y la causa de Isabel II*; al mismo tiempo, la operación serviría para reducir la agobiante deuda pública y proporcionar al Estado medios económicos con los que financiar la guerra civil contra los carlistas (a tal efecto decretó la «quinta de cien mil hombres»). La desconfianza de la regente le impidió completar su programa con la revisión del Estatuto Real en un sentido liberal y parlamentario, llevándole a dimitir en 1836. No obstante, un nuevo movimiento revolucionario le permitió recuperar la cartera de Hacienda en 1836-37, extendiendo las medidas desamortizadoras a los bienes del clero secular y decretando la extinción del diezmo eclesiástico. Posteriormente volvió a ocuparse del mismo Ministerio en 1843. Tras la toma del poder por sus adversarios moderados, se exilió en 1844-47. Luego regresó a España y ejerció hasta su muerte como diputado progresista.

MENDOZA, Pedro de Conquistador español del Río de La Plata y fundador de Buenos Aires (Guadix, Granada, h. 1487 - en el mar, 1537). Pertenecía a la familia aristocrática castellana de los Mendoza, titulares del Ducado del Infantado. Como paje de cámara de Carlos I* llevó una vida cortesana y también guerrera (combatió contra los franceses en Italia). Por capitulaciones de 1534, el rey le puso al frente de una expedición destinada a penetrar en el interior de Sudamérica desde sus costas orientales, adelantándose a los portugueses en la carrera por alcanzar las fabulosas riquezas de las que hablaban las leyendas indígenas (referentes, sin duda, al imperio incaico). El mismo Mendoza financió la expedición, obteniendo a cambio amplios poderes de conquista y colonización como adelantado, gobernador y capitán general de un extenso territorio.

Partió de Sanlúcar de Barrameda con 13 navíos en 1535 y en 1536 fundó en el estuario del Plata la ciudad de Nuestra Señora del Buen Aire (origen de la actual Buenos Aires), a la que dio ese nombre en honor de una virgen patrona de los marineros de Cerdeña. Entonces comenzaron sus dificultades: enfermo de sífilis, Mendoza hubo de hacer frente a los ataques indígenas y al hambre, mientras se esfumaban sus esperanzas de encontrar la «Sierra de la Plata» o el «Rey blanco» de los relatos míticos. Al agravarse su enfermedad decidió regresar a España, completamente arruinado, dejando que fuera su alguacil mayor, Juan de Ayolas, el que continuara la expedición remontando el curso de los ríos Paraná, Paraguay y Pilcomayo. Mendoza murió durante la travesía del Atlántico.

MENDOZA DE LA CERDA, Ana, princesa de Éboli. V. ÉBOLI, Príncipes de.

MÉNEM, Carlos Saúl Político argentino (Anillaco, La Rioja, Argentina, 1930 -). Procedente de una familia de inmigrantes sirios, se licenció en Derecho por la Universidad de Córdoba en 1955. Atraído por las ideas populistas del general Perón* se afilió al movimiento peronista y colaboró con su central sindical —la CGT— como abogado y asesor jurídico. Desde 1963 presidió la organización del Partido Justicialista (peronista) en su provincia natal de La Rioja; y en 1973, tras el regreso de Perón a la presidencia, Ménem fue elegido gobernador provincial. A pesar de sus diferencias con la corriente ultraderechista que controlaba el poder, Ménem aceptó apoyar el acceso a la presidencia de *Isabelita* Martínez* al morir Perón en

1974. A raíz del golpe de Estado militar de 1976, fue detenido y sufrió penas de cárcel y confinamiento hasta 1981. Después del fin de la dictadura, resultó elegido de nuevo gobernador de La Rioja en 1983 y reelegido en 1987; este carisma de vencedor le permitió imponerse sobre sus rivales en el seno del Partido Justicialista, que había sido derrotado por los radicales de Alfonsín* en las elecciones presidenciales de 1983. Representando el ala populista del peronismo, se presentó a las elecciones presidenciales de 1989, en las que obtuvo un claro triunfo, debido al descontento creado por la grave crisis económica del país. Ménem abordó la situación con una dura política neoliberal de austeridad, que consiguió la estabilización monetaria y el fin de la espiral inflacionista, poniendo las bases de un importante crecimiento económico; sin embargo, al enterrar sus convicciones sociales y la tradición populista de su partido y de su electorado, Ménem provocó la ira de la CGT y desató graves tensiones sociales. En 1990, a raíz de un intento fracasado de golpe militar, Ménem cerró el capítulo de la «guerra sucia» protagonizada por los militares contra la izquierda en la pasada dictadura, decretando una amnistía para los responsables de violaciones de los derechos humanos, que entendía necesaria para asegurar la reconciliación nacional y la lealtad constitucional del ejército. También normalizó la situación diplomática, al restablecer en 1990 las relaciones con Gran Bretaña (rotas desde la Guerra de las Malvinas de 1982) y volver al alineamiento con la política internacional de Estados Unidos. Aunque la corrupción, el autoritarismo y los escándalos familiares del presidente le han restado popularidad, los triunfos del peronismo en las elecciones legislativas y provinciales de 1991 demostraron un amplio apoyo a su línea política. Contando con ello, Ménem impulsó en 1994 una reforma constitucional que permitiera la reelección del presidente, y ganó holgadamente las elecciones de 1995.

MENES (o Narmer) Faraón del siglo XXIX a.C., a quien se atribuye la unificación de Egipto. Según la tradición legendaria, Menes fue el primer faraón de la primera dinastía, con el que se inició la historia humana de Egipto; había sido implantado directamente por los dioses, con quienes estaba emparentado. Junto con la unificación de Egipto, aquel acto fundacional había traído también la escritura, el arte, la agricultura y las técnicas artesanales. Naturalmente, tales procesos fueron mucho más lentos de lo que supone ese mito; en particular, la unificación política fue el resultado final de largas luchas para imponer un poder central sobre el particularismo de las comunidades locales, cuya última fase fue la unión del Alto y del Bajo Egipto (o sea, del valle y del delta del Nilo). Esta última fue la obra de Narmer, un faraón del Alto Egipto, a quien se ha identificado con el legendario Menes. Narmer, que aparece representado aplastando a sus enemigos en la famosa «Paleta de Narmer» encontrada en Hierakómpolis, parece haber sido un monarca del Alto Egipto, que tenía su capital en la ciudad sureña de Thinis. Desde allí se lanzó a la conquista del curso medio y bajo del Nilo, unificando Egipto y fundando una primera dinastía de faraones (la dinastía *tinita*); para ejercer el poder sobre las dos regiones unificadas, trasladó la capital al límite entre ambas, cerca de donde posteriormente se ubicarían Menfis y El Cairo.

MERCATOR, Gerhard (Gerhard Kremer) Cartógrafo flamenco (Rupelmonde, Flandes, 1512 - Duisburgo, Alemania, 1594). Tras estudiar en la Universidad de Lovaina y adquirir experiencia en la fabricación de instrumentos, entró en relación con la corte de Carlos V*. No obstante, su fe protestante le obligó a alejarse de los Habsburgo* y buscar refugio en Alemania (1552). Estableció un taller de cartografía en Duisburgo, trabajando desde 1564 como cosmógrafo oficial del duque de Jülich, Cleves y Berg. A lo largo de su vida confeccionó mapas de Flandes, de Gran Bretaña, de Tierra Santa y de Europa, una serie de mapas del mundo antiguo y un atlas moderno, así como globos terráqueos y esferas celestiales. En ellos fue abandonando las concepciones geográficas de la Edad Media y de la tradición ptolemaica, plasmando los avances científicos y técnicos del Renacimiento y la convergencia de la cartografía con las necesidades prácticas de la navegación. En 1569 elaboró un *Mapa Mundi* en el cual empleó la que desde entonces se conoce como proyección de Mercator: una solución consistente en representar la superficie terrestre proyectada sobre un cilindro tangente al planeta por el Ecuador, distorsionando las áreas de los territorios representados a base de ampliar desmesuradamente los más cercanos a los polos, a fin de lograr que los meridianos aparezcan como líneas rectas verticales, que cortan a los paralelos en ángulo recto. Inspirada por la necesidad de proporcionar a los navegantes una cuadrícula sencilla de rumbos constantes, la proyección de Mercator iría ganando adeptos paulatinamente, favoreciendo una imagen del mundo eurocéntrica (pues tiende a destacar la importancia de los territorios de cultura occidental frente a las masas continentales más cercanas al Ecuador).

MEROVEO. V. **MEROVINGIA, Dinastía.**

MEROVINGIA, Dinastía Dinastía germánica reinante en Francia entre los siglos V y VIII.

Debe su nombre a **MEROVEO**, caudillo de una tribu de francos salios de las que penetraron en el norte de la Galia romana en el siglo V. Su hijo **CHILDERICO I** (h. 457-81) combatió hasta crear un pequeño reino alrededor de Tournai. Pero el verdadero fundador del reino franco fue su hijo **CLODOVEO I*** (466-511), quien unificó a los francos y los asentó en la mayor parte de la Galia; extendió su territorio venciendo al duque galorromano Siagrio, a los alamanes, los burgundios y los visigodos. Estableció su capital en París y se convirtió al catolicismo. Siguiendo la costumbre del derecho privado, al morir dividió el reino entre sus cuatro hijos, que continuaron la expansión de los dominios francos a expensas de turingios y burgundios: Teodeberto, Clodomiro, Childeberto I y **CLOTARIO I** (h. 497-561). Este último sobrevivió a sus hermanos y reunificó temporalmente el reino en el 558. El particularismo nobiliario determinó que, a su muerte, el reino quedara de nuevo dividido en tres estados: Austrasia, Neustria y Borgoña. Tras una larga lucha, el rey de Neustria **CLOTARIO II** (584-629), nieto de Clotario I, conquistó Austrasia en el 613 y consiguió la reunificación formal del reino franco, al obtener el vasallaje de la nobleza borgoñona. A cambio, hubo de ceder una gran autonomía a la nobleza terrateniente, asegurándole el monopolio de los cargos de la Monarquía. En consecuencia, a partir de su hijo DAGOBERTO I (? - 639) comenzó el declive del poder de la dinastía. Él fue el último rey Merovingio que ejerció personalmente el poder. Bajo sus descendientes, la nobleza acrecentó su independencia, al tiempo que el poder monárquico quedaba en manos de los mayordomos de palacio. Uno de ellos, Pipino de Herstal, dio origen a la dinastía Carolingia*, que habría de arrebatar el poder a los merovingios. El último monarca Merovingio, CHILDERICO III (? - 755), fue destronado formalmente por uno de estos mayordomos carolingios, Pipino *el Breve**, en el 751.

METAXAS, Ioannis Militar y político griego (Ítaca, 1871 - Atenas, 1941). Nacido en una de las familias más acomodadas de las islas Jónicas, estudió en la Academia Militar de Berlín. Participó en la Guerra Greco-Turca de 1897 y llegó a ser jefe del Alto Estado Mayor griego durante las Guerras de los Balcanes de 1913. De esa época data su enfrentamiento con el primer ministro Venizelos*, recrudecido al estallar la Primera Guerra Mundial (1914-18): Metaxas apoyaba la línea de neutralidad del rey Constantino I, debido a la tendencia germanófila de ambos; pero Venizelos deseaba entrar en la guerra de parte de los aliados, para obtener ampliaciones territoriales a costa de Bulgaria y del Imperio Otomano. Venizelos impuso su línea invitando a los aliados a desembarcar en Salónica, comprometiendo a Grecia en la contienda, haciendo abdicar a Constantino y confinando a Metaxas en Córcega (1917). Regresó a Grecia tras el fin de la guerra y la reposición de Constantino (1920). Bajo el reinado de Jorge II llegó a ser primer ministro en 1936. Cuatro meses después dio un golpe de Estado e implantó una dictadura que mantuvo hasta su muerte: liquidó los partidos y el Parlamento y reprimió los movimientos sociales, aludiendo a la necesidad de frenar la amenaza comunista. A pesar de su simpatía ideológica hacia el fascismo de Mussolini*, buscó en la alianza con Gran Bretaña la garantía frente a posibles agresiones (sobre todo después de la invasión de la vecina Albania por Italia en 1939); intentó mantener a Grecia neutral en la Segunda Guerra Mundial (1939-45), pero la invasión italiana (1940) no le dejó más alternativa que luchar en defensa de la independencia griega. Sorprendentemente, su ejército resistió a los italianos en la frontera, lo cual obligó a Alemania a posponer la invasión de la Unión Soviética para acudir en apoyo de los italianos y ocupar Grecia (1941), cuando el dictador ya había fallecido.

METTERNICH, Klemens, príncipe de Político y diplomático austriaco, artífice del equilibrio europeo de 1815 (Coblenza, Alemania, 1773 - Viena, 1859). Nacido en una familia nobiliaria de Renania, estudió en Estrasburgo y Maguncia. Su cosmopolitismo aristocrático y su mentalidad reaccionaria le llevaron a ponerse al servicio de los Habsburgo* cuando la expansión de la Francia revolucionaria amenazó directamente los intereses materiales de su familia en Alemania occidental. Desde 1794 desempeñó misiones diplomáticas en las que demostró una gran astucia y habilidad (en Gran Bretaña, Sajonia, Prusia y Francia). Las sucesivas derrotas de Austria frente a la Francia napoleónica le llevaron hasta el poder como ministro de Asuntos Exteriores en 1809. Desde entonces puso en marcha su concepción conservadora del equilibrio europeo, destinada a impedir la aparición de una potencia hegemónica mediante el reparto del continente en esferas de influencia entre las grandes potencias del momento. No aspiraba, por tanto, al aplastamiento de Francia en represalia por sus pretensiones hegemónicas, sino a contenerla en las fronteras de 1792 y contrapesarla con el reforzamiento de las restantes monarquías europeas. Sin embargo, dado el poderío militar demostrado por Francia, aceptó llegar a un entendimiento con ella, simbolizado por el matrimonio entre Napoleón* y la hija del emperador austriaco Francisco I, María Luisa (1810); e incluso aprobó la colaboración de Austria con Francia en la campaña contra Rusia (1812). Por entonces negociaba también en secreto con el zar, buscando mediante un manejo sutil de la diplomacia el momento oportuno para afirmar al Imperio Austriaco frente a la triple amenaza que representaban para sus intereses las ambiciones de Francia, de Prusia y de Rusia; de hecho, hizo que Austria permaneciera al margen de la coalición antifrancesa de 1813, pretendiendo actuar como mediador entre los dos bandos y ofreciendo un compromiso que dejara a la emperatriz María Luisa como regente de Francia. Fue la intransigencia de Napoleón —que desconfiaba con razón de las intenciones de Metternich— la que le decidió a comprometer a Austria en la gran alianza final que derrotó a Francia en 1814 y que restauró en el Trono a los Borbones*. Fue en ese momento (1813) cuando el emperador le hizo príncipe (hasta entonces era sólo conde de Metternich).

Desbaratadas las aspiraciones de hegemonía continental de Francia, Metternich se consagró a la obra diplomática de su vida, presidir el Congreso de Viena (1815), que reordenó el mapa de Europa sobre los principios de legitimidad dinástica y equilibrio internacional. Para lo primero contó sobre todo con el apoyo del tradicionalismo de Prusia y Rusia; para contener las veleidades de ambas y lograr un verdadero equilibrio, se apoyó en Gran Bretaña (representada por Castlereagh*), interesada en anular a todas las potencias continentales mediante la mutua contraposición de sus fuerzas. Ese sentido tuvo la situación en las fronteras de Francia de una cadena de Estados-tapón reforzados, como el nuevo Reino de los Países Bajos, el de Piamonte-Cerdeña y una Prusia ampliada territorialmente hacia el oeste. Metternich se negó a la reconstrucción del Sacro Imperio Romano Germánico, sustituyéndolo en Europa Central por una débil Confederación Germánica controlada por Austria. A Italia la convirtió de hecho en un protectorado de Austria, la cual se anexionó la Lombardía y el Véneto y ejerció una influencia decisiva sobre la política del resto de la península. En los años siguientes, ese orden se vería amenazado por estallidos revolucionarios de inspiración liberal o nacionalista, que sacudieron a Europa en 1820, 1830 y 1848. Metternich se esforzó por reprimir ambos tipos de movimientos, ajenos a su mentalidad de Antiguo Régimen, razón por la que empezó a ser visto como guardián del viejo orden absolutista, incapaz de asimilar los cambios que traía el mundo moderno. Empleó con habilidad la Santa Alianza ideada por el zar Alejandro I*, que le sirvió para actuar contra las revoluciones de Nápoles, España y Piamonte. Pero su sistema empezó a debilitarse con la independencia de Grecia (1827) y de Bélgica (1830), así como el destronamiento de los Borbones en Francia (1830). Nunca consiguió que el emperador —ni Francisco I, ni su sucesor desde 1835, Fernando I— le concediera una influencia decisiva en los asuntos políticos internos, por lo que no encontraron eco sus aspiraciones de dotar a Austria de una constitución federal con estructuras propias de un Estado moderno. El estallido de la Revolución de 1848 en Italia, en Alemania y dentro del propio Imperio Austriaco, puso en entredicho todo el orden inspirado por Metternich. Él mismo cayó del poder y hubo de exiliarse, al tiempo que Fernando I se veía obligado a abdicar. Regresó a Austria en 1851, pero el nuevo emperador, Francisco José I*, no le llamó a participar en el gobierno, mientras la ascensión del poder de Prusia en Alemania y del Segundo Imperio en Francia anunciaban el fin definitivo del equilibrio diseñado en 1815.

MIGUEL I de Portugal (DON MIGUEL). V. BRAGANZA, Casa de.

MIGUEL III de Rusia. V. ROMANOV, Dinastía.

MILL, Familia Dinastía inglesa de padre e hijo de gran importancia en el pensamiento liberal del siglo XIX.

JAMES MILL (1773-1836) es recordado, sobre todo, por la influencia que ejerció sobre otros personajes, como sus amigos David Ricardo* y Jeremy Bentham*, o como su propio hijo John. Con respecto al primero, Mill fue quien le convenció para que pusiera por escrito sus ideas económicas, promoviendo así la aparición de la obra más influyente de la economía política clásica; posteriormente, Mill sería, junto con McCulloch, uno de los principales defensores del pensamiento ricardiano, y a tal objeto publicó sus propias obras *(Elementos de economía política,* 1821). Fue también uno de los dirigentes del movimiento utilitarista inspirado en las ideas de Bentham. Como funcionario de la administración colonial británica y experto en temas indios (publicó una *Historia de la India británica* en 1818), Mill introdujo reformas modernizadoras en la India, inspiradas en la filosofía utilitarista. Y educó con esmero extraordinario a su hijo, pensando en que fuera el sucesor de Bentham al frente del movimiento utilitarista. JOHN STUART MILL (1806-73), que efectivamente se convirtió en un hombre brillante por su cultura y por su inteligencia, se rebeló contra la rigurosa educación recibida de su padre (como relata en su *Autobiografía,* 1873): criticó el utilitarismo *(Utilitarismo,* 1861) y puso en pie su propio pensamiento, en el que habrían de tener gran influencia los pensadores franceses que conoció (como Saint-Simon* o Comte*). Partiendo de las ideas de Ricardo, completó y sintetizó la economía política clásica, introduciendo múltiples matices para adaptarla a los nuevos tiempos; sus *Principios de economía política* (1848) quedarían como manual básico para la enseñanza de esta materia durante unos cuarenta años. En un tono más humanista que sus predecesores, Mill rebajó la importancia del crecimiento económico para los países avanzados, defendiendo objetivos nuevos relacionados con la calidad de vida, la realización personal a través de la cultura, la armonía e igualdad social y una distribución más equitativa de la riqueza. De hecho, mostró simpatías por un cierto socialismo reformista y gradualista, así como por otras causas políticas progresistas de la época, como la independencia de Irlanda, la reforma penal o la emancipación de la mujer *(La sujeción de las mujeres,* 1869). En política, defendió un liberalismo democrático radical, preocupado por el respeto a las minorías *(Sobre la libertad,* 1859); pero tuvo un sentido social, al proponer el reforzamiento de la intervención del Estado contra los excesos del *laissez faire.* Con tales ideas participó en la política activa, resultando elegido miembro del Parlamento por el Partido Liberal en 1865-68.

MILLERAND, Alexandre Político francés (París, 1859 - Versalles, 1943). Este abogado parisino entró en política ligado al partido radical de Clemenceau*, al que representó como diputado desde 1885. No obstante, a finales de siglo evolucionó hacia el socialismo, defendiendo el internacionalismo proletario y la socialización de los medios de producción. En 1896 reunió a las diversas tendencias socialistas francesas en torno a un programa para la conquista del poder por la vía electoral; y en 1899 entró como ministro de Comercio e Industria en el gobierno de Waldeck-Rousseau. Los compromisos a los que obligó esta primera entrada de un socialista en el gobierno de la Tercera República contaron con el apoyo de Jaurès*, pero fueron duramente criticados por Guesde, por la mayoría de los socialistas franceses y por la Internacional Socialista. Por su parte, Millerand fue evolucionando hacia posiciones de centro-derecha, que llevaron a su expulsión del partido socialista (SFIO) en 1904. Desde entonces continuó una carrera política independiente, ejerciendo como ministro de Obras Públicas (1909-10) y de Guerra (1912-13 y 1914-15). En 1919 encabezó una coalición conservadora, el Bloque Nacional, con la que llegó a ser primer ministro (1920) y presidente de la República (1920-24). Su política se caracterizó por la represión contra el movimiento obrero, el reforzamiento del autoritarismo presidencial y la negativa a suavizar las relaciones con Alemania (por este último motivo hizo dimitir a Briand* al frente del gobierno en 1922). La victoria electoral del Cartel de Izquierdas en 1924 le obligó a dimitir, pasando a ejercer como senador desde el año siguiente. Durante el resto de su vida se concentró en denunciar la amenaza militar proveniente de Alemania.

MING, Dinastía Familia reinante en el Imperio chino entre 1368 y 1644.

Su fundador fue ZHU YUANZHANG (Chu Yan chang o Hongwu) (1368-98), un monje budista de origen campesino, que encabezó la revuelta china contra la dinastía reinante mongola de los Yuan, descendientes de Qubilay Kan*. Una serie de malas cosechas había facilitado aquel estallido, que llevó a Zhu de la toma de Nankín (1356) a la de la capital imperial, Pekín (1368). Inmediatamente, reorganizó China, trasladando la capital a Nankín y estableciendo una burocracia profesional especializada y un poder político fuertemente centralizado. La nueva dinastía se esforzó por restablecer las tradiciones chinas, protegiendo el confucionismo. YONG LO (Yunglo o Chu Ti) (1403-24) llevó a su apogeo a la China Ming, extendiendo sus fronteras por el norte y el sur y afirmando su influencia sobre Mongolia, Indochina y el Índico. Trasladó de nuevo la capital a Pekín, que enriqueció construyendo múltiples palacios y templos. También hizo construir la Gran Muralla para proteger China de los mongoles. Al quedar interrumpido el comercio terrestre con los países occidentales por la presencia de mongoles en gran parte de Asia, Yong lanzó a China al comercio marítimo; de su reinado datan expediciones hasta Java, la India, Persia, Arabia y las costas de África. **Kia Tsing** (Kia-tsing, Chia Ching o Chu Hou tsung) (1522-66) centró sus esfuerzos en rechazar los ataques de los piratas japoneses y de los tunguses del norte, que llegaron por primera vez hasta las puertas de Pekín. También fue en este reinado cuando los portugueses establecieron una colonia en el enclave de Macao (1557), que ha perdurado hasta nuestros días. **Longqing** (Long T'sing, Lung ch'ing o Chu Tsai kou) (1567-73) puso en el gobierno al ministro Zhang Juzheng, el cual impulsó reformas políticas y financieras, e hizo construir importantes obras públicas en beneficio del campesinado (canalización de los ríos Amarillo y Huai). Su energía puso fin al clima de corrupción e intrigas palaciegas de los reinados anteriores, situación que se mantuvo durante el reinado de **Wan Li** (o Chu I chun) (1573-1620). Fue este un periodo de florecimiento cultural. Wan Li permitió la instalación en China de los primeros misioneros jesuitas, que adquirieron influencia en la corte como portadores de las ideas y la tecnología de Europa; y en 1610 reconoció incluso la libertad de culto a los católicos. Hizo frente con éxito a dos intentos de invasión de Corea (dominio chino) por parte de Japón, en 1592-93 y en 1597-98. Al terminar su reinado, sin embargo, el poder imperial volvió a debilitarse frente a las intrigas de los eunucos en la corte, al tiempo que los tunguses se instalaban definitivamente en Manchuria. **Chuang-lie-ti** (Chu Yu chien o Ch'ung chen) (1627-44) fue el último emperador Ming. La presión de los tunguses había acabado con las fuerzas del Imperio chino y el emperador decidió ahorcarse al saber que un grupo de bandidos tunguses hacía ya su entrada en Pekín. Los conquistadores, que habían creado una administración copiada de la imperial en sus dominios de Manchuria, instauraron en China la dinastía Manchú*. Los Ming supervivientes se refugiaron en Yunnan y luego en Birmania, desde donde mantuvieron su pretensión de recuperar el Trono; el último pretendiente fue ejecutado en 1661.

Mirabeau, Familia Familia noble de la Provenza de la que proceden dos personajes relevantes de la Francia del siglo XVIII.

Victor Riquetti, marqués de Mirabeau (1715-89) fue un famoso economista de la escuela fisiocrática. Su obra *El amigo de los hombres* (1756), en la que defendía que la riqueza de un reino dependía del tamaño de su población, alcanzó tal popularidad que el mismo Mirabeau recibió ese sobrenombre durante el resto de su vida («el amigo de los hombres») y Quesnay* se interesó por conocerle. Del encuentro entre los dos hombres (1757) surgió la escuela fisiocrática, en la que Mirabeau destacaría como principal discípulo y colaborador del maestro. Mirabeau escribió, influenciado por Quesnay, una *Teoría de los impuestos* (1760) en la que defendía la idea de racionalizar la imposición creando un único impuesto sobre la renta de la tierra; por defender tales ideas contrarias al orden establecido fue encarcelado durante algún tiempo. También colaboró con Quesnay en la redacción de su obra *Filosofía rural* (1763), uno de los textos básicos de la doctrina fisiocrática. Fue él quien acuñó el término *mercantilismo* con el que hoy en día se conocen las doctrinas económicas intervencionistas que predominaron en Europa en los siglos XVI y XVII. Su hijo **HONORÉ GABRIEL RIQUETTI,** conde de Mirabeau (1749-91) fue un destacado activista y teórico de la Revolución francesa, en la que destacó por su retórica apasionada y convincente, tanto oral como escrita. Reaccionó a la severa educación recibida de su padre con un estilo de vida rebelde, desordenado y escandaloso, que le incapacitó para liderar al ala reformista de la nobleza, ganada a las ideas liberales; pasó gran parte de su tiempo en prisión o huyendo de la Justicia, tratando de vivir de la pluma entre grandes dificultades económicas. En los Estados Generales de 1789, viéndose rechazado por la nobleza, se hizo elegir diputado por el Estado llano. Destacó por su elocuencia, puesta al servicio de la causa revolucionaria, si bien en una versión moderada. Defendió la instauración de una monarquía constitucional limitada por una asamblea legislativa, inspirándose en el modelo británico y en los escritos de Montesquieu*. Cuando, efectivamente, un régimen de esas características se abrió paso en Francia, Mirabeau hizo el doble juego de intentar mantenerse como líder de la Asamblea Nacional (de la que llegó a ser presidente) y actuar en secreto como consejero de Luis XVI*, de quien aceptó generosos pagos; pero su posición se veía socavada por la acción de María Antonieta* y el partido reaccionario de la corte. Su muerte debilitó las posibilidades de la monarquía constitucional, desbaratada dos meses más tarde por el fallido intento de la familia real de escapar del país, traicionando al régimen revolucionario (1791). Entre sus obras destacan *Ensayo sobre el despotismo* (1774), *La Monarquía prusiana bajo Federico el Grande* (1787) y *Cartas a Sofía* (1792).

MIRANDA, Francisco de Precursor del movimiento de emancipación de Hispanoamérica (Caracas, 1750 - San Fernando, Cádiz, 1816). Era hijo de un comerciante canario que había hecho fortuna en Venezuela. Francisco estudió en la Universidad de Caracas y se alistó en el ejército español en 1771. Combatió en el norte de África, en las Antillas y en la intervención contra Gran Bretaña durante la Guerra de Independencia de los Estados Unidos (1780-81). Luego se instaló como comerciante en Cuba. Pero fue procesado por contrabando y lectura de libros prohibidos en 1783; porque, efectivamente, Miranda era seguidor de los enciclopedistas y los filósofos ilustrados, cuyo ideario político liberal había adoptado. Antes de ser desterrado al norte de África, consiguió huir y se lanzó, por lo que le quedaba de vida, a luchar contra la dominación colonial española en su país. Recorrió Europa y Estados Unidos defendiendo la causa de la independencia hispanoamericana, a imagen de lo que habían hecho las antiguas colonias británicas del continente. Su pertenencia a la masonería le facilitó el contacto con las personalidades más relevantes del mundo, a través de las logias europeas y americanas. Durante su estancia en Francia, se adhirió a la Revolución, que le nombró general, y prestó sus servicios para la conquista francesa de los Países Bajos (1792-93); pero perdió el empleo por un conflicto con

Dumoriez. Fue perseguido por el Comité de Salvación Pública durante el Terror (1793), pero se salvó de la guillotina por la caída de Robespierre*. Luego presidió una junta de representantes de las colonias españolas de América (fundada en París en 1797), que respaldó su campaña en busca de apoyos internacionales. En 1806 regresó a Venezuela, habiendo conseguido promesas de ayuda por parte de la zarina Catalina II de Rusia*, el presidente americano Jefferson* y, sobre todo, el *Joven* Pitt*, primer ministro de Gran Bretaña, de cuyos intereses geoestratégicos se convirtió en agente. Miranda pretendía formar un único Estado hispanoamericano independiente desde el Mississippi hasta la Tierra del Fuego, para el cual había proyectado una constitución, ideado un nombre —*Colombia*— e incluso diseñado una bandera (la actual de Colombia, Venezuela y Ecuador). Pero su primer intento de desembarcar en Ocumare fue rechazado por el capitán general de Venezuela; y un segundo desembarco en Coro no despertó la adhesión que esperaba por parte de los criollos, por lo que regresó a Europa en busca de refuerzos (1807). La invasión de España por las tropas de Napoleón* en 1808 creó en las colonias americanas una situación de desconcierto y vacío de poder, que los independentistas aprovecharon para lanzar su revolución con más garantías de éxito: Miranda fundó el periódico *El Colombiano*, desde el cual coordinó los movimientos revolucionarios que estallaron simultáneamente y con características semejantes en toda Hispanoamérica en 1810; en aquel año regresó a Venezuela, a instancias de Bolívar* y de la junta revolucionaria formada en Caracas. Un Congreso proclamó la independencia de Venezuela al año siguiente, adoptando una Constitución inspirada en la de los Estados Unidos. Miranda fue puesto al frente del ejército rebelde y se proclamó dictador para detener el contraataque español (1812). Pero fue derrotado y capituló sin consultar a sus propios compañeros en aquel mismo año; desacreditado por sus errores políticos y militares, y enfrentado tanto a los republicanos radicales como a los terratenientes conservadores, fue arrestado por Bolívar y entregado a los realistas, que le enviaron preso a España, donde murió.

MITRE, Bartolomé Primer presidente constitucional de Argentina (Buenos Aires, 1821-1906). Creció bajo la dictadura de Rosas*, viajando de ciudad en ciudad según los destinos de su padre, que era militar. Luego se trasladó a Montevideo, donde estudió en la Academia Militar y entró en contacto con los exiliados opuestos a la dictadura; permaneció exiliado hasta 1852, viviendo como periodista y como militar en Bolivia, Perú y Chile. Cuando regresó a Argentina lo hizo formando parte del ejército que derrocó a Rosas y puso en el poder a Urquiza. Inmediatamente se desató el conflicto entre los *porteños* (partidarios de un Estado unitario y centralista que reconociera la preeminencia de Buenos Aires) y los *provincianos* (de tendencia federalista); Mitre encabezó el gobierno de Buenos Aires, independiente de hecho desde 1854, y sostuvo una guerra civil contra el gobierno federal desde 1859. La batalla de Pavón (1861) le dio la victoria; reincorporó Buenos Aires a la unidad nacional como capital federal y fue elegido presidente de la República al año siguiente. De hecho, desde que Argentina se independizó de España en 1810-16, fue la primera vez que se unificó bajo un solo gobierno. En consecuencia, la presidencia de Mitre (1862-68) fue la época en que se edificó el sistema argentino de administración, justicia, educación, Hacienda Pública, carreteras y ferrocarriles. La tarea podría haber sido más amplia de no ser por la guerra contra Paraguay (1865-70), en la que intervino Argentina aliada con Brasil y Uruguay; si bien la victoria significó la anexión de un extenso territorio en el Chaco, los costes de la guerra frenaron el progreso interior. Tras completar su mandato en 1868, Mitre cedió ordenadamente el poder a su sucesor —Sarmiento— y pasó a ejercer como líder de la oposición liberal en el Congreso. Fundó el importante periódico bonaerense *La Nación* (1870) y dedicó grandes esfuerzos a investigar la Historia de su país como forma de estimular el patriotismo y el deseo de progreso de las generaciones futuras.

MITTERRAND, François Político francés (Jarnac, Charente, 1916 - París, 1996). Nacido en una familia católica de clase media, se licenció en Derecho y Ciencias Políticas en París. Durante la Segunda Guerra Mundial (1939-45) fue movilizado y hecho prisionero por los alemanes (1940); luego se evadió y se unió al régimen colaboracionista de Vichy; desde 1942 militó en la Resistencia, pero sin adherirse directamente a De Gaulle*. Tras la dimisión de éste, Mitterrand entró en la política, resultando elegido diputado por Nièvre en 1946, bajo una etiqueta centrista (sólo gradualmente iría evolucionando hacia la izquierda). Entre 1947 y 1957 ocupó múltiples cargos en las cambiantes combinaciones ministeriales de la Cuarta República: secretario de Estado para los excombatientes, secretario de Estado de Información, subsecretario de la Presidencia, ministro de Colonias, ministro de Estado, ministro delegado en el Consejo de Europa, ministro del Interior y ministro de Justicia; su balance de ese periodo incluye una ardiente defensa del colonialismo y la represión de los nacionalistas argelinos. Pero su liderazgo entre los antiguos combatientes y prisioneros de guerra (fue presidente de la Unión Democrática y Socialista de la Resistencia en 1953-58) le atraía las simpatías de muchos progresistas. La vuelta de De Gaulle al poder en 1958 provocó la reacción de Mitterrand, radicalmente opuesto al «gaullismo» y a la concesión de plenos poderes al general: utilizando su habilidad para la seducción reunió a la oposición en una Convención de Instituciones Republicanas (1964) y consiguió presentarse como candidato único de la izquierda en las elecciones presidenciales de 1965. De Gaulle le derrotó en aquella ocasión por estrecho margen, y la Federación de Izquierdas que presidía Mitterrand acabó por romperse a raíz de la crisis de mayo de 1968. Una nueva victoria del gaullista Pompidou* en las elecciones de 1969 (en las que los socialistas sólo obtuvieron un 5 por 100 de los votos) dio el impulso definitivo al proceso de unidad del socialismo francés, en el que Mitterrand desempeñó un papel protagonista, convirtiéndose en primer secretario del recién creado Partido Socialista Francés el mismo día en que ingresó en sus filas (1971). Tras firmar un acuerdo programático con los comunistas en 1972, Miterrand fracasó de nuevo como candidato de la izquierda unida en las presidenciales de 1974, que dieron el triunfo a Giscard d'Estaing*.

Completó su avance hacia la mayoría deshaciéndose del programa común con los comunistas en 1977 y, por fin, se impuso en las elecciones de 1981, desbancando al presidente Giscard; en 1988 sería reelegido para un segundo mandato.

Adaptado desde el principio al alto papel institucional que la Constitución de la Quinta República preveía para el presidente, Mitterrand se convirtió en un estadista celoso de la continuidad constitucional y del protagonismo internacional de Francia en un estilo típicamente gaullista. No obstante, inició su mandato con medidas de gran poder simbólico para la izquierda, como nacionalizaciones, mejora de las condiciones laborales, abolición de la pena de muerte, descentralización administrativa... poniendo al frente del gobierno al histórico dirigente obrero Pierre Mauroy. La mala evolución económica del país le hizo cambiar de rumbo en un rasgo de pragmatismo, pasando el gobierno a Laurent Fabius, representante del ala tecnocrática del partido, que emprendería una política liberal de reconciliación con los mercados capitalistas. Esa rectificación no consiguió evitar la derrota de los socialistas en las elecciones legislativas de 1986, que dieron al centro-derecha la mayoría de la Asamblea. Mitterrand ideó para aquella ocasión la idea de la «cohabitación», dando paso a la experiencia de cooperación entre un presidente de la República socialista y un gobierno conservador (encabezado por Jacques Chirac*). Mitterrand apareció así como el baluarte del Estado de bienestar frente a la ofensiva neoliberal, lo cual le proporcionó la reelección en las presidenciales de 1988. En su segundo mandato puso al frente del gobierno a su antiguo adversario Michel Rocard, al cual sustituyó por Édith Cresson en 1991 y por Pierre Bérégovoy en 1992. Conocedor de la grave enfermedad que le aquejaba, Mitterrand quiso pasar a la Historia como el gran impulsor de la unidad europea, reforzando la cooperación con Alemania, que se plasmó en el Tratado de Maastricht (1991). Sin embargo, la situación no evolucionó bien, con un persistente problema de desempleo y continuos escándalos políticos y financieros. Las elecciones legislativas de 1993 dieron de nuevo el triunfo a la derecha, obligando a una segunda «cohabitación» con un gobierno de Balladur. Mitterrand, más preocupado por la posteridad que por la suerte de su partido, tras haber encarnado durante 14 años la alternancia política en el marco de la Constitución de 1958, preparó su despedida del poder dejando que los socialistas se enzarzaran en querellas intestinas, mientras revelaba a la opinión pública con cínica sinceridad sus filiaciones fascistas de juventud y las oscuras amistades mantenidas desde entonces. Murió de cáncer poco después de ver cómo Chirac se imponía en las elecciones presidenciales de 1995 al candidato improvisado por los socialistas, Lionel Jospin.

MOAWIYA I. V. OMEYA, Dinastía.

MOBUTU SESÉ SEKO (Joseph-Désiré Mobutu) Dictador del Zaire, actual República Democrática del Congo (Lisala, 1930 - Rabat, Marruecos, 1997). Aunque de ascendencia sudanesa, Mobutu creció entre la etnia bantú de los bangala del Congo. Fue educado por misioneros católicos y, en 1950-56, se enroló en las Fuerzas de Seguridad al servicio de las autoridades coloniales belgas. Ya desde entonces empezó a dedicarse al periodismo, oficio que perfeccionó durante una estancia de estudios en Bélgica. A finales de los cincuenta se unió a Lumumba* en la lucha por la independencia del Congo, llegando a ser uno de sus principales colaboradores políticos. Lograda la independencia de la República Democrática del Congo en 1960, el primer ministro Lumumba le puso al mando del ejército. A los dos meses de su nombramiento, Mobutu utilizó su cargo para deponer a su protector y lo entregó a los rebeldes separatistas de Katanga para que le dieran muerte. Sus anteriores ideales socialistas quedaron olvidados y Mobutu se convirtió en un dictador militar de ideas conservadoras y alineado políticamente con Occidente (fue él quien expulsó del Congo a los consejeros militares soviéticos que Lumumba había traído para contrarrestar la rebelión de Katanga). Ejerció una dictadura militar hasta 1961, año en que restauró como presidente a Kasabuvu. En 1965 protagonizó un segundo golpe de Estado, tras el cual estableció una dictadura personal de larga duración. Centralizó el poder del Estado poniendo en los puestos clave a personas de su propia tribu y recrudeció la represión para poner fin por la fuerza a los particularismos regionales. Su régimen ha estado marcado por la violencia, el nepotismo, la corrupción, la ineficacia y el culto a la personalidad. Mientras el Zaire se convertía en uno de los países más pobres del mundo, él se aseguró una inmensa fortuna personal, que puso a buen recaudo fuera del país. Diversas rebeliones en las regiones orientales del país pudieron ser controladas por el ejército, gracias al apoyo de Estados Unidos, que veía en Mobutu una salvaguarda contra el comunismo en el contexto de la «guerra fría». Terminada ésta con la desaparición de la Unión Soviética, Mobutu no pudo hacer frente a una nueva rebelión de la etnia tutsi, que —dirigida por Laurent Kabila— se hizo con el control de las regiones orientales y acabó por derrocarle y enviarle al exilio en 1997.

MOCTEZUMA II Emperador azteca bajo cuyo reinado penetraron en México los conquistadores españoles (Tenochtitlán, México, 1466-1520). Era sacerdote de un templo azteca cuando fue elegido emperador por su fama de buen guerrero, para suceder a su tío Ahuitzotl (1502). Desde entonces dirigió la ofensiva de los aztecas para extender sus dominios y afianzar su hegemonía sobre los monarcas aliados de la liga de las tres ciudades. Estas campañas guerreras —que se extendieron hasta 1513— fracasaron siempre en los intentos de conquistar Tlaxcala, convertida en enemiga irreconciliable de los aztecas; y además, asentaron el imperio sobre el sometimiento por la fuerza de otros pueblos. Todo ello creó un resentimiento contra los dominadores aztecas, que fue aprovechado por los españoles cuando, capitaneados por Hernán Cortés*, desembarcaron en la costa del golfo de México en 1519. Auxiliado por los tlaxcaltecas y los toltecas, un pequeño contingente español llegó hasta la capital azteca, Tenochtitlán, atraído por las noticias de fabulosos tesoros. Moctezuma intentó disuadirles enviando embajadores, pero, una vez llegados los españoles hasta la ciudad, les acogió pacíficamente. Consciente de su debilidad militar y condicionado, quizá, por profecías religiosas que inducían a confundir a los españoles con seres de origen divino, Moctezuma se declaró vasallo del rey de Castilla. Poco después, encontrándose Cortés ausente de la ciudad, Moctezuma perdió el control de la situación: la guarnición española, encabezada por Pedro de Alvarado*, reaccionó a las sospechas de conspiración contra ellos atacando los templos aztecas y masacrando a la nobleza local; y la población reaccionó rebelándose contra los invasores (1520). Moctezuma intentó calmar los ánimos instando a los rebeldes a someterse para evitar males mayores; pero no lo consiguió y murió en el intento, probablemente a manos de sus propios súbditos que le veían como un traidor (según otras versiones, el emperador habría sido asesinado por los españoles durante aquellos mismos sucesos). Tras su muerte, fue elegido emperador uno de los cabecillas de la rebelión, Cuahutémoc*, que siguió dirigiendo la resistencia contra los españoles hasta que éstos le derrotaron definitivamente.

MOHAMMED. V. MAHOMA.

MOHAMMED ALÍ. V. MEHMET ALÍ.

MOHAMMED BEN ABDALLAH. V. ALAUITA, Dinastía.

MOHAMMED V BEN YUSSEF Sultán de Marruecos y primer rey independiente del país (Fez, 1909 - Rabat, 1961). Perteneciente a la dinastía Alauita*, sucedió a su padre, Muley Yusuf en 1927, en detrimento de sus dos hermanos mayores, por decisión de las autoridades francesas que gobernaban el país en régimen de protectorado. Como sultán, su cargo era poco más que honorífico. Sin embargo, la Segunda Guerra Mundial (1939-45) deterioró el poder colonial de Francia y alentó las aspiraciones independentistas; en la época del desembarco aliado en el norte de África, Mohammed recibió del presidente norteamericano Roosevelt* promesas de independencia para Marruecos. Desde entonces apoyó el movimiento nacionalista: fundación del partido Istiqlal (1943), revueltas urbanas reprimidas por los franceses (1944)... Ante las proclamas independentistas de Mohammed V (discurso de Tánger, 1947), los franceses fomentaron una rebelión de corte tradicionalista en Marraquech y le depusieron en favor de un sultán títere, Mohammed ben Arafa (1953). La resistencia nacionalista se recrudeció, con Mohammed V deportado en Córcega y en Madagascar (1953-55). Finalmente, el gobierno francés negoció con él su regreso y la independencia de Marruecos, reunificando los antiguos protectorados de Francia y de España, así como el enclave internacional de Tánger (1956). En 1957 cambió su título por el de rey y se consagró a consolidar la independencia: anexión de Cabo Juby (franja norte del Sáhara español, 1958), retirada de las últimas tropas francesas y españolas (1961) y preparación de la sucesión en el Trono para su hijo Hassán II*.

MOISÉS Profeta y legislador de Israel cuyas acciones están descritas en el libro del *Éxodo* (siglo XIII a.C.?). Sin embargo, dicho libro del Antiguo Testamento está escrito en un registro literario y simbólico que deja en la penumbra la figura histórica de Moisés, rodeándola de milagros, prodigios y leyendas; e incluso existen dudas sobre la existencia real de Moisés, que podría ser un mito. De haber existido, Moisés sería un personaje de origen desconocido, criado en la corte de los faraones (su nombre es egipcio y la leyenda habla de un niño abandonado y salvado de las aguas del Nilo). Parece ser que, hacia 1230 o 1250 a.C., Moisés se retiró a meditar al Sinaí, donde creyó recibir un mensaje divino que le ordenaba liberar a los judíos refugiados en Egipto y sometidos a duras condiciones de cautiverio. Consiguió unificar a varios clanes hebreos partidarios de regresar a Palestina e iniciar con ellos un largo viaje hacia la «Tierra Prometida», huyendo de la persecución de Ramsés II*. Durante la travesía, Moisés dijo haber recibido varias revelaciones directamente de Dios, con las que dio forma a la religión judía: una alianza entre el único Dios *(Yahvé)* y el pueblo hebreo, que en adelante se mantendría fiel al monoteísmo fundado por Abraham*; y un conjunto de leyes que incluían el culto del «Arca de la Alianza», la instauración del clero y diez mandamientos de orden moral y religioso. El relato bíblico habla de la deslealtad del pueblo hacia su Dios, que éste castigó haciéndole vagar por el desierto durante cuarenta años, refiriéndose probablemente al periodo de vida nómada al que se vieron obligados los hebreos en el sur de Palestina, mientras iban penetrando progresivamente en el territorio ocupado entonces por los cananeos y asentándose en pueblos sedentarios. Moisés, anciano ya cuando salieron de Egipto, moriría sin haber visto la Tierra Prometida, cuya conquista está representada en la Biblia por Josué. Moisés no fue sólo el dirigente del éxodo judío hacia Palestina, sino también el autor de los fundamentos de la ley judaica (si bien el contenido de sus leyes no difiere mucho de las que predominaban en el Oriente Medio por aquella época, a excepción del componente monoteísta, que no fue creación de Moisés). La ley está contenida en los cinco libros del Antiguo Testamento que forman el Pentateuco y que constituyen la *Tora* de los judíos (Génesis, Éxodo, Levítico, Números y Deuteronomio). La tradición religiosa supone a Moisés autor de los cinco libros, si bien parece probado que no pudo serlo más que en muy pequeña parte y que el grueso de su contenido fue redactado mucho después. En todo caso, su figura es venerada tanto por la religión judía como por cristianos y musulmanes.

MOLA VIDAL, Emilio Militar español instigador del golpe de Estado que dio lugar a la Guerra Civil española de 1936-39 (Placetas, Cuba, 1887 - Castil de Peones, Burgos, 1937). Ingresó en el ejército por tradición familiar en 1904. La mayor parte de su carrera la hizo en Marruecos, en donde fue herido varias veces y ascendió por méritos de guerra hasta el grado de general (1927). El gobierno del general Berenguer* le nombró director general de Seguridad (1930-31), puesto desde el cual organizó una dura represión contra los movimientos estudiantiles y republicanos. No obstante, los republicanos no tomaron represalias contra él tras tomar el poder y proclamar la Segunda República en 1931. En 1932 fue separado del ejército como sospechoso de connivencia con el fallido golpe de Estado del general Sanjurjo*; pero un posterior gobierno de la derecha (con Lerroux* y Gil Robles*) le amnistió (1934) y le nombró jefe de la Alta Comisaría de Marruecos (1935). A raíz del triunfo electoral del Frente Popular en febrero de 1936, empezó a conspirar con los militares más reaccionarios y dispuestos a dar un golpe contra el régimen democrático, como Franco*, Varela, Goded, Kindelán, Sanjurjo, etc. Desde Pamplona, adonde había sido destinado por el nuevo gobierno, trazó el plan para el golpe de Estado y dirigió su ejecución en julio de 1936; pero el golpe fracasó ante la resistencia de las organizaciones republicanas en buena parte del territorio. Los sublevados decidieron continuar con su ataque contra la República, iniciándose una larga guerra civil, en la que Mola asumió el mando del ejército del Norte; pero murió en un accidente de aviación, permitiendo que fuera Franco el que se hiciera con la jefatura del bando rebelde.

MOLOTOV (Viacheslav Mijailóvich Scriabin) Dirigente de la Unión Soviética (Kukarka, Rusia, 1890 - Moscú, 1986). A pesar de que procedía de un medio acomodado, pasó muy joven del movimiento estudiantil a la militancia bolchevique, entrando en el partido de Lenin* en 1906. Desde 1912 trabajó en el periódico de los bolcheviques *(Pravda)* y empezó a vincularse políticamente a Stalin* (de esa época de lucha revolucionaria data su apelativo de *Molotov*, que significa martillo). Tras la Revolución de 1917, fue ascendiendo cargos en el régimen comunista, sobre todo desde el acceso de Stalin al poder: miembro del Comité Central del Partido Comunista desde 1921, entró en el Politburó (1926) y fue presidente de la Internacional Comunista (1929), presidente del Consejo de Comisarios del Pueblo o gobierno soviético (1930-41) y ministro de Asuntos Exteriores (1939-49). Desde este último cargo dirigió tres giros diplomáticos radicales impuestos por criterios de realismo político: primero firmó un pacto de no agresión con la Alemania nazi (el Pacto Ribbentrop-Molotov de 1939); cuando Hitler* atacó a la Unión Soviética, organizó la alianza con Estados Unidos y Gran Bretaña en el marco de la Segunda Guerra Mundial (1939-45); y, una vez derrotada Alemania, reorientó la política exterior soviética hacia la confrontación con el bloque occidental en los inicios de la «guerra fría». Al morir Stalin, fue nombrado de nuevo ministro de Exteriores (1953-56), formando parte del grupo de dirigentes continuistas que permanecieron en el poder hasta ser desplazados por los reformistas de Jruschov* en 1957. Acusado por éstos de pertenecer al llamado «grupo antipartido», fue destituido de sus cargos en el Presídium y el Comité Central (1957), confinado en Asia central (1960) y expulsado del partido (1964). No fue rehabilitado hasta veinte años después.

MOLTKE, Helmuth von, conde de Militar alemán (Parchim, Mecklemburgo, 1800 - Berlín, 1891). Tras recibir una educación militar en Dinamarca, entró al servicio del ejército prusiano en 1822 y completó su formación en la Escuela de Guerra prusiana. Posteriormente fue destinado como asesor militar a Turquía (1835-40), pero nunca tuvo experiencia de combate. Sin embargo, sus amplios conocimientos sobre la política, la historia, la geografía y el arte de la guerra le convirtieron en un oficial de Estado Mayor extraordinariamente eficaz. En 1857 fue nombrado jefe del Alto Estado Mayor prusiano, cargo que mantendría hasta 1888. Moltke fue el artífice de la modernización del ejército prusiano que Bismarck* impuso —a pesar de la oposición del Parlamento en 1862— para realizar la unificación de

Alemania por la fuerza militar. Con la modernización del armamento, la creación de un cuerpo de oficiales bien preparados, la mejora de la administración militar y la incorporación de innovaciones tecnológicas como el ferrocarril y el telégrafo, el ejército prusiano se convirtió en el más poderoso de Europa. Pero, sobre todo, Moltke destacó por su talento estratégico, que reportó la victoria a Prusia en las tres campañas que condujeron a la formación del Imperio Alemán en 1871: la Guerra de los Ducados contra Dinamarca (1864), la Guerra Austro-Prusiana (1866) y la Guerra Franco-Prusiana (1870-71). En esta última concibió el plan que condujo a la aniquilación de las tropas del Segundo Imperio Francés en la batalla de Sedán, en la que hizo prisionero al mismísimo emperador Napoleón III*, obteniendo en recompensa el título de conde (1871). Al año siguiente fue nombrado miembro vitalicio de la cámara alta del Parlamento alemán. Su sobrino del mismo nombre (1848-1916) fue comandante en jefe del ejército alemán que invadió Bélgica y Francia al comienzo de la Primera Guerra Mundial (1914-18), pero fracasó en la batalla del Marne y hubo de dimitir (1914).

Mon, Alejandro Político español (Oviedo, 1801-1882). Protegido por su pariente, el conde de Toreno, pasó a la política liberal desde comienzos del reinado de Isabel II* y se especializó en cuestiones financieras. Fue diputado desde 1837 y ministro de Hacienda en varios gobiernos del partido moderado: con Ofalia en 1837-38, con Narváez* en 1844-46, con Istúriz en 1846-47, de nuevo con Narváez en 1848-49 y con Armero en 1857-58. Por entonces, Mon se alió políticamente con su cuñado, el conservador Pedro José Pidal; juntos formaron el sector del moderantismo que apoyó la redacción de una nueva Constitución en 1845, más conservadora que la de 1837. Como ministro de Hacienda, también se encargó de paralizar la venta de bienes nacionales procedentes de la desamortización eclesiástica iniciada por Mendizábal*. Pero su principal realización fue la reforma tributaria de 1845, que racionalizó la Hacienda Pública refundiendo los múltiples impuestos del Antiguo Régimen en unas cuantas figuras adecuadas a los principios liberales, inspirándose en el modelo francés (si bien en una versión conservadora, atenta a no perjudicar los intereses de los grandes terratenientes); aquella reforma definió el sistema tributario español hasta 1978. En 1864 fue presidente de un gobierno con ministros moderados y unionistas (del grupo centrista de la Unión Liberal), nombrando ministro por primera vez a Cánovas*. Tras la Restauración Borbónica que éste propició, Mon fue nombrado senador vitalicio (1876). También desempeñó otros cargos, como el de presidente del Congreso y embajador de España en París y Roma.

Monnet, Jean Economista francés, considerado uno de los padres de la Unión Europea (Cognac, Charente, 1888 - Bazoches-sur-Guyonne, Yvelines, 1979). Durante el periodo de entreguerras fue secretario general adjunto de la Sociedad de Naciones (1919-23) y dirigió negocios importantes en Estados Unidos y otros países. Al comenzar la Segunda Guerra Mundial (1939-45) fue nombrado presidente del comité franco-británico de coordinación económica. Tras la derrota de Francia por la Alemania nazi

(1940) concibió un plan para la fusión política entre Francia y Gran Bretaña, que recibió el apoyo de Churchill*, pero no encontró eco entre los exiliados de la «Francia libre». Monnet trabajó para los aliados en misiones diplomáticas y financieras, y formó parte del Comité de Liberación Nacional francés que presidía De Gaulle* (aunque nunca fue gaullista y se sintió especialmente distante del nacionalismo del general). Terminada la guerra, dirigió la elaboración de un plan de equipamiento y reconstrucción económica (el *Plan Monnet*) que, apoyándose en la ayuda americana del Plan Marshall*, permitió a Francia modernizar sus estructuras productivas y relanzar el crecimiento en poco tiempo. Pero, consciente de las limitaciones de los Estados nacionales tradicionales, se aplicó desde entonces a luchar por el ideal europeísta; fue él quien concibió la estrategia de comenzar por la integración económica de Europa, para fomentar así una solidaridad material que contrarrestara los particularismos nacionales y fuera la base para una futura unión política. Con tal propósito participó en la elaboración del *Plan Schuman** (1950), por el que Francia y la República Federal Alemana pusieron sus sectores carbonífero y siderúrgico bajo una autoridad supranacional conjunta. En 1952-55 fue el primer presidente de la Comunidad Europea del Carbón y del Acero así surgida, que sería el embrión de la posterior Comunidad Económica Europea. Monnet tuvo un papel decisivo en la concepción de este instrumento de integración continental (1957), si bien discrepó del protagonismo que mantuvieron en su seno los gobiernos nacionales. En 1956 creó un Comité de Acción por los Estados Unidos de Europa para apoyar su modelo federalista; lo disolvió en 1975, satisfecho por el logro de la elección directa del Parlamento Europeo por sufragio universal.

MONROE, James Quinto presidente de los Estados Unidos de América, último de la generación que protagonizó la Revolución por la Independencia (Westmoreland, Virginia, 1758 - Nueva York, 1831). Se unió al ejército de George Washington* en 1776. Terminada la guerra contra Gran Bretaña con el reconocimiento de la independencia de los Estados Unidos, Monroe hizo una brillante carrera política: fue miembro del Congreso Continental (1783-86), senador (1791-94), embajador en París (1794-96) y en Londres (1893-06), gobernador de Virginia (1799-1802 y 1811), secretario de Estado (1811-17) y de Guerra (1814-15) y, por fin, presidente de Estados Unidos (1817-25). Desde que se opuso a la aprobación de la Constitución de 1787, Monroe fue un cualificado defensor de la autonomía de los Estados frente al poder del gobierno federal, siguiendo la línea del Partido Republicano que fundaran Jefferson* y Madison* (antecedente del actual Partido Demócrata). Pero, una vez elegido presidente (1816), se consideró más hombre de Estado que de partido y trató de representar a toda la nación. Durante sus dos mandatos, en consecuencia, se apaciguaron las tensiones políticas entre federalistas y republicanos. Aunque cuestionó la competencia del Congreso para restringir la esclavitud en los diferentes Estados, aceptó el equilibrio pactado entre los intereses del Norte y los del Sur por el Compromiso de Missouri (1820), que dividía el país en Estados esclavistas y Estados abolicionistas. La Administración Monroe fijó también las fronteras con el Canadá británico (Convención de Londres, 1818) y extendió el territorio estadounidense mediante la compra de Florida a España (1819). Pero es recordado, sobre todo, por haber acuñado la *doctrina Monroe,* sintetizada en la máxima: «América para los americanos» (1823). Dicha idea, pronunciada en el contexto de los intentos españoles por reconquistar las colonias que había perdido en el continente americano, iba dirigida sobre todo contra las tentaciones de otras potencias europeas (fundamentalmente Gran Bretaña) de extender su influencia sobre América ocupando el vacío que dejaba el hundimiento de los imperios español y portugués (de hecho, se formuló como respuesta a la invitación británica para iniciar una política conjunta en Iberoamérica). La idea presidiría la política exterior de Estados Unidos hasta nuestros días, considerando todo el hemisferio americano como zona de influencia exclusiva, en la que cualquier intromisión de las potencias europeas sería considerada un acto hostil. Expresaba así Monroe un pensamiento, muy extendido entre los dirigentes norteamericanos, según el cual la nación que habían fundado, una vez consolidadas sus instituciones republicanas y rotos los lazos con la vieja Europa, estaba llamada a cumplir un destino especial, que comenzaba por afirmar su independencia y hegemonía continental y exigir el respeto de las grandes potencias. El final de su presidencia estuvo marcado por las disputas sucesorias, que bloquearon las iniciativas políticas del presidente. Retirado de la vida pública, vivió sus últimos años con grandes dificultades económicas.

MONTESQUIEU, Charles-Louis de Secondat, barón de Pensador francés (La Brède, Burdeos, 1689 - París, 1755). Perteneciente a una familia de la nobleza *de toga,* siguió la tradición familiar al estudiar Derecho y hacerse consejero del Parlamento de Burdeos (que presidió de 1716 a 1727). Vendió el cargo y se dedicó durante cuatro años a viajar por Europa observando las instituciones y costumbres de cada país; se sintió especialmente atraído por el modelo político británico, en cuyas virtudes halló argumentos adicionales para criticar la monarquía absoluta que reinaba en la Francia de su tiempo. Montesquieu ya se había hecho célebre con la publicación de sus *Cartas persas* (1721), una crítica sarcástica sobre la sociedad del momento, que le valió la entrada en la Academia Francesa (1727). En 1748 publicó su obra principal, *Del espíritu de las Leyes,* obra de gran impacto (se hicieron 22 ediciones en vida del autor, además de múltiples traducciones a otros idiomas). Hay que enmarcar su pensamiento en el espíritu crítico de la Ilustración francesa, con el que compartió los principios de tolerancia religiosa, aspiración a la libertad y denuncia de viejas instituciones inhumanas como la tortura o la esclavitud; pero Montesquieu se alejó del racionalismo abstracto y del método deductivo de otros filósofos ilustrados para buscar un conocimiento más concreto, empírico, relativista y escéptico.

En *El espíritu de las Leyes,* elaboró una teoría sociológica del gobierno y del derecho, mostrando que la estructura de ambos depende de las condiciones en las que vive cada pueblo: en consecuencia, para crear un sistema político estable había que tener en cuenta el desarrollo económico del país, sus costumbres y tradiciones, e incluso los determinantes geográficos y climáticos. De los diversos modelos políticos que definió, asimiló la Francia de Luis XV* —una vez eliminados los parlamentos— al *despotismo,* que descansaba sobre el temor de los súbditos; alabó en cambio la *república,* edificada sobre la virtud cívica del pueblo, que él identificaba con una imagen idealizada de la Roma republicana; pero, equidistante de ambas, definió la *monarquía* como un régimen en el que también era posible la libertad, pero no como resultado de una virtud ciudadana difícilmente alcanzable, sino de la división de poderes y de la existencia de poderes intermedios —como el clero y la nobleza— que limitaran las ambiciones del príncipe. Fue ese modelo, que identificó con el de Inglaterra, el que deseó aplicar en Francia, por entenderlo adecuado a sus circunstancia nacionales. La clave del mismo sería la división de los poderes ejecutivo, legislativo y judicial, estableciendo entre ellos un sistema de equilibrios que impidiera que ninguno pudiera degenerar hacia el despotismo. Desde que la Constitución de los Estados Unidos plasmó por escrito tales principios, la obra de Montesquieu ejerció una influencia decisiva sobre los liberales que protagonizaron la Revolución francesa de 1789 y la posterior construcción de regímenes constitucionales en toda Europa, convirtiéndose en un dogma del Derecho Constitucional que ha llegado hasta nuestros días. Pero, junto a este componente innovador, no puede olvidarse el carácter conservador de la monarquía limitada que proponía Montesquieu, en la que procuró salvaguardar el declinante poder de los grupos privilegiados (como la nobleza, a la que él mismo pertenecía), aconsejando, por ejemplo, su representación exclusiva en una de las dos cámaras del Parlamento.

MONTGOLFIER, Hermanos Joseph-Michel (1740-1810) y Jacques-Étienne (1745-1799). Industriales franceses inventores del globo aerostático que lleva su nombre. Nacieron en Annonay (Languedoc), en donde trabajaron en la fábrica de papel de su padre. Parece que fue el menor —Étienne— quien, después de revolucionar la industria papelera francesa introduciendo técnicas procedentes de Holanda, concibió la idea de hacer volar una envoltura de tela hinchándola de aire caliente; un hornillo metálico situado bajo la envoltura calentaría el aire mediante la combustión de paja y lana. Los dos hermanos realizaron varios experimentos al respecto hasta que, en 1783, se les permitió hacer una demostración ante la corte de Luis XVI* en Versalles, haciendo volar con éxito un globo esférico del que colgaba una barquilla de mimbre con varios animales. En premio a su invento, el rey les concedió una generosa subvención e integró su fábrica de papel entre las manufacturas reales. Al año siguiente organizaron en Lyon el primer vuelo aerostático tripulado. Convertidos ya en personajes famosos, trabajaron en el desarrollo de otros inventos, como el paracaídas en 1784, el ariete hidráulico en 1792, el evaporador en 1794… Tras la Revolución de 1789, Joseph fue nombrado administrador del Conservatorio de Artes y Oficios de París y, en la época napoleónica, miembro del Instituto de Francia (1807).

MONTGOMERY, Bernard Law Militar británico (Kensington, Londres,

1887 - Hampshire, 1976). Nieto de un general que había sido gobernador del Punjab, Montgomery se crió en Tasmania (Australia), donde su padre era obispo anglicano. Desde que se graduó en la Academia militar de Sandhurst (1908), recibió destinos en la India, en Francia (donde fue herido en el curso de la Primera Guerra Mundial, 1914-18), Irlanda (combatiendo contra el movimiento independentista en 1921-22) y Palestina (para reprimir los primeros enfrentamientos entre árabes y judíos bajo el mandato colonial británico). En 1937 alcanzó el grado de general. Tras el estallido de la Segunda Guerra Mundial (1939-45) fue puesto al mando de la Octava División del ejército expedicionario británico que intentó frenar la invasión alemana de Bélgica y Francia (1939-40). Fracasado el ejército aliado en aquel objetivo, Montgomery mandó la Tercera División durante su desastroso reembarco en Dunkerke, escapando por poco de la máquina de guerra alemana. Pasó algún tiempo trabajando en la defensa de Inglaterra frente a la posibilidad de un desembarco alemán que, finalmente, no se produjo. Y fue destinado al mando del Octavo Ejército británico en Egipto, que fue donde se hizo con un prestigio militar: frenó el avance germano-italiano hacia Oriente Medio venciendo a Rommel* en la batalla de El Alamein (1942) e inició una contraofensiva victoriosa que le llevaría a conquistar Libia, atrapando a las fuerzas del Eje entre dos frentes, merced al avance de Eisenhower* desde Marruecos y Argelia. Luego participó en el primer asalto de los aliados contra el continente europeo, saltando desde el norte de África a Sicilia y el sur de Italia (1943). En 1944, bajo el mando supremo de Eisenhower, mandó las fuerzas de tierra británicas, norteamericanas y canadienses en el desembarco de Normandía; y luego mandó el Segundo Ejército británico que se encargó del ala izquierda del avance aliado hasta el corazón de Alemania. En 1945 recibió en su cuartel general de Luneburgo la capitulación de las fuerzas alemanas del noroeste de Alemania, Holanda, Dinamarca y Noruega. Celebrado como el mejor general británico desde tiempos de Wellington* (exageración notoria sólo justificable por la necesidad británica de simbolizar en un héroe nacional sus anhelos de victoria), fue nombrado mariscal (1944), vizconde de Montgomery de El Alamein (1946), jefe del Alto Estado Mayor imperial (1946-48) y comandante adjunto de las fuerzas de la OTAN en Europa (1951-58).

Montijo, Eugenia de. V. Eugenia de Montijo.

Montini, Giovanni. V. Pablo VI.

Monturiol y Estarriol, Narciso Inventor español, precursor del submarino (Figueras, Gerona, 1819 - San Martín de Provençals, Barcelona, 1885). Procedente de una familia de artesanos, estudió Derecho en las universidades de Cervera, Barcelona y Madrid, pero nunca ejerció la abogacía. Atraído por las ideas de Étienne Cabet*, dirigió varios periódicos revolucionarios de inspiración comunista, lo que le obligó a permanecer algún tiempo exiliado en Francia. Su afición a los temas científico-técnicos le llevó a concebir en 1855 una nave submarina para la recolección de coral; luego trató de avalar la idea con las posibilidades científicas que abriría la exploración submarina, así como los posibles usos militares. En 1859 botó en Barcelona su primer prototipo, el *Ictíneo,* a cuyas pruebas asistió el ministro de Marina, Juan de Zabala, en 1861. A pesar del eco popular del invento, necesitaba todavía muchas mejoras y grandes inversiones de capital; la incertidumbre sobre la rentabilidad del proyecto y la falta de apoyo oficial interrumpieron los experimentos después de haber fabricado un segundo prototipo. De los avances de Monturiol, enmarcados en múltiples intentos paralelos de ingenieros europeos y norteamericanos, sólo quedó su descripción en un *Ensayo sobre el arte de navegar debajo del agua* (1891).

MOÑINO Y REDONDO, José. V. **FLORIDABLANCA, Conde de.**

MORAZÁN, Francisco Militar y político hondureño, último presidente de la República Federal de las Provincias Unidas del Centro de América (Tegucigalpa, Honduras, 1792 - San José, Costa Rica, 1842). La unión centroamericana, formada por Guatemala, Honduras, El Salvador, Nicaragua y Costa Rica, se había formado en 1823, bajo la presidencia del conservador Manuel J. Arce. Morazán inició entonces su carrera política en el Estado de Honduras, bajo la protección del presidente Dionisio Herrera. A raíz de la rebelión de Justo Milla, al cual derrotó, Morazán se convirtió en presidente de Honduras (1827) y se erigió en líder de los liberales centroamericanos. Cuando el presidente salvadoreño, Pardo, le llamó en su auxilio ante un ataque guatemalteco, Morazán tomó San Salvador (1828) y luego Guatemala (1829), que era además la capital federal. Arce y los principales dirigentes conservadores fueron desterrados, mientras se instauraba un régimen liberal y Costa Rica abandonaba temporalmente la federación (de 1829 a 1831). Las elecciones de 1830 confirmaron a Morazán como presidente de la República (triunfo que revalidó en las de 1834). Durante ese periodo —conocido como la «Restauración»— puso en marcha reformas que se estrellaron contra múltiples obstáculos: el particularismo de las provincias, las ambiciones de los militares, la oposición de la Iglesia, las presiones internacionales, la bancarrota financiera, las críticas al nepotismo y la corrupción del equipo gobernante... En 1837 Rafael Carrera protagonizó una rebelión que tomó el poder en el Estado de Guatemala y su éxito produjo estallidos similares en el resto de la federación. Al terminar el segundo mandato de Morazán (1838) era tal la descomposición del sistema político que no se celebraron elecciones para la presidencia y puede decirse que se disolvió la unión centroamericana. Morazán fue elegido presidente de El Salvador (1839-40) y lanzó desde allí un último intentó contra Guatemala en 1840; fue derrotado y marchó al exilio en Perú. En 1842 desembarcó en Costa Rica, donde tomó brevemente el poder; antes de que pudiera iniciar la reconstrucción de la unidad centroamericana fue capturado y fusilado.

MORE, Thomas. V. **MORO, Tomás.**

MORELOS Y PAVÓN, José María Cura guerrillero que luchó por la independencia de México contra los españoles (Valladolid, México, 1765 - San Cristóbal de Ecatepec, 1815). Este hombre de extracción humildísima (era un pastor hijo de un mestizo y una negra) había estudiado en el Colegio de San Nicolás cuando era rector del mismo Miguel Hidalgo* (1790). Siendo párroco de Cuarácaro se enteró de la rebelión que había lanzado Hidalgo por el *Grito de Dolores* (1810) y se unió a él, compartiendo en gran parte su ideario nacionalista, liberal, democrático e indigenista. Se encargó de dirigir la rebelión en el Sur del entonces virreinato de Nueva España, adoptando una táctica guerrillera amparada en el relieve accidentado y en el apoyo popular, con pequeñas unidades difíciles de controlar para el ejército virreinal español. Muerto Hidalgo en 1811 y fracasada la rebelión en el norte, triunfó en cambio en el Sur, donde Morelos llegó a controlar gran parte de Michoacán, Oaxaca, Orizaba, Puebla y Acapulco en 1812-13. Para dar forma política a sus aspiraciones reunió el Congreso de Chilpancingo (1813), que declaró la independencia de la autodenominada *República del Anahuac,* otorgó a Morelos un amplio poder ejecutivo y puso las bases para una Constitución liberal-democrática (aprobada en 1814). Sin embargo, cuando orientó su estrategia hacia la conquista de la capital mexicana, empezó a cosechar derrotas frente a las tropas de Iturbide* y del virrey Calleja (1813-14), que culminaron con el apresamiento y fusilamiento de Morelos. Posteriormente, su ciudad natal pasó a llamarse *Morelia* y un Estado del sur de México *Morelos,* en su honor.

MORGAN, John Pierpont Banquero estadounidense (Hartford, Connecticut, 1837 - Roma, 1913). Hijo de un financiero americano afincado en Londres, recibió una educación cosmopolita en Suiza y Alemania. En 1857 empezó a trabajar en la Bolsa de Nueva York. Durante la Guerra de Secesión americana (1861-65) estuvo envuelto en oscuros negocios especulativos relacionados con el tráfico de armas y de oro. Posteriormente hizo fortuna con los ferrocarriles y la deuda pública federal, apoyándose en sus relaciones con la casa londinense de su padre y con financieros establecidos en París. De hecho, nunca abandonaría el negocio de la financiación del Estado, participando en los grandes empréstitos de finales de siglo. En los años ochenta puso en juego su solvencia para reordenar el sector ferroviario norteamericano, saneando compañías con dificultades financieras, a base de invertir capital, recolocar su deuda a intereses más bajos y racionalizar los costes; pero se mantuvo hábilmente al margen de la gestión ferroviaria en sí, obteniendo altos beneficios de su tutela meramente financiera. Cuando, en 1901, Morgan perdió la importante batalla por el control del ferrocarril Northern Pacific, sus intereses habían empezado ya a desplazarse hacia la industria fabril: compañías como la U.S. Steel, General Electric, ATT o International Harvester fueron reorganizadas financieramente por Morgan entre 1892 y 1902. Frente a la falta de principios en los negocios y la competencia desaforada de aquella época, Morgan defendió un estilo de banca aristocrática, basada en la confianza y las redes personales; la gestión que impuso en las compañías que llegó a controlar fue marcadamente conservadora, primando la estabilidad en detrimento de la creatividad. Su prestigio en el mundo financiero norteamericano le convirtió en líder del *establishment* de Wall Street, lo cual le permitió, por ejemplo, dirigir la acción coordinada de los banqueros de Nueva York para responder al pánico de 1907 y estabilizar la situación. Acumuló una fortuna ingente, parte de la cual destinaría a obras benéficas y culturales, como la fundación de la Biblioteca Morgan o la donación de su colección artística al Museo Metropolitano de Nueva York. Fue tenido por una de las personas más poderosas del mundo, personificando el gran capitalismo de finales del siglo XIX y comienzos del XX. Al morir le sucedió al frente del negocio su hijo, John Pierpont Morgan Jr. (1867-1943).

MORO, Aldo Político democristiano italiano (Maglie, Apulia, 1916 - Roma, 1978). Este profesor de Derecho, militante de la Federación Católica Universitaria durante la época fascista, pasó a la política republicana al terminar la Segunda Guerra Mundial (1945). Se integró en las filas de la Democracia Cristiana, partido que habría de detentar la hegemonía en la política italiana durante casi cincuenta años. Pasó de diputado (1946) a ministro de Justicia (1955-57), de Educación (1957-59) y de Asuntos Exteriores (1969-70 y 1973-74) y primer ministro (1963-68 y 1974-76), al tiempo que era nombrado secretario general (1959) y presidente (1976) del partido. Moro representó la apertura de la Democracia Cristiana hacia la izquierda, línea que hizo aprobar en el Congreso de Nápoles de 1962; en consecuencia, introdujo en su primer gobierno ministros socialistas, socialdemócratas y republicanos, e incluso contó con el apoyo parlamentario de los comunistas en el segundo. Para hacer viable esta fórmula de centro-izquierda fortaleció el ala progresista de la Democracia Cristiana y dotó al partido de un programa social avanzado. Siendo el Partido Comunista el segundo mayor del país, su exclusión permanente del gobierno resultaba difícilmente compatible con una democracia sana, por lo que Moro tuvo el valor de plantear la necesidad de admitir el acceso de los comunistas a funciones de gobierno. Negoció con ellos la formación de un gobierno de coalición (1978), pero el día previsto para la investidura fue secuestrado por las Brigadas Rojas y luego asesinado, haciendo fracasar el proyecto. Los autores materiales del crimen fueron detenidos en 1981 y condenados a cadena perpetua, si bien nunca se aclararon las connivencias políticas nacionales e internacionales.

MORO, Tomás (Thomas More) Político y humanista inglés (Londres, 1478 - 1535). Procedente de la pequeña nobleza, estudió en la Universidad de Oxford y accedió a la corte inglesa en calidad de jurista. Su experiencia como abogado y juez le hizo reflexionar sobre la injusticia del mundo, a la luz de su relación intelectual con los humanistas del continente (como Erasmo de Rotterdam*). Desde 1504 fue miembro del Parlamento, donde se hizo notar por sus posturas audaces en contra de la tiranía. Su obra más relevante como pensador político fue la *Utopía* (París, 1516). En ella criticó el orden político, social y religioso establecido, bajo la fórmula de imaginar como antítesis una comunidad perfecta; su modelo estaba caracterizado por la igualdad social, la fe religiosa, la tolerancia y el imperio de la Ley, combinando la democracia en las unidades de base con la obediencia general a la planificación racional del gobierno. A pesar de haber mantenido en el plano teórico estas aspiraciones premonitorias del pensamiento socialista, Moro fue prudente y moderado en cuanto a la posibilidad de llevarlas a la práctica, por lo que no combatió directamente al poder establecido ni adoptó posturas ideológicas intransigentes.

Enrique VIII*, atraído por su valía intelectual, le promovió a cargos de importancia creciente: embajador en los Países Bajos (1515), miembro del Consejo Privado (1517), portavoz de la Cámara de los Comunes (1523) y canciller desde 1529 (fue el primer laico que ocupó este puesto político en Inglaterra). Ayudó al rey a conservar la unidad de la Iglesia de Inglaterra, rechazando las doctrinas de Lutero*; e intentó mientras pudo, mantener la paz exterior. Sin embargo, acabó rompiendo con Enrique VIII por razones de conciencia, pues era un católico ferviente que incluso había pensado en hacerse monje. Moro declaró su oposición a Enrique y dimitió como canciller cuando el rey quiso anular su matrimonio con Catalina de Aragón*, rompió las relaciones con el Papado, se apropió de los bienes de los monasterios y exigió al clero inglés un sometimiento total a su autoridad (1532). Su negativa a reconocer como legítimo el subsiguiente matrimonio de Enrique VIII con Ana Bolena*, prestando juramento a la Ley de Sucesión, hizo que el rey le encerrara en la Torre de Londres (1534) y le hiciera decapitar al año siguiente. La Iglesia católica le canonizó en 1935.

MORSE, Samuel F. B. Artista estadounidense que inventó el primer sistema eficaz de telégrafo electromagnético (Charlestown, Massachusetts, 1791 - Nueva York, 1872). Era hijo del clérigo protestante Jedidiah Morse, que fue uno de los geógrafos más importantes de América en los años posteriores a la independencia. Se graduó en la Universidad de Yale en 1810 y se orientó hacia la pintura, estableciendo su estudio en Nueva York; su cuadro más conocido es un retrato de La Fayette* que pintó en 1825. De regreso de un viaje a Europa en 1832 oyó hablar de la posibilidad de transmitir impulsos eléctricos a través de cables; desde entonces compaginó su interés por utilizar este medio para enviar mensajes inteligibles con su carrera artística y con una incursión ocasional en la política municipal neoyorquina (en defensa de sus ideas contra la inmigración, los católicos y la diversidad étnica). Como profesor de Bellas Artes en la Universidad de Nueva York entró en contacto con expertos en electromagnetismo, que le pusieron al corriente del estado de la técnica. En 1837 consiguió un socio que le aportó ayuda técnica y financiera para desarrollar un sistema de telégrafo con el que transmitir mensajes en un código de puntos y rayas de su invención (el *alfabeto Morse*). En 1843 consiguió la patente y el Congreso norteamericano aprobó la construcción de una línea experimental entre Washington y Baltimore. El éxito obtenido en la primera prueba de 1844 dio paso a la extensión del telégrafo como medio de comunicación por todo el mundo, haciendo a Morse rico y famoso. Se dedicó el resto de su vida a financiar obras culturales y benéficas, al tiempo que se defendía en las polémicas sobre la paternidad del invento.

MOYANO SAMANIEGO, Claudio
Político español (Bóveda del Toro, Zamora, 1809 - Madrid, 1890). Tras estudiar Derecho y Filosofía en las univer-

sidades de Salamanca y Valladolid, obtuvo en esta última la cátedra de Derecho Civil en 1835 (luego llegaría a rector). Su militancia política liberal le llevó a ser alcalde de la ciudad en 1841 y diputado en 1843; pero en aquel mismo año participó en el movimiento contra Espartero*, que acabaría por dar el poder a los moderados durante diez años (1844-54). De esa época data su acercamiento ideológico al partido moderado, al que se mantendría fiel el resto de su vida. Bajo la administración moderada fue diputado (desde 1846), rector de la Universidad de Madrid (desde 1850) y ministro de Fomento (con Lersundi en 1853, con Narváez* en 1856-57 y con Arrazola en 1864). En este último cargo hizo aprobar una Ley de Instrucción Pública (1857) poco innovadora, pero importante porque definió la organización de la educación en España hasta 1970. Durante la Restauración siguió siendo diputado por Toro y defendió las posiciones del antiguo partido moderado frente a los nuevos conservadores de Cánovas*. Luego fue designado senador en representación de la Universidad de Madrid (1881) y senador vitalicio (1886).

MUHAWIYA I. V. OMEYA, Dinastía.

MUHAMMAD. V. MAHOMA.

MUHAMMAD ABÉN HUMEYA. V. ABÉN HUMEYA.

MUHAMMAD SHA, SIR SULTAN, AGA KAN III. V. AGA KAN.

MULEY HACÉN (Abú-l-Hassán Alí) Rey nazarí de Granada (?, ? - Mondújar, 1484). Sucedió en el Trono a su padre, Ibn Ismail, en 1464. Aprovechó la guerra civil castellana para realizar ataques en la frontera y para negarse a pagar las parias de vasallaje que le exigieron los Reyes Católicos*. Éstos, una vez resuelta la cuestión sucesoria, respondieron a los ataques de Muley Hacén lanzando una larga campaña guerrera que habría de conducir hasta la conquista de Granada. En 1482 le asestaron un duro golpe con la toma de Alhama. Estalló entonces una rebelión interior capitaneada por su hijo Boabdil* y por su esposa Aixa, celosa de la inclinación del rey hacia una cautiva cristiana que tenía como favorita. La rebelión contó con el apoyo del poderoso clan granadino de los abencerrajes y de las masas populares del Albaicín, descontentas por los impuestos con los que se financiaba la guerra. Tras múltiples alternativas que favorecieron a uno y otro bando, Muley, que estaba casi ciego, decidió abdicar en su hermano Muhammed XII, al-Zagal, que era mucho más popular (1485). Fue éste quien continuó la lucha contra los cristianos y contra el rebelde Boabdil, mientras Muley se retiraba sucesivamente a Illora, Almuñécar y Mondújar.

MÜNZER, Thomas Reformador protestante alemán que lideró la Guerra de los Campesinos (Stolberg, Harz, 1489/91? - Mühlhausen, Turingia, 1525). Era un clérigo de vida inestable cuando, atraído por las predicaciones de Lutero*, en 1519 se unió a la reforma propugnada por éste. Inició la predicación de las ideas protestantes en Zwickau; pero allí sufrió pronto la influencia del iluminado taborita Nicolas Storch, de quien tomó la doctrina de la «palabra interior», según la cual el hombre recibe una revelación continua de Dios, que le habla en su interior (1520). Se separó así de la ortodoxia luterana e inició la predicación de su propia doctrina mística, unida a un mensaje revolucionario y teocrático que instaba a los creyentes a construir inmediatamente el reino de Dios en la Tierra. Su doble enfrentamiento, contra los católicos y contra los luteranos, le obligó a huir a Praga y luego a la pequeña población sajona de Allsted, donde creó la primera liturgia cristiana en alemán y organizó una comunidad ajustada a sus ideas (1523). Al no conseguir el apoyo de los príncipes, se lanzó a una vía abiertamente revolucionaria, proclamando la legitimidad de luchar contra las autoridades tiránicas. En 1524 huyó de Allsted y entró en contacto con los anabaptistas suizos, a cuya doctrina se adhirió. Sus predicaciones revolucionarias y colectivistas contribuyeron a desencadenar la Guerra de los Campesinos, que se extendió desde el suroeste de Alemania hasta Salzburgo, Turingia y Sajonia. En 1525, Münzer se instaló en la ciudad anabaptista de Mühlhausen, que convirtió en su centro de operaciones para sublevar la mayor parte de Turingia contra la Iglesia y los señores. Gobernó con una constitución democrática y clerical hasta que una coalición de príncipes alemanes —apoyada por Lutero— derrotó a su ejército campesino en Frankenhausen e inició una sangrienta represión; él mismo fue apresado, torturado y ejecutado.

MURAT, Joachim Mariscal del ejército francés a quien Napoleón* hizo rey de Nápoles (La Bastide, Lot, 1767 - Pizzo, Calabria, 1815). Hizo su carrera a la sombra del general Bonaparte, al cual acompañó como ayudante de campo en las campañas de Italia (1796-97) y Egipto (1798-99). Ascendido a general, ayudó a Bonaparte a preparar el golpe de Estado que le llevó al poder en 1799. En recompensa, Napoleón le casó con su hermana Carolina y le puso al mando de su Guardia Consular. Desde entonces recibió cargos importantes como militar de talento y hombre de la máxima confianza del emperador: tuvo un papel importante mandando la caballería en las victorias francesas de Marengo (1800), Austerlitz (1805), Jena (1806) y Friedland (1807), expulsó a los napolitanos de Roma (1801), fue nombrado gobernador de París, mariscal y príncipe del Imperio (1804) y, a raíz de la reordenación napoleónica de Alemania, soberano del Gran Ducado de Berg (1806). En 1808 fue enviado a España como agente de Napoleón, manejando con habilidad la crisis dinástica de los Borbones* en beneficio de los intereses franceses: desplegó sus tropas ocupando el país, reprimió la reacción popular de rebeldía que estalló como consecuencia y convenció a Carlos IV* y Fernando VII* para que se trasladaran a Bayona, donde Napoleón les hizo abdicar en su provecho. Sin embargo, Murat vio defraudadas sus expectativas de que Napoleón le nombrara rey de España, pues prefirió dar ese Trono a su propio hermano, José I*; a cambio, Murat fue nombrado rey de Nápoles, como miembro de la familia imperial, reinando en aquel país entre 1808 y 1815. En 1812 el emperador le reclamó para dirigir la caballería del gran ejército que invadió Rusia; e incluso le confió el mando del ejército entero cuando éste tuvo que batirse en retirada. A la vista del fracaso de aquella campaña y de las posteriores derrotas napoleónicas de 1813, Murat decidió salvaguardar sus intereses traicionando a su cuñado. Negoció con la coalición antifrancesa un acuerdo por el que ésta le respetaría como rey de Nápoles, a cambio de que permaneciera neutral durante la ofensiva final que lanzarían contra Napoleón (1814); Murat cumplió lo pactado, absteniéndose de participar en la defensa de Francia frente a la invasión combinada de Rusia, Austria, Prusia y Gran Bretaña, que acabó con el Imperio en aquel mismo año. Sin embargo, la orientación legitimista y reaccionaria que mostraron los vencedores en el Congreso de Viena (1814-15) le hizo temer que los aliados no cumplirían su palabra y devolverían el reino de Nápoles a los Borbones; en consecuencia, cuando Napoleón regresó de su confinamiento en la isla de Elba y recuperó el poder (el «Imperio de los Cien Días», 1815), Murat se unió a él con la esperanza de apoderarse de toda Italia. Movilizó a su ejército e intentó sin éxito sublevar a los italianos en apoyo del emperador; pero fue derrotado por los austriacos en la batalla de Tolentino. Todavía protagonizó un último intento de recuperar su reino: reclutó un ejército en Córcega y desembarcó con él en Calabria, donde fue capturado y fusilado.

Musa ben Musa ben Fortún.
V. **Banu Qasi, Familia.**

Musa ibn Nusair, Abú Abd al-Rahmán (el *moro Muza*) Gobernador musulmán del norte de África que dirigió la ocupación de la península Ibérica (Yemen, h. 640 - Damasco ?, 716/718). Era un liberto del walí de Egipto, hermano del sultán Omeya*, que le nombró gobernador de las provincias occidentales de Ifriqiya y el Magreb (704). Completó la islamización de la segunda y la extendió con la conquista de Marruecos. Fue entonces cuando el conde don Julián*, gobernador visigodo de Ceuta y miembro del partido vitizano, contrario al rey Rodrigo*, convenció a Musa para que pasara con sus tropas a España y ayudara a derrocarle. Musa envió a Tarif ben Malluk en una primera expedición de reconocimiento, rechazada por las fuerzas de Rodrigo (710), y a su lugarteniente, Tariq ben Ziyad* en una segunda definitiva, ya autorizada por el califa (711). La rápida penetración de Tariq en el territorio peninsular aconsejó a Musa pasar personalmente a al-Ándalus para consolidar la conquista en el 712. Con ayuda de los vitizanos fue tomando ciudades sobrepasadas en su avance por Tariq, dirigiendo su ejército desde Algeciras hasta Sevilla, Mérida, Toledo, Zaragoza, Asturias y Lugo. Pero en el 714 hubo de regresar a Damasco ante los insistentes requerimientos del califa Sulaymán, dejando como gobernador de al-Ándalus a su hijo Abd al-Aziz. Al llegar a Damasco halló a un nuevo califa, Sulaymán, que le condenó por la forma en que había repartido el botín de sus conquistas. No pudo regresar nunca a al-Ándalus y murió oscuramente.

Mussolini, Benito Creador y dirigente del fascismo italiano (Dovia di Predappio, Romaña, 1883 - Giulino di Mezzegra, Lombardía, 1945). Era hijo de un modesto herrero de ideas revolucionarias, que le puso ese nombre en honor de Benito Juárez*. A los 19 años emigró a Suiza, donde entró en contacto con socialistas italianos y se adhirió a su causa. Se especializó en la propaganda política, dirigiendo el periódico de los socialistas italohablantes de Trento (Austria) en 1908 y, por fin, el diario oficial del

Partido Socialista Italiano, *Avanti* (Adelante), en 1912. Su retórica exaltada dio un gran impulso al periódico y convirtió a Mussolini en líder del ala radical del partido. Sin embargo, al estallar la Primera Guerra Mundial (1914-18) defendió una postura intervencionista contraria al pacifismo oficial de los socialistas, razón por la que fue cesado de la dirección del periódico. Mussolini defendió ardientemente la conveniencia de que Italia entrara en la guerra para arrebatar a Austria los territorios «irredentos» que los nacionalistas consideraban parte irrenunciable de la patria italiana; al mismo tiempo, la guerra resultaba más estimulante que la paz para este personaje violento y extremista, que buscaba en la acción nuevas oportunidades políticas. Fundó un periódico belicista *(El pueblo de Italia)* y cuando, en 1915, Italia entró efectivamente en la contienda, se alistó en el ejército (aunque apenas combatió, ya que un accidente hizo que le licenciaran en 1917). Acabada la guerra, en 1919 fundó los *Fascios de combate,* una organización alimentada por veteranos de guerra y personas desencantadas por los escasos frutos que los tratados de paz proporcionaron a Italia. Arrebatando el liderazgo a D'Annunzio*, Mussolini reunió en el fascismo una amalgama de elementos radicales y desarraigados, combinando el extremismo nacionalista con un programa revolucionario en materia social. Confrontado a resultados electorales mediocres, aquel movimiento se reorientó hacia la acción directa, formando escuadras o pequeños grupos móviles dedicados a atacar violentamente los locales y militantes del movimiento obrero, anarquistas y socialistas. La violencia fascista se extendió por el norte y centro de Italia en una verdadera guerra civil entre 1919 y 1922, apareciendo Mussolini como la única fuerza capaz de oponerse a los espectaculares avances del socialismo revolucionario (especialmente en el mundo rural). El temor de las clases medias y altas a ver repetirse en Italia el modelo de la Revolución rusa de 1917 hizo de Mussolini un héroe de la defensa del orden, capaz de romper huelgas, aniquilar agitadores socialistas y obtener un grupo parlamentario respetable. Por ello, cuando, en 1922, lanzó una gran manifestación de fascistas uniformados (los *camisas negras)* desde Nápoles hasta la capital (la *Marcha sobre Roma),* el rey Víctor Manuel III* le entregó el poder sin oponer resistencia. Por entonces, el fascismo se definía ya como un movimiento reaccionario de ultraderecha, dispuesto a acabar con la laxitud de la democracia liberal, a frenar las tendencias revolucionarias socialistas, a rechazar el carácter cosmopolita del gran capitalismo y a construir un orden completamente nuevo apoyándose en la parte más «sana» de la nación.

El fascismo se instaló en el poder en Italia por veinte años. Inicialmente, Mussolini presidió un gobierno en minoría dentro del marco constitucional, aunque sus abusos hicieron ya evidente un designio autoritario: se hizo conceder poderes extraordinarios, silenció a la oposición no dudando en recurrir al asesinato de los disconformes (como el diputado Matteotti*), estatalizó las escuadras fascistas como milicia armada para la seguridad nacional y obtuvo la mayoría en unas elecciones distorsionadas por toda clase de fraudes, presiones y violencias. Desde 1925 estableció una dictadura personal: cerró la prensa no fascista, disolvió todos los partidos a excepción del

Partido Nacional Fascista y estableció una policía política secreta con la que reprimió duramente a los disidentes (la *OVRA*). Su habilidad oratoria le permitió apelar directamente al apoyo de las masas, erigiéndose en *Duce* (caudillo, jefe o guía), sin responsabilidad política ante nadie. Y recibió el espaldarazo de la Iglesia católica al firmar con el papa Pío IX* los Pactos de Letrán (1929), que resolvían el secular enfrentamiento entre el Estado italiano y el Papado a propósito de la «cuestión romana», creando el Estado de El Vaticano a cambio del reconocimiento eclesiástico del nuevo régimen. La dictadura policial de Mussolini acabó con las libertades personales y estableció un sistema de partido único con un marcado culto a la personalidad del dictador (que sólo tenía precedentes en la Unión Soviética). Pero también impulsó la modernización económica y las obras públicas, practicando un nacionalismo económico a ultranza marcado por el intervencionismo estatal. Acabó con los conflictos laborales poniendo fuera de la ley a los sindicatos y las huelgas, e instituyendo en su lugar un sistema corporativo basado en la «colaboración de clases» entre una organización patronal y un único sindicato controlados por el Estado. Pero fue en la expansión exterior donde Mussolini quiso demostrar el renacimiento de la potencia italiana: invadió Corfú (1923), recuperó Fiume (1924), intervino a favor de Franco* en la Guerra Civil española (1936-39) e impuso su influencia política sobre Austria y Albania (país que mandaría ocupar en 1939); buscando desesperadamente un imperio colonial, en 1935 invadió Etiopía y, tras grandes dificultades militares, ocupó el país en 1936, expulsando al rey Hailé Selassié* y enfrentándose con Gran Bretaña, Francia y la Sociedad de Naciones. Desde entonces se alineó con la Alemania nazi, una vez convencido de que Hitler* disponía de un ejército invencible (Pacto Antikomintern, 1937; Pacto de Acero, 1939). Esta alianza le arrastró a participar en la Segunda Guerra Mundial (1939-45), esperando obtener beneficios de la segura victoria alemana; pero las tropas italianas no cosecharon más que fracasos en los frentes de África y los Balcanes, y, a partir de 1943, la suerte de la guerra pareció inclinarse contra Alemania. El descrédito de Mussolini por estos fracasos, que amenazaban con arrastrar la caída del régimen, llevó al Gran Consejo Fascista y al rey a destituirle, cuando los aliados ya habían desembarcado en Sicilia (1943). Mientras su sucesor, Badoglio*, firmaba el armisticio con los aliados, Mussolini fue encarcelado en las montañas del Gran Sasso. Pero el ejército alemán respondió ocupando la mayor parte de Italia y ofreciendo una resistencia tenaz al avance aliado por la península, mientras las SS liberaban a Mussolini en un golpe de mano y le ponían al frente de un Estado fascista títere en el norte: la República Social Italiana, con capital en Saló (1943-44). A punto ya de completarse el control de los aliados sobre aquella región, Mussolini fue capturado por los partisanos antifascistas italianos cuando pretendía huir por los Alpes. Fue ejecutado junto con su amante, Clara Petacci, y sus cadáveres expuestos a la ira de las masas en las calles de Milán.

MUSTASIM. V. **ABASIDA, Dinastía.**

MUTSUHITO (Meiji Tenno) Emperador del Japón (Kyoto, 1852 - Tokyo,

1912). Accedió al Trono a la muerte de su padre, el emperador Komei, en 1867. En cuanto fue coronado (1868) abolió el *shogunado,* cargo político-militar ocupado por la familia Tokugawa* desde el siglo XVII y que ejercía el poder de hecho en Japón, relegando al emperador a un papel simbólico. La incapacidad de los Tokugawa para impedir la apertura del país a los occidentales (impuesta por el almirante americano Perry en 1853) provocó una reacción nacionalista en la corte imperial, que dio lugar al enfrentamiento armado entre partidarios y enemigos del *shogun* en los últimos años del reinado de Komei. Mutsuhito encarnó personalmente ese espíritu y, una vez derrotados los Tokugawa, emprendió la modernización del Japón según modelos occidentales, con cambios de tal importancia y rapidez en todos los órdenes, que su reinado se conoce como «revolución Meiji». En realidad, se limitó a favorecer las aspiraciones reformistas presentes en la sociedad japonesa, poniendo el gobierno en manos de un equipo liberal y permitiendo que éste utilizara su nombre como personificación del nuevo espíritu de apertura y modernización. Para ello instauró un sistema de gobierno por gabinete en 1885, completado con la creación de un Parlamento por la Constitución de 1889, que relegaba al emperador a un papel ceremonial y simbólico. La revuelta antirreformista de 1877 fue derrotada y sirvió para liquidar la casta feudal de los *samurai.* Luego, el gobierno abolió las estructuras feudales tradicionales, decretó la igualdad jurídica de todos los ciudadanos, reformó el ejército siguiendo los modelos de Francia y Alemania, fomentó la adquisición de tecnología occidental (contratando técnicos europeos y americanos y otorgando becas para estudiar en el extranjero), construyó los primeros ferrocarriles e impulsó la industrialización en un marco capitalista; la administración, la Hacienda Pública, la banca, la moneda, la educación, el correo, la sanidad… todo fue reformado copiando las instituciones más avanzadas de Europa y Estados Unidos. Con todo ello, Mutsuhito deseaba que Japón alcanzara a las grandes potencias occidentales, compartiendo con ellas el poderío militar, político, económico y tecnológico. En esa línea, fomentó también la imitación de las tendencias imperialistas que mostraban las grandes potencias europeas a finales del siglo XIX, canalizando hacia la expansión en el continente asiático las presiones demográficas y los intereses de los grandes *trustes* industriales: sus ambiciones sobre Corea llevaron a Japón a mantener dos guerras sucesivas contra China (1894-95) y contra Rusia (1904-05). Ambas concluyeron con victoria japonesa, mostrando el éxito de la modernización industrial y militar del país y poniendo las bases para el imperialismo japonés que seguiría desarrollándose hasta la Segunda Guerra Mundial (1939-45). Cuando murió, dejando el Trono a su hijo Yoshihito*, había puesto las bases del Japón contemporáneo, transformándolo en una monarquía constitucional y en una potencia económica y militar de primer orden.

MUZA. V. MUSA IBN NUSAIR, **Abú Abd al-Rahmán.**

MYERSON, Golda. V. MEIR, **Golda.**

N

NABUCODONOSOR II Rey de Babilonia (?, h. 630 - Babilonia ?, 562 a.C.). Era hijo de Nabopolasar, un general caldeo que, tras la muerte de Asurbanipal*, se había proclamado soberano de Elam, Mesopotamia, Siria y Palestina, fundando un Imperio neobabilonio que vino a ocupar el espacio del declinante Imperio asirio. Nabucodonosor aseguró el dominio de estos territorios derrotando a los egipcios en la batalla de Karkemish (605), todavía en vida de su padre. Muerto Nabopolasar en aquel mismo año, Nabucodonosor le sucedió y se consagró a la tarea de consolidar el imperio que había heredado, combatiendo incesantemente contra sus enemigos, especialmente en la zona sirio-palestina. A pesar de que Nabucodonosor había ocupado Jerusalén y deportado a muchos judíos a Babilonia, el rey Joaquín de Judá se rebeló en connivencia con los egipcios en el 597; tras recuperar Jerusalén, Nabucodonosor les castigó con una segunda deportación a Babilonia. Puso entonces en el Trono de Judá a Sedecías, que también le traicionó, rebelándose de nuevo en alianza con Tiro y Egipto (586). Tras un año y medio de asedio, Nabucodonosor tomó Jerusalén por tercera vez, mandó destruir la ciudad y el templo (clave de la identidad del pueblo judío) y envió un tercer contingente de judíos deportados a Babilonia; este «cautiverio babilónico» de los judíos se prolongaría hasta que el imperio fuera conquistado por los persas, quienes restauraron el Templo y permitieron el regreso de los deportados a su país de origen. Tras una dura lucha, Nabucodonosor completó su victoria con la anexión de Tiro (573) y una nueva derrota de los egipcios (567). Desde entonces, se consagró al engrandecimiento de Babilonia, dándole el esplendor que merecía su carácter de capital de un vasto imperio: la rodeó de una doble muralla con puertas monumentales, la adornó con jardines colgantes, reparó puentes y canales y construyó un santuario con un *zigurat* de 90 metros de altura (identificado con la Torre de Babel del relato bíblico) y un templo al que se accedía por una gran vía procesional. Ya al final de su reinado empezaron a aparecer síntomas de decadencia, que se manifestaron en la lucha por el poder entre los sacerdotes del dios Marduk y los de Samash; Ciro II* aprovechó la debilidad causada por esta pugna para imponer el dominio de Persia sobre Babilonia a partir del 539 a.C.

NACHTIGAL, Gustav Explorador alemán (Eichstedt, Prusia, 1834 - en el mar, 1885). Este médico militar abandonó el ejército prusiano en 1861 y se estableció en Túnez como médico del bey; desde allí comenzó a realizar incursiones de exploración en el desierto del Sáhara. En 1869 fue encargado por el gobierno prusiano de establecer relaciones con el sultán de Bornù (un reino que se extendía alrededor del lago Chad, actualmente en el norte de Nigeria); para ello, hubo de atravesar el Sáhara de norte a sur, explorando la desconocida región de Tibesti. Luego continuó por su cuenta hacia el este, explorando el Sudán central hasta alcanzar el Nilo, regresó a Europa vía Egipto (1875) y contó la experiencia en el libro *Sáhara y Sudán* (1879-81). Tras unos años como cónsul de la Alemania unificada en Túnez, en 1884 fue enviado al golfo de Guinea por Bismarck*, con la misión de establecer las bases para una presencia colonial en los territorios reconocidos por Gran Bretaña a cambio de la renuncia alemana a toda pretensión sobre Nigeria; efectivamente, fundó los protectorados de Togo y Camerún, contribuyendo a poner los fundamentos del imperio colonial alemán en África. Cumplida su misión, murió durante la travesía de regreso a Alemania.

NAGY, Imre Político comunista húngaro que protagonizó el intento de restablecer la democracia y liberar al país de la tutela soviética en 1956 (Kaposvar, 1896 - Budapest, 1958). Era hijo de una familia campesina pobre. Durante la Primera Guerra Mundial (1914-18) luchó en el ejército austro-húngaro y fue hecho prisionero por los rusos; en Rusia conoció el régimen de la Revolución bolchevique triunfante (1917) y se hizo comunista. Acabada la guerra, volvió a Hungría —ya independiente—, ocupó un lugar modesto en la revolución de Béla Kun* (1919) y se dedicó a extender la organización comunista clandestina; pero la represión gubernamental le llevó a exiliarse de nuevo en la Unión Soviética (1929). Ya no regresó a Hungría hasta que, al final de la Segunda Guerra Mundial (1939-45), el ejército soviético ocupó el país en su avance frente a la Alemania nazi. Accedió al gobierno de coalición implantado en Hungría, ocupando los Ministerios de Agricultura (1944) e Interior (1945), pero fue destituido en 1946 por su oposición a la colectivización forzosa y su tolerancia hacia los disidentes. Tras el establecimiento de un régimen comunista sostenido por la Unión Soviética (1949), representó a la línea reformista en el seno del Partido Socialista Obrero Húngaro (comunista). El fracaso de la política económica inspirada por Stalin* le devolvió al gobierno en 1951; y la muerte de Stalin le permitió dirigir la apertura del régimen húngaro como jefe de gobierno en 1953-55. Nagy emprendió la liberalización de la autocracia comunista y la reorientación de la economía socialista hacia un mayor protagonismo del mercado, la pequeña propiedad y los bienes de consumo. La «vieja guardia» estalinista le derrocó en 1955 a pesar de su popularidad; pero hubo de ser llamado de nuevo al poder para calmar a las masas durante la insurrección anticomunista de 1956. Nagy optó por una línea marcadamente antisoviética, al restablecer la democracia y el pluralismo político y proclamar la neutralidad e independencia de Hungría (abandonando el Pacto de Varsovia y sacándola así de la órbita soviética). El ala intransigente del partido denunció el carácter contrarrevolucionario del gobierno e hizo llamamientos para una intervención militar soviética que no tardó en producirse. Tras el aplastamiento del movimiento por el ejército soviético, Nagy —que se había refugiado en la embajada yugoslava— se entregó confiando en las garantías que se le dieron. Sin embargo, fue condenado a muerte y ejecutado dos años después. Sus ideas sobre un socialismo «de rostro humano» inspiraron los posteriores ensayos de comunismo democrático de Dubcek* en Checoslovaquia (1968) y de Gorbachov* en la Unión Soviética (1985-91), igualmente fracasados.

NAPOLEÓN I (Napoléon Bonaparte) Emperador de los franceses (Ajaccio, Córcega, 1769 - Santa Helena, 1821). Nacido en una familia modesta de la pequeña nobleza de la isla de Córcega —recién incorporada a Francia—, Napoleón siguió la carrera militar como becario, graduándose en la Academia de París en 1785. Tras el triunfo de la Revolución francesa (1789) simpatizó con el nuevo régimen, pero fracasó en su intento de intervenir en política en pugna contra el nacionalismo corso representado por Paoli. En 1793 conoció a Robespierre* y se adhirió al partido jacobino. En aquel mismo año adquirió notoriedad militar, al encargársele el mando de la artillería francesa en el asedio contra Tolón (ocupada por los británicos); el éxito de la operación le valió el ascenso a general. Posteriormente, el régimen del Directorio (1795-99) le empleó en la represión de los múltiples intentos de derrocarle, procedentes tanto de los realistas como de la izquierda. Su prestigio culminó con el mando de la campaña de Italia (1796) que, concebida como una mera maniobra de distracción en la guerra contra Austria, fue llevada con tal éxito por el joven general que le hizo dueño de todo el norte de Italia y llegó a amenazar Viena, obligando a los austriacos a la rendición y desbaratando la coalición de príncipes italianos que se había agrupado en torno a Austria contra la Francia revolucionaria: batallas victoriosas como las de Mondovi, Lodi, Arcole, Rivoli y Bassano acabaron llevando a la Paz de Campoformio (1797), que otorgó a Francia la orilla izquierda del Rin y un Estado satélite en el norte de Italia (la República Cisalpina). Napoleón fue recibido en Francia como el salvador de la República (tanto más cuanto que el botín enviado desde Italia contribuyó a sanear las agotadas arcas de la Hacienda francesa). La tarea de deshacerse del último enemigo que le quedaba a Francia —Gran Bretaña— resultaba más difícil: tras desistir del proyecto de desembarcar directamente en la isla, el Directorio concibió la idea de cortar las comunicaciones británicas con sus colonias en Asia mediante la ocupación de Egipto, y puso al mando de la operación a Bonaparte para alejarle de París, donde su popularidad resultaba preocupante. Napoleón desembarcó en Alejandría en 1798 y luchó con suerte desigual contra turcos y mamelucos; pero Nelson* le cortó la retirada al hundir la flota francesa en Abukir, y Napoleón prefirió regresar a Francia dejando a sus tropas abandonadas en Oriente Medio (1799). Antes de que su popularidad pudiera verse deteriorada por aquel fracaso o de que se le pudieran exigir responsabilidades por su conducta, se unió a un grupo de conspiradores en el que participaban su propio hermano Luciano y el abate Sieyès*; él les aportó la fuerza militar que hizo triunfar el golpe de Estado de 1799 (el 18 de *brumario,* según el calendario republicano).

Napoleón se erigió enseguida en el hombre fuerte de la nueva situación, que se diseñó como una dictadura personal conservadora, encaminada a salvaguardar algunas conquistas esenciales de la Revolución (impidiendo el triunfo de una contrarrevolución monárquica), pero evitando igualmente su prolongación en un sentido democrático y poniendo fin a la inestabilidad social (descartando toda posible revancha de los jacobinos). La dictadura, apoyada en la primacía de los notables, se institucionalizó con la llamada Constitución del año VIII (1799), en la que formalmente el país quedaba gobernado por un triunvirato que presidía el propio Napoleón como primer cónsul. El fortalecimiento del poder ejecutivo le permitió pacificar el país (acabando con la insurrección realista de la Vendée) y realizar importantes reformas de orden interno: normalizó las relaciones del Estado francés con la Iglesia (Concordato de 1801), completó la obra jurídica de la codificación (promulgando, entre otros, el Código Civil en 1804), centralizó y racionalizó la administración en torno a la figura del *prefecto,* puso en pie un sistema educativo público laico y eficaz, reorganizó la administración de Justicia estableciendo una jerarquía única de tribunales estatales, creó el Banco de Francia (1800) e impuso el franco como unidad monetaria nacional (1800). Estas reformas, en las que predominó un sentido racionalizador, uniformizador y estatista, moldearon las instituciones francesas con arreglo al principio de igualdad jurídica surgido de la Revolución. Una combinación de reformas militares y genio estratégico personal le permitió completar la obra en el exterior, venciendo de nuevo a los austriacos (Paz de Luneville, 1801) y asegurando la hegemonía continental francesa en un reparto de esferas de influencia con Gran Bretaña, que conservaba el control de los mares (Paz de Amiens, 1802). Todos estos éxitos permitieron a Napoleón acentuar el carácter autoritario y monárquico de su régimen, decretando primero el carácter vitalicio del Consulado (1802) y proclamándose después emperador (1804).

Aparte de constituir una respuesta a los intentos por restablecer en el Trono francés a los Borbones*, el Imperio suponía un ideal de poder continental por encima de los Estados nacionales. Efectivamente, apoyándose en el poder de sus ejércitos, Napoleón procedió a reorganizar el mapa de Europa en torno a una Francia fortalecida y extendida por múltiples adquisiciones territoriales (los Países Bajos, la costa alemana del mar del Norte, la orilla izquierda del Rin, Cataluña, Piamonte, Génova, Toscana y Roma). Él mismo se hizo coronar rey de un nuevo reino de Italia; situó a otros miembros de la familia Bonaparte* como soberanos de Estados satélites en Nápoles (Murat*), España (José I*), Westfalia (Jerónimo) y Holanda (temporalmente entregada a su hermano Luis); reorganizó Suiza convirtiéndola en un Estado dependiente de Francia; controló personalmente el Estado creado en la costa dálmata bajo el nombre de Provincias Ilíricas; y reorganizó Alemania en 1806, estableciendo el protectorado francés sobre la llamada Confederación del Rin, en detrimento de la influencia de Austria (a la que venció en Ulm y Austerlitz en 1805, y de nuevo en Wagram en 1809) y de Prusia (vencida en Jena y Auestadt, 1806); tras vencer a Rusia en Friedland

(1807), le arrebató Polonia, creando en aquel territorio un Gran Ducado de Varsovia gobernado por el rey de Sajonia, aliado de Napoleón; e incluso consiguió que uno de sus generales, Bernadotte*, se hiciera con la Corona de Suecia. Controlada la práctica totalidad de Europa occidental, el poderío naval de Gran Bretaña le impidió una vez más doblegar a este último enemigo (batalla de Trafalgar, 1805); intentó entonces rendir a Gran Bretaña mediante un *bloqueo continental* que la aislara de los mercados europeos (Decreto de Berlín, 1806), pero los perjuicios fueron mayores para los comerciantes europeos que para la economía británica. Aquel primer ensayo de unificación europea llevó a gran parte del continente las ideas e instituciones surgidas de la Revolución francesa, extendiendo a otros países la dinámica de transformaciones políticas, económicas y sociales del liberalismo, que habrían de marcar su entrada en la Edad Contemporánea.

Sin embargo, las ambiciones napoleónicas toparon con demasiados enemigos: nacionalistas, liberales, católicos, tradicionalistas, víctimas del bloqueo continental... La invasión de España (1808) dio lugar a una insurrección permanente en la península Ibérica, con una lucha guerrillera que absorbería grandes recursos humanos y financieros del Imperio. El posterior intento de invadir Rusia en 1812-13 le permitió tomar Moscú, pero hubo de retirarse ante la estrategia rusa de «tierra quemada» y de rehuir las batallas decisivas; la retirada del *Gran Ejército* del emperador constituyó un desastre, por efecto combinado del clima, las grandes distancias y el acoso enemigo, iniciándose entonces el derrumbamiento del sistema napoleónico (1813). Una gran coalición de todos los enemigos de Napoleón (con Rusia, Austria, Prusia y Gran Bretaña a la cabeza) acabó por consolidarse y derrotarle en la batalla de Leipzig (1813): el emperador tuvo que retirarse hasta territorio francés, mientras veía esfumarse su anterior poderío en el resto de Europa. En 1814 los aliados completaban su avance tomando París y Napoleón era obligado a abdicar. Se le confinó en la isla mediterránea de Elba, mientras los aliados iniciaban la restauración del Antiguo Régimen en el Congreso de Viena.

Restablecida en Francia la monarquía borbónica en la persona de Luis XVIII*, la arbitrariedad y el revanchismo de los vencedores causaron pronto descontentos entre la población. Unido esto a las disensiones políticas que surgieron entre los antiguos aliados, Napoleón se decidió a intentar recuperar el poder. Escapó de su confinamiento y desembarcó en Cannes, reuniendo a sus fieles en apoyo del llamado Imperio de los Cien Días (1815). El rey huyó y Napoleón se puso de nuevo al frente del Estado y del ejército. Mientras intentaba ganarse a los franceses presentándose con un proyecto más liberal, preparó la inevitable confrontación militar contra los aliados. Ésta se produjo en la batalla de Waterloo (Bélgica), donde los aliados derrotaron definitivamente a Napoleón bajo el mando de Wellington*. La segunda restauración castigó más duramente a Francia y a Napoleón, que fue desterrado en peores condiciones a la lejana isla de Santa Helena (océano Atlántico), bajo control británico. Allí permaneció hasta su muerte, viendo deteriorarse su salud gradualmente, al tiempo que dictaba al conde de Las Cases unas memorias en donde interpretaba su labor como un intento de continuar y consolidar la obra de la Revolución de 1789, añadiéndole una idea de orden y extendiéndola por el resto de Europa.

NAPOLEÓN III (Luis Napoléon Bonaparte) Presidente de la República y emperador de Francia (París, 1808 - Chislehurst, Kent, Inglaterra, 1873). Era sobrino del primer Napoleón* y quizá hijo natural suyo. En su juventud tuvo una trayectoria como conspirador liberal, participando en los movimientos revolucionarios italianos de 1831; y desde que, en 1832, heredó la «jefatura» de la dinastía Bonaparte* por la muerte del duque de Reichstadt, se dedicó a intentar la conquista del poder protagonizando sendos intentos frustrados de derrocar a Luis Felipe de Orléans*, uno en Estrasburgo en 1836 y otro en Boulogne en 1840. Este último fracaso le costó la condena a cadena perpetua en el castillo de Ham, pero consiguió evadirse en 1846 y halló refugio en Inglaterra. De aquella época le quedó una mala salud que le acompañaría durante el resto de su vida (reumatismo y problemas renales), una aureola romántica de aventurero y luchador por las libertades, y un círculo de amigos incondicionales en los que se apoyaría durante su carrera política. La Revolución de 1848, que instauró en Francia la Segunda República, le permitió regresar al país y participar en la política activa. El restablecimiento del sufragio universal en un país predominantemente campesino le proporcionó un éxito electoral inmediato, beneficiándose de la memoria de su tío y de la asociación del nombre Bonaparte con una época de orden en libertad y de hegemonía continental de Francia. Fue así como se convirtió en primer —y único— presidente de la Segunda República en 1848, con un mensaje político ambiguo que proponía la síntesis entre los principios de la Revolución de 1789 y los deseos de orden y paz social que albergaba la Francia más conservadora: en su mensaje y en su acción de gobierno se mezclarían siempre el autoritarismo contra el «peligro» de la revolución social y un reformismo liberal de tendencia democrática (contrario al predominio de los notables tradicionales) e incluso socialista (bajo la influencia de los discípulos de Saint-Simon*).

Como presidente de la República, Luis Napoleón siguió la corriente conservadora mayoritaria en la Asamblea: se ganó el apoyo de los católicos al dejar la enseñanza privada en manos de la Iglesia (Ley Falloux, 1849) e intervenir militarmente para reponer el poder del papa contra la República Romana (1849); al mismo tiempo, salvaguardó su imagen presentándose como víctima impotente de las medidas más impopulares de la Asamblea. Y, sobre todo, se esforzó por acrecentar su poder personal, recortando el sufragio universal y las libertades. En 1851 protagonizó un golpe de Estado destinado a perpetuarse en la presidencia en contra de las prescripciones constitucionales, golpe que sancionó después con un plebiscito que ganó abrumadoramente. Había comenzado su estilo de gobierno, consistente en una mezcla de autoritarismo personal y apelación directa al pueblo, eliminando la intermediación de los partidos y del Parlamento. En 1852 completó la configuración de su dictadura promulgando una carta otorgada de corte cesarista, inspirada en la Constitución del año VIII (1799), y restableciendo en su persona la dignidad imperial hereditaria; el que había sido *príncipe presidente,* pasaba a llamarse entonces *Napoleón III, emperador de los franceses.* El carácter dictatorial y el origen violento de aquel Segundo Imperio le obligó a buscar una legitimación suplementaria por la vía de las realizaciones: lanzó una política exterior encaminada a desmontar el orden europeo establecido por el Congreso de Viena (1815) y restablecer el papel de Francia como gran potencia mundial, política nacionalista y expansiva que le atrajo la simpatía de las masas populares urbanas (ya que se presentó como la intervención en favor de nobles causas liberales y nacionalistas, como la de la unificación italiana luchando a favor del Piamonte contra Austria, en 1859) y que tenía la ventaja adicional de mantener a los militares absorbidos en aventuras exteriores. En el interior, compensó el recorte de las libertades individuales con una política de reformas sociales dirigida a desmovilizar el potencial revolucionario del movimiento obrero (legalizando la huelga e impulsando la organización sindical obrera desde 1864); y se esforzó por potenciar el desarrollo económico apoyando a la gran industria, facilitando las grandes concentraciones financieras (como la de la banca Péreire), extendiendo la red de ferrocarriles, remodelando las ciudades (fundamentalmente París, reformada bajo la dirección de Haussmann*), exportando capitales (por ejemplo, con la construcción del canal de Suez, obra de Lesseps*), ampliando los mercados con la expansión colonial (Senegal, Argelia, Nueva Caledonia, Siria, Egipto, Indochina...) y suscribiendo un audaz tratado de libre comercio con Gran Bretaña (el Tratado Cobden*-Chevalier de 1860). Con todo ello, hizo del Segundo Imperio (1852-70) una fase muy significativa en el proceso de industrialización de Francia. La dureza de los siete primeros años de «Imperio autoritario» (1852-59) dejó pasó a un cambio de tendencia más progresista desde la intervención militar en Italia de 1859 (que llevó al régimen a romper con la opinión católica y conservadora, al apoyar la unificación italiana a costa del poder temporal del Papado) y del Tratado comercial de 1860 (que inauguraba una política económica más liberal, enemistando al régimen con parte de la clase empresarial francesa). Pero este giro no modificó sustancialmente las instituciones políticas, que siguieron marcadas por el autoritarismo hasta que, en 1869-70, el régimen inició una evolución hacia el parlamentarismo, en un experimento de «Imperio liberal» que no llegó a cuajar por la inmediata caída del Imperio. Esta vino provocada por las aventuras exteriores: las primeras se habían visto coronadas por el éxito, por ejemplo, la intervención contra Rusia en la Guerra de Crimea de 1854-55, que llevó al régimen a su momento de máxima gloria con la reunión del Congreso de paz en París, simultáneamente a la Exposición Universal de 1855 (que proyectó al mundo la imagen de una Francia moderna y pujante) y al nacimiento de un príncipe heredero del matrimonio de Napoleón III con Eugenia de Montijo* (lo que parecía asegurar la sucesión monárquica). Aquel éxito, completado con el de la guerra de unificación italiana, llevó al emperador a confiar excesivamente en su propio sueño de poderío universal, animándole a un intento de intervención diplomática en la Guerra de Secesión americana (1861-65), a un proyecto de hegemonía francesa sobre América Latina que comenzaría por la instauración en México del régimen imperial de Maximiliano* (1864-67) y a la pretensión de obtener compensaciones territoriales en Alemania por la «benévola» neutralidad de Francia en la Guerra Austro-Prusiana (1866); todos esos intentos se saldaron con otros tantos fracasos, que prepararon el fracaso final: dejándose arrastrar por un incidente diplomático sin importancia (el *telegrama de Ems,* a propósito de la candidatura de un príncipe Hohenzollern* al vacante Trono de España), Napoleón III aceptó ir a la guerra contra Prusia en 1870, confiando en su capacidad para frenar la potencia ascendente de la Prusia de Bismarck* y el peligro de que condujera a formar un Estado alemán fuerte y unido. La derrota en la Guerra Franco-Prusiana (1870) fue completa, cayendo incluso el emperador prisionero del ejército prusiano en la batalla de Sedán. Ello provocó el hundimiento del Segundo Imperio frente a las fuerzas republicanas, al tiempo que estallaba en París la Revolución de la Comuna y que Bismarck completaba la unificación del Imperio Alemán (declarada en Versalles en 1871) y arrebataba a Francia las provincias de Alsacia y Lorena. Una vez puesto en libertad, el ex emperador se refugió en Inglaterra, desde donde siguió proclamando las virtudes del bonapartismo y reclamando sus derechos al Trono, pues nunca abdicó. El controvertido y ambiguo dictador moría tres años después, dejando a la posteridad un modelo de populismo autoritario y modernizador, que sin duda ha inspirado a políticos como el general De Gaulle*.

NARIÑO, Antonio Dirigente de la independencia de Colombia (Bogotá, 1765 - Leiva, 1823). Este criollo de familia acomodada estudió Filosofía y Derecho y obtuvo varios cargos de la que entonces se llamaba Santa Fe de Bogotá, capital del virreinato español de Nueva Granada. Reunió a su alrededor un círculo de adictos al pensamiento ilustrado y liberal que procedía de Europa y Norteamérica. En 1793 tradujo e imprimió la Declaración de Derechos del Hombre y del Ciudadano que había proclamado la Revolución francesa, y poco después varios panfletos con sus propias ideas revolucionarias; por todo ello fue condenado a presidio en el norte de África, pero consiguió escapar y refugiarse en París (1796). Allí tomó contacto con la Revolución y probablemente se inició su adhesión al centralismo político y administrativo. En aquel mismo año se trasladó a Gran Bretaña, donde consiguió apoyo para un proyecto de sublevación independentista de las colonias americanas, en el marco de la guerra hispano-británica de 1796-97; fracasó en el intento de sublevar Venezuela y fue encarcelado (1797-1803 y 1809-10). En 1810 estalló la rebelión independentista, aprovechando que la metrópoli estaba ocupada por el ejército de Napoleón*; Nariño no pudo participar, pero se unió a los rebeldes tan pronto como éstos le liberaron. En las confrontaciones políticas, que enseguida degeneraron en guerra civil, Nariño representó la opción centralista frente a los federalistas, mayoritarios en el Congreso de las «Provincias Unidas de Nueva Granada». Consiguió hacerse con la presidencia del Estado de Cundinamarca —la actual Colombia—, autónomo desde 1811; en 1812 fue derrotado, pero al año siguiente recuperó el control de Cundinamarca y la proclamó independiente. No obstante, dejó la presidencia para ponerse al mando del ejército que intentaba hacer frente al avance español desde el sur; los realistas le derrotaron en 1814 y le enviaron de nuevo preso a Cádiz. El pronunciamiento liberal del general Riego* le devolvió la libertad en 1820. Volvió a América, donde Bolívar* le nombró vicepresidente de su República de Colombia (que agrupaba las actuales Colombia, Venezuela, Ecuador y Panamá); pero renunció después de que sus propuestas políticas fueran desestimadas por el Congreso de Cucutá (1821).

NARMER. V. MENES.

NARVÁEZ Y DE CAMPOS, Ramón María, duque de Valencia Militar y político español (Loja, Granada, 1799 - Madrid, 1868). Segundón de una familia de labradores acomodados de la pequeña nobleza andaluza, ingresó en el ejército con sólo quince años. Durante el Trienio Constitucional (1820-23) se decantó por los partidarios del liberalismo y tuvo un papel destacado en la lucha contra la sublevación absolutista de la Guardia Real de Madrid (1822). Ello le obligó a retirarse del ejército cuando la invasión de los «Cien mil hijos de San Luis» restableció a Fernando VII* como rey absoluto. Muerto el rey diez años más tarde, Narváez se reincorporó al ejército y defendió la causa del liberalismo y el Trono de Isabel II* en la Primera Guerra Carlista (1833-40). Ascendió rápidamente por los éxitos obtenidos en los frentes del Norte (batallas de Mendigorría, 1835 y Arlabán, 1836), el Maestrazgo, Andalucía y La Mancha; pero en esas campañas se fue enconando también su rivalidad personal con Espartero*, que habría de degenerar en enfrentamiento político desde 1838. La persecución de la que fue objeto por Espartero le obligó a exiliarse en Francia durante la Regencia de éste (1841-43); y, dado que su rival había asumido el liderazgo de la rama progresista de los liberales, Narváez se inclinó hacia la rama conservadora, convirtiéndose pronto en el máximo dirigente del partido moderado. Dirigió la sublevación militar que derrocó a Espartero en 1843 (encuentro de Torrejón de Ardoz), ascendiendo entonces a teniente general y capitán general de Castilla la Nueva. En 1844 era llamado a formar gobierno, iniciando una serie de siete periodos como primer ministro de Isabel II: 1844-46, 1846, 1847-49, 1849-51, 1856-57, 1864-65 y 1866-68. Impulsó la elaboración de la Constitución de 1845, que se mantuvo vigente hasta 1868; pero también otras muchas leyes importantes, como la reforma fiscal de Mon* (1845), el Código Penal (1848) o las reformas administrativas de Bravo Murillo*. En suma, conformó el Estado español contemporáneo según la ideología liberal-conservadora de su partido y según su temperamento autoritario: detuvo el proceso de desamortización de los bienes eclesiásticos, amordazó a la prensa, organizó una Administración centralizada y reprimió los movimientos populares impidiendo tanto el resurgimiento del carlismo (Segunda Guerra Carlista, 1849) como la extensión a España de las revoluciones europeas de 1848. El gran poder que atribuyó a la Corona en la Constitución de 1845 se vio correspondido con el sistemático otorgamiento de la confianza regia, que encargaba al «espadón moderado» la formación de gobierno con independencia de la voluntad del electorado, permitiendo después la «fabricación» de unas Cortes adictas mediante el fraude electoral; tal tergiversación del sistema político representativo llevó a los progresistas al pronunciamiento militar y a la revuelta popular como únicos medios de acceder al poder, lo que consiguieron en 1854 (contando en parte con el apoyo de Narváez para derrocar a un gobierno ultraconservador de escasa base social). Narváez se mantuvo apartado de la política activa durante el Bienio Progresista y, tras la caída de Espartero en 1856, regresó estableciendo un sistema de alternancia con un partido de vocación centrista, la Unión Liberal del general O'Donnell*. Durante todo el reinado de Isabel II, Narváez representó el principal soporte del Trono, como jefe indiscutible del partido moderado y árbitro entre sus tendencias internas; su muerte en 1868 dejó al partido descabezado y dividido, facilitando el triunfo de la revolución que derrocó a la reina en aquel mismo año. Tras haber contribuido a vencer la resistencia absolutista, implantó una monarquía constitucional inspirada formalmente en los principios liberales, pero la vació en gran parte de contenido con su exagerado autoritarismo y su política conservadora; su legado es, por tanto, ambiguo, como representante político de las oligarquías de notables locales y grandes propietarios que sustentaron su régimen.

NASSER, Gamal Abdel Militar y político egipcio (Beni Mor, Assiut, 1918 - El Cairo, 1970). Procedente de una familia modesta de Alejandría, Nasser entró en relación con oficiales nacionalistas desde su época de cadete en la Academia militar. Con dicha orientación fundó el movimiento de los Oficiales Libres tras la derrota de Egipto en la primera guerra árabe-israelí (1948). Y con ellos participó en el golpe de Estado que derrocó al rey Faruk* en 1952. Poco después se apoderó del poder mediante otro golpe de Estado, por el cual desplazó a su antiguo aliado, el general Naguib (1954). Se convirtió en primer ministro y, dos años después, dictó una Constitución de la República con un sesgo claramente presidencialista, pasando a ocupar él mismo el puesto de *rais* o presidente (1956). Su política estuvo inspirada por los ideales del nacionalismo árabe: empleó el poder del Estado para fomentar el desarrollo económico, como base material para preservar la independencia del país (destacando a ese respecto, la construcción de grandes obras públicas, como la presa de Asuán); apoyó la lucha antiimperialista de otros pueblos árabes, como la resistencia argelina contra la dominación francesa; intentó poner las bases para la unión política de los países árabes, fusionando a Egipto con Siria en una efímera República Árabe Unida (1958-61); y trató de liderar al conjunto del mundo árabe en el seno del movimiento de países no alineados (Conferencia de Bandung, 1955); en 1956 nacionalizó el canal de Suez, medida que provocó un ataque combinado de Francia, Gran Bretaña e Israel; derrotado militarmente, sólo la intervención diplomática de Estados Unidos y de la Unión Soviética le permitió salvar la situación, al obligar a la retirada de los ejércitos enemigos. En lo sucesivo se alineó cada vez más con la Unión Soviética, lo que no impidió que volviera a fracasar militarmente en una tercera guerra árabe-israelí (la Guerra de los Seis Días, 1967). Ante aquel fracaso dimitió como presidente, pero su popularidad estaba intacta y la presión de las masas le hizo volver al poder enseguida.

NECKER, Jacques Financiero y político francés (Ginebra, 1732 - Coppet, Ginebra, 1804). Aunque nacido en una familia protestante de Ginebra, vivió en París desde los quince años y se convirtió en uno de los banqueros más importantes de la ciudad. Desde 1768, sin embargo, abandonó sus negocios, atraído por la ciencia y la literatura (en el salón de su mujer se reunían por entonces algunos de los intelectuales más destacados de la Ilustración, como Diderot* y D'Alambert*). En sus escritos atacó las ideas económicas de Quesnay* y Turgot*, defendiendo una mayor regulación estatal de los mercados. Los contactos establecidos en la corte como prestamista de la Corona y como representante diplomático de la ciudad-estado de Ginebra le facilitaron la entrada en la política francesa: en 1777 sustituyó a Turgot como ministro de Hacienda de Luis XVI*, en lucha desesperada contra el endeudamiento de las finanzas reales. La confianza que inspiró en el mundo financiero y el acierto de sus primeras medidas produjeron una mejora transitoria de la situación, rota a partir de 1780 cuando la intervención francesa en la Guerra de Independencia de los Estados Unidos de América (1778-83) volvió a desequilibrar las cuentas. Por otro lado, la corte y los parlamentos provinciales se opusieron a las reformas fiscales que proponía Necker, temerosos de perder sus privilegios; cuando el ministro expuso su punto de vista en un *Informe al rey* fue inmediatamente destituido, pues, además de atacar el principio del secreto de las finanzas reales, había puesto en evidencia a la aristocracia denunciando las pensiones que recibía de unas arcas reales a las que no contribuía (1781). Las finanzas reales siguieron deteriorándose bajo la dirección de Calonne* y de Brienne y el descrédito de la Monarquía allanaba paulatinamente el camino de la Revolución. La bancarrota de 1788 decidió al rey a llamar de nuevo al popular Necker; éste le convenció de que para remediar la situación era preciso convocar unos Estados Generales que afrontaran reformas profundas en la Monarquía. Enfrentado a la corte por su insistencia en que el rey ofreciera concesiones al Tercer Estado, acabó por ser destituido en 1789. Su cese fue uno de los detonantes del asalto a la Bastilla con el que estalló la Revolución francesa. Aún fue llamado una vez más, pero mantuvo una posición ambigua y decidió retirarse a Ginebra debido a su desacuerdo con medidas radicales de la Asamblea revolucionaria, como la confiscación de los bienes del clero o la emisión de los *asignados* (1790).

NEFERTITI Reina de Egipto por su matrimonio con el faraón Akenatón* (Amenofis IV). Parece que ejerció una gran influencia sobre el rey, contribuyendo a la revolución política, religiosa, económica y cultural que éste desató al sustituir el politeísmo tradicional egipcio por un culto de tendencia monoteísta al dios solar Atón. Hacia el 1368 a.C. se separó del rey, probablemente por el mayor celo de Nefertiti hacia la nueva religión; se retiró con sus hijas y su yerno Tutankatón (el futuro faraón Tutankamón*) a vivir al castillo de Atón, situado al norte de la nueva capital egipcia, Aketatón (Tell-el-Amarna). Por lo demás, poco se sabe de Nefertiti, salvo que debió de ser una mujer de extraordinaria belleza, a juzgar por las referencias escritas (su nombre significa «la bella ha venido») y por los retratos realizados con el realismo propio del arte de aquel periodo excepcional (sobre todo el busto policromado del Museo de Berlín). Tras la muerte de su marido en el año 1362 a.C., Nefertiti continuó fiel al culto de Atón, en medio de la reacción conservadora que, en poco tiempo, condujo a la restauración de la religión tradicional y del poder de la casta de los sacerdotes de Amón.

NEGRÍN LÓPEZ, Juan Científico y político español (Las Palmas de Gran Canaria, 1892 - París, 1952). Procedente de una familia de comerciantes canarios acomodados, estudió Medicina en la Universidad de Leipzig (Alemania). Desde 1922 fue catedrático de Fisiología en la Universidad de Madrid. Su procedencia de un ambiente conservador y su gran fortuna personal no impidieron que durante la dictadura de Primo de Rivera* (1923-30) ingresara en el Partido Socialista (PSOE), en el que se alineó políticamente con Indalecio Prieto*. Tras el advenimiento de la Segunda República (1931) sería elegido diputado de sus tres legislaturas, siempre representando a las islas Canarias. Aunque no tenía mucho peso político en el partido, cuando estalló la Guerra Civil (1936-39) fue nombrado ministro de Hacienda en el gobierno presidido por Largo Caballero*. Se ocupó de organizar la economía de guerra del bando republicano y de negociar la prestación de ayuda económica y armamentística por parte de la Unión Soviética (para lo cual hubo de entregar a la URSS las reservas de oro del Banco de España). Ya entonces destacó por su insistencia en que la República tratara de atraerse el apoyo de las potencias occidentales mostrándose como un régimen liberal-democrático reformista y moderado; para ello se esforzó por poner coto a los asesinatos políticos y a los excesos de la represión en la retaguardia, mostrándose como un escrupuloso defensor del respeto a la legalidad. En 1937 sustituyó a Largo Caballero como presidente del gobierno, cargo en el que permaneció hasta el fin de la guerra. Empujado por la necesidad de la ayuda soviética, se apoyó en los comunistas del PCE, con los que coincidía en su línea de dar prioridad a la disciplina y la organización para ganar la guerra, postergando las veleidades de revolución social (en contra de las pretensiones de los anarquistas de la CNT y de otros grupos políticos, como el POUM). En 1938, ante el curso desfavorable de la guerra para las armas republicanas, ofreció a los rebeldes entablar una negociación sobre la base de 13 puntos que llevaran a una salida democrática del conflicto; pero la oferta fue rechazada por Franco*, que exigió hasta el final una rendición sin condiciones. Ante tal intransigencia, Negrín ordenó resistir palmo a palmo para prolongar artificialmente la guerra, con la esperanza de que las tensiones internacionales llevaran al estallido de una guerra general en Europa, en la que la República entrara como aliada de las naciones democráticas, contra los regímenes fascistas de Hitler*, Mussolini* y Franco. Pero tales esperanzas de intervención extranjera en defensa de la República se desvanecieron después de la política de apaciguamiento mostrada por Gran Bretaña y Francia frente a Alemania en el Pacto de Múnich (1938). Cuando el conflicto europeo (la Segunda Guerra Mundial) estalló por fin en 1939, el ejército republicano había sucumbido cinco meses antes. Negrín, opuesto a la rendición incondicional en defensa del principio de legitimidad democrática, fue despuesto poco antes de la definitiva victoria franquista por el golpe de Estado del general Casado (marzo de 1939). Se exilió en México y luego en Francia, ejerciendo hasta 1946 el cargo de presidente del gobierno republicano en el exilio.

NEHRU, Familia Dinastía de gobernantes de la India desde su acceso a la independencia en 1947. Bajo la dominación colonial británica era ya una familia rica y culta de la casta superior de Allahabad, con cierta influencia política.

De ella surgió JAWAHARLAL NEHRU *(Pandit* Nehru) (1889-1964), líder nacionalista hindú. Recibió una esmerada educación británica con tutores privados y estudios universitarios en Inglaterra, hasta hacerse abogado en 1912. Gradualmente se fue comprometiendo en la lucha por la independencia de la India, al tiempo que descubría la extrema pobreza de las masas campesinas y adoptaba ideas socialistas. Desde 1921 participó en las campañas de desobediencia civil y resistencia pasiva de Mohandas Gandhi*, del cual se convirtió en estrecho colaborador: los dos hombres se complementaban bien al frente del movimiento nacionalista, combinando el modernismo occidental de Nehru con el tradicionalismo de un Gandhi que buscaba el retorno a las raíces de lo auténticamente indio. Nehru actuó desde 1921 como secretario general del Partido del Congreso en su provincia natal y, desde 1927, como presidente de los sindicatos obreros de toda la India. A lo largo de los años veinte fue madurando su pensamiento político, en parte por la experiencia de la represión (fue encarcelado varias veces) y en parte por sus viajes a Europa, donde tomó contacto con socialistas y comunistas. Asumió definitivamente un ideario antiimperialista radical, en el que la independencia nacional iba ligada a un proyecto de reforma social de corte igualitario. Su radicalismo llegó a enfrentarle temporalmente con su padre y con Gandhi, que en 1928 proponían aceptar para la India un estatuto de dominio dentro del Imperio británico; tal proyecto no cuajó (el Congreso volvería a rechazarlo en 1942) y, en cambio, Gandhi cedió a Nehru la presidencia del Congreso en 1930, a fin de atraer a la unidad a los sectores radicales. Desde entonces, sus principales dificultades, aparte de continuar la lucha contra la dominación británica, vinieron de los musulmanes de la India que, agrupados en la Liga Musulmana de Jinnah*, oscilaban entre la colaboración con el Congreso y la confrontación con éste en defensa de sus intereses como minoría nacional. Por fin, tras la Segunda Guerra Mundial (1939-45), Gran Bretaña se avino a conceder la independencia a la India; pero el conflicto entre hindúes y musulmanes había degenerado hacia el enfrentamiento abierto en todo el país, por lo que se decidió la formación de dos Estados independientes: el Pakistán en las zonas de mayoría musulmana y la India en las de mayoría hindú (1947). Nehru fue el primer jefe de gobierno de esta República de la India, ocupando al mismo tiempo el Ministerio de Asuntos Exteriores; asesinado Gandhi en 1948, quedó como único líder nacional y símbolo de la independencia, ganando abrumadoramente las primeras elecciones libres, que se celebraron en 1952. Creó un Estado democrático (Constitución de 1950), en el que quedaron abolidas las discriminaciones jurídicas por motivos de raza, casta o religión; nacionalizó la banca, creó un sistema de Seguridad Social e inició campañas para controlar el crecimiento demográfico. Trató de hacer frente a la miseria del país mediante una cierta planificación económica estatal, limitada a los sectores en los que no competía con la iniciativa empresarial privada. En política exterior, buscó la ayuda de la Unión Soviética, pero sobre todo fue el artífice de la idea del no-alineamiento, que permitiría a la India liderar un bloque de países subdesarrollados que buscaban una tercera vía independiente entre las dos superpotencias enfrentadas por la «guerra fría»; sus principales problemas internacionales fueron los enfrentamientos fronterizos con Pakistán y con China. Su amplitud de miras, su rigor moral y su carisma de fundador le proporcionaron tal prestigio e influencia política que, al morir dejó un vacío de poder que ningún otro líder pudo llenar. Por esa razón, poco tiempo después accedió al poder su propia hija, **INDIRA GANDHI** (1917 - 84), convertida en la tercera jefa del gobierno india. El apellido con que se conoce a ésta, que por una feliz coincidencia recordaba al patriarca de la independencia, lo tomó de su marido, el diputado Feroze Gandhi, de quien quedó viuda en 1960. Indira era militante del Congreso desde 1938 y había llegado a presidir el partido en 1959, durante la época de gobierno de su padre. En 1964 fue nombrada ministra de Información y Radiodifusión en el gabinete de Shastri, que había sucedido a Nehru al morir; dos años después, al morir Shastri, Indira le sucedía como primera ministra. Continuó la política de su padre y, como él, hubo de hacer frente a graves conflictos con China y Pakistán (tercera guerra indo-pakistaní en 1971), así como a enfrentamientos internos entre hindúes y musulmanes. La parte más criticada de su gestión fue su política de rearme militar, que convirtió a la India en la sexta potencia nuclear del mundo (1974), mientras el hambre seguía provocando mortandades masivas en un país sumido en la pobreza. El creciente distanciamiento del ala derecha del Congreso desde 1970 bloqueó sus iniciativas en materia social y de política exterior, pero en 1971 obtuvo una amplia victoria electoral al frente del ala izquierda del partido. Ante las acusaciones de corrupción (1975), reaccionó con la represión contra los opositores y la suspensión de garantías constitucionales, lo cual le costó la derrota en las siguientes elecciones generales (1977); a su descrédito pudo haber contribuido la política de su hijo Sanjai, responsable de la impopular campaña de esterilización masiva de la población, y acusado de múltiples corruptelas. En 1978 fue incluso expulsada del Parlamento, encarcelada y depuesta de todos sus cargos en el partido del Congreso. No obstante, liderando el ala izquierda consiguió hacerse otra vez con el control del partido e imponerse en las elecciones de 1980. De nuevo primera ministra, hubo de afrontar conflictos con las minorías étnicas del país, principalmente con los *sijs;* para reprimir la revuelta de éstos ordenó el asalto militar al Templo Dorado de Amritsar en 1984. En represalia, un exaltado *sij,* miembro de su escolta, la asesinó en aquel mismo año (su madre había muerto de la misma manera). Le sucedió como primer ministro y como presidente del Congreso su hijo **RAJIVARATNA GANDHI** *(Rajiv* Gandhi) (1944-91). Su política, marcada por la continuidad con la línea de Indira, quedó interrumpida al morir asesinado también por separatistas *sijs*. Su viuda, la italiana **Sonia Gandhi** (1946 -) tomó el relevo, encabezando al Partido del Congreso en las elecciones de 1998.

Nelson, Horatio Marino inglés (Norfolk, 1758 - Golfo de Cádiz, 1805). Se enroló en la Armada real desde los doce años, navegando en el barco de un tío suyo; a los veinte era ya capitán de navío. Participó en importantes combates navales, como la toma de Córcega (donde perdió un ojo, 1774) y la Guerra de la Independencia contra las Trece Colonias británicas de Norteamérica (1775-83). Pero fue en las guerras contra la Francia revolucionaria en las que se convirtió en un símbolo de heroísmo para los británicos: en aquellas guerras alcanzó el grado de almirante, fue ennoblecido (barón en 1798 y vizconde en 1801) y encontró a su amante, Lady Hamilton. Aliada España de Francia en aquel momento, Nelson se distinguió en 1797 en la batalla del cabo San Vicente contra la flota española y en el fallido ataque a Tenerife (en el que perdió un brazo). Ya al mando de una escuadra, no llegó a tiempo de impedir que Napoleón* saliera del puerto de Tolón, pero le persiguió por todo el Mediterráneo hasta hundir a la flota francesa en Abukir (1798), dejando aislado en tierra al ejército napoleónico y frustrando así la campaña de Egipto. Nelson dejó a la marina francesa extremadamente debilitada y se convirtió en un héroe nacional para su país. En lo sucesivo, la Francia napoleónica tuvo que contentarse con la hegemonía continental, limitándose a combatir el dominio británico de los mares empleando aliados que dispusieran de una flota: primero Dinamarca (a la que Nelson derrotó en Copenhague en 1801) y luego España. En este segundo caso, Nelson hubo de hacer frente a una escuadra hispano-francesa mandada por Villeneuve y por Gravina*, que planeaba la invasión de Gran Bretaña. La escuadra se dirigió a América en una maniobra de distracción, pero Nelson la persiguió cruzando dos veces el Atlántico y, tras una primera escaramuza frente al cabo Finisterre, la siguió hasta Cádiz, donde el almirante Villeneuve se había refugiado olvidando el objetivo de invadir las islas Británicas. En una memorable batalla frente a las costas del cabo de Trafalgar (1805), Nelson se impuso a una fuerza superior gracias a los errores de Villeneuve y al ardor que consiguió imprimir a sus hombres, si bien resultó mortalmente herido cuando la suerte de la batalla ya estaba decidida. Con aquella victoria aseguró la hegemonía marítima de Gran Bretaña, indiscutida hasta más de cien años después.

Nerón, Lucio Domitio Claudio Emperador romano, último de la dinastía Julio-Claudia (Anzio, Lacio, 37 - Roma, 68). Era hijo del primer matrimonio de la segunda mujer de Claudio*, Agripina *la Joven* y, por tanto, tataranieto de Augusto*. Agripina convenció a Claudio para que adoptara a Nerón en el 51, señalándole como heredero de la diadema imperial (en lugar del que se suponía su propio hijo, Británico, nacido del matrimonio con Mesalina); para fortalecer su posición casó a Nerón con otra hija de Claudio, Octavia, en el 53; y, finalmente, asesinó al emperador en el 54, dejando el camino libre para su hijo. Éste fue proclamado emperador con sólo 17 años por la guardia pretoriana, dirigida por el prefecto Burro. El reinado de Nerón (54-68) se inició bajo la influencia de Burro y del filósofo Séneca* (preceptor de Nerón), a través de los cuales era Agripina la verdadera dueña del poder. Pero cuando Agripina sospechó que Nerón pretendía sacudirse la tutela materna, empezó a conspirar con Británico para derribarle, y el emperador respondió haciendo asesinar tanto a Británico (55) como a Agripina (59). Tras cinco primeros años de reinado bastante tranquilos, recordados más tarde como uno de los mejores periodos de la historia romana (en los cuales se estableció el protectorado romano sobre Armenia), el emperador empezó a convertirse en un tirano sin escrúpulos, interesado tan sólo por gozar de los placeres de la vida y de la belleza, bajo la influencia de su caprichosa amante Popea (que le obligó a divorciarse de Octavia y a asesinarla en el 62, para casarse con ella misma). También hizo asesinar a Burro (62) y le sustituyó por su favorito Tigelino. Embarcado ya en un despotismo delirante, Nerón cometió toda clase de atrocidades y extravagancias: se dedicó a hacerse adular como poeta, músico, bailarín y deportista en actuaciones públicas; hizo arder la ciudad de Roma para reconstruirla a su gusto (64); desató persecuciones contra los cristianos acusándoles de ser los culpables del incendio; intentó ganarse al pueblo con espectáculos y regalos en los que arruinó el tesoro imperial; e incluso provocó la muerte de Popea, haciéndola abortar de una patada durante un acceso de cólera. Una conjura organizada por Pisón para derrocarle fue descubierta y castigada (65); como represalia, Nerón ordenó suicidarse, entre otros, a sus antiguos amigos Séneca y Petronio. Tres años después se rebelaban contra él los gobernadores de las Galias (Julio Vindex), la Hispania Citerior (Galba) y Lusitania (Otón); la rebelión halló eco en el Senado, que acordó deponer al emperador en el 68. Nerón se hizo matar por su secretario cuando iba a ser arrestado, dando paso a un año de confusión en el que pugnaron por el poder cuatro emperadores (Galba, Vitelio, Otón y Vespasiano).

NESTORIO Teólogo cristiano oriental, creador de la corriente herética conocida como *nestorianismo* (Germanicia, Cilicia, h. 380 - Al-Jarya, Tebaida, Egipto, 451). Este monje de Antioquía fue nombrado patriarca de Constantinopla en el año 428. Su reacción contra la doctrina herética arriana (de Arrio*) le llevó a caer en una concepción extrema de sentido contrario: defendió la existencia en Jesucristo* de dos personas distintas, una divina y otra humana. Al hacerlo llevaba hasta sus últimas consecuencias la doctrina de la «escuela de Antioquía», contrarias a las de la «escuela de Alejandría». De esta última surgió su principal crítico, Cirilo de Alejandría, que llegó a conseguir la condena de la doctrina nestoriana y la deposición de Nestorio de su sede por el tercer Concilio de Éfeso (431). En el fondo de esta polémica latían identidades e intereses regionales contrapuestos en el Imperio de Oriente, y sobre todo una lucha por el poder entre el Patriarcado de Constantinopla y el de Alejandría, que aspiraba a recuperar su antigua primacía. Nestorio fue confinado en Antioquía y más tarde en el Gran Oasis del desierto de Libia; pero el nestorianismo siguió extendiéndose incluso después de su muerte, con especial arraigo en Siria. Las persecuciones fueron expulsando de allí a los nestorianos, muchos de los cuales hallaron refugio en Persia bajo la protección de los Sasánidas. La Iglesia nestoriana de Persia floreció hasta el siglo XIV y extendió su acción misional hacia Arabia, Turkestán, la India, China y Mongolia; luego comenzó un periodo de decadencia bajo la presión musulmana, que culminó con la escisión de 1552 entre los *caldeos uniatas* (reintegrados al catolicismo romano) y los *caldeos separados* (vinculados a la Iglesia ortodoxa rusa). Estos últimos siguen existiendo en la actualidad, dirigidos por un patriarca propio en Estados Unidos.

NEVSKI, Alexander Jaroslávich. V. ALEJANDRO *NEVSKI*.

NEWTON, Isaac Científico inglés (Woolsthorpe, Lincolnshire, 1642 - Londres, 1727). Hijo póstumo y prematuro, su madre preparó para él un destino de granjero; pero finalmente se convenció del talento del muchacho y le envió a la Universidad de Cambridge, en donde hubo de trabajar para pagarse los estudios. Allí no destacó especialmente, pero asimiló los conocimientos y principios científicos de mediados del siglo XVII, con las innovaciones introducidas por Galileo*, Bacon*, Descartes*, Kepler* y otros. Tras su graduación en 1665 se orientó hacia la investigación en Física y Matemáticas, con tal acierto que a los 29 años ya había formulado teorías que señalarían el camino de la ciencia moderna hasta el siglo XX; por entonces ya había obtenido una cátedra en su universidad (1669). Suele considerarse a Newton uno de los protagonistas principales de la llamada «Revolución científica» del siglo XVII y, en cualquier caso, el padre de la mecánica moderna. No obstante, siempre fue remiso a dar publicidad a sus descubrimientos, razón por la que muchos de ellos se conocieron con años de retraso.

Newton coincidió con Leibniz* en el descubrimiento del cálculo integral, que contribuiría a una profunda renovación de las Matemáticas; también formuló el teorema del binomio *(binomio de Newton)*. Pero sus aportaciones esenciales se produjeron en el terreno de la Física. Sus primeras investigaciones giraron en torno a la óptica: explicando la composición de la luz blanca como mezcla de los colores del arco iris, formuló una teoría sobre la naturaleza corpuscular de la luz y diseñó en 1668 el primer telescopio de reflector, del tipo de los que se usan actualmente en la mayoría de los observatorios astronómicos; más tarde recogió su visión de esta materia en la obra *Óptica* (1703). También trabajó en otras áreas, como la termodinámica y la acústica; pero su lugar en la historia de la ciencia se lo debe sobre todo a su refundación de la mecánica. En su obra más importante, *Principios matemáticos de la filosofía natural* (1687), formuló rigurosamente las tres leyes fundamentales del movimiento: la primera ley de Newton o ley de la inercia, según la cual todo cuerpo permanece en reposo o en movimiento rectilíneo uniforme si no actúa sobre él ninguna fuerza; la segunda o principio fundamental de la dinámica, según el cual la aceleración que experimenta un cuerpo es igual a la fuerza ejercida sobre él dividida por su masa; y la tercera, que explica que por cada fuerza o acción ejercida sobre un cuerpo existe una reacción igual de sentido contrario. De estas tres leyes dedujo una cuarta, que es la más conocida: la ley de la gravedad, que según la leyenda le fue sugerida por la observación de la caída de una manzana del árbol. Descubrió que la fuerza de atracción entre la Tierra y la Luna era directamente proporcional al producto de sus masas e inversamente proporcional al cuadrado de la distancia que las separa, calculándose dicha fuerza mediante el producto de ese cociente por una constante G; al extender ese principio general a todos los cuerpos del Universo lo convirtió en la ley de gravitación universal. La mayor parte de estas ideas circulaban ya en el ambiente científico de la época; pero Newton les dio el carácter sistemático de una teoría general, capaz de sustentar la concepción científica del Universo durante varios siglos. Hasta que terminó su trabajo científico propiamente dicho (hacia 1693), Newton se dedicó a aplicar sus principios generales a la resolución de problemas concretos, como la predicción de la posición exacta de los cuerpos celestes, convirtiéndose en el mayor astrónomo del siglo. Sobre todos estos temas mantuvo agrios debates con otros científicos (como Halley, Hooker, Leibniz* o Flamsteed), en los que encajó mal las críticas y se mostró extremadamente celoso de sus posiciones.

Como profesor de Cambridge, Newton se enfrentó a los abusos de Jacobo II* contra la universidad, lo cual le llevó a aceptar un escaño en el Parlamento surgido de la «Gloriosa Revolución» (1689-90). En 1696 el régimen le nombró director de la Casa de la Moneda, buscando en él un administrador inteligente y honrado para poner coto a las falsificaciones. Volvería a representar a su universidad en el Parlamento en 1701. En 1703 fue nombrado presidente de la *Royal Society* de Londres. Y en 1705 culminó la ascensión de su prestigio al ser nombrado caballero.

NGUYEN THAN THANH o **NGUYEN AI QUOC.** V. **HO CHI MINH.**

NICOLÁS I PAVLÓVICH Zar de Rusia, perteneciente a la dinastía Romanov* (San Petersburgo, 1796-1855). Accedió al Trono en 1825, sucediendo a su hermano Alejandro I* en virtud de la renuncia de un segundo hermano, Constantino, virrey de Polonia. Habiendo recibido una educación exclusivamente militar, aplicó los principios de autoridad y disciplina a la gobernación del Estado, reforzando el carácter autocrático del régimen zarista con ayuda de la Iglesia ortodoxa. Dicha línea política fue aplicada por sus dos ministros principales: Benckendorff (para lo interior) y Nesselrode (para los asuntos exteriores). La intentona revolucionaria de los decembristas, que pretendían transformar a Rusia en una monarquía constitucional al modo occidental (1825), le llevó a recrudecer la represión policial, reforzar la censura de prensa y someter más estrechamente la enseñanza. Tímidos intentos de modernizar el país facilitando una abolición gradual de la servidumbre resultaron insuficientes y no impidieron el estallido de revueltas campesinas, que acabaron ahogadas en sangre. En política exterior, Nicolás pretendió erigir a Rusia en guardiana del orden tradicional a escala internacional: aplastó la rebelión de Polonia de 1830-31, aunque no consiguió convencer a Austria y Prusia para intervenir en Francia contra Luis Felipe* y restaurar una vez más a los Borbones*; ante la siguiente oleada revolucionaria europea de 1848, colaboró con el emperador austriaco para aplastar la revolución de Hungría (1849). Su política de expansión territorial a costa del debilitado Imperio Otomano obtuvo algunos éxitos iniciales (anexión de Armenia y del delta del Danubio); pero acabó enfrentándole a una coalición franco-británica que salió en defensa de los turcos y derrotó a Rusia en la Guerra de Crimea (1853-56). Su hijo y sucesor Alejandro II* heredó, pues, una Rusia derrotada, debilitada y atrasada.

NICOLÁS II Último zar de Rusia, con quien se extinguió la dinastía Romanov* (San Petersburgo, 1868 - Yekaterimburgo, 1918). Accedió al Trono en 1894, sucediendo a su padre, Alejandro III. En general siguió la política autocrática de su antecesor, si bien parece haber mostrado escaso interés y nulas aptitudes para las tareas de gobierno. Por incapacidad o por debilidad, cayó bajo la influencia de la zarina Alexandra (la princesa Alicia de Hesse-Darmstadt) y de su consejero Rasputín*. Bajo su reinado, pero más bien al margen de su intervención directa, Rusia conoció un proceso de industrialización acelerada (que hizo surgir importantes núcleos obreros) y se esforzó por extender su influencia en Asia rivalizando con las potencias occidentales en la carrera imperialista (intervención en la Guerra Chino-Japonesa de 1896, base de Port Arthur en 1898, ocupación de Manchuria en 1900, reparto de Persia en esferas de influencia con Gran Bretaña en 1907…). Los intentos por ejercer una influencia determinante en Europa oriental y los Balcanes como cabeza de un movimiento paneslavista dieron lugar a múltipes conflictos y tensiones internacionales, en virtud del alineamiento ruso con Serbia frente a los intereses de Austria-Hungría; pero, tras sufrir una primera derrota diplomática en la crisis de Bosnia (1908), las Guerras Balcánicas de 1912-13 acabaron definitivamente con el control ruso sobre la península Balcánica. Mal aconsejado y aislado de la opinión nacional, Nicolás II dejó con su inmovilismo que se enconaran los grandes problemas que aquejaban al régimen zarista: la pobreza del campesinado y su hambre de tierras, las tensiones sociales y la agitación revolucionaria, las aspiraciones de libertad y democracia de los intelectuales reformistas… En 1905 llevó al país a una guerra contra el Japón en la que resultó derrotado; el descontento popular estalló en una revolución en aquel mismo año, frente a la cual no ofreció otra respuesta que la represión militar. Ambos acontecimientos constituyeron los prolegómenos de la crisis final en la que perecería la Monarquía: en 1914 Rusia volvió a comprometerse en una guerra exterior para la que no estaba preparada ni en sentido militar ni económico ni político, si bien Nicolás no puede considerarse responsable de las grandes decisiones de aquel momento, pues era un juguete en manos de los poderes cortesanos. Las sucesivas derrotas frente al moderno ejército alemán acabaron por desmoralizar al país y desarticular las estructuras del Estado, facilitando la Revolución de febrero de 1917, que derrocó al zar e instauró en Rusia una República. Nicolás II abdicó y se dejó detener sin ofrecer resistencia frente al gobierno provisional de Lvov y Kerenski*. Fue confinado junto con el resto de la familia real en la localidad de Yekaterimburgo (actual Sverdlovsk), en los Urales; tras el triunfo de la segunda Revolución rusa de 1917 (la Revolución de octubre), que llevó al poder a los bolcheviques de Lenin* y dio paso a una dictadura comunista, el zar fue ejecutado junto con toda su familia, por decisión del Sóviet del Ural.

NIETZSCHE, Friedrich Wilhelm Filósofo alemán (Röcken, Sajonia, 1844 - Weimar, Turingia, 1900). Hijo de un pastor protestante, estudió Filología Clásica en las universidades de Bonn y Leipzig (1864-68). Rompió muy pronto con la fe cristiana e inició una línea de pensamiento basada en el ataque a los valores dominantes de la cultura burguesa occidental. También muy pronto perdió la salud, pues contrajo la sífilis en un burdel de Leipzig siendo estudiante y arrastró sus secuelas durante el resto de su vida. Desde 1869 ejerció como profesor en Basilea y adoptó la nacionalidad suiza; allí descubrió el pensamiento de Schopenhauer y conoció al compositor Richard Wagner. Con éste entabló una cierta amistad, rota desde que, en 1878, Nietzsche criticó ásperamente las «decadentes» ideas políticas del círculo wagneriano. En 1879 hubo de retirarse definitivamente como profesor por enfermedad, iniciando sin embargo un periodo muy fecundo de producción intelectual. A sus primeros libros, inspirados por la relación con Wagner (*El nacimiento de la tragedia,* 1872), añadió obras como *Así habló Zaratustra* (1883), *Genealogía de la moral* (1887) o *El Anticristo* (1888), todas ellas de gran valor literario además de filosófico. Su pensamiento trataba de dar sentido a la vida humana una vez que la era del progreso científico había destruido las certidumbres tradicionales del conformismo y la religión; y lo encontró en la «voluntad de poder», el deseo de dominación del hombre sobre sus semejantes y sobre el medio que le rodea. Diseñó incluso un ideal de «superhombre» como meta futura de la evolución de la especie, un hombre capaz de sublimar sus pasiones y dominar su vida, orientando sus energías hacia la creación. De los juicios y deseos de ese superhombre vendría la nueva moral de afirmación de la vida y del individuo, totalmente distinta de la decadente moral judeo-cristiana basada en el sentimiento de culpa y en la negación de los impulsos vitales esenciales. En 1889 sufrió un ataque mientras buscaba en Italia un clima mejor para su salud, y ya nunca recuperó la razón; pasó el resto de su vida en casa de su madre, inmerso en la locura. Al morir Nietzsche, su hermana Elisabeth se hizo con el control de sus obras inéditas, que fue publicando e interpretando según su propio criterio, en busca de notoriedad intelectual. Hasta 1908 no publicó la autobiografía de su hermano, *Ecce Homo*.

NIGHTINGALE, Florence Enfermera inglesa, pionera de la enfermería profesional moderna (Florencia, 1820 - Londres, 1910). Procedente de una familia rica, rechazó la cómoda vida social a la que estaba destinada, para trabajar como enfermera desde 1844. Motivada por sus deseos de independencia y por sus convicciones religiosas, se enfrentó a su familia y a los convencionalismos sociales de la época para buscar una cualificación profesional que le permitiera ser útil a la Humanidad. En 1853 llegó a ser supervisora de enfermeras de un hospital de caridad de Londres, en el que introdujo grandes innovaciones técnicas y de organización; con su trabajo empezó a superarse el modelo asistencial tradicional, basado en los buenos sentimientos y en el sectarismo religioso, y a sustituirse por una asistencia sanitaria científica, la cual precisaba una rigurosa formación del personal de enfermería. En 1854-56 se hizo famosa organizando un servicio de enfermeras para los soldados británicos de la Guerra de Crimea: en el hospital de campaña de Usküdar o Escútari (Turquía) consiguió mejoras sanitarias espectaculares, enfrentándose a los prejuicios de los médicos militares y a la pobreza de medios con que el ejército solía tratar a los soldados. A su regreso a Inglaterra, aprovechó esa popularidad para ejercer influencia en las altas esferas del poder, logrando el apoyo de la reina Victoria*. Desplegando una actividad frenética, consiguió la reforma de la Sanidad militar británica, la extensión progresiva de su modelo a la sanidad civil, la introducción de reformas sanitarias en la India y la creación de una escuela de enfermeras (1860). Desde 1861, sin embargo, permaneció retirada por problemas de salud, consecuencia del esfuerzo desplegado durante la Guerra de Crimea.

NIN, Andreu Dirigente revolucionario español (El Vendrell, Tarragona, 1892 - Barcelona, 1937). Sus inquietudes sociales le llevaron a militar sucesivamente en movimientos políticos tan diversos como el republicanismo catalanista, el socialismo del PSOE, el anarcosindicalismo de la Confederación Nacional del Trabajo (de la que llegó a ser secretario general en 1921) y el marxismo-leninismo del Partido Comunista de España (al que se adhirió nada más fundarse, en aquel mismo año). Permaneció en la Unión Soviética como funcionario de la Internacional Sindical Roja (*Profintern*) hasta que fue expulsado por Stalin* por sostener posturas políticas cercanas a Trotski* (1929). Regresó entonces a España y formó un partido propio con los trotskistas españoles escindidos del PCE: Izquierda Comunista de España (1930). La proclamación de la Segunda República en 1931 permitió al partido actuar dentro de la legalidad y desarrollar una activa propaganda, dirigida por Nin desde que fue elegido secretario general (1932). Pero su estrategia «entrista» (consistente en infiltrarse en el gran partido obrero de masas que era el PSOE) fue desautorizada por Trotski, con quien también acabó rompiendo Nin en 1934. Un año después unificaba su partido con el Bloque Obrero y Campesino de Joaquín Maurín, dando lugar al Partido Obrero de Unificación Marxista (POUM). Al estallar la Guerra Civil en 1936, Maurín fue detenido por los militares sublevados, sustituyéndole Nin como secretario general del POUM. Firmemente apegado a la estrategia de Lenin*, Nin propugnó la transformación de la guerra en revolución social, en contra de la consigna gubernamental de mantener la legalidad y el orden en la retaguardia republicana para ganar la guerra. Nin fue perseguido por el PCE y por la policía secreta soviética, aparte de las fuerzas gubernamentales, hasta que el enfrentamiento estalló en conflicto armado en Barcelona en mayo de 1937. Entendiendo que su acción minaba los esfuerzos de la República para ganarse el respeto de las democracias occidentales y para ganar la guerra contra Franco, los revolucionarios de la CNT y del POUM fueron sometidos por la fuerza y el propio Nin, secuestrado y asesinado. Oficialmente se le dio por desaparecido.

NIXON, Richard Milhous 37.º presidente de los Estados Unidos de

América (Yorba Linda, California, 1913 - Nueva York, 1994). Nació en una familia cuáquera pobre, estudió Derecho con una beca y trabajó como abogado. Después de la Segunda Guerra Mundial (1939-45), en la que sirvió como marino, ascendió en el Partido Republicano en la época de la «guerra fría», destacando por su virulento anticomunismo: fue elegido para la Cámara de Representantes (1947) y para el Senado (1951). En las elecciones presidenciales del año siguiente formó parte de la candidatura republicana victoriosa, convirtiéndose en vicepresidente durante los dos mandatos de Eisenhower* (1953-61). La imposibilidad constitucional de que éste fuera reelegido por tercera vez hizo de Nixon el candidato natural de los republicanos, pues ya de hecho había dirigido la Administración durante la enfermedad de Eisenhower. Pero en las elecciones de 1960 resultó derrotado por un estrecho margen por un candidato demócrata más joven, carismático y comunicativo —Kennedy*— y completó su fracaso al perder también las elecciones para gobernador de California en 1962. Nixon fue un caso de constancia política, pues, aprovechando la inesperada derrota de los republicanos en las presidenciales de 1964 y la renuncia de Johnson* a la reelección, volvió a la carrera presidencial en 1968, y se resarció de anteriores derrotas ganando dos elecciones sucesivas, las de 1968 y 1972. La presidencia de Nixon (1969-74) fue esencialmente conservadora, en coherencia con sus principios esenciales: recortó la Seguridad Social y reprimió duramente los movimientos estudiantiles y raciales. En materia económica, reforzó el proteccionismo y puso fin a la convertibilidad del dólar en 1971, provocando una inestabilidad monetaria que contribuyó a la gran crisis económica mundial de los años setenta. Su balance fue más positivo en política exterior, gracias en parte al talento de su colaborador Kissinger*: redujo las tensiones con el bloque soviético mediante los primeros acuerdos de desarme (acuerdos *SALT,* 1972); acrecentó la presencia norteamericana en Oriente Medio, sosteniendo a Israel frente al ataque de sus vecinos árabes en la Guerra de Yom Kippur (1973) y logrando después un acuerdo de paz entre egipcios e israelíes (1974) bajo la presión del embargo del petróleo decretado por los principales exportadores árabes; también incrementó la hegemonía estadounidense sobre Iberoamérica (aislando al régimen de Perón* en Argentina y facilitando el golpe de Estado que acabó con la presidencia de Allende* en Chile); y asestó un golpe estratégico a la Unión Soviética al establecer relaciones cordiales con la China de Mao* (que el propio Nixon visitó en 1972). También cumplió la promesa electoral de acabar con la Guerra de Vietnam, que había sido uno de los grandes fracasos de su antecesor: pero no por la vía de la victoria militar, pues, una vez fracasados los bombardeos masivos y la política de «vietnamización» del conflicto, hubo de aceptar la derrota por los acuerdos de 1973; el ejército americano pudo salir del sudeste asiático, pero a costa de facilitar la victoria del Vietnam del Norte y la reunificación del país bajo un régimen comunista, humillación que dejaría una huella profunda en el orgullo nacional de los norteamericanos. En 1973, periodistas independientes descubrieron un caso de espionaje político de los republicanos a sus contrincantes demócratas durante las elecciones de 1972 (el *es-*

cándalo *Watergate,* así llamado por el nombre del hotel que hacía las veces de cuartel general demócrata durante la campaña); la implicación del presidente en tramas ilegales de espionaje político ligadas al FBI y, sobre todo, su intento de ocultar la verdad al Congreso y a la opinión pública, determinaron su dimisión para evitar ser cesado por un *impeachment* o juicio político del Congreso. Le sustituyó su vicepresidente, Gerald Ford, quien no sería capaz de revalidar su presidencia en las elecciones de 1976; pero, entretanto, tuvo tiempo para indultar al ex presidente Nixon, evitando que tuviera que responder ante los tribunales de Justicia por sus delitos.

NKRUMAH, Kwame (Francis Nwia Nkrumah) Dirigente de la independencia de Ghana (Nkroful, Nzimaland, Ghana, 1909 - Conakry, Guinea, 1972). Formado en una escuela misional católica, continuó sus estudios universitarios en Pennsylvania (Estados Unidos) y en Londres. Durante su estancia en Inglaterra (1945-47) acabó de formar su ideario antiimperialista y marxista, orientado a la liberación de su país (entonces llamado *Costa de Oro)* de la tutela colonial británica, pero matizando ese nacionalismo por el sueño de una futura unidad africana. Regresó a su país como secretario general de la Convención Unida de Costa de Oro, partido nacionalista moderado, del cual se escindió en 1949 para fundar el Partido de la Convención del Pueblo, más radical. Durante las luchas por la independencia que siguieron, fue encarcelado varias veces; pero en 1951 ganó las elecciones convocadas por los británicos para poner en marcha un proceso gradual hacia la autonomía, y pasó a compartir el poder con el gobernador de la colonia. Una nueva victoria electoral en 1956 dio paso a la independencia total en 1957 de la ahora llamada Ghana, con Nkrumah como primer presidente (inicialmente mantuvo al país dentro de la Commonwealth, pero en 1960 lo transformó formalmente en una República). Fue, además de presidente de la República, jefe de gobierno, presidente del Tribunal Supremo, comandante en jefe de las Fuerzas Armadas y secretario general del partido único, eliminando a todos sus rivales políticos e instaurando una dictadura personal. Orientó la gobernación del país según su ideología socialista, liderando el movimiento antiimperialista panafricano y alineando su política exterior con la China de Mao*. Pero en política interior, su ambiciosa retórica revolucionaria fue acompañada de un acomodo conservador a las limitaciones del país: respetó el marco económico del capitalismo y apenas consiguió algunos progresos en materia de industrialización y obras públicas. En 1966 fue depuesto por un golpe de Estado mientras se hallaba de visita en Pekín; permaneció hasta su muerte refugiado en Guinea bajo la protección del presidente Sekou Touré.

NOBEL, Alfred Químico sueco que inventó la dinamita y fundó los premios que llevan su nombre (Estocolmo, 1833 - San Remo, Italia, 1896). Pasó gran parte de su juventud en San Petersburgo (Rusia), donde su padre —que era ingeniero— instaló una fábrica de armamento que quebró en 1859. Regresó a Suecia en 1863, completando allí las investigaciones que había iniciado en el campo de los explosivos: en 1863 consiguió controlar mediante un detonador las explosiones de la nitroglicerina, inventada por el italiano Ascanio Sobrero; en 1865 perfeccionó el sistema con un detonador de mercurio; y en 1867 consiguió la dinamita, un explosivo plástico resultante de absorber la nitroglicerina en un material sólido poroso, con lo que se reducían los riesgos de accidente (las explosiones accidentales de la nitroglicerina, en una de las cuales había muerto su propio hermano Emil, habían despertado fuertes críticas contra Nobel y sus fábricas). Aún produjo otras invenciones en el terreno de los explosivos, como la gelignita (1875) o la balistita (1887). Nobel patentó todos sus inventos y fundó compañías para fabricarlos y comercializarlos desde 1865 (primero en Estocolmo y Hamburgo, luego también en Nueva York y San Francisco). Sus productos fueron de enorme importancia para la construcción, la minería y la ingeniería, pero también para la industria militar (para la cual habían sido expresamente diseñados algunos de ellos, como la balistita o pólvora sin humo); con ellos puso los cimientos de una fortuna, que acrecentó con la inversión en pozos de petróleo en el Cáucaso. Por todo ello, Nobel acumuló una enorme riqueza, pero también un cierto complejo de culpa por el mal y la destrucción que sus inventos pudieran haber causado a la Humanidad en los campos de batalla. La combinación de ambas razones le llevó a legar su fortuna a una fundación —la Fundación Nobel, creada en 1900— con el encargo de otorgar una serie de premios anuales a las personas que más hubieran hecho en beneficio de la Humanidad en los terrenos de la Física, la Química, la Medicina, la Literatura y la Paz. Tales premios eran reflejo de la preocupación de Nobel por la paz mundial y de sus ideas progresistas y contrarias a la violencia; él mismo fue un cosmopolita, viajero incansable, que cambió de país de residencia varias veces (después de Rusia y Suecia, pasó a vivir en Alemania y en Francia, de donde hubo de emigrar a Italia por la impopularidad que le causó la adopción de la balistita por el ejército italiano para su munición). Los Premios Nobel, que gozan de un alto prestigio internacional, se han venido otorgando anualmente desde 1901, con la excepción de los dos periodos de guerra mundial (1914-18 y 1939-45). La atribución de los cinco premios instituidos se dejó en manos de varias academias científicas suecas y del Comité Nobel de Noruega (que otorga el premio de la Paz). En 1968 el Banco de Suecia decidió añadir bajo el nombre de Nobel un sexto premio de Economía, que se ha venido otorgando anualmente desde 1969.

NORODOM SIHANUK, Príncipe.
V. **SIHANUK, Príncipe Norodom.**

NÚÑEZ DE BALBOA, Vasco Conquistador español que descubrió la costa americana del océano Pacífico (Jerez de los Caballeros, Badajoz, 1475 - Acla, Panamá, 1517). Procedente de la pequeña nobleza extremeña, se embarcó hacia las Indias en 1501, en la expedición de Pedro de Bastidas que recorrió las costas de la actual Colombia. Fracasado en su intento de establecerse como granjero en la isla La Española (actual Santo Domingo), hubo de huir de sus acreedores embarcándose de polizón en la expedición de Ojeda y Fernández de Enciso de 1510; admitido como miembro de la expedición gracias a su conocimiento de la costa que iban a explorar, participó en la fundación de Santa María de la Antigua, primera ciudad española en Tierra Firme, de la cual fue nombrado alcalde. Pronto comenzaron sus luchas con otros conquistadores españoles de la región, como Nicuesa, Ojeda y Enciso. En 1511 consiguió ser nombrado gobernador de la región del Darién, a la que se dio el nombre de *Castilla del Oro* por las noticias que circulaban sobre fabulosas riquezas. Exploró el istmo de Panamá y lo incorporó a los dominios españoles; fue el primer español en describir la cordillera de los Andes (1512); y en 1513 descubrió el que llamó *mar del Sur* (el océano Pacífico), que en vano había buscado Colón* para llegar a Asia. Apoyándose en tales éxitos, Balboa pidió refuerzos para continuar sus conquistas hacia el sur del continente, que probablemente le habrían llevado hasta el Perú. Pero las intrigas de sus enemigos en La Española consiguieron, por el contrario, que cayera en desgracia y fuera sustituido como gobernador por Pedrarias Dávila; Balboa quedó sometido a él como adelantado del mar del Sur y gobernador de las provincias de Coiba y Panamá. Mientras Pedrarias destruía toda su labor llevado por el deseo de anular el prestigio y el poder de Núñez de Balboa, éste continuó con su proyecto de explorar el mar recién descubierto: fundó el puerto de Acla en la costa del Pacífico y llevó hasta allí tres bergantines, transportándolos desmontados a través del istmo. Antes de que pudiera botar su expedición, Pedrarias le hizo apresar con ayuda de Pizarro* y le ejecutó, acusándole de traición.

NÚÑEZ CABEZA DE VACA, Álvar
(o Álvaro) Conquistador español (Jerez de la Frontera, 1507 - Sevilla, 1559). De familia noble, era hijo de un conquistador de Gran Canaria. Su primera aventura en las Indias transcurrió en el sur de lo que hoy son los Estados Unidos y el norte de México: alistado en la expedición de Pánfilo de Narváez a la Florida (1527) fue uno de los cuatro únicos supervivientes que, durante ocho años, vivieron entre los indios como comerciantes y curanderos; tras un largo periplo hacia el oeste, restablecieron el contacto con los españoles en Sinaloa (México) en 1536. Durante aquel viaje recogió las primeras observaciones etnográficas sobre las poblaciones indígenas del golfo de México, que serían publicadas en 1555 bajo el título de *Naufragios*. Cabeza de Vaca regresó a España en 1537 y consiguió que se le otorgara la gobernación del Río de la Plata. Para hacerla efectiva inició en 1540 su segundo viaje, que le llevó al sur del continente americano. Descubrió las cataratas de Iguazú, exploró el curso del río Paraguay y sometió a algunas tribus indígenas. Pero pronto entró en conflicto con los colonos españoles establecidos con anterioridad que, encabezados por Irala, rechazaban la autoridad del gobernador y sus proyectos de organizar la colonización del territorio olvidándose de perseguir los quiméricos tesoros de los que hablaban las leyendas indígenas. Los descontentos se sublevaron en 1544 (rebelión de los *comuneros*) y enviaron a Cabeza de Vaca a España acusado de abusos de poder en la represión de los disidentes (como el incendio de Asunción en 1543). El Consejo de Indias le desterró a Orán en 1545. Ocho años después fue indultado y se estableció en Sevilla como juez.

NYERERE, Julius Kambarage
Político tanzano (Butiama, 1922 -). Hijo del jefe de una tribu, fue educado en una

misión católica y, posteriormente, se graduó en Historia y Economía en la Universidad de Edimburgo (1952). De regreso a su país, se convirtió en presidente del partido Asociación Africana de Tanganika, que refundó en 1954 como Unión Nacional Africana de Tanganika (TANU). Tan pronto como los británicos concedieron la autonomía a su colonia de Tanganika, accedió al poder al ganar las elecciones de 1960. Fue primer ministro del gobierno autónomo (1961-62) y presidente de la República una vez declarada la independencia, primero de Tanganika (1962-64) y luego de Tanzania, resultado de la unión con Zanzíbar (1964-85). Nyerere encaminó al país por la vía de un «socialismo africano», que pretendía poner coto a la dominación neocolonial de Occidente recurriendo a fórmulas económicas y sociales propias *(Ujamaa),* que él mismo teorizó en obras como *Libertad y socialismo* (1968). En política exterior se vinculó preferentemente a China, encabezando el grupo de regímenes progresistas del África Ecuatorial que se integraron en el Movimiento de Países No Alineados; también integró a Tanzania en la *Línea del Frente,* alianza de países vecinos de Sudáfrica y opuestos a su política racista (1976). Ante la contestación interior a su poder (que dio lugar a conspiraciones, manifestaciones y atentados en 1971-72), Nyerere se hizo personalmente con el control del ejército (nombrándose comandante en jefe de las Fuerzas Armadas en 1973) y, más adelante, reformó la Constitución (1977) estableciendo un sistema de partido único: el *Chama Cha Mapinduzi,* del que él mismo era presidente. Sin embargo, la situación económica del país no paró de deteriorarse en los años setenta, debido a la crisis mundial, a la sequía, las plagas, el boicot occidental y los problemas inherentes al modelo político-administrativo tanzano. En 1985 renunció a todos sus cargos, dejando el poder a su vicepresidente Mwinyi.

OBREGÓN, Álvaro Revolucionario mexicano y presidente de la República (Siquisava, Sonora, 1880 - San Ángel, México, 1928). Este pequeño propietario del norte entró en la política al triunfar la Revolución mexicana de 1910, resultando elegido alcalde de Huatabampo (1911). Al año siguiente tomó partido en defensa de Madero* frente a la sublevación de Orozco, asumiendo importantes responsabilidades militares (fue nombrado coronel del ejército revolucionario). Durante la posterior lucha contra la dictadura de Victoriano Huerta*, Obregón fue, junto con Pancho Villa*, el principal apoyo militar que permitió a las fuerzas constitucionales de Carranza* recuperar el poder en la capital y salvaguardar los objetivos de la Revolución (1914). Luego permaneció leal a Carranza ante la disidencia de Villa, y le acompañó en su retirada a Veracruz; al tiempo que dirigía la contraofensiva militar que permitió derrotar a los villistas (en la cual perdió un brazo), Obregón presionaba a Carranza para que adoptara una política avanzada en materia social (1915). Y en el Congreso de Querétaro (reunido en 1916), fue Obregón el portavoz de la corriente socialista que dio forma a la Constitución de 1917. Luego se retiró de la política; pero volvió en 1920, para apoyar el Plan de Agua Prieta, rebelándose junto con Calles* y Adolfo de la Huerta contra el conservadurismo del presidente Carranza. Tras el asesinato de Carranza y la presidencia provisional de Adolfo de la Huerta, Obregón ganó las elecciones presidenciales de aquel mismo año. Su mandato (1920-24) fue un periodo de reformas sociales avanzadas en la línea prometida por la Revolución: se expropiaron los grandes latifundios para repartir tierras a los campesinos, se ampliaron los bienes comunales de los pueblos, se redujeron las deudas de los jornaleros pobres, se puso en marcha un plan de educación popular y el gobierno favoreció a las organizaciones obreras. También logró el reconocimiento del régimen revolucionario mexicano por Estados Unidos, mediante el Acuerdo Bucarelli, que solucionaba el contencioso creado por la nacionalización de la tierra y del petróleo (1923). Esta política proporcionó a Obregón los apoyos necesarios para sofocar la rebelión de Adolfo de la Huerta en 1923-24. Le sucedió en la presidencia su leal colaborador Calles (1924-28), el cual impulsó la reforma de la Constitución para que Obregón pudiera ser reelegido presidente (1927). Efectivamente, venció en las elecciones de 1928, pero murió enseguida asesinado por un fanático católico que le reprochaba su política laica.

OCCAM, Guillermo de (o de Ockham) Pensador inglés, fundador de la escuela nominalista (Ockham, Surrey, h. 1285 - Múnich, Baviera, 1349). Este fraile franciscano estudió en la Universidad de Oxford, en la que empezó a enseñar como bachiller desde 1317; el carácter innovador de sus enseñanzas hizo que nunca se le diera el grado de doctor (razón por la que se le conoce como *el venerable principiante*) y que entrara en conflicto con la Iglesia. El papa Juan XXII le hizo comparecer en su corte de Aviñón en 1324 y condenó como heréticas muchas de sus doctrinas, incluida su defensa de la pobreza como exponente del espiritualismo franciscano; fray Guillermo reaccionó huyendo en compañía del general de la orden y poniéndose bajo la protección del emperador Luis de Baviera en Pisa y luego en Múnich, lo que le costó la excomunión (1328). Hasta poco antes de su muerte mantuvo la polémica con los papas sucesivos (Benedicto XII y Clemente VI). La filosofía nominalista parte de la crítica al racionalismo y a los conceptos universales: todo conocimiento está basado en la lógica, operando sobre la percepción sensorial de objetos individuales concretos; y no deben multiplicarse inútilmente los entes creando conceptos abstractos que no procedan de la experiencia (esta economía de objetos es la que luego se conoció como *la navaja de Occam*). Su teoría inductiva del conocimiento, cercana al empirismo, le llevó a una visión contingente del mundo, en la que abrió amplios espacios para la libertad. De ella resultaba el carácter meramente probable de las afirmaciones científicas y la imposibilidad de una demostración rigurosa de la ley moral e incluso de la existencia de Dios. De manera que su concepción teológica se fundamentaba en la fe en un Dios omnipotente inasequible por la razón (dando comienzo con ella la separación entre Teología y Filosofía). Más inaceptables aún para el Papado fueron sus propuestas de separación entre la Iglesia y los poderes temporales (ideas que ya habían provocado años antes la excomunión del emperador); con ellas se inició la evolución hacia un Estado laico separado de la Iglesia. Guillermo refutó la supuesta infalibilidad de los papas y defendió que el poder de éstos debía estar limitado por el derecho natural y por la libertad de los cristianos.

OCKHAM, Guillermo de. V. OCCAM, Guillermo de.

O'CONNELL, Daniel Fundador del nacionalismo irlandés (Cahirciveen, Kerry, 1775 - Génova, 1847). Miembro de la aristocracia católica de la isla, se hizo abogado en 1798. En esa época recibió la influencia intelectual de William Godwin, Thomas Paine* y Adam Smith*. O'Connell se convirtió en un liberal demócrata (militante de los Irlandeses Unidos); pero rechazó los métodos violentos empleados durante la Revolución irlandesa de 1797-98, cuyo fracaso hizo perder a Irlanda su Parlamento autónomo (Ley de Unión de 1800). Su oposición a la dominación británica le llevó a presidir el Comité Católico desde 1805; desde aquel puesto rechazó la oferta del gobierno británico de emancipar a los católicos a cambio de obtener el control sobre los nombramientos para la jerarquía eclesiástica (1815): con ello consiguió preservar a la Iglesia católica como instrumento fundamental del nacionalismo irlandés. En 1823 fundó la Asociación Católica, un poderoso movimiento de masas de inspiración democrática, que unificó las fuerzas del campesinado irlandés contra la monarquía protestante británica; la disciplina y eficacia de aquel movimiento, que amenazaba con lanzar una verdadera revolución, forzaron a Peel* y a Wellington* a conceder en 1829 la emancipación de los católicos (esto es: la abolición de las trabas legales para que los católicos desempeñaran cargos públicos en el Reino Unido). En 1830 entró O'Connell en el Parlamento británico, donde actuó como portavoz del nacionalismo irlandés (luchando por la abolición de la Ley de Unión) y del movimiento utilitarista de Bentham* (apoyando la reforma electoral que se produjo en 1832). Pactó con los *whigs* para renunciar al separatismo a cambio de la introducción de reformas en la administración de Irlanda que nunca llegaron. En los años cuarenta se convirtió en el primer alcalde católico de Dublín. Desde su nuevo puesto lanzó un movimiento de masas que llegó a reunir medio millón de manifestantes en Clontarf en demanda de la revocación de la Ley de Unión (1843). El gobierno Peel se negó a toda concesión y amenazó a los manifestantes con la artillería, ante lo cual O'Connell se retiró, renunciando a emplear métodos violentos o ilegales. En sus últimos años vivió con amargura el deterioro de su salud y la indiferencia británica ante el hambre de Irlanda, al tiempo que se distanciaba por sus convicciones liberales de la nueva tendencia hacia un nacionalismo de tipo cultural (dominante entre los exaltados de la Joven Irlanda).

OCTAVIO AUGUSTO, Cayo Julio César. V. AUGUSTO.

ODOACRO Caudillo germano que depuso al último emperador de Roma (?, 434 - Rávena, Italia, 493). Pertenecía a la tribu germánica de los esquiros y era hijo de Edecón, consejero de Atila*. En el 470 entró en Italia junto con un contingente de guerreros bárbaros al servicio del Imperio, que pronto se mostraron indisciplinados y belicosos. Entretanto, el poder imperial era objeto de enconadas luchas que terminaron de debilitarlo: en el 476 fue Orestes quien se hizo con el poder, poniendo en el Trono de Roma a su propio hijo Rómulo Augústulo. Pero Orestes no concedió a los soldados bárbaros las tierras que reclamaban; en respuesta, Odoacro encabezó una rebelión de sus hombres, que le proclamaron rey. En aquel mismo año derrotó y ejecutó a Orestes en Pavía y depuso a Rómulo Augústulo como emperador de Occidente, sin nombrar sucesor. Las insignias imperiales fueron enviadas al emperador de Oriente, Zenón, acabando con la ficción política de poner emperadores títeres; pero, más que acabar con el Imperio, Odoacro parece que pretendió reunificarlo, dando a su propio poder el sentido de una regencia sobre la parte occidental en nombre de la teórica soberanía del único emperador residente en Constantinopla (esta situación fue admitida tanto por el emperador como por el Senado romano). Odoacro se alió con los visigodos establecidos en la Galia, iniciando un gobierno largo y pacífico sobre Italia. Pero, desde el 487, Zenón optó por romper con él y envió para derrocarle a otros pueblos germánicos: primero los rujos —a los cuales venció— y luego los ostrogodos; estos últimos le derrotaron y dieron muerte en Rávena, adueñándose de Italia su rey Teodorico.

O'DONNELL, Leopoldo, duque de Tetuán Militar y político español (Santa Cruz de Tenerife, 1809 - Biarritz, Francia, 1867). Procedente de una familia de militares de origen irlandés al servicio de la monarquía española desde el siglo XVIII, hizo sus primeras armas en defensa de la causa constitucional durante la Primera Guerra Carlista (1833-40), dándose la circunstancia de que sus hermanos combatían en el bando contrario. Fue ascendiendo por méritos de campaña, primero en el frente del Norte (Lumbier, Unzá, Hernani...) y desde 1839 en el Maestrazgo, ya como jefe del Ejército del Centro y capitán general de Aragón, Valencia y Murcia; si en el primer escenario llegó hasta mariscal de campo, el segundo le elevó al grado de teniente general y le proporcionó su primer título de nobleza, el de conde de Lucena. Políticamente se encuadró junto a Narváez* entre los moderados, contrarios al progresismo de Espartero*; el triunfo de éste le hizo exiliarse en 1840, participar en la fallida sublevación de Diego de León (1841) y en la conspiración de militares moderados que acabaron con la Regencia de Espartero en 1843. Narváez le nombró capitán general de Cuba (1844-48), senador vitalicio (1845) y director general de Infantería (1848). En 1854, habiendo degenerado el gobierno moderado bajo el conde de San Luis hacia posiciones autocráticas y ultraconservadoras alejadas de la mayoría del partido, O'Donnell encabezó un golpe de Estado que, secundado por movimientos revolucionarios populares capitalizados por los progresistas, dio paso a un bienio de hegemonía política de éstos. O'Donnell se integró como ministro de la Guerra en un gobierno presidido por Espartero (1854-56), mientras fundaba un partido propio de vocación centrista, la *Unión Liberal,* que aspiraba a situarse entre progresistas y moderados. En 1856 provocó la caída de Espartero y le sustituyó como jefe de gobierno, poniendo fin al proceso constituyente abierto por los progresistas, para regresar a la Constitución moderada de 1845, si bien enmendada con un Acta Adicional que reflejaba la voluntad unionista de conservar algunas conquistas del liberalismo avanzado. Se abrió entonces un periodo de alternancia política entre los unionistas de O'Donnell y los moderados históricos de Narváez, que se turnaron excluyendo del poder a los progresistas. O'Donnell presidió el gabinete en tres ocasiones, en 1856, 1858-63 (el «Gobierno Largo») y 1865-66. Su periodo de gobierno se caracterizó por una cierta apertura política y un gran auge económico, con expansión de los ferrocarriles, construcción de obras públicas y mejora del aparato administrativo y estadístico del Estado. La bonanza económica fue empleada para lanzarse a una política exterior más activa, estrechamente ligada al expansionismo de la Francia de Napoleón III*: tropas españolas secundaron a las francesas en las campañas de Indochina (1858-62) y México (1861); esta última acción, unida a la reincorporación temporal de Santo Domingo (1861-65) y a la Guerra del Pacífico contra Perú y Chile (1865-68), pueden interpretarse como una tentativa de recuperar la influencia española sobre las antiguas colonias americanas. En esa misma línea de poner las bases para una expansión colonial, O'Donnell lanzó también la Guerra de África (1859-60), que dirigió personalmente hasta la ocupación de Tetuán; la campaña le valió el título de duque, reconociendo Marruecos las posesiones españolas de Ceuta y Melilla, además de adquirir el enclave de Ifni. O'Donnell se esforzó por apuntalar el Trono de Isabel II*, rechazando el intento de desembarco carlista en San Carlos de la Rápita (1860), tratando sin éxito de reincorporar a los progresistas al sistema político y reprimiendo los conatos revolucionarios de 1866 (insurrecciones de Prim* y del Cuartel de San Gil); su muerte dejó a los moderados como únicos valedores de la reina, pues los unionistas optaron por aliarse con progresistas y demócratas para preparar la Revolución que finalmente la destronaría en 1868.

O'HIGGINS, Bernardo Caudillo de la independencia chilena (Chillán, Chile, 1778 - Lima, Perú, 1842). Era hijo de un militar español de ascendencia irlandesa, que llegó a ser capitán general de Chile y virrey del Perú durante la época colonial. Tras un periodo de formación en Inglaterra y Cádiz, se instaló como hacendado en su ciudad natal en 1802. Enseguida obtuvo cargos políticos y militares de carácter local, al tiempo que entraba en contacto con los criollos que conspiraban contra el dominio español. En 1810 se unió al pronunciamiento independentista del Cabildo y la Audiencia de Santiago, resultado del vacío de poder que dejó la invasión francesa de la metrópoli. En medio de grandes luchas por el poder entre los revolucionarios, O'Higgins fue elegido diputado del Congreso Constituyente (1811) y vocal (1812) y presidente (1813-14) de la Junta de Gobierno, militando siempre en la facción republicana. Los éxitos militares que obtuvo sobre los españoles en 1813 le llevaron a ser nombrado general en jefe del ejército (1814); pero una ofensiva de los realistas le hizo capitular en Lircai y perder el mando de la insurrección. Derrotados los rebeldes en la batalla de Rancagua, O'Higgins hubo de refugiarse en Argentina. Allí se unió al ejército de San Martín*, con el cual participó en la expedición a los Andes y en la batalla de Chacabuco (1817), que determinó la independencia de Chile y el poder personal de O'Higgins, que pasó a titularse *director supremo*. Durante seis años ejerció una dictadura orientada hacia la consolidación de la independencia nacional: continuó luchando para controlar la totalidad del territorio, rechazó la contraofensiva española con la victoria de Maipú (1818) y dotó al país de una primera flota de guerra que envió a combatir contra los españoles al Perú (1820). Su autoritarismo y sus abusos —como los sangrientos «ajustes de cuentas» con otros dirigentes revolucionarios— provocaron una rebelión popular que le derrocó del poder en 1823, obligándole a permanecer exiliado en Perú hasta su muerte.

OLIVARES, Gaspar de Guzmán y Pimentel, conde-duque de Valido del rey Felipe IV* de España (Roma, 1587 - Toro, Zamora, 1645). Segundón de una rama menor de la casa de Medina Sidonia*, inició una carrera eclesiástica estudiando en la Universidad de Salamanca. Sin embargo, la muerte de sus dos hermanos mayores le convirtió en heredero y le hizo abandonar los estudios para acompañar a su padre, el conde de Olivares, en la corte de Felipe III* (1604-07). Al heredar el mayorazgo se retiró a Sevilla para administrar sus dominios. Pero regresaría a la corte en 1615 como gentilhombre de cámara del príncipe; desde ese cargo se ganó la confianza del futuro rey y se alineó, bajo la protección de su tío Baltasar de Zúñiga, en la facción del duque de Uceda, opuesta a la del valido duque de Lerma*. Afianzó sus posiciones en el periodo de declive del poder de Lerma y posteriormente se deshizo de la tutela de Uceda; de manera que, cuando accedió al Trono Felipe IV en 1621, Olivares pasó a controlar la situación, acumulando múltiples cargos palaciegos y regulando el acceso a la persona del monarca. Y cuando murió su tío en 1622, se convirtió en una especie de ministro universal del rey. En un primer momento se dedicó a eliminar de la corte a los miembros de las facciones de Lerma y Uceda, condenando con castigos ejemplares los abusos del reinado anterior, pero también situando en los puestos clave a sus propios parientes, amigos, clientes y «hechuras», al tiempo que acumulaba para su casa títulos, rentas y propiedades. Su poder personal quedó reforzado mediante el recurso a las juntas, con las cuales tendió a suplantar el mecanismo de gobierno tradicional de los Consejos.

El programa político de Olivares está contenido en el *Gran Memorial* que presentó al rey en 1624. Considerando que la autoridad y reputación de la Monarquía se habían deteriorado, proponía un plan de reformas encaminadas a reforzar el poder real y la unidad de los territorios que dominaba, con vistas a un mejor aprovechamiento de los recursos al servicio de la política exterior. En su opinión, la eficacia de la maquinaria bélica de la monarquía, sostén de su hegemonía en Europa, dependía de la capacidad para movilizar los recursos de sus reinos, tendiendo a una administración más ejecutiva y centralizada; es lo que se llamó la *Unión de Armas*, proyecto para incrementar el compromiso de todos los reinos de *España* (tal expresión era utilizada en el documento) para compartir con Castilla las cargas humanas y financieras del esfuerzo bélico. Aquel proyecto de Monarquía más cohesionada y más ejecutiva no llegó a hacerse realidad, por la oposición de los poderes locales representados en las Cortes. Pero ello no hizo desistir a Olivares de su política belicista, encaminada a recuperar el dominio de los Países Bajos y la supremacía sobre Francia.

Sin nuevos recursos financieros, las guerras provocaron un endeudamiento creciente, hasta llegar a la bancarrota de 1627. Desde entonces, las derrotas militares se sucedieron, abriendo el camino para la decadencia del poderío español en Europa: la Monarquía había perdido las buenas relaciones con la Inglaterra de los Estuardo* al fracasar las negociaciones para casar a la infanta María con el príncipe de Gales; se había enfrentado con Francia al tomar partido en la disputa sucesoria de Mantua (Guerra de Monferrato, 1628-31); y al no prorrogar la Tregua de los Doce Años con Holanda, hubo de afrontar una guerra desastrosa simultáneamente contra Holanda, Inglaterra, Francia y Dinamarca, en el marco del conflicto general europeo de la Guerra de los Treinta Años (1618-48). Olivares protagonizó en 1627-35 un último intento de imponer sus reformas por la vía autoritaria, pero las resistencias fueron mayores y, unidas a las derrotas militares, minaron el prestigio del valido. Tras un primer sobresalto con el motín de la Sal de Vizcaya (1630-31), el descontento de los reinos periféricos estalló por fin en 1640 con las rebeliones simultáneas de Portugal (que conduciría a su independencia) y de Cataluña (que no sería sofocada hasta 1652), a las que se unió la conspiración del duque de Medina Sidonia en Andalucía. En 1643 Felipe IV* prescindió por fin del conde-duque (así llamado por ser conde de Olivares y duque de Sanlúcar la Mayor), que se retiró a convalecer de sus achaques en su señorío de Loeches, cerca de Madrid. Incluso entonces, los detractores del antiguo valido siguieron formulando acusaciones contra él hasta que consiguieron que el rey le desterrara más lejos, a la villa de Toro (1643), y que fuera procesado por la Inquisición (1644).

OLIVEIRA SALAZAR, Antonio de.
V. SALAZAR, Antonio de Oliveira.

OMAR I IBN AL-JATTAB Segundo califa musulmán (La Meca, h. 581 - Medina, 644). Era uno de los enemigos más acérrimos de Mahoma*, pero desde que se convirtió al Islam se convirtió en su estrecho colaborador (e incluso casó a una hija suya con el profeta). Al morir Mahoma sin dejar indicaciones sobre su sucesión al frente de los musulmanes, Omar apoyó la candidatura de Abú Bakr, a fin de evitar luchas por el poder (632); pero aquel primer califa murió dos años después y esta vez sí dejó definida la sucesión, que correspondió a Omar. Durante los diez años que ejerció el Califato (634-44), impulsó la expansión del Islam fuera de la península arábiga, mediante la «guerra santa»: arrebató Siria, Palestina y Egipto al Imperio Bizantino (batalla de Yarmuk, 636), e impuso el dominio árabe sobre Irak (batalla de Qadisiyya, 637) y Persia (batalla de Nehavend, 642). Las rápidas conquistas militares de Omar transformaron al Islam en un imperio teocrático que se extendía por todo Oriente Medio, al que el califa dotó de una nueva organización político-administrativa: los territorios conquistados serían gobernados por los jefes de los respectivos ejércitos de ocupación, considerados como delegados del califa para asuntos políticos, administrativos, jurídicos y religiosos; los árabes constituirían una casta dominante aislada de las poblaciones autóctonas, a las cuales no se intentaría convertir al Islam; y estas poblaciones no islamizadas sostendrían el Califato con sus tributos. Omar murió asesinado por un esclavo persa; pero antes había nombrado un comité para que eligiera a su sucesor evitando confrontaciones civiles. El elegido fue Otmán, primer califa Omeya*.

OMEYA, Dinastía Familia árabe que reinó en todo el mundo musulmán en la época del Califato de Damasco (661-750) y posteriormente en la España musulmana durante el Emirato y el Califato de Córdoba (756-1031). Eran los descendientes de Omeya, un árabe musulmán del clan de los Joraichitas (el clan de Mahoma*).

Ya durante la época de los califas electivos, el tercer califa (que accedió al poder en el 644) fue un Omeya: OTMÁN (570-656), rico comerciante de La Meca casado sucesivamente con dos hijas de Mahoma. Prosiguió la política expansiva de sus predecesores desde la muerte del profeta, pero desató las iras de los viejos creyentes por el favoritismo hacia los miembros de su clan y el lujo ostentoso que éstos desplegaron. Murió asesinado por las turbas en su casa de Medina. Otro Omeya ejercía una gran influencia como gobernador de Siria desde el precedente reinado de Omar*: **MUHAWIYA I** (o Moawiya) (603-80), que había sido uno de los secretarios de Mahoma. En realidad fue él quien, tras participar en la conquista de Siria y ser nombrado gobernador en 641, llevó gran parte del peso de las luchas contra Bizancio. Al morir asesinado su primo Otmán, Muhawiya no reconoció al califa que resultó elegido para sucederle, Alí*. Ambos se enfrentaron en la indecisa batalla de Siffin (657). El arbitraje de Adhroj (658) permitió a Muhawiya continuar como gobernador de Siria, lo que los partidarios de Alí (los *jariyíes*) consideraron una traición: abandonado Alí, cayó asesinado en el 661 y Muhawiya fue reconocido como califa en su lugar (se había hecho proclamar califa por su cuenta en Jerusalén en 660). La capital del Islam fue trasladada a Damasco, estableciendo una monarquía autoritaria, pero tolerante con los no musulmanes (de cuyo esfuerzo se alimentaba la fiscalidad califal). Continuó la política de expansión territorial hacia Kabul, Bujara y Samarkanda. Al designar como sucesor a su hijo **YAZID I** (644-83), instituyó por primera vez la monarquía hereditaria entre los musulmanes. El nuevo califa derrotó al hijo de Alí, Husain, en la batalla de Kerbala (680), constituyendo los derrotados de aquel enfrentamiento la secta de los *chiíes*, opuestos al Islam *sunní* que representaban los Omeyas. Le sucedieron Muhawiya II, Marwán I, y **ABD EL-MALIK** (646-705). Este importante califa extendió sus dominios hasta el Magreb, sometió a los rebeldes chiíes y jariyíes, reprimió la rebelión de Abdullah ibn el-Zobeir en Arabia y creó el sistema monetario árabe. Bajo su sucesor, **EL-WALID I** (668 - 715), alcanzó su máxima extensión el Imperio omeya, con la conquista de Transoxiana, la India y España (711). Le sucedieron Solimán, Omar II, Yazid II, Hisham, El-Walid II, Yazid III, Ibrahim y **MARWÁN II** (684-750). Poco después de que este último accediera al poder en el 744, la resistencia chiíta y jariyí que había arraigado en Irán se convirtió en rebelión abierta bajo la dirección de los Abasidas* (747). Éstos derrotaron al califa en la batalla del Gran Zab, se hicieron proclamar califas y exterminaron a casi toda la familia Omeya (750). Sólo un nieto de Hisham, **ABDERRAMÁN I*** (o Abd al-Rahmán) (731-88) consiguió huir al norte de África y se apoderó de al-Ándalus (la España musulmana), fundando el Emirato de Córdoba (756). Aunque reconocieran teóricamente la dependencia del Califato de Bagdad como suprema autoridad religiosa del Islam, de hecho los Omeyas españoles constituyeron un Estado completamente independiente. Le sucedieron **HISHAM I** y **ALHÁKEM I** (o Al-Hakam) (770-822). Desde que accedió al Trono en el 796 hubo de luchar por afirmar su poder frente a las ambiciones de sus tíos paternos y frente a la rebelión de Toledo (que reprimió con la masacre de la «jornada del foso» en el 797). Igualmente hubo de imponerse por la fuerza frente a una conspiración (805) y una rebelión popular (818) en Córdoba. El Emirato entró en crisis con sus sucesores —Abderramán II, Muhammad I, Almundir ibn Muhammad y Abd-Allah ibn Muhammad—, tendencia interrumpida por **ABDERRAMÁN III*** (o Abd el-Rahmán) (891-961). Tras imponerse sobre las diversas rebeliones y resistencias a su poder, rompió el último lazo simbólico de los Omeyas con los califas orientales, proclamándose él también califa y, por tanto, autoridad soberana tanto en lo político como en lo religioso (929). Al morir le sucedió su hijo **ALHÁKEM II** (o Al-Hakam) (915-76). Tras la guerra victoriosa que sostuvo en 963 contra León, Castilla, Pamplona y Barcelona, impuso una superioridad militar duradera de Córdoba sobre los reinos cristianos de la Península. Continuó la política de su padre de presencia en el norte de África para disuadir a los fatimíes y a otros poderes musulmanes de posibles veleidades de penetración en la península Ibérica; en el Magreb reclutó contingentes beréberes para sus ejércitos. Le sucedió su hijo **HISHAM II** (Hixem o Hisam) (965-1013), reconocido como califa con sólo diez años de edad. Desde el comienzo de su reinado estuvo dominado por la figura de Almanzor*, tutor y visir del monarca, protegido por la reina madre, la vasca Subh. Tras la muerte de Almanzor y de su hijo Al-Muzáfar, el califa se vio obligado a abandonar su retiro palaciego durante un periodo confuso (desde 1008), en el cual fue varias veces depuesto y repuesto en el Trono, en medio de luchas por el poder entre los nobles cordobeses. Es probable que muriera asesinado en una de aquellas intrigas; desde entonces, debilitado el poder central, empezaron a escindirse del califato los llamados *reinos de Taifas,* reduciéndose paulatinamente el territorio que controlaron los últimos califas: Solimán ibn Alhákem, Alf ibn Hamud, Abderramán IV, Al-Cashim ibn Al-Mamún, Yazya al-Motali, Abderramán V, Muhammad III e Hisham III (depuesto en 1031 y fallecido en Lérida en 1036).

ONASSIS, Aristóteles Sócrates
Empresario griego (Esmirna, 1906 - París, 1975). Procedía de una familia griega acomodada dedicada al comercio del tabaco en la ciudad de Esmirna (en el Asia Menor, perteneciente al Imperio Otomano); la familia quedó arruinada a raíz de la ocupación griega de la ciudad al final de la Primera Guerra Mundial (1914-18) y la posterior recuperación por Turquía en la Guerra Greco-Turca de 1920-22, que les obligó a emigrar a Grecia. Onassis fue enviado a Argentina a hacer fortuna en 1923; y lo consiguió mediante un negocio de importación de tabaco oriental. Convertido en millonario a finales de los años veinte, no sólo superó la crisis económica iniciada en 1929, sino que aprovechó la depresión mundial de los años treinta para comprar y construir a bajo precio buques de carga, con los que constituyó una flota consolidada y extendida en los años de la Segunda Guerra Mundial (1939-45). En 1946 se casó con la hija de un importante armador griego, de la que se divorció poco después para iniciar un romance con la cantante lírica María Callas. Se convirtió en uno de los hombres más ricos del mundo merced a su negocio de armador, aunque adquirió también inmuebles, salas de espectáculos y hoteles, incluido el mítico Casino de Montecarlo (1953). Mantuvo relaciones de colaboración con el Estado griego desde los tiempos en que le representó como cónsul en Argentina hasta que, en 1957, obtuvo la concesión de las líneas aéreas griegas (fundando la compañía Olimpic Airways). En 1968 se casó con la viuda del asesinado presidente norteamericano Kennedy*.

ORANGE, Guillermo III de. V. **GUILLERMO III DE ORANGE.**

ORELLANA, Francisco de Conquistador español que exploró por primera vez el Amazonas (Trujillo, Cáceres, h. 1470 - Río Amazonas, 1550). Era pariente de los Pizarro*, a los que acompañó en la conquista del Perú y en las luchas civiles contra Almagro*. En 1538 refundó la ciudad de Santiago de Guayaquil (en el Ecuador actual). Luego acompañó a Gonzalo Pizarro en la expedición que hizo al este de los Andes en busca de Eldorado y del país de la canela (1541-43); pero se separó del grueso de la expedición en busca de víveres y ya no volvieron a encontrarse. Orellana continuó por su cuenta, descendiendo en varios bergantines por el curso de los ríos Coca, Napo y Marañón. Asediado siempre por el hambre, luchó contra varias tribus indígenas, llamándole la atención que en una de ellas combatieran tanto hombres como mujeres: la relación que estableció con el mito griego de las amazonas o mujeres guerreras hizo que se llamara *Amazonas* al río conocido hasta entonces como Marañón. Alcanzó el Atlántico en 1542 con dos bergantines, con los que bordeó la costa del Brasil y la Guayana hasta alcanzar Venezuela, sin contar con brújula, mapas ni marinos en la tripulación. Regresó a España, en donde superó las acusaciones de traición por haber abandonado a Pizarro, e incluso consiguió capitulaciones del rey para conquistar los territorios que había descubierto (1544), aunque no ayuda financiera. El viaje que inició en 1545 fue un desastre, en parte por la falta de medios: fue perdiendo hombres, barcos y tiempo por el camino, hasta perecer ya a orillas del Amazonas. Su fracaso dejó el camino libre para la expedición que preparaba Portugal y que otorgaría a aquel país el control de la cuenca del Amazonas.

ORLANDO, Vittorio Emmanuele Político italiano (Palermo, Sicilia, 1860 - Roma, 1952). Este profesor universitario de Derecho Constitucional, de amplia cultura, entró en la política como diputado del Partido Liberal en 1897. Luego fue ministro de Educación (1903-05), Justicia (1907-09 y 1914-16) e Interior (1916-17). Durante la Primera Guerra Mundial (1914-18), fue elegido primer ministro a raíz de la crisis que desató la derrota del ejército italiano en Caporetto (1917). Desde aquel puesto reforzó la unidad de la nación y la moral de combate, obteniendo los postreros éxitos militares del Piave y Vittorio Veneto frente al Imperio Austro-Húngaro (1918). Orlando asistió a la Conferencia de París que elaboró los tratados de paz, pero tuvo en ella un papel secundario frente a Wilson*, Clemenceau* y Lloyd George*. Aunque no albergaba ambiciones expansionistas tan radicales como su ministro de Asuntos Exteriores (Sonnino) y simpatizaba con los ideales wilsonianos de concertación internacional, Orlando se retiró de la conferencia cuando entendió que ésta no atendía las justas exigencias de Italia como potencia vencedora. Esto debilitó sus posiciones negociadoras y, si bien Italia obtuvo el Tirol del Sur, Trieste e Istria, vio frustradas otras aspiraciones que chocaban con el «principio de las nacionalidades» que había impuesto Wilson, como Fiume y otros territorios de Croacia, Carintia y la costa dálmata (Tratado de Saint-Germain, 1919). Este resultado decepcionó a los nacionalistas italianos, creando un resentimiento hacia las potencias occidentales y una reivindicación de los «territorios irredentos» que facilitarían la ascensión del fascismo. Orlando cayó del gobierno derrotado por un voto de censura en el Parlamento (1919) y trabajó desde entonces para construir la Sociedad de Naciones que Wilson había propuesto como organismo internacional de paz. Políticamente participó junto a Giolitti* en la oposición al ascenso de Mussolini*; durante la dictadura fascista mantuvo una oposición meramente testimonial (renunció a su cátedra en 1931 para no prestar juramento al régimen); y volvió a la actividad desde el final de la Segunda Guerra Mundial (1939-45), participando como diputado de la Asamblea Constituyente (1946-47) en la definición política de la Italia republicana.

ORLÉANS, Luis Felipe de. V. **LUIS FELIPE I.**

ORTEGA Y GASSET, José Pensador español (Madrid, 1883-1955). Nació en una familia acomodada de empresarios y periodistas: su abuelo Eduardo Gasset había fundado el influyente diario liberal *El Imparcial* en 1867; y su padre, José Ortega y Munilla, fundó con Nicolás María de Urgoiti en 1917 el diario *El Sol*, orientado a un periodismo independiente para un público culto, demócrata y moderno. El joven Ortega, educado por los jesuitas, estudió Filosofía en la Universidad de Madrid y completó su doctorado en Alemania. En 1910 obtuvo la cátedra de Metafísica de la Universidad Central de Madrid. Hizo sus primeras armas periodísticas en los medios que dirigía su padre, fundando posteriormente él mismo otros órganos de opinión, como la revista *España* (1915), la *Revista de Occidente* (1923) o la «Biblioteca de ideas del siglo XX» de la editorial Calpe (1920). En ellos sostuvo posturas críticas hacia el régimen político de la Restauración y, sobre todo, contra el atraso y el estancamiento cultural de la España de entonces. Adquirió prestigio como principal cabeza visible de un grupo de jóvenes intelectuales reformistas, que después se dio en llamar «generación de 1913» o «de 1914»; su manifiesto fundacional sería el artículo «Vieja y nueva política» de Ortega (1914), donde actualizaba la temática de los regeneracionistas y de la «generación de 1898», criticando el caciquismo, el fraude electoral sistemático y la falsedad del régimen representativo tergiversado por una clase política anclada en sus privilegios. Un año antes había fundado al servicio de los mismos ideales de regeneración nacional la Liga de Educación Política, junto con otros intelectuales como Salvador de Madariaga*, Manuel Azaña*, Américo Castro, Luis Araquistáin o Pablo de Azcárate. El compromiso político de Ortega, ligado al entorno del Partido Reformista de Melquiades Álvarez, se acentuó a medida que se agravaba la descomposición de la Monarquía de la Restauración. Ante la crisis de 1917 publicó su artículo «Bajo el arco en ruina», donde se hacía eco del clamor de la opinión pública democrática por abrir un proceso constituyente que adaptara el régimen político español a las tendencias democratizadoras europeas. En su libro *La España invertebrada* (1921) enlazó con el discurso clásico de la decadencia de España, aludiendo a la falta de una minoría selecta capaz de liderar y estructurar a la nación. Convertido ya en decidido partidario de la República, aceptó en un primer momento la dictadura de Primo de Rivera*, que prometía acabar con el caciquismo; el autoritarismo represivo de la dictadura, sin embargo, le llevó a una oposición frontal, que pagó sufriendo represalias como la censura de sus artículos en *El Sol* (1928) y la separación de su cátedra (1929). Tras la dimisión de Primo de Rivera publicó un artículo que tuvo gran resonancia, titulado «El error Berenguer», aludiendo a la imposibilidad de regresar a la normalidad constitucional después de la experiencia de la dictadura, como pretendía el general Berenguer* (1930). En consecuencia, apoyó la proclamación de la Segunda República (1931) e incluso participó en la formación de un grupo político formado por intelectuales dispuestos a favorecer el advenimiento y consolidación del nuevo régimen: la Agrupación al Servicio de la República (junto con Gregorio Marañón y Ramón Pérez de Ayala). En consecuencia, fue diputado en las Cortes constituyentes de 1931. Pero la política de la coalición republicano-socialista dirigida por Azaña le pareció sectaria e inadmisible para sus convicciones liberal-conservadoras, como argumentó en su discurso sobre «Rectificación de la República» (1931); desengañado, disolvió la Agrupación (1932) y se alejó de la política activa (1933). Este distanciamiento de la política izquierdista vino precedido por la publicación de *La rebelión de las masas* (1930), su obra más polémica, en la que daba fe del advenimiento de una nueva época en la civilización occidental (la de la cultura de masas y la democracia), pero mostraba un rechazo elitista instintivo hacia el predominio popular, en la línea de las corrientes de pensamiento antidemocrático del periodo de Entreguerras. Al estallar la Guerra Civil de 1936-39 abandonó el país, manteniendo un largo exilio voluntario en Francia, Argentina y Portugal. Desde 1942 empezó a pasar temporadas en España, adonde regresó definitivamente un año antes de su muerte. En cuanto a su pensamiento filosófico, ha sido calificado de *raciovitalismo*. Entendió el conocimiento como una reflexión sobre la vida del hombre y sobre su entorno, realizada desde las circunstancias concretas del sujeto mediante el instrumento de la razón vital o razón histórica. Destacan en ese sentido sus *Meditaciones sobre el Quijote* (1914), los ocho volúmenes de *El espectador* (1916-34), *El tema de nuestro tiempo* (1923), *La deshumanización del arte* (1925), *Ideas y creencias* (1940), *Historia como sistema* (1941), *En torno a Galileo* (1942)…

ORTEGA SAAVEDRA, Daniel Dirigente de la Revolución sandinista de Nicaragua (La Libertad, Chontales, 1945 -). Procedente de una familia de clase media, estudió Derecho en la Universidad Centroamericana de Managua, si bien no terminó la carrera, pues enseguida se comprometió en la lucha contra la dictadura de Somoza*, militando en grupos como la Juventud Patriótica Nicaragüense o la Federación de Estudiantes Revolucionarios. A causa de estas actividades fue varias veces encarcelado y torturado por la Guardia Nacional. En 1963 se unió al recién fundado Frente Sandinista de Liberación Nacional (FSLN) y tres años después pasó a dirigir su rama estudiantil. Tras siete años de cárcel (1967-74) fue liberado por exigencia de un comando del Frente, que había ocupado el Palacio Nacional de Managua secuestrando a importantes personalidades del régimen de Somoza. Se refugió en Cuba y, en 1975, entró en la dirección nacional del FSLN; regresó de incógnito para incorporarse a la lucha guerrillera en Nicaragua, primero en el Frente del Norte y luego en el Sur, durante la ofensiva final sandinista de 1977-79. Y, tras la caída de Somoza, formó parte de la Junta de Reconstrucción Nacional (1979) y resultó elegido coordinador de la misma (1981). Quedó convertido así en el «hombre fuerte» del régimen surgido de la Revolución, posición que consolidó con su elección como presidente de la República en 1985. Dio al régimen una orientación marxista, inspirándose en el modelo de la Cuba de Fidel Castro* (con especial énfasis en la reforma agraria). Pero hubo de enfrentarse desde el principio a la hostilidad de Estados Unidos bajo la presidencia de Reagan*, que decretó un embargo comercial contra Nicaragua, minó los puertos del país y organizó una guerrilla contrarrevolucionaria (los *contras*). La consiguiente guerra civil arruinó la frágil economía del país y acentuó el carácter dictatorial y militarista del régimen, deteriorando su popularidad. Ante la presión norteamericana, en 1990 Ortega convocó unas elecciones libres, que dieron el triunfo a la coalición derechista UNO (Unión Nacional Opositora); en consecuencia, cedió democráticamente el poder a su rival, Violeta Chamorro*, que le sucedió en la presidencia. Ortega siguió presidiendo el Comité Ejecutivo del FSLN en la oposición, mientras su hermano Humberto controlaba aún importantes resortes de poder desde la jefatura del ejército. En 1996 fue nuevamente derrotado en las elecciones presidenciales que dieron la victoria a Arnoldo Alemán.

OTMÁN. V. OMEYA, Dinastía.

OTÓN I, *el Grande* Rey y emperador de Alemania, segundo de la dinastía de los Otónidas (Walhausen, Turingia, 912 - Memleben, Turingia, 973). En 936 fue coronado en Aquisgrán como sucesor de su padre, Enrique I, en el Trono alemán. Pero la escasa unidad del reino le obligó a mantener continuas guerras para imponer su autoridad: primero contra la rebelión de los duques Eberardo de Franconia y Giselberto de Lorena, apoyados por su propio hermano Enrique (938); luego contra su hijo primogénito, Liudolfo y contra Conrado *el Rojo* de Lorena (953-54). Durante todo ese proceso, Otón hizo de su familia un instrumento de poder para unificar Alemania, reduciendo la independencia de los ducados por la vía de poner al frente de los mismos a sus parientes. La alianza con la Iglesia le permitió también utilizar al clero como instrumento de centralización. Otra parte importante de sus esfuerzos estuvieron destinados a reforzar la frontera oriental de Alemania, organizando las marcas fronterizas, frenando la invasión húngara (batalla del Lech, 955) e impulsando la evangelización de los eslavos (sumisión de Bohemia, 950). Sostuvo otras tres campañas destinadas a someter Italia a su poder (en 951-52, 961-65 y 966-72), campañas que le permitieron hacerse coronar emperador en Roma en 962 —enlazando con la tradición imperial de Carlomagno*— e incluso ser reconocido por los emperadores bizantinos (poco antes de su muerte). Al asociar al Trono a su hijo, Otón II (coronado rey desde 961 y emperador desde 967), facilitó una sucesión dinástica sin sobresaltos.

OTTO, Nikolaus August Ingeniero alemán que perfeccionó el motor de combustión interna (Holzhausen, Nassau, 1832 - Colonia, 1891). En 1861 diseñó un primitivo motor de combustión interna, que consumía gas de alumbrado; para su comercialización se asoció con el industrial Eugen Langen y fundaron juntos una fábrica en Colonia (1864). En 1876 perfeccionó aquel modelo aplicando el ciclo de cuatro tiempos que había patentado Alphonse Beau de Rochas seis años antes; desde entonces se llama *ciclo de Otto* al ciclo de cuatro tiempos (admisión, compresión, explosión y escape) que desarrollan los cilindros de estos motores durante dos vueltas completas del cigüeñal, pues fue Otto el primero en ponerlo en práctica construyendo un motor de cuatro tiempos como los que constituyen la base de los motores de los automóviles modernos. Al hacerlo proporcionó el primer motor eficaz alternativo a la máquina de vapor, abriendo una nueva era en la industria. No obstante, fue uno de sus colaboradores, Daimler*, quien dio el paso definitivo —una vez abandonados los talleres de Otto— introduciendo la gasolina como combustible. A pesar del éxito económico inicial de sus motores, Otto perdió la patente en 1886, al descubrirse la anterioridad del invento de Beau de Rochas.

OWEN, Robert Pensador y activista del primer socialismo británico (Newton, Gales, 1771-1858). Hijo de un modesto artesano, tuvo una formación autodidacta y prosperó como empresario de la industria del algodón. En 1799 compró junto con otros socios la fábrica textil de New Lanark (Escocia), de cuya dirección se ocupó en los años siguientes. Conmovido por las consecuencias sociales de la introducción del capitalismo durante la primera revolución industrial, buscó la forma de promover una sociedad mejor desde su posición como empresario. Su gestión fue un experimento innovador, pues consiguió que la empresa arrojara beneficios introduciendo mejoras sustanciales para los trabajadores: elevó los salarios, sentó las bases de una seguridad social mutualista y proporcionó a los obreros condiciones dignas de vivienda, sanidad y educación. Este último fue para él el objetivo esencial, pues consideraba que una educación liberal y solidaria sería el mejor instrumento para acabar con la delincuencia y poner las bases para un futuro de justicia e igualdad. Owen fue un pionero del socialismo, inspirado aún por la fe de los pensadores ilustrados del siglo XVIII en el progreso humano y en la posibilidad de reformar gradualmente la sociedad mediante la razón, el convencimiento y la educación. Marx* y Engels* le clasificarían más tarde entre los socialistas que llamaron *utópicos,* ya que se esforzaban por diseñar una sociedad futura ideal (como la *Utopía* de Tomás Moro*), confiando en que bastaría el ejemplo de unas pocas comunidades ideales de este tipo para convencer a la humanidad de sus ventajas y extender así el modelo de forma pacífica; al mismo tiempo, el término sugería que estos primeros socialistas europeos sostuvieron ideales quiméricos al soñar ingenuamente que podría pasarse al socialismo sin pasar por una revolución.

La fama de Owen se extendió por Gran Bretaña y éste aprovechó su notoriedad para plasmar sus ideas en conferencias y libros, en los que fue desarrollando un ideal de socialismo gradualista y cooperativo, muchas de cuyas propuestas inspirarían a socialistas posteriores (incluido el propio Marx); entre las obras de Owen cabe destacar *Una nueva visión de la sociedad* (1813) y el

Informe al Condado de Lanark (1821). Sin embargo, sus socios capitalistas en New Lanark desaprobaron una gestión tan generosa hacia los obreros y le desplazaron de la dirección. En el futuro, Owen pasaría a confiar más en la acción del Estado como impulsor de las reformas sociales necesarias que las clases acomodadas no iban a adoptar por iniciativa propia, al tiempo que criticaba la idea misma de una economía competitiva. En 1825-28 volvió a intentar poner en práctica sus principios en una nueva comunidad modélica llamada New Harmony (Indiana, Estados Unidos); pero la empresa fracasó y se llevó la fortuna personal de Owen. De vuelta a Inglaterra, pasó a ser un activista del incipiente movimiento obrero: fundó una «Bolsa de cambio equitativo de trabajo», con la que esperaba desterrar el dinero, el beneficio y la explotación del trabajo obrero; participó activamente en el movimiento de los cartistas, que reivindicaban pacíficamente la introducción de reformas democráticas en el sistema político británico; y en 1833 se puso a la cabeza de la primera central sindical británica de ámbito nacional (el *Grand National Consolidated Trade Union),* que llegó a tener medio millón de afiliados. Fracasados todos aquellos empeños, una nueva era de las luchas sociales iría dejando atrás sus ideales; todavía apoyó una nueva comunidad owenista en Harmony Hall (Hampshire, Inglaterra, 1839-45), editó un periódico de propaganda socialista *(El Nuevo Mundo Moral,* 1834-46) y escribió algunos textos tardíos de tendencia más espiritualista.

P

PABLO DE TARSO, San (Saulo de Tarso) Apóstol del cristianismo que lo transformo en religión universal (Tarso, Cilicia, h. 4/15 - Roma ?, h. 64/68). Era hijo de judíos fariseos de cultura helenística y con ciudadanía romana. Fue contemporáneo de Jesucristo* e incluso estuvo en Jerusalén en la misma época que él, aunque probablemente no se conocieron. Pablo tenía una sólida formación teológica, filosófica, jurídica, mercantil y lingüística (hablaba griego, latín, hebreo y arameo). Participó en las primeras persecuciones contra los cristianos. Pero durante un viaje a Damasco, poco después de la crucifixión de Jesucristo, se convirtió a la nueva fe, que por entonces era considerada una secta herética del judaísmo (según su propio relato, fue el mismo Jesús el que se le apareció). Desde entonces se convirtió en el más ardiente propagandista del cristianismo, que contribuyó a extender más allá del pueblo judío, entre los *gentiles:* viajó como misionero por Grecia, Asia Menor, Siria y Palestina; y escribió misivas (las *encíclicas*) a diversos pueblos del entorno mediterráneo.

Los escritos de Pablo adaptaron el mensaje de Jesús a la cultura helenística imperante en el mundo mediterráneo, facilitando su extensión fuera del ámbito cultural hebreo en donde había nacido. Al mismo tiempo, esos escritos constituyen una de las primeras interpretaciones del mensaje de Jesús, razón por la que contribuyeron de manera decisiva al desarrollo teológico del cristianismo (se atribuyen a san Pablo más de la mitad de los libros del *Nuevo Testamento*). Proceden de la interpretación de Pablo ideas tan relevantes para la posteridad como la del pecado original; la de que Cristo murió en la cruz por los pecados de los hombres y que su sufrimiento puede redimir a la humanidad; o la de que Jesucristo era el mismo Dios y no solamente un profeta. También introdujo en la doctrina cristiana el rechazo de la sexualidad y la subordinación de la mujer, ideas que no habían aparecido en las predicaciones de Jesucristo. En su esfuerzo por hacer universal el mensaje de Jesús, Pablo lo desligó de la tradición judía, insistiendo en que el cumplimiento de la *ley* (los mandatos bíblicos) no es lo que salva al hombre de sus pecados, sino la fe en Cristo; en consecuencia, polemizó con otros apóstoles hasta liberar a los cristianos de las obligaciones rituales y alimenticias del judaísmo (incluida la circuncisión). En el país de los judíos fue peor acogido que en ninguna parte; estando en Jerusalén fue detenido, juzgado y enviado a Roma. Probablemente murió allí ejecutado.

PABLO I de Rusia. V. ROMANOV, Dinastía.

PABLO III (Alessandro Farnese) Papa (Canino, Estados Pontificios, 1468 - Roma, 1549). Perteneciente a una influyente familia de la nobleza italiana, hizo la mayor parte de su carrera eclesiástica sin ser sacerdote: fue nombrado cardenal en 1493, mientras que no se ordenó hasta 1519. Accedió al Papado al morir Clemente VII, en 1534. Fue un príncipe renacentista, mecenas de artistas como Miguel Ángel, a quien encargó los frescos de la Capilla Sixtina (1508-12). En su Corte romana llevó una vida lujosa y practicó el nepotismo, contribuyendo al engrandecimiento de la familia Farnesio. Durante su pontificado se inició la Contrarreforma católica, para hacer frente al cisma protestante: Pablo III reunió el Concilio de Trento (1536), aprobó la fundación de la Compañía de Jesús (1540) y de otras órdenes religiosas, reorganizó la Inquisición romana (1542), puso en marcha la elaboración del primer *Índice* de libros prohibidos por la Iglesia (que se publicaría en 1559) y apoyó la lucha de Carlos V* contra los protestantes alemanes. Su oposición a las ambiciones de Enrique VIII* llevó a la ruptura entre el Papado y la Iglesia de Inglaterra, que pasó a estar bajo la autoridad de la Corona inglesa.

PABLO VI (Giovanni Montini) Papa (Concesio, Lombardía, 1897 - Castel Gandolfo, 1978). Se ordenó sacerdote en 1920 e inició enseguida una carrera en la diplomacia vaticana que habría de durar más de treinta años. Pío XII* le alejó de la Secretaría de Estado nombrándole arzobispo de Milán (1954). Pero Juan XXIII* le recuperó, haciéndole cardenal (1958) e incorporándole a la preparación del Concilio Vaticano II (1962). La temprana muerte de Juan XXIII* dejó a su sucesor la difícil tarea de llevar adelante el Concilio y aplicar sus innovaciones a la vida de la Iglesia. Para esa tarea fue elegido Montini en 1963. Su pontificado, por tanto, estuvo marcado por la concreción del espíritu del Concilio en la renovación y modernización de la Iglesia católica y de sus enseñanzas: reestructuró las instituciones vaticanas, internacionalizó el Sacro Colegio Cardenalicio reduciendo el predominio abrumador de los italianos, descentralizó el poder papal para impulsar una mayor colaboración de los fieles en la vida de la Iglesia, viajó por todo el mundo para redoblar la presencia pública de la Iglesia y dio un nuevo impulso al diálogo *ecuménico* con las restantes confesiones cristianas.

Las encíclicas de Pablo VI mostraron la preocupación de la Iglesia por problemas del mundo moderno como el subdesarrollo (*Populorum progressio,* 1967) o el control de la natalidad (*Humanae vitae,* 1968); pero demostraron también la moderación de la apertura que había producido el Concilio Vaticano II: en contraste con el impulso utópico y progresista de Juan XXIII*, Pablo VI se mostró más conciliador, pragmático y conservador. Así, por ejemplo, la incorporación de los fieles a la vida de la Iglesia no se llevó hasta sus últimas consecuencias, negándose Pablo VI a alterar el sistema tradicional de elección de los papas para evitar que el cónclave se convirtiera en una especie de Parlamento democrático (1975). Este conservadurismo no impidió el cisma de un grupo de católicos integristas franceses encabezados por Monseñor Lefebvre, defensores de la misa en latín y de otras doctrinas preconciliares (1976).

PACELLI, Eugenio. V. PÍO XII.

PACHACUTI Inca Yupanqui. V. INCAS.

PADILLA, Juan de Dirigente de la rebelión de las comunidades de Castilla (Toledo, 1490 - Villalar, Valladolid, 1521). Perteneciente a una ilustre familia de hidalgos toledanos, llegó a regidor de la ciudad y capitán de su milicia. Con la llegada a España de Carlos I*, surgieron en Castilla descontentos contra la influencia del séquito extranjero que traía el nuevo rey, así como contra los costes de su política exterior; Padilla, enojado porque el rey no le concedió un cargo al que creía tener derecho hereditario, se unió a los descontentos y se opuso a la concesión del servicio que el rey pedía a las Cortes para financiar sus campañas en Europa (1520). El rey le hizo llamar para pedirle explicaciones, pero antes de que pudiera acudir a Santiago —donde se encontraba don Carlos—, estalló una rebelión popular en Toledo y en otras ciudades castellanas. Padilla se puso al frente de la rebelión y capitaneó las tropas toledanas que acudieron a defender Segovia del ataque de las fuerzas reales. Convertida así la protesta en franca rebelión, se inició la llamada *Guerra de las Comunidades*. Los jefes comuneros, reunidos en la Junta Santa de Ávila, nombraron a Padilla jefe de su ejército. Como tal, participó en las entrevistas con la reina Juana I*, prisionera en Tordesillas, de quien no consiguió un apoyo explícito y por escrito a su causa. Las tensiones internas entre los comuneros llevaron a Padilla a regresar a Toledo cuando la Junta eligió para dirigir la guerra a Pedro Girón; más tarde, cuando éste se pasó al bando real, Padilla volvió a tomar el mando por aclamación popular (1521). Tras obtener algunos éxitos militares en Ampudia, Simancas, Mucientes y Torrelobatón, fue derrotado en Villalar y ejecutado allí mismo junto con los otros líderes de la rebelión, Juan Bravo* y Francisco Maldonado*. Su viuda, María Pacheco, sostuvo por algún tiempo más la rebelión de Toledo, finalmente sofocada en 1522.

PÁEZ, José Antonio Caudillo de la independencia y primer presidente de la Cuarta República de Venezuela (Aricagua, Bermúdez, 1790 - Nueva York, 1873). Era originario de una familia indígena pobre de los Llanos del Orinoco, pero había conseguido establecerse por su cuenta como ganadero. En cuanto estalló la sublevación contra la dominación española en América (1810), se unió a los rebeldes, dirigiendo la eficaz resistencia militar de los *llaneros*. Colaboró con Bolívar* en sus campañas venezolanas, que culminaron con la batalla de Carabobo (1821). Lograda así la independencia, Venezuela quedó incluida en la Gran Colombia que creó Bolívar (junto con los actuales territorios de Colombia, Ecuador y Panamá), en la cual Páez no ocupó más que puestos secundarios. No obstante, gozaba de un gran prestigio, riqueza personal e influencia informal, que aprovechó para encabezar la revuelta del particularismo venezolano contra las aspiraciones de unidad bolivarianas en 1826. Fracasado en un primer intento, volvió a intentarlo con éxito en 1829, logrando por la fuerza la independencia de Venezuela. Desde entonces ejerció el poder en la República recién nacida, unas veces con el título de presidente (1831-35 y 1839-43) y otras como jefe del ejército (1835-39). Apoyado por la oligarquía conservadora del país, de hecho controló el poder hasta 1848, moldeando las instituciones venezolanas durante aquel largo periodo fundacional. En 1848 el presidente Monagas se emancipó de la tutela de Páez y le hizo marchar al exilio (1850-58). Tras servir brevemente como embajador en Estados Unidos (1860), regresó a Venezuela para apoyar las posiciones centralistas de los conservadores en la guerra civil contra los liberales federalistas; ejerció una dictadura de 1861 a 1863, pero finalmente fue derrotado y partió definitivamente al exilio.

PAINE, Thomas Revolucionario liberal (Thetford, Norfolk, Inglaterra, 1737 - Nueva York, 1809). De religión cuáquera, tuvo una juventud aventurera y polifacética, trabajando como marino, industrial y recaudador de impuestos. Ya desde esa época adquirió una intensa preocupación social por los pobres y los marginados, que le llevó a defender ideales igualitarios y democráticos, que le situarían entre los radicales en el proceso de revoluciones liberales que le tocó vivir. En 1774, por sugerencia de Benjamin Franklin*, emigró a la colonia cuáquera fundada por William Penn* en Norteamérica (Pennsylvania). Allí publicó *Sentido común* (1776), un influyente panfleto en el que propugnaba la independencia de las Trece Colonias británicas de Norteamérica y su unificación política; aquella obra tuvo gran difusión entre los colonos, considerándose a Paine uno de los principales ideólogos y publicistas de la revolución que condujo a la guerra con Gran Bretaña, a la independencia y a la formación de los Estados Unidos de América (1775-83). Participó personalmente en la lucha, tanto política (fue secretario del primer comité de relaciones exteriores de los rebeldes) como militar (pues formó parte del ejército de George Washington*); pero su aportación principal se produjo en el terreno de las ideas, pues sostuvo la moral de los rebeldes publicando diversas obras en defensa de sus razones.

Una vez lograda la independencia americana, Paine regresó a Inglaterra para allí defender los intereses de los Estados Unidos (1787). Cuando estalló la Revolución francesa (1789), Paine se convirtió en un admirador del nuevo régimen, atacó al primer ministro británico Pitt* por su hostilidad a Francia y defendió la obra de la Revolución contra las críticas conservadoras de Burke, publicando *Los Derechos del Hombre* (1791-92). Aquel libro, de enorme difusión, le costó una condena por alta traición, dado su contenido republicano y revolucionario. Consiguió huir y refugiarse en Francia (1792); se integró plenamente en la vida política de la República, que le hizo ciudadano francés e incluso le hizo miembro de la Convención. Paine se alineó con el partido *girondino* e hizo gala de sentimientos humanitarios cuando se opuso a la ejecución de Luis XVI* y propuso que recibiera asilo en los Estados Unidos. Se hizo así sospechoso para los *jacobinos* y sufrió persecuciones en la época del Terror; fue encarcelado durante la dictadura de Robespierre* (1793-94), momento que aprovechó para escribir su última gran obra, *La edad de la razón*. En ella defendía los valores de la moral, el humanismo, la fraternidad y la fe en Dios, pero rechazando las religiones reveladas. Se salvó de la guillotina por el golpe de Estado de *thermidor*, que le devolvió la libertad y su puesto de representante en la Convención. Pero tras la llegada de Napoleón* al poder, disgustado con la deriva autoritaria y conservadora de la política francesa, abandonó el país y regresó definitivamente a Estados Unidos (1802).

PALAFOX Y MELZI, José Rebolledo de Militar español (Zaragoza, 1776 - Madrid, 1847). Procedente de familia noble, pertenecía al cuerpo de Reales Guardias de Corps desde 1792. Cuando la invasión francesa hizo estallar la Guerra de la Independencia (1808-14), Palafox había ascendido ya a brigadier; y la rebelión popular de su ciudad le proclamó capitán general de Zaragoza. Inmediatamente convocó a las Cortes de Aragón (que no se reunían desde hacía un siglo), las cuales le confirmaron en el cargo. Organizó la movilización general para la defensa de la ciudad, que resistió dos largos asedio frente a las tropas de Napoleón* (1808-09). La ciudad acabó capitulando, contra el parecer de Palafox, que fue hecho prisionero y permaneció recluido en Valençay hasta el final de la guerra. Restaurado en el Trono Fernando VII*, Palafox fue nombrado duque de Zaragoza, capitán general de Aragón, jefe del cuerpo de Alabarderos, director general del cuerpo de Inválidos de Guerra, inspector de las Milicias Provinciales, comandante de la Guardia Real y senador del reino. El sitio de Zaragoza se convirtió enseguida en uno de los símbolos más destacados de la resistencia española contra los franceses, envuelto en una leyenda de heroísmo patriótico.

PALME, Olof Político socialdemócrata sueco (Estocolmo, 1927-1986). Nacido en una familia rica, Palme llegó al socialismo por convicción intelectual cuando era estudiante en Estados Unidos. A comienzos de los años cincuenta ingresó en el Partido Socialdemócrata Sueco, que llevaba gobernando el país ininterrumpidamente desde 1932, e hizo una rápida carrera política a la sombra del primer ministro Erlander (en el gobierno desde 1946): fue secretario del primer ministro, diputado y ministro, antes de que el propio Erlander le designara para sucederle al frente del partido y del gobierno cuando se retiró en 1969. Palme completó la construcción del imponente Estado de bienestar y la definición del modelo sueco de desarrollo capitalista con fuerte protección social. En política exterior rompió con la tendencia de sus predecesores al aislamiento y la neutralidad, convirtiéndose en un pacifista activo y militando en favor de la democracia a escala mundial: apoyó la lucha de la oposición española contra el régimen de Franco*, defendió los movimientos antiimperialistas del Tercer Mundo (alineándose, incluso con el régimen comunista de Vietnam del Norte, en guerra contra los Estados Unidos), combatió las intervenciones soviéticas en Checoslovaquia y Afganistán, impulsó el diálogo Norte-Sur y las negociaciones de desarme. La crisis económica de los años setenta y sus repercusiones sobre el costoso Estado de bienestar sueco le hicieron perder las elecciones de 1976 y 1979 en favor de los conservadores; pero regresó al poder ganando las de 1982 y 1985. Murió asesinado en la calle cuando caminaba sin ninguna protección, como tenía por costumbre, sin que las investigaciones posteriores consiguieran aclarar la autoría del atentado.

PALMERSTON, Henry John Temple, Lord Político inglés (Broadlands, Hampshire, 1784 - Brocket Hall, Hertfordshire, 1865). Desde que fue elegido diputado en 1807 permaneció como miembro del Parlamento hasta su muerte, en una larga e intensa carrera política. Ésta se inició con los conservadores, que le hicieron ministro de la Guerra de 1809 a 1828; pero en 1829 se pasó a los liberales, en cuyos gobiernos sirvió como ministro de Asuntos Exteriores en 1830-41 y 1846-51, y como ministro de Interior en 1852-55. Luego llegó a primer ministro, puesto que ejerció de 1855 a 1858 y de 1859 hasta su muerte. Su especialidad fueron las relaciones exteriores: apoyó de manera decisiva la independencia de Bélgica y la candidatura de Leopoldo I* de Sajonia-Coburgo para dirigirla como una monarquía constitucional (1831); impulsó la Cuádruple Alianza para atraerse a Francia, frenar el apoyo de las monarquías absolutistas al carlismo y permitir así la consolidación en España de la monarquía constitucional de Isabel II* (1834); apoyó la rebelión de Hungría pensando en debilitar al Imperio Austriaco (1848); en varias ocasiones se alió con el Imperio Otomano en declive, para frenar el expansionismo de Rusia, primero con motivo de la rebelión de Egipto (1839-41) y luego en la Guerra de Crimea (1855-56). En sus últimos años fueron declinando tanto su popularidad (debido a sus abusos de poder y a su aprobación del golpe de Estado de Napoleón III* en Francia) como su acierto: no fue capaz de hacer nada para evitar la remodelación del mapa europeo impulsada por Napoleón III, Cavour* y Bismarck*, el surgimiento de nuevas potencias rivales (con la unificación de Italia en 1860 y los primeros pasos de la unificación alemana en 1864), ni el aumento de la influencia francesa en el mundo; y simpatizó con el bando sudista que habría de perder la Guerra de Secesión Americana (1861-65).

PAPANDREU, Familia Dinastía de políticos griegos del siglo XX.
GEORGIOS PAPANDREU (1888-1968) fue el fundador del Partido Socialdemócrata Griego en 1935. Procedía del Partido Liberal, con el que había llegado a ser ministro de Educación en el gobierno de Venizelos* (1929-33). Luego se escindió con el ala izquierda de los liberales, fundando su propio partido. Se exilió durante la dictadura de Metaxas* y estuvo prisionero de los alemanes durante la Segunda Guerra Mundial; pero consiguió escapar y ponerse al frente de un gobierno de coalición griego en el exilio (1944). Volvió a ocupar varios puestos ministeriales entre 1946 y 1952. En 1961 se alió nuevamente con los liberales para organizar una coalición de centro izquierda, la Unión de Centro, que ganó las elecciones de 1963; convocó nuevas elecciones al año siguiente para lograr una mayoría más holgada. Durante su periodo de gobierno (1963-67) introdujo un ambicioso programa de reformas sociales; pero entró en conflicto con el rey Constantino, que acabó cesándole. Antes de que pudiera recuperar su poder en las urnas, un golpe de Estado militar implantó un régimen dictatorial y le puso en arresto domiciliario. Su

hijo **ANDREAS PAPANDREU** (1919-96) sería el refundador del socialismo griego. Educado en gran parte en Estados Unidos y profesor en varias universidades de aquel país, regresó a Grecia para colaborar con el gobierno de su padre en 1963. Aunque se había alejado de sus orígenes trotskistas, Andreas representaba al sector radical del partido de su padre; su rápida ascensión en la Administración de la Unión de Centro hizo surgir acusaciones de nepotismo que contribuyeron a desprestigiar al viejo Papandreu. Después de su caída y de su muerte, Andreas encabezó la lucha contra la dictadura militar desde el exilio. Al desaparecer la dictadura, Papandreu reorganizó sus fuerzas con la fundación del Partido Socialista Panhelénico (PASOK) en 1974. Su respaldo social fue creciendo hasta que ganó las elecciones de 1981 y 1985. Gobernó combinando la retórica populista y nacionalista con políticas socialdemócratas moderadas y pragmáticas. Desprestigiado por las acusaciones de corrupción y por los escándalos amorosos, perdió las elecciones de 1989 y pasó a la oposición.

PARETO, Vilfredo Sociólogo y economista italiano (París, 1848 - Céligny, Suiza, 1923). De origen aristocrático (era hijo de un marqués exiliado en Francia por pertenecer al movimiento revolucionario de Mazzini*), Pareto estudió ingeniería en Turín y desarrolló una carrera brillante como ejecutivo de empresas ferroviarias e industriales. Su vocación por las ciencias sociales fue tardía: hacia 1890 pasó de los aspectos prácticos a los teóricos de la economía, siguiendo la línea de Léon Walras*. Rechazado en el mundo académico italiano, encontró acogida en Suiza, sucediendo a su maestro Walras en la cátedra de Economía de Lausana (1893). En los trece años que la desempeñó, hizo aportaciones muy relevantes a la teoría del equilibrio, desarrollando los principios de una teoría utilitarista del bienestar *(óptimo de Pareto);* a partir de análisis estadísticos llegó a la conclusión de que la distribución de la renta en cualquier sociedad responde siempre a un mismo modelo, por lo que serían inútiles las políticas encaminadas a redistribuir la riqueza *(ley de Pareto).* En 1906 se retiró de la enseñanza para dedicarse sólo a la investigación, al tiempo que desplazaba su atención de la economía a la sociología. Partiendo de un análisis psicologista de los motivos de la conducta humana (entre los cuales incluyó ampliamente móviles irracionales que no había tenido en cuenta en su pensamiento económico), desarrolló una teoría de las elites que planteaba el carácter inevitable de la desigualdad social y de la dominación de las masas por una minoría selecta. Su esfuerzo por analizar la vida política prescindiendo de las apariencias ideológicas para profundizar en la realidad descarnada de la lucha por el poder hacen que se le considere, junto con Gaetano Mosca, uno de los iniciadores de la «ciencia política»; en todo caso, su análisis refleja una nostalgia por el mundo liberal europeo en crisis frente a los avances de la política de masas. En sus escritos criticó y ridiculizó las ideas de progreso, democracia, igualdad y socialismo, poniendo en primer plano el componente de fuerza y de engaño que existe en la historia de la humanidad. Esta visión le convirtió en un predecesor ideológico del fascismo; efectivamente, Mussolini* intentó apropiarse del prestigio intelectual de Pareto, el cual nunca criticó al fascismo italiano e incluso aceptó que le nombraran senador poco antes de morir. Entre las principales obras de Pareto cabe señalar el *Curso de Economía Política* (1896-97), el *Manual de Economía Política* (1906) y el *Tratado de sociología general* (1916).

PASCAL, Blaise Pensador y científico francés (Clermont-Ferrand, 1623 - París, 1662). Dotado de una inteligencia precoz y educado por un padre matemático, a los 16 años ya publicó un ensayo sobre las secciones cónicas; a los 20 construyó la primera máquina calculadora de la historia (en 1642-44) para ayudar a su padre en su trabajo como administrador de impuestos. Continuó sus investigaciones en campos como la geometría, la dinámica de fluidos y la presión atmosférica, que le llevaron a inventar la jeringa y la prensa hidráulica, así como a formular el fundamento teórico de ambas: el *principio de Pascal*, que afirma que cualquier presión ejercida sobre un fluido se transmite de forma instantánea y homogénea a todos los puntos de dicho fluido (1647-54). También construyó barómetros de mercurio y estableció las leyes que regulan la presión atmosférica, a partir de los experimentos de Torricelli. Sus trabajos sobre la geometría le condujeron a formular los principios básicos del cálculo de probabilidades.

Bajo la influencia de los jansenistas, Pascal adquirió una religiosidad austera e intimista y en 1654 se unió al círculo jansenista de la Abadía de Port-Royal. Desarrolló entonces una filosofía propia, contenida principalmente en *Las provinciales* (1657) y los *Pensamientos* (editados póstumamente, en 1669). Desde el punto de vista literario, el estilo conciso y variado de estas obras supuso una gran renovación en Francia. En cuanto a su contenido, inspirado en buena parte para defender a los jansenistas contra los jesuitas, critican la laxitud moral y el formalismo superficial predominantes entre los católicos de su época, proponiendo una espiritualidad más íntima y más auténtica; el reconocimiento de la existencia de Dios y la relación con él deben hacerse con el corazón y no con la razón. El hombre, según Pascal, es un ser a medio camino entre lo más grande y lo más abyecto, al que sólo la gracia divina permite acceder a la verdad y al bien. En recuerdo de sus aportaciones a la Física, el sistema métrico conserva el nombre de *pascal* para una unidad de presión, equivalente a un *newton* por metro cuadrado.

PASIC, Nikola Político nacionalista serbio, fundador del Estado yugoslavo (Zajecar, 1845 - Belgrado, 1926). Siendo estudiante en Suiza aprendió a admirar el sistema democrático de aquel país y entró en contacto con revolucionarios como Bakunin*. De regreso a su país se lanzó a la lucha política con un programa nacionalista y democrático, fundando el Partido Radical en 1882. Durante el reinado de Milan IV fue perseguido y hubo de exiliarse. Pero regresó tras la coronación de Alejandro I (1889) y, aliándose temporalmente con el rey, llegó a ser primer ministro (1891). Colaboró con los Karageorgevich para derrocar a la dinastía de los Obrenovich (1903) y se convirtió en jefe de gobierno (1904-08 y 1910-18). Orientó su política nacionalista hacia una expansión territorial que le permitiera reunir a todos los serbios. Para ello se alineó con

Rusia e impulsó la participación en las Guerras Balcánicas contra Turquía (1912) y Bulgaria (1913); consiguió así duplicar el territorio serbio con la incorporación de Macedonia, pero no logró un acceso al mar por la oposición de Austria-Hungría. El nacionalismo serbio insatisfecho, organizado en la sociedad secreta de la *Mano Negra,* contribuyó a agravar las tensiones de la zona con el asesinato del heredero del Imperio Austro-Húngaro, Francisco Fernando* en 1914; las autoridades austro-húngaras culparon al Gobierno de Pasic de no perseguir eficazmente a los culpables y el conflicto acabó provocando el estallido de la Primera Guerra Mundial (1914-18). Durante la misma, Pasic se mostró escéptico hacia el proyecto de crear un Estado conjunto de serbios, croatas y eslovenos, como auspiciaba desde Londres el Comité de los Eslavos del Sur (fundado en 1915). Sin embargo, tras el hundimiento del régimen zarista se sumó a esa idea firmando el Pacto de Corfú (1917), en función del cual, terminada la contienda con la disolución del Imperio Austro Húngaro (1918), se formó el Reino de los Serbios, Croatas y Eslovenos. El nuevo Estado (que pasaría a llamarse Yugoslavia en 1929) quedó bajo la dinastía Karageorgevich, con el propio Pasic como jefe de gobierno desde 1921 (hasta su muerte). Frente a la idea federalista que auspiciaban los croatas y eslovenos, Pasic veía el nuevo Estado como una mera expansión territorial de Serbia, visión que provocó graves tensiones nacionalistas en la vida posterior del país.

PASIONARIA. V. IBÁRRURI GÓMEZ, Dolores, *Pasionaria.*

PASTEUR, Louis Científico francés (Dôle, Franco Condado, 1822 - Saint-Cloud, París, 1895). Estudió en la Universidad de París, pasando luego a enseñar Química y Biología en Dijon, Estrasburgo y Lille. Sus originales investigaciones sobre los procesos de fermentación y las bacterias anaeróbicas tuvieron que vencer resistencias e incredulidades entre la comunidad científica; pero, finalmente, los resultados obtenidos le otorgaron el reconocimiento general, siendo admitido como miembro de la Academia de Medicina en 1874 y de la Academia Francesa en 1882. Sus investigaciones le permitieron idear sistemas antisépticos eficaces para la cirugía y encontrar soluciones para varias enfermedades infecciosas. Por ejemplo, creó la vacuna contra el ántrax de las ovejas en 1881; pero su descubrimiento más llamativo fue la vacuna que prevenía la rabia de los perros y su transmisión a los humanos (1885). En los últimos años de su vida se dedicó a buscar un procedimiento para desinfectar los alimentos mediante el uso del calor, que recibiría el nombre de *pasteurización.* En 1888 se fundó en París un centro de investigación médica bajo su nombre (el Instituto Pasteur), que él mismo dirigió hasta su muerte.

PATIÑO, José Ministro italiano al servicio de Felipe V* de España (Milán, 1666 - La Granja de San Ildefonso, 1736). Se educó con los jesuitas, aunque no llegó a ordenarse sacerdote. Era hermano del general Baltasar Patiño, marqués de Castelar, varias veces ministro de Felipe V. Éste le hizo llamar durante la Guerra de Sucesión Española (1701-14) para nombrarle intendente de sus ejércitos en Extremadura (1711) y en Cataluña (1713). Acabada la guerra con el triunfo de los Borbones* sobre los Habsburgo*, el rey le nombró presidente de la Junta Superior de Gobierno y Justicia de Cataluña (1714-16), con el encargo de aplicar las reformas introducidas en el Principado al abolir las instituciones tradicionales de autogobierno. Aquellas reformas incluían la implantación de un nuevo sistema tributario que hiciera que los reinos de la antigua Corona de Aragón contribuyeran a las arcas reales en proporciones similares a los de la antigua Corona de Castilla; para ello, Patiño creó en 1716 el Catastro que lleva su nombre, registro de los patrimonios y las rentas de Cataluña para el reparto del cupo tributario exigido por la Corona. El éxito conseguido llevó a Patiño a ser nombrado intendente general de la Marina y presidente del Tribunal de Contratación de Indias (1717); cayó en desgracia en 1719, pero volvió al poder en 1726 como secretario de Estado de Marina e Indias y de Hacienda (más tarde también de Guerra y de Estado), convirtiéndose en el director de la política exterior española entre 1728 y 1736. Se consagró al fortalecimiento de la Armada y el fomento del comercio con América como pilares del restablecimiento de la potencia internacional de la Monarquía, que procuró hacer realidad mediante una política de influencia en Italia. Trasladó la Casa de Contratación de Sevilla a Cádiz y fundó en esta ciudad la Escuela de Guardiamarinas y los astilleros de La Carraca; propuso la extensión a toda España del catastro catalán (lo que no se lograría hasta los tiempos del marqués de La Ensenada*); fomentó el asentamiento en el norte de África, con la reconquista de Orán (1732); y organizó las expediciones españolas a Cerdeña y Sicilia (1717-18), así como la participación en la Guerra de Sucesión de Polonia (1733-35), que permitió situar en el Trono de Nápoles al hijo del rey, Carlos III*. Patiño fue, por tanto, un eficaz servidor de los Borbones españoles, a los que ayudó en la doble tarea de defender sus intereses patrimoniales dinásticos y de modernizar el Estado en un sentido racionalista y centralizador.

PATTON, George Smith Militar norteamericano (San Gabriel, California, 1885 - Heidelberg, Alemania 1945). Siguió la carrera militar por tradición familiar, graduándose en la Academia de West Point en 1909. Luchó en la Primera Guerra Mundial en una unidad de carros de combate (1917-18). Durante el periodo de entreguerras defendió el uso de los tanques en una moderna guerra de movimientos. Cuando los Estados Unidos intervinieron en la Segunda Guerra Mundial (1939-45), Patton fue enviado al norte de África al mando de un cuerpo de blindados (1942). Luego obtuvo el mando del 7.º Ejército americano en la invasión de Sicilia (1943). En ambas campañas destacó por su rígida disciplina y por el éxito obtenido en operaciones audaces a base de movimientos rápidos de las unidades acorazadas; este tipo de ataques que hicieron famoso a Patton estaban influidos por su afición al estudio de la historia de la caballería. Eisenhower* le encomendó el mando del 3.er Ejército norteamericano, que permaneció en la retaguardia durante el desembarco de Normandía (1944). Luego le mandó avanzar por el norte de Francia hacia el corazón del Tercer *Reich,* una misión que Patton cumplió con inusitada rapidez, desafiando los principios clásicos de la estrategia y levantando polémicas por su exceso de rigor hacia los soldados. Introdujo su ejército por la brecha de Avranches; mientras una parte de sus hombres ocupaba Bretaña, avanzó con el resto por Mayenne, Laval, Le Mans, Orléans, Reims, Châlons, Épinal y Metz, utilizando la velocidad y la sorpresa para desbordar a las unidades enemigas; detuvo la última contraofensiva alemana en las Ardenas, imponiéndose en la batalla de Bastogne; atravesó la frontera alemana, tomó Tréveris, ocupó el Sarre y el Palatinado, y atravesó el centro de Alemania hasta Checoslovaquia, donde le detuvo el armisticio (1945). Terminada la guerra con la derrota de Alemania, Patton se mostró disconforme con la política de desnazificación del país que pusieron en marcha los aliados, razón por la que fue alejado del mando en el mismo año 1945. Moriría enseguida, a consecuencia de un accidente de automóvil.

PAULLU. V. INCAS.

PECCI, Vincenzo Gioacchino. V. LEÓN XIII.

PEDRO, San (Simón o Simeón). Apóstol de Jesucristo* y primer jefe de su Iglesia (Betsaida, Galilea, ? - Roma ?, h. 64/67). Era un pescador del mar de Galilea, hasta que dejó su casa de Cafarnaum para unirse a los discípulos de Jesús en los primeros momentos de su predicación; junto con él se unieron a Jesús otros pescadores de la localidad, como su propio hermano Andrés y los dos hijos de Zebedeo, Santiago* y Juan, todos los cuales formaron parte del núcleo originario de los doce apóstoles. Pedro carecía de estudios, pero pronto se distinguió entre los discípulos por su fuerte personalidad y su cercanía al maestro, erigiéndose frecuentemente en portavoz del grupo. El sobrenombre de *Pedro* se lo puso Jesús al señalarle como la «piedra» *(petra* en latín) sobre la que habría de edificar su Iglesia. Según el relato evangélico, Pedro negó hasta tres veces conocer a Jesús la noche en que éste fue arrestado, cumpliendo una profecía que le había hecho el maestro; pero arrepentido de aquella negación, su fe no volvió a flaquear y, después de la crucifixión de Jesús, se dedicó a propagar sus enseñanzas. Desaparecido Jesús (hacia el año 30 d.C.), Pedro se convirtió en el líder indiscutido de la diminuta comunidad de los primeros creyentes cristianos de Palestina por espacio de quince años: dirigía las oraciones, respondía a las acusaciones de herejía lanzadas por los rabinos ortodoxos, admitía a los nuevos adeptos (incluidos los primeros no judíos)... Hacia el año 44 fue encarcelado por orden del rey Herodes Agripa, pero consiguió escapar y abandonó Jerusalén, dedicándose a propagar la nueva religión por Siria, Asia Menor y Grecia. En esa época, probablemente, su liderazgo fue menos evidente, disputándole la primacía entre los cristianos otros apóstoles, como Pablo* o Santiago. Asistió al llamado Concilio de Jerusalén (48 o 49), en el cual apoyó la línea de Pablo de abrir el cristianismo a los gentiles, frente a quienes lo seguían ligando a la tradición judía.

Los últimos años de la vida de san Pedro están envueltos en la leyenda, pues sólo pueden reconstruirse a partir de relatos muy posteriores. Posiblemente se trasladó a Roma, donde habría ejercido un largo apostolado, justificativo de la futura sede del Papado, pues la Iglesia romana considera a Pedro el primero de sus papas. Allí fue detenido durante las persecuciones de Nerón* contra los cristianos, y murió crucificado. Una tradición poco contrastada sitúa su tumba en la colina del Vaticano, lugar en donde el emperador Constantino* hizo levantar en el siglo IV la basílica de San Pedro y San Pablo.

PEDRO I del Brasil. V. **Braganza, Casa de.**

PEDRO I, *el Cruel* Rey de Castilla y León (Burgos, 1334 - Montiel, La Mancha, 1369). Era hijo de Alfonso XI, a quien sucedió en 1350. El comienzo de su reinado estuvo marcado por la debilidad del poder real frente a las facciones que se disputaban el poder: los diversos hijos bastardos que había tenido Alfonso XI con Leonor de Guzmán, los infantes aragoneses primos del rey y la reina madre —María de Portugal—. Inicialmente controló el poder la facción de la reina madre y del favorito Juan Alfonso de Alburquerque, que reorientó la política exterior hacia la alianza con Francia; para cimentarla, se concertó el matrimonio del rey con Blanca de Borbón (1353). Pero por entonces el rey era ya amante de María de Padilla, por la que abandonó a su esposa tres días después de la boda, haciéndola encerrar en el Alcázar de Toledo; con ello provocó la ruptura con Francia, la caída de Alburquerque y el estallido de una rebelión en Toledo, que pronto se extendió a otras ciudades del reino. La insurrección contra el autoritarismo real aunó a la nobleza con las oligarquías municipales, reclamando ambas mayor participación en el gobierno del reino; al frente de la misma se situaron el propio Alburquerque (muerto poco después) y don Enrique de Trastámara (el futuro Enrique II*, uno de los bastardos de Alfonso XI). El rey fue obligado a ceder, quedando confinado en Toro; pero pronto consiguió escapar y recuperar la iniciativa, comenzando una guerra civil que sólo terminaría con la muerte del monarca. A medida que fue tomando ciudades, fue ejecutando en represalia a la mayor parte de los sublevados, con la excepción de don Enrique, que consiguió refugiarse en sus tierras de Asturias. La guerra civil se transformó en guerra exterior desde que Pedro I de Castilla atacó a Pedro IV de Aragón* (1356), al tiempo que Inglaterra se alineaba con los partidarios de don Pedro y Francia con los de don Enrique, en el marco de la Guerra de los Cien Años que enfrentaba a ambos países. Durante la tregua conseguida por la Paz de Terrer (1361), muertas tanto la reina (se sospecha que asesinada por orden del rey) como María de Padilla, don Pedro proclamó herederos suyos a los hijos que había tenido con esta última, a los que declaró descendientes legítimos. La guerra se reavivó en 1362, con suerte favorable para el rey castellano, que llegó a cercar Valencia. Sin embargo, el conflicto se equilibró con la intervención de Francia, que deseaba poner en el Trono castellano a un monarca proclive para emplear la flota castellana en su guerra contra Inglaterra; para lograrlo enviaron a la Península a las *Compañías Blancas,* cuerpos mercenarios capitaneados por Bertrand du Guesclin*. Con su apoyo, Enrique de Trastámara fue proclamado rey de Castilla en Calahorra en 1366 y ocupó en poco tiempo la totalidad del reino. Pedro I buscó apoyo en el Príncipe Negro, gobernador de Aquitania, que penetró también en la Península con tropas inglesas y derrotó a los franceses en

Nájera (1367). En medio de una brutal represión contra los partidarios de Enrique II, éste consiguió recuperar sus fuerzas, puso sitio a Toledo (1368) y derrotó a Pedro I en Montiel (1369). Mientras negociaban la paz en la tienda de Du Guesclin, Enrique asesinó al rey, poniendo fin a la dinastía castellana y asentando en el Trono a la Casa de Trastámara*.

Pedro I, *el Grande* Zar de Rusia, perteneciente a la dinastía Romanov* (Moscú, 1672 - San Petersburgo, 1725). Accedió al Trono en 1682, al morir su hermano Teodoro III; pero las intrigas palaciegas le mantuvieron inicialmente apartado del poder, en beneficio de sus hermanastros Iván V y Sofía. Recuperó el poder mediante un golpe de fuerza en 1689 y lo consolidó aplastando una rebelión de la guardia real (los *streltsi*) en 1698. Pedro se había educado fuera de la corte, en contacto con técnicos y comerciantes extranjeros que le transmitieron ideas occidentales; después completó su conocimiento de las técnicas e instituciones europeas mediante viajes al extranjero en los que estudió artillería, ingeniería y navegación, al tiempo que reclutaba colaboradores para sus proyectos modernizadores (1697-98 y 1716-17). La influencia occidental fue determinante en su línea de gobierno, encaminada a fortalecer a Rusia copiando modelos de Europa central y occidental. Sirviéndose de asesores extranjeros (como el escocés Gordon o el suizo Lefort) saneó las finanzas imperiales (imponiendo una mayor presión fiscal a sus súbditos), racionalizó la administración (dividiendo el país en gobernaciones, provincias y distritos, y centralizando el control de la burocracia mediante un sistema de inspectores), sometió a la Iglesia (sustituyendo la autoridad del patriarca de Moscú por un sínodo presidido por agentes del zar), puso a la nobleza al servicio del Estado (como militares y recaudadores de impuestos), impulsó el comercio y las manufacturas (mediante la creación de monopolios y compañías estatales), reorganizó el ejército (inspirándose en el modelo prusiano), reconstruyó la flota, fundó escuelas técnicas, hizo construir canales y puertos, y obligó tanto a los nobles como a los campesinos a asumir costumbres occidentales. Para todo ello tuvo que vencer fuertes resistencias interiores, que reprimió de manera despótica (su propio hijo Alexis, que se había erigido en cabeza visible de la reacción tradicionalista, murió torturado por orden del zar en 1718).

Las reformas en materia financiera, naval y militar le permitieron afrontar con éxito varias guerras encaminadas a expandir el territorio y la potencia internacional de Rusia. Primero logró una salida al mar mediante la Guerra del Norte contra Suecia (1700-21), tras la cual se proclamó *zar de todas las Rusias;* aquella guerra proporcionó a Rusia el dominio de los Países Bálticos y la posición de potencia hegemónica en Europa oriental y la zona del mar Báltico. La ciudad de San Petersburgo, que fundó en 1703 con grandes dificultades, se convirtió en el mayor puerto de Rusia y una metrópoli moderna de más de 100.000 habitantes. Enseguida lanzó sus fuerzas hacia el sur: fracasados todos los intentos por arrebatar a los turcos una salida al mar Negro (en 1711 tuvo que devolver Azov al Imperio Otomano), en cambio consiguió ampliar la presencia rusa en el Cáucaso y el mar Báltico (a costa de Persia, 1722-23). También prolongó la expansión rusa en Siberia hasta el Extremo Oriente, con la anexión de Kamchatka). Con todo ello, Rusia afianzó su vocación de gran potencia; pero la occidentalización del país era superficial y sufrió un retroceso durante la época de conflictos sucesorios que siguió a la muerte de Pedro *el Grande*. No obstante, buena parte de sus reformas perduraron y su programa modernizador fue retomado en tiempos de Catalina II*.

PEDRO II de Portugal. V. BRAGANZA, Casa de.

PEDRO II de Rusia. V. ROMANOV, Dinastía.

PEDRO III, *el Grande* Rey de Aragón (Valencia, 1239 - Villafranca del Panadés, Cataluña, 1285). Era hijo de Jaime I*, a quien sucedió en 1276 como soberano de Aragón, de Cataluña y de Valencia, pero no de Mallorca, pues las Baleares —junto con el Rosellón, la Cerdaña y el Señorío de Montpellier— pasaron a su hermano Jaime. Completada la Reconquista aragonesa durante el reinado de Jaime I (con ayuda de Pedro, que participó siendo infante en la conquista de Valencia y Murcia) a Aragón no le quedaba ya frontera con los musulmanes; Pedro III encaminó entonces las energías del reino hacia la expansión mediterránea. En 1262 se había casado con la hija del rey de Sicilia, Manfredo Hohenstaufen*, que sería derrocado poco después por los Anjou*; cuando los sicilianos se rebelaron contra la dominación angevina *(Vísperas Sicilianas,* 1282), ofrecieron la corona a Pedro III, que se apresuró a aceptarla. Previamente, se había asegurado mediante una paciente labor diplomática la alianza de Castilla y del Imperio Bizantino. Desembarcó en Sicilia con la flota que tenía preparada para una expedición a Túnez, derrotó a los Anjou y fue coronado rey en Palermo (además de apoderarse de las islas de Malta y Djerba). Esta acción le enemistó con Francia y con el papa, que dictó la excomunión de Pedro y atribuyó sus reinos a los Valois* (1284). Carlos de Valois, aliado con Jaime II de Mallorca, invadió Cataluña para hacerse con los reinos de Pedro, y llegó a sitiar Gerona; pero la resistencia de las ciudades y la superioridad naval permitieron rechazar la invasión (1285).

La anexión de Sicilia también le acarreó a Pedro III problemas internos, pues la nobleza de sus reinos mostró su descontento por aquella arriesgada operación sobre la cual no había sido consultada y que, sin embargo, le iba a suponer mayores cargas fiscales. Pedro temió que los nobles se rebelaran contra él y se pusieran de parte de los Valois (ya en los inicios de su reinado se había visto obligado a reprimir una revuelta de la nobleza catalana, en 1277-80). Para evitarlo concedió a los nobles aragoneses (agrupados en la *Unión Aragonesa)* el *Privilegio de la Unión,* por el cual se comprometía a respetar los fueros y a reunir Cortes anualmente; un acuerdo similar le comprometió a reunir también cada año las Cortes catalanas (1284). Al morir, por tanto, dejaba fortalecido el sistema constitucional representado por las Cortes en los reinos catalanoaragoneses. Había intentado restituir Sicilia al Papado para que se le levantara la excomunión; pero, al no conseguirlo, dejo la isla para su segundo hijo Jaime (el futuro Jaime II* de Aragón), mientras que Aragón, Cataluña y Valencia pasaban a Alfonso III. Pedro III fue admirado como modelo del caballero medieval, enaltecido en los escritos de Dante, Boccaccio y Shakespeare.

Pedro III de Portugal. V. Braganza, Casa de.

Pedro III de Rusia. V. Romanov, Dinastía.

Pedro IV, el Ceremonioso Rey de Aragón (Balaguer, Cataluña, 1319 - Barcelona, 1387). Era hijo de Alfonso IV, a quien sucedió en 1336. Se propuso el objetivo de reintegrar a la Corona catalanoaragonesa los territorios perdidos por sucesivas particiones sucesorias. En primer lugar, anexionó las Baleares (1343), el Rosellón y la Cerdaña (1344), alegando el incumplimiento de los deberes del rey de Mallorca Jaime III (que además era su cuñado) como vasallo de Aragón; para consolidar sus conquistas hubo de rechazar un intento de Jaime III por recuperar el reino con ayuda de Francia en 1349. En cuanto a la isla de Cerdeña, Pedro quiso acabar con las continuas rebeliones antiaragonesas que alentaba Génova; para ello se alió con Venecia y venció a la flota genovesa en Constantinopla (1352) y Alguer (1353); luego desembarcó en Cerdeña, sometiendo a los rebeldes por la fuerza (1354-56). También trató de recuperar Sicilia casándose con Leonor de Sicilia y convirtiéndose así en heredero de aquel reino (1349); la oposición del papa y de los Anjou* le llevó a reforzar los derechos de la casa de Aragón mediante la boda de su nieto Martín con la reina María de Sicilia (1379). Aquellos enlaces proporcionaron a sus descendientes no sólo el reino de Sicilia, sino también los ducados de Atenas y Neopatria cuyo dominio hizo efectivo una expedición enviada a Grecia por Pedro. La alianza con Venecia —y con Francia— enturbió las relaciones con Castilla (apaciguadas desde los comienzos del reinado), ya que Pedro I* de Castilla era aliado de Génova y de Inglaterra; estalló así la Guerra de los Dos Pedros (1356-69), que se superponía a la guerra civil castellana (pues Aragón apoyaba la candidatura al Trono de Enrique II* de Trastámara*) y a la Guerra de los Cien Años (que enfrentaba a ingleses y franceses por el dominio de las regiones occidentales de Francia). Aquella guerra, en la que Castilla pretendía obtener la zona de Alicante y Aragón pretendía la de Murcia, se saldó sin variaciones territoriales, pero con un alto coste para los reinos aragoneses, azotados además en esas fechas por la Peste Negra.

La inexistencia de descendientes varones de sus dos primeros matrimonios llevó a Pedro IV a declarar heredera a su hija Constanza, rompiendo la costumbre sucesoria de la Corona de Aragón y contrariando los derechos del hermano del rey; aquello desencadenó la rebelión de la nobleza en Aragón y en Valencia. Pedro tuvo que hacer concesiones a los nobles en las Cortes de Zaragoza (1347) y de Valencia (1348), hasta que, apoyándose en Cataluña, consiguió imponerse militarmente a los rebeldes (batallas de Épila y Mislata) y castigar a sus cabecillas (1348). En todo caso, el matrimonio con Leonor de Sicilia solucionó el problema sucesorio, con el nacimiento de los futuros reyes Juan I (1350) y Martín I (1356). Pedro, *el Ceremonioso*, recibe ese sobrenombre de su afición al protocolo y las ceremonias, que reguló promulgando el *Libro de las Ordenaciones de la Casa de Aragón*.

PEDRO IV de Portugal y I del Brasil. V. BRAGANZA, Casa de.

PEDRO V de Portugal. V. BRAGANZA, Casa de.

PEEL, Robert Político inglés (Chamber Hall, Bury, 1788 - Londres, 1850). Era hijo de un fabricante textil con ideas ilustradas, que había promovido la aprobación por el Parlamento de las primeras leyes laborales inglesas. Entró en la política británica muy joven, en las filas conservadoras: fue elegido diputado en la Cámara de los Comunes en 1809, pasando luego por varios cargos en la administración de Irlanda y de las colonias. Junto con Palmerston* fue uno de los *jóvenes conservadores* que se opusieron a las medidas represivas y de restricción de las libertades decretadas por los *viejos estúpidos conservadores*. Llegó a ser ministro del Interior con Liverpool (1822-27) y con Wellington* (1828-30); desde ese cargo humanizó el sistema penitenciario, concedió plenos derechos políticos a los católicos (Ley de emancipación, 1829) y creó la Policía metropolitana de Londres (cuyos agentes reciben hasta hoy el apelativo popular de *bobbies* en recuerdo de su creador, *Bobby* Peel). En 1834 publicó el *Manifiesto de Tamworth,* por el cual asumía las grandes reformas introducidas por sus rivales del partido *Whig* durante los gobiernos de Grey y Melbourne (incluyendo la reforma electoral de 1832); a partir de ahí comenzó una modernización del conservadurismo británico en un sentido más liberal, simbolizada por el cambio de nombre del partido *Tory,* que pasó a llamarse oficialmente *Conservador*. Efectivamente, los gobiernos conservadores que presidió Peel en 1834-35 y 1841-46 introdujeron medidas más propias de los liberales que de los *tories,* especialmente en materia económica, pues aprobó presupuestos librecambistas y abolió las proteccionistas Leyes de Granos (1846), aceptando finalmente las ideas de Cobden* bajo la presión de la epidemia de hambre que azotaba a Irlanda. El coste de esta política fue la división del partido, con la aparición de una corriente disidente de derechas encabezada por Disraeli*, que representaba los intereses agrícolas tradicionales, frente a la apertura promovida por Peel al mundo de los negocios industriales, mercantiles y financieros. La escisión del partido provocó la caída del gobierno, pero las reformas iniciadas por Peel no se detuvieron y constituyeron la base del esplendor económico de Gran Bretaña en la segunda mitad del siglo XIX.

PELAYO, Don Primer rey de Asturias (?, ? - Cangas de Onís, Asturias, 737). Personaje envuelto en la leyenda, parece que se trataba de un noble visigodo, aunque es dudosa su trayectoria antes de la invasión musulmana de España. El gobernador árabe de Gijón le envió como rehén a Córdoba, enojado al parecer por no conseguir los favores de la hermana de Pelayo. En 717 consiguió escapar y refugiarse en las montañas asturianas. Los montañeses astures, siempre mal sometidos al poder central, se mostraban remisos a la dominación árabe; y entre ellos habían buscado refugio nobles germanos que huían de la conquista musulmana. Con ellos constituyó Pelayo el primer foco de resistencia antimusulmana de la Península, partiendo de la cuenca del Sella (territorio del que probablemente era originario). La rebelión astur obtuvo una victoria importante sobre los árabes en la batalla de Covadonga (718), que hicieron nacer un reino cristiano independiente en Asturias. Mitificados desde muy pronto los orígenes del reino y de la dinastía (atribuyendo incluso la victoria de Covadonga a la intervención divina), la historiografía nacionalista española suele considerar aquella rebelión como el arranque del proceso de la Reconquista que, a través de ocho siglos de luchas entre cristianos y musulmanes, conduciría a la expulsión de estos últimos de la península Ibérica. Al morir Pelayo le sucedió como rey su hijo Favila.

PENN, William Cuáquero ingles, fundador de la colonia norteamericana de Pennsylvania (Londres, 1644-1718). Era hijo de Sir William Penn, almirante de la flota inglesa en las guerras contra España y Holanda. En 1666 se sumó a la secta protestante de los cuáqueros, fundada en aquellos mismos años por George Fox. Penn se sintió atraído por su mensaje de revitalización del cristianismo rechazando los dogmas y los cultos para luchar por la fraternidad, la igualdad, la libertad y la paz universal. Perseguido por estas ideas —al igual que Fox— se convirtió en predicador y defensor de la causa de la libertad religiosa en Inglaterra. Entró en la política inglesa de la mano del partido *Whig,* con quien le unían las ideas de tolerancia y división de poderes; pero, defraudado por los fracasos políticos cosechados en la metrópoli, acabó volviendo su vista hacia las colonias inglesas en Norteamérica, en donde ya se habían establecido algunos cuáqueros (en Nueva Jersey). En 1681 Penn obtuvo del rey Carlos II* —a cambio de la anulación de unas deudas— una concesión territorial en Norteamérica, con un nombramiento de gobernador que le permitió organizar una nueva colonia al año siguiente; le dio el nombre de Pennsylvania en honor de su padre, si bien incluía el territorio de los actuales Estados de Pennsylvania y Delaware; y fundó la ciudad de Filadelfia como capital. La colonia, que fue propiedad de los Penn hasta la independencia de los Estados Unidos (1783), fue un modelo por su constitución liberal y democrática, por el respeto con que trató a los indios y por la tolerancia con que acogió refugiados e inmigrantes de diversos lugares de Europa, dando lugar a una sociedad multicultural. Penn regresó enseguida a Inglaterra (1684), en donde su amistad con Jacobo II* le permitió aconsejar a éste una política tolerante en materia religiosa. Fue perseguido tras la revolución de 1688, época en la que Pennsylvania sufrió ataques de la Corona y del Parlamento a su autonomía. Tras su segundo viaje a la colonia (1699-1701), defraudado por su mal entendimiento con los colonos y por las deslealtades de personas de su entorno (incluido su hijo William), se disponía a vender Pennsylvania cuando le sorprendió la muerte.

PERAL Y CABALLERO, Isaac Marino español que participó en la invención del submarino (Cartagena, 1851 - Berlín, 1895). Ingresó en la Armada en 1866, siguiendo la tradición familiar. Adquirió una amplia formación técnica pasando por diversos destinos en el Observatorio Astronómico de San Fernando, la Comisión Hidrográfica y la nueva Escuela de la Armada, en la que fue profesor de Física y Química (1882). Desde 1885 empezó a interesarse por la navegación submarina, asunto en el que estaban trabajando al mismo tiempo muchos otros ingenieros e inventores (entre ellos Narciso Monturiol*, también español). En realidad, hizo pocas aportaciones originales al invento, destacando más bien por la rápida integración de innovaciones procedentes de otros países; dada su especialización en temas relacionados con la electricidad, sus investigaciones se referían sobre todo al manejo de la energía eléctrica para la propulsión en inmersión. En 1888 la Armada botó en La Carraca (Cádiz) un prototipo del submarino *Peral* que funcionó correctamente; los elogios de la prensa le convirtieron en un héroe popular por algún tiempo. Pero las dificultades encontradas para que el gobierno siguiera apoyando sus investigaciones le decidieron a abandonar la Marina en 1891 y establecerse por su cuenta como fabricante de material eléctrico; en esa época patentó varios inventos prácticos relacionados con el alumbrado público. Pero nunca dejó de interesarse por desarrollar el submarino, a pesar de los altibajos de su prestigio y de las decepciones de la prensa. Murió tempranamente de un tumor cerebral, del que había sido operado en Alemania.

PERES, Shimon (Shimon Perski). Político israelí (Wlczyn, Polonia, 1923 -). Nacido en una familia judía de la ciudad, entonces alemana, de Kronstadt, a los 11 años emigró con sus padres a Palestina (aún bajo mandato británico). Allí estudió en una escuela agrícola y participó en la fundación de un *kibbutz;* sus convicciones sionistas y socialistas le llevaron a integrarse muy joven en el Partido Laborista *(Mapei),* hacia 1946. Fue miembro de la *Hagana,* organización armada clandestina que luchó por la formación de un Estado judío en territorio palestino, objetivo que se hizo realidad con la independencia de Israel en 1948. Desde entonces empezó a ocupar cargos políticos bajo la protección de Ben-Gurión*; y acompañó a éste —y a Moshé Dayán*— cuando se escindieron del *Mapei* en 1965, fundando el partido *Rafi*. El estallido de una nueva guerra árabe-israelí en 1967 le hizo volver al reunificado Partido Laborista, erigiéndose en líder de su ala moderada. Desempeñó varios ministerios en los Gobiernos de Golda Meir* e Itzak Rabin*. Con este último ocupó la cartera de Defensa, cargo que le proyectó a la presidencia del gobierno tras la dimisión de Rabin en 1977. Perdió las elecciones de aquel mismo año frente a la coalición derechista *Likud,* cediendo el poder a Menachem Beguin*; perdió de nuevo en 1981, con un partido dividido por las disputas entre Peres y Rabin. Pero en 1984 consiguió regresar al poder, aunque turnándose en la presidencia de un gobierno de coalición con el nuevo líder del *Likud,* Itzak Shamir*. Peres se fue significando cada vez más como partidario de una paz negociada entre Israel y los árabes, que incluyera concesiones a los palestinos; tales posturas acabaron por romper la coalición de gobierno en 1990. Los laboristas recuperaron el poder en solitario al ganar las elecciones de 1992, pero con Rabin como máximo líder, apoyándole Peres desde un segundo plano. Como ministro de Asuntos Exteriores impulsó la apertura de conversaciones de paz con los países árabes y con la OLP de Arafat*; pero el asesinato de Rabin en 1995 —que convirtió a Peres en primer ministro— y la posterior victoria electoral del *Likud* frenaron el difícil proceso de paz.

Pérez, Antonio Secretario de Felipe II* de España (Madrid, 1540 - París, 1611). Era hijo ilegítimo y sacrílego de Gonzalo Pérez, un clérigo secretario de Carlos I* y de los primeros años del reinado de Felipe II. Protegido por el príncipe de Éboli*, se educó en las universidades de Alcalá, Lovaina, Salamanca y Padua. Al morir su padre en 1556 pasó a ocuparse de la secretaría real interinamente, recibiendo confirmación oficial de su cargo en 1567. En las luchas políticas de la corte destacó como un gran intrigante alineado con la facción de Éboli contra el duque de Alba* y contra don Juan de Austria*. Y acabó asesinando al secretario de éste, Juan de Escobedo, en connivencia con el rey (1578). Este crimen fue utilizado por el rey contra su secretario cuando descubrió que éste le espiaba para el papa, acusación que no podía hacer directamente por ser la Monarquía Hispana y el Papado dos potencias amigas en teoría. En 1579 Antonio Pérez fue detenido —al tiempo que su amante, la princesa de Éboli— y sustituido cerca del rey por el cardenal Granvela* (aunque Pérez siguió desempeñando la Secretaría hasta 1584). Se le acusó inicialmente de corrupción, cargo del que había abundantes pruebas; y diez años después se le acusó además de asesinato, sometiéndole a tormento como requería el proceso judicial en la época.

Después de once años en la cárcel, Pérez consiguió huir disfrazado de Madrid y refugiarse en Aragón, en donde se acogió a la protección del derecho foral alegando ser hijo de un natural de aquel reino (1590). Su causa quedó así unida a la defensa de las libertades aragonesas frente a la Corona. El rey hizo entonces que le acusara de herejía la Inquisición, única institución con jurisdicción en toda España; pero la Inquisición fracasó en el intento de hacerse con el reo, ante la agitación de las masas populares (comenzaban así las *alteraciones* de Aragón). Dispuesto a imponer su autoridad, Felipe II envió un ejército a Zaragoza, que tampoco consiguió prender a Pérez, el cual había huido a Francia con ayuda del justicia mayor de Aragón, Juan de Lanuza*. Mientras las autoridades forales aragonesas se levantaban en armas contra el rey por lo que entendían una violación de sus fueros, Pérez era acogido calurosamente en la corte francesa. Fue juzgado y condenado en su ausencia por la Inquisición, que confiscó sus bienes y quemó públicamente una estatua de él. Durante años asesoró tanto a Enrique IV* de Francia como a Isabel I* de Inglaterra en sus acciones militares contra Felipe II. Se dedicó también a publicar escritos contra el rey, que suministraron gran parte del material con el que se tejió la *leyenda negra* contra la Monarquía Hispana. Desde la muerte de Felipe II perdió interés político y, pobre y marginado, murió en el exilio sin haber conseguido el perdón de la Monarquía.

Pérez de Guzmán, Familia. V. **Medina Sidonia, Duques de.**

Pericles Político griego, padre de la democracia ateniense (Atenas, h. 492/495 - 429 a.C.). Era de ascendencia noble: procedía por vía materna de la familia de los Alcmeónidas, que había sustentado al partido democrático desde la lucha contra Pisístrato*; y su padre había combatido en las Guerras Médicas, derrotando a los persas en la batalla de Mícala. Pericles entró en la política ateniense en el 463 a.C., atacando a Cimón hasta que consiguió enviarlo al ostracismo; convertido en dirigente del partido democrático, junto con Efialtes, se hizo con el poder en 462 y lo conservó después de que los conservadores hicieran asesinar a Efialtes en 461. Su primera reforma consistió en reducir los poderes del *Areópago* o consejo aristocrático de la ciudad y atribuir las principales decisiones políticas a órganos populares como la *Ecclesia* (Asamblea), la *Bulé* (Consejo de los Quinientos) y la *Heliea* (Tribunal). Estableció dietas para pagar a los miembros de estos últimos organismos; y aseguró la indemnidad a los jueces y a otros funcionarios públicos. Extendió los derechos de participación política excluyendo sólo a los extranjeros y a los esclavos. Con todo ello fundó el sistema democrático de Atenas, modelo de la democracia occidental. Gracias a su inteligencia y a su elocuencia, Pericles fue el líder indiscutido de aquel régimen, ocupando diversos puestos como los de *demagogo* (jefe del pueblo) y *estratega* (jefe del ejército).

Bajo su mandato alcanzó Atenas el apogeo de su influencia. Fortificó la ciudad mediante una larga muralla que protegía también la comunicación con el puerto del Pireo (460-457 a.C.). Reforzó la Liga de Delos, convirtiéndola en instrumento de la política ateniense. Y sostuvo una doble lucha, contra Esparta por un lado y contra Persia por otro. La batalla de Salamina (449) determinó la victoria sobre los persas y el reconocimiento de la hegemonía ateniense en el Egeo. En cambio, la guerra con Esparta fue menos favorable, pues un ejército espartano llegó a invadir el Ática en el 447. Por la Paz de los Treinta Años (445) Pericles hubo de reconocer el poder de Esparta sobre el Peloponeso, a cambio del respeto al poder marítimo de Atenas. La antigua Liga Délica (unas 400 ciudades de Grecia central y las costas del Egeo) se convirtió en una especie de federación sobre la que Atenas impuso sus sistemas métrico, monetario y político, reprimiendo duramente los intentos de resistencia; aquel imperio tributario de Atenas constituyó el fundamento económico que hizo viable la democracia en la metrópoli (con su costoso sistema de subvenciones para el pueblo). El esplendor de Atenas se reflejó en la construcción del Partenón y en la brillante actividad cultural de los intelectuales y artistas congregados alrededor de Pericles. No obstante, el enorme poder que concentró Pericles en virtud del apoyo popular fue considerado excesivo por muchos y criticado por sus adversarios, que le acusaron de corrupción y abuso de poder. El descontento causado por la peste y por la nueva guerra contra Corinto y Esparta (Guerra del Peloponeso, 431-404 a.C.) hizo caer temporalmente a Pericles en 430. Recuperó el poder en el 429 a.C., pero murió de peste en aquel mismo año.

PÉRIER, Casimir Banquero y político francés (Grenoble, 1777 - París, 1832). Procedente de una familia de empresarios, en tiempos de Napoleón* fundó una banca familiar en París en colaboración con su hermano, Antoine-Scipion. Al terminar el régimen imperial, en 1814, tenían ya una de las mayores casas de banca de la ciudad. Sus intereses económicos le llevaron a oponerse a la monarquía absolutista de Carlos X*, alineándose con la oposición liberal moderada. Apoyó la Revolución de 1830 que destronó a los Borbones* y dio paso a la monarquía constitucional de Luis

Felipe de Orléans*. Como encarnación de la gran burguesía en la que se apoyaba el nuevo régimen, fue nombrado presidente del Congreso y, tras la caída de Laffite*, primer ministro y ministro del Interior (1831-32). Siguió una línea política centrista, criticada desde diversos frentes; decidido a consolidar el régimen orleanista, empleó métodos autoritarios y no dudó en recurrir a la fuerza para mantener el orden, reprimiendo la revuelta de los tejedores de Lyon y las manifestaciones populares de París, pero también las conspiraciones de los realistas. Su política exterior fue muy activa, apoyando militarmente la secesión de Bélgica respecto a Holanda, además de enviar expediciones a Portugal y a los Estados Pontificios. Murió siendo aún jefe de gobierno, por efecto del cólera de 1832.

Perón, *Evita***.** V. Duarte de Perón, Eva María.

Perón, *Isabelita***.** V. Martínez de Perón, María Estela.

Perón Sosa, Juan Domingo
Político argentino (Lobos, Buenos Aires, 1895 - Buenos Aires, 1974). Hombre de orígenes modestos, siguió la carrera militar, desde la cual pasaría a la política. Estuvo destinado en la Italia de Mussolini*, en donde recibió la influencia del modelo sindical y corporativo del fascismo. No obstante, creó su propia ideología, que bautizó como *justicialismo,* un populismo nacionalista con tantos elementos de izquierdas como de derechas. Participó en el golpe de Estado militar de 1943 y, mientras los generales asumían el poder supremo, Perón —que era todavía coronel— se contentó con el Ministerio de Trabajo (1944); desde allí multiplicó las ayudas sociales a las capas sociales más desfavorecidas (los *descamisados*) y apoyó las reivindicaciones obreras, con lo cual adquirió popularidad entre las masas y obtuvo la adhesión de una parte del movimiento sindical. Aunque un nuevo golpe le apartó del poder en 1945, los apoyos logrados le permitieron ganar las elecciones del año siguiente, que le convirtieron el presidente de la República (1946-55). En la ascensión del *peronismo* desempeñó un papel destacado la figura de *Evita* (Eva María Duarte*), amante de Perón desde 1944 y su esposa desde 1945, que fomentó la imagen popular del general desde la radio y encabezó las campañas para sacarle de la cárcel y para hacerle elegir presidente.

Una vez en el poder, Perón desarrolló un estilo de gobierno autoritario, que quedó reflejado en la Constitución de 1949. Reforzó los poderes de la Presidencia hasta un extremo casi dictatorial, sometió estrechamente a los jueces, al ejército, la prensa, las universidades, la Iglesia e incluso la economía; efectivamente, a través de un programa de nacionalizaciones, trató de convertir al Estado en el director e impulsor de la industrialización de Argentina, controlando sectores como la banca, los seguros, los transportes y algunas actividades industriales y comerciales. Al mismo tiempo, continuó su programa de protección social. Y en política exterior siguió una línea independiente, alejándose de la influencia norteamericana y británica con gestos como el de dar refugio en Argentina a nazis alemanes fugitivos, o el de mantener contactos con la Unión Soviética.

El declive de la popularidad de Perón en los años cincuenta estuvo ligado a las dificultades provocadas por su política económica, así como a la extensión de la corrupción entre los *peronistas* y la temprana muerte de *Evita* (1952). En 1955 la política de secularización impulsada por el régimen degeneró en un enfrentamiento con la Iglesia: tras un conato de motín de la Marina, varios asaltos peronistas contra iglesias católicas y la excomunión de Perón por el papa, fueron los propios militares los que se rebelaron, alarmados por el poder que iban adquiriendo los sindicatos. El presidente huyó del país y se exilió, si bien su régimen pervivió y la influencia del peronismo marcó los siguientes veinte años de vida política argentina. La dimisión del presidente Cámpora permitió que Perón —ya anciano— fuera reelegido en 1973. Murió un año después, dejando el cargo a su viuda, *Isabelita* (María Estela Martínez*), quien presidió la República hasta que la derrocó un nuevo golpe militar en 1976. Sin embargo, el movimiento peronista se consolidó como alternativa política y recuperó el poder en 1989, cuando ganó las elecciones presidenciales el candidato justicialista Carlos Ménem*.

PERRENOT, Antonio. V. GRANVELA, Cardenal.

PÉTAIN, Philippe Militar francés que asumió la Jefatura del Estado colaboracionista de Vichy (Cauchy-la-Tour, Calais, 1856 - Isla de Yeu, 1951). Procedía de una familia de agricultores acomodados. Ingresó en la Academia Militar de Saint-Cyr en 1876 y fue profesor de la Escuela de Guerra francesa desde 1906. La Primera Guerra Mundial (1914-18) le permitió demostrar su talento militar, especialmente en la defensa de Verdún (1916). Cuando en 1917 fracasaron las ofensivas francesas y estalló un motín entre las tropas, Pétain fue nombrado comandante en jefe para superar la crisis. Desde ese puesto cooperó con Foch* (jefe del mando aliado) para recomponer la moral y lanzar la ofensiva que determinó la victoria sobre Alemania. Fue nombrado mariscal en 1918 y gozó desde entonces de un gran prestigio militar. Posteriormente estuvo al mando de la operación conjunta franco-española en Marruecos que, a partir del desembarco de Alhucemas (1925), permitió a la dictadura de Primo de Rivera* acabar con la insurrección que dirigía Abd-el-Krim* en el Rif. Luego llegó a ministro de la Guerra (1934). En 1939 fue enviado a España como primer embajador francés ante el régimen de Franco* que acababa de ganar la Guerra Civil (1936-39).

Pétain fue durante toda su vida un decidido partidario de la estrategia defensiva: esto retrasó su carrera en el periodo anterior a la Primera Guerra Mundial, cuando tales ideas eran inusuales en Francia; pero la experiencia bélica y la influencia posterior de Pétain contribuyeron a invertir la situación, orientando la estrategia francesa en un sentido netamente defensivo (línea Maginot*), a pesar de algunos disidentes como De Gaulle*. Los errores defensivos de Francia facilitaron la invasión alemana del país en 1940, en el marco de la Segunda Guerra Mundial (1939-45). Ante la aplastante derrota del ejército francés, Pétain se mostró partidario de firmar una paz por separado con Alemania para evitar una destrucción mayor del país; fue nombrado presidente del gobierno con plenos poderes e inmediatamente se rindió por el Armisticio de Compiègne (1940). Admitió la ocupación alemana del norte y oeste de Francia, creando sobre el territorio restante un Estado teóricamente independiente con capital en Vichy y con Pétain como jefe. Dada su avanzada edad, Pétain descargó la gestión efectiva del gobierno sobre su vicepresidente Laval*. Él se limitó a dictar las líneas generales de un régimen autoritario, ultraconservador y católico, orientado a restaurar la Francia tradicional y a corregir su «decadencia moral». De hecho fue un régimen sometido a los dictados de Hitler* (sobre todo desde que, en 1942, la ocupación militar alemana se extendió también al territorio de Vichy); el *colaboracionismo* del régimen le llevó a reprimir cruelmente los movimientos clandestinos de resistencia contra los nazis, e incluso a participar en la persecución de los judíos decretada por el Tercer *Reich,* dictando medidas antisemitas y deportando judíos a campos de exterminio. Cuando los ejércitos alemanes se retiraron ante el empuje de la ofensiva final aliada, Pétain fue obligado a acompañarles hasta Alemania (1944); pero escapó a Suiza y se entregó a las nuevas autoridades francesas. Fue juzgado por traición y condenado a muerte, pena que se le conmutó por la de cadena perpetua.

PI Y MARGALL, Francisco Político español, presidente de la Primera República (Barcelona, 1824 - Madrid, 1901). Procedente de un medio obrero, estudió hasta doctorarse en Derecho (1847). Luego se ganó la vida como profesor, traductor y empleado de un banco, al tiempo que daba sus primeros pasos como escritor y crítico literario. Vinculado al Partido Demócrata desde que llegara a Madrid en los años cuarenta, participó en la Revolución de 1854 y se orientó cada vez más hacia la política: en 1854 publicó sus ideas federalistas en *La reacción y la revolución;* desde 1857 sostuvo polémicas en defensa del socialismo contra los demócratas individualistas o liberales. En 1864 adquirió notoriedad como director del periódico *La Discusión,* desde el cual difundió su ideología; por ese motivo, hubo de exiliarse en París durante la reacción que siguió a la intentona revolucionaria de 1866. La estancia en París le permitió profundizar en el conocimiento de Proudhon* —fallecido el año anterior—, autor cuya influencia es visible en el pensamiento de Pi y que él mismo traduciría al español. Allí maduró Pi su ideología revolucionaria, basada en la destrucción de la autoridad para sustituirla por el libre pacto constitutivo de la federación. El triunfo de la Revolución de 1868 le permitió regresar y ser elegido diputado en las Cortes constituyentes. Se erigió como uno de los grandes líderes del republicanismo, en una vertiente federalista y cercana al socialismo (lo que le permitía conectar mejor con las aspiraciones sociales de las clases trabajadoras y con las aspiraciones de descentralización política de su ciudad natal). En consecuencia, se opuso al carácter monárquico de la Constitución de 1869, y —ya como máximo dirigente del Partido Republicano Federal, desde 1870— combatió el reinado de Amadeo de Saboya*. Cuando éste abdicó, Pi fue uno de los impulsores de la proclamación de la Primera República española (1873). El primer presidente de la misma, Figueras*, que conocía bien a Pi por haberle tenido empleado en su bufete de abogados, le encomendó el difícil Ministerio de la

Gobernación; desde aquel cargo, Pi hizo lo que pudo por mantener el orden público, contener el movimiento cantonalista y procurar que las elecciones arrojaran un resultado favorable para el régimen. Al dimitir Figueras, fue el propio Pi y Margall quien se hizo cargo del Poder Ejecutivo (formalmente no existía el cargo de presidente de la República, en tanto no se promulgara una nueva constitución). Lo hizo con un amplio programa de reformas políticas y sociales que no pudo llevar a cabo, pues sólo se mantuvo durante algo más de un mes, acosado por la rebelión cantonalista (que nacía de una lectura radical del ideal federalista) y por la división entre las filas republicanas: a la tradicional oposición entre socialistas e individualistas se unía la ruptura entre unionistas y federalistas, y la propia división de los federalistas entre moderados y radicales. Tras el golpe de Estado de 1874 que restableció la Monarquía de los Borbones, Pi y Margall se retiró temporalmente de la política y se dedicó a su trabajo como abogado, pensador y escritor. En los años ochenta, aprovechando la tolerancia de los gobiernos liberales, volvió a la actividad pública para reorganizar a los republicanos federales. Confiando en las posibilidades de éxito que les ofrecería la restauración del sufragio universal en 1890, creó en aquel mismo año un periódico propio *(El nuevo régimen)* e impulsó la definición del programa del partido en 1894. Su prestigio le permitió ser elegido diputado en 1886, 1891 y 1893; pero perdió popularidad al ser el único líder republicano que no se dejó arrastrar por el ardor nacionalista durante la Guerra de Cuba (1895-98): propugnó la concesión de la independencia a las colonias y se opuso a la guerra contra los Estados Unidos, modelo de democracia republicana y federal.

PILSUDSKI, Josef Político y militar polaco (Zylowo, Lituania, 1867 - Varsovia, 1935). Participó desde joven en la lucha clandestina contra la Rusia zarista, que dominaba Polonia: a los veinte años fue deportado a Siberia por su implicación en una conspiración. Al regresar en 1892 fue uno de los fundadores del Partido Socialista Polaco y director —desde 1894— de su órgano de prensa. Su ideología quedó definida desde esa época como una mezcla de socialismo y nacionalismo, especialmente atractiva en la lucha de los polacos contra el régimen autocrático de los zares. Fue encarcelado en 1900, pero se evadió al año siguiente e inició la formación de un ejército de liberación con emigrados polacos en el territorio austro-húngaro de Galitzia. Decidido a combatir los intereses de Rusia, se puso de acuerdo con los japoneses para fomentar desórdenes en la retaguardia durante la Guerra Ruso-Japonesa de 1905 (sin mucho éxito). Durante la Primera Guerra Mundial (1914-18) puso su Legión Polaca (unos 10.000 hombres) al servicio del Imperio Austro-Húngaro en su lucha contra Rusia. Pero, una vez que el frente de guerra se adentró en tierras rusas, Pilsudski se negó a combatir fuera de territorio polaco (1916); incluso se volvió contra sus antiguos aliados, reclamando a los Imperios Centrales (Austria-Hungría y Alemania) la devolución de los territorios polacos que poseían, y creando para apoyar esa reivindicación una organización armada clandestina extendida por todo el territorio de habla polaca. Los alemanes apresaron a Pilsudski en 1917, pero su organización siguió funcionando hasta 1918. En aquel año, la derrota de los Imperios Centrales dio lugar a la creación de un Estado polaco independiente por el Tratado de Versalles; Pilsudski fue liberado y se convirtió en el primer presidente de la República polaca y jefe de sus fuerzas armadas. Inmediatamente hubo de enfrentarse al ataque militar de los bolcheviques que habían tomado el poder en Rusia: la Guerra Ruso-Polaca de 1920 se saldó con la victoria de Pilsudski, apoyado por tropas francesas. Consolidado así el nuevo Estado, su vida fue, sin embargo, muy inestable, marcada por los conflictos entre facciones y las dificultades de la construcción nacional. Tras la derrota de los socialistas en las elecciones legislativas de 1921, Pilsudski dimitió como jefe del Estado y, dos años más tarde, se retiró también como jefe del ejército. Regresó en 1926 dando un golpe de Estado militar apoyado por socialistas y populistas radicales; pero no quiso ocupar la presidencia de la República, sino que ejerció un poder autoritario como presidente del gobierno, ministro de la Guerra y jefe del Estado Mayor. Ejerció una dictadura de hecho, que quedaría institucionalizada con la Constitución de 1935, poco antes de su muerte. La principal preocupación de sus últimos años fue la amenaza que suponía para Polonia la llegada de los nazis al poder en Alemania (1933); fracasado su intento de obtener garantías de su alianza con Francia, optó por firmar con Hitler* un pacto de no agresión (1934) que éste no cumplió.

Pinochet Ugarte, Augusto Militar y dictador chileno (Valparaíso, 1915 -). General desde 1968, el gobierno izquierdista de Salvador Allende* le nombró jefe de Estado Mayor y comandante en jefe de las Fuerzas Armadas en 1972. Rompiendo la tradición de neutralidad política del ejército chileno, Pinochet traicionó al gobierno que le había nombrado y participó en una conspiración militar avalada por Estados Unidos para derrocar a Allende. Dirigió el golpe de Estado de 1973 que liquidó la experiencia de gobierno de la Unión Popular y le convirtió en dictador durante 16 años (1973-89). Pinochet anuló todas las libertades y lanzó una cruzada anticomunista que pasaba por el empleo sistemático de la fuerza, la violación de los derechos humanos, el secuestro, la tortura y el asesinato contra los opositores o meros sospechosos de simpatías izquierdistas, sindicales o democráticas. En 1980 promovió un texto constitucional que legalizaba la concentración personal de todos los poderes. Eliminado cualquier elemento de discusión, impuso a los chilenos una política económica ultraliberal inspirada en las ideas de la escuela de Chicago, que produjo un rápido crecimiento económico, aunque con grandes costes sociales. La presión internacional le obligó a retirarse del poder tras perder un plebiscito en 1988. Pero negoció la restauración de la democracia, permaneciendo hasta 1998 como jefe de las Fuerzas Armadas para asegurarse la moderación del nuevo gobierno y el perdón oficial de los crímenes cometidos por los militares bajo la dictadura. Luego se hizo nombrar senador vitalicio, rechazando toda crítica, investigación o culpabilidad por los crímenes de su dictadura.

Pinzón, Hermanos (o Pinzones) Navegantes andaluces que acompañaron a Colón* en su primer viaje. Pertenecían a una familia de marinos expertos de Palos de la Frontera.

MARTÍN ALONSO PINZÓN (1440-93) había viajado desde joven por el Mediterráneo y por la costa atlántica de África, haciendo fortuna como armador y comerciante y acumulando experiencia y conocimientos sobre artes náuticas, geografía y cartografía. Los frailes del Monasterio de La Rábida le pusieron en contacto con Colón; y fue la mediación de Pinzón la que le permitió reclutar la tripulación para su viaje a las Indias (1492). El propio Pinzón se encargó del mando de una de las tres carabelas con las que se descubrió América, la *Pinta*, en la que llevaba de maestre a su hermano Francisco Martín Pinzón. Durante el viaje surgieron conflictos entre Colón y Pinzón, que se resistía a admitir su papel subordinado. En la travesía de regreso, una tormenta separó a las dos naves que quedaban, siendo la de Pinzón la primera en llegar a puerto, a Bayona (Galicia), mientras la de Colón llegaba más tarde a Lisboa. Murió de sífilis poco después. **VICENTE YÁÑEZ PINZÓN** (?-1515) también participó en aquel viaje, como capitán de otra carabela, la *Niña* (Colón mandaba la *Santa María*). Posteriormente organizó una expedición propia a las costas americanas, que fue la primera en rebasar el Ecuador (1499-1500); en ella le acompañó su sobrino Arias Pérez Pinzón. Navegó hasta Cabo Verde, cruzó el Atlántico hasta el extremo oriental del Brasil (del que tomó posesión antes que Cabral*), recorrió la costa de Sudamérica (comprobando la existencia de un gran continente desconocido), descubrió la desembocadura del Amazonas y bordeó la Guayana y las Antillas hasta las Bahamas. Volvió a América con Ovando para colaborar en la colonización de La Española (Santo Domingo) y Puerto Rico. En 1508-09 hizo otro viaje en compañía de Solís, para buscar un paso a través de América hacia las islas de las especias; recorrieron las costas de Honduras y el Yucatán, realizando descubrimientos que quedaron olvidados hasta diez años más tarde.

Pío IX (Giovanni Maria Mastai-Ferreti) Papa (Senigallia, Marcas, 1792 - Roma, 1878). Procedente de la pequeña nobleza italiana, se ordenó sacerdote en 1819. Era obispo de Imola desde 1832 y cardenal desde 1840. En 1846 fue elegido para suceder en el Papado a Gregorio XVI, despertando grandes esperanzas entre los nacionalistas italianos por su talante liberal. Sin embargo, al estallar las revoluciones de 1848, el papa rechazó la oportunidad de alinearse con el movimiento nacionalista entrando en la guerra contra Austria. Y cuando la revolución alcanzó a sus propios Estados, en los que se proclamó la República romana, Pío IX huyó de la ciudad y se puso bajo la protección de los ejércitos franceses, napolitanos y españoles en Gaeta (1848). Desde allí bendijo la campaña militar contra la República, que le permitió recuperar su poder temporal en 1850. Desde entonces su pontificado fue una cruzada contra el liberalismo y el mundo moderno, a los que intentó contrarrestar revitalizando la religiosidad católica. Restauró la jerarquía católica en países de predominio protestante como Inglaterra (1850) y Holanda (1853). En 1854 proclamó el dogma de la Inmaculada Concepción, según el cual la madre de Jesucristo* le concibió siendo virgen. En 1864 condenó todos los «errores» del mundo moderno mediante el *Syllabus* (que incluía la proscripción del liberalismo, el racionalismo y el cientifismo, así como la renuncia de la Iglesia a reconciliarse con el progreso). En 1869-70 reunió el Concilio Vaticano I, en el que hizo aprobar el dogma de la infalibilidad del papa. Su intransigencia planteó, además, la «cuestión romana», al ser incorporados por plebiscito los antiguos Estados Pontificios al Estado italiano unificado entre 1859 y 1870, y hacer éste de Roma la capital de la nueva Italia. El papa rechazó esta anexión y, contrario al compromiso que le ofrecía el Parlamento italiano (Ley de Garantías, 1870), se consideró «prisionero» en sus palacios del Vaticano hasta que murió. Este enfrentamiento abierto entre el Papado y el Estado liberal italiano conllevó la prohibición papal a los católicos de participar de forma constructiva en la vida política del país, actitud que se extendió en menor medida a muchos católicos de otros países europeos. La «cuestión romana», que pesó como un conflicto permanente en las relaciones entre la Italia postunitaria y la Iglesia, no se resolvió hasta mucho después de morir Pío IX y cuando Italia había dejado de ser un Estado liberal, con los pactos de 1929 entre Pío XI* y Mussolini*. La rigidez e intolerancia de que hizo gala la Iglesia bajo el pontificado de Pío IX debilitó sus posiciones en toda Europa, favoreciendo la extensión del anticlericalismo y la asunción de posturas oficiales beligerantes contra la Iglesia, como la *Kulturkampf* de la Alemania de Bismarck*.

Pío XI (Achille Ratti) Papa (Desio, Lombardía, 1857 - Roma, 1939). Nacido en una familia de pequeños empresarios, se ordenó sacerdote en 1879. Su carrera eclesiástica fue eminentemente intelectual, como profesor del Seminario de Milán, autor de múltiples publicaciones sobre teología, prefecto de la Biblioteca Ambrosiana y de la Biblioteca Vaticana. Benedicto XV aprovechó su talento para varias misiones diplomáticas y le nombró cardenal arzobispo de Milán (1921). Al morir el papa en 1922, Ratti fue elegido para sucederle como candidato de compromiso entre las tendencias enfrentadas. Abandonando la confrontación que sus predecesores habían mantenido con el Estado italiano, Pío XI adoptó una actitud de apertura, en el mismo momento en que Italia dejaba de ser un régimen liberal por el acceso al poder de Mussolini*. Pactó con él el Concordato de Letrán (1929), por el que la Iglesia reconocía oficialmente al Estado italiano a cambio de la creación en el Vaticano de un minúsculo Estado pontificio teóricamente independiente, y de otras contrapartidas políticas y financieras. Ello no impidió el posterior deterioro de las relaciones de la Iglesia con el régimen fascista, en la época en que Pío XI intentaba mantener una postura equilibrada entre las ideologías extremas que crecían en Europa, condenando tanto al nacionalsocialismo alemán como al comunismo soviético (1937); entre ambos, ofreció como alternativa la doctrina social de la Iglesia, continuando la línea definida por León XIII* mediante su encíclica *Quadragesimo anno* (1931). Pero esa postura de equilibrio no se plasmó ante la Guerra Civil española (1936-39), conflicto en el que Pío IX apoyó abiertamente la causa de Franco* y de los militares alzados en armas contra la República.

Pío XII (Eugenio Pacelli) Papa (Roma, 1876 - Castel Gandolfo, 1958). Se ordenó sacerdote en 1899 e inició una carrera político-administrativa en la Curia romana. Desde que Benedicto XV le encargó la delicada misión de mediar diplomáticamente entre Alemania y los aliados para frenar la Primera Guerra Mundial (1914-18), Pacelli se especializó en asuntos alemanes. Ejerció como nuncio en Berlín, contribuyendo a negociar el ventajoso Concordato de 1929 entre la Santa Sede y la República de Weimar. En 1930 culminó su carrera diplomática al ser nombrado secretario de Estado del Vaticano (cargo equivalente al de ministro de Asuntos Exteriores). Firmó un nuevo concordato con la Alemania nazi, nada más llegar Hitler* al poder (1933). Y cuando murió el papa Pío XI*, en 1939, Pacelli fue elegido sin oposición para sucederle, habida cuenta de la importancia que Alemania había alcanzado en la definición del orden europeo. El inmediato estallido de la Segunda Guerra Mundial (1939-45) redobló aquella importancia. Durante la contienda Pío XII mantuvo a la Iglesia en una posición de neutralidad, dejando pasar en silencio incluso las mayores atrocidades, como el exterminio de los judíos europeos por el Tercer *Reich;* a cambio, la Iglesia obtuvo de los nazis el respeto a su independencia y compensaciones políticas en países como Rumania o Eslovaquia. En la posguerra, el papa se alineó con la beligerancia anticomunista adoptada por las potencias occidentales durante la «guerra fría», llegando a decretar la excomunión de los católicos que votaran a partidos comunistas (1949).

Pipino II de Herstal. V. **Carolingia, Dinastía.**

Pipino, *el Breve* Rey de los francos, primero de la dinastía Carolingia*. (Jupille, Bélgica, h. 715 - Saint-Denis, Francia, 768). Era hijo de Carlos Martel*, que le dejó en herencia el poder político que los Carolingios ejercían bajo los reyes Merovingios* como mayordomos de sus palacios. Pipino recibió en el 741 Neustria, Borgoña y Provenza, mientras que su hermano menor, Carlomán, recibía Austrasia, Suabia y Turingia; y los restantes territorios eran compartidos. Pero en 747 Carlomán ingresó en un monasterio, de manera que Pipino quedó como único dueño del poder. Apoyándose en una estrecha alianza con el papa Zacarías, en el 751 decidió deponer por incapacidad al último rey Merovingio, Childerico III, y hacerse proclamar rey de los francos en Soissons. Tras haber reorganizado la Iglesia en sus reinos, Pipino terminó de saldar su deuda con el Papado auxiliándole en dos campañas militares contra sus enemigos lombardos (754 y 756). Esteban II le coronó y le nombró «protector de los romanos» en el 754 (paso importante para las futuras veleidades imperiales de los Carolingios) y Pipino, a cambio, entregó al papa los territorios de la Pentápolis y el Exarcado de Rávena que había arrebatado a los lombardos, dando así origen a los Estados Pontificios (Donación de Pipino, 756). Por otro lado, prosiguió la política expansionista de sus predecesores, extendiendo las fronteras del reino franco a costa de los sajones y de los árabes (a quienes arrebató la Septimania), reafirmó su dominio sobre Aquitania y redujo Baviera a vasallaje. Con todo ello dejó preparado el terreno para la obra de su hijo y sucesor, Carlomagno*.

PISÍSTRATO Político ateniense, considerado en la Antigüedad como uno de los *siete sabios* de Grecia (Brauron, Ática, h. 600 - Atenas, 528/527 a.C.). Este aristócrata era jefe del partido de la Montaña, enfrentado en la política ateniense contra los partidos de la Llanura y la Costa. El partido de Pisístrato representaba los intereses populares frente a los intereses de los propietarios representados por la Llanura. En el 561 o 560 a.C. simuló haber sido objeto de un atentado para que se le permitiera tener una escolta armada, con la cual se apoderó de la Acrópolis y sustituyó el poder aristocrático de la ciudad por su propia tiranía. La oposición de las familias aristocráticas le expulsó dos veces del poder y de la ciudad (en 555-54 y en 538-37); pero las dos veces volvió a imponerse reclutando mercenarios extranjeros, y se mantuvo en el poder hasta morir. Su gobierno se basó en la legislación de Solón*. Y obtuvo un cierto consenso social con medidas como una reforma agraria que benefició al campesinado, el fomento del comercio y la industria, la acuñación de una moneda estatal, el reforzamiento militar de Atenas, la construcción de obras públicas, la colonización del Quersoneso, la organización de fiestas, la construcción de una biblioteca pública... Al morir le sucedieron sus hijos Hipias e Hiparco, por lo que se habla de la dinastía de los *Pisistrátidas*. Hiparco fue asesinado en el 514 por los tiranicidas Harmodio y Aristogitón; en cuanto a Hipias, fue derrocado por Clístenes (de la familia rival de los Alcmeónidas) en el 510, con ayuda de Esparta.

PITT, Familia Dinastía de políticos ingleses.

THOMAS PITT (1653-1726) fue miembro del Parlamento después de la «Gloriosa Revolución», en 1689-90. Entró en conflicto con la Compañía Inglesa de Indias Orientales por sus negocios en la India; incapaz de impedir sus actividades, la Compañía le contrató en 1694 y le nombró gobernador de Madrás en 1697-1709. También fueron miembros del Parlamento su hijo Robert y su nieto **WILLIAM PITT,** *el Viejo* (1708-78), el estadista que convirtió a Inglaterra en una potencia colonial. Llegó a la Cámara de los Comunes en 1735 y pronto se convirtió en líder del grupo de jóvenes renovadores del partido *Whig* que criticaban a su jefe, Walpole*. Obtuvo varios cargos relacionados con las finanzas, en los cuales demostró una honestidad poco corriente en aquella época. El apoyo que le prestaron los medios de negocios de Londres hizo que Jorge II le nombrara secretario de Estado al iniciarse la Guerra de los Siete Años (1756-63). Demostró talento como estadista, aprovechando la guerra para acabar con la presencia francesa en la India y Canadá. En 1761 el nuevo rey, Jorge III*, prefirió prescindir de sus servicios. Tuvo que llamarle de nuevo en 1766 a formar gabinete, al tiempo que le nombraba conde de Chatham; pero se retiró al año siguiente, aquejado de gota. Fue el padre del Imperio colonial británico, no sólo por el acierto con el que condujo la guerra contra Francia, sino porque comprendió que el futuro de Inglaterra como potencia estaba ligado a su expansión ultramarina; su legado incluyó también la educación política de su hijo, **WILLIAM PITT,** *el Joven* (1759-1806). Abogado, formado en Cambridge, entró en los Comunes en 1781, en el gabinete en 1782 (como ministro de Hacienda), en

1783 —con 24 años— ya era primer ministro (cargo que mantuvo hasta 1801) y en 1784 ganaba unas elecciones por abrumadora mayoría. Al igual que su padre, se había erigido en líder de los *whigs* independientes contra el gobierno de Fox (también *whig*). Su labor inicial consistió en reparar los daños causados por la Guerra de Independencia de Norteamérica (1775-83): amortizó la deuda pública y saneó las finanzas del Estado, abrió el comercio británico al libre cambio, sometió la Compañía Inglesa de Indias Orientales al control del gobierno, mejoró la situación de los católicos irlandeses y evitó que la demencia temporal de Jorge III fuera aprovechada por el príncipe de Gales para hacerse con el poder. El estallido de la Revolución francesa (1789), que inicialmente miró con buenos ojos (ya que debilitaba a una potencia rival), le llevó a adoptar posturas conservadoras para impedir la extensión del movimiento revolucionario: limitó las libertades públicas y apoyó financieramente a los enemigos de Francia en el continente. En 1793, ante el éxito militar de la Francia revolucionaria, que no sólo conseguía defenderse, sino que invadía los Países Bajos, Pitt decidió entrar en guerra y ponerse a la cabeza de la coalición de monarquías europeas que luchaban contra la República francesa (Prusia, Austria, Nápoles, España, Portugal, Holanda, el Imperio alemán y la mayor parte de los Estados italianos). En 1799 organizó una segunda coalición antifrancesa con Rusia, Austria, Portugal, Nápoles y el Imperio Otomano. Temeroso de que los franceses aprovecharan el descontento de Irlanda para atacar desde allí a Gran Bretaña, Pitt aplastó cruelmente la rebelión irlandesa de 1797-98 y acabó con el Parlamento autónomo de la isla mediante la Ley de Unión (1800). La medida suponía la plena integración de Irlanda en el sistema político inglés, pero ésta topó con la negativa del rey a conceder la igualdad de derechos a los católicos, mayoritarios en Irlanda, razón por la que Pitt dimitió de su cargo en 1801. Regresó brevemente al poder en 1804-06, momento en que organizó una tercera coalición con Austria, Rusia, Suecia y Nápoles para luchar contra Napoleón*.

PIZARRO, Francisco Conquistador español del Perú (Trujillo, Extremadura, 1476/78 - Lima, 1541). Era analfabeto e hijo bastardo de un alférez de los Reyes Católicos*. Militar por tradición familiar, había adquirido experiencia luchando junto a su padre en las guerras de Italia, bajo las órdenes de Gonzalo Fernández de Córdoba, *el Gran Capitán** (1498-1501). Luego marchó a América en la expedición de Ovando (1502) y participó en diversas campañas de conquista. Acompañó a Núñez de Balboa* en el descubrimiento del océano Pacífico (1511-13), contribuyó a fundar Panamá y fue nombrado alcalde de la ciudad. Las noticias que allí escuchó sobre el reino del Perú le hicieron concebir la idea de explorar el mar del Sur, para lo cual se asoció con Diego de Almagro* y Hernando de Luque. En 1524 realizó una primera incursión marítima, que constituyó un fracaso. En 1526-28 lo intentó por segunda vez; las penalidades del viaje hicieron desistir a la mayor parte de sus hombres y sólo *los trece de la fama* le siguieron hasta Túmbez (en el norte del Perú), de donde regresaron con datos seguros sobre el imperio de los incas*. Viajó entonces a España en busca de recursos para lanzarse a la conquista del Perú, obteniendo capitulaciones para ello de los consejeros de Carlos I* (1529). Tras recoger a sus hermanos (Gonzalo*, Hernando* y Juan) y varios paisanos en Extremadura, regresó a América e inició la conquista del Perú con sólo tres barcos, 185 hombres y 37 caballos (1531).

Pizarro encontró el Perú debilitado por la guerra civil entre el inca Atahualpa* y su hermano Huáscar*. Maniobró entre ambos, aprovechando sus luchas para arrebatarles el poder: apoyó a Atahualpa hasta que éste eliminó a Huáscar. Y atrajo al inca a una entrevista en Cajamarca, en la cual sorprendió a su escolta con el uso de artillería y armas de fuego (desconocidas en América) y le hizo prisionero (1532). El fabuloso tesoro en oro, plata y piedras preciosas que entregaron los súbditos del inca no sirvió para comprar su libertad, pues Pizarro ajustició a Atahualpa en 1533. Luego tomó Cuzco, la capital del imperio, con ayuda de los quechuas descontentos con el dominio incaico. Bautizó el reino recién conquistado como Nueva Castilla, y en 1535 fundó una nueva capital en la costa, la ciudad de Los Reyes (Lima). Mandó a su hermano Hernando Pizarro* a España con parte del tesoro de Atahualpa para el rey. Y éste concedió a Pizarro el título de marqués y la extensión del territorio de su jurisdicción. A Almagro le nombraron adelantado y gobernador de Nueva Toledo (sur del Perú); pero éste se consideró traicionado y entró en conflicto con Pizarro por la delimitación de sus territorios respectivos.

Mientras fracasaba el intento de completar la conquista del antiguo imperio incaico con la anexión de Chile, estalló la guerra civil entre los conquistadores españoles, que enfrentó a los partidarios de Pizarro con los de Almagro (1537-54). Los Pizarro se impusieron a Almagro en la batalla de las Salinas y le ejecutaron (1538). Se concentraron entonces en la lucha contra el inca Manco Cápac*, que se había sublevado contra la dominación española en 1536. Pero los almagristas se habían reorganizado, encabezados por un hijo de Almagro; y, antes de que llegara de España el magistrado encargado de poner paz en el Perú, asaltaron la casa de Pizarro y le dieron muerte.

PIZARRO, Gonzalo Conquistador español (Trujillo, Extremadura, 1511/13 - Cuzco, 1548). Era el hermano menor de Francisco Pizarro* (y bastardo como él), a quien acompañó en su expedición al Imperio incaico en 1531. Completada la conquista del Perú, fue nombrado gobernador de Quito en 1539. Su hermano le encargó la exploración de las tierras del este en busca del árbol de la canela. Gonzalo se internó así en la selva amazónica en 1540 con un numeroso ejército, sufriendo grandes penalidades. Construyeron un barco, con el que Orellana* descendió por el Amazonas en busca de provisiones; sin embargo, Orellana se alejó por el río hasta su desembocadura, y Pizarro hubo de regresar a Quito en 1542. Ante la nueva situación creada en el Perú por el asesinato de su hermano Francisco y la llegada de un gobernador nombrado por la Corona (Vaca de Castro), Gonzalo se retiró a la región del Río de la Plata en busca de riquezas mineras. Al publicarse las Leyes Nuevas que defendían los derechos de los indios frente a los abusos de los conquistadores (1542), Gonzalo Pizarro se erigió en portavoz del descontento de los colonos españoles. Transformó la protesta en una campaña militar contra el primer virrey del Perú, Blasco Núñez de Vela, al que consiguió arrebatar el poder en 1546. El rey envió entonces a Pedro de La Gasca para restablecer su autoridad en el Perú; y éste, tras atraerse a algunos de los colaboradores del rebelde Pizarro, le venció en la batalla de Jaquijaguana (1548). Gonzalo se entregó voluntariamente y murió ejecutado.

PIZARRO, Hernando Conquistador español (Trujillo, Extremadura, 1475/78-1578 ?). Era el único hermano legítimo de Francisco Pizarro*, a quien acompañó en su expedición de conquista del Perú en 1531. Fue el encargado de atraer al inca Atahualpa* para una entrevista a Cajamarca, donde fue hecho prisionero y asesinado (1532-33). También se encargó de viajar a España para dar cuenta de la conquista del imperio incaico y hacer entrega a Carlos I* del quinto que le correspondía del botín obtenido (Calatayud, 1534). Al regresar al Perú, se encargó de la gobernación de Cuzco; pero cometió el error de poner en libertad al inca Manco Cápac* a cambio de la promesa de grandes tesoros. Manco Cápac se rebeló contra los conquistadores españoles y puso sitio a Cuzco y Lima (1536); pero fue vencido por las tropas de Almagro* y se retiró a un reducto en la montaña. Enseguida estalló la guerra civil entre los conquistadores, debido al resentimiento de Almagro por el trato recibido de Pizarro y de la Corona; Almagro alegaba que Cuzco quedaba dentro del territorio que le había concedido el rey y, por tanto, tomó la ciudad y depuso a Hernando. Quedó en libertad con la promesa de que regresaría a España; pero no lo hizo, sino que se puso al frente del ejército pizarrista, derrotó a Almagro en la batalla de las Salinas y le decapitó (1538). Tuvo que marchar de nuevo a España en 1539 para defender a su familia de las acusaciones que le hacían los partidarios de Almagro. En la corte de Valladolid sostuvo la causa pizarrista con tal habilidad que consiguió que la Corona enviara para poner paz en el Perú a un magistrado afecto (Cristóbal Vaca de Castro). Sin embargo, Hernando no supo defenderse de las acusaciones que se le hicieron personalmente (incluido el envenenamiento del defensor de la causa almagrista, Diego de Alvarado) y fue encarcelado en el castillo de la Mota hasta 1560. Luego regresó a su villa natal, en donde se dice que vivió hasta los cien años.

PLANCK, Max Científico alemán, creador de la física cuántica (Kiel, Schleswig, 1858 - Gotinga, Baja Sajonia, 1947). Se educó en las universidades de Berlín y Múnich, doctorándose en esta última con sólo 21 años (1879). Su talento científico, así como las relaciones personales de su padre (profesor de Derecho en la Universidad de Kiel), le permitieron iniciar una carrera como profesor universitario de Física Teórica en su ciudad natal (1885), que completó en la Universidad de Berlín (desde 1889 hasta su jubilación en 1928). En 1900 descubrió la fórmula correcta que describe la radiación térmica de un «cuerpo negro» (cuerpo que emite toda la radiación que recibe); al hacerlo tuvo que asumir que los procesos de absorción y emisión de energía son discontinuos; y calculó la constante h que relaciona la frecuencia de la radiación emitida por un átomo con la cantidad de energía que transporta *(constante de Planck)*. Formuló así la teoría cuántica, que afirma que la energía está constituida por partículas finitas, a las que llamó *cuantos*. Esta concepción ha tenido consecuencias científicas tan revolucionarias que se considera el arranque de la *Física moderna,* denominándose *clásica* a la Física anterior a 1900. La aceptación de la teoría cuántica por la comunidad científica fue lenta y costosa, y en ella tuvo un papel preponderante Albert Einstein* (cuya teoría de la relatividad también defendió Planck desde el principio); cuando en 1918 Planck obtuvo el Premio Nobel de Física todavía persistían algunas reticencias. Las posteriores aportaciones que hizo en terrenos como la óptica, la termodinámica, la mecánica o la química fueron de menor trascendencia. De 1930 a 1937 fue presidente de la Sociedad Emperador Guillermo, que después de la guerra pasó a denominarse Sociedad Max Planck.

PLANTAGENET, Casa de Dinastía reinante en Inglaterra entre 1154 y 1399, o hasta 1485 si se incluyen los reyes de las ramas secundarias de Lancaster* y York*.

Los Plantagenet arrancan de la casa nobiliaria francesa de Anjou*, uno de cuyos miembros, Godofredo V, se casó con Matilda, la hija del rey Enrique I de Inglaterra. Fruto de esa unión fue **ENRIQUE II*** (1154-89), que le disputó el Trono de Inglaterra al usurpador y último rey normando, Esteban de Blois, consiguiendo que éste le designara su heredero. Su matrimonio con Leonor de Aquitania* proporcionó a la dinastía amplios dominios en el continente europeo, que serían posteriormente objeto de una larga disputa con la monarquía francesa durante la Guerra de los Cien Años (1337-1453). Le sucedieron sus hijos, Ricardo I, *Corazón de León** (1189-99) y Juan *sin Tierra** (1199-1216). Durante el reinado de **ENRIQUE III** (1216-72) continuó el debilitamiento de la autoridad real, con la sublevación de los barones encabezados por Simon de Monfort. Como resultado, el rey se vio obligado a aceptar la implantación de un Parlamento feudal en el que estaría representada la nobleza, embrión del posterior sistema de monarquía parlamentaria. Le sucedió su hijo **EDUARDO I** (1272-1307), que completó la conquista de Gales. Para financiar las guerras contra galeses, escoceses y franceses se vio obligado a hacer nuevas concesiones al poder del Parlamento. Su hijo **EDUARDO II** (1307-27) intentó en vano completar el dominio de Gran Bretaña conquistando Escocia, donde obtuvo la derrota de Banockburn (1314). Su hijo **EDUARDO III** (1327-77) intentó hacer valer sus derechos dinásticos al Trono de Francia; pero fue excluido, por su calidad de extranjero, en beneficio de la Casa de Valois*. Fue entonces cuando comenzó la Guerra de los Cien Años entre los Plantagenet y los Valois. Le sucedió su nieto, **RICARDO II** (1377-99) con sólo diez años, bajo la Regencia de Juan de Gante. Su reinado estuvo marcado por la debilidad del poder real y por disturbios de todo tipo: la Peste Negra, la herejía de John Wycliff, la rebelión campesina de Wat Tyler (1381) y la agitación de los nobles. Éstos acabaron por deponer al rey y poner en el Trono al hijo de Juan de Gante, **ENRIQUE IV** (1399-1413). Con éste se inicia la serie de los reyes de la Casa de Lancaster*, que era una rama secundaria de los Plantagenet.

PLATÓN (Aristocles) Filósofo griego (Atenas, 427 - 347 a.C.). Perteneciente a una familia aristocrática, abandonó su vocación política por la Filosofía, atraído por Sócrates*. Siguió a éste durante veinte años y se enfrentó abiertamente a los sofistas (Protágoras, Gorgias...). Tras la muerte de Sócrates (399 a.C.), se apartó completamente de la política; no obstante, los temas políticos ocuparon siempre un lugar central en su pensamiento, y llegó a concebir un modelo ideal de Estado. Viajó por Oriente y el sur de Italia, donde entró en contacto con los discípulos de Pitágoras; luego pasó algún tiempo prisionero de unos piratas, hasta que fue rescatado y pudo regresar a Atenas. Allí fundó una escuela de Filosofía en el 387, situada en las afueras de la ciudad, junto al jardín dedicado al héroe Academo, de donde procede el nombre de *Academia*. La Escuela, una especie de secta de sabios organizada con sus reglamentos, residencia de estudiantes, biblioteca, aulas y seminarios especializados, fue el precedente y modelo de las modernas instituciones universitarias. En ella se estudiaba y se investigaba sobre todo tipo de asuntos, dado que la Filosofía englobaba la totalidad del saber, hasta que paulatinamente fueron apareciendo —en la propia Academia— las disciplinas especializadas que darían lugar a ramas diferenciadas del saber, como la Lógica, la Ética o la Física. Pervivió más de novecientos años, hasta que Justiniano* la mandó cerrar en el 529 d.C., y en ella se educaron personajes tan relevantes como Aristóteles*.

A diferencia de Sócrates, que no dejó obra escrita, los trabajos de Platón se han conservado casi completos y se le considera por ello el fundador de la Filosofía académica (a pesar de que su obra es fundamentalmente un desarrollo del pensamiento socrático). La mayor parte están escritos en forma de *Diálogos,* como los de *La República, Las Leyes, El Banquete, Fedro* o *Fedón*. El contenido de estos escritos es una especulación metafísica, pero con evidente orientación práctica. El mundo del verdadero ser es el de las ideas, mientras que el mundo de las apariencias que nos rodean está sometido a continuo cambio y degeneración. Igualmente el hombre es un compuesto de dos realidades distintas unidas accidentalmente: el cuerpo mortal (relacionado con el mundo sensible) y el alma inmortal (perteneciente al mundo de las ideas, que contempló antes de unirse al cuerpo). Este hombre dual sólo podría conseguir la felicidad mediante un ejercicio continuado de la virtud para perfeccionar el alma; y la virtud significaba, ante todo, la justicia, compendio armónico de las tres virtudes particulares, que correspondían a los tres componentes del alma: sabiduría de la razón, fortaleza del ánimo y templanza de los apetitos. El hombre auténtico será, para Platón, aquel que consiga vincularse a las ideas a través del conocimiento, acto intelectual —y no de los sentidos— consistente en que el alma recuerde el mundo de las ideas del cual procede. Sin embargo, la completa realización de este ideal humano sólo puede realizarse en la vida social de la comunidad política, donde el Estado da armonía y consistencia a las virtudes individuales. El Estado ideal de Platón sería una República formada por tres clases de ciudadanos —el pueblo, los guerreros y los filósofos—, cada una con su misión específica y sus virtudes características: los filósofos serían los llamados a gobernar la comunidad, por poseer la virtud de la sabiduría; mientras que los guerreros velarían por el orden y la defensa, apoyándose en su virtud de la fortaleza; y el pueblo trabajaría en actividades productivas, cultivando la templanza. Las dos clases superiores vivirían en un régimen comunitario donde todo (bienes, hijos y mujeres) pertenecería al Estado, dejando para el pueblo llano instituciones como la familia y la propiedad privada; y sería el Estado el que se encargaría de la educación y de la selección de los individuos en función de su capacidad y sus virtudes, para destinarlos a cada clase. La justicia se lograría colectivamente cuando cada individuo se integrase plenamente en su papel, subordinando sus intereses a los del Estado.

Platón intentó plasmar en la práctica sus ideas filosóficas, aceptando acompañar a su discípulo Dión como preceptor y asesor del joven rey Dionisio II de Siracusa; el choque entre el pensamiento idealista del filósofo y la cruda realidad de la política hizo fracasar el experimento por dos veces (367 y 361 a.C.). Sin embargo, las ideas de Platón siguieron influyendo —por sí o a través de su discípulo Aristóteles— sobre toda la historia posterior del mundo occidental: su concepción dualista del ser humano o la división de la sociedad en tres órdenes funcionales serían ideas recurrentes del pensamiento europeo durante siglos. Al final de la Antigüedad, el platonismo se enriqueció con la obra de Plotino y la escuela neoplatónica (siglo III d.C.).

PLEJANOV, Georgi Valentinóvich Pensador y activista del socialismo ruso (Gudalovka, Rusia central, 1857 - Terijoki, Finlandia, 1918). Se le considera el introductor en Rusia del pensamiento de Marx* y Engels*. Nacido en una familia de la pequeña nobleza, se unió a los círculos revolucionarios que luchaban contra el zarismo desde sus tiempos de estudiante. Exiliado en Suiza desde 1880, allí conoció a Lenin* y le convirtió a las ideas marxistas; allí fundó también, en 1883, el grupo Emancipación del Trabajo, embrión del Partido Obrero Socialdemócrata Ruso (que contribuiría a fundar en 1894). Al mismo tiempo, desarrolló toda una obra teórica siguiendo las ideas de la socialdemocracia de Europa central y occidental (destaca su *Ensayo sobre la concepción monista de la historia,* de 1895). Cuando en 1903 el partido se escindió entre los *bolcheviques* de Lenin (partidarios de convertir al partido en vanguardia de una revolución inmediata, apoyada en el campesinado) y los *mencheviques* de Martov (partidarios de una estrategia socialdemócrata gradual, que pasaría por la industrialización capitalista de Rusia y por el crecimiento de una clase obrera que hiciera triunfar las ideas socialistas), Plejanov se inclinó por los primeros, para decidirse más tarde por estos últimos; en todo caso, intentó inútilmente recomponer la unidad del partido en 1906-12, con lo cual no consiguió sino ser excluido de ambos grupos. La Revolución de 1917 le permitió volver a Rusia, donde se opuso a las concepciones de Lenin y Trotski*, descalificó la Revolución de octubre y pidió unir fuerzas para la defensa nacional contra Alemania. Su último año de vida lo pasó entre la incomprensión y el maltrato que le dispensaron los bolcheviques desde que llegaron al poder.

POINCARÉ, Raymond Político francés (Bar-le-Duc, Lorena, 1860 - París, 1934). Este prestigioso abogado representó en el Parlamento de la Tercera República a su departamento natal del

Mosa, primero en el Congreso (1887) y luego en el Senado (1903). Se hizo enseguida una reputación de administrador eficaz y de político conciliador, capaz de aunar fuerzas diversas con sus apelaciones al patriotismo. Con sólo 33 años se convirtió en ministro de Instrucción Pública, repitiendo más tarde en esa cartera y en la de Hacienda. Siempre en posturas moderadas, defendió la enseñanza laica sin alinearse con los anticlericales. Permaneció alejado del bloque de izquierdas que llegó al poder a raíz del caso Dreyfus*, ante el cual mantuvo posturas oportunistas. En 1912 fue llamado a presidir el gobierno y, un año después, fue elegido presidente de la República con los votos de la derecha y del centro; se mantuvo en la presidencia hasta 1920. Pronto, sin embargo, las elecciones legislativas, en las que se impuso la izquierda, le obligaron a cohabitar con gobiernos radicales, presididos por hombres como Viviani o Clemenceau* (especialmente desde que el estallido de la Primera Guerra Mundial en 1914 aconsejó comprometer en la defensa nacional a todas las fuerzas políticas). Desde su llegada al poder, Poincaré había trabajado para fortalecer la alianza de Francia, Gran Bretaña y Rusia, que serían las que le permitieran vencer a Alemania en 1918. Terminada la contienda, el nacionalista Poincaré quiso tomarse la revancha contra los alemanes, proponiendo la ocupación francesa de ambas orillas del Rin; pero Clemenceau refrenó tales excesos. Defraudado, Poincaré renunció a presentarse para un segundo mandato. Pero siguió defendiendo sus posiciones nacionalistas como presidente de la Comisión de Reparaciones y como primer ministro (1922-24), puestos desde donde exigió una aplicación rigurosa a Alemania de las cláusulas del Tratado de Versalles. Ante las dificultades para cobrar de Alemania las cuantiosas reparaciones de guerra, ordenó la ocupación de la cuenca minera del Ruhr, en territorio alemán, para cobrarse en especie. La maniobra fue un fracaso, pues deterioró las relaciones con Alemania, aisló diplomáticamente a Francia, provocó el hundimiento del franco y apenas obtuvo rendimientos económicos ante la resistencia pasiva de los obreros alemanes. Poincaré perdió las elecciones en 1924, pero dos años más tarde volvió para formar un «Gobierno de Unidad Nacional», con el fin de resolver la delicada situación financiera del país. Aquél fue el gobierno más largo de la Tercera República, y consiguió recortar el déficit presupuestario, amortizar gran parte de la deuda pública y estabilizar la moneda. Se retiró en 1929 por problemas de salud.

POL POT, Saloth Sar Revolucionario y dictador comunista de Camboya (Kompong Thom, 1928 - Sa Ngaam, 1998). Procedente de una familia campesina, fue monje durante algún tiempo en un monasterio budista. Durante la Segunda Guerra Mundial (1939-45) se unió a las fuerzas de Ho Chi Minh* que luchaban contra la dominación colonial francesa en Indochina y contra la ocupación japonesa. Al acabar la guerra, ingresó en el Partido Comunista de Camboya (1946) y realizó una estancia en París (1949-53), durante la cual se dedicó a la agitación política y no sacó adelante sus estudios de electrónica. Luego fue maestro en Phnom Penh (1954-63), hasta que decidió consagrarse por entero a la reorganización del partido y a la lucha clandestina, primero contra el régimen del príncipe Norodom Sihanuk* y luego contra la dictadura militar de Lon Nol. Creó el movimiento guerrillero de los *jemeres* (o *khmer)* rojos, inspirados por la doctrina de Mao Zedong*, con el cual acabó derrocando a los militares y tomando el poder en 1976. Durante los tres años de régimen *jemer* Pol Pot ejerció una dictadura maoísta a ultranza, dispuesta a exterminar todo rastro de burguesía, clases medias, intelectuales, disidentes, vida urbana e influencia occidental. Impuso trabajos forzados, campos de concentración, torturas y asesinatos en masa, que provocaron más de un millón de muertos (casi dos millones si se cuentan los efectos del hambre que también causó su régimen). En 1979 fue derrocado por una intervención militar del vecino Vietnam (prosoviético). Pol Pot se refugió en la jungla, encabezando nuevamente la guerrilla *jemer* e imponiéndose de manera sangrienta a cuantos le disputaban el mando. En 1985 se anunció oficialmente su sustitución y en 1997 fue juzgado por un tribunal de la guerrilla, en el marco de las luchas internas entre las distintas facciones de los *jemeres*. Acorralado por la presión militar del gobierno camboyano, de las facciones *jemeres* disidentes y del ejército tailandés que le impedía la retirada, murió de un ataque al corazón.

POLO, Marco Viajero italiano (Venecia, 1254-1324). Los Polo eran una familia de mercaderes venecianos: su padre Niccolo y su tío Matteo ya habían viajado una vez a la Corte de Qubilay Kan* en 1260-69. En 1271 iniciaron un segundo viaje a Oriente, en compañía del joven Marco, que les llevó a Bagdad, el golfo Pérsico, Asia central y China hasta Pekín (1275). Los Polo permanecieron allí, al servicio del Kan, hasta 1292, realizando diversos viajes por el extenso territorio chino; Marco adquirió influencia en asuntos políticos e incluso fue nombrado gobernador de la provincia de Yan Chow. Regresaron navegando por el mar de China, Indochina, Indonesia, Ceilán, la India y Persia, hasta llegar a Venecia en 1295. Traían de Asia muchas mercancías valiosas o desconocidas en Occidente; pero su aportación más importante fue el propio relato de la expedición, lleno de descripciones de países y costumbres exóticas. Marco Polo dictó sus recuerdos durante los meses que estuvo prisionero de los genoveses (1298-99), encargándose un compañero de cautiverio —Rusticello de Pisa— de darles forma literaria en francés. Así se escribió el *Libro de las maravillas,* que se convirtió en modelo para la literatura de viajes de los siglos siguientes, y suministró durante mucho tiempo estímulos para lanzar a los europeos al conocimiento de nuevas tierras.

POMBAL, Sebastiâo José de Carvalho e Melo, marqués de Ministro portugués (Lisboa, 1699 - Pombal, Coimbra, 1782). Tras estudiar Derecho en la Universidad de Coimbra, obtuvo puestos diplomáticos importantes por mediación de sus parientes (fue embajador en Viena y en Londres). El talento demostrado le llevó a ser nombrado ministro de Asuntos Exteriores y de la Guerra en 1750 por el nuevo rey, José I; la confianza que éste depositó en él convirtió a Pombal en ministro todopoderoso durante los 27 años que duró su reinado (con cargo de primer ministro entre 1756 y 1777). Pombal fue uno de los exponentes más claros del despotismo ilustrado europeo del siglo XVIII, actuando como un verdadero dictador en el fortalecimiento del poder central y la racionalización de la Administración. Aprovechó la conspiración de los Távoras (1758) para ejercer una sangrienta represión que sometiera a la nobleza. Más tarde recortó el poder de la Iglesia con la expulsión de los jesuitas (1759). Durante su mandato introdujo múltiples reformas inspiradas por la filosofía de la Ilustración en campos como la educación, la marina, el ejército y la Hacienda. Organizó eficazmente la reconstrucción de Lisboa tras el terremoto de 1755. Fomentó la creación de industrias y compañías de comercio, y la explotación colonial del Brasil. Y mejoró las relaciones con España. Pero no consiguió fortalecer al reino lo suficiente como para emanciparse de la tutela británica, como era su propósito. Tras la muerte del rey, Pombal sufrió persecuciones de sus enemigos y hubo de apartarse de la corte.

POMPEYO, Cneo, *el Grande* Militar y político romano (?, 106 - Pelusio, Egipto, 48 a.C.). Perteneciente a la *gens* plebeya de los Pompeyos, su padre había sido cuestor, pretor y cónsul. Con él se había formado como militar. Durante las guerras civiles de Roma, formó un ejército propio, que puso al servicio de Sila*, derrotando a los partidarios de Mario* en Sicilia y en África (83 a.C.); y cuando el partido popular pareció revivir bajo la dirección de Lépido, Pompeyo se encargó de derrotarlo en Etruria (77). Luego fue enviado a Hispania, en donde aplastó la rebelión de Sertorio* (77-71); y, al regresar a Italia, acabó con los restos de la rebelión de esclavos encabezada por Espartaco*. Ejerció el Consulado con Craso en el 70. Luego recibió plenos poderes por tres años para limpiar de piratas el Mediterráneo (67). Se le renovó el mando en el 66 para dirigir la guerra contra el rey del Ponto, Mitrítades, al cual derrotó; ello le permitió reorganizar los dominios romanos en Asia, incorporando Silia, Cilicia y el Ponto como provincias (64) y creando a su alrededor una protección de Estados vasallos. Sin embargo, el Senado se opuso a sus ambiciones de poder y no ratificó las medidas que había tomado. Pompeyo tuvo que aceptar la formación de un triunvirato, compartiendo el poder con Julio César* y con Craso (60), con un reparto territorial que le otorgaba el mando en Hispania. Pompeyo pudo así realizar su proyecto de repartir tierras a los veteranos licenciados del ejército. Tras la muerte de este último en la guerra contra los partos, y estando César ocupado en la conquista de las Galias, el Senado nombró a Pompeyo cónsul único para restablecer el orden en la ciudad contra los motines de los mercenarios (52). César regresó a Roma dispuesto a hacerse con el poder, mientras el Senado encargaba a Pompeyo la defensa de la República (49); estalló así la guerra abierta entre ambos, que favoreció a César. Pompeyo y sus partidarios huyeron a Grecia, donde fueron definitivamente derrotados en la batalla de Farsalia. Pompeyo consiguió huir y refugiarse en Egipto; pero hasta allí le persiguió César, provocando la Guerra Alejandrina (48-47 a.C.), que hizo subir a Cleopatra* al Trono de los faraones. Antes incluso de alcanzar la costa egipcia, Pompeyo murió asesinado por el tribuno Lucio Septimino.

POMPIDOU, Georges Político francés (Montboudif, Auvernia, 1911 - París, 1974). Este profesor de secundaria entró en política siguiendo al general De Gaulle* en 1945. Durante la ausencia de éste del poder (1946-58), Pompidou trabajó en la Banca Rothschild*, de la que llegó a ser director en 1954. Cuando De Gaulle recuperó el poder e instauró la Quinta República, Pompidou volvió con él a la política, auxiliándole como jefe de gabinete del presidente de la República (1958-59) y como primer ministro (1962-68). Desde ese puesto hubo de hacer frente al estallido social de mayo de 1968, que zanjó con los acuerdos de Grenelle; pero De Gaulle le culpó de no haber prevenido la crisis y le cesó en aquel mismo año. Tras la retirada definitiva del general, sin embargo, Pompidou encarnó las aspiraciones de renovación del centro-derecha francés y ganó las elecciones presidenciales de 1969. Durante su presidencia, mantuvo la línea conservadora y nacionalista de su predecesor, rechazando todo compromiso con las fuerzas de izquierda. Favoreció cuanto pudo a los empresarios franceses para acelerar el crecimiento industrial. Y admitió por fin el ingreso de Gran Bretaña en la Comunidad Económica Europea, que De Gaulle había bloqueado. No llegó a acabar su mandato, porque murió antes de una grave enfermedad. Le sucedió en la Presidencia Giscard D'Estaing*.

PONCE DE LEÓN, Juan Conquistador castellano de Puerto Rico y descubridor de la Florida (Santervás de Campos, Valladolid, 1460 - Cuba, 1521). Era de ascendencia noble, había sido paje en la corte del Fernando *el Católico** y había combatido en la conquista de Granada. Se duda si su primer viaje a América lo hizo con Colón* (en 1493) o ya con Ovando (en 1502). En todo caso, colaboró con éste en la conquista de La Española (Santo Domingo) y recibió de él el encargo de conquistar la cercana isla de San Juan o Borinquén (Puerto Rico) en 1508. A pesar de la oposición de Diego Colón, consiguió ser nombrado gobernador en 1510. La isla se le sometió sin dificultad, merced a la conversión del cacique Agüeibana; Ponce de León pudo dedicarse a la fundación de ciudades y a la explotación del oro. Pero, tras la muerte de Agüeibana, los indios se sublevaron contra la dominación española y el régimen de encomiendas, que les había sometido a trabajo forzado. Tras una dura lucha, Ponce de León se impuso a los nativos y tomó represalias sangrientas. En 1511 fue destituido, aunque se resistió a dejar el cargo hasta que vino a exigírselo el propio Diego Colón. Se embarcó entonces en una nueva expedición de descubrimiento hacia el norte, en la que encontró la punta del continente norteamericano, territorio al que llamó *Florida* por su abundante vegetación y por ser fechas de Pascua florida (1512 o 1513); bordeando las costas de Florida descubrió la corriente del Golfo. Pero no pudo establecerse en tierra ante la hostilidad que le mostraron los indígenas; una posterior expedición de conquista que realizó en 1521, fue igualmente rechazada por los indios seminolas. Probablemente aquella península había recibido ya la visita de navegantes españoles o portugueses, pero su descubrimiento había quedado olvidado hasta la expedición de Ponce de León.

PONIATOWSKI, Josef, príncipe Militar polaco (Viena, 1763 - Leipzig, 1813). Pertenecía a una familia de la nobleza polaca, uno de cuyos miembros fue elegido rey en 1763-95 (Estanislao II). Josef entró como militar al servicio de Austria, llegando a ser ayuda de campo del emperador José II*. Regresó a su país en 1789 para colaborar en la reorganización del ejército polaco y en los esfuerzos por convertir a Polonia en un Estado fuerte e independiente, sacándola de la postración en que la había dejado el reparto territorial de 1772 entre rusos, prusianos y austriacos. Sus esperanzas se vieron frustradas cuando la presión militar rusa obligó al rey Estanislao a desmontar todas las reformas y a consentir un segundo reparto de Polonia (1793), a pesar de los éxitos militares obtenidos por Josef en el frente de Ucrania. Tras un breve exilio, regresó a Polonia para apoyar la rebelión de Kosciuszko en 1794; pero no pudo evitar una nueva derrota ante los ejércitos rusos y prusianos, que determinó el tercer reparto de Polonia, el destronamiento de Estanislao y la desaparición de Polonia como reino independiente (1795). Durante las guerras europeas contra la Francia revolucionaria, Poniatowski se mantuvo retirado y rehusó todas las ofertas para luchar contra Francia; por el contrario, cuando Napoleón* hizo su entrada en Varsovia en 1806, Poniatowski se le unió para obtener de él la restauración de la independencia polaca. Efectivamente, Napoleón creó un Gran Ducado de Varsovia bajo su influencia, en el que Poniatowski fue nombrado generalísimo del ejército (1807). Colaboró con Francia en la lucha contra los austriacos y participó en la campaña de Rusia, en la que resultó herido. Permaneció fiel a Napoleón cuando la suerte de las armas se volvió desfavorable y, rechazando las invitaciones de otros nobles polacos para que cambiara de bando, se retiró con el emperador hasta Leipzig; allí fue nombrado mariscal y murió durante la *Batalla de las Naciones.*

PRIETO Y TUERO, Indalecio Político socialista español (Oviedo, 1883 - México, 1962). Vivió desde su infancia en Bilbao, donde trabajó como periodista en el diario *El Liberal,* entrando en contacto con los círculos republicanos (en 1932 llegaría a convertirse en propietario del periódico). Sus preferencias políticas le orientaron hacia el socialismo, integrándose desde joven en las filas del PSOE. Se erigió en líder de la corriente reformista del partido que defendía la alianza con los republicanos y la vía socialdemócrata que representaba la permanencia en la Segunda Internacional (frente a la escisión comunista). En 1918 fue elegido diputado por Bilbao; y en 1921 miembro de la Comisión Ejecutiva del PSOE. Rechazó la dictadura de Primo de Rivera* (1923-30), en contra de la opinión colaboracionista de Besteiro* y Largo Caballero*, que fue la que se impuso en el partido y en el sindicato socialista UGT. En consecuencia, permaneció retirado hasta que cayó la dictadura, y participó a título personal en el Pacto de San Sebastián (1930), encaminado a derrocar a la Monarquía. Exiliado en Francia, regresó al proclamarse la Segunda República (1931) y participó en representación del PSOE en el primer gobierno provisional republicano como ministro de Hacienda. Más tarde desempeñó el recién creado Ministerio de Obras Públicas en el gobierno presidido por Azaña* (1931-33); pero no consiguió el apoyo de su partido para ocuparse de presidir él mismo un gobierno, como le había encargado el presidente de la República, Alcalá Zamora*, en 1933. Bajo el posterior gobierno de la derecha, Prieto colaboró en la preparación de la fallida Revolución de 1934, a pesar de su oposición a la corriente revolucionaria mayoritaria en el socialismo español, que encarnaba Largo Caballero. Hubo de exiliarse de nuevo en Francia, desde donde impulsó la formación de una nueva coalición con los republicanos para desbancar a la derecha en las elecciones; efectivamente, se formó el Frente Popular, que consiguió la victoria en 1936. La oposición de los largocaballeristas le impidió integrarse en el nuevo gobierno Azaña o formar gobierno cuando éste pasó a la presidencia de la República; y cuando el estallido de la Guerra Civil (1936-39) y el peligro inminente de que la República fuera derrotada llevaron a los socialistas a aceptar responsabilidades de gobierno, fue bajo la presidencia de Largo Caballero, ocupándose Prieto de un efímero Ministerio de Marina y Aire (1936-37). Prieto contribuyó a hacer caer del gobierno a su correligionario y aceptó ser ministro de Defensa en el siguiente gobierno, presidido por el también socialista Negrín* (1937-38). Pero su pesimismo ante la marcha de la guerra le enfrentó con los comunistas y con Negrín, que acabó destituyéndole. Prieto se apartó del gobierno y marchó a Hispanoamérica, donde le sorprendió el fin de la guerra. Desde su exilio mexicano reorganizó el PSOE, apartando a los partidarios de Negrín, y definiendo una estrategia de recuperación del poder que pasaba por la unidad de acción con los monárquicos de don Juan* y la presión internacional sobre el régimen de Franco*. Fracasada aquella estrategia, en 1950 dimitió Prieto, dejando la dirección del PSOE en manos de Rodolfo Llopis.

PRIM Y PRATS, Juan Militar y político español (Reus, Tarragona, 1814 - Madrid, 1870). Se integró en el Ejército para defender el Trono de Isabel II* desde el comienzo de la Primera Guerra Carlista (1833-40), en la que ascendió hasta coronel. Inclinado a las ideas liberales, se lanzó enseguida a la política como diputado por Tarragona (1841). Apoyó a los progresistas durante el trienio esparterista (1840-43); pero se enfrentó al autoritarismo de Espartero* y acabó contribuyendo a derrocarlo organizando una sublevación en Reus. El gobierno progresista así formado nombró a Prim gobernador militar de Barcelona, con el encargo de reprimir el movimiento revolucionario que perduraba en la ciudad (1843). Después, el poder pasó a los moderados de Narváez* por un largo periodo, y Prim prefirió alejarse de la política, dedicándose a viajar por Europa. En 1847-48 fue gobernador de Puerto Rico, en donde destacó por su dureza en la represión del bandolerismo y de los motines de esclavos. De regreso a la Península fue elegido nuevamente diputado (1851) y volvió a adquirir protagonismo político tras la Revolución de 1854, con la que dio comienzo un nuevo bienio progresista; en ese periodo mandó la expedición española enviada a Melilla para sofocar la insurrección de los rifeños (1856). Por entonces se integró en la Unión Liberal, partido centrista creado por O'Donnell*. Siendo ya éste presidente del gobierno, Prim participó en la Guerra de África (1859-60), obteniendo éxitos que le valieron el título de marqués de los Castillejos. En 1861 fue puesto al mando del cuerpo expedicionario español enviado a México, en colaboración con fuerzas francesas y británicas, para obtener del gobierno de Juárez* el pago de las deudas pendientes; las victorias militares de Prim obligaron a Juárez a comprometerse al pago de la deuda por el Convenio de la Soledad (1862); pero, al descubrir que Napoleón III* pretendía aprovechar aquel pretexto para derrocar a Juárez e instaurar en su lugar a Maximiliano I* como emperador de México, Prim decidió por su cuenta retirar sus fuerzas. Aunque las autoridades españolas ratificaron su postura, el desacuerdo con O'Donnell llevó a Prim a abandonar la Unión Liberal y, ante la enemistad que había suscitado en la opinión conservadora por no alinearse con los enemigos de Juárez, regresó a las filas progresistas. Desde entonces conspiró continuamente para derrocar a los gobiernos moderados, e incluso a la propia Isabel II, que les amparaba: intentó un fallido desembarco en Valencia (1865); organizó la sublevación del Cuartel de San Gil (1866); promovió el Pacto de Ostende entre progresistas y demócratas (1866), al que se sumaron los unionistas tras la muerte de O'Donnell (1867). Y, finalmente, lanzó la Revolución de 1868, en colaboración con Sagasta*, Serrano*, Ruiz Zorrilla y Topete. Prim participó en el pronunciamiento inicial en Cádiz y marchó luego a sublevar Valencia y Barcelona, antes de hacer su entrada triunfal en Madrid, ya destronada la reina. En el inmediato gobierno provisional presidido por Serrano, Prim se encargó del Ministerio de la Guerra; en las Cortes constituyentes defendió la definición del nuevo régimen como una monarquía democrática, que quedó plasmada en la Constitución de 1869. Serrano pasó entonces a ejercer la Regencia mientras se encontraba un rey para el Trono vacante, sustituyéndole Prim como presidente del Consejo de Ministros. Desde ese cargo fue uno de los principales defensores de la candidatura de Amadeo de Saboya*; pero unos días antes de que éste llegara a Madrid para iniciar su reinado, Prim murió asesinado en un atentado cuya autoría nunca ha podido ser esclarecida.

PRIMO DE RIVERA Y ORBANEJA, Miguel Militar y dictador español (Jerez de la Frontera, Cádiz, 1870 - París, 1930). Procedía de una familia de militares ilustres, en la que había destacado su tío Fernando Primo de Rivera, marqués de Estella (1831-1921), héroe de la última guerra carlista, gobernador de Filipinas y varias veces ministro de la Guerra. Miguel ingresó en el ejército a los 14 años y desarrolló la mayor parte de su carrera en destinos coloniales: Marruecos, Cuba y Filipinas (adonde acompañó a su tío) fueron los escenarios que le permitieron ascender rápidamente por méritos de guerra, de manera que en 1912 ya era general. Vinculado por su formación al grupo de militares *africanistas,* sin embargo defendió el abandono de las colonias norteafricanas, por lo que hubo de sufrir represalias políticas. Desde 1919 pasó a destinos en la Península, que le pusieron en contacto con los agudos problemas sociales y políticos de la época: fue capitán general de Valencia, de Madrid y de Barcelona. Desde este último puesto, que ocupó en 1922, se vio confrontado a los problemas de orden público de la ciudad en la época del terrorismo anarquista, del pistolerismo patronal, del auge del catalanismo, de la inestabilidad ministerial y de la descomposición del sistema de partidos. Como reacción, Primo de Rivera enarboló sus ideales militaristas, nacionalistas y autoritarios para dar un golpe de Estado en 1923, que puso en suspenso la Constitución, disolvió el Parlamento e implantó una dictadura. Con la connivencia del rey Alfonso XIII* y la aquiescencia de buena parte de la patronal, del clero, del ejército y de las fuerzas conservadoras, Primo de Rivera encabezó un *Directorio Militar* que concentró todos los poderes del Estado excluyendo a los políticos profesionales. Inicialmente encontró poca resistencia, en la medida en que venía a sustituir a un régimen desprestigiado y en que prometía una dictadura meramente transitoria inspirada en los ideales expresados por los regeneracionistas de comienzos de siglo (como Joaquín Costa*), para restaurar el orden y desarraigar la influencia caciquil de la vida política (incluso los socialistas le prestaron una benévola neutralidad). Aunque formalmente se inspirara a veces en el modelo fascista de la Italia de Mussolini*, su dictadura fue más moderada y conservadora. Durante los años del Directorio Militar (1923-25) se limitó a perseguir a los anarquistas (cuyo sindicato CNT fue declarado ilegal), a liquidar la Mancomunidad de Cataluña (primer experimento de autogobierno regional), a desterrar de la vida política a los partidos y las instituciones representativas (sustituidos por tecnócratas conservadores, agrupados a partir de 1924 en la Unión Patriótica), a reforzar el proteccionismo estatal en favor de la industria nacional y a fomentar la construcción de grandes obras públicas. Uno de sus mayores éxitos consistió en consolidar la presencia española en Marruecos mediante una victoria militar que puso fin a años de permanentes guerras y dificultades (como el «Desastre de Annual» de 1921, por el que se habían querido pedir responsabilidades a los militares y al propio rey, propiciando el golpe de Estado de 1923): el desembarco de Alhucemas (1925) formó parte de una operación combinada con el ejército francés para acabar con la rebelión de las cabilas del Rif. Si bien contradecía todas las ideas anteriores del dictador, fue un éxito tan significativo que animó a Primo de Rivera a institucionalizar su dictadura de forma duradera. El Directorio Militar dio paso a un Directorio Civil (1925-30) y se reunió una Asamblea Nacional (1927) que elaboró un anteproyecto de Constitución (1929). Aquel simulacro de Parlamento no democrático, sin embargo, mostró la diversidad de posiciones políticas que había entre los seguidores de la dictadura, entre católicos conservadores de viejo cuño y corporativistas autoritarios atraídos por el fascismo. Divididas las huestes primorriveristas y enrarecidas las relaciones del dictador con el rey, no fueron capaces de afrontar el auge de la oposición, crecientemente unida y movilizada ante la amenaza de ver perpetuarse el régimen. Socialistas y republicanos se unieron en la campaña contra la dictadura, que amenazaba con arrastrar también a la Monarquía que la había apoyado; estudiantes, obreros e intelectuales se manifestaban en contra del régimen; y los propios militares conspiraban contra Primo de Rivera. Finalmente, desautorizado por los altos mandos militares y por el rey, Primo de Rivera presentó su dimisión en 1930 y se exilió en París, no sin antes recomendar a Alfonso XIII algunos nombres de militares que podrían sucederle (entre ellos el general Berenguer*, que asumió la presidencia). En París moría dos meses más tarde, en medio de una gran amargura y decepción por las ingratitudes recibidas. Su hijo mayor, José Antonio Primo de Rivera* entraría en la política poco después para reivindicar la memoria de su padre, según dijo.

PRIMO DE RIVERA Y SÁENZ DE HEREDIA, José Antonio Político fascista español, fundador de la Falange (Madrid, 1903 - Alicante, 1936). Hijo primogénito del dictador Miguel Primo de Rivera*, decidió entrar en política para defender la memoria de su padre, generalmente denostada en los años del hundimiento de la dictadura y de la implantación de la Segunda República (1931). José Antonio fracasó en su intento de obtener un escaño de diputado en las elecciones de 1931, a las que se presentó con la Unión Monárquica Nacional; pero consiguió su propósito en las de 1933, integrado en una coalición conservadora. Utilizó su escaño y las libertades democráticas del régimen republicano para lanzar un nuevo partido de inspiración netamente fascista, atraído por los modelos de Mussolini* y Hitler*. Tras varios intentos fracasados, en 1933 creó la Falange Española; al año siguiente la fusionó con otro grupo de ideología similar, las Juntas de Ofensiva Nacional Sindicalista de Onésimo Redondo y Ramiro Ledesma Ramos, dando lugar a FE de las JONS. Combinando la agitación callejera (frecuentemente violenta) de sus jóvenes militantes con la propaganda política, la Falange fue adquiriendo notoriedad en la vida pública española. Pero las elecciones de 1936, en las que no obtuvo ni un solo escaño, demostraron su escaso apoyo entre la opinión pública. Por entonces, la Falange estaba ya decididamente inclinada hacia el uso de la fuerza y el abandono de la lucha política legal, contra el ascenso del poder de la izquierda y de los nacionalismos regionales, que entendía como amenazas contra sus valores esenciales. La derrota electoral de 1936 confirmó esa tendencia y lanzó a los falangistas al pistolerismo y a la conspiración contra la República. En aquel mismo año, el gobierno de izquierdas declaró ilegal a la Falange como responsable de desórdenes públicos, y encarceló a su jefe, José Antonio Primo de Rivera. Cinco meses más tarde tuvo lugar el golpe de Estado militar encabezado por Mola* y Franco*, con el que dio comienzo la Guerra Civil (1936-39). El gobierno republicano, consciente de la connivencia de la Falange con los golpistas, trasladó a José Antonio de Madrid a una cárcel más segura en Alicante, donde fue condenado a muerte por un tribunal popular y fusilado. Los militares alzados en armas contra la República no hicieron nada por salvar la vida de José Antonio, cuya muerte en plena juventud les suministró un mito heroico ampliamente explotado en los años siguientes; al mismo tiempo, la desaparición de José Antonio eliminó del bando rebelde al único líder con carisma que podía hacer sombra a los militares, dejando el camino expedito para la conversión de la Falange en partido único del régimen (unificada con los tradicionalistas formando FET de las JONS), una Falange domesticada y desprovista de su mística revolucionaria inicial, con Franco* como jefe nacional.

PROUDHON, Pierre-Joseph Pensador y activista del movimiento obrero francés (Besançon, Franco Condado, 1809 - París, 1865). Procedente de una familia de artesanos modestos, Proudhon hubo de abandonar los estudios de secundaria para ponerse a trabajar como tipógrafo. La lectura le permitió completar una formación autodidacta y, tras fracasar en el intento de establecer su propia imprenta (1836-38), marchó a París y se consagró a la lectura y a la escritura. Allí frecuentó los medios intelectuales revolucionarios (conoció a Marx* y a Bakunin*, entre otros) y maduró su crítica contra la desigualdad social. En 1840 presentó a la Academia de Besançon una memoria titulada *¿Qué es la propiedad?;* a pesar de la frase que le hizo famoso («la propiedad es un robo»), no censuraba la propiedad en sí, sino la obtención de rentas sin trabajar. En sus escritos, Proudhon defendía un socialismo de tipo cooperativista y una organización sociopolítica de tipo federalista. Gozó de un gran predicamento entre las clases trabajadoras francesas de mediados del siglo XIX, y su influencia puede rastrearse tanto en autores anarquistas (Bakunin, Kropotkin*, Reclus...) como socialistas (Jaurès*, Sorel...) o federalistas (Pi y Margall*...); el propio Marx, que le tachó de «moralista pequeño burgués» y combatió ásperamente sus ideas, adoptó algunos de sus puntos de vista sobre la propiedad comunal.

Aparte de su obra intelectual, Proudhon fue un activista revolucionario, perseguido continuamente por sus ideas: participó en la Revolución de 1848; fue elegido diputado de la Asamblea Constituyente de aquel año, que creó la Segunda República francesa; intentó poner en práctica su idea de crear un *Banco del Pueblo* de carácter mutualista, que practicara el crédito gratuito para acabar con la usura, pero el experimento fue un fracaso; tras el acceso al poder de Luis Napoleón Bonaparte (el futuro Napoleón III*) fue encarcelado por sus críticas al príncipe-presidente (1849-52); volvió a ser perseguido desde 1858 por sus ataques a la Iglesia, y hubo de exiliarse en Bélgica. No regresó a Francia hasta 1862, y lo hizo con ideas muy distintas de las que le habían hecho popular, pues, alejado ya de las luchas políticas, se había convertido en un místico solitario, defensor del poder temporal del papa y opuesto a la emancipación de la mujer.

PTOLOMEOS (o Lágidas) Dinastía reinante en el Egipto helenístico (305 - 330 a.C.).

Al morir Alejandro Magno* en el año 323 a.C., el imperio que había conquistado en Oriente se repartió entre sus generales, conocidos como los *diádocos*. En Egipto se hizo con el poder **PTOLOMEO I** *SÓTER* (305-282 a.C.), que era hijo de un noble macedonio llamado Lago (razón por la que sus sucesores se conocen también como los Lágidas). Para afianzarse en el poder hubo de sostener una guerra contra Perdicas, el regente nombrado por Alejandro, que intentaba mantener unido el imperio helenístico. Perdicas murió en el intento de conquistar Egipto, y Ptolomeo afianzó su dominio mediante el Pacto de Triparadiso (321) con los otros diádocos. No acabaron ahí las luchas, pues en 315-281 tuvo lugar la Guerra de los Diádocos, en la que Ptolomeo, Casandro, Lisímaco y Seleuco lucharon contra Antígono, que pretendía monopolizar el poder. El resultado de aquella guerra fue la formación de tres reinos independientes: el de los Ptolomeos en Egipto, el de los Seléucidas* en Persia y el de los Antigónidas en Macedonia. Ptolomeo se instaló en el poder con el título de sátrapa de Egipto; y sólo a partir del 305 asumió el de rey, imitando el paso que habían dado Antígono y Demetrio y dando por disuelto el imperio de Alejandro. Creó un reino de cultura greco-egipcia, cuyo exponente más depurado fue la Biblioteca de Alejandría; la propia ciudad de Alejandría, fundada por Alejandro en el 331 a.C., fue la capital del reino y creció bajo los Lágidas hasta convertirse en una de las ciudades más importantes del Mediterráneo. Ptolomeo, además, extendió el reino con la conquista de Cirenaica y Chipre. Le sucedió su hijo **Ptolomeo II** *Filadelfo* (285-246 a.C.), que se casó con su hermana Arsínoe y compartió con ella la gobernación del reino. Desde entonces, los matrimonios consanguíneos —práctica conocida por los faraones antiguos— se convirtieron en una norma habitual de la familia real y se extendieron entre el resto de la población egipcia. Con Ptolomeo II se iniciaron las guerras contra los Seléucidas por el dominio de Palestina y Siria. Sus sucesores fueron Ptolomeo III *Evergetes* I (246-222), Ptolomeo IV *Filopátor* (222-205), Ptolomeo V *Epifanes* (205-180) y **Ptolomeo VI** *Filométor* (180-145 a.C.). Bajo su reinado se inició la decadencia del Egipto ptolemaico, por el triple conflicto que supusieron las luchas por el poder dentro de la familia real (entre Ptolomeo VI y su hermano, el futuro Ptolomeo VIII), la guerra con los Seléucidas (que convirtieron a Egipto en un protectorado) y la emergencia del poder de Roma. Su hermano **Ptolomeo VIII** *Evergetes* **II** *Fyscon* (170-163 y 145-116 a.C.) ocupó brevemente el Trono egipcio mientras su hermano estaba prisionero de los Seléucidas; luego fue rey de Cirenaica, dejando Egipto a su hermano, en virtud del arbitraje de Roma; y, muerto Ptolomeo VI, volvió a ser rey de Egipto. Para vencer las resistencias a su poder tomó por esposa a su hermana Cleopatra II (que era también su cuñada, como viuda de Ptolomeo VI); más tarde, y sin haber repudiado a ésta, se casó también con su sobrina Cleopatra III (hija de Cleopatra II y Ptolomeo VI). Las dos reinas mantuvieron una dura rivalidad por el poder y sólo con el apoyo de Roma consiguió Ptolomeo mantenerse en el Trono. Convertido así Egipto en protectorado romano, la dinastía se mantuvo nominalmente, sucediéndose en el Trono Ptolomeo IX *Sóter* II (116-110, 109-107 y 88-81), Ptolomeo X *Alejandro* I (107-88), Ptolomeo XI *Alejandro* II (81-80), Ptolomeo XII *Auletes* (80-58 y 55-51), Ptolomeo XIII *Dionysos* (51-47), Ptolomeo XIV *Filopátor* II (47-44), Ptolomeo XV *César* (44-30) y **Cleopatra VII*** (51-30 a.C.), hermana y esposa de Ptolomeo XIII y de Ptolomeo XIV, amante de Marco Antonio* y de Julio César*, con quien tuvo un hijo, Ptolomeo V. Con ellos acabó la dinastía, al convertirse Egipto en provincia romana.

Pu-yi (o Xuantong, Mo Ti o Hsuan Teh) Último emperador de China, perteneciente a la dinastía Manchú* (Pekín, 1906-1967). Era sobrino del emperador Kuang-su, al que sucedió en el Trono en 1908, cuando Pu-yi contaba sólo dos años; había sido designado sucesor por la emperatriz viuda Ts'eu-hi precisamente por su corta edad, que le permitiría a ella ejercer el poder real. Sin embargo, Ts'eu-hi murió en aquel mismo año y pasó a ejercer la regencia el padre de Pu-yi, Tch'uen. Éste, vinculado al partido tradicionalista, detuvo el proceso de reformas que habían iniciado sus antecesores. El inmovilismo imperial acrecentó el descontento y permitió el triunfo de la revolución na-

Marx, Karl: «... denunció la explotación patente en la extracción de la *plusvalía*, de donde surge la acumulación del capital. Criticó hasta el extremo la esencia injusta, ilegítima y violenta del sistema económico capitalista, en el que veía la base de la dominación de clase que ejercía la burguesía.» (Retratado hacia 1875, Museo Karl Marx.)

Maura, Antonio: «... unió su voz a los que condenaban la falsedad del régimen de la Restauración, cuya representación parlamentaria estaba viciada por el fraude electoral sistemático, el intervencionismo de la Corona y el caciquismo; y propuso transformar el régimen en un sistema realmente parlamentario, basado en la sinceridad electoral.» (*Antonio Maura*, por B. Maura, grabado de 1917.)

Mazarino, Cardenal: «... puso las bases para la hegemonía de Francia durante el reinado personal de Luis XIV, que era su ahijado y que recibió de él su educación como gobernante. El nuevo rey reconoció la labor de Mazarino en defensa del Trono, manteniéndole en el gobierno hasta que murió.» (Grabado de Ph. Champaigne.)

Médicis, Cosme I de: «Duplicó la fortuna de la familia y la empleó para fomentar las artes y el pensamiento, haciendo de Florencia un gran foco de cultura renacentista: Brunelleschi, Donatello y Filippo Lippi, entre otros, se beneficiaron de su mecenazgo.» (*Cosme de Médicis, llamado el Viejo*, por A. Bronzino, Galería Uffizi, Florencia.)

Meir, Golda: «... demostró una gran eficacia en la construcción del Estado de Bienestar israelí y la integración laboral y social de las masas de inmigrantes que afluían al país ... y desplegó una gran actividad para lograr el reconocimiento y el apoyo al Estado de Israel.»

Ménem, Carlos Saúl: «... cerró el capítulo de la "guerra sucia" protagonizada por los militares contra la izquierda en la pasada dictadura, decretando una amnistía para los responsables de violaciones de los derechos humanos, que entendía necesaria para asegurar la reconciliación nacional y la lealtad constitucional del ejército.»

Metternich, Klemens, príncipe de: «... puso en marcha su concepción conservadora del equilibrio europeo, destinada a impedir la aparición de una potencia hegemónica mediante el reparto del continente en esferas de influencia entre las grandes potencias del momento.»

Mitterrand, François: «... se convirtió en un estadista celoso de la continuidad constitucional y del protagonismo internacional de Francia en un estilo típicamente gaullista. No obstante, inició su mandato con medidas de gran poder simbólico para la izquierda, como nacionalizaciones, mejora de las condiciones laborales, abolición de la pena de muerte, descentralización administrativa...»

Mola Vidal, Emilio: «... trazó el plan para el golpe de Estado y dirigió su ejecución en julio de 1936; pero el golpe fracasó ante la resistencia de las organizaciones republicanas en buena parte del territorio ... iniciándose una larga guerra civil, en la que Mola asumió el mando del ejército del Norte; pero murió en un accidente de aviación, permitiendo que fuera Franco el que se hiciera con la jefatura del bando rebelde.»

Montesquieu, Charles-Louis de Secondat, barón de: «Elaboró una teoría sociológica del gobierno y del derecho, mostrando que la estructura de ambos depende de las condiciones en las que vive cada pueblo: en consecuencia, para crear un sistema político estable había que tener en cuenta el desarrollo económico del país, sus costumbres y tradiciones, e incluso los determinantes geográficos y climáticos.» (Grabado del s. XIX conservado en el Museo Municipal, Madrid.)

Moro, Aldo: «Representó la apertura de la Democracia Cristiana hacia la izquierda ... en consecuencia, introdujo en su primer Gobierno ministros socialistas, socialdemócratas y republicanos, e incluso contó con el apoyo parlamentario de los comunistas en el segundo.»

Mussolini, Benito: «... reunió en el fascismo una amalgama de elementos radicales y desarraigados, combinando el extremismo nacionalista con un programa revolucionario en materia social.»

Napoleón I: «... su ensayo de unificación europea llevó a gran parte del continente las ideas e instituciones surgidas de la Revolución francesa, extendiendo a otros países la dinámica de transformaciones políticas, económicas y sociales del liberalismo, que habrían de marcar su entrada en la Edad Contemporánea. Sin embargo, las ambiciones napoleónicas toparon con demasiados enemigos: nacionalistas, liberales, católicos, tradicionalistas, víctimas del bloqueo continental...» (*Napoleón I, Emperador de Francia*, por J.-L. David, Museo de Versalles, París.)

Napoleón III: «... hizo del Segundo Imperio (1852-70) una fase muy significativa en el proceso de industrialización de Francia. La dureza de los siete primeros años de "Imperio autoritario" (1852-59) dejó pasó a un cambio de tendencia más progresista desde la intervención militar en Italia de 1859 ... y del tratado comercial de 1860 (que inauguraba una política económica más liberal, enemistando al régimen con parte de la clase empresarial francesa).» (*Napoleón III*, por H. J. Flandrin, Museo del Castillo de Versalles, París.)

Narváez y de Campos, Ramón María, duque de Valencia: «Tras haber contribuido a vencer la resistencia absolutista, implantó una monarquía constitucional inspirada formalmente en los principios liberales, pero la vació en gran parte de contenido con su exagerado autoritarismo y su política conservadora.» (Litografía de Antonio Cortés.)

Nefertiti: «... ejerció una gran influencia sobre el rey, contribuyendo a la revolución política, religiosa, económica y cultural que éste desató al sustituir el politeísmo tradicional egipcio por un culto de tendencia monoteísta al dios solar Atón.» (Cabeza del Maestro de Amarna, Museo Arqueológico de Berlín.)

Nixon, Richard M.: «Su presidencia fue esencialmente conservadora, en coherencia con sus principios esenciales: recortó la Seguridad Social y reprimió duramente los movimientos estudiantiles y raciales.»

O'Donnell, Leopoldo, duque de Tetuán: «Su período de Gobierno se caracterizó por una cierta apertura política y un gran auge económico, con expansión de los ferrocarriles, construcción de obras públicas y mejora del aparato administrativo y estadístico del Estado.»

Olivares, Gaspar de Guzmán y Pimentel, conde-duque de: «... propuso un plan de reformas encaminadas a reforzar el poder real ... con vistas a un mejor aprovechamiento de los recursos al servicio de la política exterior. En su opinión, la eficacia de la maquinaria bélica de la Monarquía ... dependía de la capacidad para movilizar los recursos de sus reinos, tendiendo a una administración más ejecutiva y centralizada.» (*Gaspar de Guzmán y Pimentel, conde-duque de Olivares*, por Diego Velázquez, Colección Varez-Fisa, Madrid.)

Onassis, Aristóteles: «Se convirtió en uno de los hombres más ricos del mundo merced a su negocio de armador, aunque adquirió también inmuebles, salas de espectáculos y hoteles, incluido el mítico Casino de Montecarlo (1953).»

Ortega, Daniel: «Dio al régimen sandinista una orientación marxista, inspirándose en el modelo de la Cuba de Fidel Castro... Pero hubo de enfrentarse desde el principio a la hostilidad de los Estados Unidos bajo la presidencia de Reagan, que decretó un embargo comercial contra Nicaragua, minó los puertos del país y organizó una guerrilla contrarrevolucionaria.»

Qubilay Kan: «En 1275-92 Qubilay recibió la visita del comerciante veneciano Marco Polo, que llegó a convertirse en colaborador del kan y consejero político de cierta influencia. Qubilay reorganizó la administración china, dividiendo el territorio en provincias y estableciendo una división en clases: la casta dominante de los mongoles (propietarios y gobernantes), los funcionarios y comerciantes extranjeros (de origen turco, europeo o asiático), la pequeña burguesía (nutrida por coreanos y chinos del Norte) y las masas sin derechos del sur de China.» (Qubilay Kan entrega un pasaporte de oro a los hermanos Polo, *Libro de las Maravillas*, 1410.)

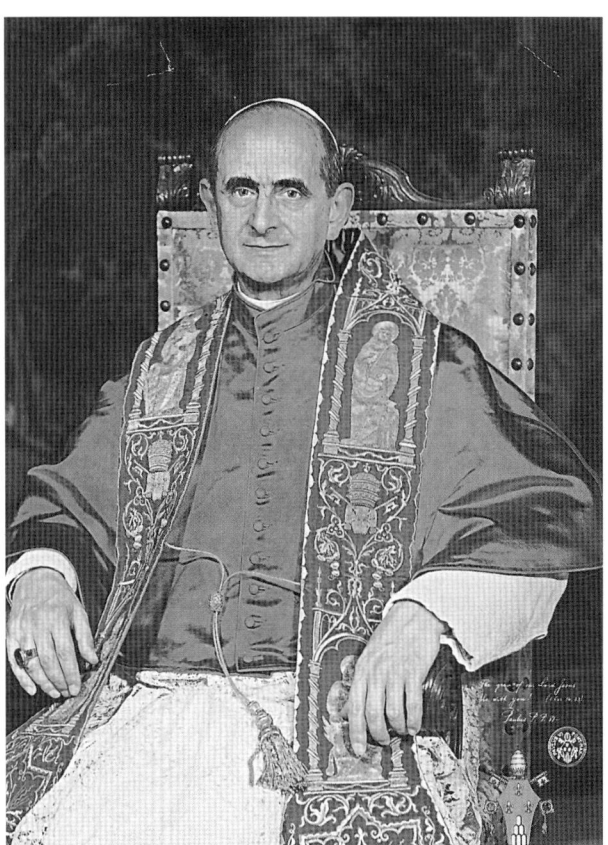

Pablo VI: «Su pontificado estuvo marcado por la concreción del espíritu del Concilio en la renovación y modernización de la Iglesia católica y de sus enseñanzas: reestructuró las instituciones vaticanas…, descentralizó el poder papal…, viajó por todo el mundo … y dio un nuevo impulso al diálogo *ecuménico* con las restantes confesiones cristianas.» (Foto oficial tras su elección en 1963.)

Paine, Thomas: «… propugnaba la independencia de las trece colonias británicas de Norteamérica y su unificación política…, considerándose a Paine uno de los principales ideólogos y publicistas de la revolución que condujo … a la independencia y a la formación de los Estados Unidos de América.»

Pascal, Blaise: «... propuso una espiritualidad más íntima y más auténtica; el reconocimiento de la existencia de Dios y la relación con él deben hacerse con el corazón y no con la razón. El hombre, según Pascal, es un ser a medio camino entre lo más grande y lo más abyecto, al que sólo la gracia divina permite acceder a la verdad y al bien.» (Grabado de Ph. Champagne.)

Pedro I de Castilla, *el Cruel:* «La insurrección contra el autoritarismo real aunó a la nobleza con las oligarquías municipales, reclamando ambas mayor participación en el gobierno del reino; al frente de la misma se situaron el duque de Alburquerque (muerto poco después) y don Enrique de Trastámara.» (Litografía romántica del s. XIX.)

Pedro I de Rusia, *el Grande:* «La influencia occidental fue determinante en su línea de gobierno, encaminada a fortalecer a Rusia copiando modelos de Europa central y occidental... Saneó las finanzas imperiales..., racionalizó la administración..., sometió a la Iglesia..., impulsó el comercio y las manufacturas ... y obligó tanto a los nobles como a los campesinos a asumir costumbres occidentales.» (*El Emperador Pedro I presenta a la Anciana Rusia la Verdad, la Religión y las Artes,* grabado francés del siglo XVIII.)

Peral, Isaac: «Desde 1885 empezó a interesarse por la navegación submarina... En realidad hizo pocas aportaciones originales al invento...; dada su especialización en temas relacionados con la electricidad, sus investigaciones se referían sobre todo al manejo de la energía eléctrica para la propulsión en inmersión.» (Litografía sobre dibujo de I. Badillo.)

Pérez, Antonio: «Durante años asesoró tanto a Enrique IV de Francia como a Isabel I de Inglaterra en sus acciones militares contra Felipe II. Se dedicó también a publicar escritos contra el rey, que suministraron gran parte del material con el que se tejió la *leyenda negra* contra la Monarquía Hispana.» (Retrato de autor anónimo, Monasterio de San Lorenzo de El Escorial, Madrid.)

Pétain, Philippe: «Admitió la ocupación alemana del norte y oeste de Francia, creando sobre el territorio restante un Estado teóricamente independiente con capital en Vichy y con Pétain como jefe... Él se limitó a dictar las líneas generales de un régimen autoritario, ultraconservador y católico, orientado a restaurar la Francia tradicional y a corregir su "decadencia moral".» (Pastel de Marcel Barchet.)

Pilsudski, Josef: «... no quiso ocupar la presidencia de la República, sino que ejerció un poder autoritario como presidente del Gobierno... Ejerció una dictadura de hecho, que quedaría institucionalizada con la Constitución de 1935, poco antes de su muerte. La principal preocupación de sus últimos años fue la amenaza que suponía para Polonia la llegada de los nazis al poder en Alemania.»

Pío IX: «... su pontificado fue una cruzada contra el liberalismo y el mundo moderno, a los que intentó contrarrestar revitalizando la religiosidad católica. Restauró la jerarquía católica en países de predominio protestante como Inglaterra (1850) y Holanda (1853). En 1854 proclamó el dogma de la Inmaculada Concepción.» (Retrato de Soublet, Palacio Real de Madrid.)

Pío XI: «... intentaba mantener una postura equilibrada entre las ideologías extremas que crecían en Europa, condenando tanto al nacionalsocialismo alemán como al comunismo soviético (1937); entre ambos, ofreció como alternativa la doctrina social de la Iglesia, continuando la línea definida por León XIII mediante su encíclica *Quadragesimo anno* (1931).» (Retrato conservado en la Nunciatura Apostólica de Madrid.)

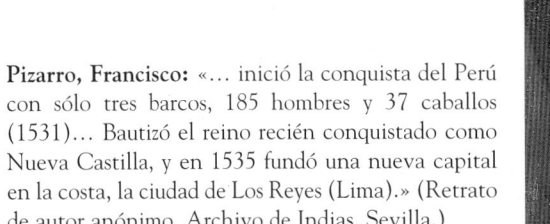

Pizarro, Francisco: «... inició la conquista del Perú con sólo tres barcos, 185 hombres y 37 caballos (1531)... Bautizó el reino recién conquistado como Nueva Castilla, y en 1535 fundó una nueva capital en la costa, la ciudad de Los Reyes (Lima).» (Retrato de autor anónimo, Archivo de Indias, Sevilla.)

Pombal, Marqués de: «Fue uno de los exponentes más claros del despotismo ilustrado europeo del siglo XVIII, actuando como un verdadero dictador en el fortalecimiento del poder central y la racionalización de la administración... Durante su mandato introdujo múltiples reformas inspiradas por la filosofía de la Ilustración.» (Óleo de la escuela portuguesa del s. XVIII, colección particular, Lisboa.)

Primo de Rivera, José Antonio: «... la desaparición de José Antonio eliminó del bando rebelde al único líder con carisma que podía hacer sombra a los militares, dejando el camino expedito para la conversión de la Falange en partido único del régimen (unificada con los tradicionalistas formando FET de las JONS), una Falange domesticada y desprovista de su mística revolucionaria inicial, con Franco como jefe nacional.»

Primo de Rivera, Miguel: «... enarboló sus ideales militaristas, nacionalistas y autoritarios para dar un golpe de Estado en 1923, que puso en suspenso la Constitución, disolvió el Parlamento e implantó una dictadura... Aunque formalmente se inspirara a veces en el modelo fascista de la Italia de Mussolini, su dictadura fue más moderada y conservadora.»

Rabin, Isaac: «... promovió un difícil acercamiento a los palestinos en busca de la paz en la región; la fórmula "paz a cambio de territorios" aspiraba a proporcionar a Israel unas fronteras seguras, una normalidad en las relaciones con los países vecinos y una aceptación por la comunidad internacional.»

Ramsés II: «Establecida la paz en las fronteras de su extenso imperio, Ramsés se dedicó a embellecer y enriquecer su reino.» (Estatua de basalto de Ramsés II, Museo Egipcio, Turín.)

Ronald W. Reagan: «Durante su presidencia impulsó un programa de *revolución conservadora*.... Consistía en una política económica neoliberal a ultranza, acompañada de un rearme militar y una política exterior más agresiva, que permitieran relanzar la cruzada contra el comunismo en el mundo.»

cionalista encabezada por Sun Yat-sen*, que proclamó la República en 1911 y forzó la abdicación de Pu-yi en 1912. No obstante, se le permitió seguir viviendo en Pekín, en la residencia tradicional de la corte imperial, la *Ciudad Prohibida*. En 1917, durante el periodo de anarquía y de luchas civiles entre los *señores de la guerra,* un partido monárquico restableció a Pu-yi en el Trono por el breve espacio de doce días. En 1924 tuvo que escapar de los *señores de la guerra* y se refugió en la colonia japonesa de Tientsín. Cuando los japoneses invadieron la región china de Manchuria en 1931, crearon sobre aquel territorio el Estado títere del Manchukúo, a la cabeza del cual pusieron a Pu-yi como jefe de Estado (1932) y más tarde emperador (1934). Su poder era ilusorio, si bien pretendió en algún momento obtener de los japoneses una cierta autonomía política. Al terminar la Segunda Guerra Mundial (1939-45) con la derrota del Japón, Manchuria fue ocupada por el ejército soviético, que capturó a Pu-yi y lo entregó a los comunistas chinos. Éstos internaron al ex emperador en un campo de prisioneros, donde sufrió un proceso de los llamados de «reeducación». Fue liberado en 1959 y pasó a trabajar en el Jardín Botánico de Pekín y, más tarde, de archivero en la Biblioteca Nacional, al tiempo que escribía sus memorias.

Q

QIN SHIH HUANG. V. SHIH HUANG TI.

QUBILAY KAN (Kublai Kan o Kublay Kan) Emperador mogol (?, h. 1214 - ?, 1294). Era nieto de Gengis Kan*. En 1252 recibió de su hermano Mongka (o Mangu) el mando sobre un ejército que dominaba la parte oriental del imperio. Qubilay extendió las fronteras del imperio conquistando la mayor parte de China y se erigió en rey del país (1258); al morir su hermano Mongka en 1260, fue nombrado además *gran kan* de los mongoles. Qubilay estableció su corte en Pekín (a la que llamó Kanbalik o ciudad del kan) y adoptó la superior cultura china: incluso cambió su nombre (por el de *Shihtsu*) y el de su dinastía (que pasó a llamarse *Yuan*). Tuvo que mantener una dura lucha para asentarse en el poder (contra su otro hermano hasta 1264 y contra los mogoles rebeldes del Turquestán en 1267 y de Manchuria en 1277). Luego sostuvo incesantes campañas para extender sus dominios: sólo lo consiguió hacia el sur de China (destruyendo al reino Sung en 1267-79), pues fracasó en sus intentos por conquistar Japón (1274-81), Birmania (1277), Cochinchina (1285) y Java (1293). En 1275-92 recibió la visita del comerciante veneciano Marco Polo*, que llegó a convertirse en colaborador del kan y consejero político de cierta influencia. Qubilay reorganizó la administración china, dividiendo el territorio en provincias y estableciendo una división en clases: la casta dominante de los mongoles (propietarios y gobernantes), los funcionarios y comerciantes extranjeros (de origen turco, europeo o asiático), la pequeña burguesía (nutrida por coreanos y chinos del norte) y las masas sin derechos del sur de China. La dinastía Yuan reinó en China hasta que fue destronada por los Ming* en 1368.

QUESNAY, François Economista francés, creador de la escuela fisiocrática (Méré, Île-de-France, 1694 - París, 1774). Tras formarse de manera tardía y autodidacta, llegó a hacerse cirujano en 1718; luchó contra las especulaciones propias de la medicina de la época y adquirió el suficiente prestigio como para convertirse en secretario de la Academia de Cirugía (1737) y médico de la corte de Luis XV* (1752). Recibió la protección de la amante del rey, Madamme de Pompadour, que le ayudó a ganarse la confianza real como consejero. Con más de sesenta años empezó a interesarse por la economía, a raíz de la obra de Mirabeau*, *El amigo de los hombres;* del encuentro de ambos en 1757 nació la escuela *economista* o *fisiocrática,* que adoptó la forma de una secta elitista con Quesnay como maestro supremo y un reducido número de discípulos fieles (Mirabeau, Dupont de Nemours, Mercier de la Rivière, Baudeau…). Los fisiócratas mantuvieron contactos con otros pensadores de tendencia ilustrada, como los enciclopedistas Diderot* y D'Alembert* (que permitieron a Quesnay redactar los artículos sobre «Granos» y «Agricultores» de su *Enciclopedia)* o la llamada «escuela de Gournay», a la cual pertenecía Turgot* (el único del grupo que llegó a ejercer el poder en Francia, poniendo en práctica algunas ideas fisiocráticas).

La doctrina esencial de la fisiocracia se encuentra recogida en el *Tableau économique* (cuadro económico) que Quesnay elaboró en 1758, modificándolo y perfeccionándolo en múltiples ediciones posteriores. Se trataba de un modelo de reproducción económica que analizaba la circulación de la renta en una sociedad dividida en tres clases: agricultores, propietarios y los demás, a los que caracterizaba como clase estéril. La agricultura era en aquella teoría la única actividad realmente productiva, de la que dependían todas las demás. En consecuencia, había que fomentar un desarrollo económico basado en una agricultura altamente capitalizada y tecnificada; y para ello propuso (en sus *Máximas generales del gobierno económico de un reino agrícola,* 1760) una política económica liberal: libertad de precios y de mercado, libertad de empresa y de cultivos, libertad de circulación y de comercio, reducción de las barreras aduaneras, simplificación del sistema tributario reduciéndolo a un único impuesto sobre la renta de la tierra… Curiosamente, ese liberalismo económico iba unido a una preferencia política por el despotismo monárquico, un despotismo ilustrado: la mejor garantía de acierto en el gobierno sería una esmerada educación del príncipe, que le hiciera capaz de descubrir con las luces de la razón el orden natural del universo; la política económica correcta consistiría en dejar actual sin interferencias a ese orden natural. Quesnay estaba fascinado por el modelo de empresarios agrícolas ricos e innovadores del norte de Francia y de los Países Bajos, y aspiraba a extender ese modelo a todo el país; mas para ello era necesario desmontar primero el entramado de regulaciones económicas heredadas de la época mercantilista. Su crítica al mercantilismo y al modelo económico intervencionista del Antiguo Régimen sentó las bases de la economía política liberal (que se desarrolló en Gran Bretaña a partir de Adam Smith*) y ejerció una gran influencia en la época de la Revolución francesa (1789).

QUISLING, Vidkun Político noruego colaboracionista de los nazis (Fryrerdal, Telemark, 1887 - Oslo, 1945). Era militar e hijo de un pastor protestante. Tras una breve experiencia diplomática que le permitió conocer la Rusia bolchevique (1918-19) se convirtió en un anticomunista radical, pasó a la política activa (1929) e incluso llegó a ser ministro de la Guerra (1931-33). Pronto dio a conocer su ideario de extrema derecha, racista y ultranacionalista: para recuperar la grandeza de la patria había que acabar con el marxismo (los socialdemócratas sólo eran comunistas encubiertos), con la lucha de clases y con la división de los partidos. Él mismo creó un partido, la *Agrupación Nacional* (1933), sin apenas electores, pero con apoyos en el ejército y subvencionado por la Alemania nazi; y propuso al Tercer *Reich* la forma de hacerse con el control de Noruega (1939). El propio Hitler* consideraba a Quisling demasiado extremista y aislado de la población, de manera que le mantuvo en un segundo plano cuando invadió Noruega al comienzo de la Segunda Guerra Mundial (1940), en beneficio de un gobierno de notables colaboracionistas. No obstante, el partido de Quisling fue declarado partido único y gozó de una amplia influencia en el gobierno. Sólo en 1942, cuando los nazis controlaban prácticamente toda Europa, se decidieron a endurecer el régimen de ocupación de Noruega y nombraron presidente a Quisling, que dirigió la represión y una inútil campaña de nazificación del país. Al acabar la guerra con la derrota de Alemania (1945), Quisling fue juzgado y ejecutado.

RABIN, Itzak Militar y político israelí (Jerusalén, 1922 - Tel Aviv, 1995). Identificado con el ideal sionista desde su juventud, estudió en una escuela agrícola de Galilea y entró a formar parte de la *Hagana* (ejército clandestino formado por los judíos durante los últimos años de dominación colonial británica en Palestina). Ascendido rápidamente, mandó un regimiento durante la Guerra de Independencia de 1948-49. Al terminar la guerra se dedicó a la carrera militar y participó en la segunda guerra contra los árabes de 1956. En 1964 fue nombrado jefe de Estado Mayor, puesto desde el cual reorganizó el ejército israelí *(Tsahal);* a sus esfuerzos se debió —tanto como a los de su ministro de Defensa, Moshé Dayán*— la victoria en la Guerra de los Seis Días (1967), que proporcionó a Israel la ocupación de los territorios de Cisjordania y Gaza, además de la península del Sinaí y los altos del Golán. Después de esta tercera guerra, Rabin cambió la carrera militar por la política, ligado al hegemónico Partido Laborista de Israel. Desempeñó la embajada de su país en Washington de 1968 a 1973, tiempo durante el cual adquirió una visión amplia de las relaciones internacionales. Desde aquel puesto se ganó la confianza de la primera ministra Golda Meir*, que le nombró ministro de Trabajo. La cuarta guerra árabe-israelí (Guerra del Yom Kippur, 1973) hizo caer a Golda Meir, momento en que fue sustituida por Rabin, tanto al frente del partido laborista como del gobierno israelí (1974-77). Un escándalo político montado en torno a una compra de dólares realizada por su esposa Lea, le obligó a dimitir en favor de su rival dentro del partido, Shimon Peres*. Aunque la victoria electoral del *Likud* en 1977 terminó con 29 años de poder laborista, Rabin siguió siendo diputado (reelegido en 1981). Las luchas internas entre Peres y Rabin marcaron los años siguientes en la oposición. Reconciliado con Peres, aceptó formar parte como ministro de Defensa de los gobiernos de coalición presididos por Peres y Shamir* a partir de 1984; y consiguió la unificación del partido que le proporcionó una nueva victoria electoral en 1992. Nuevamente primer ministro, y apoyándose en Peres como ministro de Asuntos Exteriores, promovió un difícil acercamiento a los palestinos en busca de la paz en la región; la fórmula «paz a cambio de territorios» aspiraba a proporcionar a Israel unas fronteras seguras, una normalidad en las relaciones con los países vecinos y una aceptación por la comunidad internacional, a cambio de ceder a los árabes parte de los territorios conquistados en los sucesivos enfrentamientos bélicos. Rabin venció su aversión a negociar con el líder de la Organización para la Liberación de Palestina, Yasser Arafat*, a quien consideraba jefe de una banda terrorista; con grandes dosis de pragmatismo y contando con el aval de los Estados Unidos, aceptó las negociaciones secretas de Oslo con la OLP, que condujeron a los acuerdos firmados en Washington en 1993: Arafat regresó a Palestina como titular de un gobierno autónomo palestino con autoridad inicialmente sobre Gaza y Cisjordania, que posteriormente se iría extendiendo a otros territorios. Sorteando los múltiples obstáculos que se oponían al proceso de paz (atentados de extremistas islámicos y judíos, oposición de la derecha israelí, retrasos y discrepancias sobre la organización de la retirada de los territorios ocupados…), Rabin firmó también la paz con el rey Hussein de Jordania* en 1994. Sus esfuerzos fueron reconocidos con la concesión, junto a Arafat, del Premio Nobel de la Paz y del Premio Príncipe de Asturias de la Concordia en 1994. Pero el clima de revuelta contra las concesiones a los árabes, fomentado en Israel por la derecha nacionalista y por el integrismo judíos, acabaron provocando un atentado que le costó la vida cuando salía de un mitin en favor del proceso de paz.

RACHID, Muley. V. ALAUITA, Dinastía.

RADETZKY, Joseph Wenzeslaus, conde de Militar austriaco (Trebnitz, Bohemia, 1766 - Milán, 1858). Nacido en una vieja familia aristocrática del Imperio de los Habsburgo*, ingresó muy joven en el ejército y luchó en las guerras contra Turquía (1788-89) y contra Francia (1792-1814). Desempeñó un papel destacado en la ofensiva final de los aliados europeos contra Napoleón*, diseñando la estrategia con la que vencieron en la batalla de Leipzig (1813). Terminada la guerra, el Congreso de Viena asignó a Austria los territorios italianos en torno a Venecia y Milán, así como un derecho de control general sobre Italia (1815). Radetzky fue puesto al mando de las tropas austriacas en Italia, con el encargo de mantener el orden establecido en la península (1831). En 1836 fue nombrado mariscal. Las revoluciones nacionalistas y liberales de 1848, que tenían como enemigo principal al ocupante austriaco, le obligaron a retirarse con sus tropas. Sin embargo, no tardó en recuperar la iniciativa, venciendo a Carlos Alberto I de Cerdeña* en las batallas de Custozza (1848) y Novara (1849). Restablecido así el dominio sobre Lombardía (Milán) y el Véneto, y anulado militarmente el único Estado italiano capaz de hacerle frente, Radetzky recorrió Parma, Módena, Bolonia y Florencia afianzando en toda Italia el orden del Congreso de Viena. Continuó como gobernador del reino lombardo-véneto hasta 1857, erigiéndose en símbolo del conservadurismo imperial frente a las aspiraciones de los italianos a la unificación nacional y el constitucionalismo liberal (que se harían realidad poco después de su muerte, en 1859-60). En cambio, en Austria fue considerado un héroe nacional, razón por la que Johann Strauss (padre) compuso en su honor la *Marcha de Radetzky*.

RAMÓN BERENGUER IV Conde de Barcelona y rey de Aragón que unió ambos territorios (?, h. 1114 - Borgo San Dalmazzo, Piamonte, 1162). Era hijo de Ramón Berenguer III, al cual sucedió en 1131 como conde de Barcelona. Seis años más tarde se casó con Petronila, hija del rey Ramiro II de Aragón; y recibió como dote el usufructo del reino de Aragón, que podría transmitir en propiedad a sus hijos (1137). Durante su reinado se esforzó por mantener la difícil unión de Cataluña y Aragón, territorios muy diferentes por sus instituciones, lengua e intereses; consiguió que su posición fuera reconocida por las órdenes militares, teóricas herederas del reino aragonés por el testamento de Alfonso I*, ya que él mismo pertenecía a la Orden del Temple; y logró igualmente que Alfonso VII* de Castilla admitiera la unión personal de Aragón con Cataluña y renunciara a hacerse con Zaragoza (1140). Con el rey castellano estableció una amplia colaboración, que se plasmó en la ayuda naval catalana para la conquista de Almería (1147) y en el posterior Tratado de Tudillén (1151); en él pactaron Castilla y Aragón el reparto del reino de Navarra y las zonas de influencia respectivas en las tierras musulmanas por conquistar (correspondiendo a Aragón los reinos de Valencia, Denia y Murcia). Ramón Berenguer dio un impulso a la Reconquista frente al Islam, ocupando Tortosa, Lérida, Fraga, Mequinenza y Miravet (1148-53). Y acrecentó la influencia catalanoaragonesa en el sur de Francia, ejerciendo el gobierno de Provenza como tutor de su sobrino Berenguer III (desde 1144). Murió cuando se dirigía a una entrevista con el emperador Federico I *Barbarroja** relacionada con su alianza en el sur de Francia, dejando unida por testamento la Corona de Aragón, que pasaría a su hijo Alfonso II.

RAMSÉS II Faraón de la XIX dinastía bajo el cual alcanzó Egipto su máximo esplendor (?, ? - ?, h. 1237/1212 a.C.). Fue el tercer soberano de la dinastía ramésida (fundada por Ramsés I, un general del Bajo Egipto), que vino a restablecer el orden tradicional alterado por la herejía de Akenatón*. Ramsés II sucedió a su padre Seti I hacia 1304 o 1279 a.C., iniciando un largo reinado (de 67 años), durante el que Egipto alcanzó su máximo poderío en Oriente y su máximo brillo cultural. Continuó la lucha que había emprendido Seti I contra los hititas por el control de Siria y Palestina. Tras la batalla de Kadesh (h. 1300 a.C.), de resultado incierto, Ramsés aprovechó las debilidades internas de los hititas (enfrentados con los asirios) para firmar con su rey uno de los primeros tratados internacionales de la historia, en el cual pactaron el reparto de Siria y Palestina en dos esferas de influencia con el río Orontes como frontera (h. 1275 a.C.). Para sellar aquel pacto —que incluía diversas cláusulas de amistad y cooperación entre los dos reinos— Ramsés tomó como esposas a dos princesas hititas.

Establecida así la paz en las fronteras de un extenso imperio, Ramsés se dedicó a embellecer y enriquecer su reino. Construyó los templos rupestres de Abú Simbel y el templo funerario de Abydos, terminó la sala hipóstila de Karnak y el templo de Luxor. Para terminar de cerrar el episodio monoteísta propiciado por Akenatón, Ramsés apoyó el culto tradicional del dios Amón, enriqueciendo a sus templos y sacerdotes. Reformó completamente la ciudad de origen de su familia en el delta del Nilo (Tanis), adonde hizo trasladar la capital del imperio (Ciudad de Ramsés). De esa época data probablemente la salida de los judíos de Egipto, encabezados por Moisés*, que se relata en el libro del *Éxodo*.

RASPUTÍN (Gregori Efimovich Novy) Monje ruso, favorito del zar Nicolás II* (Pokrovskoie, Siberia, 1872 - Petrogrado, 1916). Era un campesino sin apenas educación, perteneciente a la secta cismática de los flagelantes. Su fama de santurrón y de curandero le permitió introducirse en la alta sociedad e incluso en la corte imperial a principios de siglo. No tardó en ganarse la voluntad de Nicolás II, a través de su piadosa mujer, Alejandra, y de la preocupación de ambos por la salud de su hijo hemofílico, el príncipe Alexis (nacido en 1904): la supuesta curación del heredero, fruto probablemente de la sugestión, afianzó la confianza en sus poderes sobrenaturales (1906). Desde 1907 hasta 1916 su influjo sobre la familia imperial adquirió tintes políticos, convirtiéndose en una especie de valido o consejero con poder de decisión en asuntos de gobierno. Pronto se hizo impopular por su ambición (decidía los nombramientos de los ministros y de la alta jerarquía eclesiástica), por su inmoralidad (fueron famosas sus borracheras y sus orgías con mujeres de la alta sociedad) y por su total ignorancia en asuntos de Estado (que llevó a muchos a creer que actuaba al servicio de los alemanes durante la Primera Guerra Mundial de 1914). Alarmados por la evolución del país en manos de este fraile impostor, políticos como Stolypin* protestaron ante el zar, sin conseguir apartarle del poder por la protección que encontraba en la zarina; sufrió varios atentados fallidos; hasta que, finalmente, un grupo de cortesanos reaccionarios, encabezados por el príncipe Yusupov, le asesinaron envenenándole, disparándole y arrojando su cuerpo al Neva. Sin embargo, el descrédito al que arrastró a la monarquía de los zares no quedó sin consecuencias, contribuyendo a crear el clima de opinión en el que sobrevino la Revolución rusa de 1917.

RATHENAU, Familia Dinastía de industriales alemanes de origen judío.
EMIL RATHENAU (1838-1915) fundó en 1883 una empresa dedicada a fabricar en Alemania productos patentados por Edison*; en 1887 la compañía asumió el nombre de Sociedad General de Electricidad (*Allgemeine Elektrizitäts Gessellchaft*), cuyas siglas AEG continúan identificándola hoy. El talante emprendedor de Rathenau le llevó a fundar también la compañía *Telefunken* en 1903, en colaboración con el ingeniero Werner von Siemens*. Su hijo **WALTER RATHENAU** (1867-1922) heredó la dirección del consorcio AEG al comienzo de la Primera Guerra Mundial (1914-18). Comprendiendo la importancia de la regulación gubernamental del aparato productivo para alimentar el esfuerzo de guerra, Rathenau impulsó la organización de una economía de guerra en Alemania y fue nombrado director de la oficina encargada del abastecimiento de materias primas. El éxito logrado en aquella misión fue el inicio de una carrera política, pues Rathenau participó en la posguerra en la fundación del Partido Democrático Alemán que actuó durante la República de Weimar (1919-33); su ideario, democrático e inclinado a la cooperación internacional, abogaba por una regulación pública de la economía, consciente de que los tiempos del capitalismo liberal habían pasado. Diferentes equipos de gobierno le llamaron para

participar en conferencias de paz (entre 1919 y 1921) y en la comisión de nacionalizaciones de 1920. Él mismo fue ministro de Reconstrucción en 1921 y de Asuntos Exteriores en 1922. Desde este último puesto mantuvo las estrechas relaciones de Alemania con las potencias occidentales, basada en su idea de que Alemania debía cumplir las condiciones del Tratado de Versalles para iniciar la reconstrucción de Europa; pero firmó el Tratado de Rapallo (1922) con la Unión Soviética, afirmando así la independencia política de su país por primera vez desde que saliera derrotado de la guerra. Rathenau era un personaje polifacético y de actividad desbordante: además de su vida política y de dirigir la AEG, era miembro de un centenar de consejos de administración de sociedades anónimas de diversos campos industriales y financieros, lo cual compatibilizaba con su labor de escritor, filósofo y ensayista sobre temas políticos, económicos y sociales. La derecha nacionalista alemana le odiaba, por demócrata, por intelectual y por judío, por haber propiciado el entendimiento con la Rusia comunista y porque veía en él un símbolo de la aceptación de las cláusulas humillantes impuestas a Alemania por el Tratado de Versalles. Por todo ello, fue asesinado por dos jóvenes fanáticos de extrema derecha.

RATTI, Achille. V. PÍO XI.

RAZIN, Stenka. V. STENKA RAZIN.

REAGAN, Ronald Wilson 40.º presidente de los Estados Unidos de América (Kilton, Illinois, 1911 -). Tras una breve experiencia en la radio, fue actor profesional de cine, interviniendo en múltiples películas de Hollywood entre 1937 y 1964. Nunca llegó a ser una gran estrella, pero adquirió cierta notoriedad como presidente del sindicato de actores en la época de la *caza de brujas* de McCarthy* (1947-54). Su trabajo posterior como presentador de televisión le proporcionó la popularidad que le faltaba para dar el salto a la política, integrándose en el Partido Republicano y alineándose con su corriente más conservadora (1962). Dotado de un gran carisma para el electorado americano, Reagan fue elegido gobernador del Estado de California en 1966 (y reelegido en 1970). Con su prestigio intacto después de dos mandatos, decidió no presentarse a otra reelección para luchar por la nominación a la presidencia tras la caída de Nixon* (1974). Habría de esperar para conseguirlo, pues en 1976 el partido prefirió presentar al presidente saliente —y ex vicepresidente de Nixon— Gerald Ford; Ford perdió las elecciones presidenciales frente a los demócratas, quedando abierto el camino para Reagan en la siguiente convocatoria.

Ganó holgadamente las elecciones presidenciales de 1980, apelando al orgullo nacional americano después de la supuesta debilidad que se le achacaba a la administración de Carter*; se trataba de recuperar la confianza de los americanos en sus valores tradicionales, seriamente dañada por la Guerra de Vietnam (1969-74) y por el caso *Watergate* (1973). La capacidad de Reagan para la comunicación (relacionada con su experiencia de actor) le permitió encarnar las aspiraciones de liderazgo fuerte que albergaba el americano medio, proporcionándole una reelección sin complicaciones en 1984, a pesar de su avanzada edad. Durante su presidencia (1981-89) impulsó un programa de *revolución conservadora* que entroncaba bien con los vientos reaccionarios que alentaban el gobierno de Margaret Thatcher* en el Reino Unido y el pontificado de Juan Pablo II* en la Iglesia católica. Consistía en una política económica neoliberal a ultranza, acompañada de un rearme militar y una política exterior más agresiva, que permitieran relanzar la cruzada contra el comunismo en el mundo. Financió y armó a los grupos contrarrevolucionarios de Centroamérica hasta forzar la caída del régimen sandinista en Nicaragua. Ordenó intervenciones militares en defensa de los intereses americanos en Granada (1983) y Libia (1986). Reforzó los vínculos con los aliados de la OTAN, de los cuales obtuvo apoyo para desplegar nuevos misiles de alcance medio en Europa (los *euromisiles*). E impulsó un salto cualitativo en la carrera de armamentos con su Iniciativa de Defensa Estratégica (o *Guerra de las Galaxias*), orientada a desarrollar nuevas armas que garantizaran la superioridad tecnológica occidental en un eventual conflicto nuclear con la Unión Soviética. Aquel programa de rearme fue el detonante del colapso de la URSS, pues su estancamiento económico le impedía seguir el ritmo impuesto por Reagan en la carrera de armamentos: obligó a la URSS a firmar acuerdos de desarme nuclear y a abandonar Afganistán (1988), lo que equivalía a renunciar a seguir desempeñando un papel de gran potencia. En consecuencia, comenzó el proceso de desintegración del régimen soviético bajo Gorbachov*, que arrastró el hundimiento del comunismo a escala mundial, con lo que los más ambiciosos sueños anticomunistas de Reagan se vieron colmados. Al lado de ese éxito, la opinión pública americana consideró menores otros fracasos, como los cosechados al intentar doblegar al régimen integrista islámico de Irán (al cual incluso llegó a vender armas en secreto el gobierno norteamericano para financiar ilegalmente a la guerrilla contrarrevolucionaria de Nicaragua, evitando el control del Congreso, donde tenía mayoría la oposición demócrata). En política económica el balance fue menos brillante, pues si bien hubo un cierto crecimiento en los primeros años (impulsado por una política ultraliberal con altos costes sociales), el déficit presupuestario no dejó de crecer y obligó a mantener tipos de interés altos que acabaron pesando sobre la economía real. A pesar de las dificultades económicas del final de su segundo mandato, Reagan mantenía popularidad suficiente como para optar a un tercero si esa posibilidad no estuviera prohibida por la Ley; el prestigio de su administración facilitó la elección de su vicepresidente Bush* en las presidenciales de 1988. Reagan se retiró de la política en 1989, manifestándose poco después sus graves problemas de salud (enfermedad de Alzheimer), que probablemente se habían iniciado ya durante el mandato presidencial.

RECAREDO I Rey visigodo de Hispania (?, ? - Toledo, 601). Era hijo de Leovigildo*, a quien sucedió en el Trono en el 586. Continuó la labor de su padre en la unificación y consolidación del reino, abordando precisamente el problema que aquél no había podido resolver: el de la unidad religiosa. Leovigildo no había conseguido imponer a la mayoría hispanorromana la religión arriana de la minoría dominante visigoda; Recaredo actuó en sentido contrario, adoptando el catolicismo de la mayoría, aun a costa de tener que vencer algunas resistencias entre los suyos. Aconsejado por san Leandro de Sevilla, empezó por suspender las persecuciones contra los católicos. Luego anunció su conversión personal al catolicismo (587). No obstante, el partido arriano conservaba cierta fuerza entre la nobleza germánica, que se manifestó en tres levantamientos contra Recaredo: la que encabezó el obispo Sunna de Mérida, que fue aplastada por el gobernador de Lusitania (587); la conspiración urdida en Toledo por la viuda de Leovigildo, Gosuinta, que se suicidó al verse descubierta (588); y la rebelión del obispo Ataloco de Narbona, que se extendió por toda Septimania y dio pie a una intervención de los francos, rechazada sin pérdidas territoriales (588-89). Vencidas las resistencias, reunió el III Concilio de Toledo (589), en el que abjuró oficialmente de la herejía de los seguidores de Arrio*, arrastrando, en consecuencia, la conversión de la mayor parte de los obispos y nobles visigodos. Aquel concilio integró al clero católico en la gobernación del reino, de manera que Recaredo encontró en el clero un aliado fiel; la Iglesia gozó, además, de otras ventajas, como donaciones que le restituyeron con creces los bienes confiscados en tiempos de Leovigildo; también se iniciaron entonces las persecuciones contra los judíos. Esta alianza con el clero permitió a Recaredo concluir un reinado tranquilo, asentando definitivamente la monarquía visigoda en la península Ibérica.

REQUESÉNS, Luis de Zúñiga y (Luis de Requeséns y Zúñiga, después de cambiar los apellidos por deseo de su padre) Militar español que gobernó los Países Bajos (Barcelona, 1528 - Bruselas, 1576). Era hijo de Juan de Zúñiga, ayo del príncipe Felipe (el futuro Felipe II*); en consecuencia, Luis se introdujo en la corte de Carlos I* como paje y amigo del futuro rey desde la niñez. En 1546 sucedió a su padre como comendador mayor de la orden militar de Santiago. Fue embajador en Roma y logró contrarrestar la influencia francesa sobre la Santa Sede, haciendo elegir papa a Pío V en 1566. Como lugarteniente de don Juan de Austria* participó en las luchas contra los piratas berberiscos (1568), contra la sublevación de los moriscos de Granada (1569-70) y contra los turcos en Lepanto (1571). En 1571-73 fue gobernador de Milán, cargo que le costó una excomunión temporal, debido a su enfrentamiento con el cardenal Borromeo. De allí pasó a los Países Bajos, sustituyendo al duque de Alba* como gobernador en 1573-76. Llegaba con el encargo de Felipe II de sustituir la postura intransigente adoptada por su predecesor en la represión de la insurrección protestante, por una política de conciliación más acorde con las posibilidades reales de la Monarquía. Requeséns decretó una amnistía y abolió el *Tribunal de la Sangre,* pero no consiguió reunir los Estados Generales ni hacer desistir de su rebeldía a Guillermo de Orange. Tampoco en el terreno militar avanzó hacia la contención de la rebelión, pues fracasó en los sitios de Leiden y Middelburg, y vio cómo los tercios se amotinaban por no recibir su paga y arrasaban Amberes (1576). La *Pacificación de Gante* firmada entre católicos y calvinistas anunciaba una posible solución; pero la repentina muerte de Requeséns le impidió culminar la empresa, sustituyéndole Juan de Austria como gobernador.

REVILLAGIGEDO, Condes de Dinastía de virreyes españoles de Nueva España (México).

JUAN FRANCISCO DE GÜEMES Y HORCASITAS GORDÓN (1681-1766) era un militar de Reinosa, que había participado en el sitio de Gibraltar, en la conquista de Orán y en la defensa contra los ingleses de la isla de Cuba (la cual gobernó como capitán general en 1734-46). Durante el reinado de Fernando VI* fue virrey de Nueva España (1746-55). Defendió eficazmente los intereses de la Corona, aumentando los ingresos de la Hacienda, fomentando la explotación de las riquezas mineras, persiguiendo el contrabando, fundando escuelas para extender la lengua castellana y salvaguardando el orden social mediante ayudas a los pobres en años de malas cosechas. Consolidó y amplió el dominio colonial español en Norteamérica: por un lado, imponiéndose a los pueblos indígenas hostiles (los tamaulipas en 1748 y los pimas en 1751); por otro, haciendo frente a las amenazas procedentes de Francia (en Texas) y de Inglaterra (en Belice); y por otro, impulsando la extensión del virreinato de Nueva España hacia el norte, con la colonización de California. El rey premió sus servicios con los títulos de conde de Revillagigedo (1749). Luego fue virrey de Navarra, presidente del Consejo de Castilla y miembro del de Guerra. JUAN VICENTE GÜEMES PACHECO DE PADILLA (1738-99), hijo del anterior, le sucedió en el título condal, pero no en el virreinato, al que sólo accedió 34 años más tarde, ya en tiempos de Carlos IV*. Como virrey de Nueva España (1789-94) impuso el orden en la colonia con gran severidad. Se esforzó tanto por embellecer la capital como por mejorar las comunicaciones con el resto del territorio (construyendo carreteras y estableciendo un sistema regular de correos). Fue un gran impulsor de la vida cultural mexicana: fundó escuelas para los indios y cátedras de enseñanza secundaria, creó cursos de Botánica y una Escuela de Minas, recopiló documentos sobre la historia de México, organizó excavaciones arqueológicas (como la que descubrió el *Calendario azteca* en 1790), envió expediciones científicas por el Pacífico hasta Alaska... El segundo conde de Revillagigedo era un hombre de ideas avanzadas para su época, que se rodeó de asesores franceses, a pesar del temor que las ideas francesas despertaban en la metrópoli desde la Revolución de 1789. Su gestión fue sometida a un juicio de residencia instigado por los regidores de la ciudad de México en 1795; pero Revillagigedo salió absuelto e incluso fue premiado por el rey con la concesión a su título de la grandeza de España.

REYES CATÓLICOS Denominación que recibe el matrimonio de ISABEL I de Castilla (Madrigal, Ávila, 1451 - Medina del Campo, Valladolid, 1504) y FERNANDO II de Aragón y V de Castilla (Sos, Zaragoza, 1452 - Madrigalejo, Cáceres, 1516), en virtud del título de *Católicos* que les otorgó una bula de Alejandro VI* (1494) y que se transmitió a sus sucesores como titulares de la *Monarquía Católica*.

Eran hijos de Juan II de Castilla y de Juan II de Aragón, respectivamente. La princesa Isabel desafió a su hermanastro, Enrique IV, al encabezar la rebelión de los nobles castellanos dejándose proclamar heredera del Trono; un primer enfrentamiento se saldó con el reconocimiento por el rey de los derechos sucesorios de Isabel (Vista de los Toros de Guisando, 1468). Para reforzar su posición, Isabel se casó con el príncipe heredero de Aragón, Fernando, en Valladolid (1469); Enrique IV se opuso a aquel enlace y desheredó a Isabel en favor de su hija Juana, *la Beltraneja** (1470). Cuando Enrique murió, en 1474, Isabel se proclamó reina de Castilla; pero los partidarios de Juana, apoyados por Portugal, se resistieron, desencadenando la Guerra Civil castellana de 1475-79. Isabel y Fernando se impusieron en las batallas de Toro y Albuera, que determinaron el reconocimiento de Isabel por las Cortes de Madrigal (1476) y la firma del Tratado de Alcaçovas con Portugal (1479). En aquel mismo año fue proclamado Fernando rey de Aragón, por la muerte de su padre.

El matrimonio de los Reyes Católicos unificó por primera vez la Corona de Castilla y la Corona de Aragón, que pasarían juntas a sus sucesores, dando lugar a la Monarquía Hispana. Pero la unión personal de los reinos no entrañó la integración política de sus instituciones, pues cada reino mantuvo su personalidad diferenciada hasta la aparición de España como Estado nacional en el siglo XIX. Los Reyes Católicos intentaron completar la unificación peninsular mediante una serie de enlaces matrimoniales de sus hijos con príncipes portugueses, todos los cuales fracasaron por fallecimientos prematuros. En cuanto al último territorio musulmán que quedaba en la península Ibérica, el reino nazarí de Granada, los reyes impulsaron la Guerra de Granada (1480-92), que determinó su integración en la Corona de Castilla. Acabada así la Reconquista, dirigieron el empuje conquistador de Castilla y Aragón hacia otros ámbitos geográficos: por un lado, impulsaron la penetración en el norte de África, concluyendo la conquista de las Canarias (1496) y estableciendo bases en Mazalquivir, Orán, Bugía, Argel y Trípoli; por otro lado, protegieron a Colón* en su intento de buscar una ruta marítima hacia Asia por el oeste, dando lugar al descubrimiento de América (1492).

Tan pronto como se instalaron en el Trono, los Reyes Católicos se dieron a la labor de fortalecer el poder monárquico, recortando los privilegios de la nobleza. Incorporaron a la Corona los maestrazgos de las órdenes militares, centralizaron la administración en torno al Consejo Real, redujeron los poderes de las Cortes, nombraron corregidores para controlar a los municipios, reforzaron mecanismos de control como la administración de justicia y el ejército, crearon otros nuevos como la Santa Hermandad y la Inquisición (1478) y reformaron el clero (1494). Para fortalecer la integración de sus reinos en torno a la religión cristiana, decretaron la expulsión de los judíos que no estuvieran dispuestos a convertirse (1492); una medida similar se adoptó con respecto a los musulmanes en 1502. En cuanto a la política exterior de los Reyes Católicos, estuvo marcada por la rivalidad con Francia; para frenar su influencia en Italia concertaron la Liga Santa con el papa, los Habsburgo*, Inglaterra, Venecia, Génova y Milán (1495). Bajo el mando del *Gran Capitán* (Gonzalo Fernández de Córdoba*), los ejércitos españoles sostuvieron diversas campañas en Italia entre 1494 y 1504, que otorgaron a Aragón el control de Nápoles.

Isabel y Fernando habían pactado por la Concordia de Segovia (1475) la total igualdad de ambos como reyes. Cuando murió Isabel en 1504, Fernando pasó a ejercer la Regencia en Castilla en nombre de su hija Juana I*; pero su mal entendimiento con su yerno, Felipe I*, le obligó a retirarse a sus reinos en 1506. La muerte de Felipe I y la incapacidad por enfermedad mental de Juana I permitieron que don Fernando volviera a ocuparse de la Regencia de Castilla en 1507, en nombre de su nieto Carlos I*. La integración del reino de Navarra fue obra del rey Fernando después de la muerte de Isabel: alegando los supuestos derechos sucesorios que le correspondían por su matrimonio en segundas nupcias con Germana de Foix (1505), Fernando invadió Navarra en 1512 y anexionó cinco de sus seis merindades a la Corona castellana; no pudo hacer lo mismo con la Merindad de Ultrapuertos (Baja Navarra), que quedó de hecho bajo dominio francés. Al morir don Fernando, legaba a Carlos I un conglomerado de territorios que se mantendrían unidos durante siglos formando la Monarquía española: los reinos de la Corona de Castilla, la de Aragón (con Cataluña, Valencia y las Baleares), Navarra (hasta los Pirineos) y Canarias, con proyecciones hacia Italia (Nápoles, Sicilia y Cerdeña), América y el Magreb.

REZA PAHLAVI, Muhammad (o Mohammed Riza Sha Pahlevi) Último emperador o *sha* del Irán (Teherán, 1919 - El Cairo, 1980). Era hijo de Reza Kan, un militar que había tomado el poder en 1925 implantando la dinastía de los Pahlavi. Muhammad fue elevado al Trono en 1941 por una acción conjunta de Gran Bretaña y la Unión Soviética, que obligaron a Reza Kan a exiliarse por temor a que se aliara con la Alemania nazi para librarse de la tradicional tutela anglo-rusa. Terminada la Segunda Guerra Mundial (1939-45), el *sha* siguió una política prooccidental, alineándose con Gran Bretaña y Estados Unidos. Este alineamiento le enfrentó en 1950-53 con el líder nacionalista Muhammad Mosaddeq, el cual llegó a forzar la nacionalización del petróleo iraní, su nombramiento como jefe de gobierno e incluso el exilio temporal del emperador. Recuperado el control del país con ayuda de Estados Unidos, Reza Pahlavi entregó el control del petróleo a las compañías occidentales, al tiempo que aprovechaba la ayuda extranjera para fomentar el desarrollo económico del país siguiendo modelos capitalistas (la *Revolución Blanca*). El régimen del *sha* construyó grandes obras públicas y vías de comunicación, modernizó la agricultura, mejoró los sistemas sanitario y educativo, impulsó la industrialización... El crecimiento económico contrastaba con el estancamiento político del régimen monárquico, lastrado por el autoritarismo, la represión y la corrupción. El bienestar material estimuló las demandas de libertad, democracia y justicia social, que fueron capitalizadas por la oposición islamista. Encabezados por el *ayatollah* Jomeini*, los integristas islámicos acusaban al régimen de haber traicionado las raíces culturales de Irán, sometiendo al país a normas y modelos occidentales. Cuando la crisis de 1973 empezó a recortar los ingresos petroleros del país, el descontento acumulado provocó el estallido de una llamada *Revolución Islámica,* apoyada por el clero chiíta, los estudiantes y los comerciantes (1978-79). Reza Pahlavi huyó del país sin abdicar y viajó más tarde a Estados Unidos para recibir tratamiento médico para su cáncer (1979). En Irán se declaró una República Islámica presidida por Jomeini, mientras los jóvenes revolucionarios tomaban como rehenes a más de 50 ciudadanos norteamericanos para canjearlos por el *sha*. El presidente Carter*, en pleno proceso electoral, no entregó al ex emperador, que hallaría su último refugio en el Egipto de Sadat*; mientras que la «crisis de los rehenes» no se solucionaría hasta 1981, ya bajo el mandato presidencial de Reagan*.

RHODES, Cecil Empresario, político y colonizador inglés de Sudáfrica (Bishop's Stortford, Hertfordshire, 1853 - Muizenberg, El Cabo, 1902). Hijo de un pastor protestante, emigró a la colonia británica de Sudáfrica en 1870 para trabajar en la fábrica algodonera de su hermano. Un año después la abandonó para explotar minas de diamantes, y tuvo tal éxito que acabó haciéndose con todas las minas de Kimberley y De Beers hacia 1888. Junto con un grupo de socios fundó la compañía De Beers, que hacia 1890 controlaba el 90 por 100 de la producción mundial de diamantes y que ha perdurado hasta nuestros días (mejorando incluso aquella posición de monopolio). Completó el negocio adquiriendo participaciones importantes en la minería del oro del Transvaal en 1887.

Rhodes tenía una concepción mística del imperialismo, que trató de hacer realidad participando activamente en política. Se debe en gran parte a él la concepción del eje El Cabo-El Cairo, que durante mucho tiempo inspiró la política colonial británica y que acabó haciéndose realidad a costa de las aspiraciones portuguesas, francesas y alemanas en África. Trabajó al servicio de ese ideal desde los múltiples puestos políticos que ocupó como parlamentario de la colonia de El Cabo (1881), miembro de varias comisiones de límites y primer ministro de El Cabo (1890-96). Impulsó una conflictiva política de penetración británica hacia el norte, desafiando los deseos de independencia de los colonos *bóers* (de origen holandés) del Transvaal y frustrando las aspiraciones expansionistas de la colonia alemana del África del Suroeste (Namibia). En 1884 consiguió la anexión británica de Bechuanalandia (Botswana), abriendo la ruta hacia el norte. Engañó al rey de los matabeles, Lobengula, haciéndole firmar un tratado por el que concedía a Gran Bretaña un extenso territorio, en el que Rhodes fundó las colonias de Rhodesia (actuales repúblicas de Zimbabwe y Zambia) y Nyasaland (actual Malawi); desde 1890 empezaron a asentarse allí colonos blancos. En aquel mismo año llegó Rhodes al poder como primer ministro de El Cabo. Trató de fomentar la reconciliación de los *bóers* con los colonos británicos en una única Sudáfrica bajo dominio colonial británico. Pero la resistencia de los *bóers* del Transvaal, encabezados por Paul Kruger*, frustró aquel proyecto; después de múltiples conflictos, Rhodes apadrinó una expedición militar contra Kruger en apoyo de los *uitlanders* (colonos extranjeros del Transvaal, en su mayoría británicos): el *raid* de Jameson de 1895 fue un fracaso y acabó forzando la dimisión de Rhodes en 1896, además de agravar las tensiones que conducirían a la Guerra de los *Bóers* de 1899-1902. Por entonces, múltiples obstáculos se habían alzado ya contra el sueño imperial de una gran Sudáfrica británica: en 1889 los alemanes habían obtenido una franja de territorio que impedía la expansión hacia el norte de Bechuanalandia (la franja Von Caprivi); en 1890 Leopoldo II de Bélgica* había extendido su colonia del Congo con el dominio de la rica región minera de Katanga; y el acuerdo anglo-portugués de 1891 había consolidado la presencia portuguesa en Angola y Mozambique. Otros proyectos suyos, como el de restablecer el control de Gran Bretaña sobre sus ex colonias norteamericanas, eran demasiado audaces para ser tomadas en serio. Al morir dejó un gran legado para otorgar las llamadas Becas Rhodes, que permitieran estudiar en la Universidad de Oxford a estudiantes del Imperio británico, Estados Unidos y Alemania.

RIBBENTROP, Joachim von Ministro de Asuntos Exteriores de la Alemania nazi (Wesel, Renania, 1879 - Núremberg, Baviera, 1946). Era representante de la empresa de vinos de su suegro cuando se afilió al partido nazi (NSDAP) en los años veinte. Tenía cierta experiencia militar (había sido oficial durante la Primera Guerra Mundial de 1914-18) y diplomática (asistió a la negociación del armisticio), así como un buen conocimiento de idiomas y países extranjeros por sus viajes. Por todo ello y por su total sumisión a Hitler*, éste le promocionó en el seno del partido y del Estado nazi después de tomar el poder (1933). Como director de un servicio de inteligencia propio y extraoficial, fue el artífice del acuerdo naval anglo-alemán de 1935, que permitió a Alemania iniciar su rearme. Como embajador en Londres entre 1936 y 1938, minimizó la fuerza del Reino Unido y animó al *Führer* a seguir sin temor una política expansionista y provocadora; él mismo fue designado para dirigirla como ministro de Asuntos Exteriores desde 1938. Reforzó la alianza del Tercer *Reich* con Italia y Japón y negoció el Pacto Germano-Soviético para repartirse Polonia (1939). Aquella política, diseñada para reforzar la posición alemana a costa de Francia y Gran Bretaña, provocó la Segunda Guerra Mundial (1939-45). Durante la misma, Ribbentrop siguió ejerciendo el cargo, aunque relegado a un segundo plano por la influencia de los militares y el poder personal de Hitler. Después de la derrota fue juzgado como responsable de crímenes de guerra por el Tribunal de Núremberg, condenado a muerte y ejecutado.

RICARDO, duque de York. V. YORK, Casa de.

RICARDO I, *Corazón de León* Rey de Inglaterra, perteneciente a la dinastía Plantagenet* (Oxford, 1157 - Châlus, Aquitania, 1199). Era el tercer hijo de Enrique II* y Leonor de Aquitania*. Heredó de su madre el Ducado de Aquitania (1168) y el de Poitiers (1172), territorios en los que tuvo que guerrear continuamente para mantener sometida a la nobleza. En 1173-74 participó con su madre y sus hermanos en la gran rebelión contra su padre, el cual invadió sus dominios y le obligó a pedir perdón. Volvió a rebelarse contra Enrique II en 1188, cuando el rey planeó dividir la herencia entre Ricardo y su hermano Juan *sin Tierra**; en esta ocasión, Ricardo se alió con el rey de Francia, Felipe II *Augusto,* al cual prestó homenaje feudal por sus dominios en el continente, combatiendo luego unidos contra Enrique hasta hacerle reconocer a Ricardo como único heredero. En 1189 se convirtió en rey de Inglaterra, duque de Normandía y de Anjou, al morir su padre. Sin embargo pasó fuera de Inglaterra la mayor parte de su reinado. Su obsesión era la Cruzada de la Cristiandad contra Saladino*, que acababa de tomar Jerusalén; y, efectivamente, fue uno de los jefes de la Tercera Cruzada (1189-92), junto con el emperador alemán Federico I *Barbarroja** y el rey Felipe *Augusto* de Francia. A cambio, se desentendió de la Monarquía inglesa y de sus intereses en el continente europeo: malvendió el patrimonio real para financiar la Cruzada, y puso en grave riesgo sus territorios continentales al enemistarse con Francia (no estalló la guerra de momento, por estar los dos reyes igualmente comprometidos en la Cruzada).

De camino hacia Palestina, Ricardo se detuvo en Sicilia para asegurar los derechos de su familia en aquella isla frente a las pretensiones del emperador (Tratado de Mesina, 1190). Luego conquistó Chipre y Acre (1191). En Palestina tuvo continuos enfrentamientos con los cruzados alemanes y franceses, y no consiguió el objetivo de tomar Jerusalén. Muerto Federico I y habiendo regresado a Francia Felipe *Augusto,* Ricardo concluyó una tregua con Saladino que garantizaba a los cristianos el libre acceso a los lugares sagrados de Jerusalén y la posesión de Acre (1192). Intentó volver a Inglaterra evitando a sus muchos enemigos; pero no le fue posible, al naufragar su barco cerca de Venecia y ser reconocido su disfraz en Viena. Cayó prisionero del emperador Enrique II, que le obligó a pagar un fabuloso rescate para dejarle libre (1194). Por fin regresó a Inglaterra, para encontrar que su hermano Juan le había usurpado el Trono (indignado al verse desheredado por Ricardo, que en Sicilia había declarado heredero a su sobrino Arturo de Bretaña). Fue coronado de nuevo, pero partió enseguida a Normandía, donde pasó sus últimos años luchando contra el rey de Francia. Murió durante el ataque a una fortaleza de su vasallo, el vizconde de Limoges, sucediéndole en el Trono su hermano Juan. Ricardo fue considerado ya en vida la personificación del caballero cristiano medieval y se convirtió en una leyenda romántica después de su muerte: su entrega a la mística guerrera de la Cruzada, su peripecia aventurera por Europa y su larga ausencia del reino permitieron que surgiera el mito de un rey deseado por el pueblo y traicionado por enemigos desleales.

RICARDO II de Inglaterra. V. PLANTAGENET, Casa de.

RICARDO III de Inglaterra. V. YORK, Casa de.

RICARDO, David Economista inglés (Londres, 1772 - Gatcomb Park, Gloucestershire, 1823). Procedía de una familia judía sefardí originaria de Holanda, y en aquel país recibió su primera educación judía ortodoxa. Luego se formó en la práctica ayudando a su padre, que era corredor de Bolsa. Tras romper con su familia por su matrimonio con una mujer cristiana (cuáquera), se estableció por su cuenta como corredor y especulador de Bolsa, acumulando en poco tiempo una gran fortuna, que le permitió retirarse de los negocios a los cuarenta años. Su formación económica fue autodidacta y tardía, y se debió a la lectura de la obra fundamental de Adam Smith*, *La riqueza de las naciones.* A partir de ella desarrolló su propio pensamiento, centrado inicialmente en cuestiones monetarias; en ese terreno no fue muy original, defendiendo la teoría cuantitativista que vinculaba la inflación monetaria con la abundancia de dinero y postulando, por tanto, la vuelta del Banco de Inglaterra al patrón oro. Fue su amigo James Mill* el que, consciente del valor intelectual de Ricardo, le animó a poner por escrito su concepción teórica del sistema económico, en la época en que ya se había retirado al campo a cultivar sus aficiones. Fue así como surgieron los *Principios de economía política y tributación* (1817), una obra breve que contiene la formulación más sistemática y coherente del pensamiento económico clásico. Mill quiso ir más allá y convenció a Ricardo para que entrara en la política activa, a fin de «educar» al Parlamento en materia de economía; efectivamente, se hizo elegir por un *distrito de bolsillo* de Irlanda en 1819 y actuó en la Cámara de los Comunes hasta su muerte como un liberal independiente. Durante años mantuvo un acalorado debate intelectual —compatible con relaciones de amistad y respeto— con Malthus*.

La obra de Ricardo destaca por su razonamiento abstracto, simplificando la realidad hasta definir un modelo teórico que dé cuenta del funcionamiento esencial del sistema económico; se le considera, por ello, el padre de la teoría económica y el primer economista profesional. Fue un ardiente liberal, partidario de políticas económicas que impulsaran el crecimiento económico a base de garantizar a los capitalistas altos márgenes de beneficio, de manera que vino a teorizar el proceso de la revolución industrial británica. Razonó sobre la base de suponer que los salarios no podían —ni debían— elevarse sobre el nivel de la mera subsistencia; y criticó hasta la saciedad a los terratenientes, describiendo la renta de la tierra como un ingreso parasitario que no contribuía a la producción, pero que frenaba el crecimiento. Por la ley de los rendimientos decrecientes, creía inevitable un proceso de elevación de las rentas de la tierra y de los salarios de los trabajadores, que iría reduciendo los márgenes de ganancia hasta provocar el fin del crecimiento capitalista (el *estado estacionario*). Con su teoría de la ventaja comparativa argumentó de manera convincente en favor del librecambismo; y propugnó la abolición de las Leyes de Granos británicas, mecanismo proteccionista que contribuía a enriquecer a los terratenientes (que dominaban el Parlamento y la vida política) en detrimento de los verdaderos creadores de riqueza, que eran los empresarios capitalistas. Ricardo fue, por tanto, un portavoz cualificado de los intereses empresariales surgidos al calor de la «revolución industrial»; y así se explica su influencia sobre el resto de la escuela clásica (hasta John Stuart Mill*) y sobre el pensamiento económico ortodoxo del mundo capitalista hasta el siglo XX (actualizado por revisiones como la de Alfred Marshall*). Sin embargo, también había en sus escritos elementos que permitieron interpretaciones de tipo socialista, y de hecho el pensamiento económico de Marx* consistió en desarrollar las ideas de Ricardo hasta sus últimas consecuencias: por ejemplo, Ricardo había asentado definitivamente la teoría del valor-trabajo, según la cual sólo el trabajo produce valor, de donde Marx extrajo la conclusión de que los capitalistas explotan a sus trabajadores porque detraen una parte del producto de su trabajo —la *plusvalía*— para apropiárselo como beneficios; también aprovechó Marx la idea ricardiana del estado estacionario para profetizar un derrumbamiento inevitable del sistema capitalista, agotado por sus propias contradicciones. Aparte de esta vinculación con el socialismo marxista, Ricardo dio pie también a otras interpretaciones heterodoxas, como la de Henry George* (basada en la ilegitimidad de la renta de la tierra, que debía ser confiscada por el Estado mediante un impuesto), la de los *socialistas ricardianos* o, ya en el siglo XX, la escuela *neorricardiana* fundada por Sraffa.

RICHELIEU, cardenal duque de (Armand Jean du Plessis) Prelado francés que ejerció el poder como ministro de Luis XIII* (París, 1568-1642). Procedente de la nobleza de Poitou, entró en la carrera eclesiástica para evitar que su familia perdiera las rentas del Obispado de Luçon (1606). Participó en los Estados Generales de 1614, momento en que la reina regente María de Médicis reparó en su talento y le reclutó para el servicio de la Monarquía. Fue secretario de Estado (ministro) de Interior y de Guerra en 1616. Pero tuvo que dejar el cargo cuando el joven rey Luis XIII* quiso tomar en su propia mano los asuntos de gobierno, desterrando a la reina madre a Blois (1617). Richelieu siguió a María de Médicis y actuó como intermediario para reconciliarla con su hijo. Fue así como se ganó la confianza del rey, que le hizo nombrar cardenal en 1622 y le tomó a su servicio como ministro principal (presidente del Consejo Real) en 1624. Durante los 18 años que transcurrieron hasta su muerte ejerció un poder omnímodo, en estrecha colaboración con el rey (circunstancia que, como era costumbre en la época, sirvió para enriquecer y enaltecer a la familia Du Plessis, introduciendo además en la corte y en la administración de la Monarquía a toda una red de clientes y amigos). En 1631 fue nombrado duque de Richelieu, dominio señorial que había adquirido diez años antes.

La política interior de Richelieu consistió en reforzar el poder de la Corona, sometiendo tanto a los protestantes franceses *(hugonotes)* como a los nobles. Acabó con las garantías políticas que Enrique IV* había concedido a los protestantes por el Edicto de Nantes (1598) para poner fin a las guerras de religión; y, tras tomar a los protestantes la fortaleza de La Rochela (1628), les impuso la Paz de Alais (1629), por la que perdían las plazas fuertes que garantizaban su autonomía política, aunque conservando la libertad de culto y la igualdad de derechos con los católicos. A los nobles tardó más en someterlos, desbaratando sucesivas conspiraciones, ejecutando a algunos de sus promotores y encarcelando a otros (como los partidarios del hermano del rey, Gastón de Orléans). La obra de Richelieu como protector de las artes y las letras tiene que ver también con el control del poder simbólico, poniendo la creación cultural al servicio de la propaganda del poder absoluto de la Monarquía: fundó la Academia Francesa (1635), sometió a su control la Universidad de París, edificó la Sorbona y el Palacio Real de París, además de interesarse por la pintura y el teatro. Fomentó la economía, entendida como fundamento del poderío de la Monarquía, a la manera de los mercantilistas; para ello fundó varias compañías de comercio y puso las bases del imperio colonial francés con asentamientos en Canadá, Guayana, Martinica, Senegal, Madagascar y la Reunión.

La fuerza lograda por la Monarquía en el interior la puso al servicio de la afirmación del poder de esa misma Monarquía en el exterior, fundamentalmente contra los Habsburgo*. Actuó como un político realista, movido por una razón de Estado desprovista de consideraciones ideológicas o espirituales. Así, hizo caso omiso de la política de alineamiento con las potencias católicas que recomendaba el *partido devoto* reunido en torno a la reina madre. Por el contrario, intervino en la Guerra de los Treinta Años (1618-48) apoyando cualquiera que se opusiera a los Habsburgo, aunque esa política le obligara a aliarse sistemáticamente con los príncipes protestantes alemanes y nórdicos (los reyes Cristian IV de Dinamarca y Gustavo Adolfo II de Suecia*), todos los cuales recibieron subsidios de Francia para financiar su lucha contra el Imperio. Pero, cuando éstos fueron derrotados, Francia tuvo que intervenir directamente en la guerra (1635). Dirigió sus fuerzas a asegurar el libre paso por las fronteras del reino, lo que significaba —al mismo tiempo— cortar las comunicaciones entre los territorios de los Habsburgo, que rodeaban a Francia; fue así como anexionó Lorena a Francia. Pero la lucha contra los españoles fue muy dura, y sólo se inclinó del lado francés después de que Richelieu debilitara a Felipe IV* apoyando las rebeliones de Cataluña y Portugal (1640). Al morir, dejaba a Francia en una posición favorable en Europa, que culminaría en la batalla de Rocroi (1643). Su sucesor, el también cardenal Mazarino* —que era hechura y protegido de Richelieu— recogería esa herencia, pero también la difícil situación de la Hacienda Real por los costes de la guerra y el descontento patente en las provincias por las cargas fiscales impuestas.

RIEGO Y NÚÑEZ, Rafael de Militar español (Santa María de Tuñas, Asturias, 1785 - Madrid, 1823). Miembro de los Guardias de Corps, luchó contra los franceses en la Guerra de la Independencia (1808-14). Estuvo prisionero en Francia, en donde recibió la influencia ideológica del liberalismo revolucionario. En 1819 fue destinado como comandante al ejército que se estaba concentrando en Andalucía con la intención de partir hacia América y restablecer allí el dominio colonial español, que las rebeliones de los criollos habían eliminado durante la ocupación francesa de la metrópoli. Riego participó en las conspiraciones liberales encaminadas a sublevar al ejército contra el régimen absolutista impuesto por Fernando VII*; y en 1820 se pronunció públicamente en las Cabezas de San Juan (Sevilla) a favor de la Constitución de Cádiz de 1812, que el rey había abolido nada más regresar. El descontento de las tropas por las condiciones en que iban a ser enviadas a América (en una flota poco fiable), facilitó el éxito del pronunciamiento. Riego recorrió Andalucía al frente de una columna, animando a la insurrección a los liberales y sin encontrar apenas resistencia, hasta que Fernando VII se decidió a jurar la Constitución. Se abrió así un periodo de monarquía constitucional (el *Trienio Constitucional* de 1820-23), enormemente difícil por la deslealtad del rey al régimen que le habían impuesto los liberales. El propio Riego se convirtió en símbolo del liberalismo radical y colaboró con los gobiernos liberales como capitán general de Galicia y de Aragón y presidente de las Cortes (1822). Cuando se produjo la invasión francesa de los «Cien mil hijos de San Luis», que venía a restablecer el absolutismo, Riego encabezó la resistencia en Andalucía (1823); pero fue derrotado, capturado y ejecutado. Pervivió, sin embargo, en la memoria popular como un héroe mítico de la lucha por la libertad; la marcha que tocaban sus tropas durante los hechos de 1820 siguió sonando como himno revolucionario a lo largo del siglo XIX y fue declarada himno nacional de España por la Segunda República (1931-39).

RIQUETTI, Honoré Gabriel, conde de Mirabeau. V. MIRABEAU, Familia.

RIQUETTI, Victor, marqués de Mirabeau. V. MIRABEU, Familia.

ROBERTO, *el Fuerte*. V. CAPETO, Dinastía.

ROBERTO, duque de Albany. V. ESTUARDO, Dinastía.

ROBERTO II de Escocia. V. ESTUARDO, Dinastía.

ROBESPIERRE, Maximilien de Político de la Revolución francesa que instauró el régimen del Terror (Arras, Artois, 1758 - París, 1794). Procedente de la pequeña nobleza del norte de Francia, se hizo abogado y frecuentó los círculos literarios y filosóficos de su ciudad en la década de 1780; sus escritos de esa época muestran la influencia de las ideas democráticas de Rousseau*. Cuando Luis XVI* convocó a los Estados Generales para resolver la quiebra de las finanzas reales (1788), Robespierre fue elegido para representar al Tercer Estado de Artois. Y cuando la conversión del Tercer Estado en Asamblea Nacional puso en marcha la Revolución francesa (1789), Robespierre se erigió en defensor de las ideas liberales y democráticas más avanzadas (por ejemplo, fue él quien propuso la ley de 1791 que prohibía la reelección de los diputados, con la intención de renovar radicalmente el personal político). No obstante, no parece que sostuviera convicciones republicanas hasta que la deslealtad del rey a la Constitución (con el intento de fuga de la familia real en 1791) defraudó su confianza en la fórmula monárquica; entonces sí, fue uno de los promotores de la ejecución de Luis XVI y de la implantación de la República.

Hombre íntegro, virtuoso y austero (recibió el sobrenombre de *el Incorruptible*), llevó su rigor moral y su fidelidad a los principios hasta el fanatismo. Esa fama le convirtió en uno de los líderes más destacados del Club de los Jacobinos, que agrupaba al partido revolucionario radical. Allí sostuvo la idea de mantener la paz con las potencias extranjeras para consolidar la revolución en Francia, pues veía en la guerra exterior que impulsaban los girondinos un claro peligro de debilitamiento del régimen. El apoyo de las masas revolucionarias de París (los *sans-culottes*) a tales ideas se expresó en una «revolución dentro de la Revolución» en 1792-93, que llevó a Robespierre al poder: primero como miembro de la Comuna revolucionaria que ostentaba el poder local; luego como representante de la ciudad en la Convención nacional que asumió todos los poderes, y en la que Robespierre apareció como portavoz del partido radical de la

Montaña (junto con Danton* y Marat*); y, una vez eliminados del poder los girondinos, como miembro del Comité de Salvación Pública en el que la Convención delegó el poder ejecutivo (1793). Tras arrebatarle el poder a Danton, Robespierre se convirtió en el «hombre fuerte» de aquel Comité, secundado por Saint-Just*; instauró una dictadura de hecho para salvar a la Revolución de las múltiples amenazas que se cernían sobre ella: el ataque militar de las monarquías absolutistas europeas coligadas contra Francia, la amplitud de la insurrección contrarrevolucionaria en el interior (conocida como la *Vendée),* la quiebra de la Hacienda Pública y el empobrecimiento de las masas populares.

Robespierre impuso una sangrienta represión para impedir el fracaso de la Revolución, no dudando en aprobar leyes que recortaban las libertades y simplificaban los trámites procesales en favor de una «justicia» revolucionaria tan expeditiva como arbitraria; completaba el mecanismo represivo un sistema de delación extendido por todo el país mediante 20.000 comités de vigilancia. En 1794 eliminó físicamente a la extrema izquierda (los partidarios de Hébert*) y a los revolucionarios moderados (los *indulgentes* de Danton y Desmoulins), al tiempo que perseguía sin piedad a toda clase de contrarrevolucionarios, monárquicos, aristócratas, clérigos, federalistas, capitalistas, especuladores, rebeldes, traidores y desafectos (hasta 42.000 penas de muerte en un año). Buscaba así eliminar las disensiones y cohesionar a la población en torno al gobierno revolucionario y al esfuerzo de guerra. Adoptó medidas sociales encaminadas a ganarse el apoyo de las masas populares urbanas, como la congelación de precios y salarios. Quiso recuperar la religión como fundamento espiritual de la moral y del Estado, instaurando por decreto el culto del *Ser Supremo* y celebrando en su honor una fiesta en la que quemó una estatua que simbolizaba el ateísmo. El éxito obtenido en la batalla de Fleurus (1794), que detuvo el avance de los ejércitos austriacos y prusianos hacia París, culminó la obra de Robespierre poniendo a salvo el régimen revolucionario; pero fue también el inicio de su caída, pues al desaparecer la situación de emergencia resultaban aún más injustificados los excesos del Terror. Una coalición de diputados de diversas tendencias obtuvo de la Convención el cese y arresto de Robespierre y sus colaboradores en el Comité, en una turbulenta sesión en la que se impidió hablar a los acusados y en la que el propio Robespierre resultó herido. De nada sirvió el conato de insurrección popular que protagonizaron los *sans-culottes* para salvar a Robespierre. Juzgado por sus propios métodos, fue guillotinado junto con 21 de sus partidarios en la plaza de la Revolución, poniendo fin al Terror y dando paso a un periodo de reacción hacia posiciones moderadas.

ROCKEFELLER, Familia Dinastía norteamericana de hombres de negocios, famosa por su riqueza y por sus actividades filantrópicas.

JOHN D. ROCKEFELLER (1839-1937), su fundador, fue un comerciante establecido en Cleveland, que percibió tempranamente el futuro económico que podía tener el petróleo de Pennsylvania e instaló allí una refinería en 1863. La rápida expansión de aquel negocio le llevó a abandonar sus actividades anteriores y a asociarse con otros empresarios (incluido su hermano William), formando la *Standard Oil Company* de Ohio (1870). Aquella compañía estuvo enseguida en condiciones de comprar las refinerías de los competidores, adquirir oleoductos, negociar tarifas de transporte baratas con los ferrocarriles y las navieras... Hacia 1881 tenía un virtual monopolio del mercado de derivados del petróleo en Estados Unidos y era el primer grupo en adoptar la forma de *trust,* tan usual en la época de grandes concentraciones empresariales del capitalismo monopolista que por entonces se iniciaba. Convertida en símbolo de las prácticas monopolistas, la Standar Oil fue víctima de la legislación de defensa de la competencia que adoptaron muchos Estados americanos y el propio Gobierno federal como reacción. Condenado por el Tribunal Supremo de Ohio en 1892, Rockefeller eludió la normativa antimonopolística disolviendo formalmente el *trust* y poniendo las acciones a nombre de diferentes empresas controladas por el mismo núcleo de nueve socios. Las creencias religiosas de Rockefeller (un devoto cristiano protestante de la rama baptista) le inclinaron a poner la fabulosa fortuna que había amasado al servicio de obras sociales, dedicándose casi por entero a la filantropía desde que se retiró a vivir en una granja en 1896: fundó la Universidad de Chicago (1891), el Instituto Rockefeller para la Investigación Médica en Nueva York (1901), el Consejo General de Educación (1902) y la Fundación Rockefeller (1913). En todas estas tareas estuvo auxiliado por su único hijo, JOHN D. ROCKEFELLER JR. (1874-1960), que fue quien le sucedió al frente del negocio familiar. Su especialidad como empresario fue la lucha contra los sindicatos obreros, empleándose con fuerza en la represión de las huelgas. En 1899 consiguió recomponer la unidad de sus empresas a través de un *holding* con sede en Nueva Jersey; pero en 1911 tuvo que disolverlo —como le había ocurrido años antes al *trust* de Ohio— al declarar el Tribunal Supremo federal que incumplía la Ley Shermann *Antitrust* de 1890. Por esas mismas fechas también él se retiró para dedicarse a las obras sociales. Fue el constructor del Centro Rockefeller de Nueva York en los años treinta y uno de los impulsores de aquella ciudad como sede de la Organización de las Naciones Unidas en los cuarenta (Rockefeller regaló a la ONU el solar en donde se edificó su sede). También financió la construcción de viviendas sociales, la conservación del patrimonio histórico y la creación artística. Al frente del negocio y de las 33 fundaciones familiares le sucedió el mayor de sus cinco hijos varones, JOHN D. ROCKEFELLER III (1906-78). Se especializó en formar una colección extraordinaria de arte oriental. Creó el Centro Lincoln para el Desarrollo de las Artes en Nueva York, el Centro Internacional de la India en Nueva Delhi, la Casa Internacional de Japón y la Sociedad de Asia (a la cual donó su colección artística al morir). En 1952 fundó el Consejo de la Población, un centro de investigación sobre la planificación familiar. Su hermano NELSON A. ROCKEFELLER (1908-79) se dedicó a la política, integrándose en el ala liberal del Partido Republicano. Colaboró con las administraciones demócratas de Franklin D. Roosevelt* y de Truman* en los años cuarenta y cincuenta. Fue elegido cuatro veces gobernador del Estado de Nueva York (1959-73) y vicepresidente de Estados Unidos con Gerald Ford (1974-77); pero nunca consiguió la nominación republicana para la presidencia, que pretendió varias veces. Tanto él como sus restantes hermanos (Laurance, Winthrop y David) se dedicaron simultáneamente a extender los negocios de la familia hacia nuevas ramas de actividad, y a fundar instituciones culturales y filantrópicas.

Rodolfo I de Austria. V. Habsburgo, Casa de.

Rodrigo, Don Último rey visigodo de España (?, ? - Guadalete, Cádiz, 711). Era el duque de la Bética (actual Andalucía), aunque sus verdaderos orígenes permanecen envueltos en la leyenda. Al morir el rey Vitiza en el 710 encabezó una revuelta nobiliaria que se oponía a su hijo y sucesor, Ágila II; éste fue apartado del Trono por una asamblea que eligió como rey a Rodrigo. Pero la descomposición del reino visigodo estaba muy avanzada. Además de las tensiones internas entre facciones rivales (pues los hijos de Vitiza siguieron teniendo partidarios), Rodrigo hubo de luchar contra la insumisión de los vascones en el norte de la Península. Mientras tanto, los árabes del norte de África, bajo el mando de Musa ibn Nusair*, aprovecharon las disensiones internas de los godos para penetrar en Hispania con la connivencia del gobernador de Ceuta, el conde vitizano don Julián*. Las fuerzas de Rodrigo rechazaron una pequeña expedición árabe que pasó el estrecho de Gibraltar en el 710, capitaneada por Tarif; pero sucumbieron a una segunda mayor, que dirigía Tariq ben Ziyad*, en el 711. El propio rey murió en la batalla de Guadalete (o Wadi Lakka, nombre árabe del río andaluz donde se produjo el encuentro entre las tropas de Rodrigo y de Tariq). Con ella se inició la conquista musulmana de la península Ibérica, a la que apenas pudieron ofrecer resistencia los visigodos, encabezados por Ágila II hasta el año 716.

Rodríguez Campomanes, Pedro. V. Campomanes, Pedro Rodríguez, conde de.

Rodríguez de Francia, José Gaspar. V. Francia, José Gaspar Rodríguez de.

Roentgen, Wilhelm Conrad (o Röntgen) Científico alemán que descubrió los rayos X (Lennep, Renania, 1845 - Múnich, Baviera, 1923). Tras doctorarse en la Universidad de Zúrich (Suiza) en 1869, recorrió diversas universidades europeas como profesor. Desde 1888 se estableció como catedrático de Física en Wurzburgo (Baviera). Allí realizó experimentos con los rayos catódicos que le permitieron descubrir casualmente una misteriosa radiación invisible capaz de atravesar algunos materiales y de provocar fluorescencia sobre otros (1895). Profundizando en el estudio de aquella radiación, a la que bautizó en un comienzo con la X por su carácter misterioso, descubrió que eran ondas electromagnéticas de corta longitud, generadas por el choque de un electrón contra un objeto. Publicó su descubrimiento, que halló enseguida aplicaciones médicas (radiografías y radioterapia) e industriales; y además abrió el camino para las investigaciones de Becquerel, que permitieron descubrir la radiactividad. En 1901 Roentgen recibió el primer Premio Nobel de Física.

ROGER DE FLOR Caudillo de los almogávares (Brindisi, Italia, h. 1266 - Adrianópolis, Imperio Bizantino, 1307). Este caballero de la Orden del Temple participó en la última Cruzada, evacuando a los cristianos de San Juan de Acre (Palestina) cuando la ciudad fue tomada por los musulmanes (1291). Los templarios le acusaron de haberse apropiado de sus tesoros y le expulsaron de la Orden. Se convirtió entonces en un mercenario, entrando al servicio del rey Fadrique II de Sicilia (hijo de Pedro III, *el Grande,* de Aragón*). Fadrique le puso al mando de las compañías de almogávares, mercenarios catalanoaragoneses que ya habían sido empleados en la reconquista de Valencia y Mallorca, y que sirvieron para consolidar la presencia aragonesa en Sicilia frente a la casa de Anjou* (defensa de Mesina, 1301). Cuando el emperador de Bizancio, Andrónico II, pidió ayuda frente al acoso de los turcos, Fadrique le envió a la *Gran Compañía* catalana, una expedición de unos 4.000 almogávares y 39 naves bajo el mando de Roger de Flor (1303). Los almogávares contraatacaron eficazmente desde 1304, tomando Filadelfia, Magnesia y Éfeso y obligando a los turcos a retirarse hasta las montañas del Taurus. El emperador había agasajado a Roger, nombrándole megaduque y casándole con su sobrina María; había soportado por necesidad los abusos y crueldades cometidos por los soldados catalanes contra la población del Imperio; pero se asustó ante la ambición de Roger cuando éste pretendió erigirse en soberano del Asia Menor. Negoció con él el nombramiento de *césar,* concediéndole en feudo gran parte del territorio reconquistado; pero poco después le hizo asesinar durante un banquete, junto con 130 de sus jefes, para atacar posteriormente al grueso de su ejército. En represalia, los almogávares restantes, bajo el mando de Berenguer de Entenza, atacaron al Imperio y arrasaron cuanto encontraron a su paso hasta Constantinopla *(Venganza Catalana).* Luego se enzarzaron en luchas internas, sirvieron a diversos señores de la zona como mercenarios y fundaron dos estados propios, los ducados de Atenas y Neopatria, que pasarían a la Corona de Aragón.

ROJO LLUCH, Vicente Militar español (Énguera, Valencia, 1894 - Madrid, 1966). Huérfano de un militar, Rojo recibió una educación religiosa en un orfanato y estudió luego en la Academia de Infantería, en donde se graduó en 1914. Pasó por varios destinos en Marruecos y en Cataluña, pero pronto se especializó en la enseñanza y en la doctrina militar (colaboró con Franco* en la elaboración del plan de estudios de la Academia General Militar de Zaragoza, en 1927). En 1936 se graduó brillantemente en la Escuela Superior de Guerra, pasando enseguida al Estado Mayor central de Madrid. Militar esencialmente técnico y profesional, Rojo permaneció siempre fiel al gobierno establecido: asumió el régimen republicano proclamado en 1931 y no secundó el alzamiento militar contra la República de 1936 ni el golpe del general Casado contra el gobierno legítimo de 1939 (a pesar de que sus convicciones católicas y conservadoras le aproximaban ideológicamente a los rebeldes). En consecuencia, se convirtió en uno de los mandos militares más destacados del bando republicano durante la Guerra Civil Española (1936-39); desde 1937 fue jefe del Estado Mayor de la Defensa. Entre sus acciones destacan la contención en Somosierra de las fuerzas de Mola* que avanzaban hacia Madrid (1936), la coordinación —junto con Miaja— de la defensa de Madrid (1936-37) y la planificación de las últimas ofensivas republicanas en Teruel y en el Ebro (1938). Perdida la guerra, partió temporalmente al exilio.

ROMANONES, Álvaro de Figueroa y Torres, conde de Político español (Madrid, 1863-1950). Hijo de uno de los hombres más ricos de España (el marqués de Villamejor), estudió Derecho en Madrid y Bolonia, se casó con la hija de un importante dirigente liberal (Manuel Alonso Martínez) y se dedicó a la política. Desde 1890 se inició en la política municipal de Madrid, ciudad de la que fue nombrado alcalde en 1894 y 1898. Gracias a su fortuna familiar se hizo con un título nobiliario, se dotó de un periódico propio *(El Globo)* y de una red clientelar adicta, fuertemente arraigada en la provincia de Guadalajara (su feudo electoral). Sin abandonar nunca los negocios mineros de los Figueroa, se lanzó a una política más ambiciosa como jefe de facción a escala nacional aprovechando las divisiones internas del Partido Liberal tras la muerte de su fundador, Sagasta* (1903). Fue un maestro en el manejo del caciquismo, en la manipulación electoral y en las componendas típicas de la política oligárquica de la Restauración; su buen entendimiento con Alfonso XIII* reforzó su liderazgo en el partido, que no obstante hubo de compartir con su rival, García Prieto. Romanones pasó por casi todas las carteras ministeriales: Instrucción Pública (1901-02 y 1910), Fomento (1905), Gobernación (1905-06), Gracia y Justicia (1906, 1913, 1918 y 1922-23) y Estado (1916 y 1918); fue presidente del Congreso y del Senado; y presidió tres veces el gobierno, en 1912-13, 1915-17 y 1918-19. Más bien realista en política, no se le puede atribuir una clara inclinación ideológica, salvo la adscripción al liberalismo clásico (que le llevó a mostrarse partidario de los aliados durante la Primera Guerra Mundial de 1914-18) y su decidida fe monárquica. Después del golpe de Estado de Primo de Rivera* que acabó con el régimen constitucional (1923), se atrevió a visitar al rey como último presidente del Senado, para recordarle su obligación de reunir las Cortes suspendidas por el dictador. La negativa de Alfonso XIII* no quebrantó su fe monárquica: después de la caída de la dictadura aceptó formar un gobierno (nominalmente presidido por el almirante Aznar, con Romanones como ministro de Estado) para intentar salvar la Monarquía restableciendo el sistema constitucional (1931); fracasado este objetivo, Romanones escoltó personalmente al rey hacia su destierro; y siguió participando en política como diputado de las Cortes constituyentes de la Segunda República (1931), en donde defendió la figura del rey destronado.

ROMANOV, Dinastía Familia reinante en Rusia desde 1613 hasta la Revolución de 1917. Era una familia nobiliaria de origen lituano, establecida en Moscú desde el siglo XIV. Tomaron su nombre de un ancestro del siglo XVI, Roman Yurev, cuya hija Anastasia casó con Iván IV, *el Terrible**.

Ganaron influencia durante los años de anarquía que siguieron a la muerte de Iván (1584). Y en 1613 una asamblea nobiliaria eligió rey al sobrino de Iván (y nieto de Roman Yurev), MIGUEL III (1613-45), con el cual se inició la dinastía. Inicialmente no tenían una norma sucesoria establecida, de manera que se limitaron a seguir la costumbre de dejar el Trono al primogénito del rey o al pariente varón más cercano. Así, a Miguel le sucedieron su hijo Alejo (1645-76) y su nieto Teodoro III (1676-82). Al morir éste tuvo lugar un conflicto sucesorio entre sus descendientes, PEDRO I, *el Grande** (1682-1725) y sus hermanastros Iván V y Sofía. En 1689 Pedro se impuso a ambos y a la guardia imperial que les apoyaba, e inició un reinado marcado por la expansión y modernización de Rusia. Fue el primer monarca en adoptar el título de *zar de todas las Rusias*. Para impedir que se repitieran las luchas sucesorias y reforzar el poder real, Pedro I estableció que fuera el propio zar quien designara a su heredero (1722). Pedro designó como sucesora a su esposa Catalina I (1725-27); pero, al morir ésta, el Trono volvió al linaje Romanov en su hijo Pedro II (1727-30) y en su sobrina —hija de Iván V— Ana Ivanovna (1730-40). La influencia alemana sobre Rusia, iniciada en tiempos de Pedro I, se acrecentó durante los reinados de Catalina y Ana, hasta el punto de que un alemán como Iván VI (1740-41) se convirtiera en zar. Una vez más el Trono volvió a los Romanov genuinos con la zarina ISABEL (1741-61), que era hija de Pedro I. Con ella se extinguió el linaje y, aunque la dinastía conservó el nombre de Romanov, de hecho fue sustituida por la casa alemana de Holstein-Gottorp. El acceso de ésta al Trono de Rusia se produjo con el sobrino de Isabel, PEDRO III (1761-62), que se alió de inmediato con Federico II* de Prusia. Pero una conspiración de la nobleza y del clero le obligó a abdicar, sucediéndole su esposa, CATALINA II, *la Grande** (1762-96), que usurpó el Trono arrebatándoselo a su propio hijo, PABLO I (1796-1801); no obstante, le designó para sucederle en el Trono. Y fue Pablo quien reguló definitivamente el orden de sucesión de la Corona rusa (1797). Murió asesinado por una conspiración que encabezaba su hijo ALEJANDRO I* (1801-25). Su hermano Constantino renunció a la sucesión, por lo que el Trono recayó en otro hermano, NICOLÁS I* (1825-55). Luego se siguió el orden sucesorio normal de padres a hijos, con Alejandro II* (1855-81), Alejandro III (1881-94) y NICOLÁS II* (1894-1917). Éste fue el último zar de Rusia, destronado por la Revolución de febrero. Parece que abdicó poco después en su hermano Miguel, pero que éste renunció al día siguiente. En todo caso, después de la Revolución de octubre, los bolcheviques asesinaron al grueso de la familia real en Yekaterimburgo (Urales) en 1918, salvándose sólo algunos miembros de menor importancia que huyeron al extranjero.

ROMMEL, Erwin Militar alemán (Heidenheim, Württemberg, 1891 - Ulm, Württemberg, 1944). Durante la Primera Guerra Mundial (1914-18) tuvo una participación distinguida en los frentes de Rumania e Italia. Atraído por las ideas de los nazis, reingresó en el ejército al acceder Hitler* al poder (1933). Al estallar la Segunda Guerra Mundial (1939-45) se le confió el mando de la 7.ª División *Panzer;* sería su habilidad táctica en el manejo de estas unidades de carros de combate la que le haría famoso a lo largo de la contienda. Fue uno de los artífices de la «guerra relámpago» *(Blitzkrieg)* practicada por Alemania en

1940 para invadir Francia y los Países Bajos. A Rommel le tocó penetrar por la región belga de las Ardenas y avanzar hasta el canal de la Mancha, tomando Arras, El Havre y Cherburgo. El éxito de la operación le proporcionó el mando del *Afrikacorps,* cuerpo de ejército alemán enviado para detener el avance británico en Libia (1941); allí se ganó el sobrenombre de «zorro del desierto». Contraatacó eficazmente, haciendo retroceder a Montgomery* hacia Egipto; pero sus errores estratégicos le obligaron a detenerse en El Alamein por falta de refuerzos y avituallamientos; inició allí la retirada ante la nueva ofensiva británica que barrió al ejército alemán del norte de África (1942-43). Rommel fue encargado entonces de reforzar las defensas costeras de Francia frente a un eventual desembarco aliado; y cuando éste se produjo en Normandía (1944), estaba al mando de las fuerzas que le opusieron la primera resistencia. La confianza personal que tenía con Hitler le animó a intentar convencerle de que terminara con la guerra, evitando sacrificios inútiles, idea que no aceptó el *Führer*. Poco después de resultar herido por un bombardeo aliado, se suicidó por indicación de Hitler, que le consideraba implicado en una conspiración frustrada para asesinarle.

Roncalli, Angelo Giuseppe. V. Juan XXIII.

Röntgen, Wilhelm Conrad. V. **Roentgen, Wilhelm Conrad.**

Roosevelt, Franklin Delano 32.º presidente de los Estados Unidos de América (Nueva York, 1882 - Warm Springs, Nevada, 1945). Era pariente del también presidente Theodore Roosevelt*, y como él había estudiado en Harvard (también en la Universidad de Columbia) y había sido subsecretario de Marina (1913-20); pero, a diferencia de él, Franklin se alineó con el Partido Demócrata. Era abogado, aunque abandonó muy joven la profesión para dedicarse a la política. Fue elegido senador (1911) y gobernador del Estado de Nueva York (1928), destacando su política de lucha contra la pobreza. La crisis bursátil de 1929 y la honda depresión económica que provocó le dieron el espaldarazo definitivo para vencer a Hoover* en las elecciones presidenciales de 1932, las primeras que ganaban los demócratas desde tiempos de Wilson*. Rompiendo con el principio impuesto por Washington* de que los presidentes renunciaran a ser reelegidos para más de dos mandatos, Roosevelt volvió a presentarse con éxito en las elecciones de 1936, 1940 y 1944; él mismo propuso poco antes de morir la enmienda constitucional que prohibía una tercera reelección presidencial (en vigor desde 1951), por lo que fue el único presidente norteamericano en gobernar durante cuatro mandatos seguidos (1933-45), si bien la muerte le impidió completar el último.

Frente al reto de la «gran depresión», Roosevelt impulsó un programa político conocido como *New Deal* (nuevo reparto). Aconsejado por un entorno de intelectuales y técnicos progresistas, este programa aplicó de forma intuitiva las recetas de política económica que por los mismos años teorizó John M. Keynes*. Promovió la intervención del Estado para sacar a la economía del estancamiento y para paliar los efectos sociales de la crisis, aunque fuera a costa de acrecentar el déficit público y romper con algunos el tabú de la libertad de mercado. Acabó así con la edad dorada del ultraliberalismo americano, abriendo la del Estado de bienestar. Entre sus medidas iniciales (1933) cabe destacar la reforma agraria, la Ley de Reconstrucción Industrial y la creación de la Autoridad del Valle del Tennessee (que suponía un ambicioso programa de obras públicas, arrogándose por primera vez el Estado una función planificadora). Durante una segunda fase (1935-36) reguló las relaciones laborales a favor de los trabajadores, garantizó la libertad sindical, creó pensiones de paro, jubilación e invalidez, instauró la semana laboral de 40 horas y el salario mínimo. Este intervencionismo público y la propia popularidad del presidente le hicieron acumular un gran poder, que sus adversarios intentaron frenar; algunas de sus medidas fueron declaradas anticonstitucionales por el Tribunal Supremo. Roosevelt consiguió crear un sistema de seguridad social y reformar el capitalismo americano en un sentido moderno, que evitó estallidos sociales y permitió al país recuperar la confianza; pero en el terreno estrictamente económico, no consiguió relanzar el crecimiento hasta que la Segunda Guerra Mundial (1939-45) puso en marcha el rearme norteamericano.

Efectivamente, después de la superación de la crisis económica, el gran reto de Roosevelt fue la lucha por la supremacía a escala mundial. Estableció relaciones diplomáticas con la Unión Soviética e instauró una política de *buena vecindad* con los países tradicionalmente sometidos (renunciando al control de Cuba, Filipinas y Haití). Pero, ante la agresividad demostrada por la Alemania nazi desde la llegada de Hitler* al poder (1933), Roosevelt hizo frente al aislacionismo dominante en el Congreso, puso en marcha el rearme (1938) y alineó a Estados Unidos con el bando aliado en defensa de las libertades (Ley de Crédito y Arriendo y Carta Atlántica, ambas de 1941). Preparó así la intervención norteamericana en la guerra, que se produjo después del ataque japonés a Pearl Harbour (1941). Instauró una economía de guerra regulada por el gobierno federal, gracias a la cual movilizó todos los recursos del país y acabó imponiendo su superioridad demográfica e industrial sobre Alemania y Japón. Vencidas las potencias del Eje, Roosevelt negoció con sus aliados Churchill* y Stalin* la organización del mundo de la posguerra en las Conferencias de Teherán (1943), Dumbarton Oaks (1944) y Yalta (1945). Conforme a sus ideas de entendimiento pacífico entre las naciones, Roosevelt sacó adelante su proyecto de creación de una Organización de las Naciones Unidas (ONU) y se mostró conciliador hacia Stalin; pero no pudo evitar que éste adoptara una posición de fuerza, consolidando la potencia mundial de la Unión Soviética y determinando la bipolarización de la inmediata «guerra fría». Sostenido hasta el final por su esposa Eleanor (que le auxilió como una estrecha colaboradora política), Roosevelt murió de cáncer en plena negociación, sucediéndole su vicepresidente Truman*.

ROOSEVELT, Theodore *(Teddy* Roosevelt) 26.º presidente de los Estados Unidos de América (Nueva York, 1858 - Sagamore Hill, Nueva York, 1919). Historiador educado en Harvard y procedente de una familia acomodada, fue un polifacético y un hombre de acción (aficionado a aventuras como la que le llevó a explorar en 1914 un río del Brasil, llamado desde entonces *Río Teodoro*). Entró en la política de la mano del Partido Republicano, siendo elegido representante de su Estado en el Congreso (1882-84) y subsecretario de Marina (1897-98). Desde aquel puesto dirigió los preparativos para la guerra contra España de 1898; pero su ideología nacionalista y su admiración por el heroísmo militar le impulsaron a comprometerse más directamente, formando un cuerpo de voluntarios con el que desembarcó y luchó en Cuba. Tras la victoria sobre España, el Partido Republicano aprovechó la popularidad de Roosevelt para presentarle como candidato a gobernador del Estado de Nueva York en aquel mismo año. Durante el tiempo que fue gobernador (1898-1901) mostró ya su peculiar orientación política, equilibrando un talante esencialmente conservador con medidas populistas que le granjearon el apoyo de parte del electorado progresista: impulsó la lucha contra la corrupción y defendió algunas reivindicaciones salariales. Para evitar que aspirara directamente a la presidencia, el partido le presentó como candidato a vicepresidente en las elecciones de 1900, en las que resultó reelegido McKinley*. El asesinato de McKinley poco después convirtió a Roosevelt en presidente (1901) y él mismo logró la reelección en 1904, de manera que fue presidente hasta 1909. Su buena sintonía con la opinión pública le permitió controlar al Congreso y ejercer una presidencia enérgica. Luego dejó paso a su secretario de Estado, Taft, al cual apoyó en las elecciones de 1908. Intentó que su partido le volviera a presentar como candidato en las presidenciales de 1912. Al no conseguirlo, se presentó como independiente y obtuvo más votos que Taft; pero la división que introdujo en el electorado republicano facilitó la victoria del candidato demócrata, Woodrow Wilson*.

La política interior de Roosevelt estuvo marcada por su campaña contra los monopolios y el gran capitalismo (conflictos como el que le enfrentó a J. P. Morgan* le dieron una reputación progresista). Pero su presidencia es recordada sobre todo por una política exterior expansiva, basada en la doctrina del *big stick* (gran garrote), que señala el inicio del imperialismo de Estados Unidos y de su actuación como potencia mundial. Intervino militarmente para apoyar la secesión de Panamá respecto de Colombia, a fin de asegurarse la concesión para construir un canal de navegación en el istmo de Panamá que permitiera la comunicación entre las costas atlántica y pacífica de Estados Unidos (1903). Bajo su mandato el ejército americano estableció la base de Guantánamo en Cuba (1903), intervino en Santo Domingo (1904) y ocupó Cuba (1906). Pero no se contentó con imponer la fuerza de Estados Unidos en el hemisferio americano, sino que promovió la proyección de su país a escala mundial, mediando —por ejemplo— en el conflicto entre las potencias europeas por la colonización de Marruecos (Conferencia de Algeciras, 1906), o para poner fin a la Guerra Ruso-Japonesa (1905). Por esta acción obtuvo el Premio Nobel de la Paz (1906). Cuando estalló la Primera Guerra Mundial (1914-18), Roosevelt se convirtió en uno de los críticos más duros de la política de neutralidad del presidente Wilson, argumentando la necesidad de que Estados Unidos interviniera en apoyo de Gran

Bretaña (como finalmente ocurrió en 1917).

ROSAS, Juan Manuel de Dictador argentino (Buenos Aires, 1793 - Swathling, Inglaterra, 1877). Este ganadero destacó como militar en las luchas civiles de los años 1820-29 entre *federalistas* y *unitarios*. Fue uno de los dirigentes de la revolución federalista de 1828 que le llevó al poder como gobernador de Buenos Aires en 1829-32. En 1835 consolidó su influencia mediante otro golpe de mano (la *Revolución de los Restauradores),* que le permitió implantar una dictadura personal. Fue un régimen de terror, marcado por la represión sangrienta de la oposición y por la afirmación nacionalista contra las presiones extranjeras. Durante su mandato se consolidó la independencia del Paraguay y de Uruguay (proclamada en 1828) y la ocupación británica de las Malvinas (1833), al tiempo que estallaban conflictos fronterizos con Chile y Bolivia. Persiguiendo a sus opositores, Rosas llegó a atacar a Uruguay, poniendo sitio a Montevideo. La intervención extranjera (bloqueo franco-británico de Buenos Aires, 1845-47) frenó las ambiciones expansionistas de Rosas; pero Argentina obtuvo, sin embargo, un tratado favorable. Rosas fue derrocado por una rebelión iniciada en las provincias de Corrientes y Entre Ríos, con el apoyo de Brasil y Uruguay. Vencido en la batalla de Monte Caseros (1852) por Justo José de Urquiza —que le sucedió en el poder—, huyó del país y se exilió en Gran Bretaña hasta su muerte. Sin embargo, dejó puestas las bases del Estado argentino, transformado definitivamente en 1853 en una República federal.

ROTHSCHILD, Familia Dinastía de banqueros europeos de origen judío-alemán, que ha ejercido una gran influencia económica y política desde finales del siglo XVIII. Su nombre proviene del escudo rojo *(rot Schild)* que adornaba la casa en la que vivían sus ancestros en el *ghetto* de Frankfurt.

MAYER AMSCHEL (1743-1812) creó una casa de banca en Frankfurt, especializada en el tipo de negocio que haría rica y poderosa a la familia, el crédito a las casas reales; aunque también hicieron fortuna con otros negocios, como el comercio a gran escala (bienes de lujo, suministros militares…), el contrabando, la especulación monetaria, el giro internacional y el descuento de letras. Al iniciarse la industrialización europea los Rothschild se introdujeron también con éxito en la financiación de sectores en alza como el ferrocarril, la minería y la metalurgia. Mayer Amschel imprimió al negocio familiar sus rasgos distintivos, como el de no buscar márgenes de ganancia demasiado elevados, o el de generar una prole numerosa a la que confiar la extensión y continuidad de la casa. Empezó siendo el banquero del elector de Hesse-Kassel; pero la época de las guerras de la Revolución francesa y del Imperio napoleónico (1792-1815) le permitió extender su negocio a gran escala por toda Europa, estableciendo sucursales dirigidas por sus cinco hijos varones (tuvo, además, cinco hijas); el mayor de ellos, AMSCHEL (1773-1855), se quedó en la casa central de Frankfurt ayudando a su padre y sucediéndole cuando murió. Esta sede central fue dirigida más tarde por sus sobrinos (hijos de Karl), Mayer (1820-86) y Wilhelm (1828-1901); pero fue clausurada a la muerte de este último. El segundo hijo del fundador, **Salomon** (1774-1855), estableció en los años 1820 la sucursal de Viena, que permaneció abierta hasta que los nazis anexionaron Austria y hubieron huir de la persecución antisemita (1934). Los servicios prestados por los Rothschild a la casa imperial de Habsburgo* llevó a ésta a nombrar barones a los cinco hijos de Mayer Amschel. El tercero de éstos, **Nathan** (1777-1836), se encargó de la primera sucursal abierta en el extranjero, que fue la de Inglaterra (1804), situada primero en Manchester y más tarde en Londres, donde ha continuado hasta la actualidad. La rama británica de los Rothschild, integrada en la vida nacional, asumió el liderazgo (hereditario) de los judíos ingleses, a los cuales proporcionó su primer representante en el Parlamento y su primer par de Inglaterra. Su hermano **Karl** (1778-1855) dirigió otra sucursal en Nápoles, cerrada a comienzos del siglo XX. El menor de los hermanos, **James** (o Jakob) (1792-1868), se ocupó de la importante sucursal de París, creada en tiempos de Napoleón* (1811). James y Nathan fueron los banqueros más cualificados de la familia en esta generación y, además de dirigir las dos sucursales principales, ejercieron un liderazgo sobre el consorcio familiar, llevándolo a su cenit como principal grupo bancario mundial hacia mediados del siglo XIX. La casa parisina de los Rothschild ha seguido activa hasta nuestros días, dirigida por los sucesores de James: Alphonse (1827-1905), Édouard (1868-1949), Guy (1909 -), Alain (1910-1982) y Elie (1917 -). Desde la segunda generación de banqueros, los Rothschild combinaron hábilmente la fidelidad a los intereses familiares con la inserción en las sociedades de acogida, en cuyos círculos empresariales y políticos llegaron a ocupar posiciones de auténtico liderazgo. Para mantener la cohesión de la extensa red familiar practicaron frecuentemente la endogamia y, en todo caso, procuraron casarse dentro de la comunidad judía. No obstante, su posición hegemónica en las finanzas europeas empezó a declinar desde finales del siglo XIX frente a la competencia de otros grupos europeos y norteamericanos. Los Rothschild simpatizaron con la causa sionista y fueron los mayores protectores de los pioneros judíos que emigraron a Palestina para establecerse como colonos; destaca a ese respecto la labor de uno de los hijos de James, **Edmond** (1845-1934), que financió la creación de la segunda colonia judía de Israel, formada por emigrantes de Rusia, cuando Palestina estaba todavía bajo dominio turco: Rishon le-Ziyyon (1882). Un nieto de Nathan, **Lionel** (1868-1937), fue un destacado zoólogo, fundador del Museo Rothschild de Historia Natural de Londres (al mismo tiempo que se ocupaba del negocio bancario). Fue miembro de la Cámara de los Comunes y uno de los grandes defensores del sionismo. Era a él a quien se dirigía la carta de Lord Balfour* en la que el gobierno británico se declaraba dispuesto a crear un «hogar nacional» para los judíos en Palestina (la *Declaración Balfour* de 1917, fundamento del posterior Estado de Israel).

Rousseau, Jean-Jacques Pensador de la Ilustración (Ginebra, 1712 - Ermenonville, 1778). Huérfano desde edad muy temprana, Rousseau llevó una vida errante, desordenada y miserable, procurándose, sin embargo, una formación autodidacta e interdisciplinar. Huyendo del agobiante clima puritano de su ciudad natal, se instaló en París en 1741. En 1750 saltó a la fama al ganar un concurso convocado por la Academia de Dijon al mejor ensayo acerca de los efectos del arte y de la ciencia sobre la sociedad; en su *Discurso sobre las ciencias y las artes* Rousseau se oponía a la idea de progreso, pues sostenía que la civilización y la cultura sólo servían para corromper al hombre, que era un ser bueno por naturaleza. Enfrentándose a la mayor parte de los pensadores ilustrados, que confiaban en la razón como garantía de la felicidad humana, Rousseau defendía la vía de los sentimientos para reconquistar la armonía perdida (de ahí que se le considere a veces el punto de arranque del movimiento romántico). Su idea del hombre como un ser bueno por naturaleza, pero corrompido por la vida en sociedad, así como la exaltación de los sentimientos, fueron las bases de su doctrina pedagógica, contenida en obras como *La nueva Eloísa* (1761) y *Emilio* (1762); esa doctrina se ha considerado precursora de algunas nociones educativas modernas, como la que culpa a las estructuras de la sociedad de las conductas más dañinas de sus miembros, o la de que el aprendizaje no puede hacerse sólo en los libros, sino que ha de utilizar la práctica y la experiencia, apelar a las emociones del individuo y facilitarle el contacto con la naturaleza. Efectivamente, Rousseau practicaba el contacto con la naturaleza con preferencia a las relaciones sociales; y esa temprana valoración de lo natural ha permitido también considerarle un precursor del movimiento ecologista.

Pero Rousseau es recordado sobre todo por su pensamiento político, que ha permitido considerarle uno de los padres de la democracia moderna. En el *Discurso sobre el origen de la desigualdad entre los hombres* (1755) criticó las injusticias sociales, abogando de forma vehemente por una sociedad igualitaria. En su obra cumbre, *El contrato social* (1762), concebía el cuerpo social como fruto de un pacto originario, por el que los individuos habían enajenado todos sus derechos en favor de la comunidad; en consecuencia, ésta debía regirse por la «voluntad general», por lo que Rousseau defendía la soberanía popular sin limitaciones. Sin duda estos planteamientos contribuyeron a crear la mentalidad liberal de quienes hicieron la Revolución francesa (1789) y a inspirar las corrientes radicales democráticas que surgieron en su seno. Pero algunos aspectos de la obra de Rousseau han sido interpretados también como precursores del socialismo (por su defensa de la igualdad y por sus ataques a la propiedad privada), del totalitarismo (era contrario a la pluralidad de partidos, a la división de poderes y a los derechos individuales) y del nacionalismo (por la base sentimental que atribuye al Estado). Y es que los escritos de Rousseau son de una gran ambigüedad, prestándose a interpretaciones contradictorias.

Rousseau no tardó en romper las relaciones que había trabado con los enciclopedistas (Diderot* y D'Alembert*) y en pelearse con Voltaire*; también tuvo problemas con las autoridades, que encontraban inmorales muchos de sus escritos. A medida que se fue quedando solo, se volvió un hombre amargado y paranoico, que es el que quedó reflejado en sus obras póstumas: *Ensoñaciones de un paseante solitario* (1782) y *Confesiones* (1782-89).

ROUVROY, Claude-Henri de. V. **SAINT-SIMON, Conde de.**

RUSSELL, Bertrand Pensador británico (Trelleck, Gales, 1872 - Penrhyndeudraeth, Gales, 1970). Procedente de una familia aristocrática, quedó huérfano de niño y fue educado por sus abuelos, con los que discrepó muy pronto por su escepticismo en materia de religión. Estudió matemáticas y filosofía en la Universidad de Cambridge, completando su formación con viajes a Estados Unidos y Alemania. Desarrolló un pensamiento lógico positivista y materialista, que le llevó a asumir compromisos sociales como un humanista racional. Defendió ideas políticas de un liberalismo avanzado, simpatizando con la socialdemocracia; pero criticó duramente el carácter totalitario de la Rusia bolchevique. En 1914 se integró en el Partido Laborista. Sus ideas avanzadas le procuraron más de un problema (por ejemplo, cuando un tribunal americano le impidió ejercer la docencia universitaria por defender una moral sexual liberal). Desde 1903 fue un activo pacifista: defendió la causa de los *bóers* sudafricanos en su guerra con Gran Bretaña (1899-1902), fue encarcelado por su oposición a la Primera Guerra Mundial (1914-18) y, aunque apoyó la política británica de apaciguamiento hacia Hitler* (Pacto de Múnich, 1938), sostuvo la necesidad de detener el expansionismo de la Alemania nazi en la Segunda Guerra Mundial (1939-45). Después propugnó activamente el desarme, impulsando y presidiendo las Conferencias Pugwash entre científicos del Este y de Occidente (1957), la Campaña por el Desarme Nuclear (1958) y el Comité de los Cien (1960); las sentadas pacifistas que organizó en 1961 le condujeron de nuevo a la cárcel. También se opuso a la política americana durante la Guerra de Vietnam (1965-75), colaborando en la creación del Tribunal Internacional de Crímenes de Guerra. En cuanto a su obra filosófica, defendió que el conocimiento lógico y empírico que proporciona la ciencia es el único correcto, por más que su alcance sea limitado. Al servicio de ese conocimiento riguroso, investigó las relaciones entre el lenguaje y la realidad (creando el *atomismo lógico*) y puso las bases de la lógica matemática. Entre sus más de cuarenta libros destacan *Principia Mathematica* (1910-13), *La filosofía del atomismo lógico* (1918) y *Ética y política en la sociedad humana* (1955). En 1950 recibió el Premio Nobel de Literatura.

RUTHERFORD, Ernest Científico neozelandés, padre de la Física nuclear (Nelson, Nueva Zelanda, 1871 - Cambridge, Inglaterra, 1937). Estudió en universidades de su país y de Gran Bretaña, estableciéndose a partir de 1898 como profesor de Física en Canadá y —más tarde— en Gran Bretaña; desde 1919 hasta su muerte dirigió el Laboratorio Cavendish de la Universidad de Cambridge. Aunque la radiactividad ya había sido descubierta y estudiada por científicos franceses (como Becquerel y los Curie*), Rutherford profundizó en el análisis de la estructura del átomo (señalando por primera vez la existencia del núcleo), descubrió los rayos alfa, beta y gamma, y subrayó la energía que liberan las reacciones nucleares. Los experimentos de Rutherford y sus ayudantes (Soddy, Geiger y Marsden), bombardeando diversos elementos con partículas alfa, les permitieron lograr la primera transmutación artificial, obteniendo núcleos de nitrógeno a partir de núcleos de oxígeno. Rutherford creó el concepto mismo de la energía nuclear, ejerciendo influencia directa sobre los modelos posteriores de Nils Bohr, Heisenberg y Schrödinger. Escribió varias obras científicas, como *Radiactividad* (1904) y *Fundamentos de la ciencia moderna* (1938). Recibió el Premio Nobel en 1908.

S

SADDAM HUSSEIN. V. HUSSEIN, Saddam.

SADAT, Anwar el- Político egipcio (Mit Abul Kom, 1918 - El Cairo, 1981). Siendo aún un joven militar, participó ya en movimientos políticos, como los motines de la Hermandad Musulmana contra la influencia occidental en Egipto y contra la Monarquía de Faruk I* que la permitía. Desde 1939 se unió a Nasser*, integrándose en su movimiento de los Oficiales Libres después de la derrota en la primera guerra contra Israel (1948). Desde que Nasser tomó el poder (1952), Sadat fue ascendiendo en su régimen: miembro del Consejo de la Revolución, ministro, secretario del partido único y, desde 1969, vicepresidente de la República. Al morir Nasser en 1970, Sadat se impuso a sus rivales en el partido y heredó el poder, así como el proyecto de nacionalismo árabe que representaba Nasser. En 1973 desencadenó un nuevo ataque (junto con Siria), que sorprendió a Israel y estuvo a punto de triunfar. No obstante, el fracaso de aquella ofensiva (la Guerra de Yom Kippur) convenció a Sadat de la conveniencia de postergar la causa de la unidad árabe y de la lucha contra Israel, en beneficio de una política más realista que sirviera para el fortalecimiento y desarrollo de Egipto. Desde 1976 se desvinculó de la alianza tradicional con la Unión Soviética y se acercó a los Estados Unidos, de los que obtuvo fuertes ayudas económicas; y en 1979, por mediación del presidente Carter*, firmó la paz con Israel (Acuerdos de Camp David, firmados con Menachem Beguin*). Egipto fue así el primer país árabe en sellar una paz duradera con Israel, lo que fue interpretado en medios radicales como una «traición»; esto recrudeció la oposición al régimen de Sadat, que se apoyaba sobre el descontento social creado por su política económica liberal. Sadat recurrió a la represión, especialmente contra los focos de resistencia musulmanes integristas. Murió asesinado por militares de esa tendencia durante un desfile.

SAGASTA, Práxedes Mateo Político liberal español (Torrecilla de Cameros, Rioja, 1825 - Madrid, 1903). Era ingeniero de Caminos, Canales y Puertos, y profesor de su escuela en Madrid. Militó desde joven en el Partido Progresista, con el que participó en la Revolución de 1854. Por entonces instaló en Zamora su principal «feudo» político, al ser nombrado presidente de la junta revolucionaria de aquella ciudad; luego la representó como diputado en las Cortes desde 1854. Tras la breve experiencia de poder progresista del bienio 1854-56, volvió a la oposición como diputado y periodista de *La Iberia;* y en 1863 accedió a la dirección de este diario madrileño, que desde entonces se consideraría portavoz de las posturas políticas de Sagasta. Ante la marginación de los progresistas del gobierno por parte de Isabel II*, Sagasta promovió la estrategia del *retraimiento* (negativa a participar en las elecciones) y la preparación de una revolución para acceder al poder. Participó en dos intentonas fracasadas en 1866 (la de Prim* y la del Cuartel de San Gil) y en la que finalmente tuvo éxito y destronó a la reina en 1868. Se transformó entonces de agitador en estadista, pues durante el Sexenio Revolucionario (1868-74) fue ministro de Gobernación (1868-70, 1871 y 1874) y de Estado (1870 y 1874) y presidió tres veces el gobierno (1870-71, 1871-72 y 1874). Fue uno de los grandes defensores del modelo de Monarquía democrática que se plasmó en la Constitución de 1869. Encabezó una de las dos ramas en las que se escindió el Partido Progresista, quedando al frente de los *constitucionales,* mientras Ruiz Zorilla dirigía a los *radicales.* Fue el último jefe de gobierno del Sexenio, desalojado del poder por el pronunciamiento de Martínez Campos* que restauró a los Borbones* en la persona de Alfonso XII* (1874).

Al constituir el régimen de monarquía doctrinaria que se plasmó en la Constitución de 1876, Cánovas del Castillo* vio en Sagasta la figura más adecuada para conseguir la unidad de las dispersas fuerzas liberales y turnarse con él en el poder. Ciertamente, en 1875 Sagasta admitió —aunque de mala gana— la restauración de la dinastía histórica; aunque siguió defendiendo hasta 1877 la vuelta a la Constitución del 69. Luego asumió el marco político establecido y trabajó durante el resto de su vida por reformarlo en un sentido más democrático y progresista. A partir de su Partido Constitucionalista fue logrando la unidad de los demás líderes liberales y progresistas no republicanos, que se unieron en el Partido Liberal Fusionista (1880) y luego en el definitivo Partido Liberal (1885), siempre con Sagasta como jefe de filas. Desde entonces se turnó en el poder con los conservadores de Cánovas, presidiendo el Consejo de Ministros en 1881-83, 1885-90 (al inicio de la Regencia de María Cristina*, el gobierno más largo de la Restauración), 1892-95, 1897-99 y 1901-02 (ya con Alfonso XIII* como rey). Sagasta moderó mucho sus inclinaciones revolucionarias de la juventud, admitiendo no sólo la Constitución conservadora de Cánovas, sino también la manipulación sistemática de las elecciones para turnarse artificialmente en el Gobierno sin considerar la voluntad del electorado (contenido del supuesto *Pacto del Pardo* con Cánovas, en 1885). Pero, al mismo tiempo, introdujo en el régimen innovaciones que le dieron credibilidad y flexibilidad suficientes para sobrevivir hasta 1923: repuso a los catedráticos expulsados de la universidad por sus ideas políticas (1881), amplió la libertad de imprenta (1883), estableció la libertad de asociación que permitió el desarrollo del sindicalismo obrero (1887), reguló el juicio por jurados (1888) y restableció definitivamente el sufragio universal (1890). Enfrentado frecuentemente con los militares reaccionarios y con los intereses inmovilistas de los plantadores cubanos, no consiguió implantar en las últimas colonias españolas (Cuba, Puerto Rico y Filipinas) un régimen de autonomía que evitara la insurrección contra la metrópoli. Cuando ya era demasiado tarde y la rebelión colonial había estallado, fue llamado de nuevo al gobierno y sufrió el peor de sus tropiezos políticos: al complicarse la situación con la intervención militar de los Estados Unidos en contra de España, Sagasta aceptó ir a una guerra imposible de ganar para evitar que una actitud entreguista pudiera desacreditar al régimen y provocar una nueva revolución. Tuvo que asumir la derrota y la pérdida de las colonias por el Tratado de París (1898), así como las repercusiones morales, políticas y económicas que la crisis provocó en la metrópoli.

SAINGALT, Señor de. V. CASANOVA, Giacomo.

SAINT-JUST, Louis-Antoine-Léon de Político de la Revolución francesa (Décize, Nivernais, 1767 - París, 1794). Hijo díscolo de una familia de propietarios, era estudiante de Derecho cuando estalló la Revolución de 1789. Se unió fervorosamente al movimiento, participando en el mando de la nueva Guardia Nacional. Y, dentro de las filas revolucionarias, adoptó desde el principio las posturas más radicales, lo cual le vinculó a Robespierre*. Tan pronto como tuvo edad para ser elegible, entró como diputado en la Convención (1792); y allí se alineó con el partido izquierdista de la *Montaña*. Destacó por su republicanismo y sus ataques contra Luis XVI*, cuya ejecución apoyó con ahínco (1793). Fue designado para formar parte del Comité de Salvación Pública, del cual actuó además como portavoz; y en 1794 completó su control de la situación al ser nombrado presidente de la Convención. Siempre fiel a Robespierre, le ayudó a derribar del poder a los girondinos, a deshacerse de Danton* y a establecer un régimen de excepción que llevara la Revolución hasta sus últimas consecuencias para salvarla de sus enemigos internos y externos. No sólo fue el brazo derecho del dictador, sino también el principal inspirador de su sangrienta persecución contra los privilegiados, contrarrevolucionarios, hebertistas de extrema izquierda, *indulgentes* y meros sospechosos, conocida como el *Terror*. Cuando la emergencia nacional hubo pasado y un complot derrocó a Robespierre, Saint-Just fue el único que le apoyó. Fue detenido, liberado por una insurrección popular y vuelto a detener, muriendo guillotinado el mismo día que su jefe.

SAINT-SIMON, Claude-Henri de Rouvroy, conde de Pensador francés (París, 1760-1825). Procedía de una de las familias aristocráticas más antiguas de Francia, en la que había destacado Louis de Rouvroy (duque de Saint-Simon), cortesano opuesto al poder absoluto de Luis XIV*. Claude-Henri asumió las ideas liberales y, en consecuencia con ellas, combatió de parte de los revolucionarios norteamericanos en la Guerra de Independencia de los Estados Unidos (1779-83). Cuando estalló en su país la Revolución de 1789, también la apoyó con entusiasmo, renunciando incluso a su título nobiliario. Se consagró entonces al estudio, lanzándose al ambicioso programa de actualizar el pensamiento de la Ilustración, adaptándolo al moderno mundo industrial.

Saint-Simon fue un apóstol del industrialismo. Para él la sociedad se dividía en *industriosos* (empresarios y trabajadores) y *ociosos* (rentistas y burócratas). Proponía una organización política y social que otorgara a los primeros el lugar predominante, a fin de impulsar el crecimiento económico y mejorar la suerte de la mayoría. Apelaba a una especie de tecnocracia planificadora, pues las personas más capaces por sus conocimientos (los científicos, técnicos y sabios) debían ocupar puestos de responsabilidad para dirigir racionalmente las actividades de la sociedad. Denunció la «explotación del hombre por el hombre» propia del primer capitalismo liberal que conoció. Pero, más que en una revolución social de carácter igualitario, confiaba en la ciencia y el progreso técnico como fuerzas emancipadoras.

Sus obras *(Sobre el sistema industrial,* 1821; *Catecismo de los industriales,* 1824; *El nuevo cristianismo,* 1825) tuvieron escasa audiencia en su época. El propio Saint-Simon se arruinó y, a partir de 1805, vivió de la ayuda económica de sus amigos y partidarios. Después de su muerte, sin embargo, su influencia fue mucho mayor, dando lugar a una «escuela saintsimoniana» pujante en los reinados de Luis Felipe de Orléans* y Napoleón III*. La mayor parte de sus seguidores acentuaron el carácter socialista de sus ideas, reclamando una reestructuración social basada en la razón, y atacando la propiedad privada como origen de las actitudes rentistas, de la explotación capitalista, de la irracionalidad económica y de los obstáculos al progreso. Algunos exageraron el culto a la personalidad del fundador, formando una especie de secta que defendía la libertad sexual. Un antiguo secretario de Saint-Simon, Auguste Comte*, fue el fundador de la filosofía positivista, que difundió algunas ideas del maestro a mayor escala. Saintsimonianos fueron también algunos impulsores de la innovación y del desarrollo económico del siglo XIX, como Ferdinand de Lesseps* (el constructor del canal de Suez) o los hermanos Pereire (creadores de un nuevo modelo bancario). Como representante del llamado «socialismo utópico», Saint-Simon ejerció también una influencia evidente sobre el pensamiento de Marx* y Engels*.

SAJAROV, Andrei Científico disidente de la Unión Soviética (Moscú, 1921-1989). Siguió la carrera de Física, como su padre, y pronto demostró en ella un talento excepcional: a los 32 años ya era miembro de pleno derecho de la Academia de Ciencias, en reconocimiento por su trabajo en el desarrollo de las bases teóricas de la fusión nuclear y en la construcción de la primera bomba de hidrógeno de la URSS (1953). Sin embargo, aprovechando el clima de relativa apertura favorecido por la desestalinización que impulsó Jruschov*, desde 1961 se enfrentó públicamente a la carrera de armamentos y al sistema político comunista. Durante años criticó la represión política, la falta de libertades y las violaciones de los derechos humanos, al tiempo que luchaba por impulsar el desarme nuclear y una verdadera coexistencia pacífica internacional, y expresaba su deseo de que los sistemas capitalista y comunista convergieran hacia un modelo común de socialismo democrático *(Progreso, coexistencia y libertad intelectual,* 1968). Desde 1971 le acompañó en esta labor de denuncia su esposa, la activista de los derechos humanos Elena Bonner. En 1979 ambos denunciaron como un abuso intolerable la invasión soviética de Afganistán e invitaron a la comunidad internacional a boicotear los Juegos Olímpicos de Moscú en señal de protesta. Como represalia, Sajarov fue desposeído de todos sus honores y confinado en la ciudad de Gorki; cuatro años más tarde Elena Bonner siguió el mismo destino. No obstante, ya se habían convertido en un símbolo de la resistencia contra la dictadura soviética, desde que en 1976 le fuera concedido a Sajarov el Premio Nobel de la Paz. La llegada al poder de Gorbachov* permitió que fueran liberados y rehabilitados en 1986. Sajarov fue elegido diputado y apoyó la política reformista de Gorbachov.

SAKYAMUNI. V. BUDA.

SALADINO (Salah al-Din Yusuf). Sultán de Egipto y Siria que hizo fracasar las Cruzadas en Palestina y fundó la dinastía ayyúbida (Takrit, Kurdistán iraquí, 1137 - Damasco, 1193). Era un príncipe kurdo del norte de Mesopotamia, que había llegado a Egipto acompañando a una expedición militar mandada por su tío; al fallecer éste, Saladino le sucedió como visir de Egipto (1169). Dos años más tarde se proclamó sultán y se impuso la doble tarea de reunificar los territorios de religión islámica, expulsando además a los cruzados cristianos de los reinos que habían fundado en Palestina. Sus campañas guerreras le permitieron conquistar Arabia, Siria y Mesopotamia, proclamándose sultán de Siria en 1174. Rodeados así los estados de los cruzados, emprendió el ataque contra ellos, que culminó con la toma de Alepo (1183), la batalla de Hattin y la reconquista de Jerusalén (1187). Esto provocó una tercera Cruzada (1189-92), a la que Saladino hizo frente con cierto éxito, aprovechando las rivalidades internas de los cruzados, la crueldad y ambición que habían demostrado frente a la población autóctona, y el impulso religioso capaz de unir a los musulmanes para la «guerra santa» contra los infieles. Saladino perdió Acre y la franja costera entre Tiro y Jaffa; pero conservó Jerusalén, si bien tuvo que pactar una tregua con Ricardo *Corazón de León** por la que se autorizaba a los peregrinos cristianos a entrar en Jerusalén para el culto. Al morir repartió su vasto imperio entre sus tres hijos y su hermano, que dieron lugar a los cuatro reinos ayyubíes de Egipto, Alepo, Damasco y Mesopotamia; la división de estos reinos facilitó nuevas expediciones de los cruzados y usurpaciones de otros pueblos (como los mongoles y los mamelucos), que acabaron con el poder de los ayyúbidas hacia mediados del siglo XIII.

SALAMANCA Y MAYOL, José de, marqués de Salamanca Empresario y político español (Málaga, 1811 - Madrid, 1883). Estudió Derecho en Granada y luchó desde joven por las ideas liberales contra el absolutismo de Fernando VII* (en 1831 participó en la fallida sublevación de Torrijos). Al instaurarse la monarquía liberal de Isabel II* recibió varios nombramientos políticos, comenzando una larga carrera parlamentaria, primero como diputado (1836-64) y luego como senador (1864-73 y 1879-83). Se instaló en Madrid e hizo fortuna en negocios relacionados con las finanzas del Estado o con asuntos en los que su influencia política pudiera resul-

tar determinante: arrendador de la Renta de la Sal (1837), negociador oficial de la conversión de la deuda pública (1841), agente de bolsa del general Narváez* y del duque de Riánsares (marido morganático de María Cristina de Borbón*), fundador del Banco de Isabel II (1844) y del Banco de Cádiz (1846), constructor de líneas ferroviarias (desde la segunda que se instaló en España, de Madrid a Aranjuez, en 1851), promotor de la gran operación urbanística de ensanche de Madrid (con el *Barrio de Salamanca),* del Canal del Duero (1879) y del ensanche de San Sebastián (1881)...
Política y negocios formaban un conjunto inseparable en la estrategia de ascensión social de Salamanca, basada en el cultivo de las relaciones personales (pues gran parte de su influencia se debía a las ayudas financieras que prestaba a personajes de la política o de la corte). La especulación y la corrupción formaban los dos pilares básicos de su actuación en las finanzas. En 1847 la delicada situación en la que le podían poner algunos de sus negocios le aconsejó ocuparse personalmente de resolverlos desde el Ministerio de Hacienda: habiendo roto ya sus relaciones con el jefe del partido moderado, Narváez (por una jugada de bolsa que salió mal), se escindió con la facción de los *puritanos* que encabezaba Pacheco y entró en el gobierno que éste presidía como ministro de Hacienda. Desde ese cargo realizó la fusión entre el banco nacional (llamado *de San Fernando)* y el suyo propio (el *de Isabel II),* en condiciones favorables para éste (1847). Pronto volvió al poder Narváez, y Salamanca intentó desalojarlo mediante una fallida conspiración que le obligó a partir al exilio (1848). Sus amistades e influencias en la corte le permitieron regresar al año siguiente y continuar sus negocios hasta acumular una de las fortunas más importantes de la España isabelina. Su fama de agiotista rico y corrupto le hizo blanco de las iras populares, por lo que volvió a huir del país al estallar la Revolución de 1854, temeroso de que las turbas volvieran a saquear su casa como en 1848; sólo cuando recibió garantías de Espartero* sobre su seguridad se atrevió a regresar. En 1863 la reina le nombró marqués de Salamanca y en 1864 conde de los Llanos, grande de España y senador vitalicio; estaba en el apogeo de su fortuna. Pero, poco después, la crisis de los negocios ferroviarios e inmobiliarios le arrastró a la quiebra, obligándole a vender su colección de pintura. Murió completamente arruinado.

SALAZAR, Antonio de Oliveira
Dictador portugués (Santa Comba Dão, Beira, 1889 - Lisboa, 1970). Hombre de origen campesino, estudió Derecho y tomó partido por las ideas católicas y conservadoras, que defendió en artículos periodísticos. Aunque fue elegido diputado en 1921, no tomó posesión del escaño, pues era enemigo del sistema parlamentario. Cuando el golpe de Estado militar de 1926 impuso ese tipo de ideas, Salazar fue nombrado ministro de Hacienda (1928). El éxito logrado en la lucha contra el déficit presupuestario y en la estabilización de la moneda le permitió acceder a la presidencia del Gobierno en 1932. Al año siguiente hizo aprobar una nueva Constitución, instaurando un modelo político autoritario que denominó *Estado Novo.* Dicho régimen era una dictadura personal de partido único (la Unión Nacional), basada en el corporativismo (por influencia del fascis-

mo italiano), en el confesionalismo católico (contó con el apoyo de la Iglesia) y en la represión sistemática de opositores y disidentes (a través de la policía secreta, la PIDE). Se mantuvo en el poder durante treinta y seis años, a base de una actitud social paternalista, una cierta prosperidad económica inicial y una política exterior pragmática. Salazar solventó la conflictiva situación internacional de la Segunda Guerra Mundial (1939-45) declarando neutral a Portugal, pero poniendo de hecho las islas Azores al servicio de los aliados occidentales cuando la victoria de éstos pareció inminente (1943). Luego mantuvo al país replegado sobre sí mismo, pero claramente alineado con el bloque occidental en la «guerra fría» contra el comunismo (ingreso en la OTAN en 1949). Desde 1941 concertó una alianza con la España de Franco* (el Pacto Ibérico), un régimen con el cual le unía una gran afinidad ideológica e institucional. Sostuvo a toda costa la presencia colonial de Portugal en Asia y África, mientras las grandes potencias europeas se iban desprendiendo de sus imperios; ello obligó a Portugal a mantener costosas guerras coloniales, desproporcionadas para los recursos del país. Aislado, empobrecido y anquilosado, Portugal siguió acentuando su atraso hasta que un derrame cerebral obligó a Salazar a dejar el poder en 1968. Le sucedió uno de sus colaboradores, Marcelo Caetano*, que prolongó la dictadura hasta la *Revolución de los claveles* de 1974.

SALISBURY, Robert Gascoyne Cecil, marqués de Político inglés (Hatfield, 1830-1903). Procedente de una familia aristocrática, recibió una educación elitista y entró en la política como diputado conservador desde 1853 (pasó de la Cámara de los Comunes a la de los Lores en 1868, al heredar el título nobiliario). Accedió a los gobiernos de Derby y Disraeli* como ministro para la India (1866-67 y 1874-78) y ministro de Asuntos Exteriores (1878). Al morir Disraeli en 1881, le sucedió como líder del Partido Conservador, en la época en que éste gozaba de una cierta hegemonía en la política británica. En consecuencia, fue primer ministro en tres ocasiones: en 1885-86, 1886-92 y 1895-1902. Salisbury fue un conservador de la vieja escuela, que desconfiaba de la democracia de masas. Su inmovilismo le impidió avanzar hacia la solución de los agudos problemas sociales planteados y de la cuestión irlandesa. Pero su atención se dirigió fundamentalmente hacia la política exterior y colonial (durante la mayor parte del tiempo en que presidió el gobierno fue también ministro de Asuntos Exteriores). En la época en que las potencias europeas continentales se enzarzaban en dos bloques de alianzas rivales, Salisbury impulsó una política de «espléndido aislamiento», consistente en mantener a Gran Bretaña apartada de esas alianzas, gracias a su dominio de los mares. El aislamiento de los asuntos europeos iba acompañado de un impulso colonial en el mundo extraeuropeo, que llevó a su apogeo al imperialismo británico. Fue Salisbury quien amplió la India británica con la anexión de Birmania (1886); frenó las posibilidades de expansión de Rusia o de Francia en los Balcanes y en Oriente Medio a costa del Imperio Otomano, colaborando con Italia y el Imperio Austro-Húngaro para preservar el *statu quo* mediante el Acuerdo del Mediterráneo (1887); luego impulsó la penetración británica en África siguiendo la estrategia inspirada por Rhodes* de formar un eje territorial continuo entre El Cabo y El Cairo, anexionando Rhodesia, Nyassalandia (1891) y Uganda (1894); para ello, hubo de desbaratar los sueños imperiales de Portugal en el sur de África (el «mapa color de rosa») mediante el ultimátum de 1890; fue también él quien frustró los planes de Francia en Sudán imponiendo diplomáticamente la fuerza de Gran Bretaña en el incidente de Fachoda (1898); y, sobre todo, hizo frente con éxito a la rebelión de los colonos blancos sudafricanos, mediante la Guerra de los *Bóers* de 1899-1902, que permitió la anexión de Orange y Transvaal.

SALMERÓN Y ALONSO, Nicolás
Presidente de la Primera República Española (Alhama la Seca, Almería, 1838 - Pau, Francia, 1908). Estudió Derecho y Filosofía en Madrid con Sanz del Río, por cuya influencia se sumó a la corriente *krausista*. Trabajó como profesor de bachillerato (1858) y como catedrático de la Universidad Central (1866). Al mismo tiempo, se integró en el Partido Demócrata, cuyas ideas defendió mediante artículos periodísticos, discursos en el Ateneo y conspiraciones revolucionarias que le condujeron a la cárcel (1867). Al triunfar la Revolución de 1868, que derrocó a Isabel II*, se proclamó republicano, aunque reconoció que esta corriente no estaba madura para asumir el poder. Fue elegido diputado por Badajoz en 1871 y, al abdicar el rey Amadeo I*, apoyó en el Parlamento la proclamación de la Primera República (1873). Participó en su primer gobierno como ministro de Gracia y Justicia; cuatro meses después fue nombrado presidente del Congreso; y un mes más tarde jefe del Poder Ejecutivo (cargo equivalente al de presidente del Gobierno y presidente de la República, inexistente en tanto no se aprobara una nueva Constitución). Como ministro había decretado la separación entre la Iglesia y el Estado, la inamovilidad de los funcionarios públicos y una reforma penitenciaria; como presidente (menos de dos meses) intentó recomponer la autoridad central, reorganizando el ejército y sofocando la revuelta cantonalista: no lo consiguió, pero los militares conservadores que puso en el mando acabarían volviéndose contra el régimen. Dimitió alegando problemas de conciencia para firmar dos sentencias de muerte. Le sucedió Emilio Castelar*, a quien Salmerón hizo una oposición implacable, hasta el punto de negarle el voto de confianza que pedía para conjurar las amenazas contra la República. Restaurada la Monarquía de los Borbones* por el pronunciamiento militar de Sagunto (1874), Salmerón perdió su cátedra, que no volvería a ocupar hasta 1884. Siguió conspirando por la causa republicana, primero desde su exilio en Francia y luego dentro del país, como diputado por el Partido Progresista. De los diversos grupos políticos en los que se hallaban divididos los republicanos españoles, Salmerón encabezó una tendencia moderada, e intentó agrupar a las demás en la Unión Republicana con la esperanza de obtener buenos resultados del restablecimiento del sufragio universal (1890); pero el caciquismo y la manipulación electoral le impidió cosechar más que algunos éxitos simbólicos. La derrota de España en la guerra colonial de 1898 le hizo creer en la inminencia de la crisis de la Monarquía y clamó inútilmente por su destrucción, apelando incluso a un golpe de Estado militar. En 1907,

fracasada su política de unificar a los republicanos, optó por aliarse con los catalanistas y otras fuerzas antidinásticas en la coalición Solidaridad Catalana, que obtuvo un triunfo electoral aplastante en Cataluña.

SALOMÓN Rey de Israel que hizo construir el Templo de Jerusalén (?, ? - ?, 931 a.C.). Era hijo de David*, a quien sucedió en el Trono hacia el 970 a.C. Reforzó el ejército (introduciendo carros tirados por caballos) y consolidó el reino unificado por su padre; pero no pudo evitar la separación de los arameos (en el norte) y de los edomitas (en el sur). Salomón abrió el reino judío al exterior por varias vías: él mismo se casó con una princesa egipcia y sostuvo un harén lleno de mujeres paganas; acogió en Jerusalén a la reina de Saba (Yemen), con la cual tuvo un hijo, Menelik, que según la leyenda etíope extendió la influencia judía por África; y, en alianza con el monarca fenicio Hiram de Tiro, construyó una flota que le sirvió para establecer relaciones comerciales con Arabia. Las riquezas del comercio le permitieron construir el Palacio Real de Jerusalén y el Templo que habría de guardar el Arca de la Alianza (símbolo de la identidad religiosa judía). La capital del reino, Jerusalén, fue fortificada y engalanada, atribuyéndole Salomón el monopolio del culto judío y el derecho a recibir cuantiosos tributos de las demás poblaciones. Salomón fue recordado como el paradigma de la sabiduría en la tradición hebrea; se le atribuyen, varios textos de la Biblia (algunos *Salmos*, los *Proverbios*, el libro de la *Sabiduría*, el *Eclesiastés* y el *Cantar de los Cantares*). Sin embargo, Salomón provocó un gran descontento popular con sus exigencias impositivas y con su tolerancia hacia las religiones extranjeras; y ese descontento estalló en la rebelión de Jeroboam. Aunque Salomón consiguió reprimir la sublevación, no pudo transmitir el reino íntegro a su hijo Roboam; éste hubo de conformarse con la mitad sur (Judá), mientras Jeroboam se hacía con el poder en el norte (Israel).

SANCHO III, *el Mayor* (Sancho Garcés) Rey de Pamplona que unificó temporalmente la España cristiana (?, h. 992 - ?, Navarra, 1035). Era hijo de García Sánchez, *el Trémulo,* a quien sucedió en el Trono en el año 1000, inicialmente bajo un consejo de regencia. Aprovechando la desintegración del Califato de Córdoba, dirigió toda su atención hacia la unificación de los principados cristianos de la península Ibérica y algunos del otro lado de los Pirineos: siguiendo las ideas feudales dominantes en la Europa del siglo XI, estableció una red de relaciones de vasallaje y parentesco que le hizo rey —teóricamente— de un extenso territorio que iba «desde Zamora hasta Barcelona», incluyendo Gascuña. Se casó con la hija del conde de Castilla en 1010, lo cual facilitó un acuerdo favorable sobre las fronteras entre ambos estados (1016). Anexionó a su reino los condados de Sobrarbe y Ribagorza, alegando derechos dinásticos para intervenir en sus conflictos internos contra las pretensiones del conde de Barcelona (1019). Más tarde sometió también a este último a vasallaje, a cambio de la ayuda prestada en el conflicto contra su propia madre (hacia 1023). Por las mismas fechas, el apoyo al conde de Gascuña en su lucha contra el Condado de Toulouse, le proporcionó al rey de Pamplona el vizcondado del Labourd y el vasallaje de Gascuña (que teóricamente heredó Sancho al morir el conde, que era su tío). Su parentesco con la familia condal castellana le permitió igualmente intervenir en aquel estado, apoyando la autoridad de su cuñado (el conde niño don García) frente a los nobles y a la intromisión del rey de León; Sancho casó a su hermana Urraca con el rey leonés para pacificar las relaciones con él y poder así ejercer libremente su influencia sobre Castilla. Al morir asesinado el conde don García durante un viaje a León (1029), Sancho ocupó Castilla alegando los derechos sucesorios de su mujer, a pesar de que existían herederos masculinos con más derechos para regir aquel Condado. Esto hizo estallar la guerra con el rey de León, que también ambicionaba la anexión de Castilla; la suerte de la guerra entre los dos reyes favoreció al de Pamplona, que ocupó León, Zamora y Astorga (1034). De ese momento data una acuñación de moneda en la que Sancho se titula *emperador*. Sin embargo, su «imperio» fue efímero: en 1035 el rey leonés reconquistaba su capital (que era la ciudad que daba derecho a usar el título imperial). Y en aquel mismo año moría Sancho, dejando sus estados repartidos entre sus hijos: Pamplona, las Vascongadas y la Bureba para García; Castilla para Fernando; Sobrarbe y Ribagorza para Gonzalo; y Aragón para Ramiro.

SANCHO IV, *el Bravo* Rey de Castilla (?, 1258 - Toledo, 1295). Era hijo de Alfonso X, *el Sabio**, al que sucedió en 1284, después de sostener una lucha con su padre para que le reconociera como heredero en contra de sus sobrinos, los infantes de la Cerda. El motivo de la desavenencia era su matrimonio con María de Molina (1282), en contra de la voluntad del rey, que pretendía casarle con la heredera de Bearn. La boda le costó ser desheredado por su padre y una costosa negociación posterior con el papa para que declarara legítimo el enlace (pues existía parentesco entre los cónyuges y no habían pedido la necesaria dispensa). No obstante, al morir Alfonso X, Sancho se proclamó rey con el apoyo del señor de Vizcaya (Lope Díaz de Haro), las órdenes militares, las hermandades y gran parte de la Iglesia y la nobleza. Enseguida tuvo que atender a la guerra contra los musulmanes del sur de la Península, que se recrudeció con la llegada de una nueva oleada de invasores desde el norte de África: los benimerines. Éstos desembarcaron en Tarifa en 1285 y atacaron Jerez, Sanlúcar y Sevilla; pero se retiraron ante el avance del ejército de Sancho. Luego tuvo que hacer frente a una revuelta de los nobles, encabezados por su propio hermano Juan, descontentos con el poder que había alcanzado el señor de Vizcaya (convertido prácticamente en valido del monarca) y del arrendamiento de la Hacienda real al judío Barchilón (1287). Al año siguiente, sin embargo, el rey se deshizo de su consejero Lope de Haro, asesinándole tras una disputa sobre la orientación de la política exterior; quedaba así abierto el camino para la alianza con Francia (de cuya mediación ante el papa se esperaba una solución definitiva del problema de la dispensa para el matrimonio real), que significaba la guerra con Aragón (y con los infantes de la Cerda, que habían permanecido prisioneros del monarca aragonés y que ahora volverían a reclamar sus derechos al Trono de Castilla). La guerra castellano-aragonesa de 1289-91 no tuvo un vencedor claro, y se suspendió al morir el rey de Aragón. Esto permitió a Sancho dirigir sus fuerzas de nuevo contra los benimerines que, al expirar la tregua vigente, desembarcaron de nuevo en la Península en alianza con el rey de Granada y con el infante don Juan (el hermano rebelde de Sancho). El ejército castellano tomó primero la plaza granadina de Tarifa (1292) y resistió luego el cerco que le pusieron los benimerines (1293-94). Pero no pudo realizar sus planes de continuar la guerra para tomar Algeciras, ya que murió al año siguiente.

Sancho VII, *el Fuerte* Rey de Navarra, último de la dinastía Jimena (?, 1150 - Tudela, 1234). Accedió al Trono en 1194, al morir su padre Sancho VI, *el Sabio,* primer monarca de Pamplona que había asumido el título de *rey de Navarra.* Fue un rey guerrero: inició su reinado luchando en Francia en apoyo de su cuñado, Ricardo *Corazón de León** (1194); luego intentó sin éxito ayudar a Alfonso VIII* de Castilla en la desgraciada batalla de Alarcos contra los almohades (1195); más tarde se alió con el rey de León para hacer la guerra al de Castilla (1195-96); y volvió a guerrear contra los castellanos cuando éstos le arrebataron Álava y Guipúzcoa en busca de una comunicación directa con las tierras del sur de Francia (1199-1207). Sin embargo, fue durante su reinado cuando quedó constreñida Navarra a sus fronteras más o menos definitivas, entre las dos potencias mayores que representaban Castilla y Aragón, que le habían privado de salida al mar y de frontera con el Islam y, por tanto, de la posibilidad de expandirse hacia el sur de la Península participando en la reconquista cristiana (de ahí que su política exterior se orientara más hacia el norte de los Pirineos, sometiendo a vasallaje a varios principados del sur de Francia entre 1196 y 1228). Sancho no tuvo reparos, por tanto, en ponerse al servicio de los musulmanes, pasando a vivir algún tiempo en el norte de África (hacia 1198-1200) y estableciendo allí —según la leyenda— relaciones con una princesa almohade. El papa Inocencio III desautorizó esta connivencia con los infieles, haciendo que Sancho restableciera sus relaciones con Castilla y participara en la cruzada contra los almohades que culminó en la batalla de las Navas de Tolosa (1212). La tradición atribuye a ese momento el origen del escudo de Navarra, por haber roto Sancho las cadenas que protegían la tienda del caudillo musulmán. Muerto Sancho sin descendientes directos, le sucedió su sobrino Teobaldo I, con el que se instaló la Casa de Champaña en Navarra y el reino pasó a moverse en la órbita francesa.

Sancho Garcés III de Navarra. V. **Sancho III,** *el Mayor.*

Sandino, Augusto César Revolucionario nicaragüense (Niquinohomo, 1895 - Managua, 1934). Una pelea en la que hirió a su adversario le obligó a escapar de Nicaragua para no ir a la cárcel en 1920. Regresó en 1926 para participar en la guerra civil junto a los liberales Moncada y Sacasa contra los conservadores del presidente Adolfo Díaz, al que apoyaban los marines norteamericanos. En 1927 Moncada firmó un acuerdo con Estados Unidos, en virtud del cual el líder liberal se convirtió en presidente de la República, a cambio de mantener la presencia militar americana en un régimen similar al protectorado. Sandino rechazó aquel acuerdo y organizó por su cuenta la resistencia guerrillera para expulsar a los norteamericanos. La guerrilla nacionalista se extendió por la mitad norte del país y consiguió resistir en inferioridad de condiciones todos los ataques de la Guardia Nacional y de los militares norteamericanos. Aunque no obtuvo ninguna victoria decisiva, los Estados Unidos retiraron a su ejército de Nicaragua en 1933, siguiendo la política de «buena vecindad» auspiciada por Franklin D. Roosevelt*. Sandino aceptó entonces el diálogo con su antiguo aliado, Sacasa, que se había convertido en presidente de Nicaragua. Pero, durante su visita a Managua para entrevistarse con el presidente, fue detenido por el jefe de la Guardia Nacional, Anastasio Somoza*, que le hizo fusilar. Los seguidores del guerrillero muerto, los *sandinistas*, mantuvieron la resistencia contra la dictadura que implantaron los Somoza a partir de 1936. A lo largo de 43 años de lucha, Sandino fue mitificado como un mártir de la causa antiimperialista, mientras su movimiento adquiría ideales marxistas de revolución social, ajenos al fundador. El Frente Sandinista de Liberación Nacional (FSLN), bajo el liderazgo de Daniel Ortega*, llegó al poder en 1979.

SANJURJO Y SACANELL, José
Militar español (Pamplona, 1872 - Estoril, Portugal, 1936). Huérfano de un coronel carlista, siguió la carrera militar y recibió destinos en Cuba (1894-98) y Marruecos (1898-1921). Ascendió por méritos de guerra hasta el generalato en 1921, año en que fue nombrado gobernador militar de Zaragoza. Desde allí secundó el golpe de Estado de Primo de Rivera* (1923), con cuya dictadura colaboró estrechamente. Como comandante general de Melilla preparó el desembarco de Alhucemas (1925), que acabó con la insurrección de Abd-el-Krim*, consolidó el protectorado español en Marruecos y proporcionó a la dictadura uno de sus mayores éxitos. Su labor al frente del ejército de Marruecos le proporcionó ascensos, condecoraciones, un título nobiliario (marqués del Rif, en 1927) y un prestigio incontestado entre los jóvenes oficiales *africanistas*. Al proclamarse la Segunda República (1931) aceptó el cargo de director de la Guardia Civil, del que fue destituido por sus excesos en la represión contra movimientos obreros como el de Arnedo (Logroño) en 1932. Pasó entonces a dirigir el Cuerpo de Carabineros; pero la derecha instrumentalizó este cambio presentándolo como una discriminación sectaria del gobierno de Azaña*. Desde luego, Sanjurjo no simpatizaba ni con la orientación izquierdista del gobierno ni con el carácter democrático del régimen republicano, como demostró encabezando un intento de golpe de Estado en Sevilla, que fracasó (1932); aquella intentona reafirmó la voluntad reformista de las autoridades republicanas, decidiéndolas a aprobar poco después la Ley de Reforma Agraria y el Estatuto de autonomía de Cataluña. En cuanto a Sanjurjo, la pena de muerte le fue conmutada por la de cadena perpetua; pero apenas había empezado a cumplirla cuando fue excarcelado por el gobierno de derechas que salió de las elecciones de 1933. Partió al destierro en Portugal (1934), donde pudo conspirar contra la República con total libertad. Convertido en un símbolo para los militares reaccionarios descontentos con el triunfo electoral de la izquierda en 1936, fue reconocido como jefe por

Mola*, Franco* y los demás conspiradores que prepararon el alzamiento del mes de julio. Murió en un accidente de aviación cuando se disponía a viajar a Burgos para asumir la jefatura del Estado que le ofrecían los sublevados.

SAN MARTÍN, José de Militar español que luchó por la independencia de Hispanoamérica (Yapeguy, Río de la Plata, 1778 - Boulogne, Francia, 1850). Hijo de un militar español destinado temporalmente en América, San Martín estudió en España y se integró muy joven en el ejército real, al que perteneció por espacio de 21 años. Adquirió experiencia combatiendo en las guerras de Carlos IV* en el norte de África, en el Rosellón y en Portugal; y ascendió a coronel del ejército español en los inicios de la Guerra de la Independencia contra los franceses (1808). Luego, ocupada la Península por el ejército de Napoleón*, volvió a América para unirse a la revolución independentista (1811). Le impulsó a ello su ideología liberal, adquirida en la lectura de los enciclopedistas y en la vida de la logia masónica a la que pertenecía. En Buenos Aires fundó la logia *Lautaro*, foco de difusión del liberalismo por todo el cono sur del continente. Pero, enfrentado a las tendencias revolucionarias más radicales (democráticas y republicanas), se unió al partido llamado *unitario*, cuyo liberalismo era compatible con ideas monárquicas y conservadoras. Con tales ideas participó en el derrocamiento del primer triunvirato que gobernaba el territorio liberado (1812) e impulsó la declaración formal de la independencia de Argentina en el Congreso de Tucumán (1816).

Desde 1813 había puesto su experiencia militar al servicio de la causa independentista, obteniendo victorias que le dieron un gran prestigio al mando de la caballería. Nombrado gobernador de la provincia de Cuyo, organizó desde allí el *Ejército de los Andes* en unión de los independentistas chilenos de O'Higgins*; realizó una travesía épica a través de la cordillera andina y venció a las fuerzas españolas en Chacabuco (1817) y Maipú (1818). Lograda así la independencia de Chile, San Martín renunció al puesto de dictador que le ofrecían los rebeldes, en favor de O'Higgins; también rechazó las peticiones del gobierno argentino de que regresara con sus fuerzas. Su intención era continuar la campaña militar conquistando el último bastión español en Sudamérica —Perú—, aprovechando que el pronunciamiento de Riego* en Andalucía impediría la llegada de refuerzos al ejército virreinal. Preparó en Chile un ejército y una flota, con la que atacó por mar y tomó Lima (1821). Allí proclamó oficialmente la independencia del Perú y se declaró *protector* del país, sin definir su forma de gobierno. San Martín deseaba por entonces la instauración de una monarquía; pero para terminar con la resistencia del virrey español, que se había hecho fuerte con su ejército en el interior de Perú, necesitaba la ayuda de las fuerzas colombianas que mandaba Bolívar*, y éste era de ideas más avanzadas, democráticas y republicanas. Bolívar y San Martín se entrevistaron en Guayaquil en 1822, en una reunión en la que salieron a relucir las fuertes discrepancias entre ambos sobre cuestiones como la dirección de la guerra, la forma política de los nuevos Estados o las fronteras entre el Estado de San Martín (Perú) y el de Bolívar (la Gran Colombia). Para evitar la lucha entre los dos ejércitos emancipadores y entre las opciones políticas que los dos representaban, San Martín prefirió ceder a Bolívar todo el protagonismo: dimitió como *protector* de Perú y, en 1824, marchó a Europa, donde permaneció apartado de la política hasta su muerte.

SANTA ANNA, Antonio López de Militar y político mexicano (Jalapa, 1795 - México, 1877). Era un joven capitán del ejército español cuando estalló la insurrección anticolonial en 1810. Tras luchar en el bando virreinal, apoyó a Iturbide* una vez que éste se hizo con el poder y proclamó la independencia (1821). Luego encabezó la sublevación que derrocó al régimen monárquico de Iturbide y abrió el proceso para convertir a México en una República federal (1822-24). Desde entonces se convirtió en el «hombre fuerte» del país por espacio de cuarenta años, si bien su presencia formal al frente del poder político fue intermitente. Su prestigio militar se acrecentó cuando consiguió rechazar una expedición enviada por España con intención de restaurar el régimen colonial en 1829. Después de derrocar a los gobiernos establecidos en 1829 y 1832, en 1834-35 asumió personalmente la presidencia de la República. Carente de ideas propias, Santa Anna fue un demagogo populista, que empezó gobernando con los federalistas anticlericales, para aliarse luego con los conservadores, centralistas y católicos, con los que tenía mayor afinidad. En 1835 suprimió el régimen federal aplastando por la fuerza a sus defensores; este refuerzo del centralismo desencadenó la rebelión de Texas, territorio del extremo noreste de México con fuerte presencia de colonos anglosajones. Atacó Texas con su ejército, enfrentándose también a los Estados Unidos, que prestaban apoyo a los rebeldes (1836); pero fue derrotado y hecho prisionero en San Jacinto, enviado a Washington y liberado por el presidente Jackson* tras entrevistarse con él. Había perdido así su ya escasa popularidad; pero una expedición militar francesa contra Veracruz le dio la oportunidad de redimirse en 1838, rechazando al invasor y recuperando su carisma de héroe nacional (perdió una pierna en el combate). Aprovechando esa popularidad volvió a erigirse en dictador en 1841-42; aunque fue obligado a dejar el poder ante la desastrosa situación económica que provocó su gobierno. Regresó de su exilio en Cuba al año siguiente, al estallar el conflicto entre México y Estados Unidos por la anexión a este país de la antigua provincia mexicana de Texas (independiente desde 1836). Santa Anna, que se veía a sí mismo como el Napoleón* de América, se negó a negociar con Estados Unidos a pesar de su situación de inferioridad: provocó así la invasión estadounidense de Veracruz, Jalapa y Puebla (1846). Completamente derrotado, tuvo que firmar el Tratado de Guadalupe-Hidalgo (1848), por el que México perdió casi la mitad de su territorio (además de Texas, California, Arizona, Nuevo México, Nevada, Colorado y Utah). Partió otra vez al exilio, pero regresó en 1853 para instaurar de nuevo una dictadura conservadora, derrocada por Juárez* en 1855. Ya sin poder político, volvió a México en dos ocasiones: la primera durante la ocupación francesa y el Imperio de Maximiliano*, que le hizo mariscal (también entonces intentó sin éxito recuperar el poder); y la última en 1874, después de la muerte de Juárez, para pasar sus últimos años pobre, ciego y olvidado por todos.

SANTA CRUZ, Marqués de. V. BAZÁN, Álvaro de.

SANTANDER, Francisco de Paula Dirigente de la independencia de Colombia (Rosario de Cúcuta, 1792 - Bogotá, 1840). Doctorado en Derecho a los 17 años, se unió enseguida al movimiento revolucionario contra la dominación colonial española (1810). Combatió en diversas campañas hasta que Bolívar* le ascendió a general y jefe del Estado Mayor de su ejército (1817); y siguió colaborando con él hasta la independencia de la Gran Colombia (actuales Colombia, Venezuela, Panamá y Ecuador) en 1819. Santander fue nombrado vicepresidente del país por el departamento de Cundinamarca (nombre que tomó la Nueva Granada, actual Colombia), y se encargó del gobierno mientras Bolívar estaba ausente luchando contra los españoles. Su poder fue confirmado al establecerse un régimen político unitario en 1821, pasando Santander a ejercer la vicepresidencia de la Gran Colombia. Desde entonces entró en conflicto con Páez*, portavoz de las aspiraciones independentistas de Venezuela, que consiguió restablecer un sistema federal y apartar a Santander de la vicepresidencia en 1828. También se enfrentó a Bolívar, organizando una conspiración fracasada contra sus inclinaciones autoritarias (1828); fue juzgado y desterrado. Cuando murió Bolívar y se rompió la Gran Colombia (1830), Santander regresó del exilio y participó en la revolución que dio origen a la República de Colombia separada de Venezuela y Ecuador. Fue elegido primer presidente constitucional de Colombia (1832-37) e inició una sangrienta persecución de los bolivarianos y otros disidentes. No obstante, siguió una línea política progresista, con especial atención al desarrollo de la educación. Perdidas las elecciones de 1837, abandonó el poder y siguió ejerciendo como diputado de la oposición hasta su muerte.

SANTIAGO, *el Mayor* Uno de los doce apóstoles de Jesucristo* (Betsaida, Galilea ?, ? - Jerusalén, h. 42). Era hijo de Zebedeo y hermano de san Juan *Evangelista* (que era otro de los doce apóstoles). Los dos hermanos eran pescadores del mar de Galilea, donde los reclutó Jesucristo; desde entonces, Santiago formó parte del círculo más cercano al maestro. Después de la crucifixión se dedicó a predicar la nueva fe. Una tradición española no documentada supone que Santiago viajó a Hispania para predicar por encargo del propio Jesucristo y que se le apareció la Virgen María en Zaragoza (en el lugar en donde luego se levantó la basílica del Pilar). Santiago murió decapitado durante las persecuciones contra los cristianos que realizó el rey de Judea, Herodes Agripa I (es el único apóstol cuyo martirio aparece recogido en los *Hechos de los Apóstoles).* Según otra tradición medieval igualmente difícil de comprobar, su cuerpo llegó hasta Galicia y fue enterrado en el *Campus Stellae,* cerca de Padrón; allí se erigió un templo en el siglo IX, hacia el cual se encaminaron las peregrinaciones del *Camino de Santiago;* y en torno al templo y a las peregrinaciones surgió la ciudad de *Santiago de Compostela.* Santiago fue tenido por patrono de la reconquista cristiana de la Península contra el Islam (dando nombre a una importante orden militar) y, ya en la época contemporánea, tanto la Virgen del Pilar como el propio Santiago se convirtieron en símbolos nacionales de España.

SANTILLANA, Íñigo López de Mendoza, Marqués de Político y poeta castellano del reinado de Juan II (Carrión de los Condes, Palencia, 1398 - Guadalajara, 1458). Era hijo del almirante de Castilla, de quien recibió la cuantiosa herencia de la Casa de Mendoza; acrecentó este patrimonio casándose con una Figueroa, hija del maestre de Santiago en 1412. Convertido en uno de los aristócratas más ricos e influyentes de la corte, intervino de manera decisiva en las turbulencias políticas del reinado de Juan II aunque manteniéndose generalmente fiel al monarca. No así a su valido, Álvaro de Luna*, con quien estuvo enfrentado desde 1431; no obstante, estuvo a su lado y al del rey contra el «partido aragonés» en la batalla de Olmedo (1445), fidelidad que le valió los títulos de marqués de Santillana y conde de Manzanares el Real. Luego contribuyó a hacer caer del poder al de Luna (1453) y él mismo se retiró de las luchas políticas. El marqués de Santillana recibió una refinada educación en la corte aragonesa y conoció a escritores como Enrique de Villena, Jordi de Sant Jordi o Ausías March. Fue uno de los grandes poetas de su tiempo, autor de obras como las *Serranillas* (1429-40), *Canciones y decires líricos* (1430-47), los *Sonetos fechos al itálico modo* (1438-45), el *Diálogo de Bías contra Fortuna* (1448) o la *Comedieta de Ponza* (1444), en donde cantaba las hazañas de Alfonso V de Aragón*.

SARDANÁPOLO. V. **ASURBANIPAL.**

SARGÓN I, *el Grande* (o *el Viejo*) Rey de Akad que unificó Mesopotamia por primera vez (?, h. 2334/2370 - ?, h. 2314/2279 a.C.). Era un funcionario de Kish, perteneciente a los pueblos semitas que se habían ido asentando entre los sumerios. Parece que se apoderó del Trono en aquella ciudad-estado y la lanzó a una gran expansión territorial, derrocando al último rey de Sumer —Lugalzaggesi—. Fundó una nueva capital en el centro de Mesopotamia, Akad, desde donde conquistó Elam (en el este), Amurru (en el oeste) y Subartu (en el norte), aprovechando la superioridad militar que daba a los akadios el empleo de arcos y flechas. Estableció así el primer Estado mesopotámico centralizado en torno a un monarca divinizado. Su imperio que abarcaba «las cuatro partes del mundo», desde el golfo Pérsico hasta el Mediterráneo: además de los valles del Tigris y el Éufrates, parte de Siria, Asia Menor, el oeste de Persia y quizá la isla de Chipre. Bajo su reinado se produjo una cierta uniformización cultural del país, mezclando elementos sumerios y semitas. Procuró mantener buenas relaciones con los pueblos sometidos, respetando a sus autoridades locales; pero al morir estallaron rebeliones que amenazaron la unidad del imperio. Su nieto Naramsín restableció el orden y emprendió nuevas campañas hacia Arabia y Persia.

SARTRE, Jean-Paul Intelectual francés (París, 1905-1980). Tras formarse en la Escuela Normal de París, continuó sus estudios de Filosofía en Berlín (1933), donde recibió la influencia de la fenomenología de Husserl y Heidegger. Sobre esas bases desarrolló su propio pensamiento, plasmado en obras filosóficas como *El ser y la nada* (1943), *El existencialismo es un humanismo* (1946) o *La crítica de la razón dialéctica* (1960), y también en obras literarias como *La náusea* (1938), *Las moscas* (1943) o

Muertos sin sepultura (1946). El existencialismo de Sartre es una filosofía de la libertad, que muestra al hombre desligado de toda atadura o determinación y, por lo tanto, plenamente responsable de sus actos. Desde esa base entró en diálogo con el pensamiento marxista, al que reprochó el desprecio por el individuo como ser autónomo y consciente; para Sartre el individuo se hace a sí mismo mediante actos voluntarios que expresan un proyecto existencial, por mucho que las condiciones materiales le impongan algunas restricciones. En consecuencia, el individuo es el verdadero motor de la historia y no un simple juguete en manos de fuerzas impersonales. Sartre fue un intelectual intensamente comprometido en las luchas políticas de la izquierda francesa. Su revista *Los Tiempos Modernos* (fundada en 1945) fue un foro abierto a las ideas de los intelectuales de izquierdas (entre otros, su compañera Simone de Beauvoir).

SAULO DE TARSO. V. PABLO DE TARSO, San.

SAVONAROLA, Girolamo Fraile reformista italiano que tomó el poder en Florencia (Ferrara, 1452 - Florencia, 1498). Era prior de un convento de dominicos de Florencia, adonde había llegado gracias a su fama como predicador y a la influencia de personajes como Pico della Mirandola y Lorenzo de Médicis*. Desde allí se empeñó en la reforma de la vida monástica, criticando la corrupción moral del clero renacentista. Sus exaltados sermones atacaban con igual contundencia a la jerarquía eclesiástica, al papa, a la aristocracia y a las autoridades políticas, despertando la indignación revolucionaria de las masas. Cuando la invasión francesa de Toscana puso en peligro el poder de los Médicis, Savonarola contribuyó a expulsarlos de la ciudad mediante una revolución popular e intentó que los franceses continuaran su avance contra Roma (1494). En Florencia se instauró un régimen republicano mixto, con elementos democráticos y teocráticos (Jesucristo* fue proclamado rey); el propio Savonarola controlaba el poder y lo empleaba para imponer rigor moral extremo (su lucha contra el paganismo implícito en la cultura renacentista le llevó a quemar públicamente los libros de Boccaccio y Petrarca). El papa Alejandro VI*, blanco de los ataques de Savonarola, le excomulgó en 1497. Sus propios partidarios en Florencia consideraron excesiva la dictadura que había implantado y le derrocaron en 1498. Fue encarcelado, torturado, acusado de herejía y quemado públicamente en aquel mismo año.

SAY, Jean-Baptiste Economista francés (Lyon, 1767 - París, 1832). Este empresario de origen protestante fue el primer profesor de economía política de la Europa continental. Fue el gran divulgador fuera de Gran Bretaña de las ideas liberales de la escuela clásica y, muy particularmente, de su obra fundacional: *La riqueza de las naciones,* de Adam Smith*. Say publicó en 1803 un *Tratado de economía política* que cumplió esa misión de dar a conocer la nueva ciencia, empleándose como libro de texto en toda Europa y en Norteamérica hasta finales del siglo XIX. Pero fue también un pensador original, que se permitió añadir algunos retoques al sistema clásico. Uno de los más importantes fue el descubrimiento de la figura del *empresario* como factor fundamental de la producción en un medio capitalista; partiendo de su experiencia personal en los negocios, definió el empresario como el personaje que asume la responsabilidad, la dirección y, por tanto, el riesgo de las actividades productivas, que puede ser una persona distinta de quien pone el capital. Otra innovación de Say fue la introducción del concepto de utilidad como determinante de la demanda de los bienes y, por tanto, de su precio; pero sin llegar a defender una teoría subjetiva del valor, que le habría llevado a contradecir los fundamentos de la economía clásica. Pero, sobre todo, es recordado por la *ley de los mercados* o *ley de Say,* que asegura que en un mercado libre es imposible una crisis general de superproducción, ya que la oferta crea su propia demanda (o sea, que toda actividad productiva genera rentas, salarios y beneficios suficientes para adquirir los productos que lanza al mercado).

SAYRY TÚPAC. V. **INCAS.**

SCHLIEFFEN, Alfred von, conde de Militar alemán que concibió el plan de ataque seguido en la Primera Guerra Mundial (Berlín, 1833-1913). Fue oficial del Estado Mayor de Prusia durante la Guerra Franco-Prusiana de 1870. Y, después de la unificación de Alemania que se completó por la victoria en aquella guerra, se incorporó al Estado Mayor del ejército imperial alemán, del que fue jefe entre 1891 y 1906. Al retirarse del cargo dejó como testamento el *Plan Schlieffen,* encaminado a asegurar la victoria alemana en una eventual guerra contra Francia: rebasar las defensas fronterizas francesas en una maniobra envolvente por el norte, mediante un ataque rápido a través de los Países Bajos, antes de que Rusia (ligada a Francia por un tratado) pudiera movilizar sus tropas y pasar a la ofensiva obligando a Alemania a combatir en dos frentes; el plan, basado en la concentración de fuerzas sobre el ala derecha del avance, pretendía sorprender por la espalda al grueso del ejército francés y dejarlo embolsado en Lorena. El sucesor de Schlieffen al frente del Estado Mayor alemán, el joven Moltke, mantuvo como pieza maestra de la estrategia alemana este plan, revisado anualmente por su autor. Muerto éste, el plan fue puesto en práctica en los comienzos de la Primera Guerra Mundial (1914-18), violando la neutralidad de Bélgica y Luxemburgo para atacar a Francia; pero fracasó en la medida en que no consiguió una victoria rápida y el frente se estancó en el norte de Francia durante años, mientras Alemania se veía obligada a sostener simultáneamente una guerra en el este contra Rusia. Quizá se había subestimado la capacidad de resistencia del ejército belga, la facilidad para movilizar refuerzos que ofrecían los ferrocarriles franceses y la eficacia defensiva del Cuerpo Expedicionario británico; o quizá Moltke había aplicado el plan incorrectamente al debilitar el ala derecha, que fue la que quedó frenada. Moltke fue depuesto en 1914 y su sucesor, Falkenhayn, tuvo que improvisar una alternativa estratégica basada en el desgaste del enemigo, que tampoco tuvo éxito.

SCHLIEMANN, Heinrich Arqueólogo alemán que descubrió las civilizaciones prehistóricas griegas (Neubukow, Mecklemburgo, 1822 - Nápoles, 1890). No tuvo estudios y pasó su infancia y juventud trabajando en los oficios más diversos. Pero, como agente de una casa de comercio, aprendió hasta ocho idiomas y acumuló una discreta fortuna. Convencido desde niño de la veracidad histórica de los poemas de Homero, se retiró de los negocios con sólo 36 años para consagrarse a la búsqueda de las ruinas de Troya. Estudió Arqueología en París y recorrió medio mundo para documentarse; y, por fin, en 1868, se trasladó a Grecia y Asia Menor para excavar. Enfrentándose a las teorías establecidas sobre la ubicación de Troya, localizó la ciudad en Hisarlik (Imperio Otomano) y la desenterró en 1873-74 con la única ayuda de su esposa Sofía, una estudiante griega con la que se había casado a través de una agencia matrimonial (en realidad excavaron tan profundamente que desenterraron una ciudad de la Edad del Bronce anterior a la Troya homérica). Tras sostener un pleito con el gobierno turco en torno a la propiedad de las joyas que había descubierto, realizó nuevas excavaciones en Micenas (1876-78) y Troya (1882-83 y 1888-90), ahora ya asistido por especialistas de prestigio. Durante esas excavaciones comenzaron a formarse los métodos de la arqueología de campo moderna; al mismo tiempo, las libros y artículos de Schliemann transmitieron al gran público la emoción que sentía por la arqueología, contribuyendo a popularizar esta rama del saber. Sus publicaciones pusieron de manifiesto la riqueza de las civilizaciones de la Grecia prehistórica, como la micénica o la de Hisarlik (e incluso intuyó la existencia de la civilización minoica, todavía desconocida).

SCHUMAN, Robert Político francés impulsor de la integración europea (Luxemburgo, 1886 - Scy-Chacelles, Lorena 1963). Era abogado en Metz, en la región de Lorena, perteneciente entonces al Imperio Alemán; e incluso fue movilizado por el ejército alemán durante la Primera Guerra Mundial (1914-18). Al terminar la guerra e integrarse Lorena en la República Francesa, Schuman empezó a participar activamente en política como diputado (1919), defendiendo ideas centristas de tipo demócrata-cristiano. Durante la ocupación alemana de Francia (1940-44) en el curso de la Segunda Guerra Mundial, Schuman se retiró de la vida pública y fue deportado por no colaborar con el Tercer *Reich*. Volvió a ser diputado en la posguerra (desde 1945) y adquirió responsabilidades de gobierno como ministro de Hacienda (1946-47), de Asuntos Exteriores (1948-52) y de Justicia (1955-56) e incluso primer ministro (1947-48). Estableció relaciones estrechas con los líderes democristianos de Alemania (Adenauer*) e Italia (De Gasperi*), impulsando la idea de una integración europea que garantizara al continente la paz, la prosperidad y la influencia perdida en la escena internacional. Su origen fronterizo le ayudó, sin duda, a comprender la importancia de este proceso de unidad, que puso en marcha mediante el *Plan Schuman* de 1950 (elaborado en colaboración con Jean Monnet*). Dicho plan consistía en poner los estratégicos sectores del carbón y del acero de Francia y Alemania bajo una administración conjunta, idea que, aceptada también por Italia, Bélgica, Holanda y Luxemburgo, dio origen a la CECA (Comunidad Europea del Carbón y del Acero). Aquel fue el primer paso para una integración más profunda: aunque su intento de formar una Comunidad Europea de Defensa fracasó en 1952, la «Europa de los Seis» acabó afianzando su integración con el Tratado de Roma (1957), que creó la Comunidad Económica Europea. Convertido Schuman en un símbolo de las aspiraciones a la unidad continental (desde 1955 presidía el Movimiento Europeo), fue elegido presidente del primer Parlamento Europeo (1958-60), al cual perteneció como diputado hasta su muerte.

Sebastián, Don Rey de Portugal (Lisboa, 1554 - Alcazarquivir, Marruecos, 1578). Al morir su abuelo, Juan III, en 1557, fue proclamado rey bajo la regencia de su tío abuelo y de su abuela (hermana de Carlos I* de España). Fue educado por los jesuitas, que fomentaron en el joven rey una religiosidad determinante de su acción de gobierno posterior: la continuidad dinástica fue puesta en peligro por el celibato voluntario del rey y por su insistente mortificación ascética; y todas las consideraciones políticas fueron postergadas a un espíritu de cruzada propio de los caballeros medievales. Desde que inició su reinado personal en 1568, Sebastián dirigió todas las energías de la monarquía portuguesa contra el Islam, al que quería arrebatar el norte de África. Emprendió dos campañas sucesivas en Marruecos (1574 y 1578), que no produjeron conquistas duraderas para Portugal. En la segunda de ellas el propio rey encontró la muerte durante una batalla en la zona del Rif. Vacante el Trono de Portugal, éste fue reclamado por Felipe II* de España, que era hermano de la madre de don Sebastián; y, tras una breve guerra, Portugal quedó incorporado a la Monarquía Hispana (hasta 1640). Entretanto, la figura del rey desaparecido se convirtió en un mito en Portugal, extendiéndose la creencia mesiánica de que seguía vivo y regresaría para redimir al país *(sebastianismo)*. En los años posteriores aparecieron múltiples impostores que intentaron hacerse pasar por el rey Sebastián para usurpar el poder.

Secondat, Charles-Louis de. V. **Montesquieu, barón de.**

Selassié, Hailé. V. **Hailé Selassié I.**

Seléucida, Dinastía Familia reinante del 312 al 64 a.C. en el más extenso de los imperios helenísticos, que llegó a abarcar desde Capadocia hasta la India, incluyendo Mesopotamia, Persia, Siria, Palestina, Armenia y Asia central.
Seleuco I *Nicátor* (312-281 a.C.), su fundador, fue uno de los generales de Alejandro Magno* que se repartieron su herencia. Era el gobernador griego de Babilonia cuando estalló la Guerra de los Diádocos entre los herederos de Alejandro (315-301); luchó en alianza con Ptolomeo*, Casandro y Lisímaco contra las ambiciones de Antígono de recomponer la unidad. Fue expulsado de Babilonia por Antígono; pero luego la recuperó (312), consolidó el control sobre Mesopotamia y Persia y se proclamó rey (306). Luego realizó campañas que extendieron su territorio y fundó una nueva capital en el centro de Mesopotamia, llamada Seleucia. Pero no creó un reino unificado, sino que se limitó a aglutinar un conjunto de principados semiindependientes en los que respetó las estructuras establecidas por los persas sin más que superponerles gobernadores griegos nombrados por él (los estrategas). Su poder en las regiones periféricas era poco más que simbólico. A la India renunció por completo, cediéndo-

sela al rey Chandragupta a cambio de la entrega de 500 elefantes, que le sirvieron para derrotar definitivamente a Antígono en la batalla de Ipso (301). Luego venció a Lisímaco y se anexionó su reino en Tracia, acariciando el sueño de reunificar la herencia de Alejandro. Pero murió asesinado por un príncipe egipcio. Le sucedieron su hijo Antíoco I *Soter* (281-261), su nieto Antíoco II *Theos* (261-246), su bisnieto Seleuco II *Callinicos* (246-225) y sus tataranietos Seleuco III *Soter* (225-223) y **ANTÍOCO III**, *el Grande* (223-187 a.C.). Éste fue el rey más importante de la dinastía. Reestructuró la administración provincial, impuso el culto al emperador y aseguró la alianza con los países vecinos mediante enlaces matrimoniales de sus hijas. Volvió a extender los dominios seléucidas en Siria y la India; pero no pudo impedir el ascenso del poder de Roma, que le derrotó en la batalla de Magnesia (190). Perdió así sus territorios de Asia Menor y comenzó un proceso de descomposición del imperio fundado por Seleuco. Murió asesinado y le sucedieron sus hijos Seleuco IV (187-175) —también asesinado— y **ANTÍOCO IV EPIFANES** (175-164 a.C.). Éste demostró por última vez la fuerza del imperio seléucida, invadiendo y ocupando Egipto (169); pero su sumisión a la hegemonía de Roma quedó también probada cuando ésta le exigió el restablecimiento del *statu quo* anterior. Antíoco se esforzó por impulsar la helenización cultural del imperio; incluso intentó eliminar el judaísmo, provocando la Guerra de los Macabeos (166-164). Perdidas Palestina y parte de Siria, la decadencia del reino se aceleró bajo sus sucesores: Antíoco V (164-162), Demetrio I *Soter* (162-150), Demetrio II *Nicátor* (145-139) y Antíoco VII *Sidetes* (139-129). Luego, las invasiones de los partos dejaron el reino reducido a Siria, donde gobernaron los últimos seléucidas hasta que Pompeyo la convirtió en provincia romana en el 64 a.C.

SÉNECA, Lucio Aneo Filósofo romano originario de Hispania (Córdoba, Bética, h. 3 a.C. - Roma, 65 d.C.). Se educó en Roma y en Alejandría, integrándose en la corriente filosófica conocida como *estoicismo* (que seguía las enseñanzas de Zenón de Citio). Durante el reinado de Calígula* ocupó cargos políticos tan importantes como los de cuestor, senador y preceptor de Nerón*. Cuando este último se convirtió en emperador en el año 54 d.C., la amistad entre ambos hizo que Séneca le auxiliara como consejero con una influencia política importante, al menos en los primeros años del reinado. Luego se distanciaron, a medida que Nerón se fue convirtiendo en un tirano caprichoso y cruel. Séneca llegó incluso a participar en la conjura de Pisón contra el emperador en el año 65; pero fue descubierto y Nerón le sentenció a suicidarse. En coherencia con su filosofía, Séneca aceptó la decisión del emperador y se cortó las venas.

El pensamiento de Séneca representó un intento por recuperar los ideales estoicos originales, superando la versión adulterada con ideas platónicas y aristotélicas que se había introducido en Roma. Según el ideal estoico, Séneca concebía el mundo regido por un determinismo universal, de manera que la libertad del hombre no puede consistir en otra cosa que en hacer conscientemente lo que, de todas maneras, está destinado a hacer. A esto añadió, como aportaciones personales, un mayor aprecio por la dignidad humana y una cierta idea de la divinidad, que no estaban en los estoicos antiguos. También añadió un nuevo ideal ético, inspirado en la observación de los hombres virtuosos, y consistente en la felicidad del hombre sabio y bueno, dueño de sí, en armonía con la naturaleza y más apegado a la amistad que a la riqueza. Entre las obras filosóficas de Séneca cabe destacar los *Tratados morales*, los *Diálogos* y las *Cuestiones naturales*; también escribió obras literarias, como las tragedias *Medea*, *Fedra*, *Edipo* y *Agamenón*.

SENGHOR, Léopold Sédar Primer presidente de Senegal (Joal, Dakar, 1906 -). Procedente de una familia de comerciantes acomodados, realizó estudios universitarios en París, en donde se integró en los medios intelectuales. Se vinculó al partido socialista francés (SFIO) y en 1937 lanzó la idea de la *negritud*, como expresión de los valores culturales e históricos del mundo negro (tanto en África como en América). A este concepto dedicó gran parte de su brillante obra como poeta (escrita en francés): *Cantos de sombra* (1945), *Hostias negras* (1948), *Etiópicas* (1956), *Nocturnos* (1961)… Desde 1945 representó a la colonia de Senegal como diputado en la Asamblea francesa, defendiendo la idea de formar una federación del África occidental. En los años cincuenta se distanció de sus antiguos aliados, formando un partido propio de ideas socialistas más radicales: La Unión Progresista Senegalesa (con Mamadou Dia). La victoria en las primeras elecciones legislativas celebradas en Senegal (1957) le permitió acceder al gobierno cuando Francia concedió un régimen de autonomía (1958); y se convirtió en presidente de la República cuando Senegal accedió a la completa independencia (1960). Gobernó el país durante veinte años, gracias a sucesivas reelecciones y al empleo de la fuerza contra la oposición (reprimió movimientos de protesta obreros y estudiantiles y un intento de golpe de Estado de su primer ministro, Dia, en 1962). Sus ideales iniciales de unidad panafricana se vieron frustrados por los particularismos locales y por los intereses de las antiguas metrópolis, que preferían «balcanizar» el continente: el intento de crear una Federación de Mali uniendo Senegal, el Sudán francés, el Alto Volta y Dahomey (1959) quedó frustrado en pocos meses. Senghor siguió una política de buenas relaciones con Francia, lo cual le valió acusaciones de connivencia con el imperialismo en los medios radicales de África. Durante los primeros años de su mandato pareció encaminarse hacia una concentración personal del poder, monopolizando su partido la vida política y llegando a encarcelar a Dia; pero luego volvió a liberalizar el régimen abriéndolo al pluralismo (Constitución de 1976). Se retiró voluntariamente en 1980, dejando el poder su primer ministro Abdou Diouf.

SERRANO Y DOMÍNGUEZ, Francisco, Duque de la Torre Militar y político español (Isla de León, San Fernando, Cádiz, 1810 - Madrid, 1885). Hijo de un militar liberal, nació durante el asedio francés a la plaza de Cádiz en donde se reunían las primeras Cortes españolas. Ingresó en el ejército en 1822 y ascendió por méritos propios durante la Primera Guerra Carlista (1833-40). En 1839, siendo ya brigadier, dio el salto a la política, alineándose con la opción progresista que representaba Espartero*. Como diputado, apoyó la Regencia de Espartero (1841), el cual le nombró mariscal y ministro de la Guerra; pero luego se volvió contra el excesivo poder del regente, cooperando con Prim* para derrocarle (1843). Hacia 1846-48 fue amante de la reina Isabel II*, sobre la cual ejerció una gran influencia política; el *general bonito* despertaba recelos entre los políticos moderados de la época, que le alejaron de la corte nombrándole capitán general de Granada (1848). Se apartó entonces de la política, dimitió del cargo que tenía, se casó y se dedicó a viajar. Al estallar una nueva Revolución progresista en 1854, volvió para apoyar otra vez a Espartero. Durante el Bienio Progresista que entonces comenzó fue director general de Artillería, alineándose con el partido centrista que quería formar O'Donnell* entre progresistas y moderados (la *Unión Liberal*). Luego fue embajador en París (1856), capitán general de Cuba (1859-62) y ministro de Estado (1863). Fue entonces cuando la reina le nombró duque de la Torre, añadiendo más tarde la concesión del Toisón de Oro por su labor en la represión de la sublevación del Cuartel de San Gil (1866). Muerto O'Donnell al año siguiente, Serrano le sucedió como jefe de la Unión Liberal y sumó al partido a las conspiraciones antidinásticas de progresistas y demócratas. Participó de manera decisiva en la Revolución de 1868 que destronó a Isabel II, venciendo a las tropas gubernamentales en la batalla de Alcolea. Enseguida fue nombrado presidente del gobierno provisional (1868-69) y, vacante la jefatura del Estado, recayó sobre él como presidente del Poder Ejecutivo con tratamiento de *alteza* (1869-70). Una vez instaurada la monarquía democrática con la coronación de Amadeo de Saboya*, Serrano fue llamado a presidir el gobierno en dos ocasiones (1871 y 1872). Al estallar entonces una Tercera Guerra Carlista, Serrano derrotó al pretendiente don Carlos (VII)* en Oroquieta y firmó el Acuerdo de Amorebieta, con la esperanza de liquidar el conflicto (1872). El rechazo de las Cortes a este convenio provocó la caída de Serrano del gobierno. Luego admitió la proclamación de la Primera República, aunque tuvo que exiliarse por su implicación en una conspiración (1873). Cuando el golpe de Estado del general Pavía disolvió las Cortes republicanas en 1874, Serrano fue nombrado presidente del gobierno y del Poder Ejecutivo, instaurando una especie de dictadura republicana de talante conservador; su ambición era perpetuarse como dictador, pero la destrucción de las fuerzas republicanas había abierto el camino para la restauración de los Borbones*, precipitada en aquel mismo año por el pronunciamiento de Martínez Campos* en Sagunto. Aceptó al nuevo rey, Alfonso XII*, y pretendió desempeñar un papel importante en el nuevo régimen como jefe del Partido Constitucional. Quedó desairado por Cánovas* y por el rey cuando éstos prefirieron a Sagasta* como líder liberal, razón por la que se escindió con el grupo de la Izquierda Dinástica (1881). Su labor de gobierno, a lo largo de tantos avatares, resulta insignificante, dado que fue un político sin ideales ni proyectos, al que la ambición de poder hizo cambiar frecuentemente de orientación y de lealtades (le apodaron el *Judas de Arjonilla,* por su tendencia a la traición y por el lugar en donde tenía su finca). No debe confundirse con Francisco Serrano Bedoya (1813-82), también general y político progresista, que también combatió en las guerras carlistas, apoyó a Espartero, se integró en la Unión Liberal, participó en la Revolución de 1868, fue ministro de la Guerra y acabó reconociendo a Alfonso XII*.

Serrano Suñer, Ramón Político español (Cartagena, 1901 -). Estudió Derecho en Madrid, Roma y Bolonia, ganando una plaza de abogado del Estado por oposición en 1924. Al proclamarse la Segunda República en 1931 decidió entrar en política para defender sus ideas conservadoras, pero no obtuvo el escaño en las elecciones de aquel año; sí lo consiguió en las de 1933, que dieron la victoria al bloque de derechas en el cual se integraba (como candidato de la Confederación Española de Derechas Autónomas, la CEDA); también fue reelegido en 1936, aunque la victoria correspondiera entonces a la izquierda agrupada en el Frente Popular. En los meses siguientes mantuvo contactos con los falangistas de José Antonio Primo de Rivera* (que era su amigo) y con conspiradores militares como Francisco Franco* (que era su cuñado), pues estaba convencido de la necesidad de un gobierno autoritario que restableciera el orden y salvaguardara los valores tradicionales. Al producirse el golpe de Estado de 1936, el gobierno republicano le detuvo en Madrid, pero consiguió evadirse y pasar al bando de los sublevados (1937). Allí se encontró con su cuñado convertido en jefe de Estado y se convirtió en su principal consejero político, orientando la construcción de un sistema totalitario y la fusión de las fuerzas que habían apoyado el alzamiento en un partido único al estilo fascista: Falange Española Tradicionalista y de las JONS, que mandaría él mismo como presidente de su Junta Política (desde 1939). Entró en los primeros gobiernos de Franco como ministro del Interior y secretario del Consejo (1938-40) y, después de ganar la Guerra Civil (1936-39), ministro de Asuntos Exteriores (1940-42). Acompañó a Franco a su entrevista con Hitler* en Hendaya, y él mismo mantuvo otra entrevista con Mussolini*: fue Serrano quien alineó a la España franquista con las potencias del Eje, de manera que cuando el curso de la Segunda Guerra Mundial (1939-45) se volvió desfavorable para la Alemania nazi, Franco prefirió desprenderse de él para adoptar una postura más neutral e independiente, en previsión de una invasión de los aliados o de la victoria final de éstos. El detonante del cese de Serrano fueron los conflictos entre las diferentes «familias» políticas reunidas en el partido único, que estallaron con el atentado falangista contra unos funerales tradicionalistas en Begoña (1942).

Sertorio, Quinto Militar romano que encabezó una rebelión en Hispania (Nursia, Sabina, Italia, h. 124/121 - Osca, Hispania Citerior, 72 a.C.). Tras haber combatido junto a Mario* en las guerras contra los cimbrios (105-102), fue enviado a Hipania como tribuno (97-94) y a la Galia Cisalpina como cuestor (90). Durante la guerra civil que enfrentó a Mario con Sila* (88-87) fue fiel al partido popular que representaba el primero y le ayudó a tomar Roma. Mario le envió a gobernar la Hispania Citerior como pretor (83); pero el retorno de Sila al poder le obligó a refugiarse en el norte de África. Regresó a Hispania en el 80, llamado por los lusitanos para organizar una rebelión contra la dictadura de Sila. Se inició así la *Guerra de Sertorio* (80-72), en la que éste acaudilló las fuerzas populares contra el partido senatorial y los refuerzos que recibía de Roma (bajo el mando de Metelo y de Pompeyo*). Empleando una táctica guerrillera, llegó a controlar gran parte de Hispania, que proclamó independiente de Roma. Pero desde el año 75 la suerte de las armas se le volvió desfavorable: quedó reducido al valle del Ebro, mientras sus hombres le iban abandonando por temor a las represalias, por desavenencias entre indígenas y romanos o atraídos por la amnistía que ofreció Pompeyo. Durante un banquete en la actual Huesca, fue asesinado junto con su guardia personal por sus propios generales (la leyenda asegura que la guardia se suicidó por fidelidad al jefe). Muerto Sertorio, se derrumbó el último foco de resistencia de los partidarios de Mario, y Pompeyo restauró la autoridad de Roma en Hispania.

SERVET, Miguel Teólogo heterodoxo y médico español que descubrió la circulación pulmonar de la sangre (Tudela, Navarra, 1511 - Ginebra, 1553). Su padre, que era notario en la villa aragonesa de Villanueva de Sigena, le envió a estudiar Teología y Leyes a la Universidad de Toulouse (1528). Luego viajó en el séquito de Carlos I* como secretario de su confesor, recorriendo con él Italia y Alemania. Todos estos viajes le pusieron en contacto con la reforma protestante (primero con Melanchton, luego con Zuinglio* y otros). Abandonó la fe católica, pero no para hacerse protestante, sino para definir sus propias creencias religiosas, consideradas heréticas por todas las Iglesias cristianas. Servet rechazaba el bautismo de los niños, el pecado original, la transubstanciación y la trinidad, ideas que publicó en 1531-32 en varios tratados teológicos perseguidos por las autoridades católicas y protestantes. Refugiado en Lyon bajo nombre supuesto *(Villeneuve,* por el lugar de origen de su familia), trabajó con los impresores locales para ganarse al vida, al tiempo que estudiaba Medicina. En 1536 se trasladó a París para ampliar sus estudios, ejercer la medicina y dedicarse a la investigación (por entonces descubrió la circulación menor de la sangre). En París conoció a Calvino* y emprendió con él discusiones teológicas que le llevaron de nuevo a especular en ese campo (desde 1537). Buscando definir la verdadera religión cristiana, quiso lanzar una reforma más profunda que las de Lutero* y Calvino, y redactó para ello su tratado *Restitución del Cristianismo* (1546); en el capítulo dedicado al Espíritu Santo fue donde dio a conocer sus descubrimientos sobre la circulación sanguínea; y al final adjuntaba las treinta cartas cruzadas con Calvino. Esto exasperó a Calvino, que le denunció por hereje a la Inquisición de Francia. Fue condenado y quemado en efigie, ya que él había conseguido huir (1553). Pero se atrevió a ir al feudo de Calvino, Ginebra, donde éste le denunció de nuevo y presionó para que la Inquisición le condenara a muerte. Fue quemado junto con sus libros a la orilla del lago Leman.

SHAMIR, Itzak (Itzak Jazernicki) Político israelí (Ruzinoy, Polonia, 1915 -). Estudió Derecho en Varsovia, vinculándose desde joven a las juventudes sionistas. En 1935 emigró a Palestina y se hizo miembro de un grupo armado clandestino que luchaba por la formación de un Estado judío independiente contra las autoridades coloniales británicas: la Organización Nacional Militar, *Irgún* o IZL. Cinco años más tarde se escindió del *Irgún* siguiendo al líder terrorista Stern y se integró en su banda de los *Luchadores de la Libertad de Israel*. Fue detenido varias veces y hubo de partir al exilio en Francia, de donde sólo regresó al proclamarse el Estado de Israel en 1948. Desde entonces hasta 1965 trabajó como agente del servicio secreto israelí *(Mosad)* en Europa. De regreso a Israel, pasó a la política siguiendo a Menachem Beguin*, que había sido su compañero en el *Irgún;* se integró en su partido conservador y ultranacionalista *Herut* y, en 1973, le ayudó a formar la coalición derechista *Likud*. En aquel mismo año, Shamir fue elegido diputado por primera vez; dos años después era presidente del *Likud;* en 1977, al ganar el *Likud* las elecciones y acceder Beguin al poder, portavoz parlamentario; y en 1980 ministro de Asuntos Exteriores. Cuando Beguin se retiró de la política en 1983, el Likud eligió a Shamir para sucederle. Pero las elecciones de 1984 no le dieron una victoria suficiente para gobernar en solitario: hubo de acordar una coalición con su adversario de la izquierda, el Partido Laborista, según la cual empezó presidiendo el gobierno Shimon Peres* (con Shamir como ministro de Exteriores) y luego, desde 1986, pasaría a presidirlo Shamir. Un resultado electoral similar en 1988 obligó a repetir gabinete de coalición —presidido por Shamir—, que duró hasta 1990. Desde entonces siguió gobernando en solitario, hasta que la derrota electoral de 1992 le obligó a dejar el gobierno al tándem laborista formado por Rabin* y Peres. La labor de gobierno de Shamir, en la medida en que pudo desarrollarla en situaciones de coalición con sus adversarios ideológicos, se limitó a continuar la de Beguin: nacionalismo a ultranza, represión de los palestinos y nuevos asentamientos judíos en los territorios ocupados. Sólo tras su caída pudieron los laboristas iniciar un proceso de diálogo con los palestinos y los países árabes vecinos en busca de la paz en la región. En 1995 se retiró de la política.

SHERMAN, William Tecumseh
General estadounidense cuya intervención fue decisiva para la victoria federal en la Guerra Civil (Lancaster, Ohio, 1820 - Nueva York, 1891). Huérfano de un juez del Oeste americano, fue adoptado por un político amigo de la familia, que le envió a estudiar a la Academia militar de West Point. Dejó el ejército para probar fortuna en los negocios en la época de la «fiebre del oro» de California (1853), pero no sacó más que deudas; y fracasó igualmente en su intento de dedicarse a la abogacía. El estallido de la Guerra de Secesión (1861-65) le permitió reincorporarse al ejército nordista como coronel (por recomendación de un hermano suyo, que era senador). Ascendió rápidamente a general y acompañó a Grant* en la toma de Vicksburg (1862-63). Tras mandar en solitario las tropas que tomaron Atlanta (1864), emprendió un avance de unos 100 km con 60.000 hombres a través de Georgia, desde Atlanta hasta Savannah, destruyendo todo lo que encontraba a su paso para privar a los sudistas de bases de aprovisionamiento, al tiempo que cortaba en dos el territorio enemigo y dejaba a Lee* rodeado en Virginia. Esta operación, conocida como la *Marcha de Sherman,* arrasó los recursos de los confederados, destruyendo cosechas, fábricas, edificios y vías de transporte; fue una acción au-

daz e innovadora, que se anticipó a la concepción moderna de la guerra total. Sherman continuó luego su avance hacia el norte por las Carolinas, estrechando el cerco sobre los confederados hasta su derrota total por Grant. Cuando éste fue elegido presidente, nombró a Sherman comandante en jefe del ejército (1863-83). Pero rechazó el ofrecimiento de presentarse a las elecciones presidenciales como candidato republicano (1884).

SHEVARNADZE, Eduard Último ministro de Asuntos Exteriores de la Unión Soviética (Mamati, Georgia, 1928 -). Hizo toda su carrera en el aparato del Partido Comunista de la Unión Soviética, a partir de su rama juvenil *(Komsomol)*. En 1972 llegó a ser primer secretario del Partido en Georgia, después de siete años como jefe de la policía en aquella República del Cáucaso. Luego dio el salto al poder central en Moscú, accediendo al Comité Central del Partido en 1976. Allí conoció a Mijail Gorbachov*, quien, una vez elegido secretario general del partido, reclutó a Shevarnadze como uno de sus principales colaboradores (1985). Entró entonces en el Politburó y sustituyó al incombustible Gromyko* como ministro de Asuntos Exteriores. Desde ese cargo se encargó de poner en práctica la dimensión exterior de la política de reformas impulsada por Gorbachov *(perestroika)* que incluía la renuncia de la URSS a mantener la tensión militar para seguir desempeñando un papel de gran potencia: retiró las tropas soviéticas de Afganistán, firmó acuerdos de desarme con Estados Unidos, dejó caer a los regímenes comunistas de Europa oriental... Dimitió en 1990, en protesta por la lentitud de las reformas interiores y por la influencia de los comunistas conservadores en el gobierno; pero volvió junto a Gorbachov al producirse el golpe de Estado de 1991. El golpe, sin embargo, provocó la desintegración de la Unión Soviética, apartando a Shevarnadze de la política rusa. Regresó a Georgia, donde en 1992 aceptó la Jefatura del Estado para detener la guerra civil que había estallado en el país. Fue reelegido en 1995.

SHIH HUANG TI (Cheng, Shi Huang-di, Qin Shih Huang o Ts'in Shi Huangdi) Emperador que unificó China (Hsien Yang, Ts'in ?, 259 - 210 a.C.). Nació en el «periodo de los reinos guerreros» *(Chan Kuo),* cuando la China de los últimos reyes Chu estaba dividida en estados feudales independientes que luchaban continuamente entre sí. Cheng era el rey de uno de ellos, situado en el extremo occidental de China y llamado Ts'in (o Ch'in). Accedió al Trono en el 246 y asumió personalmente el gobierno al cumplir la mayoría de edad en el 238 a.C. Fue conquistando por la fuerza de las armas los restantes estados independientes —Han, Chao, Wei, Ch'u, Yen y Chi—, de manera que en el 221 a.C. se proclamó emperador de toda China y asumió el nombre de *Shih Huang Ti,* que quiere decir «el primer emperador». Su reinado constituyó una verdadera ruptura con el pasado, por las importantes reformas que introdujo, con ayuda de su ministro Li Seu, y que determinaron la unificación de China: construyó una red centralizada de carreteras y de canales; unificó la moneda, las pesas y las medidas; estandarizó la escritura; abolió el sistema feudal, sustituyéndolo por una división del imperio en provincias administradas por gobernadores no hereditarios que el emperador nombraba, destituía y trasladaba cuando quería; hizo que la aristocracia provincial se estableciera bajo su vigilancia en la capital (Hsien Yang, en Ts'in); convirtió a la filosofía legalista (que justificaba el absolutismo monárquico) en doctrina oficial del imperio y ordenó quemar los libros de todas las demás tendencias. Para garantizar la seguridad del país frente a los pueblos del norte que se habían resistido a su conquista, construyó la Gran Muralla (resultado, en realidad, de unir varios tramos de murallas locales preexistentes). Al morir le sucedió su hijo, Ehr Shih Huang Ti, que fue derrocado y asesinado en el 207 a.C.; al año siguiente se extinguió la dinastía Ts'in, pero no la obra unificadora del primer emperador, que fue respetada por la siguiente dinastía (los Han*) y ha dejado su huella hasta la actualidad.

SHOWA TENNO. V. **HIROHITO.**

SIDDHARTA. V. **BUDA.**

SIEMENS, Werner von Ingeniero y empresario alemán (Lenthe, Hannover, 1816 - Berlín, 1892). Se enroló en el ejército prusiano para poder estudiar Ingeniería. Desde 1841 trabajó en los talleres de Artillería de Berlín, en donde realizó sus primeras investigaciones, centradas en el perfeccionamiento del telégrafo eléctrico. En 1847 formó una sociedad con el mecánico Halske para fabricar e instalar líneas de telégrafo. Esta sociedad tendió las primeras líneas de Alemania, de interés fundamentalmente estratégico y político. Abandonó el ejército en 1849 para dedicarse por completo a la dirección de la compañía, que prosperó rápidamente: tendió líneas de telégrafo en Inglaterra, Francia, Austria y Rusia, así como los primeros cables intercontinentales, como el que unía Europa con la India o los que atravesaron el Mediterráneo y el Atlántico. Mientras tanto, Siemens continuó investigando en el desarrollo de material eléctrico: inventó la dinamo (1866) y diseñó la primera locomotora eléctrica (1879). También intervino en política, como diputado liberal en la cámara prusiana desde 1866. La compañía Siemens se desarrolló extraordinariamente, introduciendo métodos de producción en serie y ampliando el negocio hacia los sectores de punta de la Segunda Revolución Industrial: producción de energía eléctrica, fabricación de cables eléctricos, dinamos, lámparas, teléfonos... Pero siguió siendo un negocio familiar (sobre todo después de que se retirara Halske en 1867): además del fundador, participaron en ella sus hermanos Carl y Wilhelm, sus hijos Arnold y Wilhelm y su sobrino Johann Georg. Posteriormente el grupo se expandió formando otras compañías, unidas desde 1966 en *Siemens AG,* con presencia en 125 países y actividades muy diversas en electricidad, maquinaria, telecomunicaciones, informática y servicios.

SIEYÈS, Emmanuel Joseph, abate Político de la Revolución francesa (Fréjus, Provenza, 1748 - París, 1836). Este clérigo sin vocación era vicario general de Chartres desde 1787. La lectura de los filósofos de la Ilustración y la observación de los problemas de su tiempo le llevaron a adoptar ideas liberales, que plasmó en un *Ensayo sobre los privilegios* (1788) y sobre todo en *¿Qué es el Tercer Estado?* (1789). Este panfleto, que adquirió una gran difusión durante el proceso de convocatoria de los Estados Generales, defendía una visión política revolucionaria según la cual la soberanía reside en la nación y ésta la componen los ciudadanos que se rigen por una misma Ley; esto excluía a los estamentos privilegiados y legitimaba que el Estado Llano reformara por sí solo las instituciones de la Monarquía. Tal fue el programa de la Revolución francesa, que Sieyès contribuyó a desencadenar como diputado por el Tercer Estado de París en los Estados Generales de 1789: ante la resistencia de los privilegiados a introducir las reformas necesarias, fue él quien propuso romper con la legalidad del Antiguo Régimen y erigirse en Asamblea Nacional; redactó el Juramento del Juego de Pelota, que comprometió a los diputados en la tarea de dar a Francia una Constitución; y contribuyó a elaborar la Declaración de Derechos del Hombre y del Ciudadano. Sieyès podría haber sido, por todo ello, el gran dirigente de la Revolución; pero no lo fue, debido quizá a las limitaciones de su oratoria, y así la Revolución de 1789 pasó a la historia sin el liderazgo de una personalidad sobresaliente. Siguió apoyando las medidas revolucionarias (como la división administrativa de Francia en departamentos, la Constitución Civil del Clero o la ejecución de Luis XVI*); pero mostró también una cierta moderación, defendiendo la limitación censitaria del sufragio en la Constitución de 1791. Cuando la Revolución se inclinó hacia posturas radicales en 1792-94, Sieyès se mantuvo en un discreto segundo plano, limitándose a votar con la mayoría; pero tras la caída de Robespierre* volvió a adquirir protagonismo en la reconducción de la Revolución hacia posiciones liberales moderadas: fue presidente de la Convención *thermidoriana* y del Consejo de los Quinientos y miembro del Directorio que asumió el Poder Ejecutivo en 1795. El temor a las fuerzas reaccionarias que podían destruir la obra de la Revolución le llevó a participar en las conspiraciones para instaurar un gobierno autoritario: fue el principal inspirador del golpe de Estado que en 1799 llevó al poder a Napoleón Bonaparte*. Luego colaboró con su régimen como cónsul del triunvirato gobernante y como redactor de la *Constitución del año VIII;* pero Napoleón impuso enseguida sus propios criterios conservadores, estableciendo una dictadura personal y apartando a Sieyès con nombramientos puramente honoríficos (senador, académico, conde y par de Francia). Tras la caída de Napoleón en 1815, se exilió en los Países Bajos y no regresó hasta 1830.

SIHANUK, Príncipe Norodom
Rey, primer ministro y presidente de Camboya (Phnom Penh, 1922 -). En 1941 sucedió a su abuelo, el rey Monivong, en el Trono de una Camboya que era una colonia francesa ocupada militarmente por el Japón en el marco de la Segunda Guerra Mundial. Acabada la guerra en 1945, aceptó el retorno de la dominación colonial y negoció con Francia la independencia, que le fue reconocida en 1954. Al año siguiente abdicó en su propio padre, Norodom Suramarit, mientras él formaba un partido político (la Comunidad Socialista Popular), obtenía el respaldo popular a su programa de *socialismo budista* mediante plebiscito y se hacía nombrar primer ministro para aplicarlo. La muerte del rey en 1960 le obligó a regresar a la jefatu-

ra del Estado, pero lo hizo sin asumir el título real. Su gobierno constituyó un largo periodo de paz, mientras el resto de Indochina se deshacía en guerras y revoluciones; Camboya vivió una cierta prosperidad, manteniendo a toda costa una política exterior neutralista y una línea de gobierno moderada. Enfrentado a la guerrilla maoísta de los *jemeres rojos,* Sihanuk consiguió privar a éstos del apoyo de los comunistas vietnamitas, a cambio de permitir el uso del territorio camboyano para los ataques de Vietnam del Norte contra Vietnam del Sur. Aunque gozaba de una gran popularidad, fue derrocado en 1970 por un golpe de Estado militar auspiciado por los Estados Unidos, y le sucedió el dictador Lon Nol, que involucró a Camboya en la Guerra de Vietnam. Sihanuk se trasladó entonces a China y empezó a apoyar la lucha de los *jemeres* contra la dictadura. Cuando éstos tomaron el poder en 1975 y establecieron otra dictadura aún más sangrienta, el príncipe volvió a Camboya, pero fue puesto bajo arresto domiciliario. Le liberaron en 1979 para que protestara en la ONU por la invasión vietnamita de Camboya; después de hacerlo se distanció del Gobierno *jemer* de Pol Pot*, que cayó en aquel mismo año. Pero siguió siendo su aliado en la oposición al régimen provietnamita que se implantó (presidiendo un gobierno en el exilio desde 1982). La misión pacificadora de la ONU le situó como presidente de un Consejo de gobierno provisional en 1991. Volvió a Camboya como rey en 1995.

SILA, Lucio Cornelio Dictador romano (?, 138 - Cumas, Campania, 78 a.C.). Procedente de una familia patricia, Silla inició su carrera militar, diplomática y administrativa al servicio de Mario*: combatió en Numidia (donde venció a Yugurta* en el 105), la Galia, Capadocia (adonde fue como procónsul en el 96) e Italia (primero rechazando la invasión de los cimbrios y luego reprimiendo la *guerra social* del 91-89). Se fue erigiendo así en jefe del partido senatorial, que representaba las posturas conservadoras de la oligarquía nobiliaria. Y en el 88 fue elegido cónsul y puesto al mando del ejército enviado a Oriente para luchar contra la rebelión de Mitrídates. El partido popular, representante de los caballeros y del pueblo romano, forzó su destitución en favor de Mario; y Sila respondió marchando sobre Roma con sus legiones para recuperar el poder. Tan pronto como regresó a Oriente, Mario volvió a hacerse con el control en la ciudad y desencadenó la represión contra los aristócratas que apoyaban a Sila. Éste, destituido oficialmente, continuó al mando de las legiones de Oriente, convertidas en un ejército personal, con el que prosiguió la Guerra de Mitrídates (88-84). Sólo después de la victoria pudo regresar a Roma y expulsar a Mario del poder mediante una guerra civil (83-82), en la que los senatoriales masacraron a los marianos y a los pueblos que les apoyaban en Italia (samnitas y lucanos). Se hizo conceder entonces poderes dictatoriales (82-81) con los que emprendió la depuración de sus enemigos y la reforma de la constitución romana (Leyes Cornelianas). Redujo los poderes de los tribunos de la plebe y reforzó los del Senado, al tiempo que reservaba las funciones judiciales para la clase senatorial en detrimento de los caballeros. Luego abandonó la dictadura, quedando como cónsul hasta que se retiró de la política en el 79.

SILVA Y ÁLVAREZ DE TOLEDO, Fernando de. V. ALBA, Casa de.

SILVA Y ÁLVAREZ DE TOLEDO, María del Pilar Teresa Cayetana de. V. ALBA, Casa de.

SIMPSON, Wallis Warfield. V. EDUARDO VIII.

SITTING BULL. V. *TORO SENTADO*.

SMERDIS. V. AQUEMÉNIDA, Dinastía.

SMITH, Adam Pensador británico, padre de la escuela clásica de economía política (Kirkcaldy, Escocia, 1723 - Edimburgo, 1790). Estudió en Oxford y fue profesor en la Universidad de Glasgow. Su especialidad era la Filosofía Moral, que aprendió de su maestro Hutcheson (con quien se encuadra en la «escuela escocesa» de Filosofía Moral); la economía política no era aún una rama independiente del saber, aunque empezaría a serlo a partir del trabajo de Smith. Centró su interés en los impulsos psicológicos de la actividad humana, llegando a la conclusión de que los móviles egoístas son consustanciales al hombre, pero se armonizan de forma natural conduciendo a resultados beneficiosos para la sociedad (*Teoría de los sentimientos morales*, 1759). El prestigio que le dio aquel libro le proporcionó un empleo como preceptor de un joven aristócrata, lo cual le permitió viajar por Inglaterra y Francia y disponer de tiempo para empezar su obra fundamental, que terminaría durante un retiro de diez años en su villa natal: *Investigación sobre la naturaleza y causas de la riqueza de las naciones* (1776). En ella aplicó su anterior argumento a los asuntos económicos: defendió la existencia de un orden natural armónico que, a través de las fuerzas del mercado, hace que la lucha de cada individuo por sus propios intereses produzca el mejor de los resultados posibles para la colectividad; es decir, que la intervención de las autoridades en la economía es contraproducente, puesto que en un marco de total libertad existe «como una mano invisible» que ordena las acciones de los particulares encaminándolas hacia la máxima prosperidad y crecimiento (la ley de la oferta y la demanda que asigna a cada bien un *precio natural* equivalente a su valor). Smith criticó, por tanto, las regulaciones económicas de las autoridades y las doctrinas mercantilistas que las justificaban; atacó los monopolios, las tasas, los gremios, los sindicatos, las corporaciones y las aduanas, sentando las bases teóricas de la teoría económica liberal que había de dominar la construcción del capitalismo en los siglos siguientes. También desmontó las ideas de su época sobre el origen de la riqueza, que unos situaban de manera exclusiva en la agricultura (como los fisiócratas franceses) y otros de manera preferente en el comercio y la posesión de metales preciosos (como los mercantilistas); por el contrario, Smith preconizó que era el trabajo productivo del hombre el único capaz de generar riqueza, y que el motor del crecimiento eran los aumentos de productividad derivados de una creciente especialización (la «división del trabajo»); con ello teorizó la revolución industrial británica, cuyos inicios había tenido la ocasión de observar en las manufacturas de Escocia. *La riqueza de las naciones* ha sido el libro más influyente de la historia del pensamiento económico; de él arrancan la reflexiones de la escuela clásica (Ricardo*, Malthus*, Say*, Mill* e incluso Marx*) y podría decirse que toda la teoría económica contemporánea. No obstante, no se trataba de un libro muy original, sino una especie de compendio y sistematización de ideas difusas que flotaban en el ambiente de la Europa de su tiempo (anticipadas por autores como Locke*, Quesnay*, Rousseau*, Boisguilbert, Child, Petty, North, Davenant, Cantillon, Mandeville, Hutcheson, Puffendorf, etc.). Paradójicamente, los últimos años de su vida los pasó disfrutando de un empleo como comisario de las Aduanas de Escocia (1778-90).

Smith, John (o Smyth) Protestante inglés que fundó la religión baptista (?, ? - Amsterdam, 1612). Estudió en Cambridge y se hizo predicador hacia 1600. En 1606 decidió romper con la Iglesia de Inglaterra y unirse a los puritanos *separatistas* de Lincolnshire. Las Iglesias de la Separación eran radicalmente calvinistas (seguidoras de las enseñanzas de Calvino*), congregacionistas (partidarias de una organización autónoma de los fieles) y baptistas (partidarias de bautizar sólo a personas adultas y mediante el rito de la inmersión). Convertido en ministro principal de una comunidad de baptistas separatistas, Smith se trasladó a Holanda con sus seguidores en 1608, huyendo de la persecución religiosa; también ejerció una influencia notable sobre los *Padres Peregrinos* que emigraron a Norteamérica por la misma época y contribuyeron a fundar la colonia de Nueva Inglaterra. Smith predicó un espiritualismo libertario, defendiendo el derecho de cada individuo a adquirir y mantener su propia fe; incluso defendió su derecho a equivocarse y rectificar. Pero sus continuas rectificaciones doctrinales causaron tales conflictos entre sus seguidores, que él mismo fue expulsado de su Iglesia.

Smyth, John. V. **Smith, John.**

Soares, Mario Alberto Nobre Lopes Político socialista portugués (Lisboa, 1924 -). Hijo de un ministro republicano liberal, siguió los pasos de su padre en la lucha contra la dictadura militar de Salazar*, integrándose en 1946 en el Movimiento de la Unidad Democrática de la Juventud. Estudió Derecho en Lisboa y París, especializándose en la defensa de disidentes políticos. Participó en la fundación de la Acción Socialista Portuguesa en 1964; y en 1973 dirigió su refundación, creando el Partido Socialista Portugués. El gobierno salazarista le encarceló doce veces y le desterró en dos ocasiones (a Santo Tomé y a Francia). Al estallar la *Revolución de los claveles* que derrocó a la dictadura (1974), volvió del exilio y se integró como ministro de Asuntos Exteriores en el gobierno provisional que restauró la democracia. Trató de aportar un talante civil y moderado al régimen surgido de la Revolución, impidiendo que fuera capitalizada por los comunistas y contribuyendo a gestar la Constitución de 1975. Las victorias electorales de su partido le convirtieron en primer ministro en 1976-78 y 1983-85. En 1986 fue elegido presidente de la República (primer civil que ocupaba el cargo desde 1926); tras cohabitar con un gobierno de centro-derecha, fue reelegido en 1991 y continuó su mandato hasta 1996. La labor política de Soares incluye la normalización democrática de Portugal, el relanzamiento y liberalización de su economía y la integración del país en la Comunidad Económica Europea.

SÓCRATES Filósofo griego (Alopeke, Ática, h. 470 - Atenas, 399 a.C.). Hijo de un escultor y una comadrona, dedicó toda su vida al pensamiento y a la educación de la juventud ateniense. Sin embargo no dejó ninguna obra escrita, de tal manera que sólo se conoce su pensamiento a través de sus discípulos (algunos tan importantes como Jenofonte, Platón* o el discípulo de éste, Aristóteles*). Con todo, es considerado el fundador de la filosofía occidental. En lucha continua contra el saber aparencial y retórico de los sofistas, Sócrates defendió la objetividad del conocimiento, enseñando a sus alumnos a buscar la verdad mediante el razonamiento inductivo y las definiciones universales de los conceptos. Aunque desdeñó la participación activa en la vida política ateniense, no fue indiferente hacia los temas políticos y sociales; por ejemplo, condenó el régimen oligárquico de los *treinta tiranos* establecido en Atenas en 404-403 a.C. En general, Sócrates se impuso como objetivo el moralizar la vida de sus conciudadanos, enseñándoles a descubrir la virtud mediante el conocimiento (pues en su ética intelectualista el mal sólo se concibe como consecuencia de la ignorancia). Sócrates enseñaba mediante el diálogo, en el que practicaba dos vías de conocimiento, que llamaba *ironía* y *mayéutica*. La primera le servía para limpiar las mentes de prejuicios, fomentando actitudes críticas y reflexivas. La *mayéutica* consistía en invitar al individuo a la introspección para descubrir la verdad escondida en su alma (el conocimiento de sí mismo sería la clave, tanto del conocimiento como de la ética socrática). La práctica continua de estos instrumentos le granjeó enemistades, ya que sus críticas atacaban directamente a muchas personas, colectivos e instituciones. En el 399 a.C. fue acusado por tres ciudadanos atenienses (Anitos, Melitos y Licón) de impío y de corruptor de la juventud ateniense; aunque la acusación era falsa, respondía a la realidad de que Sócrates enseñaba a pensar por sí mismo, y ello hacía peligrar la fe de los jóvenes en el orden tradicional (incluidas la religión y la autoridad política). Aunque un oráculo le había señalado como el mayor de los sabios, Sócrates se había hecho impopular por su actitud irónica, así que fue hallado culpable y condenado a morir envenenado con cicuta. Aunque sus discípulos le ofrecieron la posibilidad de facilitarle la fuga, dio su última lección aceptando el castigo impuesto por la Ley, aunque considerara que ésta era injusta.

SOLIMÁN II, *el Magnífico* Sultán que llevó a su apogeo el Imperio Otomano (?, h. 1495 - Szigetvar, Hungría, 1566). Sucedió en el Trono a su padre, Selim I, en 1520. Desde entonces emprendió una serie de guerras que, bajo su dirección personal, expandieron el dominio de los turcos en tres direcciones principales: hacia el corazón de la Europa cristiana, en las fronteras del Imperio de los Habsburgo*; hacia el imperio persa chiíta en el este; y por el Mediterráneo. Aprovechando que la atención del emperador Carlos V* estaba concentrada en el enfrentamiento con Francisco I* de Francia, Solimán terció en el conflicto sucesorio de Hungría, apoyando al voivoda de Transilvania Juan Zapolya contra Fernando de Habsburgo:

conquistó Belgrado (1521), venció en la batalla de Mohács (1526), tomó Budapest (1529), puso sitio a Viena (1529), se anexionó la mayor parte del territorio húngaro (1547) y sometió al Imperio alemán al pago de un tributo. Sus ataques contra los «herejes» chiíes de Persia le llevaron a conquistar Tabriz, Bagdad y la mayor parte de Mesopotamia (1534), extendiendo luego sus dominios por las costas de Arabia. En cuanto a la expansión mediterránea, comenzó con la conquista de Rodas (1522), que le proporcionó el control de las rutas comerciales venecianas y genovesas; continuó sometiendo al vasallaje otomano a Argel (1529) y Trípoli (1551), mientras corsarios turcos imponían su ley en el mar. Estos avances hacia Occidente (tanto en el Mediterráneo como en Europa central) continuaron hasta la muerte de Solimán, que le sorprendió durante una nueva campaña en Hungría; el temor con que fue visto en los reinos cristianos este renacimiento del expansionismo musulmán explica la contraofensiva lanzada por el Papado, Venecia y la Monarquía Hispana, que condujo a la batalla de Lepanto (1571). Los turcos recuerdan a Solimán como un gran legislador (autor del código general conocido como *Kanuname*), poeta y constructor de edificios y obras públicas (convirtió a Estambul en la ciudad más grande y monumental de Europa en el siglo XVI).

SOLÍS, Juan Díaz de Navegante español que descubrió el Río de la Plata (Lebrija, Sevilla, ? - Río de la Plata, 1516). Se sabe que había navegado al servicio de Portugal, e incluso es posible que fuera portugués. En 1507 fue llamado por Fernando *el Católico** a una reunión de los cuatro marinos más prestigiosos del momento (con Américo Vespucio*, Vicente Yáñez Pinzón* y Juan de la Cosa*), en donde se decidió la estrategia de las exploraciones castellanas: renunciar a la ruta oriental hacia las islas de las especias y concentrarse en poblar las regiones descubiertas en América y buscar un paso navegable a través del continente. En consecuencia, Solís fue enviado junto con Pinzón más allá de las Antillas y recorrieron las costas de Centroamérica en busca de un paso hacia el oeste (1508-09). Como no existía tal paso, regresaron a España, en donde Solís cayó temporalmente en desgracia por sus desavenencias con Pinzón. En 1512 fue rehabilitado y sucedió a Vespucio como piloto mayor de la Casa de Contratación de Sevilla. El rey le encomendó entonces un nuevo viaje, en busca de un paso hacia el océano Pacífico (descubierto por Núñez de Balboa* en 1513). Esta expedición recorrió en 1515-16 las costas del Brasil, penetró en el estuario del Río de la Plata (llamado durante algunos años *Río de Solís*) y tomó posesión de lo que hoy son las costas de Uruguay. Allí pereció en un ataque de los indios guaraníes. La mayor parte de su expedición regresó a la Península y dio la noticia del territorio descubierto, cuya posesión defendería España en lo sucesivo; no obstante, es posible que el Río de la Plata hubiera sido visitado antes por navegantes europeos como Cristóbal de Haro o Américo Vespucio.

SOLÓN Legislador griego que puso las bases de la democracia ateniense (Isla de Salamina, h. 640 - h. 558 a.C.). Aunque su figura permanece envuelta en la leyenda, parece que se trataba de un comerciante de origen aristocrático. Los conflictos sociales que agitaron a Grecia desde finales del siglo VII a.C. llevaron a investir a Solón —uno de los tres arcontes que gobernaban Atenas— de poderes dictatoriales para recuperar el consenso reformando la Constitución y las leyes de la ciudad (594-93 a.C.). Solón liberó a los campesinos de su grave endeudamiento y eliminó la servidumbre por deudas; limitó la extensión máxima de las propiedades; creó un sistema monetario propio de Atenas; limitó el poder de la nobleza sustituyéndolo por una hegemonía de los propietarios; clasificó a los ciudadanos en cuatro clases según su riqueza; y reestructuró las instituciones políticas estableciendo un equilibrio entre la *Ecclesia* (asamblea popular), la *Bulé* (órgano deliberante reservado a las tres clases superiores) y nueve *arcontes* (titulares del poder ejecutivo, reclutados entre las dos clases superiores). El nuevo orden favoreció el crecimiento económico y potenció la relación directa del ciudadano con el Estado; pero no consiguió acabar con los desórdenes sociales, que volvieron a estallar en 590-89 a.C. y provocaron las luchas políticas que condujeron al triunfo de Pisístrato*. No obstante, Solón fue honrado en la Antigüedad como uno de los *siete sabios de Grecia,* atribuyéndosele incluso más reformas de las que realizó. Es cierto que codificó el Derecho ateniense, conservando el sistema penal de Dracón, legislando sobre muchas otras materias y creando un tribunal al que todos podían apelar (la *Heilea).* Al establecer la igualdad de los ciudadanos ante la Ley hizo posible el posterior desarrollo de la democracia ateniense.

SOMODEVILLA Y BENGOECHEA, Zenón de. V. ENSENADA, Marqués de La.

SOMOZA, Familia Dinastía de dictadores que gobernó Nicaragua de 1937 a 1979.

ANASTASIO SOMOZA GARCÍA (1896-1956) era hijo de un rico propietario de plantaciones de café. Se educó en Estados Unidos y se casó con la hija de una familia de la oligarquía tradicional nicaragüense, que le facilitó el inicio de una carrera política. En 1933 accedió a la jefatura de la Guardia Nacional, única fuerza militar del país, con la que dio un golpe de Estado contra el presidente constitucional (1936) y ejerció una dictadura de hecho durante veinte años (aunque sólo fue presidente oficialmente en 1937-47 y en 1951-56). Impulsó una cierta diversificación y un crecimiento de la economía, del que en buena parte se beneficiaron su propia familia y sus colaboradores, gracias a la corrupción, mientras que la oposición era duramente perseguida. Murió asesinado y le sucedió su hijo LUIS SOMOZA DEBAYLE (1922-67). Fue elegido presidente para un solo mandato (1956-63), durante el cual continuó la política y los negocios de la familia, aunque aligerando algo la dureza represiva de su padre. Luego dejó el poder en manos de «hombres de paja». Al morir le sucedió su hermano ANASTASIO SOMOZA DEBAYLE (1925-80), que se hizo elegir presidente y se mantuvo en el poder de 1967 a 1979, con un breve intermedio en el que gobernó el país un triunvirato de su confianza (1972-74). *Tachito* ejerció una dictadura tan sanguinaria como la de su padre o más, mientras continuaba esquilmando al país en beneficio propio. La oposición popular contra el *somocismo* fue tomando forma en torno a la guerrilla izquierdista del Frente Sandinista de Liberación Nacional (FSLN), que acabó por expulsarle del poder mediante una acción revolucionaria; privado del respaldo de Estados Unidos por su continuo desprecio a los derechos humanos, Somoza marchó al exilio (1979). Pero un comando guerrillero le asesinó dos años más tarde en Paraguay.

SPAAK, Paul Henri Político socialista belga impulsor de la integración europea (Schaerbeek, 1899 - Bruselas, 1972). Abogado y político desde los años veinte, fue cinco veces ministro de Asuntos Exteriores (1936-38, 1939-45, 1945-47, 1954-57 y 1961-65) y tres veces primer ministro (1938-39, 1946 y 1947-50): el primer socialista que accedía a ese puesto en Bélgica. La experiencia de la Segunda Guerra Mundial (1939-45), que vivió como ministro del gobierno belga en el exilio mientras su país estaba ocupado por los alemanes, le hizo sumarse a quienes propugnaban una integración internacional para garantizar la prosperidad y la paz en el futuro. Desde 1944 impulsó la unión económica de Bélgica con Holanda y Luxemburgo, formando el Benelux en 1948; ayudó a redactar la Carta de las Naciones Unidas (1945) y presidió su primera Asamblea General (1946); contribuyó a la alianza militar entre los países del Benelux, Francia y Gran Bretaña (Tratado de Bruselas, 1948) que, alineadas bajo la protección de Estados Unidos, darían lugar a la creación de la OTAN (1949); él mismo fue secretario general de la OTAN de 1957 a 1961; presidió la Organización Europea de Cooperación Económica creada para canalizar el Plan Marshall* (1948); presidió también el Consejo de Europa (1949) y la Comunidad Europea del Carbón y del Acero (1954). Su objetivo era lograr una unificación política de Europa, pero al fracasar su propuesta en 1953, se consagró a la tarea de preparar una integración meramente económica (extendiendo el modelo del Benelux) que preparara el terreno; presidió el *Comité Spaak* que preparó el Tratado de Roma (1957), por el que se fundó la Comunidad Económica Europea. Se retiró de la política en 1966.

SPÍNOLA, Ambrosio de Militar genovés al servicio de la Monarquía Hispana (Génova, 1569 - Castelnuovo Scrivia, Milanesado, 1630). Pertenecía a una rica familia italiana, que entró al servicio de la política europea de Felipe III* y Felipe IV*. Spínola, que poseía importantes conocimientos militares, formó a sus expensas un ejército de 9.000 hombres, con el cual ayudó al archiduque Alberto a recuperar la iniciativa en la guerra de los Países Bajos: tomó Ostende (1604) y, tras ser nombrado maestre general de las tropas de Flandes, avanzó por Frisia para cortar las comunicaciones entre los protestantes de Holanda y de Alemania. Sin embargo, no pudo completar la operación porque se le amotinaron las tropas, al no recibir su paga de España. Contribuyó entonces a negociar la Tregua de los Doce Años (1609), pero siguió al servicio de la Monarquía, dirigiendo en 1614 la campaña del Rin. Durante la Guerra de los Treinta Años (1618-48) combatió en tres escenarios sucesivos: en Alemania, desarrolló la brillante campaña del Palatinado, en la que conquistó más de treinta plazas; en los Países Bajos obtuvo éxitos importantes con la toma de Juliers (1622) y de Breda (1625), pero no pudo lanzar un ataque decisivo, condicionado siempre por la falta de fondos en la Hacienda Real; y en Italia, adonde fue como gobernador de Milán, ayudó al duque de Saboya contra Francia, tomando Casale (1629-30). Felipe III le hizo grande de España (marqués de Spínola) y Velázquez le inmortalizó en el cuadro de *La rendición de Breda*. Sin embargo, el conde-duque de Olivares* le consideró como una hechura del valido anterior —el duque de Lerma*— y le miró con desconfianza, sobre todo después de que se negara a continuar la ofensiva en los Países Bajos si no se le garantizaban los medios necesarios.

SPINOZA, Baruch (o Benito) Filósofo holandés (Amsterdam, 1632 - La Haya, 1677). Procedía de una familia de judíos sefarditas emigrados recientemente a Holanda desde Portugal. Le educaron para ser rabino, pero en 1656 fue expulsado de la sinagoga por sus ideas heterodoxas. Spinoza concebía el mundo formado por una única sustancia que se manifiesta en múltiples atributos; y, al identificar la sustancia con Dios, creó un panteísmo. En consecuencia, según Spinoza, no se pueden separar espíritu y materia, alma y cuerpo, Dios y la naturaleza (por ello fue acusado de ateo y materialista). A partir de esa metafísica, construyó una ética racionalista, en la que intentó analizar las acciones humanas con el rigor propio de las matemáticas. Esto le llevó a un planteamiento determinista, según el cual no existe otra forma de libertad que el conocimiento (conocimiento de la naturaleza, que es también Dios). Spinoza plasmó estos pensamientos en obras como el *Tratado teológico-político* (1670) y la *Ética demostrada geométricamente* (1677). Para preservar su independencia de criterio rechazó la posibilidad de hacerse profesor universitario y hubo de trabajar pu-liendo lentes para ganarse modestamente el sustento.

STALIN, Iosif (Iosif Vissariónovich Dzhugashvili) Dictador soviético (Gori, Georgia, 1879 - Moscú, 1953). Era hijo de un zapatero pobre y alcohólico de la región caucásica de Georgia, sometida a la Rusia de los zares. Quedó huérfano muy temprano y estudió en un seminario eclesiástico, de donde fue expulsado por sus ideas revolucionarias (1899). Entonces se unió a la lucha clandestina de los socialistas rusos contra el régimen zarista. Cuando en 1903 se escindió el Partido Socialdemócrata, siguió a la facción *bolchevique* que encabezaba Lenin*. Fue un militante activo y perseguido hasta el triunfo de la Revolución bolchevique de 1917, época de la que procede su sobrenombre de *Stalin* («hombre de acero»). La lealtad a Lenin y la falta de ideas propias le permitieron ascender en la burocracia del partido (rebautizado como Partido Comunista), hasta llegar a secretario general en 1922. Emprendió entonces una pugna con Trotski* por la sucesión de Lenin que, ya muy enfermo, moriría en 1924. Aunque el líder de la Revolución había indicado su preferencia por Trotski (pues consideraba a Stalin «demasiado cruel»), Stalin maniobró aprovechando su control sobre la información y sobre el aparato del Partido, aliándose con Zinoviev* y Kamenev hasta imponerse a Trotski. La lucha por el poder se disfrazó de argumentos ideológicos, defendiendo cada bando una estrategia para consolidar el régimen comunista: la construcción del *socialismo en un solo país* (Stalin) contra la *revolución permanente* a escala mundial (Trotski). Para Stalin lo esencial era la ambición de poder, pues una vez que eliminó a Trotski (al que mandó al exilio en 1929 y luego hizo asesinar en 1940), se desembarazó también del ala «izquierda» del partido (Zinoviev y Kamenev, ejecutados en 1936) y del ala «derecha» (Bujarin* y Rikov, ejecutados en 1938) e instauró una sangrienta dictadura personal, apropiándose de las ideas políticas que habían sostenido sus rivales.

Stalin gobernó la Unión Soviética de forma tiránica desde los años treinta hasta su muerte, implantando el régimen más totalitario que haya existido jamás; pero también hay que atribuirle a él la realización del proyecto socioeconómico comunista en Rusia, la extensión de su modelo a otros países vecinos y la conversión de la URSS en una gran potencia. Radicalizando las tendencias autoritarias presentes entre los bolcheviques desde la Revolución, acabó de eliminar del proyecto marxista-leninista todo rastro de ideas democráticas o emancipadoras: anuló todas las libertades, negó el más mínimo pluralismo y aterrorizó a la población instaurando un régimen policial. Dispuesto a eliminar no sólo a los discrepantes o sospechosos, sino a todo aquel que pudiera poseer algún prestigio o influencia propia, lanzó sucesivas *purgas* contra sus compañeros comunistas, que diezmaron el partido, eliminando a la plana mayor de la Revolución. Con la misma violencia impuso la colectivización forzosa de la agricultura, hizo exterminar o trasladar a pueblos enteros como castigo o para solucionar problemas de minorías nacionales, y sometió todo el sistema productivo a la estricta disciplina de una planificación central obligatoria. Con inmensas pérdidas humanas consiguió, sin embargo, un crecimiento económico espectacular, mediante los *planes quinquenales:* en ellos se daba prioridad a una industrialización acelerada, basada en el desarrollo de los sectores energéticos y la industria pesada, a costa de sacrificar el bienestar de la población (sometida a durísimas condiciones de trabajo y a grandes privaciones en materia de consumo). La represión impedía que se expresara el malestar de la población, apenas compensada con la mejora de los servicios estatales de transporte, sanidad y educación. A este precio consiguió Stalin convertir a la Unión Soviética en una gran potencia, capaz de ganar la Segunda Guerra Mundial (1939-45) y de compartir la hegemonía con los Estados Unidos en el orden bipolar posterior.

Stalin fue un político ambicioso y realista, movido por consideraciones de poder y no por ideales revolucionarios. Este maquiavelismo fue más palpable en su política exterior, donde la causa del socialismo quedó sistemáticamente postergada a los intereses nacionales de Rusia (convirtiendo a los partidos comunistas extranjeros en meros instrumentos de la política exterior soviética). No tuvo reparos en firmar un pacto de no agresión con la Alemania nazi para asegurarse la tranquilidad en sus fronteras, el reparto de Polonia y la anexión de Estonia, Letonia y Lituania (Pacto Germano-Soviético de 1939). A pesar de todo, Hitler* invadió la URSS, arrastrando a Stalin a la guerra en 1941. Stalin movilizó eficazmente las energías del país apelando a sus sentimientos nacionalistas (proclamó la *Gran Guerra Patriótica):* organizó la evacuación de la industria de las regiones occidentales hacia los Urales, adoptando una estrategia de «tierra quemada». Con ayuda del clima, de las grandes distancias y de la lucha guerrillera de los partisanos, debilitó a los alemanes hasta recuperarse y pasar a la contraofensiva a partir de la batalla de Stalingrado (1942-43). Después el avance ruso fue arrollador hasta llegar más allá de Berlín. Reforzado por la victoria, Stalin negoció con los aliados (Estados Unidos y Gran Bretaña) el orden internacional de la posguerra (Conferencias de Yalta y Postdam, 1945), obteniendo el reconocimiento de la URSS como gran potencia (con derecho de veto en la ONU, por ejemplo). Los aliados tuvieron que aceptar la influencia soviética en Europa central y occidental, donde Stalin estableció un cordón de «Repúblicas populares» *satélites* de la URSS. Stalin mantuvo la inercia de la guerra, retrasando la desmovilización de su ejército hasta el momento en que pudo disponer de armas atómicas (1953) y fomentando la extensión del comunismo a países en los que existieran movimientos revolucionarios autóctonos (como Grecia, Turquía, China, Corea...). La resistencia norteamericana a sus planes dio lugar a la «guerra fría», clima de tensión bipolar a escala mundial entre un bloque comunista y un bloque occidental capitalista, que perduraría hasta la desaparición de la URSS.

STANLEY, Henri Morton (John Rowlands Stanley) Periodista y explorador británico-americano (Denbigh, Gales, 1841 - Londres, 1904). Abandonado de niño en un hospicio, cambió su nombre al ser adoptado por un comerciante de Nueva Orléans (Estados Unidos). A partir de 1865 se dedicó al periodismo, realizando reportajes en España y Abisinia. El periódico *New York Herald* le envió a África en 1871 para buscar al famoso misionero británico David Livingstone*, que había partido seis años antes a explorar la zona de los lagos Nyasa y Tanganika, y a quien se daba por perdido. Stanley viajó a Zanzíbar y se adentró desde allí en el continente en busca del doctor Livingstone, al cual encontró en Ujiji, a orillas del lago Tanganika. Tras explorar la región con Livingstone, regresó y contó su viaje *(Cómo encontré a Livingstone,* 1872). La experiencia adquirida le permitió realizar tres expediciones más, en la época álgida del descubrimiento y colonización de África: en la primera cruzó el continente desde Zanzíbar hasta la desembocadura del Congo, descubriendo el lago Alberto (1874-77); en la segunda remontó por primera vez el río Congo hasta su nacimiento, por encargo de Leopoldo II* de Bélgica, y contribuyó a la fundación del futuro Congo Belga (1879-84); y en la tercera llegó hasta el Sudán para socorrer al explorador alemán Emin Pachá (1887-89). Stanley, que había sido ciudadano estadounidense de 1885 a 1890, regresó luego al Reino Unido, donde fue miembro del Parlamento (1895-1900), contó sus viajes en *A través de África del Sur* (1898) y fue nombrado caballero por la reina Victoria* en 1899.

STEIN, Karl von, Barón de Político alemán cuyas reformas crearon la Prusia moderna (Nassau, 1757 - Kappenberg, Westfalia, 1831). Procedente de una familia de la nobleza imperial, este jurista entró al servicio de la monarquía prusiana como administrador de las fábricas y las minas de Westfalia en 1784; luego fue delegado del gobierno prusiano en aquella región occidental. Y, por fin, Federico Guillermo III le nombró ministro de Comercio e Industria en 1804. Desarrolló una política audaz de liberalización económica, eliminando las aduanas interiores y las corporaciones industriales; e incluso pretendió reformar las instituciones de gobierno, reduciendo el poder personal del monarca; pero sus ideas parecieron demasiado similares a las de la Francia revolucionaria y en 1807 fue depuesto y expulsado del país. Tras la derrota que sufrió Prusia frente al ejército de Napoleón*, el rey le volvió a llamar en aquel mismo año como jefe de gobierno, para reemprender la vía de las reformas. Esta vez puso en marcha un programa mucho más ambicioso, inspirado por los modelos liberales franceses y británicos *(Memorial de Nassau,* 1807): abolió la servidumbre y la división estamental de la sociedad, hizo de toda la tierra una mercancía negociable libremente en el mercado, abrió la posibilidad de que la nobleza se dedicara a los negocios, decretó la igualdad ante la Ley, instauró poderes municipales autónomos elegidos por los ciudadanos, reorganizó el Ejército y la Administración... Logró tal resurgimiento del país que hizo temer a Napoleón que Prusia estuviera pronto preparada para tomarse la revancha; así que, después de haber aconsejado al rey el nombramiento de Stein (en quien veía una garantía del cobro de sus indemnizaciones de guerra), en 1808 le exigió que le destituyera. Sin embargo, su breve mandato había abierto las líneas de reforma que continuarían sus sucesores, determinando el fortalecimiento de Prusia y su conversión en la potencia hegemónica de Alemania a lo largo del siglo XIX. Mientras tanto, Stein se refugió en Austria; luego fue consejero de Alejandro I* de Rusia (1812-15), al cual ayudó a concluir la alianza ruso-prusiana que condujo a la derrota final de Napoleón (1814). Apoyó la Restauración conservadora que siguió, pero alentó al mismo tiempo los movimientos nacionalistas que propugnaban la unidad de Alemania.

STENKA RAZIN (Stephan Timofeiévitch Razin) Jefe cosaco que encabezó una rebelión contra el zar Alejo I (Zimoveiskaia, Rusia, h. 1630 - Moscú, 1671). Era el jefe de un grupo de bandoleros surgido de la miseria del campesinado cosaco que se establecía en las estepas huyendo del recrudecimiento de la servidumbre en Rusia. Durante años se dedicó con su banda a asolar las costas del mar Caspio (1667-69). Pero cuando se adentró en territorio ruso por el curso del Volga se convirtió en banderín de enganche de todos los marginados y descontentos contra el poder del zar: se le fueron uniendo campesinos empobrecidos, disidentes religiosos (como los *viejos creyentes)* y pueblos sometidos a la dominación rusa, hasta constituir una horda cruel que descargaba su ira destructora contra las jerarquías políticas y sociales (1670). Siguiendo una tradición recurrente de las rebeliones rusas, promovió la aparición entre sus filas de un aspirante al Trono, al que presentó como supuesto hijo del zar. Ante la gravedad de la rebelión, que había tomado ciudades como Astracán, Zarizyn, Saratov y Samara, el zar movilizó a la nobleza y derrotó a los cosacos en Simbirsk (1671). La derrota hizo estallar un motín contra *Stenka* Razin, que fue entregado al zar y descuartizado.

STEPHENSON, George Ingeniero mecánico inglés que inventó la locomotora de vapor (Wylam, Northumberland, 1781 - Chesterfield, Derbyshire, 1848). Hijo de un mecánico que manejaba una bomba de vapor para achicar agua en una mina (del tipo de Newcomen), se familiarizó desde muy joven con estas máquinas. Su curiosidad le llevó a estudiar en una escuela nocturna y, mientras se ganaba la vida ejerciendo toda clase de oficios, siguió educándose al ayudar a repasar las lecciones a su hijo. Establecido por fin como mecánico jefe de la mina de Killingworth, desde 1813 se interesó por la aplicación de la máquina de vapor de Watt* al arrastre de vagones sobre raíles. Creó la locomotora *Blucher*, que fue perfeccionando sucesivamente, hasta que en 1821 convenció a los promotores del proyecto de ferrocarril de Stockton a Darlington para que éste fuera tirado por una locomotora de vapor y no por caballos; así surgió la primera línea ferroviaria moderna, construida por Stephenson en 1825. El éxito hizo que le llamaran para construir la línea de Liverpool a Manchester, mucho más larga; en aquella ocasión, su *Rocket* ganó una carrera con otras locomotoras que aspiraban a emplearse en la línea (1829). Stephenson instaló en Newcastle una fábrica, de donde salieron las ocho locomotoras que funcionaron en este primer servicio regular de ferrocarril; y fue llamado para construir o asesorar en muchos otros ferrocarriles de los que se iban extendiendo por el mundo. Con su talento práctico para la mecánica resolvió sobre la marcha los múltiples problemas que iban surgiendo en el trazado de nuevas líneas, construcción de puentes, máquinas, raíles y vagones, además de enfrentarse a quienes desconfiaban de este nuevo medio de comunicación por sus supuestos efectos sobre la salud y el medio ambiente.

STOLYPIN, Piotr Arkadievich
Político ruso (Dresde, Sajonia, 1862 - Kiev, Ucrania, 1911). Como ministro del Interior de Nicolás II* desde 1904, recayó en él la responsabilidad de contener el movimiento revolucionario que estalló con motivo de la Guerra Ruso-Japonesa (1905). Aunque anteriormente se había mostrado partidario de introducir reformas que liberalizaran la Monarquía zarista, la Revolución le convenció de que el régimen sólo podría sobrevivir por medios autocráticos y represivos. Después de aplastar la Revolución fue nombrado primer ministro en 1906 y conservó el cargo hasta su muerte. Redobló el terror policial, instaurando tribunales militares para juzgar a huelguistas y revoltosos. En 1907 reunió por segunda vez la *Duma* (Parlamento) que solicitaban los reformistas; pero la disolvió en cuanto comprobó la fuerza que tenía en ella la oposición de izquierdas. En aquel mismo año dictó una ley electoral más restrictiva que, al reducir el peso del voto popular, le permitió convocar una tercera *Duma* dócil a sus propósitos (1907-12). Al mismo tiempo, puso en marcha una reforma agraria encaminada a reducir el potencial revolucionario del campesinado ruso (1906-10): eliminó las comunidades campesinas locales *(mir)*, colonizó nuevas tierras e impulsó el desarrollo de un campesinado propietario independiente. Si su política represiva le había ganado la enemistad de la izquierda, la reforma agraria le hizo perder el apoyo de la nobleza terrateniente. Cuando Stolypin fue asesinado en la ópera de Kiev, había logrado un cierto crecimiento económico,

pero a costa de acelerar la proletarización del campesinado ruso. Esta polarización social, unida al endurecimiento de la represión, contribuyó a preparar la Revolución que acabaría con el régimen zarista en 1917.

STRESEMANN, Gustav Político alemán del periodo de entreguerras (Berlín, 1878-1929). Perteneciente a una familia de empresarios cerveceros, había estudiado Economía y llegó a presidir la federación de industriales de Sajonia (1902). Luego se lanzó a la política, en las filas del Partido Nacional-Liberal (más tarde llamado Partido Popular), un grupo de derechas, nacionalista y expansionista, que tardó bastante tiempo en aceptar el régimen republicano y democrático implantado por la Constitución de Weimar (1919) y el tratado de paz de Versalles (1918) del que aquél había nacido. Gradualmente fue moderando sus posturas y llevando al partido —que lideraba desde 1917— a aceptar las cláusulas del Tratado más lesivas para Alemania, como forma de recuperar el entendimiento con las potencias occidentales y relanzar así su influencia económica y política en el exterior. En 1923 Stresemann fue llamado a presidir como canciller la *gran coalición* de gobierno que pretendía resolver la crítica situación económica y política del país (agravada por la ocupación de la cuenca minera del Rhur por Francia como garantía del cobro de sus indemnizaciones de guerra, que la maltrecha economía alemana no podía pagar). Stresemann tuvo el valor de suspender la política de resistencia pasiva decretada por sus antecesores y muy popular entre la población, a fin de buscar una salida negociada; consiguió estabilizar el marco; y desbarató el intento de golpe de Estado ultranacionalista protagonizado por Hitler*. Aunque cayó del poder en aquel mismo año, siguió siendo ministro de Asuntos Exteriores en todos los gobiernos hasta su muerte en 1929. Con su política de diálogo y de consenso consiguió fortalecer la posición internacional de Alemania e, indirectamente, su estabilidad interior: mejoró las relaciones con Francia y Gran Bretaña aceptando el Plan Dawes* para el pago de las reparaciones de guerra (1924), los pactos de fronteras y seguridad de la Conferencia de Locarno (1925) y el Pacto Briand-Kellog de renuncia a la guerra en las relaciones internacionales (1928); consiguió la evacuación del Rhur (1925), el ingreso de Alemania en la Sociedad de Naciones con un puesto permanente en el Consejo (1926) y la retirada del control militar de los aliados (1927)... Recibió el Premio Nobel de la Paz en 1926, compartido con Aristide Briand*. Murió de un ataque de apoplejía cuando acababa de anunciar públicamente su apoyo al plan de integración política europea propuesto por Briand.

STUART FALCÓ, Jacobo. V. **ALBA, Casa de.**

SUÁREZ GONZÁLEZ, Adolfo Político español que dirigió la transición a la democracia (Cebreros, Ávila, 1932 -). Tras estudiar Derecho en las universidades de Salamanca y Madrid, realizó una carrera de funcionario vinculado al partido único del régimen de Franco*, el Movimiento Nacional: fue gobernador civil de Segovia, director de Radiotelevisión Española (1969-73) y subsecretario del Movimiento (1975). Nada más morir Franco, entró en el gobierno de Arias Navarro* como ministro secretario general del Movimiento (1975); y pronto se distinguió como uno de los jóvenes reformistas que, procedentes de las filas del régimen, parecían dispuestos a impulsar una modernización política que acercara a España a los modelos imperantes en Europa occidental (defendió la ley que legalizaba los partidos políticos). En 1976 el rey Juan Carlos* le nombró presidente del gobierno en sustitución de Arias, optando así por impulsar la reforma democrática. Prácticamente desconocido como político, Suárez tuvo que arrostrar grandes dificultades políticas, entre el inmovilismo de los franquistas atrincherados en los aparatos del Estado (los cuales le acusaban de traidor al régimen) y las ansias de ruptura democrática de la izquierda (que le reprochaba su moderación y sus vínculos con la dictadura). Suárez sacó adelante la Ley para la Reforma Política, que abría la posibilidad de convocar elecciones para unas Cortes constituyentes sin romper la legalidad establecida. Logró el respaldo popular para esta estrategia de transición pacífica a la democracia, mediante un referéndum que aprobó la citada Ley (1976). Luego decretó una amnistía y legalizó todos los partidos políticos para garantizar el pluralismo, incluyendo al Partido Comunista, cuya legalización provocó grandes tensiones con los militares reaccionarios. Él mismo fundó un partido de centro-derecha, la Unión de Centro Democrático (UCD), con el cual ganó en 1977 las primeras elecciones libres celebradas en España desde 1936. Luego impulsó el proceso de elaboración de la Constitución de 1978 (también aprobada en referéndum), que diseñaba un régimen de monarquía parlamentaria y democrática, con una amplia descentralización política en favor de gobiernos regionales autónomos. Repitió victoria electoral en 1979, pero con una mayoría y un prestigio declinantes, en favor de la oposición socialista de Felipe González*. Durante sus cinco años de gobierno tuvo que hacer frente a la violencia del terrorismo de las organizaciones ETA y GRAPO, la presión de los movimientos nacionalistas regionales, el deterioro de la situación económica (por efecto de la crisis internacional, agravada en España por la situación de inestabilidad) y sus consecuencias sociales (con altas cifras de desempleo y una intensa movilización sindical). La división interna de su partido le forzó a dimitir en 1981; pero en el fondo de todas las dificultades políticas latía la amenaza de un golpe de Estado de los militares de ultraderecha, que se produjo el mismo día en que se disponía a transmitir el poder a su sucesor, Leopoldo Calvo-Sotelo*. Conjurado el golpe por la intervención del rey, quedó consolidado el régimen democrático, mientras Suárez creaba un nuevo partido con una inspiración liberal de centro-izquierda, el Centro Democrático y Social (CDS). Los sucesivos fracasos electorales de este pequeño grupo (en 1982 y 1985) le hicieron retirarse de la política en 1991.

SUCRE Y DE ALDA, Antonio José de Caudillo de la independencia hispanoamericana (Cumaná, Venezuela, 1795 - Berruecos, Pasto, Colombia, 1830). Siendo aún muy joven, se unió a la insurrección contra el dominio colonial español en Venezuela que dirigía Miranda*, aprovechando la indefensión de la metrópoli bajo la ocupación francesa (1811-12). Tras la derrota de Miranda alternó el exilio en las Antillas con campañas militares en Venezuela, Colombia y Guayana (1813-17). En 1818 se unió a Simón Bolívar* y fue nombrado general del ejército rebelde (con sólo 23 años). Desde entonces apoyó las campañas de Bolívar, con quien compartía un pensamiento liberal y democrático, así como la idea de mantener unida la *Gran Colombia* creada en 1819 (sobre los territorios actuales de Venezuela, Colombia, Panamá y Ecuador). Obtuvo algunas de las victorias militares sobre los realistas que determinaron la independencia de las antiguas colonias españolas en Sudamérica: ganó la batalla de Pichincha (1822), que liberó de los españoles el territorio de Quito (actual Ecuador); y secundó las batallas de Junín (1824) y, sobre todo, Ayacucho (1824), que acabaron con el poder virreinal en el último bastión controlado por España, que era el Perú. Mientras Bolívar era nombrado presidente del nuevo Perú y se dedicaba a combatir por la independencia de Chile, Sucre se dirigió contra el último reducto realista del altiplano andino (el Alto Perú); allí defendió la creación de un Estado separado tanto de Perú como de Argentina. En el Congreso de Chuquisaca (1825) Sucre consiguió el reconocimiento de la independencia del Alto Perú, que pasó a llamarse *Bolivia;* en agradecimiento, el nuevo Estado le designó presidente vitalicio y llamó *Sucre* a su capital, la antigua Chuquisaca (1826). Fue, pues, el primer presidente de la República de Bolivia; pero ante los obstáculos que se oponían a su gestión (llegó a ser herido en un intento de golpe militar), dimitió en 1828. Se retiró a administrar las haciendas de su mujer en el sur de la Gran Colombia (Quito). En 1829 fue llamado para dirigir el ejército colombiano que debía hacer frente a las reclamaciones territoriales del Perú; y se impuso de nuevo en la batalla de Tarqui. Luego fue elegido diputado por Quito en el Congreso de la Gran Colombia, del cual fue nombrado presidente (1830). Allí asistió a la fragmentación del proyecto bolivariano: realizó una negociación frustrada con Páez* para impedir la secesión de Venezuela; y murió asesinado cuando se disponía a intentar lo propio con los separatistas del Ecuador. Además de la antigua capital boliviana, llevan su nombre un departamento de Colombia, un estado de Venezuela y la moneda oficial del Ecuador.

SUKARNO, Ahmed Líder de la independencia y primer presidente de Indonesia (Surabaya, Java, 1901 - Yakarta, 1970). Procedía de una familia pobre y anclada en las tradiciones musulmanas (por su padre, maestro) y brahmánicas (por su madre, una bailarina balinesa). Estudió múltiples disciplinas, especialmente idiomas, tanto europeos como asiáticos (incluido el indonesio moderno, que él mismo contribuyó a crear). Fue uno de los primeros ingenieros nativos (1926), pero por aquellas fechas ya había decidido orientarse hacia la política, aprovechando sus dotes de orador y su carisma personal. Su país era por entonces un heterogéneo conjunto de islas bajo dominio colonial holandés (las Indias Orientales Holandesas) y Sukarno deseaba verlo libre de la pobreza y del racismo que él había sufrido en su juventud. En 1929 fundó el Partido Nacional Indonesio e inició su lucha anticolonial. Las autoridades holandesas le encarcelaron (1929-31) y le confinaron lejos de Java (1933-42). Recuperó la libertad cuando los japoneses invadieron las Indias Orientales Holandesas en 1942, en el marco de la Segunda Guerra Mundial; Sukarno colaboró como asesor de los nuevos ocupantes, instándoles al mismo tiempo a convertirlo en un Estado independiente. Pero el hundimiento militar del Japón frente al avance aliado (1945) frustró aquellas expectativas, amenazando en cambio con restaurar el *statu quo* colonial. Para evitarlo se apresuró a proclamar la independencia de Indonesia, sentando los cinco principios que guiarían su andadura política *(Pantjasila):* nacionalismo, internacionalismo, democracia, prosperidad social y fe en Dios.

Como presidente de la nueva República (1945-67), comenzó por consolidar su independencia, rechazando los intentos de Holanda por recuperar el control: por el Acuerdo de La Haya (1949) logró el reconocimiento formal de la independencia, pero continuó luchando contra Holanda hasta obtener la anexión de Nueva Guinea (1963). En principio hizo aprobar una Constitución federal y democrática (1949); pero su estilo de gobierno extravagante y lujoso hacía presagiar una evolución hacia el autoritarismo, que se inició enseguida. Las amenazas secesionistas (primero en las Molucas, luego también en Célebes, Sumatra y Borneo) le hicieron cambiar la Constitución por otra de corte centralista y uniformizador (1950); y la presión de los movimientos revolucionarios comunistas y musulmanes le decidieron a cambiarla de nuevo en 1959, estableciendo un régimen presidencialista autoritario que llamó *democracia dirigida* (recuperando un texto constitucional de 1945); en 1963 confirmó su dictadura personal haciéndose nombrar presidente vitalicio. La política de Sukarno fue esencialmente nacionalista: prestó especial atención a la educación y la cultura para afirmar la identidad nacional, mientras dejaba deteriorarse hasta el extremo la situación económica; convirtió a Indonesia en símbolo de la lucha antiimperialista impulsando el Movimiento de Países No-Alineados (que arranca de la conferencia afroasiática celebrada en Bandung, Indonesia, en 1955). Su política exterior neutralista iba acompañada de un equilibrio político interno entre los comunistas y los militares conservadores; los primeros dieron en 1965 un golpe de Estado para «proteger» al presidente, seguido por un contragolpe más decisivo de los segundos en aquel mismo año. Sukarno continuó formalmente en el cargo hasta 1967, aunque obligado a ceder el poder al general Suharto, que inició una sangrienta represión anticomunista y se perpetuó como presidente durante más de treinta años.

Suleiman, Muley. V. **Alauita, Dinastía.**

Sun Yat-Sen (Sun Wen o Sun Zhongshan) Revolucionario nacionalista chino que acabó con el Imperio (Tsuiheng, Cantón, 1866 - Pekín, 1925). Hijo de un campesino del sur de China, recibió una educación occidental en las islas Hawai (Estados Unidos) y en Hong-Kong (colonia británica), en donde se hizo médico. Pronto se convenció de la necesidad de modernizar China, anclada en su atraso y sus tradiciones por el conservadurismo de la dinastía Manchú*. Para luchar contra ella creó varios movimientos revolucionarios sucesivos: la Asociación para la Regeneración de China (1894) y la Liga de la Alianza Común (1905), de la que saldría el Partido Nacional del Pueblo *(Kuomintang)* en

1912. Desde 1898 formuló los *tres principios del pueblo*, que habrían de inspirar el nuevo modelo político: nacionalismo (unidad política y emancipación de la tutela extranjera), democracia (inspirada en el constitucionalismo europeo y norteamericano) y socialismo (reforma agraria). Su movimiento nacionalista fue ganando fuerza en China hasta organizar una verdadera revolución en 1911. Se instauró un gobierno provisional republicano en Nankín, dirigido por Sun desde que regresó del exilio; y en 1912 derrocó al último emperador (Pu-yi*) y proclamó la República, con el propio Sun como presidente. Ante el clima de división y de luchas por el poder, prefirió dimitir enseguida dejando el poder al influyente jefe del ejército, general Yun Shi-Kai; pero no consiguió con ello la pacificación del país ni la unidad en torno a la nueva República. Por el contrario, los conflictos degeneraron en una lucha abierta entre los *señores de la guerra* (1916-26), en la que intervinieron también las potencias extranjeras. Sun, que contaba con un gran apoyo en el sur de China, formó su propio gobierno en Cantón y transformó el *Kuomintang* en un movimiento de masas populares (1917). Impresionado por la Revolución rusa, desde 1923 colaboró estrechamente con los comunistas de Mao Zedong* (que ingresaron en el *Kuomintang*) y con la Unión Soviética (que le prestó asesoramiento militar para organizar su ejército). Sun Yat-Sen murió poco antes de que el *Kuomintang*, dirigido por Chang Kai-shek*, desencadenara una nueva Revolución (1925) y lograra conquistar el poder en China (1927-36).

T

Taisho Tenno. V. **Yoshihito.**

T'ai-tsung. V. **T'ang, Dinastía.**

Talleyrand-Périgord, Charles Maurice de Político y diplomático francés (París, 1754-1838). Procedía de una familia aristocrática, que le destinó a la carrera eclesiástica sin tener vocación para ello (vivió siempre como un sibarita, libertino y carente de escrúpulos). Ascendió en la jerarquía impulsado por su origen nobiliario: en 1780 era agente general del clero y en 1789 obispo de Autun. En los Estados Generales que convocó Luis XVI* en 1789 representó al estado eclesiástico y fue uno de sus escasos miembros que aceptaron los principios de la Revolución que se produjo en aquel mismo año. Se vinculó políticamente al conde de Mirabeau*, representante de la nobleza revolucionaria y partidario, como él, de una monarquía constitucional y de un liberalismo moderado. Talleyrand fue elegido presidente de la Asamblea Constituyente, apoyó la nacionalización de los bienes de la Iglesia y su sometimiento al nuevo Estado surgido de la Revolución (Constitución Civil del Clero de 1790, admitida sólo por cuatro obispos). El papa Pío VI le excomulgó por aquella actitud (1791), momento en que Talleyrand abandonó el obispado (completó el proceso con su completa secularización en 1802).

Desde entonces se dedicó a la diplomacia, en la que demostró una gran habilidad y capacidad de supervivencia bajo diferentes regímenes políticos. Abandonó Francia cuando la Revolución tomó un rumbo radical bajo la dictadura de Robespierre* (1792-94); refugiado en Inglaterra y en Estados Unidos, Talleyrand consolidó por entonces su visión de la política exterior francesa, dominada por la idea de establecer relaciones amistosas con Gran Bretaña. Cuando el régimen radical fue derrocado por un golpe de Estado, Talleyrand regresó a Francia y sirvió como ministro de Asuntos Exteriores bajo el régimen del Directorio (1797-99). El acceso al poder de Napoleón* no le apartó del cargo, en el cual permanecería como uno de los grandes dignatarios del Consulado y del Imperio. Desempeñó un papel destacado en la pacificación que marcó los primeros años del periodo napoleónico: tanto la pacificación exterior —pues negoció el Tratado de Luneville con los austriacos (1801) y el de Amiens con los británicos (1802)— como la pacificación interior —pues trató de suavizar la persecución de los contrarrevolucionarios, católicos y monárquicos, y colaboró en la redacción del Concordato con el papa—. Sin embargo, se fue distanciando gradualmente del emperador por la insistencia de éste en su actitud expansionista y agresiva hacia Austria y Gran Bretaña. Dimitió en 1807, pero mantuvo los múltiples cargos y títulos honoríficos que le había conferido Napoleón, e incluso colaboró con éste en tareas diplomáticas, como la Conferencia de Erfurt en la que los monarcas europeos acordaron un nuevo orden europeo reconociendo la hegemonía francesa (1808). Por entonces, Talleyrand conspiraba ya en secreto contra el emperador con Fouché* e incluso hizo doble juego al aconsejar al zar Alejandro I* de Rusia sobre las negociaciones de Erfurt. Cuando los ejércitos aliados derrotaron a Napoleón en 1814, Talleyrand contribuyó a restaurar a los Borbones* en el Trono de Francia; y, en consecuencia, formó parte de su gobierno provisional, primero como primer ministro (hasta el regreso de Luis XVIII*) y luego como ministro de Exteriores. Como tal representó a Francia en el Congreso de Viena (1815) que diseñó un equilibrio europeo destinado a perdurar durante medio siglo; aprovechando las disensiones entre los antiguos aliados consiguió que la derrota militar de Francia no se tradujera en un castigo diplomático demasiado gravoso. Sin embargo, la animadversión de los ultrarrealistas, que no le perdonaban su compromiso con la Revolución, le apartó enseguida de la política. Siguió siendo miembro de la Cámara de los Pares y participó en la oposición liberal contra el absolutismo de Carlos X*. Apoyó la Revolución de 1830 que llevó al Trono a Luis Felipe de Orléans*; y colaboró con el nuevo régimen constitucional como embajador en Londres y delegado en la conferencia que debía resolver la situación de Bélgica (1830-31). Tras fracasar en su intento de extender las fronteras de Francia a costa del nuevo reino belga, se retiró de la política en 1834.

TAMERLÁN (Timur Lang o Timur, *el Cojo*) Caudillo mongol (Kesh, Transoxiana, Asia Central, 1336 - Otrar, 1405). Este noble musulmán de origen turco llegó a ser el ministro principal del virrey de Transoxiana, que gobernaba aquella región occidental del imperio mongol. En 1363 se rebeló contra él y le arrebató el poder. Y en 1370 se proclamó rey independiente, alegando su condición de heredero de Gengis Kan*, de quien probablemente descendía su padre por línea materna. Partiendo de su capital en Samarkanda, inició entonces una sucesión de campañas militares que le llevaron a conquistar toda el Asia central (1370-96). Demostró una gran capacidad de conquista, pues una vez dominado el Turquestán, se anexionó también Irán, Irak, Armenia y Georgia. Las disputas internas entre los príncipes del kanato de la Horda de Oro le permitieron también intervenir en aquel reino establecido por los mongoles en Rusia (1370-95). Luego dirigió sus fuerzas hacia la India (que sometió en 1398, en una sola campaña en la que arrasó Delhi), Siria (con la toma de Damasco, Alepo y Bagdad, saqueadas y arrebatadas a los mamelucos en 1400) y Asia Menor (donde obtuvo un gran triunfo en la batalla de Angora, que sometió a vasallaje a los otomanos en 1402 y permitió subsistir casi un siglo más al Imperio Bizantino, librándole del acoso otomano). Sus campañas militares, realizadas en nombre del

Islam y caracterizadas por una crueldad y un afán destructor que aterrorizaba a sus enemigos, fueron todas victoriosas y le proporcionaron sucesivas anexiones territoriales. Pero Tamerlán no fue capaz de organizar un sistema político y administrativo eficaz, de manera que no creó un imperio unificado. Murió cuando se disponía a llevar la «guerra santa» a China, y el conglomerado de países que había sometido se disgregó por sucesivas divisiones entre sus hijos y nietos (los *timúridas*).

T'ANG, Dinastía (o Tang) Casa reinante en China entre los años 618 y 907.

Se inició con **LI YÜAN** o **KAO-TSU** (618-26), un oficial de la dinastía Suei, que derrocó a ésta del poder y se proclamó emperador, conquistando la mayor parte de China. Mantuvo el sistema administrativo y fiscal de los Suei, al que añadió una nueva codificación del Derecho penal, revisable periódicamente. Fue derrocado por su hijo **LI SHIH-MIN** o **T'AI-TSUNG** (626-49), que accedió al poder tras asesinar a sus dos hermanos. Extendió el imperio a costa de los turcos hacia el oeste, imponiendo la hegemonía china en Asia central. Al mismo tiempo fortaleció el poder imperial, extendiendo el sistema de oposiciones para acceder a cargos administrativos (introducido por la dinastía Suei). También inició la compilación de los clásicos chinos, iniciando una época de esplendor cultural y científico. Le sucedió su hijo, **KAO-TSUNG, GAO ZONG** o **LI CHIH** (649-83), que extendió el imperio con la anexión de Corea (668). Se casó con una antigua concubina de su padre, **WU HOU** o **WU TSE-T'IEN** (690-705), la cual ejerció una gran influencia sobre el débil Kao-tsung, pasando luego a gobernar en nombre de sus dos hijos hasta que ella misma se proclamó emperatriz en el 690. Su gobierno fue eficaz e inteligente, contribuyendo a apartar a la aristocracia guerrera tradicional en beneficio de una burocracia con formación académica. Fue destronada por los militares, que repusieron sucesivamente en el Trono a los dos hijos de la emperatriz, Chung tsung (683-84 y 705-10) y Jui-tsung (684-90 y 710-12). Éste cedió el poder a **HSÜAN-TSUNG** (712-56), con quien llegó a su apogeo la dinastía. Tras librarse de la influencia política que intentaba ejercer su predecesor (713), saneó las finanzas imperiales, reparó los canales, mejoró la comunicación entre las diversas zonas del imperio y dio un gran impulso a la creación cultural. Sin embargo, hacia el final de su reinado se apartó de la gestión personal del gobierno, dejándola en manos de su primer ministro Li Lin-fu y de su favorita Yang Kuei-fei. Este abandono reflejaba un renacimiento de la influencia aristocrática, que culminó con la rebelión de An Lu-shan en el 755. Este aventurero de origen turco obligó a la familia imperial a huir de la capital y sostener una difícil guerra civil. Después de la abdicación de Hsüan-tsung, sólo la intervención de los uigures del norte permitió que los T'ang recuperaran el control y siguieran reinando en China, si bien entraron en una etapa de decadencia, entre guerras, revoluciones y desastres económicos. No obstante, aún se aferraron al poder hasta **CHING-TSUNG** o **LI CHU AI-TI** (904-07), último soberano T'ang, que fue depuesto y ejecutado por el jefe de una banda guerrera cuando sólo tenía 13 años. China se sumió entonces en el caos, dividida en diez reinos gobernados por cinco dinastías.

Tao Kuang. V. **Manchú, Dinastía.**

Tariq ben Ziyad Jefe de la expedición musulmana que inició la conquista de la península Ibérica (siglo VIII). Era un guerrero de origen persa o beréber, nombrado gobernador de la plaza de Tánger por su señor, Musa ibn Nusayr*, representante del califa en el Magreb. Tras la fallida expedición de Tarif al sur de España, Musa envió a Tariq al frente de un ejército mayor en el 711, para sacar provecho de las disputas internas de la monarquía visigoda, dividida entre el rey Rodrigo* y los partidarios de los hijos de Vitiza. El gobernador visigodo de Ceuta, el conde don Julián*, era un destacado miembro del partido vitizano, y facilitó a Tariq el paso del estrecho prestándole cuatro barcos, además de su asesoramiento personal, con la esperanza de vengarse de Rodrigo. Tariq desembarcó con unos 7.000 hombres en el extremo sur de la Península, al pie de la roca de Calpe (que desde entonces se llama monte de Tariq, *Gabal Tariq* o Gibraltar). Luego recibió de Musa otros 5.000 hombres de refuerzo, con los que venció en la batalla de Guadalete al ejército visigodo, dando muerte al propio rey. Al comprobar la fragilidad del poder de los visigodos, continuó su avance conquistando Medina Sidonia, Morón, Carmona, Sevilla, Écija, Córdoba y Toledo, la capital del reino (todo ello en el mismo año). Para completar la conquista y ocupar el territorio peninsular pidió ayuda a Musa, quien se trasladó personalmente a España al frente de un ejército mayor en el 712. En el 713 se reunieron Musa y Tariq en Toledo, recriminándole aquél el haberse excedido en sus atribuciones. Tariq se sometió a su señor y le acompañó en la toma de Zaragoza (714), separándose luego para tomar Amaya, León y Astorga. Pero, cuando prácticamente habían sometido ya la Península al Islam, hubieron de partir juntos a Damasco, donde el califa les pidió cuentas de sus acciones. Allí murió Tariq sin reconocimiento por sus conquistas, en fecha desconocida.

Tarradellas i Joan, Josep Político nacionalista catalán (Cervelló, Barcelona, 1899 - Barcelona, 1988). Sus convicciones catalanistas e izquierdistas le llevaron a participar en la oposición republicana contra la dictadura de Primo de Rivera*, como militante de varios grupos que, en 1931, se integraron en la coalición *Esquerra Republicana de Catalunya*. Tarradellas fue elegido secretario general de aquel grupo, que habría de dominar la vida política catalana durante la Segunda República (1931-39). Fue diputado de las Cortes españolas y, tras aprobarse el primer Estatuto de Autonomía de Cataluña (1932), también diputado del Parlamento catalán, consejero de Gobernación y Sanidad y estrecho colaborador del primer presidente de la *Generalitat de Catalunya,* Francesc Macià*. Sin embargo, fue expulsado del gobierno y del partido por desavenencias con Macià en 1933. Más tarde fue encarcelado por su implicación en la Revolución de 1934 contra el gobierno derechista de la República. Regresó a la *Esquerra* y, tras el triunfo electoral del Frente Popular (en el que ésta estaba integrada) en 1936, volvió a entrar en el gobierno de la Generalidad como consejero de Servicios Públicos, Economía y Finanzas, y más tarde como presidente en aquel mismo año. Fue miembro del Consejo durante toda la Guerra Civil española (1936-39), impulsando medidas revolucionarias como las colectivizaciones; pero cayó de la presidencia por los graves enfrentamientos de la retaguardia catalana entre las fuerzas que apoyaban a la República en 1937. Perdida la guerra en 1939, Tarradellas partió al exilio en Francia. En 1954 fue elegido presidente del gobierno catalán en el exilio, por lo que constituyó una referencia simbólica de las aspiraciones del nacionalismo catalán durante la oposición al régimen de Franco*. Al morir el dictador e iniciarse la transición a la democracia en España, Tarradellas regresó a Barcelona y Suárez* le reconoció la legitimidad del cargo que ostentaba, al nombrarle presidente de un gobierno preautonómico de coalición, encaminado a restablecer el autogobierno catalán (1977). Una vez aprobado el nuevo Estatuto (1979), sin embargo, las elecciones dieron el poder en Cataluña a la coalición de centroderecha encabezada por Jordi Pujol (1980), momento en que Tarradellas se retiró de la vida política.

TAYLOR, Frederick Winslow Ingeniero estadounidense que ideó la organización científica del trabajo (Germantown, Pennsylvania, 1856 - Filadelfia, 1915). Procedente de una familia acomodada, abandonó sus estudios universitarios de Derecho por un problema en la vista y se dedicó a trabajar como obrero en la industria siderúrgica de Filadelfia (1875). Su formación y su capacidad personal le permitieron pasar enseguida a dirigir un taller de maquinaria, donde observó minuciosamente el trabajo de los obreros que se encargaban de cortar metales. Y fue de esa observación práctica de donde extrajo la idea de analizar el trabajo, descomponiéndolo en tareas simples, cronometrarlas estrictamente y exigir a los trabajadores la realización de las tareas necesarias en el tiempo justo. Este análisis del trabajo permitía, además, organizar las tareas de tal manera que se redujeran al mínimo los tiempos muertos por desplazamientos del trabajador o por cambios de actividad o de herramientas; y establecer un salario a destajo (por pieza producida) en función del tiempo de producción estimado, salario que debía actuar como incentivo para la intensificación del ritmo de trabajo. La tradición quedaba así sustituida por la planificación en los talleres, pasando el control del trabajo de manos de los obreros a los directivos de la empresa y poniendo fin al forcejeo entre trabajadores y empresarios en cuanto a los estándares de productividad. Taylor se hizo ingeniero asistiendo a cursos nocturnos y, tras luchar personalmente por imponer el nuevo método en su taller, pasó a trabajar de ingeniero jefe en una gran compañía siderúrgica de Pennsylvania (la Bethlehem Steel Company) de 1898 a 1901. Se rodeó de un equipo con el que desarrolló sus métodos, completó sus innovaciones organizativas con descubrimientos puramente técnicos (como los aceros de corte rápido, en 1900) y publicó varios libros defendiendo la «organización científica del trabajo» (el principal fue *Principios y métodos de gestión científica,* 1911). La organización científica del trabajo o *taylorismo* se expandió por los Estados Unidos desde finales del siglo XIX, auspiciada por los empresarios industriales que veían en ella la posibilidad de acrecentar su control sobre el proceso de trabajo, al tiempo que elevaban la productividad y podían emplear a trabajadores no cualificados (inmigrantes no sindicados) en tareas manuales cada vez más simplificadas, mecánicas y repetitivas.

Tch'uen. V. **Manchú, Dinastía.**

Tell, Guillermo Héroe mítico de la independencia suiza (siglo XIV). Su existencia aparece envuelta en una serie de leyendas procedentes de los siglos XV y XVI, en las que resulta difícil discernir lo histórico de lo literario. Según tales leyendas, Tell era un habitante del cantón suizo de Uri, que rehusó descubrirse en señal de respeto ante el sombrero instalado en la plaza pública para simbolizar al soberano de la Casa de Habsburgo* (que se había anexionado recientemente algunos cantones suizos en su intento de formar un bloque territorial continuo desde sus posesiones del alto Rin hasta las del Tirol). El gobernador de la plaza (Gessner) detuvo a Tell y le obligó como castigo a disparar su ballesta contra una manzana colocada en la cabeza de su propio hijo, si quería salvar la vida; la portentosa puntería de Tell le habría permitido acertar en la manzana sin dañar al niño; pero el gobernador, furioso de verse obligado a liberarle, intentó luego ahogar a Tell. Éste consiguió escapar y, según la leyenda, organizó la rebelión contra los Habsburgo. El mito representa bien la resistencia que surgió entre los campesinos de Uri desde 1278, que llevó a este cantón a confederarse con los de Schwyz y Unterwalden en una Liga Perpetua para impedir que los Habsburgo violaran sus libertades tradicionales (1291). El conflicto degeneró en una rebelión abierta, que se saldó con la victoria de los suizos sobre el duque Leopoldo de Habsburgo en la batalla de Morgarten (1315). Los tres cantones rurales de los Alpes centrales formaron así la Confederación Helvética, a la que posteriormente se fueron añadiendo otros cantones hasta formar la Suiza actual.

Temudchin. V. **Gengis Kan.**

Teodoro III de Rusia. V. **Romanov, Dinastía.**

Teodosio I, *el Grande* (Flavio Teodosio) Emperador romano que impuso el catolicismo como religión oficial y dividió el Imperio entre Oriente y Occidente (Cauca, Hispania, h. 346 - Milán, 395). Adquirió experiencia militar combatiendo en Gran Bretaña bajo el mando de su padre; luego él mismo fue *dux* de Mesia (actual Serbia) en el 374, defendiendo eficazmente aquella provincia fronteriza frente a los sármatas. Pero se retiró a sus dominios en la actual Coca (Segovia) tras la ejecución de su padre. Y allí estaba en el 378, cuando le llamó el emperador Graciano para encargarle la defensa de Mesia frente a la invasión de los godos. Así, en el 379 fue nombrado *augusto* con potestad en Oriente, comenzando su reinado sobre aquella parte del Imperio. Venció a los visigodos y pactó con su rey Atanarico la instalación de este pueblo germánico en Mesia como federados del Imperio (es decir, aliados bárbaros a los que se encomendaba la defensa de la frontera). Luego transmitió el título de *augusto* a su hijo Arcadio, con lo que estableció una nueva dinastía imperial, que de momento reinaría sólo en Oriente. Mientras tanto, en Occidente Graciano fue destronado por otro militar español, Máximo; pero su poder fue disputado por el hermano de Graciano, Valentiniano II. Teodosio, que había reconocido inicialmente la autoridad de Máximo, se alió luego con Valentiniano, e incluso emparentó con la familia imperial de Occidente, al casarse con Gala (hermana de Valentiniano y de Graciano) en el 387. Al año siguiente venció a Máximo en la batalla de Aquileya, extendiendo su autoridad a todo el Imperio, si bien mantuvo formalmente en el Trono occidental a Valentiniano II (388).

Teodosio era cristiano católico, es decir, fiel a la doctrina de Atanasio, adoptada como línea ortodoxa desde el Concilio de Nicea del 325. Fue él quien adoptó el catolicismo como religión del Imperio, prohibiendo el arrianismo (doctrina cristiana de los seguidores de Arrio*, muy extendida en Oriente) por el Edicto de Tesalónica (390). No obstante, su actitud inicial fue más conciliadora hacia los paganos, pues trató de mantener un equilibrio en su administración entre cristianos y paganos, al tiempo que se resistía a los intentos del clero cristiano por imponer su supremacía. Su actitud cambió después de ser excomulgado por el arzobispo de Milán, san Ambrosio, a causa de la represión de la revuelta de Tesalónica, en la que murieron unas 7.000 personas (390). Teodosio hizo penitencia pública para obtener el perdón y, desde entonces, se convirtió en instrumento político de la intolerancia eclesiástica: prohibió los cultos paganos en Roma (391), medida que luego extendió a todo el Imperio (392). El descontento creado por la persecución del paganismo provocó la revuelta del usurpador Eugenio, quien, con apoyo del jefe de la milicia de Occidente —el franco Arbogasto— se adueñó de las Galias, Italia y África, dio muerte a Valentiniano II y se hizo proclamar emperador de Occidente (392). Teodosio estaba en Constantinopla, como era su costumbre, absorbido por los problemas de la frontera oriental, en donde acababa de negociar la paz con los persas y el reparto de Armenia. En cuanto pudo regresar a Italia, se enfrentó a Eugenio, le venció y le dio muerte cerca de Aquileya, y restableció momentáneamente la unidad del Imperio, pues se proclamó oficialmente emperador de Oriente y de Occidente, (394). Pero las diferencias culturales, económicas y políticas entre los territorios occidentales (controlados desde Roma) y los territorios orientales (controlados desde Constantinopla) era ya demasiado grandes como para que resultara viable la unidad. Cuando murió al año siguiente, Teodosio reconoció esta realidad dejando la herencia imperial dividida entre sus dos hijos: Arcadio (con 17 años) en Oriente y Honorio* (un niño de 11) en Occidente, bajo la tutela de Estilicón*. La división fue irreversible y permitió que, mientras el Imperio Romano de Occidente sucumbía después de ochenta años de crisis y penetración de los bárbaros, en Oriente se consolidara un Imperio Bizantino que habría de durar hasta 1453.

TETUÁN, Duque de. V. O'DONNELL, **Leopoldo.**

THATCHER, Margaret (Margaret Hilda Roberts) Política conservadora inglesa (Grantham, Lincolnshire, Inglaterra, 1925 -). Hija de un tendero de una pequeña ciudad de provincias, estudió Química en la Universidad de Oxford y se casó con un acaudalado hombre de negocios (de quien tomó el apellido Thatcher). En 1954 se hizo, además, abogada. Siendo todavía estudiante se vinculó a la Asociación de Estudiantes Conservadores; y con el Partido Conservador entró en la Cámara de los Comunes como diputada por un distrito de las afueras de Londres (Finchley), al cual representaría por espacio de 35 años (1959-93). Siguió ascendiendo en su carrera política desempeñando los puestos de ministra de Educación (1970-74) y ministra del «gabinete en la sombra» de la oposición conservadora (1974-75), hasta disputarle la dirección del Partido Conservador al ex primer ministro recién derrocado, Edward Heath. En 1975 obtuvo por amplia mayoría la jefatura del partido —convirtiéndose en la primera mujer que lideraba uno de los dos grandes partidos parlamentarios británicos— y radicalizó su orientación derechista. Tras dirigir durante una legislatura la oposición contra los gobiernos laboristas de Harold Wilson* y James Callaghan, obtuvo la victoria en las elecciones de 1979 y se convirtió en primera ministra del Reino Unido. Fue la primera mujer en acceder al cargo y también la persona que más tiempo lo mantuvo en todo el siglo XX, ya que dos reelecciones (en 1983 y 1987) le permitieron presidir el gobierno hasta 1990.

El conservadurismo de Thatcher no era un mero continuismo, sino que incluía un programa de cambio en profundidad, inspirado por ideales ultraliberales en materia económica y social y por una intransigencia autoritaria en política interior y exterior. La primera parte de su mandato estuvo orientada a quebrar el poder de los sindicatos obreros, que habían provocado en el pasado la caída del gabinete conservador de Heath y que constituían el fundamento de la influencia laborista: Thatcher limitó el derecho de huelga y las prerrogativas de los sindicatos, ganó el pulso contra el sindicalismo derrotando a la huelga de mineros de 1984-85 y abrió así el camino para el cierre de las minas británicas poco rentables. Enseguida se lanzó a una política de austeridad presupuestaria y de reducción del intervencionismo estatal en todos los terrenos, privatizando gran parte del sector público británico (empresas de telecomunicaciones, producción de energía, agua, aeropuertos, líneas aéreas, ferrocarriles, correos…), recortando gastos sociales y reduciendo la presión fiscal en beneficio de las rentas más altas. Los sistemas educativo y sanitario empezaron pronto a sufrir las consecuencias, en un proceso general de desmantelamiento del Estado de bienestar edificado desde el final de la Segunda Guerra Mundial. Su política interior estuvo marcada por el refuerzo del poder central en detrimento de las corporaciones locales y regionales, al tiempo que un uso enérgico de las fuerzas represivas imponía la autoridad frente a los movimientos de protesta; su firmeza fue especialmente significativa frente a la intensificación del conflicto con los nacionalistas de Irlanda del Norte, que no consiguieron doblegar a la *Dama de Hierro* ni siquiera con la huelga de hambre de los terroristas presos del IRA, que produjo diez muertos. La política económica monetarista y ultraliberal que aplicó Thatcher produjo un fuerte aumento del paro (hasta tres millones de desempleados), que contribuyó a disciplinar a la mano de obra, debilitar a los sindicatos, flexibilizar el mercado de trabajo, reducir salarios y cargas sociales y devolver así a la economía británica parte de la competitividad perdida en los mercados internacionales. Su política se asemejaba en muchos aspectos a la seguida por Ronald Reagan* en los Estados Unidos por esas mismas fechas. De hecho, el alineamiento internacional entre los dos países alcanzó en tiempos de Thatcher su punto culminante. Thatcher fue decididamente contraria a profundizar en la integración del Reino Unido en la Comunidad Económica Europea, defendiendo un modelo de mera liberalización de mercados sin integración política continental, ya que consideraba que ésta conllevaba cesiones de soberanía nacional en beneficio de una nueva burocracia socializante asentada en Bruselas. Pero el acontecimiento más relevante de la política exterior de Margaret Thatcher fue la Guerra de las Malvinas (1982): ante el hecho consumado de la ocupación por el ejército argentino de las islas Malvinas (colonia británica frente a las costas de Argentina), respondió con el uso de la fuerza militar; la victoria devolvió al Reino Unido no sólo la posesión de las islas, sino la autoconfianza nacional y el orgullo de volver a considerarse una gran potencia, redundando en un gran aumento de la popularidad de Thatcher. Fueron, sin embargo, los costes sociales de su política económica y los costes económicos de su antieuropeísmo radical los que hicieron crecer el descontento, culminando la impopularidad de la primera ministra a raíz de su intento de implantar un nuevo impuesto local de carácter lineal y regresivo (el *Pool Tax)* en 1990. Ante el riesgo de que esta impopularidad les hiciera perder las elecciones siguientes, los líderes conservadores se rebelaron contra su jefa de filas y le hicieron presentar la dimisión en 1990, situando en su lugar a John Major, que efectivamente ganaría las elecciones de 1992, y continuaría la política conservadora con más moderación. Thatcher se retiró del primer plano de la política y pasó a la Cámara de los Lores (al ser nombrada baronesa en 1993).

THIERS, Louis Adolphe Político francés (Marsella, 1797 - Saint-Germain-en-Laye, 1877). Este abogado de amplia cultura se dio a conocer en París como periodista (colaborador asiduo de la prensa liberal que criticaba el absolutismo monárquico de Carlos X*) y como historiador profesional (autor de una *Historia de la Revolución Francesa* en 1823-27). Entró en la política activa participando en los preparativos de la Revolución de 1830, que derrocó al último Borbón* y puso en el Trono de Francia a Luis Felipe de Orléans*. Thiers fue uno de los inspiradores del régimen liberal moderado que entonces se implantó, contrariando las aspiraciones democráticas de los partidos republicanos. Convertido en uno de los dirigentes fundamentales del «partido burgués» que apoyaba al régimen, fue sucesivamente diputado, consejero de Estado, ministro del Interior (1832-36), ministro de Asuntos Exteriores y primer ministro (1836 y 1840). Como ministro del Interior, hizo una importante contribución al mantenimiento de la Monarquía reprimiendo las insurrecciones populares de París y Lyon en 1834. En cambio, la política de prestigio y engrandecimiento que persiguió como ministro de Asuntos Exteriores resultó excesivamente aventurera: se enfrentó a Gran Bretaña al extender la influencia francesa por el Mediterráneo, y llegó a reivindicar para Francia la orilla izquierda del Rin, desatando una oleada de reacciones nacionalistas en Alemania. Cayó del gobierno por tales excesos y pasó desde entonces a encabezar la oposición liberal contra el conservadurismo de Guizot*, siempre dentro del marco constitucional de la Monarquía de Orléans.

Cuando la Revolución de 1848 acabó con la Monarquía e instauró la Segunda República, Thiers siguió actuando en política, sin más que pasar de la oposición de centroizquierda de un régimen conservador a la oposición de centroderecha de un régimen progresista. Fue un dirigente destacado del «partido del orden» y colaboró con el presidente Luis Napoleón Bonaparte (el futuro Napoleón III*) para hacer aprobar medidas conservadoras, como la que dejaba la educación en manos de la Iglesia (la Ley Falloux de 1850) o como la que privaba del derecho de voto a gran parte de las masas trabajadoras urbanas (1851). Durante el golpe de Estado de Luis Napoleón en 1851, que dio paso a la instauración del Segundo Imperio un año más tarde, Thiers fue detenido; tras un corto exilio regresó a Francia, pero se mantuvo apartado de la política hasta 1863. Durante los últimos años del Imperio de Napoleón III fue diputado de la oposición orleanista (monárquico-liberal). Y cuando la derrota en la Guerra Franco-Prusiana (1870) provocó el hundimiento del régimen imperial, pasó de nuevo al primer plano de la política francesa, como líder del régimen provisional republicano que se instauró.

En 1871 Thiers fue elegido diputado por 26 departamentos para la Asamblea Nacional que había de constituir el nuevo Estado: una Asamblea de mayoría conservadora, que le designó jefe del poder ejecutivo (cargo equivalente al de presidente de la República, que pasó a ocupar oficialmente poco más tarde). Como presidente —entre 1871 y 1873— realizó tres tareas fundamentales: negoció la paz con la Alemania que acababa de unificar Bismarck*, cediéndole los territorios fronterizos en disputa de Alsacia y Lorena (Tratado de Versalles, 1871); completó la represión del movimiento insurreccional de la Comuna de París (de tendencia socialista), aplastándolo en un baño de sangre (1871); y estableció un consenso entre monárquicos y republicanos para diferir la decisión sobre la forma definitiva que tomaría el Estado (Pacto de Burdeos, 1871). En dos años, Thiers había estabilizado la situación política, poniendo las bases para la consolidación de la Tercera República: consiguió la retirada anticipada de la ocupación alemana, saneó la finanzas, reorganizó el ejército. Pero la mayoría de la Asamblea, de inclinación monárquica, desconfiaba de la orientación republicana que iba adoptando Thiers, y en 1873 le derribó para sustituirle por MacMahon*. La política conservadora y autoritaria de este último le hizo entrar en conflicto en 1877 con la nueva mayoría republicana, que buscó en Thiers su hombre para la presidencia. Pero falleció durante la campaña electoral.

TIBERIO Claudio Nerón Segundo emperador romano (Roma, 42 a.C. - Miseno, Campania, 37 d.C.). Era hijo del primer matrimonio de Livia, la mujer de Augusto*. Se educó en la corte imperial y desde muy joven demostró sus cualidades militares y administrativas en las misiones que se le encomendaron en Armenia, Retia, Panonia, Germania e Iliria. Como Augusto no tuvo hijos varones, casó a su hija Julia con Tiberio, señalándole como heredero; pero la inmoralidad de Julia y las atenciones del emperador hacia otros candidatos a la sucesión, llevaron a Tiberio a divorciarse y apartarse de la corte, permaneciendo retirado en Rodas del 6 a.C. al 2 d.C. Fue la presión de Livia la que volvió a imponerle como heredero, haciendo que el emperador le adoptara (4) y le asociara al poder (13). Muerto Augusto al año siguiente, Tiberio fue proclamado emperador (14). Su reinado se inscribe en la continuidad con la obra de Augusto, limitándose a consolidar el entramado institucional creado por aquél y desarrollando una administración correcta, aunque no popular. Defendió las fronteras del Imperio (lanzando una campaña contra los germanos del 14 al 16 y aplastando revueltas en África y la Galia) e incluso incorporó dos nuevas provincias en Oriente (Capadocia y Commagene). Cansado de las intrigas políticas (procedentes fundamentalmente del Senado), en el 27 d.C. se retiró a Capri, dejando el gobierno imperial en manos del prefecto del pretorio, Sejano. Pero regresó, alarmado por el clima de terror dictatorial que había implantado Sejano, al que destituyó y ejecutó en el 31, acusándole de conspirar para hacerse emperador. Adoptó como heredero a su sobrino-nieto Calígula*, defendiéndole de múltiples conjuras palaciegas.

Timúrida, Dinastía. V. Tamerlán.

Tirpitz, Alfred von Almirante que creó la marina de guerra alemana (Küstrin, Brandenburgo, 1849 - Ebenhausen, Baviera, 1930). Pertenecía a la marina prusiana desde 1865. Tras la unificación de Alemania (1870) y la caída del poder de Bismarck* (1890), el emperador Guillermo II* embarcó a su país en una «política mundial» que pasaba por dotar a Alemania de una flota potente, capaz de sustentar sus ambiciones de expansión colonial. Los informes de Tirpitz reclamando el fortalecimiento de la Armada le ganaron la confianza del emperador, el cual le hizo nombrar ministro de Marina en 1897 y le mantuvo en el puesto hasta 1916. Dirigió el rearme naval alemán, creando una Flota de Alta Mar que era la segunda del mundo e inquietaba a la potencia hegemónica que tenía la primera, Gran Bretaña. Al estallar la Primera Guerra Mundial (1914-18), propuso emplear su flamante flota en una ofensiva naval contra Inglaterra; pero las concepciones defensivas dominantes entre los militares se lo impidieron. Propuso entonces una guerra submarina a gran escala, que tampoco fue aceptada. Aquellas resistencias le llevaron a dimitir en 1916 y fundar un partido político para defender sus ideas, en unión de Kapp*: el Partido de la Patria, de ideología ultranacionalista. Perdida la guerra e instaurada la República de Weimar, volvió a defender sus puntos de vista como diputado en 1924 y apoyó la candidatura presidencial de Hindenburg* en 1925.

Tito (Josip Broz) Creador del régimen comunista en Yugoslavia (Kumrovec, Croacia, 1892 - Liubliana, Eslovenia, 1980). Era un modesto obrero croata, que se acercó al socialismo a través de la acción sindical. Al estallar la Primera Guerra Mundial (1914-18), fue movilizado por el ejército austro-húngaro y cayó prisionero de los rusos. En Rusia se unió a los bolcheviques durante la Revolución de 1917, para regresar luego a su país, recién integrado en un Estado de nueva creación: Yugoslavia. *Tito* actuó como agente de la Unión Soviética y dirigente del Partido Comunista Yugoslavo, que le eligió secretario general en 1937. Durante la Segunda Guerra Mundial (1939-45), el país fue ocupado por la Alemania nazi (1941). *Tito* pasó a la clandestinidad y organizó la resistencia guerrillera contra los alemanes y los colaboracionistas, sin recibir ayuda ni de la Unión Soviética ni de los aliados occidentales. Los partisanos de *Tito* liberaron al país del ejército ocupante por sí mismos, circunstancia que determinó la instauración de un régimen político autónomo con respecto a las dos superpotencias que se repartieron el mundo en la posguerra. En 1945 proclamó la República Popular Federativa de Yugoslavia (con un régimen comunista de partido único), en la que ejerció el poder hasta su muerte, primero como jefe de gobierno (1945-53) y luego como presidente de la República (1953-80). A pesar de la afinidad ideológica con la Unión Soviética, *Tito* rompió las relaciones con Stalin* en 1948, afirmando su «vía nacional» al socialismo frente a la voluntad de dominación soviética. En consecuencia, no se integró en los sistemas de alianzas del bloque soviético (COMECON y Pacto de Varsovia), entablando por el contrario relaciones comerciales con los países occidentales e impulsando un movimiento de países no alineados (junto con Nasser*, Nehru* y otros). La independencia política que le daba el ser la única de las «Repúblicas Populares» de Europa Oriental que no había surgido de la intervención soviética, le permitió construir un régimen socialista original, descentralizado y autogestionario. Sin embargo, tanto el modelo económico del socialismo autogestionario como el modelo político de la federación yugoslava fracasaron; y las dificultades económicas y los conflictos nacionalistas impulsaron a Tito a endurecer gradualmente su dictadura hasta que murió. Sus sucesores fueron incapaces de frenar la descomposición del país, que tardó poco en llegar a la guerra civil.

TITO CUSI. V. INCAS.

TITO Flavio Sabino Vespasiano Emperador romano (Roma, 39 - Aquae Cutiliae, Sabina, Italia, 81). Se educó en la corte imperial junto a Británico, el hijo de Claudio*. Luego acompañó a su padre, Vespasiano, a Palestina cuando éste fue puesto al mando de las tropas enviadas a reprimir la rebelión de los judíos (66). Estando allí con él, su padre fue proclamado emperador por sus legionarios y partió para hacer reconocer su poder por el Senado (69). Tito se quedó al mando de las tropas romanas establecidas en Palestina, con el encargo de terminar la represión de los judíos. En el año 70 tomó Jerusalén, tras un asedio de cinco meses, destruyendo el templo sagrado de los judíos y arrasando la ciudad; de ese momento arranca la dispersión de los judíos por el Mediterráneo (la *diáspora*). Aplastada la rebelión, Tito regresó a Roma, donde fue asociado por su padre al gobierno del Imperio (otorgándole en diversos momentos cargos como los de césar, tribuno, censor, cónsul y prefecto del pretorio). Al morir Vespasiano en el 79, le sucedió sin dificultad como emperador, a pesar de la mala imagen que se había labrado por sus medidas impopulares y por su vida licenciosa (era amante de una princesa judía). El incendio de Roma y la peste del 79 le dieron ocasión para ganar popularidad con su labor en la reconstrucción (terminó el Coliseo de Roma y edificó las termas y el arco que llevan su nombre). Al morir le sucedió su hermano Domiciano.

TOCQUEVILLE, Charles Alexis Henri Clérel de, señor de Pensador y político liberal francés (Verneuil, Île-de-France, 1805 - Cannes, 1859). Procedente de una familia noble, Tocqueville fue uno de los observadores más lúcidos del cambio producido en su época por la revolución liberal. Estudió Derecho y obtuvo una plaza de magistrado en Versalles en 1827. Pero su inquietud intelectual le llevó a alejarse la rutina en 1831, viajando a los Estados Unidos para estudiar su sistema penitenciario. La estancia en aquel país le sirvió para profundizar en el análisis del sistema político y social norteamericano, que retrató en su obra *La democracia en América* (1835-40). En ella reflejó su admiración por el modelo liberal-democrático americano, que consideraba mucho más equilibrado que el que propugnaban los revolucionarios europeos (por elementos moderadores, como la autonomía local). Tocqueville abandonó la magistratura para dedicarse a la producción intelectual y a la actividad política: en 1839 fue elegido diputado y en 1841 miembro de la Academia francesa. Condenó tanto la Revolución de 1848 (que acabó con la Monarquía de Luis Felipe*) como el golpe de Estado de Napoleón III* en 1851-52 (que liquidó la Segunda República y dio paso al Segundo Imperio). Pero, entre ambos acontecimientos, aceptó servir a la Segunda República como ministro de Asuntos Exteriores (1848), antes de retirarse definitivamente de la política. Concentrado sobre su labor intelectual, fue entonces cuando escribió su obra cumbre —e inacabada— *El Antiguo Régimen y la Revolución* (1856).

Sostuvo allí que la Revolución francesa no había constituido una ruptura radical con el pasado, pues se había limitado a confirmar tendencias reformistas esbozadas a lo largo del siglo XVIII, que ya apuntaban hacia una uniformización de la sociedad y una centralización del Estado. Por lo demás, Tocqueville contribuyó a convencer a sus contemporáneos de que el signo de los tiempos iba en el sentido de la democratización, pero que la defensa de la libertad individual exigía medidas para impedir que degenerara en un cesarismo populista (como el que representaba Napoleón III): división de poderes, descentralización política... y sobre todo fomento de la conciencia cívica de los ciudadanos para hacerles amantes de la libertad y capaces de resistirse contra cualquier despotismo.

TOGLIATTI, Palmiro Dirigente comunista italiano (Génova, 1893 - Yalta, Unión de Repúblicas Socialistas Soviéticas, 1964). Era militante del Partido Socialista Italiano cuando el estallido de la Revolución rusa (1917) le hizo orientarse hacia el sector radical que simpatizaba con los bolcheviques. Se unió al grupo de Gramsci* y fue uno de los que capitanearon la escisión comunista en el Congreso de Livorno (1921). Fundado así el Partido Comunista Italiano, Togliatti entró enseguida en su Comisión Ejecutiva (1923) y, ya en el exilio, fue elegido secretario general (1931). Había marchado al exilio para escapar de la policía fascista, después del acceso al poder de Mussolini* (1922). Desde la Unión Soviética dirigió la lucha antifascista clandestina del PCI, al tiempo que colaboraba con la Internacional Comunista en tareas de propaganda. Cuando el curso desfavorable de la Segunda Guerra Mundial (1939-45) provocó la caída de la dictadura fascista en Italia, Togliatti regresó al país y planteó la colaboración de los comunistas con las demás fuerzas democráticas para la reconstrucción nacional (1944). En consecuencia, participó en los gobiernos de unidad de Badoglio*, Bonomi, Parri y De Gasperi*. En 1947, ya constituida la República y normalizada la vida política, pasó a encabezar la oposición contra el partido dominante de la derecha (la Democracia Cristiana), pues en Italia los comunistas se convirtieron en el primer partido de la izquierda (a diferencia del resto de Europa Occidental, donde esa prioridad correspondió a los socialistas). Togliatti fue uno de los primeros líderes comunistas en asumir el valor de la democracia occidental y plantearse la conquista del poder por vías exclusivamente electorales y parlamentarias. Deseoso de apartar a su partido de la influencia de Stalin* en plena «guerra fría», reclamó un comunismo más liberal, nacional e independiente de los dictados de Moscú, convirtiéndose en un precursor del *eurocomunismo*.

Tojo, Hideki Militar japonés (Tokyo, 1884-1948). Siguió la carrera militar por tradición familiar. Tras servir como agregado militar en Alemania y jefe del ejército japonés en Manchuria, fue llamado a Tokyo como viceministro de la guerra, en la época álgida del régimen militarista (1938-40); pronto culminaría su ascensión llegando a ser ministro de la Guerra (1940-41) y primer ministro (1941-44). Fue, pues, el principal mandatario de Japón durante la participación de este país en la Segunda Guerra Mundial (1941-45), que contribuyó a desencadenar. Tojo impulsó el compromiso de Japón con la Alemania de Hitler* y la Italia de Mussolini* (Pacto Tripartito de 1940), lanzó el programa imperialista de imponer en Asia un «Nuevo Orden» bajo la hegemonía japonesa (1941) y decidió el ataque a Pearl Harbour, que hizo entrar en guerra a los Estados Unidos (1941). Luego dirigió la política de su país durante la guerra, destacando como uno de los militaristas más agresivos de la época. Y cuando la suerte de la contienda se le volvió desfavorable (desde 1942), reaccionó concentrando personalmente todos los poderes en una especie de dictadura. No obstante, el avance de los aliados y la inminencia de la derrota hizo que fuera cesado en 1944, dejando a sus sucesores la tarea de la rendición. Al final de la guerra fue detenido por los norteamericanos; se hirió en un intento de suicidio, pero fue curado, juzgado en 1946 y ahorcado dos años más tarde.

Tokugawa, Familia Clan militar que ejerció el poder en Japón entre 1603 y 1867, ocupando el cargo de *shogun*. Este «tercer shogunado» (Shogunado Tokugawa o de Edo) fue el último, terminando con él el imperio japonés tradicional. El régimen de shogunado, vigente en Japón desde 1192, era una especie de dictadura militar sometida nominalmente al emperador, a quien se confinaba de hecho a la función de suprema autoridad religiosa.
Tokugawa Ieyasu (1543-1616) pertenecía a una familia de guerreros de la isla de Hondo, que se hizo con un dominio local luchando contra sus rivales y vecinos hacia 1560-80. Ieyasu se alió con los dos ministros imperiales que, por aquellos años, estaban unificando el país en lucha contra los señores feudales: Nobunaga e Hideyoshi. Gracias a esa alian-

za, obtuvo nuevos dominios cerca de la Corte imperial de Kyoto, en donde instaló su nueva capital, Edo (el Tokyo actual). Al morir Hideyoshi en 1598, Ieyasu era el más poderoso de los *daimíos* (señores feudales) japoneses. Consiguió imponerse a sus rivales en la batalla de Sekigahara (1600) y, ya dueño del país, el emperador le reconoció el título de *shogun* o generalísimo de los ejércitos en 1603. Tras exterminar a la familia de Hideyoshi para consolidar el poder de los Tokugawa, se retiró en 1605. Dejó el shogunado a su hijo **HIDETADA** (1579-1632), haciendo asumir así el carácter hereditario del cargo. Hidetada consolidó las reformas iniciadas por su padre: centralizó el poder, sometió a la nobleza feudal, estableció una burocracia más eficaz y reformó el ejército y la Hacienda imperiales. Se retiró en 1623, dejando como *shogun* a su hijo **IEMITSU** (1604-51). En su época culminó el conflicto con los cristianos (detrás de los cuales se adivinaban las ambiciones intervencionistas de españoles y portugueses), iniciado en tiempos de su abuelo. En 1637-38 la protesta de los cristianos estalló en la Rebelión de Shimabara, que el *shogun* aplastó por la fuerza, acabando con la presencia del cristianismo en Japón. Dispuesto a aislar al país de la influencia extranjera, completó las restricciones a la navegación que había introducido su padre, decretando en 1639 un cierre de los puertos japoneses para los barcos occidentales (excepto a través de la base holandesa de Deshima), que se mantendría hasta 1854. Bajo sus sucesores, el shogunado entró en decadencia, con casos como el de **TSUNAYOSHI** (1646-1709), llamado el *Shogun Perro*. Convencido por un monje budista de que era reencarnación de un perro, decretó la pena de muerte para quienes maltrataran a esos animales y mantuvo lujosamente a una jauría de unos 50.000. La decadencia se detuvo temporalmente en 1716-45, con la llegada de **YOSHIMUNE** (1684-1751), procedente de una rama secundaria de los Tokugawa. Reformó la administración, fomentó la educación, redujo los gastos de la corte, adoptó medidas contra la corrupción, introdujo nuevos cultivos y reguló el comercio. Sin embargo, tras su retirada del poder la situación volvió a deteriorarse, decreciendo el prestigio de los Tokugawa al tiempo que resurgía el culto al emperador. El último *shogun* fue **YOSHINOBU** o **KEIKI** (1837-1913). Llegó al poder tras una dura lucha contra otros grupos familiares del clan Tokugawa, que se prolongó de 1858 a 1866. Detrás de esa lucha se hallaban los intereses encontrados de la nobleza feudal (los *daimíos*) y de la nobleza de servicio (los *samuráis*). La victoria de estos últimos obligó a Yoshinobu a abdicar sus poderes en el emperador Mutsuhito* en 1868, abriendo paso a un periodo de profundas reformas conocido como *Revolución Meiji*. Tras intentar por todos los medios conservar algún tipo de poder, Yoshinobu fue obligado a retirarse a sus dominios, aunque se le mantuvo el rango de príncipe.

TOLOMEOS. V. **PTOLOMEOS.**

TOMÁS DE AQUINO, Santo (llamado *Doctor Angelicus*). Filósofo italiano que sistematizó la teología cristiana medieval (Roccasecca, Nápoles, 1225 - Fossanova, 1274). El hijo de los condes de Aquino estudió en el monasterio de Montecassino y en la Universidad de Nápoles antes de ingresar en la Orden de

Santo Domingo (1244). Luego continuó sus estudios de Teología en París, con Alberto Magno. Desde entonces desplegó una ingente labor intelectual: fue profesor en París y en varias ciudades italianas; y, sobre todo, escribió numerosas obras de temas filosóficos, teológicos y jurídicos. La más importante de ellas fue la *Summa theologica* (1265-73), convertida inmediatamente en el texto fundamental de la escolástica (el saber que se enseñaba en las escuelas monacales europeas), desplazando a las doctrinas procedentes de Platón* y de san Agustín*, que predominaban hasta el momento. El pensamiento de santo Tomás está basado en el de Aristóteles*, pero adaptado a la fe cristiana y a las enseñanzas de la Biblia. Defendió la compatibilidad entre Filosofía y Teología, por entender que la verdad descubierta por la razón tenía que coincidir con la verdad revelada; la armonía entre razón y fe encontró su expresión más depurada en las cinco vías por las que Tomás intentó demostrar la existencia de Dios. La filosofía política tomista afirma que el poder procede de Dios, pero que debe orientarse hacia la búsqueda del bien común, huyendo de la tiranía y respetando la autoridad suprema de la Iglesia. Ésta canonizó a Tomás de Aquino en 1323 y defendió durante siglos la vigencia de su sistema filosófico.

TOMÁS BECKET, Santo. V. BECKET, Thomas.

TOMÁS MORO, Santo. V. MORO, Tomás.

TORO SENTADO (Tatanka Iyotake, llamado *Sitting Bull*). Jefe de los indios sioux de Norteamérica (Río Grande, Dakota del Sur, h. 1831/34 - Fort Yates, Dakota del Norte, 1890). Era el líder de una sociedad de guerreros de la tribu sioux de los Teton, que adquirió prestigio luchando por extender los territorios de caza de los sioux hacia el oeste en detrimento de otros pueblos. Desde 1863 entró en contacto con el hombre blanco, cuya penetración estaba arruinando la economía de los sioux. Destacó entre los suyos como partidario de ofrecer resistencia a la dominación blanca, y en 1867 ya era jefe de las siete tribus de la nación sioux. Firmó con los Estados Unidos el segundo Tratado de Fort Laramie (1868), por el que aceptaba concentrar a su pueblo en un extenso territorio concedido como reserva. Pero el descubrimiento de oro en la zona hizo aparecer nuevos colonos y el gobierno estadounidense exigió a los sioux que se trasladaran mediante un ultimátum de difícil cumplimiento. *Toro Sentado* reaccionó llamando a la insurrección a los sioux, cheyenes y arapahos, con los que exterminó a las tropas del general Custer* en la batalla de Little Big Horn (1876). Aunque el curso de la guerra les fue favorable, los sioux fueron rendidos por hambre, al haber acabado los blancos con las posibilidades de seguir viviendo de la caza del búfalo en las praderas. *Toro Sentado* se refugió con sus seguidores en el Canadá (1877), pero el hambre le obligó finalmente a regresar y acogerse al perdón de las autoridades estadounidenses (1880). Durante unos años se hizo famoso por su participación en el *show* ambulante del «salvaje Oeste» que dirigía *Buffalo Bill** (1885-89). Luego se unió a la secta mesiánica de la Danza de los Espíritus, que canalizaba la desesperación de los sioux ante su decadencia; las autoridades americanas, temerosas de una nueva revuelta, le hicieron detener. Murió asesinado durante el tumulto organizado por sus seguidores para liberarle.

Torquemada, Tomás de Inquisidor general de Castilla y Aragón (Valladolid, 1420 - Ávila, 1498). Procedía de una influyente familia de judíos conversos de Castilla; su tío, Juan de Torquemada, fue cardenal y prior de los dominicos de Valladolid. Tomás ingresó muy joven en la orden de su tío y llegó a ser prior del convento de Santa Cruz de Segovia. Fue confesor de varias personas influyentes de la corte de los Reyes Católicos*, que le pusieron en contacto con la reina Isabel. En 1483 fue nombrado inquisidor general con autoridad sobre todos los reinos de las Coronas de Castilla y Aragón, para poner fin al desorden que había reinado en la Inquisición española desde que se fundara en 1478. Aunque no fue el primer inquisidor general, sí fue el verdadero organizador del Tribunal. Centralizó el Santo Oficio en torno al nuevo Consejo Supremo de la Inquisición, del cual fue primer presidente. Dictó las ordenanzas de 1484-85 y 1488, que crearon el procedimiento inquisitorial para perseguir a los herejes (mediante acusaciones anónimas, interrogatorio bajo tormento y penas que podían llegar hasta la hoguera). Torquemada fue un riguroso perseguidor de toda disidencia religiosa, que llevó su celo ortodoxo hasta la crueldad. Convencido de la necesidad de la unidad religiosa, fue uno de los inspiradores de la expulsión de España de los judíos que no aceptaran convertirse al cristianismo (1492); y después aumentó el rigor en la persecución de los judeoconversos (a los que él mismo pertenecía), acusados frecuentemente de seguir practicando su religión en secreto.

Torre, Duque de la. V. Serrano y Domínguez, Francisco, duque de la Torre.

Torrijos, Omar Militar y político panameño (Santiago de Veraguas, 1929 - Olá, 1981). Panamá había obtenido su independencia de Colombia mediante una revuelta alentada por los Estados Unidos con la intención de construir en su territorio un canal de navegación interoceánico (1903). El nuevo país cedió a los Estados Unidos una franja que lo partía por la mitad, donde se construyó el canal en 1904-14. Pero la presencia norteamericana y la intromisión de Washington en la política panameña crearon, desde los años veinte, un sentimiento nacionalista, que tuvo en Omar Torrijos uno de sus portavoces. Este general accedió al poder en 1968 mediante un golpe de Estado contra las autoridades impuestas por Estados Unidos. Primero presidió una junta de gobierno militar; pero en 1972-78 amplió sus poderes como presidente del Gobierno. Su presión para recuperar la soberanía sobre la zona del canal halló eco en la política de buena vecindad del presidente norteamericano Carter*, de manera que en 1977 se firmaron los Acuerdos Torrijos-Carter, que preveían la gradual restitución del canal al Estado panameño hasta el año 2000. En 1978 se retiró del gobierno, pero siguió dominando la política panameña como jefe de la Guardia Nacional y presidente del Partido Revolucionario Democrático. Muerto en un misterioso accidente de aviación, su política nacionalista fue continuada por el general Noriega, que acabó siendo derrocado, secuestrado y encarcelado en los Estados Unidos en tiempos de Bush*.

TOUSSAINT *LOUVERTURE* (François Dominique Toussaint). Revolucionario fundador de Haití (Santo Domingo, 1743 - Fuerte de Joux, Francia, 1803). Era un esclavo negro de una plantación de la parte occidental de la isla de Santo Domingo, bajo dominio colonial francés. En 1791 estalló una revuelta entre los esclavos, que se enfrentaron contra los amos blancos de la colonia, insubordinados a su vez contra la autoridad de la Francia republicana. Toussaint, que había aprendido a leer y escribir, se unió tardíamente a aquella revuelta y negoció con las autoridades españolas que dominaban la parte oriental de la isla (Santo Domingo); los españoles, que habían entrado en guerra con Francia, reconocieron a Toussaint el rango de general y le facilitaron la organización de un ejército en 1793. Luego se pasó al bando francés, en el momento en que la Convención decretó la abolición de la esclavitud (1793-94). Sus enemigos fueron esta vez los colonos franceses esclavistas y el ejército británico que acudió en su apoyo. Tras múltiples alternativas, Toussaint triunfó y firmó por su cuenta un tratado de paz con los ingleses (1798), lo cual suponía de hecho la independencia de Haití. En los años siguientes intentó consolidar su poder negociando con los Estados Unidos de América y enviando expediciones militares hacia la parte española de la isla. En 1802 Napoleón* envió a un ejército con la misión de recabar el control de la colonia y restablecer en ella la esclavitud. Toussaint fue derrotado, detenido y enviado a Francia, donde murió. Pero uno de sus generales, Dessalines, reavivó la rebelión de los negros, obligó a los franceses a evacuar la isla y proclamó oficialmente la independencia de Haití en 1804.

TRAJANO, Marco Ulpio Primer emperador romano procedente de una provincia (Itálica, Hispania, 52 - Selinonte, Cilicia, 117). Procedía de una familia de colonos italianos instalados en la Bética (cerca de la actual Sevilla), que habían accedido al orden senatorial. Trajano hizo una brillante carrera militar, que le llevó a ser cónsul (91) y gobernador de la Germania Superior (96). El emperador Nerva, que no tenía descendientes, le adoptó y le asoció al gobierno del Imperio en el año 97, señalándole como sucesor en virtud de su lealtad y de su popularidad en el ejército. Cuando el emperador murió en el 98, el Senado eligió emperador a Trajano, que sólo entonces abandonó la frontera del Rin y marchó a Roma. Durante su reinado sostuvo importantes campañas militares que llevaron el Imperio a su máxima extensión: fortificó y romanizó la Dacia (actual Rumania) tras conquistarla en sus campañas de 101-102 y 105-107; anexionó el reino nabateo de Arabia (en la actual Jordania) en 106; y arrebató a los partos Armenia, Asiria y Mesopotamia (113). Trajano (cuyas victorias sobre los dacios conmemora la Columna Trajana) fue recordado por la posteridad como el mejor de los emperadores (el propio Senado le reconoció el título de *Optimus).* No se debió sólo a sus conquistas en Oriente (de indudable valor tanto económico como simbólico, pues permitían el control de las rutas comerciales de Asia y enlazaban con la memoria mítica de Alejandro Magno*); se debió también a su política interior, pues Trajano inauguró una política económica intervencionista con fines sociales (créditos baratos a los campesinos, subsidios para pobres, obras públicas para dar empleo a los parados...). También se esforzó por incorporar a los provinciales a la vida política del Imperio. Murió cuando regresaba de Oriente sin dejar herederos. Su mujer, Plotina, dijo que Trajano había adoptado en el lecho de muerte a su sobrino, el también hispano Adriano*, quien, en consecuencia, se impuso como sucesor.

Trastámara, Casa de (o Trastamara) Dinastía reinante en Castilla (de 1369 a 1504), en Aragón (de 1412 a 1516) y en Nápoles (de 1458 a 1501). Globalmente, el reinado de los Trastámara en Castilla se caracterizó por el refuerzo de la autoridad monárquica, fomentando el desarrollo económico impulsado por la burguesía e introduciendo a Castilla en la diplomacia europea. Esta modernización de la Monarquía convirtió a Castilla en una gran potencia europea, capaz de imponer su hegemonía en la península Ibérica.

La casa toma su nombre del Condado de Trastámara, título que ostentaba antes de acceder al Trono **Enrique II**, *el de las Mercedes** (1369-79), por haber sido adoptado por el conde Rodrigo Álvarez. Como hijo bastardo de Alfonso XI y Leonor de Guzmán, le disputó el Trono a su hermanastro, Pedro I, *el Cruel**; tras una guerra civil, en 1369 le asesinó y ocupó el Trono, legándolo posteriormente a su hijo **Juan I*** (1379-90). Éste consolidó en el Trono a la dinastía, rechazando una invasión portuguesa en apoyo de las pretensiones del duque de Lancaster, Juan de Gante, que reclamaba sus derechos como yerno de Pedro I. Juan I quiso entonces anexionarse el reino portugués, pero fue derrotado en la batalla de Aljubarrota (1385). Le sucedió en el Trono castellano su hijo **Enrique III**, *el Doliente* (1390-1406), durante cuyo reinado conquistó Castilla las islas Canarias. Ante el *Cisma de Occidente*, que dividió a la Iglesia entre dos papas rivales, apoyó al papa de Aviñón, el aragonés Benedicto XIII*. Le sucedió su hijo **Juan II de Castilla** (1406-54), cuyo reinado estuvo marcado primero por la regencia de su madre y de su tío, el infante don Fernando (futuro Fernando I de Aragón), y más tarde por el valimiento del condestable Álvaro de Luna* y las guerras contra los infantes de Aragón (los hijos de Fernando I, pertenecientes, por tanto, a la misma Casa de Trastámara). Le sucedió su hijo **Enrique IV**, *el Impotente* (1454-74). Durante su reinado la autoridad monárquica quedó debilitada en beneficio de la nobleza y de los validos, Juan Pacheco y Beltrán de la Cueva. A este último se atribuyó la paternidad de la heredera del Trono, Juana, *la Beltraneja**, al tiempo que se difundía el rumor de que el rey era impotente. Tales rumores fueron propalados por los partidarios de la hermana de Enrique, **Isabel I**, *la Católica* (1474-1504), que le disputó el Trono apoyándose en la nobleza y, tras su muerte, se hizo proclamar reina imponiéndose a los partidarios de su sobrina Juana. Su matrimonio con el rey Fernando II de Aragón (también un Trastámara) unificó las Coronas de Castilla y Aragón. Pero los Reyes Católicos* no tuvieron heredero masculino, por lo que su herencia fue transmitida a la Casa de Habsburgo*, a través de Juana I, *la Loca**, Felipe I, *el Hermoso** y Carlos I*. En cuanto a la rama aragonesa de los Trastámara, arranca de **FERNANDO I,** *el de Antequera* (1412-16), hijo de Juan I y regente de Castilla durante la minoría de edad de su sobrino, Juan II. En 1410 quedó vacante el Trono aragonés, al morir el último representante de la Casa de Barcelona, Martín I *el Humano**; tras un periodo de anarquía, una asamblea de notables se inclinó por hacer rey a Fernando de Trastámara (Compromiso de Caspe, 1412). Recibe su sobrenombre de su participación en la reconquista de la plaza de Antequera contra el reino musulmán de Granada (1410). En 1413 consolidó su acceso al Trono derrotando a los nobles que se le oponían, encabezados por el conde de Urgel. Pudo así transmitir la Corona a su hijo **ALFONSO V,** *el Magnánimo** (1416-58), que dedicó todas sus energías a proseguir la expansión mediterránea de la Corona catalanoaragonesa, iniciada por su padre. Incorporó Sicilia, Cerdeña y Nápoles, y llevó sus campañas guerreras hasta el Mediterráneo oriental. Durante su reinado continuaron las guerras con Castilla. Al morir desgajó la herencia, dejando Nápoles para su hijo bastardo, Fernando I de Calabria, mientras que Aragón, Cataluña, Valencia y Mallorca pasaban a su hermano **JUAN II de Aragón** (1458-79). Éste fue, además, rey de Navarra por su matrimonio con Blanca I*; y, al morir ésta en 1441, intentó usurpar el Trono navarro en detrimento de su hijo Carlos, dando lugar a una guerra civil entre *agramonteses* (partidarios de Juan II) y *beaumonteses*. El apoyo de Castilla a estos últimos desencadenó además la guerra con Castilla. Juan II triunfó frente a sus adversarios e impuso como reina de Navarra a su tercera hija, Leonor, casada con Gastón de Foix, de donde arranca la implantación en Navarra de la Casa de Foix. Pero el conflicto entre Juan II y su hijo Carlos se extendió a Cataluña, donde provocó una guerra civil (1462-72) entre el rey, los payeses de remensa y la facción popular de la *Busca,* por un lado, y la Diputación, por otro. La Diputación llegó a ofrecer la Corona de Cataluña a Enrique IV de Castilla, a Pedro de Portugal y a Renato de Provenza. El rey se impuso gracias a la ayuda de Luis XI de Francia, al que hubo de compensar con la entrega del Rosellón y la Cerdaña. A Juan II le sucedió en Aragón su hijo **FERNANDO II,** *el Católico* (1479-1516), casado con la heredera de Castilla. Durante su reinado volvió a incorporarse a la Corona aragonesa el reino de Nápoles, que había permanecido en manos de una rama colateral de los Trastámara desde **FERNANDO I DE CALABRIA** (1458-94), hijo bastardo de Alfonso V de Aragón, a quien éste legó por testamento el reino de Nápoles. Tras imponerse en dura lucha contra los barones napolitanos partidarios del duque de Lorena, consolidó su poder y lo transmitió a su hijo Alfonso II (1494-95). La Corona de Nápoles pasó de éste a su hijo Fernando II (1495-96) y luego a otro hijo de Fernando I, Fadrique (1496-1501), antes de reincorporarse a la rama principal de los Trastámaras aragoneses en la persona de Fernando *el Católico*.

TROTSKI, Leon (Lev Davidovich Bronstein) Revolucionario ruso (Yanovka, Ucrania, 1877 - Coyoacán, México, 1940). Nació en una familia judía de labradores propietarios y estudió Derecho en la Universidad de Odessa. Participó desde joven en la oposición clandestina contra el régimen autocrático de los zares, organizando una Liga Obrera del Sur de Rusia (1897). Fue detenido varias veces y desterrado a Siberia; pero consiguió huir de allí en 1902 y se unió en Londres al que ya aparecía como jefe de la oposición socialdemócrata en el exilio: Lenin*. Aunque discrepaba de su concepción autoritaria del partido, colaboró con él e intentó en vano reconciliar a la facción que dirigía (los *bolcheviques*) con la facción rival de la socialdemocracia rusa (los *mencheviques*). Regresó a Rusia para participar en la Revolución de 1905 (en la cual organizó el primer *sóviet* o consejo revolucionario). Al fracasar la revolución, fue deportado otra vez a Siberia y nuevamente se escapó (1906). Tras recorrer medio mundo entrando en contacto con los focos de conspiradores revolucionarios, se trasladó a Rusia en cuanto estalló la Revolución de febrero de 1917, que derrocó a Nicolás II*. Abandonando su trayectoria anterior de socialista independiente (en relación con los mencheviques), puso su talento de organizador y de agitador al servicio del Partido Bolchevique y fue elegido presidente del Sóviet de Petrogrado. Desempeñó un papel central en la conquista del poder por Lenin: fue el principal responsable de la toma del Palacio de Invierno por los bolcheviques, que instauró el régimen comunista en Rusia (Revolución de octubre de 1917).

Aunque Lenin ocupó la cúspide del poder, Trotski desempeñó un papel crucial en el gobierno soviético hasta la muerte de aquél. Como primer comisario de Asuntos Exteriores de la Rusia bolchevique (1917-18), negoció con los alemanes la Paz de Brest-Litovsk, que retiró al país de la Primera Guerra Mundial para responder a los deseos de paz de las masas y concentrarse en la consolidación de la Revolución. Luego fue comisario de Guerra (1918-25), cargo desde el cual organizó el Ejército Rojo en condiciones muy difíciles y derrotó en una larga guerra civil a los ejércitos *blancos* (contrarrevolucionarios) y a sus aliados occidentales (1918-20). Su labor fue, por tanto, crucial para la supervivencia del primer Estado comunista del mundo. Lenin le señaló como su sucesor antes de morir en 1924; pero la ambición de Stalin*, que contaba con fuertes apoyos en el aparato del partido, le impidió acceder al poder. Trotski defendía la idea de la «revolución permanente» como vía de realización de los ideales marxista-leninistas (extendiendo gradualmente la Revolución a Alemania y a otros países); mientras que Stalin le opuso la concepción más conservadora de consolidar el «socialismo en un solo país». Las diferencias ideológicas, sin embargo, eran poco más que un pretexto para Stalin, que maniobró hábilmente en busca de aliados y después de deshizo de ellos (incluso físicamente); con estas maniobras consiguió apartar a Trotski de la dirección en 1925, expulsarle del partido en 1927, deportarle a Kazajistán en 1928 y desterrarle del país en 1929. Trotski no cejó en su lucha revolucionaria, que canalizó desde el exilio escribiendo en defensa de sus ideas (obras como *La revolución permanente*, 1930; o la *Historia de la Revolución Rusa*, 1932) y encabezando una corriente comunista disidente (agrupada en la Cuarta Internacional desde 1938). Stalin le hizo asesinar por un agente soviético (Ramón Mercader).

TRUJILLO Y MOLINA, Rafael Leónidas Dictador dominicano (San Cristóbal, República Dominicana, 1891 -

Santo Domingo, 1961). Era comandante de la Guardia Nacional, un cuerpo militar creado por los Estados Unidos para preservar sus intereses en la isla. En 1930 dio un golpe de Estado y se proclamó presidente de la República Dominicana. Ejerció hasta su muerte un poder dictatorial, si bien durante los años 1938-42 y 1952-61 se sirvió de intermediarios de su confianza para ocupar los principales puestos políticos (como su propio hermano Héctor Bienvenido, al que situó como presidente de la República y primer ministro en 1952). La dictadura se apoyó en el ejército y la policía, reprimiendo brutalmente a la oposición. El nepotismo y la corrupción enriquecieron, en detrimento de la mayoría del país, a una estrecha oligarquía encabezada por el propio clan de los Trujillo (que se hizo con negocios como el monopolio del tabaco). En su delirio de grandeza, llegó a cambiar el nombre de la capital dominicana, rebautizándola *Ciudad Trujillo;* construyó obras públicas enormes para perpetuar su memoria; y lanzó a su ejército a operaciones de intervención en otros países del Caribe. Ante tales excesos, los Estados Unidos dejaron de apoyarle y promovieron un golpe de Estado militar, en el que murió asesinado el dictador.

TRUMAN, Harry S. 33.er presidente de los Estados Unidos de América (Lamar, Missouri, 1884 - Kansas City, 1972). Este agricultor sureño fue ascendiendo lentamente en la política local mediante cargos electivos —siempre ligados al Partido Demócrata—, hasta que en 1935 pasó a representar a su Estado como senador. Durante la Segunda Guerra Mundial (1939-45) se hizo famoso como presidente del comité parlamentario encargado de supervisar la economía de guerra, moderando los gastos y evitando discriminaciones (el *Comité Truman).* El prestigio alcanzado hizo que el partido le presentara como candidato a vicepresidente en las elecciones de 1944. Ejerció, pues, como vicepresidente de Franklin D. Roosevelt*, hasta que el fallecimiento de éste le convirtió automáticamente en presidente (1945). En 1948 obtuvo la reelección para un segundo mandato, que ejerció en 1949-53. Mantuvo la continuidad con la política de Roosevelt, consolidando los avances del *New Deal* con un programa de profundización en la democracia económica y social (el *Fair Deal).* No obstante, no pudo impedir que el Congreso aprobara la Ley Taft-Harley, que limitaba el derecho de huelga y arrebataba a los sindicatos el monopolio de la representación de los trabajadores (1947). Tampoco pudo evitar que el clima internacional de la «guerra fría» se contagiara al interior de la sociedad americana, produciendo una especie de sicosis anticomunista: bajo la inspiración del senador McCarthy* el Congreso lanzó una verdadera «caza de brujas» contra supuestos infiltrados comunistas en la Administración, el ejército y el mundo de la cultura; en el mismo sentido iban la Ley MacCarran-Nixon* de 1950 (que permitía el registro de las organizaciones izquierdistas) y la Ley MacCarran-Walter de 1952 (que imponía restricciones a la inmigración).

Truman se inició en la política exterior asistiendo a las conferencias que trataron de organizar el orden internacional de la posguerra (Conferencias de Postdam y San Francisco, 1945). Enseguida descubrió las ambiciones de poder de Stalin* y adoptó una postura firme para impedir el expansionismo soviético; la *doctrina Truman,* basada en contener a la URSS mediante ayudas económicas y militares a los gobiernos amigos, daría lugar a un largo periodo de «guerra fría»; es decir: una bipolarización de la política mundial entre los Estados Unidos y la Unión Soviética, en continua tensión, pero sin llegar a enfrentarse en guerra abierta. A diferencia de la actitud aislacionista que adoptaron los Estados Unidos al final de la Primera Guerra Mundial (a la cual se acusaba en gran parte de los problemas del periodo de entreguerras), Truman hizo que, al final de la Segunda, el país se volcara en la acción exterior: apoyó decididamente la creación de la ONU (1945), apoyó con dinero y armas a los Gobiernos de Grecia y Turquía para impedir que cayeran en la órbita soviética (1947-49), financió generosamente un programa de ayuda económica para la reconstrucción de Europa (el Plan Marshall* de 1948), organizó una alianza militar con sus aliados de Europa Occidental y Norteamérica (la OTAN, en 1949) y respondió con firmeza al bloqueo soviético de Berlín Occidental (organizando el abastecimiento mediante un puente aéreo en 1949). La misma actitud se proyectó hacia Asia, en donde las tensiones sociales y la inestabilidad política ofrecían un terreno abonado para la expansión comunista: Truman llevó sus programas de ayuda económica y militar a Oriente Medio (desde 1950), extendió las alianzas militares norteamericanas (Pacto del Pacífico, 1951), e intervino militarmente para impedir la desaparición del régimen prooccidental de Corea del Sur frente al régimen comunista del Norte (Guerra de Corea, 1950-53). Tras haber enmendado la Constitución para impedir en lo sucesivo que un presidente fuera elegido para más de dos mandatos, se retiró de la política al concluir el suyo en 1953.

Ts'EU-HI. V. **MANCHÚ, Dinastía.**

TSIN, Dinastía (Chin o Jin) Familia reinante en China del año 265 al 420. No debe confundirse con la dinastía Ts'in o Ch'in (que reinó del 221 al 207 a.C.) ni con la dinastía Ts'ing, Ch'ing o Manchú* (que reinó de 1644 a 1912).

Los *Tsin Occidentales* se inician con WU-TI (265-90), que derrocó al último emperador de la dinastía Ts'ao (265) y reunificó temporalmente China poniendo fin al periodo de los Tres Reinos (280). Sus sucesores repartieron el imperio entre la familia, colocando a sus miembros como señores semiindependientes de los diversos territorios. La feudalización y las disputas palaciegas debilitaron al poder central y dieron a los pueblos nómadas del norte (hunos y turcos) la oportunidad para penetrar profundamente en China. En el 316 los hunos llegaron a tomar la capital del imperio Tsin (Lo-yang), obligaron a abdicar al nieto de Wu-ti, y le ejecutaron. China volvió a quedar dividida: en el norte se instauraron 16 reinos dominados por pueblos extranjeros; y el sur quedó repartido entre seis dinastías chinas. Una de ellas, establecida en torno a Nankín desde el 317, descendía de un príncipe de la familia imperial y se conoce como los *Tsin Orientales.* Su reino, en el que se refugiaron muchos fugitivos procedentes del norte, conoció un cierto brillo cultural. Pero vivió en una continua inestabilidad, debido a las guerras con los bárbaros del norte, la autonomía de los señores feudales y las ambiciones de poder de los generales. Uno de ellos acabó por deponer al último emperador Tsin en el año 420, para situar en el Trono a su propia familia (los Sung).

Ts'in, Dinastía. V. Shih Huang Ti.

Ts'ing, Dinastía. V. Manchú, Dinastía.

Tsunayoshi. V. Tokugawa, Familia.

Tudor, Dinastía Casa nobiliaria de origen galés que reinó en Inglaterra de 1485 a 1603, en virtud de su vinculación a la destronada Casa de Lancaster*.

Aparecieron en la corte con **Owen Tudor** (h. 1400-61), amante (y quizá esposo secreto) de la reina madre Catalina de Valois* (viuda de Enrique V de Lancaster, rey de Inglaterra). Durante la Guerra de las Dos Rosas (1455-85), Owen luchó de parte de la Casa de Lancaster contra los pretendientes de la Casa de York* y murió ejecutado por los partidarios de esta última. Pero antes había casado a su primogénito con Margarita de Lancaster, que era descendiente de Eduardo III Plantagenet*. **Enrique VII** (1457-1509), el primer rey de la dinastía, nació de este matrimonio. Como heredero por vía materna de los derechos dinásticos de la Casa de Lancaster, encabezó a sus partidarios hasta derrotar y dar muerte a Ricardo III, último monarca de la Casa de York, en la batalla de Bosworth (1485). Enseguida se casó con la hija del difunto Eduardo IV (hermano y predecesor de Ricardo III), a fin de enlazar también con la Casa de York y facilitar la reconciliación. Terminaba así la Guerra de las Dos Rosas con la instauración de esta nueva casa en el Trono inglés. Le sucedió su hijo **Enrique VIII*** (1509-47), impulsor de la ruptura con el Papado y de la reforma protestante que creó la Iglesia de Inglaterra. Estuvo casado seis veces; y, tal como ordenó él mismo, le sucedieron sus tres hijos, que fueron los tres últimos reyes de la dinastía: **Eduardo VI** (1547-53), cuyo reinado estuvo dominado sucesivamente por el duque de Somerset y el de Northumberland. Su decisión de dejar el Trono a Jane Grey (una bisnieta de Enrique VII casada con un hijo de Northumberland) hizo que su hermanastra, **María I*** (1553-58), tuviera que luchar para que se reconocieran sus derechos dinásticos. Intentó la reconciliación con la Iglesia católica y el alineamiento con los Habsburgo*, a través de su casamiento con Felipe II* de España. Le sucedió su hermanastra **Isabel I*** (1558-1603), que organizó definitivamente la Iglesia reformada de Inglaterra como confesión oficial de la Monarquía. Tal como había previsto Enrique VIII* en su testamento, la muerte sin descendientes de la tercera de sus hijas hizo pasar el Trono inglés a los descendientes de su hermana Margarita (hija de Enrique VII); por el matrimonio de ésta recayó, pues, el Trono en la familia de su esposo, los Estuardo*.

T'ung-Chih. V. Manchú, Dinastía.

Túpac Amaru I Último soberano inca (?, h. 1542 - Cuzco, 1572). Después de la conquista española del Perú, los incas* se habían refugiado en el reducto de Vilcabamba. En 1558 el inca Sayri Túpac se sometió a los españoles y se trasladó a Lima; pero su hermano Titu Cusi Yupanqui se quedó en Vilcabamba, encabezando un grupo de indios resistentes. Cuando murió en 1571 le sucedió su hermano Túpac Amaru. Pero, entretanto, había llegado al Perú un nuevo virrey, Francisco de Toledo, dispuesto a acabar con el foco rebelde de Vilcabamba, temeroso de que su actitud pudiera extenderse al resto de la población andina. Un ejército español asaltó Vilcabamba en 1572. La familia del inca intentó huir, pero fue perseguida y capturada. El virrey hizo que trasladaran al Cuzco al inca rebelde, al que hizo bautizar antes de ejecutarle públicamente. Con él se extinguía no sólo el último reducto de resistencia incaica, sino también la propia dinastía real de los incas, ya que Túpac Amaru no dejó descendientes varones. Sin embargo, dejó dos hijas, una de las cuales, llamada Juana Pilco-Huaco, se casó con un cacique de Surimaná; de este matrimonio desciende otro rebelde que tomó el nombre de Túpac Amaru (II)* para rebelarse contra los españoles en el siglo XVIII.

TÚPAC AMARU (II) (José Gabriel Condorcanqui o Quivicanqui). Revolucionario peruano, descendiente de los incas* (Surimaná, 1741 - Cuzco, 1781). Era el cacique de Surimaná, Tungasuca y Pampamarca, bisnieto de Juana Pilco-Huaco, la hija del último soberano inca, Túpac Amaru I* (ejecutado por los españoles en 1572). Se educó con los jesuitas de Cuzco e hizo fortuna en negocios de transporte, minería y tierras. Su prestigio entre los indios y mestizos le permitió encabezar una rebelión contra las autoridades españolas del Perú en 1780; dicha rebelión —precedida por otras similares— estalló por el descontento de la población contra los tributos y prestaciones obligatorias de trabajo que imponían los españoles (mitas, obrajes, repartimientos, servicios…) y contra los abusos de los corregidores. Comenzó con la ejecución del corregidor de Tinta, sin que al parecer existiera un plan premeditado de insurrección. Condorcanqui adoptó el nombre de su ancestro como símbolo de rebeldía contra los colonizadores, se presentó como restaurador y legítimo heredero de la dinastía inca, y envió emisarios para extender la rebelión por todo el Perú. No obstante, su rebeldía se dirigía contra las autoridades españolas locales, manteniendo la ficción de lealtad al rey Carlos III*. El primer destacamento enviado a reprimir la rebelión fue derrotado por Túpac Amaru en 1780. Se dirigió entonces hacia Cuzco, pero fue rechazado por los españoles en las inmediaciones de la antigua capital. Entretanto, el virrey Agustín de Jáuregui mandó contra él un ejército de 17.000 hombres, al tiempo que desalentaba la rebeldía haciendo concesiones a los indios (como crear en la Audiencia una sala especial para atender sus quejas o limitar los poderes de los corregidores). Túpac Amaru fue vencido en la batalla de Checacupe (1781), entregado por algunos de los suyos a los españoles, y trasladado por éstos a Cuzco, donde le juzgaron y ejecutaron. La gravedad de la amenaza que esta rebelión había representado para el imperio español en América se tradujo en la crueldad del virrey, que descuartizó a Túpac Amaru y envió cada parte de su cuerpo a un pueblo de la zona rebelde para dar a la ejecución un valor ejemplarizante y sofocar la rebelión (que continuó algún tiempo más, encabezada por un primo y un sobrino de Túpac Amaru).

TÚPAC INCA YUPANQUI. V. **INCAS.**

TUTANKAMÓN Faraón egipcio de la XVIII dinastía (?, h. 1372 - Tebas ?, 1354 a.C.). Era yerno del faraón Akenatón*, que murió sin dejar hijos varones; por ello le sucedieron sus yernos, Semenkera y Tutankamón; este último, hermano del anterior, accedió al Trono hacia el 1360 a.C. De hecho, hasta la muerte de su suegro llevó el nombre de Tutankatón, en honor del dios solar Atón cuyo culto había impulsado Akenatón con carácter casi monoteísta. Tres años después de acceder al Trono, el nuevo faraón restableció el culto tradicional y, consiguientemente, el poderío de los sacerdotes de Amón, seriamente debilitado en el reinado anterior; al mismo tiempo, devolvió la capitalidad a Tebas, abandonando la capital creada por Akenatón en Amarna; y para simbolizar estos cambios, sustituyó su propio nombre por el de Tutankamón (que significa «la viva imagen de Amón). Su reinado no tuvo otro significado que este restablecimiento del orden tradicional del Egipto faraónico, bajo la influencia de los sacerdotes y generales conservadores. Tutankamón murió cuando sólo contaba 18 años y llevaba seis de reinado, probablemente en un motín palaciego. Debe su fama a que su tumba fue la única sepultura del Valle de los Reyes que llegó sin saquear hasta la edad contemporánea; su descubrimiento por Howard Carter en 1922 constituyó un acontecimiento arqueológico mundial, mostrando el esplendor y la riqueza de las tumbas reales y sacando a la luz valiosas informaciones sobre la época.

U

URBANO II (Eudes u Odón de Lagery) Papa que lanzó las Cruzadas (Châtillon-sur-Marne, Champaña, Francia, h. 1042 - Roma, 1099). Procedente de la nobleza francesa, pertenecía a la Orden de Cluny cuando fue elegido papa en 1088. En 1095 reunió un concilio en Clermont, en el que pronunció un discurso incitando a todos los cristianos a arrebatar los lugares sagrados de Palestina de manos de los turcos seléucidas de religión islámica, y estimulando el entusiasmo con la concesión de indulgencias y con el espejismo de las ventajas económicas que ofrecería la colonización de un territorio fértil y escasamente poblado. La respuesta de quienes lo escuchaban, el grito de *Dios lo quiere*, se convirtió en el grito de guerra de los cruzados. La apelación a una cruzada cristiana contra el Islam en «Tierra Santa» respondía a la petición de ayuda del emperador de Bizancio, Alejo I Comneno, sometido a la presión militar del sultanato de Iconio. Al año siguiente partió hacia Oriente una nutrida expedición de caballeros de Francia, Normandía, Lorena y Flandes, encabezada por Godofredo de Bouillon*, Balduino de Flandes, Roberto de Normandía, Raimundo de Toulouse y otros. Viajaron hasta Constantinopla, penetraron en Asia Menor, vencieron al sultán en la batalla de Dorilea, tomaron Nicea, Antioquía y, finalmente, Jerusalén (1099). Los cruzados se repartieron los territorios conquistados, creando varios estados cristianos en Siria y Palestina. El papa murió en aquel mismo año, sin haber recibido la noticia de que los cruzados habían tomado la ciudad santa; pero su idea pervivió en la Cristiandad por espacio de dos siglos.

V

VALDIVIA, Pedro de Conquistador español de Chile (Villanueva de la Serena, Extremadura, 1500 - Tucapel, Chile, 1554). Tras servir como soldado en las guerras de Italia, marchó a Indias y formó parte de la expedición que conquistó el Perú bajo el mando de Francisco Pizarro*. Luego permaneció fiel a éste en las luchas contra Almagro* (1538), pero en cambio estuvo de parte de La Gasca durante el posterior enfrentamiento de éste con Gonzalo Pizarro* (1547). Tras la muerte de Almagro, Pizarro le encomendó la conquista de Chile, en la que aquél había fracasado. Partió en 1540 con 150 españoles y unos 3.000 indios amigos, aunque luego necesitó frecuentes refuerzos y auxilios del Perú por la resistencia que ofrecieron los indígenas chilenos. Fundó las ciudades de Santiago (1541), La Serena (1544), Concepción (1550), La Imperial, Villarrica y Valdivia (1552). Hizo que Francisco de Ulloa explorara el estrecho de Magallanes (1552) y envió una expedición al otro lado de los Andes, donde Francisco de Aguirre fundó Santiago del Estero (1553). En 1553 los indios araucanos se rebelaron bajo el mando de Caupolicán y atacaron las fortalezas españolas. Valdivia murió en combate cuando intentaba tomar el foco principal de la rebelión en Tucapel, perdiéndose parte de sus conquistas y abriéndose la lucha entre los españoles por controlar el poder en las restantes.

VALENCIA, Duque de. V. NARVÁEZ Y DE CAMPOS, Ramón María.

VALERA, Eamon de. V. DE VALERA, Eamon.

VALOIS, Casa de Dinastía reinante en Francia entre 1328 y 1589. Era una rama secundaria de los Capeto*.

El nombre procede del Condado de Valois, que Felipe III otorgó en 1284 a su hijo menor, Carlos, mientras la Corona pasaba al primogénito, Felipe IV, *el Hermoso**. Al morir sin descendientes varones los tres hijos de éste (Luis X, Felipe V y Carlos IV), el Trono de Francia recayó en 1328 en el hijo de Carlos de Valois, **FELIPE VI**, *el Afortunado* (1293-1350), para evitar que fuese a parar al rey de Inglaterra (Eduardo III Plantagenet*), a quien habría correspondido la sucesión como nieto de Felipe IV y doble bisnieto de Felipe III por vía materna. Felipe de Valois, que ya había sido nombrado regente al morir Carlos IV en espera de que naciera su hijo póstumo (que resultó ser una niña, excluida, por tanto, del Trono), fue reconocido como rey por los nobles franceses. Pero la disputa por los derechos dinásticos hizo estallar la Guerra de los Cien Años (1337-1453) entre las monarquías inglesa y francesa. Felipe VI amplió los dominios de la Corona incorporando Valois, Chartres, Anjou, Maine, Champaña, Brie, Montpellier y el Delfinado. Al morir le sucedió su hijo **Juan II,** *el Bueno* (1319-64). Derrotado por los ingleses en la batalla de Poitiers (1356), fue llevado a Inglaterra como rehén, obligando a su hijo a firmar un tratado de paz desfavorable para liberarle (Paz de Bretigny, 1360). Dejó a dos de sus hijos en poder de los ingleses como garantía del cumplimiento del tratado. Pero al escapar el primogénito, él mismo se sintió obligado por su honor a entregarse como rehén (1363). Murió cautivo en Londres y le sucedió en el Trono francés el hijo que se había fugado el año anterior, **Carlos V,** *el Sabio* (1338-1380), quien ya había ejercido la regencia durante el cautiverio de su padre. Como regente se había encargado de reprimir la revuelta encabezada en París por Étienne Marcel*. Y, ya como rey, recuperó algunos territorios perdidos frente a los ingleses, al tiempo que restablecía la autoridad real en el interior. Contribuyó a abrir el Cisma de Occidente al reconocer como papa a Clemente VII en lugar de Urbano VI (1378). Al morir, accedió al Trono su hijo de doce años, **Carlos VI,** *el Loco* o *el Bienamado* (1368-1422). Su reinado se caracterizó por un debilitamiento del poder real, facilitado por la demencia del monarca: rebeliones sociales en las ciudades, luchas por el poder entre facciones nobiliarias y, ante esa debilidad, la ofensiva victoriosa de los ingleses. Con la connivencia de la propia reina, Isabel de Baviera, y del partido borgoñón, Enrique V de Inglaterra se hizo reconocer heredero del Trono francés por el Tratado de Troyes (1420). Sin embargo, al morir Carlos VI dos años después, el delfín **Carlos VII,** *el Victorioso* (1403-61), le disputó la Corona al rey inglés. En 1429 fue reconocido y coronado por Juana de Arco*; en 1434 firmó una alianza con el emperador; y en 1435 llegó a un acuerdo con los borgoñones. Todo ello le permitió recuperar la iniciativa militar y entrar en París en 1437. El resto de su reinado lo dedicó a reforzar la autoridad de la Corona frente a los nobles y la Iglesia. Le sucedió su hijo **Luis XI** (1423-83), que había participado previamente en varias revueltas nobiliarias contra Carlos. Se esforzó por reforzar la autoridad monárquica frente a los señores feudales y, especialmente, contra los duques de Borgoña. Sostuvo una guerra continua contra Carlos, *el Temerario** de Borgoña, que pretendía cercar a Francia creando un bloque territorial continuo con sus territorios de Borgoña, Lorena y los Países Bajos. Luis XI llegó a caer prisionero de Carlos *el Temerario* (1468). Pero la muerte del duque durante el asedio de Nancy (1477) acabó con el peligro borgoñón, anexionándose Francia gran parte de sus territorios (1482). Luis incorporó también Provenza, Maine y Anjou, al tiempo que se esforzaba por la integración del reino mediante la construcción de caminos, la extensión de tribunales de justicia (los parlamentos) y un sistema de correos. Le sucedió su hijo **Carlos VIII** (1470-98), que incorporó Bretaña al dominio real por su matrimonio con Ana de Bretaña. Para hacer valer los derechos dinásticos sobre el reino de Nápoles legados a los Valois por los Anjou*, organizó una expedición a Italia y conquistó Nápoles en 1495. Pero hubo de abandonarlo enseguida ante la resistencia combinada de los Reyes Católicos*, el papa, Venecia y Milán. Murió joven, al golpearse la cabeza con una puerta de su palacio de Amboise; como no dejó descendientes, le sucedió su primo **LUIS XII** (1462-1515), de la rama de los Valois-Orléans, llamado *el Padre del Pueblo*. Era hijo del poeta Carlos de Orléans y había participado en rebeliones nobiliarias contra la Corona. Al convertirse en rey, tomó por esposa a la viuda de Carlos VIII, Ana de Bretaña. Enseguida relanzó las campañas militares en Italia, que le llevaron a apoderarse de Milán (1500) y Nápoles (1501). En 1503 fue expulsado por Fernando, *el Católico* de Aragón; pero continuó las guerras de Italia durante diez años más, permitiendo que la propia Francia fuera invadida por los ingleses y los suizos, aprovechando su debilidad. Para restablecer la paz con Inglaterra, Luis —que había enviudado— se casó con una hermana de Enrique VIII*. Pero murió sin descendientes varones, por lo que el Trono pasó a la rama de los Valois-Angulema, en la persona de su primo y yerno, **FRANCISCO I*** (1494-1547). Con él se inició la centralización autoritaria característica de la monarquía absolutista, así como la persecución de los protestantes y la confrontación con los Habsburgo*. Su hijo **ENRIQUE II*** (1519-59) continuó esos enfrentamientos contra Carlos I* de España (y luego contra Felipe II*), apoyando el protestantismo en Alemania mientras lo reprimía en el interior de Francia. Con él abandonó Francia sus pretensiones sobre Italia. Tuvo diez hijos con Catalina de Médicis*, tres de los cuales se sucedieron en el Trono y fueron los últimos monarcas de la Casa de Valois, cuyos reinados estuvieron marcados por la guerra civil entre católicos y protestantes: **FRANCISCO II** (1544-60), casado con María Estuardo*, reina de Escocia (1558), dejó el poder en manos de los Guisa, tíos de su mujer. Murió sin descendientes y le sucedió su hermano menor, **CARLOS IX*** (1550-74), dominado por su madre, Catalina de Médicis (quien, en cambio, apenas había tenido influencia política durante los reinados de su esposo, Enrique II, y de su primogénito, Francisco II). Intentó la reconciliación con los protestantes, casando a su jefe de filas, el rey de Navarra (futuro Enrique IV*) con su hermana Margarita (1572). Sin embargo, permitió que los extremistas católicos dieran al traste con la reconciliación en aquel mismo año, provocando una matanza de protestantes en la «Noche de San Bartolomé». Murió sin dejar herederos legítimos y le sucedió su hermano **ENRIQUE III** (1551-89), rey electo de Polonia desde 1573. Partidario de la línea de reconciliación auspiciada por los *políticos* para poner fin a las guerras de religión, se vio atrapado entre los dos bandos en la Guerra de los Tres Enriques (1586-87), después de que la muerte de su hermano convirtiera al protestante Enrique de Navarra en heredero de la Corona francesa. El partido católico, encabezado por Enrique de Guisa, le obligó a abandonar París, lo que decidió al rey a hacerle asesinar en los Estados Generales de Blois (1588). Quedó así abierto el camino para que el monarca navarro accediera al Trono francés (como Enrique IV) al morir Enrique III sin descendencia. Con él se extinguió la dinastía real de los Valois.

VANDERBILT, Familia Rica familia de empresarios estadounidenses, originarios de Nueva York.

Arranca de **CORNELIUS VANDERBILT** (1794-1877). Hijo de un granjero arruinado, trabajó desde niño en el puerto de Nueva York, hasta que pudo comprarse un barco a los 16 años. Estableció un servicio de transbordadores entre Nueva York y Staten Island, pero lo vendió todo para ponerse a trabajar como capitán de un barco de vapor, a fin de conocer esta nueva tecnología y poder, finalmente, instalar su propio negocio de vapores (1829). Se hizo millonario transportando pasajeros en trayectos cortos alrededor de Nueva York. En 1847 creó su primera línea de larga distancia, de Nueva York a San Francisco (vía Nicaragua), con la que obtuvo grandes beneficios gracias a la «fiebre del oro» de California (1849). En los años cincuenta dirigió su atención hacia el sector de los ferrocarriles, tras conseguir una fuerte indemnización de sus competidores por retirarse del negocio naviero. Compró varias compañías ferroviarias que prestaban servicio en los alrededores de Nueva York, las unió y ofreció el primer servicio regular entre Nueva York y Chicago (1873). Construyó la estación Central de Nueva York. En los últimos años de su vida contribuyó a financiar algunas obras sociales, como la Universidad de Nashville (Tennessee), llamada más tarde *Vanderbilt University*. Heredó el negocio su hijo **WILLIAM HENRY VANDERBILT** (1821-85). Tras una época de relaciones tormentosas entre padre e hijo, había sido éste el que había «descubierto» el interés del nuevo negocio de los ferrocarriles, atrayendo hacia él al fundador de la dinastía. Al morir Cornelius, demostró su capacidad empresarial expandiendo su red ferroviaria por todo el noreste de los Estados Unidos y duplicando la fortuna que había heredado en sólo seis años. Redobló los tímidos esfuerzos filantrópicos de su padre, haciendo grandes donaciones a universidades, hospitales, iglesias y museos (formó una de las mejores colecciones artísticas de los Estados Unidos). En 1883 se retiró por motivos de salud, sucediéndole sus tres hijos —Cornelius (1843-99), William Kissan (1849-1920) y George Washington (1862-1914)— y sus cinco nietos —Cornelius III (1873-1942), Alfred Gwynne (1877-1915), Reginald Claypoole (1880-1925), William Kissan (1878-1944) y Harold Stirling (1884-1970)—. Todos ellos destacaron menos como hombres de negocios (terreno en el que se limitaron a disfrutar las rentas de la enorme fortuna familiar) que como mecenas, filántropos, extravagantes inventores y deportistas. Un hijo de Cornelius III, **CORNELIUS VANDERBILT JR.** (1898-1974), se hizo escritor y amplió el negocio familiar con la creación de una cadena de periódicos.

VARGAS, Getulio Político brasileño (São Borja, Rio Grande do Sul, 1883 - Río de Janeiro, 1954). Nacido en una familia influyente de su estado natal, estudió Derecho, se hizo fiscal y ocupó varios cargos políticos (diputado, ministro de Hacienda y gobernador de Rio Grande do Sul), antes de presentarse a las elecciones presidenciales de 1930, en las que fue derrotado. Impugnó aquel resultado y encabezó un golpe de fuerza que le llevó al poder en aquel mismo año. Se mantuvo como jefe de Estado durante quince años, practicando una política populista de lucha contra los grandes empresarios y hacendados, ampliación del derecho de voto, extensión de la educación, protección social y reformas laborales. Todo ello iba, sin embargo, acompañado de un autoritarismo y un centralismo que acercaban al régimen a una dictadura, sobre todo desde que, en 1937, Vargas proclamó un nuevo modelo totalitario que denominó *Estado Nuevo*. El *getulismo* fomentó una industrialización acelerada del Brasil, pero no modificó las estructuras sociales. Durante la Segunda Guerra Mundial (1939-45), Vargas simpatizó con la Alemania nazi; pero se puso de parte de los aliados cuando la victoria de éstos pareció más segura (1942). Al terminar la guerra, fue derrocado por un golpe de Estado de inspiración democrática (1945). Sirvió algún tiempo como gobernador de Rio Grande do Sul, pero regresó en 1951 y ganó las elecciones presidenciales como candidato laborista. Incapaz de llevar adelante su política ante la oposición del Congreso, los militares y gran parte de la opinión pública, fue obligado a retirarse en 1954 y se suicidó inmediatamente.

VELARDE Y SANTIYÁN, Pedro

Militar español que encabezó el levantamiento contra los franceses (Muriedas, Cantabria, 1779 - Madrid, 1808). Era un capitán del arma de Artillería destinado en el Estado Mayor de Madrid y experto en materias técnicas, de las que había sido profesor en el Colegio de Segovia (1804-06). Había sido un admirador de la obra de Napoleón Bonaparte*; pero cuando éste intentó ocupar España aprovechando las disensiones internas de la familia real (1808), Velarde empezó a conspirar para frustrar sus intenciones. En colaboración con el capitán Daoíz*, preparó un plan militar para la insurrección contra los franceses (la «confabulación de los artilleros»), que quedó arruinado en los días siguientes por los traslados de tropas españolas y las precauciones que tomaron los franceses. Murat* intentó conseguir su colaboración con los franceses, pero no lo consiguió. El 2 de mayo de aquel año estalló en Madrid un motín popular contra los franceses, con el cual comenzó la Guerra de la Independencia (1808-14). Velarde —como Daoíz— se unió a la revuelta, tratando de organizarla de modo eficaz. Tomó el Parque de Artillería de Monteleón y repartió sus armas entre los sublevados, pero sucumbió al primer ataque de los franceses.

VELASCO IBARRA, José María

Político ecuatoriano (Quito, 1893-1979). Procedente de una familia acomodada, estudió en las universidades de Quito y París, se hizo abogado y entró en política en las filas del Partido Conservador. Desempeñó varios cargos políticos (como el de presidente del Congreso) antes de ganar su primera elección presidencial en 1933. Desde entonces fue la figura preponderante de la política ecuatoriana por espacio de cuarenta años. Durante su primer mandato (1934-35) intentó poner en marcha una reforma agraria con la división de las grandes haciendas; y, ante la resistencia que encontraron sus planes, asumió poderes dictatoriales y reprimió violentamente a la oposición. Fue derrocado por un golpe de Estado militar y hubo de exiliarse en Colombia hasta 1944. El mismo patrón se repitió en cuatro ocasiones más, en las que fue elegido presidente del Ecuador y fue luego depuesto por los militares (1944-47, 1952-56, 1960-61 y 1968-72), eligiendo Argentina como país de refugio. Desde 1971 hasta su último derrocamiento instauró un régimen autoritario enfrentado con los Estados Unidos, lo que le llevó a establecer contactos amistosos con la Cuba de Fidel Castro*.

VENIZELOS, Eleuterios Político griego, artífice de la expansión territorial de su país en el siglo XX (Murnies, Creta, 1864 - París, 1936). En la época en que la isla de Creta formaba parte del declinante Imperio Otomano, este abogado, periodista y político del Partido Liberal, encabezó la insurrección cretense contra el dominio turco (1896) y se convirtió en el «hombre fuerte» del régimen autónomo otorgado a la isla por el Imperio Otomano en 1898 (como solución de compromiso del conflicto greco-turco, auspiciada por las grandes potencias europeas). En 1905 proclamó la plena integración de Creta en el Estado griego, un hecho consumado que los turcos no reconocieron. En 1910 se convirtió en primer ministro de Grecia, encabezando la política nacionalista de construcción de una «Gran Grecia» arrebatando al Imperio Otomano todos los territorios de cultura griega. Para ello impulsó la formación de la Primera Liga Balcánica con Bulgaria, Serbia y Montenegro, que llevó adelante la Primera Guerra Balcánica (1912-13) contra los turcos. Éstos fueron derrotados y Grecia obtuvo, aparte del reconocimiento formal de la anexión de Creta, las islas del Egeo, Salónica y el sur de Macedonia. Sin embargo, el conflicto con Bulgaria por el reparto de los despojos de la Turquía europea llevó a una Segunda Guerra Balcánica (1913), en la que Venizelos alineó a Grecia con Serbia, Rumania, Montenegro y Turquía contra Bulgaria. La amenaza de intervención de Austria-Hungría en apoyo de Bulgaria desactivó momentáneamente el conflicto, reavivado al estallar la Primera Guerra Mundial (1914-18). Venizelos intentó que Grecia entrara en la contienda de parte de los aliados occidentales para luchar contra Bulgaria y Turquía, idea a la que se oponía el germanófilo rey Constantino; las discrepancias entre ambos, exacerbadas cuando Venizelos facilitó el desembarco franco-británico en Salónica, provocaron su cese en 1915. Venizelos no aceptó la situación y formó un gobierno rebelde en Creta (trasladado luego a Salónica), que declaró la guerra a Alemania y Turquía. En 1917 contribuyó a forzar la abdicación de Constantino y recuperó el poder en Atenas como primer ministro, decretando la entrada de Grecia en la guerra como aliada de Francia e Inglaterra. Concluida la guerra con la victoria de los aliados, su beligerancia le permitió obtener para Grecia la anexión de Tracia y Esmirna por los tratados de Neuilly (1919) y Sèvres (1920). Pero el nuevo Parlamento turco no ratificó aquel tratado y, en todo caso, el ultranacionalista Venizelos deseaba mayores ventajas territoriales, para lo cual ocupó militarmente la parte occidental de Anatolia. Todo ello le enfrentó a Mustafá Kemal* en la Guerra Greco-Turca de 1920-22, que hizo perder a Grecia la Tracia Oriental y provocó la caída del poder de Venizelos (1920); en cambio, la restauración de Constantino en 1920 fue efímera, pues a raíz de la derrota militar un golpe de Estado le hizo abdicar en su hijo, Jorge II (1922). Tras la proclamación de la República Helénica en 1924, Venizelos regresó por tres veces al poder (en 1924, 1928-32 y 1933). En esa época trató de establecer relaciones pacíficas con todos los países vecinos, incluyendo a Turquía (Tratado de Ankara de 1930). Pero los efectos económicos y sociales de la gran depresión de los años treinta le hicieron perder las elecciones. Trató de evitar la restauración de la monarquía de Jorge II mediante un golpe de Estado que fracasó en 1935, obligando a Venizelos a exiliarse. Su hijo Sófocles le sucedió al frente del Partido Liberal y fue jefe del gobierno griego en el exilio (1944) y primer ministro (1950-51).

VERGARA, Príncipe de. V. ESPARTERO, Baldomero.

VESPUCIO, Américo (o Amerigo Vespucci) Navegante italiano que dio su nombre al continente americano (Florencia, 1454 - Sevilla, 1512). Llegó a Sevilla en 1492 como agente de los Médici*; como tal participó en los preparativos de los viajes de Colón*, que despertaron su interés por los estudios náuticos y cosmológicos. No se sabe cómo se convirtió en uno de los mayores expertos de la época en tales materias y entró al servicio de la Corona castellana, acompañando a Ojeda y Juan de la Cosa* en su expedición de 1499 por la costa norte de Suramérica; y también de la Corona portuguesa (quizá como espía de los castellanos), realizando un viaje por las costas del Brasil en 1501. En 1505 se naturalizó castellano y en 1508 fue nombrado piloto mayor de la Casa de Contratación de Sevilla. Escribió cinco cartas en las que daba relación de sus viajes a las Indias, sosteniendo que las tierras descubiertas por Colón no pertenecían a Asia, sino que constituían un nuevo continente *(Nuevo Mundo,* publicada en Augsburgo en 1504). El humanista Martin Waldseemüller propuso llamar *América* al nuevo continente, en su introducción a la *Cosmografía* de Ptolomeo, publicada en Saint-Dié (Lorena) en 1507.

VIANA, Carlos, príncipe de. V. BLANCA I.

VÍCTOR MANUEL II Último rey de Cerdeña-Piamonte y primer rey de Italia (Turín, 1820 - Roma, 1878). Accedió al Trono sardo-piamontés en 1849, al abdicar su padre Carlos Alberto* tras fracasar en el intento de eliminar la influencia austriaca en Italia y abrir el camino para la unificación peninsular. A pesar de la derrota de su padre por los austriacos en la batalla de Novara (1849), Víctor Manuel mantuvo la monarquía constitucional diseñada en el Estatuto Real de 1848, que se convirtió —a pesar de su moderación— en el régimen más liberal que quedó en Italia después de la represión de los movimientos revolucionarios por el ejército austriaco que mandaba Radetzky*. Respetó escrupulosamente el marco constitucional y llamó a gobernar a personajes caracterizados por sus ideas liberales y nacionalistas, si bien en una versión tan moderada como la de Cavour*, que fue su primer ministro desde 1852. La paciente labor diplomática de éste creó las condiciones para que el emperador francés Napoleón III* se comprometiera a apoyar al Piamonte en una guerra contra Austria, que efectivamente tuvo lugar en 1859. Derrotados los austriacos por las fuerzas franco-piamontesas en las batallas de Magenta y Solferino, Napoleón III detuvo la guerra antes de obtener su objetivo último, que era expulsar a los austriacos de Italia, por el temor a una intervención prusiana. Piamonte obtuvo la anexión de Lombardía (Tratado de Zúrich, 1859), pero el Véneto siguió en manos austriacas e Italia permanecía dividida. Víctor Manuel se vio obligado a aceptar esta situación, que conllevó la cesión a Francia de Niza y Saboya —por los servicios prestados— y la dimisión de Cavour (1860). Sin embargo, la guerra había hecho estallar por toda Italia revueltas de inspiración liberal y nacionalista que, al grito de *Italia y Víctor Manuel,* luchaban por la unificación del país. En varios Estados italianos, como Parma, Módena y Toscana, se celebraron plebiscitos que determinaron la anexión al Reino de Cerdeña-Piamonte; y lo mismo ocurrió en Bolonia, que quedó así escindida de los Estados Pontificios e incorporada igualmente al reino de Víctor Manuel (1860). Al mismo tiempo, una expedición revolucionaria encabezada por Garibaldi* había partido del Piamonte y, tras desembarcar en Sicilia, derrotó a las tropas de los Borbones* y amenazó Nápoles. Con el pretexto de impedir que los garibaldinos atacaran al papa, Víctor Manuel envió un ejército piamontés que fue el que realmente derrotó a las tropas papales (batalla de Castelfidardo, 1860) y determinó la anexión al Piamonte —previo referéndum— de las Marcas y Umbría, regiones pertenecientes hasta entonces a los Estados Pontificios. Luego siguieron avanzando hacia el sur para frenar a Garibaldi; pero este revolucionario radical renunció a toda aspiración política sobre los territorios que controlaba en el sur de Italia y, tras una entrevista con Víctor Manuel, le entregó Sicilia y Nápoles y le proclamó rey de Italia. Después completaron juntos la rendición del Reino de Nápoles y un primer Parlamento italiano reunido en Turín proclamó oficialmente a Víctor Manuel II rey de Italia, extendiendo el régimen del Estatuto. Venecia siguió en poder del Imperio Austro-Húngaro hasta 1866, cuando Víctor Manuel pudo aprovechar la guerra entre Prusia y Austria para aliarse con la primera y arrebatar Venecia a la segunda (Paz de Viena). Quedaba Roma, en poder de los papas y protegida por una guarnición francesa, pero reclamada por el gobierno de Italia como capital de su Estado; nuevamente fue una guerra exterior la que permitió conquistarla, en este caso la Guerra Franco-Prusiana, que hundió al Segundo Imperio Francés y dejó desprotegido al papa, facilitando la conquista de la ciudad por los italianos en 1870. Víctor Manuel trasladó allí su capital, pero vio abrirse un nuevo conflicto para su régimen, al exacerbarse la enemistad del papa Pío IX*, que se consideró a sí mismo prisionero en sus palacios del Vaticano, excomulgó al rey y negó toda legitimidad al Estado italiano unificado. Esto se añadía a los problemas de integración entre los antiguos Estados italianos y al resentimiento por la imposición en todos ellos de las instituciones y la influencia política del Piamonte.

VÍCTOR MANUEL III Rey de Italia que aceptó la instauración de la dictadura fascista (Nápoles, 1869 - Alejandría, Egipto, 1947). Sucedió a su padre, Humberto I, asesinado en 1900. Por su educación y por inclinación personal tuvo siempre una especial relación hacia los militares. Y quiso hacer de la guerra un medio para completar la unificación nacional de Italia (iniciada por su abuelo, Víctor Manuel II*) y para engrandecerla con la adquisición de un imperio colonial: primero con la Guerra Ítalo-

Turca de 1911-12, luego con la participación en la Primera Guerra Mundial (1915-18), más tarde con la Guerra de Etiopía (1935-36) y la intervención en la Guerra Civil española en apoyo de Franco* (1936-39). En política se comportó inicialmente como un rey poco intervencionista y respetuoso de la Constitución. Pero en 1922 rompió aquella trayectoria y, ante el acoso de que era objeto el gobierno por la *Marcha sobre Roma* que habían organizado los fascistas de Mussolini*, se negó a declarar el estado de sitio como le pedía el primer ministro Facta. Por el contrario, aceptó de buen grado nombrar a Mussolini jefe de gobierno, abriendo paso a un ventenio de dictadura fascista en Italia. Permitió a Mussolini acabar con la oposición democrática e instaurar la dictadura en 1925, así como embarcar a Italia junto a la Alemania nazi en la Segunda Guerra Mundial (1939-45). Privado por Mussolini de todo poder decisorio, se mantuvo sin embargo como teórico jefe del Estado y no hizo nada por evitar los crímenes del fascismo. Sólo cuando la victoria militar de los aliados pareció inminente y los jerarcas fascistas depusieron al *Duce,* Víctor Manuel aceptó el hecho consumado encargando al general Badoglio* la formación de un nuevo gobierno que cambiara de bando a Italia, alineándola con los vencedores (1943). No fue el último rey de Italia, pero el descrédito que había causado a la Monarquía su complicidad con el fascismo hizo que en el referéndum de 1946 los italianos optaran mayoritariamente por la República. Conociendo de antemano su impopularidad personal, Víctor Manuel había intentado salvar la continuidad de la Casa de Saboya abdicando en su hijo Humberto II, que reinó teóricamente entre 1944 y 1946. Murió en el exilio.

VICTORIA I Reina de Inglaterra (Londres, 1819 - Osborne, isla de Wight, 1901). En 1837 sucedió a su tío Guillermo IV en el Trono del Reino Unido de Gran Bretaña e Irlanda, iniciando un larguísimo reinado que da nombre a toda una época de la historia británica (la *era victoriana).* Con ella terminó la Casa de Hannover* propiamente dicha, ya que, al recaer la sucesión en una mujer, fue entonces cuando la herencia del ducado alemán de Hannover se separó de la casa real británica. Tres años después de su coronación se casó con su primo Alberto de Sajonia-Coburgo-Gotha, el cual ejercería una gran influencia política sobre Victoria, contribuyendo a que ésta abandonara sus inclinaciones liberales de juventud por una actitud más conservadora. El príncipe consorte Alberto le dio nueve hijos, cuyos matrimonios permitieron a la familia real inglesa emparentar prácticamente con todas las monarquías europeas. Y murió en 1861, convirtiéndola para la mayor parte de su reinado en *la viuda de Windsor,* viva imagen de la austera moral puritana que pretendía infundir en la sociedad británica. Con su actitud digna y reservada, Victoria contribuyó a consolidar la Monarquía, que sus predecesores habían hecho impopular. Fue la primera soberana británica que estableció su residencia londinense en el palacio de Buckingham, aunque prefería las nuevas residencias de Balmoral (Escocia) y Osborne (en la isla de Wight), en donde pasó largas temporadas.

Fue una reina autoritaria, intervencionista y celosa de sus prerrogativas, lo que no le impidió respetar escrupulosamente el modelo constitucional de la monarquía parlamentaria y la alternancia en el gobierno entre liberales y conservadores. Personalmente, la reina tuvo graves discrepancias con sus primeros ministros liberales, como Russell, Palmerston* o Gladstone*; y en cambio se entendió mejor con los conservadores, apoyando la política de Wellington*, Aberdeen, Peel*, Disraeli* y Salisbury*. Se mostró reacia a las grandes novedades de su época, como el progreso tecnológico o las reformas sociales, pero ello no impidió que Gran Bretaña viviera bajo su reinado un periodo de desarrollo industrial, esplendor económico y cultural, y avances políticos y sociales significativos hacia la democracia. Dado su nacionalismo furibundo, se opuso a hacer concesiones a los católicos irlandeses y apoyó con entusiasmo la expansión colonial. Bajo su reinado el Imperio británico alcanzó su máximo esplendor, simbolizado por la coronación de la propia Victoria como emperatriz de la India (1876), la creación de la Cruz de Victoria como máxima condecoración nacional y la utilización de su nombre como topónimo por todo el Imperio (los lagos Victoria y Alberto y las cataratas Victoria en África, la colonia de Victoria en Australia, la capital de la Columbia Británica en la isla canadiense de Vancouver...). En política exterior, simpatizó con la monarquía constitucional francesa de Luis Felipe*, mostrando su oposición a la Segunda República y su desconfianza hacia el Segundo Imperio de Napoleón III*. Aplaudió la política de aislamiento practicada por los gobiernos británicos hacia los conflictivos asuntos de Europa continental, para concentrar las fuerzas en el mundo colonial ultramarino; pero fomentó una actitud de prevención frente al creciente poderío de Alemania y Rusia hacia el final de su reinado. Le sucedió su hijo Eduardo VII, con quien comienza la dinastía de Sajonia-Coburgo-Gotha, más tarde llamada *Casa de Windsor*.

VICTORIA, Duque de la. V. ESPARTERO, Baldomero.

VIDELA, Jorge Rafael Dictador argentino (Mercedes, 1925 -). Militar del arma de Infantería, ascendió a general en 1971 y la presidente María Estela Martínez de Perón* le nombró comandante en jefe del ejército argentino en 1975, por presiones de los militares conservadores. Al año siguiente encabezó un golpe de Estado contra el gobierno constitucional y se hizo con el poder como jefe de Estado y presidente de un triunvirato representativo de los tres ejércitos (con Agosti y Massera). Durante cinco años de mandato (1976-81) sometió al país a una sangrienta dictadura, que utilizó todos los medios a su alcance para reprimir los movimientos de izquierda, democráticos y sindicales. La violencia, el secuestro, la tortura y el asesinato fueron utilizados sistemáticamente por el ejército, la policía y fuerzas paramilitares para imponer la ideología reaccionaria de los golpistas violando todas las declaraciones internacionales sobre derechos humanos. En 1981 dejó su puesto al general Viola, que continuó la misma política. El desastre económico al que la dictadura condujo al país, así como el fracaso en el intento de arrebatar las islas Malvinas a Gran Bretaña por la fuerza (1982) determinó su abandono del poder y el restablecimiento de la democracia en 1983. Bajo la presidencia de Raúl Alfonsín*, Videla fue juzgado y condenado a cadena perpetua por sus crímenes; pero la fuerza que conservaba el ejército hizo que Ménem* le indultara en 1990 en aras de una reconciliación nacional. Desde entonces vive en libertad, alardeando de su religiosidad y de su falta de remordimientos.

VIFREDO I de Barcelona, *el Velloso.* V. **WIFREDO I,** *el Velloso.*

VILLA, PANCHO (Francisco Villa, Doroteo Arango Arámbula) Revolucionario mexicano (San Juan del Río, Durango, 1876 - Parral, Chihuahua, 1923). Campesino pobre, huérfano y con escasa formación, cuando estalló la Revolución de 1910 llevaba varios años fugitivo en las montañas por haber asesinado a uno de los propietarios de la hacienda donde trabajaba. Enseguida se unió a Madero* en su lucha contra la dictadura de Porfirio Díaz*, y demostró una habilidad innata para la guerra. Aprovechando su conocimiento del terreno y de los campesinos, formó su propio ejército en el norte de México, con el cual contribuyó al triunfo del movimiento revolucionario. En 1912 fue encarcelado, al sospechar el general Victoriano Huerta* que estaba implicado en la rebelión de Orozco en defensa de las aspiraciones sociales del campesinado, que Madero había postergado. Consiguió escapar a los Estados Unidos y, tras el asesinato de Madero, regresó a México y formó un nuevo ejército revolucionario, la División del Norte (1913). Con ella apoyó la lucha de Venustiano Carranza* y Emiliano Zapata* contra Huerta, que se había erigido en dictador. Juntos le derrocaron en 1914; pero después de la victoria de esta segunda revolución, Villa y Zapata se sintieron defraudados por Carranza, y volvieron a tomar las armas, ahora contra él. Esta vez la suerte militar no estuvo de su parte: Álvaro Obregón* derrotó a los villistas y Carranza se consolidó en el poder, logrando el reconocimiento oficial de su gobierno por los Estados Unidos. En un intento de mostrar que Carranza no controlaba el país y de enemistarle con el presidente norteamericano, Wilson*, Villa atacó con sus tropas el territorio estadounidense de Nuevo México y asesinó a 16 ciudadanos de aquel país (1916). Wilson envió un ejército bajo el mando del general Pershing al norte de México para acabar con Pancho Villa; pero el conocimiento del terreno y la cobertura que le daba la población campesina le permitieron sostenerse durante cuatro años, a medio camino entre la guerrilla y el bandolerismo. Al caer Carranza en 1920, el nuevo presidente Adolfo de la Huerta le ofreció una amnistía y un rancho en Chihuahua, a cambio de cesar sus actividades y retirarse de la política. Villa aceptó, pero murió tres años después, asesinado en su rancho por motivos políticos, durante la presidencia de Obregón.

VINCI, Leonardo da. V. **LEONARDO DA VINCI.**

VIRIATO Caudillo lusitano que encabezó la resistencia contra la dominación romana (Sierra de la Estrella, Hispania, ? - ?, 139 a.C.). Era un montañés de origen humilde (seguramente pastor o bandolero), que asumió el mando de las tribus lusitanas rebeladas contra la penetración romana, por las matanzas del pretor Galba (150 a.C.). Desdeñando las ofertas de rendición a cambio de tierras que le hizo el pretor Vertilio, y a pesar de estar en inferioridad de medios frente a las legiones romanas, Viriato llevó sus acciones fuera de las fronteras de Lusitania en un tipo de guerra de guerrillas amparada en los accidentes del terreno, que los romanos apenas lograban contrarrestar. En el 147 infligió una gran derrota a los romanos en la serranía de Ronda (batalla de Tríbola). De la Bética llevó sus acciones hacia el norte, en donde tomó la ciudad de Segóbriga e incitó a la sublevación a los celtíberos (Guerra de Numancia, 143-133 a.C.). Los romanos trataron de recuperar la iniciativa, enviando más tropas bajo el mando de los cónsules Lelio y Fabio Máximo (sustituido luego por Serviliano). La lucha pasó por alternativas favorables a uno y otro bando, hasta que Viriato firmó la paz con los romanos, que le reconocieron como príncipe aliado (140). Sin embargo, el cónsul Cepión violó la paz y le obligó a retirarse a Lusitania; luego sobornó a los tres lugartenientes que envió Viriato para negociar, haciendo que le asesinaran mientras dormía. Con él acabó la resistencia de los lusitanos, que aceptaron asentarse en las tierras que les ofrecían los romanos.

VISCONTI, Familia Familia que gobernó Milán entre 1277 y 1447. Su nombre procede probablemente del oficio de vizcondes de Milán que desempeñaron hereditariamente desde el siglo XI.

Aunque decían descender de un rey lombardo (el pueblo germánico que se estableció en el norte de Italia al descomponerse el Imperio romano), más bien parece que eran una familia de la pequeña nobleza, con propiedades en la zona del lago Como y del lago Mayor, que adquirió poder a partir de OTÓN VISCONTI (1207-95), arzobispo de Milán que hizo frente a la familia dominante de la ciudad, los Della Torre. Tras vencerles en 1277 asumió el poder temporal y lo transfirió a su sobrino-nieto **MATEO I** (1250-1322). Éste consiguió ser reconocido señor de Milán y vicario del emperador germánico en la ciudad, y bajo ese título extendió su poder por el territorio circundante, venciendo la oposición del papa Juan XXII. En 1322 abdicó en su hijo **GALEAZZO I** (h. 1277-1328), que continuó la expansión territorial y la consolidación de la dinastía, estableciendo alianzas matrimoniales con otros príncipes de Italia, Francia y Alemania. Le sucedieron su hijo Azzo (1302-39) y sus hermanos Luchino (1292-1349) y Giovanni (1290-1354). Este último, que además fue obispo de Milán, legó el estado milanés a un triunvirato formado por sus sobrinos: Mateo II (h. 1319-55), Bernabò (1323-85) y **GALEAZZO II** (h. 1321-78). Al morir el primero de ellos, los otros dos se repartieron el territorio, quedándose Bernabò con la zona oriental, alrededor de Milán y Galeazzo con la occidental, en torno a Pavía. En esta ciudad estableció la universidad y protegió a artistas e intelectuales. Su hijo y sucesor, **GIAN GALEAZZO** (1351-1402) hizo la guerra contra su tío y suegro Bernabò, al que derrocó y apresó para reunificar la herencia de los Visconti en 1385. Instalado nuevamente en Milán, entre 1387 y 1401 conquistó Vicenza, Verona, Padua, Pisa, Siena, Perugia, Lucca y Bolonia, formando un extenso conglomerado territorial en el norte de Italia. Consolidó estas conquistas con la centralización de la administración y el fomento de la industria y las artes (hizo construir la catedral de Milán). El emperador le reconoció en 1395 el título hereditario de duque, pasando a constituirse los estados de los Visconti como Ducado de Milán. Con Gian Galeazzo llegaron los Visconti a su máximo esplendor, pues en el reinado de su hijo **Giovanni Maria** (1388-1412) perdieron gran parte de las conquistas anteriores. Fue asesinado en una conspiración y le sucedió su hermano **Filippo Maria** (1392-1447). Éste recuperó el control sobre algunas ciudades, recabando la ayuda de las tropas de algunos importantes condotieros (capitanes de mercenarios): primero las de Facino Cane, que consiguió casándose con su viuda; y luego las de Francesco Sforza, casado con su única hermana. Designó como heredero a Alfonso V, *el Magnánimo** de Aragón. Pero Sforza no respetó esta última voluntad y, después de morir su cuñado, impuso su propio poder en la ciudad, manteniendo la independencia del Ducado de Milán, pero bajo la nueva dinastía de los Sforza.

Vitte, Conde von. V. **Witte, Sergei Yuliévich, conde de.**

Vives, Juan Luis Pensador español (Valencia, 1492 - Brujas, Flandes, 1540). Nacido en una familia de judíos conversos, estudió en las universidades de Valencia y París. Desde 1512 se estableció en Flandes, donde fue profesor de la Universidad de Lovaina y entabló una estrecha relación con Erasmo de Rotterdam*. También mantuvo amistad intelectual con Tomás Moro*, que le llevó a enseñar en la Universidad de Oxford desde 1523. Al igual que Moro, se opuso al divorcio de Enrique VIII*, motivo por el que fue arrestado y hubo de dejar Inglaterra y regresar a Flandes en 1528. Su influencia sobre la Europa del Renacimiento fue enorme, pues no sólo acudieron a consultarle los más influyentes artífices de la Reforma protestante y de la Contrarreforma católica, sino que fue tutor y educador de muchos nobles que ocuparon puestos de responsabilidad en la monarquía de Carlos V*. Su pensamiento es uno de los máximos exponentes del humanismo renacentista: trató de rescatar el pensamiento de Aristóteles*, descargándolo de las interpretaciones escolásticas medievales; sustentó una ética inspirada en Platón* y en los estoicos. Pero, más que plantear teorías de altos vuelos, Vives fue un hombre ecléctico y universalista, que avanzó ideas innovadoras en múltiples materias filosóficas, teológicas, pedagógicas y políticas, y propuso acciones en favor de la paz internacional, la unidad de los europeos y la atención a los pobres. Entre sus abundantes obras cabe destacar los tratados *Sobre el alma y la vida* (1538) y *Sobre la verdadera fe cristiana* (1543).

Voltaire (François Marie Arouet) Pensador francés (París, 1694-1778). Procedía de una familia de clase media, que le hizo educar por los jesuitas. Empezó a estudiar Derecho, pero abandonó antes de terminar para consagrarse a su labor de escritor de todo tipo de géneros: poesía, teatro, novela, cuento, ensayo, historia, filosofía… Dotado de un agudo sentido del humor y de una inteligencia prodigiosa, practicó el sarcasmo en su crítica contra las instituciones y costumbres del Antiguo Régimen, lo que le costó ser encarcelado dos veces en la prisión de la Bastilla (1717-18 y 1726), ser apaleado por los lacayos de un aristócrata desairado y, más tarde, partir al exilio en Inglaterra (1726-29). Luego llegó a hacerse rico y a relacionarse con la más alta sociedad, viviendo de 1735 a 1750 bajo la protección de su amante, la marquesa de Châtelet; incluso los monarcas buscaron su compañía y su consejo en la época del «despotismo ilustrado» (de 1750 a 1753 sirvió a Federico II, *el Grande**, de Prusia como consejero). Por fin, se instaló en Suiza, pero hubo de buscar un lugar de residencia cerca de dos fronteras (en la actual Ferney-Voltaire) por si tuviera que huir de uno u otro fanatismo.

La estancia en Inglaterra le hizo conocer y admirar el sistema parlamentario de aquel país, así como el pensamiento empirista de autores como Bacon*, Newton* y Locke*; la experiencia le ayudó a madurar su ideario político preliberal, que plasmó en las *Cartas filosóficas* de 1734. Defensor de las libertades individuales, de la tolerancia, del sistema constitucional, de la libertad de expresión y del Estado laico, Voltaire contribuyó poderosamente a inspirar a las generaciones que impulsaron la Revolución francesa de 1789 y los movimientos liberales del siglo XIX. Desde muy joven adquirió un gran prestigio como intelectual crítico, librepensador, escéptico, racionalista y, probablemente uno de los representantes más cualificados del pensamiento de la Ilustración. De su pluma salieron críticas coherentes e ingeniosas contra la tiranía, la superstición, el fanatismo y los prejuicios religiosos; todas ellas se resumen en el lema que acuñó durante su lucha contra la persecución de los protestantes en Francia: *Aplastad la infamia*. Fue un autor enormemente prolífico (y además de éxito desde su propia época); cabe destacar entre sus obras la *Henriada* (1728), *Carlos XII* (1731), *Ensayo sobre las costumbres y el espíritu de las naciones* (1740-56), *Mahoma o el fanatismo* (1741), *El siglo de Luis XIV* (1751), *Cándido* (1759), el *Tratado sobre la tolerancia* (1763), *Diccionario filosófico* (1764), *Irene* (1778), etcétera.

Von Braun, Wernher. V. **Braun, Wernher von.**

Von Ribbentrop, Joachim. V. **Ribbentrop, Joachim von.**

Von Stein, barón Karl. V. **Stein, Karl, barón de.**

W

WALDHEIM, Kurt Político austriaco que ejerció como secretario general de las Naciones Unidas (Sankt Andrë-Wördern, Baja Austria, 1918 -). Nacido en una familia de clase media de origen checo, estudió Derecho e ingresó en el servicio diplomático de la República de Austria al final de la Segunda Guerra Mundial (1945). Al ser admitido su país en la Organización de las Naciones Unidas, Waldheim fue designado para representarlo como embajador (1955); y a ese cargo volvió en 1968, tras haber servido en otros destinos diplomáticos y haber sido ministro de Asuntos Exteriores de Austria (1962-64). En 1971 fue elegido secretario general de la ONU, en atención a su competencia, capacidad de trabajo y pertenencia a un país neutral. Durante su mandato (que duró hasta 1982) la Organización se deterioró y perdió influencia internacional, a pesar de los esfuerzos de su secretario por detener conflictos como los de Namibia, Oriente Medio, Paquistán o Chipre. Después de retirarse regresó a la política austriaca y se presentó en 1986 como candidato del Partido Populista (conservador) a las elecciones a la presidencia de la República, en las que había fracasado en 1971. Fue entonces cuando, acusado de haber participado en el exterminio nazi de los judíos de los Balcanes como oficial del ejército alemán durante la Segunda Guerra Mundial (en 1942-43), Waldheim mintió para ocultar a la opinión pública unos hechos que podían perjudicar a su campaña. Ganó las elecciones, poniendo fin a un largo periodo de hegemonía socialdemócrata; pero quedó demostrado que había mentido y que había sido oficial del ejército de ocupación (aunque no se encontraron pruebas concretas de su implicación en crímenes de guerra). En consecuencia, muchos países le declararon *persona non grata,* provocando el aislamiento internacional de Austria. Waldheim, apoyado por el orgullo nacionalista de gran parte de la opinión austriaca, se negó a dimitir y sólo se retiró de la política al concluir su mandato en 1992.

WALESA, Lech Sindicalista y político polaco que se enfrentó al régimen comunista (Lodz, 1943 -). Era un electricista de los astilleros *Lenin* de Gdansk. Desde 1970 tomó parte en una serie de movimientos huelguísticos que dieron lugar al nacimiento del sindicato ilegal *Solidaridad* en 1980. Fue elegido jefe de aquella fuerza sindical de inspiración católica y anticomunista, que dirigió contra el régimen dictatorial implantado en su país desde el final de la Segunda Guerra Mundial; recibió un fuerte apoyo internacional del papa Juan Pablo II* (también polaco) y de los Estados Unidos (bajo la presidencia del radical anticomunista Ronald Reagan*) e incluso recibió el Premio Nobel de la Paz (1983). Su presión sobre el Gobierno provocó un endurecimiento del régimen comunista tras el golpe de Estado que llevó al poder al general Jaruzelsky (1981). Se inició entonces un periodo de represión en el que Walesa fue detenido, negándose a cualquier compromiso con las nuevas autoridades. Pero la llegada al poder de Gorbachov* y su equipo reformista en la Unión Soviética determinó una apertura política en todos los países que, como Polonia, estaban sometidos a su influencia. Tras una nueva oleada de huelgas en 1988, Solidaridad fue legalizada en 1989 y en aquel mismo año se celebraron unas elecciones democráticas que dieron el poder al sindicato, convertido en partido político. En 1990 Walesa fue elegido presidente de la República e inició el desmantelamiento del sistema socialista y el acercamiento al bloque occidental. Vencido el enemigo común, Solidaridad se escindió en múltiples corrientes, que defendían diferentes programas de gobierno. Desde el poder, Walesa impulsó una implantación directa y completa del libre mercado, que acarreó graves consecuencias sociales; el descontento con esa política ultraliberal provocó la victoria de la izquierda ex comunista en las elecciones legislativas de 1993 y la derrota de Walesa en las presidenciales de 1995. Apartado del poder, volvió a trabajar a los astilleros de Gdansk.

WALPOLE, Robert (conde de Orford) Político británico que dirigió la creación de la monarquía parlamentaria (Houghton Hall, Norfolk, Inglaterra, 1676 - Londres, 1745). Entró en la Cámara de los Comunes desde 1700, destacando entre los miembros del partido *Whig,* que defendía ideas liberales y parlamentarias. Walpole mejoró su posición en el partido por su vinculación con el marido de la reina Ana I* y con el favorito de ésta, el duque de Marlborough*. Ocupó puestos como los de secretario de la Guerra (1708-10) y tesorero de la Marina (1710-12), pero cayó del gobierno en 1712 por la reacción de los *tories* (conservadores), que le encerraron en la Torre de Londres bajo acusaciones falsas de corrupción. Esto acabó de darle el prestigio necesario para dirigir políticamente a los *whigs;* y accedió al poder cuando su partido promovió la entronización de la Casa de Hannover*: Jorge I le nombró ministro de Hacienda en 1715-17 y nuevamente en 1720-42, asumiendo de hecho funciones de primer ministro al erigirse en portavoz del gabinete ante el rey. Siempre en colaboración con su cuñado Townshend, Walpole reforzó considerablemente el sistema de gobierno parlamentario, limitando al monarca extranjero a poco más que una función representativa, mientras apoyaba su propia autoridad sobre la confianza de la mayoría en la Cámara de los Comunes (que, a su vez, lograba mediante la corrupción y el intercambio de favores). Esto no le impidió luchar denodadamente por afianzar a la nueva dinastía, defendiendo al rey de los ataques del Parlamento y de la opinión pública. Desarrolló una política exterior pacifista, basada en establecer buenas relaciones con Francia, a pesar de la oposición de gran parte de su partido.

Isabel *la Católica*   Fernando *el Católico*

«El matrimonio de los Reyes Católicos unificó por primera vez la Corona de Castilla y la Corona de Aragón, que pasarían juntas a sus sucesores, dando lugar a la Monarquía Hispana. Pero la unión personal de los reinos no entrañó la integración política de sus instituciones, pues cada reino mantuvo su personalidad diferenciada hasta la aparición de España como Estado nacional en el siglo XIX. Los Reyes Católicos intentaron completar la unificación peninsular mediante una serie de enlaces matrimoniales de sus hijos con príncipes portugueses, todos los cuales fracasaron por fallecimientos prematuros. En cuanto ... al Reino nazarí de Granada, los reyes impulsaron la Guerra de Granada (1480-92), que determinó su integración en la Corona de Castilla. Acabada así la Reconquista, dirigieron el empuje conquistador de Castilla y Aragón hacia otros ámbitos geográficos: por un lado, impulsaron la penetración en el norte de África...; por otro, protegieron a Colón en su intento de buscar una ruta marítima hacia Asia por el Oeste, dando lugar al descubrimiento de América (1492).» (Dibujos de V. Carderera en su obra *Iconografía española*, según los retratos contenidos en *La Virgen de los Reyes Católicos*, conservado en el Museo del Prado, Madrid.)

Richelieu, Cardenal duque de: «La obra de Richelieu como protector de las artes y las letras tiene que ver con el control del poder simbólico, poniendo la creación cultural al servicio de la propaganda del poder absoluto de la Monarquía.»

Rockefeller, Nelson A.: «Tanto él como sus restantes hermanos se dedicaron simultáneamente a extender los negocios de la familia hacia nuevas ramas de actividad, y a fundar instituciones culturales y filantrópicas.»

Romanones, Álvaro de Figueroa y Torres, conde de: «Fue un maestro en el manejo del caciquismo, en la manipulación electoral y las componendas típicas de la política oligárquica de la Restauración.» (Retrato de López Mezquita, Congreso de los Diputados, Madrid.)

Roosevelt, Franklin D.: «Promovió la intervención del Estado para sacar a la economía del estancamiento y para paliar los efectos sociales de la crisis, aunque fuera a costa de acrecentar el déficit público y romper con el tabú de la libertad de mercado. Acabó así con la edad dorada del ultraliberalismo americano, abriendo la del Estado del bienestar.»

Rousseau, Jean-Jacques: «En su obra cumbre, *El contrato social* (1762), concebía el cuerpo social como fruto de un pacto originario, por el que los individuos habían enajenado todos sus derechos en favor de la comunidad; en consecuencia, ésta debía regirse por la "voluntad general", por lo que Rousseau defendía la soberanía popular sin limitaciones.» (Retrato de M. Q. de Latour, Museo de Arte, Ginebra.)

Sadat, Anwar el-: «... el fracaso de la Guerra de Yom Kippur convenció a Sadat de la conveniencia de postergar la causa de la unidad árabe y de la lucha contra Israel, en beneficio de una política más realista que sirviera para el fortalecimiento y desarrollo de Egipto.»

Sajarov, Andrei D.: «Durante años criticó la represión política, la falta de libertades y las violaciones de los derechos humanos, al tiempo que luchaba por impulsar el desarme nuclear y una verdadera coexistencia pacífica internacional.»

Salazar, Antonio de Oliveira: «... hizo aprobar una Constitución portuguesa, instaurando un modelo político autoritario que denominó *Estado Novo* ... una dictadura personal de partido único, basada en el corporativismo, en el confesionalismo católico y en la represión sistemática de opositores y disidentes.» (Fotografiado con Franco en octubre de 1949.)

Sancho IV, *el Bravo*: «... su matrimonio con María de Molina (1282), en contra de la voluntad del rey ... le costó ser desheredado por su padre y una costosa negociación posterior con el papa para que declarara legítimo el enlace.» (El rey leyendo los textos del *Libro de los Castigos*, Biblioteca Nacional, Madrid.)

San Martín, José de: «... ocupada la Península por el ejército de Napoleón, volvió a América para unirse a la revolución independentista (1811). Le impulsó a ello su ideología liberal, adquirida en la lectura de los enciclopedistas y en la vida de la logia masónica a la que pertenecía.»

Santillana, Marqués de: «Fue uno de los grandes poetas de su tiempo, autor de obras como las *Serranillas* (1429-40), *Canciones y decires líricos* (1430-47), los *Sonetos fechos al itálico modo* (1438-45), el *Diálogo de Bías contra Fortuna* (1448) o la *Comedieta de Ponza* (1444).» (Retrato de autor anónimo, Museo del Prado, Madrid.)

Sartre, Jean-Paul: «El existencialismo de Sartre es una filosofía de la libertad, que muestra al hombre desligado de toda atadura o determinación y, por lo tanto, plenamente responsable de sus actos.»

Serrano Suñer, Ramón: «... fue quien alineó a la España franquista con las potencias del Eje, de manera que cuando el curso de la Segunda Guerra Mundial se volvió desfavorable para la Alemania nazi, Franco prefirió desprenderse de él.»

Soares, Mario: «La labor política de Soares incluye la normalización democrática de Portugal, el relanzamiento y liberalización de su economía y la integración del país en la Comunidad Económica Europea.»

Stalin, Iosif: «Radicalizando las tendencias autoritarias presentes entre los bolcheviques desde la Revolución, acabó de eliminar del proyecto marxista-leninista todo rastro de ideas democráticas o emancipadoras.»

Suárez, Adolfo: «Logró el respaldo popular para esta estrategia de transición pacífica a la democracia, mediante un referéndum … decretó una amnistía y legalizó todos los partidos políticos para garantizar el pluralismo.»

Sukarno, Ahmed: «... se apresuró a proclamar la independencia de Indonesia, sentando los cinco principios que guiarían su andadura política *(Pantjasila)*: nacionalismo, internacionalismo, democracia, prosperidad social y fe en Dios.»

Tamerlán: «Sus campañas militares, realizadas en nombre del Islam y caracterizadas por una crueldad y un afán destructor que aterrorizaba a sus enemigos, fueron todas victoriosas y le proporcionaron sucesivas anexiones territoriales.» (*Tamerlán sobre su trono*, pintura mongola del s. XVIII, Biblioteca Nacional, París.)

Tarradellas, Josep: «En 1954 fue elegido presidente del Gobierno catalán en el exilio, por lo que constituyó una referencia simbólica de las aspiraciones del nacionalismo catalán durante la oposición al régimen de Franco.»

Thatcher, Margaret: «Su conservadurismo no era un mero continuismo, sino que incluía un programa de cambio en profundidad, inspirado por ideales ultraliberales en materia económica y social y por una intransigencia autoritaria en política interior y exterior.»

Toro Sentado: «Destacó entre los suyos como partidario de ofrecer resistencia a la dominación blanca, y en 1867 ya era jefe de las siete tribus de la nación sioux.»

Trotski, Leon: «... no cejó en su lucha revolucionaria, que canalizó desde el exilio escribiendo en defensa de sus ideas y encabezando una corriente comunista disidente (agrupada en la Cuarta Internacional desde 1938).»

Trumman, Harry S.: «... la *doctrina Truman*, basada en contener a la URSS mediante ayudas económicas y militares a los gobiernos amigos, daría lugar a un largo período de "guerra fría", es decir, una bipolarización de la política mundial entre los Estados Unidos y la Unión Soviética.»

Vargas, Getulio: «Practicó una política populista de lucha contra los grandes empresarios y hacendados, ampliación del derecho de voto, extensión de la educación, protección social y reformas laborales. Todo ello iba, sin embargo, acompañado de un autoritarismo y un centralismo que acercaban al régimen a una dictadura.» (G. Vargas, a la izquierda, fotografiado junto al presidente argentino Julio A. Roca.)

Victoria I: «Fue una reina autoritaria, intervencionista y celosa de sus prerrogativas, lo que no le impidió respetar escrupulosamente el modelo constitucional de la Monarquía parlamentaria y la alternancia en el gobierno entre liberales y conservadores.»

Villa, Pancho: «Campesino pobre, huérfano y con escasa formación, cuando estalló la Revolución de 1910 … se unió a Madero en su lucha contra la dictadura de Porfirio Díaz y demostró una habilidad innata para la guerra. Aprovechando su conocimiento del terreno y de los campesinos, formó su propio ejército en el norte de México, con el cual contribuyó al triunfo del movimiento revolucionario.»

Voltaire: «Defensor de las libertades individuales, de la tolerancia, del sistema constitucional, de la libertad de expresión y del Estado laico, contribuyó poderosamente a inspirar a las generaciones que impulsaron la Revolución Francesa de 1789 y los movimientos liberales del siglo XIX.»

Walesa, Lech: «... elegido jefe de Solidaridad, fuerza sindical de inspiración católica y anticomunista, la dirigió contra el régimen dictatorial implantado en su país desde el final de la Segunda Guerra Mundial; recibió un fuerte apoyo internacional del papa Juan Pablo II y de los Estados Unidos, e incluso recibió el Premio Nobel de la Paz (1983).»

Washington, George: «... puso en práctica el modelo político liberal-democrático diseñado en la Constitución, rodeó de autoridad y solemnidad la figura del presidente, impulsó un programa de desarrollo económico capitalista..., inició la colonización de los territorios indios hacia el Oeste (Kentucky, Tennessee...) y sentó las bases de una política exterior aislacionista.» (Retrato de Gilbert Stuart.)

Wellington, Duque de: «Desde sus cargos políticos y el de comandante en jefe del ejército, tuvo una influencia incontestable... Su postura política fue ultraconservadora, pues consideraba que la constitución inglesa era perfecta y no necesitaba ninguna reforma. Fue el último general que gozó de verdadero poder político en el Reino Unido.» (Grabado de época según original de Isabey.)

Wilson, Thomas W.: «En 1918 formuló un programa ... intensamente moral, democrático y pacifista, que preveía la abolición de la diplomacia secreta, la libertad de navegación en todos los mares, la reducción de armamentos, la liberalización del comercio y la constitución de una Sociedad de Naciones.»

Yeltsin, Boris N.: «Como presidente de Rusia, desarrolló una política encaminada al refuerzo de su propia autoridad, imponiendo un sistema político de corte presidencialista. Su imitación del modelo norteamericano fue acompañada de un acercamiento a los Estados Unidos, de cuyo apoyo ha dependido en momentos delicados...»

Yrigoyen, Hipólito: «Durante sus dos mandatos mantuvo la neutralidad argentina en la Primera Guerra Mundial, realizó reformas democratizadoras y mejoró el sistema de arbitraje en los conflictos laborales. Pero el descontento social creado por las repercusiones de la crisis económica de 1929 facilitó su derrocamiento.»

Zapata, Emiliano: «... protector de los campesinos pobres que ocupaban las grandes haciendas ... participó en la revolución en defensa de un programa social que pasaba por una reforma agraria radical, por lo que no tardó en romper con Madero, dado que éste limitaba sus objetivos a la instauración de un régimen liberal y democrático.»

Zumalacárregui, Tomás de: «... unificó a las fuerzas carlistas navarras y organizó un ejército que constituirían uno de los contingentes más eficaces del ejército *carlista* ... Fue muy popular entre sus tropas (que le apodaban *el tío Tomás*), pero no dudó en mostrarse cruel en la represión de los liberales ni en emplear el terror para mantener controlado el territorio.»

WALRAS, Léon Economista francés (Évreux, Normandía, 1834 - Clarens, Suiza, 1910). Era hijo del economista Auguste Walras, que le puso en contacto con la obra del economista y matemático Cournot y otros precursores del pensamiento marginalista. Como su padre, Walras defendió un tipo de teoría económica bastante abstracta, apoyada en las matemáticas; y como él, también sostuvo una teoría heterodoxa del valor de tipo subjetivo, que chocaba con las doctrinas objetivas asentadas por la escuela clásica. Por todo ello, Walras fue incomprendido en los medios académicos franceses y se vio obligado a dejar su país, buscando acomodo en la modesta y periférica Universidad de Lausana (Suiza) en 1870. Allí publicó sus *Elementos de economía política pura* (1874-77), en donde proponía un modelo matemático de equilibrio general para una economía de mercado, basado en una teoría del valor de los bienes que hace depender éste de la utilidad subjetiva que tienen para los individuos en función de su escasez. Dicho modelo era un sistema de ecuaciones que tomaba como variables los precios de oferta y de demanda de los bienes (incluido el dinero) y de los servicios productivos, así como los coeficientes técnicos de producción que determinan los costes; Walras sostenía que este modelo era viable y que se ajustaba por un procedimiento de tanteos sucesivos. Aunque no completó su proyecto original de acompañar aquel tratado por otros dos sobre la economía aplicada y la economía social, sí publicó otras obras menores sobre varios temas económicos y monetarios. Pero fueron sus *Elementos* los que le hicieron famoso como padre de la «escuela de Lausana» (cuyo principal seguidor fue Pareto*, heredero de la cátedra de Walras). Aquella obra constituyó uno de los tres focos de donde surgió la «revolución marginalista» en economía, junto con la escuela de Viena (con Karl Menger) y la escuela británica (con Williams Stanley Jevons): de manera prácticamente simultánea y sin comunicación entre ellos, los tres se desprendieron de la vieja economía política clásica de Ricardo* y pusieron las bases para la teoría económica neoclásica al describir rigurosamente los mecanismos de ajuste de los precios en los mercados, prescindiendo de atribuir a las mercancías un valor intrínseco dependiente de los factores productivos. El objetivo de Walras al emprender este camino fue eliminar de la vida social las injusticias creadas por el intercambio desigual; intentaba crear cimientos realistas para una política de reforma social basada en la intervención del Estado (el gobierno, en su opinión, debía regular el nivel de precios, controlar la publicidad y la especulación, expropiar monopolios naturales como la propiedad del suelo y prestar toda una serie de servicios públicos esenciales a la comunidad). De hecho, aunque su obra permitió el desarrollo de la teoría económica ortodoxa en el mundo capitalista, también puso las bases para los modelos de planificación económica de los países socialistas.

WAN LI. V. **MING, Dinastía.**

WASHINGTON, George Dirigente de la independencia y primer presidente de los Estados Unidos de América (Pope's Creek, Westmoreland, Virginia, 1732 - Mount Vernon, Virginia, 1799). Este rico terrateniente del Sur había adquirido experiencia militar como miembro del ejército colonial británico en las luchas contra los indios y los franceses (1752-58), alcanzando el grado de coronel. El endurecimiento de la dominación colonial británica sobre sus trece colonias de Norteamérica llevó a Washington a participar activamente en la política de Virginia, encabezando en su Asamblea la oposición contra los nuevos impuestos y el autoritarismo de los británicos (1759-74). Cuando la oposición se transformó en conflicto abierto entre Gran Bretaña y sus colonias, Washington asistió como representante de Virginia en el Primer Congreso Continental que se reunió en Filadelfia en 1774 para defender una posición unitaria contra la metrópoli. Y el Segundo Congreso le eligió por unanimidad comandante en jefe del ejército que habían de formar las colonias para luchar por su independencia (1775); aunque no era un independentista radical, pareció apropiado para el cargo por su experiencia militar, por su buena reputación entre los notables del Sur (pues hasta entonces el conflicto con la metrópoli había afectado fundamentalmente a las colonias de Nueva Inglaterra, en el Norte) y por su demostrada capacidad de gestión, que le había llevado a ser uno de los plantadores más ricos del país. Desde entonces se dedicó con enorme esfuerzo a improvisar el ejército del nuevo país (que había declarado su independencia en 1776), luchando por obtener dinero, armas y reclutas, mantener la disciplina, fomentar el entusiasmo de los soldados y hostigar al ejército británico, a pesar de no verse respaldado por una dirección política unitaria ni un gran espíritu de sacrificio de los colonos. Obtuvo algunos éxitos iniciales contra los británicos (auxiliados por los colonos «leales», mercenarios alemanes y tribus indias aliadas) en las batallas de Trenton y Princeton (1776). Pero, conociendo su inferioridad militar, trató de salvaguardar sus tropas de grandes encuentros en campo abierto hasta que pudo afrontarlos con garantías, y practicó una lucha de guerrillas durante la mayor parte de la Guerra de Independencia (1775-83). Su momento llegó en 1778, cuando Francia y España prestaron su apoyo militar a la revolución americana, lo cual le permitió asestar un golpe definitivo en la batalla de Yorktown (1781). Gran Bretaña reconoció la independencia de sus trece colonias de Norteamérica por la Paz de Versalles de 1783.

Lograda la independencia, el prestigio acumulado por Washington hizo que le reclamaran para continuar en la vida política, actuando como árbitro entre las dos corrientes que debatían el futuro del país: los federalistas de Hamilton* y los republicanos de Jefferson* (aunque se inclinó más bien por los primeros). Washington presidió la Convención Constitucional reunida en Filadelfia en 1787, con la intención de sustituir los ineficientes Artículos de la Confederación por una verdadera Constitución republicana, federal y presidencialista, que fortaleciera el poder central y la cohesión entre los trece Estados. Puso todo su prestigio personal en juego para hacer que la Constitución fuera aprobada por los Estados reticentes, logrando así que entrara en vigor en 1789. E inmediatamente fue elegido para ser el primer presidente de los Estados Unidos (y reelegido en 1792). Durante sus dos mandatos (1789-97) puso en práctica el modelo político liberal-democrático diseñado en la Constitución, rodeó de autoridad y solemnidad la figura del presidente, impulsó el programa de desarrollo económico capitalista de su secretario del Tesoro —Hamilton—, inició la colonización de los territorios indios hacia el oeste (Kentucky, Tennessee…) y sentó las bases de una política exterior aislacionista (rehuyendo entrar en las guerras europeas de la Revolución francesa). En 1793 fundó la nueva capital federal, bautizada *Washington* en su honor, aunque la residencia presidencial no se trasladaría allí hasta tiempos de su sucesor en el cargo, John Adams. Washington renunció voluntariamente a ser elegido para un tercer mandato (para el cual no le habrían faltado apoyos), considerando que la perpetuación de un mandatario en el poder sería perjudicial para el régimen constitucional de libertades; instauró así una costumbre sólo rota por Franklin D. Roosevelt*.

WATT, James Ingeniero británico que inventó la máquina de vapor (Greenock, Escocia, 1736 - Heathfield, Warwick, Inglaterra, 1819). Desde el siglo XVII se venían utilizando máquinas que utilizaban la presión del agua al evaporarse para mover bombas que servían para achicar el agua de las minas; el modelo más perfeccionado era el que había patentado Newcomen en 1712. Watt era un artesano práctico, formado en los talleres de construcción naval de su padre. Desde 1757 trabajaba en la Universidad de Glasgow construyendo y reparando instrumentos científicos. Fue así como conoció un modelo de la máquina atmosférica de Newcomen y empezó a estudiarla a fondo, criticando sus pérdidas de energía. Gradualmente fue perfeccionando la máquina con la introducción de un condensador independiente (1769) y su conversión en una máquina de dos tiempos (1782). A ello añadió otras innovaciones menores que hacían más práctica y manejable aquella máquina de vapor perfeccionada: un juego de engranajes que permitía transformar el movimiento oscilante en un movimiento giratorio (1781); un regulador de velocidad (1788); y un manómetro para controlar la presión (1790). Watt patentó todos sus inventos y se asoció con el empresario Matthew Boulton en 1775 para ponerlos en práctica. Desde entonces fabricaron máquinas de vapor para todo el mundo y obtuvieron enormes beneficios. La máquina resultante era cuatro veces más eficaz que la de Newcomen, y contribuyó al impulso tecnológico de la «revolución industrial», aplicándose inmediatamente para suministrar energía a las fábricas. Desde 1783 el vapor se aplicó a la navegación y desde 1803 apareció una locomotora para el transporte terrestre. El nombre de Watt es recordado por la unidad de potencia del Sistema Internacional de medidas (el *vatio* o *watt*).

WEBER, Max Sociólogo alemán (Erfurt, Prusia, 1864 - Múnich, Baviera, 1920). Era hijo de un jurista y político destacado del Partido Liberal Nacional en la época de Bismarck*. Estudió en las universidades de Heidelberg, Berlín y Gotinga, interesándose especialmente por el Derecho, la Historia y la Economía. Sus primeras investigaciones versaron sobre temas económicos, algunas de ellas realizadas por cuenta de los intelectuales reformistas conocidos como «socialistas de cátedra». Desde 1893 fue catedrático en varias universidades alemanas, fundamentalmente en Heidelberg, salvo los años 1898-1906 en que, aquejado de fuertes depresiones, dejó la enseñanza para dedicarse a viajar y a investigar. En 1909 fundó la Asociación Sociológica Alemana. Fue un gran renovador de las ciencias sociales en varios aspectos, incluyendo la metodología: a diferencia de los precursores de la sociología, Weber comprendió que el método de estas disciplinas no podía ser una mera imitación de los empleados por las ciencias físicas y naturales, dado que en los asuntos sociales intervienen individuos con conciencia, voluntad e intenciones que es preciso comprender. Propuso el método de los *tipos ideales,* categorías subjetivas que describen la intencionalidad de los agentes sociales mediante casos extremos, puros y exentos de ambigüedad, aunque tales casos no se hayan dado nunca en la realidad; Weber puso así los fundamentos del método de trabajo de la sociología moderna —y de todas las ciencias sociales—, a base de construir modelos teóricos que centren el análisis y la discusión sobre conceptos rigurosos. El primer fruto de la aplicación de este método fue la obra de Weber sobre *La ética protestante y el espíritu del capitalismo* (1905); trabajando sobre los tipos ideales del «burgués», la «ética protestante» y el «capitalismo industrial», estudió la moral que proponían algunas sectas calvinistas de los siglos XVI y XVII para mostrar que la reforma protestante habría creado en algunos países occidentales una cultura social más favorable al desarrollo económico capitalista que la predominante en los países católicos. En términos generales, puede decirse que Weber se esforzó por comprender las interrelaciones de todos los factores que confluyen en la construcción de una estructura social; y en particular reivindicó la importancia de los elementos culturales y las mentalidades colectivas en la evolución histórica, rechazando la exclusiva determinación económica defendida por Marx* y Engels*. Frente a la prioridad de la lucha de clases como motor de la historia en el pensamiento marxista, Weber prestó más atención a la racionalización como clave del desarrollo de la civilización occidental: un proceso guiado por la racionalidad instrumental plasmada en la burocracia. Todos estos temas aparecen en su obra póstuma *Economía y sociedad* (1922). Políticamente, Weber fue un liberal democrático y reformista, que contribuyó a fundar el Partido Demócrata Alemán. Criticó los objetivos expansionistas de su país durante la Primera Guerra Mundial (1914-18). Y después de la derrota adquirió influencia política como miembro del comité de expertos que acudió en representación del gobierno alemán a la Conferencia de Paz de París (1918) y como colaborador de Hugo Preuss en la redacción de la Constitución republicana de Weimar (1919).

WEIZMANN, Chaim Dirigente sionista y primer presidente de Israel (Motol, Bielorrusia, 1874 - Rehovot, Israel, 1952). Judío ashkenazi nacido en la Rusia de los zares, emigró a Alemania y Suiza para estudiar Química. En este último país participó en la creación del movimiento sionista, partidario de crear un Estado nacional judío en Palestina según las ideas de Theodor Herzl* (Congreso de Basilea, 1897). Dentro del movimiento sionista encabezó la corriente democrática que pretendía dar mayor protagonismo a las masas judías y complementar los esfuerzos diplomáticos de alto nivel con la emigración progresiva de colonos judíos a Palestina, aún bajo dominio del Imperio Otomano (combinación a la que él mismo denominó *sio-*

nismo sintético). Desde 1906 se instaló en Inglaterra como profesor de la Universidad de Manchester y obtuvo cierto prestigio por la utilidad militar de sus investigaciones sobre explosivos. Adquirió la nacionalidad británica y se esforzó por recuperar y difundir las raíces culturales judías en su nuevo país. Durante la Primera Guerra Mundial (1914-18) se convirtió en el líder de la comunidad judía británica, y consiguió de Lloyd George* la promesa de que el Reino Unido promovería la creación de un «hogar nacional» judío en Palestina, que había pasado a ser un mandato británico por la victoria militar sobre los turcos (Declaración Balfour*, 1917). Fue elegido presidente de la organización sionista mundial en 1920-30 y en 1935-46, orientándose en el sentido de ligar la causa sionista a la protección política del Reino Unido; y cuando Gran Bretaña empezó a salvaguardar sus propios intereses equilibrando las concesiones a los judíos con concesiones a los árabes palestinos, Weizmann encabezó una línea de moderación (aceptando la partición de Palestina en un Estado árabe y otro judío desde 1937), frente a la corriente de los activistas radicales (encabezados por Ben-Gurión*) que impulsaron la continuación de la emigración judía clandestina a Palestina. Tras haber negociado la creación del Estado judío al más alto nivel (entrevistándose con Jorge V* de Inglaterra o con el emir de La Meca Faisal, rey de Siria y líder del nacionalismo árabe), completó la labor convenciendo al presidente norteamericano Truman* de que apoyara el plan. En 1948 los británicos dividieron Palestina y se retiraron, momento en que se proclamó la independencia del Estado de Israel. Tras la victoria israelí en la guerra que estalló inmediatamente contra sus vecinos árabes, se celebraron unas elecciones democráticas y el primer Parlamento israelí eligió a Weizmann presidente de la República (1949), cargo honorífico sin poder político real, que conservó hasta su muerte.

WELLESLEY, Arthur. V. WELLINGTON, duque de.

WELLINGTON, Arthur Wellesley, duque de Militar y político británico (Dublín, Irlanda, 1769 - Walmer Castle, Kent, Inglaterra, 1852). Entró en el ejército en 1787. Luego sirvió en la India, donde su hermano Carlos —el marqués de Wellesley— era gobernador (1796-1805). Y, siguiendo también a su hermano, entró en política como diputado conservador en la Cámara de los Comunes desde 1805 y secretario para Irlanda en 1807. En 1808 fue puesto al mando del ejército que Gran Bretaña envió a Portugal para combatir contra la ocupación francesa de la península Ibérica. En aquel mismo año hubo de regresar a Inglaterra para responder ante un tribunal por haber permitido la retirada de Junot tras derrotarle en los alrededores de Lisboa. Fue declarado inocente y autorizado a continuar la dirección de la *Guerra Peninsular (Guerra de la Independencia,* para la historiografía española, de 1808-14). La suerte de la guerra le fue desfavorable hasta 1810. Pero, después de contener el avance francés hacia Lisboa en Torres Vedras (1811), comenzó una ofensiva victoriosa hacia el centro de la Península, contando con el apoyo de la guerrilla autóctona, que debilitaba la posición militar de los franceses: tomó Ciudad Rodrigo y Badajoz, derrotó a

Marmont en la batalla de los Arapiles, ocupó Madrid (1812), persiguió a José I* Bonaparte hacia el norte hasta infligirle dos nuevas derrotas en Vitoria y San Marcial (1813), traspasó los Pirineos y, ya en territorio francés, venció definitivamente a Soult en Toulouse (1814). Su avance fue simultáneo al de las tropas alemanas y rusas que culminó en la batalla de Leipzig; y ambos éxitos aliados determinaron la caída de Napoleón* y la restauración de los Borbones*, tanto en España (Fernando VII*) como en Francia (Luis XVIII*). El inesperado regreso de Napoleón al poder durante el Imperio de los Cien Días obligó a sus enemigos a formar una nueva coalición, enviando un ejército bajo el mando de Wellington, que le derrotó definitivamente en la batalla de Waterloo (1815). Sus servicios militares a la Corona durante las guerras napoleónicas le valieron sucesivamente los títulos de conde, marqués (1812) y duque (1814) de Wellington. Posteriormente desempeñó misiones diplomáticas; participó en el Congreso de Viena (1815) y, como miembro del gabinete presidido por Liverpool, en los de Aix-la-Chapelle (1818) y Verona (1822). Fue primer ministro en 1828-30 y luego ministro en los gobiernos de Peel* (1834-35 y 1841-46). Desde esos cargos y el de comandante en jefe del ejército, tuvo una influencia incontestable, tanto más cuanto que la joven reina Victoria* le adoraba. Su postura política fue ultraconservadora, pues consideraba que la Constitución inglesa era perfecta y no necesitaba ninguna reforma (por eso se opuso, por ejemplo, a la reforma electoral de 1832). Fue el último general que gozó de verdadero poder político en el Reino Unido.

WESLEY, John Fundador de la Iglesia metodista (Epworth, Lincolnshire, Inglaterra, 1703 - Londres, 1791). Era hijo de un clérigo anglicano, al que siguió ordenándose él también sacerdote en 1728. Por esas fechas obtuvo un puesto de profesor en la Universidad de Oxford, en donde formó (junto con su hermano Charles y otros amigos) un pequeño círculo dedicado «metódicamente» a la oración, al culto y al estudio religioso, pronto conocidos irónicamente como los *metodistas*. Se caracterizaban por la frecuencia con que comulgaban y ayunaban, visitaban a los presos y prestaban asistencia social a los pobres. Tras una desgraciada experiencia como misionero en Norteamérica (Georgia, 1735-37), entró en contacto con la obra de Lutero* por influencia de protestantes moravos y comenzó a predicar la salvación por la fe y la renovación de la Iglesia anglicana con entusiasmo desmedido. La Iglesia de Inglaterra le consideró heterodoxo y le cerró sus puertas en 1738, mientras Wesley se dedicaba a crear nuevas costumbres religiosas (como la creación de *bandas* o círculos de fieles que compartían sus experiencias vitales). Desde 1739 asumió el liderazgo de varias comunidades inglesas y norteamericanas, a las que dio unas reglas de comportamiento *metodistas* basadas en el rigor de la oración y las prácticas religiosas, la realización de obras de caridad y la importancia de la experiencia espiritual de la conversión personal. En 1784 completó la ruptura con la Iglesia anglicana, al ordenar por sí mismo los sacerdotes que se negaba a ordenar el obispo de Londres.

WIFREDO I, *el Velloso* (o Vifredo) Conde de Barcelona (?, ? - ?, 898).

Este noble catalán reunió bajo su mano un conglomerado de estados feudales que gobernó de forma autónoma, aunque como vasallo del reino franco, que dominaba la Marca Hispánica. La tradición posterior le convirtió en arranque de la unidad e independencia de Cataluña, envolviendo esta figura entre leyendas de dudosa veracidad, como la que le atribuye la creación del escudo barrado (actual distintivo de Cataluña, Aragón, Valencia y Baleares). Heredó primero de su padre el Condado de Urgel (873), al que unió más tarde los condados de Barcelona (874), Gerona y Cerdaña-Conflent (895). Extendió los territorios recibidos impulsando la reconquista contra los musulmanes por las comarcas del Ripollès, Osona, Bergedà y Bages, aunque fracasó en el intento de tomar Lérida (884). Murió por las heridas recibidas en la batalla de Aura contra el gobernador musulmán de Lérida, quedando sus estados divididos entre sus hijos. De Wifredo arranca la dinastía condal de Barcelona.

WILSON, Harold Político laborista británico (Hudderfield, Yorkshire, Inglaterra, 1916 - Londres, 1995). Procedente de una familia obrera, estudió Historia gracias a una beca en la Universidad de Oxford, de la que más tarde fue catedrático con sólo 21 años. Se unió al Partido Laborista, militando en su corriente izquierdista. En 1945 fue elegido diputado y, tras ocupar un puesto de subsecretario en el gobierno de Attlee* (1945-50), representó al partido como portavoz parlamentario en asuntos financieros e internacionales. En 1963 fue elegido líder del partido y, tras ganar las elecciones del año siguiente por un estrecho margen, se convirtió en primer ministro; volvió a ganar las elecciones en 1966 con mayor amplitud, manteniéndose al frente del gobierno de 1964 a 1970. Fue una época de graves dificultades económicas, que Wilson intentó atajar con una política de austeridad; y fue también un periodo de conflictos agudos con los sindicatos y de división interna del Partido Laborista. Wilson intentó integrar al Reino Unido en la Comunidad Económica Europea, pero su candidatura fue rechazada alegando la delicada situación económica del país. También tuvo problemas en las colonias, como el que planteó la declaración unilateral de independencia del gobierno blanco de Rhodesia en 1967. Todo ello le hizo perder las elecciones de 1970 frente al conservador Edward Heath. Pero continuó como líder de la oposición y en 1974 volvió a ganar las elecciones, aunque por un margen tan estrecho que, incapaz de gobernar en coalición con los liberales, volvió a convocar elecciones en el mismo año y ganó una mayoría más holgada, que le permitió gobernar de 1974 a 1976. Ante la división de su partido y de la opinión pública en torno a la integración europea, convocó un referéndum que determinó la permanencia del Reino Unido en la Comunidad (en donde había ingresado por decisión del gobierno conservador en 1973). Tuvo que afrontar el agravamiento de la situación económica y social provocado por la crisis internacional de 1973. En 1976 dimitió, dejando el puesto a James Callaghan.

WILSON, Thomas Woodrow 28.º presidente de los Estados Unidos de América (Taunton, Virginia, 1856 - Washington, 1924). Hijo de un pastor protestante, estudió en la Universidad de

Princeton, en donde más tarde trabajó como profesor de Derecho Constitucional (desde 1890) y llegó a ser rector (1902-10). Vinculado al Partido Demócrata, pasó luego a la política y fue gobernador de Nueva Jersey en 1911-12; si sus reformas pedagógicas habían hecho de Princeton una universidad modélica, sus reformas políticas y sociales en Nueva Jersey llamaron suficientemente la atención como para convertirle en candidato a la presidencia para terminar con un largo periodo de hegemonía política republicana. En las elecciones presidenciales de 1912 obtuvo una abrumadora mayoría, favorecida por la división del voto republicano entre las candidaturas de Theodore Roosevelt* y Taft (sería reelegido en 1916). Durante sus dos mandatos como presidente (1913-21) llevó adelante el programa de la *Nueva Libertad,* consistente en reforzar la intervención del poder central en apoyo de la democracia: reorganizó el sistema bancario americano con la creación de un banco central (la Reserva Federal, en 1913), creó un impuesto federal progresivo sobre la renta personal, introdujo la elección directa de los senadores por sufragio universal, extendió el derecho de voto a las mujeres, empleó la fuerza del Estado para luchar contra los monopolios y trató de frenar el consumo de alcohol con la *ley seca.* Pero fue en la política exterior en la que hubo de asumir los mayores retos. Ante los ataques de que era objeto el suroeste de los Estados Unidos por parte de *Pancho* Villa*, envió una expedición militar a México en 1916, aunque no consiguió capturarle. Hasta entonces, Wilson había mantenido la neutralidad de los Estados Unidos en la Gran Guerra europea declarada desde 1914, continuando de esta forma la tradicional política exterior aislacionista del país; en la campaña electoral de 1916 utilizó profusamente la neutralidad como argumento. Sin embargo, en 1917 se vio obligado a romper sus promesas de neutralidad, ante los ataques submarinos alemanes a la navegación en el Atlántico y el temor a una alianza de México con Alemania para arrebatar territorios a los Estados Unidos (plan descubierto por el Telegrama de Zimmermann*). Los Estados Unidos entraron en la Primera Guerra Mundial (1914-18) como aliados de Gran Bretaña y Francia, con un sentido de cruzada mundial por la libertad contra los regímenes anacrónicos y opresivos de Alemania y Austria-Hungría; con su peso industrial y militar contribuyeron a desequilibrar la contienda en favor de los aliados, al tiempo que demostraban su condición de gran potencia.

En 1918 el presidente Wilson formuló un programa de 14 puntos que debían inspirar los tratados de paz y el orden de la posguerra: un programa intensamente moral, democrático y pacifista, que preveía la abolición de la diplomacia secreta, la libertad de navegación en todos los mares, la reducción de armamentos, la liberalización del comercio y la constitución de una Sociedad de Naciones que garantizara el arreglo pacífico de los conflictos. Para solucionar los contenciosos fronterizos, Wilson proponía aplicar de forma general el principio de las nacionalidades, dando la independencia a los pueblos con identidad cultural propia que habían estado sometidos al Imperio Austro-Húngaro, al Imperio Otomano o al Imperio Ruso. Pero, terminada la guerra, Wilson se trasladó a Europa para participar en la Conferencia de Paz de París (1919) y allí descubrió la realidad de la política internacional, marcada por el revanchismo y las ambiciones territoriales de los vencedores. Decepcionado por los compromisos que se vio obligado a aceptar, regresó a Estados Unidos sin otro éxito significativo que el de haber conseguido que se creara la Sociedad de Naciones. Por entonces, además, la oposición republicana había obtenido la mayoría en el Congreso y desde allí expresaría su desaprobación a la política de Wilson. El Senado se negó a ratificar el Tratado de Paz de Versalles e impuso de nuevo el aislacionismo, rechazando el ingreso en la Sociedad de Naciones que había contribuido a crear su presidente. Wilson lanzó una campaña para ganarse el apoyo de la opinión pública, pero un colapso le apartó de la actividad política, dejándole inválido para el resto de su mandato. En 1919 recibió el Premio Nobel de la Paz.

WINDSOR, Casa de. V. HANNOVER, Casa de.

WINDSOR, Duque de. V. EDUARDO VIII.

WITTE, Sergei Yuliévich, Conde de (o de Vitte) Político reformista ruso (Tiflis, Georgia, 1849 - Petrogrado, 1915). Este administrador de los ferrocarriles del sur de Rusia procedía de una familia germánica de los Países Bálticos y sus ideas económicas estaban influidas por el pensamiento nacionalista de List*. Tuvo la ocasión de poner en marcha su plan de hacer de Rusia una gran potencia económica mediante el impulso estatal, pues el zar Alejandro III le otorgó prácticamente el control de la economía como ministro de Comunicaciones y de Hacienda (1892-1903). Fomentó la industrialización del país, a costa del endeudamiento exterior. Fue un gran partidario de la penetración rusa en Asia, impulsado la construcción del ferrocarril Transiberiano y de su continuación a través de Manchuria. Pero advirtió sobre los peligros de una reacción japonesa y, consiguientemente, procuró que la penetración fuera gradual. Los militares ultranacionalistas provocaron su cese en 1903 para forzar una actitud más agresiva en Asia, que fue la que provocó la Guerra Ruso-Japonesa de 1905. Ante la derrota de aquel año y la revolución que provocó en Rusia, el zar Nicolás II* llamó de nuevo a Witte para que firmara la paz con el Japón, redactara una Constitución como pedían los rebeldes y encabezara el gobierno. Witte realizó su labor, renunciando a Corea y a la mitad de la isla de Sajalín para preservar el resto de los territorios orientales de Rusia (Paz de Portsmouth). Tan pronto como el zar se vio libre de la presión interna y externa, destituyó a Witte (1905), que nunca volvió al poder. Si bien su fomento del capitalismo industrial en Rusia hizo crecer al proletariado urbano y acrecentó las tensiones sociales, preparando el camino a la Revolución, comprendió que sólo una política reformista y liberal podría salvar a la Monarquía. Su cese mostró el inmovilismo de los zares y lo impracticable de esa apertura gradual. Al entrar en la Primera Guerra Mundial (1914-18), en contra de la opinión de Witte, Nicolás II terminó de arruinar el futuro de su régimen.

WOJTILA, Karol. V. JUAN PABLO II.

WRIGHT, Hermanos Ingenieros norteamericanos que construyeron el primer avión con motor. Wilbur (1867-1912) y Orville Wright (1871-1948) eran dos hermanos de Ohio que trabajaron siempre en estrecha colaboración. Los dos abandonaron sus estudios superiores para dedicarse a investigar sobre la aeronáutica. En 1892 establecieron un taller de bicicletas para ganarse la vida, mientras concentraban sus esfuerzos en estudiar ingeniería por su cuenta y analizar las múltiples experiencias anteriores fallidas para conseguir una máquina que volara a gran velocidad bajo control humano. Empezaron por construir planeadores que perfeccionaron sucesivamente, aprendiendo a dominar el vuelo sin motor en 1901-02. Aquella experiencia fue decisiva para que sus aviones posteriores fueran los primeros en volar de forma satisfactoria: mejoraron el diseño de las alas, idearon un sistema de dirección con maniobrabilidad total, diseñaron un nuevo modelo de hélice y un motor de combustión interna más ligero y eficaz. Y, con todo ello, en 1903, realizaron el primer vuelo con motor en Kill Devil Hill (Kitty Hawk, Carolina del Norte). Aquel avión (el *Flyer I* o *Kitty Hawk*) fue superado por modelos posteriores más perfectos, que diseñaron en 1904-05. En 1908 firmaron un contrato con el gobierno federal para suministrar aviones al ejército de los Estados Unidos. Tuvieron que sostener pleitos por la paternidad de sus invenciones, que no se terminaron hasta 1914 (después de la muerte de Wilbur). Orville vendió sus acciones en la compañía que habían creado y se retiró en 1915.

WUDI. V. **HAN, Dinastía.**

WU HOU. V. **T'ANG, Dinastía.**

WU TI. V. **HAN, Dinastía.**

WU-TI. V. **TSIN, Dinastía.**

WU TSE-T'IEN. V. **T'ANG, Dinastía.**

X

XUANTONG. V. **PU-YI.**

Y

YAZID I. V. OMEYA, Dinastía.

YELTSIN, Boris Nicolaiévich (o Eltsin) Político ruso que acabó con el régimen comunista de la Unión Soviética (Sverdlovsk, Rusia, 1931 -). Comenzó trabajando en la construcción en su región de origen, en los Urales. En 1961 se afilió al Partido Comunista de la Unión Soviética y siete años después se convirtió en funcionario del mismo. En 1976 fue elegido secretario general del PCUS en la provincia de Sverdlovsk (la actual Yekaterinburgo). Gorbachov* conoció por entonces su actitud reformista, de manera que, cuando accedió al poder como secretario general del partido en 1985, promovió a Yeltsin para dirigir la organización local de Moscú, con el encargo principal de luchar contra la corrupción (al año siguiente le introdujo también en el Politburó, órgano supremo de dirección del partido único y, por tanto, del Estado soviético). La colaboración entre los dos líderes duró poco, pues Yeltsin comenzó a criticar en público el ritmo excesivamente lento que, en su opinión, llevaban las reformas liberalizadoras de Gorbachov. Éste acabó por apartarle de la jefatura moscovita del partido en 1987 (y del Politburó en 1988). Para entonces Yeltsin había adquirido ya una gran popularidad como enemigo radical de la dictadura comunista y campeón de quienes consideraban insuficientes las reformas de Gorbachov. En consecuencia, tan pronto como esas mismas reformas permitieron la celebración de elecciones pluripartidistas, Yeltsin accedió por una amplia mayoría al Congreso de Comisarios del Pueblo o Parlamento de la Unión de Repúblicas Socialistas Soviéticas (1989) y a la presidencia de la República Socialista Federativa Soviética Rusa que era hegemónica en su seno (1990). Fue entonces cuando rompió definitivamente con el Partido Comunista y proclamó un programa político de cambio radical, basado en la construcción de una economía de mercado y en la autonomía de las Repúblicas con respecto al poder central de la Unión.

En 1991 organizó unas elecciones presidenciales directas en Rusia, que le otorgaron una cómoda victoria y vinieron a consolidar su posición política. Dos meses después estalló un golpe de Estado militar de inspiración conservadora (comunista) contra el gobierno reformista de Gorbachov; éste quedó retenido en una casa de recreo en la costa del mar Negro, mientras era Yeltsin quien hacía frente a los golpistas en Moscú, arengando a las masas y a los militares leales para que defendieran la democracia. El golpe fracasó y Yeltsin quedó convertido en el líder más influyente del momento; aprovechó esa fuerza para tomar la iniciativa política apartando a Gorbachov y, en una reunión con los presidentes de las otras dos Repúblicas eslavas —Ucrania y Bielorrusia— acordaron desmantelar la URSS y continuar su andadura por separado como Estados soberanos, asociados en una vaga Comunidad de Estados Independientes (1991). Gorbachov, teórico presidente de un país que ya no existía, acabó por dimitir en aquel mismo año, culminando así la ascensión política de Yeltsin: al desaparecer la URSS, la Federación Rusa heredó la mayor parte de su arsenal de guerra, su posición privilegiada en las Naciones Unidas y lo que quedaba de su papel de potencia mundial; y al frente de esa nueva Rusia independiente se encontraba un presidente que concentraba los más amplios poderes.

Como presidente de Rusia, Yeltsin desarrolló una política encaminada al refuerzo de su propia autoridad, imponiendo un sistema político de corte presidencialista. Su imitación del modelo norteamericano fue acompañada de un acercamiento a los Estados Unidos, de cuyo apoyo ha dependido en momentos delicados: como cuando, enfrentado a la oposición parlamentaria de comunistas y ultranacionalistas, ordenó al ejército bombardear el edificio del Parlamento y envió a la cárcel a los diputados contestatarios en 1994; o cuando la proliferación de sentimientos nacionalistas y procesos de autodeterminación que él mismo había auspiciado le obligaron a reprimir por la fuerza el intento de secesión de la República rusa de Chechenia (1994-95).

Sin embargo, el avance de la hegemonía estadounidense en el mundo le ha llevado a adoptar posiciones de resistencia para recuperar al electorado nacionalista (oponiéndose, por ejemplo, a la ampliación de la OTAN hacia los países de Europa Oriental que pertenecieron a la órbita de influencia de la antigua Unión Soviética). Sus mayores dificultades han venido de la liberalización económica: Yeltsin desmanteló apresuradamente el sistema de control estatal de los mercados y privatizó las empresas públicas, permitiendo la libre empresa en todo el país; estas medidas, que han convertido a Rusia en una economía de mercado, han ido acompañadas de una gran conmoción social, con la acentuación de las desigualdades, la miseria, la corrupción y la criminalidad, lo cual explica el descontento popular que hizo del Partido Comunista la fuerza más votada en las elecciones legislativas de 1995. A pesar de estos problemas y de su talante autoritario, Yeltsin consiguió imponerse a una oposición dividida y volvió a ganar las elecciones presidenciales en 1996 (aunque por un corto margen frente al candidato comunista). Dada su mala salud, quedó abierta desde entonces la lucha por la sucesión entre sus colaboradores.

YONG LO. V. **MING, Dinastía.**

YORK, Casa de Dinastía reinante en Inglaterra entre 1461 y 1485. Era una rama secundaria de la familia Plantagenet*, al igual que la Casa de Lancaster*, con la cual se disputó el Trono durante la Guerra de las Dos Rosas (1455-85).

En principio era una casa ducal, establecida por Eduardo III para su quinto hijo, **EDMUNDO DE LANGLEY,** duque de York (1341-1402). Éste fue regente de Inglaterra en ausencia de su sobrino, Ricardo II. Y no opuso resistencia al desembarco de Enrique IV en 1399 y la consiguiente instauración de los Lancaster en el Trono inglés. Sin embargo, su nieto **RICARDO,** duque de York (1411-1460), se convirtió en heredero legítimo de la Corona por vía materna en 1447. Nombrado lugarteniente en Irlanda para apartarlo de la corte, desembarcó en Gales en 1450 para hacer valer sus derechos frente a Enrique VI, que era débil mental; y los sostuvo por las armas incluso después de que el nacimiento de un hijo del rey hiciera más dudosa su legitimidad (1453). La guerra entre la Casa de York (la *rosa blanca*) y la de Lancaster (la *rosa roja*) se prolongó hasta mucho después de la muerte de Ricardo en la batalla de Wakefield. Y se saldó con la victoria de su hijo, **EDUARDO IV** (1442-83), que accedió al Trono tras la batalla de Towton (1461). El conde de Warwick, que había facilitado la victoria de Eduardo, se volvió luego contra él y acabó restableciendo en el Trono a Enrique VI de Lancaster en 1470. Eduardo tuvo que huir a Holanda, desde donde regresó un año después para imponerse a Warwick (batalla de Barnet), asesinar a Enrique VI y recuperar la Corona (1471). Luego se apartó de la gobernación del reino, que dejó en manos de su favorita Jane Shore. Al morir Eduardo en 1483 dejó el Trono para su hijo de doce años **EDUARDO V** (1470-83), bajo la tutela del duque de Gloucester, hermano menor de Eduardo IV. Éste usurpó el Trono dos meses después y reinó con el nombre de **RICARDO III** (1452-85). A los hijos y herederos de su hermano les hizo encerrar en la Torre de Londres, los declaró hijos ilegítimos y después los asesinó mientras dormían. Sólo reinó durante tres años (1483-85), pues el heredero de los Lancaster, Enrique VII, desembarcó en Gales, derrotó y dio muerte a Ricardo en la batalla de Bosworth y accedió al Trono como primer monarca de la dinastía Tudor*.

YOSHIHITO (Taisho Tenno) Emperador de Japón (Tokyo, 1879-1926). Accedió al Trono en 1912 en sustitución de su padre, Mutsuhito*. El Japón ya era por entonces una monarquía constitucional con una economía de mercado moderna y una gran potencia industrial y militar (como había demostrado con su victoria en la Guerra Ruso-Japonesa de 1905). El reinado de Yoshihito (que adoptó el nombre de *Taisho* o «gran rectitud») se limitó a consolidar y acentuar esos rasgos, fortaleciendo la Marina japonesa y la penetración comercial en los mercados internacionales. Japón intervino de parte de los aliados en la Primera Guerra Mundial (1914-18), lo cual le permitió, tras la victoria, obtener en calidad de mandato las posesiones alemanas del Pacífico (islas Carolinas, Marianas y Palaos y base de Tsingtao en China). Enseguida surgió la rivalidad con Gran Bretaña y los Estados Unidos por la hegemonía naval, militar y comercial en el Pacífico. La Conferencia de Washington de 1921-22 solucionó temporalmente el conflicto en detrimento de las aspiraciones japonesas, al establecer un equilibrio entre las flotas respectivas, consolidar el *statu quo* en el Pacífico y la independencia de China, al tiempo que obligaba a Japón a abandonar su presencia militar en Siberia (que mantenía desde su victoria 1905) y algunas de las posesiones conquistadas en China desde la guerra de 1895. Por entonces ya gobernaba el país —desde 1921— el príncipe Hirohito*, por enfermedad del emperador, que moriría cinco años más tarde.

YOSHIMUNE. V. **TOKUGAWA, Familia.**

YOSHINOBU. V. **TOKUGAWA, Familia.**

YRIGOYEN, Hipólito (o Irigoyen) Político argentino (Buenos Aires, 1852-1933). Abogado de formación, era diputado desde 1880. A raíz de la crisis económica de 1890 participó en la sublevación democrática de los radicales y contribuyó a fundar la Unión Cívica Radical en 1891 (de la que llegaría a ser presidente cinco años después). Encabezó la lucha de las fuerzas progresistas contra la hegemonía política de los grandes terratenientes conservadores, participando en los movimientos insurreccionales fallidos de 1893 y 1905. Llevó a los radicales al retraimiento electoral hasta forzar la implantación del sufragio universal, directo y secreto en 1910-14. El voto popular le llevó entonces a la presidencia de la República, venciendo en las elecciones de 1916. Cesó en el cargo al concluir su mandato en 1922, para recuperarlo en las elecciones de 1928. Durante sus dos mandatos mantuvo la neutralidad argentina en la Primera Guerra Mundial (1914-18), realizó reformas democratizadoras y mejoró el sistema de arbitraje en los conflictos laborales. Pero el descontento social creado por las repercusiones de la crisis económica de 1929 facilitó su derrocamiento por el golpe de Estado del general Uriburu (1930), que llevó a los militares al poder por un periodo de trece años. Yrigoyen fue encarcelado hasta 1932.

YUGURTA Último rey independiente de Numidia (?, h. 154 - Roma, 104 a.C.). Hijo bastardo de Mastanábal, fue desheredado por su origen ilegítimo por su abuelo Masinisa, el unificador del reino de Numidia (la actual Argelia) que estableció la alianza con Roma contra Cartago. No obstante, consiguió que su tío Micipsa le nombrase coheredero del reino junto con sus primos Hiémpsal y Aderbal. Ante la lucha sucesoria que estalló al morir Micipsa (118), intervino Roma imponiendo en el 116 un reparto territorial entre Aderbal y Yugurta (pues éste ya había asesinado a Hiémpsal). Pero Yugurta se rebeló por sorpresa, asesinó a su primo y se hizo con todo el poder en el 112. Esto provocó la ira de los romanos, que decidieron atacar a Numidia en defensa de sus intereses comerciales (pues la rebelión de Yugurta había ido acompañada de una matanza de comerciantes romanos). Durante la *Guerra de Yugurta* (111-105 a.C.), éste se deshizo inicialmente de la presión romana sobornando a los cónsules enviados contra él; luego fue vencido por Cecilio Metelo, que le forzó a sostener una guerra de guerrillas (109). Yugurta se refugió en la vecina Mauritania, bajo la protección del rey Bocco, que era su suegro. Pero el nuevo cónsul romano, Mario*, y su cuestor Sila* consiguieron que Bocco traicionara a Yugurta y le enviaron prisionero a Roma en el 105 a.C. Allí murió de hambre al año siguiente, mientras el territorio númida se dividía entre una parte occidental incorporada a Mauritania (en recompensa) y una parte oriental que quedó bajo dominio romano (aunque como reino independiente gobernada por dos nietos de Masinisa, hasta que en el 46 a.C. se convirtió en provincia).

Yung-lo. V. **Ming, Dinastía.**

Yusuf, Muley. V. **Alauita, Dinastía.**

Yusuf al-Fihrí. V. **Abderramán I.**

Z

ZAPATA, Emiliano Revolucionario mexicano (San Miguel Anenecuilco, Morelos, 1883 - Chinameca, Cuernavaca, 1919). Era un pequeño propietario de origen indio del sur de México, enfrentado a los abusos de los grandes terratenientes. En 1909 se unió a la revolución en apoyo de Madero* contra la dictadura de Porfirio Díaz*, convirtiéndose en alcalde de su pueblo, presidente de las juntas de defensa de la región de Ayala y protector de los campesinos pobres que ocupaban las grandes haciendas. Zapata participó en la revolución en defensa de un programa social que pasaba por una reforma agraria radical, por lo que no tardó en romper con Madero, dado que éste limitaba sus objetivos a la instauración de un régimen liberal y democrático. Proclamados sus objetivos políticos y sociales en el Plan de Ayala (1911), Zapata y Orozco continuaron la rebelión contra Madero hasta la muerte de éste a manos de Victoriano Huerta* (1913). Luego se convirtió en jefe de la revolución contra la nueva dictadura instaurada por Huerta, aunando fuerzas con *Pancho* Villa* y Venustiano Carranza* por el Plan de Guadalupe. Y cuando Carranza asumió el poder y restauró el régimen constitucional, una vez más Zapata y Villa se alzaron en pie de guerra contra la moderación de su antiguo aliado en materia social (1914). Zapata formó un potente ejército de base indígena y campesina en las regiones del sur, donde trató de aplicar la reforma agraria repartiendo tierras a familias pobres. Mientras que las fuerzas de Villa eran reducidas en el norte desde 1915, Zapata resistió en el sur todos los ataques lanzados desde el gobierno central, aunque desde 1916-17 fue quedando relegado a una resistencia guerrillera más difusa. Murió asesinado en una emboscada que le prepararon los hombres de Carranza.

ZARATUSTRA. V. ZOROASTRO.

ZEA BERMÚDEZ, Francisco. V. CEA BERMÚDEZ, Francisco.

ZEPPELIN, Ferdinand von, conde de Militar alemán que inventó el globo dirigible (Constanza, Baden, 1838 - Berlín, 1917). Este general de Caballería sirvió sucesivamente en los ejércitos de Württemberg, Prusia y el Imperio Alemán. Entró en contacto con la navegación aerostática durante la Guerra de Secesión americana (1861-65), en la que realizó varias ascensiones en globo de observación para el ejército del Norte. En 1890 abandonó el ejército para dedicarse a desarrollar un globo rígido dirigible con motor, que se conocería con el nombre de *zepelín*. El primero de estos dirigibles se probó en la zona del lago Constanza en 1900, aún con muchos problemas técnicos. Y en 1906 realizó un viaje de 24 horas por tierras suizas, que empezó a despertar el entusiasmo tanto del público como del gobierno alemán. En 1909 creó una compañía de transporte aéreo de pasajeros mediante dirigibles (DELAG). Durante la Primera Guerra Mundial (1914-18) fueron empleados más de cien dirigibles por el ejército y la marina de Alemania, tanto en tareas de reconocimiento (con un papel importante en la batalla de Jutlandia) como para el bombardeo aéreo del territorio enemigo (los alemanes bombardearon varios puntos de Inglaterra en 1915-17). Sin embargo, su lentitud, su tamaño y su fragilidad les hacía muy vulnerables a la artillería antiaérea, una vez que ésta hizo su aparición, por lo que dejaron de emplearse para los bombardeos después del fracaso de un ataque sobre Londres en 1917. Muerto Zeppelin en aquel mismo año, no llegó a ver cumplido su sueño de organizar vuelos trasatlánticos, que se hizo realidad entre 1928 y 1937. Los dirigibles siguieron utilizándose con fines comerciales durante todo el periodo de entreguerras (hasta 1940).

ZHU YUANZHANG. V. **MING**, Dinastía.

ZIMMERMANN, Arthur Diplomático alemán (Magrabowa, Prusia Oriental, 1864 - Berlín, 1940). Aunque sin ocupar aún cargos políticos de importancia, contribuyó a tomar la decisión alemana de apoyar al Imperio Austro-Húngaro en su conflicto con Serbia, que condujo a la generalización de la Primera Guerra Mundial (1914-18). Posteriormente, en plena contienda, fue nombrado ministro de Asuntos Exteriores (1916-17) como un decidido partidario de la estrategia de guerra submarina ilimitada que preconizaba el Alto Estado Mayor. El principal riesgo de aquella estrategia era que provocara la intervención de Estados Unidos contra Alemania; y para conjurar ese peligro, Zimmermann ideó una alianza con México y Japón que mantuviera a las fuerzas estadounidenses ocupadas lejos de Europa. En 1917 dirigió un telegrama secreto a su embajador en México, autorizándole para proponer dicho acuerdo al presidente Carranza*, con el señuelo de que la entrada de México en la guerra le permitiría recuperar los vastos territorios del suroeste de los Estados Unidos, perdidos durante la guerra de 1846-48 (Texas, Nuevo México y Arizona). El *Telegrama de Zimmermann* fue interceptado y descifrado por el servicio de inteligencia británico y, puesto en conocimiento del presidente norteamericano Wilson*, fue uno de los factores que contribuyeron a convencer a la opinión pública de la hostilidad de Alemania y a decidir la entrada de los Estados Unidos en la guerra de parte de los aliados occidentales.

ZINOVIEV (Grigori Evseegrad Apfelbaum). Dirigente comunista de la Unión Soviética (Elisavetgrad, Ucrania, 1883 - Moscú, 1936). Procedente de una familia judía, se integró en el Partido Socialdemócrata Ruso en 1901 y se convirtió en el principal colaborador de Lenin* en el exilio. Siguió a éste en la escisión bolchevique (1903) y fue miembro del Comité Central de su partido desde 1908. Sin embargo, pasó por un periodo de distanciamiento en 1917, pues fue contrario al desencadenamiento de la Revolución bolchevique, y luego al monopolio del poder que estableció su partido. Enseguida fue rehabilitado, nombrado jefe del Partido en Petrogrado, presidente de *sóviet* local y miembro del Politburó. Lenin le encargó de organizar la Tercera Internacional que agrupó a los partidos comunistas del mundo bajo la dirección política de Moscú (1919-23). Luego participó en las luchas por el poder desencadenadas por la enfermedad y muerte (1924) de Lenin, formando parte del ala «izquierdista» del partido junto con Kamenev. En coalición con Stalin*, contribuyó a derrotar a Trotski*, hasta que éste fue expulsado de la URSS. Desde 1925 entró en conflicto con Stalin, que le hizo expulsar del partido tres veces (en 1927, 1932 y 1934) y acabó por eliminarle físicamente como al resto de sus adversarios: junto a Kamenev, Zinoviev fue acusado en el «juicio de los 16», primera gran purga política del estalinismo, y murió ejecutado bajo la acusación falsa de haber formado una organización terrorista para asesinar a Kirov y a otros líderes comunistas.

ZOROASTRO o **ZARATUSTRA**. Profeta persa, fundador del mazdeísmo o zoroastrismo (Media o Bactriana ?, h. 628 - ?, 551 a.C.). Predicó una nueva religión basada en la adoración de una deidad suprema llamada Aura Mazda u Ormuz («el Señor Sabio»), acompañada de los seis espíritus de la verdad, la justicia, el orden, la docilidad, la vitalidad y la inmortalidad. Era una religión dualista, pues a este dios de la justicia y la verdad se le oponía un espíritu del mal, llamado Ahriman. Los mazdeístas suponen que los individuos son libres de elegir entre el bien y el mal, pero que existe un imperativo moral para conducirse de forma justa y que las fuerzas superiores de Aura Mazda acaban por imponerse siempre; la creencia en la vida después de la muerte traduce esta confianza en el triunfo de las fuerzas del bien. Zoroastro redactó unos cánticos llamados *gathas,* que constituyen el componente más antiguo del *Avesta* o libro sagrado del mazdeísmo. Luchó contra la religión politeísta dominante en el mundo indo-iranio y consiguió convertir a un príncipe de la región periférica de Asia central llamado Vishtaspa, que le protegió y facilitó la extensión del mazdeísmo. Y cuando la región fue incorporada al imperio persa —en la época en que murió Zoroastro— su religión comenzó a extenderse por un espacio mayor, siendo adoptada por los emperadores Aqueménidas*. La expansión del mazdeísmo entre los persas hizo que se convirtiera en religión oficial bajo la dinastía Sasánida (siglos III-VIII), después del periodo helenístico, en el cual había retrocedido frente a la influencia cultural griega. Ante la islamización del Irán, algunos mazdeístas se refugiaron en la isla de Ormuz (golfo Pérsico) y en la India (los *parsis),* donde perviven comunidades de esta religión (además de las que han sobrevivido en el propio Irán). El zoroastrismo ejerció una influencia notable sobre el judaísmo y está muy presente en la doctrina cristiana. Su idea de un mundo dominado por la lucha entre los principios del bien y el mal fue también la base del maniqueísmo desde el siglo III.

ZU ENLAI. V. **CHU EN-LAI.**

ZUINGLIO, Ulrico (Huldrych Zwingli) Reformador protestante suizo (Wildhaus, Sankt-Gallen, 1484 - Kappel, 1531). Procedente de una familia de labradores acomodados, estudió en las universidades de Basilea y Viena, siguió la carrera eclesiástica y se hizo cura (1506) y capellán castrense (1513). Por sus lecturas y contactos personales recibió la influencia del humanismo renacentista (de Erasmo de Rotterdam*, entre otros). Desde que fue destinado como predicador a la catedral de Zúrich en 1518, pasó gradualmente de defender la purificación de la piedad católica a criticar al papa y a la Iglesia romana, con la que rompió en 1523. Aunque conocía los escritos de Lutero*, Zuinglio inició su propia vía reformista de manera independiente y se distanció del reformador alemán, adoptando posiciones más radicales. Su programa político y religioso quedó plasmado en las 67 tesis de 1523 y su doctrina teológica en la obra *Comentario sobre la verdadera y la falsa religión* (1525). Zuinglio hizo de la Biblia la única autoridad en materia religiosa, rechazando el magisterio de la Iglesia y la dependencia de Roma. Condenó el culto a las imágenes y las reliquias, sustituyó el latín por el alemán en la liturgia, eliminó los sacramentos de la eucaristía, la confirmación y la extremaunción, eliminó de los templos los órganos y los altares, e hizo proscribir la tradicional exportación de mercenarios suizos a los ejércitos europeos. Su reforma se inició en Zúrich, donde contó con el apoyo del magistrado que gobernaba la ciudad; luego pretendió extenderla a toda Suiza y vincular el poder religioso con el poder político, entrando así en conflicto con los fieles católicos y de otras confesiones protestantes (como los anabaptistas). Consiguió extender sus enseñanzas a los cantones de Berna, Sankt-Gall, Constanza y Basilea, que formaron una liga de cantones protestantes y buscaron el apoyo de príncipes alemanes opuestos a los Habsburgo* (aliados, a su vez, de los cantones católicos de Suiza). Tras una entrevista con Lutero (Coloquio de Marburgo, 1529), en la que ambos líderes fracasaron en el intento de aunar posturas doctrinales para unificar sus fuerzas político-militares, Zuinglio lanzó a sus partidarios a la guerra contra los cantones católicos. El enfrentamiento se produjo en la batalla de Kappel (1531), que se saldó con el triunfo católico y la muerte de Zuinglio. Ello significó un importante retroceso de la influencia protestante en Suiza, pero los territorios ganados a la reforma por la acción de Zuinglio permanecieron a la larga fieles a sus enseñanzas. Zuinglio fue el principal reformador protestante de la Suiza de habla alemana, mientras que Calvino* inspiraría —más tarde— la reforma en la zona francófona. En 1539 los zuinglianos se unificaron con los calvinistas en la *Confesio Helvetica*.

ZUKOV, Georgi Konstantinóvich Militar soviético que derrotó a la Alemania nazi (Strelkovka, Kaluga, Rusia, 1896 - Moscú, 1974). Siendo soldado en el ejército zarista, participó en la Revolución de octubre de 1917 que llevó al poder a los bolcheviques y se integró después en el Ejército Rojo formado por Trotski*. Adquirió experiencia combatiendo en la Guerra Civil (1918-21) y después realizó estudios militares en la Academia de Frunze, que perfeccionó en Alemania. Ascendió rápidamente y, al comenzar la Segunda Guerra Mundial (1939-45), obtuvo ya algunos éxitos como general al mando de las tropas que lucharon contra Japón y Finlandia. En

1941 fue nombrado jefe del Estado Mayor soviético, puesto desde el cual hubo de hacer frente a la invasión alemana que se produjo cinco meses después. Zukov dirigió con éxito la defensa de Leningrado y de Moscú, que detuvo el avance alemán (1941); y en 1942 obtuvo la primera gran victoria aliada sobre el Tercer *Reich* en la batalla de Stalingrado. A partir de entonces dirigió la contraofensiva soviética que condujo hasta la derrota total de la Alemania nazi: primero como comandante en jefe del frente de Ucrania (batalla de Kursk, 1944) y luego, trasladado el centro de operaciones más al norte, del frente de Bielorrusia. Desde allí avanzó a través de Polonia y Checoslovaquia, penetró en territorio alemán y tomó Berlín (1945), provocando la desesperación y el suicidio de Hitler*. En aquella ciudad obtuvo la capitulación de las tropas alemanas, dejando a Stalin* dueño de gran parte de Europa oriental y central. Temeroso de que su popularidad pudiera suponer un peligro político, Stalin le mantuvo apartado de la vida pública desde 1946. Al morir Stalin recuperó protagonismo, apoyando el acceso al poder de Jruschov*, que le nombró ministro de Defensa (1955-57). Intentó modernización y profesionalizar las fuerzas armadas soviéticas, reduciendo su sometimiento al control del Partido Comunista, motivo por el que Jruschov acabó destituyéndole.

ZUMALACÁRREGUI Y DE IMAZ, Tomás de Militar español que dirigió el ejército carlista (Ormáiztegui, Guipúzcoa, 1788 - Cegama, Guipúzcoa, 1835). Ingresó en el ejército durante la Guerra de la Independencia (1808-14). En las luchas políticas del reinado de Fernando VII* se significó por su postura antiliberal, colaboró con los *realistas* y fue ascendido a coronel. Y cuando se planteó el pleito sucesorio al morir el monarca, participó desde Pamplona en el levantamiento de los reaccionarios que apoyaban al infante Carlos María Isidro* en defensa del absolutismo monárquico (1833). Fracasado el pronunciamiento en la ciudad, se retiró al interior de la provincia, en donde unificó a las fuerzas carlistas navarras y organizó uno de los contingentes más eficaces del ejército rebelde. Durante la Primera Guerra Carlista que entonces se inició (1833-40), don Carlos le confió el mando de sus fuerzas en Navarra y le ascendió a general. Se resistió a todos los intentos de atraerle hacia el bando de Isabel II*, por parte de su propio hermano Miguel y de su antiguo jefe, el general Quesada. Consciente de su inferioridad numérica y armamentística, Zumalacárregui reprodujo la táctica guerrillera que conocía desde la Guerra de la Independencia, amparándose en lo accidentado del relieve y en el apoyo de gran parte de la población civil. Fue muy popular entre sus tropas (que le apodaban *el tío Tomás),* pero no dudó en mostrarse cruel en la represión de los liberales ni en emplear el terror para mantener controlado el territorio. Durante el año 1834 se sucedieron las victorias en pequeñas escaramuzas (como las batallas de Alegría y las Amézcoas), hasta el punto de provocar la dimisión de Rodil en el mando del ejército enemigo. Animado por esos éxitos y por la necesidad de conseguir dinero y apoyos internacionales, don Carlos le ordenó al año siguiente tomar Bilbao, a pesar de la opinión contraria de Zumalacárregui (que hubiera preferido atacar Vitoria). La operación comenzó con éxito, al abrirse paso la marcha hacia Bilbao venciendo a Espartero* en Durango. Luego, ya dueño de la mayor parte de las Provincias Vascongadas, puso sitio a la capital vizcaína; pero, en su empeño por reconocer personalmente las fortificaciones enemigas y las posiciones de sus hombres, resultó alcanzado por un disparo del ejército que defendía Bilbao. Herido en una pierna, se trasladó a su pueblo para ponerse en manos de un curandero de su confianza y murió, probablemente de septicemia. El ejército carlista perdió así a su militar más prestigioso, debilitándose notablemente sus posibilidades de éxito en la contienda y abriéndose en su seno fuertes disensiones políticas.

ZWINGLI, Huldrych. V. ZUINGLIO, **Ulrico.**

APÉNDICE

APPENDICES

ÍNDICE DE LISTAS

I EMPERADORES

1. Imperio Romano
2. Imperio Romano de Oriente e Imperio Bizantino
3. Emperadores germánicos
4. Califas musulmanes
5. Sultanes turcos
6. Emperadores chinos
7. Emperadores japoneses

II GOBERNANTES EUROPEOS

8. España
9. Francia
10. Gran Bretaña
11. Alemania
12. Austria
13. Italia
14. Portugal
15. Rusia

III PRESIDENTES AMERICANOS

16. Estados Unidos de América
17. Argentina
18. Bolivia
19. Chile
20. Colombia
21. Costa Rica
22. Cuba
23. Ecuador
24. Guatemala
25. Honduras
26. México
27. Nicaragua
28. Panamá
29. Paraguay
30. Perú
31. Puerto Rico
32. El Salvador
33. Santo Domingo
34. Uruguay
35. Venezuela

IV OTRAS PERSONALIDADES

36. Papas
37. Secretarios generales de la Organización de las Naciones Unidas
38. Presidentes de la Comisión Europea
39. Premios Nobel de la Paz

LISTAS

I. EMPERADORES

1. Imperio romano

Dinastía Julio-Claudia

Octavio Augusto (27 a.C.-14 d.C.)
Tiberio (14-37)
Calígula (37-41)
Claudio (41-54)
Nerón (54-68)

Los tres emperadores

Galba (68)
Otón (68)
Vitelio (68-69)

Dinastía Flavia

Vespasiano (69-79)
Tito (79-81)
Domiciano (81-96)

Dinastía de los Antoninos

Nerva (96-98)
Trajano (98-117)
Adriano (117-138)
Antonino Pío (138-161)
Marco Aurelio (161-180), *asociado con*
 Lucio Vero (161-169)
 Cómodo (176-177)
Cómodo (180-192)

Año de los cinco emperadores

Pértinax (193)
Didio Juliano (193)
Clodio Albino (193)
Pescinio Nigro (193)
Septimio Severo (193)

Dinastía de los Severos

Septimio Severo (193-211)
Caracalla y Geta (211-212)
Caracalla (212-217)
Macrino (217-218)
Heliogábalo (218-222)
Severo Alejandro (222-235)

Anarquía militar

Maximino (235-238)
Balbino (238), *electo por el Senado*
Pupiano (238), *electo por el Senado*
Gordiano I y Gordiano II (238)
Gordiano III (238-244)
Filipo, *el Árabe* (244-249)
Decio (249-251)
Treboniano Galo (251-253), *asociado con*
 Volusiano (251-253)
Valeriano (253-260), *asociado con*
 Emiliano (253-254)
 Galieno (254-260)
Galieno (260-268)
Claudio II (268-270)
Quintilio (270)
Aureliano (270-275)
Tácito (275-276)
Floriano (276)
Probo (276-282)
Caro (282-283)
Carino y Numeriano (283-284)
Carino (284)
Diocleciano (284-286)

Tetrarquía

Diocleciano (286-305), *augusto, en Oriente*
Maximiano (286-305), *augusto, en Occidente*
Constancio Cloro (293-305), *césar*
Galerio (293-305), *césar*

Listas

Constancio Cloro (305-306), *augusto, en Occidente, asociado con*
   Severo II (305-306), *césar*
   Severo II (306-307), *augusto*
Maximiano (306-310), *césar*
Galerio (305-311), *augusto, en Oriente, asociado con*
   Maximino II Daya (308-311), *césar*
Magencio (306-312), *augusto, en Occidente, asociado con*
   Constantino I (307-312), *augusto*
   Licinio (307-311), *augusto*
Maximino II (311-312), *augusto, en Oriente, asociado con*
   Licinio (311-312), *augusto*
   Constantino I (312), *augusto*

Dinastía constantiniana

Constantino I, *el Grande* (312-337), *asociado con* Licinio (312-323)
Constantino II (337-340), *en Oriente*
Constante (337-350), *en Occidente*
Constancio II (337-361), *en Oriente*
Juliano, *el Apóstata* (361-363), *en Occidente*
Joviano (363-364)

Dinastía valentiniana

Valentiniano I (364-375), *en Occidente, asociado con*
   Valente (364-378), *en Oriente*
Graciano (375-383), *en Occidente, asociado con*
   Valentiniano II (375-392), *en Occidente*

Dinastía teodosiana

Teodosio I, *el Grande* (*en Oriente*, 379-395, *en Occidente*, 394-395)
Arcadio (395-408), *en Oriente*
Honorio (395-423), *en Occidente, asociado con* Constancio III (421)
Teodosio II, *el Joven* (408-450), *en Oriente*
Valentiniano III (425-455), *en Occidente*
Marciano (450-457), *en Oriente*

Dinastía tracia de Oriente

León I, *el Tracio* (457-474), *asociado con* León II (473-474)
Zenón (474-475), *primera vez*
Basilisco (475-476)
Zenón (476-491), *segunda vez*

Últimos emperadores de Occidente

Avito (455-456)
Majoriano (457-461)
Libio Severo (461-465)
Procopio Antemio (467-472)
Olibrio (472)
Glicerio (473-474)
Julio Nepote (474-475)
Rómulo Augústulo (475-476)

2. Imperio Romano de Oriente e Imperio Bizantino

Dinastía Teodosiana

Teodosio I, *el Grande* (379-395)
Arcadio (395-408), *en Oriente*
Teodosio II, *el Joven* (408-450)
Marciano (450-457), *en Oriente*

Dinastía Tracia

León I, *el Tracio* (457-474), *asociado con* León II (473-474)
[Imperio Bizantino:]
Zenón *Isáurico* (474-475), *primera vez*
Basilisco (475-476)
Zenón *Isáurico* (476-491), *segunda vez*
Anastasio I *Dikoros* (491-518)

Dinastía Justinianea

Justino I, *el Viejo* (518-527)
Justiniano I, *el Grande* (527-565)
Justino II (565-578)
Tiberio I Constantino (578-582)
Mauricio (582-602)

Dinastía de Focas

Focas (602-610)

Dinastía de los Heráclidas

Heraclio I de Capadocia (610-641)
Constantino III (641)
Heraclio II Heracleonas (641)
Constante II (641-668)
Constantino IV *Pogonato* (668-705)
Justiniano II *Rinotmeta* (685-695), *primera vez*

Periodo de revueltas

Leoncio (695-698)
Tiberio II *Apismar* (698-705)
Justiniano II *Rinotmeta* (705-711), *segunda vez*
Filípicos *Bardanes* (711-713)
Anastasio II *Artemio* (713-716)
Teodosio III *Atramiteno* (716-717)

Dinastía Isáurica

León III, *el Isáurico* (717-741)
Constantino V *Coprónimo* (741-775)
León IV, *el Jázaro* (775-780)
Constantino VI (780-797), *bajo regencia de*
  Irene (780-789)
Irene (797-802)

Periodo de revueltas

Nicéforo I *Logoteta* (802-811)
Estauracios (811)
Miguel I *Rangabé* (811-813)
León V, *el Armenio* (813-820)

Dinastía Frigia

Miguel II *Balbo* (820-829)
Teófilo (829-842)
Miguel III, *el Beodo* (842-867)

Dinastía Macedónica

Basilio I, *el Sabio* (867-886)
León VI, *el Filósofo* (886-911)
Constantino VII *Porfirogeneta* (911-919), *bajo regencia de*
  Zoe (912-919)
Constantino VII *Porfirogeneta* (919-959), *asociado con*
  Romano I *Lecapeno* (920-944)
  Cristóforo (921-931)
  Estéfano y Constantino VIII (928-945)
  Romano II, *el Joven* (949-959)
Romano II, *el Joven* (959-963)
Basilio II *Bulgarotóctonos* (963-1025), *asociado con*
  Nicéforo II *Focas* (963-969)
  Juan I *Zimisces* (969-976)
  Constantino IX (976-1025)
Constantino IX (1025-1028)
Zoe (1028-1050), *asociada con*
  Romano III *Argiro* (1028-1034)
  Miguel IV *Paflagonio* (1034-1041)
  Miguel V *Calafato* (1041-1042)
  Teodora (1042)
  Constantino X *Monómaco* (1042-1054)
Teodora (1054-1056)
Miguel VI *Estratónico* (1056-1059)

Dinastía Comnena (primera vez)

Isaac I Comneno (1057-1059)

Dinastía de los Ducas

Constantino XI *Ducas* (1059-1067)
Eudoxia (1067-1068)

Romano IV *Diógenes* (1068-1071)
Miguel VII *Ducas* (1071-1078)
Nicéforo III *Botaniates* (1078-1081)

Dinastía Comnena (segunda vez)

Alejo I Comneno (1081-1118)
Juan II (1118-1143)
Manuel I (1143-1180)
Alejo II (1180-1183)
Andrónico I (1183-1185)

Dinastía Ángel

Isaac II Ángel (1185-1195), *primera vez*
Alejo III (1195-1203)
Isaac II (1203-1204), *segunda vez*
Alejo IV (1203-1204)
Alejo V *Murzuflo* (1204)

Imperio Latino de Oriente

Balduino I de Flandes (1204-1205)
Enrique I de Flandes (1206-1216)
Pedro de Courtenay (1216-1219)
Roberto de Courtenay (1221-1228)
Balduino II de Courtenay (1228-1261), *asociado con*
  Juan de Brienne (1231-1237)

Dinastía Láscaris de Nicea

Teodoro I Láscaris (1206-1222)
Juan III *Ducas Vatazes* (1222-1255)
Teodoro II *Ducas Láscaris* (1255-1259)
Juan IV (1259-1260), *bajo regencia de*
  Miguel VIII Paleólogo (1259-1260)

Dinastía de los Paleólogo (primera vez)

Miguel VIII Paleólogo (1260-1282)
Andrónico II, *el Viejo* (1282-1328), *asociado con*
  Miguel IX (1295-1320)
Andrónico III, *el Joven* (1328-1341)
Juan V (1341-1354), *primera vez, bajo regencia de*
  Ana de Saboya (1341-1347)
  Juan VI (1347-1355)

Dinastía de los Cantacucenos

Juan VI Cantacuceno (1347-1355), *asociado con*
  Mateo Cantacuceno (1354-1357)

Dinastía de los Paleólogo (segunda vez)

Juan V (1355-1376), *segunda vez*
Andrónico IV (1376-1379), *asociado con*
  Juan VII (1376-1379)

Juan V (1379-1390), *tercera vez, asociado con*
Manuel II (1379-1391)
Manuel II (1391-1423), *asociado con*
Juan VII (1399-1402)
Juan VIII (1425-1448)
Constantino XII *Dragazes* (1448-1453)

3. Emperadores germánicos

IMPERIO CAROLINGIO

Carlomagno (rey 768, emperador 800-814)
Luis I, *el Piadoso*, o Ludovico Pío (emperador 814-840)
Lotario I (emperador 840-855)
Luis II, *el Germánico* (rey 843-875, emperador 855-875)
Carlos II, *el Calvo* (emperador 875-877)
Carlos III, *el Gordo* (rey 879, emperador 881-887)
Guido de Spoleto (rey 889, emperador 891-894)
Lamberto de Spoleto (emperador 892-898)
Arnulfo (rey 894, emperador 896-899)
Luis III (rey 900-911, emperador 901-905)
Conrado I de Franconia (rey 911-918)
Berenguer I (rey 888-894, 896-901 y 902, emperador 915-924)

SACRO IMPERIO ROMANO GERMÁNICO

Dinastía Sajona o de los Otónidas

Enrique I, *el Pajarero* (rey 919-936)
Otón I, *el Grande* (rey 936, emperador 962-973)
Otón II, *el Rojo* (rey 961, emperador 967-983)
Otón III (rey 983, emperador 996-1002)
Enrique II, *el Santo* (rey 1002, emperador 1014-1024)

Dinastía Salia

Conrado II, *el Salio* (rey 1024, emperador 1027-1039)
Enrique III, *el Negro* (rey 1039, emperador 1046-1056)
Enrique IV (rey 1056, emperador 1084-1105)
Rodolfo de Suabia (rey 1077-1080)
Hemann de Luxemburgo (rey 1081-1088)
Conrado (rey 1087-1100)
Enrique V (rey 1099, emperador 1111-1125)
Lotario II (rey 1125, emperador 1133-1137)

Dinastía Hohenstaufen

Conrado III (rey 1127, emperador 1138-1152)
Federico I *Barbarroja* (1152-1190)

Enrique VI, *el Cruel* (rey 1190, emperador 1191-1197)
Doble elección: Felipe de Suabia (1198-1208)
Otón IV de Wittelsbach (1198-1218)
Federico II (rey 1197, emperador 1212-1250)
Conrado IV (rey 1250-1254)

Gran Interregno (1254-1273)

Conradino Hohenstaufen (1254-1268), *nominal*
Manfredo Hohenstaufen (1255-1266), *autoproclamado*
Ricardo de Cornualles (1257), *electo*
Alfonso X *el Sabio* de Castilla (1257), *electo*
Carlos de Anjou (1262-1266), *designado*

Casa de Habsburgo

Rodolfo I (1273-1291)

Casa de Nassau

Adolfo I (1291-1298)

Casa de Habsburgo

Alberto I (1298-1308)

Casa de Luxemburgo

Enrique VII (1308-1313)

Casa de Wittelsbach

Luis IV (1314-1347)

Casa de Luxemburgo

Carlos IV (1347-1378)
Wenceslao (1378-1400)
Segismundo (1400-1437)

Casa de Habsburgo

Alberto II (1438-1439)
Federico III (1440-1493)
Maximiliano I (1493-1519)
Carlos V (1519-1558)
Fernando I (1558-1564)
Maximiliano II (1564-1576)
Rodolfo II (1576-1612)
Matías (1612-1617)
Fernando II (1619-1637)
Fernando III (1637-1657)
Leopoldo I (1658-1705)
José I (1705-1711)
Carlos VI (1711-1740)

Casa de Wittelsbach

Carlos VII de Baviera (1742-1745)

Casa de Habsburgo-Lorena

Francisco I de Lorena (1745-1765)
José II (1765-1790)
Leopoldo II (1790-1792)
Francisco II (1792-1806)

4. *Califas musulmanes*

Califas ortodoxos

Abú Bakr (632-634)
Omar I (634-644)
Otmán (644-656)
Alí (656-661)

Califas Omeyas

Muhawiya I (661-680)
Yazid I (680-683)
Muhawiya II (683-684)
Marwán I (684-685)
Abd el-Malik (685-705)
El-Walid I (705-715)
Solimán (715-717)
Omar II (717-720)
Yazid II (720-724)
Hisham (724-743)
El-Walid II (743-744)
Yazid III (744)
Ibrahim (744)
Marwán II (744-750)

Califas Abasidas

Abú-l-Abbás al-Safar (750-754)
al-Mansur (754-775)
al-Mahdí (775-785)
al-Hadi (785-786)
Harún al-Rashid (786-809)
al-Amin (809-813)
al-Mamún (813-833)
al-Mutasim (833-842)
al-Watik (842-847)
al-Mutaeakil (847-861)
al-Mustansir (861-862)
al-Mu'tazz (862-866)
al-Mushtadi (866-869)
al-Mu'tamid (869-892)
al-Mu'tadid (892-902)
al-Muqtafi (902-908)
al-Muqtadir (908-932)
al-Qahir (932-934)

al-Radi (934-940)
al-Muttaqi (940-943)
al-Muti (946-974)
al-Ta'i (974-991)
al-Qadir (991-1031)
al-Qaím (1031-1075)
al-Muqtadi (1075-1094)
al-Mustazhir (1094-1118)
al-Mustarshid (1118-1135)
ar-Rashid (1135-1136)
al-Muqtafi (1136-1160)
al-Mustanjid (1160-1170)
al-Mustadi (1170-1180)
an-Nasir (1180-1225)
az-Zahir (1225-1226)
al-Mustansir (1226-1242)
al-Mustasim (1242-1258)

5. *Sultanes turcos*

Dinastía Seléucida (Sultanato de Iconio)

Solimán I (1077-1086)
Kilids Arslan I (1092-1107)
Malik Sab (1107-1116)
Mas'ud I (1116-1156)
Kilids Arslan II (1156-1192)
Kaikosru I (1192-1196), *primera vez*
Solimán II (1196-1204)
Kilids Arslan III (1204)
Kaikosru I (1204-1210), *segunda vez*
Kaikaus I (1210-1220)
Kaikubad I (1220-1237)
Kaikosru II (1237-1245)
Kaikaus II (1246-1257), *zona occidental*
Kilids Arslan IV (1248-1265), *zona oriental*
Kaikubad II (1249-1257)
Kaikosru III (1265-1282)
Mas'ud II (1282-1304)
Kaikubad III (1284-1307)
Mas'ud III (1307-1308)

Dinastía Osmanlí (Imperio Otomano)

Osmán I (1281-1326)
Orján (1324-1359)
Murad I (1359-1389)
Bayaceto I (1389-1402)
Mehmet I (1402-1421)
Murad II (1421-1444), *primera vez*
Mehmet II, *el Conquistador* (1444-1446), *primera vez*
Murad II (1446-1451), *segunda vez*
Mehmet II, *el Conquistador* (1451-1481), *segunda vez*

LISTAS

Bayaceto II (1481-1512)
Selim I (1512-1520)
Solimán II, *el Magnífico* (1520-1566)
Selim II (1566-1574)
Murad III (1574-1595)
Mehmet III (1595-1603)
Ahmed I (1603-1617)
Mustafá I (1617-1618), *primera vez*
Osmán II (1618-1622)
Mustafá I (1622-1623), *segunda vez*
Murad IV (1623-1640)
Ibrahim (1640-1648)
Mehmet IV (1648-1687)
Solimán III (1687-1691)
Ahmed II (1691-1695)
Mustafá II (1695-1703)
Ahmed III (1703-1730)
Mahmut I (1730-1754)
Osmán III (1754-1757)
Mustafá III (1757-1774)
Abdul-Hamid I (1774-1789)
Selim III (1789-1807)
Mustafá IV (1807-1808)
Mahmut II (1808-1839)
Abdul-Mecid (1839-1861)
Abdul-Aziz (1861-1876)
Murad V (1876)
Abdul-Hamid II (1876-1909)
Mehmet V Resat 1909-1918)
Mehmet VI Vahideddin (1918-1922)

6. Emperadores chinos

Dinastía Ts'in

Shih Huang Ti (221-210 a.C.)
Ehr Shih Huang Ti (210-207 a.C.)
Chin Wang (207-206 a-C.)

Dinastía Han occidental o anterior

Lieu Pang o Kao-tsu (206-195 a.C.)
Hui Ti (195-188 a.C.)
Kao Hou (188-180 a.C.)
Wen Ti (180-157 a.C.)
Ching Ti (157-140 a.C.)
Wu Ti (140-87 a.C.)
Chao Ti (87-74 a.C.)
Hsuan Ti (74-48 a.C.)
Yuan Ti (48-33 a.C.)
Ch'eng Ti (33-7 a.C.)
Ai Ti (7-1 a.C.)
P'ing Ti (1 a.C.-6 d.C.)
Ju-Tzu Ying (6-8)

Dinastía Hsin

Chi Huang Ti o Wang Mang (9-23)

Dinastía Han oriental o posterior

Liu Hsiu o Kuang Wu Ti (25-58)
Ming-Ti (58-75)
Chang Ti (75-88)
Ho Ti (88-106)
Shang Ti (106)
An Ti (106-125)
Shao Ti (125)
Shun Ti (125-144)
Ch'ung Ti (144-145)
Chih Ti (145-146)
Huan Ti (146-168)
Ling Ti (168-189)
Shao Ti (189-190)
Hsien (190-220)

Periodo de los Tres Reinos

Dinastías Wei (220-265), Wu (220-280) y Shu (221-264)

Dinastía Tsin occidental

Wu-ti (265-90)
Hui Ti (290-307)
Huai Ti (307-311)
Min Ti (313-316)

Dinastía Tsin oriental

Yuan Ti o Ssu-Ma Jui (317-323)
Ming Ti (323-325)
Ch'eng Ti (325-342)
K'ang Ti (342-344)
Mu Ti (344-361)
Ai Ti (361-365)
Ti I o Hai Hsi Kung (365-372)
Chien en Ti (372)
Hsiao Wu Ti (372-396)
An Ti (396-419)
Kung Ti (419-420)

Dinastía Sung anterior

Wu Ti o Liu Yu (420-422)
Shao Ti (422-424)
We Ti (424-453)
Hsaio Wu Ti (453-464)
Ch'ien Fei Ti (464-466)
Ming Ti (466-472)
Hou Fei Ti (472-477)
Shun Ti (477-499)

Dinastía Ch'i meridional

Kao To o Hsiao Tao-Ch'eng (479-482)
Wu Ti (482-493)
Yu-Lin Wang (493-494)
Hai-Ling Wang (494)
Ming Ti (494-498)
Tung-Hun Hou (498-501)
Ho Ti (501-502)

Dinastía Li meridional

Wu Ti o Hsiao Yen (502-549)
Chien Wen Ti (549-551)
Yu-Chang Wang (551-552)
Yuan Ti (552-555)
Chen-Yang Hou (555)
Ching Ti (555-557)

Dinastía Ch'en meridional

Wu Ti o Ch'en Pa-Hsien (557-559)
Wen Ti (559-566)
Fei Ti (566-568)
Hsuan Ti (568-582)
Hou Chu (582-589)

Dinastía Suei

Wen Ti o Yang Chien (589-605)
Yang Ti (605-618)

Dinastía T'ang

Li Yüan o Kao-tsu (618-626)
Li Shih-min o T'ai-tsung (626-649)
Kao-tsung, Gao Zong o Li Chih (649-683)
Chung Tsung (683-684), *primera vez, bajo regencia de*
  Wu Hou o Wu Tse-t'ien
Jui-tsung (684-690), *segunda vez, bajo regencia de*
  Wu Hou o Wu Tse-t'ien
Wu Hou o Wu Tse-t'ien (690-705)
Chung Tsung (705-710), *segunda vez*
Jui-tsung (710-712), *segunda vez*
Hsüan-tsung (712-756)
Su Tsung (756-762)
Tai Tsung (762-779)
Te Tsung (779-805)
Shun Tsung (805)
Hsien Tsung (805-820)
Mu Tsung (820-824)
Ching Tsung (824-827)
Wen Tsung (827-840)
Wu Tsung (840-846)
Hsuan Tsung (846-859)
I Tsung (859-873)
Hsi Tsung (873-888)
Chao Tsung (888-904)
Ching-tsung o Li Chu Ai-ti (904-907)

Periodo de las cinco dinastías

Liang:
  T'ai su o Chu Wen (907-912)
  Ying Wang (912-913)
  Mo Ti (913-923)
Tang:
  Chuang Tsung o Li Ts'un-Hsu (923-926)
  Ming Tsung (926-933)
  Min ti (933-944)
  Mo Ti (934-936)
Tsin:
  Kao Tsu o Shih Ching-T'ang (936-942)
  Ch'u Ti (942-947)
Han:
  Kao Tsu o Liu Chih-Yuan (947-948)
  Yin Ti (948-951)
Chou:
  T'ai Tsu o Kuo Wei (951-954)
  Shih Tsung (954-959)
  Kung Ti (959-960)

Dinastía Sung septentrional

T'ai Tsu o Chao K'uang-Yin (960-976)
T'ai Tsung (976-997)
Chen Tsung (997-1022)
Jen Tsung (1022-1063)
Ying Tsung (1063-1068)
Shen Tsung (1068-1085)
Che Tsung (1085-1100)
Hui Tsung (1100-1126)
Ch'in Tsung (1126-1127)

Dinastía Sung meridional

Kao Tsung (1127-1162)
Hsiao Tsung (1162-1189)
Kuang Tsung (1189-1194)
Ning Tsung (1194-1224)
Li Tsung (1224-1264)
Tu Tsung (1264-1274)
Kung Tsung (1274-1276)
Tuan Tsung (1276-1278)
Ti Ping (1278-1279)

Dinastía Yuan

Qubilay Kan o Shihtsu (1260-1294)
Timur (1295-1303)

LISTAS

Dinastía Yuan o Mongol

Gengis Kan, Temudchin o T'ai Tsu (1205-1227)
T'ai Tsung (1229-1241)
Guyuk Kan o Ting Tsung (1246-1248)
Mengu Kan o Hsien Tsung (1251-1259)
Qubilay Kan o Shihtsu (1260-1294)
Ch'eng Tsung (1294-1307)
Wu Tsung (1307-1311)
Jen Tsung (1311-1320)
Ying Tsung (1320-1323)
T'ai Ting Ti (1323-1328)
Wen Tsung (1328-1329), *primera vez*
Ming Tsung (1329)
Wen Tsung (1329-1332), *segunda vez*
Ning Tsung (1332)
Shun Ti (1332-1368)

Dinastía Ming

Zhu Yuanzhang, Chu Yan chang o Hongwu (1368-1398)
Hui Ti o Chien wen (1398-1403)
Yong lo o Chu Ti (1403-1424)
Jen Tsung o Hung Hsi (1424-1425)
Hsuan Tsung o Hsuan Te (1425-1435)
Ying Tsung o Cheng T'ung (1435-1449), *primera vez*
Tai Tsung o Ching T'ai (1449-1457)
Ying Tsung o Cheng T'ung (1457-1464), *segunda vez*
Hsien Tsung (1464-1487)
Hsiao Tsung o Hung Chih (1487-1505)
Wu Tsung o Cheng Te (1505-1522)
Kia Tsing, Chia Ching o Chu Hou tsung (1522-1566)
Longqing, Lung ch'ing o Chu Tsai kou (1567-1573)
Wan Li o Chu I chun (1573-1620)
Kuang Tsung o T'ai Ch'ing (1620)
Hsi Tsung o T'ien Ch'i (1620-1627)
Chuang-lie-ti, Chu Yu chien o Ch'ung chen (1627-1644)

Dinastía Manchú o Ts'ing

Shih Tsu o Shun Chih (1643-1662)
K'ang-hi o Sheng Tsu (1662-1722)
Shih Tsung o Yung Cheng (1722-1736)
K'ien-long o Kao Tsung (1736-1796)
Jen Tsung o Chia Ch'ing (1796-1821)
Tao Kuang o Hsuan Tsung (1821-1850)
Hsien Feng o Wen Tsung (1850-1861)
T'Ung-Chih o Mu Tsung (1861-1875), *bajo regencia de*
Ts'eu-hi (1861-1875)
Kuang-su o Te Tsung (1875-1908), *bajo regencia de*
Ts'eu-hi (1875-1908)
Pu-yi, Xuantong, Mo Ti o Hsuan Teh (1908-1912), *bajo regencia de*
Tch'uen (1908-1912)

7. *Emperadores japoneses*

Jimmu (660-581 a.C.) [h. 40-10 a.C.][1]
Suizei (581-549 a.C.) [h. 10 a.C.-20 d.C.]
Annei (549-510 a.C.) [h. 20-50 d.C.]
Itoku (510-475 a.C.) [h. 50-80 d.C.]
Kosho (475-392 a.C.) [h. 80-110 d.C.]
Koan (392-290 a.C.) [h. 110-140 d.C.]
Korei (290-214 a.C.) [h. 140-170 d.C.]
Kogen (214-157 a.C.) [h. 170-200 d.C.]
Kaika (157-97 a.C.) [h. 200-230 d.C.]
Sujin (97-29 a.C.) [h. 230-259 d.C.]
Suinin (29 a.C.-71 d.C.) [h. 259-291 d.C.]
Keiko (71-131) [h. 291-323]
Seimu (131-192) [h. 323-356]
Chuai (192-201) [h. 356-363]
Ojin (201-313) [h. 363-395], *bajo regencia de* Jingo (201-270) [h. 363-380]
Nintoku (313-400) [h. 395-428]
Richu (400-406) [h. 428-433]
Hanzei (406-412) [h. 433-438]
Inkyo (412-454) [h. 438-455]
Anko (454-457) [h. 455-457]
Yuryaku (457-480) [h. 457-490]
Seinei (480-485) [h. 490-495]
Kenso (485-488) [h. 495-498]
Ninken (488-499) [h. 498-504]
Muretsu (499-507) [h. 504-510]
Keitai (507-534) [h. 510-534]
Ankan (534-536)
Senka (536-540)
Kimmei (540-572)
Bidatsu (572-586)
Yomei (586-588)
Sujun (588-593)
Suiko (593-629
Jomei (629-642
Kogyoku (642-645), *primera vez*
Kotoku (645-655)
Kogyoku o Saimei (655-662), *segunda vez*
Tenchi (662-672)
Kobun (672-673)
Temmu (673-686)

---

[1] Para los primeros emperadores, se indican entre paréntesis las fechas tradicionales, seguidas de las fechas estimadas por los historiadores actuales para cada reinado.

Jito (686-697)
Mommu (697-708)
Gemmyo (708-715)
Gensho (715-724)
Shomu (724-749)
Koken (749-759), *primera vez*
Junnin (759-765)
Koken o Shotoku (765-770), *segunda vez*
Kokin (770-782)
Kwammu (782-806)
Heijo (806-810)
Saga (810-824)
Junna (824-834)
Nimmyo (834-851)
Montoku (851-859)
Seiwa (859-877)
Yozei (877-885)
Koko (885-889)
Uda (889-898)
Daigo (898-931)
Shujaku (931-947)
Murakami (947-968)
Reizei (968-970)
Enyu (970-985)
Kazan (985-987)
Ichijo (987-1012)
Sanjo (1012-1017)
Go-Ichijo (1017-1037)
Go-Shujaku (1037-1047)
Go-Reizei (1047-1069)
Ro-Sanjo (1069-1073)
Shirakawa (1073-1087)
Horikawa (1087-1108)
Toba (1108-1124)
Sutoku (1124-1142)
Konoe (1142-1156)
Go-Shirikawa (1156-1159)
Nijo (1159-1166)
Rokujo (1166-1169)
Takakura (1169-1181)
Antoku (1181-1184)
Go-Toba (1184-1199)
Tsuchi-Mikado (1199-1211)
Juntoku (1211-1221)
Chukyo (1221-1222)
Go-Horikawa (1222-1233)
Shijo (1233-1243)
Go-Saga (1243-1247)
Go-Fukakusa (1247-1260)
Kameyama (1260-1275)
Go-Uda (1275-1288)
Fushima (1288-1302)
Go-Nijo (1302-1308)
Hanazono (1308-1319)
Go-Daigo (1319-1331), *primera vez*

Kogen (1331-1333)
Go-Daigo (1333-1336), *segunda vez*
Go-Daigo (1336-1339), *Sur*
Komyo (1336-1349), *Norte*
Go-Murakami (1339-1368), *Sur*
Suko (1349-1352), *Norte*
Go-Kogen (1352-1372), *Norte*
Chokei (1368-1373), *Sur*
Go-Enyu (1372-1384), *Norte*
Go-Kameyama (1373-1392), *Sur*
Go-Komatu (1384-1392), *Norte*
Go-Komatu (1392-1413)
Shoko (1413-1429)
Go-Hanazono (1429-1465)
Go-Tsuchi-Mikado (1465-1501)
Go-Kashiwabara (1501-1527)
Go-Nara (1527-1558)
Ogimachi (1558-1587)
Go-Yozei (1587-1612)
Go-Mizu-no-o (1612-1630)
Myosho (1630-1644)
Go-Komyo (1644-1655)
Go-Saiin (1655-1663)
Reigen (1663-1687)
Higashiyama (1687-1710)
Naka-no-Mikado (1710-1736)
Sakuramachi (1736-1748)
Momozono (1748-1763)
Go-Sakuramachi (1763-1771)
Go-Momozono (1771-1780)
Kokaku (1780-1817)
Ninko (1817-1847)
Komei (1847-1867)
Meiji o Mutsuhito (1867-1912)
Taisho o Yoshihito (1912-1926)
Showa o Hirohito (1926-1989)
Heisei o Akihito (1989-)

II. GOBERNANTES EUROPEOS

8. *España*

Reyes visigodos

Ataúlfo (410-415)
Sigerico (415)
Walia (415-418)
Teodorico I (418-451)
Turismundo (451-453)
Teodorico II (453-466)
Eurico (466-484)
Alarico II (484-507)
Gesaleico (507-510)

LISTAS

Amalarico (510-531), *bajo regencia de* Teodorico y Teudis (510-526)
Teudis (531-548)
Teudiselo (548-549)
Agila (549-555)
Atanagildo (555-567)
Liuva I (567-571), *asociado con* Leovigildo (568-571)
Leovigildo (571-586), *asociado con* Recaredo I (573-586) y Hermenegildo (573-578)
Recaredo I (586-601)
Liuva II (601-603)
Viterico (603-610)
Gundemaro (610-612)
Sisebuto (612-621)
Recaredo II (621)
Suintila (621-631)
Sisenando (631-636)
Chintila (636-639)
Tulga (639-642)
Chindasvinto (642-653), *asociado con* Recesvinto (649-653)
Recesvinto (653-672)
Wamba (672-680)
Ervigio (680-687)
Égica (687-702)
Vitiza (698-710)
Agila II (710/711-716)
Rodrigo (710-711)

Emires de Córdoba (dependientes del Califato de Damasco)

Tariq ben Ziyad (711-712)
Musa ibn Nusair (712-714)
Abdelaziz ibn Musa (714-716)
Ayub al-Lajmi (716)
Alhorr al-Taquefi (716-718)
Al-Samh al-Jawlani (718-720)
Abderramán al-Gafequi (720), *primera vez*
Ambaza el Quelbi (721-725)
Odra al-Fihri (725)
Yahya al-Kalbi (725-728)
Hodaifa al-Caisi (728)
Otmán al-Jatami (728-729)
Alhaitam al-Kinani (729)
Muhammad al-Asyai (729-730)
Abderramán al-Gafequi (730-732), *segunda vez*
Abdemelic ibn Catán (732-734), *primera vez*
Ocha al-Zaluli (734-740)
Abdemelic ibn Catán (740), *segunda vez*
Balech al-ocairi (740-741)
Taalaba ibn Salam (741-742)
Abjuljatar al-Quelbi (742-744)
Toaba al-Yudami (744-746)
Abderramán al-Lajmi (746)
Yusuf al-Fihrí (746-756)

Emires Omeyas de Córdoba (independientes)

Abderramán I (756-788)
Hisham I (788-796)
Alhákem I (796-821)
Abderramán II (821-852)
Muhammad I (852-886)
Almundir ibn Muhammad (886-888)
Abd-Allah ibn Muhammad (888-912)

Califas Omeyas de Córdoba

Abderramán III (912-961)
Alhákem II (961-976)
Hisham II (976-1008/13)
Soliman ibn Alhákem (1012-1016)
Alf ibn Hamud (1016-1017)
Abderramán IV (1017)
Al-Cashim ibn Al-Mamún (1017-1021), *primera vez*
Yazya al-Motali (1021-1022), *primera vez*
Al-Cashim ibn Al-Mamun (1022-1023), *segunda vez*
Abderramán V (1023-1024)
Muhammad III (1024-1025)
Yazya al-Motali (1023-1025), *segunda vez*
Hisham III (1025-1031)

Reyes almorávides

Yazya ibn Umar (1056)
Abu Bakr ibn Umar (1056-1087)
Yusuf ibn Tashufin (1061-1106)
Alí ibn Yusuf (1106-1143)
Tashufin ibn Alí (1143-1146)

Reyes almohades

al-Mahdi (1122-1129)
Abd al-Mumen ibn Alí (1129-1163)
Yusuf I (1163-1184)
al-Mansur Yacub (1184-1199)
Muhammed al-Nasir (1199-1213)
Yusuf II (1213-1224)
Abd al-Guahid ibn Yusuf (1224)
Aladil Abd-Allah (1224-1227)
al-Mutashim Yazya (1227)
Idrid al-Mamun (1227-1232)
Abd al-Guahid II (1232-1242)
Alí ibn Idris (1242-1248)
Umar ibn Ishaac (1248-1266)
Abul-Allah Idrin (1266-1268)

Reyes nazarís de Granada

Muhammed I (1237-1273)
Muhammed II (1273-1302)
Muhammed III (1302-1309)
Nassar (1309-1314)
Ishmail (1314-1325)
Muhammed IV (1325-1333)
Yusuf I (1333-1354)
Muhammed V (1354-13), *primera vez*
Ismail II (1359-1360)
Muhammed VI (1360-1362)
Muhammed V (1362-1391), *segunda vez*
Yusuf II (1391-1392)
Muhammed VII (1392-1408)
Yusuf III (1408-1417)
Muhammed VIII (1417-1419), *primera vez*
Muhammed IX (1419-1427), *primera vez*
Muhammed VIII (1427-1429), *segunda vez*
Muhammed IX (1429-1431), *segunda vez*
Yusuf IV (1431-1432)
Muhammed IX (1432-1445), *tercera vez*
Muhammed X (1445), *primera vez*
Yusuf V (1445-1446), *primera vez*
Muhammed X (1446-1447), *segunda vez*
Muhammed IX (1447-1453), *cuarta vez*
Sa'ad o Ibn Ismail (1454-1462), *primera vez*
Yusuf V (1462), *segunda vez*
Sa'ad o Ibn Ismail (1462-1464), *segunda vez*
Muley Hacén o Abú-l-Hassán Alí (1464-1482), *primera vez*
Abú Abd Allah o Boabdil, *el Chico* (1482-1483), *primera vez*
Muley Hacén o Abú-l-Hassán Alí (1483-1485), *segunda vez*
Muhammed XII al-Zagal (1485-1486)
Abú Abd Allah o Boabdil, *el Chico* (1486-1492), *segunda vez*

Reyes de Asturias

Pelayo (718-737)
Favila (737-739)
Alfonso I (739-756)
Fruela I (756-768)
Aurelio (768-774)
Silo (774-783)
Mauregato (783-789)
Vermudo I (789-791)
Alfonso II, *el Casto* (791-842)
Ramiro I (842-850)
Ordoño I (850-866)
Alfonso III, *el Magno* (866-910)

Reyes de León

García I (910-914)
Ordoño II (914-924)
Fruela II (924-925)
Alfonso IV (925-930)
Ramiro II (930-950)
Ordoño III (950-955)
Sancho I (955-958), *primera vez*
Ordoño IV (958-960)
Sancho I (960-966), *segunda vez*
Ramiro III (966-984)
Vermudo II (984-999)
Alfonso V (999-1027)
Vermudo III (1027-1037)

Condes independientes de Castilla

Fernán González (951-970)
García Fernández (970-995)
Sancho García I (995-1021)
García II Sánchez (1021-1029)

Reyes de Castilla y León

Casa de Navarra:

Fernando I, *el Grande* (de Castilla, 1035, de León, 1038-1065)
Sancho II (1065-1072)
Alfonso VI (1072-1109)
Urraca (1109-1126)

Casa de Borgoña:

Alfonso VII, *el Emperador* (1126-1157)
Sancho III (1157-1158), *en Castilla*
Fernando II (1157-1188), *en León*
Alfonso VIII, *el Noble* o *el de Las Navas* (1158-1214), *en Castilla*
Alfonso IX (1188-1230), *en León*
Enrique I (1214-1217), *en Castilla*
Berenguela (1217), *en Castilla*
Fernando III, *el Santo* (de Castilla 1217, de León 1230-1252)
Alfonso X, *el Sabio* (1252-1284)
Sancho IV, *el Bravo* (1284-1295)
Fernando IV, *el Emplazado* (1295-1310)
Alfonso XI, *el Justiciero* (1310-1350)
Pedro I, *el Cruel* (1350-1369)

Casa de Trastámara:

Enrique II, *el de las Mercedes* (1369-1379)
Juan I (1379-1390)
Enrique III, *el Doliente* (1390-1406)
Juan II (1406-1454)
Enrique IV, *el Impotente* (1454-1474)

LISTAS

Isabel I, *la Católica* (1474-1504)
Juana I, *la Loca* (1504-1516), *bajo regencia de* Felipe I, *el Hermoso* (1504-1506) *y* Fernando II, de Aragón y V de Castilla, *el Católico* (1504-1506)
Francisco Jiménez de Cisneros (1506-1507)
Fernando II, de Aragón y V de Castilla, *el Católico* (1507-1516)

Condes de Barcelona

Wifredo I, *el Velloso* (874-898)
Wifredo II o Borrell I (898-911)
Sunyer (911-947)
Borrell II (947-992)
Ramón Borrell (992-1017)
Berenguer Ramón I, *el Viejo* (1017-1035)
Ramón Berenguer I (1035-1076)
Ramón Berenguer II (1076-1082), *junto con* Berenguer Ramón II, *el Fratricida* (1076-1096)
Berenguer Ramón III (1096-1131)
Ramón Berenguer IV (1131-1162)

Reyes de Aragón

Casa de Navarra:

Ramiro I (1035-1063)
Sancho I Ramírez (1063-1096)
Pedro I (1096-1104)
Alfonso I, *el Batallador* (1104-1134)
Ramiro II, *el Monje* (1134-1137)
Petronila (1137-1162)

Casa de Barcelona:

(Reyes de Aragón y príncipes de Cataluña)
Ramón Berenguer IV (1137-1162)
Alfonso II, *el Casto* (1162-1196)
Pedro II, *el Católico* (1196-1213)
Jaime I, *el Conquistador* (1213-1276), *bajo regencia de*
Sancho, conde de Rosellón y Provenza (1214-1218)
Pedro III, *el Grande* (1276-1285)
Alfonso III, *el Liberal* (1285-1291)
Jaime II, *el Justo* (1291-1327)
Alfonso IV, *el Benigno* (1327-1336)
Pedro IV, *el Ceremonioso* (1336-1387)
Juan I (1387-1396)
Martín I, *el Humano* (1396-1410)

Casa de Trastámara:

Fernando I, *el de Antequera* (1412-1416)
Alfonso V, *el Magnánimo* (1416-1458)
Juan II (1458-1479)
Fernando II, *el Católico* (1479-1516)

Reyes de Navarra

(inicialmente de Pamplona)

Dinastía Íñiga:

Íñigo Arista (820-852)
García I Íñiguez (852-870)
Fortún Garcés (870-905), *bajo regencia de* García Jiménez (870-880)

Dinastía Jimena:

Sancho I Garcés (905-925)
García II Sánchez (925-970)
Sancho II Garcés (970-995)
García III Sánchez, *el Trémulo* (995-1000)
Sancho III Garcés, *el Mayor* (1000-1035)
García IV, *el de Nájera* (1035-1054)
Sancho IV (1054-1076)
Sancho V (1076-1094)
Pedro I de Aragón (1094-1104)
Alfonso I, *el Batallador*, de Aragón (1104-1134)
García V, *el Restaurador* (1134-1150)

[Reyes de Navarra:]

Sancho VI, *el Sabio* (1150-1194)
Sancho VII, *el Fuerte* (1194-1234)

Casa de Champaña:

Teobaldo I (1234-1253)
Teobaldo II (1253-1270)
Enrique I, *el Gordo* (1271-1274)
Juana I (1274-1305)

Casa de Francia:

Luis I, *el Hutin* (1305-1315)
Felipe I (1315-1322)
Carlos I (1322-1328)
Juana II (1328-1349)

Casa de Evreux:

Carlos II, *el Malo* (1349-1387)
Carlos III, *el Noble* (1387-1425)
Blanca (1425-1441)

Casa de Aragón:

Juan II (1441-1479)
Leonor (1479)

Casa de Foix:

Francisco I *Febo* (1479-1483)
Catalina (1483-1512)
Fernando II de Aragón y V de Castilla, *el Católico* (1512: *anexión a la Corona de Castilla*)

Monarquía Hispana

(Coronas de Castilla y Aragón)

Casa de Austria o de Habsburgo:

Carlos I (1516-1556), *bajo regencia de*
  Francisco Jiménez de Cisneros (en Castilla, 1516-1517)
  Alonso de Aragón (en Aragón, 1516-1517)
Felipe II (1556-1598)
Felipe III (1598-1621)
  Valido: Francisco de Sandoval, duque de Lerma (1598-1618)
  Valido: Cristóbal de Sandoval, duque de Uceda (1618-1621)
Felipe IV (1621-1665)
  Valido: Gaspar de Guzmán, conde-duque de Olivares (1621-1643)
Carlos II (1665-1700), *bajo regencia de*
  Mariana de Austria (1665-1675)
  Valido: Juan Everardo Nithard (1665-1669)
  Valido: Fernando de Valenzuela (1669-1676)
  Valido: Juan José de Austria (1677-1679)
  Valido: Juan Francisco Tomás de la Cerda, duque de Medinaceli (1680-1685)
  Valido: Manuel Joaquín Álvarez de Toledo, conde de Oropesa (1680-1691 y 1695-1699)
  Valido: Luis Fernández de Portocarrero (1699-1700)

Reyes de España

Casa de Borbón:

Felipe V (1700-1724), *primera vez*
  Primer secretario de Estado: José Grimaldo, marqués de Grimaldo (1714-1724)
Luis I (1724)
  Primer secretario: Juan Bautista de Orendáin (1724)
Felipe V (1724-1746), *segunda vez*
  primer secretario: José Grimaldo, marqués de Grimaldo (1724-1725)
  Juan Guillermo Riperdá, barón de Riperdá (1725-1726)
  José Grimaldo, marqués de Grimaldo (1726)
  Juan Bautista de Orendáin (1726-1736)
  José Patiño (1736)
  Sebastián de la Cuadra, marqués de Villarias (1736-1746)
Fernando VI (1746-1759)
  Primer secretario: José de Carvajal y Lancaster (1746-1754)
    Ricardo Wall y Devreux (1754-1759)
Carlos III (1759-1788)
  Primer secretario: Ricardo Wall y Devreux (1759-1763)
    Jerónimo Grimaldi (1763-1777)
    José Moñino, conde de Floridablanca (1777-1787)
  Presidente de la Junta Suprema de Estado: José Moñino, conde de Floridablanca (1787-1788)
Carlos IV (1788-1808)
  Presidente de la Junta Suprema de Estado: José Moñino, conde de Floridablanca (1788-1792)
  Primer secretario: Pedro Pablo Abarca de Bolea, conde de Aranda (1792)
    Manuel Godoy (1792-1798)
    Francisco de Saavedra (1798)
    Mariano Luis de Urquijo (1798)
    Francisco de Saavedra (1798-1799)
    Mariano Luis de Urquijo (1799-1800)
    Pedro Ceballos Guerra (1800-1808)
Fernando VII (1808), *primera vez*
Junta Suprema Central (1808-1810)
  Primer secretario de Estado: Pedro Ceballos Guerra (1808-1809)
    Martín de Garay (1809)
    Francisco de Saavedra (1809-1810)
Consejo Supremo de Regencia (1810-1813)
  Primera Regencia (1810):
    Pedro de Quevedo
    Francisco de Saavedra
    Francisco Javier Castaños
    Antonio Escaño
    Esteban Fernández de León *(luego,* Miguel de Lardizábal y Uribe)
  Primer secretario de Estado: marqués de las Hormazas (1810)
    Eusebio Bardají y Azara (1810)
  Segunda Regencia (1810-1811):
    Joaquín Blake
    Gabriel Císcar
    Pedro Agar
  Primer secretario de Estado: Eusebio Bardají y Azara (1810-1811)
  Tercera Regencia (1811-1813):
    Pedro Alcántara de Toledo, duque del Infantado
    Joaquín Mosquera
    Juan María de Villavicencio
    Ignacio Rodríguez de Rivas (luego, Juan Pérez Villamil)
    Conde de La Bisbal
  Primer secretario de Estado: Eusebio Bardají y Azara (1810-1812)
    José García de León y Pizarro (1812)
    Ignacio de la Pezuela (1812)
    Carlos Martínez de Irujo, marqués de Casa Irujo (1812)
    Pedro Gómez Labrador (1812-1813)

Cuarta Regencia (1813):
    Luis de Borbón
    Gabriel Císcar
    Pedro de Agar
    Primer secretario de Estado: Pedro Gómez Labrador (1813)
    Antonio Cano Manuel (1813)
    Juan O'Donojú (1813)
    Fernando de la Serna (1813)
    José Luyando (1813)

Dinastía Bonaparte:

    José I (1808-1813)

Casa de Borbón:

    Fernando VII (1813-1833), *segunda vez*
        Primer secretario: José Miguel de Carvajal y Manrique, duque de San Carlos (1814)
        Pedro Ceballos Guerra (1814-1816)
        José García de León y Pizarro (1816-1818)
        Carlos Martínez de Irujo, marqués de Casa Irujo (1818-1819)
        José Melgarejo y Saurín, duque de San Fernando (1819-1820)
        Evaristo Pérez de Castro (1820-1821)
        Eusebio Bardají y Azara (1821)
        Francisco de Paula Escudero (1821-1822)
        Ramón López Pelegrín (1822)
        José Gabriel de Silva y Bazán, marqués de Santa Cruz (1822)
        Ramón López Pelegrín (1822)
        Francisco Martínez de la Rosa (1822)
        Nicolás María Garelly (1822)
        Evaristo San Miguel (1822-1823)
        Álvaro Flórez Estrada (1823)
        José María Pando (1823)
        José Luyando (1823)
        Antonio Vargas Laguna (1823)
        Víctor Damián Sáez (1823)
    Presidentes del Consejo de Ministros:
        Carlos Martínez de Irujo, marqués de Casa Irujo (1823-1824)
        Narciso Heredia y Begines, conde de Ofalia (1824-1825)
        Francisco Cea Bermúdez (1825)
    Primer secretario:
        Pedro Alcántara de Toledo, duque del Infantado (1825-1826)
    Presidentes del Consejo de Ministros:
        Luis María Salazar (1826-1830)
        Manuel González Salmón (1830-1832)
        Luis María Salazar (1832)
        Francisco Cea Bermúdez, conde de Colombí (1832-1833)

Isabel II (1833-1868), *bajo regencia de*
    María Cristina de Borbón (1833-1840)
    Baldomero Espartero (1841-1843)
    Presidentes del Consejo:
        Francisco Cea Bermúdez, conde de Colombí (1833-1834)
        Francisco Martínez de la Rosa (1834-1835)
        José María Queipo de Llano, conde de Toreno (1835)
        Juan Álvarez Mendizábal (1835-1836)
        Francisco Javier Istúriz (1836)
        José María Calatrava (1836-1837)
        Baldomero Espartero (1837)
        Eusebio Bardají y Azara (1837)
        Narciso Heredia y Begines, conde de Ofalia (1837-1838)
        Bernardino Fernández de Velasco, duque de Frías (1838)
        Evaristo Pérez de Castro (1838-1840)
        Antonio González y González (1840)
        Valentín Ferraz (1840)
        Modesto Cortázar (1840)
        Baldomero Espartero (1840-1841)
        Joaquín María Ferrer (1841)
        Antonio González y González (1841-1842)
        José Ramón Rodil, marqués de Rodil (1842-1843)
        Joaquín María López (1843)
        Álvaro Gómez Becerra (1843)
        Joaquín María López (1843)
        Salustiano Olózaga (1843)
        Luis González Bravo (1843-1844)
        Ramón María Narváez (1844-1846)
        Manuel Pando, marqués de Miraflores (1846)
        Ramón María Narváez (1846)
        Francisco Javier Istúriz (1846-1847)
        Carlos Martínez de Irujo, duque de Sotomayor (1847)
        Joaquín Francisco Pacheco (1847)
        Florencio García Goyena (1847)
        Ramón María Narváez (1847-1849)
        Serafín María de Soto, conde de Cleonard (1849)
        Ramón María Narváez (1849-1851)
        Juan Bravo Murillo (1851-1852)
        Federico Roncali, conde de Alcoy (1852-1853)
        Francisco Lersundi (1853)
        Luis José Sartorius, conde de San Luis (1853-1854)
        Baldomero Espartero (1854-1856)
        Leopoldo O'Donnell (1856)
        Ramón María Narváez (1856-1857)
        Francisco Armero y Peñaranda (1857-1858)
        Francisco Javier Istúriz (1858)

Leopoldo O'Donnell (1858-1863)
Manuel Pando, marqués de Miraflores (1863-1864)
Lorenzo Arrazola (1864)
Alejandro Mon (1864)
Ramón María Narváez (1864-1865)
Leopoldo O'Donnell (1865-1866)
Ramón María Narváez (1866-1868)
Luis González Bravo (1868)
Presidente del Poder Ejecutivo:
Francisco Serrano y Domínguez (1868-1870)
Presidentes del Consejo:
Francisco Serrano y Domínguez (1868-1869)
Juan Prim y Prats (1869-1870)

Casa de Saboya:

Amadeo I (1870-1873)
Presidentes del Consejo:
Juan Bautista Topete (1870)
Práxedes Mateo Sagasta (1870-1871)
Francisco Serrano y Domínguez (1871)
Manuel Ruiz Zorrilla (1871)
José Malcampo y Monge (1871)
Práxedes Mateo Sagasta (1871-1872)
Francisco Serrano y Domínguez (1872)
Manuel Ruiz Zorrilla (1872-1873)

Primera República

Presidentes del Poder Ejecutivo:
Estanislao Figueras (1873)
Francisco Pi y Margall (1873)
Nicolás Salmerón (1873)
Emilio Castelar (1873-1874)
Francisco Serrano (1874)
Presidentes del Consejo:
Juan de Zavala y de la Puente (1874)
Práxedes Mateo Sagasta (1874)

Restauración Monárquica

Casa de Borbón:

Alfonso XII (1874-1885)
Presidentes del Consejo:
Antonio Cánovas del Castillo (1874-1875)
Joaquín Jovellar (1875)
Antonio Cánovas del Castillo (1875-1879)
Arsenio Martínez Campos (1879)
Antonio Cánovas del Castillo (1879-1881)
Práxedes Mateo Sagasta (1881-1883)
José Posada Herrera (1883-1884)
Antonio Cánovas del Castillo (1884-1885)

Alfonso XIII (1886-1931), *bajo regencia de*
María Cristina de Habsburgo-Lorena (1885-1902)
Presidentes del Consejo:
Práxedes Mateo Sagasta (1885-1890)
Antonio Cánovas del Castillo (1890-1892)
Práxedes Mateo Sagasta (1892-1895)
Antonio Cánovas del Castillo (1895-1897)
Práxedes Mateo Sagasta (1897-1899)
Francisco Silvela (1899-1900)
Marcelo de Azcárraga (1900-1901)
Práxedes Mateo Sagasta (1901-1902)
Francisco Silvela (1902-1903)
Raimundo Fernández Villaverde (1903)
Antonio Maura y Montaner (1903-1904)
Marcelo de Azcárraga (1904-1905)
Raimundo Fernández Villaverde (1905)
Eugenio Montero Ríos (1905)
Segismundo Moret y Prendergast (1905-1906)
José López Domínguez (1906)
Segismundo Moret y Prendergast (1906)
Antonio Aguilar y Correa, marqués de la Vega de Armijo (1906-1907)
Antonio Maura y Montaner (1907-1909)
Segismundo Moret y Prendergast (1909-1910)
José Canalejas Méndez (1910-1912)
Álvaro de Figueroa y Torres, conde de Romanones (1912-1913)
Eduardo Dato e Iradier (1913-1915)
Álvaro de Figueroa y Torres, conde de Romanones (1915-1917)
Manuel García Prieto (1917)
Eduardo Dato e Iradier (1917)
Manuel García Prieto (1917-1918)
Antonio Maura y Montaner (1918)
Manuel García Prieto (1918)
Álvaro de Figueroa y Torres, conde de Romanones (1918-1919)
Antonio Maura y Montaner (1919)
Joaquín Sánchez de Toca (1919)
Manuel Allendesalazar (1919-1920)
Eduardo Dato e Iradier (1920-1921)
Manuel Allendesalazar (1921)
Antonio Maura y Montaner (1921-1922)
José Sánchez Guerra (1922)
Manuel García Prieto (1922-1923)
Miguel Primo de Rivera y Orbaneja (1923-1930), *presidente del directorio*
Dámaso Berenguer Fusté (1930-1931)
Juan Bautista Aznar Cabañas (1931)

Segunda República

Presidentes del Gobierno Provisional:
Niceto Alcalá Zamora (1931)
Manuel Azaña Díaz (1931)

Presidentes de la República:
Niceto Alcalá Zamora (1931-1936)
Presidentes del Consejo de Ministros:
Manuel Azaña Díaz (1931-1933)
Alejandro Lerroux García (1933)
Diego Martínez Barrio (1933)
Alejandro Lerroux García (1933-1934)
Ricardo Samper Ibáñez (1934)
Alejandro Lerroux García (1934-1935)
Joaquín Chapaprieta Torregrosa (1935)
Manuel Portela Valladares (1935-1936)
Manuel Azaña Díaz (1936)
Manuel Azaña (1936-1939)
Presidentes del Consejo de Ministros:
Santiago Casares Quiroga (1936)
José Giral Pereira (1936)
Francisco Largo Caballero (1936-1937)
Juan Negrín López (1937-1939)

Estado Español

Junta de Defensa Nacional:

Presidente:
Miguel Cabanellas Ferrer (1936)

Junta Técnica de Estado:

Presidentes:
Fidel Dávila Arrondo (1936-1937)
Francisco Gómez Jordana (1937)

Jefe del Estado:

Francisco Franco Bahamonde (1938-1975)
Presidentes del Gobierno:
Francisco Franco Bahamonde (1938-1973)
Luis Carrero Blanco (1973)
Torcuato Fernández-Miranda y Hevia (1973-1974)
Carlos Arias Navarro (1974-1975)

Monarquía democrática

Casa de Borbón:

Juan Carlos I (1975-)
Presidentes del Gobierno:
Carlos Arias Navarro (1975-1976)
Adolfo Suárez González (1976-1981)
Leopoldo Calvo-Sotelo Bustelo (1981-1982)
Felipe González Márquez (1982-1996)
José María Aznar López (1996-)

9. Francia

Reyes francos

Dinastía Merovingia:

Clodoveo I (481-511)
Teodorico I (511-534), *rey de Austrasia*
Teodeberto I (534-547), *rey de Austrasia*
Teodebaldo (547-555), *rey de Austrasia*
Clodomiro I (511-524), *rey de Orléans*
Childeberto I (511-558), *rey de París*
Clotario I (511-561), *rey de Soissons* [reunifica el reino en 558]
Gariberto I (561-567), *rey de París*
Gontran (561-593), *rey de Borgoña y de Orléans*
Sigeberto I (561-575), *rey de Austrasia*
Childeberto II (575-597), *rey de Austrasia*
Childerico I (561-584), *rey de Soissons*
Teodeberto II (597-612), *rey de Austrasia*
Teodorico II (596-613), *rey de Borgoña y de Orléans*
Sigeberto II (613), *rey de Austrasia*
Clotario II (613-629)
Dagoberto I (629-639)
Sigeberto III (634-656), *rey de Austrasia*
Clodoveo II (639-657), *rey de Neustria y de Borgoña*
Childeberto (656-657), *rey de Austrasia*
Clotario III (657-673), *rey de Neustria y de Borgoña*
Childerico II (673-675), *rey de Austrasia*
Dagoberto II (674-679), *rey de Austrasia*
Pipino de Heristal, duque de Austrasia y de Neustria (687-714)
Teodorico III (675-691), *rey de Neustria y de Borgoña*
Clodoveo III (691-695), *rey de Neustria y de Borgoña*
Childeberto III (695-711), *rey de Neustria y de Borgoña*
Dagoberto III (711-715), *rey de Neustria y de Borgoña*
Clotario IV (717-719), *rey de Austrasia*
Chilperico II (717-722), *rey de Austrasia*
Teodorico IV (722-737)
Carlos *Martel,* mayordomo único (737-741)
Childerico III (742-751)
Pipino, *el Breve,* mayordomo de palacio (747-751)

Dinastía Carolingia:

Pipino, *el Breve* (751-768)
Carlos (Carlomagno) y Carlomán (768-771)
Carlomagno (*rey* 771-800, emperador 800-814)
Luis I, *el Piadoso* o Ludovico Pío (emperador 814-840), *asociado con*
Lotario (817-840)
Guerra civil (840-843)
Carlos I de Francia y II de Alemania, *el Calvo* (rey 843-877, emperador 875-877)
Luis II, *el Tartamudo* (877-879)
Carlomán (879-884), *asociado con*
Luis III (879-882)
Carlos II de Francia y III de Alemania, *el Gordo* (emperador 881-887, rey 884-887)

Reyes de Francia

Dinastía Capeto:

Odón I (888-893)

Dinastía Carolingia:

Carlos III, *el Simple* (893-922)

Dinastía Capeto:

Roberto I (922-923)
Raúl de Borgoña (923-936)

Dinastía Carolingia:

Luis IV *de Ultramar* (936-954)
Lotario (954-986)
Luis V (986-987)

Dinastía Capeto:

Hugo Capeto (987-996)
Roberto II, *el Piadoso* (996-1031)
Enrique I (1031-1060)
Felipe I (1060-1108)
Luis VI, *el Gordo* (1108-1137)
Luis VII, *el Joven* (1137-1180)
Felipe II *Augusto* (1180-1223)
Luis VIII, *el León* (1223-1226)
Luis IX, *el Santo* (1226-1270), *bajo regencia de* Blanca de Castilla (1226-1234)
Felipe III, *el Atrevido* (1270-1285)
Felipe IV, *el Hermoso* (1285-1314)
Luis X, *el Testarudo* (1314-1316)
Juan I, *el Póstumo* (1316)
Felipe V, *el Largo* (1316-1322)
Carlos IV, *el Hermoso* (1322-1328)

Casa de Valois:

Felipe VI, *el Afortunado* (1328-1350)
Juan II, *el Bueno* (1350-1364)
Carlos V, *el Sabio* (1364-1380)
Carlos VI, *el Loco* o *el Bienamado* (1380-1422)
Carlos VII, *el Victorioso* (1422-1461)
Luis XI (1461-1483)
Carlos VIII (1483-1498)
Luis XII, *el Padre del Pueblo* (1498-1515)
Francisco I (1515-1547)
Enrique II (1547-1559)
Francisco II (1559-1560), *bajo la regencia de* Catalina de Médicis (1559-1560)
Carlos IX (1560-1574), *bajo la regencia de* Catalina de Médicis (1560-1563)
Enrique III (1574-1589)

Casa de Borbón:

Enrique IV (1589-1610)
Luis XIII (1610-1643), *bajo la regencia de* María de Médicis (1610-1614)
Luis XIV, *el Rey Sol* (1643-1715), *bajo la regencia de*
Ana de Austria (1643-1651)
Luis XV (1715-1774), *bajo la regencia de* Felipe, duque de Orléans (1715-1723)
Luis XVI (1774-1792)

Primera República

Convención Nacional (1792-1795)
Directorio (1795-1799)

Consulado

Primer cónsul: Napoleón Bonaparte (1799-1804)

Primer Imperio

Napoleón I Bonaparte (1804-1814 y 1815)

Restauración monárquica

Casa de Borbón:

Luis XVIII (1814-1815 y 1815-1824)
Primeros ministros: Príncipe Charles Maurice de Talleyrand-Périgord (1815)
Armand-Emmanuel Vignerot-Duplessis, duque de Richelieu (1815-1818)
Marqués Jean-Joseph Desolle (1818-1819)
Conde Elie Decazes (1819-1820)
Armand-Emmanuel Vignerot-Duplessis, duque de Richelieu (1820-1821)
Conde Guillaume-Aubin de Villèle (1821-1824)

Carlos X (1824-1830)
  Primeros ministros: Conde Guillaume-Aubin de Villèle (1824-1829)
  Príncipe Auguste de Polignac (1829-1830)

Casa de Orléans:

Luis Felipe (1830-1848)
  Primeros ministros: Jacques Laffite (1830-1831)
    Casimir Périer (1831-1832)
    Nicolas Soult (1832-1834)
    Conde Étienne Gérard (1834)
    Napoléon Joseph Maret, duque de Bassano (1834)
    Étienne Mortier, duque de Treviso (1834-1835)
    Duque Achile de Broglie (1835-1836)
    Louis Adolphe Thiers (1836)
    Conde Louis Molé (1836-1839)
    Nicolas Soult (1839-1840)
    Louis Adolphe Thiers (1840)
    Nicolas Soult (1840-1847)
    François Guizot (1847-1848)
    Jacques-Charles Dupont de l'Eure (1848)

Segunda República

Jefes del Gobierno Provisional: Alphonse de Lamartine (1848)
  Louis Eugène Cavaignac (1848)
Presidente: Luis Napoleón Bonaparte (1848-1852)

Segundo Imperio

Napoleón III [Luis Napoleón Bonaparte] (1852-1870)

Tercera República

Presidente del Gobierno Provisional: L. J. Trochu (1870-1871)
Jefe del Poder Ejecutivo: Louis Adolphe Thiers (1871)
Presidentes de la República:
Louis Adolphe Thiers (1871-1873)
  Primer ministro: Jules Dufaure (1871-1873)
Maurice Mac-Mahon (1873-1879)
  Primeros ministros: Duque Albert de Broglie (1873-1874)
    Ernest Louis Courtot de Cissey (1874-1875)
    Louis Buffet (1875-1876)
    Jules Dufaure (1876)
    Jules Simon (1876-1877)
    Duque Albert de Broglie (1877)
    Gaetan de Grimaudet de Rochebouët (1877)
    Jules Dufaure (1877-1879)
Jules Grévy (1879-1887)
  Primeros ministros: William H. Waddington (1879)
    Louis de Freycinet (1879-1880)
    Jules Ferry (1880-1881)
    Léon Gambetta (1881-1882)
    Louis de Freycinet (1882)
    Eugène Duclerc (1882-1883)
    Armand Fallières (1883)
    Jules Ferry (1883-1885)
    Henri Brisson (1885-1886)
    Louis de Freycinet (1886)
    René Goblet (1886-1887)
François Marie Sadi Carnot (1887-1894)
  Primeros ministros: Maurice Rouvier (1887)
    Pierre Tirard (1887-1888)
    Charles Floquet (1888-1889)
    Pierre Tirard (1889-1890)
    Louis de Freycinet (1890-1892)
    Émile Loubet (1892)
    Alexandre Ribot (1892-1893)
    Charles Dupuy (1893)
    Jean-Pierre-Paul Casimir-Périer (1893-1894)
    Charles Dupuy (1894)
Jean-Pierre-Paul Casimir-Périer (1894-1895)
  Primer ministro: Charles Dupuy (1894-1895)
Félix Faure (1895-1899)
  Primeros ministros: Alexandre Ribot (1895)
    Léon Bourgeois (1895-1896)
    Jules Méline (1896-1898)
    Henri Brisson (1898)
    Charles Dupuy (1898-1899)
Émile Loubet (1899-1906)
  Primeros ministros: Pierre Waldeck-Rousseau (1899-1902)
    Émile Combes (1902-1905)
    Maurice Rouvier (1905-1906)
Armand Fallières (1906-1913)
  Primeros ministros: Jean Sarrien (1906)
    Georges Clemenceau (1906-1909)
    Aristide Briand (1909-1911)
    Ernest Monis (1911)
    Joseph Caillaux (1911-1912)
    Raymond Poincaré (1912-1913)
Raymond Poincaré (1913-1920)
  Primeros ministros: Aristide Briand (1913)
    Jean-Louis Barthou (1913)
    Gaston Doumergue (1913-1914)
    Alexandre Ribot (1914)
    René Viviani (1914-1915)
    Aristide Briand (1915-1917)
    Alexandre Ribot (1917)
    Paul Painlevé (1917)
    Georges Clemenceau (1917-1920)
Paul Deschanel (1920)
  Primer ministro: Alexandre Millerand (1920)

Alexandre Millerand (1920-1924)
  Primeros ministros: Georges Leygues (1920-1921)
    Aristide Briand (1921-1922)
    Raymond Poincaré (1922-1924)
    Frédéric François-Marsal (1924)
Gaston Doumergue (1924-1931)
  Primeros ministros: Édouard Herriot (1924-1925)
    Paul Painlevé (1925)
    Aristide Briand (1925-1926)
    Édouard Herriot (1926)
    Raymond Poincaré (1926-1929)
    Aristide Briand (1929)
    André Tardieu (1929-1930)
    Camille Chautemps (1930)
    André Tardieu (1930)
    Théodore Steeg (1930-1931)
Paul Doumer (1931-1932)
  Primeros ministros: Pierre Laval (1931-1932)
    André Tardieu (1932)
Albert Lebrun (1932-1940)
  Primeros ministros: Édouard Herriot (1932)
    Joseph-Paul Boncour (1932-1933)
    Édouard Daladier (1933)
    Albert Sarrault (1933)
    Camille Chautemps (1933-1934)
    Édouard Daladier (1934)
    Gaston Doumergue (1934)
    Pierre-Étienne flandin (1934-1935)
    Fernand Bouisson (1935)
    Pierre Laval (1935-1936)
    Albert Sarrault (1936)
    Léon Blum (1936-1937)
    Camille Chautemps (1937-1938)
    Léon Blum (1938)
    Édouard Daladier (1938-1940)
    Paul Reynaud (1940)

Jefe del Estado Francés (Gobierno de Vichy)

Philippe Pétain (1940-1944)

Presidentes del Gobierno Provisional

Charles de Gaulle (1944-1946)
Felix Gouin (1946)
Georges Bidault (1946)
Léon Blum (1946-1947)

Presidentes de la Cuarta República

Vincent Auriol (1947-1953)
  Primeros ministros: Paul Ramadier (1947)
    Robert Schuman (1947-1948)
    André Marie (1948)
    Robert Schuman (1948)
    Henri Queuille (1948-1949)
    George Bidault (1949-1950)
    Henri Queuille (1950)
    René Pleven (1950-1951)
    Henri Queuille (1951)
    René Pleven (1951-1952)
    Edgar Faure (1952)
    Antoine Pinay (1952-1953)
    René Mayer (1953)
René Coty (1953-1958)
  Primeros ministros: Joseph Laniel (1953-1954)
    Pierre Mendès-France (1954-1955)
    Edgar Faure (1955-1956)
    Guy Alcide Mollet (1956-1957)
    Maurice Bourgès-Maunory (1957)
    Félix Gaillard (1957-1958)
    Pierre Pflimin (1958)
    Charles De Gaulle (1958)

Presidentes de la Quinta República

Charles De Gaulle (1958-1969)
  Primeros ministros: Michel Debré (1959-1962)
    Georges Pompidou (1962-1968)
    Maurice Couve de Murville (1968-1969)
Georges Pompidou (1969-1974)
  Primeros ministros: Jacques Chaban Delmas (1969-1972)
    Pierre Mesmer (1972-1974)
Valéry Giscard d'Estaing (1974-1981)
  Primeros ministros: Jacques Chirac (1974-1976)
    Raymond Barre (1976-1981)
François Mitterrand (1981-1995)
  Primeros ministros: Pierre Mauroy (1981-1984)
    Laurent Fabius (1984-1986)
    Jacques Chirac (1986-1988)
    Michel Rocard (1988-1991)
    Édith Cresson (1991-1992)
    Pierre Bérégovoy (1992-1993)
    Édouard Balladur (1993-1995)
Jacques Chirac (1995-)
  Primeros ministros: Alain Juppé (1995-1997)
    Lionel Jospin (1997-)

10. *Gran Bretaña*

Reyes de Inglaterra

Reyes anglosajones:

Egberto (827-839)
Etelvulfo (839-858)
Etelbaldo (858-860)
Etelberto (860-866)

Etelredo (866-871)
Alfredo, *el Grande* (871-899)
Eduardo I, *el Viejo* (899-924)
Atelstano (924-940)
Edmundo I (940-946)
Edredo (946-955)
Edwig (955-958)
Edgardo, *el Pacífico* (958-975)
Eduardo II, *el Mártir* (975-978)
Etelredo II (978-1013 y 1014-1016)
Edmundo II, *Lado de Hierro* (1016)

Reyes daneses:

Canuto I, *el Grande* (1016-1035)
Canuto II Ardicanuto (1035-1037), *primera vez, bajo regencia de* Haroldo I, *Pie de Liebre* (1035-1037)
Haroldo I, *Pie de Liebre* (1037-1040)
Canuto II Ardicanuto (1040-1042), *segunda vez*

Reyes anglosajones:

Eduardo III, *el Confesor* (1042-1066)
Haroldo II (1066)

Dinastía Normanda:

Guillermo I, *el Conquistador* (1066-1087)
Guillermo II, *el Rojo* (1087-1100)
Enrique I (1100-1135)

Casa de Blois:

Esteban (1135-1154)

Casa de Plantagenet:

Enrique II (1154-1189)
Ricardo I, *Corazón de León* (1189-1199)
Juan *sin Tierra* (1199-1216)
Enrique III (1216-1272)
Eduardo I (1272-1307)
Eduardo II (1307-1327)
Eduardo III (1327-1377), *bajo regencia de* Isabel de Francia (1327-1330)
Ricardo II (1377-1399), *bajo regencia de* Juan de Gante (1377-1386)

Casa de Lancaster:

Enrique IV (1399-1413)
Enrique V (1413-1422)
Enrique VI (1422-1461), *primera vez, bajo regencia de* Humphrey, duque de Gloucester (1422-1447)

Casa de York:

Eduardo IV (1461-1470), *primera vez*

Casa de Lancaster:

Enrique VI (1470-1471), *segunda vez*

Casa de York:

Eduardo IV (1471-1483), *segunda vez*
Eduardo V (1483), *bajo regencia de* Ricardo, duque de Gloucester [futuro Ricardo III] (1483)
Ricardo III (1483-1485)

Dinastía Tudor:

Enrique VII (1485-1509)
Enrique VIII (1509-1547)
Eduardo VI (1547-1553)
María I (1553-1558)
Isabel I (1558-1603)

Reyes de Escocia

Casa de Alpin:

Kenneth Mac Alpin (844-854)
Donald I (854-862)
Constantino I (862-876)
Aodh (876-878)
Gregorio, *el Grande* (878-889)
Donald II (889-900)
Constantino II (900-943)
Malcom I (943-954)
Indulf (954-962)
Duff (962-967)
Colin (967-971)
Kenneth II (971-995)
Constantino III (995-997)
Kenneth III (997-1005)
Malcom II (1005-1034)
Duncan I (1034-1040)
Macbeth (1040-1057)
Lulach (1057-1058)
Malcom III (1058-1093)
Donald III *Bane* (1093-1094), *primera vez*

Casa de Canmore:

Duncan II (1094)

Casa de Alpin:

Donald III *Bane* (1094-1097), *segunda vez*

Casa de Canmore:

Edgardo (1097-1107)
Alejandro I (1107-1124)
David I (1124-1153)
Malcom IV, *la Doncella* (1153-1165)
Guillermo, *el León* (1165-1214)
Alejandro II (1214-1249)
Alejandro III (1249-1286)
Margarita de Noruega (1286-1290)
Interregno (1290-1292)

Casa de Baliol:

Juan (1292-1296)

Sometimiento a Inglaterra:

Eduardo I (1296-1306)

Casa de Bruce:

Roberto I (1306-1329)
David II (1329-1332), *primera vez*

Casa de Baliol:

Eduardo (1332-1342)

Casa de Bruce:

David II (1342-1371), *segunda vez*

Casa de Estuardo:

Roberto II (1371-1390), *bajo regencia de*
    Roberto, duque de Albany (1388-1390)
Roberto III (1390-1406), *bajo regencia de*
    Roberto, duque de Albany (1390-1406)
Jacobo I (1406-1437), *bajo regencia de*
    Roberto, duque de Albany (1406-1420)
    Murdoch, duque de Albany (1420-1424)
Jacobo II (1437-1460)
Jacobo III (1460-1488)
Jacobo IV (1488-1513)
Jacobo V (1513-1542)
María I (1542-1567), *bajo regencia de*
    María de Guisa o de Lorena (1542-1560)
Jacobo VI (1567-1625), *bajo regencia de*
    conde de Murray (1567-1570)
    conde de Lenox (1570-1571)
    conde Marr (1571-1572)
    Jacobo Douglas, conde de Morton (1572-1578)

Reyes de Inglaterra y Escocia

Dinastía Estuardo:

Jacobo VI de Escocia (1567-1625) y I de Inglaterra (1603-1625)
Carlos I (1625-1649)

Commonwealth (República)

Oliver Cromwell (1649-1653), presidente del Consejo de Estado
Oliver Cromwell (1653-1658), *Lord Protector*
Richard Cromwell (1658-1660), *Lord Protector*

Reyes de Inglaterra y Escocia

Dinastía Estuardo:

Carlos II (1660-1685)
Jacobo II (1685-1688)
María II (1688-1694), *con su esposo*
    Guillermo III de Orange (1689-1702)
Ana I (1702-1714)
    [unificación de las Coronas inglesa y escocesa en 1707]

Monarcas del Reino Unido de Gran Bretaña

Casa de Hannover:

Jorge I (1714-1727)
    Primer ministro: Robert Walpole, conde de Orford (1721-1727)
Jorge II (1727-1760)
    Primeros ministros: Robert Walpole, conde de Orford (1727-1742)
    Spencer Compton, conde de Wilmington (1742-1743)
    Henry Pelham (1743-1754)
    Thomas Pelham, duque de Newcastle (1754-1756)
    William Cavendish, duque de Devonshire (1756-1757)
    Thomas Pelham, duque de Newcastle (1757-1760)
Jorge III (1760-1820), *bajo la regencia de*
Jorge IV (1811-1820)
    Primeros ministros: Thomas Pelham, duque de Newcastle (1760-1762)
    John Stuart, conde de Bute (1762-1763)
    George Granville (1763-1765)
    Charles Watson Wentworth, marqués de Rockingham (1765-1766)
    William Pitt, *el Viejo*, conde de Chatham (1766-1767)
    Augustus Henry Fitzroy, duque de Grafton (1767-1770)
    Lord Frederick North (1770-1782)
    Charles Watson Wentworth, marqués de Rockingham (1782)
    William Petty, conde de Shelburne (1782-1783)
    William Henry Cavendish, duque de Portland (1783)

LISTAS

William Pitt, *el Joven* (1783-1801)
Henry Addington, vizconde Sidmouth (1801-1804)
William Pitt, *el Joven* (1804-1806)
Barón William Wyndham Grenville (1806-1807)
William Henry Cavendish, duque de Portland (1807-1809)
Spencer Perceval (1809-1812)
Robert Banks Jenkinson, conde de Liverpool (1812-1820)
[unión de Irlanda con la Corona británica en 1800]

Monarcas del Reino Unido de Gran Bretaña e Irlanda

Casa de Hannover:

Jorge IV (1820-1830)
   Primeros ministros: Robert Banks Jenkinson, conde de Liverpool (1820-1827)
   George Canning (1827)
   Frederick John Robinson, conde de Ripon (1827-1828)
   Arthur Wellesley, duque de Wellington (1828-1830)
Guillermo IV (1830-1837)
   Primeros ministros: Conde Charles Grey (1830-1834)
   William Lamb, vizconde Melbourne (1834)
   Robert Peel (1834-1835)
   William Lamb, vizconde Melbourne (1835-1837)
Victoria I (1837-1901)
   Primeros ministros: William Lamb, vizconde Melbourne (1837-1841)
   Robert Peel (1841-1846)
   Lord John Russell (1846-1852)
   Edward Geoffrey Smith Stanley, conde de Derby (1852)
   George Hamilton-Gordon, conde de Aberdeen (1852-1855)
   Henry John Temple, vizconde Palmerston (1855-1858)
   Edward Geoffrey Smith Stanley, conde de Derby (1858-1859)
   Henry John Temple, vizconde Palmerston (1859-1865)
   Lord John Russell (1865-1866)
   Edward Geoffrey Smith Stanley, conde de Derby (1866-1867)
   Benjamin Disraeli, conde de Beaconsfield (1867-1868)
   William Ewart Gladstone (1868-1874)
   Benjamin Disraeli, conde de Beaconsfield (1874-1880)
   William Ewart Gladstone (1880-1885)
   Robert Gascoyne Cecil, marqués de Salisbury (1885-1886)
   William Ewart Gladstone (1886)
   Robert Gascoyne Cecil, marqués de Salisbury (1886-1892)
   William Ewart Gladstone (1892-1894)
   Archibald Philip Primrose, conde de Rosebery (1894-1895)
   Robert Gascoyne Cecil, marqués de Salisbury (1895-1901)

Casa de Sajonia-Coburgo-Gotha:

Eduardo VII (1901-1910)
   Primeros ministros: Robert Gascoyne Cecil, marqués de Salisbury (1901-1902)
   Conde Arthur James Balfour (1902-1905)
   Henry Campbell-Bannerman (1905-1908)
   Herbert Henry Asquith, conde de Oxford (1908-1910)
Jorge V (1910-1936)
   Primeros ministros: Herbert Henry Asquith, conde de Oxford (1910-1916)
   David Lloyd George (1916-1922)
   Andrew Bonnar Law (1922-1923)
   Stanley Baldwin, conde de Baldwin de Bewdley (1923-1924)
   James Ramsay MacDonald (1924)
   Stanley Baldwin, conde de Baldwin de Bewdley (1924-1929)
   James Ramsay MacDonald (1929-1935)
   Stanley Baldwin, conde de Baldwin de Bewdley (1935-1936)
[cambio de nombre oficial en 1917: Casa de Windsor]
[independencia de Irlanda en 1922]

Monarcas del Reino Unido de Gran Bretaña e Irlanda del Norte

Casa de Windsor:

Eduardo VIII (1936)
   Primer ministro: Stanley Baldwin, conde de Baldwin de Bewdley (1936)
Jorge VI (1936-1952)
   Primeros ministros: Stanley Baldwin, conde de Baldwin de Bewdley (1936-1937)
   Arthur Neville Chamberlain (1937-1940)
   Winston Leonard Spencer Churchill (1940-1945)
   Clement Richard Attlee (1945-1951)
   Winston Leonard Spencer Churchill (1951-1952)

Isabel II (1952-)
  Primeros ministros: Winston Leonard Spencer Churchill (1952-1955)
  Anthony Eden, conde de Avon (1955-1957)
  Maurice Harold MacMillan, conde de Stockton (1957-1963)
  Alexander Frederick Douglas-Home, barón Home of the Hirsel (1963-1964)
  Harold Wilson (1964-1970)
  Edward Heath (1970-1974)
  Harold Wilson (1974-1976)
  James Callaghan (1976-1979)
  Margaret Thatcher (1979-1990)
  John Major (1990-1997)
  Tony Blair (1997-)

11. *Alemania*

Electores de Brandenburgo

Casa de Hohenzollern:

Federico I (1411-1440)
Federico II (1440-1471)
Alberto III (1471-1486)
Juan Cicero (1486-1499)
Joaquín I (1499-1535)
Joaquín II (1535-1571)
Juan Jorge (1571-1598)
Joaquín Federico (1598-1608)
Juan Segismundo (1608-1620)
Jorge Guillermo (1620-1640)
Federico Guillermo, *el Gran Elector* (1640-1688)
Federico III de Brandenburgo y I de Prusia (1688-1713) [coronado como rey de Prusia en 1701]

Reyes de Prusia

Federico Guillermo I, *el Rey Sargento* (1713-1740)
Federico II, *el Grande* (1740-1786)
Federico Guillermo II (1786-1797)
Federico Guillermo III (1797-1840)
Federico Guillermo IV (1840-1861), *bajo regencia de*
Guillermo I (1858-1861)
Guillermo I (1861-1888)
  [coronado como emperador de Alemania en 1871]
  Canciller: Otto von Bismarck (1862-1888)

Emperadores de Alemania

Federico III (1888)
  Canciller: Otto von Bismarck (1888)
Guillermo II (1888-1918)
  Cancilleres: Otto von Bismarck (1888-1890)
  Conde Georg Leo von Caprivi (1890-1894)
  Príncipe Chlodwic von Hohenlohe-Schillingsfürst (1894-1900)
  Príncipe Bernad Heinrich von Bülow (1900-1909)
  Theobald von Bethman-Hollweg (1909-1917)
  George Michaelis (1917)
  Georg von Hertling (1917-1918)
  Príncipe Max de Baden (1918)

República de Weimar

Canciller: Friedrich Ebert (1918)
Presidentes:
Friedrich Ebert (1919-1925)
  Cancilleres: Philip Scheidemann (1919-1920)
  Hermann Müller (1920)
  Konstantin Fehrenbach (1920-1921)
  Karl Joseph Wirth (1921-1922)
  Wilhelm Cuno (1922-1923)
  Gustav Stresemann (1923)
  Wilhelm Marx (1923-1925)
  Hans Luther (1925)
Paul von Beneckendorff und von Hindenburg (1925-1934)
  Cancilleres: Hans Luther (1926)
  Wilhelm Marx (1926-1928)
  Hermann Müller (1928-1929)
  Heinrich Brüning (1929-1932)
  Franz von Papen (1932-1933)
  Adolf Hitler (1933-1934)

Tercer Reich (Imperio)

Führer: Adolf Hitler (1934-1945)

República Democrática Alemana

Presidente: Wilhelm Pieck (1949-1960)
  Presidentes del Consejo de Estado: Walter Ulbricht (1960-1973)
  Willi Stoph (1973-1976)
  Erich Honecker (1976-1989)
  Egon Krenz (1989)
  Gregory Gysi (1989-1990), *secretario general*

República Federal Alemana

Presidentes:
Theodor Heuss (1949-1959)
  Canciller: Konrad Adenauer (1949-1959)
Heinrich Lübke (1959-1969)
  Cancilleres: Konrad Adenauer (1959-1963)
  Ludwig Erhard (1963-1966)
  Kurt Georg Kiesinger (1966-1969)

Gustav Heinemann (1969-1974)
  Canciller: Willy Brandt (1969-1974)
Walter Scheel (1974-1979)
  Canciller: Helmut Schmidt (1974-1979)
Karl Carstens (1979-1984)
  Cancilleres: Helmut Schmidt (1979-1982)
    Helmut Kohl (1982-1984)
Richard von Weizsäcker (1984-)
  Canciller: Helmut Kohl (1984-)
[reunificación de Alemania, en 1990]

12. *Austria*

Margraves de Austria

Casa de Babenburg:

Leopoldo I, *el Ilustre* (976-994)
Enrique I (994-1018)
Adalberto, *el Victorioso* (1018-1055)
Ernesto, *el Valiente* (1055-1075)
Leopoldo II, *el Hermoso* (1075-1096)
Leopoldo III, *el Santo* (1096-1136)
Leopoldo IV, *el Liberal* (1136-1141)
Enrique II *Jasomirgott* (1141-1177) [nombrado duque desde 1156]

Duques de Austria

Leopoldo V, *el Virtuoso* (1177-1194)
Federico I, *el Católico* (1194-1198)
Leopoldo VI, *el Glorioso* (1198-1230)
Federico II (1230-1246)
Gobierno de Otón, conde de Eberstein (1246-1248)
Gobierno de Hermann VI de Baden (1248-1250)
Federico de Baden (1250-1251)
Premislao Ottokar II de Bohemia (1251-1276)

Casa de Habsburgo:

Alberto I (1282-1308), *asociado con*
  Rodolfo II (1289-1290)
  Rodolfo III (1298-1307)
Federico I, *el Hermoso* (1308-1330), *asociado con*
  Leopoldo I, *el Glorioso* (1308-1326)
  Enrique, *el Plácido* (1308-1327)
Alberto II, *el Sabio* (1330-1358)
  Otón, *el Audaz* (1330-1339)
  Federico II (1339-1344)
Rodolfo IV, *el Ingenioso* (1358-1365)
Alberto III (1365-1395), *asociado con*
  Leopoldo III (1379-1386)
Alberto IV (1395-1404)
Alberto V de Austria y II de Alemania (1404-1439)
  [la dignidad imperial queda vinculada a la Casa de Habsburgo] Federico V de Austria y III de Alemania (1439-1444), *primera vez*
Ladislao *Póstumo* (1440-1457)
Segismundo (1446-1490)
  [Ladislao y Segismundo asumen el título de archiduques en 1453]
Alberto VI, *el Pródigo* (1444-1446), *primera vez*

Archiduques de Austria

Alberto VI, *el Pródigo* (1457-1463), *segunda vez*
Federico V de Austria y III de Alemania (1463-1493), *segunda vez*
Maximiliano I (1493-1519)
Carlos I de Austria y V de Alemania (1519-1521)
Fernando I (1521-1564)
Maximiliano II (1564-1576)
Rodolfo II (1576-1608)
Matías (1608-1617)
Fernando II (1619-1637)
Fernando III (1637-1657)
Leopoldo I (1657-1705)
José I (1705-1711)
Carlos II de Austria y VI de Alemania (1711-1740)
María Teresa (1740-1780)

Casa de Habsburgo-Lorena:

José II (1765-1790)
Leopoldo II de Austria y I de Alemania (1790-1792)
Francisco I de Austria y II de Alemania (1792-1835) [pasa a titularse emperador de Austria en 1804; deja de ser emperador alemán al desaparecer el Sacro Imperio Romano Germánico en 1806]

Emperadores de Austria

Fernando I (1835-1848)
Francisco José (1848-1916)
[en 1867 crea la Monarquía dual Austro-Húngara]

Emperadores de Austria-Hungría

Carlos I (1916-1918)

Presidentes de la República de Austria

Karl Sätz (1918-1920)
Michael Hainisch (1920-1928)
Wilhelm Miklas (1928-1938)
Anexión al Tercer Reich alemán (1938-1945)
Karl Renner (1945-1950)
Theodor Körner (1950-1957)
Adolf Schärf (1957-1965)
Franz Jonas (1965-1974)
Rudolf Kirchsläger (1974-1986)

Kurt Waldheim (1986-1992)
Thomas Klestil (1992-)

13. Italia

Condes de Saboya

Humberto I *Blancamano* (1003-1056)
Amadeo I (1056-1057)
Otón (1057-1060)
Amadeo II (1060-1080), *asociado con*
 Pedro I (1060-1078), *bajo regencia de*
 Adelaida (1060-1080)
Humberto II (1080-1103), *bajo regencia de*
 Adelaida (1080-1091)
Amadeo III (1103-1148)
Humberto III, *el Santo* (1148-1188)
Tomás I (1188-1232), *bajo regencia de*
 Bonifacio de Monferrato (1188-1191)
Amadeo IV (1232-1253)
Bonifacio, *el Orlando* (1253-1263)
Pedro II (1263-1268)
Felipe I (1268-1285)
Amadeo V, *el Grande* (1285-1323)
Eduardo, *el Liberal* (1323-1329)
Aimone, *el Pacífico* (1329-1343)
Amadeo VI, *el Conde Verde* (1343-1383), *bajo regencia de*
 Ludovico de Saboya (1343-1348)
Amadeo VII, *el Conde Rojo* (1383-1391)
Amadeo VIII, *el Pacífico* (1391-1434), *bajo regencia de*
 Bona de Borbón, Otón de Villars e Ibleto de Chalans (1391-1398)
 [nombrado duque de Saboya en 1416 y del Piamonte en 1418]

Duques de Saboya

Ludovico (1434-1465)
Amadeo IX, *el Beato* (1465-1472), *bajo regencia de*
 Yolanda de Francia (1469-1472)
Filiberto I (1472-1482), *bajo regencia de*
 Yolanda de Francia (1472-1474)
Carlos I, *el Guerrero* (1482-1490), *bajo regencia de*
 Luis XI de Francia (1482-1483)
Carlos II (1490-1496), *bajo regencia de*
 Blanca de Monferrato (1490-1496)
Felipe II *Sin Tierra* (1496-1497)
Filiberto II, *el Hermoso* (1497-1504)
Carlos III, *el bueno* (1504-1536)
Ocupación francesa (1536-1559)
Manuel Filiberto, *Cabeza de Hierro* (1559-1580)

Carlos Manuel I, *el Grande* (1580-1630)
Víctor Amadeo I (1630-1637)
Francisco Jacinto (1637-1638), *bajo regencia de*
 Cristina de Francia (1637-1638)
Carlos Manuel II, *el Adriano del Piamonte* (1638-1675), *bajo regencia de*
 Cristina de Francia (1638-1648)
Víctor Amadeo II (1675-1730), *bajo regencia de*
 María Juana de Saboya-Nemours (1675-1680)
 [se titula rey de Cerdeña en 1720]

Reyes de Piamonte-Cerdeña

Carlos Manuel III (1730-1773)
Víctor Amadeo III (1773-1796)
Carlos Manuel IV (1796-1798); sólo en Cerdeña, hasta 1802
Anexión francesa de Saboya y Piamonte (1798-1799)
Ocupación austro-rusa (1799-1800)
Anexión francesa (1800-1814)
Víctor Manuel I (sólo en Cerdeña, 1802-1821; también en Saboya y Piamonte en 1814-1821)
Carlos Félix (1821-1831), *bajo regencia de*
 Carlos Alberto (1821)
 Gobierno del General de la Tour (1821)
Carlos Alberto (1831-1849)
Víctor Manuel II (1849-1861)
 [realizada la unificación, es coronado rey de Italia en 1861]

Reyes de Italia

Víctor Manuel II (1861-1878)
 Presidentes del Consejo de Ministros: Camilo Benso, conde de Cavour (1861)
 Barón Bettino Ricasoli (1861-1862)
 Urbano Rattazzi (1862)
 Luigi Carlo Farini (1862-1863)
 Marco Minghetti (1863-1864)
 Alfonso Ferrero, marqués de la Marmora (1864-1866)
 Barón Bettino Ricasoli (1866-1867)
 Urbano Rattazzi (1867)
 Luigi Federico Menabrea (1867-1869)
 Giovanni Lanza (1869-1873)
 Marco Minghetti (1873-1876)
 Agostino Depretis (1876-1878)
Humberto I (1878-1900)
 Presidentes del Consejo de Ministros: Benedetto Cairoli (1878)
 Agostino Depretis (1878-1879)
 Benedetto Cairoli (1879-1881)
 Agostino Depretis (1881-1887)
 Francesco Crispi (1887-1891)
 Antonio di Rudini (1891-1892)
 Giovanni Giolitti (1892-1893)

Francesco Crispi (1893-1896)
Antonio di Rudini (1896-1898)
Luigi Pelloux (1898-1900)
Víctor Manuel III (1900-1946)
Presidentes del Consejo de Ministros: Giuseppe Saracco (1900-1901)
Giuseppe Zanardelli (1901-1903)
Giovanni Giolitti (1903-1905)
Alessandro Fortis (1905-1906)
Barón Sidney Sonnino (1906)
Giovanni Giolitti (1906-1909)
Barón Sidney Sonnino (1909-1910)
Luigi Luzzatti (1910-1911)
Giovanni Giolitti (1911-1914)
Antonio Salandra (1914-1916)
Paolo Boselli (1916-1917)
Vittorio Emmanuele Orlando (1917-1919)
Francesco Saverio Nitti (1919-1920)
Giovanni Giolitti (1920-1921)
Ivanoe Bonomi (1921-1922)
Luigi Facta (1922)
Benito Mussolini *(Presidente del consejo de Ministros,* 1922-1925; *Duce,* 1925-1943)
Pietro Badoglio (1943-1944)
Ivanoe Bonomi (1944-1945)
Ferrucio Parri (1945)
Alcide De Gasperi (1945-1946)
Humberto II (1946)
Presidente del Consejo de Ministros: Alcide De Gasperi (1946)

Presidentes de la República Italiana

Enrico de Nicola (1946-1948)
Presidente del Consejo de Ministros: Alcide De Gasperi (1946-1948)
Luigi Einaudi (1948-1955)
Presidentes del Consejo de Ministros: Alcide De Gasperi (1948-1953)
Giuseppe Pella (1953-1954)
Amintore Fanfani (1954)
Mario Scelba (1954-1955)
Giovanni Gronchi (1955-1962)
Presidentes del Consejo de Ministros: Antonio Segni (1955-1957)
Adone Zoli (1957-1958)
Amintore Fanfani (1958-1959)
Antonio Segni (1959-1960)
Fernando Tambroni (1960)
Amintore Fanfani (1960-1962)
Antonio Segni (1962-1964)
Presidentes del Consejo de Ministros: Amintore Fanfani (1962-1963)
Giovanni Leone (1963)
Aldo Moro (1963-1964)

Giuseppe Saragat (1964-1971)
Presidentes del Consejo de Ministros: Aldo Moro (1964-1968)
Giovanni Leone (1968)
Mario Rumor (1968-1970)
Emilio Colombo (1970-1971)
Giovanni Leone (1971-1978)
Presidentes del Consejo de Ministros: Emilio Colombo (1971-1972)
Giulio Andreotti (1972-1974)
Aldo Moro (1974-1976)
Giulio Andreotti (1976-1978)
Alessandro Pertini (1978-1985)
Presidentes del Consejo de Ministros: Giulio Andreotti (1978-1979)
Francesco Cossiga (1979-1980)
Arnaldo Forlani (1980-1981)
Giovanni Spadolini (1981-1982)
Amintore Fanfani (1982-1983)
Bettino Craxi (1983-1985)
Francesco Cossiga (1985-1992)
Presidentes del Consejo de Ministros: Bettino Craxi (1985-1987)
Amintore Fanfani (1987)
Giovanni Goria (1987-1988)
Ciriaco de Mita (1988-1989)
Giulio Andreotti (1989-1992)
Oscar Luigi Scalfaro (1992-)
Presidentes del Consejo de Ministros: Giuliano Amato (1992-1993)
Carlo Azeglio Ciampi (1993-1994)
Silvio Berlusconi (1994-1995)
Lamberto Dini (1995-1996)
Romano Prodi (1996-)

14. *Portugal*

Condes de Portugal

Casa de Borgoña:

Enrique I (1094-1111)
Alfonso I Enríquez, *el Conquistador* (1111-1185) [se proclama rey en 1139]

Reyes de Portugal

Sancho I (1185-1211)
Alfonso II, *el Gordo* (1211-1223)
Sancho II (1223-1248), *bajo regencia de* Alfonso III, *el Restaurador* (1245-1248)
Alfonso III, *el Restaurador* (1248-1279)
Dionisio o Diniz, *el Justo* o *el Laborioso* (1279-1325)
Alfonso IV, *el Bravo* (1325-1357)

Pedro I, *el Severo* (1357-1367)
Fernando I, *el Hermoso* (1367-1383)

Casa de Avís:

Juan I (regente 1383-1385, rey 1385-1433)
Eduardo o Duarte I (1433-1438)
Alfonso V, *el Africano* (1438-1481), *bajo regencia de*
 Leonor de Aragón (1438-1439)
 Pedro de Portugal (1439-1449)
Juan II, *el Perfecto* (1481-1495)
Manuel I, *el Afortunado* (1495-1521)
Juan III, *el Piadoso* (1521-1557)
Sebastián (1557-1578), *bajo regencia de*
 Catalina de Austria (1557-1562)
 Enrique II, *el Cardenal* (1562-1568, 1574 y 1578)
Enrique II, *el Cardenal* (1578-1580)
Antonio, Prior de Crato (1580)

Casa de Austria (incorporación a la Monarquía Hispana):

Felipe II de España y I de Portugal (1580-1598)
Felipe III de España y II de Portugal (1598-1621)
Felipe IV de España y III de Portugal (1621-1641)

Casa de Braganza:

Juan IV (1641-1656)
Alfonso VI (1656-1683), *bajo regencia de*
 María Luisa de Guzmán (1656-1667)
 Pedro II (1667-1683)
Pedro II (1683-1706)
Juan V (1706-1750)
José I (1750-1777)
María I (1777-1807), *primera vez, con su esposo*
 Pedro III (1777-1786); *bajo regencia de*
 Juan VI (1792-1807)
Ocupación francesa (1807-1813)
María I (1807-1816), *segunda vez, bajo regencia de*
 Juan VI (1807-1816)
Juan VI (emperador del Brasil 1807-1826, rey de Portugal 1816-1826)
Pedro IV (emperador del Brasil, 1822-1831)
María II da Gloria (reina de Portugal, 1826-1828), *primera vez, bajo regencia de*
 Miguel I (1826-1828)
Miguel I (1828-1834)
María II da Gloria (1834-1853), *segunda vez*

Casa de Coburgo-Braganza:

Pedro V (1853-1861), *bajo regencia de*
 Fernando de Sajonia-Coburgo-Gotha (1853-1855)

Luis I (1861-1889)
Carlos I (1889-1908)
Manuel II (1908-1910)

Primera República

Presidentes:
Teófilo Braga (1910-1911), *provisional*
Manuel José de Arriaga (1911-1915)
Theófilo Braga (1915)
Bernardino Machado (1915-1917)
Sidónio Pais (1917-1918)
João do Canto e Castro (1918-1919)
Antonio José de Almeida (1919-1923)
Manuel Texeira Gomes (1923-1935)
Bernardino Machado (1925-1926)
José Mendes Cabeçadas (1926), *presidente de la Junta Militar*
Manuel de Oliveira Gomes da Costa (1926), *presidente de la Junta Militar*
António Oscar Fragoso Carmona (dictador 1926-1928, presidente 1928-1933)

Estado Nuevo

Presidentes de la República:
António Oscar Fragoso Carmona (1933-1951)
Francisco Higino Craveiro Lopes (1951-1958)
Americo de Deus Tomás (1958-1974)

Presidentes del Consejo:
António de Oliveira Salazar (1932-1968)
Marcelo Caetano (1968-1974)

Segunda República

Presidentes:
Antonio de Spínola (1974)
Francisco da Costa Gomez (1974-1976)

Tercera República

Presidentes:
Antonio Ramalho Eanes (1976-1986)
Mario Soares (1986-1996)
Jorge Sampaio (1996-)

15. *Rusia*

Grandes Príncipes de Kiev

Rurik (862-879)
Igor I (879-945), *bajo regencia de*
 Oleg (879-912)
Sviatoslav (945-973), *bajo regencia de*
 Olga (945-968)

Listas

Yaropolk I (973-980)
Vladimir I, *el Santo* (980-1015)
Sviatopolk I (1015-1016), *primera vez*
Yaroslav I, *el Sabio* (1016-1017), *primera vez*
Sviatopolk I (1017-1019), *segunda vez*
Yaroslav I, *el Sabio* (1019-1054), *segunda vez*
Yziaslav I *Demetrio* (1054-1068), *primera vez*
Vseslav Bracilavitch (1068-1069)
Yziaslav I *Demetrio* (1069-1073), *segunda vez*
Sviatoslav II (1073-1076)
Vsevolod I Jaroslavitch (1076-1077), *primera vez*
Yziaslav I *Demetrio* (1077-1078), *tercera vez*
Vsevolod I Jaroslavitch (1078-1093), *segunda vez*
Sviatopolk II (1093-1113)
Vladimiro II *Monomaco* (1113-1125)
Mstislav I (1125-1132)
Yaropolk II (1132-1139)
Viaceslav (1139), *primera vez*
Vsevolod II Olgovitch (1139-1146)
Yziaslav II (1146-1149), *primera vez*
Yuri I Dolgoruki (1149-1150), *primera vez*
Yziaslav II (1150), *segunda vez, asociado con* Viaceslav (1150), *segunda vez*
Yuri I Dolgoruki (1150-1151), *segunda vez*
Yziaslav II (1151-1154), *tercera vez*
Rostislav (1154-1155), *primera vez*
Yziaslav III Davidovitch (1155-1156), *primera vez*
Yuri I Dolgoruki (1155-1157), *segunda vez*
Yziaslav III Davidovitch (1157-1158), *segunda vez*
Rostislav (1158-1167), *segunda vez*
Yziaslav III Davidovitch (1161), *tercera vez*
Mstislav II (1167-1170)

Grandes Príncipes de Vladimir

Andrei I Bogoliubski (1157-1174)
Yaropolk y Mstislav (1174-1175)
Miguel I (1175-1176)
Vsevolod III (1176-1212)
Yuri II (1212-1216), *primera vez*
Constantino, príncipe de Rostov (1216-1218)
Yuri II (1218-1238), *segunda vez*
Yaroslav II Teodoro (1238-1246)
Sviatoslav III (1246-1248), *primera vez*
Miguel (1248)
Sviatoslav III (1248-1249), *segunda vez*
Andrés II (1249-1252)
Alejandro I *Nevski* (1252-1263), *príncipe de Vladimir y Novgorod*
Yaroslav III (1264-1272)
Basilio Kostrona, gran príncipe de Moscú (1272-1277)
Demetrio I (1277-1294)
Andrés III (1294-1304)
Miguel II (1304-1319)
Yuri III Danilovitch (1319-1325)

Grandes Príncipes de Moscú

Casa de Rurik:

Daniel (1294-1303)
Yuri III Danilovitch (1303-1325)
Demetrio I (1325-1326)
Alejandro II, príncipe de Vladimir y Novgorod (1326-1328)
Iván I *Kalita* (1328-1340)
Simeón I, *el Orgulloso* (1340-1353)
Iván II Krasnyi (1353-1359)
Demetrio II (1359-1362)
Demetrio III Donskoi (1362-1389)
Basilio II (1389-1452)
Basilio III, *el Ciego* (1425-1462)
Iván III, *el Grande* (1462-1505)
Basilio IV (1505-1533)
Iván IV, *el Terrible* (1533-1584), *bajo regencia de* Elena (1533-1538)
[se corona como zar en 1547, con el nombre de Iván I]

Zares de todas las Rusias

Teodoro I (1584-1598), *bajo regencia de* Boris Godunov (1584-1598)
    Boris Godunov (1598-1605)
Teodoro II (1605)
Grichka Otrepeiev, *falso Dimitri I* (1605-1606)
Basilio Shuiski (1606-1610)
Bandido de Tuchino, falso Dimitri II (1608-1610)
Ladislao Vasa, rey de Polonia (1610-1612)

Dinastía Romanov:

Miguel III (1613-1645)
Alejo I (1645-1676)
Teodoro III (1676-1682)
Pedro I, *el Grande* (1682-1725), *con* Iván V (1682-1689), *bajo regencia de* Sofía (1682-1689)
[desde 1721 adopta el título de *zar de todas las Rusias*]
Catalina I (1725-1727)
Pedro II (1727-1730)
Ana Ivanovna (1730-1740)
Iván VI (1740-1741)
Isabel (1741-1761)
Pedro III (1761-1762)
Catalina II, *la Grande* (1762-1796)
Pablo I (1796-1801)
Alejandro I (1801-1825)
Nicolás I (1825-1855)

Alejandro II (1855-1881)
Alejandro III (1881-1894)
Nicolás II (1894-1917)

Gobierno Provisional de la República Rusa

Presidente: Alexander Kerenski (1917)

República Federativa Socialista Soviética Rusa

Presidente del Consejo de Comisarios del Pueblo: Vladimir Illich Ulianov, Lenin (1917-1924)
Presidentes de la República: Lev Kamenev (1917)
 Yakov Sverlov (1917-1919)
 Mijail Kalinin (1919-1924)
[en 1922 se funda la URSS]

Unión de Repúblicas Socialistas Soviéticas

Secretarios Generales del Partido Comunista:
Iosif Stalin (1922-1953)
 Presidentes de la URSS: Mijail Kalinin (1922-1946)
 Nikolai Shvernik (1946-1953)
 Presidentes del Consejo de Comisarios del Pueblo: Alexei Rykov (1924-1930)
 Viacheslav Scriabin, *Molotov* (1930-1931)
 Iosif Stalin (1931-1953)
Georgi Malenkov (1953)
 Presidente de la URSS: Klimenti Voroshilov (1953)
 Presidente del Consejo de Comisarios del Pueblo: Georgi Malenkov (1953)
Nikita Jruschov (1953-1964)
 Presidentes de la URSS: Klimenti Voroshilov (1953-1960)
 Leonid Brezhnev (1960-1964)
 Presidentes del Consejo de Ministros: Georgi Malenkov (1953-1955)
 Nikolai Bulganin (1955-1958)
 Nikita Jruschov (1958-1964)
Leonid Brezhnev (1964-1982)
 Presidentes de la URSS: Anastas Mikoyan (1964-1965)
 Nikolai Podgorny (1965-1977)
 Leonid Brezhnev (1977-1982)
 Presidentes del Consejo: Alexei Kosygin (1964-1980)
 Nikolai Tijonov (1980-1982)
Yuri Andropov (1982-1984)
 Presidentes de la URSS: Vasily Kuznetsov (1982-1983)
 Yuri Andropov (1983-1984)
 Presidente del Consejo: Nikolai Tijonov (1982-1984)
Konstantin Chernenko (1984-1985)
 Presidentes de la URSS: Vasily Kuznetsov (1984)
 Konstantin Chernenko (1984-1985)
 Presidente del Consejo: Nikolai Tijonov (1984-1985)
Mijail Gorbachov (1985-1991)
 Presidentes de la URSS: Vasily Kuznetsov (1985)
 Andrei Gromyko (1985-1988)
 Mijail Gorbachov (1988-1991)
 Presidentes del Consejo: Nikolai Ryzhkov (1985-1990)
 Yuri Maslyukov (1990-1991)
 Valentin Pavlov (1991)

Presidente de la Federación Rusa

Boris Yeltsin (1991-)

III. PRESIDENTES AMERICANOS

16. *Estados Unidos de América*

I - George Washington (1789-1797)
II - John Adams (1797-1801), *federalista*
III - Thomas Jefferson (1801-1809), *republicano (demócrata)*
IV - James Madison (1809-1817), *republicano (demócrata)*
V - James Monroe (1817-1825), *republicano (demócrata)*
VI - John Quincy Adams (1825-1829), *republicano (demócrata)*
VII - Andrew Jackson (1829-1837), *demócrata*
VIII - Martin Van Buren (1837-1841), *demócrata*
IX - William H. Harrison (1841), *whig*
X - John Tyler (1841-1845), *whig*
XI - James Knox Polk (1845-1849), *demócrata*
XII - Zachary Taylor (1849-1850), *whig*
XIII - Millard Fillmore (1850-1853), *whig*
XIV - Franklin Pierce (1853-1857), *demócrata*
XV - James Buchanan (1857-1861), *demócrata*
XVI - Abraham Lincoln (1861-1865), *republicano*
XVII - Andrew Johnson (1865-1869), *Unión Nacional*
XVIII - Ulysses S. Grant (1869-1877), *republicano*
XIX - Rutherford B. Hayes (1877-1881), *republicano*
XX - James A. Garfield (1881), *republicano*
XXI - Chester A. Arthur (1881-1885), *republicano*
XXII - Stephen G. Cleveland (1885-1889), *demócrata, primera vez*
XXIII - Benjamin Harrison (1889-1893), *republicano*

XXIV - Stephen G. Cleveland (1893-1897), *demócrata, segunda vez*
XXV - William McKinley (1897-1901), *republicano*
XXVI - Theodore Roosevelt (1901-1909), *republicano*
XXVII - William H. Taft (1909-1913), *republicano*
XXVIII - Thomas W. Wilson (1913-1921), *demócrata*
XXIX - Warren G. Harding (1921-1923), *republicano*
XXX - Calvin C. Coolidge (1923-1929), *republicano*
XXXI - Herbert C. Hoover (1929-1933), *republicano*
XXXII - Franklin D. Roosevelt (1933-1945), *demócrata*
XXXIII - Harry S. Truman (1945-1953), *demócrata*
XXXIV - Dwight D. Eisenhower (1953-1961), *republicano*
XXXV - John F. Kennedy (1961-1963), *demócrata*
XXXVI - Lyndon B. Johnson (1963-1969), *demócrata*
XXXVII - Richard M. Nixon (1969-1974), *republicano*
XXXVIII - Gerald R. Ford (1974-1977), *republicano*
XXXIX - James *(Jimmy)* E. Carter (1977-1981), *demócrata*
XL - Ronald W. Reagan (1981-1989), *republicano*
XLI - George H. Bush (1989-1993), *republicano*
XLII - William *(Bill)* J. Clinton (1993-), *demócrata*

17. *Argentina*

Virreinato del Río de La Plata

Virreyes:

Pedro de Ceballos (1777-1778)
Juan José de Vértiz y Salcedo (1778-1784)
Nicolás del Campo, marqués de Loreto (1784-1789)
Nicolás de Arredondo (1789-1795)
Pedro de Melo de Portugal y Villena (1795-1797)
Antonio Olaguer Feliú (1797-1799)
Gabriel de Avilés, marqués de Avilés (1799-1801)
Joaquín del Pino y Rozas (1801-1804)
Rafael Sobremonte, marqués de Sobremonte (1804-1807)
Santiago de Liniers (1807-1809)
Baltasar Hidalgo de Cisneros (1809-1810)

Junta Provisional Gubernativa

Presidente:

Cornelio Saavedra (1810-1811)

Triunvirato

Bernardino Rivadavia, Feliciano Chiclana y Manuel de Sarratea (1811-1812)
Juan José Paso, Nicolás Rodríguez Peña y Antonio Álvarez Jonte (1812-1814)

Provincias Unidas del Río de la Plata

Directores Supremos:

Gervasio Antonio Posadas (1814-1815)
Carlos María de Alvear (1815)
José Rondeau (1815), *primera vez*
Ignacio Álvarez Thomas (1815)
Antonio González Balcarce (1816)
Juan Martín de Puyrredón (1816-1819)
José Rondeau (1819-1820), *segunda vez*

Provincia de Buenos Aires

Gobernadores:

Mateo Sarratea (1820)
Ildefonso Ramos Mexía (1820)
Ildefonso Ramos Mexía y Miguel Estanislao Soler (1820)
Miguel Estanislao Soler (1820)
Manuel Dorrego (1820), *primera vez*
Martín Rodríguez (1820-1824)
Juan Gregorio de las Heras (1824-1826)

República unitaria

Presidentes:

Bernardino Rivadavia (1826-1827)
Vicente López y Planes (1827-1828)

Provincia de Buenos Aires

Gobernadores:

Manuel Dorrego (1827-1828), *segunda vez*
Juan Lavalle (1828-1829)
Juan José Viamonte (1829), *dictador, primera vez*
Juan Manuel de Rosas (1829-1832), *primera vez*
Juan Ramón González Balcarce (1832-1833)
Juan José Viamonte (1833-1834), *segunda vez*
Manuel Vicente Maza (1834-1835)
Juan Manuel de Rosas (1835-1852), *dictador, segunda vez*

Confederación Argentina

Presidentes:

Justo José de Urquiza (1852-1860)
Santiago Derqui (1860-1861)

República Argentina

Presidentes:

Bartolomé Mitre (1862-1868)
Domingo Faustino Sarmiento (1868-1874)
Nicolás Avellaneda (1874-1880)
Julio Argentino Roca (1880-1886), *primera vez*
Miguel Juárez Celman (1886-1890)
Carlos Pellegrini (1890-1892)
Luis Sáenz Peña (1892-1895)
José Evaristo Uriburu (1895-1898)
Julio Argentino Roca (1898-1904), *segunda vez*
Manuel Quintana (1904-1906)
José Figueroa Alcorta (1906-1910)
Roque Sáenz Peña (1910-1914)
Victorino de la Plaza (1914-1916)
Hipólito Yrigoyen (1916-1922), *primera vez*
Marcelo Torcuato de Alvear (1922-1928)
Hipólito Yrigoyen (1928-1930), *segunda vez*
José Félix Uriburu (1930-1932)
Agustín Pedro Justo (1932-1938)
Roberto M. Ortiz (1938-1940)
Ramón S. Castillo (1940-1943)
Arturo Rawson (1943)
Pedro Pablo Ramírez (1943-1944)
Edelmiro J. Farrell (1944-1946)
Juan Domingo Perón (1946-1955), *primera vez*
Eduardo A. Lonardi (1955)
Pedro Eugenio Aramburu (1955-1958)
Arturo Frondizi (1958-1962)
José María Guido (1962-1963)
Arturo Umberto Illía (1963-1966)
Juan Carlos Onganía (1966-1970)
Roberto Marcelo Levingston (1970-1971)
Alejandro A. Lanusse (1971-1973)
Héctor J. Cámpora (1973)
Raúl Lastiri (1973)
Juan Domingo Perón (1973-1974), *segunda vez*
María Estela Martínez de Perón (1974-1976)

Presidentes de la Junta Militar:

Jorge Rafael Videla (1976-1981)
Roberto Eduardo Viola (1981)
Leopoldo Fortunato Galtieri (1981-1982)
Reynaldo Benito Bignone (1982-1983)

Presidentes de la República:

Raúl Alfonsín (1983-1989)
Carlos Saúl Menem (1989-)

18. Bolivia

Presidentes de la República:

Antonio José de Sucre (1826-1828)
José María Pérez de Urdininea (1828)
José Miguel de Velasco (1828), *primera vez*
Pedro Blanco (1828-1829)
José Miguel de Velasco (1829), *segunda vez*
Andrés de Santa Cruz y Calahumana (1829-1839)
José Miguel de Velasco (1839-1841), *tercera vez*
Mariano Enrique Calvo (1841)
José Ballivián (1841-1847)
Eusebio Guilarte (1847-1848)
José Miguel de Velasco (1848), *cuarta vez*
Manuel Isidro Belzú (1848-1855)
Jorge Córdova (1855-1857)
José María Linares (1857-1861)
José María de Achá, Ruperto Fernández y Manuel Antonio Sánchez (1861)
José María de Achá (1861-1864)
Mariano Melgarejo (1864-1871)
Agustín Morales (1871-1872)
Tomás Frías (1872-1873), *primera vez*
Adolfo Ballivián (1873-1874)
Tomás Frías (1874-1876), *segunda vez*
Hilarión Daza Grosole (1876-1879)
Narciso Campero (1879-1884)
Gregorio Pacheco (1884-1888)
Aniceto Arce (1888-1892)
Mariano Baptista (1892-1896)
Severo Fernández Alonso (1896-1898)
Junta Federal de Gobierno: Serapio Reyes Ortiz, Macario Pinilla y José Manuel Pando (1898-1899)
José Manuel Pando (1899-1903)
Aníbal Capriles (1903-1904)
Ismael Montes (1904-1909), *primera vez*
Heliodoro Villazón (1909-1913)
Ismael Montes (1913-1917), *segunda vez*
José Gutiérrez Guerra (1917-1920)
Junta de Gobierno: José María Escalier, Bautista Saavedra y José Manuel Ramírez (1920-1921)
Bautista Saavedra (1921-1925)
Felipe Guzmán (1925-1926)
Bernardo Siles (1926-1930)
Roberto Hinojusa (1930)
Carlos Blanco Galindo (1930-1931)
Daniel Salamanca (1931-1934)
José Tejada Zorzano (1934-1936)
David Toro (1936-1937)
Germán Busch (1937-1939)
Carlos Quintanilla (1939-1940)
Enrique Peñaranda y del Castillo (1940-1943)
Waldo Belmonte Pool (1943)

Gualberto Villarroel (1943-1946)
Néstor Guillén (1946)
Tomás Monje Gutiérrez (1946-1947)
Enrique Hertzog (1947-1949)
Mamerto Urriolagoitia (1949-1950)
Hugo Ballivián Rojas (1950-1952)
Hernán Siles Suazo (1952), *primera vez*
Víctor Paz Estenssoro (1952-1956), *primera vez*
Hernán Siles Suazo (1956-1960), *segunda vez*
Víctor Paz Estenssoro (1960-1964), *segunda vez*
Junta Militar: René Barrientos Ortuño y Alfredo Ovando Candía (1964-1966)
René Barrientos Ortuño (1966-1969)
Luis Adolfo Siles Salinas (1969)
Alfredo Ovando Candía (1969-1970)
Rogelio Mirando (1970)
Juan José Torres González (1970-1971)
Hugo Bánzer Suárez (1971-1978)
Juan Pereda Asbún (1978)
Junta Militar: David Padilla Arancibia (1978-1979)
Walter Guevara Arce (1979)
Alberto Natusch Busch (1979)
Lydia Gueiler Tejada (1979-1980)
Junta Militar: Luis García Meza, Waldo Bernal y Óscar Terrazas (1980-1981)
Junta Militar: Celso Torrelio Villa, Waldo Bernal y Óscar Pammo (1981)
Celso Torrelio Villa (1981-1982)
Guido Vildoso Calderón (1982)
Hernán Siles Suazo (1982-1985), *tercera vez*
Víctor Paz Estenssoro (1985-1989), *tercera vez*
Jaime Paz Zamora (1989-1993)
Gonzalo Sánchez de Lozada (1993-)

19. Chile

Junta de Gobierno

Presidentes:

Mateo de Toro Zambrano, conde de la Conquista (1810-1811)
Juan Martínez de Rozas (1811-1812)
José Miguel Carrera (1811-1813), *primera vez*
Bernardo O'Higgins (1813-1814)
  Director supremo: Francisco de la Lastra (1814)
José Miguel Carrera (1814), *segunda vez*
Restauración del dominio español (1814-1817)
  Director supremo: Bernardo O'Higgins (1817-1823)
Agustín de Eyzaguirre, Fernando Errázuriz y José Miguel Infante (1823)
  Director supremo: Ramón Freire Serrano (1823-1826)

Presidentes de la República

Manuel Blanco Encalada (1826)
Agustín de Eyzaguirre Arechavala (1826-1827)
Ramón Freire Serrano (1827)
Francisco Antonio Pinto Díaz (1827-1829)
Francisco Ramón Vicuña (1829)
Francisco Ruiz Tagle Portales (1830)
José Joaquín Ovalle Bezanilla (1830-1831)
Fernando Errázuriz Aldunate (1831)
Joaquín Prieto Vial (1831-1841)
Manuel Bulnes Prieto (1841-1851)
Manuel Montt Torres (1851-1861)
José Joaquín Pérez Mascayano (1861-1871)
Federico Errázuriz Zañartu (1871-1876)
Aníbal Pinto Garmienda (1876-1881)
Domingo Santa María González (1881-1886)
José Manuel Balmaceda Fernández (1886-1891)
Manuel Baquedano González (1891)
Jorge Montt Álvarez (1891-1896)
Federico Errázuriz Echaurren (1896-1901)
Germán Riesco (1901-1903), *primera vez*
Ramón Barros Luco (1903)
Germán Riesco (1903-1906), *segunda vez*
Pedro Montt (1906-1910)
Ismael Tocornal (1910)
Elías Fernández Albano (1910)
Emiliano Figueroa Larraín (1910), *primera vez*
Ramón Barros Luco (1910-1915)
Juan Luis Sanfuentes (1915-1920)
Arturo Alessandri Palma (1920-1925)
Luis Altamirano (1925)
Emilio Bello Codesido (1925)
Luis Barros Borgoño (1925-1927)
Emiliano Figueroa Larraín (1927-1931), *segunda vez*
Carlos Ibáñez del Campo (1931), *primera vez*
Pedro Opaso Letelier (1931)
Manuel Trucco Franzani (1931-1932)
Juan Esteban Montero (1932)
Junta de Gobierno: Arturo Puga, Eugenio Matte y Carlos Gregorio Dávila (1932)
Carlos Gregorio Dávila (1932)
Bartolomé Blanche (1932)
Abraham Oyanedel (1932)
Arturo Alessandri Palma (1932-1938)
Pedro Aguirre Cerda (1938-1941)
Jerónimo Méndez Arancibia (1941-1942)
Juan Antonio Ríos Morales (1942-1946)
Alfredo Duhalde (1946)
Gabriel González Videla (1946-1952)
Carlos Ibáñez del Campo (1952-1958), *segunda vez*
Jorge Alessandri Rodríguez (1958-1964)
Eduardo Frei Montalva (1964-1970)
Salvador Allende Gossens (1970-1973)
Augusto Pinochet Ugarte (1973-1990)

Patricio Aylwin Azócar (1990-1994)
Eduardo Frei Ruiz-Tagle (1994-)

20. *Colombia*

Virreinato de Nueva Granada

Virreyes:

Antonio de la Pedrosa y Guerrero (1717-1719)
Jorge Villalonga, conde de la Cueva (1719-1723)
Sebastián de Eslava (1739-1748)
José Alonso Pizarro (1749-1753)
José Solís Folch de Cardona (1753-1760)
Pedro Mexía de la Cerda, marqués de la Vega de Armijo (1760-1771)
Manuel de Guirior, marqués de Guirior (1771-1775)
Manuel Antonio Florez (1775-1782)
Antonio Caballero y Góngora (1782-1789)
Francisco Gil de Taboada y Lemos (1789)
José de Ezpeleta (1789-1797)
Pedro de Mendinueta y Múzquiz (1797-1800)
Antonio Amar y Borbón (1800-1810)

Junta Suprema del Nuevo Reino de Granada

Presidente:

José Miguel Pey (1810)

Estado de Cundinamarca

Presidentes:

José Tadeo Lozano (1811)
Antonio Nariño (1811-1814)
Manuel Bernardo de Álvarez (1814)

Confederación de las Provincias Unidas de Nueva Granada

Presidentes:

Camilo Torres (1812-1814), *primera vez*
Joaquín Camacho y José Fernández Madrid (1814-1815)
Presidente del triunvirato ejecutivo: Custodio García Rovira (1815)
Camilo Torres (1815-1816), *segunda vez*
José Fernández Madrid (1816)
Liborio Mejía (1816)
Restauración del dominio español (1816-1819)

República de la Gran Colombia

Presidentes:

Simón Bolívar (1819-1830)
Vicepresidente de Cundinamarca: Francisco de Paula Santander (1819-1821)

Joaquín Mosquera (1830)
Rafael Urdaneta (1830-1831)
Domingo Caicedo (1831)
José María Obando (1831-1832), *vicepresidente*

República de Nueva Granada

Presidentes:

Francisco de Paula Santander (1832-1837)
José Ignacio de Márquez (1837-1841)
Pedro Alcántara Herrán (1841-1845)
Tomás Cipriano de Mosquera (1845-1849)
José Hilario López (1849-1853)
José María Obando (1853-1854)
Manuel María Mallarino (1855-1857)
Mariano Ospina Rodríguez (1857-1861)
[la Constitución de 1858 crea una Confederación de ocho Estados]

Confederación Granadina

Presidente:

Tomás Cipriano de Mosquera (1861-1864)
[la Constitución de 1863 crea los Estados Unidos de Colombia]

Estados Unidos de Colombia

Presidentes:

Juan Agustín Uricoechea (1864)
Manuel Murillo Toro (1864-1866), *primera vez*
José M. Rojas Garrido (1866)
Tomás Cipriano de Mosquera (1866-1867)
Santos Acosta (1867-1868)
Santos Gutiérrez (1868-1870)
Eustorgio Salgar (1870-1872)
Manuel Murillo Toro (1872-1874), *segunda vez*
Santiago Pérez (1874-1876)
Aquileo Parra (1876-1878)
Julián Trujillo (1878-1880)
Rafael Núñez (1880-1882)
Francisco Javier Zaldúa (1882)
José Eusebio Otálora (1882-1884)
Rafael Núñez (1884-1886)
[la Constitución de 1886 implantó un régimen unitario]

República de Colombia

Presidentes:

José María Campo Serrano (1886-1887), *designado*
Eliseo Payán (1887), *vicepresidente*
Rafael Núñez (1887-1888)
Carlos Holguín (1888-1892), *designado*

Miguel Antonio Caro (1892-1898), *vicepresidente*
Manuel Antonio Sanclemente (1898-1900)
José Manuel Marroquín (1900-1904), *vicepresidente*
Rafael Reyes (1904-1909)
Ramón González Valencia (1909-1910)
Carlos E. Restrepo (1910-1914)
José Vicente Concha (1914-1918)
Marco fidel Suárez (1918-1921)
Jorge Holguín (1921-1922), *designado*
Pedro Nel Ospina (1922-1926)
Miguel Abadía Méndez (1926-1930)
Enrique Olava Herrera (1930-1934)
Alfonso López (1934-1938), *primera vez*
Eduardo Santos (1938-1942)
Alfonso López (1942-1945), *segunda vez*
Alberto Lleras Camargo (1945-1946), *primera vez*
Mariano Ospina Pérez (1946-1950)
Laureano Gómez (1950-1953)
Gustavo Rojas Pinilla (1953-1957)
Presidente de la Junta Militar: Gabriel París (1957-1958)
Alberto Lleras Camargo (1958-1962), *segunda vez*
Guillermo León Valencia (1962-1966)
Carlos Lleras Restrepo (1966-1970)
Misael Pastrana Borrero (1970-1974)
Alfonso López Michelsen (1974-1978)
Julio César Turbay Ayala (1978-1982)
Belisario Betancur (1982-1986)
Virgilio Barco Vargas (1986-1990)
César Gaviria Trujillo (1990-1994)
Ernesto Samper (1994-)

21. Costa Rica

Jefe político:

Juan Manuel de Cañas (1821-1822)

Gobierno provisional

Manuel Peralta, Rafael Osejo y Hermenegildo Bonilla (1823)

Jefes de Estado:

Juan Mora Fernández (1824-1833)
José Rafael de Gallegos (1833-1835)
Braulio Carrillo (1835-1837), *primera vez*
Joaquín Mora (1837)
Manuel Aguilar (1837-1838)
Braulio Carrillo (1838-1842), *segunda vez*
Francisco Morazán (1842)
José María Alfaro (1842-1844), *primera vez*
Francisco María Oreamuno (1844)
Rafael Moya Murillo (1844-1845)
José Rafael de Gallegos (1845-1846)
José María Alfaro (1846-1847). *segunda vez*
José María Castro Madriz (1847-1848)

Presidentes de la República:

José María Castro Madriz (1848-1849), *primera vez*
Juan Rafael Mora (1849-1859)
José María Montealegre (1859-1863)
Jesús Jiménez Zamora (1868-1870)
José María Castro Madriz (1866-1868), *segunda vez*
Jesús Jiménez Zamora (1868-1870)
Bruno Carranza Ramírez (1870)
Tomás Guardia Gutiérrez (1870-1876), *primera vez*
Antonio Esquivel Sáenz (1876)
Vicente Herrera Zeledón (1876-1877)
Tomás Guardia Gutiérrez (1877-1881), *segunda vez*
Salvador Lara Zamora (1881-1882)
Tomás Guardia Gutiérrez (1882), *tercera vez*
Próspero Fernández Oreamuno (1882-1885)
Bernardo Soto Alfaro (1885-1889), *primera vez*
Ascensión Esquivel Ibarra (1889), *primera vez*
Bernardo Soto Alfaro (1889), *segunda vez*
Carlos Durán Cartín (1889-1890)
José Joaquín Rodríguez Zeledón (1890-1894)
Rafael Iglesias Castro (1894-1902)
Ascensión Esquivel Ibarra (1902-1906), *segunda vez*
Cleto González Víquez (1906-1910), *primera vez*
Ricardo Jiménez Oreamuno (1910-1914), *primera vez*
Alfredo Fernández Flórez (1914-1917)
Federico Tinoco Granados (1917-1919)
Juan Bautista Quirós Segura (1919)
Francisco Aguilar Arquero (1919-1920)
Julio Acosta García (1920-1924)
Ricardo Jiménez Oreamuno (1924-1928), *segunda vez*
Cleto González Víquez (1928-1932), *segunda vez*
Ricardo Jiménez Oreamuno (1932-1936), *tercera vez*
León Cortés Castro (1936-1940)
Rafael Ángel Calderón Guardia (1940-1944)
Teodoro Picardo (1944-1948)
Santos León Herrera (1948)
José Figueres Ferrer (1948-1949), *primera vez*
Otilio Ulate Blanco (1949-1952)
Alberto Oreamuno Flores (1952-1953)
José Figueres Ferrer (1953-1958), *segunda vez*
Mario Echandi Jiménez (1958-1962)
Francisco Orlich Bolmarcich (1962-1966)
José Joaquín Trejos Fernández (1966-1970)
José Figueres Ferrer (1970-1974), *tercera vez*

Daniel Oduber Quirós (1974-1978)
Rodrigo Carazo Odio (1978-1982)
Luis alberto Monge (1982-1986)
Óscar Arias Sánchez (1986-1990)
Rafael Ángel Calderón Fournier (1990-1994)
José María Figueres (1994-)

22. Cuba

Primera «República en armas»

Presidentes:

Carlos Manuel de Céspedes (1869-1873)
Salvador Cisneros Betancourt (1873-1875)
Juan Bautista Spotorno (1875-1876)
Tomás Estrada Palma (1876-1877)
Francisco Javier Céspedes (1877)
Vicente García y González (1877)
Manuel de Jesús Galvar (1877-1878)

Segunda «República en armas»

Presidentes:

Salvador Cisneros Betancourt (1895-1897)
Bartolomé Masó (1897-1898)

Ocupación de los Estados Unidos de América

Gobernador:

Leonard Wood (1898-1902)

Presidentes de la República

Tomás Estrada Palma (1902-1906)
Intervención de los Estados Unidos (1906-1909)
José Miguel Gómez (1909-1913)
Mario García Menocal (1913-1921)
Alfredo Zayas (1921-1925)
Gerardo Machado Morales (1925-1933)
Carlos Manuel Céspedes (1933)
Alberto Herrera (1933)
Ramón Grau San Martín (1933-1934), *primera vez*
Carlos Mendieta (1934-1935)
José A. Barnet (1935-1936)
Miguel Mariano Gómez (1936)
Federico Lareco Bru (1936-1940)
Fulgencio Batista (1940-1944), *primera vez*
Ramón Grau San Martín (1944-1948), *segunda vez*
Carlos Prío Socarrás (1948-1952)
Fulgencio Batista (1952-1959), *segunda vez*
Manuel Urrutia (1959)
Osvaldo Dorticós Torrado (1959-1976)
Fidel Castro Ruz (primer ministro 1959- , presidente del Consejo de Estado, 1976-)

23. Ecuador

Presidentes de la República

Juan José Flores (1831-1835), *primera vez*
Vicente Rocafuerte (1835-1839)
Juan José Flores (1839-1843), *segunda vez*
Junta provisional (1843)
Juan José Flores (1843-1845), *tercera vez*
Junta provisional (1845)
Vicente Ramón Roca (1845-1849)
Manuel de Ascásubi (1849-1850)
Diego Noboa y Arteta (1850-1851)
José María Urbina (1851-1856)
Francisco Robles (1856-1859)
Junta provisional (1859)
Guillermo Franco (1859-1860)
Junta provisional (1860-1861)
Gabriel García Moreno (1861-1865), *primera vez*
Jerónimo Carrión (1865-1867)
Pedro José de Artera y Calisto (1867-1868)
Javier Espinosa (1868-1869)
Gabriel García Moreno (1869-1875), *segunda vez*
Francisco Javier León (1875)
Antonio Borrero Cortázar (1875-1876)
Ignacio de Veintemilla (1876-1883)
Junta provisional (1883-1884)
José María Plácido Caamaño (1884-1888)
Antonio Flores Jijón (1888-1892)
Luis Cordero (1892-1895)
Vicente Lucio Salazar (1895)
Eloy Alfaro (1895-1901), *primera vez*
Leónidas Plaza Gutiérrez (1901-1905), *primera vez*
Lizardo García (1905-1906)
Eloy Alfaro (1906-1911), *segunda vez*
Emilio Estrada (1911)
Carlos Freile Zaldumbide (1911-1912)
Leónidas Plaza Gutiérrez (1912-1916), *segunda vez*
Alfredo Baquerizo Moreno (1916-1920), *primera vez*
José Luis Tamayo (1920-1924)
Gonzalo S. de Córdova (1924-1925)
Junta militar (1925-1926)
Isidro Ayora (1926-1931)
Luis A. Larrea Alba (1931)
Alfredo Baquerizo Moreno (1931-1932), *segunda vez*
Juan de Dios Martínez Mera (1932-1933)
Abelardo Montalvo (1933-1934)
José María Velasco Ibarra (1934-1935), *primera vez*
Antonio Pons (1935)
Federico Páez (1935-1937)

LISTAS

Alberto Enríquez Gallo (1937-1938)
Manuel María Borrero (1938)
Aurelio Mosquera Narváez (1938-1939)
Julio Enrique Moreno (1939-1940)
Carlos Alberto Arroyo del Río (1940-1944)
José María Velasco Ibarra (1944-1947), *segunda vez*
Carlos Mancheno (1947)
Mario Suárez Veintemilla (1947)
Carlos José Arosemena Tola (1947-1948)
Galo Plaza Lasso (1948-1952)
José María Velasco Ibarra (1952-1956), *tercera vez*
Camilo Ponce Enríquez (1956-1960)
José María Velasco Ibarra (1960-1961), *cuarta vez*
Carlos Julio Arosemena Monroy (1961-1963)
Junta militar (1963-1966)
Clemente Yerovi Indaburu (1966)
Otto Arosemena Gómez (1966-1968)
José María Velasco Ibarra (1968-1972), *quinta vez*
Guillermo Rodríguez Lara (1972-1976)
Junta militar (1976-1979)
Jaime Roldós Aguilera (1979-1981)
Oswaldo Hurtado Larrea (1981-1984)
León Febres Cordero (1984-1988)
Rodrigo Borja Cevallos (1988-1993)
Sixto Durán Ballén (1993-)

24. Guatemala

República Federal de las Provincias Unidas del Centro de América

Junta provisional:

Pedro Molina, Antonio Rivera Cabezas y Juan Vicente Villacorta (1823)
Manuel José de Arce, José Cecilio del Valle y Tomás O'Horan (1823-1825)

Presidentes:

Manuel José de Arce (1825-1828)
Mariano Beltranena (1828)
Francisco Morazán (1829), *primera vez*
Jusé Francisco Barrundia (1829-1830)
Francisco Morazán (1830-1838), *segunda vez*

República de Guatemala

Presidentes:

Juan Barrundia (1825-1827), *primera vez*
Cirilo Flores (1827)
Mariano Aycinena (1827-1829)
Juan Barrundia (1829), *segunda vez*
Francisco Morazán (1829)
Pedro Molina (1829-1830)
Antonio Rivera Cabezas (1830-1831)
Mariano Gálvez (1831-1838)
José Valenzuela (1838)
Carlos Salazar (1839)
Mariano Rivera Paz (1839-1844)
José Rafael Carrera (1844-1848), *primera vez*
Juan Antonio Martínez (1848)
José Bernardo Escobar (1848-1849)
Mariano Paredes (1849-1851)
José Rafael Carrera (1851-1865), *segunda vez*
Pedro de Aycinena (1865)
Vicente Cerna (1865-1871)
Miguel García Granados (1871-1873)
Justo Rufino Barrios (1873-1885)
Alejandro M. Sinibaldi (1885-1886)
Manuel Lisandro Barillas (1886-1892)
José María Reina Barrios (1892-1898)
Manuel Estrada Cabrera (1898-1920)
Carlos Herrera y Luna (1920-1921)
José María Orellana (1921-1926)
Lázaro Chacón (1926-1930)
Baudillo Palma (1930)
Manuel María Orellana (1930-1931)
José María Reina Andrade (1931)
Jorge Ubico Castañeda (1931-1944)
Junta de Gobierno (1944)
Federico Ponce Vaidez (1944)
Junta de Gobierno (1944-1945)
Juan José Arévalo (1945-1950)
Jacobo Arbenz Guzmán (1950-1954)
Junta militar (1954)
Efrego J. Monzón (1954)
Carlos Castillo Armas (1954-1957)
Luis Arturo González López (1957)
Junta militar (1957)
Guillermo Flores Avendaño (1957-1958)
Miguel Ydígoras Fuentes (1958-1963)
Alfredo Enrique Peralta Azurdía (1963-1966)
Julio César Méndez Montenegro (1966-1970)
Carlos Arana Osorio (1970-1974)
Kjell Eugenio Leugerud García (1974-1978)
Romeo Lucas García (1978-1982)
Ángel Aníbal Guevara (1982)
Efraín Ríos Montt (1982-1983)
Óscar Humberto Mejía Víctores (1983-1986)
Vinicio Cerezo Arévalo (1986-1991)
Jorge Serrano Elías (1991-1993)
Gustavo Espina (1993)
Ramiro de León Carpio (1993-1996)
Álvaro Arzú (1996-)

25. Honduras

Presidentes de la República

Dionisio Herrera (1825-1827)
Justo Milla (1827)
Francisco Morazán (1827-1829)
Diego Vigil (1829-1832)
José Antonio Márquez (1832)
Francisco Milla (1832-1833)
Joaquín Rivera (1833-1834)
Francisco Ferrera (1834-1837), *primera vez*
Justo José Herrera (1837-1838)
José María Martínez (1839)
Lino Matute (1839)
Juan Francisco Molina (1839)
Juan José Alvarado (1839-1840)
Francisco Ferrera (1841-1845), *segunda vez*
Conrado Chávez (1845-1847)
Juan de Lindo Zelaya (1847-1852)
Francisco Gómez (1852-1853)
José Trinidad Cabañas (1853-1855)
Francisco Aguilar (1855-1856)
Santos Guardiola (1856-1862)
Gobierno provisional (1862-1864)
Francisco Montes (1862), *primera vez*
Victoriano Castellanos (1863)
Francisco Montes (1863), *segunda vez*
José María Medina (1864-1869), *primera vez*
Francisco Cruz (1869-1870)
José María Medina (1870-1872), *segunda vez*
Céleo Arias (1872-1874)
Ponciano Leiva (1874-1876), *primera vez*
José María Medina (1876-1877), *tercera vez*
Marco Aurelio Soto (1877-1883)
Luis Bográn (1883-1891)
Ponciano Leiva (1891-1893), *segunda vez*
Domingo Vázquez (1893-1894)
Policarpo Bonilla (1894-1899)
Terencio Sierra (1899-1903)
Manuel Bonilla Chirinos (1903-1907), *primera vez*
Miguel R. Dávila (1907-1911)
Francisco Bertrand (1911-1912), *primera vez*
Manuel Bonilla Chirinos (1912-1913), *segunda vez*
Francisco Bertrand (1913-1919), *segunda vez*
Francisco Bográn (1919)
Rafael López Gutiérrez (1919-1924)
Vicente Tosta (1924-1925)
Miguel Paz Barahona (1925-1929)
Vicente Mejía Colindres (1929-1933)
Tiburcio Carías Andino (1933-1949)
Juan Manuel Gálvez (1949-1954)
Julio Lozano Díaz (1954-1956)
Junta militar: Roque Rodríguez (1956-1957)
José Ramón Villeda Morales (1957-1963)
Roberto Ramírez (1963)
Oswaldo López Arellano (1963-1971), *primera vez*
Ramón Ernesto Cruz (1971-1972)
Oswaldo López Arellano (1972-1975), *segunda vez*
Juan Alberto Melgar Castro (1975-1978)
Junta militar: Policarpo Paz García (1979-1980)
Policarpo Paz García (1980-1981)
Roberto Suazo Córdova (1982-1986)
José Simón Azcona del Hoyo (1986-1990)
Rafael Leonardo Callejas Romero (1990-1994)
Carlos Roberto Reina (1994-)

26. México

Imperio Azteca

Acamapichtli (1372-1391)
Huitzilihuitl (1391-1415)
Chimalpopoca (1415-1426)
Itzcoatl (1428-1440)
Moctezuma I Ilhuicamina (1440-1469)
Axayacatl (1469-1483)
Tizoc (1483-1486)
Ahuitzotl (1486-1502)
Moctezuma II (1502-1520)
Cuitlahuac (1520)
Cuauhtémoc o Guatimocín (1520-1521)

Nueva España

Gobernador y capitán general: Hernán Cortés (1522-1528)
Gobierno provisional de la Audiencia de México (1528-1535)

Virreyes españoles:

Antonio de Mendoza (1535-1550)
Luis de Velasco (1550-1564)
Gobierno interino de la Audiencia de México (1564-1566)
Gastón de Peralta, marqués de Falces (1566-1568)
Martín Enríquez de Almansa (1568-1580)
Lorenzo Suárez de Mendoza, conde de La Coruña (1580-1583)
Pedro Moya (1584-1585)
Álvaro Manrique y Zúñiga (1585-1590)
Luis de Velasco, hijo (1590-1595), *primera vez*
Gaspar de Zúñiga y Acevedo, conde de Monterrey (1595-1603)
Juan de Mendoza y Luna, marqués de Montesclaros (1603-1607)

LISTAS

Luis de Velasco, hijo (1607-1611), *segunda vez*
García Guerra (1611-1612)
Diego Fernández de Córdova, marqués de Guadalcázar (1612-1621)
Diego Carrillo de Mendoza y Pimentel, marqués de Gelves (1621-1624)
Rodrigo Pacheco y Osorio, marqués de Cerralbo (1624-1635)
Lope Díaz de Armendáriz, marqués de Cadereyta (1635-1640)
Diego López de Pacheco, duque de Escalona (1640-1642)
Juan Palafox y Mendoza (1642)
García Sarmiento de Sotomayor, conde de Salvatierra (1642-1648)
Marcos de Torres y Rueda (1648-1649)
Luis Enríquez de Guzmán, conde de Alba de Liste (1650-1653)
Francisco Fernández de la Cueva, duque de Alburquerque (1653-1660)
Juan de Leyva y de la Cerda, conde de Baños (1660-1664)
Diego Osorio de Escobar (1664)
Antonio Sebastián de Toledo, marqués de Mancera (1664-1673)
Pedro Nuño Colón de Portugal, marqués de Veragua (1673)
Payo Enríquez de Ribera (1673-1680)
Tomás Antonio de la Cerda, conde de Paredes (1680-1686)
Melchor Portocarrero Lasso de la Vega, conde de la Monclova (1686-1688)
Gaspar de la Cerda y Sandoval, conde de Galve (1688-1696)
Juan de Ortega Montanes (1696-1697), *primera vez*
José Sarmiento y Valladares, conde de Moctezuma y Tula (1697-1701)
Juan de Ortega Montanes (1701-1702), *segunda vez*
Juan Fernández de la Cueva, duque de Alburquerque (1702-1711)
Bernardo de Lancaster y Norona, duque de Linares (1711-1716)
Baltasar de Zúñiga y Guzmán, marqués de Valero (1716-1722)
Juan de Acuña, marqués de Casa Fuerte (1722-1734)
Juan Antonio de Vizarrón (1734-1740)
Pedro de Castro Figueroa, duque de la Conquista (1740-1742)
Pedro de Cebrián y Agustín, conde de Fuenclara (1742-1746)
Juan Francisco de Güemes y Horcasitas Gordón, conde de Revillagigedo (1746-1755)
Agustín de Ahumada, marqués de las Amarillas (1755-1760)
Francisco Cagigal de la Vega (1760)
Joaquín de Montserrat y Ciurana, marqués de Cruillas (1760-1766)
Carlos Francisco de Croix, marqués de Croix (1766-1771)
Antonio María Bucarelli y Ursúa (1771-1779)
Martín de Mayorga (1779-1783)
Matías de Gálvez y Gallardo (1783-1784)
Bernardo de Gálvez (1784-1786)
Alonso Núñez de Haro (1786-1787)
Manuel Antonio Flores (1787-1789)
Juan Vicente Güemes Pacheco de Padilla, conde de Revillagigedo (1789-1794)
Miguel de la Grúa y Talamanca, marqués de Branciforte (1794-1798)
Miguel José de Azanza (1798-1800)
Félix Berenguer de Marquina (1800-1803)
José de Iturrigaray (1803-1808)
Pedro Garibay (1808-1809)
Francisco Javier de Lizana y Beaumont (1809-1810)
Francisco Javier de Venegas (1810-1813)
Félix María Calleja del Rey, conde de Calderón (1813-1816)
Juan Ruiz de Apodaca, conde del Venadito (1816-1821)
Juan O'Donojú (1821)

Reino de México

Regencia presidida por Agustín Iturbide (1821-1822)

Primer Imperio Mexicano

Agustín I de Iturbide (1822-1823)

Estados Unidos de México

Gobierno provisional: Nicolás Bravo, Guadalupe Victoria y Pedro Celestino Negret (1823-1824)

Presidentes de la República:

Guadalupe Victoria (1824-1829)
Vicente Guerrero (1829)
José María Bocanegra (1829)
Gobierno provisional: Pedro Vélez, Lucas Alamán y Andrés Quintana Roo (1829)
Anastasio Bustamante (1830-1832)
Melchor Múzquiz (1832)
Manuel Gómez Pedraza (1832-1833)
Valentín Gómez Farías y Antonio López de Santa Anna (1833)
Valentín Gómez Farías (1833-1834), *primera vez*
Antonio López de Santa Anna (1834-1835), *primera vez*

Miguel Barragán (1835-1836)
José Justo Corro (1836-1837)
Anastasio Bustamante (1837-1839), *primera vez*
Antonio López de Santa Anna y Nicolás Bravo (1839)
Anastasio Bustamante (1839-1841), *segunda vez*
Javier Echeverría (1841)
Antonio López de Santa Anna (1841-1842), *segunda vez*
Nicolás Bravo (1842-1843)
Valentín Canalizo (1843-1844)
Antonio López de Santa Anna, José Joaquín Herrera y Valentín Canalizo (1844)
José Joaquín Herrera (1844-1846), *primera vez*
Mariano Paredes y Arrillaga, Nicolás Bravo y Mariano Salas (1846)
Valentín Gómez Farías (1846-1847), *segunda vez*
Antonio López de Santa Anna, Pedro María Anaya y Manuel de la Peña y Peña (1847)
Pedro María Anaya (1847-1848)
Manuel de la Peña y Peña (1848)
José Joaquín Herrera (1848-1851), *segunda vez*
Mariano Arista (1851-1853)
Juan Bautista Ceballos y Manuel María Lombardini (1853)
Antonio López de Santa Anna (1853-1855), *tercera vez*
Martín Carrera, Rómulo Díaz de la Vega y Juan Álvarez (1855)
Ignacio Comonfort (1855-1858)
Félix Zuloaga (1858)
Benito Juárez García (1858-1872)

Presidentes conservadores:

Manuel Robles Pezuela (1858-1859)
Féliz Zuloaga (1859)
Miguel Miramón (1859-1860)
José Ignacio Pavón y Miguel Miramón (1860)
Junta Superior (1860-1864)

Segundo Imperio Mexicano

Maximiliano I de Habsburgo (1864-1867)

Estados Unidos Mexicanos

Presidentes de la República:

Sebastián Lerdo de Tejada (1872-1876)
Porfirio Díaz (1876), *primera vez*
Juan N. Méndez (1876-1877)
Porfirio Díaz (1877-1880), *segunda vez*
Manuel González (1880-1884)
Porfirio Díaz (1884-1911), *tercera vez*
Francisco León de la Barra (1911)
Francisco Indalecio Madero (1911-1913)
Pedro Lascurain (1913)
Victoriano Huerta (1913-1914)
Francisco S. Carvajal y Venustiano Carranza (1914)
Eulalio Gutiérrez (1914-1915)
Roque González Garza y Francisco Lagos Cházaro (1915)
Venustiano Carranza (1915-1920)
Adolfo de la Huerta (1920)
Álvaro Obregón (1920-1924)
Plutarco Elías Calles (1924-1928)
Emilio Portes Gil (1928-1930)
Pascual Ortiz Rubio (1930-1932)
Abelardo L. Rodríguez (1932-1934)
Lázaro Cárdenas y del Río (1934-1940)
Manuel Ávila Camacho (1940-1946)
Miguel Alemán (1946-1952)
Adolfo Ruiz Cortines (1952-1958)
Adolfo López Mateos (1958-1964)
Gustavo Díaz Ordaz (1964-1970)
Luis Echeverría Álvarez (1970-1976)
José López Portillo (1976-1982)
Miguel de la Madrid Hurtado (1982-1988)
Carlos Salinas de Gortari (1988-1994)
Ernesto Zedillo (1994-)

27. *Nicaragua*

Jefes de Estado

Manuel Antonio de la Cerda (1825-1826)
Juan Argüello (1826-1829)
Dionisio Herrera (1829-1833)
José Núñez (1834-1835)
José Zepeda (1835-1837)
Evaristo Rocha (1837-1838)
Patricio Rivas (1838)
Hilario Ulloa (1838-1839)
Joaquín Cossío (1839-1840)
Tomás Valladares (1840-1841)

Directores del Estado

Pablo Buitrago (1841-1843)
Manuel Pérez (1843-1844)
José León Sandoval (1845-1847)
José Guerrero (1847-1849)
Norberto Ramírez (1849-1851)
Laureano Pineda (1851-1853)
Frutos Chamorro (1853-1855)

Presidentes de la República

José María Estrada (1855)
Patricio Rivas (1855-1857)
Tomás Martínez y Máximo Jerez (1857-1859)

Tomás Martínez (1859-1867)
Fernando Guzmán (1867-1871)
Vicente Cuadra (1871-1875)
Pedro Joaquín Chamorro Bolaños (1875-1879)
Joaquín Zavala (1879-1883)
Adán Cárdenas (1883-1887)
Evaristo Carazo (1887-1889)
Roberto Sacasa (1889-1893)
José Santos Celaya (1893-1909)
José Madriz (1909-1910)
José Dolores Estrada (1910-1911)
Juan José Estrada (1911)
Adolfo Díaz (1911-1917), *primera vez*
Emiliano Chamorro Vargas (1917-1921), *primera vez*
Diego Manuel Chamorro (1921-1923)
Bartolomé Martínez (1923-1924)
Carlos Solórzano (1924-1926)
Emiliano Chamorro Vargas (1926), *segunda vez*
Adolfo Díaz (1926-1928), *segunda vez*
José María Moncada (1928-1932)
Juan Bautista Sacasa (1932-1936)
Carlos Brenes Jarquín (1936)
Anastasio Somoza García (1937-1947), *primera vez*
Leonardo Argüello (1947)
Benjamín Lacayo Sacasa (1947)
Víctor Manuel Román Reyes (1947-1950)
Anastasio Somoza García (1951-1956), *segunda vez*
Luis Somoza Debayle (1956-1963)
René Shick Gutiérrez (1963-1966)
Lorenzo Guerrero (1966-1967)
Anastasio Somoza Debayle (1967-1972), *primera vez*
Triunvirato: Roberto Martínez, Alfonso Lobo y Fernando Agüero (1972-1974)
Anastasio Somoza Debayle (1974-1979), *segunda vez*
Francisco Urcuyo Mariano (1979)
Junta de Reconstrucción Nacional:
Violeta Barrios de Chamorro, Sergio Ramírez, Daniel Ortega Saavedra, Moisés Hassan y Alfonso Robelo (1979-1980)
Daniel Ortega Saavedra, Moisés Hassan, Sergio Ramírez, Arturo Cruz y Rafael Córdoba (1980-1985)
Daniel Ortega Saavedra (1985-1990)
Violeta Barrios de Chamorro (1990-1996)
Arnoldo Alemán (1996-)

28. Panamá

Junta de Gobierno Provisional

José Agustín Arango, Tomás Arias y Federico Boyd (1903-1904)

Presidentes de la República

Manuel Amador Guerrero (1904-1908)
José Domingo Obaldía (1908-1910)
Carlos Antonio Mendoza (1910)
Federico Boyd (1910)
Pablo Arosemena (1910-1912), *primera vez*
Rodolfo Chiari (1912), *primera vez*
Pablo Arosemena (1912), *segunda vez*
Belisario Porras (1912-1916), *primera vez*
Ramón Maximiliano Valdés (1916-1918)
Ciro Luis Urriola (1918)
Pedro Antonio Díaz (1918)
Belisario Porras (1918-1920), *segunda vez*
Ernesto Tisdel Lefevre (1920)
Belisario Porras (1920-1924), *tercera vez*
Rodolfo Chiari (1924-1928), *segunda vez*
Tomás Gabriel Duque (1928)
Florencio Harmodio Arosemena (1928-1931)
Harmodio Arias (1931), *primera vez*
Ricardo Joaquín Alfaro (1931-1932)
Harmodio Arias (1932-1936), *segunda vez*
Juan Demóstenes Arosemena (1936-1939)
Ezequiel Fernández Jaén (1939)
Augusto Samuel Boyd (1939-1940)
Arnulfo Arias Madrid (1940-1941), *primera vez*
José Pezet (1941)
Ernesto Jaén Guardia (1941)
Ricardo Adolfo de la Guardia (1941-1945)
Enrique Adolfo Jiménez Brin (1945-1948)
Domingo Díaz Arosemena (1948-1949)
Daniel Chanis (1949)
Roberto Francico Chiari (1949), *primera vez*
Arnulfo Arias Madrid (1949-1951), *segunda vez*
Alcibíades Arosemena (1951-1952)
José Antonio Remón (1952-1955)
José Ramón Guizado (1955)
Ricardo Manuel Arias Espinosa (1955-1956)
Ernesto de la Guardia (1956-1960)
Roberto Francico Chiari (1960-1964), *segunda vez*
Marco A. Robles (1964-1968)
Arnulfo Arias Madrid (1968), *tercera vez*
Junta militar: José María Pinillas Fábrega (1968)
Junta militar: Omar Torrijos Herrera (1968-1969)
Demetrio Basilio Lakas (1969-1978)
Arístides Royo (1978-1982)
Ricardo de la Espriella (1982-1984)
Jorge Enrique Illueca Sibauste (1984)
Nicolás Ardito Barletta (1984-1985)
Erik Arturo Delvalle (1985-1989)
Manuel Solís Palma (1988-1989)
Francisco Rodríguez (1989)
Manuel Antonio Noriega (1989)
Guillermo Endara Gallimany (1989-1994)
Ernesto Pérez Balladares (1994-)

29. Paraguay

Junta de Gobierno

Fulgencio Yegros (1811-1813)

Primera República

Jefes de Estado:

José Gaspar Rodríguez Francia y Fulgencio Yegros (1813-1814), *cónsules*
José Gaspar Rodríguez Francia (1814-1840), *dictador supremo*
Carlos Antonio López y Mariano Roque Alonso (1841-1844), *cónsules*
Carlos Antonio López (1844-1862), *presidente*
Francisco Solano López (1862-1869), *presidente*

Junta de Gobierno

Cirilo Antonio Rivarola, Carlos Loizaga y José Díaz de Bedoya (1869-1870)

Segunda República

Presidentes:

Cirilo Antonio Rivarola (1870-1871)
Salvador Jovellanos (1871-1874)
Juan Bautista Gill (1874-1877)
Higinio Uriarte (1877-1878)
Cándido Barreriro (1878-1880)
Bernardino Caballero (1880-1886)
Patricio A. Escobar (1886-1890)
Juan G. González (1890-1893)
Marcos Moríñigo (1893-1894)
Juan Bautista Egusquiza (1894-1898)
Emilio Aceval (1898-1902)
Héctor Carvallo (1902)
Juan A. Ezcurra (1902-1904)
Juan Gaona (1904-1905)
Cecilio Báez (1905-1906)
Benigno Ferreira (1906-1908)
Emilio González Navero (1908-1910), *primera vez*
Manuel Gondra (1910-1911), *primera vez*
Albino Jara (1911)
Liberato Marcial Rojas (1911-1912)
Pedro Peña (1912)
Emilio González Navero (1912), *segunda vez*
Eduardo Schaerer (1912-1916)
Manuel Franco (1916-1919)
José Pío Montero (1919-1920)
Manuel Gondra (1920-1921), *segunda vez*
Félix Paiva (1921), *primera vez*
Eusebio Ayala (1921-1923), *segunda vez*
Eligio Ayala (1923-1924), *primera vez*
Luis Alberto iart (1924)
Eligio Ayala (1924-1928), *segunda vez*
José Patricio Guggiari (1928-1931), *primera vez*
Emilio González Navero (1931-1932), *tercera vez*
José Patricio Guggiari (1932), *segunda vez*
Eusebio Ayala (1932-1936), *segunda vez*
Rafael Franco (1936-1937)
Félix Paiva (1937-1939), *segunda vez*
José Félix Estigarribia (1939-1940)
Higinio Moríñigo (1940-1948)
Juan Manuel Frutos (1948)
Juan Natalicio González (1948-1949)
Raimundo Rolón (1949)
Felipe Molas López (1949)
Federico Chávez (1949-1954)
Tomás Romero Pereira (1954)
Alfredo Stroessner (1954-1989)
Andrés Rodríguez (1989-1993)
Juan Carlos Wasmosy (1993-)

30. Perú

Imperio Inca

Incas legendarios (Cuzco):

Manco Cápac (¿siglo XIII?)
Sinchi Roca
Lloque Yupanqui
Mayta Cápac
Cápac Yupanqui
Inca Roca
Yahuar Huacac o Inca Yupanqui
Viracocha
Inca Urco

Incas históricos (Tahuantinsuyu):

Pachacuti Inca Yupanqui (1438-1471)
Túpac Inca Yupanqui (1471-1493)
Huayna Cápac (1493-1525)
Huáscar (Reino de Cuzco, 1525-1532)
Atahualpa (Reino de Quito 1525-1532, todo el Tahuantinsuyu, 1532-1533)
Manco Cápac II o Manco Inca (1533-1544)

Incas de Vilcabamba:

Sayry Túpac (1544-1558)
Tito Cusi (1558-1571)
Túpac Amaru I (1571-1572)

Virreinato español del Perú

Virreyes:

Francisco Pizarro (1534-1540), *gobernador*
Cristóbal Vaca de Castro (1540-1544), *gobernador*

Blasco Núñez de Vela (1544-1546)
Pedro de la Gasca (1546-1550), *gobernador*
Antonio de Mendoza (1550-1552)
Melchor Bravo de Saravia (1552-1555), *gobernador*
Andrés Hurtado de Mendoza (1555-1561)
Diego López de Zúñiga y Velasco, conde de Niebla (1561-1564)
Juan de Saavedra (1564), *gobernador*
Lope García de Castro (1564-1569), *gobernador*
Francisco de Toledo (1569-1581)
Martín Enríquez de Almansa (1581-1583)
Cristóbal Ramírez de Cartagena (1583-1586), *gobernador*
Fernando de Torres y Portugal (1586-1589)
García Hurtado de Mendoza y Manrique (1589-1596)
Luis de Velasco (1596-1604)
Gaspar de Zúñiga y Acevedo, conde de Monterrey (1604-1606)
Núñez de Avendaño (1607), *gobernador*
Juan de Mendoza y Luna, marqués de Montesclaros (1607-1615)
Francisco de Borja y Aragón, príncipe de Esquilache (1615-1621)
Juan Jiménez de Montalvo (1621-1622), *gobernador*
Diego Fernández de Córdoba, marqués de Guadalcázar (1622-1628)
Luis Jerónimo Fernández de Cabrera, conde de Chinchón (1628-1639)
Pedro de Toledo y Leyva, marqués de Mancera (1639-1648)
García Sarmiento de Sotomayor, conde de Salvatierra (1648-1655)
Luis Enrique de Guzmán, conde de Alba de Liste (1655-1661)
Diego Benavides y de la Cueva (1661-1666)
Bernardo de Iturriaza (1666-1667), *gobernador, primera vez*
Pablo Fernández de Castro, conde de Lemos (1667-1672)
Bernardo de Iturriaza (1672-1674), *gobernador, segunda vez*
Baltasar de la Cueva Enríquez (1674-1678)
Melchor de Liñán y Cisneros (1678-1681)
Melchor de Navarra y Rocafull, duque de la Palata (1681-1689)
Melchor de Portocarrero Lasso de la Vega, conde de la Monclova (1689-1705)
Miguel Núñez de Sanabria (1705-1707), *gobernador*
Manuel de Oms y Santa Pau, marqués de Castelldos-Rius (1707-1710)
Miguel Núñez de Sanabria (1710), *gobernador*
Diego Ladrón de Guevara (1710-1716)
Mateo de la Mata Ponce de León (1716), *gobernador*
Diego Morcillo Rubio de Auñón (1716), *primera vez*
Carmine Nicolao Caracciolo, príncipe de Santo Buono (1716-1720)
Diego Morcillo Rubio de Auñón (1720-1724), *segunda vez*
José de Armendáriz, marqués de Castelfuerte (1724-1736)
José Antonio de Mendoza (1736-1746)
José Antonio Manso de Velasco, conde de Superunda (1746-1761)
Manuel de Amat i Junjent (1761-1776)
Manuel de Guirior (1776-1780)
Agustín de Jáuregui y Aldecoa (1780-1784)
Teodoro de Croix (1784-1790)
Francisco Gil de Taboada (1790-1796)
Ambrosio O'Higgins, marqués de Osorno (1796-1801)
Manuel Arredondo y Pelegrín (1801), *gobernador*
Gabriel Avilés y del Fierro, marqués de Avilés (1801-1806)
José Fernando de Abascal y Sousa (1806-1816)
Joaquín de la Pezuela y Sánchez (1816-1821)
José de la Serna e Hinojosa (1821-1824)

Protector del Perú

José de San Martín (1821-1822)

Junta de Gobierno

José de la Mar (*presidente*), M. Salazar y Felipe A. Alvarado (1822-1823)

Presidentes de la República

José de la Riva Agüero (1823)
José Bernardo de Tagle (1823-1824)
Simón Bolívar (1824-1826), *dictador*
Andrés Santa Cruz (1826-1827), *primera vez*
José de la Mar (1827-1829)
Agustín Gamarra (1829-1833), *primera vez*
Pedro P. Bermúdez (1833)
Luis José de Orbegozo (1833-1835)
Felipe Santiago Salaverry (1835-1836)
Andrés Santa Cruz (1836-1839), *segunda vez*
Agustín Gamarra (1839-1841), *segunda vez*
Manuel Menéndez (1841-1842), *primera vez*
Juan Crisóstomo Torrico (1842)
Francisco de Vidal (1842-1843)
Manuel Ignacio de Vivanco (1843-1844), *dictador*

Domingo Elías (1844)
Justo Figuerola (1844)
Manuel Menéndez (1844-1845), *segunda vez*
Ramón Castilla y Marquesado (1845-1851), *primera vez*
José Rufino Echenique (1851-1855)
Ramón Castilla y Marquesado (1855-1862), *segunda vez*
Miguel San Román (1862-1863)
Pedro Díez Canseco (1863), *primera vez*
Juan Antonio Pezet (1863-1865), *dictador*
Pedro Díez Canseco (1865), *segunda vez*
Mariano Ignacio Prado (1865-1868), *dictador*, *primera vez*
Pedro Díez Canseco (1868), *tercera vez*
José Balta (1868-1872)
Tomás Gutiérrez (1872), *dictador*
Manuel Pardo (1872-1876)
Mariano Ignacio Prado (1876-1879), *segunda vez*
Luis La Puerta (1879)
Nicolás de Piérola (1879-1881), *primera vez*
Francisco García Calderón (1881)
Lisardo Montero (1881-1883)
Miguel Iglesias (1883-1885)
Junta de Gobierno: Antonio Arenas (1885-1886)
Andrés Avelino Cáceres (1886-1890), *primera vez*
Remigio Morales Bermúdez (1890-1894)
Justiniano Borgoño (1894)
Andrés Avelino Cáceres (1894-1895), *segunda vez*
Junta de Gobierno: Manuel Candamo (1895)
Nicolás de Piérola (1895-1899), *segunda vez*
Eduardo López de la Romaña (1899-1903)
Manuel Candamo (1903-1904)
Serapio Calderón (1904)
José Pardo y Barreda (1904-1908), *primera vez*
Augusto Bernardino Leguía (1908-1912), *primera vez*
Guillermo Billinghurst (1912-1914)
Junta de Gobierno: Óscar Raimundo Benavides (1914-1915)
José Pardo y Barreda (1915-1919), *segunda vez*
Augusto Bernardino Leguía (1919-1930), *segunda vez*
Manuel Ponce (1930)
Luis M. Sánchez Cerro (1930-1931), *primera vez*
Ricardo Leoncio Elías (1931)
Gustavo A. Jiménez (1931)
Junta de Gobierno: David Samánez Ocampo (1931)
Luis M. Sánchez Cerro (1931-1933), *segunda vez*
Óscar Raimundo Benavides (1933-1939)
Manuel Prado Ugarteche (1939-1945), *primera vez*
José Luis Bustamante y Rivero (1945-1948)
Junta de Gobierno: Manuel A. Odría (1948-1950)

Zenón Noriega (1950)
Manuel A. Odría (1950-1956)
Manuel Prado Ugarteche (1956-1962), *segunda vez*
Junta militar: Ricardo Pérez Godoy (1962-1963)
Junta militar: Nicolás Lindley López (1963)
Fernando Belaúnde Terry (1963-1968), *primera vez*
Junta militar: Juan Velasco Alvarado (1968-1975)
Junta militar: Francisco Morales Bermúdez (1975-1980)
Fernando Belaúnde Terry (1980-1985), *segunda vez*
Alan García Pérez (1985-1990)
Alberto Fujimori (1990-)

31. Puerto Rico

Estado Asociado a los Estados Unidos de América

Gobernadores:

Luis Muñoz Marín (1953-1965)
Roberto Sánchez Vilella (1965-1969)
Luis A. Ferré (1969-1973)
Rafael Hernández Colón (1973-1977), *primera vez*
Carlos Romero Barceló (1977-1985)
Rafael Hernández Colón (1985-1993), *segunda vez*
Pedro Roselló (1993-)

32. El Salvador

Estado de El Salvador (Provincias Unidas del Centro de América)

Presidentes:

Juan Manuel Rodríguez (1824)
Juan V. Villacorta (1824-1825), *primera vez*
Mariano Prado (1825), *primera vez*
Juan V. Villacorta (1825-1826), *segunda vez*
Mariano Prado (1826-1829), *segunda vez*
José María Cornejo (1829-1830), *primera vez*
Damián Villacorta (1830)
José María Cornejo (1830-1833), *segunda vez*
Francisco Morazán (1832), *primera vez*
Joaquín de San Martín (1832), *primera vez*
Maniano Prado (1832-1833), *tercera vez*
Joaquín de San Martín (1833-1834), *segunda vez*
Gregorio Salazar (1834)
Joaquín Escolán (1834)
Dionisio Herrera (1834-1835)

Listas

José María Silva (1835), *primera vez*
Nicolás Espinosa (1835)
Diego Vigil (1835-1837), *primera vez*
Timoteo Menéndez (1837), *primera vez*
Diego Vigil (1837-1838), *segunda vez*
Timoteo Menéndez (1838-1839), *segunda vez*
Antonio José Cañas (1839), *primera vez*
Francisco Morazán (1839-1840), *segunda vez*
José María Silva (1840), *segunda vez*
Antonio José Cañas (1840), *segunda vez*
Norberto Ramírez (1840)

República de El Salvador

Presidentes:

Juan de Lindo Zelaya (1841-1842)
Escolástico Marín (1842), *primera vez*
Juan José Guzmán (1842), *primera vez*
Dionisio Villacorta (1842)
Escolástico Marín (1842), *segunda vez*
Juan José Guzmán (1842-1843), *segunda vez*
Pedro Arce (1843)
Juan José Guzmán (1843-1844), *tercera vez*
Fermín Palacios (1844), *primera vez*
Francisco Malespín (1844)
Joaquín Eufrasio Guzmán (1844-1845), *primera vez*
Fermín Palacios (1845), *segunda vez*
Joaquín Eufrasio Guzmán (1845-1846), *segunda vez*
Eugenio Aguilar (1846), *primera vez*
Fermín Palacios (1846), *tercera vez*
Eugenio Aguilar (1846-1848), *segunda vez*
Tomás Medina (1848)
Félix Quiroz (1848), *primera vez*
Doroteo Vasconcelos (1848-1850), *primera vez*
Ramón Rodríguez (1850)
Miguel Santín del Castillo (1850), *primera vez*
Doroteo Vasconcelos (1850-1851), *segunda vez*
Francisco Dueñas (1851), *primera vez*
Félix Quiroz (1851), *segunda vez*
Francisco Dueñas (1851-1854), *segunda vez*
Vicente Gómez (1854)
José María San Martín (1854), *primera vez*
Mariano Hernández (1854)
José María San Martín (1854-1856), *segunda vez*
Francisco Dueñas (1856), *tercera vez*
Rafael Ocampo (1856-1858)
Lorenzo Zepeda (1858)
Miguel Santín del Castillo (1858-1859), *segunda vez*
Joaquín Eufrasio Guzmán (1859), *tercera vez*
José María Peralta (1859), *primera vez*
Gerardo Barrios Espinosa (1859-1860), *primera vez*
José María Peralta (1860-1861), *segunda vez*
Gerardo Barrios Espinosa (1861-1863), *segunda vez*
Francisco Dueñas (1863-1871), *cuarta vez*
Santiago González (1871-1872), *primera vez*
Manuel Méndez (1872)
Santiago González (1872-1876), *segunda vez*
Andrés Valle (1876)
Rafael Zaldívar (1876-1884), *primera vez*
Ángel Guirola (1884)
Rafael Zaldívar (1884-1885), *segunda vez*
Fernando Figueroa (1885), *primera vez*
José Rosales (1885)
Francisco Menéndez (1885-1890)
Carlos Ezeta (1890-1894)
Rafael Antonio Gutiérrez (1894-1898)
Tomás Regalado (1898-1903)
Pedro José Escalón (1903-1907)
Fernando Figueroa (1907-1911), *segunda vez*
Manuel Enrique Araujo (1911-1913)
Carlos Meléndez (1913-1914), *primera vez*
Alfonso Quiñones Molina (1914-1915), *primera vez*
Carlos Meléndez (1915-1918), *segunda vez*
Alfonso Quiñones Molina (1918-1919), *segunda vez*
Jorge Meléndez (1919-1923)
Alfonso Quiñones Molina (1923-1927), *tercera vez*
Pío Romero Bosque (1927-1931)
Arturo Araujo (1931)
Maximiliano Hernández Martínez (1931-1934), *primera vez*
Andrés Ignacio Menéndez (1934-1935), *primera vez*
Maximiliano Hernández Martínez (1935-1944), *segunda vez*
Andrés Ignacio Menéndez (1944-1945), *segunda vez*
Salvador Castañeda Castro (1945-1948)
Consejo de Gobierno Revolucionario (1948-1950)
Óscar Osorio (1950-1956)
José María Lemus (1956-1960)
Junta militar (1960-1961)
Directorio cívico-militar (1961-1962)
Eusebio Rodolfo Cordón (1962)
Julio Adalberto Rivera (1962-1967)
Fidel Sánchez Hernández (1967-1972)
Arturo Armando Molina (1972-1977)
Carlos Humberto Romero (1977-1979)
Junta cívico-militar (1979-1982)
Álvaro Magaña (1982-1984)
José Napoleón Duarte (1984-1989)
Alfredo Cristiani Burkard (1989-1994)
Armando Calderón (1994-)

33. Santo Domingo

«Haití español»

Presidente: José Núñez de Cáceres (1821-1822)
Anexión haitiana (1822)

República de Haití

Presidentes:

Jean Pierre Boyer (1818-1843)
Charles Ainé Rivière Hérard (1843-1844)

República Dominicana

Junta General Gubernativa (1844)

Presidentes:

Pedro Santana (1844-1848), *primera vez*
Manuel Jiménez (1848-1849)
Buenaventura Báez (1849-1853), *primera vez*
Pedro Santana (1853-1856), *segunda vez*
Manuel de Regla Mota (1856)
Buenaventura Báez (1856-1857), *segunda vez*
José Desiderio Valverde (1857-1859)
Pedro Santana (1859-1861), *tercera vez*

Administración española

Gobernadores y capitanes generales:

Pedro Santana (1861-1862)
Felipe Rivero Lemoyne (1862-1863)
Carlos de Vargas Cerveto (1863-1864)
José de la Gándara y Navarro (1864-1865)

Movimiento de la Restauración

Presidentes:

José Antonio Salcedo (1863-1864)
Gaspar Polanco (1864-1865)
Benigno Filomeno Rojas (1865)
Pedro Antonio Pimentel (1865)
José María Cabral (1865)
Buenaventura Báez (1865)

República Dominicana

Presidentes:

José María Cabral (1866-1868)
Buenaventura Báez (1868-1873), *tercera vez*
Ignacio María González (1873-1876), *primera vez*
Ulises Francisco Espaillat (1876)
Ignacio María González (1876-1878), *segunda vez*
Cesáreo Guillermo (1878-1879)
Jacinto de Castro (1879-1880)
Gregorio Luperón (1880)

Fernando Arturo de Meriño (1880-1882)
Ulises Heureaux (1882-1885), *primera vez*
Francisco Gregorio Billini (1884-1885)
Alejandro Woss y Gil (1885-1887), *primera vez*
Ulises Heureaux (1887-1889), *segunda vez*
Manuel M. Gautier (1889)
Ulises Heureaux (1889-1899), *tercera vez*
Wenceslao Figuereo (1899)
Horacio Vázquez (1899), *primera vez*
Juan Isidro Jiménez (1899-1902), *primera vez*
Carlos F. Morales Languaso (1902-1903), *primera vez*
Alejandro Woss y Gil (1903), *segunda vez*
Juan Isidro Jiménez (1903-1904), *segunda vez*
Carlos F. Morales Languaso (1904-1906), *segunda vez*
Ramón Cáceres (1906-1911)
Eladio Victoria (1911-1912)
Adolfo A. Nonel y Bobadilla (1912-1913)
José Bordas Valdés (1913-1914)
Ramón Báez (1914)
Juan Isidro Jiménez (1914-1916), *tercera vez*
Desiderio Arias (1916)
Francisco Henríquez Carvajal (1916)

Ocupación de los Estados Unidos de América

Gobernadores militares:

H. S. Knapp, Thomas Snowden y Samuel S. Robinson (1916-1922)

República Dominicana

Presidentes:

Juan Bautista Vicini Burgos (1922-1924)
Horacio Vázquez (1924-1930), *segunda vez*
Rafael Estrella Ureña (1930)
Rafael Leónidas Trujillo y Molina (1930-1938), *primera vez*
Jacinto Bienvenido Peynado (1938-1940)
Manuel de Jesús Troncoso de la concha (1940-1942)
Rafael Leónidas Trujillo y Molina (1942-1952)
Héctor Bienvenido Trujillo y Molina (1952-1960)
Joaquín Balaguer Ricardo (1960-1962), *primera vez*
Rafael F. Bonelly (1962), *primera vez*
Junta militar: Huberto Bogaert (1962)
Rafael F. Bonelly (1962-1963), *segunda vez*
Juan Bosch Gavino (1963)
Junta militar: Emilio de los Santos (1963)
Junta militar: Donald Reid Cabral, Elías Wessin y Wessin, R. Cáceres Troncoso y Antonio Imbert Barreras (1963-1965)
Junta militar: Francisco Caamaño Deño (1965)

Héctor García Godoy Cáceres (1965-1966)
Joaquín Balaguer Ricardo (1966-1978), *segunda vez*
Antonio Guzmán Fernández (1978-1982)
Jacobo Majluta (1982)
Salvador Jorge Blanco (1982-1986)
Joaquín Balaguer Ricardo (1986-1996)
Leonel Fernández Reyna (1996-)

34. *Uruguay*

República Oriental del Uruguay

Presidentes:

José Fructuoso Rivera (1830-1835), *primera vez*
Manuel Oribe (1835-1838)
Gabriel Antonio Pereira (1838), *primera vez*
José Fructuoso Rivera (1838-1839), *segunda vez*
Gabriel Antonio Pereira (1839), *segunda vez*
José Fructuoso Rivera (1839-1843), *tercera vez*
Joaquín Suárez (1843-1852)
Bernardo Prudencio Berro (1852), *primera vez*
Juan Francisco Giró (1852-1853)
Juan Antonio Lavalleja, Venancio Flores y José Fructuoso Rivera (1853-1854)
Venancio Flores (1854-1855), *primera vez*
Luis Lamas (1855)
Manuel Basilio Bustamante (1855-1856)
José María Pla (1856)
Gabriel Antonio Pereira (1856-1860)
Bernardo Prudencio Berro (1860-1864), *segunda vez*
Anastasio Cruz Aguirre (1864-1865)
Tomás Villalba (1865)
Venancio Flores (1865-1868), *segunda vez*
Pedro Varela (1868), *primera vez*
Lorenzo Batlle (1868-1872)
Tomás Gomensoro (1872-1873)
José Eugenio Ellauri (1873-1875)
Pedro Varela (1875-1876), *segunda vez*
Lorenzo Latorre (1879-1880)
Francisco Antonio Vidal (1880-1882), *primera vez*
Máximo Santos (1882-1886), *primera vez*
Francisco Antonio Vidal (1886), *segunda vez*
Mácimo Santos (1886), *segunda vez*
Máximo Tajes (1886-1890)
Julio Herrera y Obes (1890-1894)
Duncan Stewart (1894)
Juan Idiarte Borda (1894-1897)
Juan Lindolfo Cuestas (1897-1899), *primera vez*
José Batlle y Ordóñez (1899), *primera vez*
Juan Lindolfo Cuestas (1899-1903), *segunda vez*
José Batlle y Ordóñez (1903-1907), *segunda vez*
Claudio William (1907-1911)
José Batlle y Ordóñez (1911-1915), *tercera vez*
Feliciano Viera (1915-1919)
Baltasar Brum (1919-1923)
José Serrato (1923-1927)
Juan Campisteguy (1927-1931)
Gabriel Terra (1931-1938)
Alfredo Baldomir (1938-1943)
Juan José Amézaga (1943-1947)
Tomás Barreta (1947)
Luis Batlle Berres (1947-1951), *primera vez*
Andrés Martínez Trueba (1951-1952)

Consejo Nacional de Gobierno

Presidentes:

Andrés Martínez Trueba (1952-1955)
Luis Batlle Berres (1955-1956), *segunda vez*
Alberto F. Zubiría (1956-1957)
Alberto Lezama (1957-1958)
Carlos L. Fischer (1958-1959)
Martín R. Etchegoyen (1959-1960)
Benito Nardone (1960-1961)
Eduardo Víctor Haedo (1961-1962)
Faustino Harrison (1962-1963)
Daniel Fernández Crespo (1963-1964)
Luis Gianattasio (1964-1965)
Washington Beltrán (1965-1966)
Alberto Heber Usher (1966-1967)

Presidentes de la República

Óscar Daniel Gestido (1967)
Jorge Pacheco Areco (1967-1972)
Juan María Bordaberry Arocena (1972-1976)
Aparicio Méndez (1976-1981)
Gregorio Álvarez Armelino (1981-1985)
Julio María Sanguinetti Cairolo (1985-1990), *primera vez*
Luis Alberto Lacalle Herrera (1990-1994)
Julio María Sanguinetti Cairolo (1994-), *segunda vez*

35. *Venezuela*

Primera República

Triunvirato ejecutivo (1811-1812)
Dictador: Francisco de Miranda (1812)

Segunda República

Dictador: Simón Bolívar (1813-1814)

Tercera República (integrada en la Gran Colombia)

Vicepresidente por Venezuela: Juan Germán Roscio (1819-1821)

Cuarta República

Presidentes:

José Antonio Páez (1831-1835), *primera vez*
José María Vargas (1835-1837)
Carlos Soublette (1837-1839), *primera vez*
José Antonio Páez (1839-1843), *segunda vez*
Carlos Soublette (1843-1847), *segunda vez*
José Tadeo Monagas (1847-1851), *primera vez*
José Gregorio Monagas (1851-1855)
José Tadeo Monagas (1855-1858), *segunda vez*
Julián Castro (1858-1859)
Pedro Gual (1859), *segunda vez*
Manuel Felipe Tovar (1859-1861)
Pedro Gual (1861), *segunda vez*
José Antonio Páez (1861-1863), *tercera vez*
Juan Crisóstomo Falcón (1863-1868)
José Tadeo Monagas (1868), *tercera vez*
José Ruperto Monagas (1868-1870)
Antonio Guzmán Blanco (1870-1877), *primera vez*
Francisco Linares Alcántara (1877-1878)
Gregorio Cedeño (1878-1879)
Antonio Guzmán Blanco (1879-1884), *segunda vez*
Joaquín Crespo (1884-1886), *primera vez*
Antonio Guzmán Blanco (1886-1887), *tercera vez*
Hermógenes López (1887-1888)
Juan Pablo Rojas Paúl (1888-1890)
Raimundo Andueza Palacio (1890-1892)
Guillermo Tell Pulido (1892)
Joaquín Crespo (1892-1898), *segunda vez*
Ignacio Andrade (1898-1899)
Cipriano Castro (1899-1908)
Juan Vicente Gómez (1908-1915), *primera vez*
Victoriano Márquez Bustillo (1915-1922)
Juan Vicente Gómez (1922-1929), *segunda vez*
Juan Bautista Pérez (1929-1931)
Juan Vicente Gómez (1931-1935), *tercera vez*
Eleazar López Contreras (1935-1941)
Isaías Medina Angarita (1941-1945)
Rómulo Betancourt (1945-1948)
Rómulo Gallegos (1948)
Junta militar: Carlos Delgado Chalbaud (1948-1950)
Junta de Gobierno: Germán Suárez Flamerich (1950-1952)
Junta militar: Marcos Pérez Jiménez (1952-1953)
Marcos Pérez Jiménez (1953-1958)
Junta militar: Wolfgang Larrazábal (1958)
Junta de Gobierno: Edgard Sanabria (1958-1959)
Rómulo Betancourt (1959-1964)
Raúl Leoni (1964-1969)
Rafael Caldera Rodríguez (1969-1974), *primera vez*
Carlos Andrés Pérez (1974-1979), *primera vez*
Luis Herrera Campins (1979-1984)
Jaime Lusinchi (1984-1989)
Carlos Andrés Pérez (1989-1993), *segunda vez*
Ramón José Velázquez (1993-1994)
Rafael Caldera Rodríguez (1994-), *segunda vez*

IV. OTRAS PERSONALIDADES

36. *Papas*

Pedro (30-67)
Lino (67-78)
Cleto (78-90)
Clemente I (90-100)
Anacleto (100-112)
Evaristo (112-121)
Alejandro I (121-132)
Sixto I (132-142)
Telesforo (142-154)
Higinio (154-158)
Pío I (158-167)
Aniceto (167-175)
Sotero (175-182)
Eleuterio (182-193)
Víctor I (193-203)
Ceferino (203-220)
Calixto I (221-227)
Urbano I (227-233)
Ponzano (233-238)
Antero (238-239)
Fabiano (240-253)
Cornelio (253-255)
Lucio I (255-257)
Esteban I (257-259)
Sixto II (260-261)
Dionisio I (261-272)
Félix I (272-275)
Euquitiano (275-283)
Cayo (283-296)
Marcelino (296-304)
Marcelo I (307-309)
Eusebio (309-311)
Melquíades (311-314)
Silvestre I (314-337)
Marcos (337-340)
Julio I (341-352)
Liberio (352-365), *gobierna durante su exilio*
 Félix II (355-358)

Dámaso (366-384)
Ciricio (384-398)
Anastasio I (399-402)
Inocencio I (402-417)
Zósimo (417-418)
Bonifacio I (418-423)
Celestino I (423-432)
Sixto III (432-440)
León I (440-461)
Hilario (461-468)
Simplicio (468-483)
Félix III (483-492)
Gelasio I (492-496)
Anastasio II (496-498)
Símaco (498-514)
Hormisdas (514-523)
Juan I (523-526)
Félix IV (526-530)
Bonifacio II (530-532)
Juan II (532-535)
Agapito I (535-536)
Silverio (536-538)
Vigilio (538-555)
Pelagio I (556-560)
Juan III (560-574)
Benedicto I (574-578)
Pelagio II (578-590)
Gregorio I (590-604)
Sabiniano (604-606)
Bonifacio III (607)
Bonifacio IV (608-615)
Deodato I (615-619)
Bonifacio V (619-625)
Honorio I (625-638)
Severiano (638-640)
Juan IV (640-642)
Teodoro I (642-649)
Martín I (649-655)
Eugenio I (655-657)
Vitaliano (657-672)
Deodato II (672-676)
Donino (676-678)
Agatón (678-682)
León II (682-683)
Benedicto II (684-685)
Juan V (685-686)
Conón (686-687)
Sergio I (687-701)
Juan VI (701-705)
Juan VII (705-707)
Sisinio (708)
Constantino I (708-715)
Gregorio II (715-731)
Gregorio III (731-741)
Zacarías (741-752)

Esteban II (752), *muerto sin consagrar*
Esteban II [ó III] (752-757)
Pablo I (757-767)
Esteban III [ó IV] (768-771)
Adriano I (771-795)
León III (795-816)
Esteban IV [ó V] (816-817)
Pascual I (817-824)
Eugenio II (824-827)
Valentín (827)
Gregorio IV (827-844)
Sergio II (844-847)
León IV (847-855)
Benedicto III (855-858)
Nicolás I (858-867)
Adriano II (867-872)
Juan VIII (872-882)
Marino I (882-884)
Adriano III (884-885)
Esteban V [o VI] (885-891)
Formoso (891-896)
Bonifacio VI (896), *antipapa*
Esteban VI [o VII] (897)
Romano (897)
Teodoro II (897)
Juan IX (898-900)
Benedicto IV (900-903)
León V (903)
Cristóforo (903-904), *antipapa*
Sergio III (904-911)
Anastasio III (911-913)
Landón (913-914)
Juan X (914-928)
León VI (928)
Esteban VII [u VIII] (929-931)
Juan XI (931-936)
León VII (936-939)
Esteban VIII [ó IX] (939-942)
Marino II (942-946)
Agapito II (946-956)
Juan XII (956-964)
León VIII (963-964), *antipapa*
Benedicto V (964)
Juan XIII (965-972)
Benedicto VI (972-973)
Donino II (973)
Bonifacio VII (974), *antipapa*
Benedicto VII (975-984)
Juan XIV (984-985)
Juan XV (985-996)
Gregorio V (996-999)
Juan XVI (997-998), *antipapa*
Silvestre II (999-1003)
Juan XVII (1003)
Juan XVIII (1003-1009)

Sergio IV (1009-1012)
Benedicto VIII (1012-1024)
Juan XIX (1024-1033)
Benedicto IX (1033-1044)
Gregorio VI (1044-1046)
Silvestre III (1045), *antipapa*
Clemente II (1046)
Dámaso II (1047-1048)
León IX (1048-1054)
Víctor II (1054-1057)
Esteban IX [ó X] (1057-1058)
Benedicto X (1058-1059), *antipapa*
Nicolás II (1059-1061)
Alejandro II (1061-1073)
Honorio II (1061-1064), *antipapa*
Gregorio VII (1073-1085)
Clemente III (1080-1100), *antipapa*
Víctor III (1086-1087)
Urbano II (1088-1099)
Pascual II (1099-1118)
Teodorico (1100), *antipapa*
Alberto (1102), *antipapa*
Silvestre IV (1105), *antipapa*
Gelasio II (1118-1119)
Gregorio VIII (1118-1121), *antipapa*
Calixto II (1119-1124)
Honorio II (1124-1130)
Celestino (1124), *antipapa*
Inocencio II (1130-1143)
Anacleto III (1130-1137), *antipapa*
Víctor IV (1138), *antipapa*
Celestino II (1143-1144)
Lucio II (1144-1145)
Eugenio III (1145-1153)
Anastasio IV (1153-1154)
Adriano IV (1145-1159)
Alejandro III (1159-1181)
Víctor V (1159-1164), *antipapa*
Pascual III (1164-1168), *antipapa*
Calixto III (1168-1178), *antipapa*
Inocencio III (1179-1180), *antipapa*
Lucio III (1181-1185)
Urbano III (1185-1187)
Gregorio VIII (1187-1188)
Clemente III (1188-1191)
Celestino III (1191-1198)
Inocencio III (1198-1216)
Honorio III (1216-1227)
Gregorio IX (1227-1241)
Celestino IV (1241)
Inocencio IV (1243-1254)
Alejandro IV (1254-1261)
Urbano IV (1261-1264)
Clemente IV (1264-1268)
Gregorio X (1271-1276)

Inocencio V (1276)
Adriano V (1276)
Juan XXI (1276-1277)
Nicolás III (1277-1280)
Martín IV (1281-1285)
Honorio IV (1285-1287)
Nicolás IV (1288-1292)
Celestino V (1294)
Bonifacio VIII (1294-1303)
Benedicto XI (1303-1304)
Clemente V (1305-1314)
Juan XXII (1316-1334)
Nicolás V (1328-1330), *antipapa*
Benedicto XII (1334-1342)
Clemente VI (1342-1352)
Inocencio VI (1352-1362)
Urbano V (1362-1370)
Gregorio XI (1370-1378)
Urbano VI (1378-1389)
Clemente VII (1378-1394), *papa de Aviñón*
Bonifacio IX (1389-1404)
Benedicto XIII (1394-1417), *papa de Aviñón*
Inocencio VII (1404-1405)
Gregorio XII (1406-1409)
Alejandro V (1409-1410), *papa de Pisa*
Juan XXIII (1410-1415), *papa de Pisa*
Martín V (1417-1431)
Clemente VIII (1424-1429), *antipapa*
Eugenio IV (1431-1447)
Félix V (1439-1449), *antipapa*
Nicolás V (1447-1455)
Calixto III (1455-1458)
Pío II (1458-1464)
Pablo II (1464-1471)
Sixto IV (1471-1484)
Inocencio VIII (1484-1492)
Alejandro VI (1492-1503)
Pío III (1503)
Julio II (1503-1513)
León X (1513-1521)
Adriano VI (1522-1523)
Clemente VII (1523-1534)
Pablo III (1534-1549)
Julio III (1550-1555)
Marcelo II (1555)
Pablo IV (1555-1559)
Pío IV (1559-1565)
Pío V (1566-1572)
Gregorio XIII (1572-1585)
Sixto V (1585-1590)
Urbano VII (1590)
Gregorio XIV (1590-1591)
Inocencio IX (1591)
Clemente VIII (1592-1605)
León IX (1605)

Pablo V (1605-1621)
Gregorio XV (1621-1623)
Urbano VIII (1623-1643)
Inocencio X (1644-1655)
Alejandro VII (1655-1666)
Clemente IX (1667-1669)
Clemente X (1670-1676)
Inocencio XI (1676-1689)
Alejandro VIII (1689-1691)
Inocencio XII (1691-1700)
Clemente XI (1700-1721)
Inocencio XIII (1721-1724)
Benedicto XIII (1724-1730)
Clemente XII (1730-1740)
Benedicto XIV (1740-1758)
Clemente XIII (1758-1769)
Clemente XIV (1769-1774)
Pío VI (1775-1799)
Pío VII (1800-1823)
León XII (1823-1829)
Pío VIII (1829-1830)
Gregorio XVI (1831-1846)
Pío IX (1846-1878)
León XIII (1878-1903)
Pío X (1903-1914)
Benedicto XV (1914-1922)
Pío XI (1922-1939)
Pío XII (1939-1958)
Juan XXIII (1958-1963)
Pablo VI (1963-1978)
Juan Pablo I (1978)
Juan Pablo II (1978-)

37. Secretarios generales de la Organización de las Naciones Unidas

Trygve Halvdan Lie (1946-1953), *noruego*
Dag Hjalmar Agne Carl Hammarskjöld (1953-1961), *sueco*
U Thant (1962-1971), *birmano*
Kurt Waldheim (1971-1982), *austriaco*
Javier Pérez de Cuéllar (1982-1992), *peruano*
Boutros Boutros-Ghali (1992-1997), *egipcio*
Kofi Annan (1997-), *ghanés*

38. Presidentes de la Comisión Europea

Jean Rey (1967-1970)
Franco M. Malfatti (1970-1972)
Sicco L. Mansholt (1972-1973)
François-Xavier Ortoli (1973-1977)
Roy Jenkins (1977-1981)
Gaston Thorn (1981-1985)
Jacques Delors (1985-1995)
Jacques Santer (1995-)

39. Premios Nobel de la Paz

Jean Henri Dunant y Frédéric Passy (1901)
Élie Ducommun y Charles Albert Gobat (1902)
William Randall Cremer (1903)
Instituto de Derecho Internacional (1904)
Bertha von Suttner (1905)
Theodore Roosevelt (1906)
Ernesto Teodoro Moneta y Louis Renault (1907)
Klas Pontus Arnoldson y Fredrik Bajer (1908)
Baron d'Estournelles de Constant y Auguste Beernaert (1909)
Oficina Internacional de la Paz (1910)
Tobias Michael Carel Asser y Alfred Fried (1911)
Elihu Root (1912)
Henri Lafontaine (1913)
Comité de la Cruz Roja Internacional (1917)
Woodrow Wilson (1919)
Léon Victor Auguste Bourgeois (1920)
Karl Hjalmar Branting y Christian Louis Lange (1921)
Fridtjof Nansen (1922)
Joseph Austen Chamberlain y Charles Gates Dawes (1925)
Aristide Briand y Gustav Stresemann (1926)
Ferdinand Buisson y Ludwig Quidde (1927)
Frank Billings Kellog (1929)
Nathan Söderblom (1930)
Jane Addams y Nocholas Murray Butler (1931)
Norman Angell (1933)
Arthur Henderson (1934)
Carl von Ossietzky (1935)
Carlos Saavedra Lamas (1936)
Robert Cecil (1937)
Oficina Internacional Nansen para Refugiados (1938)
Comité de la Cruz Roja Internacional (1944)
Cordell Hull (1945)
Emily Greene Balch y John Raleigh Mott (1946)
Consejo de Amigos Funcionarios del Reino Unido y Sociedad Americana de Amigos Funcionarios (1947)
John Boyd Orr (1949)
Ralphe Johnson Bunche (1950)
Léon Jouhaux (1951)
Albert Schweitzer (1952)
George Catlett Marshall (1953)
Oficina del Alto Comisionado de las Naciones Unidas para los Refugiados (1954)
Lester Bowles Pearson (1957)
Georges Pire (1958)

Philip Noel-Baker (1959)
Albert John Luthuli (1960)
Dag Hjalmar Agne Carl Hammarskjöld (1961)
Linus Carl Pauling (1962)
Comité de la Cruz Roja Internacional y Liga de Sociedades de la Cruz Roja (1963)
Martin Luther King (1964)
UNICEF (1965)
René Cassin (1968)
Organización Internacional del Trabajo (1969)
Norman E. Borlaug (1970)
Willy Brandt (1971)
Henry Kissinger y Le Duc Tho [*rechazado*] (1973)
Sean MacBride (1974)
Sato Eisaku (1975)
Andrei Sajarov (1976)
Mairead Corrigan y Betty Williams (1977)
Amnistía Internacional (1977)
Menachem Begin y Anwar el-Sadat (1978)
Teresa de Calcuta (1979)
Adolfo Pérez Esquivel (1980)
Oficina del Alto Comisionado de las Naciones Unidas para los Refugiados (1981)
Alfonso García Robles y Alva Myrdal (1982)
Lech Walesa (1983)
Desmond Tutu (1984)
Asociación Internacional de Médicos para la Prevención de la Guerra Nuclear (1985)
Elie Wiesel (1986)
Óscar Arias Sánchez (1987)
Fuerzas de Paz de las Naciones Unidas (1988)
Tendzin Gyatso, XIV Dalai Lama (1989)
Mijaíl Serguéievich Gorbachov (1990)
Aung San Suu Kyi (1991)
Rigoberta Menchú (1992)
Nelson Mandela y Frederik De Klerk (1993)
Itzak Rabin, Shimon Peres y Yasser Arafat (1994)
Joseph Roblat y Conferencia Pugwash de Ciencia y Asuntos Internacionales (1995)
José Ramos Horta y Carlos Filipe Ximenes Belo (1996)
Jody Williams (1997)